叶圣陶像

叶圣陶的父亲叶钟济

20世纪50年代叶圣陶与母亲朱氏、妹妹叶绍铭合影

叶圣陶出生地苏州悬桥巷旧址

1905年的叶圣陶

1912年1月9日草桥中学毕业班同学合影（中间留胡子拿手杖的是校长袁希洛，后排右一为叶圣陶）

1912年1月29日叶圣陶（右二）与同学顾颉刚（左二）、王伯祥（右一）、王彦龙（左一）合影

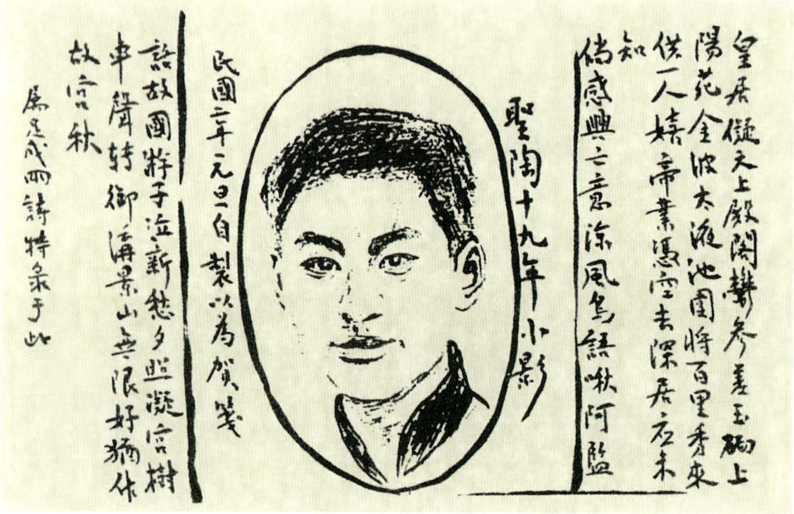

1913年元旦叶圣陶自画像以贺新岁

1916年8月12日叶圣陶与胡墨林喜结良缘

1917年春苏州吴县县立第五高等小学全体教师合影（左二为叶圣陶，左四为王伯祥）

1919年胡墨林抱子至善观看第五高等小学恳亲会演出

1921年4月上旬叶圣陶（右立者）与沈雁冰（右坐者）、郑振铎（左二）、沈泽民（左一）在上海半淞园

1921年11月9日叶圣陶在上海半淞园与中国公学中学部友人合影（左起依次为舒新城、陈达夫、常乃德、朱自清、刘炳藜、叶圣陶、吴有训、许敦谷）

1921年12月31日叶圣陶（左立者）和朱自清（右坐者）、俞平伯（右立者）、许昂若（左坐者）摄于杭州

1924年初夏叶圣陶在上海香山路仁馀里二十八号寓所

1927年“大革命年代”的胡墨林

1928年1月叶圣陶（左一）与章雪村（二排左一）、周予同（三排右一）、钱君匋（二排右一）、贺昌群（三排左一）、夏丏尊（右一）、胡愈之（左二）在浙江上虞白马湖平屋前合影

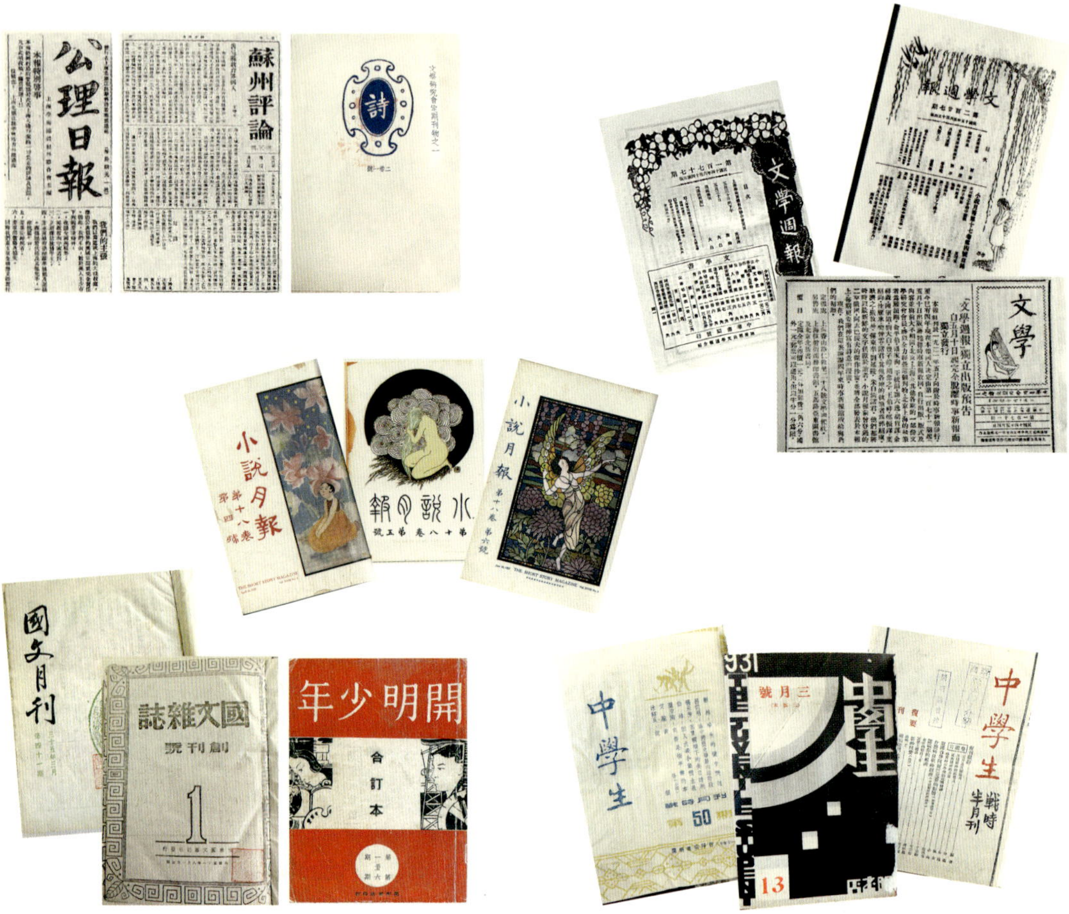

叶圣陶编辑的部分报纸、杂志

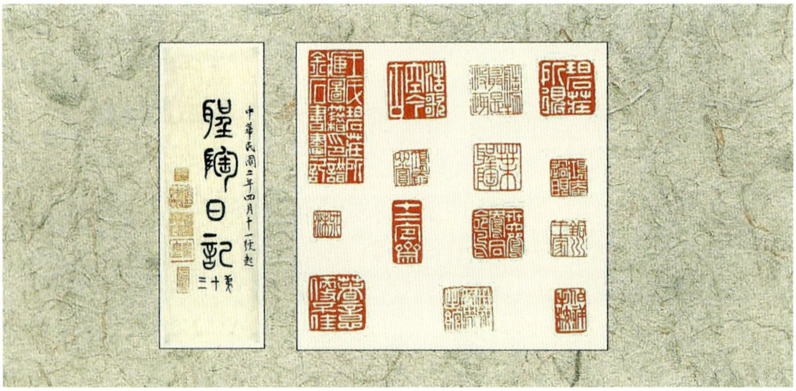

叶圣陶日记封面（局部）和篆刻作品

“十二五”国家重点图书出版规划项目
国家出版基金资助项目

葉聖陶全传

第一卷

商金林◎著

人民教育出版社
·北京·

图书在版编目（CIP）数据

叶圣陶全传／商金林著．一北京：人民教育出版社，2014.6（2023.4 重印）
ISBN 978-7-107-28882-1

Ⅰ．①叶⋯　Ⅱ．①商⋯　Ⅲ．①叶圣陶（1894—1988）一传记
Ⅳ．① K825.46

中国版本图书馆 CIP 数据核字（2014）第 174369 号

叶圣陶全传

出版发行　人民教育出版社
（北京市海淀区中关村南大街17号院1号楼　邮编：100081）
网　　址　http://www.pep.com.cn
经　　销　全国新华书店
印　　刷　北京盛通印刷股份有限公司
版　　次　2014 年 6 月第 1 版
印　　次　2023 年 4 月第 3 次印刷
开　　本　787毫米 × 1 092毫米　1/16
印　　张　114.25
插　　页　12
字　　数　1 280 千字
印　　数　1 501~2 500 册
定　　价　336.00 元

自　序

叶圣陶先生（1894—1988）是我国现代著名的文学家、教育家、编辑出版家和社会活动家，是五四新文化运动的先驱者之一，也是新中国中小学教材建设的开拓者和奠基人。我是新中国的同龄人，小学语文课本里有圣陶先生的儿歌《小小的船》（后改名为《小小的船儿》），课外读物有圣陶先生的童话《稻草人》和《古代英雄的石像》，中学语文课本里有圣陶先生的短篇《多收了三五斗》和《一篇宣言》，可以说是读着圣陶先生的作品长大的。圣陶先生是苏州人，我家就在长江北岸的靖江，与苏州同属吴语区，因而我对圣陶先生的作品感到特别亲切。

1975 年 7 月，我在北京大学中文系文学专业毕业，留校当教员，自知根基浅薄，就开始有系统地阅读现当代文学作品。1976 年冬天，系里恢复教研室，我定位在现代文学教研室之后，就选择圣陶先生作为研究的一个“点”，从此与圣陶先生结下了不解之缘。圣陶先生的文章平易切实，写作年头长，对各种文学形式都作过尝试，作品非常丰富；圣陶先生生活脉络清楚，除了教书就是当编辑，在新文学阵营内部没有介入派系之争，联系面很广，受到同辈及文学史家和教育史家的敬重。研究圣陶先生可以纵观现代文学、教育和出版事业发展的历程，追寻近现代知识分子前进的足迹。把圣陶先生研究得差不多了，再研究现代文学就有了基础。这就是我把圣陶先生作为研究对象的动机。

圣陶先生早年虽然出过近十本集子，但还有不少诗文散落在各种报刊上。20 世纪 30 年代以后，圣陶先生的集子出得少了，散落在各种报刊上的文章就更多了。我从寻找佚文入手，凡是与圣陶先生有关的书籍和报刊，能找到的我都留心检阅。圣陶先生 1911 年在“苏州光复”后写的长诗《大汉天声·祝辞》，1914—1916 年三年间写的二十来篇文言小说，1919 年 5 月在上海《时事新报》发表的《吾人近今的觉悟》和《角直高小国民学校宣言》，1921 年 3—6 月发表的四十则《文艺谈》等一大批重要的佚文，以及大革命失败后号召作家们“写这不寻常的时代里的生活”、30 年代认为“国防文学”与“民族革命战争的大众文学”两个口号可以并存等重要的史料，都是我下苦功夫从旧报刊上找到的。有关教育、出版以及社会活动方面搜集到的史料也有很多，教育方面的如 1911 年 7 月发表的《儿童之观念》，1916 年 4 月发表的《国文教授之商榷》，1919 年 8 月发表的《王钟麒〈拟编高等小学史地教材大纲〉跋》，1923 年 5 月发表的《新学制初级中学国语课程纲要（草案）》，等等；出版方面如1912年9月发表的《放社简约》，1915年参与主编的《东社社集》，1925年“五卅”事件后与郑振铎等人创办的《公理日报》，1926年5月创办的中国济难会机关刊物《光明》半月刊，1941年在成都创办的《国文杂志》，等等；社会活动方面如早年曾加入过中国社会党，1923年曾有过“加入共产党”的念头，1927年3月接受国民党苏州市党部的委派接管苏州各学校，等等。把这许许多多的佚文及相关史料串联起来，让我看到了一个既真实而又丰富的圣陶先生。

我想这些材料既然找到了，应该与同好共享，于是编撰了《叶圣陶年谱》，先是在《新文学史料》1981年至1982年分五期连载，1986年12月由江苏教育出版社出版。这部年谱居然得到了好几位师长和朋友的赞许，在海内外报刊发文章，说了很多肯定的话。最值得感念的是樊骏先生，他在1989年写就的《关于中国现代文学史料工作的总体考察》一文中说：《叶圣陶年谱》“力求做到材料的翔实齐全，既开拓了覆盖的领域，又便于使用者查索”。还说：“叶圣陶在教育、出版方面的活动，作为他一生事业的重要组成部分，与他的文学创作关系至为密切，原是认识这位作家不应忽略而又往往为文学研究者所忽略了的方面，年谱收集的这方面材料，正好弥补了我们的疏忽和缺陷。”

《叶圣陶年谱》出版后，我又接着撰写《叶圣陶传论》。写作过程中，觉得材料收集得还不够齐全，对圣陶先生的作品体会得还不够深切，于是继续下功夫挖掘材料。如第一次国共合作时期，圣陶先生和夫人胡墨林在共产党人的劝导下加入了中国国民党，并把他们的居所仁馀里二十八号作为中国共产党的秘密联络点，这些史料是我在图书馆泡了一个月，从当年上海的《时事新报》上找到的。圣陶先生接替郑振铎主编《小说月报》的时间众说不一，我把1927年至1928年的《小说月报》反复看了好几遍，最后认定《小说月报》第十八卷第四号就是由圣陶先生编定的，虽然印在该期刊物上的出版日期是1927年4月10日。

圣陶先生晚年陆续发表的日记、书信和片断回忆，也激发了我搜寻史料的兴趣。例如，圣陶先生在早年给顾颉刚的信中谈道，文言小说《终南捷径》在《礼拜六》杂志发表后，主编王钝根“胆小如鼷”，特地发表“声明”，说这篇小说全凭“臆造”，“切勿拘泥，穿凿附会”。读了圣陶先生的这封信，我知道了这篇小说的来历，又在《礼拜六》上找到了王钝根的《声明》，越揣摩越觉得故事的主人公就是袁世凯的长子袁克定。圣陶先生的短篇《冥世别》构思非常奇特：五位“尽了做人”的“本分”的英烈本想在“冥世”作永久的安息。不料“阳世”的报纸上发表了一篇污蔑他们的文章，说他们“更事不多”，“激动较易”，“为最便于利用之工具”。他们气愤极了，恳求“冥王”允许他们重返“阳世”再“作一回人”，与污蔑他们的“那批人”再作一回斗争。这个短篇中所写的英魂一向被误认为是在“四一二”大屠杀中牺牲的烈士。圣陶先生在一次谈话中说：写《冥世别》是出自对“几位自以为正直之士的老先生，不责备反动派之残暴，而斥青年之无知罔识，自遭其殃”一事的反感。在圣陶先生谈话的启发下，经过查考，我认定圣陶先生所说的“一事”，就是国民党某元老1928年8月在国民党二届五中全会上提出的关于“取消青年运动”的提案，从而较准确地把握了这个短篇的主题。

在搜集材料的同时，我认真阅读圣陶先生的作品，把他的诗文尽可能还原到写作年代中去解读。短篇《潘先生在难中》是圣陶先生的代表作，有的评论文章将潘先生这个艺术典型划定为军阀的御用文人并予以抨击。我看了当时发表在报刊上的写逃难和拉夫的文章，觉得圣陶先生是把潘先生作为军阀混战中的可怜虫来描写的。潘先生提心吊胆，受尽了内战的折磨，最后不得不为制造灾难的军阀唱颂歌，这是旧中国小资产阶级知识分子生活的真实写照。圣陶先生写潘先生，是为了悲叹那个时代中国的老百姓只能受人摆布，无法掌握自己的命运；也是对权力者的控诉。

圣陶先生文学涵养极深，非常讲究谋篇布局。读他的作品一定得下功夫体会，尽可能贴近他的创作动意。只有这样，才可能以圣陶先生的一生为经，以他的作品为纬，将圣陶先生放到时代的潮流中去刻画，客观而真实地写出这位爱国者和改革者奋进的历程。

从1989年夏天开始，我集中精力，把大部分时间用于撰写《叶圣陶传论》，直到1994年才写完，整整用了五年时间。我越写越感到可写的方面太多了。就文学创作而言，《隔膜》《火灾》等短篇集，“实为中国新小说坚固的基石”（茅盾语）；“扛鼎”之作《倪焕之》的出版，标志着我国现代长篇小说走向成熟；童话集《稻草人》，“给中国童话开了一条自己创作的路”（鲁迅语）；1921年发表的四十则《文艺谈》，是我国现代文艺理论史上最早出现的理论专著，为新文学理论的孕育起了奠基的作用。就文学活动而言，圣陶先生以文会友，广结良缘，为开创新文艺的园地和聚集作家队伍，作出了不可磨灭的贡献。就教育和编辑出版工作而言，圣陶先生始终认为“教育工作者的全部工作就是为人师表”；要让学生“受教育”而不是“受教材”；“‘教’都是为了达到用不着‘教’”；“教育”就是“养成好习惯”，“帮助学生得到做人做事的经验”，“各种功课有个总目标，那就是‘教育’——造成健全的公民”；“教育”的生命是“爱”；教育的方式方法是“相机诱导”。圣陶先生是我国现代教育的设计师，也是我国教育园地最辛勤的园丁。他强调语文课应与时俱进，全方位地传授“语文知识”，“‘听’‘说’‘读’‘写’宜并重”，持不同见解的人往往斥之为“工具论”，这是一种误读。无论是“听”“说”还是“读”“写”，圣陶先生总是特别注重对于学生“思维能力”的培养，注重“开发学生精神”。1949 年 9 月，圣陶先生在为新中国第一部《大学国文（现代文之部）》写的序中说：

> 我们选材的标准不约而同。那些怀旧伤感的，玩物丧志的，叙述身边琐事的，表现个人主义的，以及传播封建法西斯毒素的违反时代精神的作品，一概不取。入选的作品须是提倡为群众服务的，表现群众的生活跟斗争的，充满着向上的精神的，洋溢着健康的情感的。我们注重在文章的思想内容适应新民主主义革命的要求，希望对于读者思想认识的提高有若干帮助。就文章的体裁门类说，论文、杂文、演说、报告、传叙、速写、小说，都选了几篇。这些门类是平常接触最繁的，所以我们提供了若干范例。①

1950 年 4 月，圣陶先生在为新中国第一部《大学国文（文言之部）》写的序里说：“大学同学学习文言的目标是：培养阅读文言书籍从而批

---

①《大学国文（现代文之部）序》，收入《叶圣陶集》第 13 卷时改题名为《大学一年级国文的教学目标和学习方法——〈大学国文（现代文之部）〉序》。参见《叶圣陶集》第 13 卷，江苏教育出版社 2004 年版，第 138 页。

判的接受文化遗产的能力。”在谈及这部教材的编写标准时说：“我们编辑这个本子，预先选了数目超过两倍的文篇，淘汰了好几回，才确定现在这个目录。对于入选的文篇，依据我们的目标，定了些标准。有爱国思想的，反对封建迷信的，抱着正义感，反抗强权的，主张为群众服务的。就思想方法说，逻辑条理比较完密的，我们才选它。换句话说，那篇东西在那个时代那个环境那些条件之下是有进步性的，我们才选它。咱们不能要求古人的想法全合于现今的思想政治水平，咱们对于古人的东西必须批判的接受，选读前面所说的一类东西，跟实际并不脱离，同时又便于磨炼批判的眼光。”① 他的这些理念即便今天看来也不为过时，非但不是什么“工具论”，还有着极强的现实意义。

圣陶先生长长的一生中，对最广大的青年永远记住并且担负起教师的责任，对最广大的文学爱好者永远记住并且担负起编辑的责任。为了这种责任，他俯首甘为孺子牛，不惜牺牲了自己的学术研究和专著创作，年复一年地编辑书刊，编写教材，调查研究，诲人不倦。煌煌二十五卷《叶圣陶集》只是他成就的一个方面，更大的成就在“文章”之外，他是真正意义上的文化大师。

《叶圣陶传论》1995 年 10 月由安徽教育出版社出版后，我协助至善先生选编和修订《叶圣陶集》，同时着手编写四卷本《叶圣陶年谱长编》，翻阅的材料更多了，收获也更丰厚。至善先生在文章中说“商金林比我对我父亲还要熟识”，知道得比他还多。他在 2004 年 12 月出版

① 《大学国文（文言之部）序》，收入《叶圣陶集》第 13 卷时改题名为《大学一年级同学学习文言的目标和学习方法——〈大学国文（文言之部）〉序》。参见《叶圣陶集》第 13 卷，江苏教育出版社 2004 年版，第 147—149 页。

的《父亲长长的一生》第九十节中写道：

> 七十年代后期，金林兄就常来看我。他在各个图书馆尘封的旧报刊堆里找材料，发现了些什么，就像见着矿脉露了头，兴冲冲地跑来了，像是炫耀，又像是报喜。有时候还真个解开了在我心中藏了半个多世纪的疑团。如一九二五年十二月六日的青云路惨案，我那时没满八岁，分明记得有这么回事，却连到底发生在哪一年都说不清楚。是金林兄找来了我父亲在当晚写的报道——《"同胞"的枪弹》；是父亲听我念了他自己写的报道，才陆续回忆起了当时的若干细节。要不，在前头，我不可能把这件惨案交代得这样有头有尾的。这是后话。由于金林兄发掘不止，我和至诚知道，父亲有许多散文没编进集子，因而后来的选家和评论工作者选来选去，评来评去，总是《藕与莼菜》《没有秋虫的地方》那些篇目；后来出了本《小记十篇》，又尽在这十篇中打主意。兄弟俩都认为这种现象不太好，应该改变，跟父亲说了。他老人家说情形确乎如此。我和至诚又说，商金林找来了这许多没收进过集子的短文，内容各式各样，编两本集子也绰绰有馀，我们很想试一试。

至善先生在这里说的编的"两本集子"，就是《叶圣陶散文甲集》和《叶圣陶散文乙集》。"七十年代后期"，我还是个青年人，有青年人的朝气，也有青年人的单纯，每当有所"发现"，总有点按耐不住内心的喜悦。四卷本《叶圣陶年谱长编》由人民教育出版社于2004年和2005年出版，著名文学史家吴福辉和著名学者朱正都说，《叶圣陶年谱长编》

“让读者真正了解一个叶圣陶，又从叶圣陶这个人看到一个时代”。

这部《叶圣陶全传》是在《叶圣陶传论》和《叶圣陶年谱长编》的基础上写成的，虽说准备多年，但圣陶先生是读不完的。意大利哲学家、历史学家克罗齐曾经说过：“要了解但丁，我们就必须把自己提升到但丁的水准。”我国伟大的批评家刘勰说过：“凡操千曲而后晓声，观千剑而后识器；故圆照之象，务先博观。”这些都是无可置疑的真理。可我既不可能把自己提升到圣陶先生的水准，也不可能像刘勰说的那么博观，所以奉献给读者的这本《叶圣陶全传》一定会有很多不足和欠缺，敬请读者朋友们多多指教。

商金林

2014 年 5 月 6 日

于北京大学畅春园寓所

目　录

第一编 1

第一章　幼年、私塾、小学时代 2

一、诞生及家庭教育 2

二、读私塾与考秀才 30

三、爱国心的孕育 35

第二章　草桥中学的学习生活 42

一、风行一时的“学堂歌” 42

二、军国民教育 50

三、结社与办报 59

四、研读欧美小说 67

五、报考存古学堂 69

六、“天才”缘于勤奋 75

第三章　翘望西蜀风云 91

一、“老大之中国”的“雄健之少年” 91

二、寻找“思想明灯” 95

三、“神州光亮”后的亢奋 103

四、为苏州“光复”尽“天职”............... 106
五、《大汉天声·祝辞》............... 117
六、醵资放炮贺新元 122

第四章 “言子庙”的欣慨 126
一、敬请袁希洛校长为谋教席 126
二、“应该自问是不是贡献得欠多”............... 130
三、“导儿童于乐为研习之境”............... 136
四、“使醇醇诸稚展发神辉”............... 142
五、纷至沓来的苦闷与烦恼 147
六、复劝学界模范为儿童造福 154

第五章 “痴怀渐醒”后的“决绝” 159
一、加入中国社会党 159
二、追随陈翼龙“倒袁”............... 165
三、传播“三无二各”............... 173
四、重新组建放社 181
五、“信仰”的失落与回归 191
六、“二次革命”的伤痕 199
七、“算来只馀枯寂”............... 204

第二编 213

第六章 从“抄胥贱役”到“在小说里讨生活” 214
一、难以想象的“抄胥贱役”............... 214
二、“浊流”中洁身自爱 218

第七章　文言小说：走向写实主义的蹒跚步履 230
一、作了两年又五个月的文言小说 230
二、“恶婆婆”与“单相思” 232
三、“人生故事”和“志异” 234
四、抨击袁氏政权 238
五、仿效名家名著 241
六、注重小说的教育作用和社会意义 244
七、哲理小说 250
八、爱情小说 251
九、写自己最熟悉的题材 252
一〇、毅然搁笔 255
一一、批判《玉梨魂》............... 259
一二、文言小说面面观 260

第八章　《新青年》的召唤 265
一、“空消时日，殊非所宜” 265
二、遵从父命　执教尚公 271
三、“不减吴中烂醉狂歌之欢” 278
四、“多事之秋”的“嬗变” 283
五、“运我灵思与世界学术接触” 288
六、“提倡新文学之不可缓也” 294

第九章　真挚圣洁的爱情世界 301
一、词翰姻缘 301
二、情逾金石 305
三、“朝朝暮暮有独哀” 325

第十章　在第二个故乡——角直 ……………… 337

一、水乡古镇角直 ……………… 337

二、改革“小学作文教授” ……………… 340

三、“特设一种相当的境遇” ……………… 343

四、“立教育基础于人生观” ……………… 351

五、“新文学”的探索和尝试 ……………… 353

六、以“改造世界”为己任 ……………… 363

七、“从此做了角直人” ……………… 367

八、策励徐玉诺写“血与泪的文学” ……………… 374

第三编 ……………… 381

第十一章　文学研究会的实干家 ……………… 382

一、“半淞园摄影”成佳话 ……………… 382

二、与朱自清和刘延陵“结缘” ……………… 400

三、主持文学研究会的日常工作 ……………… 408

四、参与主编《文学旬刊》(《文学》《文学周报》) ……………… 411

五、印制文学家明信片 ……………… 415

六、创办上海朴社 ……………… 418

第十二章　探索新文学发展的途径 ……………… 441

一、特别注重俄国文学 ……………… 441

二、规范新文学的最高品格 ……………… 445

三、述说作家的世界观和人生观之重要 ……………… 449

四、阐释新文学的“二个标准” ……………… 452

五、“为前生注定与文学绝缘的人们着想” ……………… 459

第十三章　开垦新诗创作和批评的田园 462
一、《诗》月刊的“缘起” 462
二、回应复古派的诽谤和驳难 467
三、“岂仅是我们的光荣” 472

第十四章　“从激昂的反抗到相对的肉搏” 487
一、“五卅”惨案中的《公理日报》 487
二、“笑将不复在我们唇上” 502
三、为“革新苏州”大造舆论 506
四、主编中国济难会会刊 512
五、把国民党党证撕得粉碎 517
六、“清党委员会”的“确凿证据” 521

第十五章　填补新文坛刹那间空虚的《小说月报》 525
一、擂响催人奋进的鼙鼓 525
二、揭橥“写这不寻常的时代”的旗帜 532
三、寻找“尤见光辉的名篇” 537
四、兼容并蓄　广结文缘 545
五、开我国现代作家研究风气之先 551
六、筹组“易卜生诞辰百周年纪念专号” 557
七、真诚地与“革命文学家”认同 564

第一编

第一章

幼年、私塾、小学时代

一生的基础，就在早年，我们若是要深知一个人的性情学业，这早年的事实必不应该轻轻略过。

——顾颉刚《〈隔膜〉序》①

一、诞生及家庭教育

叶绍钧1894年10月28日诞生于苏州城内悬桥巷一个平民家庭。顾颉刚在1944年撰写的《记三十年前与圣陶交谊》② 中说："圣陶幼年，与予同居悬桥巷。'悬桥'者'县桥'之讹。昔日长洲县署在玄妙观之北，今名旧学前，巷口有桥曰县桥，由县桥东行即是巷也。巷有闻人三，明之郑桐庵，清之黄荛圃、洪文卿。《孽海花》既隐洪文卿为金

① 叶圣陶著：《隔膜》，商务印书馆1922年版。

② 成都《新民报》1945年1月1日。

雯青，亦隐县桥巷为圆峤巷。荛圃之家今为潘氏家祠。圣陶幼时僦居潘祠之西。予家则在祠南，距河，涉板桥至，曰顾家花园。”

1906年春，叶绍钧进小学读书之前，按那时的习惯取号“秉臣”。这个号是根据《诗经·小雅》上的“秉国之均”那句话起的。这儿的“均”就是“钧”，“秉国之均”大概是掌握治理国家的枢纽的意思；所以接下去的两句就说能辅助君主，能教化百姓。这样的人的身份当然是“臣”，“秉臣”这个号就是这样来的。给起这个号的是他的堂叔，名朝缙，字绶卿，是一位教书先生。升入中学后，叶绍钧觉得“臣”字容易使人很自然地联想到统治人民的“君”，他不愿意做“皇帝”的“臣民”，就在1909年改号为“圣陶”。给他起这个号的是一位姓沈的国文老师，名孔修，字绥成，古书念得很熟。他说“圣陶”出典是“圣人陶钧万物”。“陶钧”就是“制陶器的时候用来把泥团旋成陶坯的转盘。在‘圣人陶钧万物’这句话里，‘陶钧’当然作动词用，大约是塑造的意思，陶冶的意思，感化的意思”①。后来，这个号渐渐地被人们所熟悉，知道“叶绍钧”的人反而不多了。

叶圣陶祖辈原籍安徽。明末清初，在明王朝行将灭亡的荒乱岁月里，祖辈们饱尝战乱之苦，辗转来到苏州，白手起家，艰苦创业。旧时苏州有三处地方最为热闹，一是位于苏州城东南的盘门，二是位于苏州城西的阊门，三是位于苏州城南的胥门。叶圣陶的祖辈住在盘门，开猪行和丝绸店。相传猪行的伙计很在行，力气大，有眼力，用一只手就能拎起一头大猪，掂一掂就知道重量，不用秤称。由于经营有方，生意越

---

① 叶至善：《对〈“圣陶”的来历〉的更正》，《小学语文教师》1982年第4期。

做越红火，后来在盘门买下了半条街，故曾有过“叶半街”的美名。盘门，古称蟠门，这里水陆盘绕，风光秀丽。南宋范成大的《晚入盘门》诗云：

人语嘲喧晚吹凉，万窗灯火转河塘。
两行碧柳笼官渡，一簇红楼压女墙。
何处采菱闻渡曲，谁家拜月认飘香。
轻裘骏马慵穿市，困倚蒲团入睡乡。

叶家在盘门买了半条街，可见当年的排场。1860 年，“太平军”攻克苏州，叶家惨遭战火的焚掠，从此败落了。1913 年 4 月 5 日，叶圣陶随叔父出城扫墓，追忆祖业，感慨颇多。他在日记①中写道：

至墓道，瞻拜之后，巡视一周，见沿浜石岸皆已跌落水中，当年至巨之工程，今乃颓废不堪，寒门力薄，修理为难耳，为之嘻吁久之。

1914 年 4 月 7 日，叶圣陶随父亲出城扫墓，触景伤怀，情不能抑。他在当天的日记中写道：

既至祖茔，祭拜以后，巡视四周，斫石之岸，半就圮颓。吾父诏我曰：此地兴工在五十年以前，洪杨难起，吾家道中落，未能于

① 本书所引用的叶圣陶先生的日记，没有注明出处的，均抄录自日记原稿。

祖宗所居时为修葺。对此堕石断岸，慨叹何已。……

1915 年 4 月 2 日，叶圣陶随父亲出城扫墓，是日日记记：

晨起即登舟指顺湾扫墓。晕船癖性，迄未能除，低舱曲坐，百不自由。吾父携小说二册，取其一卧阅之，心有所注，遂忘所苦。

抵墓上，见临流石岸益就颓圮。守者刁顽，因其圮而潜携去之，非亟加修葺，数年后且无岸矣。然家贫力弱，难可遽兴工作也。薄暮返家。

叶圣陶是否修葺过“祖宗所居”，现已不得而知，但他一直是雇人照看祖茔的，1957 年 5 月 23 日日记记：

接坟客朱全水来信，言朱根大已死，我家之坟现归渠看管。此次南行，本欲到苏一观先墓，未能实现，于心耿耿。

也就是说至少到了 1957 年，叶家的祖茔仍雇人看管。

叶圣陶的父亲叶钟济（1848—1919），字伯仁，职业是账房，为一位姓吴的地主家管理田租，苏州称这种职业叫“知数”。苏州向来是官吏的出产地，清朝的状元苏州出得最多。苏州之所以繁荣，就是因为出了许多官僚。他们从外面搜刮了钱财，带回苏州，在安富尊荣、尽情享乐的同时，买地置产，役使乡下农民，而自为“有田之家”。正是因为江南的“有田之家”大都住在城里，所以又流行“江南无封建（地主）”

的说法。“地主”把土地租给乡下的农民耕种，秋后择日开仓收租，规定“头限”“二限”“三限”等三个“限期”，佃民按“限期”缴租，可适当减免租子，借以奖励本分和听话的佃民；如逾期不缴，地主则放舟下乡，强行收租。叶圣陶早年在日记中写到父亲去“大儒巷吴家”，就是到那位姓吴的地主家帮助收租。叶钟济为人笃实，仁慈可亲，口碑极佳。一些大户人家逢到婚嫁庆吊，总请他去帮着管账。母亲朱氏（1865—1961）料理家务。叶圣陶在《略述我的健康情况》① 一文中介绍说：

> 我母亲是我父亲的第二位续弦，生我的那一年，我母亲三十岁，我父亲四十七岁了。我生后第三年又生了妹妹，再过四年生了第二个妹妹②。大妹妹十三岁时病故。

那时，叶圣陶家里除了父母亲和两个妹妹之外，还有祖母和外祖母，全家七口人，靠父亲每月十二元的微薄收入维持生计，日子的窘迫可想而知。叶圣陶早年的日记中不仅有“冷月峭然袭衣襟”“重单不温”的描述，还有朝不保夕的忧虑。1911 年 11 月 27 日日记中写道：

> 我家无半亩田一间屋，又无数十金之储蓄，大人为人作嫁，亦仅敷衣食。今年水患，农田收租减色，又且征军饷于田亩。我家所

---

① 《叶圣陶集》第 7 卷，江苏教育出版社 2004 年版，第 307 页。《叶圣陶集》有两种版本：一种是江苏教育出版社 1987 年 6 月至 1994 年 9 月出版的 25 卷本，另一种是江苏教育出版社 2004 年 12 月出版的 26 卷本。本书援引于 26 卷本的引文，均略去出版社及出版年份。援引于 25 卷本的，都注明出版社及出版年份。

② 即叶绍铭，1986 年春病逝。

入定致不敷。就目前观之，竟将致不能举火。大人日夜忧叹，谓将冻饿及身也。小子听之亦无限惶恐。噫，质库无物，告贷无方，不知何以过此年也。始以为贫非真病，今知贫之足以抑人已。

叶圣陶上中学那年，家从悬桥巷搬到濂溪坊10号，租住的房子更简陋了，日记中多次记到“漏雨”。1911年7月11日日记中写道：

（上午）暴雨顿发，顷刻间庭中塞而水满，宛若小湖，如珠之雨滴点其上作狂跳，愈落而愈大，屋漏水下溅，以盆受之。暂受此处，彼处又在一滴一滴而溜矣。书箱湿，书桌湿，移箱移桌，为之大苦。……

外面下暴雨，屋内下小雨，四处滴漏，苦不堪言。夏天漏雨，冬天钻风，“贫”和“寒”是联在一起的。叶圣陶谈家境的日记还有很多，1911年1月8日日记中说：

晨起十句钟①矣，适在洗面，大儒巷吴保初使人来邀。吃点心毕，即至大儒巷……盖问余欲考电报学堂否也。余答以请诸大人再定，特其实余意不欲。夫电报之事，当差有一定年限，则一身不得动矣；且此等事殊屑屑，为之无甚关系；况中校已及四年，明年且毕业，则半途而止，宁不可惜？然大人老矣，家无恒产，唯谋生之

---

① 十句钟：十点钟。

是求，苟可以早一日谋生者，当必就之。保初之问，亦属关切要好也。余因思唯有力学成名，做些有关系之事，一则得以赡家，一则不负此自认有为之身。电报一事，断不肯做。然大人归时，如以为电报好，则亦无可奈何矣。

我国在1906年废止科举，但科举的阴魂未散。清政府在废止科举的同时，宣示学校人才之资格："凡小中学之卒业生称廪生或秀才，高等学堂卒业生称举人，大学卒业生称进士。"① 有中学毕业文凭，可以谋差，可以出洋。然而，由于生活的艰难，叶钟济不得不背弃初衷，要儿子放弃即将到手的"秀才"资格，终止中学学业，去甘肃报考电报学堂。旧中国社会动荡，百业萧条，相对说来银行、铁路、邮局三个行业的饭碗比较牢靠。甘肃电报局局长吴保初是苏州人，"熟人好办事"，叶钟济就将儿子的前程托付给他。那时的甘肃，黄沙遍地，干燥得使人唇干喉焦，在江南人心目中简直是个渺无人烟的不毛之地，去那里讨生活就犹如极边充军。而叶钟济迫不及待地要自己的独子去甘肃，可见生活有多拮据。后因吴保初突然"卸职"，叶圣陶的甘肃之行未能成行。

叶圣陶很敬重父亲，"我懂了事就佩服他"，佩服父亲的为人，佩服父亲的"孝道"和"仁心"。苏州有"过节"的风俗，每年的清明、七月半、十月朔为"鬼节"，端午、冬至、年夜为"人节"。每逢"鬼节"和年夜，叶钟济都要循旧俗祭祖，上菜、供香、斟酒、焚化纸锭，拜跪时"容貌显得很肃穆，一跪三叩之后，又轻轻叩头至数十回，好像在那

---

① 漱露、思陶：《清季轶闻》，《小说月报》第7卷第11号，1916年11月25日。

里默祷，然后站起来，恭敬地离开拜位”①。叶钟济对祖辈尽“孝”，对穷苦人则施“仁”。平时，他常到小铺子里去买东西，有心让做小本生意的商贩赚点钱。一般人嫌小铺子货物太差，他却说：“我们不去买，小店主靠什么生活呢?”② “孝”与“仁”是我国传统伦理观念。“孝”为“德之本”“仁之冕”；“仁”者“以人为本”，“仁者爱人”。父辈的言传身教，使叶圣陶从小就受到“孝”与“仁”等伦理观的影响。1919年夏，叶钟济去世，叶圣陶对父亲“葬之以礼，祭之以礼”。每逢父亲的“冥诞”，都要纪念，就连抗战“逃难”期间，也不忘拜祭③。1961年2月3日，母亲去世。叶圣陶当日日记记：

（晚）老母已入弥留状态，气息极微，未几，脉搏停止跳动，时为八点四十五分。呜呼，自此余为无母之人矣！老母在，余恒自觉尚幼小，今老荫已去，余入老境矣。至美得通知即来。守候至十二点，为老母洗擦周身，换穿单夹棉之入殓衣裤。在旁者我妹与余而外，为至善、满子、至美、调云④四人。

上床后头脑岑岑，不能入睡，服眠而通四颗，乃得眠。

老母以去年十二月二十六日病作，迄于今患病历四十日。其间数经变化，我等看护无法，恐有贻误之处。而时似好转，时又恶化，我等之心情亦希冀与恐惧相交错。

---

① 叶圣陶：《过节》，《叶圣陶集》第5卷，第406页。

② 作者1985年3月14日访叶圣陶。

③ 叶圣陶1941年1月11日日记：“今日为先父生忌，午刻设祭。先父生于清咸丰二十八年戊申，迄今九十三年矣。”

④ 调云：阿姨。

老母以同治四年乙丑三月二十日生，是为公元一八六五年四月十五日，享年九十六岁稍不足。据我妹语余，老母前曾告渠，其生日实际后于三月二十日若干日（为阴历五月二十四日），（五月廿四日为阳历六月十七日，是日为星期六，戊午。）当时婚配，改易八字系恒事，乃改为三月二十日也。

母亲享年九十有六，按说应该是“喜丧”，但叶圣陶仍很悲伤。2月4日日记记：

清晨，至善往约晓风，同往福田公墓。十点左右归来，言圹穴营造已接洽妥当，三合土铺底，四围砌砖，上盖石板，与墨[①]之营葬相同。唯做工须时日，不能立就，至善已与约定于十二日下葬。于是决定以今日入殓，暂停灵于嘉兴寺。

晨间伯祥与晓先最先来，继之来者有雪村、彬然、云彬、昌群夫妇、颉刚夫妇、文叔，又有部[②]中刘、赵二位主任与张君实。社[③]中李之乾与杨定远，部中行政科赵洪钧科长与苏锡全及另一位同志来相助办事，社中亦派郝、刘二位同志来。哀痛时刻，得此慰藉与助力，益感激欲涕。午后二时半，部中借来一中型吉普车，以担架舁老母遗体置其中，移往嘉兴寺。于是由杠夫为老母穿长衣，裹以衾，安放棺中，下垫上盖红绸褥被。余最后抚老母之额，棺盖

① 墨：叶圣陶的夫人胡墨林，殁于1957年3月2日。
② 部：教育部。
③ 社：人民教育出版社。

盖上，从此永不得见颜色矣，呜呼！棺木确不错，柏树殆甚老，红处多，白处少，且有香气。唯以未加油漆，观之不免觉其粗糙。

殓毕，向灵柩行礼。……行礼毕，即移柩暂停于礼堂西北隅之停灵室。俟至十二日再移来礼堂中。

元善作唁辞一首授余，录之。“白发遭母丧，萱堂福寿全，有一已足慰，今也二者兼。失恃我早君，整整六十年。设辞唁君戚，不禁同呜咽。”幼年失恃，老年失恃，悲痛固无殊也。

在叶圣陶看来，“幼年失恃，老年失恃，悲痛固无殊也”。他对母亲是“厚葬”。2月9日日记记：

午后，偕我妹及至善、满子驰车出城，抵福田公墓。我母之墓穴在墓地走道之东，就全体而言，居于中央部分。墨之墓则在其北靠东，将近围墙矣。坑底三合土已铺好，四围砌红砖已砌好，工人方在砖缝间涂石灰，云今日即可完工。上面所盖之石条已置于墓穴旁，颇厚实。观之皆颇满意。据守墓人言，贴近之东边一穴，将葬一垂危之老太太，年九十有八。询以墓面如何营工，答谓近日水泥与碑石皆甚难得，须与管理处商洽云。

2月12日，在嘉兴寺举行了吊唁仪式后，叶圣陶和家人及诸亲友一起把母亲的灵柩护送到福田公墓安葬。日记中写道：

十一点半到福田，杠夫徐徐引柩下墓穴。墓工盖石条七条于上，以水泥涂缝隙。从此老母永閟于斯，思之深悲怆。余与我妹两家之人皆铲土加石板之上，来宾送葬者亦动手参加，最可感激。诸人又往观墨之墓，然后离去。与承接营墓穴之农村公社李同志商谈营造墓面，李答言适有一汉白玉石料，如不用水泥，专用石工，彼可以承包。石料即在公墓大门旁侧，系一王姓之墓碑，长一公尺八，宽七十公分，若四围再加石条作边框，虽不如墨墓之宽，亦复合适。因与说定，从其价一千二百元，托彼即行动工。彼言清明前后可以完工。于是余只须写碑面之字样矣。昨以为其事甚难解决，不意解决极易。回车到家，已过两点。留伯祥午饭，谈良久彼乃去。至美伤风喉哑，精神不振，傍晚即去。今日余离家半日，调云为余扫除小斋，居然窗明几净。然送葬归来，总觉怅惘若失。

“送葬归来，总觉怅惘若失。”2 月 14 日是阴历除夕，餐桌上不见母亲，又是一番感伤。是日日记记：

徒倚徘徊如昨。将斋中再加拂拭，擦去挂件上之灰尘。今日为阴历除夕，调云治菜若干，为较丰盛之晚餐。近数年来，老母唯阴历除夕与全家共餐，他皆独自进餐。今日则老母已入土，弗获共席矣。余虽不言，而胸中总觉悒悒。

2 月 16 日是大年初二，按说会有必要的应酬，但叶圣陶去了母亲的墓地。是日日记记：

（午后）两点过，与至善、满子驱车出城，至福田视老母墓。土堆高尺许，石工尚未动手。付与承包之公社以工料款，嘱从早动工。又于墨墓旁徘徊有顷而出。

4月9日墓做好了，但做工不精细，这让叶圣陶又感到不安，是日日记记：

上午出城，往视老母之墓，我妹、满子、至善、永和同往。墓已做好，琢磨远不如墨墓之工致。因找老石工，请渠再加琢磨。老石工允之。墓面之整石为182×67公分，厚17公分，视墨墓为小，其石虽同为汉白玉石，而瘢点不少。亦复无可奈何。与老石工约，字样写好送去，即托渠认真雕刻，工价可从高。往视墨墓，墓面石右侧下方剥落一小块，约一寸馀[①]。取其碎块，手捻之即成粉。可知此石为汉白玉石中之嫩者，不知可历若干岁月也。徘徊半小时许而出。……

小睡起来，拟书于墓石之语句，得八十馀字。未为定稿，送与伯祥请斟酌之。先记之于此。

我母生于一八六五年六月十七日，殁于一九六一年二月三日。我生六十六岁，远离膝下非恒事，有之往往旬月耳，最久者一度，亦仅一载有馀。今则永不复获亲颜色。归熙甫云，世乃有无母之人，身尝其言之深哀矣。

① 馀：同“余”。叶圣陶日记、书信、文章中“自指”时均用“余”，其外则用“馀”。叶圣陶生前多次说过，“余”“馀”是不相同的两个字。本书尊重叶圣陶用词习惯，援引他的作品时均依原文中的“余”“馀”抄录。

将为母亲拟的墓碑文送请好友王伯祥“斟酌”，这么隆重也能见到叶圣陶的一片孝心。4月10日日记记：

伯祥来电话，于余所拟之墓石志语提意见，余亦自有改动处，今决定改如下文。

我母朱太夫人生于一八六五年六月十七日，殁于一九六一年二月三日。我生六十六岁，远离膝下非恒事，有之往往旬月耳，较久者一度，亦仅一载有馀。今则永不复亲颜色。归熙甫云，世乃有无母之人，其言至哀，我深味之矣。

“今则永不复亲颜色”，“世乃有无母之人”，短短几句话，读来催人泪下。这之后，每年2月3日，叶圣陶总会在日记中郑重地追记“母亲去世第几年了”。“文革”中，朱太夫人墓前的碑石遭“横扫”荡然无存。1986年10月，叶圣陶几经周折，才确认了母亲的坟，感到很欣慰，在10月17日日记中写道：“老太太的坟已找到，碑仍无。至美与永和到福田公墓，办理修墓立碑之事。并重新收管理费，每个墓穴二百五十元，是一次性的。”10月19日为母亲写了碑文：

先母朱氏。1865年6月17日生，1961年2月3日去世。葬在这个地点，刻碑作记念。碑在文化大革命期间被毁。毁得彻底，连一块小石块也没找到。现在立这个碑说明原由。

叶圣陶敬记　1986年10月19日

毕竟年纪大了，办理修墓立碑的事只好交待给儿孙们帮着办理。叶圣陶10月24日日记记：“永和到福田公墓办理老太太墓碑之事。刻碑、立碑、整修、管理费共交费两千三百多元。”11月28日日记记：“至善、满子、永和、佳佳到福田公墓，老太太的墓碑已立好。”无论是循旧俗“过节”，还是为母亲厚葬、立碑，都出自孝心，尽到为人子者的责任，以报父母在生抚育之深恩。

叶圣陶事母至孝。母亲生前，他一直依从母亲的意愿，逢年过节都要“祀先”，祭拜父亲和先辈。母亲去世后，叶圣陶把父亲和母亲的照片放大镶到镜框里，挂在卧室，朝夕相对。“祭拜”是一个仪式，可不是迷信。叶圣陶从来就不相信迷信，他说迷信是愚昧，是“无使用自己之能力，无尊重自己之观念”的表现，还说他在中学读书时就是个“唯物主义者”，他发表的第一篇教育论文《儿童之观念》①，就是抨击封建迷信的。“过节”，为母亲厚葬、立碑，是我国传统的“礼”，是对已故亲人的一种“敬”，慎终追远。“爱亲者，不敢恶于人；敬亲者，不敢慢于人。”（《孝经》）把这种爱亲的情感培育起来，推展开来，就会养成博大纯洁的爱心。

“望子成龙”是做父母的共同心愿。叶钟济晚年得子，望子成龙之心尤为急切。科举时代很注重书学，会试殿试的时候，考官拿到一摞试卷，往往是看书法评高低。叶钟济为了使儿子求得功名，让叶圣陶三岁时就开始识字，写描红纸，到1900年进私塾时，识字已有三千左右，

①《妇女时报》第3号，1911年7月。

字也写得秀丽。朱氏识字不多，但知道的谜语、诗词、山歌特别多。叶圣陶在《文艺作品的鉴赏（一）要认真阅读》① 中写到的儿歌《踏水车》，就是小时候听母亲唱的：

咿呀咿呀踏水车。水车沟里一条蛇，游来游去捉虾蟆。虾蟆躲（原音作“伴”，意义和“躲”相当，可是写不出这个字来）在青草里。青草开花结牡丹。牡丹娘子要嫁人，石榴姊姊做媒人。桃花园里铺“行家”（嫁妆），梅花园里结成亲。……

苏南富有知识性、趣味性的谜语，辞茂意洁、温婉清丽的古诗词，以及形式活泼、生活气息浓厚、情感真挚、富有音乐美的歌谣，开发了叶圣陶的智力，诱发了他对文学，尤其是对诗歌浓厚的兴趣。唱山歌其实就是“学诗”，唱山歌能产生“联想”。叶圣陶的文学创作就是从诗歌起步的，他最早（1908 年）组织的文学社团是诗社（放社）；1921 年 1 月文学研究会成立，叶圣陶是该会“诗社”的成员；1922 年 1 月，又和刘延陵、朱自清、俞平伯一起创办了我国新诗史上第一个诗歌刊物《诗》月刊，所有这些都与他小时候跟母亲学唱歌谣不无联系。

1900 年，叶圣陶六岁进私塾读书，父亲对他的要求很严，每天都督促他温书、背书，还立过“（背书）弗熟不得进膳”的家规。1905 年夏天，叶圣陶还是个不满十一岁的孩子，父亲就怂恿他去考秀才，希望走成才的“正路”取得功名。可贫寒的家境又迫使叶钟济越来越“务

① 《叶圣陶集》第 10 卷，第 23 页。

实”。他受到“不识字好过，不识人难过”等世俗观念的影响，在敦促叶圣陶熟读圣贤书的同时，又注重引导他去熟悉社会，认识社会上的种种人和事。富家子弟整日关在书房里念书，除了给“先生”“老伯”拜年或到“郎中”家里看病，是从不作兴出大门的。叶圣陶则从小就跟着父亲到亲戚家拜年、贺寿、吃喜酒，清明节到乡下上祖坟，秋天到乡下看收租子，甚至帮助他料理收租①。这些特殊的经历，使叶圣陶过早地看到社会的人间百态和乡村民间的疾苦。他早年日记中，“哀民生之多艰”的文字随处可见，请看两则日记：

1911年8月11日　　破晓醒来，寒气袭体。窗外烈风怒号，窗破矣，风从其隙入，作呼啸声；雨点敲窗纸，则又作淅沥声也。……

今日之风雨，亦天气失常事也。立秋才三日，岂有秋来如是之骤者。庭前风仙美人蕉及其他杂草，均为风雨力所压倒，屋后玉蜀黍两株连根拔起矣。然此皆无足道也，田中之禾不知将若何矣。且今年水大，低田已属无望。昨一夜而今又一日之雨绝不少停，秋收之希望岂真必令家家仰屋而啼耶？

---

① 叶圣陶1912年1月30日日记：“晨间随大人至大儒巷吴氏，盖助大人理租。手不停书，乃以竟日。”（《叶圣陶集》第19卷，第88页）2月11日日记：“晨洗餐毕至租粮并收局内代大人之职，盖大人有事故也”。3月8日日记：“晨间随大人至收租局襄理租事……长与算盘账簿为伍。归家时天已全黑。”（叶圣陶：《辛亥革命前后——日记摘抄（二）》，《新文学史料》1983年第2期）叶圣陶1914年致顾颉刚的信中说：“秋谷登场，田主皆开仓收租。吾父命随往吴氏，佐会计之事，晨出夜归，忙了三日。”（《叶圣陶集》第24卷，第85页）

1911年9月4日　　夜间读英文，窗外又淅淅洒雨滴矣。……

秋收已有一半绝望，又雨矣，奈何！各处掠米抢薪之举，屡见于报纸，常熟有数千人入城抢掠富家，兵士弹压亦归无用。似此暴动，将来何堪设想？然亦非暴动者之罪也。仓廪空虚，耕三未馀其一，奈何奈何！①

叶圣陶自家“无半亩田一间屋”，这两则谈“秋来如是之骤”和“秋收已有一半绝望”的日记，纯粹在为农家叹息。“家家仰屋而啼”，“各处掠米抢薪”的“暴动”，“非暴动者之罪也”，这些话出现在年仅十七岁的叶圣陶的日记中，可见他思想的早熟，忧国忧民心切。

拜年、贺寿、吃喜酒、上祖坟等经历，也使叶圣陶从小就熟知江南的风俗人情。苏州民风敦厚。一年间，自元旦拜年起，至大年三十放除夕封门鞭炮止，相传种种风俗。单就春秋两季上坟，就能使人观赏到江南的“古淳朴之风”。清明前三天为“寒食”，官员士庶俱出郊省坟，“道远则泛舟具馔以往，近则提壶担盒而出，挑新土，烧楮钱，祭山神，奠坟邻”，亟尽“思时之敬”。且不说途中看见很大的湖，很高的山，很茂盛的树林，建筑物另有一番风味的乡村，也不说“柁尾飘飘挂纸钱，出城都是上坟船”的流风，以及祖茔前纸灰满谷、哭声哀戚的氛围和“落日家家拜扫回”的场景，仅就上坟乘坐的“快船”，就令少年叶圣陶感到新鲜好奇。他在散文《三种船》② 中是这样描写苏州“快船”的：

---

① 叶圣陶：《辛亥革命前后——日记摘抄（一）》，《新文学史料》1983年第1期。

② 《叶圣陶集》第5卷，第386—390页。

苏州城里的船叫做“快船”，与别地的船比起来，实在是并不快的。因为不预备经过什么长江大湖，所以吃水很浅，船底阔而平。除了船头是露天以外，分做头舱中舱和艄篷三部分。头舱可以搭高，让人站直不至于碰头顶。两旁边各有两把或者三把小巧的靠背交椅，又有小巧的茶几。前檐挂着红绿的明角灯，明角灯又挂着红绿的流苏。踏脚的是广漆的平板，一般是六块，由横的直的木条承着。揭开平板，下面是船家的储藏库。中舱也铺着若干块平板，可是差不多贴着船底，所以从头舱到中舱得跨下一尺多。中舱两旁边是两排小方窗，上面的一排可以吊起来，第二排可以卸去，以便靠着船舷眺望。以前窗子都配上明瓦，或者在拼凑的明瓦中间镶这么一小方玻璃，后来玻璃来得多了，就完全用玻璃。中舱与头舱、艄篷分界处都有六扇书画小屏门，上方下方装在不同的几条槽里，要开要关，只需左右推移。书画大多是金漆的，无非“寒雨连江夜入吴”，“月落乌啼霜满天”以及梅兰竹菊之类。中舱靠后靠右搁着长板，供客憩坐。如果过夜，只要靠后多拼一两条长板，就可以摊被褥。靠左当窗放一张小方桌，方桌旁边四张小方凳。如果在小方桌上放上圆桌面，十来个人就可以聚餐。靠后靠右的长板以及头舱的平板都是座头，小方凳摆在角落里凑数。末了儿说到艄篷，那是船家整个的天地。艄篷同头舱一样，平板以下还有地位，放着锅灶碗橱以及铺盖衣箱种种东西。揭开一块平板，船家就蹲在那里切肉煮菜。此外是摇橹人站着摇橹的地方。橹左右各一把，每把由两个人服事，一个当橹柄，一个当橹绳。船家如果有小孩，走不来的躺在困桶里，放在翘起的后艄，能够走的就让他在那里爬，拦腰一条绳拴着，系在篷柱上，以防跌到河里去。后艄的一旁露出四条棍子，一顺地斜并着，原来大概是护船的武器，后来转变成装饰品了。全船除着水的部分以外，窗门板柱都用广漆，所以没有其他船上常有的那种难受的桐油气味。广漆的东西容易擦干净，船旁边有的是水，只要船家不懒惰，船就随时可以明亮爽目。

接着说到“逢春秋好日子游山玩景，以及干那宗法社会里的重要事项——上坟，唤一条快船去当然最为开心”，一是“船家做的菜是菜馆比不上的，特称‘船菜’。正式的船菜花样繁多，菜以外还有种种点心”，“非正式地做几样也还是精，船家训练有素，出手总不脱船菜的风格。拆穿了说，船菜所以好就在于只准备一席，小镬小锅，做一样是一样，汤水不混和，材料不马虎，自然每样有它的真味，叫人吃完了还觉得馋涎欲滴”。二是“船家还有一种了不得的本领，就是相骂。相骂如果只会防御，不会进攻，那不算稀奇。三言两语就完，不会像藤蔓似的纠缠不休，也只能算次等角色。纯是常规的语法，不会应用修辞学上的种种变化，那就即使纠缠不休也没有什么精彩。船家与人家相骂起来，对于这三层都能毫无遗憾，当行出色。船在狭窄的河道里行驶，前面有一条乡下人的柴船或者什么船冒冒失失地摇过来，看去也许会碰撞一下，船家就用相骂的口吻进攻了，‘你瞎了眼睛吗？这样横冲直撞是不是去赶死？’诸如此类。对方如果有了反响，那就进展到纠缠不休的阶段，索性把摇橹撑篙的手停住了，反复再四地大骂，总之错失全在对方，所以自己的愤怒是不可遏制的。然而很少骂到动武，他们认为男人盘辫子女人扭胸脯不属于相骂的范围。这当儿，你得欣赏他们的修辞的才能”。“在听到他们那些话语的时候，你一定会想，从没有想到话语可以这么说的，然而唯有这么说，才可以包含怨恨、刻毒、傲慢、鄙薄种种成分。编辑人生地理教科书的学者只怕没有想到吧，苏州城里的河道养成了船家相骂的本领。”随后说到“摇船技术”：

> 他们的摇船技术是在城里的河道训练成功的，所以长处在于能小心谨慎，船与船擦身而过，彼此绝不碰撞。到了城外去，遇到逆风固然也会拉纤，遇到顺风固然也会张一扇小巧的布篷，可是比起别种船上的驾驶人来，那就不成话了。他们敢于拉纤或者张篷的时候，风一定不很大，如果真个遇到大风，他们就小心谨慎地回复你，今天去不成。譬如我去上坟必须经过石湖，虽然吴瞿安先生曾做诗说石湖“天风浪浪”什么什么以及“群山为我皆低昂”，实在是个并不怎么阔大的湖面，旁边只有一座很小的上方山，每年阴历八月十八，许多女巫都要上山去烧香的。船家一听说要过石湖就抬起头来看天，看有没有起风的意思。到进了石湖的时候，脸色不免紧张起来，说笑都停止了。听得船头略微有汩汩的声音，就轻轻地互相警戒，“浪头！浪头！”有一年我家去上坟，风在十点过后大起来，船家不好说回转去，就坚持着不过石湖。这一回难为了我们的腿，来回跑了二十里光景才上成了坟。

叶圣陶从小随父亲或叔父出城扫墓，乘的就是这种“快船”。散文《三种船》写得如此精彩，肯定与他从小就乘坐“快船”出城扫墓的经历有关，见得多，看得多，写起来才如此从容自如、惟妙惟肖。

苏州的传说故事特别多，远山近水、亭台楼阁都有传说，斋堂殿馆、庙院庵祠都有故事，就连城里的路名也堪称一绝，例如“黄鹂坊”“干将坊”“锦帆路”“诗巷”，等等，这些富有诗意的路名，也是个个有来历的。叶钟济带叶圣陶出门，看见一块匾额、一个牌楼、一座桥梁，总要把它的历史讲给叶圣陶听，回家后要叶圣陶按见闻次序写成一个单子，犹如日记，作“开笔”之前的写作训练，培养叶圣陶对习作的兴趣。

跟父亲进茶馆听说书，听昆曲，也是叶圣陶小时候的一件乐事。他回忆说：

> 我从七八岁的时候起，私塾里放了学，常常跟父亲去“听书”。到十三岁进了学校才间断，这几年听的“书”真不少。“小书”像《珍珠塔》《描金凤》《三笑》《文武香球》，大书像《三国志》《金台传》《水浒》《英烈》，都不止听了一遍，最多的到三四遍。①

> 我幼年常听书，历十几年之久，当年的名家，现在记得的有王效松、叶声扬、谢品泉、谢少康、王绶松、魏钰卿、朱耀庭、朱耀笙、薛筱卿等人，二十岁以后就不听了。②

听说书和弹词“历十几年之久”，听得可真不少。虽说叶圣陶不大喜欢这些艺术形式，但耳濡目染，年长日久，不可能不受影响。与听说书、

---

① 叶圣陶：《说书》，《叶圣陶集》第5卷，第379页。

② 作者1985年3月14日访叶圣陶。

听弹词相比，叶圣陶更喜欢听昆曲，喜欢唱曲子。昆曲本来就是吴方言区域里的产物，没有什么正规演出，所以叫作“听昆曲”而不是“看昆曲”。听昆曲大多也在茶馆里，边喝茶边欣赏。听昆曲又称为“同期”或“拍曲子”，喜欢唱昆曲的聚在一起，你唱一出我唱一出，没有乐队，只有一个人吹笛子，加上鼓板，喜欢唱什么就唱什么。在亲戚朋友的宴席上，可以听到正经戏班子唱的昆曲。宴饮的当儿，戏班子出来演几出。昆曲彻头彻尾是士大夫阶级的娱乐品，“戏本子虽然也有幽期密约，盗劫篡夺，但是总要归结到教忠教孝，劝贞劝节，神佛有灵，人力微薄”。戏本子的作者或以史实为蓝本，演绎出许多凄艳悲欢的情节；或据小说、杂剧而作，串缀成帙；或摭取逸话，加以夸张的描写；或“只就自己的天地里选一些材料，编成悲欢离合的故事，借此娱乐自己，教训同辈，或者发发牢骚”①。也正是因为昆曲“彻头彻尾是士大夫阶级的娱乐品”，所以曲辞典雅，藻彩佳妙，音节优美，做工深到，乐器重笙、箫、笛，旋律曲折柔媚。普通昆曲，一个字唱至一二十个音符，十一二个拍子的，屡见不鲜，中间抑扬婉转，极清柔温润、悠艳和美之致。韵曲或清新绵邈，或健捷激袅，或惆怅雄壮，或旖旎妩媚，或风流蕴藉，或感叹伤惋，或凄怆怨慕，纤徐绵眇，流丽悠远，令人陶醉。听说书、听昆曲，丰富了叶圣陶的文学知识和历史知识，提高了叶圣陶艺术审美的情趣。他能吹箫，会弹琴，会唱昆曲，还萌生过想当演员的念头②。这些“天分”和爱好，也都与自幼就受到的姑苏文化的熏染

---

① 叶圣陶：《昆曲》，《叶圣陶集》第 5 卷，第 383 页。

② 叶圣陶 1912 年 9 月 7 日给顾颉刚的信中说：“苟献身舞台，或亦不失为名伶也。”详见顾颉刚：《〈隔膜〉序》，叶绍钧著：《隔膜》，商务印书馆 1922 年版。

有关。

听说书，是在茶馆；听昆曲，大多也在茶馆。茶馆是苏州文化的象征。那时，苏州人有啜茶癖嗜，他们的起居几乎是刻板的：每天早上起身后，便往茶馆品茗，一直到中午时分才踱回去进膳；午餐小憩后，又聚集在茶馆里。苏州的茶馆分为两种，一种是很普通的茶馆，来这里“消闲”的都是一般的市民。他们啜着“沸烫”的茶，吸着“浓辣”的水烟，坐着，笑着，谈吃喝嫖赌，谈神仙鬼怪，谈无足轻重的能说的话和爱说的话，叶圣陶在散文《生活》中把他们的“有闲”和“无聊”写得入木三分：

> （他们）有的讲昨天的赌局，打出了一张什么牌，就赢了两底；有的讲自己的食谱，西瓜鸡汤下面，火腿丁煮粥，还讲怎么做鸡肉虾仁水饺；有的讲本镇新闻，哪家女儿同某某有私情，哪家老头子娶了十五岁的侍妾；有的讲些异闻奇事，说鬼怪之事不可不信，不可全信。……①

另一种是比较高雅的茶馆，人们习惯称为“茶社”。茶社有五色玻璃的窗户，有仿西式的红砖砌的墙柱，有红木的桌子，有藤制的椅子，有白铜的水烟袋，有洁白而且洒上花露水的热的公用手巾，有江西出产的茶壶茶杯。茶社两旁有一副绝妙的楹联，每联第一字嵌着店铺的名称，如“吴苑深处”的楹联是：

---

①《叶圣陶集》第5卷，第39页。

吴宫花草已无存骚客消闲应怀古迹

苑宇幽深称独步雅人品茗胜读茶经

来茶社“消磨”的都是“上流社会”的“某老”“某翁”。叶圣陶在散文《生活》中谈到他们的嗜好时说：

报上的记载是他们谈话的资料，或表示多识，说明某事的因由，或好为推断，预测某事的转变；一个人偶然谈起了某一件事，这就是无穷的言语之藤的萌芽，由甲而及乙，由乙而及丙，一直蔓延到癸，癸和甲是决不可能牵连在一席谈里的，然而竟牵连在一起了；看破世情的话常常可以在这里听到，他们说什么都没有意思都是假，某人干某事是“有所为而为”，某事的内幕是怎样怎样的；而赞誉某妓女称扬某厨司也占了谈话的一部分。他们或是三三两两同来，或是一个人独来；电灯亮了，坐客倦了，依旧三三两两同去，或是一个人独去。

这都不足为奇。可怪的是明天来的还是这许多人；发出宏亮的语音，做出顾盼无禁的姿态还同昨天一样；称“某老”“某翁”，议论报上的记载，引长谈话之藤，说什么都没有意思都是假，赞美食色之欲，也还是重演昨天的老把戏！岂止是昨天的，也就是前月，去年，去年的去年的老把戏。他们的生活就是这样了！①

① 《叶圣陶集》第5卷，第40—41页。

记得顾颉刚先生曾和我说起过“圣陶没有苏州人的习气”，这从散文《生活》似乎也能看得出来，他讨厌“苏州人”的“闲情逸致”。除了跟父亲到茶馆听说书、听昆曲，叶圣陶还经常跟着父亲到酒店喝酒。他回忆说：

> 我从八九岁时就开始喝绍兴酒。当时我父亲每天傍晚到玄妙观前街老万全酒店喝酒，我从书塾里放学出来常常跟着去。他规定喝十二两，我喝四两，合起来是一斤。①

一个“八九岁”的孩子，陪着父亲“每天傍晚到玄妙观前街老万全酒店”喝“四两”绍兴酒，别说是在“清末”，即便在今天也让人有点不可思议。不过，也不难理解，叶钟济晚年得子，就这么一棵独苗，当然要希望他早一点长大，早一点成“人”，因而有意识地让他经风雨、见世面。

叶圣陶从小就是这样，既注重读书，也注重“阅历”。由于“阅历”较广，他在“由看见而知道的知识”上形成的思想是超前的。尽管有些淘气，如他给自己取的第一个笔名叫“醉泥”，在毛笔上篆刻了“醉泥涂鸦”四个字，但总的看来成熟得早。这里略述几点。

（一）不喜应酬，厌恶虚饰。叶圣陶不喜欢应酬，或者说懒于应酬，这倒不是小孩子家家就“傲人”“冷人”，而是厌恶弄虚作伪、言不由衷的客套。1910 年叶圣陶不过十六岁。这年 12 月 3 日，父亲要他明天到

---

① 叶圣陶：《略述我的健康情况》，《叶圣陶集》第 7 卷，第 308 页。

一位朋友家吃喜酒，他很不乐意，在当天的日记中写道：

> 父执胡观澜子明日结婚，家大人命往赴夜宴，意甚难之，一若有心事然。盖以婚嫁应酬有种种不适意事：升堂则迎宾之乐杂奏，众客之头齐向来者注目，使人身中眼毒，将似卫玠①之看杀，一不适也。道喜之时，主人请上，客自争下，终则向所谓和合者屈一膝，若奴仆对主人，二不适也。道喜毕，主人肃客坐，他客遂问尊姓、请台甫，相与谈论者无非敷衍语，或则谈某妓女之风姿，或则言某食物之可口，令人闻之增厌，三不适也。及设席也，酒则小杯，菜则若敬神，然器既小而又寡，沸热之物必待至冷而始相举箸，四不适也。及至酒酣，伧夫大发奴态，则呼伎侑觞，丑态百出，令人食难下咽，五不适也。及至席终，客各辞主归，则深夜露冷，若近几日之天气，实将股栗，六不适也。所以余深有惧乎应酬也。

从列举的六个“不适”可以看出，叶圣陶从小就非常憎恶生活中的庸俗、虚伪、敷衍等俗套。他所说的“余深有惧乎应酬”的“毛病”，这正好表明他为人的坦诚和磊落。

（二）提倡俭朴，反对奢侈。苏州有种种礼仪风俗，婚丧庆吊以及生男育女皆有烦琐的礼仪。以嫁娶为例：苏俗嫁娶，乾宅备彩舆、列仪仗，由戚族二人导迎新妇，谓之“带亲”。新妇凤冠霞帔，覆方巾长过膝，披红绸，插金花，由主婚人扶抱上轿。由戚族二人相送，谓之“送

① 卫玠：顾卫玠，当时的名演员。

亲”。豪门巨富挥金如土，小户人家为了虚荣，不惜举债操办。叶圣陶在喝红白喜酒和吃“汤饼”寿面的场合，看到这种竞相攀比的奢华风气，感到厌恶。他说，“夫致贫之道，虽多其端，而奢侈亦其一”，如果大家都来提倡俭约，“则民力可苏，而财用稍裕矣!”于是写了《论贵族妇女有革除妆饰奢侈之责》[1] 一文，力陈妆饰之弊，主张革除奢侈之风必须从“家庭间”做起，从革除妇女的华美的妆饰做起，“富贵之族之妇女”尤应“竭力提倡俭朴”，文中说：

> 夫富贵之族之妇女，其一举一动，辄为众人所注目，而即以之为标准者也，亦即竞美恶耻之导线也。彼苟无意而华美其妆饰，彼固以为我固有力也，是区区者，何损于我。而不知彼力能追随者，已步其后尘模其遗规而效之矣。渐渐相效，乃成风尚。风尚之所至，虽贫者亦不能逃，于是无力者亦且效之矣。在富贵之妇女，偶一为之，不措意也。而其势力如此，则反之而以之为改良习俗之具，则其势力亦必相等。是故欲挽妇女争事妆饰之弊，非富贵之妇女为之倡不可，所谓解铃还是系铃人也。

叶圣陶全面论述了贵族妇女有“革除妆饰奢侈”的责任后指出：若从革除妇女的妆饰入手，再废除“不作佛事为不孝”“不奢婚嫁为慢客”的陈腐观念，则“家庭之间，必得略有宽裕。人民宽裕，国之福也。富国之道，虽决不在此，而未始非其微因”。他还希望“富贵之妇”把妆饰

---

① 《妇女时报》第 4 号，辛亥年九月朔日。《妇女时报》由上海《时报》馆出版，狄平子主编。狄平子在政治上是维新派，为妇女办报也是革新之举。

费用捐献出来，兴办慈善事业，或“移作赈捐”，救济“嗷嗷待哺”的穷人。尽管叶圣陶的这些想法还比较天真，然而作为一个未成年的中学生，对社会问题能作出如此契合情理的分析，实属难能可贵。

（三）相信科学，反对迷信。夏天吃“雷祖斋”、烧“雷祖香”是苏南的一个风俗。相传农历六月二十四日为“雷尊诞”。这一天，苏州城里玄妙观“蜡炬山堆，香烟雾喷，殿前宇下，袂云而汗雨者，不可胜计”。居民不举火做饭，只吃西瓜、黄金瓜或饭瓜，以瓜代饭，俗称吃“雷祖斋”；还要到玄妙观进香，俗称烧“雷祖香”。虔诚的信徒们出于对雷祖的敬畏，从农历六月初一起就开始“茹素”，直到六月二十四日止，“茹素”的时间将近一个月，故又有“香进雷尊匝月斋”之说。叶圣陶反对迷信，把“雷斋”说成是落后愚昧的“恶现象”。他在1911年7月18日（农历六月二十四日）日记中写道：

> ……至观里，人颇拥挤，盖今日有神会，而并为烧雷祖香之总日也。一般善男信女，谨谨诚诚，往往来来。一般香烛堆硬拖生意，殊为可厌。而一般乞丐亦于此遍处求索。总之，人民程度不到，乃有此种种恶现象。

他还写过一篇题为《儿童之观念》① 的教育论文，说的是邻居一个九岁的孩童，是初等小学二年级的学生。他在学校里“于教师之所授”的反封建思想“颇能深信”，“时或流露语中”。回到家里，听信了母亲的话，

① 《妇女时报》第3号，宣统三年七月望日。

在“烧雷祖香之总日”那天，也烧香吃斋，祈求雷神不要“雷殛”；把国文教科书上的“雷祖亦偶像”，以及老师讲授的“偶像之不可崇拜”的“祛迷之言”丢到脑后。叶圣陶深有感慨地说：家庭教育比学校教育更重要，儿童“在学校之时间少，居家庭之时间多，况学校有假日，而家庭无一日离，家庭久而学校暂”。父母的言行“偶一不慎，即生弊病”，致使儿童“将弃学校所得而就家庭”，“智识道德”遭到“戕贼”。他奉劝家长：“凡有戕贼儿童智识道德之事，不可行之，不可言之。行则为儿童所摹仿①，言则为儿童所听从”，热忱地希望父母要能就儿童在学校里所受的教育，“为之阐解，以补其不足，使学校家庭之教育，不相离异”。《儿童之观念》是叶圣陶的第一篇教育论文，也是一篇反封建迷信的檄文。仅从这三个方面便不难看出，叶圣陶当时的思想已经比较成熟，这与他从小就接触社会、读“社会”这部大书不无关系。

二、读私塾与考秀才

1900 年春，悬桥巷一位陆姓的殷富之家延师设帐讲学，叶钟济给先生送了贽敬，让叶圣陶到陆家附读，先读《三字经》《千字文》，然后是《四书》《诗经》《易经》。这些圣经贤传，“都要读熟，都要在老师跟前背诵，背得出来了，老师才教下去。每天还要理书，就是把先前背熟了的书轮替温理一部分，背给老师听”②。先生姓黄，学识渊博，和蔼可亲。家塾设在花厅，花厅西侧是书房。夏日读于花厅，冬日移入书

---

① 摹仿：今作模仿。下同。

② 叶圣陶：《大力研究语文教学　尽快改进语文教学》，《中国语文》1978 年第 2 期。

房。厅前有紫藤架，花树繁茂，还有围廊、旱船、亭阁、石山，环境极为幽雅。叶圣陶与陆家公子陆觉先同窗一年，朝夕相处，情逾手足，因而常常念及。隔了十年，叶圣陶在国文课上由课文回想起读书的往事，情不能抑。1910 年 11 月 24 日的日记中写道："到校后第一时，介先生上国文课讲欧阳永叔《李氏东园亭记》。篇中言幼时游此园之景象，与此时之景象变而大不同，叹年光之倏忽，踪迹之无常。余因而忆及六七岁时，陆氏住悬桥巷，余与其诸昆季同学宅中，有报春草堂及某亭某轩，庭中梅树数十株，杏李等亦多，解馆及课馀时，相与嬉戏其中。今宅为其族中卖出，彼家遂迁至萧家巷，且此宅亦屡易姓矣。不定人事，思之心呆。"陆家的书塾给幼时的叶圣陶留下了难忘的记忆。

1901 年春天，叶圣陶转到张承胪（字元翀）先生设立的私塾读书，与"以疑古辨伪擅名于学术界、创建了'古史辨学派'"的顾颉刚同学。张先生教书认真，督责极严。学生念书念不出，他将戒尺在学生桌上乱拍；背书背不出，便用戒尺在学生头上乱打。顾颉刚在《记三十年前与圣陶交谊》中说：

> 光绪二十七年，予九岁，新丧母，读书张氏塾。圣陶是时八岁①，亦至。圣陶读"四书"，予读《诗经》《左传》。师特严，读辍声者，戒尺击其案背，背诵中绝者，戒尺击其头，待童子如囚犯，以是予虽日与圣陶接席，而谈话之机会乃绝少。

---

① 虚龄。

叶圣陶慑于张先生的“戒尺”和“弗熟不得进膳”的家规，用心读书，背诵“均能上口，手掌未尝戒尺”①。顾颉刚则受过张先生的“扑责”和“笞刑”。他在《为王湜华手抄〈叶圣陶先生诗词稿〉题七古一首》中说：

> 溯昔一九零一年，读书私塾始比肩，
> 可堪师道尊于天，扑作教刑剧可怜；
> 默诵脱句涕涟涟，彼此目视袖怯牵。②

说他背书“脱句”时急得直哭，叶圣陶在一旁偷偷地牵袖提示他。读书背书之余，张先生给讲“二十四孝”，讲亲教师、和兄弟、爱朋友、劝学、节俭等“道德”，又让大家练习小楷，做对子，写文章。叶圣陶经常到茶馆听说书，听昆曲，接触社会多，“单子”（类似日记）写得多，文章自然有所长进。他回忆说：

> 我八九岁的时候，在书房里“开笔”，教师出的题目是《登高自卑说》；他提示道：“这应当说到为学方面去。”我依他吩咐，写了八十多字，末了说：“登高尚尔，而况于学乎”，就在“尔”字“乎”字两旁，吃了他两个双圈。③

有的同学见叶圣陶写得一手好文章，就暗地里请他代笔。这样，老师出

---

① 叶绍钧：《〈十三经索引〉自序》，叶绍钧编：《十三经索引》，开明书店 1934 年版。
② 作者抄录自顾颉刚手稿。
③ 叶绍钧：《论写作教学》，《国文月刊》第 1 卷第 6 期，1941 年 2 月 16 日。

一道经义史论或时务策论的题目，叶圣陶常常要写三四篇，既不能雷同，又必须按时交卷，这就促使他下笔要快，平时多读书，多思考。父亲见叶圣陶作文长进快，就在1905年夏天怂恿他去考秀才。叶圣陶顺利地通过了县试和府试后，由舅父陪着到署府贡院参加“道试”。姑苏一带有一种风俗，当舅父的有几种注定的任务，无论如何不能让与别人的。例如，抱着外甥为他剃第一次头，牵着外甥入塾拜老师，送外甥入科场应试，以及分家时来主持公道。

科举制度专以八股诗赋取士，考秀才不仅要考八股文，还要考诗。八股文是从经书里出题目，要求上一段与下一段相对，排成双行。清朝末年，由于受到“维新”思潮的影响，科举考试的规则和内容有所改良：“不专以诗赋为进退”，“废八股”，作文也逸出了从“经书”里出题目的陈规，既作“经义”，也写“策论”。进考场非但不用搜身，还允许把书带进考场翻阅。应试那天，父亲为叶圣陶准备了一个轻巧的小食篮，中间盛着两个马铃瓜、七八个馒头、一包火腿，还有些西瓜子、花生米、制橄榄之类吃着消遣的东西。叔父特地为他准备了一个小小的书箱，里边装有石印的《四书味根录》《五经备旨》《应试必读》《应试金针》《圣谕广训》一类的书，作考试时的参考。考试时间定在清晨零点。夜里十二点之前入考场，通宵答卷，最快的第二天上午交卷，考得慢的可以拖延到下午。父亲说是让叶圣陶“观场”，看看场面，长长见识，为来年的正式参加考试作准备，但心里还是有企盼的，总希望“题目凑巧”，孩子不怯场，能一举成名。叶圣陶在1923年写的小说《马铃瓜》①，

---

①《叶圣陶集》第2卷。

就是以这次道试的经历为素材的：一个活泼好动的孩子进了戒备森严的考场，却一心想着自己篮里带来的两个马铃瓜，他终于忍不住削起瓜来吃，把考试丢在脑后了。不过，既然是小说，就有虚构的成分。例如，小说中描写的前来应试的幼童虚龄仅十二岁，生得秀美，由于未“编红辫线”，令围观的看客感到遗憾。按说这位“幼童”就是叶圣陶，但叶圣陶的确是系了“红辫线”进“考棚”的。顾颉刚的《记三十年前与圣陶交谊》可资佐证，文中说：

> 当科举未罢时，予已略习操觚，吾父欲令观场，而吾祖以为不宜太早。科举遽废，予乃无从取得提篮进考场之经验。圣陶告我，渠曾往应试，家中为之系红辫线，示年幼，闻之而羡。

旧中国科场风气不正，平民百姓“朝中无人”，就编织出种种奇奇怪怪的幻想来：假如自己的孩子长得很清秀，就用红棉线给他编辫子，使他显得玲珑可爱，主考的学政看得喜欢，就会在点名簿上打个记号，阅卷时便可放宽衡文的尺度，那就运气了。叶圣陶的父亲、叔父和舅父也有这样的幻想。但叶圣陶毕竟还是个十一岁的孩子，他进“考棚”后吃马铃瓜，吃馒头和火腿，嗑瓜子，围观挨痛打的“冒籍”和“枪替”，直到第二天上午十一点才匆匆忙忙写了一篇二百多字的策论，抄完指令恭默的一节《圣谕广训》已是傍晚，没能考中是很自然的事，父亲、叔父和舅父的“红辫线”的想象落了空。也就在这一年，清王朝发布上谕：“从丙午年（1906 年）起所有岁试、乡试、会试一律停止。”所以叶圣陶参加的是我国最后一次科举考试。这一特殊的经历，成了街坊邻里间的美谈，也让小学和中学的同窗“闻之而羡”。

三、爱国心的孕育

苏州有正谊、紫阳、平江三个书院，设有补助士子们会试所需要的“宾兴款项”。科举既废，绅士们为了振兴教育，决定挪用“宾兴款项”兴办学校。这项款子筹建的第一所学校是1906年春创办的长元吴公立高等小学堂，校址在葑门内夏侯桥东边的十梓街上（第二年搬进城中心草桥附近新建的校舍），校名来自苏州三县“长洲县”“元和县”“吴县”县名的第一个字。入学考试的题目是“征兵说”，叶圣陶报名应试，以高分上榜。

从“子曰铺”到“洋学堂”，就像从一个黑暗的角落来到一个新奇的世界，不再是光读“子曰诗云”了，而是学习修身、博物、历史、地理、算学、英文等全新的课程，唱歌、远足、踢足球、爬竹竿、跳木马、采标本、养殖鱼虫花草也都成了学习的科目；先生不再摇头晃脑地讲“头悬梁锥刺股”了，而是大讲特讲“爱我中华”“排满革命”；吟诵“小学校歌”替代了私塾时代在“大成至圣先师孔子之神位”前的“三跪九叩”之礼。校歌共两首，我只寻访到第一首，歌云：

光绪丙午春，我吴进文明。
学校如林立，尚武重征兵。

关于这所公立高等小学堂，章元善在《清末创办的苏州初等小学堂和公立高等小学堂——追思两则》一文中是这样描述的：

> 那时的“公高”的门内门外好像是两个世界。门外是衰落的苏州，鸦片烟流毒与日俱深，人们萎靡不振，暮气沉沉，带有因循度日的气氛。“公高”门内则是另一个世界，这儿人们个个精神饱满，朝气蓬勃，操场上的口号声、脚步声、哑铃声，以及上下课的钟声，课堂里的琴声、歌声、读书声，此起彼伏，热气腾腾。①

教师有苏州留日归来的章伯寅（授修身、历史、地理、音乐），朱遂颖（授国文），龚赓禹（授经学、博物），杜安伯（授英文、算术），罗树敏（授图画），孙雨苍、赵至善（授体操），管燮臣任事务。不设校长，由发起人王同愈、蒋炳章为校政总理，章伯寅、朱遂颖、龚赓禹三人负常务之责，章伯寅居首。章、朱、龚等都是资产阶级民主革命的启蒙者，留日前宣传康（有为）梁（启超）变法的主张，留日期间深受“明治维新”的影响。他们信奉“救国以教育为主脑论”，倡导爱国、尚武，反对守旧、迷信，把“养成尚武精神，实行民族主义”，作为办校的方针。1906年冬天，新校舍落成，学校在新校舍开游艺会，表演学术、算术、国文，均由来宾当场命题。国文科的作文题为“革命立宪辨”，叶圣陶、顾颉刚、赵孟轺等各作一段，联合成篇，可见当年的豪情。

叶圣陶生活的那个年代，正是中华民族风雨飘摇的年代，也是中华民族日益觉醒的年代：他出生那年——1894年，甲午之战败于日本。

---

① 作者录自章元善手稿。

1895 年，清政府割地赔款，与日本讲和。1896 年，清政府与沙俄签订《中俄密约》，沙俄逐步控制了我国东北三省。1897 年，德国占领胶州湾。1898 年，英国租占威海卫，清廷发生戊戌政变。1899 年，法国占领广州湾。1901 年，清政府与英、美、俄、德、日、奥、法、意、西、荷、比十一国代表订约赔款讲和……庸懦腐朽的清朝统治着的中国到了 19 世纪末 20 世纪初，承受不住列强帝国的包围侵略，摇摇欲坠了！

社会存在决定人们的意识，尤其是敏感而猛进的青年，面对满目疮痍的江河大地，内心只有一股爱国狂热。1902 年，上海南洋公学学生创办学社，社名就叫“爱国”；南洋公学老师创办女校，取名“爱国女学”。“爱国”成了时代的强音。近代思想启蒙家们大多从“乡土教育”入手，向青年宣传“国家”两个字的意义，灌输“国家”的观念，鼓吹“排满”和“反帝”。叶圣陶回忆说：“我上小学的时候，列强瓜分中国的局势已经摆开。章伯寅先生教育我们说：地不离人，人不离事。欲论人事，必先知地理，要爱国就得先爱乡土，晓得乡土的山川史地、名人伟业；要爱国就得先晓得我国的自然地理、历代英杰。所以，每逢礼拜天，我总与章元善、顾颉刚、周勖成、赵孟轺、潘锡侯等同学或聚于园林，或集于茶馆，谈苏州的人物地理，谈‘先天下之忧而忧，后天下之乐而乐’，谈‘天下兴亡，匹夫有责’。”① 除了文韬武略皆负盛名、人品事业卓绝一时的姑苏先贤范仲淹，他们谈得最多的是“五人墓”、金圣叹和顾亭林。

姑苏被人视为温柔之乡，但苏州的匹夫也一样了得，文的、武的，

① 作者 1978 年 12 月 9 日访叶圣陶。

都不含糊。明代阉党作乱，朝中有正义感的臣子们进行抵抗，阉党大兴冤狱，施以酷刑，惨绝人寰。阉党要抓苏州的忠贤周顺昌，派了缇骑下江南。周忠介公顺昌，字景文，号蓼洲，明朝万历年间进士，曾任吏部文选司员外郎，居官清正，受到市民拥戴，故苏州城乡数万人为周顺昌免遭逮捕而不期群集。缇骑到苏州府衙门宣读圣旨的那一天，巡抚都御史毛一鹭、巡按御史徐吉以及道、府以下各级官员全部到场。赶来围观的百姓个个为周顺昌叫冤，声音如雷震一般。巡抚府里的军官带了骑兵前来镇压，兵卒拔刀威胁百姓，百姓拼死抗争，且把刀抢过来要刺杀毛一鹭，颜佩韦、杨念如、马杰、沈扬、周文元成了这次群众自发抗议的领袖。事发后，毛一鹭召来骑兵带甲保卫他，又上奏章报告苏州民变，欲以擒获首乱自功。城内外士民人人自危，颜佩韦等五人为保护民众，挺身而出，自系入狱。八天后，周顺昌也被逮捕，押解到了京师，阉党诬指他犯了贪污罪，严刑拷打，伤重病死在狱中，颜佩韦、杨念如、马杰、沈扬、周文元也惨遭杀害。苏州人设祠恭祭，名笔张溥还写了《五人墓碑记》，表彰颜佩韦等人的行谊。此五人虽属匹夫，却名镌青史，万古流芳。

金圣叹读过书，但绝意功名。此人有点迂，但有正义，重是非。他见到官府欺压百姓，遂带领一帮乡间知识分子到孔庙中静坐示威，名曰哭庙，此事发生在顺治十八年二月初。

顺治十七年（1660年）十二月初一，吴县新任知县任维初下令追逼钱粮，声称："功令禁严，钱粮最急。"并"开大毛竹片数十，浸以溺"作为刑具，"初二日午时，即追逼欠缴者"，一时"（受）责者鲜血淋漓，难于起立"，造成"邑民股栗"的恐怖局面。大量粮食入仓以后，任维初等官吏又盗取仓米付米行贩粜，中饱私囊，罪行发指，民情沸腾。苏州秀才百余人为民请命，由薛尔张将任维初罪行写成“揭帖”，在倪用宾率领下向苏州知府大堂举报，时为顺治十八年二月初四日。

时机不巧。顺治十八年二月初一日，皇帝哀诏到苏州，巡抚朱国治率领府、道、县官齐集苏州府堂设帐公祭三天。初四日公祭结束，朱国治等众官仍在商议善后，而秀才举报队伍及沿路跟进的群众千余人恰巧到达。朱国治直接参与贪污，为转移视线，遂以“震惊先帝之灵”为名，逮捕倪用宾等人。全城读书人愤愤不平，群情鼎沸，金圣叹倡议到孔庙向老夫子灵前哭诉以示抗议。一呼百应，随行群众亦号呼而至，在孔庙前击鼓鸣钟，并涌入大成殿痛哭，场面十分悲壮。朱国治害怕泄露贪污内情，进一步残酷镇压，将哭庙文的起草人金圣叹作为首犯拘捕，冠以“摇动人心倡乱，殊于国法”之罪，倪用宾等也锒铛入狱，一共抓捕了十八人，均被判死罪，七月十三日立秋，在南京三山街执刑。

金圣叹是个文人，但他是一个有骨气的文人，死前不愿蹈袭嵇康带走《广陵散》的覆辙，认认真真地将家里的招牌菜咸菜烧黄豆传给儿子。金圣叹等文人虽为匹夫，其风骨却彪炳史册，让人肃然生敬意。

至于看到“民心可用”，大声喊出“国家兴亡，匹夫有责”的顾亭林，就更为叶圣陶、章元善、顾颉刚这帮学子所追捧了，他们将顾亭林“引为骄傲，奉为楷模”[①]。顾亭林是苏州昆山县人，他一生应事接物，守礼不越乎耻，认为维系国家的礼义廉耻四大支柱中，耻最为重要。他力倡“行己有耻”之道，常痛斥当道者曰：“士大夫无耻，谓之国耻。”1900年之后，民族危机空前激化，清政府的卖国嘴脸进一步暴露，人

---

① 作者1978年12月9日访叶圣陶。

们对它感到绝望和愤怒，因而这个政府在许多汉族人看来又恰好是一个“异族”政府。在这样的历史条件下，反满情绪与日俱增，“非我种类，其心必异”，成了反清的号角；“宁使汉种之亡尽死尽杀尽，而必不愿其享升平、舞河山、优游于鞑靼之下”① 成了反清的誓言。邹容所作的《革命军》几乎人手一编，“‘革命’之名词遂‘深入人人之脑中而不可拔’”；陈天华所著的《猛回头》被竞相翻印，“劝君猛省莫徘徊”的呐喊响彻中华大地。面对汹涌澎湃的“变革”和排满浪潮，乡贤顾亭林理所当然地受到热血男儿们狂热的追捧和爱戴。同学章元善的父亲章珏（号式之）对叶圣陶的影响也很大。叶圣陶回忆说：“章珏是清朝的进士，是校勘家、书法家，又是苏州府学务处的监督。他有一枚图章叫‘屈居人间’，写过一系列反清的诗文。他常常给我们讲近代史，讲我国在鸦片战争、中法战争、中日战争中的‘割地赔款’，教育我们立志救国。”②

时代的激励，乡贤的风范，师长的教诲，孕育了少年叶圣陶的爱国心，他和同学们一起参加了当年风起云涌的“反美华工禁约运动”。众所周知，从 19 世纪 40 年代到 70 年代初，美国要求清政府“供应华工”，大批劳工辗转被贩卖到美国，用他们的血汗造就了美国的繁荣。到了 19 世纪 80 年代，美帝国主义为了转嫁经济危机，不断颁布“华工禁约”，以“华人品性不良”“黄人程度甚低”“野蛮”“嗜赌”“争斗”等莫须有的理由，虐待华工，驱逐华人出境。旅美华侨发起了反对禁约运动，国内也立刻呼应，在 1905 年至 1906 年掀起了波澜壮阔的反美爱国运动。

---

①《中国灭亡论》，《国民报》第 4 期。

② 作者 1978 年 12 月 9 日访叶圣陶。

在老师的带领下，叶圣陶和同学们一起多次上街游行，挨家挨户张贴“本宅不点美孚油”“本宅不用洋肥皂”的五色纸条，抵制美国货，提倡用国产的“菜油”和“粗肥皂”，在苏州开反帝风气之先。[①] 时代在前进。“书中自有千钟粟，书中自有颜如玉”的陈腐观念，已被汹涌澎湃的“富国强国”的声浪所湮没，为“黄金与美人”而读书的时代过去了；“一卷在握，怡然自得”，学成之后，可以“啸傲山河”的文人哲学也为“中华男儿”所不齿，“为读书而读书”“为享乐而读书”的时代过去了！“君子之为学，以明道也，以救世也。”——先贤的淑世精神为时代所景仰。为认识自己的时代和社会而读书，为明白自己在历史上和社会上的地位而读书，为寻求走向新时代的路径而读书，成了莘莘学子的共识。这是时代的一个突变，也是叶圣陶求学的起点。

① 作者1982年2月28日访章元善。

第二章

草桥中学的学习生活

览应千此十三册日记，大略可见当年苏州中学生较优秀者之概况。作诗词，作画，刻印章，游西郊诸山。而常入茶馆吃茶，同学间畅谈无禁，往往至数小时，尤为今人所弗晓。时作玄想，好谈国外新事物，颇受上海报章杂志之影响，古诗文与新译作并为课馀良伴。

——叶圣陶《〈汪应千日记〉序》①

一、风行一时的“学堂歌”

长元吴公立高等小学堂学制三年，叶圣陶因学业优异，读了一年就于 1907 年春越级考入新创办的苏州公立第一中学堂。他非常感激小学老师对他的关怀和教育，1982 年，他在回忆章伯寅、朱遂颖两位先生时还说：“我受两位先生的教育只有一年，可是得益极大，一辈子受用。他们谢世已久，我永远敬爱他们，忘不了他们。”②

① 《叶圣陶集》第 18 卷，第 336 页。

② 作者 1982 年秋访叶圣陶。

苏州公立第一中学堂校址在王废基北侧，玉带河草桥南堍路东，所以又称草桥中学，学制五年。1907年至1912年，叶圣陶在草桥中学就读的五年，正是由改良主义的“维新运动”过渡到民族革命运动的年代，是“创建中华”最亢奋、最热烈的年代。中国正处在社会大变革的浪潮中，在民族革命运动汹涌澎湃的浪潮的激荡下，青年叶圣陶既接触到西方较为系统的现代文化科学知识，又经历了辛亥革命的洗礼，急进的民主主义思想和爱国主义思想得到了发展和升华。

草桥中学由清光绪甲午科举人蔡俊镛（云笙）等发起，获准开办后，蔡俊镛任第一任监督（校长）。为了办好这所中学，蔡俊镛于1906年去日本考察中学教育，回校后在教育制度和课程设置方面参考日本的经验，按现代教育的要求进行改革。开设的课程中，正课有国文、英文、算学（数学）、博物、经学、修身、历史、地理、化学、体操、唱歌、图画等。这些课程，除了经学教四书五经以外，其他各科和现在中学所开的课程竟没有多大差别。据叶圣陶回忆，算学教到代数、几何、微积分，这在当时是非常难得的。除必修的正课外，还开设了球类、国术、军乐、金石、丝竹、音韵学、度曲、尺牍、剥制（制作标本）、照相、日语、法语等供选修的“附课”。为了适应现代教育的要求，草桥中学广招人才，聘程仰苏主事务（兼授经学）、蔡望之任舍监（兼授历史）、朱渊士任舍监（兼授数学）、孙伯南授国文、罗克家授英文、张书绅授地理和博物、吴帙书授植物、安树敏授图画、潘震霄授音乐、洪竹铭授体操，修身则由校长兼任。教师中既有社会贤达和资深学者，又有年轻有为、力倡改革的大学毕业生及军界名流，使草桥中学一时名声大震。

第二年，蔡校长辞职，校长职务由铁路学堂监督龚子英暂行代理。半年后，蒋韶九任监督。龚、蒋二人都是改革派，蒋于民国元年被推举为国会议员。蒋到任后，聘陆星授英文，聘魏旭东授体操，既提倡放眼域外，又特重民族精神的重塑。

谈草桥中学的特色，不能不首先谈到“乐育”。李叔同 1906 年在日本创办的《音乐小杂志》第一期的《序》中，谈及音乐发展的过程以及音乐的作用时说：

> 繄夫音乐，肇自古初，史家所闻，实祖印度，埃及传之，稍事制作；逮及希腊，乃有定名，道以著矣。自是而降，代有作者，流派灼彰，新理泉达，瑰伟卓绝，突轶前贤。迄于今兹，发达益烈，云滃水涌，一泻千里，欧美风靡，亚东景从。盖琢磨道德，促社会之健全；陶冶性情，感精神之粹美。效用之力，宁有极欤？

“琢磨道德，促社会之健全；陶冶性情，感精神之粹美”，也正是出于这一理念，当年的草桥中学十分重视“乐育”。而所谓的“乐育”，就是唱“学堂歌”，虽说也唱《学生快乐》《高山流水》《中秋赏月》，但主要是歌咏“爱国”和“尚武”。叶圣陶说他在草桥中学唱过的“学堂歌”就有梁启超的《爱国歌》《黄帝歌》，杨度的《扬子江歌》，李叔同填词的《祖国歌》，以及曾志忞的《黄河》等。[①] 梁启超的《爱国歌》当年在青少年学生中颇为流行，歌云：

---

① 作者 1982 年秋访叶圣陶。

泱泱哉！吾中华。最大洲中最大国，廿二行省为一家。物产腴沃甲大地，天府雄国言非夸。君不见，英日区区三岛尚崛起，况乃堂裔吾中华。结我团体，振我精神；二十世纪新世界，雄飞宇内畴与伦。可爱哉！吾国民。可爱哉！吾国民。

芸芸哉！吾种族。黄帝之胄尽神明，浸昌浸炽遍大陆。纵横万里皆兄弟，一脉同胞古相属。君不见，地球万国户口谁最多？四百兆众吾种族。结我团体，振我精神；二十世纪新世界，雄飞宇内畴与伦。可爱哉！我国民。可爱哉！我国民。

彬彬哉！吾文明。五千余年历史古，光焰相属何绳绳。圣作贤述代继起，浸濯沈黑扬光晶。君不见，朅来欧北天骄骤进化，宁容久扃吾文明。结我团体，振我精神；二十世纪新世界，雄飞宇内畴与伦。可爱哉！我国民。可爱哉！我国民。

轰轰哉！我英雄。汉唐凿孔县西域，欧亚抟陆地天通。每谈黄祸詟且栗，百年噩梦骇西戎。君不见，博望定远芳踪已千古，时哉后起我英雄。结我团体，振我精神；二十世纪新世界，雄飞宇内畴与伦。可爱哉！我国民。可爱哉！我国民。

梁启超在1902年前后创作的《黄帝歌》（四章）与《爱国歌》相似，侧重点在“反清”。歌云：

赫赫我祖名轩辕，降自昆仑山。北逐獯鬻南苗蛮，驰驱戎马间。扫攘异族定主权，以贻我子孙。嗟我子孙无忘无忘乃祖之光荣！

温温我祖名轩辕，世界文明先。考文教算明历元，还将医药传。科学思想寻厥源，文明吾最先。嗟我子孙遗传继续乃祖之光荣！

巍巍我祖名轩辕，明德一何远。手辟亚洲第一国，布地金盈寸。山河锦绣烂其明，处处皆遗念。嗟我子孙保持勿坠乃祖之光荣！

绳绳我祖名轩辕，血胤多豪俊。秦皇汉武唐太宗，寰宇威棱震。至今白人说黄祸，闻者颜为变。嗟我子孙发扬蹈厉乃祖之光荣！

杨度也创作过“适合儿童讽诵的佳作”（梁启超语），最有代表性的是《扬子江歌》。这支歌旋律豪壮奔放，气魄雄伟，大有一泻千里之慨。歌云：

长长长，亚洲第一大水扬子江，源青海兮峡瞿塘。蜿蜒腾蛟蟒，滚滚下荆扬，千里一泻黄河黄，润我祖国四千余载历史之荣光。

波波波，汽笛一声飞出黄歇浦，吴淞公开新商埠。江口开一锁，炮台旧址无，江底空余活沙铺，西北转柁回看三十六里烟模糊。

青青青，长江门户狼福两山横，右通州兮左江阴。控扼占形胜，京口看潮生，直上扬州揽月明，西望故京，依然虎踞龙蟠石头城。

扬子长寿，扬子长寿，希望将在后。密西息落英人手，凌侮曾未久；一夫倡自由，星旗灿烂西半球。洗我国耻，浣我陋俗，文明冠五洲。

诗人将源远流长、奔腾浩瀚的扬子江作为民族精神的象征，又将扬子江比拟美国的密西西比河，寓意极为深远。美国人民发动独立战争，从而挣脱英国的羁绊。中华民族只要革除“陋俗”，洗尽列强凌侮的“国耻”，就能巍然矗立于世界民族之林。叶圣陶说他们那时边唱这支歌，边用手在桌子击拍子，歌声特别宏亮激昂。

李叔同填词的《祖国歌》是一首纯粹中国风的歌曲，作于1905年，在沪学会的刊物上发表，立刻不胫而走，全国各地学校都采作教材。歌中写道：

上下数千年，一脉延，文明莫与肩。纵横数万里，膏腴地，独享天然利。国是世界最古国，民是亚洲大国民。呜乎，大国民！呜乎，唯我大国民！幸生今世界，琳琅十倍增身价。我将跨狮越昆仑，驾鹤飞渡太平洋。谁与我仗剑挥刀？呜乎，大国民，谁与我鼓吹庆升平？

歌词歌颂了祖国大地的辽阔丰饶，祖国历史的文明悠长，民族精神的自强不息，并驰骋美好的想象，祝愿祖国如雄狮振鬣怒吼，摆脱屈辱命运；如黄鹤展翅高飞，翱翔于世。最后充满希望地诘问：谁为我驱除列强，使我扬眉吐气？谁为我励精图治，使我屹立如山？祖国的嘱托、历史的使命就落在你们年轻一代的肩上啊！

曾志忞的《黄河》以歌颂中华民族的摇篮——黄河，来激扬爱国精神，高亢激昂。歌中写道：

> 黄河黄河出自昆仑山，远从蒙古地，流入长城关。古来圣贤，生此河干。独立堤上，心思旷然。长城外，河套边，黄沙白草无人烟。思得十万兵，长驱西北边。饮酒乌梁海，策马乌拉山。誓不战胜终不还。君作铙吹，观我凯旋。

其时正值沙皇俄国屡屡侵吞我国疆土，歌中的“思得十万兵，长驱西北边”乃有感而发。

“爱国歌”文字优美，内容充实，思想性强。我国近代思想启蒙家们在创作爱国歌曲的同时，还谱写了《哀希腊》《哀印度》《哀埃及》《哀罗马》等域外题材的歌曲，述说古希腊、古印度、古埃及、古罗马等文明古国，由于不思自强，衰颓残敝，国宝流失，人民沦为戎狄奴隶的悲剧，希望中华儿女铭记“民不竞便亡国”的教训，发愤自强。

域外题材的爱国歌曲，给青年叶圣陶以很深的刺激，策励他“排满”“反帝”，以建设“少年中国”为己任，直到中年甚至到晚年，这些追念夙昔、悲哀苍凉的词曲还时时萦绕在他的心头，策励他直面现实、感应人生。1974 年 10 月 12 日，叶圣陶在日记中追记了《哀印度》《哀埃及》《哀希腊》，以及内容与之相仿的两首“失题”，借以抒发“文革”期间他对国家前途和命运的忧思。他在日记中说：“近月来突然时浮胸肌，嘉其歌颂祖国河山，气魄雄大。哂其追怀原始‘民主’，归功孔孟，祖述尧舜。殆确系清末东西洋留学生中维新派改良主义思想之表露。循声索字，因韵分章，勉凑原句，舛误存疑甚多，题目更难忆得。”青少年时代唱的爱国歌曲，相隔七十年之久“突然时浮胸肌”，可以想象他当时的心绪。这类域外题材的歌曲，在我国有创作，也有翻译。英国浪漫主义诗人拜伦 1819 年写的《哀希腊》，最早是由梁启超用骚体和曲调从日文转译的[①]，后来又有苏曼殊的“硬译”、马君武的“意译”，以及胡适的“骚体重译”。叶圣陶很喜欢马君武的“意译”[②]，直到晚年还能背诵其中的一些段落：

一朝宫社尽成墟，可怜国种遂为奴。
光荣忽傍夕阳没，名誉都随秋草枯。
岂无国士坐列岛，追念夙昔伤怀抱。
我今飘泊一诗人，对此犹惭死不早！
吁嗟乎！我为希腊几颦蹙，我为希腊一痛哭！

中华民族的近代史是一部蒙受凌辱的历史。鸦片战争以来，强邻外寇相继入侵，国家沦为半殖民地，大好河山，改染异色。有血性的中国人无不痛心疾首，冀图后报。清末民初风靡一时的“爱国歌”，成了催人反省、振作、努力、奋斗的号角，激发青年叶圣陶把个人的命运与国家和民族紧紧地联系在一起……

---

① 译文：“马拉顿山前啊，山容缥缈。/马拉顿山后啊，群山环绕。/如此好河山也应有自由回照。/难道我为奴为隶今生便了？/不信我为奴为隶今生便了！”

② 作者 1981 年 3 月 21 日访叶圣陶。

二、军国民教育

“军国民教育”是我国近代教育史上“极有势力”的一种教育思潮，倡始于1902年，是由奋翮生（蔡锷）和蒋百里率先提出的。这一思想的提出，主要是受了列强的刺激。当年的入侵者对我民族肆意讥讽和嘲笑，说中国人是“冷血动物”——没有勇气和正义感，说中国人是“一盘散沙”——不能够团结，说中国人是“东亚病夫”——是衰弱的民族。有识之士于是提倡“军国民教育”，试图从对青年人的脱胎换骨的改变入手，养成我们民族的毅力、勇气、坚强的体魄和团结的精神。

在“军国民教育”思潮的推动下，清政府在1906年4月钦定“忠君、尊孔、尚公、尚实、尚武”为“教育宗旨”。“忠君”和“尊孔”遭到有识之士的抨击，“尚公”“尚实”“尚武”则备受推崇，尤其是“尚武”的思想支配我国教育界的时间甚长。1911年，各省教育总会曾以“欲使全国人民克尽当兵义务，必先于学校趋重尚武主义”的决议呈请学部照办。1915年，袁世凯特定“尚武”为教育宗旨。

如果说“尚公”突出了“欲新一国必欲新一国之民”的思想，把公民道德教育放在首位；“尚实”突出了世界之事在“财力”的思想，强调教育为“实业界”服务，促使教育直接转化为生产力；那么，“尚武”就是突出了世界之争在“武力”的思想，让学生在“劳其筋骨，饿其体肤，空乏其身，行拂乱其所为”的砺炼中，养成吃苦耐劳、百折不回、遵守纪律、富于牺牲的美德，养成健全的体魄和团体精神，从而使教育直接与兴邦联系起来，有益于富国强兵。

叶圣陶生来身体“孱弱”[1]，但在长元吴公立高等小学堂读书时，受到严格的“军国民教育”，养成了“苦练”和“实干”的精神。章伯寅极力鼓吹“体格健全，筋肉发达”之重要，声称“没有健全的体格，决不会产生优秀的文化”，“筋肉是意志的器官，品性不过是筋肉的习惯”。为了练就健全的体格，叶圣陶迷上了“体育”。顾颉刚谈起叶圣陶在学校里练习爬竿的情景时说：“每观其缘附竹竿达凉棚颠，若猱升木，恒有愧弗如。”[2]

高等小学“军国民教育”的科目主要是体操和远足。体操练的是徒手操和器械操。徒手操就是一般的体操。器械操用木哑铃、铁哑铃、棍棒、长干双木球（双木球装在棒的两端）之类的器械，进行操练。远足仅限于府境之内，如游虎丘、东山、西山等景区。中学第一年的体操也是徒手操和器械操，第二年上“兵操”，每人一支一响后膛枪，一条皮带，皮带上附有两个子弹匣，一把刺刀挂在左边。春秋两季的远足出了府境：二年级时去常州，三年级时去无锡，四年级时去南京，五年级时去杭州。一路上完全是正规军队的模样，有“军法部”，“一队有队长，一小队又有小队长。步伐听军号，归队、散队听军号，吃饭听军号，早起、夜眠听军号。……旅行不但掮枪、束子弹带，还要向军营借了粮食袋和水瓶来使用。粮食装挂在左腰间，水瓶挂在右腰间，里面当然充满了内容物。这就颇有点累赘了，然而我们都欢喜这样的装束，恨不得在背上再加一个背包。其时枪也擦得特别干净，枪管乌乌的，枪柄上不留

① 郢（叶圣陶）：《家》，《文学周报》第153期，1924年12月22日；收入《叶圣陶集》第5卷时改题名为《孩子们在家里》。

② 顾颉刚：《记三十年前与圣陶交谊》，成都《新民报》1945年1月1日。

一点污迹……”[①] 顾颉刚回忆说：“远足旅游时，圣陶唱行军歌鼓舞士气：‘哥哥手巾好作旗，弟弟竹竿好作马，邻家兄弟拿枪来，去到山中演兵马。山中处处下大雪，路上无人飞鸟绝，北风吹面似尖刀，黑衣变成白衣色。我等不怕死，哪怕风与雪。山中喇叭呜呜吹，山下人家出门看。山下人家你莫惊，我等不是外国兵，也非山中有盗贼，乃是学生放假来演兵。将来替你打胜仗，保我四万万人民都安宁！四万万人民享太平！”[②] 用孩童“裁巾为旗，削竹为刀”，仿造革命军驰骋疆场的豪情，激励同学们的斗志。远足时，叶圣陶还唱过《中国男儿》和《童子军》。《中国男儿》词云：

中国男儿，中国男儿，要将只手撑天空。
睡狮千年，睡狮千年，一夫振臂万夫雄。
长江大河，亚洲之东，峨峨昆仑，翼翼长城，
天府之国，取多用宏，黄帝之胄神明种。
风虎云龙，万国来同，天之骄子吾纵横。
中国男儿，中国男儿，要将只手撑天空。
睡狮千年，睡狮千年，一夫振臂万夫雄。
我有宝刀，慷慨从戎，击楫中流，泱泱大同。
决胜疆场，气贯长虹。

---

① 叶圣陶：《捎枪的生活》，《叶圣陶集》第5卷，第377页。

② 顾颉刚1979年4月30日与作者书。这支歌反映了那时少年儿童的思想风貌。叶圣陶日记中亦有类似的记载。如1911年12月29日日记中写到儿童在王废基附近作军事游戏的场面时说：“继见儿童一队，裁巾为旗，削竹为刀，一差长儿作司令。谓为革命军龙虎风云之事乃亦映入儿童之脑髓，致为此有意味之游戏，至可喜也。”

古今多少奇丈夫，碎首黄尘，

燕然勒功，至今热血犹殷红。①

歌词慷慨激昂，顿挫抑扬，鼓动性强。顾颉刚说他每当听到唱《中国男儿》时，“真觉得我身上的血和天地同流了”②。远足是从日本学来的，它既是“军国民教育”一个很重要的科目，又是革新教育的一大举措。远足的欣愉、读书与走路相结合的乐趣，是在狭窄的教室里绝对想象不到的。远足途中，适逢风和日暖，天澹远，山静穆的时候，学生们可以无拘无束，心安意得去餍饫自然界的风情；遇到风风雨雨，学生们可以用自己的精神和体魄，与之抗争，感受自然界的雄浑以及胜利者豪迈的喜悦。所以说远足既有益于拓展学生的心胸，培养学生坚毅的精神、健全的体魄，达到“练身救世”的目的，又能生动活泼地组织教学，活学活用。旅行途中，史地教师对于经过的名胜古迹有详细的说明，理科教师伴学生们采集动物植物作标本，国文教师命题作游记，图画教师要大家写生作画，这种实习教育加深了各科之间的联络，使学生们感到很亲切受用，进而感到在20世纪“竞争”的大潮中，爱国男儿更要“自强”“自智”，增进“世事的阅历”。叶圣陶在远足时吟唱的《童子军》，正是这壮志豪情自然流露。歌云：

二十世纪地行星，煌煌童子军。

小锣小鼓号，黄龙飞舞小旗旌。

---

① 辛汉：《唱歌教科书》，1906年。

② 顾颉刚：《我在北大（二）》，《北大化讯》第12期，1946年1月1日。

哥哥华盛顿，弟弟拿破仑。
心肝虽小血白热，头颅虽小胆不惊，
进行进行！小人小马武装神。
二十世纪天演界，不竞争，安能存！
脚踢五大洲，气吞东西球。
将军飞将军，谁云孺子不知兵？
爱吾国兮如亲，吾爱群兮如身，
万岁万万岁，伟哉吾军人！①

1910年，我国近代革命的先驱者、同盟会在江苏省的负责人、著名教育家袁希洛先生出任草桥中学第四任监督（校长）。袁希洛留学日本，他信奉“师不严则道不尊”的古训，推崇“武功”和“实践”，他的名言是“微小的实践远胜于空谈”；抨击“放逸”，认为我国流于放逸，故国民身体衰弱，精神委顿，办事敷衍苟且；力倡“筋骨坚强、精神奋发”说，鼓吹“上课钟当为醒世钟，操场当视为战场，学生当自认为军人”的“新思想”，强化“军国民教育”。赵孟轺回忆说：“蒋（韶九）监督辞职。彭先生鸣伯讳树滋继任，改称校长，以不习行政，未匝月，潜往北京，执教鞭于贵胄学堂，仅留一书而已。继其任者为宝山袁希洛俶畲先生。先生留学日本，隶同盟会，精神饱满，办事果敢。夏日，同学畏操，先生恒在烈日中陪立一小时，行动身先作则，校风为之一变。”② 顾颉刚回忆说：“庚戌辛亥间吾校之监督为袁俶畲先生希洛，

① 叶中冷：《小学唱歌三集》，1906年。
② 赵善昌：《拙斋纪年》，《苏州史志资料选辑》（总第三十六辑），2010年，第109页。

宝山人，学于日本，加入同盟会。归，以假辫发缀瓜皮帽上，无客即光头。先生欲学生从军劳作，辟地种菜蔬，或以天热联名请罢，先生怒，脱冠立赤日中。同学为之感动，遂锄地。先生欲以我辈为革命干部，假提倡体育为名，向抚署请领枪枝实习，程抚德全①允之，遂排队至军械局，领前膛枪约百支，学生数目倍于枪，一枪两人共之。自是以后，体育教师邵阳魏旭东先生廷晖日率学生至王废基操练。”② 且看叶圣陶的三则日记：

1911 年 5 月 17 日　　晨到校，即换操衣上操。今日操野战，先遣十馀人为三队，至盘门南园而伏，其馀则为侦察队，余亦在其中。沿路屡遣侦探出逻，以觇先遣之十馀人，即视以为敌军者。既至南园，则三队皆侦见，合力逐之，夺其帽则为已死。我一队中获胜焉，既而复遣十馀人，令于归途一路埋伏。时适余出侦，至王废基，见之于丛桑中，欲还报告已不及，而帽为所夺矣。归校中则已过十句钟。

1911 年 5 月 23 日　　午后第五时体操，至王废基操野战。二十馀人为大队，作夜卧于小桥畔；派步哨五队，每队七人，往各处要路紧守，不令敌人乘隙劫营；又令十人分为三队，作敌人来劫营者。既而步哨不留心，竟为章君畴等四人劫入，于是大队大败。此种操于王废基一带极相宜，将来自有用处。

---

① 程抚德全：苏州巡抚程德全。

② 顾颉刚：《记三十年前与圣陶交谊》，成都《新民报》1945 年 1 月 1 日。

1911年6月13日　　午后即雨。第五时体操，诸人皆欲于雨中演习战攻，魏先生允之。遂先至钟楼头，令五六人为敌人而已破城而入者，其馀则皆为拒之者。继则复云敌人在北局一带，乃出决死队拒之，而与巷战，每队五六人，队队所行之路不同。是时雨甚大，衣尽湿，及至北局，获敌二人，旋即归校。

王废基在草桥中学东南，这里曾经是春秋时代吴王夫差行宫，元末明初张士诚的皇府，太平天国时季王宝殿的旧址，后遭兵燹的惨劫，成了废墟，苏州人称作“王府基”或“王废基”。清末，王废基成了兵营的校场，有军营和马厩，军号呜呜，马嘶声声，青年学子为之神往。叶圣陶1911年7月1日日记中写道：

晚膳后再至王废基，盖此地实为我校诸同学游息所也。时适营中点名，军号吹“哀达来”，此谱为最雄壮而又优美者，鼓声和其节奏，实无异听仙乐矣。

魏旭东“军界出身”，精通武术，擅长单杠和骑术，“苏州人几乎全都知道他，课程中有兵操的学校都请他，大伙儿称他‘魏教习’”①，辛亥革命时曾任苏州商团总司令。叶圣陶在日记中多次写到这位魏先生率领他们“冲锋”“野战”“破城”。军训的阵线常常从王废基延伸到郊野或丛冢间，“伯祥以为苦，常避不往，予与圣陶不避也”②。叶圣陶在散

① 叶圣陶：《略述我的健康情况》，《叶圣陶集》第7卷，第312页。

② 顾颉刚：《记三十年前与圣陶交谊》，成都《新民报》1945年1月1日。

文《两串人》[①] 中谈到中学时代的军国民教育时说："回想从前掮过几年的枪，什么散兵线和野战等都操练过，靶子也打过，这真是切实的根基"，又说"轻快的枪杆背在肩上，耳闻凄清的军号声，使我悠然神往了"。这里所说的"悠然神往"指的是中学时代也曾有过"从军作战"的向往。1934 年，叶圣陶在《中学生》10 月号上发表《掮枪的生活》，记叙中学时代参加学校组织的军事训练的情形：军训时的装束，怎样练习打靶、演习冲锋，又写到秋季游行时同学们的精神面貌，字里行间有一股青春的朝气扑面而来。这时的叶圣陶已年届不惑，"朝花夕拾"，更增添了天真而浪漫的情味。

在袁希洛校长的感召下，草桥中学的纪律极为严明。1910 年秋，学校组织学生到南京参观南洋劝业会，刚到会场正门的时候忽然来阵粗大的急雨：

> 我们好像没有这回事一般，立停，成双行向左转，报数，搭枪架，然后散开，到各个馆去参观。明天《会场日报》刊登特别记载：某某中学到来参观，完全是军队模样，遇到阵雨，队伍绝不散乱，学生个个精神百倍，如是云云。我们都珍重这一则新闻纪事，认为这一次旅行的荣誉。[②]

到南京参观南洋劝业会，同学赵孟轺在日记中是这样描述的：

---

① 收入《叶圣陶集》第 5 卷时改题名为《成串的人》。

② 叶圣陶：《掮枪的生活》，《叶圣陶集》第 5 卷，第 378 页。

秋九月，旅行南京，参观南洋劝业会。蒋季和太史任江苏咨议局副议长兼江南高等学堂监督，遥领我校总理，整队请训，备受招待。书家江西李梅盦太史名瑞清，晚号清道人，时任江宁提学使，由蒋太史之介，为我侪训话，惠赠法帖每人一本。

无论是“精神百倍”，“完全是军队模样”，还是受到“提学使”的嘉奖，都彰显了当年草桥中学严明的校风。中学时代，叶圣陶穿操衣，扎绷腿，军训时不避苦，课余和同学翻单杠，踢足球，练习骑马。在散文《回过头来》[①] 中写到踢足球时如何奔跑和抢球。在散文《骑马》[②] 中记叙在野外骑马游玩的情趣，将控纵驰骋的快乐、策马“小走”的欣愉写得楚楚动人。为了壮胆，叶圣陶还和顾颉刚一同到清末的刑场（王废基）“踏血而行”，观“悬绞桩上”之死囚，看“身首异处”的“盗魁之尸”，有时还特地赶到刑场看“戮人”，看“刀下头落”之“决囚”。

清末民初的“军国民教育”无疑是失败了。但那“颇带一些浪漫意味”的“掮枪生活”，却使那一代青年学子们的身心“得到一些润泽”[③]，孕育了他们的爱国思想，以及律己极严的品格和敢于拼搏的精神。叶圣陶在日记中经常写到国内大事。面对帝国主义列强的入侵和清政府的腐败，叶圣陶有过立志“从军”、持枪驰骋沙场的志向[④]，有过与列强帝国“背城一战”[⑤] 的冲动。这些也可以看作“军国民教育”的

① 收入《叶圣陶集》第 5 卷时改题名为《转过头来》。

② 《叶圣陶集》第 5 卷。

③ 叶圣陶：《掮枪的生活》，《叶圣陶集》第 5 卷，第 378 页。

④ 叶圣陶 1911 年 3 月 13 日、15 日日记。

⑤ 叶圣陶 1911 年 3 月 17 日日记。

成效。

三、结社与办报

在我国结社风气的渊源是很古远的，可说是“亘古称盛，于清末民初为烈”。结社本来是以文会友，是十分清雅的事，其目的是择友会文，讲究制艺，揣摩风气，讨论如何赋诗作文，以便将来厕身仕途。清朝末年，社会急剧动荡，革命火焰到处蔓延，结社成了改良主义者和革命民主主义者鼓吹“维新”“革命”的一个重要途径。苏州和上海原本就是改良主义者和革命民主主义者活动的中心，各种社团竞相成立。叶圣陶受了时代风气的影响，于 1908 年春在草桥中学组织了诗社，取名“放社”，这明显是受到白居易《放言》诗的启发，意在放言高歌，抒发自己的志向。顾颉刚在《〈隔膜〉序》中说：

> 他（叶圣陶）比我早进一年中学。我进中学时，他正是刻图章、写篆字最有兴味的当儿。记得那时看见他手里拿的一把大折扇，扇上写满了许多小小的篆字，我看了他匀净工整的字，觉得很是羡慕。后来他极喜欢做诗。当时同学里差不多没有一个会做诗的，他屡屡教导我们，于是中学里就结合了一个诗会，叫作“放社”。但别的人想象表出，总不能像他那般的深细，做出来的东西总是直率得很，所以我们甘心推他做盟主。

所谓“盟主”，就是“召集人”“带头人”。叶圣陶经常和王伯祥、顾颉刚在一起吟诗、联诗、填词、嵌字、对对子。顾颉刚在《记三十年前与圣陶交谊》中说：

(1908年）予亦入中学。是时王君伯祥喜与予及圣陶近，结社作诗钟，或嵌字，或咏物，恒三数日轮出一题。圣陶以好饮，自署“醉泥”。社中惟此三人，所作推圣陶最工。又相约急就章，欲驰骛于隶草之间，亦以圣陶为神似。……是时予有所恋，而社交未公开，无由自达其意。圣陶能篆刻，曾倩刻三印，曰“隔花人远天涯近”，曰“想得人心越窄”，均《西厢记》语；曰“网得西施愁杀人”，尤《西堂赋》中语。印篆或遒劲，或蕴藉。时加摩挲，聊可自慰。至圣陶本身，则未闻其有此种烦闷也。

对对子是一种很风趣的游戏。叶圣陶在私塾读书时就对“对对子”很感兴趣，把“天对地”“云对风”“白马对黄牛”“皓月对长空”“登高山对望远海”之类的“对联大全”背得很熟；明清笔记小说中“点雨滴肩头”对“片云生足下”，“愿乘苍龙上天去”对“偶牵黄犬过街头”等“对对子”的趣闻，也知道得很多；苏州园林中那些表现了选字遣词高度艺术技巧的园联，如网师园的“风风雨雨，暖暖寒寒，处处寻寻觅觅；燕燕莺莺，花花叶叶，乡乡暮暮朝朝”，拙政园的“北院寺新成，有寒碧千层，远青一角；东君如旧识，正庭槐垂阴，梁燕将雏”，等等，也烂熟于心。看得多，记得多，对起对子来自然敏捷工整。叶圣陶回忆说为了争奇斗胜，他们曾对过“拆字对”（如“冻雨洒窗，东两点，西三点；切瓜分客，上七刀，下八刀”）、“拗字对”（如“三塔寺前三座塔，五台山上五层台”）、“无情对”（如“木已半枯休纵斧，果然一点不相干”）。喝酒做“诗钟”，也是一种高雅的消遣。诗钟名称不一，或称羊角对，或称雕玉双联，或称百衲琴，或称诗唱。古时文人雅士做诗钟，社规甚严。拈题时缀钱于缕，系香寸许，承以铜盘，香焚缕断，钱落盘鸣，其声铿然，以为构思之限，故名诗钟。放社做诗钟，没有文人雅士那么严的社规。“盟主”（叶圣陶）要社友做二句对子，七字句或十四字句，出题有种种花样，有“命题对”，如以“青蛙”或“雨伞”为题目做一副对子；有“嵌字对”，如以“小红”或“如意”嵌入上下句，做一副对子。最难的是把不相干的字句嵌入上下句中，做一副对子，例如上句嵌“天”，下句嵌“花”；上句嵌“初听起”，下句嵌“暖瓶”，本来不搭界的字和词，做成七字对或十四字对，难度就大了。“盟主”点燃一支香，用以计时。这支香烧完了就要交卷，做得不合格的要罚酒。对对子和做诗钟，虽属雕虫小技，然以之瀹性灵，涤烦躁，亦不失为“艺苑之支流，尘海之逸轨”。对对子最能显示中国文字的特征。能对对子才能分辨虚实字、平仄声。对子的拙巧、朴华、雅俗，可以看出读书之多寡、语汇之贫富，以及思想聪慧程度和审美情趣的高下。这种游戏能练习做诗的基本功，社友各显其能，优者雀喜，劣者苦醪，互为评说，自有一番情趣。妙句出，意蕴生。对对子若有信手拈来、浑若天成的本领，诗一定做得很雅洁。

1909 年 11 月 3 日，柳亚子、高旭、金山、陈去病等组织的南社在苏州正式成立。南社社员既是爱国志士，又是热情澎湃的革命诗人。他们不以投身革命为满足，还要从事文艺活动，以文艺为武器，呼唤“国魂”，汇聚革命力量，从而形成了“登高一呼，四山响应”的盛况。叶圣陶在《追念亚子先生》[1] 一诗中说：

> 南社风流弱岁倾，骚心侠骨柳先生。
>
> ……
>
> 曼殊平素春航艺，大笔频挥耀报章。
>
> 多少民初同学辈，传抄告语兴如狂。

“柳先生”即柳亚子；“曼殊”即苏曼殊，“平素”大概是指他的才情和胆识；“春航”即冯春航，是上海伶界最有名的旦角，柳亚子就曾将当年沪苏两地名家称颂冯春航演艺的诗文和剧评汇编成《春航集》（上、下册）由广益书局出版[2]。叶圣陶是“曼殊迷”，苏曼殊写的言情小说《断鸿零雁记》在《太平洋报》上连载时，叶圣陶逐日抄录下来，装订成册，反复阅读玩赏；叶圣陶也是冯春航的“粉丝”，他在 1913 年 9 月 26 日给顾颉刚的信中说：

> 《春航集》已出版，卷端图画二十馀幅，均春航化装，用珂罗版印成，似较名贵，顾价值竟须一元四角，吾未之购也。偶然翻阅，乃有应千遗笔，不可谓非因缘，虽隐其名曰“雍千”，吾固能辨别之。其文中更有臻郊[3]之“鸿庵”，吾之“倩桃”，而益征非误。[4]

---

① 《叶圣陶集》第 8 卷，第 468 页。
② 1913 年 6 月出版。
③ 臻郊：王伯祥，字臻郊。
④ 《叶圣陶集》第 24 卷，第 50 页。

“雍千”即中学同学汪应千，1913年暑期死于“时疫”。汪应千的“遗笔”《剧谈》最初刊登在上海《时报》上，由柳亚子编入《春航集》（下册），现将这篇《剧谈》抄录于下：

余不谙戏，而雅嗜作壁上观。沪上舞台林立，新剧尤汗牛充栋，求其差强人意者，实凤毛麟角，不可多觏。客腊观《拿破仑》《明末遗恨》二剧，缠绵悱恻，令人泣数行下，悲剧至此，叹为观止矣。后观《新茶花》《禽海石》诸剧，不终幕即欲引去。盖如初从大罗天来，饱听钧天广乐，人间俚曲，尚足闻乎。厥后意怏怏，以未能聆天上妙曲为憾。及观春航《血泪碑》，始跫喜。谓余寤寐求之者，乃于十里红尘中得之。然除春航、小云外，馀子碌碌，多不足观，且多旧戏习气。剧本复芜杂不纯，披沙拣金，观者诚煞费苦心矣。

居恒无事，常思化身为生公，说破千重孽障，使今之瑜亮，和好如初，各尽心力，合演新剧，则雀跃而大欢喜者，讵鲰生一人而已哉？

前日于鸿庵处，得睹倩桃书，略云：“春航以天上丽人，现人间诸相，文人之倾倒，有以也。消夏期中，颇思羁旅沪滨，一聆天上妙奏，无如攀巅有杖，缠腰无钱，行不得也哥哥，徒增惆怅而已。伶人之技，文人之笔，其魔人之力，堪称双绝。”①

“前日于鸿庵处，得睹倩桃书”，这里的“鸿庵”就是王伯祥，“倩桃”

① 《春航集》（下册），广益书局1913年版，“杂纂”部第2页。

就是叶圣陶。叶圣陶很钦敬苏曼殊的“平素”，把冯春航誉为“天上丽人”，但受影响最大的还是柳亚子的“骚心侠骨”。在柳亚子及南社的感召下，草桥中学同学纷纷要求加入放社。经过认真的筹组，1910 年春，草桥中学放社正式成立。除王伯祥、顾颉刚、吴宾若之外，汪应千、乔笙亚、章君畴、吴湖帆、张吉如、张禹琳、庞京周、蒋益生、程国任、周锦文、吴旭丹、冯葆和、徐伟士等同学也都成了放社的成员，大家仍推举叶圣陶为“盟主”。同学少年，风华正茂。这帮以“中华男儿”自励，“誓将只手擎天空”的学子，在叶圣陶的带领下，经常举行社集，谈作文、作诗词、作画、刻印章、习字、吹箫，谈国内的“水灾”“兵荒”“暴动”，谈国外的“新事物”，谈民族前途，大家随心所欲，“畅谈无禁”，你争我辩，“往往至数小时”，这在今天似乎是难以想象的。

清朝末年，革命志士为了唤醒民众，鼓吹民族革命，争先办报。近代革命史上和新闻史上有“横三民”“竖三民”的佳话。“横三民”指的是《民权报》《民国新闻》《中华民报》，“竖三民”指的是于右任创办的《民呼日报》《民吁日报》《民立报》。1909 年 5 月 15 日，《民呼日报》创刊于上海，从它问世之日起，就以主要篇幅揭露清政府的专制、腐败和残暴，并以不同的形式宣传同盟会的政治主张，介绍西方资产阶级的政治理论。是年 8 月 2 日，上海公共租界公廨应清政府之请逮捕了于右任。于右任在狱中致书同人，宣称“宁死不停报馆”。但在中外反革命势力的摧残下，8 月 14 日，《民呼日报》被迫停刊。1909 年 9 月，出狱不久的于右任又创办了《民吁日报》，秉承《民呼日报》的宗旨和风格，抨击腐败的清政府，为民呼吁。10 月 14 日，清政府下令查封了发行仅四十三期的《民吁日报》。1910 年 10 月 15 日，于右任又创办了《民立报》，宣传武装推翻清政府的革命思想。叶圣陶和王伯祥等受到于右任“宁死不停报馆”精神的感动，于1911年5月29日创办了年级小报《课馀》(后改报名为《课馀丽泽》)，他在当天的日记中写道：

晨到校绝早，书玉忽提倡组织一种专讲科学之印刷物，以发行于校中。余遂取名曰《课馀》，因作发刊词一首，其他撰稿者则笙亚、书玉、藩室也，而怀兰专任图画。至课毕时共出四张，又画二张。以后则每日两张而画一张也。诸同学皆出纸，定阅几遍全堂。不过如此做来人有益，而已则苦矣，归家时已六句钟。

这里所说的“全堂”，就是全学堂，即全校，可见还有一定的影响。顾颉刚在《记三十年前与圣陶交谊》中介绍说：

在中学时，各级均办报。圣陶主五年级，报名《课馀》，予主四年级，名《学艺》。报皆钢笔版油印，同学分任缮写。中有论说、翻译、诗文、图画诸栏，惟图画用真笔版印。今国画家吴湖帆君，即常为报中作画者也。时张聿光在上海《时事新报》作漫画，能表见其才气，湖帆效之，署名“韦光”书草宛若“聿光”字。而圣陶学李叔同魏碑体亦特肖。是时苏曼殊发表《断鸿零雁记》于《太平洋报》①，南社诸人若宁太一、景耀月、姚鹓雏、柳亚子常发表诗文于《民立报》，圣陶恒抄录集之，以是所作最有时下风。中学英

① 此处有误。《断鸿零雁记》，刊《太平洋报》1912年5月12日至8月7日。叶圣陶抄录《断鸿零雁记》应是中学毕业之后的事。

文读《莎氏乐府本事》及伊尔文《见闻杂记》，圣陶恒以吾国古体译其中诗词，载于《课馀》，盖亦仿曼殊之《文学因缘》焉。

“丽泽”，源于《易·兑》，“丽泽兑，君子以朋友讲习”。王弼注：“丽犹连也。”“兑”，喜悦。意谓两个沼泽相连滋润万物，所以万物皆悦。叶圣陶用“丽泽”作报名，既标明同学间“相连”的情谊，又激励自己和同学们相亲相爱，互相切磋，砥砺学问，以文会友，以友辅仁。《课馀丽泽》丰富了同学们的学习生活，增进了彼此间的情谊，弘扬了群德。现将叶圣陶日记中有关《课馀丽泽》的材料摘抄如下：

5月30日　　出《课馀》，余作了一则论理学。

5月31日　　作短说二则，属于哲学者，以为《课馀》之资料。

6月3日　　午后课毕时预备后日出版之《课馀》，以后日为“课馀”下加“丽泽”两字之第一日，故格外多出约十馀页，各科学无不有，且有征文之题目三。……其外余有哲学一则，曰《心学与人类之关系》，令时、笙亚两人伏案勤写，写毕余为印刷人，至夜膳而归，共印好六张，盖尚小半也。归后作诗话几则，以备登于文学一门中。

6月8日　　作文，题为《虚饰之弊宜自衣冠之族革除之说》。

6月11日　　料理《课馀丽泽》事。

6月15日　　填《满江红》一首。……午后作文，题为《善为文者无失其机论》。课毕后料理《课馀丽泽》事。

叶圣陶为《课馀丽泽》撰写的文章和诗词，既研求了“学术”，探讨了“思想”，也经受了实际工作的锻炼。他在《杂谈我的写作》一文中说：“升到五年级（前清中学五年毕业）的时候，和几个同学发起一种《课馀丽泽》，自己作稿，自己写钢板，自己印发，每期二张或三张，犹如现在的壁报；我常常写一些短论或杂稿，这算是发表文章的开始。”①

四、研读欧美小说

叶圣陶在开明版《〈叶圣陶选集〉自序》中回顾小说创作的历程时说：“我写小说，并没有师承，十几岁的时候就喜欢自己瞎摸。如果不读英文，不接触那些用英文写的文学作品，我决不会写什么小说。读了些英文的文学作品，英文没有读通，连浅近的文法都没有搞清楚，可是文学的兴趣起来了。这是意外的收获。当然，看些翻译作品也有关系。”② 这里所说的“英文”，指的是中学时代学英文用的课本，即华盛顿·欧文的《见闻录》（又译《拊掌录》《见闻杂记》《见闻札记》）。《见闻录》是华盛顿·欧文的代表作，包括小说、散文、杂感等共三十余篇，以幽默风趣的笔调和富于幻想的浪漫色彩，描写了英国和美国的古老风习，以及善良纯朴的旧式人物。叶圣陶最喜欢欧文的《妻》、《睡洞》、《睡谷》（又译《李迫大梦》《石如醉》，今译为《瑞普·凡·温克尔》）、《耶稣圣节》、《圣节夜宴》、《记惠斯夕景》、《耶稣生日日》、《记惠斯敏司德大寺》。他说：“华盛顿·欧文的文趣（现在想来就是‘风格’了）

---

①《叶圣陶集》第 9 卷，第 224 页。

②《叶圣陶集》第 18 卷，第 316 页。

很打动了我。我曾经这样想过，若用这种文趣写文字，那多么好呢！这以前，我也看过些旧小说，如《水浒》《三国演义》《红楼梦》，都曾经看过好几遍；但只是对于故事发生兴趣而已，并不觉得写作方面有什么好处。”① 又说：“作小说的兴趣可以说因中学时代读华盛顿·欧文的《见闻录》引起的。那种诗味的描写，谐趣的风格，似乎不曾在读过的一些中国文学里接触过；因此我想，作文要如此才佳妙呢。”② “（民国）三年或四年，我的小学教师的位置被人挤掉，在家里闲了半年。其时上海有一种杂志叫《礼拜六》，销行很广，我就作了小说去投稿，共有十几篇，每篇都被刊用。第一篇叫做《穷愁》，描写一个穷苦的卖烧饼孩子，有意摹仿华盛顿欧文的笔趣；以后几篇也如此。……这是我卖稿的开始。”③

中学毕业后，叶圣陶请一位英文老师帮助补习英文，用的课本是古德斯密的《威克斐牧师传》（又译《姊妹花》《双鸳侣》）。《威克斐牧师传》以对话之幽默及心理描写的入神见长，深得我国文学青年的青睐。在研读《见闻录》和《威克斐牧师传》的同时，叶圣陶还阅读了林琴南翻译的《迦茵小传》（英，哈葛德著）、《巴黎茶花女遗事》（法，小仲马著）、《块肉余生述》（英，迭更司著）、《撒克逊劫后英雄略》（英，司各特著）、《吟边燕语》（英，兰姆著）、《离恨天》（法，森彼得著）等欧美小说。他回忆说：“翻译作品，在我青年的时代看起来，简直在经史百家以外另有一种境界。我羡慕那种境界，常常想，如果表现得出那种境界，多么好。现在想起来，短篇小说这一类东西，我国绝对没有固然不

①③ 叶圣陶：《杂谈我的写作》，《叶圣陶集》第9卷，第224、225页。

② 叶圣陶：《过去随谈》，《叶圣陶集》第5卷，第306页。

能说，但是，严格的说，确是我国向来没有的，因而叫我感觉新鲜。感觉新鲜，愿意试一试，那是青年们通常的心情。南方的青年冬天跑到北京，看见许多青年都在北海溜冰，不是急于要搞一双溜冰鞋，也去试一试吗?"① 欧美小说在叶圣陶文言小说创作中起了启蒙作用。他早期的文言小说生活气息浓厚，注重田园风情和自然景观的描绘，文笔质朴轻灵，幽默中寓以凄切，这些方面显然是受了欧美小说的浸染。

叶圣陶的小学和中学时代，正是我国资产阶级文学改良运动勃兴的年代，也是“异域文术新宗”纷至沓来的年代。叶圣陶学习英文，从域外文学中吮吸的不仅仅是新鲜的文学乳汁，还有“文学是可以转移性情，改造社会”等全新的观念。他组织放社，尝试文学创作，写诗歌“思念英雄”，写论文呼吁“革心”，满怀着“文学救国”的热望步入文坛，这一切都得益于清末“鼎盛一时”的文学思潮的影响，得益于欧美文学的滋养。

五、报考存古学堂

中学时代，叶圣陶在如饥似渴地学习外来文化的同时，又竭力颂扬我国固有文化。他对待中外文化的二重心态，同样是受了时代思潮的影响。

清朝末年，与“戊戌维新”相对峙的是“保存国粹”运动。这运动有两个方面，一方面是封建复古派王先谦、叶德辉、毛庆藩诸人的“复

① 《〈叶圣陶选集〉自序》，《叶圣陶集》第18卷，第316页。

古运动”，还有一方面是一班新青年的“保存国粹”运动。这班新青年的领袖人物是邓秋枚、刘光汉、柳亚子、陈去病、黄晦闻、蔡哲夫、高万吹等。他们看到中国受外力的压逼，不甘心承认这种外力，于是倾向于颂扬固有文化，在上海成立“国学保存会”，创办“藏书楼”“学报”，出版“丛书”，保存国粹，提倡国学，借学术来鼓吹种族革命并引起民族的爱国心。在这班新青年看来，文化之隆替与民族之存亡，关系极为密切。文化发达，则民族随之强大；文化衰颓，则民族亦随之卑微；文化彻底崩溃，则那民族的末日也将来临了。“立国之真”，在“术艺施之当也，国学沦亡，于国何有？”[①] 拯救“块肉余生”的中国，必须慷慨奋起立社讲肄，从复兴民族文化做起。我国民主革命先行者孙中山欢迎科学，却又极力抬举中国的“文明”。他在《三民主义》里就曾讲过很多夸奖中国古文化的话。由此可见，清末一班新青年“假复古之事业，以寄革命之精神”的“保存国粹”运动，既是针对废除科举制度后出现的不要古书偏颇的一种反拨，也是树立民族自信心的一大举措。

苏州本是文化中心，旧书版刻很多。太平天国战争中虽然受到一次很大的损失，遗留的尚不少。自从 1906 年废除科举设立学校以后，有人误认为旧书本再也用不着了，旧书肆的生意一天清淡一天，观前街的书铺子一个个由旧转新，洋装本代替了线装本，就连专售佛经善书的玛瑙经房，也经营起教科书和新小说了。“新学后生”以吞剥欧西日本文句相夸耀，汉文彩章，扫地无余，“妄人或抱欧语规则以谈汉文，或欲自灭旧文而用新语，谬话丛兴”，有识之士“哀群言之秽荒，痛夏声之

① 《国学研究会启》，《太平洋报》1912 年 4 月 23 日。

将坠”[1]，于是“保存国粹”的呼声四起。和所有的进步青年一样，叶圣陶也有认识新事物的热望。在这之前，他如醉如痴地阅读过梁启超创办的《新民丛报》。梁启超自称“中国之新民”，在《新民说》中指出中国旧文化缺乏西方民族的许多“美德”，如公德、合群、毅力、尚武等等；甚至指出中国人缺乏私德，极力推崇西方文明指斥中国固有的文明。在“保存国粹”的呼声的诱导下，叶圣陶起早贪黑地诵读邓秋枚主办的《国粹学报》，浏览章炳麟、刘光汉、陈去病、黄晦闻编选的《国粹丛书》，以及沈太侔所编的《国学萃编》。《国粹丛书》搜集了反元反清先烈谢皋羽、郑思肖、张煌言、张家玉的遗著。《国学萃编》汇集了陈衍、孙雄、昌广生等人的作品，也常常表彰古人湮没不传的著作。叶圣陶从《国粹学报》《国粹丛书》中既得到学问的指导，又吸收了《新民丛报》所缺乏的“激情”和“主义”，对“传统”和“国粹”也十分依恋。

1909年春，江苏踵湖北之后，由毛庆藩和朱之榛在苏州创办存古学堂[2]。存古学堂属书院性质，学科仅史学、经学、词章学三种，目的是“以存国粹，而造通才”[3]。省谘议局议决“毕业可照高等学堂请奖”[4]，可得科举时代进士之称。学堂“聘曹叔彦元弼为经学主教，叶鞠裳昌炽为史学主教，邹咏春福保为文学主教，三君者皆翰林也。另聘诸生之有学者为助教，孙先生为经学助教，沈绥成孔修为史学助教”[5]。

---

① 秋水：《存文篇》，《民立报》1912年9月25日。

② 1911年8月下旬停办。叶圣陶1911年8月26日日记：“晚间伯南先生来，谓存古学堂已决议停办。”

③④《江苏奏设存古学堂折》。

⑤ 顾颉刚：《记三十年前与圣陶交谊》，成都《新民报》1945年1月1日。

孙先生即孙伯南（1868—1934），字宗弼，是叶圣陶的表兄。他和沈绥成都是草桥中学的国文教师，“圣陶”这个号就是沈绥成给起的。关于孙伯南，赵孟轺在《拙斋纪年》中是这样介绍的：

> 先生精治经学，博通说文，所作篆浑厚古朴，一如其人。曾随吴郁生蔚若、江标建霞、叶昌炽鞠裳、王同愈胜之四学政观风四川、湖南、甘肃、湖北，襄助阅卷，见闻至广，造诣至深，所授课文大都选之史汉，薄桐城、阳湖派文章而认为不屑读，致我辈眼高手低，取舍从严，下笔力求简敛而未能，辞艰意涩，失之开展。先生赋性真挚，胸无城府，对同学无不爱，同学以其易与也，辄揶揄之、激之使怒，引为趣乐，先生亦不以为忤，逍遥嗜饮，嘻笑自若，而实深于世故。晚岁奉佛，人有所求，力能及无不应。某年除夕，偶闻邻人刮米缸底作声，素谂其贫，知其米之罄也，急为籴米数斗，暗饬栈司担去，邻人讶之，初不知付款者为谁，担米者为肖其状貌，知为先生，其济施之不欲人知者类如此。①

孙伯南在草桥中学执教时，运用评弹艺人术语讲解国文，绘形绘色。课余，他率学生到园林观摩楹联，边读边讲解；到护龙街逛旧书店，敦促学生涉猎群书，还到庙堂寺院搜访断碑残碣。他治经学及小篆，深谙金石，精于书法，深受学生爱戴。孙伯南辞去草桥中学教席之后，叶圣陶、顾颉刚、王伯祥等人钦敬他的“实学”，出于“经师易得，

① 《苏州史志资料选辑》（总第三十六辑），2010年，第106页。

人师难逢”的心理，常至其卧室中听谈学术掌故，不忍与离。孙伯南就推荐他们报考存古学堂。“惟此校所收，大抵皆三四十岁已有功名人，无十余龄之童子，榜发皆不取。我辈向往心动，常至彼校，继续听孙先生谈。校在沧浪亭可园，沧浪亭及南园一带遂常印予等足迹矣。”① 在“复古”思潮的影响下，叶圣陶、顾颉刚、王伯祥也有“穷经济世”的念头，读古书，写篆文，治经学，还在1909年秋组织了“国学研究会”，在顾颉刚主编的《学艺丛刊》上汇刊古书、发表诗文，学术思想上与当时的反清革命桴鼓相应。顾颉刚回忆说：

> 幼年豪兴，常欲集诸秘籍为一书，上攀汲古，下承铁华，而苦无其财力，时肄业草桥中学，则集同学者油印《学艺丛刊》，按日书数叶……②

“汲古”，指汲古阁，明末毛晋的藏书楼。毛晋，江苏常熟人，性好聚书，湖州书舶云集于门，有谚曰：“三百六十行生意，不如鬻书于毛氏。”前后积书至八万四千余册。毛晋亦爱好抄书，所藏抄本最精，世称“毛抄”。嘉庆庚申黄士礼刊《汲古阁秘本书目》，载毛氏抄本一百七十种，传刻抄写古书，流布天下。“铁华”，指清光绪年间蒋凤藻刻行的《铁华馆丛书》，共六种四十五卷，此丛书所收多据善本镌刻。蒋凤藻字香生，江苏长洲人，当过福建知府。明季以来，江浙藏书家之多，为天下冠。近三百年间，中国学术文化，重心便在太湖流域。叶圣陶、顾颉

① 顾颉刚：《记三十年前与圣陶交谊》，成都《新民报》1945年1月1日。

② 顾颉刚：《〈艺海一勺〉序》，作者录自顾颉刚文稿。

刚、王伯祥立志向“藏书家”学习，博览并搜集“秘籍”。他们逛书肆，访书贩，把零花钱、压岁钱统统用来买书，“贪多务得，泛滥无归”，并把《艺海一勺》[1] 和《龚自珍读书诀》等“秘籍”，按日书数页，在《学艺丛刊》上刊出，分发给同好玩赏，传先哲之精蕴，启后学之困蒙。《学艺丛刊》刊布的“秘籍”大多由叶圣陶作序跋。岁月迁流，《学艺丛刊》已经散失了。叶圣陶为《学艺丛刊》撰写的序跋仅找到一篇《〈艺兰要诀〉跋》，这是一份很珍贵的史料，特抄录于下：

《艺兰要诀》跋

春间购兰一握植诸盆，尚含蕊焉，色绿而苞明。复十数日且花矣。会结伴泛西子湖，亦六七日，短桨轻打，一舟容与。辄念家中兰，此时当幽香盈屋。及归，乃大不然。六七日前之荣荣窗下者，竟同秋后草，花未开而先萎矣。噫，可惜矣！走访颉刚，则出《艺兰要诀》曰，戚属吴公[2]著也。披阅之，乃恍然悟。盖艺兰固有其方。而余兰之萎，实由于余之未得之也。夫兰之所产，非山隈岩角乎，其生也以天，其萎也以天。天道一岁而往复，兰亦一岁一荣枯。然卒未闻兰有枯而不复荣之一岁。盖不生于他处，而自然生于山岩，则兰之性必宜乎此矣。今乃欲以宜乎山岩之性，而强之亦宜乎盆盎，则非顺其初性不可。所谓顺之者，即所谓艺兰之方。使地易而性仍，其发为荣者，亦必复所旧有。则欲求见兰于盆盎之道，

---

① 《艺海一勺》，搜罗金石、书画、刻印、养花及文房用物之小品著作 23 种，昆山赵学南、吴县王佩诤著。

② 吴公：吴传沄，号升子。

固非未谙于方者。所可言也，以余之不知治兰，乃生春间兰萎之感。同余之怀者几人，以此篇砭之也可。辛亥八月望叶绍钧识。

《〈艺兰要诀〉跋》文字精练雅洁，洋溢着朴素的辩证法思想，念起来朗朗上口，颇有散文诗的韵味。可见叶圣陶中学时代诗文的功力就比较厚实，求知欲旺盛，兴趣广泛，思想活跃。

六、“天才”缘于勤奋

叶圣陶在草桥中学读书的五年，是积极参与社会变革的五年，也是勤奋学习，广泛涉猎文学、理学、哲学、金石、篆刻、绘画、音乐、戏剧等多种学科知识的五年。叶圣陶富于“玄想”，对当时社会上的“兴办学校”“放足”“造铁路”“请求政府公布宪法开国会”等“革新浪潮”，均极为关注。“参与社会变改”的经历，既拓宽了视野，又为茁壮成长扎下了蔓延广远的根荄。就读书学习而言，叶圣陶在中学时代至少有以下三个特点。

（一）眼勤手勤笔勤脑勤，学习的兴趣极为浓厚。叶圣陶早年有个笔名叫“宏愿士”，第一个“宏愿”是要努力“读尽天下书”。据辛亥革命后的日记记载，叶圣陶在课余博览的书籍有《美国大家文选》、*Great Author*（《伟大的作者》）、*Lady of the Lake*（《湖畔淑女》，司各脱著）、*Spectator*（《旁观者》），以及《哲学论纲》《希腊三大哲学家学说》《佛学剩言》《唐诗三百首》《白香词谱》《吴梅村诗集》《仁学》，等等。既读中国的书，也读外国的书，从中外文学和理学名著中汲取营养。阅读的报刊有《东方杂志》《小说月报》《天铎报》《时事新报》《民报》《字林西报》《教育杂志》《民立报》《时报》《民国报》《大汉报》《社会报》《新闻报》，等等，可以说是热切地关注现实，广泛汲取政治、经济、史地、文学和自然科学等各个领域的新知识。无论阅读书籍还是阅读报刊，叶圣陶总是讲求“活读”和“务实”。他说“读书忌死读”，死读书，尤其是古书，读得越多，思想越陈旧，脑子越僵化。但读书又一定要认真，“苟仅如浮云过眼，何以得其真意”。他读书喜欢分两步走：先是“初读”，然后“再读”。“初读”，即“快读”“粗读”，“仅览大意”，其目的主要在于淘汰和选择；对于值得“再读”的书，则一字一句不放松，咬文嚼字求甚解，“详经之书而详考之”，做到“意义尽悟”，熟背于心，还写成杂感短札，与友人“互相调看”，函商面析，不厌其烦。叶圣陶告诫自己：“不必存猛进之心，唯计日而进，量力而读。”阅读过的不妨复读，圈点过的不妨重点读。“毋畏买书，毋畏参考，毋畏巨帙，毋畏新书而不加圈点，毋畏臆想而不登笔记，久而久之，自与神化。”对于那些优美的诗文，不仅“讽诵”，大声朗读，还认认真真地翻译或抄录下来，欣赏品味。他翻译过华盛顿•欧文、古德斯密以及拜伦的诗文，抄录过苏曼殊的小说《断鸿零雁记》和《惨世界》、姚鹓雏的小说《恨海孤舟》、陆秋心翻译的历史小说《葡萄劫》（叙述希腊志士反抗土耳其的统治，揭竿起义光复故土的故事）、老谈的戏剧《亡国奴传奇》、杨笃生鼓吹“社会主义”的长篇通讯《英国工党与社会党之关系》，等等。叶圣陶特重“抄书”，几乎每天都要抄录一些他所喜爱的诗文，请看他日记中的零星记载：

1911 年 7 月 6 日　　晨起抄《天铎报》中所载之《铁罗汉宝相》。报盖前日向陆氏所借来者也。其中详述技击之法，甚为有用，故余抄之，亦兼以习字也。抄至饭时仅写二千馀字。天热甚，头部殊觉昏昏焉，饭后睡魔来绕，乃即就床上卧。

1911 年 7 月 7 日　　饭后阅大人昨日携归之《民立报》，至晚间抄报上之《英国工党与社会党之关系》，盖前日未完而续出者也。抄完其一日之所登，则仍为未完，乃更抄《铁罗汉宝相》，抄了二千馀字而卧。

1911 年 7 月 8 日　　晨起即抄《铁罗汉宝相》二张，又以前抄之《半兰旧庐诗》字迹潦草，入目不爽，乃重抄之。细细用心一笔不苟，自十句钟至下午五句钟仅抄了五页，然力疲矣。乃思有以憩养此心力，则出笛而吹之，不吹笛已多日矣，调子颇觉生涩，理盖然也。既而大人持《民立报》归，乃即读报。夜间将昨夜在床上思得之一律誊之草中，无以为题，即以首句之首二字“未必”为题。

1911 年 7 月 10 日　　晨六句钟起身，即看英文文法三页，继抄《半兰诗》三页，则已饭时。盖写字实过慢也。……大人归，持《民立报》授我，乃即读之，无非惹起一肚皮不适意罢了。夜间，将昨夜在床上所得之《书怀》一律誊之稿中。

1911 年 7 月 11 日　　早餐后读文法五页，继之抄《半兰诗》，至四句钟仅抄四页。……夜间将昨夜所得之《书怀》第二首誊之稿中，并阅《翁山诗外》。

1911 年 7 月 12 日　　晨起即抄《半兰诗》，抄至饭时共写四页。饭后颉刚来，同之出访笙亚。同至校中，则五人皆在，于是脱长衫而坐。心存有钮玉樵《觚剩》一书，乃借而观之……归途得七律一首，到家写之稿中，更阅《民立报》。

1911 年 7 月 13 日　　晨起读 *Sketch Book* 之 *Rip Van Winkle* 一篇之首一段，反复读三遍，乃抄《半兰诗》两页。更为颉刚誊其所作之《旅行杭州记》……至下午四句钟，仅写四页。既而大人归，乃看《民立报》。

1911 年 7 月 14 日　　昨夜在床上思作《西湖游后缺憾诗》。西泠秋女士墓，岳墓向南朝树，皆未及见也，因各得七绝两首，今日即书之稿中。既而复为颉刚誊其游记，写四页；乃誊《半兰诗》，写一页，则大人持《民立报》归。乃即阅报，其时已傍晚矣。夜间看《英文汉诂》。

1911 年 7 月 15 日　　晨起即为颉刚誊其游记，至饭时誊了四页。

1911 年 7 月 16 日　　晨起即抄《英国工党与社会党之关系》，至饭时抄了五页。

1911年7月17日　　晨作《西湖游后缺憾诗》一首，系未得观雨湖之意，亦以誊之稿中。乃抄《英国工党与社会党之关系》，至饭时共写八页，则此篇抄完。饭后抄《半兰诗》页半，读文法两页。

1911年7月19日　　大人归，持《民立报》授我，乃细细阅之。其杂录栏中有《亡国奴传奇》之登载，为波兰之故事，想其中必有趣味，因于夜间抄之，而以后则每日抄其每日所载出者。

1911年11月25日　　前将《民立报》中之诗日日裁下，粘为一折，如今读之极为小而难看，思重抄为一册。夜间即抄之，至卧共抄二十首。

1911年11月26日　　膳毕，抄诗十馀首……夜间抄诗十馀首。

1911年11月27日　　餐事毕，抄诗二十首……夜间抄诗十首。

1911年12月1日　　自晨至午，终是伏案抄诗，有三十馀首焉。

1911年12月2日　　夜间复抄诗，共抄四十多首。

1911年12月3日　　起身后坐待颉刚之至，……乃抄诗。

1911年12月4日　　夜间抄诗共三十首。

1911年12月5日　　共抄七十首。

1911年12月8日　　夜间复抄诗。今日共抄五十首。

1911年12月9日　　夜间仍抄诗。今日共抄七十五首。

叶圣陶就是这样勤奋好学，有一种锲而不舍的韧性。中学五年，他在课余抄录的诗文多得难以计算。

孙伯南改任存古学堂经学助教后，胡石予先生接授国文。胡石予（1868—1938），本名介生，字石予，擅古文辞，又治诗章，著有《半兰旧庐诗集》《诗学大义》《画梅赘语》等，是清末民初江南四大儒之一（其余三位为国学大师唐文治、南社耆宿高万吹、诗人钱名山），也是著名的南社诗人。赵孟韬在《拙斋纪年》中介绍说：

先生讳蕴，字石予，工诗能画梅花，世居昆山蓬阆镇，年十七失怙，举债治丧。事母孝，教子严，治家俭。妻纺织习劳，以助甘旨。门内肃然，数十年节衣缩食，终成小康。冬不御裘，衣无丝帛，自称胡布衣。常云："不能转移人，亦不为人转移。"①

叶圣陶对胡石予先生敬仰崇拜极了，日记中记载了许多有关胡先生的论述和教导：

1910 年 12 月 22 日　　今日胡先生讲朱酉生作《吴中风俗利病记》，言及今之婚丧庆吊以及育子生男皆有酬应，且极其奢华。在富者为之固无碍，而家道稍差者为之牵制矣，盖不如是恐为人看不起也，遂致借债以办事。其弊可谓烈矣。救之之法，须富而显者为之提倡，专以俭约为主，使家道稍差者见之，以为彼且如是，我当更省，则民力可苏而财用稍裕矣。此言殊当。

① 赵善昌：《拙斋纪年》，《苏州史志资料选辑》（总第三十六辑），2010 年，第 108 页。

1910年12月27日　忆昨日胡先生续讲朱酉生《吴中风俗利病记》，言及今之僧道尼为数甚多，亦属游荡之民，且潇然方外。以无室家之忧，因而无国家种族之思想。况所谓僧者，先出世而后入世之人也，今则徒为人作佛事而已。然所居则乔岳名山，产则良田万顷，受人之施，以终其身。国中有此许多分利之人，其何能富裕。措置之法，宜就其寺院，令之习艺，使其有识者为之领袖，则亦可以生利，而自食其力。男女婚嫁亦人伦之大，何得国有怨女旷夫，故必令僧道尼相为配合，俾成家室。有家室，然后有国家种族之念，其经籍则不可毁灭。以其理之妙，实不可思议，而用亦颇广，不妨定为科学，供人研究。此说颇为切实，然如此大改革，亦非易事也。

1911年1月29日　胡先生言："英雄有多种，有逍遥尘纲之外不肯一进藩笼者；有愿进牢笼以得一舒其志，作枉尺直寻之想者。"然一则心虽高蹈，终属无补；一则稍负瑕疵，其实有益于世。推而进之，则不受笼络，未尝不可施为。竖起脊梁，振作血性，转移也，改革也，何事不可为，只在我耳。此则非所大英雄乎？

1911年3月28日　胡先生说："春秋时最耻城下之盟，即兵临城下，必抵死以守，可想见当时民气之为如何矣！"今之民气不知何往矣？何外患日逼而优游嬉戏者之纷纷也。呜呼，其或积习由渐而致然欤，抑君主以天下为私产而致然欤？虽然而今而后，君主虽以天下为私产，我却不得不认之为全国人之公产。既为全国人之公产，我有一份在焉；既有一份，能不起而保守之。且非特此也，苟其不能保守，丧产之外，尚且灭我种绝我子孙，则心虽有惰意者，能不亦惊心勉力，奋起而保守之。起乎，起乎，中国人其起乎！四万万民气，足哈倒全世界也。

1911 年 10 月 13 日　　第三课汉文，胡先生讲及近事，谓扫除恶朽，改造神州，本属大英雄之事，若其人者，当顶礼膜拜之。而或有不逞之徒乘机淆乱，则大英雄之信用名誉将为所玷污，而众同胞之身家性命且转辗沟壑矣。一再思之，势殊可危也。噫，是实大可虑，不知彼大英雄者其有以补救之乎？

1911 年 10 月 25 日　　胡先生上课时讲及读书，谓读书之味无穷，在各人之识见境地而得其各殊之进步。或竟一人而专读一书，少年时之领悟如是，中年而更读之，其会意异于少年时矣，老年而更读之，则又异。而其领悟，其会意，皆进步也。欲练身救世者，读书一层可不亟亟乎哉！

1912 年 1 月 28 日　　（毕业式）胡先生演说。其说甚长，而主要则在“习劳崇俭”四字，谆谆然谓“君等不可一日忘此四字也”。

以上所引，只是挂一漏万，叶圣陶在治学、做人、处世等方面受胡先生影响之深难以概述。他觉得胡先生的诗冲淡闲适，神似陆放翁，就经常借回来抄录。1911 年 5 月 5 日日记中说：“第一课国文，胡先生将游杭所得诗印出，发与各人。诗甚多，且都得西湖之奇景幽致，实足为湖山生色。因自愧，余游之粗暴，不能得景外景，歪诗十馀首，自惭形秽矣。”1911 年 11 月 6 日日记中说：“晨间方起身而颉刚来，出胡先生诗稿授余，盖君昨日假自先生者也，略谈数语即去。因读先生诗，见其近作《秋风诗》十六首，详志近事，低徊咏叹，弥多趣致。既而亦成七律一首，志昨日之事，即誊之稿中。”1911 年 12 月 9 日日记中说：胡先生来，“示余以《秋风诗》，盖自八月十九日武汉起义以来而至近日之纪事诗也。诗凡数十首，纪事弥详，尚未有尽数。每首皆有笺注，诚伟著也”。1911 年 12 月 23 日日记中说：“昨向胡先生假得其《秋风诗》卷，即振笔抄之，终日而尽，凡六十首，兼有细注，故费时多也。”前前后后共抄录了十数册。叶圣陶晚年在给胡先生儿子的信中说：“我所以有这一天，离不开胡先生的亲切教诲，先生教我的学问，我用了七十年还未用完。”

草桥中学的同学都说叶圣陶是“天才”，顾颉刚在《〈古史辨〉第一册自序》中也这么说：

> 叶圣陶先生（绍钧）是我的老朋友，从私塾到小学和中学都是同学。他是一个富于文艺天才的人，诗词篆刻无一不能；没有一件艺术用过苦功，但没有一件作品不饶于天趣。①

“天才”缘于勤奋。叶圣陶的“文艺天才”、诗词篆刻“饶于天趣”，恰恰

① 顾颉刚著：《古史辨自序》，河北教育出版社 2000 年版，第 33—34 页。

是他平时用“苦功”，多阅读、多摩挲、多练习的结果。以篆刻为例，叶圣陶经常为同学和亲友刻图章，竣工后反复观摩，稍不合意就磨掉重刻，直到满意为止。其实，做到“眼勤手勤笔勤”，还并不算难，最关键的是“脑勤”，勤于思考分析，提高思辨能力和欣赏的眼光。在叶圣陶早年的日记中随处都可以看到，处处都有个“我”在，凡事都有他“个人”的分析和评判，好学不倦而不生吞活剥、人云亦云。请看两则日记：

1911年6月2日　　今日国文讲曾国藩《欧阳生文集序》，篇中拘拘乎桐城派，奉姚鼐若神圣，殊为可厌。余以为，文苟有一先生之传流一宗派之门户，则亦八股之流。盖在心为志，出笔为文，志何如文何如，何必拟之摹之哉。余为此言，彼谨守宗派者，必且曰小子无知信口雌黄，甚且曰，未可以语文也。笑。

“在心为志，出笔为文”，套用黄遵宪的话说就是“我手写我口”。叶圣陶能有这种见解，或许正是受了晚清“文界革命”的影响。

1911年6月5日　　第六时，胡先生未来，袁先生代课讲法制，讲人民与臣民之分，云：“臣民者，服从人之民，而人民之权利有不能尽享者也。吾人三百年来，代代做臣民，故亦习惯而不以为怪，然大有弊在。苟一旦人瓜分我，而心中生一同一为臣民之心，则完矣。必心中有一必为人民之心，苟有不令我为人民者，我仇之，我杀之；我人苟有一人在，则必不令人臣民我，如是方无负为人之天职也。”此段余以为精论，故志之。

"袁先生"即校长袁希洛。前面曾经说过：1906年春，叶绍钧进小学读书之前，按那时的习惯取号"秉臣"。升入中学后，他觉得"臣"字容易使人很自然地联想到统治人民的"君"，他不愿意做"皇帝"的"臣民"，就在1909年改号为"圣陶"。袁校长的这段"精论"，叶圣陶特意"志"在日记里，也"志"在心里。综观叶圣陶长长的一生，始终都把自己定位为"人民"中的一员。

"天才"缘于勤奋，"天才"缘于博学，叶圣陶就是这样善于学习。在中学读书时对于音乐、绘画、金石、书法、理学、佛典，以及自然学科的知识都有所涉猎，根深叶茂，从而成就他"文艺"的"天才"。

（二）热恋大自然，喜欢"学术的旅行"。苏州园林称甲天下。叶圣陶可以说从能走路开始，就跟着长辈们到各处园林游玩。他在1983年7月写的《从〈扬州园林〉说起》中说："苏州最好最著名的园林拙政园、沧浪亭、怡园、留园、网师园，几乎可以说每棵树、每道廊、每座假山、每个亭子我都背得出来。"① 园林设计者和匠师们的创造力和艺术天才，给叶圣陶以美的启迪。在草桥中学读书时，每逢礼拜天和节假日，他总约顾颉刚、王伯祥等同学结伴出游，沉迷在大自然的怀抱中。他在写给王伯祥的诗中说："忆从丁未始，草桥忝随肩。讲舍纵谈笑，书林恣流连。城西丘壑美，时时陟翠颠。"② 又说："想童时，常与窗侣嬉游，踪迹遍山径楼廊汀岸。"③ 在《题颉刚兄手录辛癸贻我书十五通》中说："幼岁同窗读，继之同校肄，共游玄妙观，徘徊旧书肆，共登西

① 《叶圣陶集》第7卷，第300页。

② 叶圣陶：《伯祥五十初度》，《叶圣陶集》第8卷，第158页。

③ 叶圣陶：《洞仙歌——赠陈从周》，《叶圣陶集》第8卷，第360页。

郭山，流连诸山翠，时与伯祥偕，三人盖同气。”① 在《题〈石湖棹歌百首〉稿本》中说：“因诵斯编忆幼年，嬉春爱上上坟船。石湖想象成沧海，柳坞桃村望若仙。中学时期三人行，石湖来去脚边程。桥头塔畔留珍忆，山色波光证友情。”② 石湖，距苏州城区十余里，是太湖的一个内湾。“一水溶溶似玉壶”，堪称江南绝境。“桃村”，即桃花坞，位于苏州城北，是明代画家唐伯虎建造的一座山野田园式的别墅。叶圣陶把距离苏州市区十里之遥的石湖说成是“寻常”的“脚边路”，游览的兴致之高可见一斑。江南风光好，青山秀水，烟霞泉石，亭台楼阁，徜徉其间，既领略到山川风物之美，观赏到灿烂的文化（如建筑、雕刻、文字、绘画、碑石等等），又能目睹田夫野叟的耕作或舟行之劳，接触民众的生活，谙知民间风情。当他触景生情，有了好的句子，就把它记在随身带的纸头上，回家后再写入日记或诗集中。学校组织的远足，途中游憩时，同学们或笑或歌，而叶圣陶则常常掏出随身携带的纸笔，把他在大自然中获得的知识和感兴记下来。远足归来，不顾旅路疲劳，篝灯泚笔，写诗作游记。1911 年 4 月 21 日至 25 日，袁希洛率草桥中学师生远足杭州。行前，“圣陶以纸笔墨置悬囊，并附以日记，走一路，写一路”。顾颉刚在《杭州旅行记》中说：“游观数日间，圣陶得诗二十一首。……于馆中时，每入夜，辄诣圣陶室中，展其所作，兴怀古迹，述语舟人，借以知湖上一斑。”回校后，叶圣陶写了一篇长达两万字的游记送请胡石予先生批阅。胡石予先生看后题一诗于稿端，给予很高的评价：

---

①《叶圣陶集》第 8 卷，第 456 页。

②《叶圣陶集》第 8 卷，第 394 页。注云：“值休日，辄偕伯祥、颉刚二兄远足，西郊横塘石湖为常到之处，苏人谓寻常经行之路为‘脚边路’。”

忆游西湖将归时，已作异日再游思。此愿速酬亦未易，聊复长吟湖上诗。叶生手持旅行记，乞我染翰一题辞。二万余言皆记实，凡所经历无或遗。披览自首讫卷尾，倾我清茗八九卮。仿佛畅游复一度，借慰两月之别离。兹游陈君（鸣鹤）惜未与，负负之呼固其宜。急急招之阅一过，勿谓画饼不充饥。山光水色宛在目，神游其际性自怡。还生此记向生笑，更有一语作用奇。待我渴思西湖日，再借此卷一读之。

“联袂湖山石，风华正茂时。纪游随逸兴，评事骋才思。”（章元善语）叶圣陶作《杭州旅行记》时还不到十七岁，游踪所及不远，见西湖以为不二之胜景，因而尽情描写，给人以“得观绝胜”欣叹。从胡石予的题诗中可以看到叶圣陶文思敏捷，才华出众。

（三）善于在日常生活中向师长、朋友以及“明达之士”学习，探索为人和求学的真谛。叶圣陶从 1910 年 11 月 2 日开始记日记，他在《〈圣陶日记〉缘起》中说：

我之生也以甲午九月三十日，以迄昨日，十六周岁矣，而今日为十七岁之第一日。日来于百事之动静变迁，以及师长之朝训夕诲，每清晨卧思，若有所会，而未足云心得也；及下床一有他事，则强半忘之，虽于肠角搜索，亦难得矣。因思古来贤哲皆有日记，所以记每日所作所思所得种种。我于是效之而作日记，而非敢以贤哲自比也。以今日为十七岁之第一日，故即以今日始。且我过失孔多，己而察之，志之日记；己而不察，人或告之，亦志之日记：则庶以求不贰过也。[1]

"缘起"中说的"生日"是农历，十七岁是虚岁，实足年龄是十六岁。他是为了铭记"百事之动静变迁"和"师长之朝训夕诲"，"以求不贰过也"（不会再犯同样的过失），才记日记的，可见他善于学习以及对自己要求的严格。从1910年11月到1918年年底的八年间，写日记"成了习惯，就与刷牙漱口一样，一天不写是很不舒服的"[2]。后来间断了，自1937年抗战爆发之日起，叶圣陶又恢复了写日记的习惯，一直到1988年1月他谢世的前一个月为止，五十年间从未间断过。仅从中学时代的日记中，就能看到他善于学习、律己极严的品格，喜衷乐善。且看几则日记：

1910年11月3日　　伯南先生夜间来闲谈。彼说懒于酬应，心虽非傲人，终觉冷待于人，大是开罪于人处；说我亦深有此病，以后当戒之。又于无意中谈及今之人皆精明。彼说精明人最是不精明，此语殊深于阅历。

1911年1月4日　　伯南先生来，彼对我说：终不要写古里古气之字，以不适于用，字须要飘逸秀媚。盖以彼适见我署书头之字也。然余下笔总是如此，欲其改之，大费功夫。彼又说古帖却又不可不看，摹其笔意，而不摹其笔迹，乃为上上。又说熟读四书，作文自然灵活。阅历之言定当不谬，故志之。

---

① 《叶圣陶集》第19卷，第3页。

② 叶圣陶：《没有日记》，《叶圣陶集》第5卷，第335页。

1911年1月25日　　夜翻《芥子园画谱》，见其总论中《去俗》一则有语云："宁有稚气，毋有滞气。"彼论画也，而于行文亦大有用处。伯南先生深赞蒋企巩之文，虽有稚气，而有灵活之思多致之语。盖稚气可以学而弃之也，若一有滞气，出语笨重，终身无进矣。

1911年1月27日　　阅《民立报》，见其"天声人语"中有语云："人但当爱惜光阴，不当叹息蹉跎。"语颇有英雄气概，亦未之前闻，故志之。

1911年2月19日　　笙亚曾云："字无好恶之分，我无他深奥语以定之，然只要紧而不觉其狭窄，已是可观。"我闻其言以自观我之字，则远甚于其言也，姑志之。

1911年2月22日　　适在自习室读读本时，笙亚与书玉每于一句之未澈，一字之欠明，必多方讲解，至明白而后已；如遇一佳句，一工字则欣然鼓掌，反复诵之。彼诚得英文之趣矣，故进境为速也。若余才及展书，已有惰意，越惰越无趣，无趣乃无寸进也。

笙亚说我辈读古人之文，宜得其气，读英文何独不然。如未得其气，虽字眼多，文法熟，究不足与西洋大文家抗衡。彼迨阅历之言也。姑志之。

1911年2月27日　　俗语有云："初学三年，天下去得；再学三年，寸步难行。"何言之有味也。

日记中写到的“伯南先生”，即中学老师孙伯南；“笙亚”，即中学同学乔笙亚。叶圣陶把师长、朋友以及“明达之士”关于做人作文求学处世的感受和至理名言，写在日记里，咀嚼涵泳，“为我所用”。他的座右铭是：“持无艰难之主义，今日解一难，明日解一难。”这“座右铭”是从同学乔笙亚的话中“撷”来的。他在 1911 年 9 月 9 日日记中写道：

> 今日与笙亚闲谈，笙亚曰：“我辈求学，难事亦不过千数。今日解一难，明日解一难，非难事也；积数年而难事即消，归于无有，世间尚复有难事哉！若今日之所难明日又难之，今年之所难明年又难之，则实自弃耳，非事之难也。譬之理债，渐次偿还毫不觉也，一并偿还斯成巨数，而觉窒碍矣。”此言也，实学者之座右铭。余亦素持事无艰难之主义。然遇一事而觉难者，随处皆是。知而不行等于不知，可羞可耻可痛可恨！圣陶圣陶，勉之哉！

叶圣陶就是这样善于学习，不耻下问。择其正，以规己之非，弃其虚，以立己之明，不断地修养人格，在知识的海洋中遨游，在时代的风雨中奋进。

第三章

翘望西蜀风云

辛亥革命那年，我十八岁，对于革命一下子就成功，感到莫名其妙的高兴，看看事实，似乎跟理想中的革命不大对头，又感到莫名其妙的忧虑。

——叶圣陶《革心》①

一、“老大之中国”的“雄健之少年”

1911年4月27日，黄兴在广州率同盟会精英们攻打“两广督署”的血战震惊了中华大地。革命党人死事之惨，以是役为最。事后，人们在城内曾经发生过战斗的地方，拣得遗骸七十二具，合葬在广州城外东北面的黄花岗，史称“黄花岗七十二烈士”。黄花岗起义虽然失败，可是它所产生的影响是巨大的。孙中山在《〈黄花岗烈士事略〉序》中说：

① 《叶圣陶集》第6卷，第209页。

> 吾党菁华，付之一炬，其损失可谓大矣。然是役也，碧血横飞，浩气四塞，草木为之含悲，风云因而变色，全国久蛰之人心，乃大兴奋，怨愤所积，如怒涛排壑，不可遏抑。

恰恰在这个时候，列强对华投资建筑铁路，清政府于4月宣布“铁路国有”。“铁路国有”政策，是一种“夺路转送外人”，替帝国主义没收人民财产的政策。5月，清政府和美、英、法、德等国签订了《湖北、湖南两省境粤汉铁路、湖北省境内川汉铁路借款合同》。这笔总额为六百万英镑的卖国借款，断送了两湖境内一千八百里路权，实际是将粤汉、川汉铁路拍卖了。所谓的“借款合同”是将中国的国权、路权拱手送给了美、英、法、德四国。

“铁路国有”的消息传到四川后，全省人民义愤填膺，纷纷反对清政府的卖国政策。6月17日，川汉铁路公司股东代表在成都开会，决定成立“四川保路同志会”，提出的口号是“破约保路”。保路风潮很快蔓延川省各地，并由“保路”发展到“抗捐抗税”，与广大民众的爱国反清斗争联结在一起了。

也就在川省保路风潮愈演愈烈的时候，我国江浙一带学堂相继发生了“剪辫运动”，借以寄托“推翻满清统治”“维新自强”的双重意义。草桥中学校长袁希洛本来就是“光头”校长，他说“指爪”和“发辫”是“我国物质野蛮之表现”，要同学们毅然剪去“指爪”和“发辫”，成为他的“同志”。叶圣陶未能奉行“光头主义”，但心里并不宁静，他在1911年9月22日日记中写道：

如余者，指爪则自有生以来未曾留过，不自知觉居然得比于文明之列，而此垂垂一条豚尾，不知何日得并州剪刀割去之也。①

那是一个“剪发不留头”的年代，叶圣陶只好把割去“豚尾”的希望寄托在“惊天地、泣鬼神”的革命党人身上。那时，信奉“非铁血无以自振”的革命党人经常来苏州活动。他们掷炸弹，放手枪，焚府署，与驻苏清兵巷战，为反清革命甘洒“心血”（宣传鼓动）和“颈血”（牺牲生命）。叶圣陶仰慕爱国志士，在日记中一再称颂革命党人是拯救中华民族的“大菩萨”“大英雄”，对他们崇敬极了。

9 月 7 日，四川总督赵尔丰在成都诱捕了“保路同志会”和铁路公司的负责人蒲殿俊、罗纶、张澜等人，封闭了“保路同志会”和铁路公司。消息传出后，全城震动。民众纷纷奔赴总督衙门请愿，要求释放蒲、罗、张等人。赵尔丰公然命令士兵向手无寸铁的民众开枪，当场杀害三十二人，打伤数百人，酿成“成都血案”。侧身西望，愁云惨淡，杀气横秋，血流漂杵，腥膻遍地，蜀道艰难，杜鹃夜泣。赵尔丰的罪行迅速传遍了川东南各地，人民纷纷“揭竿而起”，“天府之国”沸腾起来了。

和同时代许多热血青年一样，叶圣陶对以“屠民为己能”的“清廷豺狼”赵尔丰、对屠杀“蜀中父老”的清政府的仇恨到了极顶。他急切地希望川省人民合数十万人为一群，不畏清廷之“格杀勿论”，万众一心，齐驱并进，掷头颅，舍性命，以刀锯鼎镬甘之如饴的抗争精神，早

① 《叶圣陶集》第 19 卷，第 32 页。

日独立，改旗易帜。他的心情始终伴随着“反清斗争”的波澜跌宕起伏。

9月18日，叶圣陶从报上看到“成都电线已绝”，以及城内粮食缺乏，军民死伤甚多的消息后，心情十分沉重，“蜀山西望，郁郁余怀”，夜里写了一首“意蓄于中盖十数日矣”的古歌《我思英雄》①，希望这时候有顶天立地的英雄出世，收拾“不可收拾之川路风潮”，胚育灿烂光辉之时势。当时，“革命党人趁川人争路风潮，分途潜径川省，隐为援助，坚持商办，否则主张独立，另制国旗，死抗政府之压制，誓脱污吏之束缚”②。《我思英雄》寄托了叶圣陶对“革命党人”的希望。

9月24日，叶圣陶听到“四川已平靖。赵督允民以铁路仍归商办，愿以身争”的传闻后，在日记中写道：“苟此信然者，则独立之旗犹将不现，令人望断巫山矣。须知即真归商办，而其他不堪之事尚多，况未必能真归商办也。亦只得付之一叹。”他认为自己是“老大之中国”的“雄健之少年”③，说中国“非破坏难以建设”，“此万恶之政府”，“断乎其不可恃矣！”充分表达了一个急进的革命青年誓要推翻清王朝的坚定立场。9月26日，他听到川省有“推举大总统之举”，便按捺不住内心的喜悦，在日记中写道：“此事未知确否。顾我昨日阅报，见川人重复发难，有再接再厉之势，则此举或确有之。我虽非川人而亦代为川人喜，深望传闻之非诬也。”④

---

①③④ 叶圣陶：《辛亥革命前后——日记摘抄（一）》，《新文学史料》1983年第1期。

② 逸父：《川乱感论》，《民立报》1911年9月19日。

二、寻找“思想明灯”

不过，叶圣陶毕竟还很年轻，变幻莫测的风云和是是非非的传闻，使得他“心乱似麻”。蒲殿俊等人由民众救出来以后，反倒发表《哀告全川叔伯兄弟书》，说什么“保路同志会”的目的已经达到了，要同志军放下武器，停止战斗；并与赵尔丰订立密约三十条，承认赵尔丰的军事政治权力。不久，赵尔丰策动成都兵变。所有这些都让一切善良的人们无法承受理解，叶圣陶陷入深深的苦闷之中。他承受不了精神上的重压，迫切希望能有“一大哲学家”为他排解精神上的郁闷和忧虑。后来在于右任、宋教仁主办的《民报》杂录栏读到“吴宗慈哀灵笔述”的《佛学剩言》，觉得“此一种著作”能帮助他解决“所难决之诸问题”，于是“喜极而抄之”。中国近代革命在由“旧式的暴乱”进入“有觉悟的民主运动”的进程中，急进的革命青年总渴望得到“新思想”和“新精神”的导航。

叶圣陶从小就受到佛学的影响，早在 1911 年 6 月 3 日，就为《课馀丽泽》写过《佛教为中国国教议》的征文，认同社会上流行的“佛教”为“中国国教”说。辛亥革命前后，他阅读的“革命书籍”和“理学书籍”，除了邹容的《革命军》、谭嗣同的《仁学》和近代革命烈士遗像汇集《头颅影》之外，就是“吴宗慈哀灵笔述”的《佛学剩言》了。

《革命军》是中国近代思想史上第一部系统地、旗帜鲜明地宣传资产阶级民主共和国思想的名著，它以高昂的革命激情、炽热的言词、犀利的笔调、浅近的文字，从革命正义谈起，详尽地论述了革命的必要性，热情地歌颂革命事业的伟大，认为革命是“至尊极高，独一无二，伟大绝伦之一目的”，革命是“世界之公理”，是“顺乎天而应乎人”“去腐败而存良善”“除奴隶而为主人”的事业。进而指出，“我中国欲独立，不可不革命”，“我中国欲长存于二十世纪新世界上，不可不革命；我中国欲为地球上名国、地球上主人翁，不可不革命”，献身革命乃是每一个人不可推卸的责任，无论“老年、中年、壮年、少年、幼年，无论男女”，都要“相存相养相生活于革命”。宣称要和“爱新觉罗氏（清朝皇族）相驰骋于枪林弹雨中”，然后再扫荡干涉中国主权的“外来之恶魔”。章太炎赞美邹容是“少年英发”，在为《革命军》写的序中，称它是震撼社会的“雷霆之声”。叶圣陶 1912 年 1 月 29 日日记中有“晚餐后，读先烈邹容所著《革命军》一书，自首讫尾，诵之无遗。得有今日者，于此亦有力也”①，把辛亥革命归功于是受了《革命军》“有力”的影响。

在清末参加维新运动的志士中，最受国人敬重的当推谭嗣同。谭嗣同生于北京，虽说是一个“贵公子”，但从小就学习武术，十三岁的时候跟随父亲远赴甘肃，在以后的几年里，曾多次来往于甘肃和湖南，考察风土人情，物色英雄豪杰。1890 年，二十五岁的谭嗣同由兰州回京师途经井陉关所赋的一首诗中写道：“平生慷慨悲歌士，今日驱车燕赵间；无限苍茫怀古意，题诗独上井陉关。”诗的大意是说：我是个禀性豪爽、侠心义胆的人。如今风尘仆仆，在祖国北方河北、山西等地往来奔走。这雄浑的山川，莽莽的平野，使我情不自禁地想起了多少古往今来的英雄事迹。我独自来到历代军事要地井陉关，这是汉朝韩信打了大胜仗的

① 《叶圣陶集》第 19 卷，第 88 页。

古关隘。我在这里题诗，抒发悲壮的情怀。丧权辱国的《马关条约》签订后，谭嗣同万分忧愤，他压抑不住心头的怒火，写下血泪的诗行：

世间无物抵春愁，合向苍冥一哭休。

四万万人齐下泪，天涯何处是神州。

把列强瓜分“大清帝国”看作最大的“春愁”。1898 年 9 月，谭嗣同被征召到北京参加变法活动。变法活动失败后惨遭杀戮。《仁学》是他留给后人的宝贵的思想遗产，是书写于 1896 年至 1897 年，是一部反对封建制度，要求发展资本主义的宣言书。它从根本上推翻了君主神圣不可侵犯的谬论，猛烈抨击封建专制制度，痛斥两千年来的君主专制政治是“大盗”政治，“黑暗否塞，无复人理”。《仁学》主张冲破前进道路上的一切“罗网”，打破一切传统思想的束缚，再加之谭嗣同率先垂范，在“戊戌政变”中壮烈牺牲，是清末的维新志士中最富有“侠气”的英雄，深受热血青年的敬仰。叶圣陶把《仁学》当作革命的“圣经”①，潜心研读；把谭嗣同看成革命的偶像，赞美他“天才卓荦”，学识绝伦，在 1912 年 2 月 27 日日记中写道：

晨起洗餐毕即至颉刚处，告以陈君②之言。……君谓近读浏阳谭先生《仁学》，乃奇其颇恶俭朴。余乃跃然曰：“圣贤豪杰见夫世界之沉沦，则悯焉于心，遂发其宏愿，度群生于安乐幸福之中。推

① 作者 1985 年 3 月 14 日访叶圣陶。

② 陈君：革命志士陈翼龙。

其心，则尚奢之心也。然今之时固以俭为美德者也，盖亦自有其故矣。夫今时无量同胞尚未能超出乎困苦之境，种种社会之恶劣习性恶劣组织尚未能破除，若再从事乎奢华，且将增加其苦境；故谓俭为美德，欲以少减同胞之困苦，则亦救世之苦衷矣。若无量同胞尽入于极乐之国，则困苦二字且无以侵人类之身，唯有享我幸福，乐我安宁耳。何者为幸福？何者为安乐？则必曰适我身者皆是也；于是声之于耳，色之于目，味之于口，嗅之于鼻，曩之所谓奢华而引以为戒者，今且不妨一一享用之，以适我身，以完全我幸福，以饱和我安乐。浏阳之尚奢，其亦同余旨乎？”①

所谓“尚奢”，其实是谭嗣同的“富国”理想。和所有的爱国志士们一样，谭嗣同认为必须向西方国家寻求救国真理。中国必须奋起直追，学习西方制造轮船、火车和枪炮的技术，实行选举、设议会等管理国家的方法，使中国成为资本主义国家，让同胞“尽入于极乐之国”。“浏阳之尚奢，其亦同余旨乎？”叶圣陶在这里所说的这个“同”，说明他完全认同像谭嗣同这样的“圣贤豪杰”的“富国”思想。他对《仁学》也是百读不厌。1912 年 10 月 16 日日记中说：“夜间重读谭浏阳《仁学》一书，语语爽快，语语真理，世界众生无不当读之至无量数遍。”

《头颅影》也是叶圣陶崇敬的“革命书籍”。他在 1911 年 12 月 29 日日记中写道：

① 《叶圣陶集》第 19 卷，第 103 页。

……至玛瑙经房书肆。见有沪上某书局所出版之《头颅影》，皆抱革命主义而牺牲生命之烈士之遗像也，或则铁索郎当，或则血花飞溅。夫人总云达，最难一死，而册中诸烈士悯众生之沉沦，甘地狱而先入，苟有能为同胞造福幸者，勇往直前而赴之矣。此身何关于我，即死岂动于心。既死矣，而精诚未死，同志犹存，遂以开今日灿烂之自由花。则对此册而生悲者，必为无志之人。余亦壮男儿，见此何有所悲哉。唯有敬之若天神已。①

叶圣陶对革命先烈“敬之若天神”，对“佛学”则喻之谓“夜明灯”。他抄读《佛学剩言》始见于1911年9月28日日记：“近日《民立报》之杂录栏中载有《佛学剩言》一种。余迩来心乱如麻，安得遇一大哲学家为我解决余所难决之诸问题。而此一种著作宛如为我解决者，喜极而抄之，以入于丛抄中。”② 次日，“抄《佛学剩言》七则”。10月14日，“抄《佛学剩言》十则，心有所感，辄注数语其上”。10月17日，“夜间抄《佛学剩言》三则”。1912年1月21日，“夜间观昔所抄《佛学剩言》”。次日，“夜间抄《佛学剩言》”。③

众所周知，佛学思想基本上是反科学的神学体系。但作为人类思想宝库，它又包含了宏深的智慧和杰出的辩证观念。在探求真理方面，佛学的方法是玄想冥索，与科学注重实验不同；然而佛学志在发现真理，不夹杂丝毫利害关系，要从真理上去研究宇宙现象。在科学不发达的中

① 《叶圣陶集》第19卷，第73页。

② 商金林撰著：《叶圣陶年谱长编》第1卷，人民教育出版社2004年版，第67页。

③ 以上均见于叶圣陶日记。

古以及上古时代，佛学成了一种出世的宗教哲学。在我国近代，尤其是1900年至1912年前后的十多年间，“佛学”成了思想界的一股汹涌澎湃的潜流，“所谓学家者，殆无一不与佛学有关系”[①]，被推称为“中国近代之大文豪”“新中国之卢骚”[②]“国学大师、革命元勋”（许寿裳语）、中国民主革命的先行者之一的章太炎，就兼任过中国佛教总会浙江支部“居士正会长”[③]。资产阶级革命派和改良派思想家们在锐意革命或积极维新之时，热衷佛学，宣传佛学的“智信”“兼善”“入世”“无量”“平等”“自力”“至诚”，“导善禁恶救世觉民”，直接服务于排满革命。章太炎曾经说过：

> 佛教最重平等，所以妨碍平等的东西，必要除去。满洲政府待我汉人种种不平，岂不应该攘逐？……又且佛教最恨君权，大乘戒律都说：“国王暴虐，菩萨有权，应当废黜。”又说：“杀了一人，能救众人，这就是菩萨行。”其余经论，王、贼两项，都是并举。……这更与恢复民权的话相合。[④]

可见，晚清“新学家者”推崇的“佛学”，正是“佛学”这一人类思想宝库中的某些闪光的思想和杰出的辩证观念，或者说是经过资产阶级革命派或改良派思想家们精心选择、潜心改造之后的佛学，是宣传“维

---

① 梁启超著：《清代学术概论》，商务印书馆1938年版，第165页。

②《欢迎鼓吹革命之文豪》，《民立报》1911年11月16日。

③《民立报》1912年5月26日。

④ 章太炎：《东京留学生欢迎会演说辞》，《民报》第6号。

新”“变革”思想，启民智、正视听的“佛学”。请看叶圣陶抄录的《佛学剩言》的部分章节：

> 当泯棼胥嗟之世，处淹绒老洫之邦，群盲可哀，沉沦垂及，每念斯言，辄深悼痛，溺心一往者勿论矣。其有豪杰之士，或抑郁以伤身，或叱咤而殒命，世不可救，身已先殂，人之云亡，邦国殄瘁，原其致此，皆由不了三观，尚迷二障，欲拘斯澜，端赖佛法，忍辱精进，心不退转，拯此宗邦，庶有禅益。呜乎，黄花血染，白骨灰飞，斯方城之一斗，非波罗密之究竟也。余殚心大乘，矢志护持，敢述微言，用谂智慧，其亦今日谈救世者之所许乎?①

这段文字劝说“豪杰之士”既不要徒自空叹，“抑郁以伤身”，也不要满足于一时的轰轰烈烈，“叱咤而殒命”，要沉着，要有韧性，“忍辱精进”，百折不回，只有这样才能“拯此宗邦”，禅益“救世”。

叶圣陶辛亥革命前后的日记，为我们研究他的“佛学”思想提供了许多史料。1912年2月2日，叶圣陶到“东吴学堂”观“毕业典礼”，有两位毕业生在典礼上发表演讲，题目是《论基督教为世界之宗教》。叶圣陶在当天的日记中写道：

> ……其辞以为宗教种别系派繁多，大都鲜可以研究之价值，而佛教耶教则流行最广，教旨犹正。然佛教最后之目的则至于清静寂

① 《民立报》1911年9月25日。

灭之无。庄严灿烂之世界，佛教徒乃欲求其无，故佛教亦无取焉。——此君盖犹不知佛者也。佛何尚求无哉。所谓乐国，所谓普渡，所谓大无畏，是佛之愿勇双全，无量生机也。彼寂坐空山合十修炼者，实畜生道耳，乃因若辈而佛为世所诟病矣。其后此君乃陈说耶教之完善，其教旨之纯正何如；耶稣代上帝行其慈悲之仁，其牺牲何如；若何钉架也，若何复活也，言之津津有至味，教中信徒也。

余以为耶教教旨固尽属真理矣，犹未能尽善。盖真理之外何必加上帝、救主等字以为市帘。且人最恶依赖，苟人人恃自力明真理，则无往而不得善果；且其得之也，必欣然曰“我自得之”。若至教中则将曰“上帝降福矣”，以福之降自上帝也，于是有祈祷之事。至于复活等语，尤属不经之谈。其教徒虽日号于众曰“我教无迷信”，我不信矣。以余观之，宗教之中佛胜于耶；以佛之目的在极乐黄金世界，而由其说以往，决可达到也。然佛虽胜耶，终属宗教，世界进化，宗教且为赘疣，故佛教消灭于将来亦未可知。然佛之理则不可消灭者也。①

可见，叶圣陶心目中的“佛学”，决非寻常人所说的宣扬“无常”“无我”“苦”的“佛学”，而是憧憬“理想世界”的一种“愿”，以及到达“理想世界”的一种“真理”。在叶圣陶看来，“佛之旨”与中国新兴的社会党人的“宗旨”是一致的。“抱佛之旨”，“恃我之自力”，勇往追

① 叶圣陶：《辛亥革命前后——日记摘抄（二）》，《新文学史料》1983年第2期。

求，就一定能实现“佛之目的”，实现中国社会党人为之奋斗的平等、自由、幸福的“黄金极乐世界”。辛亥革命前夕，叶圣陶通过抄读“佛学”，摆脱了思想上一时的苦闷和彷徨，以更加坚定的信念和乐观的精神，迎接辛亥革命的到来。

三、“神州光亮”后的亢奋

如火如荼的保路风潮，最终酿成了辛亥革命的导火线。1911 年 10 月 10 日（阴历辛亥年八月十九日），在古老的中国，爆发了一个震动世界的大事件。湖北新军成功地发动了反抗清朝统治的武装起义，建立了革命政权，揭开了近代史上最光辉的一页。中华民族“改造神州，扫除恶朽”的壮举，如春雷，响彻五洲。由于这次革命发生在阴历辛亥年，史称“辛亥革命”。

喜讯传来，叶圣陶如同一个疲惫的游子在茫茫长夜骤然看到灿烂的灯火似的，亢奋极了。他在 10 月 12 日日记中写道：

> 武昌已为革党所据，新军亦起而相应，推黎元洪为首领，则协统也。无耻凶恶之官吏亦杀去无数。此事也，甚为迅速与机密，出其不意，遂以成事。武昌据天下上游，可以直捣金陵，北通燕赵。从此而万恶之政府即以推倒亦未可知也。自由之魂其返，吾民之气当昌，其在此举矣。望之望之。[1]

---

[1] 叶圣陶：《辛亥革命前后——日记摘抄（一）》，《新文学史料》1983 年第 1 期。

从这天起，叶圣陶在日记中详尽地记录了他的见闻和感兴，浏览他的日记，则辛亥革命的进程清晰可见。10 月 13 日日记中说："课毕后报纸来，则见汉阳铁厂为革党所得，军械取材愈将得手矣。又见蜀粤两省亦有跃跃欲动之势。风云际会，盛哉此时，心滋喜。"10 月 14 日日记中说："午后课毕后急阅报纸。见长沙、重庆均为革党所据。黄河铁桥闻已炸断，盖恐彼虏之拒敌也。天津、杭州、保定亦有起事之说。英雄四起，当能一扫妖气，光复神州。""革党"如奇葩怒放，映日鲜明。他回想起 9 月 18 日写的古歌《我思英雄》，感慨良多。当时看到革命军屡遭清政府的弹压，旋茁旋萎，心里很凄凉，觉得"中国缺少英雄"。其实，时势造英雄。"时势不急则英雄之名不彰，英雄因时势而成功，时势因英雄而改造。"而今，风云突变，英雄四起，世界舆论盛赞武昌城头的枪声为"少年之中国"蓬蓬勃勃的"萌芽"，于是深感《我思英雄》"为未当矣"。中国一旦"改革"，"则我至勇至慧至有能力之同胞，皆即为少年中国之分子"①。

叶圣陶以无比喜悦的心情在日记中记录了辛亥革命后"神州光亮""万象更新"的景象。革命军"纪律严密，深合乎文明进军之举。智仁勇三者，党人盖兼有之矣"（10 月 15 日日记）②。"近时文学都慷慨淋漓，气象万千。余以为此时者直当驾乎古人之上，古人虽有名留久远者，比之此时之著作，自当有别，盖亦风会趋势使然耳"（10 月 18 日日记）③。"革军文牍如祭天、誓师等"，"皆醇厚静穆，深得书经精髓，而自有一种雄壮慷慨之气流露于字句之间。汉族重光，气象何其绚烂

①②③ 叶圣陶：《辛亥革命前后——日记摘抄（一）》，《新文学史料》1983 年第 1 期。

也”；“他若致人之函、谕民之示，亦大义彰然，为不可及。文学界似亦经一次革新矣，可喜”（10月25日日记）[①]。总之，展现在叶圣陶眼前的是一片光明，就连“肃杀”的“九秋”也变得无限明媚，“远山多秀色，平野少枯痕，天高云淡，日丽风和”（10月22日日记）[②]，决非“古人谓‘满城风雨近重阳’”的“萧然”景象（10月30日日记）[③]。这期间，叶圣陶写了《浪淘沙》《杀北虏》等诗文，讴歌革命军可敬的“德怀”和“战胜史”；抨击那些把武昌起义说成是由“报纸煽动起来”的“无识”“可怜”之辈的谬论；批判“无目光无定见”、视“革命”为“肆行抢掠”、在革命风暴到来之前“异常恐慌，皆纷纷迁家避难”的“愚民”（10月30日日记）[④]；宣扬“合兹平和世界之人道主义”，主张对于满族“个人”宜主宽大，不能轻易“杀人”，以保持“吾族之文明”，而对于那些“铤而走险”的“不平和无人道之人”，对于“食我汉人”的“贱虏”则当“杀”（10月29日日记）[⑤]。1911年10月底，惶惶不可终日的清王朝，以皇帝的名义下了“罪己之诏”，欺骗舆论，还假惺惺地表示要“重造内阁，概屏亲贵，实行立宪，不罪党人”，妄图以此来迷惑人民，解除军民的武装。叶圣陶当即指出这是阴谋，“苟风潮一息，行见蛇蝎之手段随之而施行矣”。“罪己之诏”“语虽可怜，其心不诚，不足信也”，坚信“我有毅力有勇敢之同胞，必不以此而少缓其征伐以姑赦之也。又知龙蛇方将启蛰，然之各地之同胞必不以此而动其恻隐之心以姑忍之也”，表现了一个急进青年“誓扫妖尘，拯救中华”的坚定信念。他说世间有“君主”两字就是一件“绝大不平事”，“君主

---

①②③④⑤ 叶圣陶：《辛亥革命前后——日记摘抄（一）》，《新文学史料》1983年第1期。

善与否，皆当锄去之。盖君主自己承认自己以统治众人为侵害众人之自由权也”，“清政府有君主，固当倾覆之矣，奚论其他”①。这里所说的“自由权”就是“民权”。“民权”思想是作为与数千年封建绝对君权的对立观念而提出来的，它突破了资产阶级改良主义的思想范畴，主张让人民来议政参政，以促成政治的进步和社会的繁荣。叶圣陶认为清政府的罪孽之一，就在于它“侵害众人之自由权”，对于这个政府，“唯有竭力铲除之耳”。“铲除清政府，建立共和国”，这就是叶圣陶当年的政治理想。他怀着“恨地球不快转两周”②的殷切心情，盼望革命的旌旗早日插遍神州。

四、为苏州“光复”尽“天职”

武昌起义后，“各省之闻风响应宣告独立者，踵趾相错”，义旗飙举，欢声若雷。就连女子也纷纷从军，要求和男子并肩战斗。女子北伐队发起人陈也月等在宣言中宣称：

> 枕戈待旦，健男儿既奏宏猷；市鞍从军，众姊妹宣申义愤。……从可知奋身不顾，小娘子无让须眉；乘盾为荣，大国民休轻脂粉。于是倾奁倒匣，大集军资；扫穴犁庭，共除虏虐。（《辛亥革命女子北伐队宣言》）

---

①② 叶圣陶：《辛亥革命前后——日记摘抄（一）》，《新文学史料》1983年第1期。

蛇山的炮声竟成为爱新觉罗皇朝的丧钟！叶圣陶“思潮起伏，欲读书而不能矣”。他在10月28日日记中推测说：十天之内，“腥膻尽涤，大耻一洗，汉族同胞共歌自由，当即有一共和政体之中华民国发现于东半球之东，乐矣哉！”① 热切地盼望有“智识”有“见解”的“三吴健儿”，高举起“汉家之旗”，与“彼虏交战”，但吴地一片沉寂。《民立报》就江苏省“鞭之不起，呼之不醒”发表评论，说“惟江苏‘昏浊腥移’”，“惟江苏人‘柔懦忘耻’”②。江苏的“默然无闻”，使得正在为中华前程感奋不已的叶圣陶渐渐地冷静下来，陷入沉思：“南京为兵家必争之地”，只有克复南京，各省方可“会师湖北，北伐胡尘，直捣黄龙，餐虏饮血，以光我汉家，以建设共和”。他在11月2日日记中写道：

> 革命一事，总可谓之不良政治之产儿。人民不能辨其政府中政治之善否，则亦已矣；苟能辨者，则无人不有推倒之之责，否则即为放弃其天职。我国人民之意旨，固以为清政府之政治善乎，否乎？则除少数奴隶之外，殆无不以为不善矣。是即凡我同胞皆有推倒清政府之天职矣。鄂省同胞首先倡义，可尊也；各省响应，高举义旗，亦可尊也。然细思之，亦不过能尽天职耳。而我省则默然无闻，素称文教之邦，而乃若此，耻矣。且苟闻鄂事而遽起应之，犹有耻也，盖不能先实行也，然尚可谓合众力以举，事易办也。我苏省则见人之所为而不能学步，是明明放弃其天职。放弃天职者将不

① 叶圣陶：《辛亥革命前后——日记摘抄（一）》，《新文学史料》1983年第1期。

② 血儿：《呜呼江苏呜呼江苏人》，《民立报》1911年11月4日。

齿于人类，则我苏省人犹得觍然人前乎？然老年之人精力衰矣，无识之人见界浅矣，以此事责之皆有所不受，而多才多识之少年独能辞其责乎？则江苏人之不闻于世界，实一般少年之咎也。我亦少年，咎将何辞？然经济之能力休论矣，即口舌纸笔以为鼓吹，铁血手腕以为先声，皆未之能行。每夜一灯相对，思虑迭来。则唯有此一卷日记以为消释块磊，少慰歉憾耳。可叹亦可怜！

“不肩扶汉之任，徒表欢迎之情”，此两语见《民立报》社论中。此等人最可恶，而现在实居多数。①

可就在叶圣陶自责自愧的第二天——1911 年 11 月 4 日上午，革命党人从上海来到苏州，面谒江苏巡抚程德全。他们给程“长跪”，力劝早日独立，免致全城涂炭。程即召各界研究。是日傍晚，又有三位革命党人到苏州抚府请见，程对他们的来意“极表同情”。“晚即传檄各兵队，预备白布，明早应用。次晨七时，省中新兵防营一律肩荷快枪，臂缠白布，整队诣抚院，自大堂至头门，分站两旁。刀光臂布，辉映如雪，军容整肃，气象一新。……九时，都督着酱色宁绸马褂便服，出至大堂，向外立。上海司令部代表某向内立，当众演说，数语毕，手持红绫包裹都督印一方，授与都督。都督受印讫，致答词，大致谓‘鄙人此举乃为保全全苏省数百万人民生命财产计，甚愿与诸君始终如一，达完全之目的，苏省幸甚，鄙人幸甚’。语毕，听者拍手，各兵均擎枪示敬，市面安静如常。”②

① 叶圣陶：《辛亥革命前后——日记摘抄（一）》，《新文学史料》1983 年第 1 期。
② 赵善昌：《拙斋纪年》，《苏州史志资料选辑》（总第三十六辑），2010 年，第 112 页。

“苏州光复”只是江苏巡抚程德全摇身一变，成了江苏“革命政府”的都督，此外就是“满眼是白旗”。叶圣陶的《苏州“光复”》中写道：清晨，“倒马桶的农人依然做他们的倾注涤荡的工作，小茶馆里依然坐着一壁洗脸一壁打呵欠的茶客。只有站岗巡警的衣袖上多了一条白布”①。“革命”并不像叶圣陶想象的那么壮观，那么浪漫，他“爽然若失”。但是，苏州毕竟是“光复”了。都督府前高悬着一面一丈见方的白旗，上面大书“兴汉安民”四个大红字，墨沈淋漓，煞是可爱。② 统治中国二百六十多年的最后一个皇朝——清王朝，土崩瓦解了，那个从来被人看作至高无上、神圣不可侵的“皇帝”终于被打倒了。“上头不再有皇帝，谁都成了中国的主人”，叶圣陶又怎能不心花怒放呢？他闻讯后“即驰至校中”，与同学们一起欢庆，又到王废基观看革命军巡防营，到“巡抚衙门”瞻仰光复后的都督府，还簇拥着袁希洛校长上街游行。

袁希洛是“中华民国”的开国元勋之一。武昌起义后，他一直在沪宁杭等地游说，鼓吹革命。11 月 5 日凌晨，他从上海赶回苏州，令各学堂悬白旗志庆。白旗临风飞舞，既是“雪耻”的象征，又寄托着“革命”惨淡经营的“色彩”。看到街坊上挂得密密层层的白旗，叶圣陶觉得前途和希望真是无穷，清廷的毒焰既去，从此是“景运隆会，不难立致”了。11 月 5 日，叶圣陶剪了辫子。是日日记中写道：

至十句钟复至校中。令时适来，则发辫已剪去，劝我盍剪去

① 《叶圣陶集》第 5 卷，第 358 页。

② 顾颉刚：《十四年前的印象》，《京报副刊》第 294 号，1925 年 10 月 10 日。

之。盖近日同学中剪去者已十之八矣。余应之，即请令时捉刀。“嗑榻”一声，“豚尾”之嘲已解，更徐徐修整，令之等长。揽镜自照，已不出家僧矣。而种种居止行动得以便捷，则我生自今日始也。①

叶圣陶庆贺自己和同胞都获得了“新生”，跨入了世界“文明”的行列。次日“晨起后作《剪发吟》两首绝句”②，来纪念“剪发”这件光耀“我祖我宗”的大事，恳切地劝导父老兄弟切莫观望，切莫因循，剪除“豚尾”，咸与维新。

在庆祝苏州“光复”的日子里，为了保卫地方的安宁，杜绝内患，“使军士得尽力于外”，讨伐“清军”，叶圣陶加入了苏州学军界组织的“学团”③，在日记中有许多关于“学团”的记载：

11月5日　　晚膳后即穿校服，黑衣而黄裤，臂膊之上围以白布，背荷枪，弹匣刺刀缠腰。既而列队于操场，队整而后出。由临顿路至观前，少憩于观里，乃由皮市街而至高等巡警学堂。该学堂固亦办有学团者也。少憩后，彼校亦列队出，随我而行。乃至西半城，由养育巷、十梓街等，则与巡警别。……

至王废基，月色皎然。散队坐草地上，心脾都爽。如此大纪念日，

①② 叶圣陶：《辛亥革命前后——日记摘抄（一）》，《新文学史料》1983年第1期。

③ 苏州学团由草桥中学、苏州高级巡警学校、农业中学、浸会中学、元和小学联合组建，全称“学团总机关”。

天公何忍示人以阴雨，故特呈此一丸好月也。有顷，乃列队归校。①

11月7日　　晨起后即至校中，知昨夜诸同学往高等巡警学堂取新式五响毛瑟枪，盖彼校之馀也。枪共二十馀支，尚有无人领受者，因亦取其一，人各得子弹十颗，夜间巡街可以无忧矣。即在校中午膳。膳毕同笙亚、企巩、中新至雅聚②啜茗阅报纸，则知北京、南京、镇江、江阴、常州皆已克复。茶散后即归家少息。

至傍晚到校夜膳。膳毕后荷枪列队，出巡街，至观前一带，既复归校。少时而至葑门，过钟楼头。月色白如昼，树影清爽，高寒逼人。偶有红灯一点出林隙，则似在此天然之风景画中，另添一景。村狗无声，游鱼低喁，如此风光，如我装束，顿思战场而有此月色，定当拔剑起舞一回也，而今日亦仿佛似之。至城门口，少坐于警卫所。乃至振声家，盖预约备有粥也。食毕，坐许久乃行。

此地有葑门守望团，封百、振声皆出外巡查矣。城中巷团大约皆已成立，吾巷中亦有之。唯既入学团，巷团可免矣。

绕道巡行，复至校中，时正十二钟。诸同学皆欲眠，愿再出者止余及映娄等四人。于是彼四人荷枪，余佩指挥刀以出。唯天寒益烈矣，假蓉初之大衣却寒。任足所至，乃至阊门，亦少坐于警卫所。

归途过永义龙社，映娄有相识者，因入而假座索茶焉。坐约半句钟，乃径归校，正在四句钟。假怀兰榻以卧，头着枕，即便入梦。③

---

①③ 叶圣陶：《辛亥革命前后——日记摘抄（一）》，《新文学史料》1983年第1期。

② 雅聚：茶馆。

11 月 10 日　　学团组织已极完备。总机关在巡警学堂，团长为该校教员王君，可以实接都督府。今日颁来肩章若干，上书“苏城学团”，下书“公立中学”，余亦取其一副缝之操衣上。……晚饭后八句钟，列队出巡。少憩观里机房殿，乃至娄门。所行多小街狭巷，盖此等地方易藏奸宄也。回至护龙街，少憩华严寺。乃至帅君元丙处吃粥。久行于寒露之中，得一沾热浆，自然异常温暖。食毕少坐，遂归校。即假岷原榻以寝。一楼明月，倍觉多味也。①

11 月 11 日　　晨起已过八钟，盥洗毕即同颉刚同途归家。坐少时，企巩来，遂同之复至校中。

一般人见南京未甚得手，多有惊慌者。迁家避难之事又复起，街上挑什物者又屡见矣。此等人实在无主见，因之扰乱治安，诚可虑。

饭后同企巩由观前而至陆氏，与忆曾等弟兄闲谈。企巩谓今夕备有稀饭，招待夜巡诸人也。坐少时即亦返家。

至六句钟再至校中，则闻南京已有确实消息，我军大胜。从此各省可以会师湖北，北扫胡尘，直捣黄龙，餐虏饮血，以光我汉家，以建设共和。

沪上组织有学生军、学生北伐队等，投入者极多，诚以天分中之担负，人人应肩也。苏地亦有发起者，而我校中则寂无其人肯投笔从戎。我校素以雄健称，果若此当愧死矣。

---

① 叶圣陶：《辛亥革命前后——日记摘抄（一）》，《新文学史料》1983 年第 1 期。

今日本思再从事巡街，而甚觉腿酸，仍复迟迟归家。办学团所以保卫地方，使军士得尽力于外，无内顾之忧，则我侪虽不从军，亦少尽天职矣。乃因力疲而即不肯勉力从事，尚何云天职之能尽？余素不肯居人后，今若此，转而自笑。[①]

11月12日　　至（下午）四句钟，走至校中。同学甚寥寥，前吾校之签名入学团者三十六人。今闻学团须补助军力之不足，将来或有临阵之时，于是众皆惊骇，向学团总机关索还签名单，甚或有主张解散吾校学团者。今虽不解散，唯须重行签名，真愿意者签之，而竟无其人，可笑可叹更可耻也。虽然当必有其人，不过少数耳。余亦行将签名也。

在校无聊，偕映娄散步王废基，有顷而回。则聚数人作无谓之谈论。晚膳后八钟，列队出巡街，仅十六人已。巡多时至机房殿休息，息半句钟，绕道至颉刚家，盖颉刚今宵设粥也。食粥毕，更少憩乃归校。

前日向上海函购《社会报》，今日已寄来，仍假岷原榻，卧而读之。室中仅余一人，一灯红焰，书味君知，此中情味正复不恶。可惜时已下旬，月升渐晚，时还未有月色也。殆倦而思睡，已在十二句钟。[②]

偌大的草桥中学，有“投笔从戎”之心，决定在革命形势危难之际“投

①② 叶圣陶：《辛亥革命前后——日记摘抄（一）》，《新文学史料》1983年第1期。

身军界”，驰骋沙场，“补助军力之不足”，“担一份扶汉之责”的“竟无其人”，叶圣陶感到“可笑可叹更可耻”，决定“重行签名”，做“少数”愿“补助军力之不足”的“学团”中的一员。话说得如此坚定，也能看出“革命书刊”和“佛学”思想对他的影响。由于辛亥革命的不彻底性和“人心思散”，“学团”维持了半个月就云消星散。非但没有“冒锋镝，枕干戈”，“忝生汉域，为我越羞”，就连“诘奸宄，缉盗贼”“保卫地方”的这一“至轻之义务犹未能终尽”。叶圣陶感到羞愧。他在11月13日日记中说：“我等人恒自命不凡，然不凡者得此假期必大有所作为，如近时或则投身军界，担一分扶汉之责，或则下帷攻学，修将来更进之功，而我于此皆未能也。壮怀自许亦不敢言矣，羞杀羞杀。”① 尤其是当他听到革命军遇到挫折的消息时，心忧如焚。11月15日，他得知张勋的辫子兵仍然盘踞在南京，在城内大肆奸淫劫掠，四天前（11月11日）听说的“我军大胜”的消息“未确”后，悲愤填膺，在当天的日记中写道：

廿一日②在校中所闻之南京消息，实系未确。南京城中所居之兵为汉奸张勋之江防营七营，已反正之民军皆在城外。江防兵惨无人道，状类贼盗，城中民居一任其劫掠奸淫，伏尸遍地，哭声震天。斯民何辜，乃罹此凶哉！民军奋力环攻，奈所接济之子弹不配枪管，于是只得退驻镇江。我苏及沪、杭均有兵队前往矣。城中存粮无多，欲出不得，将见其不战自毙也。我军非无猛力摧城之巨

① 叶圣陶：《辛亥革命前后——日记摘抄（一）》，《新文学史料》1983年第1期。
② 廿一日：11月11日。

炮，唯死此等无人理之人虽不足惜，而城内居民与之同泯则大不忍，所以不肯出此也。独恨此民贼张勋，甘作异族之功狗，愿为汉家之罪人，即殉满清之节，亦当知无人筑尔忠庙，祭尔忠魂也。如云一身之毁誉在所不计，独不明大义，不顾民命乎？无心肝哉！他日生擒此虏，定当寸寸磔之矣。①

在痛斥民贼张勋的同时，叶圣陶清醒地认识到要在神州“造成一富强之新中国”，路途还很遥远。12 月 1 日，他和同学乔笙亚、蒋企巩、王伯祥等人在“雅聚”茶馆小聚，剖析国民的心态，议论辛亥革命的成败对于民族前途的关系，最后谈到要为“革命”做点实事。他在这天的日记中写道：

……谈次，论及现今一般人民，皆以为我侪小民可随意于双方之成败。不知此次而苟再失败，吾同胞当失立足于地球之权，唯有蹈东海而死耳。况鄂省未见得手，南京尚未能下，燕都犹在，虏酋未除，正一发千钧之时之势。奈何有此等坐观成败之人，可叹。要知非必荷戈疆场而后云担负，即为地方办事，为军士募饷，以至逢人谈吐隐带劝导，亦未始不少尽职务也。上二项我无能力，亦为其次矣。②

12 月 15 日日记中写道：“阅报几种后尽至校中。同学中有在跨马驰骋

①② 叶圣陶：《辛亥革命前后——日记摘抄（一）》，《新文学史料》1983 年第 1 期。

者。天高风索，树萎日寒，对之颇长朔方杀虏之思，群马旋至王废基，亦随之往。偕笙亚登高阜望落日，炊烟缕缕四起不已。”[①] 当时，报纸上常有“军饷不足”“前途危险”的报道，吁请同胞共襄大义，或纳粟济军，或醵金报国，激发天良，同舟中流。叶圣陶未能“荷戈疆场”，就和同学们一起商量筹集军饷的办法，为革命军“能操必胜之权”尽一份心意。12 月 26 日日记中写道：

> 日间与企巩、皂岑闲谈，言及近日军饷非常缺乏。皂岑言我校同学可排演新剧，得资助饷。虽一粟之于沧海，然心可少慰矣。余闻之大喜，即欲编辑脚本，用时事而寓劝化之意。在苏演数日，更可周历各乡，可以广教育，可以集多金，诚善法也。

叶圣陶想创作“用时事而寓劝化之意”的“新剧”，通过演出既教育感化那些“坐观成败之人”，又能“集多金”，赞助军饷。可排演新剧又遇到种种困难，“同学中口才佳者甚少”，购置布景、服装、道具的经费无从筹集，良好的愿望不能实现，只好用“逢人谈吐隐带劝导”的方法，为革命“尽职务”了。他在谈起当时的心情时说：对于革命一下子成功感到莫名其妙的高兴，看看事实，似乎跟理想中的革命不太一样，又感到忧虑，“每夜一灯相对，思虑迭来”。

---

① 叶圣陶：《辛亥革命前后——日记摘抄（一）》，《新文学史料》1983 年第 1 期。

五、《大汉天声·祝辞》

“逢人谈吐隐带劝导”也好，“用时事而寓劝化之意”也好，都说明叶圣陶充分认识到了“革心”的重要。叶圣陶谈“革心”最早见于1911年11月18日为苏州《大汉报》撰写的《大汉天声·祝辞》。光复前，“苏州没有像样的报纸”。光复后，程德全“拨款一千二百元”①，以“军政府”的名义邀请张涵秋（昭汉）女士来苏创办《大汉报》，“以张吾民族之气，而助民国之成，并提倡民主主义，以亟图社会之升平，获共和之幸福”②。11月10日，《大汉报》始“用石印出版，悉数赠阅”③；11月21日，改用铅印，“以期渐次扩充”，并“自本日起仍作为第一号，与前号不相连续”④，除赠阅以外，还发售全国。这是一份四开小报，每日两张共四版，用国产竹帘纸单面印，发行所设在苏州沧浪亭对面的可园。

叶圣陶的《大汉天声·祝辞》⑤刊登在铅印的江苏《大汉报》第一号的“祝辞”栏里，时间是1911年11月21日。这个专栏还同时刊登了汕头新中华报、苏报馆、南社同人，以及徐寄尘、李懋勋的祝辞，都只寥寥数语，立意空泛。叶圣陶当年只有十七岁，却洋洋洒洒地写了一首感情充沛并颇有见地的古风：

---

①③《本报宣言》，江苏《大汉报》第31号，1911年12月21日。

② 去病：《〈大汉报〉发刊词》，江苏《大汉报》第1号，1911年11月21日。

④ 江苏《大汉报》第1号，1911年11月21日。

⑤ 收入《叶圣陶集》第8卷时改题名为《大汉天声——祝〈大汉报〉创刊》。

黄鹤楼高高百尺，登楼一呼咸感格。
三吴灵秀肯人后？一夜城头旗尽白。
堪喜同胞醒大梦，更庆长官为将伯。
未流点血飞一弹，妇欢孺悦此改革。
秋山如黛秋风和，日光亦作炎炎赤。
似此佳气何壮哉，天然界亦致欣怿。
然而吾党责方深，黄龙未捣虏未擒。
其馀当从根本谋，改革尤须改革心。
心犹旧习新何有，革之唯有痛规箴，
规箴以口亦以笔，口不及笔有远音。
于此乃有大汉报，一朝发现吴江浔。
人心种种恶魔障，直欲举投大壑沉。
时持正论察现势，示人指归激人忱。
吾闻文学产英雄，英雄此日起国中。
报章鼓吹在平日，于此当不为无功。
少数英雄犹未足，无名英雄其实系大局。
大汉报乎须努力，吾有产生无名英雄职。
我更为君进颂言，愿君魂力满乾坤。
起我同胞扬轩辕，保护我自由，
张大我汉魂，世界末日君尚存。

叶圣陶 颂

“祝辞”写于11月18日。是日日记中说：“初一日，吴地有《大汉报》

发行，方在征集颂词。余因作七古一首，自抒管识，未能佳也，且复寄去，不知采取与否。该报馆即在可园。”11 月 21 日日记中说：午膳后与顾颉刚“同之至可园访伯南先生，未遇。而门首已悬有‘江苏大汉报’之牌矣。欲购今日之报，仆人对云，至初四始售钱；而今日之报何如可以得阅，则未有对也。”次日日记中说：“饭后往寻笙亚，同至雅聚啜茗。……茶罢而出，途间遇送报人，手持有《大汉报》，乃即各购其一，然昨日之第一号已不可得矣。至校中，坐而阅之，则资料甚少，专电多抄自他报。在吴地创报馆总不能及沪上，亦地位使然也。”次日日记中说：“今日笙亚购得《大汉报》第一号，余之颂诗早已登出。此诗前日忘录于稿中，夜间即挑灯誊上焉。”① 欣喜之情溢于言表。

祝辞的前八句，简洁地概括了苏州光复的经过。“一夜城头旗尽白”，“未流点血飞一弹”，接着指出革命党面临的重任，“黄龙未捣虏未擒”，“改革尤须改革心”。在叶圣陶看来，推翻清王朝，既是一场扫除“恶劣政体”、以黑铁赤血为先锋的“有形之革命”，也是一场消灭种种“卑劣的心态”、刈除欺世盗名的“伪道德”的“无形之革命”。“人心之伪道德不去”，没有健全的人格，没有高尚纯洁的心灵，要变革社会是根本不可能的。“心犹旧习新何有，革之唯有痛规箴”，对同胞进行宣传教育，用嘴讲用笔讲都很重要，但是笔的力量更大，因为文字可以传之四方，热切地勉励刚刚创办的《大汉报》用“笔”之“远音”，横扫“人心种种恶魔障”，观察“现势”，发表“正论”，指明革命方向，激励“无名英雄”扬我“轩辕”，护我“自由”，张我“汉魂”，建立“共和民

---

① 叶圣陶：《辛亥革命前后——日记摘抄（一）》，《新文学史料》1983 年第 1 期。

国”。

辛亥革命前夕，叶圣陶朝思暮想的是“英雄”；苏州光复后，他淡化了“英雄史观”，意识到仅有“少数英雄”是不够的，真正能左右“大局”的是广大的“无名英雄”，希望《大汉报》努力精进，“魄力满乾坤”，以“产生无名英雄”为己任。仅此一端，便可看出当年的叶圣陶风华正茂，思想极其活跃。他非常看重文学和报章教育同胞的作用，给张涵秋女士写了长篇“自荐书”，请求到报馆助她编《大汉报》①；甚至想终身从事“社会教育”工作，“激扬文字”，“改革我同胞之心”。他在与顾颉刚的一次谈话时说：

……今世人心，固执者尚其大半，无定者亦非少数，似此任之不顾，终难构成此大民主国。而欲革人心，自非口笔不能。然用宣讲，用小册，若辈方将引而避去，以为导入邪道者，则口笔亦难收其功矣。人心之得尽革，其在百年以后乎？为之嘻吁。此身定当从事于社会教育，以改革我同胞之心，庶不有疚于我心焉。②

叶圣陶在苏州光复后撰写的旨在“改革我同胞之心”的诗文，大多散失了，我们只好从他的日记中寻访线索，蠡测这些诗文的内容和情思，且看三则日记：

---

① 顾颉刚：《十四年前的印象》，《京报副刊》第 294 号，1925 年 10 月 10 日。
② 叶圣陶 1911 年 12 月 2 日日记。参见叶圣陶：《辛亥革命前后——日记摘抄（一）》，《新文学史料》1983 年第 1 期。

1911年11月17日　　饭后走寻颉刚，……相与至雅聚啜茗。天气不佳，座客殊寥寥，而余则转喜其清静。租报纸几种阅之，见《天铎报》一篇社论，题曰《革心》。大约谓今日之势，尤当以改革人心为首要，此主张正与余相同。唯余百般研究而未得其何以革之之法，而此篇中亦未言及。安得一晤作者以共相讨论也。

1911年12月4日　　朝床中思，近时当救之人心约分两种：一则胸无定见，徒自壁上观人；一则心存谬解，妄自怨恨改革。当为文以救之，以作瘏口之忠告。起身后因即握管起草。饭后成篇，得千多字。更楷书缮之，加封以寄与沪上《时事新报》……

1911年12月20日　　夜间作一书与李怀霜先生，盖《天铎报》主笔也，请其提倡改革人心与实行改革人心。杞人之忧当不见屏于大文豪之前。实以张目张耳即触不满意事，故毅然呼号也。

这位《天铎报》主笔李怀霜可不是留学日本的李叔同，他原名葭荣，字怀湘，1910年后以号“怀霜”行世，广东信宜人，生于南昌。早年加入南社，是一位坚定的民主革命者。1911年春，李怀霜就任《天铎报》总编后，先是将该报办成为革命派的喉舌，大张旗鼓地“为民军张目”。其时，上海是帝国主义势力盘踞的要地，它们将军舰开进长江，企图扼杀中国革命。而沪上报刊对武昌起义亦大都持反对态度。李怀霜鹤立鸡群，不仅撰写了大量鼓吹革命的政论，还在他主编的《天铎报》上连续十天发表青年政论家陈布雷所写时评《谈鄂》，大长了革命者的志气，对舆论走向起了极大的引导作用。正是看重了《天铎报》“喉舌”的作用，叶圣陶这才把“提倡改革人心与实行改革人心”的希望寄托在“大文豪”李怀霜身上。

叶圣陶在日记中一再感叹“冥顽不灵，牢种奴性”之辈大有人在。发辫为清人奴我之徽号，光复后剪发成了“第一要务”。苏州革命军在大街小巷拦截路人，强迫剪发；“剪发团”逢人开导，劝剪发辫。革命团体制定了“限期剪发”的条例，以及对违抗者惩治的法规①，都督府也张贴了“禀遵”的“韵示”②。尽管闹得轰轰烈烈，可还有许多“愚夫俗子”或“将发辫暗藏帽内”，或“相戒不上市”，更有甚者居然“拖垂豚尾”下乡“避难”。“革命党”和“革命军”内部的丑闻也层出不穷。政客们营植党羽，相互倾轧。光复后的苏州看上去“白旗招展”，“天日腾笑”，实际上“人杰浑如鸾凤少，妖魔偏似鲫鱼繁”③。这是一个充满欢乐的时代，也是一个极可危惧的时代！

六、醵资放炮贺新元

1911 年 12 月 25 日，“我国革命之首倡者”孙中山从海外回到上

---

① 军士如有违抗不遵者，即行追缴饷银，革除军籍。国人如有违抗不遵者剥夺公权（自由权）、裁判请求权（如诉讼权等）、参政权（选举与被选举权）、一切公权（如不能当学堂的教员、公共局的职员，等等）。

②《都督府之韵示》：“中华光复，百事更新。惟此发辫，起于满清，既碍工作，且害卫生，昔呼鞑子，编入戏文，今垂猪尾，惹笑四邻。为此出示，劝告我民，不论老少，农工商人，速速自剪，切勿因循。本都督府，不日出令，限期剪辫，一律实行，到期未剪，定予严惩，趁早剪去，体面保存……”

③ 叶圣陶：《赠颉刚兼呈臻郊》，《叶圣陶集》第 8 卷。

海。“阴晴参半”“一刻万变”的辛亥革命骤然迎来璀璨的光芒。叶圣陶“喜跃如狂”。12月29日，各省代表云集南京，选举孙中山为中华民国临时大总统，江苏省的代表就是草桥中学校长袁希洛。叶圣陶为袁校长感到骄傲，为中华民族“从此脱却君主之魔障者”而欢呼。虽说也意识到中国革命的道路是漫长的，但他坚信在孙中山的领导下，我同胞一定能尽自己的天职，建设“民国”。1911年12月30日日记中写道：“君久历欧西，一切文明典制定必了然于胸，此时组织临时政府当能惬我同胞之心也。”[①] “晴光普照，气象宏崇”，叶圣陶的眼前又呈现出了无限光明的前景。且看几则日记：

1912年1月1日　　是今日为吾国改用阳历之第一日，而吾之日记，亦于今日始改用阳历矣。[②]

1912年1月5日　　晨起身后为大人剪辫。盖近日之剪辫者已众，而大人固极赞成此举者。徒以大众尚未通行，故迟迟至今日也。[③]

1912年1月8日　　闻袁先生适自南京归。先生为参事，会中江苏代表现正议订宪法，异常忙碌，大致不日即去也。[④]

1912年1月9日　　晨起即到校。我同级诸人意欲与袁先生

① 叶圣陶：《辛亥革命前后——日记摘抄（一）》，《新文学史料》1983年第1期。
②③④ 叶圣陶：《辛亥革命前后——日记摘抄（二）》，《新文学史料》1983年第2期。

摄一留别影。而以此时所穿之衣服为旧时虏廷体制，若摄其影而留诸他日，使检阅时则对而生憎，殊未善也；乃议一律穿西装。自有之者则大妙，无之者则借诸其亲或友，于是我出尔入，大形忙碌，至十一句钟而衣服齐，余则穿程君汝梁之外套也。时照相馆中人已至，即择运动场角之层阶摄影。袁先生立于中，诸人则或其旁或其后。摄影毕已是饭时。①

1912年1月13日　　后日为民国建立后之第一元宵，理应庆祝，我校势必张灯悬彩矣。顾其费无从出，乃醵资于诸同学，人各五十文焉。收资支付，企巩实董其事。资既集，企巩将出定五色灯，挽余偕往；适伯祥来，即亦挽之偕，过问灯店，凡三而其价始合定已。天下大雪，伯祥急欲归，余与企巩亦归校。时封百在阅报室，书玉亦在，无端闲谈，乃颇涉哲理。既而皂岑来，亦兴高采烈，津津有味，谈约有二小时，觉胸中乐不可支也。即在校中晚膳。膳毕冒雪而归。今夜且积雪，明晨将得一望银世界也。②

1912年1月15日，苏州全城张灯结彩，高悬五色国旗，庆祝光复后“第一元宵”并补祝新元。叶圣陶提着五色彩灯参加全城提灯会，和同学们一起尽情狂欢，他在当天的日记中有极为精彩的记载：

晨起已晚，即至校中。则诸同学方在预备灯彩。运动场之中高

①② 叶圣陶：《辛亥革命前后——日记摘抄（二）》，《新文学史料》1983年第2期。

竖旗杆，悬五色国旗及校旗焉。更悬小灯十，其色一如国旗。校门以内则遍经五色灯及万国旗，门前杨树一带亦经绳而悬以灯。

饭后笙亚谓："如斯佳兴当有所以助趣者。盍醵资放花炮乎?"集诸人之助资得三元许，乃往购花炮若干。

……

径至校中则时已将夜，有人心急，各灯遽燃之火，恍入不夜城矣。旗杆上之灯亦燃以火，因高而小，乃似贯珠。夜膳毕，有三数十人列队提灯出校，余以无操衣亦未入队。然衣便衣提灯而从于队后者亦数十人，余亦为其一分子。穿街过巷，观者塞途，去年之提灯会无有此真乐哉！行约一小时乃归校，即于门前燃放花炮，观者如堵，爆发之中杂以"民国万岁"之欢呼声，乐不可支之狂笑声拍掌声，声声相应焉，亦有半小时乃尽。于是缓缓而歌归。家家门首尚红灯闪闪也。①

重见明日月，还我旧山川，五色旗光辉映大地，数十万民众欢欣鼓舞，这一切构成了民国肇造时的朝气。满族一去，帝制一倒，民主共和，中国就可以成为新中国了！展现在人们眼前的是一片光明，中国的将来很有希望。也正是怀着这种天真和欣喜，叶圣陶和同学们高唱《中华民国新歌》，颂祝祖业光复。

① 叶圣陶：《辛亥革命前后——日记摘抄（二）》，《新文学史料》1983年第2期。

第四章

“言子庙”的欣慨

如果我当教师的话，……我想把以下的话告诉自己，策励自己，这无非“以后种种譬如今日生”的意思。以前种种是过去了，追不回来了；惭愧是徒然，悔恨也无补于事；让它过去吧，像一个不愉快的噩梦一个样。

——叶圣陶《如果我当教师》①

一、敬请袁希洛校长为谋教席

苏州光复后，苏南农村“抗租风潮”此起彼伏，愈演愈甚。佃户“日寻催甲之家毁之，拆之，见有城中扫祭之船至，则曰来催租也，亦群起攻之”②。为了替军政府筹集“饷需”，苏州“田业会”设立了“租粮并收局”③，利用这个机构与农民谈判缴租事宜，并借助军界的力量

① 《叶圣陶集》第 11 卷，第 129 页。

② 叶圣陶 1911 年 12 月 28 日日记。参见叶圣陶：《辛亥革命前后——日记摘抄（一）》，《新文学史料》1983 年第 1 期。

③ 《苏州通信》，《民立报》1912 年 2 月 1 日。

“弹压”“剿捕”，强行收租。叶圣陶的父亲叶钟济一度应聘到“租粮并收局”当会计员。叶圣陶见父亲很劳累，就抽空到局里帮父亲“襄理租事”，亲眼目睹了农家的艰辛。社会的动荡，家境的贫寒，促使心怀壮志的叶圣陶不得不正视现实：中学毕业后不能继续求学了，得尽快找个职业；有了职业既“可免惰民之诮”，又可“免冻馁之忧”①。他把谋职的希望寄托在袁希洛校长身上。同班同学乔笙亚、张书玉、叶怀兰也急于就业，叶圣陶就以他们四个人的名义给袁校长写信，陈说谋职急迫的心情，敬请校长拨冗垂顾。

那时，袁校长在南京临时政府任参事，“异常忙碌”，接到叶圣陶的信，心里好生喜悦。叶圣陶是草桥中学的“秀才”，是他最欣赏的弟子之一。苏州光复后，吴县②教育会的祝某因对草桥中学有“宿忿”，假公济私，妄图停办草桥中学。叶圣陶代表全校学生写了“声讨书”刊诸报端，“张其（祝某）罪状”，“驳其谬论”③，为草桥中学争得了荣誉。苏州光复期间，草桥中学停课闹革命的时间较长。复课后，毕业班同学都希望免了毕业考试，叶圣陶代表毕业班同学给校长写信，“陈说考试之无谓，因考试而废光阴之可惜”，建议“以历学期分数作为毕业分数”④。素以“从严治校”著称的“光头校长”为信中的情理所感动，指示先行补课，把该学的课程全部学完后“开卷考试”，老师先出“预

---

① 叶圣陶1912年1月12日日记。参见叶圣陶：《辛亥革命前后——日记摘抄（二）》，《新文学史料》1983年第2期。

② 苏州光复后原苏州府、吴县、长洲县、元和县合并为一县，统称“吴县”。

③ 叶圣陶1911年12月3日日记。参见叶圣陶：《辛亥革命前后——日记摘抄（一）》，《新文学史料》1983年第1期。

④ 叶圣陶1911年12月19日日记。参见叶圣陶：《辛亥革命前后——日记摘抄（一）》，《新文学史料》1983年第1期。

备题目”，学生在考试之前做好准备，考试时将事前准备好的答案誊到卷面上，以确保同学们都能顺利地通过毕业考试。1912 年 1 月 8 日，袁校长匆匆赶回苏州，次日与毕业班同学晤叙并合影留念。照相后，袁校长告诉同学们，说他近来在南京参与议订临时政府的宪法，有人想以种种特权加之总统，他竭力反对。宪法为立国之本，即便只是几个字用得不适当，也会给同胞蒙受“无量之亏”。他字斟句酌，常常为了一两个字“苦心争持，乃至吐血”。南京临时政府中有一部分人推举“某君”为内阁总理，袁校长觉得这个人只能写点文章，并不能处理实事，于是力排众议，坚决反对。有人请他当教育部次长，他“毅然不应”，说自己没有当次长的才能。叶圣陶在 1912 年 1 月 9 日日记中写道：

> 先生干事既能尽其力，又不肯不量力而强为其名较高者，先生诚可云人杰也。观其奔走筹算，于此两三月间鬓发蓬茸，面苍颜憔，顿增老态矣。[①]

民国初奠，百废待举。叶圣陶和同学都想追随袁校长，到南京临时政府任事。袁校长劝说道：“南京政府中殊无位置，且深不愿尔等之任此等事也。将来地方上举行之事必多，任此种事，尔等为宜。馀如小学教师亦可也。”[②] 袁校长还说：20 世纪是竞争剧烈之世，非军国民、经济国民不足以立国，而文明日盛、工业发达，全靠科学。立国之本，首

① 叶圣陶：《辛亥革命前后——日记摘抄（二）》，《新文学史料》1983 年第 2 期。

② 叶圣陶 1912 年 1 月 24 日日记。参见叶圣陶：《辛亥革命前后——日记摘抄（二）》，《新文学史料》1983 年第 2 期。

在教育。只有振兴教育，养成独立、自尊、自由、平等、勤俭、武勇、绵密、活泼之国民，才能发达我中华民族的国势。在袁校长的启导下，叶圣陶觉得“得一教员之职亦佳”[①]，教师是很“高贵”的职业，“新民之基础须是赖焉；且其中乐趣亦无有穷尽”[②]。

苏州享有“湖山毓秀，人杰地灵”的美誉，历代的文学家、艺术家灿若群星，“读书热”经久不衰。中华民国成立后，江苏省都督府发布的第一号通令是《裁撤府厅州更定县名令》，第二号通令是《推广初等教育方法令》[③]，第三号通令是《废止简易识字学塾令》（强令废止简易识字学塾，酌改为初等小学或补习科）[④]，第四号通令是《江苏暂行小学校令》[⑤]。中华民国教育部发布了《普通教育暂行办法通令》[⑥]，明确规定“初等小学可以男女同校”，“小学读经科一律废止”。从这几号通令可以看出，民国政府对初等小学教育是颇为重视的。苏州光复后，学界解聘了一批“旧教员”。民国初创，学界新增和扩建了一批初等小学，师资队伍亟需扩充。经袁校长的推荐，乔笙亚担任了高小英文教员，张书玉担任高小历史、地理教员，叶怀兰担任高小图画教员，叶圣陶和陆慰萱、顾中新、陶岷原担任初等小学教员。叶圣陶心里充满了喜悦，说

① 叶圣陶1912年1月27日日记。参见叶圣陶：《辛亥革命前后——日记摘抄（二）》，《新文学史料》1983年第2期。
② 叶圣陶1912年1月25日日记。参见叶圣陶：《辛亥革命前后——日记摘抄（二）》，《新文学史料》1983年第2期。
③《民立报》1912年1月19日。
④⑤《民立报》1912年1月21日。
⑥《民立报》1912年1月25日。

他们“互相研究，或当可以多谋教育之进步也”①。

1912年1月28日，草桥中学举行了隆重的毕业典礼，叶圣陶以“最优等”的“分数”毕业②。袁校长在致辞中纵谈国内外形势。他说辛亥革命虽然成功了，但创业是艰难的。决定一个国家发展趋势的是中等社会里的人。中学毕业生进入社会，就是进入社会中的中等社会，在中学毕业生身上寄托着祖国的未来。他语重心长，希望同学们一定要勉力做事，尽己之责。前任监督蒋韶九也发表了演讲，他说只要人人尽心尽责，就可以得到“文明灿烂的幸福与欢乐”。胡石予先生作了长篇讲话，谆谆告诫学子们永远铭记“习劳崇俭”四个字。丰富多彩的中学学习生活结束了，同学们风流云散，很难再“相期齐集”了。叶圣陶心里不免有些感伤。然而，民国初年的“朝气”和“光明”，给他以新的感奋。他告别了“顾我育我”“教我诲我”的恩师，告别了朝同学、夕同嬉的好友，带着师长们的嘱托，怀着改革教育的热望，走出校门，踏上了人生的征程。

二、“应该自问是不是贡献得欠多”

叶圣陶任教的学校在苏州城里干将坊言子庙③，全称“苏州中区第三初等小学”，简称言子庙小学。言子庙小学规模很小，起初只有三位

① 叶圣陶1912年2月6日日记。参见叶圣陶：《辛亥革命前后——日记摘抄（二）》，《新文学史料》1983年第2期。

② 叶圣陶1912年1月25日日记。参见叶圣陶：《辛亥革命前后——日记摘抄（二）》，《新文学史料》1983年第2期。

③ 言子庙是祭祀孔子得意门生言偃（子游）的庙宇。

教师，三个教室。教师除叶圣陶外，还有丁梦冈（士斌）、钱选青（柏荫）。丁梦冈任校长兼四年级主任，钱选青任三年级主任，叶圣陶任一、二年级主任（一、二年级合并在一个教室上课）。1912年3月6日开学后的一周内，因学生猛增到一百七十余人，县民政署学务科临时决定增添一个教室，由原来的三个扩增为四个，并增派来一名教学经验丰富的老教师潘森伯。经过调整，潘森伯任一年级主任，叶圣陶任二年级主任。当年初等小学设置的课程有修身、国文、算术、体操、唱歌、图画、手工。叶圣陶教授二年级修身课（每周两小时）、二年级算术课（每周五小时），以及二、三、四年级三个班的国文课（每周十七小时），教学任务相当繁重。

开学那天，叶圣陶一大早就来到学校，一、二年级学生小的七八岁，大的十一二岁，四年级学生有大到十六七岁的，“年龄虽然相差，识见却似乎没甚上下，都不出学校、里巷、家庭的范围”①。身材高的学生见叶圣陶比他们高不了多少，就窃窃私语起来。叶圣陶在3月6日日记中写道：

> 晨起即至言子庙，则学生已有小半来，见余短小，则相与目余而私议，殆言余之不像教员也。噫嘻，人之以貌取人也！既而丁、钱二君至，新生之来者则多随有家属。儿童之态各殊，而各自多趣；新旧生既尽至，数得百四十人左右②，乃分级对孔子行礼。余素主不尊孔，今乃亦对孔跪而三叩，势使然也。礼毕，学生对教师

① 叶圣陶：《时势教育着我们》，《叶圣陶集》第5卷，第429页。

② 开学一周后增至一百七十余人。

作揖毕，令学生相对作揖，表亲爱也。

这则日记使我们看到了当年开学的礼仪，看到叶圣陶的“排孔”，以及他喜爱儿童的心情。从叶圣陶在言子庙小学执教第一个月的日记中，可以归纳出以下四点。

一是虚心向同行及兄弟学校学习。3月7日，“与企巩至卫道观前岷原之小学中”，听岷原述“对于学生之经验”。3月9日，“偕慰萱、笙亚、中新散步于王废基，讨论教授管理之法”。3月12日，晨至岷原之校中，“晤其同事王君增州，深明教育人也。为述其管理儿童之经验，教授儿童之方法，在在可以为吾人之模范，真热心人矣”。3月14日，听慰萱“述此数日间之经验，则大有心得焉”。3月17日，到慰萱之校中参观，“校在桂和坊，屋舍旧时系一善堂，至宽敞焉。课堂、操场以及休憩预备之室均极合用，较之余校其优胜殆不可言矣”。3月18日，岷原“为述今日待一劣等生状。余聆之颇佩其得宜”。3月22日，“偕慰萱、书玉再访笙亚，则在家矣。乃坐而少憩。书玉述其昨日上课时之教案，颇形得意，聆其言语迥自绝妙；笙亚亦述其教授英文之法，又臻乎于上乘，皆我所不逮矣；慰萱于幼生之教授皆能日有心得；我侪处世行事，不肯落人后面。观于三君，我敢侈言之矣”。3月23日，课毕至桂芳茶馆，“则诸同学依然有十数人在，与慰萱、中新同座，所谈又不出乎小学矣”。3月26日，听同事潘森伯述教育经验，“君办小学有年，颇多经验之语，听之足进益”。3月30日，参观酱业初等学校，“怀兰即为导观，其教室系以一厅改置，虽不甚合式，而光线之明亮殆称绝点。窗外一旷庭，中有一池，植苍蒲，今将塞池平地以为运动场。以较我校又胜多多矣”。[1] 短短一个月中，叶圣陶与同事或朋友研讨教育竟多达十余次。“较之余校其优胜殆不可言矣”，“较我校又胜多多矣”，也导出了叶圣陶“见贤思齐”的用心。

二是真诚地认学生做朋友。3 月 22 日日记中写道：“峭风习习，春寒最是撩人。晨间到校尚早。上课之时，乃与诸童叙语，或询其家世，或为整衣裳，此中亦得有佳趣焉。”小朋友顽皮的时候或是做功课显得笨拙的时候，叶圣陶总是“从观察和剖析找出原因”，“再从理由上加以对症治疗”。3 月 23 日日记中说：有几个学生上课时爱“谈话或斜坐”，“殊无规则”，叶圣陶为他们专门开设“静坐”课，“一一为他们校正其姿势”。班上有“小半”学生“出自私塾”，算术程度差。叶圣陶就用心辅导，“使一班中程度臻于平均”（3 月 19 日日记）。“有抄袭他人之作，以为塞责者，殊为弊病，当有以杜绝之。”（3 月 21 日日记）[2] 这之后，叶圣陶对学生既关心而又严格要求的记叙就更多了。

三是潜心总结教学经验，针对小学生好动、淘气、缺少耐心的特点，寓教于乐，循循善诱，尽量诱发他们的学习兴趣。请看这几则日记：

> 3 月 21 日　　第一时讲关于修身之故事，诸童听之颇无倦态，偶杂以诙谐，则尤兴高采烈焉。

> 3 月 27 日　　第一时习算，第二时讲解，第三时以闲语敷衍，语诸生以旅行一举最为有益尔等，于上操时苟能留心步伐，整齐队

---

①② 以上日记均引自叶圣陶：《辛亥革命前后——日记摘抄（二）》，《新文学史料》1983 年第 2 期。

伍，余必率尔出择胜景以畅游焉。如有惰于课程，干犯规则者，届时且靳不许往[①]。于是诸生兴跃然态肃然矣。儿童之心理往往如是，悬一良好之目的于一方，共趋之也弥挚。利用此心乃获诸多之便利。第四时诸生要求教授新书，乃为之讲第一课。

3 月 29 日　下午读国文一时，末时令诸生以俗语译文言。此法颇善，将来细心研究，必能令学生得益也。

仅从这几则日记就能看出叶圣陶善于观察和揣摩学生的心态，随时总结教学经验，注重启发，因势利导，切实改进教学方法，使学生学有乐趣。

四是一门心思扑在教育上。为了当好教师，他“既劳劳于课堂，复勤勤以授课，星期为例假之日，复不得少息片时”，或忙于备课，或向朋友们取经。尽管住得离学校很近，但还是觉得中午回家吃午饭荒废时间，就雇用一名“种菜妇”给他“送饭”。3 月 19 日日记中说“余以归家颇费周折，乃雇一种菜妇专为余送饭焉”[②]，以便能腾出更多的时间工作学习。3 月 31 日，第一次发月薪，叶圣陶想到的是“应该自问是不是贡献得欠多”，他在《薪工》一文中谈到当时的心情时说：

---

① 此举可能是受了当时学界“章程”的影响。时有“章程”在“教法”一项中规定：“凡教授儿童须尽循循善诱之法，不宜操切以伤其身体，尤须晓以知耻之义，夏楚只可示威，不可轻施，尤以不用为最善。学童至十三岁以上，夏楚万不可用，有过只可罚其植立、禁假、禁出游，罚去体面诸事，亦足示儆。”

② 叶圣陶：《辛亥革命前后——日记摘抄（二）》，《新文学史料》1983 年第 2 期。

校长先生把解开的纸包授给我，说："这里是先生的薪水，二十块，请点一点。"

我接在手里，重重的。白亮的银片连成一段，似乎很长，仿佛一时间难以数清片数。这该是我收受的吗？我收受这许多不太僭越吗？这样的疑问并不清楚地意识着，只是一种模糊的感觉通过我的全身，使我无所措地瞪视手里的银元，又抬起眼来瞪视校长先生的毫无感情的瘦脸。①

"一切的享受都货真价实，是大众给我的，而我给大众的也能货真价实，不同于肥皂泡儿吗?"打这之后，叶圣陶每月领薪水时总有一种"僭越之感"，总是策励自己在"执教"以及在为"大众"贡献"心力"时，"务期尽量"。请看 1912 年 6 月 3 日的日记：

课既毕，梦冈授余以所领得薪金。接而囊之，乃增种种之思念。以为余家贫，所入苟倍此数亦未嫌其多。然利之生由于有裨益之劳动行为，而余之为教师，学生果受其益乎？一虑及此，更将惶愧无地。且教育事业虽云间接生利，决非提倡直接生利者所嘉许。以口齿之微劳，而虚糜二十番佛②，思之复难以自为解嘲。以此两者而并以前之一端，则为教师受薪金，方且以为莫大之侥幸，然余复视此中为至苦。甚矣，余之愚非唯不合时宜，且更不近人情矣。③

---

① 《叶圣陶集》第 5 卷，第 371 页。

② 番佛：当时使用的墨西哥银元。

③ 叶圣陶：《辛亥革命前后——日记摘抄（三）》，《新文学史料》1983 年第 3 期。

7月8日日记又说："今日又为领薪金之期，一度得钱又惹余一度浩叹。"[①]所谓"浩叹"，就是再次拷问自己："这该是我收受的吗？我收受这许多不太僭越吗？"甭说是在当年，即便在今天，"领薪金之期"如此"浩叹"之人，恐怕也不多。

三、"导儿童于乐为研习之境"

自到言子庙小学执教之日始，叶圣陶就尝试"实用主义教育法"，千方百计地导儿童于"乐为研习之境"。他说："诚以教一字一物而能记忆一字一物，则所知仅此而已。苟能乐为研习，则将来几许事业，皆从此研习而出，岂不重哉。"[②] 就拿"修身课"来说吧，"小学章程""规定每周有两小时之修身"，尽管叶圣陶认为"修身一课最无道理"，"以抽象的言语"而令学生"理会记忆"，这本身就很难做到，况且"修身课中所讲者，大半世俗之礼数，背道之谬理耳"[③]，但他还是非常认真地讲授这门课。他讲"修身课"，不是照本宣科地讲"洒扫应对进退之节，爱亲敬长隆师亲友之道"，而是把"博爱""自立""进取""勿畏难""学校之容""知耻""整肃之学生""戒游荡""亲和""勤学""独立性质""戒迷信""爱国""自治"等"抽象的言语"，编织成精彩的故事、小说、童话，讲给学生听，且不断地总结经验得失，改进教学方法，尽量地把这门课讲好。请看日记中有关"修身课"的记叙：

---

① 叶圣陶：《辛亥革命前后——日记摘抄（四）》，《新文学史料》1983年第4期。

② 叶圣陶1913年5月18日日记。

③ 叶圣陶1912年10月21日日记。

1912年4月9日　　第一时讲修身，专言“博爱”两字，然颇少生发语……诸生听之亦无欣起之状态，一则由余之短于口才，再则由余之不能作至浅显之语故也。

1912年4月11日　　第一时修身，讲“自立”之要旨，自以为较上次讲修身略有次序，而学生之听讲似亦少有趣味矣。

1912年4月15日　　第二时修身，讲“勿畏难”，诸生听讲时颇能静谧，似乎均能领会，唯恐其如过耳之风，不用之于事实耳。

1912年4月22日　　第二课修身，讲“知耻”一节，学生之兴味，余察其不如前次之勃发，良以余今日体颇倦乏，讲解不免少精彩也。

1912年4月25日　　第一课修身，讲“整肃之学生”，述远足及旅行之状，颇动学生之注意，甚多趣味也。

1912年5月13日　　第二课修身讲“戒游荡”，自以为亦能具有精神。

1912年5月20日　　第二时修身，讲“亲和”两字时，袁倣畲先生以江苏教育总会调查员名义特来视学，旁听余演讲，约十数分钟。下课后，先生谓余曰：“子上课时宜多发问，子出自中学，中学之情形自大异于初等，不可不注意也。”金玉之言，自当谨记，盖见先生诲人不倦之概。

1912年5月23日　　第一课修身，讲“勤学”。自以为颇有精彩。

1912年6月10日　　第二课修身，讲“独立性质”。为述鲁滨逊绝岛漂流事，诸生聆之笑口咸开，闻所未闻，趣味弥永，固普通之心理而于儿童尤为加甚。借此便利，语以古人懿行，为益多矣。

1912年6月13日　　第一时讲修身，并未预备，敷衍称述，毫无精意，自任此席以来，此为最不堪矣，笔之以志我过。

1912年6月20日　　第一课修身，讲“戒迷信”。自以为颇能道破迷信之无谓，乃诸生尤至多疑问。习惯之于人深矣，此害不除，社会魔障也。

1912年9月5日　　第一时修身，以诸生近颇嚣张，乃为之详讲各种规则，并总括而告之曰：“我讲时逐层清澈，欲求尔等知之也。即知矣则细牢记。牢记矣未为善也，必须实做。能做矣犹未云尽善也，必也做之至久长而弗或失。”此四层，颇自以为至明且晰，诸生听之亦似各有所悟也。

1912年9月12日　　第一课讲修身，始则标题“进取”两字，而于此两字却无甚发明，致学生兴趣索然甚矣。修身之难讲也，且不能讲即学生无由知，无由知则何从实做？自此一想，余过重矣。

1912年9月16日　　第一时讲修身，勉诸生以自治，令互相规劝而至于亲和之极点。望之颇殷，不知能实做否也。

1914年1月8日　　晨课修身，为述野事一则。小儿女同遇沉舟之难，而儿则救女而没已。其事见于某小说家之著作，情趣斐然，可生爱意慈心。

1914年2月16日　　晨至校极早。修身课为讲美总统林肯轶事，颇足兴起童稚之仰慕。吾辈为教师者，固必以鼓人情志为务也。

从日记中可以看到，叶圣陶的“修身课”越讲越好，究其原因大致有两点：一是把“道德教育”和“美感教育”结合起来，把“课本”教育与班级现状结合起来，力求做到“尽美”而富有“成效”；在教学过程中认真总结正反两方面的经验，及时改进。二是善于向同行学习，不断地充实和丰富教学方法。有一次，他到妹妹所在的“市立南一校”参加“恳亲游艺会”，从中居然体悟到“修身作法”，他在日记中说：

（市立南一校）游艺种种都以数人问答出之，即因而说明其理。此体颇得修身作法。以两幼童为之，一则示坐立步行之规，一则表读书写字之范，举止端详体态得宜，击掌之声振于梁栋。修身一科，苟徒讲虚理及试验之项，复以能否记忆所闻为良劣之断，则修身实等之无用之科耳。故作法实为当重，修身注重作法，则听讲一回即受一分之益。……若此两童所演，岂非习业用功交接社会之必须事乎。故课儿童而注力于作法，实是探骊得珠。今日所见恰合私念，特志之。①

注重“示范”，让孩子们的“知”和“学”都看得见、学得到，这的确要比“徒讲虚理”富有成效。叶圣陶这么用心，教学自然会进步。国文教授“只有经验殊无定规”，“颇无程径可寻”，叶圣陶几乎每天都在日记中写下有关国文教授的体会和得失，最常见的几句话是“自以为教授之法，略胜于前矣”②；“自以为颇能尽兴趣之妙，诸生听之亦能娓娓不倦也”③；“自以为较前诸课合法，是以学生多即明了”④；“自以为颇多趣味，盖精神较前日已大振矣”⑤。在教育实践中提出了“听”“讲”“读”，以及国文教学与作文教学相联系、作文教学应切合实用等许多精粹的见解。请看几则日记：

1913年11月20日　下午课毕与选青闲话，君颇以学生之昧于国文为忧，且谓曩时私塾死读强灌每兼朝昏，其不合法固已极

① 叶圣陶1913年7月15日日记。
② 叶圣陶1912年4月4日日记。
③ 叶圣陶1912年5月7日日记。
④ 叶圣陶1912年5月23日日记。
⑤ 叶圣陶1912年5月31日日记。

点。然窗下数年，一旦豁然，则稚幼之岁或成名家。今之循序渐进，教育并顾，其法来自异国，殆必至善。然入小学四年，未必能作一明了之书函，此其教者之才短乎？抑其所由法有未尽善者也？当世宏才则提撕疾呼曰：教育宜取实用主义。夫，此谁则不知哉？即如国文一科，必由何等方法乃能使足应实用，彼辈则又靳而莫宣，徒令吾侪苦心焦思，若盲在途，莫自知其所，至瞻彼学生窒塞，犹是真对不起良心矣。余唯唯，盖有同叹焉。

1914 年 6 月 27 日　　与同事诸君论教授作文，共叹竟无善法。费、钱二君主多作多诵范文，使之豁然贯穿于一旦，此固当也。吾谓设题而成篇，原所以求科第，今既无科第，必期实用，则陈格滥调，正不必患其不能。意有所欲言，出于口为言，出于笔为文。意何所之，即其言其文为何种，亦不必诏之于练习之顷而曰：今为记事文，明为抒情文云云也。故今之所患，在其意之无所动；能动矣，而弗能以诸意整理之成为有次；犹可患也，即亦能之，而译意成文，复为大难。此三患者，无方以祛之。徒令幼稚之儿童操笔为文，实如驾弗柁之舟，亦不自知其何所之也。

叶圣陶说他未能寻找到“教授国文”的“善法”，但他提出的作文就是用“笔”说话、作文要破除“陈格滥调”、作文应切合“实用”等见解，不失为作文教学的精髓。他提出“教授作文”应帮助儿童祛除“无材料可写”“思维混乱”“语言表达能力差”等“三患”，这也正是学习写作的症结所在，对于作文教学的确有指导意义。

四、“使醇醇诸稚展发神辉”

叶圣陶是抱着“教育救国”的宏愿走上讲台的。他说教育工作是培养人教育人的工作；“教员”不是谋生的职业，而是极其有为的事业，对教育工作满怀着热望。1912 年春开学后，班里来了一批插班生，他们来自私塾，算术程度低。经过两个多月的精心辅导，全班五十多名同学的算术水平趋于齐整。叶圣陶怀着欣喜的心情在 6 月 1 日的日记中写道：

> 第一时算术，出题练习，向隅者止四五人，似稍有进步矣，为教师者已觉大增兴趣。则学生与教师之精神固互相提携，互相竞进者也。其一方面失精神，双方斯俱失之矣。

这“互相提携”的话说得极为深切。“一级中程度较齐”，是进入“研习之境”的前提，叶圣陶为此作了不懈的努力，使全班儿童都受到“均等”的教育。1913 年春开学后，班里又来了一批算术程度很低的插班生。叶圣陶在 3 月 21 日日记中写道：

> 算术一科最难着手，新插入班者现仅治至减法，虽时时留意孳孳教授，而速成殊非易易，与旧生熔冶一炉为均等之受业，恐颇为难事耳。

功夫不负有心人。叶圣陶“时时留意孳孳教授”，插班生的算术成绩上升得很快。3月25日日记中写道：“新插入班诸生算术近课乘法，由渐而进，颇能明白，似可喜也。”4月11日日记中说全班的算术程度“较齐”了，“程度齐则教授便，至可喜也”。

执教之余，叶圣陶在学校里垦荒造“艺植园”，栽花种草，想把言子庙小学办成“完美之学校”①。新学期开始的时候，他总是精心地布置教室，为孩子们创造优美的学习环境。1913年3月18日日记中说：

> 余之教堂今仍移于殿上，由选青为之助以略一整理，乃颇生爱其课堂之观念。尚见言教育之书云：西国教室装饰精美，教师视之为起居之地，学生自能于是中得极优之进益。今余虽未装饰，而整理以后，乐观渐生矣。

春季开学是这样，秋季开学也是这样。1913年10月8日日记中说：“近日颇思整作教室内之精神及形式往往至深夜。自思种种设置，殊有兴味，竟尔忘睡。然至明日为之，未必尽符于昨之理想，而获十分完美之现状，则又爽然若失，如鲠在喉也。顾肯研究于教授管理之上，即是一点动机，或得少有所进步当在此耳。”

除了精心布置教室，叶圣陶也想为儿童创办阅览室，甚至有过创办一所“理想学校”的念头。1913年10月9日日记中写道：

---

① 叶圣陶1913年3月20日日记。

下午课已至桂芳。略述近怀，君畴乃最具同心，相谓："安得殷富之家畀余资财，以建学校，校舍务求合式，取坚而尚朴，招致数百儿童，区为十二级，心有所怀，即取施之实行。教育部之规定，极流行之法则，皆视为不相关属。唯吾校之诸教师互相研究，认为可行者是则，预抱一义：吾校当造就何等之人物，斯循期以往，始终进行，殆总应有良结果，而足以慰吾神志也。且旧有学校，吾从半途入之，种种难于措手。手创一校，则训练教育系统可循，精神所至，不患无辉煌呈彩之时也。……

叶圣陶在这里强调的是：教育应当从"吾校当造就何等之人物"这个明确的目标出发，切实研究，不要被"教育部之规定，极流行之法则"所拘束。他的兴趣和爱好本来很广泛，习字，画画，弹琴，吹箫，唱曲，打牌，下棋，旅游，无所不爱。可当上教师之后，他把业余时间几乎全都用于研究教学，经常与朋友和同事们聚会，或互访观摩，或争论狂辩，"谈教授之方法"，谈教育当抱的"乐观主义"。1914 年 4 月 1 日日记中写道：

饭已至桂芳。数友多谈训练儿童之经历，顾励安所述尤多精意。大约儿童性情万殊，柔者以刚，刚者以柔，多欲者禁其欲，喜名者让以喜，则鲜有弗迁过为善者矣……

中学同学章君畴执教有方，成绩卓著。叶圣陶就虚心向他请教，到校观摩教学，与朋友一起总结君畴的教学经验。仅在 1914 年 5 月至 7

月的日记中，就记有四次：

5月22日　　午后为君畴撰校歌，敷衍成章，吾愿其弗用也，然必与之。乃至其校时，尚未散课，学生极整肃而复活泼。君畴每发一言，必聚精会神以语之，反复推阐以明之，态度雍容，允当良师之誉，吾不能及矣。既散课，诸生各司其事，扫地拭几灌花除草，心专而力勤，无丝毫紊乱。君畴之精神，君畴之训练真可佩服哉！

5月31日　　至桂芳，诸人评论同辈人物。余谓君畴之为教师，精神诚悃，言语态度均臻上乘，苟复加劝修养，益之学识，必名教育家也。尤石人精细缜密，肯事攻研，亦教育界健者，唯精神微弗逮耳。

6月12日　　君畴近极殚精竭思预备开游艺会，以示学童之亲属。谓我演述各端，均遵实用主义。如修身则为应对之作法，算数则以权衡量品物，习家事则对客洒扫缝纫，练辩论则设题穷理探极。君畴言之津津，对此颇有成功之毅力。盖此会之后，学童之父母伯叔必欣然相告曰：吾侪子侄得章先生之教导，可喜已成有用人矣。则君畴之苦心孤诣，不将大著于我乡里耶？愧我无能为师，寡效数十青年，忍心辜负灵运。诗曰：进德智所拙，退耕力不任。因循徇利，奈何奈何？顾视君畴，益增汗颜矣。

7月18日　待岷原弗至，乃独赴君畴校观游艺会。至则开会已久，五百人拥坐一堂，更无坐地，乃伫立而观之。舞蹈唱歌之类均能纯熟整齐。他如家事实习，珠算练习，均有关处世立身之道，诸生为之皆秩然中节，他日由之终身，其益何限，故益令人欢喜赞叹。吾知此会以后，家庭对于君畴之信用，外校对于君畴之赞美，将日以隆密。而君畴之精神将益以奋发，精进而弗已。可佩可爱哉，君畴之能力也。

叶圣陶说自己"智拙""无能为师"，都是与章君畴相比较而言的。这种自谦和自责来自于对教育的热忱和专注。1913年春放社解体，同年七八月间脱离中国社会党之后，叶圣陶把精力全都用在教学上，心中充满了希望和憧憬，他在1913年10月12日给顾颉刚的一封信中说：

沉浸简编，总多进益，禹寸陶分，乃有惜时之念。若吾朝昏徒送，日月看更，饱食终朝，鼾然一梦，觉时光之可厌，斯其人成颓废也已，不益可慨哉！比日以来，思虑甚枯，唯念于教师职务，得少尽精力，使醇醇诸稚展发神辉，亦此生一乐。顾力不逮思，实难从玄，今日所呈现象，每不满昨日所怀。所幸心存希望，即是一缕动机，此机勃发，或有美满光明之时也。[①]

① 《叶圣陶集》第24卷，第54页。

五、纷至沓来的苦闷与烦恼

叶圣陶想的是“使醇醇诸稚展发神辉”，但种种苦闷与烦恼也纷至沓来。自从到言子庙小学执教之后，亲戚朋友不断向他灌输“唯有读书高”，敦促他或出国留学，或报考清华、北大，或参加政府的“文官”考试。总之，不要当地位低微的小学教师。顾颉刚的父亲顾柏年多次表示要资助叶圣陶上大学，顾颉刚 1979 年 4 月 30 日给笔者的一封信中说：

> 圣陶生性喜欢文学，民国初年上海《礼拜六》盛行，叶老当时常写短篇小说，用“叶匋”名发表，我父亲每期必看（我父亲叫顾柏年，字子虬。一九一三年起去杭州任盐运使司秘书，后任科长，也曾做过仁和盐场知事，一九三六年因病辞职，由我迎眷来京），深喜他笔墨干净，描写深刻，要资助他上学，但他因负担家用过重，谢不受。

面对“八方来风”，叶圣陶的情绪波动很大，有时竟会把献身教育的豪言壮语放置一边，“自叹潦倒，壮不如人”，甚至视学校为“牢笼”，说“终日伴学童，为境良苦”，当这个“苦差”是一种无奈的选择。1912 年 12 月 5 日，小学同学章彦驯从美国来信劝他赴美留学，“辞至多，罄两大张”。叶圣陶说他何尝没有游学美洲的“欣望”，“奈家贫，苟不从事谋生而徒事分利，老父苦矣”。他 1913 年 1 月 1 日给顾颉刚的信中说：

章彦驯共致我两书，盛言美游之利之乐。我非死人，我非颓丧人，岂无欣望之意？然只得老着面皮写回信覆他，说不能来者，亦以上所云者[①]之故耳。

又说长此因循，将终无解脱之日，故必出以决心。此则不然。以我之脚生在我肚皮之下，不走到言子庙，岂不是辞职矣？然我父老矣，至爱我，而又体念我，我母亦慈，爱我备至。日前我归少晚，父则口口说："还未归来，天寒难受。"母则开后门以望。一旦远出，我父母之心将思念若何哉？三纲废去，我绝对赞同，然伤父母之心者，于良心上总觉对不起，并非相爱之道也。

我不配做小教，我亦知之，然配做何事？我却不知。心如辘轳，中夜彷徨者，此耳。

游美从清华送出者，不须诸费，彦驯已为我言之。苟我竟从清华送出矣，家中便少二百元之用钱[②]，数非细微，将何以过也？田租歉收，我父所赚近渐减少，则此数年间将何如哉！所难者一。清华程度似较深，我科学之程，君知其不优；陆慰萱固优于我者，曾应试而未取，白费川资，徒招落第，殊无谓也。所难者二。交通虽便，美亚来往，究须两月。叫我七八年不与家人朋友团聚，实所难堪。所难者三。难处尚多，今想不出矣。

既不会做小教，又不能出洋，于此年假之后，终思易地谋生，又卒不可得，只得愁着脸儿，怀着鬼胎，仍旧踏上教台。任人骂我

---

① 指赚钱养家。

② 当教员月薪 20 元，年收入 240 元。

无志气，亦唯自伤其遇，自怜其苦而已。

出洋我最愿意，亦曾想一念头，苟我竟在美洲做一大学生，岂不有趣？然而欲若此者，必先除上之三难。首先赴考必操必取之权，然而现在无关节可通焉；既入清华赴美洲，必有一校外职业，年可赚二三百番者，然此何易言焉！二难既除，则离亲别友之难，亦且熬之耳。我朋友中能为我通此二难者，我且佛菩萨目之，惜乎其皆是养媳做媒人也。①

叶圣陶说的“三难”中，最主要的是“家贫”和“父老”。其时，外祖母七十八岁，父亲六十六岁，除母亲外，还有两个年幼的妹妹，家里“无半亩地一间屋”，生活贫寒。他当小学教师月薪二十元，年收入二百四十元。家里有了这笔收入，生活才得以敷衍；假如缺了这笔收入，“吾家且不得过去”。叶圣陶心中充满了矛盾和忧伤。他既不愿意只身远走，离开年迈的父亲和“慈爱备至”的母亲，又不甘心“伏处里井，环对庸碌”②；他决定摒弃“远游”的杂念，一心一意孝敬父母，但触目伤怀，事事处处总能想起自己之“悲观”③。尤其是当他看到中小学时代的同窗出国留学或易地谋职时，心情很不好受。请看几则日记：

1913 年 9 月 8 日　　课已至桂芳。慰萱有海参崴之行，盖就事其领事馆，首途即在明日。分手在迩，会知何时，朋旧飘零，渐

① 《叶圣陶集》第 24 卷，第 25—26 页。

② 叶圣陶 1914 年 9 月 20 日致顾颉刚书。

③ 叶圣陶 1913 年 1 月 6 日日记。

成星散，滋可怅也。然远涉殊方，借瞻异俗，复亦足自豪。奈我里门裹足，频送行人，魂逐征帆，梦游绝域，不益无聊耶？

1913年10月28日　　今日为余二十初度，坠地为人，真云无端，乃占空间者数尺，占时间者廿年。人家当此正读书之岁，而吾乃好为人师，谬膺教席。正希望之年，而吾乃心如古井，只馀枯寂。由今测后，再过二十年，殆亦如今日此时耳。

1914年1月12日　　下午课毕，至桂芳茗憩。叔寅明年已决掌教其乡，为乡立诸小学之校长，而兼学务委员于乡公所。忆前岁同入苏地市立小学之中者，凡四人：慰萱、岷原、叔寅及余。慰萱去最先，叔寅虽去，仍为教师，此事最苦。余初愿仅以站足，非其所好顾。今虽有引去之希望，未必可以竟违教坛一席之地。苟埋首五年者，吾其枯索无生趣矣。

1914年4月14日　　前夜所识之唐棣华先生语吾父曰：君何不令君子求师读书，奈何令之教师？嗟乎，此岂吾父之不欲成其子耶。贫之威力，足以杀人败家而有馀，区区志气为之磨散，特其至微者耳。

仅从这几则日记就不难看出，叶圣陶也有一般青年人的弱点，易摇摆偏激，好走极端。说当教师的“初愿仅以站足，非其所好顾”，这显然是失意时说的愤激的话。家境贫寒给他带来了许多烦恼，亲朋好友的“关怀”又加剧了他的惆怅。“穷之势力甚于烈弹”①，“贫之威力，足以杀人败家而有馀”，“里门裹足”，“只馀枯寂”，与其说是实情，不如说是懊恼。导致他懊恼苦闷的原因还有两点：

一是学界种种陈腐的清规戒律。叶圣陶主张“反孔”“排斥孔子”。然而，当这位风华正茂的青年昂首走上讲台的时候，他这才感悟到个人力量的渺小。学界“强人尊孔”，迫使他不得不“依从”。1912 年 3 月 6 日，言子庙小学开学的第一天，叶圣陶就不得不依从“校规”，违心地带领学童分级对“孔子设位”行礼。他在这天的日记中写道：

> 余素主不尊孔，今乃亦对孔一跪而三叩，势使然也。

1912 年 9 月，中华民国的教育宗旨经教育总长蔡元培的核定正式公布，原文如下：“注重道德教育，以实利教育、军国民教育辅之，更以美感守成其道德。”然而社会上的“拜孔尊教”之声不绝于耳，沈曾植、陈焕章等在上海成立“孔教会”，创办《孔教会杂志》，苏州学界应声附和，把孔圣人抬举为“万世之师表”。新学期开学的第一天、每年春假返校的第一天、孔子诞生日，以及每逢重大的节日，言子庙小学均需奉命“祀孔”。以 1913 年为例，叶圣陶在日记中记载的“祀孔”就有六次之多，他为此感到“可厌”和忧虑。虽说舆论界“辟礼孔者”的“立说”盈盈于耳，学界却总是一副“痴相”，对孔子“罄香膜拜”，“凡为教师学童均为孔教徒”。这种“强人祀孔”的做法，也使叶圣陶把“学

① 叶圣陶 1914 年 12 月 26 日致顾颉刚书。

界”视为“患途”。他在1913年1月4日日记中说：“其实学校开学而对孔丘行礼，无理由之可言。在余多鞠几个躬无甚出入，学生心中而印入此不明理由之事，则不可虑耳。”

二是“同事之间讲不落言话[①]”，教育官员“靡高俸尸名位”。苏地学界严于门户。辛亥革命后，中学和高小均“把持于留东学生之手”，“插入其中”是非常困难的。于是，初等小学便成了学界唯一可争逐的领地，校长的职位更是争名逐利者心目中的“猎物”。叶圣陶在1913年6月17日日记中说：

> 课已至桂芳，闻同学中言，外间颇有不满意于梦冈者，谣诼纷起，群相谈论。梦冈之可议于否且置勿论，而我教育界同事似此嫉妒成性，幸祸乐灾，自顾自我，尚可与一日共处哉？

“梦冈”，即言子庙小学校长丁梦冈。关于丁梦冈的“谣诼”，叶圣陶1913年6月23日日记中有较详细的记载：

> 课已与选青、滋伯茗于怡鸿馆。初梦冈以某生不驯，责以教鞭，下手过重，遂有伤痕。某生家诉诸市公所，公所不问，央人转圜，梦冈复无所报。昨日之晚街头乃发现一种印刷品，题曰“野蛮教习”，详记此事，颇有贬恶语。事至如此，不可收拾矣。在某生家长一商业中人耳，何致若斯之激烈，盖此中有人呼之欲出矣。此

① 讲不落言话：指话不投机。

事发生，与余三人虽无交涉，而于间接上则不无败誉被嫌。寻僻处以茗叙，盖议余三人之意向而取同一之态度也。梦冈适曾致书市教育会，要求开会讨论此事，然市教育会中之一大半会员，即系外间兴波作浪之人。届时而不右梦冈者，此其窘辱何可言也。……

梦冈为人攻击厥有数因。余校中共有四教室，而梦冈为之长，月收学费据精核之算法，每年于每生名下可赢一元，盖书纸等所费至微也。学生数有二百，则每年非分之收入亦如之。在教育界同事中视之，不无嫉妒而垂涎，此其原因一。再梦冈与人言，喜至尽头，复颇有自顾不凡目无馀子之慨。所以虽恒家居不外出，而撼之者实繁有徒，此其原因二。有斯二因，遂致一事之出，不为排难解纷，乃从旁幸灾乐祸，甚且为嗾使鹰犬之猎者，或落井下之石焉。然我于此而有感矣：教育儿童云何哉，仍金钱衣食之问题耳。利之所在，涎之而不可得，则不惜从多方面以陷之。虽取之非分，宜来谤讥；而累若辈起兴，究属可叹！教育界中无明达高迈之士，而徒聚此卑鄙陋恶之人，苏州儿童抑何寡幸？余非明达者，然颇不愿与若侪伍。弃而去之，则余终日不忘之希望也。

“教育界中无明达高迈之士，而徒聚此卑鄙陋恶之人，苏州儿童抑何寡幸？余非明达者，然颇不愿与若侪伍。弃而去之，则余终日不忘之希望也。”叶圣陶对当时的教育界相当失望。

六、复劝学界模范为儿童造福

诚如顾颉刚所说，叶圣陶的“性情原是和小学生聚得下淘[①]的，无奈学生以外的人逼着他失掉了职业上的兴趣”，“精神上苦痛极了”，“自己文艺上的才具既不能发展，教育上的意见又不能见诸实行”。授业也，“必规规于课程”；修身也，“必有崇拜”；同事也，“必作寒暄”；省县视学来，“又必受牵制：百不自由”。[②] 不过，叶圣陶对教学工作始终是认真的，总是念念不忘“诸生之进步”，念念不忘自己是月薪“二十番佛”的“薪工”。

随着辛亥革命的流产，苏州学界的新旧之争日趋激烈。苏州光复后，新派教员将守旧的一派逐出学界，同时接纳了一批中学毕业生充实“小教”队伍。被解职的“老教员”恨在心头，经常聚集在茶馆酒肆，“骂人以泄愤”，一心想夺回他们丢失的“饭碗”。1914 年 7 月 11 日，有传闻说言子庙小学以缩减班次的理由将叶圣陶排挤出校（由原来的四个班并成三个班）。所谓“并班”只是个由头（后来并未压缩班级）。这让叶圣陶感到非常突然，更加痛恨教育界的污浊。有几位朋友来安慰他，劝他“设法”。叶圣陶说决不“厚颜”去“昏夜叩门”，乞求“同事”和“视学”的怜悯。他在当天的日记中写道：

课毕至雅聚，方与君畴、子明言此次更易教师之多，而滋伯、

① 聚得下淘：苏州话，意思是“融合在一起”。
② 顾颉刚：《〈隔膜〉序》，叶绍钧：《隔膜》，商务印书馆 1922 年版。

漱云从外来招余，谓“适闻确信，言子庙将减去一教室，而减去之教师，则君也。君盍一设法焉”。二君情意良殷，乃承关切，亟谢之而去。余思曩欲辞职，今乃竟被辞，未始不足慰情。二年半教师，误人家子弟当以百计，良堪惭愧，今后亦足释我辜矣。然顾念后日将何道之由语诸一家，必嗟叹并作，则此事良为没趣耳。世事真无定程，人处其间如随波而上下，弗克自振，无意得之而无意失之，亦其固然。二君教我以设法，岂令我昏夜叩门乞毋辞我耶。此则我宁散闲，尚无厚颜为此也。

归后批校中考卷。我事必尽为之，以将去而敷衍了事，又所未敢也。①

“我事必尽为之，以将去而敷衍了事，又所未敢也。”这也能让我们联想到他的散文《薪工》，他对工作就是这么敬业。第二天，为同事选青写过悼念弟弟的挽联后，又谈到外间的传闻，他在日记中写道：

后语选青以昨所闻事。选青谓：“教师之事，最无趣味，非唯辛勤之可怕，即同事枘凿，狺狺而吠，亦复可怕；亦正设法欲去之，特未得当耳。”选青此言意盖慰我。然我涉世犹浅，患得患失之心尚未全具，意固至安，亦不必用其慰也。②

“我事必尽为之”，“意固至安，亦不必用其慰也”，这就是叶圣陶当时的

①②《叶圣陶集》第19卷，第121、122页。

心态。7 月 13 日，他到校看望学生，在日记中写道：

> 晨至校中，诸同事及学童均先集，即向孔丘设位行礼。私念以后如弗为教师，则我与孔先生从此无缘矣。礼毕，将散学生，顾之颇有惜别意。念相处两岁，虽无善状，却颇注心力；或则近有所进，或则斐然可观，间有顽劣，然绝无可憎，而转而可怜，方思有以化之，乃今朝一面，便是分离，能弗黯然？若语以吾弗再来，学生对我何如固未可料，而自己别泪且将夺眶而出；因弗以相告，仅谓之功课毋荒，行检毋卑。此盖例语耳，然而吾今后则弗再为此语矣。①

这也是叶圣陶在言子庙小学执教两年半后写出的一份总结。“虽无善状”，教学经验不多，但一直“颇注心力”。在他的精心教育下，全班学生都有不同程度的提高，有的“斐然可观”，有的“近有所进”；对于少数“顽劣”的学童，“绝无可憎，而转而可怜”，正在想方设法感化他们，不料他的位置被挤掉了。“自己别泪且将夺眶而出”，说明他舍不得这班学生，从“功课毋荒，行检毋卑”的临别赠语中，也能体味到他对学生的感情。“一朝解职，全家凝愁，贫穷如吾家，失此即入窘乡矣!”可他首先想到的还是学界的前途和儿童的幸福。且看 7 月 19 日至 21 日的三则日记：

---

①《叶圣陶集》第 19 卷，第 122 页。

7月19日　　归饭后，至于雅聚。今日为领薪之期，诸教师多来此憩息。余既被辞，尚得享此月劳金也。旋闻诸人谈论，乃知此地教育界正呈波涛汹涌之状。盖此次被辞者共九人，振声亦在其列。据振声云，被辞者中之某某以此事白诸上峰，上峰叱掌学务者之荒谬，令各举被辞教师之弗善以闻，于是有学务委员辞职之说，于是有诸人尽行复职之说。余对此风闻亦毫无喜戚于心，辞去则辞去矣，男儿岂遂饿死，转辗求复，宁非多事；即果得复职，余意亦颇弗愿更为此生涯。盖余于教职久持消极主义，今得脱离，正其良会，奚肯复蹈。然余对于友人如君畴，如石人，如仁侯，复劝之更奋毅力，益厉精神，为儿童造福，为学界模范；且谓如有需我，必当将助。盖余自知无干才，为教师良匪称，而此三君皆足以有为者也。①

7月20日　　归饭后，折取百日菊插小瓶中为之写生，落笔殊无微似，因即弃置。君畴叩关至，赠我画笔两枝。君畴盖闻之江颖年，谓习水彩画当以狼毫，遂命工特制，分惠及我，良可感谢。

旋君去，余遂出茗于雅聚，及坐定，反嫌出来为多事。盖所识之人有言，言学界波潮事，有谈，谈学界波潮事：令余听之止增厌恶。幸君畴、石人旋来。与君畴言切实办学之方，如家庭访问、考察儿童品质之类，皆所以探本寻源之要务。君畴谓："今后且一一行之，拼掷闲游之光阴并贡之于儿童，此中自有至乐，南面不易

①《叶圣陶集》第19卷，第124—125页。

也。”君畴能言能行，将来为名教育家堪以预拟，可喜哉。[①]

7月21日　晨至吴氏，坐两时即出。归经君畴校，叩门而入。君畴方握葵扇挥清风，与三数学生为闲话。……总之，自我纵目以视，苏地学界教师之能尽职者，除仁侯同事之胡先生外，更无胜于君畴者矣，诚可佩也。[②]

他自己被排挤了，“然余对于友人如君畴，如石人，如仁侯，复劝之更奋毅力，益厉精神，为儿童造福，为学界模范；且谓如有需我，必当将助。盖余自知无干才，为教师良匪称，而此三君皆足以有为者也。”“与君畴言切实办学之方，如家庭访问、考察儿童品质之类，皆所以探本寻原之要务”，称颂君畴和“仁侯同事之胡先生”的“尽职”。叶圣陶念念不忘的也还是教育。因为儿童是祖国的未来，一国之盛衰，有系于此！

①② 《叶圣陶集》第19卷，第125、125—126页。

第五章

“痴怀渐醒”后的“决绝”

午后访颉刚，徐瀚澄旋来，因共论昔年社会党中人物，其足取者乃莫得什一。当时振于好奇之心，遂与魑魅为伍。由今以思，真如痫作。徐君曩亦同党，而好学多智，与颉刚殊交好也。

——叶圣陶 1915 年 1 月 26 日日记

一、加入中国社会党

清末民初，是我国社会大变革、社会脉搏跳动得最为活跃的时代，也是我国思想史上又一个“黄金时代”。社会活动家和思想家们正视现实，敢于推翻传统，否定教条，反抗权威，无所顾忌地依照思想自由的观念来传播思想，鼓吹“主义”。面对社会大变革，叶圣陶在研读“佛学”的同时，又深受风靡一时的无政府主义思潮（又称“社会主义”思潮）的影响。1911 年 2 月 4 日日记中说：

昨夜卧而妄想，想着一念。余思国有合众，家亦可以合众，几家合而为一家，益有多端。今夫一家之人不十口，而屋数十间，太觉空闲；如住屋过小，则太不好看；故合几知己共居一家，为最善。然则租户亦可，何必知己？曰租户之性情或未必如我也。既合知己，则性情无不同。苟欲起房屋，可合资成之，成而合居之。又几家之饭食，可在一灶，食可同堂，其用度则每家当一月，各自轮流，又可省废几月持家心思。各家之长幼，无分尔我，嬉笑燕谈，如一家人，洵家庭乐事也。然必遇真知己，几人乃能如此，且连妇女都须胸无城府方可，否则鲜有不为同室之斗者。存此胡想作他日一笑。

叶圣陶在日记中写到的“大家庭”生活，正是中国社会党人理想中的“新村”的幻景。

1911年7月10日，江亢虎[1]在上海成立了“社会主义研究会”，传播社会主义。与此同时，《民立报》上刊登了杨笃生的《记英国工党与社会党之关系》[2]和渔父（宋教仁）的《社会主义商榷》[3]等鼓吹“社会主义”思潮的力作。11月5日，“社会主义研究会”改建为中国社会党，设本部于上海，江亢虎任主任干事。社会党成立之后，得到孙中山

---

① 江亢虎（1883—1954）：原名万绍铨，江西弋阳人。曾任清刑部主事等职，早年游历日本和欧洲，受到西方社会主义思潮的影响。毛泽东在五四时期认为江亢虎是与蔡元培、陈独秀等人齐名的革新者。

②《民立报》1911年6月14日至7月8日，署名耐可。

③《民立报》1911年8月13日。

的“赞同”，黎元洪和唐绍仪也给予“奖助”①。孙中山多次表示要编辑讲义、发表讲演，用“流动”的方式宣传“社会主义”，以“发阐社会主义之真理”为“一己之责任”②。他还担任了社会党的“讲师”、“地税研究会名誉会长”③、《社会杂志》的名誉赞成员④，成了中国社会党的党外领袖。中国社会党的成分比较复杂，有革命的先驱者李大钊⑤、陈翼龙⑥，也有资产阶级、小资产阶级知识分子，以及小业主、小手工业者、产业工人和其他劳苦大众，甚至还有大批的和尚。据《民立报》报道，社会党成立不到一年，就在全国建立了四百多个支部⑦，仅四川支部就有六十万党员⑧。在民国初年名目繁多的党、会、社中，社会党成了“第一大党”，“社会主义”则以开“中国‘主义’之先河”而喧腾一时。“无政府”“无宗教”“无家庭”等惊世骇俗的高论，被统称为“社会主义”“堂皇完美”的学理，“空前之杰作”，“契符”中国国情的“文明之源泉”，“普渡众生之宝筏”，“大放光明之慧镜”⑨，“二十世纪之天骄”，“人类进化必至之境界”⑩，广为传播。

---

①《欢迎本部代表词》，《社会世界》第2期，1912年5月12日。

②《孙先生热心社会主义》，《社会世界》第2期，1912年5月12日。

③ 详见《社会党之试行地》，《社会世界》第3期，1912年6月15日。

④ 见《社会杂志》第11期封底，1912年10月。

⑤ 1913年1月社会党天津支部成立，李大钊和郭须静为主持人。

⑥ 邓颖超称陈翼龙为“革命先驱烈士”，详见《〈陈翼龙先生事迹汇辑〉读后补志》，《文史资料选辑》第75辑，文史资料出版社1981年版。

⑦《社会党》，《民立报》1912年10月20日。

⑧ 煮尘：《闻社会党四川支部将成立得党员六十万喜赋二绝》，《新世界》第4期，1912年6月30日。

⑨ 张震西：《祝社会世界》，《社会世界》第2期，1912年5月12日。

⑩《中国社会党主任干事江亢虎致袁总统书》，《新世界》第3期，1912年6月16日。

叶圣陶阅读了社会党机关刊物《社会报》，以及杨笃生《记英国工党与社会党之关系》等宣传“社会主义”思潮的力作后，认为辛亥革命的勃兴与“社会主义”的传播不无联系，对“社会主义”学说由“新奇”渐入“适合无间”的程度。1912 年 1 月 14 日，社会党苏州支部在苏州留园开成立大会。叶圣陶邀王伯祥、顾颉刚、乔笙亚一同前去聆听，听众多达六七百人。江亢虎在会上作了长达“四个钟头的讲演”[①]。他在演讲中说：“宗教家之所谓极乐世界，所谓天堂，皆以人生最完美之幸福属之于理想界，而不知实可得之于真实界。社会主义即欲得此最完美之幸福于人世；而且并非臆想，其实实事也。”鼓吹只有“社会主义”才能把宗教家向往的“极乐世界”建立在人间，使理想中的天国成为人间的真实存在。如何实现“社会主义”呢？那就是“破除世袭遗产之制度”，遗产归公，教育平等，“提倡工商实业”。世袭制度破除了，就没有贵贱之分了；遗产归公，就没有贫富的区别了；教育平等，同胞的文化程度就齐截了；振兴工商实业，大家都富裕了。这样做就消灭了阶级，进入一个“绝对自由”“绝对平等”大同博爱的“新世界”。江亢虎还介绍了“各国社会党之状况”，以及我国最适合于推行“社会主义”的理由。[②] 听了江亢虎的讲演，叶圣陶觉得“社会主义”远比“三民主义”进步[③]，对江亢虎的讲演才能，尤为赞赏。他在日记中写道：江氏

---

① 顾颉刚：《我辜负了陈翼龙烈士的重托》，《文史资料选辑》第 75 辑，文史资料出版社 1981 年版。

② 叶圣陶 1912 年 1 月 14 日日记。参见叶圣陶：《辛亥革命前后——日记摘抄（二）》，《新文学史料》1983 年第 2 期。

③ 辛亥革命后，孙中山说“三民主义”已经实现了“民族主义”和“民权主义”，只剩下“民生主义”了。实现“民生主义”的途径是“抵抗少数资本家”，“使人民共享生产上之自由”。详见《孙中山提倡民生主义》，《社会世界》第 2 期，1912 年 5 月 12 日。

的讲演“详括简要，条理明晰，不愧为此主义之先觉者；而其演说才亦至可钦佩”①。顾颉刚对江亢虎则更为崇拜，居然萌生了入党的念头，这在叶圣陶1912年1月18日日记中留有记载：

> 午后为一年级某君代作国文一篇。……时封百、伯祥来，颉刚亦已考毕，乃偕三君至观前，途遇令时，亦挽之偕行。就雅聚啜茗阅报焉。谈次，颉刚谓“社会主义我深赞成”，挽余及伯祥共入社会党。余以为苟持社会主义者，亦不必入党，随地鼓吹，随地传播可矣。且余之主义于现今之社会主义尚未满意，或亦未能悉心研究，一偏之见之故，故即欲入党者，再事研究，于党中宗旨适合无间，然后再入，未为迟也。伯祥之意亦云如是。②

1912年1月21日，社会党苏州支部开党员谈话会。顾颉刚入党心切，就拉叶圣陶、王伯祥、王彦龙（王彧）一同去参加。会址在姚家街利济寺，会议由苏州支部负责人陈翼龙和詹天雁主持。陈翼龙，亦名意农，湖北罗田县人，生于1886年。“幼聪颖，有大志，年十五有澄清天下之愿，嗣奔走于湘、鄂、苏、赣各地，意在纠合同志，以图起义。其时民气未开，聆先生言论者，率目为狂悖。驰驱数年，迄无所遇合。1909年赴沪，任《神州日报》记者，以文字鼓吹革命，得与宋教仁相

① 叶圣陶1912年1月14日日记。参见叶圣陶：《辛亥革命前后——日记摘抄（二）》，《新文学史料》1983年第2期。

② 叶圣陶：《辛亥革命前后——日记摘抄（二）》，《新文学史料》1983年第2期。

识，宋为介绍赴日本，与孙中山、黄兴相识，遂投身于革命事业。”① 陈翼龙和詹天雁知道顾颉刚等都有入党的意向，极表欢迎，就请他们填表入党。且看叶圣陶当天的日记：

> 会所在阊门外姚家街利济寺，四人即连袂而往。发起组织此间支部者为陈君翼龙、詹君天雁，相见后弥相亲爱。为道欲入党事，则极欢迎。于是四人各具誓约书一纸，购徽章各一焉。徽章绿地而红腰，中文书“中国社会党”五字，英文则书 Chinese Socialist 两字。既而来者络绎，盖皆党员也。闻此间党员已有二百人之多。社会主义之流行乃速于置邮，可喜矣。
>
> 开会后，陈君翼龙略述社会主义之大概；继之则有孙君继伊之社会谈，多采最高深之学理，参以己见，自是卓论。然呈义过高，未免难为次一等人说法。盖教育尚未平等，不得不因人而施也。再继之，则有袁君大文之机织说。袁君业机织，劳动界人也，于其业多有发明，且素持社会主义，肯牺牲其一切权利为社会主义之发展。故其语中有云：“此事非徒挂之口舌者，必须用力去做。明知万难，然三月以前中国无所谓社会党，至今日已各地大放光明。准此比例，则欲达吾社会党之目的，当亦非难。”既而复有陈君提议之事件，詹君报告之事件。
>
> 散会已过午时……②

---

① 曹嘉荫：《陈翼龙先生奋斗史略》，原刊广州《震旦报》，转引自《文史资料选辑》第 75 辑，文史资料出版社 1981 年版。

② 叶圣陶：《辛亥革命前后——日记摘抄（二）》，《新文学史料》1983 年第 2 期。

聆听了这些激动人心的演说，想到社会党如旭日初升，叶圣陶也感到非常兴奋，以为天下无难事，最美最善的境界，只要有人去提倡就立刻会得到实现，因而对社会党的真诚一度到了“真如痫作”的痴迷。

二、追随陈翼龙“倒袁”

叶圣陶加入中国社会党之后，留着“蓬蓬松松”的“大披头”，英姿焕发。他多次出席社会党党员演讲会和谈话会，撰写的《宗教果必须有乎?》等传播社会党理念和主张的论文，深得陈翼龙的赏识，称赞他是深明“社会主义”的“纯粹社会党党员”，并介绍他去上海协助刘铁民主编社会党机关报《社会日报》①。请看两则日记：

1912 年 2 月 7 日　晨间颉刚来，邀余访陈君翼龙于利济寺。余应之，及更邀伯祥同往。既至，则有陈君及孙君继伊、江君景双三人在。陈君谓已接得余所寄之书，所论排斥宗教问题深为赞成，原稿将为代投于《社会日报》中焉。陈君又谓：“此间支部中党员约三百多人，而能明社会主义者亦仅二三十人。今日凑巧我六人得以团聚一处，作纯粹社会党员之谈话会，乐何如之。”②

1912 年 2 月 19 日　刘君铁民今日亦来王仁孝祠，翼龙挽余与之相见，谓余如有暇，往上海襄刘君办报可也。而刘君亦非常欢

① 因生活窘迫，未能成行。

② 叶圣陶：《辛亥革命前后——日记摘抄（二）》，《新文学史料》1983 年第 2 期。

迎者。顾余之愿则办报最所心向，而余之势则断无此闲空之金钱以供吾办报时之吃用，故心虽欲应之而口有所不能应也。而与刘君握别之时，陈君犹云“请君自为裁酌，尚待报章”也。①

当时的国内形势大致有两个特点：一是反清革命日趋高涨。武昌起义，人心思汉，军旗所指，全国景随。旬月之间，燕、辽、齐、豫、湘、鄂、秦、晋、苏、浙、皖、赣、闽、粤、蜀、滇、桂等十七省相继独立，革命洪流，汹涌澎湃。另一方面则是清廷的垂死挣扎。1911年12月7日，清廷内阁总理大臣袁世凯遣唐绍仪为全权代表南下向革命军乞和。1912年1月1日，孙中山宣誓就职临时总统，同时致电袁世凯，表示只要袁世凯运动宣统退位，即“推功让能”，请参议院选袁世凯为大总统。革命军“诸贤俊”内顾国情，外察大势，“亦不忍兵连祸接，生灵涂炭”，于是派伍廷芳为各省军政府之代表，与“清方”代表“议和”。“议和”伊始，南京临时政府的机关报《民立报》和《大共和》等报刊立即发出一片拥袁呼声，说“袁氏虽诈，犹当以至诚待之”②，“疾恶不宜过甚”，“否则示人以太隘”，“非民国尊重人道之初心”③，若“袁氏果知大义，令清帝退位，使全国合一，而免血战之酷祸，则吾人将念其反正之功”④，甚至说孙中山与袁世凯“英雄相遇，肝胆互照”，是“携手共谋国是”的“英雄”⑤，进而吹捧袁世凯是“中华民国之骄

① 叶圣陶：《辛亥革命前后——日记摘抄（二）》，《新文学史料》1983年第2期。

② 力子：《议和之第要件》，《民立报》1912年1月17日。

③ 力子：《仁人之言》，《民立报》1912年1月18日。

④ 血儿：《袁氏其悔过乎》，《民立报》1912年1月19日。

⑤ 空海：《民国统一之好消息》，《民立报》1912年2月24日。

子”，“虽比之华盛顿、拿破仑又何多让”①。

叶圣陶一开始就反对“议和”，早在1911年12月14日日记中，就揭露了袁氏“议和”的阴谋：

> 鄂江战事现正在停战时期之中，而北方又有遣使来议和之事。夫停战议和本须有必不得已之势，而后可议和，可停战。今日之势则殊不然。两方立于反对之地位，非战争不可以解决者也。且在民军之初意，非欲成一大民主国乎？则北虏未去，民主国未完成，何可和也？曰停战，曰议和，不过北方缓兵之计耳，待兵多饷足复将起而挑战矣，届时欲扑之难哉。故此时只有战，不可和……②

旗帜鲜明地反对退让妥协，力倡整旅兴师，“直捣北虏”，澄清中原，表现了一个急进青年“反清”的坚定立场。

1912年2月15日，南京参议院选举统一临时大总统，十七个省的参议员（每省三名参议员共投一票）投票，袁世凯得“十七票”，全票当选为统一临时政府大总统。也就在这一天，叶圣陶到姚家街利济寺与陈翼龙、孙几伊、江景双、顾颉刚等五人共商“反袁”和废除“优待清室条件”的斗争策略。陈翼龙主张：“先举一人至上海，联合国事纠正会中人访议和代表伍廷芳，向之抄清帝逊位诏、袁世凯宣言书及优待条件。……既得真据，乃逐条驳其谬处，著为篇帙，印刷之以广传布，宣

---

① 空海：《袁世凯》，《民立报》1912年2月22日。

② 叶圣陶：《辛亥革命前后——日记摘抄（一）》，《新文学史料》1983年第1期。

讲之以振愚聩，必至修正议和条件而止。如其不然，则开会发传单不已，虽禁止之，逮捕之，终而至于刑及之，亦不少变其宗旨。盖此事重大，为全国民之关系，处一事而有损于国民者，国民可不争乎?”叶圣陶赞成陈翼龙的主张。他深知“倒袁”须要有“巨大之魄力”和“若干之资财”，他们五个人的力量是单薄的。但事关“全国民”的前途和命运，“决然当做也”①。他在次日日记中说：

> 袁世凯挟清帝以为奇货，要求优待，要求厚礼，无非以示自己之威耳。今果堕其术中，又复莫之奈何，乃多方运动，使之任总统之职。以专制之魔王而任共和国之总统，吾不知其可也！如火如荼之革命，大雄无畏之革命家，竖自由旗，策国民军，血花飞舞，城市灰烬，乃其结果则为不三不四之和议，为袁世凯任大总统。呜呼！吾希望者亦失望矣，奈何！更可恶者则为参议院，选举而可预先约通，则何必选举哉？此中人大半皆清廷政界走狗，今则改面易目，居然民国议员，可鄙！②

2月18日，叶圣陶到沧浪亭会场出席社会党党员大会。会议决定由社会党机关报《社会日报》主编刘铁民，用“苏省国民名义”拟两份电报，一份致袁世凯，“劝其毋任总统”；另一份致黎元洪，促其设法中止议和，反对袁世凯任总统，以保卫我大汉同胞用铁血换来的“共和”。

① 叶圣陶：《辛亥革命前后——日记摘抄（二）》，《新文学史料》1983年第2期。

② 叶圣陶1912年2月16日日记。参见叶圣陶：《辛亥革命前后——日记摘抄（二）》，《新文学史料》1983年第2期。

叶圣陶认为光凭“口”和“笔”是无效的。他力排众议，慷慨陈词：

宜用激烈之手段先致袁氏于死，再则运动军队及全国同胞以解散现今之参议院，更由全国人民公举议员以举定大总统。今诸君之议发电也，仅反对议和条件与袁为总统也；苟修正议和条件矣，袁氏不任总统矣，诸君之目的已达，而参议院举出之另一总统得保不以反对袁氏者反对之乎？第二次革命仍难免也。况南京临时政府多难满人意哉！①

2月21日，南京临时政府欢迎大总统专使蔡元培、魏注东、钮惕生、汪精卫、宋教仁、刘冠雄、黄可凯、曾昭文以及黎元洪副总统代表王正廷，和民国外交全权代表唐少川从南京“乘招商局新铭轮船北上”，“恭请”袁世凯南下就职。“新铭轮”启碇之前，黄克强、伍秩庸、陈英士等到码头欢送，极为隆重。② 消息传开后，许许多多的“新国民”都沉醉在“南北统一”“美满共和”的喜悦中，高歌“春光灿烂”“五族一家”。叶圣陶感到很悲哀。他认为“革命派”太软弱了，南京临时政府未能尽满人意，中国必须进行“第二次革命”，在像陈翼龙这样的革命志士领导下，进行一场比辛亥革命更为全面、更为彻底的社会变革。

2月26日，陈翼龙离开苏州，到上海和南京等地组织“反袁”斗争。这之后，叶圣陶与陈翼龙会晤过三次，这在叶圣陶日记中均有

① 叶圣陶1912年2月18日日记。参见叶圣陶：《辛亥革命前后——日记摘抄（二）》，《新文学史料》1983年第2期。

② 《南京专使北上记》，《民立报》1912年2月22日。

记载。

一是1912年2月29日。陈翼龙离开苏州后的第四天就从南京潜回苏州，邀约叶圣陶和顾颉刚到“雅聚”茶馆相见。叶圣陶在当天的日记中写道：知翼龙“正待颉刚及余于雅聚，乃往寻之，果在。为述种种之事，闻之发直欲冲冠。而翼龙之血性益令余钦佩不置，得此良友，人生快事也”[①]。陈翼龙讲述的“闻之发直欲冲冠”之事，很可能是关于“北京兵变”的消息。2月29日袁世凯指使曹锟的“第三镇”制造“北京兵变”，围攻蔡元培、宋教仁等下榻的“专使寓所”，接着又以“疾电迅雨之势”焚民居，掠民财，并勾结匪徒由北京蔓延于天津、保定。[②]袁世凯借“兵变”为口舌，一方面电请孙中山“调兵赴援”，一方面拒绝南下就职。善良的“革命党人”见北方同胞罹此浩劫，忧心莫释。他们误以为“北京兵变”是由袁世凯行将来宁就职引发的，“袁氏南来，致启兵士之疑怨”，遂有“兵变”，进而提出“镇定人心之道，在亟立统一之政府。政府一日不行，则扰乱之祸根必一日不尽”；“今袁既不能去北”，而“临时政府又有在北之必要”，敦促孙中山“速定大计，以固民国之基础”。[③] 善良的“革命党人”既堕入了袁世凯精心设计的圈套，又为袁氏的“策变”制造舆论。革命志士们用“颈血”和“心血”换来的“共和”毁于一旦，怎能不使陈翼龙、叶圣陶、顾颉刚这些“热血男儿”心如火燎、怒发冲冠呢！叶圣陶对陈翼龙的“血性”“钦佩不置”，

---

① 叶圣陶：《辛亥革命前后——日记摘抄（二）》，《新文学史料》1983年第2期。

②《专使遇险之确情》，《民立报》1912年3月10日。

③ 详见少白：《速定大计》，《民立报》1912年3月5日；《目前之先解决问题》，《民立报》1912年3月6日。

这里所说的“血性”，很可能是“倒袁”的步骤和策略。

二是1912年3月1日。这天清晨，叶圣陶和顾颉刚、王伯祥一起赶到利济寺（社会党苏州支部事务所），邀请陈翼龙到“一品香”，利用吃早茶的机会作了长谈。这是一次极为重要的晤叙，正因为很重要，叶圣陶在日记中写得很简略：“晨间伯祥、颉刚来，乃偕至利济寺。翼龙方起身，即挽之至一品香泡茗长谈。茶罢再至事务所，知事务所即日将迁至城内真人殿内，一以省费，一以便人也。翼龙旋将赴沪，余三人乃送之火车站而别。”① 至于“长谈”的内容，只字未提。

三是1912年4月8日，与陈翼龙谈得最尽兴。叶圣陶在当天的日记中写道：

> 下午课毕后即至桂芳，母校同学有数十人在，群议校事。……既而颉刚偕翼龙至，系来寻余者。翼龙发起社会党流动部，路过苏州，暂此少息，即以其个人名义发起一会，为阊门兵变后之善后会。会议已毕，议定若干条将呈诸都督，请其照行。即以原稿示余。意甚妥密也。
>
> 茶既散，颉刚以奔走校事将他往，余则偕翼龙上酒家楼，杯酒谈心。余述余之无政府主义，君亦深以为然，且云：苟欲如此者，非联合世界共举不可。余亦云然。
>
> 饮约两句钟，各自别去。余乃归。

---

① 叶圣陶：《辛亥革命前后——日记摘抄（二）》，《新文学史料》1983年第2期。

陈翼龙发起的“社会党流动部”成立于1912年3月中旬，主要是从事“宣传”和“联络”工作①。“阊门兵变后之善后会”的宗旨是救济在“苏州兵变”中受难的市民。1912年3月7日，孙中山“怵于外患，俯顺舆论”，向参议院提交了“建都北京议案”。3月10日，袁世凯在北京外务部迎客馆举行“临时大总统”宣誓大典，中华民国从此进入了“北洋政府”统治时期。袁世凯窃取了民国的“国权”之后，“变乱相继”。3月27日夜，苏州阊门外忽起“兵变”，“乱兵大肆焚抢”达“七八小时之久”，“土匪”“丐妇”亦乘机抢劫“店铺典当”②，“被害人不下千余家，诚为亘古未有之浩劫”③。从这些方面可以看出，叶圣陶当年倡导的“无政府主义”，显然寄托了反对“强权性质之恶制度”和反对“北洋政府”愤怒而峻急的思想。

打这以后，陈翼龙走南闯北，传播“社会主义”思想，策划“倒袁”革命。1912年8月20日，社会党北京支部成立，陈翼龙任主任。12月初，应陈翼龙之邀，顾颉刚北上助陈翼龙做党务工作。1912年12月下旬至1913年1月上旬，顾颉刚随陈翼龙到天津组建社会党天津支部。叶圣陶钦敬陈翼龙的学识和“豪气”，把撰写的宣传“无政府主义”的论文寄给顾颉刚转请陈翼龙审阅。顾颉刚在天津滞留期间，由于工作进展不顺，无心思给叶圣陶写信，“消息梗断，杨柳青天，不知生涯何似耳”④。叶圣陶朝思暮想，一再给顾颉刚写信探问“党事何如?”“起

---

① 《社会党流动部》，《民立报》1912年3月18日。

② 《记苏州民变》，《民立报》1912年3月29日；力子：《乱国与亡国》，《民立报》1912年3月31日。

③ 《劫后团体之公愤》，《民立报》1912年4月5日。

④ 叶圣陶1913年1月15日日记。

居安否?”“与人结交性情适否?”① 念念不忘同窗好友顾颉刚，念念不忘在“倒袁”革命旋涡中搏击的革命挚友陈翼龙。

三、传播“三无二各”

作为中国社会党党员，叶圣陶的“社会主义”理念大体表现在以下三个方面：第一，坚信“最完美之幸福”的“社会主义”是可以实现的；第二，提倡自由、平等、博爱，反对阶级压迫与经济剥削；第三，主张采用激烈手段，甚至使用“暴力”推进社会变革。

在“倒袁”斗争中，“社会主义”的理念成了“倒袁”最锐利的思想武器。叶圣陶参加社会党的各种集会，研读“社会主义”的书刊，与“革命同志”切磋狂辩，聆听“遗产归公”“教育平等”“融化种界”等专题演讲，对“社会主义”的信仰越来越坚定而神往。

1912 年 5 月，刘师复发起组织的晦鸣学舍在广州成立，这是辛亥革命后我国成立的第一个无政府主义的团体。晦鸣学舍的宗旨中说：“以反对强权为要义，故现社会凡含有强权性质之恶制度，吾党一律排除之。本自由平等博爱之真精神，以达于吾人所理想之无地主，无资本家，无寄生虫，无首领，无官吏，无代表，无家长，无军队，无监狱，无警察，无裁判员，无法律，无宗教，无婚姻制度之社会。斯时也，社会上惟有自由，惟有互助之大义，惟有工作之幸乐。”叶圣陶闻讯后当即给晦鸣学舍写信，求购该学舍刊布的书籍。1912 年 11 月 6 日日记中

---

① 叶圣陶 1913 年 1 月 10 日致顾颉刚书，《叶圣陶集》第 24 卷，第 29 页。

说："得广州晦鸣学舍寄赠《无政府主义粹言》一书，盖往函索者也。"

1912年9月5日，叶圣陶在《天铎报》上看到心社重印《新世界》杂志的广告后，即致书上海社会党友人，"乞为他索得一册"。心社是由师复、彼岸、纪彭发起组织的无政府主义团体，其"趣意"是"破坏一切伪道德恶制度"，传布"公道的真理的新道德良制度"，奉行"不食肉""不饮酒""不吸烟""不用仆役""不坐轿及人力车""不婚姻""不称族姓""不作官吏""不作议员""不入政党""不作海陆军人""不奉宗教"等"戒约"。[①]《新世界》杂志是中国社会党的主要刊物之一。叶圣陶认为心社重印《新世界》功德无量，"抄《感应篇》无数本怎么可与之并论哉！"至于叶圣陶如何迷恋"无政府主义"，读下面两则日记即可知一斑：

> 1912年9月21日　　课后至桂芳，颉刚在焉，云沪寓中失去衣服至多，同寓皆不堪共处者，神州功课复尔低浅，故决不再往矣。余喜极，以社事可以分担也。既而伯祥倡议买醉，应者只余及彭怀玉两人，乃往其昌店，把杯论心，颇多快语。我侪心目中殆可以无馀子。继之几伊偕一社会党人平姓者来，亦即共座。呼酒更酌，继以猜拳，竟尔大醉矣。踏月而归，步履飘然，如御风而行。

> 1912年11月10日　　饭后走访岷原、企巩，皆不之遇。乃至桂芳，旋而岷原至。偕之至理发处理发，盖余发已五月未修，蓬

① 《心社趣意书》，《新世界》第6期，1912年7月28日。

蓬松松，或谓余哲学家，或谓余殆将更蓄辫为满清之宗社党，行径街上，咸目余头，故不得不修；益以明日伟士结婚，以如是形容作座上宾，殊为不雅，因是种种而毅然竟修矣。

“我侪心目中殆可以无馀子”，“发已五月未修”，可见当年的狂态。1912年11月24日，叶圣陶加入三二学社。三二学社的详称是“三无二各学社”，“三无”为无政府、无宗教、无家庭，“二各”为“各尽所能，各取所需”。该社认为“欲求自由，不得不无宗教”，宗教是“无形之牢狱之酷吏”，不废除宗教，则“形体”不能自由，“精神”不能自由，“思想”不能自由，“恋爱”不能自由；“家庭”是人间的地狱，不废除家庭，则“夫妇一纲”“父子一纲”牢固不拔，“遗产不能归公”，“社会主义不能实行”；“政府”之设目的在于“治人”，政府惯用的是“强权”，只有废除政府，才能造成一个“人各政府”“人各平民”的自由平等亲爱的新社会；只有废除政府，才能“打破国界”，共享“四海之内皆兄弟”“天下一家，中国一人”的天伦。[1]

叶圣陶加入三二学社后，接受该社通信员沈安真的布置，为社机关报撰写了《度迷（一）》《合纵（二）》《革金（三）》等三篇鼓吹“三无二各”的论文。他将这三篇论文抄写了两份，一份寄给沈安真付三二学社机关报发表[2]，另一份寄给顾颉刚和陈翼龙审阅，在给顾颉刚的信中说：

---

① 《三无主义之研究》，《社会世界》第5期，1912年12月。

② 叶圣陶1912年12月25日日记：“得安真书，谓所作文字已登机关报中”。

此一卷稿，三二学社之论题，平日蕴积，未得畅言，要紧故耳，特寄君并翼龙，以为其意如何？字虽小，想可看得出。别未录副，幸为存好。意有出入处，不妨一言正之。[①]

这三篇论文很天真地提出了由“有政府”过渡到“无政府”时代的“最完善之方法”，即“度迷”“合纵”“革金”。

所谓“度迷”，就是从“教育”入手，引导“国民”和“政府中人”从“政府”这个“迷”中超脱出来。叶圣陶认为“政府”是由“人智未开”的“上古之民”的家族制度繁衍而来的，“族长”就是政府的“雏形”。政府的成立，本源于“人类一种谬妄之希望心”，以为政府能造福于民。其实，政府不仅是“世间不需之物”，而且是“一无聊可厌之事物”，是剥削民众、奴役民众的“酷吏”。他剖析说：

农之力田，劳瘁至矣，政府从而赋之，于是衣食莫能赡，愉快味莫尝。工商造运，辛勤极矣，政府从而征之，于是愁城常来往，世界现泥犁。政府固尚云从政治民使安也，乃不自责其不善行政。人有苦至极点，从事攘窃者则拘而谓之盗，一弹一刀生命以终。两国间之政府，意有不怿，则驱民而相为战，枪林弹雨，险地也，尸血弥野，其结果矣。此犹至显而易见者。隐微之处，间接之害，则莫得而尽言焉。政府果可使之犹幸存于世间乎？政府盖有害我人者也。[②]

---

①② 作者抄录自原件。

这里的“隐微之处”和“间接之害”，说的是政府在思想和精神方面对于人民的束缚和制约。叶圣陶向往“无政府”的上古盛世，认为“日出而作，日入而息，凿井而饮，耕田而食：帝力于我何有哉!”这些中国远古时代的歌谣，“实为不需政府之一证”。

1912年11月，社会党创始人沙淦[1]因与江亢虎意见不合，遂和乐无等另行组建社会党。沙淦还到北京求见袁世凯，要求将东沙群岛作为“社会主义”的试验区，建设无政府主义新村。叶圣陶认为沙淦的理想是可以实现的，在1913年1月1日给顾颉刚的信中说：

> 沙淦将来京见袁世凯，要将东沙岛作为试行共产地。此公毅力过人，可敬可敬！东沙岛上苟得如是，奚啻佛国？我必居是中矣。君闻之当亦赞成。昨日报上有俄国虚无党人邀彼共往西伯里亚一带，将有所谋，彼允之。此公事业必有可观。[2]

因为醉心于“无政府”，叶圣陶对资产阶级革命家鼓吹的遵从“多数”的“民主共和”，也作了猛烈的抨击。他说，“世间真理，唯一无二”，而真理有时往往掌握在“少数”人手里；以所谓的“多数”来“定宪法”“选总统”，用所谓的“多数”的“公意”来扼杀“少数”人的“意旨”，这是不公平的，“多数岂即可云公哉”。他郑重指出：

---

① 沙淦：又名愤侠、愤愤，江苏南通人。早年加入同盟会，辛亥革命后加入中国社会党，主编过《社会世界》和《良心》杂志。1913年8月，因参加反袁斗争，被军阀政府杀害于南京。

②《叶圣陶集》第24卷，第26页。

……世之奉为圭臬之代议制，子称之为尽善尽美者，果善果美乎哉？盖与君主专制之政，同一根本上之谬误，即认政府为必需也。根本既谬误，于是愈演愈误。世界本庄严，而被谬误之迷雾以笼罩之，不亦可哀。苟欲世界之重光，真理如日星，非举政府而除去之，莫可得已，莫可得已。①

叶圣陶热忱地希望人们用“至真至明之言论”，劝谕那些“迷妄”的“政客”和“政治家”，使他们懂得“有政府而世界遂无至善至美至真之一日”的真理，“豁然醒悟”，不再从政，“世遂无政府之秽迹”矣。“如政治家本心汩没，不可指导，则唯有以‘死’请之，不过此不可贸然妄发，而亦为一不可少之手续。”

所谓“合纵”，就是鼓吹“人群”说，主张破除“爱国”“拒外”之“谬见”，放弃民族主义和国家观念，宣扬以全人类为本位的“世界主义”。在叶圣陶看来“有爱国之谬见，遂生拒外之野心”。“有政府即不能不有兵”，有了兵，其现象乃莫堪设想，“强者思凌弱，富者思侵贫，于是贫弱政府下之人民，有为奴隶者矣，有填沟壑者矣”。“政府相峙，精力悉敌”。“一国无政府，断所不能”。“抱无政府主义者”的“世界同志”，应该追随世界潮流，借“航海之舰”“穿山之车”“驾空之飞艇”“通信之电线”，以及风行全球的“爱世语”（世界语）等近代文明的利器，“怀其照如日星万古不磨之真理”（无政府主义），从事于“度迷”事业，使全球共登“无政府”的盛世乐土。

---

① 作者抄录自原件。

所谓“革金”，就是废除“金钱”。叶圣陶说：“金钱”是万恶之源。“有金钱乃产生资本家。世有资本家，而非资本家乃大苦”；“金钱尚存”，弱者早已饿死填沟壑，强者不耐则起而为盗。“苟政府之魔障已去，而仍转辗呻吟于资本家金钱之下，徘徊盗窃之窟，幸福复何从得?”欲得绝对之幸福，世必无资本家，“而去资本家之根本上方法”，则是废除金钱，“且非特废金钱，并不许另有一物起而代金钱之效用”。到了这个时候，“世间之物，无分尔我，孰需孰取，则盗窃之罪恶，同类之相贼，种种惨象，庶几绝迹；而大地之上，熙熙攘攘，气象皆春矣”。“金钱废，万物公”，这就从根本上杜绝了“私欲”“贫富”“盗窃”。“政府既去”，政治家和军人即可加入于农工，每人每天工作两小时已足人类一切用度，劳动成了“壮我筋骨”的“健身之运动”，“当无人不乐为之者”。

《度迷（一）》《合纵（二）》《革金（三）》写成于 1912 年 12 月中旬。在这之前，叶圣陶就已经写过批判资产阶级所谓“代议民主”的“杂著”，他在 1912 年 9 月 8 日给顾颉刚的信中说：

> 今日《中华民报》有朴庵之《舆论与真理》一篇，中颇斥服从多数、赞同多数之谬，彼固为袁黎发也，然与余所作鼓吹“无治杂著”中之一篇之主张多有相合。井底窥天，不自知其正当与否，乃与时贤见解时时印合，因而差足自信，此为近来一种精神上之乐境也。①

① 作者抄录自原件。

见自己的论点“与时贤见解时时印合”，更加坚信“无政府主义”是绝对真理。叶圣陶在1912年12月22日给顾颉刚的信中说：

今夜为冬至夜，祭了祖宗，吃三杯黄酒，病后初饮，更为贪杯。酒后看《万恶之原》，觉余昨作寄奉稿中之意，此中尽已言之。此书虽在君家见过，然未翻看，不然，《度迷》《合纵》《革金》三篇，我且不做。于此我愈信此种真理，乃人人能自觉者。卢信想得到，圣陶亦想得到，不知政治家资本家何以偏偏想不到！卢信在京否？如有便，可以我作示之。我甚思其人，君能为我觅得彼与吴稚晖之照片寄我否？①

叶圣陶敬崇革命挚友陈翼龙，对章太炎、吴稚晖、卢信等“时贤”也极为崇拜，在给顾颉刚的信中接着说：

《天铎报》上连日载吴稚晖《男女平权问题》一篇，余读之而叹吴为仙人也。其文字随手写来，亦文亦俗，在文学界竟是别创一格，且意快语快，把摧残女子参政论之鸦声一扫而空之，待他辞穷而逃。但是，余于男子且不主张参政，何复赞成女子？盖非是赞成也，不过念乎不平权，得此差足快意耳。②

吴稚晖是我国“无政府主义”的先驱，1907年在法国求学时就和李石

---

①《叶圣陶集》第24卷，第26页。

② 作者抄录自原件。

曾一起创办《新世纪》周刊，宣传无政府主义，他所描绘的“大红缎子铺满马路”，“充满了生命之花”的“无政府时代”，令知识青年沉迷一时。卢信也是我国“无政府主义”的先驱，其代表作《人道》1909年在东京出版，1912年在《社会杂志》上连载，热闹一时。叶圣陶的“度迷”“合纵”“革金”，以及反“民主共和”，既包含了陈翼龙的“社会主义”、吴稚晖和卢信的“无政府主义”、刘师复和沙淦的“无政府共产主义”，也吸取了章太炎的“个人的解放”的思想，专注于“张性灵”、反“衰黎”，这在“倒袁”斗争中是有一定的进步意义的。

四、重新组建放社

1912年8月初，苏州《大声报》创刊，该报总理李则鸣聘请叶圣陶和顾颉刚担任《大声报》副刊“杂录部”的“主任”。“办报”，这可是叶圣陶和顾颉刚梦寐以求的愿望。早在苏州光复期间，他俩就曾萌动过开报馆办杂志的念头，想借助文艺的伟力改造国民性，为肇造民国尽力，“徒以人财两缺，只得托之空想”①。加入社会党之后，即联名上书该党负责宣传的干事丁崇侠（宝琳）女士，恳请社会党总部仿印或自缮外国名著，出版日刊、月刊、季刊，传播社会党的主义和学理，敦促各支部“闻风而起”，“观摩切磋”，将“无政府主义”遍植于“吾党之心”②，又未能如愿。

而今，有人请上门来，真是喜从天降。在那“烈日照墙，炎炎似

① 叶圣陶1912年2月7日日记。

②《顾诵坤（颉刚）致崇侠书》，《新世界》第4期，1912年6月30日。

火”的盛夏，叶圣陶和顾颉刚贪婪地翻阅各种报刊，作为《大声报》的“仿照”。同窗好友也都鼎力相助。王伯祥答应为“杂录部”提供资料，吴遹骏愿意为“杂录部”作画，伯珩送来了他翻译的小说，蒋棣荪将其父亲的遗稿贡献给“杂录部”采用。叶圣陶则为“杂录部”创作长篇小说《世界》，在8月9日日记中说：

早餐已，思作小说载诸文艺之栏，则可少减其他稿件之位置。于是决计作一理想小说，描摹世界无治以后之现象，即名之曰《世界》。余意现今之纷纷扰扰，日事争夺，固仿佛地狱中行径，必如余之所云者方得谓之世界也。自晨至夜，得意辄伏案写出，仅三千字，不过四五日之资料耳。开学以后，只得随作随登，不能预作矣。似此生涯，亦是良苦，谚所谓“捉个虱在头里，搔”也。①

从这则日记及相关自叙中可以知道，《世界》是用“白话”写的理想小说，原计划写十万字。书中描摹的是“无国界”“无金钱”的“近乎社会主义的理想世界”②。从小说《世界》以及叶圣陶、顾颉刚为《大声报》联络的作者群不难看出，他们有心借“杂录部”宣传“无政府主义”，于是极为热心，这在日记中有较详尽的记载：

8月10日　　晨起颇早。烈日照墙，炎炎似火，凉才数日又转为热矣。续作小说，旋复弃置。将去年七八月份《民立报》之杂

① 叶圣陶：《辛亥革命前后——日记摘抄（四）》，《新文学史料》1983年第4期。

② 叶绍钧：《杂谈我的写作》，叶绍钧等著：《文艺写作经验谈》，重庆天地出版社1943年版。

录部裁出，汇订一册，盖将以备仿照也。①

8月11日　　日光灼灼，炎热如昨。走访颉刚，君为出种种旧书凡可以充报中之资料者，观此则殊未觉难也。既而偕至《大声报》社，二我先在，一切布置尚未完备。少坐即出而访伯祥，未遇。而天有雨意，则急向彦龙家，至则已淅洒点下矣。彦龙久居沪上，为述沪上报社事，甚悉。……灯下续作小说六百字，此事盖仿佛为余之日课矣。②

8月12日　　晨起至早。早膳已伏案作小说，至饭时共得千字。二句钟时颉刚来，与偕过怀兰，怀兰正病食，颇有不耐坐谈意，乃去而至桂芳。遹骏、子明俱在，所谈无非《大声报》事也。继而来者有伯祥、彦龙、君畴诸人。伯祥允助我资料，遹骏亦云时有所著作，似此复不患材穷矣。③

8月13日　　晨起作小说五百字，而颉刚来。此时邮使持胡先生函至，折视之，新诗也，盖前日余曾向先生函索资料故耳。既而偕颉刚出，往访唐轶林先生，去年母校图画教员，而能诗者也。孰知先生即将于午时动身北上，匆匆之间未得其诗稿也。则转而至社中，旋二我及总理李则鸣皆至，乃坐编辑室中，略阅文艺栏之投稿。饭时即饭焉。二句钟偕颉刚至桂芳，见同学至多。既而伯珩

---

①②③ 叶圣陶：《辛亥革命前后——日记摘抄（四）》，《新文学史料》1983年第4期。

来，云可担任几栏著作，余感极。归后即誊写小说及诗词，预备明日会印云。①

8月14日　　晨即至社中，颉刚先在，知明日已不及出版，改后日矣。因即编次第一日材料，颉刚之力为多也。旋伯珩来，出所译小说，加入后即束好付印，一日事盖已毕矣。于是三人偕出，至桂芳，少顷呼饭就食。食已，作闲谈，所谈都办报事，互相发明意，致弥乐。既而同学渐渐来，计凡十五六人。適骏持一自画一扇，画《伞底情话图》，诸人争相传观，余亦观之。凉月微露，腻云万重，真个销魂景也。適骏诚仙哉，我爱之慕之，令我乐死矣。抑余近日颇喜美术，余心亦飘然……②

8月15日　　晨至颉刚家，与偕访棣荪。棣荪之父遗稿颇多，若诗若词凡十数册，因向之假得，将于报端辟专集一栏，而为之载出焉。继之访伯珩。伯珩正在伏案作小说，见我侪至，因即作闲谈，谈次多及美术。余谓："画不应先钩外边，当纯以烘托出之。又，中国画，每不画满幅，不知即天即水亦各有其色，非纸色即可以代之也。"伯珩颇善余言，因出《西妇春泛图》赠余，君仿西洋画所作也。绿树浓阴，一舸轻载仙子，艳丽极哉。既而君具饭出，因即饭于此。饭后复论及戏剧，此道余虽不常经验，然颇自以为能知一二，余之所言，伯珩盖皆云然也。至五句钟乃辞伯

①② 叶圣陶：《辛亥革命前后——日记摘抄（四）》，《新文学史料》1983年第4期。

珩而归。①

8月16日　　晨起后即过颉刚家，与之偕至报社。满心快意，以为将得一观新报也。孰知竟未印好，乃坐编辑室待之。既而棣荪至，相与笑语为欢。十句钟时而样张出，趋观之，则见我侪所编之杂录部已大易其位置，且非唯乱其次序，并抽去无算而易以至芜俚之滑稽谈。余与颉刚乃大怒，将所预备明日之资料藏好，不别而行。至于桂芳，作一书与该报馆，意谓我辈当时固为主任杂录部而来也，今乃以已编就者而更动之，则何必我辈为？且于我辈腕底而出如此之恶报，实所不愿，即辞杂录部编辑云云。书就命人送去，忿气犹上蒸也……后遇彦龙，谓曾遇二我，晨间事已悉，二我谓若辈有些孩子气。呜呼！余方谓："难将怀抱语群儿也。"归家后心绪怅然，自悔观人不明，空劳数日。②

叶圣陶、顾颉刚想利用《大声报》"杂录部"传播"无政府主义"，而李则鸣则希望将"杂录部"办成适合市民口味的娱乐性副刊，办报思想大相径庭，致使创刊之日就成了"决裂"之时。与《大声报》决裂后，叶圣陶"心绪怅然"，伯珩则来信安慰说："经此挫折，正以励我侪志气，将来自办报纸时，必且完备异常也。"顾颉刚则怂恿道："我侪为《大声报》搜罗材料殊富"，"弃置箧中，殊为可惜"，主张"复兴放社"，出版《放社丛刊》。

①② 叶圣陶：《辛亥革命前后——日记摘抄（四）》，《新文学史料》1983年第4期。

放社是叶圣陶在草桥中学读书时与王伯祥、顾颉刚等同学组织的诗社，苏州光复后就解体了。叶圣陶是放社的"盟主"，对放社的感情自然更深，重组放社的心更为热切。他为"复兴放社"、出版《放社丛刊》撰写的《叶圣陶顾颉刚宣言书》散发后，很快就得到了二十多位友人的呼应，一些工商界人士也来附庸风雅。[①] 叶圣陶信心满满，为了使放社更有召唤力，他和顾颉刚恳请中学时代的国文老师沈绥成起草《放社宣言》。沈绥成精通经学，有著作《经治》行世。他撰写的《放社宣言》"为序文体"，语言较为艰涩，不够气派。叶圣陶和顾颉刚看了很不惬意，于8月22日登门造访，"说明原委，烦其重作"。沈绥成按照叶圣陶和顾颉刚的想法，在"放"字上大加发挥。改写后的《放社宣言》颇有目空一切的架势。现抄录于下：

> 欧化东渐，昌行社会，几于无地非社会所，无人非社员矣。询其职志，则政柄其首邱焉，侦其归宿，则利权其尾闾焉。其得失吾不敢知，然皆有为而为也。其为于无所为者，聿惟吾放社之设乎。社恶乎俶？倡议于庚戌春；社恶乎成？实行于壬子夏；社恶乎地？或城或野，适性攸宜，坎止流行，不离昌亭者近是。社恶乎业？经史百氏，相与讲明，用壮其诗文，灵其书画。社当有章约严整之，监史摄任之，今则否否入社群子，无一非合道通方，其于敬业乐群，知之也深，守之也笃，矫力争而心竞，惩噂沓而背憎，故不必有颟若之型，巍然之长焉。社期之周疏，听诸社友之多寡，听诸人

① 叶圣陶1912年8月22日日记：苏州工党事务所袁彬之前来申请加入放社，并允诺将事务所的"空屋"借给放社作为活动中心。

大要，月恒四五作，作恒廿余士。礼乐兵农，所谓国学也；文诗书画，所谓美术也；悉详讨而明究之，然后宣诸绨豪，异于忘本。曲学由朔，臻晦辄掌录成策，授诸手民，非曰行世立言，敢质有道焉耳，隐居放言，其或当于圣论之废中权乎。……①

《叶圣陶顾颉刚宣言书》中的“云学术以外无政术一语”，这并不意味着叶圣陶、顾颉刚这些“合道通方”的“否否群子”，纯“以保存学术为职志，传合情谊为归宿”②，不谈政治了。恰恰相反，放社不拟章程，不推选“监史”，也没有明确的“社期”，研究学术“力图自藏，不为外显”，“纯任自然，事无专责，作无定规”，这“无定规”的本身就带有浓厚的“无政府主义”色彩。叶圣陶拟定的《放社简约》中说：

放社本无约法，盖有法则有绳，殊非放社之意也。然值此正式成立之初，即社友之对于放社辄有多数之疑问，而非社友之欲入社者，以观察他团体章程之观念，每难寻放社之办事法门，则不易了悟放社之趣意矣。故以简赅之言，发为暂约，将以便记忆而已，无事深文，亦不求整次也。③

“有法则有绳，殊非放社之意也”，也是“无政府主义”者的口吻。放社三十九位发起人中，有的是叶圣陶的同学（如王伯祥、汪应千、吴宾若、章君畴），有的是叶圣陶的老师（如胡石予、孙伯南、沈绥成），有

①③《新世界》第8期，1912年8月25日。
②《叶圣陶顾颉刚宣言书》。

的是社会党党员（如孙几伊、王彦龙），有的是工商界名流（如袁彬之）。阵容颇为壮观，其声势犹如“狂风疾雨之骤作”，喧腾一时。请看《放社简约》中的“月刊约”：

月刊定名《放社丛刊》

月刊分类：曰放社消息、文艺集、文艺专集、美术集、技术集、文艺话、美术话、技术话、说部、剧部、妇女世界、文美纪事、文美批评、法言、译著、笔记、游记、稗乘、通讯、编辑谈、附录，凡二十一。非社友之著作，列为外集，凡五类：一文艺外集，二美术外集，三技术外集，四杂著，五读者俱乐部。

月刊用上等洋纸，四号字，分两格，纵二十六生的，宽十八生的，美术集及技术集之精图冠弁卷首，用珂罗版三色版铜版石印法印刷，封面用水彩画。

全册文字约十万言，凡属社友均有接注材料之责，稿件暂寄通讯处（苏城濂溪坊四十二号叶圣陶宅）。

1912 年 8 月，顾颉刚在苏州草桥中学毕业后，到上海神州大学就读，同年 12 月初“北上”，协助陈翼龙做社会党北京支部的党务工作，后来又跟随陈翼龙到天津，组织天津支部，放社的事务均由叶圣陶一人承担。叶圣陶 1912 年 12 月 3 日日记中说：

晨起后观昨所购各种杂志，颇觉多味。饭后作书覆唐轶林先生，并录旧作若干首寄去。既而颉刚家使人肩书四大包，至中皆放社之物件及社会主义之籍，外附短简云："社事唯勉力，而苦心搜集之社会主义书，尽以相付矣。"来人云："颉刚以昨日动身至北京，同行者二人中有一姓孙者。"云云，余知姓孙者殆几伊也。……旋即作书并送行诗寄与彭枕霞，嘱转交颉刚。盖余数日间欲待颉刚来而与言者悉以书此书中，然心颇凌乱犹未能尽也。

当时叶圣陶正病"痧子"，须"避风""禁口"，心情特别"凌乱"。对于放社的事，他的确很"勉力"，这在日记中也有记载。12 月 8 日："午后抄丛刊中稿子，乃至入夜。"12 月 9 日："归后仍录丛刊稿"。12 月 24 日：与诸同学"谈放社事，群谓丛刊不能不付印，又无资，颉刚北去，出力人又弱一个，殊无良法也"。12 月 25 日："得两书，一为安真者，谓所作文字已登机关报中；一为应千者，谓除夕之夜吾放社同人可开一餐叙会，借以联络声气"。12 月 28 日：饭后出至桂芳，与彦龙、中新、君畴、蓉初等"谈论每涉政治"。12 月 31 日："晚，叙餐于元妙观菜馆。企巩、彦龙、伯祥、应千、宾若、伟士、君畴、蓉初及顾励安共余凡十人，今日年终，此为岁除酒也。"叶圣陶在日记中还提到他跑印刷厂印制《放社宣言》《放社简约》《入社书》，分寄各地社友；恳请商务印书馆出版《放社丛刊》；筹建上海放社和杭州放社；与南社商量合并①；等等。《放社丛刊》创刊号出版费用高达四百元。为了筹措这笔款子，叶圣陶恳请北京、杭州、上海、苏州等地的朋友认购"股票"，交纳"入社金"，但应者寥寥。他惭愧无办事才能，执掌放社工作"仿

① 叶圣陶 1912 年 9 月 3 日致顾颉刚的信中说："同南社合并事又绝望"。

佛村头大曲叔做了县官，直是手足无措”[1]。1912 年 12 月 8 日写的《诗四章致颉刚代简》[2] 中说：“凄凉放社事，君去更堪怜，希望心如火，负担力似棉。”他一方面为放社的前途忧虑，一方面又怀着“火”一样的心情，组织放社社友开“谈话会”“聚餐会”“探梅会”，编辑《放社丛刊》，向各地募捐，还希望能邀请吴稚晖、卢信等“阔人”“名人”入社，使《放社丛刊》的出版找到“捷径”。他在 1912 年 12 月 26 日给顾颉刚的信中说：

> 放社少一体面大的人，吴稚晖能招致入社，便宜殊多。……应千谓《放社丛刊》不出版，殊难以为情，其故缺乏一个所谓阔人，或有名人，吴稚晖、卢信辈能一招致，借其革命头衔，事便容易多多。如有机会，乞即留意焉。[3]

那时，“吴稚晖先生学问道德冠绝时流，夙为国人所仰重，即一般之政客学者，亦莫不望其丰采为斗山”[4]。遗憾的是吴稚晖和卢信未能垂顾放社。随着岁月的流逝，放社的学子们或出洋深造，或到外埠谋职，“风雨如萍，飘零渐散”。叶圣陶“门里裹足”，“频送行人”。与此同时，《江苏公报》、萃成祥、笪锦和等报社和印刷厂纷纷上门索取放社广告费，原来答应“皆以情致，不需刊费”的，转眼就变了卦，仅《江苏公

① 叶圣陶 1912 年 9 月 17 日致顾颉刚书，《叶圣陶集》第 24 卷，第 14 页。

②《叶圣陶集》第 8 卷，第 24 页。

③ 作者抄录自原件。

④《吴稚晖之一夕话》，《民立报》1913 年 6 月 9 日。

报》一家开价就是五元。叶圣陶囊空如洗，编竣的《放社丛刊》也只好束之高阁。“劳思苦力”，“函简纷驰”，结果一无所成，内心的寂寞和懊恼可想而知。他在1913年1月17日给顾颉刚的信中说：“放社之设，悔为多事矣。”①

五、“信仰”的失落与回归

放社的“泯灭”固然与“银钱”的短缺有关，但更深层的原因还在于“信仰危机”。从叶圣陶早年的日记和书信中可以看到，截至1912年12月，他对“无政府主义”依然“一往情深”。自12月下旬开始，叶圣陶对“无政府主义”的信仰有所动摇，后来发展到“不屑道之”，这一转变固然与他的认识有关，与顾颉刚的影响也不无关联。

顾颉刚一度迷恋政治，1912年1月加入社会党后，担任过社会党苏州支部的文书干事，“激烈地宣传社会主义。往往为了办理公务，到深夜不眠。虽引起家庭的斥责，朋友的非笑，全然不顾”②。1912年12月上旬到北京后，鼓吹“无政府无家庭无宗教”之心有增无减。③可事隔不久，顾颉刚看到社会的黑暗，以及人与人之间的相凌相贼，深感人心的险诈和革命的艰难。他在1912年12月18日给叶圣陶的信中说：

> 北行以后，文思大拙。……此行虽不增于文，究不得谓不增于

---

①《叶圣陶集》第24卷，第30页。

②③ 顾潮编著：《顾颉刚年谱》，中国社会科学出版社1993年版，第28、30页。

阅历。……孙几伊谓处今之世，不得不以谲诈待人。惟自询不作坏良心事，便过意得去，而于世为善士矣。以事实证之，其属平允之谭。然刻刻以此等事相盘旋，实嫌无聊耳。生际叔季，天真斫尽，为可慨也。光复至今，团体之兴者以千计，一时相从，颇涉迷信。而今则最信用之党会，最信用之党魁会长，亦若是矣。其机谋变诈，手段目的，亦渐觑渐破，不可遮掩矣。世界聚为恶魔，众生投诸苦海，正不知何辜斯罚尔。君谓到京后当作数日恶，然无论何处，总是如斯。现象虽具体而微，根本必千里以差，特藏垢纳污，集卑泄鄙。北京既为首都，自莫以逃矣。卢信有言：政治者自扰之事业。自今观之，实无一非自扰，更无一非扰。人谁处桃源，容吾息驾。清夜以思，悲从中起。他日入校，定习农科，终老于此：或初志之少遂也。子为知音，亦见许否？浴室出后，同伴尽寝。一人枯坐，乃不思睡。穷愁之意，聊寄笔端。

顾颉刚长叶圣陶两岁，当年还是个不足二十岁的热血青年。他别雏抛妻，中断了上海神州大学的学业，千里迢迢来到北京，与他最信任的“党、社、会”一起，宣传“党义”，从事“职业”革命活动，为建立一个“理想的中华”奔走呼号。“北行以后”，顾颉刚看到的“世界”是“恶魔世界”；他“最信用之党会”，是“藏垢纳污，集卑泄鄙”之“党会”；他“最信用之党魁会长”，尽是些“机谋变诈”之徒。顾颉刚经历了一场由亢奋到幻灭的痛苦，常常夜不成寐，于是写了这封很伤感的信，向“知音”叶圣陶袒露心曲。

1913年1月20日，顾颉刚从北京回到苏州。22日，他向叶圣陶倾诉了“北游”的观感。叶圣陶在当天的日记中写道：

最可记者则君云：“北行一次已大达乎世情。世之谓好人，有本领人，有道德人，入我目详加审察，都是如此如此，不过尔尔。并有实不足为人道者，世界诚一虚伪之世界也。”馀之所言足为此数语证据者，既多且确。呜呼，我处此世界不将辱没我乎。人事纷纷，本无真确，随意戏弄，以占此空间，以消此时间，乃谓之曰前世之历史，后世之前鉴，岂不可笑。而欲求真正真确之事，则杳不可得，有此星球以来，灭此星球以后，亦未之有也。我生亦戏弄二十年矣。①

顾颉刚看清了社会以及“世之谓好人，有本领人，有道德人”的“虚伪”，决定弃政从学。他在苏州住了一个月，就匆匆赶到上海，闭门苦读，准备报考北京大学。临行前，他在给叶圣陶的信中说：

此身再莅春江，当日与丹桂为缘。令我思华灯辉耀，锦裳灿烂之诸女郎，清歌匝地，艳影当前，借彼灵喉，消余奇郁，亦至快意事已。②

借“戏”消愁，“消余奇郁”，顾颉刚是与他信仰的“主义”彻底拜拜了。到上海后在写给叶圣陶的信中说：

---

① 叶圣陶 1913 年 1 月 22 日日记。

② 叶圣陶 1913 年 2 月 22 日日记。

……倚床读圣叹批西厢记，意其文意之畅，盖禅学甚深，言之有物，非叫嚣率意者比。然有处说理，亦未见透。总之生而为人，便当从衣食住中想法，哲理云云皆自欺欺人之谭。此狡狯之造物主，终未尝以破绽示人。而其破绽，亦非至愚如人类者所可窥也。生而为人，便如堕铁围山泥犁狱中，永无出头之日。欲拼命讲哲理，不受尘世之网罗，不可得也。曩欲破陈腐之宗法说，继欲破新创之社会主义，今欲破幻想之哲理，而知陈腐之宗法仍无可易。虽云思想之变迁，亦仍范围于造物主所设之循环法而已。质诸圣陶，于意云何。①

辛亥革命之前，顾颉刚“欲破陈腐之宗法”，猛烈地抨击封建遗毒；加入中国社会党之后，狂热地鼓吹“新创之社会主义”；“北行之后”，目睹了社会的种种污浊和黑暗，遂潜心于“禅学”和“哲理”。然而“禅学”和“哲理”，并未能使他超然于社会现实之上。他的思想飞了一个圈子，经历了三百六十度的大轮回，又回到原先的起点上，归隐学园，潜心读书，心甘情愿地接受“尘世网罗”的束缚，唯求“生而为人”的“衣食住”而已。1913 年 3 月，顾颉刚参加北京大学的入学考试，成绩列第九名。4 月中旬，顾颉刚到北大预科就读，开始了“独善其身”的求学生涯。

顾颉刚的抉择对叶圣陶影响很大。顾颉刚思想演变的历程也能折射出叶圣陶思想发展的轨迹。厌恶“政治”，对于“无政府主义”“不屑道之”，这大概才是放社“泯灭”的实情。叶圣陶与顾颉刚的不同之处在

① 顾颉刚 1913 年 3 月致叶圣陶书。

于：叶圣陶有强烈的正义感，对于社会发生的重大事件不甘沉默。1913年3月20日晚，辛亥革命期间卓越的领导者、国民党领袖之一，年仅三十岁的宋教仁准备从上海火车站搭乘特别快车前往北京，与袁世凯商谈即将建立的政府组织大纲。当时社会舆论一致认为宋教仁是国家的柱石、国民的“福星”，是下届政府总理的当然候选人。是晚10时45分左右，宋教仁在车站售票处出口遭到袁世凯收买的刺客的狙击，腰部中弹。第三天清晨，这位“超群的人杰”因伤重萎世。英才顿失，举国震惊。叶圣陶3月24日给顾颉刚的信中说：

> 连日《民立报》几如宋钝初①之讣闻病状，一代伟人，卒饮弹丸以殁，至可哀也。而黄克强之“钝初，你放心去罢”一语，闻之尤堪酸鼻。万人执绋，穆然一衢，微闻悲叹，此真可谓空前之盛举！然于宋公究奚补也？我于时事，久已视知浮云之过太虚，漠不相关，而此事则颇觉不平，亦不自解耳。②

国步艰难，人道沉沦，令叶圣陶心灰意冷。可宋教仁遇刺，使叶圣陶再次看到袁世凯之流的罪恶，忧国忧民的热血又沸腾起来，以至再次向“无政府主义”倾斜。他在6月18日日记中说：

> 曩时持无政府主义，后颇不屑道之。然与同学谈时事时，复伸其夙持。盖既对世界生差别，即起比较。比较以后，似夙持者为较善耳。

① 宋教仁：字遁初，又书为钝初，湖南桃园人，一号桃源渔父。
②《叶圣陶集》第24卷，第33页。

1913年6月28日，顾颉刚从北京回到苏州过暑假。叶圣陶急于想知道北京的“时政”，于次日邀顾颉刚到拙政园小憩，“以资清谈”。拙政园以水多著称，园内池沼逶迤，老树葱茏，荷风四面，清爽宜人。他们在“南轩”整整谈了一个上午。叶圣陶在这天的日记中写道：

> 坐轩中，颉刚多谈京中事，谓如某君某君昔日自期其有操行者，今则为政党走狗，为嫖界脚色，为报界败类；某君某君，昔日自命有干才者，今则吹箫燕市，借贷度日，拷诈饱腹。所谓政府议会神圣尊严之所，乃独为罪恶坏事之出产地，侦骑密布，而人之生命危矣；兵士载道，而人之心思恐矣。京华首都乃无一片干净土安乐土，真可为长叹息矣。

这则日记的前半部分是对失德败行的党、社、会头目的痛斥，后半部分则是对“袁氏政府”的挞伐。“袁氏政府”是“罪恶坏事之出产地”。中华民国暗无天日，叶圣陶心忧如焚，夜不能眠，在摇曳的烛光下写了《游拙政园》[①] 一诗，记录了他与顾颉刚“清谈”后的慨叹。诗云：

> 颉公燕都归，听雨谈抵掌。
> 直北是长安，冠盖属朋党。
> 白日妖霾现，杀人弃沟壤。
> 鸡鸣上客尊，狗苟公道枉。

---

① 收入《叶圣陶集》第8卷时改题名为《游拙政园归得句二十二韵》。

豪游金买笑，乞怜血股颡。

嗟哉行路难，触处是肮脏。

何当谢世虑，摄心息俯仰。

寄情孰所乐，高歌慨以慷。

帝力鼓大化，谁省我所往？

辞终各无言，看水倚轩榥。

初荷碧玉盘，水珠滚三两。

这首诗无疑是一篇声泪俱下的讨袁檄文。独夫营私，袁氏将“北洋政府”的“内阁”视为一己的“私物”，用“峨冠博带”结盟死党。“野心总统、武人内阁、奴性国务、受贿议员、淆乱是非之报馆”，构成了特异的“中华民国”。“乞怜血股颡”，指的是袁氏1913年4月26日与俄、英、日等五国银行秘密签字，借款二千五百万镑，用这笔巨款收买刺客和报馆，添置枪炮，假兵威以钳制黎庶，阴谋复辟帝制。那些“豪游金买笑”的政客文痞们，为了一己的私欲，舐痔吮疽，为独夫作伥。“醵资放炮祝新元”的情景还历历在目，为肇造中华民国捐躯的先哲们的尸骨未寒，而民国蟊贼袁世凯当皇帝的野心已暴露无遗。1913年7月28日，革命志士陈翼龙因“倒袁”在北京被袁世凯拘捕。叶圣陶为挚友的命运忧虑，在8月1日日记中写道：

……阅报，见载陈翼龙被捕。陈自前年相识，交情乃多古豪士态。及去北京，虽无音问之通，而颉刚口中固常相及，而余亦时以相问者也。今被捕于北京，直似牧人之捕其牲畜，捆而杀之至易事也。鬼魅当途，妖氛蔽日，令我局外人有按剑四顾、捡头以斫之思，感愤之极……

8月6日上午6时，陈翼龙被枪杀于北京宣外老墙根玻璃公司荒野空地上，年仅二十八岁。次日，袁世凯以大总统令饬各省主管将所有社会党本部支部一律查禁，解散中国社会党。叶圣陶与陈翼龙1912年4月8日“酒楼一别”，竟成永诀。兰摧蕙折，使得他更加仇恨北洋政府，更加仇恨专横跋扈的袁世凯，更加坚信只有社会党的“扫除强权，共登升平，造大同之世界的宏愿”，才是人类的福音，因而更加深切地怀念为“主义”献身的陈翼龙。8月10日日记中说：“世有政府，政府中复多这辈豺狼，冤死如翼龙者或将增至不可计也。可恨不可说。”8月17日日记中说：

今年悼友死已三次。轶韦死于狂澜，翼龙死于枪丸，今应千死于时疫。三人皆未应死之人，而偏皆得至危极惨之死法以竟死。嗟，余少年数赋伤逝，隙驷尺波，旧游如梦，瞑溯死友，有恨如何？……

唐轶韦和汪应千都是他在草桥中学读书时“朝同学，夕同游”的朋友，而陈翼龙则是他的革命战友。革命战友“死于枪丸”，比同窗好友“死于狂澜”“死于时疫”，更令他悲戚伤痛。8月30日，叶圣陶在《重别三章赠颉刚》一诗中，再次抒发了他对陈翼龙的崇敬和哀悼之情。诗云：

元龙豪气今黄土，菜市相过倘不欢。

鲁连已遥秦欲帝，得臣犹在鬼奚安？

托心明月孤怀净，纵目清秋大象寒。

此意亦知真妙境，河山奈总泪痕看。①

“鬼魅当途，妖氛蔽日，令我局外人有按剑四顾、捡头以斫之思，感愤之极”。正是这种“按剑四顾”的悲愤，使得叶圣陶又拾起被他“不屑道之”的“无政府主义”，作为“倒袁”的利器。

六、“二次革命”的伤痕

1913 年 7 月 12 日，李烈钧占领江西湖口，宣布独立。次日，被推举为江西讨袁军总司令，兴兵讨袁，拉开了“二次革命”的序幕，相对平缓的中华大地一变而为腥风血雨的战场。

“讨袁”，是叶圣陶朝思暮想的“政治革命”。早在 1912 年 2 月，即袁氏篡位前后，叶圣陶就曾愤激地呼吁“有识之士”策动“第二次革命”，高喊过“中国欲安，非杀却袁世凯不可”的口号，而今面对“二次革命”奔涌而来的革命风暴，叶圣陶想起“兵祸”的惨象，忧虑同胞会蒙受苦难。他在 1913 年 7 月 16 日日记中写道：

余于时事久不志此册中。袁世凯为临时大总统似已未志于余之日记矣。今日阅报乃见江西、江苏均宣告独立，更有讨袁军之组

① 《叶圣陶集》第 8 卷，第 32 页。

织，以诛彼一人为主义。袁之罪恶实在不赦，而彼固拥有重兵者，南兵声讨彼必相抵。战鼓一鸣，骨肉横飞，昔年兵祸行复重睹，此何可哉。或则乡里枭桀名称响应，实行劫攘。民生虽苦，今犹能安其业。若如余所料，则亲戚流离，惨岂忍言哉。其实吾人当认定政府无论如何总是一个赘疣，任他作为，其祸害永不能及我切身，则有百袁而我无关也。今必视政府为必需，政府不良，则复声讨之，两端之人皆庸人自扰耳。我生不幸，降生此土，日有此讨厌之事故来余耳际，真觉无趣哉。

前之倡革命者，初以为必激于义愤，渐渐观察知颇有以之图富贵利达者。今命既革矣，而富贵利达未见必得，于是更思二次。袁之罪恶致起讨袁军，探厥原因，或亦有由我之所云者也。如此则即革命百次，必有百次之不得富贵利达者，兵戈相击尚有已时乎？我念此，令我复回想曩所奉之无治主义。

既主张“杀袁”，又怜悯战火中的同胞，也正是这种矛盾的心态促使叶圣陶急切地关注“二次革命”，几乎每天都到茶馆里看报，逢人就打听各地的讯息。请看几则日记：

7月18日　　今日报载宣布独立兴师讨袁之省份几遍诸省，而是应响之速，手腕之敏，实过于昔年之役。……

北军号称无道，苟其获胜则纵淫劫掠，受之者唯民。在今战衅，既启在南者，当只应冀南之胜，则里闬安宁，不惊鸡犬。诚如报纸所言，则南军颇操胜算，犹差可耳。兵出无有道者，纵淫劫掠，实随于弹而俱至，北方之人此时或亦忧南军之至耶。若云讨袁一人并无旁及，此语总应有三分不实。

7月23日　　沪上制造局有袁军驻守，今日讨袁军与之相交战。昨夜二句钟至今晨八句钟，炮弹枪丸犹未停攻，胜负未知谁属。而居民之逃难者已拥满于沪宁车上，妇孺孱弱厥苦尤甚，即此仓皇惊骇，盖已受两军之赐多矣。而商肆人家无辜遭殃，损失之巨，当有许多人痛心泣血也。岂真不可以已而出之耶？且闻沪宁路上外人不允运兵讨袁军之在沪在宁者，仿佛骤夺要道，胜算之操，势不可必。昨颉刚谓孰为胜败，无关于我辈。今战于沪，如在墙门以内咫尺，苏沪正大可忧也。

7月24日　　颉刚偕其弟见访，因出而茗于桂芳。……送报人至，急购《时报》，则沪上战争讨袁军乃获大创，观其标题曰“北军占胜纪”云云。若甚快于此役者，然殃及人民生命财产，已无可算，即歼敌奏凯歌，复何所荣幸哉。归饭后，复读晨所读书，及送报人持《民立》至，翻来谛视，谓胜负虽未判，而南军固至占胜利，死伤仅数分之一于北军。此其语与适所见大相矛盾，据访员所见闻各异事耶。《时报》属袁系，《民立》属民党，两者之言必皆非实，就其语气以迹之，则南军殆失势也。

7月26日　　吾叔自市集归，谓闻路人之语，沪上战争枪炮多中人民之家市。战地附近之人，有力者迁避一空，而贫苦之家既不得租别屋，住客栈又不得，依亲就戚暂作勾留，而枪弹炮子乃飞驰屋舍之上。人孰不愿其生，自不得不走。夜深无归，则走一最末之计策，相与枕藉乎英界马路之旁，虽云暑天而风露中宵，情同丐者，亦大可怜矣。况战未必即已，则此况当非仅经一日，罹此凶兵，若辈真冤枉哉。

7月31日　　沪上之战已四五接而未已。租界以外，一曲淞波，殆皆白骨填沟，青磷明夜。脱灾遗子，间有重归而泪流者，指残灰一角，相谓曰：此某当日魂断处也。鬼哭宵闻，阳光昼澹，他日相遇，且低徊凭吊此古战场矣。

9月5日　　南京第三次独立之兵，今已为袁军攻败，南京一城已不守矣。讨袁军初起，声势豪雄浑厚若有实力，今南京一役当为其下场诗矣。然困守多日，士抱死志，悍敌纷至曾未少馁。城破众事去，非战之罪，南京诸将士固失败之英雄也。

报载袁军入城以后大肆劫掠，民居器物尽入军营，通商要津都馀灰烬。兵不祥物，督以仁义，殆如谋素食于虎狼，夫人其迂也。往年革命之役，金陵亦有争战，人民困苦流离，恐犹有馀痛，乃复罹此大创更胜昔日，其人抑何不幸之甚耶？龙蟠虎踞之石头城，行将视为修罗地狱，人烟断迹，蔓草萦垣耳。

“二次革命”犹如一场来势急促而又短暂的暴风雨，来得突然，消逝得也快。7月中旬，讨袁军初起，声势豪壮。袁氏派兵南下，大肆杀戮。9月初，南京被袁军张勋攻破，“二次革命”旋败。讨袁军的“颈血”未能开出“自由花”，烈士的“头颅”未能换来“真共和”；而无辜民众则蒙受荼毒，荒野巷尾，血肉横飞，尸骸枕藉。此情此景，使叶圣陶萌生了一种见人民之苦恻然不忍的心理，由“厌乱”发展到不加分析地反对战争，甚至发展到反对“兴兵讨袁”，只是希望“讨袁军”与袁氏采用“决斗”的方式决一雌雄①，消极地认为有“政府”必有“军队”，有“军队”必有战争，兵连祸结。“政府无论如何总是一个赘疣，任他作为，其祸害永不能及我切身，则有百袁而我无关也。”“讨袁军”视“政府”为“必需”，实“庸人自扰耳”。

“二次革命”的失败，在叶圣陶的心灵深处烙下了无法抚平的伤痕。虽说在这之前，叶圣陶对“无政府主义”也有过短暂的摇摆，但总体上是信仰“无政府主义”的。他从反对封建专制、反对军阀专横的立场出发，信仰“无政府主义”，并以“无政府主义”思想作武器，反对政府、宗教、权威对人民的压迫和束缚，希望建设一个无贫穷、无剥削、无压迫的自由平等的理想社会，这在当时是有一定进步意义的。“无政府主义”给叶圣陶描绘的是一个色彩缤纷的“理想世界”，他为之兴奋，为之奋斗。可到了“二次革命”期间，他信仰的“无政府主义”仅仅是一种消极的“反政府”思想而已。政府是“祸害”，而“反政府”的唯一的途径是“任他作为”。这倒并不是“心死”的表现，而是对“政府”的痛恨到了极限时说的一句愤激的话。

叶圣陶的爱憎是鲜明的，对于困守南京、忍饥耐渴、不畏“悍敌”、

① 叶圣陶1913年8月8日日记。

抱死相战的“讨袁军”诸将士，他深表敬意，称颂他们是“失败之英雄”，是世道人心之中流砥柱。而对于那些“中道而变”、不以死相争、临危逃遁的“讨袁军司令们”，则大加挞伐。在叶圣陶看来，大丈夫做事，当磊落光明。既然兴兵讨贼，理当破釜沉舟，坚韧不拔，誓决一死，以殉国民之重托。若以个人生命财产为重，畏葸自馁，死中求活，实为“无志之人”，枉为男儿。叶圣陶心里非常悲凉，他在1913年8月8日日记中写道：

> 时事复数日不志矣。讨袁军声势渐归泯灭，司令将军或竟一舸逸去。苟言世间法则，此辈逃将军最为余所不取。既执正义握定见，不济则死耳。此时要逃，何如不为哉。抵死不缺，独有吴淞一隅，坚守炮台，控制江口，虽不能图外张，而挫之正至不易言。而袁军一面，则正是司令升官，小兵拜奖之时。闹了一回，只福气此辈人。馀外死人失财，亡家丧身之徒，都不知是何晦气。说句公平话，实在两面不是。遭难者独骂讨袁军，未免感情从事矣。……

七、“算来只馀枯寂”

1912年9月29日为农历八月十九，是“武昌起义”纪念日。叶圣陶在日记中写道：

> 饭已即至桂芳。卖报人手持红报，则购其《民立报》《中华民报》两种其用红色者，盖今日为阴历八月十九，武昌去年之革命，

此为第一日故，以为纪念也。披出读之，则斯中论调多含悲乐两种之观念，而余对此则颇与若辈异。一电飞传，革军卒起，武昌已得，汉业行睹重兴，则欢喜愉快，莫可名状。日觅日报读之，得一捷音，则中夜且笑觉，此余去年八九月间之情状也，而今则否矣。自悟得政府非吾人所必要之后，此如火如荼之革命，我则赞成之；而一般政客建设建设之口头禅，我则鄙弃之；一般言论界之讨论国事，互相指摘，我则以无事忙目之，盖皆隔靴搔痒也。故余于国事亦澹焉若忘，久不入我日记矣。今日之特志此者，为我所最赞成之革命作纪念耳，他非所及也。……

1913年10月10日，是辛亥革命两周年纪念日，叶圣陶在当天的日记中写道：

鄂渚风云，义声载道，民欢其心，世惊其业，似不识有几许莫状之事业辉映其后。顾光阴长迈，日月迅流，经斯以后，及今两周岁矣。天地依然，市乡无改，乃知向之所念，实由思维未审，欣奋之心胜耳。

晨间入市，然复有高悬五色之徽，或大书国庆纪念者，殆若辈经此二年岁月，尚未息其惊喜之心，故为此陈设，不则或逢场作戏之意而已……

群奸满目，前途茫茫。面对“天地依然，市乡无改”的现实，叶圣陶渐渐地意识到“向之所念”（信奉无政府主义），“实由思维未审”，是辛亥革命风暴激荡下一时的“欣奋之心”所致，并未经过周密的思考。“无政府主义”并不符合中国的国情。中国社会太黑暗了，迷恋所谓救国的“主义”，只能是自寻烦恼。11 月 5 日，苏州光复纪念日的凄凉景象，使叶圣陶这位在辛亥革命期间的“欢舞如痴之人”，“痴怀渐醒”，这才完全抛弃了“无政府主义”。他在这天的日记中写道：

> 今日为苏州光复纪念日，校中故放假。回忆去年此日，王废基平原中士女如云，肩摩踵接，万岁三声而归纳之于江苏都督。彼受此颂声者笑逐颜开，乐且无极，此老婆娑不啻身在天堂也。今年罢官退处，曩时高位已为人取而代之，小学生“全靠程都督”之歌声①，不复闻于市集之间，亦应恨天何假我数年耶。而去年欢舞如痴之人，亦复且叹痴怀渐醒，豪兴不再矣。唯公家局所则照例悬四盏红纸灯。世变如云，一年如此可以慨也。

辛亥革命期间的欣喜和欢腾，只剩下悲凉的回忆。为了调整自己的情绪，弥补思想上的失落，叶圣陶和顾颉刚、王伯祥等一批曾经信奉过

---

① 1912 年苏州光复纪念日的晚上，小学生擎起红红绿绿的纸灯笼，到都督府向程德全都督唱颂歌，歌云：

苏州光复，真是苏人福。
…………
草木不伤，鸡犬不惊，军令何严肃？
我辈学生，千思万想，全靠程都督。
哥哥弟弟，大家在这里。
问今朝提灯欢祝，都为啥事体？
为我都督，保我苏州，永世勿忘记，
我辈学生，恭恭敬敬，大家行个礼。

“无政府主义”的朋友，想寻求新的“处世之法”。顾颉刚主张“无为”，他说，“求善即是至恶，知善当近恶”。人生在世，“当复不知网罗，不知解脱，并不知我”，“物质欤，灵欤，亦不容知”，循此进入一个“不可思议”“不可言说”的境界。这是一种无所作为的“遁世观”①。顾颉刚还说：“诈恶横行，与夫名高位隆，虽有一时之幸，必无美满之果。倘得足衣足食，闲散居家，名不出里巷，神弗劳乎世役，此则人间至福，可傲南面者也。”② 他甚至倡导“观佛书”，认为“念佛”可以“使紊惑之念屏诸尽净”，声称自己“常与佛书为缘”③。王伯祥主张“鄙弃人世”④，“借酒浇愁”，说他“宁沉躯酒瓮，常处醉乡”⑤。叶圣陶赞同顾颉刚的“无为”说及“无知”观，认为“世人多一知，即多一魔障”；“相忘”即是“至善”；“以人之思维断定一切，为莫大荒谬”；“不着一字，不立一说，为最妙”⑥，提倡“寂心歇想”的“处世哲学”。他说：

> 见不堪事，何不视为电光影戏，幻态倏忽，烟云偶结；闻不堪事，何不视为留音机器，怪声杂作，风浪偶激。则复何庸以吾之精思，置身其间，以惹闲气哉？⑦

这种“信先天之安排，运自然之发展”的消极的“遁世观”，主要是受了道家“绝圣弃智”“绝仁弃义”“绝巧弃利”“绝学无忧”“至言无言”

---

① 叶圣陶 1913 年 7 月 17 日日记。
②③ 叶圣陶 1913 年 8 月 23 日日记。
④ 叶圣陶 1913 年 8 月 5 日日记。
⑤⑥⑦ 叶圣陶 1913 年 9 月 14 日日记。

“至仁无亲”“至乐无乐”，以及“相濡以沫，不如相忘于江湖”等所谓“人性的复归和净化”说的影响所致。从叶圣陶早年的日记和书信中可以看到，他在1913年至1914年的两年里，潜心于研读《庄子》和佛学。现摘录几则日记，可见他研读《庄子》和佛学时的心情：

1913年7月13日　午后头胀似少愈，读《庄子·秋水篇》颇觉满意。余今日之所凝想，古人已于千载以前想之。可知形而下者，乃随时代而推移，世人谓曰进步至于形而上者，固万世莫变矣。

1913年8月7日　归后就灯下出囊所购《佛学丛报》读之，觉其论净土一宗，观佛念佛，我即是佛，殆与“舜人也，我亦人也，有为者亦若是”同义。

1913年11月27日　凄风苦雨，怅若有失。晚归，志以二绝，亦梦痕也。读庄生书，思以抑之不可得摄念，谨录《佛说阿弥陀经》，渐觉心怡神旷。三界唯心、净土、浊地，吾且于刹那间并遇之。

1913年12月29日　购《大乘起信论》下册归，就灯下展之，解释详明，易于了悟，言佛之书，此为后学津梁也。

叶圣陶这个时候研读的“佛书”，显然不是辛亥革命前夕抄读的经过资产阶级革命派“改造”过的“佛学”，而只是传统的宣扬清静寂灭、消极避世的佛教。儒家的“圣贤”说①，道家崇尚的“德善”，佛教的“放下屠刀，立地成佛”“人生是苦，万有皆幻”的“教义”，既抚慰了叶圣陶“紊惑”的思绪，又促使他与“夙持”的“颠扑不破”的真理——“无政府主义”决绝。他在1913年8月6日日记中说：“总之一有政府，世界即现地狱相。进言之，堕地为人便具畜生鬼魔相。”他在1914年5月20日日记中说：

> 曩吾以病里情状告颉刚，谓父母之将护爱惜备至，对兹厚恩何可胜荷。颉刚于前日书中云：此真心印之言。并谓自入社会党后，于家庭多所枘凿，彼时自谓真理，腾而狂进，至今思之罪恶莫甚。颉刚此言何复与我心印乃尔耶。唯吾当时虽亦主张无家庭谓为真理，而尚无吾自行之之念，及今回想真已下愚之弗如矣。吾之出乎迷途，实赖章太炎《齐物论释》一书。其释篇题之语曰：“齐物者，一往平等之谈。详其实义，非独等视有情，无所优劣；盖离言说相，离名字相，离心缘相，毕竟平等；乃合齐物主义。”则可知吾曩之所持，以尚未离心缘相，故生差别。有差别，然后名字相，言说相，因之已犹曰平等，真梦寐间事耳。吾复不知颉刚何所由悟也。

叶圣陶依从章太炎对于《齐物论》篇名的解释，认为“齐物者”，是齐

① 指朱熹所说“存天理，去人欲”，孔子所说“一箪食，一瓢饮，在陋巷，人不堪其忧，回也不改其乐，贤哉回也”。

万物之论。不但人与人、众生与众生之间应该平等视之，无所谓贵贱、上下、是非；就是“我”之外的万物，也应该是无贵贱、上下、是非之分的。只有离开了谈论的道来谈论道，离开了描述的道来描述道，离开了受心理因素影响的道来感悟道，最终才能达到空、幻的境界，这才契合“齐物论”。进而说他过去之所以会迷信“无政府主义”，就是因为未能离开“人”的感情和意识来谈“人”的感情和意识，所以就有了贵贱、上下、是非之分。离不开“言”（“说相”）、离不开“名”（“字相”），而去奢谈“平等”，真是白日做梦。可见，叶圣陶“出乎迷途”（放弃“无政府主义”），并非是意识到“无政府主义”本身有什么弊端，只是觉得他所憧憬的“三无二各”的“理想世界”高不可及。这种“醒悟”，其实是对“如坠九渊之下”的“民国”更沉痛的绝望。打这以后，叶圣陶说他“心如止水，毫无所动，仿佛枯禅也”，说他很“庸懦”，决无“冲天而飞”的念头，只“深祷”有衣有食，“常得追随二三好友之后，共葆天真，其外更无他愿矣”。他给自己刻了三枚图章：“无无尽”①，“造物最是没趣”②，“兜率甘迟十劫生”③，时加摩挲，聊以自慰。接着又请好友吴遹骏为他刻了两方印，一为“圣陶之印”，一为“算来只馀枯寂”，并说这两方“白文古媚”、奇瑰无比的“瑰宝”，“使吾欢馨无极矣”。

叶圣陶厌恶政治的污浊，在思想依违未定之时选择了“佛学”，想

① 无尽则为永恒，无名则为空虚。无无尽，则一切皆幻，境界最高。

② 造物：指宇宙造成万物。

③ 兜率：佛典中云“兜率哆”，语出《阿毗昙心论》，意为妙足、知足。劫：表示自有宇宙起到天地毁灭的过程。甘迟十劫生：甘愿再过十劫出生。

独善其身，并一再感叹“一生识字忧患始非虚语已”[①]。但向往“革命”和“民主”的思想，一直潜伏在他的血脉中。1915 年 9 月，他阅览了陈独秀主编的《青年杂志》(《新青年》杂志的前身)，思想豁然开朗。

---

① 叶圣陶 1913 年 10 月 30 日日记。

第二编

第六章

从“抄胥贱役”到“在小说里讨生活”

清末民初，小说身价倍增，各报馆各书肆不断地征集小说，买稿成风，鼎盛一时。稿酬大致分甲、乙、丙、丁四个等级。甲等，每千字酬银五元；乙等，每千字酬银四元；丙等，每千字酬银三元；丁等，每千字酬银两元。少数名家每千字的酬金高达十元。我写的小说每千字得酬金两枚番佛（银元）。

——作者 1985 年 3 月 14 日访叶圣陶

一、难以想象的“抄胥贱役”

叶圣陶被排挤出言子庙小学后，师长和朋友们都为他的生活和前程忧虑，介绍他到上海某中学预科执教①，到上海某杂志社当编辑②，到杭州某户当家庭教师③，可最终都成“空望”。“家贫如洗”，“愁云惨雾层层笼罩”。1914 年 8 月 30 日深夜，好友金树人带来了新的希望，叶

① 叶圣陶 1914 年 3 月 18 日日记。
② 叶圣陶 1914 年 8 月 3 日日记。
③ 叶圣陶 1914 年 8 月 6 日日记。

圣陶在当天日记中写道：

婶母旧病于兹三载，而以此时为尤烈。今日请桑秩卿诊治，谓病象绝危，恐其有变。吾叔困顿春江，已是穷竭无聊，何堪更遭波折。吾唯祷天佑吾家，毋使愁云惨雾层层笼罩也。

将就卧榻，忽树人叩关至，谓“农业学校书记一席尚须倩人。友人金侠闻堪以绍介，尔意云何?”余念誊写钢版苟日写三四页，尚云优闲，即对曰“姑试为之”。树人遂去，约明晨同访金先生请作介绍书也。

“农业学校”即苏州府官立农业学堂，创建于1907年，校址在苏州盘门内小仓口，辛亥革命后改为江苏省第二农业学校，设农、蚕两科。叶圣陶最不愿“求人”，但为了谋生，不得不低身屈就。他在8月31日日记中写道：

晨至树人所，偕访金侠闻先生于师范学校。树人道来意，金即作书畀余，令往谒农业校长王契华先生。怀刺求见，于人道谢，平生第一次也。既见王先生，王即与录用，谓余月薪十八元，餐膳自给；须寄宿校中，每日誊写约有十五六页。余聆此心骇然，念此事匪如握毛笔作字，轻易弗劳。以钢笔画蜡纸，指头着力有如刻石，写十五六页七八千字岂能无苦；且我体弱，平时作一二千字已觉手酸肩痛，则此事可一日为耶？次念谋事綦难，姑且允之以为后步，亦无弗可，遂应之。王语余七、八号时可携被袱来校中住矣。途中念抄胥贱役人之所轻，奈何将欲为之；金钱羁人，可为深叹。即重见树人于可园图书馆中，告以谒王所闻语。树人谓学校讲义必无如是其多者。然王为校长，何事相诳耶。树人之言殆非真确。①

9月9日，叶圣陶到苏州农校任职。他兢兢业业，勤勤弗休，刻写、印刷。可校方待他委实太苛刻了，他无法承受，第三天就“不辞而别”。现将他在农校写的三则日记抄录如下，从中可窥察到他内心的郁闷和凄苦：

9月9日　晨起即步出阊门赴农校。既至，由庶务员导至缮印室。同事者曰徐仲玙，语余曰：“向之讲义每日约二十页，皆我一人独任。今学生复多两级，故要求添人。然人既添而司印刷之校役遂斥退，意谓既有两人，可缮印兼治矣。宁知写印皆甚劳苦，况每人每日须写十数页，而又兼之印刷耶！”余闻之意怫然。印刷之事乃仆役所务，岂我以贫穷遂侪于仆役，是其可羞已云极点；然初来未便即去，亦且忍之。自午及晚，写蜡纸四页，手指已极酸痛。于是作书禀吾父，请即寄语树人，此任非吾所胜也。②

9月10日　雨。秋晓风凄，云漫大地，益以此心弗欢，遂如身堕愁雾。……

餐已即事缮写，勤勤弗休，至晚乃得七页，付诸印刷，多有未

①②《叶圣陶集》第19卷，第131—132、134页。

能清楚者。某教员曰当请重写。余亦自愤，即并力疾书，得四页，复印之已极明显，尚有二页则须俟诸明日矣。其时已十句钟，心焦脑胀，臂痛指僵，颓卧床际，此身已非复我有。冥心自思，悒然而悲，念我此生当无复有困苦如今日者。一时含糊，遂贻数日之忧戚，而此际此时，斯怀复向谁告语，风雨孤宵，直欲一哭。①

9月11日　　晨起后重写昨之弗清楚者，旋又写二页，觉此臂复弗如昨日，且来此三日，除饮食睡眠外，皆枯坐一室，郁闷极矣，久将成病，即语徐仲玙曰："我下星期不来此矣。"徐以语王契华，王即来言谓："当时明言每日写十五六页，何遂中道相弃？即力实不及，亦须君自倩代而君自负责，俟请有他人方得交替。"余漫应之。念吾本无求于彼，何复有所谓责任，岂一允任职，此身便非自由身耶？旋即偕徐同归。

一出校门，如离牢狱矣。到家即作书致树人，谓农校一日乏书记即一日不能授课，而余实不愿再往，倩代复无其人；乞电语金先生，请之转达此情；至后日王之骂余为妄人，骂余为少不更事，复宁暇顾哉。此函一发，我知树人必不悦我，金必不悦树人，而王复必不悦金，然亦复宁暇顾哉。总之书记一席，非余屑任，亦非余所能任。勉任此三日者，由于金钱主义者半，由于碍于情面者亦半，今则前者已匪我思存，后者亦弗遑顾恤矣。此所以只任三日，而弗愿有第四日也。②

①②《叶圣陶集》第19卷，第135、135—136页。

叶圣陶虽说自己没有“责任”，但还是等金侠闻为农校找到继任的“书记”之后，才放下心来。这之后，师长和朋友们仍热心为他找工作，但“觅路为难”，“希望尽绝”，“谋事如汪洋拾芥”。叶圣陶“闲散居家”，想起“家贫亲老，徒食有讥”时，心忧如焚。在“金钱”的胁迫下，这位多才多艺、才华横溢的青年被迫走上了“卖文”的道路。

二、“浊流”中洁身自爱

叶圣陶文学创作起步早，1908年开始写诗文，1910年正式发表作品。关于写小说的记载，最早见于1911年4月8日日记：

> 晨起洗膳后，将昨日看报后诸同学之议论撰为短篇小说，曰《莫灰心》。至午后三句钟始脱稿，约有二千字，即加地信封，寄至上海商务印书馆《小说月报》社，不知能代我发表否。

顾颉刚称叶圣陶是“天才”，说叶圣陶“无师自通”“自涉堂奥”①；先辈们夸叶圣陶的诗颇“似陶（渊明）谢（灵运）”②。在近代“文学启蒙”思潮的浸染下，叶圣陶把文学看作改造社会、改革人心的利器，把“文学者”推崇为造就新社会和新英雄的“贤母”。他“弱岁”的诗文讲究艺术性，所写的内容大多贴近现实。最早的两篇论文《儿童之观念》和《论贵族妇女有革除妆饰奢侈之责》在《妇女时报》发表时，他

① 顾颉刚1913年3月致叶圣陶书，作者抄录自原件。

② 叶圣陶1914年6月7日日记。

在日记中写道："偶有意见，著为篇章"，"使于一般家庭上微有得益，亦一乐事矣"[1]。所谓"得益"，就是受到教育和感化。从1908年到1913年的六年间，叶圣陶写诗歌，有意学习拜伦；写小说，"有意摹仿华盛顿·欧文的笔趣"[2]。"倒袁"斗争失败后，他一度很消沉，但创作态度是很认真的。他的"洁身自爱"主要表现在以下四个方面。

（一）尽量少读甚至不读"今世稗官"之小说，免得受到不良影响。在叶圣陶看来，"今世稗官"其性如"商贾"，近时"充塞乎书肆"之"小说"，皆"鄙俗恶陋"之作。他说："中国艺事皆今弗如古，时愈近则艺愈下，如循轨路，堪以追索，正可叹也。"民国初年，叶圣陶读的最多的是欧美翻译小说，我国古典名著次之，其下才是近代名著。现将他日记中的相关资料摘录于下：

1912年7月31日　　重阅《东方》中写情小说《碎琴楼》。以儿女家常之事，运奇异惊人之笔，尤多阅世语及哲学家言，以余评之，当不让《红楼梦》独称美于前也。

1912年8月1日　　饭后抄《太平洋报》中小说《断鸿零雁记》，系曼殊大师所著。曼殊邃中西文，并通梵书，著作甚富，近世大文学家也。以此记散见每日报纸，玩索殊费事，故萃抄一册。自午至夜仅抄三章。

① 叶圣陶：《辛亥革命前后——日记摘抄（一）》，《新文学史料》1983年第1期。

② 叶圣陶：《杂谈我的写作》，《叶圣陶集》第9卷，第225页。

1913年2月26日　灯下观《花月痕》说部。此书余于五六年前曾见过，今为复阅，柔情豪意，名士佳人，言情之缜密，设局之幽奇，近世至文，价值当不减《石头》一记也。

1913年7月17日　向颉刚假《浮生六记》一册，灯下观之。其所记皆其人一生之所经，著者但知为苏州沈三白。其书原稿出破书肆，经某印刷所印行之，知沈三白者自其文中得之也。记其夫妇闺房之乐，花石闲情之趣，困苦忧伤之厄，汗漫南北之游，文笔绵丽凄婉，豪放潇疏，实兼而有之，小品文字中不可多得者也。近来时思读书，而可读书复甚少于吾胸。此种笔墨，闲雅适性，乃尔酷嗜。此癖复适与颉刚同之，亦奇也。

1914年8月29日　今日向书肆租得《孽海花》两帙，归即篝灯读之。罗数十年之掌故，呼民魂以归来，洵是能手，允称名著。近日稗官之书充塞乎书肆，类皆鄙俗恶陋，恙无果实，去《孽海花》出世之期才十年耳，其相判离已如天壤。吾观中国艺事皆今弗如古，时愈近则艺愈下，如循轨路，堪以追索，正可叹也。

1914年9月2日　今日观《十字军英雄记》一书，此为英国名家司各脱原著，陈义醇邃，遣意典雅，允称上乘；而译笔复足以曲达，浏览竟篇，乃有馀味。

1914年9月16日　……继阅《红楼梦》，此书真云百读不厌。我今乃节其情文最胜者而读之，顿觉心神大快，如饮灵药。

叶圣陶阅读的都是名家名作。言情小说《碎琴楼》，广西兴业何诹著，全书凡三十四章，约十四万字，1911 年在《东方杂志》第八卷第一号至第十二号上连载。小说以其特有的清隽流丽的文字和清幽哀婉的情愫，驰誉文坛。虽然少读甚至不读“今世稗官”之小说，但叶圣陶对文艺现状却极为关注。他在 1913 年 4 月 12 日日记中说：

余观杂志凡六七种，其中所不甚欲观者亦有之，时思减去数种，乃偶过书肆见有新刊必出钱购之，此种结习亦是莫名其故。然每月此项支出，必至两元。手头非裕，而为此亦徒自苦耳。

经过比较，他觉得《小说月报》最“可观”，就成了该杂志最忠实的读者。1913 年 7 月 9 日日记中说：“坊间陈新出《小说月报》，即购归就灯前读之。此物魔力独大，能使人不肯掩卷暂停以读他种之书。”同年 7 月 27 日日记中说：“前年所购之《小说月报》，其中所载诸篇今已渐渐忘之。午后择其隽雅者重阅，乃亦不至终篇不忍释手。”1914 年 4 月，《小说月报》自第五卷第一号起“放大版本，扩充篇幅”，门类“增加一倍”，采用“四号字”排版，字数由原来的每册六万字增加到十万左右，印刷亦更为精良。叶圣陶对改版后的《小说月报》更为推崇，在同年 5 月 26 日日记写道：

课毕至书肆，购《小说月报》五卷第一号归，观之益叹精美无伦。易小本为大本，字用大号者殊弗损目；画幅精丽绝甚，印名家真迹，如其原本文字。采择最谨严，而门类尤众，如“笔记”“画概”“棋谱”之类，亦兼收并蓄，非独小说已也。小说报近世已如星罗，碧天弥望皆是。然北辰独烂，当推《小说月报》，馀弗足数焉。

在叶圣陶看来，《小说月报》犹如浩瀚星空中灿然夺目的“北斗”，作品均出自名家之手。叶圣陶爱看《小说月报》，尤其爱看该刊登载的许指严的小说和翻译小说。他在同年 11 月 21 日给顾颉刚的信中说：

近小说之传实事者，亦能得传旧辅史之益，指严所著，此类为多，虽不免附会出之，而要有其本事。里巷小民未能浏览载乘，得此助兴，并可以多识往事，微功不可没也。其外则可发人深感者，亦有足取，如托尔斯泰所著，寓意遥深，最能起人之善性也。①

“指严”，即清末民初著名作家许指严，曾伪造《石达开日记》，由世界书局出版。许指严搜辑旧闻，联缀各方面的记载，将历代秘闻逸史、侠风艳迹，以及域外华工的酸心辣鼻之事，敷衍成篇，供世人“谭助”，借以抨击时政，鞭挞愚顽，讴歌忠贞义侠，鼓吹“爱国保种”。叶圣陶爱读《小说月报》，以及“陈义醇邃，遣意典雅”“寓意遥深，最能起人之善性”的“上乘之作”，从而开拓了他的眼界，练就了他的“手腕”。

---

①《叶圣陶集》第 24 卷，第 85 页。

（二）尽量少写。叶圣陶曾经向《小说月报》投过稿，未被录用。主编恽铁樵在回信中说“你的小说写得不错”，可登《小说月报》还“不够资格”[①]。《小说月报》“各种小说皆敦请名人分别担任”[②]，像叶圣陶这样的年轻人挤不进去是很自然的；能采用他稿子的只能是《礼拜六》《小说丛报》《小说海》等“弗足数”的“小说杂志”，他不得不面对这个“现实”。前面已经说过，叶圣陶酷嗜文艺，早在辛亥革命前夕，就曾有过要借文艺的“伟力”来救国“革心”的宏愿，而今因生活所逼，作文“唯在牟利”，“其性如商贾”，内心是很痛苦的。请看几则日记：

1914 年 9 月 14 日　晨起绝早，餐已握管作小说，以之售去，亦可以得微资。文而至于卖，格卑已极，矧今世稗官，类皆浅陋荒唐之作，吾亦追随其后，以相效颦，真无赖之尤哉。

1914 年 10 月 27 日　晨起后如昨例练习，盖近来以夜间涂为小说，明晨则写正之……其性如商贾，唯在牟利耳。

1914 年 12 月 27 日　午后即至桂芳，君畴辈睹近时小说盛行，颇欲效颦踵武，为投机之事业。余不复存此思想已久，略有写作，以济穷竭，亦只强而为之，非所欣也。

---

① 作者 1980 年 6 月 14 日访叶圣陶。

② 《〈小说月报〉编辑大意》，《小说月报》第 1 期，宣统二年七月二十五日。

叶圣陶“在小说里讨生活”，让朋友们感到意外。时在北京大学求学的顾颉刚特地来信，劝他不要存“著作之思”。而叶圣陶则因“生计”所迫，不得不“少少写作”。他在1914年9月20日给顾颉刚的信中说：“如今为金钱计，日节一二小时为出卖之文，凡可得酬者皆寄之。近来又得《新闻报》之主顾，然为文而至此，亦无赖之尤者矣。”① 他给自己立了三条规矩：

第一，不“勉强为之”。1914年9月15日日记中说：“晨得伯南一复片，谓我盍卖文与某杂志，尤欢迎者为心理及教育之著作。余思此二者俱我所弗长，勉强为之，徒令人喷饭而已。”② “心理及教育之著作”，“此二者俱我所弗长”，即便再怎么“欢迎”也不写。要写，就写自己能写的。

第二，写小说要“有其本事，庶合于街谈巷议之伦”。他在1914年11月12日给顾颉刚的信中说：“吾今弄些零用，遂必勉强写几句。然吾却亦自定一宗旨，不作言情体，不打诳语，虽未免装点时会，而要有其本事，庶合于街谈巷议之伦。而或有小道可观焉。”③这正是顾颉刚在《〈隔膜〉序》中所说的，叶圣陶极不愿拿文艺来敷衍生计。“他不肯打诳语，必要有其本事，便可知他的宗旨在写实，不在虚构，和那时盛行的艳情滑稽各派是合不拢来的。”

第三，“得过且不写小说”，手头窘迫时才“操劳笔墨”。“因为自己所抱的宗旨与时流不合”④，所以尽量“少写”。他在1914年11月12日

---

①③《叶圣陶集》第24卷，第67、79页。

②《叶圣陶集》第19卷，第137页。

④ 顾颉刚：《〈隔膜〉序》，叶绍钧著：《隔膜》，商务印书馆1922年版。

给顾颉刚的信中谈到《飞絮沾泥录》写作经过时说："《飞絮沾泥录》八千馀言，无所蓝本，盖实事也。此篇作于初自农校归时。后接君书，谓'皮之不存，毛将安傅'，'时流碌碌，非吾辈宜学'。览此意，遂深感念君诚厚我哉。从此绝笔者两月矣。他人怂之复作，则笑谢之。近日囊中如洗，颇有几家应酬在后，蕴言[1]复以数事相告，令笔志之，遂复少少写作。总之，吾有一语誓之君前曰，吾决非愿为文丐者也。"[2] 不到"囊中如洗"的窘境，决不写小说，由此也可看出叶圣陶对民国初年的鸳鸯蝴蝶派是排斥的，他写小说是一种被迫和无奈。

（三）注意观察生活，从日常生活中汲取创作的材料。顾颉刚在《〈隔膜〉序》中引录了叶圣陶写给他的几封信，现将叶圣陶的信摘录于下：

> 日坐茶寮，同学辈刺刺谈政党内阁不休。……一入政党便富于感情；某某党三字之于人，何其有如许神通也！然于广座之中，默聆各人之言论，即可以侦知其隶何党籍。小试侦探术，亦一消遣法已。（二年五月十日）

> 看上海各报，……虽明知其为肚里新闻，自撰专电，荒唐论说，而我辈看他如何想法撰法，则亦未始非趣事。（二年五月二十三日）

> 独至鹤园，茗于携鹤草堂，乃得少舒其意志。修发少年，傍镜

---

① 蕴言：中学同学周蕴言。

②《叶圣陶集》第24卷，第78页。

自窥其首；盛妆佳丽，逢人故正其眸；热客谈时，涎珠飞越；老翁说古，意态横生；我从旁静观，皆具妙相。（三年八月二十八日）

到茶馆和园林观察人，从报纸上寻找素材，这样的观察生活在今天看来有点浮光掠影，可对于当年的叶圣陶来说，已经算是很可喜的现象了。虽说因为年轻，生活阅历有限，思想也还不算很成熟；再加上有时候有“唯新是摹”的心理，读了外国小说就急于尝试，难免有“编凑”和“蹈空”的时候；为了“发表”，有时也得屈从编辑的“口味”，“不免装点附会”。但总体说来他的文言小说大都“源于见闻”，作品中写到的“人”和“事”都有来源，有的还可以从日记中找到“原型”和“本事”。

《博徒之儿》中的小学五年级级任老师章君“蔼然可亲”，充满“爱心”。在他的培育下，孩子们个个“真气弥满”，活泼可爱，学校成了“极乐国土”。小说中“章君”是以中学同学章君畴为“原型”的。请看叶圣陶的两则日记：

1914 年 7 月 20 日　　与君畴言切实办学之方，如家庭访问、考察儿童品质之类，皆所以探本寻原之要务。君畴谓：“今后且一一行之，拼掷闲游之光阴并贡之于儿童，此中自有至乐，南面不易也。”君畴能言能行，将来为名教育家，堪以犹拟，可喜哉！

1914 年 7 月 21 日　　经君畴校，叩门而入。君畴方握葵扇挥清风，与三数学生为闲话。人家教师视学校如牢狱，在平日课程既毕，便洒然径去，以视君畴，其心思之醇淡何如？又，人家学生视教师如帝天，虽在同室，如隔千里，以视君畴之和言一堂虽假犹至者，其品性之驯劣复何如？总之，自我纵目以视，苏地学界教师之能尽职者，除仁侯同事之胡先生外，更无胜于君畴者矣，诚可佩也。

日记中写到章君畴的地方还很多，不能全都引录，但仅从这两则日记便可推测小说中“章君”的原型，就是章君畴，因为太熟悉了，写起来自然得心应手，使人有如闻其声、如见其人之感。

1914年9月9日，叶圣陶到苏州农校任书记的当天，因宿舍尚未安排，就到另一位老师的房间借宿，发现“某先生”不够检点。他在当天的日记中写道：

夜间以卧室未整理，暂居某先生空榻。对床某先生，固别地人而已来者也，以其外出，则亦坐以待之。余意盖谓孤介远人，未免不近人情也。孰知待之至十二句钟而犹弗归，探亲耶？宿娼耶？余不得而知之，特思即此，先眠亦弗能怪我为不近人情矣。

次日日记中又写道“某先生果未归也”，这就成了叶圣陶“教育小说”的素材。教育小说《某教师》中刻画的那位嗜赌成癖，又酗酒狎妓的学界败类，就是以生活中的“某先生”为雏形的。叶圣陶善于观察生活，“独能以‘描写物情宣达社会隐潜’为宗旨”（顾颉刚语），从而远离了“鸳鸯蝴蝶”“艳情滑稽”的恶名。

（四）精雕细琢，精益求精。叶圣陶在《过去随谈》中谈到文言小说创作时说："我当时的小说多写平凡的人生故事，同后来相仿佛，浅薄诚然有之，如何恶劣却不见得，虽然用的工具是文言，还不免贪懒用一些成语典故"①，但绝不草率马虎。一个短篇，通常要写好几天。请看几则日记：

1915年11月15日　　夜为小说千字，此事甚不欲为，而已又督促自己为之，甚笑金钱之役人也。

1915年11月17日　　课馀则为小说，迄于将睡而止。似此勤劳不息，乃亦弗觉其苦，可见苦乐与否，只问心安。心安于劳，虽劳不疲也。

1915年12月5日　　晨作一片上叔父，即草竟一小说，曰《旅窗心影》，将此文缮正，遂以竟日。星期不外出，亦是有味，正不必听歌纵博，乃谓不负假期也。

1915年12月13日　　灯下为小说五百字。

1915年12月15日　　灯下草小说数百字。寒气侵指，运笔殊木僵，此后写作成苦事矣。

---

①《叶圣陶集》第5卷，第306页。

1915年12月17日　　酷寒欺人，令人生惰思。夜间草小说数百字，便就床早寝。

1915年12月20日　　夜间撰竟《反求诸己》篇，颇觉彦和，所谓半折心始也。

叶圣陶“心安于劳”，“虽劳不疲”，起早贪黑，利用节假日创作小说，务使小说达到“彦和”的境界，这种创作态度在鸳鸯蝴蝶派泛滥的年代实属难得。他创作的二十多篇文言小说，虽说瑕瑜互见，但写作态度始终是严肃认真的，个别短篇从酝酿到结稿持续的时间长达一年之久。他的这种严谨，也源自“自律”和“自爱”。

第七章

文言小说：走向写实主义的蹒跚步履

作小说的兴趣可以说因中学时代读华盛顿•欧文的《见闻录》引起的。那种诗味的描写，谐趣的风格，似乎不曾在读过的一些中国文学里接触过；因此我想，作文要如此才佳妙呢。开头作小说记得是民国三年；投寄给小说周刊《礼拜六》，登出来了，就继续作了好多篇。到后来，礼拜六派是文学界中一个卑污的名称，无异海派、黑幕派、鸳鸯蝴蝶派等等。我当时的小说多写平凡的人生故事，同后来相仿佛，浅薄诚然有之，如何恶劣却不见得，虽然用的工具是文言，还不免贪懒用一些成语典故。作了一年多就停笔了，直到民国九年才又动手。

——叶圣陶《过去随谈》①

一、作了两年又五个月的文言小说

叶圣陶大概很不看重自己的“少作”，所以回忆错了好几处。他的第一个短篇《莫灰心》写于1911年4月8日，投给了《小说月报》就没有下文。正式发表的第一个短篇是《玻璃窗内之画像》，发表在《小说丛报》第二期上，1914年6月10日出版。正式发表的第二个短篇是《姑恶》，发表在《小说丛报》第三期上，1914年7月10日出版。而就写作时间而言，《姑恶》则早于《玻璃窗内之画像》。《姑恶》写

① 《叶圣陶集》第5卷，第306页。

于 1913 年 12 月 21 日，是日日记中说："晨起后足成昨夜所著之小说《姑恶》篇。"《玻璃窗内之画像》初稿写于 1914 年 5 月 21 日，是日日记中说："近日撰小说兴勃发，昨夕就床上构想，今日即以写出之成一短篇，才二千字耳。而笔意绝无生动，弗足观也，然一日以之消磨矣。"次日日记中说："晨起后以昨作小说缮清，名之曰《玻璃窗内之画像》，储之敝箧中。他日出视，亦可以自娱也。"这一年，叶圣陶还不满二十岁，在言子庙小学的教师位置还没有被挤掉，每月有二十枚银元的薪金，日子还过得去，"近日撰小说兴勃发"，显然不是为了"卖文"，恐怕像一般青年人一样不过是尝试罢了；何况他"对于文艺，没有一种不欢喜"，看到有趣的东西，"便兴起了自己创作的念头"①。

《玻璃窗内之画像》和《姑恶》发表后，《小说丛报》的主编徐枕亚又来信约稿。叶圣陶 1914 年 7 月 2 日日记中说："又得徐枕亚一书。徐撰《小说丛报》，余曾寄与二篇，今复来索稿也。暑中多闲，当有以应之"，"即报徐枕亚一书"。可《小说丛报》后来再没有登过叶圣陶的作品。他的文言小说大部分刊登在《礼拜六》上，最早发表的是《穷愁》，刊登在 1914 年 7 月 18 日出版的《礼拜六》第七期。7 月 21 日日记中说："曩我著《穷愁》一篇投小说周刊，今得其酬报八番佛。圣湖之游原取决于财力，今得此，虽未可以壮余行色，然亦可勉强一行。故颉刚果行者②，我亦必得重寻旧游也。"这时他已被排挤而失业，有"卖文"

---

① 顾颉刚：《〈隔膜〉序》，叶绍钧著：《隔膜》，商务印书馆 1922 年版。

② 顾颉刚侍继母赴杭，邀叶圣陶相随。叶圣陶 7 月 23 日日记："饭后颉刚至，谓杭行已决，后日动身，余喜极。预定游踪，颉刚谓：'此游期以七日，居杭五而居沪二，明圣湖上昔年固已历其大略，今只择其最胜或未至之地游之可耳。沪游则专事听歌，别无他玩。'余善其言，欣待后日之至矣。"

以贴补“零花”和“家用”的念头。一个短篇《穷愁》得了八枚银元（八番佛），是一笔不少的收入。

从《姑恶》算起，到最后一篇作于1916年4月11日的《淞垒记》，前后是两年又五个月，远远超过一年。但1915年12月20日写成的小说《反求诸己》、1915年12月30日写成的弹词《博鸡者》、1916年4月11日写成的小说《淞垒记》，以及他自以为较满意的小说《佛胤记》和《戕贼》，我翻遍了当时的报刊还没有找到，很可能没有得到发表。至于是什么原因，我将在后边探讨。

叶圣陶把参与新文学运动，在《新潮》上发表《这也是一个人!》作为自己创作生命的开始，这是可以理解的。可是，研究他写作文言小说的全部过程，可以弄清楚他为什么这样热衷于新文学运动；他在写作白话小说之前，已经积累了哪些正反两方面的经验，对文学创作的认识已经达到了怎样的高度。

现从《姑恶》开始，来看看叶圣陶在这两年零五个月中的创作过程。

二、“恶婆婆”与“单相思”

《姑恶》的立意在于颂扬金梁氏的贞洁。金梁氏年轻漂亮，与丈夫金南海十分恩爱。婆婆龚氏生性“奇悍”而又“淫秽”，“工谄媚”，“凡豪富之家”必多方逢迎，“吮痈舐痔亦恬不为耻”。乡村贫妇见龚氏经常出入于富贵之家，纷纷请她谋事。龚氏则将“稍具姿色”者诱骗到富贵人家，使她们“蒙垢不贞”，从中牟利。金南海经商，龚氏趁儿子外出之机，引诱儿媳献媚于饶有资财的汤某。汤某本是龚氏的“情夫”，龚氏觉得自己年老色衰，想让儿媳替代，博汤某“千金一掷”。金梁氏宁死不做“瞒夫偷情”的丑事。龚氏先是“好言相劝”，诱以衣饰和钱财；继而侮骂毒打，甚至将儿媳赤身裸体关进“地窖”，惨无人道地用竹片和烙铁将她折磨至死。故事大概是听来的，“姑恶”本是一种候鸟，每年暮春在蒲苇丛中通宵啼叫“苦啊!”“苦啊!”，声调极其凄切。相传此鸟是一位被婆婆虐待致死的童养媳的化身，生前未能伸冤，死后变作“姑恶”来到人间鸣冤叫屈。从题目就可以知道，小说就是写一个极可恶的婆婆。当时，叶圣陶和一般青年一样，以为把听来的故事加以渲染，就是小说了。他投给了《小说丛报》，主编徐枕亚决定采用，还来信约稿，于是他又写了《玻璃窗内之画像》寄去。

《玻璃窗内之画像》写的是一位青年医生单相思的心理状态。青年医生陶子晋“为人潇洒风流”，医术高明。他在照相馆的橱窗内看到一幅作广告用的女郎画像后，即钟情入髓，四处寻访“美人姓氏里第”，致使“精散神越”，“诊治疾病，几忘其囊技”。有一天，子晋在街上见到擦身而过的一乘轿子中的小姐就是“画像”中的“丽影”，“女郎流波一笑，舆已疾驰而去”，于是神魂颠倒。其实，小姐对子晋并无情意，是子晋自作多情，想入非非。十余天后，“画像”中的女郎即轿中的小姐突然患了重病，昏迷不醒，家里来人请子晋为小姐治病。子晋心里暗暗高兴，想治好小姐的病与她结亲，正要伸手诊脉，小姐忽然睁开眼睛，“竭其微力”，对守候在身边的母亲断断续续地说“……侬……去矣……母亲……虚爱侬……”痴心的子晋未能听清楚“母亲”二字，以为小姐临终的话是对他讲的，心痛如刀绞，眼泪夺眶而出。徐枕亚大概觉得“单相思”比“淫恶的婆婆”更能吸引读者，所以优先发表《玻璃窗内之画像》。

三、“人生故事”和“志异”

叶圣陶“失业”后一年半内，写文言小说十六篇，除《贫女泪》《倚闾之思》《旅窗心影》外，都刊登在《礼拜六》上。《礼拜六》当时很流行，又是周刊，要卖稿，投给它自然是较好的选择；结果在两个月内就发表了四篇：《穷愁》《博徒之儿》《飞絮沾泥录》《孤宵幻遇记》。前三篇是“人生故事”，《孤宵幻遇记》却是“志异”。

《穷愁》作于1914年7月上旬，正如他自己所说，是“有意摹仿华盛顿·欧文的笔趣”。欧文有一短篇题为《惨景》，写一位“事亲以孝”的农村青年乔治，耕作之余做点小生意，以赡养年迈体衰的双亲，不幸被“强募队”挟往海外服苦役。双亲失所依恃，老父因悲伤过度而死去。乔治获释归来，已百病缠身，未几死去。老母在邻里帮助下料理完儿子的后事后，亦绝望而死。叶圣陶的《穷愁》从题名到情节，以及主人公阿松之性格，穷乡邻里乐于互助的美德，几乎全脱胎于《惨景》。小说的主人公阿松原是某丝厂工艺娴熟的工人，母亲年老体衰，又聋又瞎，母子二人赁屋而居。由于丝厂易主，阿松无人引荐，失业后向邻居借钱做烧饼，卖与附近小学的学生当点心，“一日弗贩，即一日断炊”。星期日学校放假，阿松只好沿街叫卖，不慎误入“赌窟”，适逢警吏前来拘赌，不问青红皂白，将阿松一并捕去。“败德丧财”的赌棍贿赂警吏，得以宽释，阿松却成了替罪羊，锒铛入狱，判服劳役。众邻居尽力照料阿松的老母，设法保释阿松出狱。不久，老母因拖欠房租，被房主“驱之出屋”，次日在忧愤中死去。阿松在邻里的帮助下料理完母亲的后事，即外出流浪，不知所终。作者用客观、冷隽的笔调，通过阿松母子的悲剧，揭示了城市下层人民“穷愁”的社会原因。

《博徒之儿》写于1914年7月25日，是日日记中说：“晨起誊昨夜所撰小说，曰《博徒之儿》”。“博徒”是个“不事生产”、不顾家室、嗜赌成癖的赌棍。“博而胜，则酒壶自拥，陶然觅醉”；输了钱，就“豺虎”般地“扑挞”妻子和儿子，发泄内心的郁闷。“博徒”的妻子很贤惠，靠制作手工艺品维持家用，节衣缩食送儿子王根生入学读书。后来，王根生的生母死了，博徒续弦，继母生性残暴，为了让自己的亲生儿子“独承家业”，经精心策划，布置了王根生企图毒杀父母的现场，诬陷王根生大逆不道，欲置之于死地。多亏邻里赶来相救，王根生才得幸免。

《贫女泪》写于1914年8月，通过强烈的对比手法，揭示了贫富悬殊造成的婚姻悲剧。小说开头着力铺排富商的两个儿子同天结婚的场面，“花彩盈门，鼓乐遏云，宾僚如鲫”，“喧阗特甚”，“妇人孺子”倾巷而出，观赏两位新娘的妆奁。长子娶的是“丰厚之家”的小姐，“帐裁雾縠，衾刺之鸳，宝镜明珠，耀光夺眼”，其奢华不亚于“龙王嫁女”。次子娶的是贫家女儿云姑，“妆奁殊俭约，且皆朴而弗华”。两相比较，一个是“珠玉”，一个是“粪土”。在宾客的夸耀声中，长媳立即获得了公婆的宠爱；而宾客的“诽言讪笑”，则预示了次媳云姑的“厄运”。随着情节的发展，云姑在夫家遭受到一次比一次更为惨苦的摧残。婆婆当着仆人的面辱骂云姑，说她的“识见”不及婢女；怂恿儿子“藏娇金屋，访艳青楼”；云姑的兄弟前来探望，婆婆竟以“穷鬼”必将带来“厄运”为由，拒之门外；云姑想回娘家，婆婆又说娘家会将云姑的衣服典入当铺，令其“脱簪易服”；进而诬陷云姑在公公面前“献媚”，说云姑的兄弟偷走了宣德炉。云姑被逼得无路可走，只好吞鸦片烟自杀。

《飞絮沾泥录》写于1914年9月18日，小说中的“大家闺秀”姗姑被父母视为掌上明珠，“贮之深楼”。她不堪“深闺绣闼”中的“枯寂光阴”，在保姆和管家的教唆和引诱下，由偷尝“禁果”到“淫奔上海”，最后沦为“卑田院中人”。

这四篇的故事可能都有所依据。《穷愁》在民初还堪称平民文学，有一定的社会意义。《博徒之儿》和《贫女泪》虽然把孝子根生和穷媳云姑遭受的磨难写得触目惊心，颇能引起读者对被损害被侮辱者的同情，但并未进一步揭示封建愚昧观念戕害人性的本质。《飞絮沾泥录》写的是小姐受骗，沦落风尘，与当时所谓的“社会小说”竟无多大差别了。叶圣陶当时为“卖文”而写作，自已缺乏生活，只好把听来的故事作为材料，“姑妄听之姑妄言之”。1914年8月20日写成的《孤宵幻遇记》，就是根据在茶馆中听朋友的奇闻创作的。且看8月19日和20日的两则日记：

8月19日　小窗闲坐，乃亦可消磨光阴。近来心如止水，毫无所动，仿佛枯禅也。午后出《三国志》，观《诸葛亮传》才及终篇，睡魔相催，遽然一梦，竟达傍晚，即至雅聚，见老友殆二十人，互为聚语，入夜乃归。

8月20日　　晨往访吉如。君病虽痊可，而囊事已失，亦急须得一席地也。归后默念禹琳近遇，颇可撰为小说，因草一篇，题曰《孤宵幻遇记》。盖今岁暑中，吾苏某氏延禹琳于家，为儿辈温故。宵分梦醒，忽见床前立一美好女子，倏忽不见；其明日之夜，复睹一老者坐其书案中。禹琳恐，不敢复居，遂即辞出。此数语，余盖闻诸他友，禹琳未来，尚未得一探实况，而已装点其事，撰为小说，文士笔端真无赖也。

“禹琳未来，尚未得一探实况，而已装点其事”，写成小说《孤宵幻遇记》，就连叶圣陶自己都认为“真无赖也”。《孤宵幻遇记》说青年张君受聘于富室，住在富室的花园中。第一夜见一丽人坐在案前吟诗，张“心摇神惑”，然“噤不能声”。第二夜张盼望丽人重来，不料来的是一“须髯苍白”的老者。张“两宵无眠”，只好“托故辞归”。最后还以作者的身份说，“曩读蒲留仙书，辄以为荒诞凭意构。而张君语我凿凿，有如蒲书所言，不亦异欤？良以宙合之沕穆，一心之虚幻，以此入彼，何事蔑有？辟之谓必无，无乃大愚？”这篇小说不仅故事情节，连行文结构都脱胎于“聊斋”。这也是当时小说的风尚。

从《穷愁》到《孤宵幻遇记》，从题材看，可以说是一步步往下滑。叶圣陶自己也觉察到了，于是转变了方向。

四、抨击袁氏政权

1914年10月28日，叶圣陶创作了《瓮牖新梦》[1]，是日日记中说，晚间“就灯下续成前所制小说，题曰《瓮牖新梦》，缓日当以售之”。故事可能取自报纸上的一则简讯，贵州某穷乡僻壤之蒙师李某自称皇帝，聚众作乱，终于被歼灭。辛亥革命后，“民国奠定，官事文告遂大书曰‘中华民国’”。李某于是大放厥词：“有君斯有国，国而无君，如含生之丧其元，乌可存全”，乃编造“梦龙入室”“高居宸殿”“天始以大命畀予躬”等谎言，哄骗愚昧村民。在释放犯人阮某的怂恿下，李某身披黄袍，“称孤道寡”，于塾中举行“开国典礼”，封阮某为丞相，凡前来“攀鳞附翼”之徒均赐封公、侯、伯、子、男等爵位。李某见攀附者日多，以为气候已到，于是率众执械起事，妄图攻取县城以作皇都，结果被守军击毙。

叶圣陶将这一则简讯敷衍为小说，可能别有用意。是时，袁世凯称帝阴谋已逐步公开化，袁之爪牙及英、德等国不择手段，为袁大造舆论，其言论与小说中李某如出一辙，或云“中国不可以一日无君”，或云袁氏正名登基乃天命所归，甚至制造“袁世凯洗澡的时候身上有鳞片掉下来”[2] 之类的迷信谣言惑众。利禄之徒于是竞相攀附，袁则赐爵封官，争取军阀官僚的支持。京城中纷纷攘攘，与穷乡僻壤的闹剧并无二致。值得注意的是，一个月之前，即1914年9月26日，袁世凯发布祭

① 收入《叶圣陶集》第1卷时改题名为《瓮牖顽梦》。
② 叶圣陶：《“万方多难欲何之”》，《叶圣陶集》第5卷，第139页。

孔告令；28 日，袁世凯身穿古代大礼服，头戴平天冠，俨然以帝王自居，亲率文武官员到孔庙行三跪九叩礼。种种复辟帝制的迹象，早已受到志士仁人的揭露与抨击。因而可以断定，《瓮牖新梦》嘲讽的决不限于愚昧落后的村民，锋芒所向主要是逆历史潮流而动、妄图复辟倒退的“袁党”，并暗示了他们倒行逆施也必将以彻底失败而告终。这篇小说收入《叶圣陶集》时，王泗原建议题名改为《瓮牖顽梦》，叶圣陶说“新梦”意为“又来一场皇帝梦”，“顽梦”的意思是“旧梦重演”，曰“新”曰“顽”，都无所不可，就采纳了王泗原的建议。

1914 年 11 月 10 日，叶圣陶又创作了《终南捷径》，矛头也指向袁氏政权。“终南捷径”是句成语。唐代时有人为了涉足仕途，到长安以南的终南山隐居，假充隐士，于是身价百倍，朝廷就请他们出山做官。叶圣陶的《终南捷径》写的却不是这样的“隐士”。时代不同了，“隐士”早已不吃香了，老谋深算的“清室旧吏”某甲别出心裁，另谋“捷径”，居然混入了“蝇营狗苟”的所谓“新政权”。

某甲于清室逊位后即“寄情丝竹”，摆出一副“不复顾念苍生”的高蹈姿态，与那些“朝称遗老，夕走京华”，厚着脸皮谋官乞爵的“旧臣”有“霄渊之判”。他得知“曲巷”中有一“名花”为某公子之“宠姬”，而公子之父乃当今“显贵”，即“量十斛明珠”，迎诸青楼，藏于金屋，“凡所以媚姝者，致之唯恐弗及”。迎贮之夕，广延宾客，热闹非凡。宾客窃窃私语云：某甲据公子之“宠姬”，“他日公子重来”，“则甲之奇祸不且在眉睫间耶”。原来某甲别有用意，将此“名花”暗中保护起来，“备公子南游之际，暂涤征尘”。数月后，某公子果“税驾沪滨”，某甲即遣忠仆导至藏娇之金屋。公子于是重入香巢，享尽艳福，得知是某甲特意为之安排的，自然感激不已。十多天后“清室旧吏”某甲“忽膺某部令”，当上了“俸给殊丰腆”的“某部”“驻沪特派员”。

故事是听“从上海来的朋友”讲的，这位朋友就是叶圣陶的中学同学周蕴言。1914年11月10日日记中说：“昨宵床际冥想，思蕴言曩语我一事，亦可撰为小说。晨起后即捉笔书之，及于晚际乃得终篇，题曰《终南捷径》，将即以售之。”从形式看颇似风靡一时的黑幕小说，然而旨趣迥异。当时的黑幕小说已每况愈下，专门揭人隐私以迎合小市民之低级趣味。《终南捷径》却揭露了民国新贵与清廷旧吏原是一路货色，只不过摘下了“君主制”的照牌，换上了一块“共和制”牌子罢了。某公子是谁？看他醉后狂歌“曹家父子亦英豪，废汉不须反手劳”，不是暗示他就是极力撺掇父亲称帝、人称“北京大爷”的袁世凯的长子袁克定吗？小说的布局亦别具匠心，开头即写某甲“迎贮阿娇”，大宴宾客之热闹场面，借几位“朋好”的私下议论，道出某甲夺公子之“爱姬”将罗“奇祸”，造成悬念；接着写公子果然秘密至沪以寻旧欢，见人去楼空，怅然若失，忽有接应者引之入香巢，重温鸳梦，扑朔迷离，使读者堕入五里雾中；公子受供奉十余日后，方知某甲之苦心孤诣。小说不说公子如何致谢，但云“某甲忽膺某部命为驻沪特派员”，“俸给殊丰腆”。至此，读者才醒悟某甲“预贮美人”是宦途的“捷径”。《礼拜六》主编王钝根似乎亦未识破，或者识破了而装作未识破，于发稿时按上了“艳情小说”的字样，刊登在卷首。

然而，《终南捷径》“所说确系事实”[①]，所谓某部之“驻沪特派

① 叶圣陶1914年12月17日致顾颉刚书，《叶圣陶集》第24卷，第93页。

员”，实系北洋政府“驻沪外交特派员”①，这无疑触及了北洋政府的痛处。王钝根可能受到了压力，在《礼拜六》第二十八期作了个“此地无银三百两”的《二十六期声明》，要读者勿把小说里的人物故事往真人身上套。声明中说：

> 大凡小说多属子虚，唯本周刊二十六期第一篇《终南捷径》，作者信笔虚构“驻沪特派员”云云，上海适有此项官名，恐拘泥者穿凿附会，认为事实，致损他人名誉，殊非作者微言讽世之意，专此声明，以免误会。

叶圣陶见了王钝根的“声明”，不无感慨地说：“钝根之为人，我意其必胆小如鼷，既载此篇，却又害怕，于是特为声明，谓小说全凭虚构，此篇云云系作者臆造，不知其欲盖而弥彰也。”② 从这一段话，也可以看出叶圣陶创作《终南捷径》，是为了揭露袁氏政权的腐朽。

五、仿效名家名著

顾颉刚在《〈隔膜〉序》中说：1914 年冬，叶圣陶“曾作了一篇《正小说》，把流行文字批评一下。这篇文字，他做好了就寄到一家杂志里去，我没看见”。这篇论文大概没有得到发表，如果发表，叶圣陶不

---

① 据姚公鹤《上海小史》记载，民国后第一任驻沪外交特派员是陈贻范，继任者为杨小川。

② 叶圣陶 1914 年 12 月 17 日致顾颉刚书，《叶圣陶集》第 24 卷，第 93 页。

会不给他看。至于内容，从叶圣陶 11 月 21 日给顾颉刚的信中，可以略知其大概，信上说：

近来小说……皆一丘之貉。出场总有一段写景文字，月如何也，云如何也。云月之情万殊，诗人兴咏有灵心独运，传诵一时者；而今之小说中所描写之云月乃无弗同。言其语句，如谓女子则曰“诵唐诗朗朗上口，此某家不栉进士”；《聊斋志异》中此等语虽非常见，然统观其书，亦且厌其老调，今乃无篇不然矣。公园春游，男女邂逅，三语未终，便是求婚；其后非阻于父母，即梗于离乱，中间约略点缀几句伤离怨别之套语，便自诩极文字之波澜，尽言情之能事矣。今世风行，言情独盛。言情之作尤多老调，夫岂作者读者均弗怪为老调耶？抑亦人心淫佚，乐闻郑卫之音，温馨心上，以为慰情聊胜之意耳。弹词家所唱盲词人有两句以括之，曰“私定终身后花园，落难公子中状元”。今之小说亦此类已！

今之小说可谓皆自抄袭得来。苟指出某篇出于某书，且不胜其烦。或则窃取旧小说之一毛一发，便足命题成篇。至其语句之同更不可数。只得谓彼辈熟读小说，故成语如流而赴也。①

叶圣陶写这篇《正小说》，至少花费了一个月的时间。1914 年 12 月 18 日日记中说：“灯下草《正小说》篇，以诽今之小说。自知颇犯所

① 《叶圣陶集》第 24 卷，第 85—86 页。

言弊病，后即有作，自当从篇中之旨矣。”其实，叶圣陶写小说的心态一直是很矛盾的。1914 年 12 月 27 日日记中说：“君畴辈睹近时小说盛行，颇欲效颦踵武，为投机之事业。余不复存此思想已久，略有写作，以济穷竭，亦只强而为之，非所欣也。”1915 年 9 月 15 日日记中说：“午后作小说千字，手头窘时乃思卖文，思之可笑。”1915 年 11 月 15 日日记中说：“夜为小说千字，此事甚不欲为，而已又督促自己为之，甚笑金钱之役人也。”1915 年 11 月 17 日日记中说：“课馀则为小说，迄于将睡而止。似此勤劳不息，乃亦弗觉其苦。可见苦乐与否，只问心安，心安于劳，虽劳不疲也。”1915 年 12 月 1 日日记中说：“晨作一书致子明。盖暑中手头窘亟，曾向子明告贷十金，延欠四月，无以为偿。幸昨日售一小说，乃得奉璧返赵，经此精神之苦痛，始思节用守朴之可宝也。”1915 年 12 月 5 日日记中说：“草竟一小说曰《旅窗心影》，将此文缮正，遂以竟日。星期不外出，亦是有味。正不必听歌纵博，乃谓不负假期也。”1915 年 12 月 13 日日记中说：“灯下为小说五百字。盖预算今岁用度，犹有弗敷，故不得不劳我笔墨也。”虽说多少有点情绪化，但他总不愿做“文丐”，总想有所作为。为了扭转民初小说界萎靡颓败、淫秽下流的风气，甩开游春惊艳好事多磨的滥调，打破陈陈相因的俗套，叶圣陶作了各种探索性的尝试。1915 年春，他创作了《痴心男子》。

《痴心男子》写婚姻悲剧，以一丧偶的青年男子为主角。在爱妻病逝的当天，他如痴如狂，扶棺“喃喃独诉”悼亡之痛。他赞美妻子才貌双全，纯洁无瑕；回忆妻子对他至亲至爱，但新婚不久即“玉容瘦减”，“叩所苦”则“讳莫如深”，终于“匿病自戕”，使他百思不得其解。这天夜里，男子在爱妻的书箧中发现一叠遗稿，首编为《两地相思》，后附诗《与郎如胶漆》；第二编《红豆诗草》，内容包括《绿荫花园纪事》《答赠鹣鲽四章》《南浦四章》《长相思》，等等。“循览未竟”，男子“遽如冰雪沃背，肝腑都僵”。原来他的妻子别有所钟，因不能与有情人成为眷属而抑郁致死。

《痴心男子》的结构似乎模仿莫泊桑的《珠宝》。《珠宝》写的也是一场婚姻悲剧。内政部科员郎丹先生薪水微薄，自打娶了一位纯洁而美貌的姑娘后，生活得很美满。妻子对他体贴入微，就是爱看戏和爱收藏假珠宝。她佩戴各种假珠宝，使自己更加年轻妩媚。郎丹先生因而常常讥笑她。妻子死后，郎丹先生去珠宝店卖掉这批假珠宝，才知道珠宝都是真的，而且都是从这家珠宝店买走的，还有记录可查，买主都是达官显贵。原来妻子背着郎丹先生“卖笑”，换来了这批价值高达四十万法郎的珠宝。

缺乏生活而着意模仿名家名著，显然不是创作的出路。而国家面临的危机，也不允许叶圣陶沿着这条路走下去；受了群众爱国运动的激励，他接连写了《良心上之敌忾》和《一贫一富》。

六、注重小说的教育作用和社会意义

1915 年 1 月，日本帝国主义乘欧洲列强卷入战争无暇东顾之机，妄图独霸中国，向袁世凯政府提出了“二十一条”。国人奋起抗议，掀起了空前规模的抵制日货运动、救国储金运动和反对卖国的热潮。叶圣陶在日记中写下了他的愤怒和感言：

1915年3月24日　日本乘欧洲之战于我有无理之要求，我设允其所求，则中国亦从此逝矣。当局……屡与抗议，迄今尚未结束，而我人仇日之心炽矣。沪上人士最易感动，于是布发传单，腾为口说，以不用日货为抵抗制。据云凡日人设肆之门，皆有数人徘徊其旁，见有入肆市物者，则曳而语以爱国之说。尝有衣日布者，为人巨剪所裂。又有购日瓷者，才出肆门，已为人拥落于地而毁，既失货物，复遭辱骂……公愤之难犯也。

1915年4月4日　披览报章，意为索然。日本之所要求于我者，我政府已十允其九，战争之祸虽暂弭于此日，横暴之加且后悔于他年也。……诸友蹙额相告，若逢至戚。[①]

1915年5月9日　阅报纸，而心为感伤。盖日人要求于我者，我已全允所请矣。先是交涉磋商已经多次，我益让步而彼弗退步……行见倭人骄横恣肆，轻狂于眼前，殊未甘耳。

1915年7月25日　饭后览《东方杂志》。继至桂芳，宾若、有若、子明辈相与闲论时事，前途辽恶，共为兴叹。执柄者无献身图治之忱，而有自私苟且之恶。在野者存兴灭由他之念，而乏匹夫有责之志。上昏下聩，疾乃弥笃，百体之蕴病齐作，非偏医所克奏效也。孤士清介难启众浊，譬诸池塘积秽，洁者趋之，犹且自溷。

① 《叶圣陶集》第19卷，第144页。

自非朝野之子，同洗心面于一旦，亦难为功矣。然此会何可得哉！此所以叹也。

正是出于这些感叹，叶圣陶创作了《良心上之敌忾》和《一贫一富》。《良心上之敌忾》发表于是年8月14日出版的《礼拜六》第六十三期上。小说以上海某小学十名低年级学生激于“敌忾”，用拳头“教训”四名日本儿童为引线，塑造了老、青、幼三代爱国者的形象。日本“侮我”太甚，幼龄学童亦“引为深耻”，愿“为同仇敌忾之先声”。王生之老父从内心赞赏孩子们的“雪耻”壮举，又担心被“狡狯之外交家”所利用，酿成“国际交涉”，便匆匆赶到学校向青年教师善地报告。善地肯定了孩子们的爱国热情，又点出他们的鲁莽，使他们明白“徒逞意气”不能使国家富强，“志欲复仇者，修学之时，务锻炼其体魂，奋勉其学业”，树立“复仇之真精神”，造就“强毅勇敢”之美德。孩子们遂各言其志，以他日爱国军人自许。

《一贫一富》发表于是年8月21日，描写在“储金救国”和“劝用国货”运动中，贫者与富者的不同心态。看门的老苍头朱仁得知袁世凯卖国求荣，承认了丧权辱国的“二十一条”，心如火焚。他“擎杯痛饮”，借“浊醪”荡涤“胸中之万斛牢愁”，击桌长叹曰：

国辱于狡邻，民安于危幕，至于此日，亦已极矣。吾之幼年，……以我所见，允称盛世。及我之壮，强邻环伺，国步维艰，……及吾由壮而老，而今衰朽且死，国运亦由弱而更弱，而且无可立足。不幸之国家乎，何遂与老朽同其变化耶？昨一邻家石先生语我，谓某国瞷我无能，横来要挟。我既无以为抗，则拱手奉献东陲之特权。吾思中国虽云大，能有几东陲？他日将我生息游钓之乡，禀命外人，亦指顾间事耳。噫！我念及此，心滋痛矣。吾虽贱为仆隶，然犹有人心，宁甘奴于外人？更念吾之子孙，并皆神明裔胄，又宁愿其如印度波兰之万劫不复，永沦恶道？然而杞忧徒深，视天梦梦。解祸无方，熙熙犹是。……值此丧乱，身如浮寄，正不知红板桥头一抔土，果得埋我之朽骨否也。

这一番感人肺腑的哭诉，语气虽然不很切合老苍头的身份，却将一位“中华老儿女”的“忧国之思”表现得淋漓尽致。他得悉有识之士倡议“救国储金”，“以兴实业”，“以振军政”，遂毅然“戒酒”，每天把沽酒钱贮入铜罐，捐献给“救国储金事务所”，且不署真姓名，只称“中国之贫民”，愿为中华民族的振兴和隆盛“少尽绵薄”；他还每天给孙子盘儿一枚铜元，让盘儿投进学校的“储金箱”中，期以聚沙成塔，共纾国难。

老苍头听了盘儿宣唱的“劝用国货之歌”后，即随时随地劝导人们采用国货。而富翁王大义却抱着“国自贫，我自富；国自亡，我自存”的心态，挥金如土，“西式之衣履，欧风之装饰”，吸烟要吸“外国头等雪茄”，连狎妓也要到日租界寻访“三仙山仙子”。他说国货窳败劣陋，穷国生不出“佳丽”，非但不解囊捐输，反诬“储金救国”是“念秧之惯技”，最后暴殁于日本妓院。叶圣陶通过“贫”“富”的强烈对照，突出了“爱国出自匹夫”的主题，抨击了上流社会某些败类甘当亡国奴的无耻行径。

叶圣陶当时已在上海商务印书馆附设的尚公小学任教。《良心上之敌忾》是以真实的事件为“原型”的，他自己就曾处理过这样的事。1915 年 7 月 6 日日记中说：

某学生家属来言：昨日之晚，校中学童十数与日童私斗，受创之后日童诉其父母，诸童遂奔散。爰集全校学童于一堂，询谁则为此者，诸童挺身出，皆一年级幼生也。此可见仇怨之于人深入骨髓，虽在稚弱，亦具敌忾之心。此举固未可谓，当然亦弗容厚非已。

《一贫一富》虽说出自虚构，但也有真实的思想和背景“垫底”。请看两则日记：

1915 年 4 月 3 日　　观今日日报所载，颇有决裂之象，战争非幸事，然不战殆难了事。吾国兵力孱弱，战器窳败，固莫可讳言。而国人敌忾之心已炽至极度，有倡议集救国储金者，不数日间，应者潮涌，则以气壮心合而竟胜，亦应有事也。

1915 年 7 月 27 日　　诸友谈次，渐及货殖。选青谓：近拟倡一议曰“实业储金团”。先集四十人，令人结四人，凡得佰人是为一组，组中人月储一金，岁得二千四百金。其金储于银行，以保无虞且生子金焉。于是察某业足以有为，即投资经营之。组中人储金无尽期，斯见利则谋扩充，失利更为别图。既轻而易举，而集事綦宏。果能行之十年或二十年，则烟突拂云，机声成市，必蔚为吴中大观也。余闻选青语，颇谓其切实可行，牛刀小试，吾有同情已。

小说中写到有识之士倡议“救国储金”，“以兴实业”，“以振军政”，这正是“国人敌忾之心已炽至极度”的写照。叶圣陶和他的一帮朋友也曾这么想过，尽管很幼稚，但爱国的心是很热切的。这两篇小说都缺乏情节，着力描写几个正面人物，显然是要借他们的嘴说自己要说的话。至于反面人物富翁王大义，仅仅是个批判的靶子，写得很表面化。叶圣陶写这两篇小说显然为了作爱国宣传，方向是应该肯定的，也许为了急于发表，在技巧方面来不及仔细推敲。小说用的文言，又刊登在专供消遣的《礼拜六》上，宣传效果其实是很有限的。

接着，叶圣陶写了《某教师》，发表在8月28日出版的《礼拜六》第六十五期上。这篇小说用白描的手法写了某教师一天的生活，揭露他言行不一，品格卑劣，不足以为人师，并嘲讽了当时教师中的某些败类滥用“自由主义”和“趣味教授法”① 等新名词来掩饰自己的“不自振作”和渎职。叶圣陶一向主张“身教重于言教”，“教师必须以身作则”，曾写过不少小说和散文来阐明这一观点，《某教师》就是其中的第一篇。把《某教师》和《良心上之敌忾》《一贫一富》合在一起看，叶圣陶已经开始注意到文艺作品的教育作用和社会意义。非常有趣的是时隔不久，他又写了一篇近乎荒诞的小说，就是1915年9月4日发表的《灵台艳影》。

---

① 鲁迅1913年在教育部任职时就曾翻译过日本心理学家上野阳一的《社会教育与趣味》一文，刊登在同年10月和11月出版的《教育部编纂处月刊》第一卷第九、十两册，该文第四节为“趣味教育”。

七、哲理小说

《灵台艳影》主人公白生是一位才华横溢的哲学家，又是一位想象力很丰富的画家。他作画之先，总是把“素纸”张挂在墙壁上，“遥坐谛视，默然永日”，直到“纸上仿佛有画”时才“蘸笔勾勒”。一天，他“忽察素壁上仿佛有一美人遐思图”，急忙勾勒下来，画成了一幅美人图。图中美人“幽慧贞静”，他越看越可爱，竟想把她呼唤下来，与之“昏旦相共”。为了排解这不可抑止的非非之想，他去拜访朋友吴生，观赏吴生的藏画以作消遣。归来“隐几假寐”，“忽有推之起者”，原来就是吴生。吴生看到案头之美人图，认出画中人就是他的表妹何紫霞，并云正待字闺中，愿为白生作伐。吴生去后，白生好生高兴，忽“一山水画稿涌现脑蒂”，于是操笔画了下来。是时吴生适来回话，见了壁上新作，问：“此云林岂君旧储耶？”白生一再辩白，吴生终弗之信。白生急询何家回音。吴生言何家择婿必财才兼备。白生家世清贫，自知“事不可冀”，“但爱女之念，卒不可置”。忽念吴生误认己所作之山水画为举世所珍之“云林手笔”，何不以假乱真而售之耶？白生计果得逞，遂得万金，急趋吴生所，央其致意何氏。吴生将命而去，既而复来，云何家已有允意，但求白生画一幅《兜率天宫图》以作聘礼。白生“凝神面壁”，“冥想久久，迄未有得”。一着急，从睡梦中醒来了。次日清晨，白生出于好奇，去问吴生是否真有表妹何紫霞其人，路经服装店，看到陈列于玻璃窗内作广告之蜡制美人，容貌与其所作之图无二。白生沉思有顷，忽然大悟：

……自念一月以前，不尝经此耶？当时见此，未尝置怀。不谓一幅印象已深镂脑蒂，厥后图成绝艳，初非墙上观画，为我粉本，不过脑蒂留影，偶然呈露耳。夫习静则心一，心一则索留景也至易。静观而物之平面仿佛有画，正以此故。又在吴君处观云林画，入梦则下笔类倪。兜率图未有前规，虽梦中亦难成幅。此尤可证留影则现，无留则否也。生念此，心理顿清，一切绮想胥从解除。后此研究哲理，均得圆融无碍云。

叶圣陶虚构这个故事，就为了说明“留影则现，无留则否”的哲理：生活中的所见所闻，即使当时无意，也可能留下印象，成为创作的蓝本；从未经历的事物，即使在梦中也无法虚构。这也许是叶圣陶写小说将近两年的体会。后来他一再阐述生活乃创作之源泉，创作应取材于自己熟悉的生活，在《灵台艳影》这篇小说中，这些想法已经见到了端倪。

八、爱情小说

对叶圣陶当时来说，创作源于生活之想法还比较朦胧，所以不久之后，他又回到了“编故事”的路数上，写了《我心匪石》①。这篇小说的主角是乡村青年银姑和阿菊，两人自幼青梅竹马，誓结同心。银姑之母在媒婆的撺掇下，将女儿许配给张财主的儿子，并与媒婆设计，谎称

① 收入《叶圣陶集》第1卷时改题名为《我心非石》。“我心匪石，不可转也”，出自《诗经》，比喻爱情之坚贞不移。

为银姑与阿菊完婚，将花轿抬到了张财主府上。银姑当夜趁新郎被客人灌醉之机，带了首饰逃出张府。阿菊恰于是日因缴不起田赋，被乡吏诬为“抗租”，缚去到城里见官，被打得“血肉模糊”，关押于拘留所。银姑得到信息，即赶进城为阿菊缴纳田赋，只见阿菊“颓然偃卧墙隅，肤色惨白，类冢中陈死人，两目已无力开视”，第二天就离开人世了。银姑“哀伤逾常”，乃“投尼庵为佣，长斋礼佛，以了馀生”。

这篇小说情节较复杂，中间还插入银姑在逃婚途中遇一“敝衣被体”的渔妇，听了渔妇的诉说，“哀矜之心”油然而生，自己生死未卜，却将金钗一枚送给渔妇，让她易钱“供高堂一日之饱”。这一段讴歌劳动人民“相濡以沫”的情节，也颇感人。小说的构思似乎脱胎于欧文的《桃李鸳鸯记》，文笔则似乎模仿莫泊桑的《月夜》。第一部分写初秋的夜晚，秀穗飘香，眉月徐舒，明星有烂，流萤点点，蝉声沙沙，银姑与阿菊相依坐在陇畔顽石上絮絮情话，却“无一毫私亵之意”，可与莫泊桑《月夜》所写“严饰男女之爱”的“夜色”媲美。然而他自己在1915年11月5日日记中说：“今日草竣一小说曰《我心匪石》，造意遣辞，颇欲不同凡俗，脱稿自视，病未能也。”他并不熟悉农村中的“野子村姑”，他们的思想感情，对他来说总是隔膜的，想象弥补不了生活的欠缺。叶圣陶似乎下决心改弦更张，开始取材于自己熟悉的事物，接着就写了《倚闾之思》和《旅窗心影》。

九、写自己最熟悉的题材

《倚闾之思》写父母的爱子之心。青年秋帆游学京师三年，学业期满，“归期当在初秋”。父母“喜不可支”，日夕盼望儿子归来。适逢某大师在京讲学，“期以两月”，秋帆遂“暂缓归期”，投师求学，每天“暮归朝往，耳听笔受”，无暇修书奉禀父母。二老不见儿子归来，又无音信，以为出了什么意外，每日倚闾伤怀，怅然若失，直至秋帆平安归来，方破涕而喜。叶圣陶在1915年11月12日日记中说：

> 此篇造意得之实觉，盖曩日归时，母为余言：“尔之离家无刻不念。雨也，念尔在途中耶；寒也，念尔懒添衣否耶”云云。此可见父母爱子之心，无微弗至。人子荷戴亲恩至深至厚，讵子尽报答者？感此遂草为小说，推阐斯义，亦使世之为人子者，知所观感也。

1915年11月18日叶圣陶回苏州给婶母吊丧。次日，殓事毕。叶圣陶正要返沪，母亲知道他今年还没有吃过河蟹，特地为他买了四只。他在日记中说：

> 母亲以余入秋及冬，未尝持蟹，特为市巨蟹四，并酌之酒。咀嚼之顷，弥深思念，以为泉源水泽，天下之所谓深矣，然以视亲恩，犹行潦也。

叶圣陶对父母“亲恩至深至厚”的爱感受得太真切了。小说中的秋帆，原型可能是当时在北京大学学习的顾颉刚，两位老人是以自己的父母和顾颉刚的父母拼合而成的。叶圣陶写的是自己的生活感受，难怪细腻醇厚胜于其他各篇。

1915年12月5日写成的《旅窗心影》①，歌颂朋友之间生死不渝的情谊。小说写青年顽柔和同学隶青结伴到北京大学求学，“风雨联床，朝昏研习，盖未尝一日离”。隶青勤奋好学，“俭德为侪辈冠”；顽柔聪慧过人，就是好游览，又是戏迷，假日“或览故宫”，“或临剧院”，不太注意“惜资”。未几，隶青传染上了猩红热。顽柔为他延医诊治，量药煎灌，精心护理，然而病魔无情，隶青竟客死京中。顽柔为之购备殓具，寄柩寺院。是时，国学宗师章叔枚在京设帐讲学，听课者须缴费三元。顽柔囊空如洗，“投师无缘”，忽于检览隶青所遗词典时，发现其中夹有纸币百元，刹那间萌生了“取金之念”，想用这笔钱去旅游，去购置衣服，去“投章氏之门，执弟子之礼”。是夜，顽柔想起与隶青的情谊，“转侧弗能成寐”，终于“良知”战胜了“欲魔”，立即推被而起，秉烛作书，把发现“百金”的事禀报隶青的父亲，心中体味到平生从未有过的“至乐”。

小说中的顽柔和隶青是以顾颉刚和吴篆赤为原型的。叶圣陶当时的日记中说：“颉刚与篆赤共学京师，连床同舍，情如弟兄”。篆赤染病后，“量药求医，将护慰藉，都颉刚是任”②。篆赤惨死后，“颉刚客中送死，倍极伤心”。可见《旅窗心影》是在“真人”“实事”的基础上创作的。章叔枚“设帐”也有所根据。1914年春，章太炎在北京共和党本部开国学会讲学，每周周一至周三讲小学，周四讲文学，周五讲史学，周六讲玄学。顾颉刚怀着敬慕的心情前往聆听，还逐日将讲义寄给

① 《小说海》第2卷第4号，1916年4月1日。

② 叶圣陶1915年1月4日、1月13日日记。

叶圣陶研习。顾颉刚当时自号曰“天游”，寻幽探胜成癖，逛书肆成癖，观剧听曲成癖，手头窘迫是常有的事，其个性正与小说中的顽柔一致。不过，小说终归是小说，在词典中发现纸币百元这个情节，可能是虚构的。

一〇、毅然搁笔

叶圣陶写父母之爱、朋友之情，调动的是自己生活中的积累，写的是自己最熟悉的题材，创作的态度渐趋严谨。之后，他又创作了小说《反求诸己》和《淞垒记》，都没有得到发表。1915 年 12 月 13 日日记中写道：

> 灯下为小说五百字。盖预算今岁用度，犹有弗敷，故不得不劳我笔墨也。此篇拟题曰《反求诸己》，言治生之道，弗当有寄生虫性质，果能竭其智力，奋其精神，世未有冻馁以死者。余识世甚浅，凡此云云，均属悬想，不自知有合实际否也。

《反求诸己》完成于 12 月 20 日，是日日记中说：“夜间撰竟《反求诸己》篇，颇自觉彦和，所谓半折心始也。”《淞垒记》“纪铁韦坠水事”，则完成于次年 4 月 11 日。铁韦是叶圣陶的中学同学，毕业后考入上海商船学校；1913 年夏天，在黄浦江划船不慎坠水淹死。叶圣陶怀念铁韦，在 1914 年 11 月 9 日日记中说：

晨起忽忆轶韦坠海，当时颇欲为文以记之，忽忽年余，迄未动笔。近日思作小说，以此为取材，自谓可寓至情，更念一有虚饰，便失吾轶韦之真，遂立意实书。不加装点，即人弗之喜，完篇自藏，亦了却一重心事也。

这篇深寓“至情”的短篇，写作时间持续了一年零五个月，直到1916年4月11日才完篇。他在是日日记中说：

夜草竟一小说曰《淞垒记》，纪轶韦坠水事。此篇于去年属稿，屡辍故未就。今日作就，亦一快事，虽未足传轶韦于万一，而余以悼轶韦者，至今日始一泄也。

从叶圣陶的日记和书信中知道，他至少还有四篇小说没有得到发表，这四篇是《浮沉》[①]《无告孤雏》[②]《佛胤记》《戕性》。《戕性》是“教育小说”，1914年9月24日日记中留下记载：“盖言家庭教育当与学校教育互相提携。而世之为父母者，多有任而不教，甚且反其道而行之，是皆戕贼儿童之天性者也。”《佛胤记》作于《戕性》之前，篇名屡见于给顾颉刚的信中，却没有记下内容。1914年9月20日给顾颉刚的信中说：“《佛胤记》尚未登出，岂摈之耶?”[③] 9月27日的信中又说：

① 叶圣陶1914年9月7日日记。
② 叶圣陶1914年9月8日日记。
③《叶圣陶集》第24卷，第67页。

"偏偏《佛胤记》不登，想以其意晦也。"[1] 如此殷切，也许《佛胤记》是他比较满意的缘故。除了这六篇小说，他还"重撰"过一部《欧洲战纪》，这在日记中有较详细的记载：

1914年10月10日　近月以来，欧洲列国相与兴兵狂战，狂澜汹涌，靡有止已之望。余不甚关心，故并未志之于此。昨见《时报》有某君所作《哀欧洲谣》，慈肠仁怀，恻然当乎佛旨，意有深感，欲为继咏。宵来被酒，中夜梦醒，便思得二章，脑力既经运用，辗转弗复成寐，及于清晓始得朦胧[2]。起身时体力困疲，如在病后甚矣，作息之不可不以时也。洗餐已，复得诗二章，即写寄《时报》，以求众生觉悟，然效亦微矣。

岷原见访，即与茗于桂芳。归饭后更赴，则怀兰先在，谓余曰："近有某君译述日人所著《欧洲战纪》，其词句未能顺利，愿得君重撰之，撰就后印刷出版，可以图利也。"余应之，怀兰遂以译稿一帙畀余。夜归后，就灯下撰其十分之一。

1914年10月11日　晨起后，即握管撰《欧洲战纪》，复成其十之一。习字读书因而俱废，盖亦不得已也。

1914年10月12日　晨起后续治昨业，以迄午后四时，复

---

① 《叶圣陶集》第24卷，第68—69页。

② 朦胧：今作蒙眬。下同。

撰成十分之二。

1914 年 10 月 13 日　　晨起后续治昨业，渐觉原稿编撰之无当。午后怀兰来，即以语之。谓书成不售，岂非徒劳。君称切往询之，俟有主顾，再行动笔，今且搁置之可已。

1914 年 10 月 18 日　　晨间怀兰见访，谓《欧洲战纪》仍须续撰，大约可以求售。

1914 年 10 月 19 日　　竟日编撰《欧洲战纪》，复续成五之一。

1914 年 10 月 20 日　　清晨起后续为昨业，午后遂竟全功，持付怀兰。

看来这部《欧洲战纪》篇幅也还不算短，按说应该是出版或发表过的，但至今未能发现。叶圣陶还与尚公小学教师曾毅生合译过“西人言情”小说，1915 年 9 月 21 日日记中说：“晚与毅生译竟一小说。西人言情之作，殊胜中土也。”除了小说，叶圣陶还写过弹词。1915 年 12 月 30 日日记中说：“今日成弹词一首，曰《博鸡者言》，言元代一博鸡者仗义折理豪事，此事明高启为之作记。剑秋见记语以相告，余以为珍闻。初拟撰为说部，后知颇习见，遂改为弹词，取其通俗易晓，老妪都解也。然而俗不伤雅，正是匪易，今余此作虽犹不失雅正，然言于达神旨则远矣。”“殊胜中土”，“达神旨则远矣”，但“犹不失雅正”，虽说叶圣陶自己对“西人言情之作”和《博鸡者言》还比较满意，但很可能因造意遣辞不合时尚，被编辑投诸纸篓了。

一一、批判《玉梨魂》

清末民初，上海各报纸杂志几乎都发表小说，小说刊物的种类越来越多。苏州有一家书店用“小说林”作招牌来吸引顾客，也可以见出小说读者之多。叶圣陶在中学时代就爱好文艺，他在日记中经常谈到读欧美小说的兴趣，读《小说月报》“不至终篇不忍释手”。1912 年，恽铁樵接编《小说月报》，他致力于使该刊成为流传千古的“永久之书”，学习国文之“补助”，教育青年学生“通晓世情”；并以“正当小说”为标榜，“不矜奇炫异，不尚艰涩怪诞，无俚俗不通之句，无诲淫骂人恶习，无学究顽固气味，洵青年之良友而非损友”，声称“指桑骂槐者不录，伤风败俗者不录，苟佳稿难得，则宁阙毋滥”。由于恽铁樵的努力，《小说月报》在民国初年的文学史上确曾起过“兴废继绝”的作用，遗憾的是曾几何时，亦被鸳鸯蝴蝶派同化。鸳鸯蝴蝶派魁首徐枕亚的代表作《玉梨魂》在民初名噪一时。吴双热称《玉梨魂》是“可歌可泣”的“传世之作”①；吴绮缘将《玉梨魂》与《红楼梦》《花月痕》并列，谓三者可以“鼎足而传”②。叶圣陶对这部“言情鼻祖”却作了全盘的否定。他在 1913 年 12 月 7 日日记中论及《玉梨魂》时说：

---

① 吴双热：《〈玉梨魂〉序》和《〈枕亚浪墨〉序》。
② 吴绮缘：《〈余之妻〉序》。

是书叙一少年设帐某氏，而与其寡居之主妇缠绵情事，虽不及于乱，而殊为笔孽之尤。臻郊曩亦论及此，其作者必一无赖恶少，心有所属，乃托文字，自命情天骄子，实乡党罪人也。由余观之，持论虽不如臻郊之严峻，而其事其文都无足传之处。晚近小说恒有一种腔拍，如制艺之有烂调。此书复中之最深，徒取几许辞藻陈旧艳语，以占延其篇幅。即此一端，在小说中已为格之最卑者矣。

1916 年之后，小说界的商品化倾向越来越厉害，鸳鸯蝴蝶派小说“充塞乎书肆”。当年曾经独烂星空的《小说月报》，居然也高价征求“禁体”“别裁”“补残”“缀锦”等“鄙俗恶陋”的游戏文章。辛亥革命前后的某些“革命志士”，也身不由已地坠入了鸳鸯蝴蝶派的泥淖。苏州是鸳鸯蝴蝶派的老巢，鸳鸯蝴蝶派大家如徐枕亚、包天笑、周瘦鹃、程瞻庐、程小青、顾道明等人都是苏州人，徐卓呆是叶圣陶的近邻，范烟桥是叶圣陶中学同学。但是叶圣陶从 1913 年批判《玉梨魂》起，1914 年又写了《正小说》，并再三声言不作“文丐”，可见他早就与鸳鸯蝴蝶派划清了界线。到了 1921 年，他著文对礼拜六派大张挞伐，也是理所当然的了。

一二、文言小说面面观

从《姑恶》到《淞垒记》，可以看出叶圣陶几经曲折，终于走上了写实的道路。这二十来篇文言小说，就思想内容而言，大体有六个方面：一是写工人和佃农的苦难，如《穷愁》《我心匪石》；二是揭露袁氏政府的倒行逆施，如《终南捷径》《瓮牖新梦》；三是歌颂劳苦大众的爱国情绪，如《一贫一富》《良心上之敌忾》；四是写触目惊心的家庭悲剧，如《贫女泪》《姑恶》《博徒之儿》等；五是抒发父母之爱、朋友之情，如《倚闾之思》《旅窗心影》；六是针砭教育之弊端，如《戕性》《某教师》。此外还有哲理小说《灵台艳影》，以及根据外国小说改写创作的《黑梅夫人》[①]（小说通过冷静的描述，把资产阶级贵妇人极端自私、虚伪的心态刻画得入木三分）等其他作品。这些小说瑕瑜互见，正表现了叶圣陶在这不到两年半的时间里，努力作了各种尝试和探索，其中《穷愁》《终南捷径》《瓮牖新梦》《灵台艳影》诸篇，从当时的水平来衡量，还不失为佳作。

从创作思想看，总的趋向是积极的。叶圣陶在创作文言小说的过程中，越来越看重作品的社会意义和教育作用，同时也看重小说的艺术技巧。在鞭挞丑恶的同时，他讴歌了生活中的“真”“美”“善”“诚”。无论是宣传爱国、揭露黑暗，还是抨击愚顽、张扬美德，他总是试图通过潜移默化的作用，引起人们对于民族前途和国家命运的忧思，对于黑暗社会的不满。但是他到底年纪还轻，和同时代的许多人一样，看到当时世风日下，担心传统文化将不复存在，因而在《姑恶》中，赞美了金梁氏的“贞烈”，在《博徒之儿》中，赞美了王根生的“孝行”，把“贞”和“孝”作为“崇高人格”准则，这是时代和思想的局限。民国初年，面对扑面而来的“欧风美雨”，有识之士看到传统式微，滋长了一种“忧患意识”和“民族自卫意识”。随着袁世凯的专横，民国暗无天日，

①《礼拜六》第17期，1914年9月26日。

有识之士更加看重伦理道德，认为“人心风俗”乃“国运”所系，“道德”为“第二生命”，在采集“自由”“民主”等“新思想”的同时，竭力提倡“忠”“孝”“廉”“耻”“仁”“义”“礼”“信”等“崇高人格”，以此来“转移人心”，“整顿风俗”。必须指出的是，有识之士推重“道德”“仁义”“礼乐”，这与当时社会上泛起的“尊孔崇经”的逆流，切不可混为一谈。有识之士提倡“人心道德”，其目的在于“救世”；袁世凯对“君臣父子”加以法律化，其目的在于推行封建专制。前者要弘扬“传统美德”，后者要维护“封建糟粕”；前者要“民主共和”，后者要“复辟帝制”。虽然都在倡言“道德”，其用心则有霄壤之别。叶圣陶早在读小学时就萌生了反封建思想的萌芽，1912 年春在社会党党员大会上大声疾呼“要置袁世凯于死地”，他是决不会替北洋政府的“崇奉古圣”“尊孔尚孟”“褒扬节操”之类的“条例”和“纲要”推波助澜的。叶圣陶的本意是要讴歌“传统美德”，但在文言小说中所展示的一幕幕触目惊心、鲜血淋漓的图景，却从另一个侧面深刻地揭露了以孝、悌、忠、信为核心的伦理道德“吃人”的本质。《姑恶》中金梁氏恪守“饿死事小，失节事大”的伦理观，结果惨死于婆婆之手，《博徒之儿》中的“孝子”王根生，对于父亲和继母的虐待“甘之如饴”，险些丧命，这就逸出了作者拟议中的思想导向，突破了构思时的思维定式，颠倒了创作意图，使人们认识到“在一切意识形态领域内传统都是一种巨大的保守力量”①，中国固有文化中的基本精神仍“像梦魔一样纠缠着活人

---

① 恩格斯：《路德维希·费尔巴哈和德国古典哲学的终结》，《马克思恩格斯选集》第 4 卷，人民出版社 1995 年版，第 257 页。

的头脑”[1]，从而给“贞”“孝”“耻”“礼”等“伦理道德”作了“反宣传”，激励反封建的志士们高举起“铲除封建势力，打倒封建思想”的旗帜。叶圣陶为了“警教”“规世”，在文言小说中写到的“仁义”“贞洁”“孝行”“礼教”，只是作者在由“旧伦理”向“新思想”演进过程中，对传统道德的一种依恋，是无“新”可采时一时的“迷茫”。

就形式而言，叶圣陶对各种文体都作了尝试，有的酷似《聊斋志异》，有的近乎唐宋小说，甚至还用过“四六骈文”，但就总的趋势来看，他孜孜以求的是欧美小说的意境。在语言方面，受当时各位翻译家的影响很深，如林纾翻译的各种小说，周氏兄弟翻译的《域外小说集》，有时刻意追求古奥，有损于表达的顺畅。在结构、布局、描写人物、运用对话等方面，都竭力模仿欧美小说，如人物之塑造，心理之描写，写生活的“横断面”，适当采用倒叙，用第一人称，以及用对话体和布置悬念等创作技巧，打破了旧小说平铺直叙说故事的传统模式。叶圣陶醉心于古德斯密、莫泊桑、契诃夫、显克微支、托尔斯泰等名家的作品，尤其是他最早接触到的华盛顿·欧文的《见闻录》。《见闻录》中诸篇均取材于民间传说和底层贫民之生活，注重人物与背景的描绘，笔意谐畅，韵味淡远。叶圣陶于英文课上学习该书原本，深感欧文之语言亲切，读之如得面晤。因而在创作《穷愁》时，他有意模仿了欧文的《惨景》。

叶圣陶对小说的创作不断进行探索，其精神是极其可贵的，而且终

---

① 马克思：《路易·波拿巴的雾月十八日》，《马克思恩格斯选集》第 1 卷，人民出版社 1995 年版，第 585 页。

于走上写实的道路，逐步认清了作家应该担负的社会责任。更难能可贵的是他毅然搁笔，甘愿承受清贫而不再“卖文”，决不迁就时尚，迁就礼拜六派刊物编辑的口味。

在这两年零五个月中，叶圣陶甘苦备尝，从正反两方面都积累了不少经验，深切感到文学创作亟须“求新”“求变”。后来受到了俄国文学的影响和《新青年》的感召，开始写白话小说，成为新文学运动的先驱者之一，并参加了以“为人生”为宗旨的文学研究会的发起。

第八章

《新青年》的召唤

夜览《青年杂志》，其文字类能激起青年的自励心。我亦青年，乃同衰朽。我生之目的为何事，精神之安慰为何物，胥梦焉莫能自明。康德曰："含生秉性之人，皆有一己所蕲向。"我诵此言，感慨系之矣。

——叶圣陶 1915 年 11 月 25 日日记

一、"空消时日，殊非所宜"

叶圣陶被排挤出校之后闲散在家里，读书看报浏览杂志，写诗歌小说，帮人刻图章，写些贺词和挽联之类的应酬文字，日记中留下的相关记载相当多。以 1915 年春为例：1 月 1 日，"代人书一挽联"。1 月 9 日，"接叔寅一片，嘱撰颂友人婚辞"。2 月 4 日日记中说："起身后读周美成词句，低回绵丽，沁人肌骨，宜其独步当世也。晚际把杯独酌，一首词一口酒，颇以为适。"2 月 15 日日记记："起身后为人作一印"。时而"心烦意乱"，时而"颇以为适"。思想波动这么大，显然与他闲散在家的处境有关。从日记看，他做的事大致还有三件。

一是为当了小学教师的原草桥中学的同学代课。仍以1915年春为例，开学的前两周就代课三次，这在日记中均有记载：

3月10日　君畴忽折简相招，言有事乞为代课，因赴其校。乃知其夫人方将分娩也，余遂允为代课。此调不弹，于今半载，重复促柱，手生荆棘矣。幸是中学童均甚驯顺，不然且疲劳矣。

3月20日　君畴族中有丧事，昨日预约子清及余为代课，余因以清晨诣君畴校。是间学童彬彬有礼，对之弥觉可亲也。午际子清至，午后之课皆以子清授之。

3月22日　晨起至君畴校为之代课，盖君畴有应酬也。课儿之事，偶一为之，亦饶有兴味。特如此间之驯良学生，殊难得耳。

二是几乎每天都与草桥中学的同窗好友聚会。虽说也有“行歌嬉笑”“呼饮如狂”的时候，但更多的还是“杯酒论心”，作海阔天空式的漫谈，相与“评论人物”，“闲谈艺事”，纵观时局。谈得最多的也还是教育，反思最深刻的是自己的心路历程。仍以1915年春为例，除了上面写到的代课，谈及教育或走访学校的日记还有：

1月3日　（午膳后）至于桂芳。诸友聚言教科事。吾虽不在其位，而亦与谋其政，及夜乃归。

1月11日　　三时莅君畴校中。

1月14日　　（午膳后）至君畴校。

2月1日　　晚至君畴校中。君方惩戒一儿，此儿殊倔强，对其师有怒辞。君畴温语以劝，更请儿母至，语以儿所过失，蕲为一致之约束。母唯唯，遂携儿去。君畴谓：“明日尚须与此儿谈话也。”

2月22日　　至君畴校，君畴以今日开学，方登台为儿童致勉辞，语详而诚，听者有喜色。县视学员称君畴为良教师，洵无愧也。

3月24日　　（午后）余与岷原至君畴校，学童或游戏，或整理几案，或课读，幼生要无蛮恶跳浪之态。城中小学，余踪迹所经者，亦八九所，学童之良，此为第一。游息其中，弗觉烦喧，只觉多趣也。

3月28日　　顷晤仁侯，谓拟以馀暇办夜学校，使里巷细民略被教化。余思此事诚云无量功德，第不知仁侯持何主旨也。如第授数算，略课文字，则前者为细民所固能，而后者复负贩所不急。尤重乎此者，厥唯庸行与常识，行鄙识陋，败俗所由，而今日民生之通病也。痛下针砭，转移颓圮，端宜于此着力。揭此旨，而辅以书算，则夜学校之为功匪细已。明日遇仁侯，当以此意进之。

3月31日　……旋续阅子明校中作文簿十，九皆疵病，不能尽改。计唯有令之撕去，留之任人观览，殊失体面耳。

日记中常常谈及心路历程，最值得关注的有两处。1915年1月26日日记中说："午后访颉刚，徐瀚澄旋来。因共论昔年社会党中人物，其足取者乃莫可得什一。当时振于好奇心，遂与魑魅为伍，由今以思，真如痫作。"2月9日日记中说："晨间听会书于吴苑。场散，与君畴、慰萱、子明聚餐于观桥堍饭店。昔年陈翼龙曾与我饮此，盏空饭罢，各自东西。孰意此别之后，永绝见期。陈竟饮弹丸于燕市矣，枨触旧尘，为之黯然。"前者是对社会党的全面否定，后者是对革命志士陈翼龙的深切缅怀。虽说写得都很简略，但心情是极其沉重的，反思这些刻骨铭心的经历，对他今后的人生道路多有裨益，这是完全可以肯定的。

三是给父亲做帮手，帮助父亲到东家或到"租粮并收局"收租，还帮着到乡下去料理丧事。这在日记中也有记载，仍以1915年春为例：

2月27日　吴钝斋先生之弟妇于后日安葬，须吾父为之经理。

墓地在狮山侧，余因请随往，借以餐诸峰秀色。日来沉湎醇酒，出入市集，天趣汩没尽矣。小游郊野，或可少葆天真耶。

2月28日　晨起甚晏，餐已即随吾父登舟。余素弗惯乘船，低舱俯入，百体胥弗自由，喉间亦作恶欲吐，因静卧以憩，冀得安适。舟过横塘，进午膳，咽才数口，竟皆哇而出之，遂复卧。

入晚，舟人停棹，抵狮山矣。即随吾父至吴氏墓道，试步陇头，积郁为舒。葬事吾未之前见，今来此地亦增识也。及夜返舟中，略进酒食，尚觉无苦。舟中无吾酣睡地，因下榻守墓人倪某家。倪为人谨厚，语讷讷若不出口，村亩之间，此为长者已。其家前临清溪，远瞰山色，踏月叩门，万籁不声，宿野人家，此为吾生第一遭也。

3 月 1 日　　晴而多风。晨梦为门外屠豕声警醒，起视东方，山头正衔晓日也。

返于舟中，呼吸清爽，竟体为快，城市人那复得此，即孱健攸分也。早餐已，侍吾父至吴氏墓道，督理工事。午际钝斋先生来，即揖而见之。

饭后，余独步田间，即耕人而与语。彼辈言此间所苦为流民之肆扰，流民多来自淮北，其群之人以百数。砍人家墓旁之树，坏田头水车之基，破篱毁落，攘鸡与狗。不之呼叱，则扰已自去；苟少与抗，则持械相向。村之人无若彼其众也，靡不受创，故只得视其蹂躏，而村人苦矣。言之官，官不理此，所以无可奈何也。余闻是言，颇欲留意其言之确否，而断树破陇，比比皆是，亦可叹已。

返至吴氏墓，则柩已入土，入灰土其旁。八九工人行步其上，谓之踏足，取其坚结，可以却水也。

入夜饮于舟中，旋即就宿所寝。

3 月 2 日　　晨起亦早，餐已复至墓上监视。风狂而利，中人欲倒。瞻望四周山色，苦不得去，唯冀风息耳。午际举杯而饮醇酒也，饮而乐之。

晚际，舟伙金寿坐船首而叹，船主问何叹。金寿言："村中有博场，系维此间，苦无消遣，亦从而入局。昨日大胜心则狂喜，今乃反负，是以叹耳。"

余聆此而知村人之潦倒，亦正有因，呼庐纵博即其事也。既足荒耕而非耘，便以丧财而堕家，此物真凶神哉！不然，村中无奢华侈夸之费，日耗一金恐非易事也。

夜饮矣，返至宿所。倪之妻及一老妪，与余言儿童入学事，因知此间村先生脩厚，而裨益学童者至薄。余言曷不入乡立小学，习书算、能讲解，一生为用匪浅也。彼辈似有所信，然未必实行也。

这样的经历既得"以餐诸峰秀色"，多了见闻，又为创作积累了素材。叶圣陶的抱负本来就很远大，前面已经说到他在中学时就有个"宏愿"，要努力"读尽天下书"，被排挤出校后思来复去，想得多的也还是要读书，这在1915年春天的日记中也有记载：

2月16日（农历年初三）　晨随吾叔至伯南家，拜其先人之设位。后访颉刚，余言谋事无所成，空消时日，殊非所宜。能自筹学费，以入学校则至愿也。颉刚深善余言，且怂恿之，第不知日后果能偿愿否耳。

2月18日　晚间颉刚来，为余言："如愿同去求学，决能少相资助，已得请命于家君矣。”余闻此语，自知能如愿者十之一二。投师研习，未必今生有分，然颉刚之厚我，固至乎其极已。感激之殷，致于无语。

“能如愿者十之一二。投师研习，未必今生有分”，这些感伤的话也源自家贫、想读书而不能的烦恼。由烦恼又产生出一种不能再这样闲散下去的紧迫感。“空消时日，殊非所宜。”失业后的叶圣陶面临着“谋事”或“求学”的两难选择。

二、遵从父命　执教尚公

1911 年 1 月初，叶圣陶还在读中学四年级的时候，由于家庭生活困难，父亲想让他放弃学业，到甘肃报考电报学堂，叶圣陶虽不愿意，但还是以“孝”为先，一切听从父亲的安排。从叶圣陶 1911 年 1 月 8 日的一则日记[①]中可以看出叶圣陶从小就很“懂事”，对父母是绝对孝敬，要是有什么过失，都会写在日记中，“庶以求不贰过也”[②]。

他在日记中记到的对于父母亲的“过失”有过两回。第一回是 1911 年 11 月 9 日，日记中说：“散课归家后，见家慈为余制夹裤方就。余嫌其裆大，遂致不悦之色与不悦之言并发于尊长前。如此放肆，实属荒谬。尝记九月间，我夸观前某卖牛肉者之肉佳于家君前，因命购少许归以下酒。是日我买得后不即归，反与友人饮。及归，家君酒已饮罢

① 详见本书第 7—8 页。

② 1910 年 11 月 2 日写的日记《缘起》，《叶圣陶集》第 19 卷，第 3 页。

矣，家君怒之。此等事其过非小，志之以便改之。”从这之后，再也没有在“尊长前”放肆的荒谬了。第二回是1915年2月24日，日记中说：“茶座中见姻戚某君，与为礼，而不我答。归后心中殊忿恨，谓：‘会当面折之。’吾母言：‘我辈终当有求于人，不宜使人难堪。彼果不答，更呼其字，而称礼之，彼亦何能不答耶？’吾母因言此，复推类言曰：‘汝于亲朋前辈，不当落落寡合，望望欲去，略自卑抑，相与周旋，究无伤也。’余受母训，心隐幽怨，语遂夺口而出曰：‘若辈之中，实鲜入余目者也。’母闻小子言意，遂甚怒。小子出言无状，不遵慈训，致干母怒，其罪过实匪轻。谨志于此，以自省改。”可见叶圣陶的温和谦卑，与母亲的要“略自卑抑”“不宜使人难堪”的教诲有关。随着年龄的增长，叶圣陶越来越敬爱父母，工作和婚姻是人生的大事，就更得依从父母之命了，他是现代作家中典型的孝子。

叶圣陶的表兄孙伯南与郭绍虞的父亲郭鹭庼相识，常常带着叶圣陶去郭鹭庼家串门，叶圣陶也就认识了郭绍虞，两人从小就成了好朋友。顾颉刚再三再四地鼓动叶圣陶报考大学，郭绍虞则希望叶圣陶尽快“谋事”，到了1915年初居然有了可以帮忙的机会。那时郭绍虞在上海尚公学校教高小国文，进步书局请他去当总编辑。他就向尚公学校荐介叶圣陶接替他的职位，校方答应了。这在叶圣陶的日记中也有记载：

3月15日　　（晚）归后，吾父言郭鹭庼先生之长子刚来此，谓乃弟原在上海尚公小学，为级任教员。今有他就，特来关切，谓可以继其役也。

余性懒废，教习尤非乐为。去之几及一年，乃复重理旧业，心弗善焉，因言："吾不欲就此。"吾父言："尔有所需，予辄许尔。尔纵落落，独不思有以慰予耶？"小子恃爱忘仪，动干亲心，真当死罪。因言曰："吾愿就矣。"不觉泪随声下，弗获自止。余性执拗，至于此极，所当自戒也。

其实，上海在叶圣陶心中是有吸引力的。上海不仅是一个繁华的都市，也是文化的中心。叶圣陶龆龀之年，就向往心切。1909 年，上海开江苏学校成绩展览会，他和许多同学前往参观，曾独自到国学保存会的藏书楼看书。后来，读樊樊山的《璧云曲》，倾慕名优贾璧云。1913 年春，贾璧云演剧于上海大舞台。叶圣陶恰好得到一笔稿费，便相约顾颉刚"作沪上游"，"居沪五日"，日日观戏，"多年馋渴为之一解"①。如今有了到上海工作的机会，反倒说"不欲就"，很可能是被排挤的阴影还郁结在心里，挥之不去。可父亲用了"独不思有以慰予耶？"一句话，就让他来了个一百八十度的急转弯，诚惶诚恐地说出"吾愿就矣"的话来，可见"孝"就是无"理"可讲，非但只有绝对服从，而且还得切记下不为例，用叶圣陶的话说就是"所当自戒也"。

郭绍虞的哥哥把尚公小学开学的时间说成了 3 月 17 日，这可忙坏了叶圣陶，第二天一大早先是出门与朋友道别，紧接着回来料理行装，处处表现得满心喜欢。3 月 16 日的日记中写道：

---

① 顾颉刚《〈古史辨〉第一册自序》："（1913 年）2 月中旬，与叶圣陶至沪听戏，四日间观剧五回。'我在南方，常听得北京戏剧的美妙，酷好文艺的圣陶又常向我称道戏剧的功用。我们偶然凑得了几天旅费，到上海去看了几次戏，回来后便要作上几个月的咬嚼。'"转引自顾潮编著：《顾颉刚年谱》，中国社会科学出版社 1993 年版，第 30 页。

晨起甚早，至岷原所，告明日将赴沪上。归后料理行装，检携书帙。

饭已至蓉初所，共出阊门，观喜泊度马戏，盖前约也。……场散缓步入城，至于桂芳。诸友言："后此有小别，不可不作一欢会。"因饮于其昌。酒散归，知昨说复不然。盖郭君去职当在春假后，其兄看信未明，便来招致。今日重接乃弟音信，知其如此，更来说明是故。即愿就此席者，当在卅日后也，明日赴沪可作罢论。

接替郭绍虞上课的时间在 3 月 30 日之后，叶圣陶就从容多了。为了不耽误报到，他特地拜托在上海工作的叔父帮着打听尚公的"春假"放到哪一天。3 月 27 日接到叔父的来信，"言尚公春假后于（四月）八日开学"，叶圣陶就提前两天于 4 月 6 日到校，做好开课前的准备工作。4 月 6 日日记中说："十时别全家"，"越二时而抵沪"，"即驱车至尚公，晤曾君品纯，一切规模，语我唯详。曾君好诗文，在沪有东社之集，亦风雅士也"。"部署既毕，而郭绍虞来，为述教课种种"。尚公小学位于闸北宝兴西里，叶圣陶任高小一年级级任教员，除了教国文、习字、修身，还有历史、地理共五门课。第二天"即预备应授诸课。历史、地理向非熟悉，今必强识穷搜，以备教授"。4 月 8 日第一次上课，日记中写道："及上课，知学生才十七人，所课为国文。久未引喉朗讲，颇觉其劳。学生尚驯顺，鲜须管理，则其容易处也。第二时续课国文，第四时为季君代算术一时。"

生活又揭开了新的一页。可顾颉刚还是怂恿他报考大学，这在叶圣陶日记中留有许多记载：

4月14日　出访吾叔，……茗于茶室。吾叔授我颉刚一书，拆视之，仍劝余求学京师，并为规划其方法。然恐终难行也。

5月28日　接颉刚、子清书各一通。颉刚言大学分科，方将招致学生，届时当往投考。并申曩时资助之议，怂余与偕。余诵此语，辄深感念颉刚厚我，必欲挟之高翔云霄，余乃如鹧鸪之翼，莫可自奋。既鲜兄弟，远游当戒，家又贫寠，难可取求，坐此之故，又乌敢以游学请于堂上耶。颉刚屡勉我，并得其尊人之许可，愿相资助，深情高义古昔所稀。而余之伫步弗进者，非余之心愿也。福慧未修，终以弗学竟其一生，此中有天，匪可强已。

颉刚更言，预计撰著之书已近百种。毕撰当在五千卷外，三十岁前则撰目录平议之书。《国学志》一书述作，当在最后，必俟统系极明，是非甚辨，无书不窥，靡事弗察，而后成书，乃可表中国之学术，成绝业于千古也。观此数语，可谓为人所不敢为，志人之不敢志，然并非夸辞也。颉刚每有所作，其法度必极宏大。近岁以来学尤孟晋，益以西土文字肄者三种，集世界学术之大成，成名山不朽之伟业，固意中事也。以余怀仿之，自惭形秽矣。

巧合的是叶圣陶接到顾颉刚信的第二天，父亲就来上海了，还在上海住了四天。叶圣陶除了上课，其余时间都用于陪伴父亲，这在日记里写得很详细：

5月29日（星期六）　晴。午际吾父自苏来，为访孙受之先生，并游爱俪园也。受之先生寓所距此甚远，且未易寻觅。因致书伯南，约其以明晨来易安茶居，然后同往。

课毕至叔父所，即侍父及叔父茗于天香阁。既夕，饮于某酒家，酒罢，住新鹿鸣旅馆。

5月30日（星期日）　　晴。清晓即起。侍父叔父茗于易安，久待而伯南弗至。因随叔父出，按受之先生寓所之里处而探求焉，既得其里，复无从得其第宅。茶寮中有吾父相识，悉孙所居，叩之。随父更往，徘徊道侧，二时许始达，异乡作客此亦苦事也。

坐谈良久，出至味莼园。草场辽漠，数溪纡曲而已。憩客所曰安垲，第酷似教堂剧院，茗座无数，陈肆其间，因啜茗解暑劳。幸来客犹稀，否则喧声聒耳，不堪一刻居矣。

欧洲战争今犹未息，慈善存心者，倡为义赈会，以济枪炮丛中之创夷者。哈同君因开放其园，任人入览，以游资充义赈焉。斯园开放仅只四日，今为末一日矣。既投资入园，有购全园图者，即购取其一。顾园址绝广，幽径纡回，殊弗得按图索骥，第有信足所至而已。此园亭舍类仿中国式，精致绝伦，……继憩于中国商场内之茶亭，入此园者总带几分慈善名义，饮食之需匪可绳以市价也。

及晚电灯齐明，景乃奇绝。屋脊树巅山腰溪岸，无不光耀灿烂，如缀巨珠倒影池光中，……处其境当疑非复人间，直在众星之海矣。

出园后会叔父于某酒家，饮罢，仍住鹿鸣。

5 月 31 日（星期一）　　黎明即起，归校时日轮犹弗高也。……

课毕会叔父，至鹿鸣吾父所。至则受之先生及伯南均在，旋饮于某菜馆。酒罢，归寓所，与伯南论音均及课学生之法，殊觉快意。

6 月 1 日（星期二）　　晴。晨起绝早，即侍吾父赴车站，父既登车，余乃归校。

叶圣陶陪伴父亲品茶喝酒访客游览，说话的机会很多，可顾颉刚怂恿报考大学的事只字未提，他显然不愿意让父亲知道，免得老人为难。这一年，北京大学在上海的招生考试定在 7 月上旬，报名时间越来越临近，顾颉刚也催得越来越急。叶圣陶 6 月 24 日日记中说：

得颉刚一书。言京中有可以为我觅一席地之机会，果能成就则旅学所需，弗患无自出矣。颉刚爱我，如其亲弟，必欲措之于学者之林，随时留意，得闲便谋，可感感也。即作一书报之，并作一片至君畴。

这封信对叶圣陶说来是一个好消息。因为他在 1915 年 2 月 16 日的日记中就曾说过“能自筹学费，以入学校则至愿也”。现在顾颉刚居然能在北京为他找到一份工作，学费可以“自筹”了，按说报考北大也就没了后顾之忧。顾颉刚 1913 年春考入北大预科，1914 年上半年休学，这回也来上海参加7月上旬北大本科的招生考试，和叶圣陶一同应试，这对叶圣陶来说也是一个鼓励。但好事多磨。6月下旬，顾颉刚突然患了伤寒。叶圣陶7月8日日记中说："接仲川一片，言颉刚卧病京师，近将与同寓投考大学，弗成事实矣。余见此，心殊怅惘，即作书寄仲川所，托其转致焉。"7月10日日记中说："晨接颉刚一书，言因病弗复考大学。且令余与子清往试，余乃作简寄子清，询其意旨，如彼不来，余亦作罢论矣。"7月12日日记中说："晚接子清一书，言愿同考大学。吾本无心，君偏有意，书中言明日且来沪上。果必相强，只得同往一试耳。"7月13日日记中写道：

> 午后子清自苏来，便偕之出。至寰球中国学生会，询投考大学情形，取其章程一纸出。子清犹有雄心，余则决计弗赴矣。

这么看来，顾颉刚患病倒为叶圣陶的"弃考"找到了说辞。假如顾颉刚果真来上海了，处在"同往一试"还是遵从"父命"两难选择中的叶圣陶，恐怕就更苦恼了。"弃考"的真实原因还是一个"孝"字，还是5月28日日记中说过的话："既鲜兄弟，远游当戒，家又贫窭，难可取求，坐此之故，又乌敢以游学请于堂上耶。"从此，叶圣陶彻底断了上大学的念头。

三、"不减吴中烂醉狂歌之欢"

尚公学校的"尚公"意为"崇尚公众"。该校创办于1906年春，是商务印书馆的实验小学，有初小四个年级、高小三个年级，学生多达二百三十人，大多是商务印书馆职工和工商业者的子弟，校长就是商务印书馆编辑所负责人之一的庄百俞。在尚公教书，可以去涵芬楼（商务的馆内藏书楼，创设于1904年）看书，在知识的海洋里遨游，还可以结识更多的朋友，研讨文学和教育。

刚来尚公时，叶圣陶还有点不习惯。4月6日日记中说："沪地贵于金，校舍殊不宽畅，即寝室亦宿三人①，真弗惯也。"但很快就适应了尚公的工作环境和氛围。"商务书馆内之花园，碧草平铺，翠藤作障。绿荫之下位置凉椅，可憩可读也。园中亭舍均以未雕琢之树干为之，弥见萧疏逸景。课馀无俚来此小坐，诚好去处也。"② 这里的一切，都给叶圣陶以全新感兴。他在4月9日日记中说：

> 校舍之旁，学校五六比屋而居，对门则商务印书馆印刷所在焉。每当朝曦方上，夕照当墙，则见挟书之学子、短衣之工人络绎而过，繁于星斗。余思中国之地而尽如此间者，则工业盛而教育备矣。惜乎！这般佳景象仅见于此也。

尚公延聘的教员，多为热心教育的志士。他们"视校事如己事，视学生如己之子弟"，采用"实用主义""勤劳主义""自学辅导主义"的教育方法，注重实效。教师之间的关系极为融洽，"精进研求，交相奋勉"。校歌云：

---

① 另两位是陈瑞歧、张慕骞。

② 叶圣陶1915年4月9日日记。

美哉吾尚公，名誉当尊重。
名誉原自实际来，普及到公众。
孔云泛爱，耶言博爱，
大家都是好弟兄。
规过劝善，公德日隆，
美哉吾尚公。

4 月 7 日，叶圣陶到任的第二天，曾品纯就盛情地邀请他加入文艺团体“东社”，一起编撰“东社社集”。是日日记中说：“曾君以东社丛刊《天涯吟草》《鹤望近诗》见赠，谢而受之。君颇欲邀余为东社社友也。”次日日记中说：“晚膳后，听品纯谈农事，颇长见闻。”4 月 10 日日记中说：“夜，灯下与品纯细论文学，各出所怀，多相证合，语至得意，相与鼓掌。客中之乐以此为最。”这之后，叶圣陶与同事的关系越来越融洽，可以说亲密无间。4 月 12 日日记中说：“辞家一周，客情渐惯，晨夕作息如在家中。可见习之既久，便成性格，事固无弗然也。”4 月 13日日记中说：

诸同事议醵金饮酒，正中余怀，遂驱车至抛球场某酒楼，团坐一桌，恰得十人。一壶既倾，拳声斯作。诸君皆鸿量，以余比之，止上下驷耳。

酒散，殊饶醉意，与景岐、品纯、绍虞遨游通衢间，初不辨其方向，信足所至而已。时有微雨，我辈不伞不履，来趁宵游，可谓落魄清狂，逸情豪兴矣。

归校后聚语于王子进室中。王君酷好文学，性有同嗜，语乃无休时，复出其友人诗词稿见示。醉眼模糊，未之入目也。正畅谈间，灯电忽灭，遂就床卧。今夕之乐亦云难得，盖不减吴中烂醉狂歌之欢也。

“辞家一周，客情渐惯，晨夕作息如在家中”，同事间也有了“不减吴中烂醉狂歌之欢”，可见叶圣陶的心情有多愉悦。4 月 14 日日记中说：“曾君屡邀余入东社，情未可却，遂填入社书为社友。”4 月 16 日日记中说：“夜就品纯谈诗，互诵得意句，至以为乐。”4 月 17 日（星期六）日记中说：

晚膳已，瑞岐、哲侯二君倡议听歌，遂驱车至丹桂第一台。所观以双处之《逍遥津》最为痛快。弱主途穷，苍皇辞庙，一曲哀音，闻者怆神。其唱能于艰涩之中忽焉奔放，如银河直泻，洪涛十丈。此人沦落常伶之中，所演恒在前数出，亦可叹已。

剧场散已一句钟。归便登榻，梦神早临矣。

4 月 18 日（星期日）是下雨天，日记中记：“（早）饭后，不可出门，因醵资沽酒，与曾、陈、严三君团坐叙饮。举杯相属，竟达晚，计尽玫瑰烧三瓶，余已烂醉矣”。此后的课余生活大致就是这样：谈诗论文，相互唱和，观剧听曲，茶肆品茗、把盏叙饮，弹棋遣闲，雀戏助兴。教学研究也都有声有色。陈瑞岐邀请叶圣陶和他一起撰写国文教授的论文[①]，商务印书馆编辑部邀请叶圣陶协助编纂《国文教科书》和《国文教授书》。

课余，叶圣陶为学校的“少年书报社”开设阅览室，指导学生写阅读书刊的心得；发起成立“通信社”，鼓励学生自制信笺信封，相互写信，增进情谊；还和教师们一起带领“学生新闻社”外出采访，练习写作；组织高年级同学到昆山“修学旅行”，到电灯厂、美华利钟表制造厂和商务印书馆印刷所学习电业、钟表制造业、木板雕刻、铸字、制版、印刷等方面的知识。“修学旅行”和参观学习，既学到了知识，锻炼了体能，也增进了同事之间和师生之间的情谊。且看 1915 年 4 月 25 日（星期日）的日记：

晨阴。九句钟时，偕和钧、品纯、景岐三君及高等级生二十四人，附赴宁车至昆山，盖修学旅行也。既达，憩于电灯公司，并饭焉。校长庄君之介弟在公司为执事，故得此优渥之招待。

饭已，少顷指昆山而行。此山甚卑小，每从汽车中望见，才如一土阜，今来近观，亦略具景趣。拾级而登，学生均勇往，余已喘息甚促，几步一停顿矣。

既造极，憩华藏寺。寺中有浮图，为是山之冠。其时风声大作，急雨继至。佛殿静听，别成境界，品纯得句云“听风听雨宜山寺”，殊写实情也。某生未尝登山，今来此间，俯瞰行人，讶曰：“何人之小也？”和钧因吟曰“山高人形小”，余急续吟曰“风急语

① 陈文钟、叶绍钧：《国文教授之商榷（一）》，《尚公记》，商务印书馆 1916 年版。

声低”，自谓亦能写实矣。

坐良久，雨犹未止，乃冒雨下山。径润磴滑，仆者踵接，余幸得免。晚四句钟，吾身复在沪上汽车，真便利也。

教师和学生一起即兴吟诗，回来之后再写作文。4 月 27 日日记中说：“今日作文题为《昆山旅行记》。柴生志明所作一首，记事详核，笔亦雅净，可喜也。”可见“修学旅行”是一种很好的实践课。叶圣陶身教重于言教，处处不落人后。他在尚公撰写的论文《国文教授之商榷（一）》、纪事《我校之少年书报社》、校外教授案《昆山》《美华利钟表制造厂》等[①]，是他革新教育的实绩。到尚公执教，成了叶圣陶人生道路上的一个转折点。

四、“多事之秋”的“嬗变”

1915 年，是中华民国的多事之秋。日本帝国主义利用第一次世界大战期间，列强帝国顾不上侵略中国的空隙，乘机出兵侵占了山东。1915 年 1 月就向袁世凯提出了“二十一条”。这“二十一条”主要内容是：承认日本接管德国在山东所享有的一切权利，并加以扩大；延长日本租借旅顺、大连两港及南满（辽东半岛）、安奉（从丹东到苏家屯）两路的期限为九十九年，并承认日本在南满等地的特殊权利；汉冶萍公司改为中日合办，附近矿山不准公司以外的人开采；中国沿海港湾岛屿

① 均编入《尚公记》，商务印书馆 1916 年版。

不得租借或割让他国；中国政府聘用日人为政治、财政、军事顾问，中国警政及兵工厂由中日合办；日本有在武昌与九江、南昌间及南昌与杭州、潮州间的筑路权，有在福建投资筑路开矿的优先权，等等。这些条件实际上就是要变中国为日本的殖民地，灭亡中国。日本公使日置益在向袁世凯递交“二十一条”的时候，向袁世凯说：“日本希望贵大总统再高升一步。”暗示袁世凯，如果他接受这个亡国的卖身契，日本帝国主义就支持他做皇帝。丧心病狂的袁世凯，在5月9日完全接受了日本的亡国条件。

美国也支持袁世凯称帝。1915年8月，袁世凯的政治顾问美国人古德诺，发表一篇所谓《共和与君主》的文章，胡说什么中国如果改为君主政体，要比共和政体好多了。不久，杨度、孙毓筠、严复、刘师培、李燮和和胡瑛等发表组织筹安会宣言，时称“筹安六君子”，他们以研讨“共和政治得失”为名，掀起所谓“讨论国体问题”的轩然大波，为复辟帝制效劳。一时，“共和国家，不若君宪国之易富强”，中国今日之“民主”未经国民“从容讨论”，“人民程度不适共和，欲救中国，厥惟君宪，立宪非君主不可”之类的“国体变更之理由”①，弥天漫地。国削民弱，耻辱频仍，盗贼横行，国几不国。民族的沉重灾难唤起了叶圣陶的忧国之思，从其当年的日记中可见一斑。

这之后，叶圣陶写了爱国小说《良心上之敌忾》和《一贫一富》。从日记上看《良心上之敌忾》写于8月4日，是日日记记：“上午为小说二千字”。《一贫一富》写于8月10日，是日日记记：“上午为小说二

① 记者（陈独秀）：《答王庸工》，《青年杂志》第1卷第1号，1915年9月15日。

千馀字”。9 月 30 日日记记：“日来心不宁定，此身如在醉梦。精神之苦，有甚刑僇，思览佛书哲语，少息驰骛。才及把卷，便欲舍去，此真天下之至酷矣。”精神上如此痛苦，肯定与“国事”有关。9 月 1 日，筹安会组织了各式各样的请愿团，拿着标语和请愿书，来到参政院请求袁世凯登基做皇帝。9 月 28 日，参政院通过了国民代表大会的组织法，由选出的代表在各省对国家政体问题投票表决。袁世凯登基做皇帝的浊流汹涌。10 月 10 日，叶圣陶冒着毛毛细雨，和学生一起向国旗敬礼，在当天的日记中写道：

> 阴雨。以国庆纪念日，故集诸生于商务花园向国旗行敬礼，并祝民国万岁。迩来更变国体之潮流日急，帝制殆所不免，而独为此掩泪寻欢之庆祝者亦曰：末次之国庆日，为尤可纪念耳。

10 月 25 日，袁世凯导演了全国国民代表选举（即所谓“国体投票”）。11 月 20 日，国体投票结束，全体赞成君主立宪。12 月 12 日，袁世凯宣布承受帝位，旋改国号为“中华帝国”，以明年为“洪宪”元年。12 月 13 日，袁世凯在居仁堂接受百官朝贺。12 月 31 日下令从 1916 年 1 月 1 日起取消“民国”年号，改称“洪宪元年”。袁世凯“背食誓言”“叛国称帝”的罪孽，激起了全国人民的愤慨。

11 月 10 日，王皖峰、王明山刺杀袁氏的爪牙、上海镇守使郑汝成的壮举，以及随后各地先后爆发的武装反袁起义，特别是蔡锷、唐继尧等发起的“护国运动”，使叶圣陶看到了民族的希望。他在 1915 年 11 月 10 日日记中说：

今日日本国皇行加冕礼，沪上官守齐赴日领事馆庆贺，镇守使郑某驰车至中途，饮人掷弹而卒，群众为之哗然。盖自一二月以还，一般庸人倡为“改更国体”之说，谄者乘此驰电劝进。郑居高位，亦列名进表，益以癸丑之夏，郑实取人膏血植己勋绩，党人恨焉，爰有今日之举。世至举目皆呈恶象，唯有游侠足以药之。游侠之趋向厥有二途，一曰杀身成仁，一曰摛思播教。二者并进，世其治矣乎。

12 月 15 日，云南发动了护国讨袁斗争。蔡锷、唐继尧、任可澄组织护国军，分三路讨伐袁世凯。虽说护国军不一定就能抗拒袁世凯的千军万马，但叶圣陶并不悲观。他在 1915 年 12 月 28 日日记中写道：

日来时局日非，世几成为魔窟。袁世凯妄自称帝，媚人和之，相与讴歌盛德。报纸翻来皆此类事，令人气郁。唯闻云南已扬独立之旗，声明不与相联，此则最正当之行为，国人之职务也。世至暗昧无人理，唯尚侠足以振之，称兵诛暴，白刃僇凶，皆侠行也。袁之果得剪除与否，胥视乎国人尚侠之程度如何已。

云南起义后，袁世凯果真没能在 1916 年 1 月 1 日正式宣布做皇帝，只是在新华宫演习了一次做皇帝的排场。袁世凯大摇大摆地走了进来，文武官员分立在两边。袁世凯绕着新做好的龙椅走了三周，文武官员高呼万岁。虽说叶圣陶当时绝对不会想到这就是袁世凯末日，但对袁世凯在全国人民的讨伐声中已不敢正式宣布做皇帝，还是感到有几分欣慰。

他在1916年1月1日的日记中写道：

阴。里巷静寂，烟雾笼寒，过人亦瑟然蜷然，无殊常态。新年景象冷落至此，可谓臻极。唯五色之旌轻扬门首，令人望见，犹得自振。曰民国之泽未斩也，则亦聊足以慰情者矣。

报纸送来，阅之气亦少壮。盖传南省军队多有主反对帝政者，是可见吾民之脑未全腐也。夫我人生此宙合之间，断不为国家为虚荣，而心意要求其措之于安。帝政云云，草昧时代，无自力之愚民之必经阶级。洎乎假面撕破，真所谓一钱不值者耳。今既经撕破，乃从而糊之，复曰此国人之所蕲也，是其重诬我人，使其心志弗安，罪已足当诛戮，况复实际有损吾人乎。故帝政之亟当推翻，实吾人自安其心意之行为也。

仅从这几则日记即可看出叶圣陶的思想已经经历了一次飞跃式的“嬗变”。他原本是个很急进的青年，早在袁世凯篡位之初就提出“宜用激烈之手段，先致袁氏于死”①，可1913年“二次革命”失败后，愤于时局的黑暗，就走到另一个极端，提倡“寂心歇想”的“处世哲学”，力倡“无为”说和“无知”观，认为“世人多一知，即多一魔障”；“相忘”即是“至善”，与其“相濡以沫，不如相忘于江湖”；还说“迷恋所谓救国的主义”只能是自寻烦恼；“任袁（世凯）作为，其祸害永不能及我切身，则有百袁而我无关也”。这大概就是鲁迅所说的“激烈得快，

① 叶圣陶1912年2月18日日记。

也颓废得快”。事隔两年，到了 1915 年秋冬之季，叶圣陶又力倡“侠行”，“称兵诛暴”，“白刃僇凶”，“剪除”袁世凯。这足以说明叶圣陶不仅仅是走出了“苦闷的深渊”，而且有了新的向往；他在“尚侠”的同时，以久旱盼甘霖的迫切心情，呼唤“精神界”伟士“摛思播教”，传播“救国”的“主义”。

五、“运我灵思与世界学术接触”

前面已经说过，叶圣陶在辛亥革命前后信奉“无政府主义”，把“无家庭、无宗教、无政府”奉为“救世的真经”，可到了 1915 年秋冬之季，叶圣陶已经挣脱了“无政府主义”的禁锢，清晰地意识到最重要的是要吸取西洋文明之长。他在 1915 年 11 月 4 日日记中说：

> 傍晚与品纯、毅生闲谈，共谓吾人处此世界，非复可效井蛙之昧陋，而欲运我灵思与世界学术接触，舍通外文其涂莫由。余自十龄时便肄英吉利文，此今十稔，迄未通达，非不高尚其事，置常书而习文学，但源流未清，漫衍终浊。苟欲旧业重提，则有二弊，深书既弗能贯彻，浅书复弗屑披读，抱此心理，焉有进益。夏间尚自为忖度，赴沪之后当就夜馆习德文或法文，由浅入深，肄业自便，而骤接异文，复易自为策励。特来沪之后，志气疲颓，财时两困，致所怀又成泡影。今日提及，雄心复作，念德法学术，世称深邃，习其文书，殊胜英吉利文字也。后此遇有机缘，便当努力，复悬一期以自约曰：最迟不得逾明岁一月。

从日记中看，叶圣陶说的“最迟不得逾明岁一月”习德文或法文的话，决非虚言。1916年2月2日为旧历新年，2月17日为元宵节，按说过了元宵节这“年”才算过完，而叶圣陶等不及“年”过完就筹划学习外文的事了。2月18日日记中说：

> 前定今岁一月之前，必须肄习德法文中之一。十数日前曾购德文法程一册，将自为探索，疑则质诸颉刚。今既来校中，外缘差绝，当即开卷诵习。或两日一课，或三日一课，不求其多，但求熟谙而已。

学习德文和法文，这本身就是寄寓了强烈的“觉醒意识”，说明叶圣陶已经认识到放眼世界之重要，认识到今日之世界是生计竞争、万物奋斗之世界，是簇新灿烂光怪陆离之世界，国人要脱蒙，民族要腾飞，不可不放眼以观世界，运用“我”的“灵思”与“世界学术”接触。这里所说的“世界学术”，正是《新青年》倡导的“科学”和“民主”。

就“世界学术”而言，叶圣陶最早接触的是严复翻译的赫胥黎的《天演论》、亚当·斯密的《原富》和斯宾塞的《群学肄言》。《群学肄言》原来的书名为《社会学原理》，是英国社会学家、早期进化论者、实证主义哲学的主要代表人之一斯宾塞的代表作，1873年出版，严复的译本《群学肄言》1903年4月由上海文明编译局出版。该书共十六篇，严复所译篇名依次为：“砭愚”“倡学”“喻术”“知难”“物蔽”“智絯”“情瞀”“学诐”“国拘”“流梏”“政惑”“教辟”“缮性”“宪生”“述神”“成章”。斯宾塞强调用科学的方法来研究各门学问，严复翻译这本书的目的仍然是“鼓民力，开民智，新民德”。他在《译〈群学肄言〉序》中说：“群学何？用科学之律令，察民群之变端，以明既往，测方来也。”叶圣陶1916年1月7日日记中写道：

> 日来颇观斯宾塞《群学肄言》，于群理微有体悟，而论事断世，益有所弗敢矣。

大意是说对《群学肄言》有所体悟，但援引来“论事断世”，还“有所弗敢”，话说得很实在。接下来阅读的是德国大哲学家郁根，以及法国哲学家柏格森（当时译为“布格逊”）的著作。郁根的“唯行论”、柏格森的“新创造论”（又译为“创造的进化”）对叶圣陶的人生观产生过重要的影响。他在1916年4月7日日记中谈到阅读《郁根传》和《布格逊传》的体会时说：

> 近来有一思维常存于心，曰：“人生鹄的果何物耶？”于《教育杂志》得两大哲之传记，则皆对此题有以答我者也。一曰德人郁根。谓人类于自然生活，每感其不足，而更求其深。孰主张是，孰纲维是，亦唯一永久常存之真理。其字曰：“普遍之精神生活者而已。人能以独力自尊之力，归向此普遍之精神生活，斯真人生之真谛也。”一曰法人布格逊。其说能提醒人精神之根柢，人称为灵魂之先知人。当世大哲，唯此二人。我国治其书者甚少，故其说不多闻见。今二人之传得自移译，玩索两宵尚未畅晓，余曩所疑未悉解也，然吾意足慰我志者，殆莫能外二氏也。

郁根承认世界是物质的，主张哲学必须同实际生活相结合，认为人应当追求自身和宇宙之间有内在联系的精神生活，也只有如此人才能自由地观察。叶圣陶在这里所说的“独立自尊”“精神生活”“人生之真谛”，等等，显然带有“启蒙”的色彩，对叶圣陶来说是一种全新思想理念。1916 年 4 月 8 日日记中说：

> 阅日本大住啸风所著《新思想论》，其一节曰“现代思想之烦闷”。略谓人生以有的为真，抑以无的为真，未可一律而论，要各随其人之倾向而定之。今世科学日昌，常于人类文化之现象上，寄与以一种新事实，由此新事实，更产新思想，则今世之潮流实求真理。于历程之间，要无何等之目的也。此历程之真，即郁根所谓精神生活，布格逊所谓创造的进化。真之内含既定，而我人又有一种观念，以为必置信仰于一种究竟因果之上。此何以故，则犹无以作答，此近世思想之所以烦闷也。今之究竟，要在求二者之调和，即智识与信仰之合一而已。余观郁、布二氏传，于此点似有论及，以根性下愚，尚未明悟。他日豁然贯通，迷疑悉解，亦意中事也。
>
> 复思智识与信仰合一，殆即阳明知行合一之说，与郁根之唯行论，一则曰知外无行，行外无知；一则曰人生之实际问题，为智力所不能解决者，可用实行以解决之。俱此意也。

大住啸风（1881—1923），本名舜岳，雅号啸风，原是日本大谷大学的哲学教授，1913 年 11 月出版《新思想论》（东京陆东出版社），1918 年赴法，在巴黎用法语撰写《日本宗教哲学思想发展史》，后因肺炎去世。

大住啸风关于“烦闷”，以及在“科学日昌”的“今世”，人类应该追求“真理”的思想，与郁根所谓“精神生活”，柏格森所谓“创造的进化”是一致的，叶圣陶称“郁布二氏”为“灵魂之先知人”，表示要努力从他们的学说中探寻“智识与信仰”，把“知”与“行”统一起来，力求对于人生诸问题进入一个“豁然贯通，迷疑悉解”的境界。4 月 16 日日记中说：

> 灯下，忽思穆勒约翰之《群己权界论》尚未得见，我意人我权界，此书当有论及。我每于人我相关时，颇欲于“界”字注意再三。繇此一念，遂成退让，此非“界”字真谛也。老氏之说，庶几似之然，性属消极，抑制精神者至巨，非人生之正当行为。会当析疑于大哲之书，而一自新也。

穆勒约翰现通译为约翰•穆勒，是英国著名的心理学家、哲学家和经济学家，对西方自由主义思潮影响甚广，尤其是其名著《论自由》，更被誉为自由主义的集大成之作。这部著作的要义可以概括为：只要不涉及他人的利害，个人（成人）就有完全的行动自由，其他人和社会都不得干涉；只有当自己的言行危害他人利益时，个人才应接受社会的强制性惩罚，这就是约翰•穆勒所划定的个人与社会的权利界限。所以，当严复 1903 年第一次把《论自由》介绍到中国来时，书名就叫《群己权界论》。“会当析疑于大哲之书，而一自新也”，也说出了叶圣陶对新思想和新学术向往之心极其急切。4 月 21 日日记中说：

偶思诸夏之书，当观者甚少，盖充栋之作，言不必征乎。名理词解，能免夫夸饰，吾人取而诵习，是玩物丧志尔。得两先生说，益征吾想匪谬。章炳麟《论式篇》曰：“……夫持论之难，不在出入风议，臧否人群，独持理议礼为剧。出入风议，臧否人群，文士所优为也。持理议礼，非擅其学莫能至。自唐以降，缀文者在彼不在此，观其流势，洋洋纚纚，即实不过数语。又其持论，不本名家，外方陷敌，内则亦以自偾。……”吴汝纶序严复译《天演论》曰：“……有集录之书，有自著之书。……自著者建立一干，枝叶扶疏，原于易春秋者也。……集录既多，而向之所为撰著之体，不复多见。间一有之，其文采不足以自发，知言者摈焉，弗列也。……”知此意以读书，庶惜时而有以致用耳。

观《教育杂志》中一文，列述西哲学说，而判以机械观、理想观两派。前者谓人之精神生活全受外物激刺，因果相承，而无目的。后者谓人心能力潜存乎内，感性之外，自有独立不倚之理性在焉。余观二说，未能辄判其长短，盖于离感性而独立之理性，尚多怀疑，其物果真实耶，不得而知。又，人心起时，是何究竟，原因亦不得而知。余于心学之书，未尝浏览，故于此悉昧焉。会当取观，以解心惑。

“诸夏之书，当观者甚少”，“吾人取而诵习，是玩物丧志尔”，无非是在告诫自己要少读最好不读“中国的书”，“中国的书”读了使人消沉。析疑解惑，当“取观”西哲学说。“得两先生说，益征吾想匪谬”，这里所说的“两先生”，当指“德先生”（“德谟克拉西”——英语“民主”的音译）和“赛先生”（“赛恩斯”——英语“科学”的音译）。把叶圣陶日记中的这些闪光的思想串联起来，就构成了一个新的理念和体系，就是陈独秀在《青年杂志》发刊词《敬告青年》[①] 中向“新鲜活泼之青年”谨呈的“六义”：自主的而非奴隶的，进步的而非保守的，进取的而非退隐的，世界的而非锁国的，实利的而非虚文的，科学的而非想象的。叶圣陶放眼“域外”“而一自新”的追求，明显是受到《新青年》及“新思潮”的策励和鼓舞！

六、“提倡新文学之不可缓也”

我国新文化运动的旗手鲁迅在《无声的中国》[②] 中说：“文学革命”是“胡适之先生所提倡的”。胡适首次公开提出“文学革命”的口号，及具体主张的“八事”（即后来的“八不主义”），时在 1916 年 10 月[③]。其实，在胡适之前，还有一些先驱者著文呼唤新文学，尽管他们的新文学主张比较零散，未能产生“轰动效应”，但还是深深地潜入了叶圣陶的心灵。请看他 1915 年 11 月 2 日的日记：

> 阴。间作微雨。百事最贵朝气，而阴霾之天气、不堪之时事，胥欲寻我之朝气而挫之。是在自性心强，方克免于堕落。否则凄凉嗟叹时作，日暮途穷之况甚无谓已。年来国人朝气丧亡殆尽，牛马

---

① 《青年杂志》第 1 卷第 1 号，1915 年 9 月 15 日。

② 《鲁迅全集》第 4 卷，人民文学出版社 2005 年版，第 13 页。

③ 《通信》，《新青年》第 2 卷第 2 号；收入《胡适文存》卷 1 时题为《寄独秀》。

奴隶亦既准备为之，于是嬉游恣乐而外无复所事，人心欲死，畏可叹也。某君谓欲挽人心当提倡新文学，的是探本之论。贤者为民之责，亦唯此一事而已。至于其他，匪此日所可言矣。

“某君”当指黄远庸（笔名远生），他在给章士钊的信中说：“愚见以为居今论政，实不知从何处说起。……至根本救济，远意当从提倡新文学入手。综之，当使吾辈思潮如何能与现代思潮相接触，而促其猛省。而其要义须与一般之人生出交涉。须以浅近文艺普遍四周。史家以文艺复兴为中世改革之根本，足下当能语其消息盈虚之理也。”① 当年，黄远庸看出由政治改造中国绝无希望，转过向来，走向文化和文学的道路，由文体解放到思想解放，由文学革命扩大到新文化运动。胡适在《五十年来中国之文学》中把黄远庸的这封信说成“可算是中国文学革命的预言”，把黄远庸认定为新文学发先声的人物，这种评价为后来的新文学史家所认同。值得注意的是胡适的《五十年来中国之文学》写于 1922 年 3 月 3 日，叶圣陶的日记写于 1915 年 11 月 2 日，“的是探本之论”，是对黄远庸的“当从提倡新文学入手”的呼吁的最热忱、最迅速的回应。

陈独秀创办《青年杂志》也是从“提倡新文学”入手的。1915 年 11 月 2 日之前，《青年杂志》已经出版了两期。创刊号上刊登了陈嘏翻译的屠格涅甫（今译屠格涅夫）的短篇《春潮》，第一卷第二号上刊登了汝非翻译的《托尔斯泰之逃亡》，以及薛琪瑛女士翻译的王尔德的爱

① 黄远庸：《释言（致甲寅杂志记者）》，《甲寅》第 1 卷第 10 号，1915 年 10 月 10 日。

情喜剧《意中人》。陈独秀在为《意中人》加的“附语”中称薛女士是“吾国文艺复兴之嚆矢，女流作者之先河”。当时陈独秀最推崇的“世界三大文豪”是托尔斯泰、左拉、易卜生，称易卜生、屠格涅甫、王尔德、梅特尔林克是“近代四大代表作家”①。他在《青年杂志》创刊号发刊词《敬告青年》中说：“吾愿青年之为托尔斯泰与达噶尔（今译泰戈尔）”，这些均可算作陈独秀倡导“新文学”的实绩。何为“新文学”，叶圣陶当时的解释是“有美之真价”“摄人间之真影”的文学才是“新文学”。他在1916年1月2日日记中说：

> 午后，偕建侯观剧笑舞台，剧名曰《新花田错》，胡闹杂糅，不成篇幅。夫戏剧要有美之价值，美不必求其滑稽可喜或华耀动目，唯有涉夫精神观感者，足以当之。故假优孟之衣冠，摄人间之真影，戏剧乃为有价。若不此之务，第求博人欢笑，抑亦末已。但国人品性幼稚已极，与其谓之堕落，无宁谓之草昧。见无理取闹之戏，则鼓掌和之；其戏少有美之真价，则望望然去之，盖比比也。舞榭中欲维系其生业，不得不务求其次，遂呈今象。于此而叹：提倡新文学之不可缓也。

叶圣陶提倡的“有美之价值”“摄人间之真影”的“新文学”，与陈独秀在《新青年》倡导的“以阐明美学真理为宗”② “以纪事为重”的“写

---

① 陈独秀：《现代欧洲文艺谭》，《青年杂志》第1卷第3号、第4号，1915年11月15日、12月15日。

② 记者（陈独秀）：《〈意中人〉附语》，《青年杂志》第1卷第2号，1915年10月15日。

实主义”的文学主张是一致的。叶圣陶4月16日日记中说：

> 午后，偕吉人、琅斋观剧天蟾舞台。忽思我国歌剧音节，优美宜于听。至伶人之举动，剧场之布置，则“蠢俗鄙陋”四字足以当之。非特起人美感，抑且使人厌恶也。所谓新剧，又唯有“浅俗”二字。余理想上之戏剧，国中殆无有此物，不知他国戏剧复何如也。

强调艺术要给人以“美感”，批评“新剧”（文明戏）“浅俗”，希望能了解并借鉴他国的经验，也都可以看作叶圣陶受《新青年》影响的例证。

叶圣陶在呼唤“新文学”的同时，也提出了用“新思想”革新教育的理念，他在1916年4月14日日记中说：

> 偶思教育之要点，当无逾养成儿童正确精新之思想能力。国人旧时思想陈腐已极，匪可应用于当世。而儿童之环境之遗传，均不出此陈腐之思想。言教育不探其本，何效可获？徒推求于学生课文如何能背诵默写，学校规则如何能强令恪守，抑亦枝叶之事耳。

“国人旧时思想陈腐已极，匪可应用于当世”，这已经说明叶圣陶是具有“革新”精神的破坏者，心中有理想的光——就是一个“新”字。叶圣陶反对照本宣科、死记硬背、强令学生恪守种种僵化的校规校纪的做法，指出教育的“要点”在于用新颖精湛之科学文化知识，培养学生勇猛精进、活泼进取的精神和辨别新旧是非的能力，这在当时可谓是空谷足音。

叶圣陶生前多次谈到每逢《新青年》出版，他“急购而读之”的心情。《新青年》“鞭策人心”的“伟论精言”，《新青年》揭橥的“改造国民思想”“讨论女子问题”“改革伦理观念”“提倡文学革命”等“四种主义”，成了拯救溺世的良药金针。“青年如初春，如朝日，如百卉之萌动，如利刃新发于硎，人生最可宝贵之时期也。青年之于社会，犹新鲜活泼细胞之在人身。新陈代谢，陈腐朽败者无时不在天然淘汰之途，与新鲜活泼者以空间之位置及时间之生命。……”《新青年》发刊词《敬告青年》中启瀹心灵的警策，如清夜闻钟，如当头棒喝，给叶圣陶以很大的震动，“觉悟之心”和“进步向上之心”油然而生。他在 1915 年 11 月 25 日日记中说：

> 夜览《青年杂志》，其文字类能激起青年的自励心。我亦青年，乃同衰朽。我生之目的为何事，精神之安慰为何物，胥梦焉莫能自明。康德曰：“含生秉性之人，皆有一己所蕲向。”我诵此言，感慨系之矣。

叶圣陶读了《新青年》，对自己作了最深刻的反省：“我亦青年”却“志气疲颓”，形同“衰朽”，不知“我生之目的”，浑浑噩噩；进而意识到身为“今日之青年”，面对 20 世纪磅礴涌发之潮流，应该有一种精神，有“一己所蕲往”。所谓“一己所蕲往”，无非是有理想、有信仰、有追求。这之后，叶圣陶不仅用“人生”的“新”的“目的”和“精神”来规范自己，也用“人生”的“新”的“目的”和“精神”来认识和观察社会。再请看叶圣陶1916年4月写的两则日记：

4月6日　此次归苏小住五日，平添无数感触。觉乡人之性灵胥已没于海底，含生禀气乃为物欲所役，使无复有独立不倚之精神。世果有帝力，帝果降赏罚，则先陆沉者必苏州也。思之曷胜叹惋。

4月14日　午后，叔寅自乡来沪，特来过我。言尝至苏州见诸友，我谓"颇觉有暮气否?"君言"觉之"，因共叹惋。

叶圣陶已经开始自觉地关注"国民性"和"民气"，进而认为文艺可以"激起青年的自励心"，"新文学"可以"挽救人心"。纵观叶圣陶思想演变的轨迹：由加入社会党信奉"无政府主义"，发展到"讨袁"，必欲致袁氏于死地；由"讨袁"失败后的一度消沉，甚至"戒欲""窒欲"，认同"高抗非处世所宜，随波乃涉世之方"① 的处世哲学，发展到"含生秉性之人，皆有一己所蕲向"的认定；由"我亦青年"的警策，发展到对"乡人之性灵胥已没于海底"，以及"诸友"都有"暮气"的焦虑，思想演变的轨迹相当清晰。

思想演变当然离不开时代，但有两点值得注意：一是上海给予叶圣陶的影响。叶圣陶生于苏州，但对苏州似乎没有太多的好感，尤其是苏州人"有嫉妒而无进取"的"劣根性"②，让他深恶痛绝。上海拓宽了

① 叶圣陶1915年6月16日日记。

② 叶圣陶1915年8月30日日记。

叶圣陶的视野，“工业盛而教育备”的“佳景”[①]，使他看到中国未来还有希望。而帝国主义的横行霸道以及对华人的肆意侮辱，又激发了他强烈的爱国心。这里援引 1915 年 5 月 17 日的一则日记：

> 饭后偕景岐、毅生、慕骞及高等级学生往观远东运动会。是会在三年前成立于小吕宋，所以促进远东人之运动程度，预备加入万国运动会。前年在小吕宋开第一次大会，今其第二次也，会地在靶子场外国公园。此园向例不纳华人，今为破例，故趋之者益众。既抵门首，以买票纠葛，暂站路侧。警兵骤来，驱逐学生，有被击者。租界之中无是非可论，唯有忍心以受，然余怀如捣，余泪欲滴，而觉大同主义之不可倡，外人之深足排斥也。

“租界之中无是非可论”，“警兵骤来，驱逐学生”的场面，使他“怀如捣”“泪欲滴”，“而觉大同主义之不可倡，外人之深足排斥也”，说明了就是要爱国、反帝。

二是读了《新青年》并由此引发的一系列反思和追求。被誉为中国“思想变迁史”[②] 的《新青年》的创刊，影响所及，的确可以看到当时思想界的变迁。《新青年》这尊“青年界之晨钟”激励像叶圣陶这样爱国反帝的有为青年，直面人生，放眼以观世界，勇猛精进，自觉地投身到反帝反封建的浪潮中，在人生历程上揭开了崭新的一页。

---

① 叶圣陶 1915 年 4 月 9 日日记。

② 《新青年》第 1 至 5 卷合装本广告，《新青年》第 7 卷第 1 号，1919 年 12 月 1 日。

第九章
真挚圣洁的爱情世界

恋爱像一条无穷无尽而时刻有新意味新境界的通路。除非不走上这条路，一走上这条路就永远前进，以恋爱始，也以恋爱终。

——叶圣陶《无谓的界线》[①]

一、词翰姻缘

1916年8月12日（农历七月十四日），叶圣陶和胡墨林喜结良缘。胡墨林字翰先，浙江杭州人，叶圣陶撰写的《胡墨林年谱》[②] 中说：

墨以1893年8月24日（癸巳七月十三日）生于杭州。十余岁时，入苏州大同女学。1912年春与余订婚。是年秋季，入北京女

---

① 《叶圣陶集》第5卷，第149页。

② 作者抄录自原稿。

师范肄业。凡四年，1916 年夏毕业。回苏即结婚。是年秋季开学，在苏州女子高等小学任教。

1917 年暑后，至南通女师范任舍监。时余在甪直任教，送之抵南通，然后回甪直。

关于胡墨林的身世，叶至诚在《追念母亲》① 中说得很详尽，现摘录于下：

母亲祖上开古玩店，生意很发达。传到曾外祖父手里，他以为“士农工商”，生意人排在末了一位，总不体面；不再让儿子学古玩生意，盼望他读书以求功名。外祖父并没有求得一官半职，却染了一身读书人的习气和疾病，既贪“杯中物”，且患肺结核。成家以后，外祖母生下我母亲就去世了，外祖父又娶了续弦，没过几年，外祖父也去世了。我母亲幼失慈严，后母的脾气又十分“七欠”（吴语，相当于普通话里的“别扭”，包含难弄、教人讨厌的意思），一直由二姑母抚养。母亲的二姑母就是我父亲在《〈十三经索引〉自序》里写到的铮子内姑母，照北方风俗，我们孩子得称她叫姑婆，按苏州习惯，就该称呼她“婆婆”，她却一定要我们称呼她“公公”，单就这一点，也可以看出铮子姑婆颇有些男子气概。她出嫁过，因为和丈夫性情不合，不久就离家出走，独自东渡日本留学去了，回国后一直当教员。我国第一代寻求解放的妇女中间，不少

① 《收获》1990 年第 1 期。

人都走这样一条路。这位女公公在北京女子师范当教员的时候，把我母亲带在身边，让我母亲念师范。等我母亲毕业以后，姑侄俩南归，到了苏州。也是这位女公公主持了我母亲的婚事。

胡铮子姐妹三人，姐姐和妹妹都恪守妇道，而胡铮子却追随秋瑾，走上了争取“自由解放”的道路。她自己的婚姻是失败的，因而对侄女的婚事特别关心。叶圣陶在《〈角直闲吟图〉题记》[①] 里谈及他的婚事时说：

余与墨林为婚实缘伯翁[②]。1911 年顷，伯翁识计硕民先生，常共茗叙，余偶亦同坐。硕民先生归，与其岳母及妻姊胡铮子夫人道及余，谓宜可与其内侄女墨林议婚。家庭间询谋佥同，铮子夫人深爱其侄女，尤表赞可，遂请伯翁来访我父，进媒妁之言，我父允之。议既定，双方交换庚帖及相片，皆由伯翁转送。1916 年夏结婚之日，余与墨林始觌面焉。

其实，叶圣陶与胡墨林的婚事缘于胡铮子。叶圣陶在中学时代就爱好诗词，逢到同学或亲友结婚，就写诗庆贺。1912 年 2 月 9 日，中学同学王彦龙结婚，叶圣陶作的祝贺诗得到胡铮子的赏识，遂出面为侄女墨林议婚。顾颉刚在 1944 年写的《记三十年前与圣陶交谊》中说：

---

① 《叶圣陶集》第 7 卷。

② 伯翁：王伯祥。

圣陶佳偶，得于词翰。光复之年，友人王彦龙成婚，予集宋明词句为长联，圣陶篆之，圣陶作《贺新郎》词，予楷书为立幅，并悬于洞房。胡铮子女士见而激赏，因询伯祥，“此两君已未婚?”伯祥答以圣陶尚未，遂嘱伯祥偕予作媒，以其兄之子墨林妻子。至于今日，玉芝竞爽，圣陶亦且含饴弄孙，此固当年一词之功哉！

浏览叶圣陶早年的日记，可知顾颉刚的叙述是准确的。叶圣陶 1912 年 2 月 9 日日记中说：“晨十句钟颉刚来，即同之径赴彦龙家贺喜。”同年 5 月 18 日日记中说：“今日为余定婚之期。坤宅为浙江胡氏，由颉刚、伯祥、彦龙、烈裔（张昌熙）等作伐者。”

从形式上看，叶圣陶和胡墨林的婚事几乎完全遵循了旧式的“父母之命”“媒妁之言”，“结婚以前没有会过面，也不曾通过信”，叶圣陶将这种“没有恋爱的基础”的结合称为“打彩票式的结婚”，说“这样打彩票式的结婚当然很危险的”。我国民间有“新人进了房，媒人扔过墙”的说法，意思是说在旧中国，媒人成为婚姻的主宰。媒人在纳采、问名、纳吉、纳征、请日、亲迎等各种礼仪中起着很重要作用。可有的媒人巧舌如簧，骗了男方骗女方，新郎新娘“洞房花烛夜”方知上当，但他们已经拜过天地，生米煮成了熟饭，也只好认命了。叶圣陶敢冒“打彩票式的结婚”的险，不仅仅是出自对王伯祥、顾颉刚、王彦龙等“媒妁”的信任，也不仅仅是为了珍惜“心力和时间”，不愿意像“恋爱至上主义者”那样，“为求偶而眠思梦想，神魂颠倒”，“沉溺于恋爱里头，备尝甜酸苦辣各种滋味”；更重要的是他的“唯心主义”的爱情观起了决定性的作用，相信“缘分”。叶圣陶在《过去随谈》[1] 里批评“恋爱至上主义者”，把他自己“打彩票式的结婚”说成是最美满的结合，“结婚以后两情颇投合”，“对方怎样的好是彼此说不出的，只觉得很合适，更合适的情形不能想象，如是而已”，并把这美满的婚姻归缘于“月下老人”，不无深情地说：“我与妻能够爱好也只是偶然；迷信一点儿说，全凭西湖白云庵那位月下老人”。

“千里姻缘一线牵”，美好的姻缘都是月下老人掌控并帮助撮合的。1917 年暑假，他和胡墨林到杭州旅游，特地到月下老人祠朝拜，胡墨林还求了张签，签文是《诗经•小雅》中的两句话：“吉梦维何，维熊维罴。”古人认为熊罴入梦，是生男孩子的吉兆。1918 年 4 月 24 日，他们的第一个孩子诞生了，果真应了“签文”上的话，是个儿子，取名至善。1922 年 4 月 24 日，他们的第二个孩子诞生了，是女儿，取名至美。1926 年 8 月 27 日，他们又有了第三个孩子，是儿子，取名至诚。在他们的培育下，至善、至美、至诚都成了作家。1984 年年底，中国作家协会举行第四次会员代表大会。叶圣陶是当然代表，叶至善是中央直属机关的代表，叶至诚是江苏省的代表。一门出了三位代表，这在中国作协会史上还不曾有过。这也可以看出叶圣陶和胡墨林的生活相当恩爱美满。

二、情逾金石

古希腊喜剧作家阿里斯托芬讲过一个很有趣的故事：在最早的时

---

① 《叶圣陶集》第 5 卷。

候，人是雌雄同体的一个球状物，健全而充满强大的力量。那时候人是没有爱欲的。人因为自己的强大而桀骜不驯，于是与神作战，威胁了神的统治。后来宙斯为了遏制人的力量想出了一个办法，就是将人切为两半。这样人的力量被削弱了，也就无法与神对抗。被切成两半的人不再是完整的人，他们为了自身的完整而要去找另一半，这样就产生了爱欲。爱欲是治愈人被分成两半以后的缺陷（不完整）的方法，是人对自身力量的回忆和渴望的产物；它标志了人在根本上的某种缺陷，而同时也是人成为完整的人的途径。只有通过爱，人才能完整，才能找回自己失去的力量。叶圣陶和胡墨林都认同阿里斯托芬讲的这个故事，都说自己只是“半个人”，加上对方的“半个”，才是一个完整的“我”。叶圣陶在《女子人格问题》一文中所说“不尊重他人的人格就是贬损自己的人格”①，他们都在对方身上看到了真诚和美善的品质，感受到了丰富而又宝贵的情感和无穷的力量，又都将这些品质、情感和力量升华为最圣洁的爱，将自己的整个生命融汇在共同的生活历程中，心心相印，“携手”“并肩”，共同创造“忘形”“忘言”“忘机”和美到不可言说的境界。

风风雨雨几十年，叶圣陶一家和中国许许多多的家庭一样，曾毁于战火，又遭逢过劫掠②，受过恫吓，迁徙流离，饱经忧患，直到 1949

---

① 《叶圣陶集》第 5 卷，第 10 页。

② 叶圣陶 1943 年 4 月 7 日日记：“晨间风定，闻女佣言室门已启，知窃贼乘风雨入室。起来检视，知贼所到为靠南之两间。计失时钟一，茶壶一，茶杯六，书包二，西藏铜佛一，笔筒一，热水瓶一，墨为三官裁而未缝之校服一，小墨之学生服一，三官领巾一，余之呢帽一。店中之纸型启其一包而弃于地，书籍一无所失。是诸物以时值计之，已在千元以上。而无时钟与热水瓶，最感不便。此时钟且是伯麟之物也。迩来附近一带时传失窃，亦见民生之多艰。”日记中的“三官”指叶至诚，“小墨”指叶至善。参见《叶圣陶集》第 20 卷，第 124 页。

年新中国成立后才过上了安定的生活。不管生活多么艰难，家庭中“永远充满着融融汇汇的空气”，温馨和谐，令朋友们“艳羡不置”[①]。叶圣陶把家庭的美满归缘于胡墨林的“爱”。新婚之后，他走水路送胡墨林到南通，回来的时候他在南通码头的客店里“歇宿候船”，“成了独客”，第一次尝到了与妻子离别的滋味。“荒凉的江滨晚景已够叫人怅怅，又况是离别开始的一晚，真觉得百无一可了。聊学雅人口占一诗，借以排遣”，诗云“潮声应未改，客绪已频更”。[②] 打那之后，他似乎一刻也离不开胡墨林，在日记中常说“墨不在家，便觉异样”，“墨不在家，余则寂然无聊”。

1922 年 2 月 22 日，叶圣陶应北京大学校长蔡元培和中文系主任马裕藻的聘请，与郑振铎及俄国盲诗人爱罗先珂结伴到京，任北大预科讲师，主讲预科国文。途中叶圣陶写了《想》[③]《津浦车中的晚上》[④]两首“想念家”的小诗。现将这两首小诗抄录于下：

想

不想也罢了，
想到渐渐地接近别离，
心便怅惘了。
忘了吧，不要想起吧。
越是不要想起，

---

① 宋云彬：《〈花萼〉序》，叶至善、叶至美、叶至诚著：《花萼》，文光书店 1943 年版。
② 叶圣陶：《客语》，《文学旬刊》第 91 期，1923 年 10 月 8 日；收入《叶圣陶集》第 5 卷。
③④《叶圣陶集》第 8 卷，第 75、76 页。

越是时时想起，
作饭想起，
作活想起，
梦里也想起了。

津浦车中的晚上

一

可以想象的：
　昏晕的灯光下，
　他们勉强镇定着，
　悄悄地说，
　他此刻到了哪里了。
不可想象的，
　却在随后的默默之中了。

二

远了，更远了，
　听着一声声的汽笛。
且自慰藉，
　将来有期的归程并计，
　告诉自己道：
　近了，更近了。
(1922 年 2 月 22 日作)

《想》记的是胡墨林在叶圣陶成行之前说的话，她真不想让叶圣陶远离家。《津浦车中的晚上》第一节猜测胡墨林正在家中想他，第二节写他自己也希望“归程”“近了，更近了”。有郑振铎和爱罗先珂相伴，叶圣陶还是忍不住要想家，刚出门就想到“归程”，可见他对家有多留恋。2月23日，叶圣陶到北京后与顾颉刚、王伯祥等老朋友住在一起，按说并不寂寞，请看《顾颉刚日记》第一卷（1913—1926）的相关记载：

2月23号　到车站，接圣陶。

2月24号　偕圣陶到所，晤幼渔先生。……伴圣陶游市场，略购物。

2月25号　秉新女士与子俊书，在家庭社会上有无数问题。予每以之与人看，皆不甚注意。今天与圣陶看，亦然。因思我虽不能作小说，将来得暇也可为她作一篇传。我深信像她一般的人很多，但我们既已得到了材料便不可放过。

3月4号　到所与兼士先生略谈。几伊、圣陶、伯祥来，同至第三院听梁任公演讲，以人挤而出。至万牲园豳风堂吃茶。

3月5号　偕伯祥圣陶到吴瞿安、罗济时、陈万里、孙几伊处。又去伏园处，未晤。在骡马市吃饭，到陶然亭香冢等处。到新世界听刘宝全大鼓等。

3月12号　到来今雨轩，新潮社茶叙。听陈大悲讲话。

3月15号　六点起床，九点乘京绥车向青龙桥去。同行者为伯祥、介泉、圣陶、子玉。在八达岭长城上吃茶，……予行最远，久不作山行，亦颇劳矣。二点，在青龙桥吃饭，三点零四分乘车归。

3月19号　兼士先生在东华饭店请午饭，同座为圣陶、伯祥。

3月20号　十点，车开。①

3月22号　圣陶八点半去。②

顾颉刚2月24日日记中写到的幼渔，即马裕藻（1878—1945），本名马巽，字幼渔，浙江省鄞县（今宁波市鄞州区）人，音韵学家、文字学家。1903年留学日本，毕业于日本早稻田大学、东京帝国大学。曾师从章太炎学习文字音韵学，时为北京大学国文系主任。3月4日日记中写到的兼士，即沈兼士（1887—1947），名坚士，吴兴（今浙江湖州）人。沈尹默之弟，语言文字学家、教育学家。1905年与沈尹默自费东渡日本求学，入东京物理学校。时章太炎先生居东瀛，沈兼士拜其门下，并加入同盟会。回国之后，任教于北京大学，1922年在北京大学创办研究所国学门并担任主任。3月5日日记中写到的伏园，即时任《晨报副刊》编辑的孙伏园。北京大学国文系江浙籍教师多，叶圣陶曾加入过新潮社，又是文学研究会的发起人之一，认识的人多，在北京的交往当然不只是顾颉刚日记中捎带到的这些。叶圣陶在《〈角直闲吟图〉题记》中说："一九二二年二月下旬又到北京，任北京大学预科讲师。余初不欲就，适郑振铎兄送俄国盲诗人爱罗先珂到京，乃结伴同行，时伯祥先在京中矣。寓所在大石作，同舍皆苏州人。吴缉熙兄携眷，照料诸人餐事。顾颉刚兄潘介泉兄皆独居一室。余与伯祥共

---

① 顾颉刚回苏州看望祖母，叶圣陶与顾同行。

② 《顾颉刚日记》第一卷（1913—1926），联经出版事业股份有限公司2007年版，第212—219页。

一室，夜同睡砖炕。吴潘二兄固初识，颉刚则交谊至深，余不足十岁时塾中之同窗，又小学中学之同学也。然余留京仅月余而请假南归，所任作文课伯祥慨允为代。南归之故为墨林将分娩，余须伴之到苏州就产医生。四月下旬生至美。至是墨林不复能任教，我家不复须居甪直，遂于秋初迁回苏城，居大太平巷。”① 叶圣陶 1958 年 4 月 27 日日记：“余来京九年，今日为初次逛天桥。三十余年前记曾到过，听大鼓，其名为‘落子馆’。当时人出钱点唱，女艺人殆近乎倡也。”1977 年 6 月 24 日日记中说：

《知堂回想录》中有一语与余之往事有关，特记之于左方。

《知堂回想录》417 页记“爱罗先珂于一九二二年二月二十四日到京。”此即余第一次到北京之日②。余应北大之招，为预科讲师。适振铎伴送爱罗先珂到京，乃与同行。记得所乘为硬席车。车行几何时，长江如何过渡，则全不忆矣。至美之生为四月二十四日。余伴墨自甪直到苏城，就庞织文之产科院候产。以此推之，则此次余到京，与伯祥、颉刚、介泉同为吴缉熙家之留居客，盖未满两个月也。

想往事常常想不清楚。向以为此次到京，留居将近半年，不知乃如此之暂也。

叶圣陶到北大执教的事，王伯祥在《题〈拾画偶赏〉》中也有

① 《叶圣陶集》第 7 卷，第 214—215 页。

② 有误，叶圣陶到京之日应为 2 月 23 日。

记叙：

> 五十年前，尝执教于北京大学之红楼。地在沙滩汉花园。因与同学乡人顾君颉刚、潘君介泉、吴君缉熙同赁庑于大高殿西偏大石作胡同宣统师傅伊克坦之故居，共推缉熙为之主，以予等三人皆孤身羁旅，独缉熙携眷在京故。一切兴居饮食之需，胥赖其伉俪。予三人者诚不减如归之乐。①

虽说有“不减如归之乐”，但叶圣陶还是想家。北大中文系聘期是两年，他只讲了一个月的课就回苏州了。所任国文课由王伯祥“慨允为代”，“南归之故为墨林将分娩，余须伴之到苏州就产医生”。其实，胡墨林何时分娩，叶圣陶在去北京之前不会不知道，只缘放不下这个“家”，这才找了个“余须伴之到苏州就产医生”的理由，匆匆“南归”了。这之后，马裕藻和沈兼士一再催叶圣陶来北大执教，他都一一婉谢了。

1923年春，叶圣陶由朱经农介绍到上海商务印书馆国文部当编辑。7月，郭绍虞来信邀请他到福州协和大学讲授新文学。叶圣陶本来没有离家出远门的念头，可郭绍虞紧催不舍，话说得很恳切。五四运动之前，大学是请秀才、进士教国文，讲经史子集。新文化运动勃兴之后，高等学校的国文课都有了不同程度的改革。被封建遗老遗少们所蔑视和排斥的新文学，登上了大学的讲台，就连福州协和大学这所美国人创办的教会学校也开设新文学课程了。想到这些可喜的变化，叶圣陶动心

① 作者抄录自王湜华处。

了。不过，从他临行前写的散文《将离》① 中可以看到，他是怀着“怅怅然”和“麻乱”的“心绪”，踱上由上海开往福州的轮船的。他说“将离”的“深深的惆怅”，“犹如西湖上晚来的烟雾”，“渐渐地浓密”，“酸”的滋味中“又搀入一些苦辛的味道”。那时协和大学还在闽江旁边鼓山下的魁岐。魁岐地处乡间，偏僻寂静，风景很优美，“闲闲地流着的闽江”，“绵延重叠”的山峦，雪白的羊群，“两相仿佛的荔枝与龙眼树”，“长髯飘飘的生着气根的榕树”和秋虫“奇妙的合奏”，这一切都使叶圣陶“觉得趣味丰富极了”，以至过了五十多年还留下美好的记忆。他在 1974 年 11 月 1 日致贾祖璋的信中说：

承示鼓山近貌，叙之綦详，令我恍忆十年前之游。我于鼓山仅此一游，而居于鼓山之麓者则将半载。其时大概在一九二三或二四年。郭绍虞在福州协和大学任教，另一中文教师他去，郭招我继之，我不愿往而碍于情分，勉强就道。时协和大学尚未移仓前山，而在鼓山之麓，地名魁岐。每日望闽江潮之上下，与夫鼓山之烟云变化……②

叶圣陶在 1976 年 3 月 8 日致贾祖璋的信中说：

五十年前，我曾居福州半载，实则不在城区而在闽江转折处鼓

① 《将离》，《文学》第 88 期，1923 年 9 月 17 日；收入《叶圣陶集》第 5 卷。

② 叶至善、贾柏松编：《涸辙旧简——叶圣陶贾祖璋京闽通信集》，福建人民出版社 2003 年版，第 169 页。

山下之魁岐，城区仅小住数次。当时印象，觉仓前山颇可爱，高树成荫，香花缀路，如入画境。城内街道则狭隘，与苏州相仿。唯福州房屋用蛎粉刷墙，洁白而有光，心颇赏之。[1]

郭绍虞夫妇安排叶圣陶住在他们家里，朝夕相处，关怀备至。叶圣陶在课堂上讲新小说，讲新诗，讲鲁迅、周作人、郁达夫、朱自清，讲得很有兴味，但“微弱的强制力”总是抑制不住对亲人的恋念。他在《客语》和《回过头来》[2] 等散文中说：远离亲人的“客绪”，“正像冬天的浓云一般，风吹不散，只是越凝集越厚”，什么“药”都没有用处。“心绪”麻乱时，就连江面的海船似乎也带着“凄恻孤零的况味”，不无偏激地说：“除了与最爱与同居的人同居，人间的趣味在哪里?”熬到寒假，叶圣陶就辞职了，水土不服固然是个原因，但离不开“家”才是最主要的。从此，他一直没有远离过胡墨林。20 世纪 30 年代，上海的一些无聊小报给作家起低级下流的绰号，因为叶圣陶人格相当完美，无懈可击，他们这才挖空心思地给起了个“婆婆迷”，这也从一个侧面说明叶圣陶与胡墨林爱的深浓和专一。

1957 年 2 月上旬，胡墨林因患癌症医院再次发了“病危”通知。叶圣陶于 2 月 17 日到西山选择墓地。是日日记记：

---

① 叶至善、贾柏松编：《涸辙旧简——叶圣陶贾祖璋京闽通信集》，福建人民出版社 2003 年版，第 223 页。

②《回过头来》，《文学》百期纪念刊《星海（上）》，商务印书馆，1924 年 8 月；收入《叶圣陶集》第 5 卷时改题名为《转过头来》。

余与至善偕芷芬、晓风驰车至西山下，观福田公墓，为墨定葬身之所。出西郊已不知其几何次，无聊殆无甚于今日者。择定一穴，在伯祥夫人之西侧。北临一沟，沟上有杨树，东近围墙，墙内亦有杨树。政府近有规定，一人只能占一穴，不可多占。种树由公家统一规划，不能善自为谋。故亦无甚可以设计，仅能于砖工石工略为讲究耳。余与至善拟定圹为砖砌，上覆整块石板，即题字其上，不复立碑。余心思殊矛盾，一面亦思较为讲究，一面复觉其无甚意思。芷芬、晓风本欲为余预购一穴，他日与墨并居。余谓此可不必，他日是否死于北京，殊难逆料。形骸同穴，亦了无意义也。十点半归。

2月20日，归纳并记录胡墨林如何重“情”，是日日记记：

余与我妹以三点往。墨仍如昨。口渴甚，时时欲喝水或以水棉花润口腔。头脑清明，而无力说话，我人附耳于其口边，乃能察其简短之言辞，犹常常生误会。其心甚悲苦，所思种种，皆不能达，念之凄恻。与我妹言，有一毛线背心，制而未御，相赠以为纪念。言时流泪，又言其泪已干，此真伤心语也！余与我妹不禁泫然。既而努力说数语，至可感动，余立檃括其言得二十字如下：

人情实太好，与我大有缘。一切皆可舍，人情良难捐。

墨具此襟怀，可见其乐生之趣，然竟不可久留矣！来时见晴光明耀，春意已萌，而我墨林即将离此而去，殆无此理。然理智相告，渠非去不可，诚人生之至哀矣。

2月21日，叮嘱儿女将来按“净土宗之说”移动胡墨林的遗体。是日日记记：

> 墨颇信净土宗之说，今日尝艰难语满子，一切如夏先生[①]模样，唯不赞成火葬。火葬固非我人所想，所谓如夏先生模样者，即气绝时勿遽搬动，勿扰其垂泯之脑筋。余因嘱至善辈，移动务必轻轻，大家须忍住，勿号哭出声，苟不可忍，则宁离去云云。净土宗此说，有生理学心理学之基础，可信从也。

3月2日，胡墨林谢世。无情的病魔硬是扯断了月下老人系在他们脚上的红绳，将他们分开了。叶圣陶情不能禁，是日日记记：“墨以今日逝世，悲痛之极，1957年3月2日，永不忘此惨痛之日。……自午刻始，墨呼吸益艰，目更不能大张开，吐痰亦渐少。……余按其脉益微。……至五点三十七分而墨气绝。仅张目一次，作甚艰之呼吸约四五次，脉搏即停止跳动。余四十年来相依为命之人至此舍我而去矣。……墨患恶病三年，我人竭力隐瞒‘癌’之一字，始终未扰其神思。”次日日记记：“昨夕睡不能安。明知墨之逝世已为必然，心理上早有准备，而及事到眼前，复觉非常难安。于是思虑近日屡经想及而未完之一首词，调用《扬州慢》，系略叙四十年来与墨之游踪者。及乎全首想定，已将明之时矣。”这里抄录叶圣陶3月3日至3月14日前后十天的日记：

---

① 夏先生：夏丏尊。

3 月 3 日　　伯祥首先来相慰，继则雪村、元善、晓先、文叔、白韬、纯才、刘子馀、薰宇、仲仁诸君俱来。诸君皆不以姑作达观相劝，盖深知余之脾气者。诸君至十一点许乃渐渐去。午后则奚老亦至，坐少顷即去。

下午一点前，至善、满子与芷芬、晓风以卡车往医院，迎墨之尸。院中剖开检视，已于午前毕事，为洗净缝好，如平时行手术模样，并为穿好内衣。迎至嘉兴寺，陈于中堂，随即为穿好外服，最外面裹红色缎绣花之衾，其制如“一口钟”。墨形容枯瘦，抚之冰冷，余不禁号哭。

友好陆续至，皆二三十年老友。如振铎、雁冰、秀峰，皆夫妇并至，他则开明旧好，昌群夫妇，芝九夫妇，不能尽记，总之，他们之来，悉出深情，足以证实墨之所谓“人情实太好”者。墨说此语，可见其情系此世，而竟孑然孤往，伤哉。

晓先为我妹、元善及他家写挽联，芝九亦写一二件。其联语大部出雪村之手。

三点入殓，一棺居中，墨尸舁入，一盖而后，从此不睹其容，余复号哭。……

3 月 4 日　　上午与至诚浴于松竹园，回来已十一点。整理书桌之抽斗，将一年以来中医为墨所开药方，按时日排列，汇集一起。又检有关墨之相片，他日拟按次粘贴，以为纪念。……

（午后）至嘉兴寺。至善与芷芬、晓先、晓风等方在指挥张挂挽联、祭幛等件。其事颇周折，至六点方毕事，计收祭幛十馀件，花圈二十馀个，虽于人皆为破费，而亦可于此见人情。

入夜，洛峰、克寒、灿然来致唁，坐谈颇久。既而韦老来，虽匆匆即去，而其情真切，不作一般劝慰语。此等日子而承他们惠临，余皆深感之，永不敢忘。

3月5日　　晨清早至嘉兴寺，看相助诸君布置灵堂。鲜花圈花束环于灵前，纸花圈列中庭两旁遍满。陈叔老首先来，慰问殷勤，可感无极。吴玉老、叶遐老亦莅，殊不敢当。部中社中诸君皆到。人教社之工作同志到最多，其他则中国青年出版社、人民文学出版社之同志亦不少。老友大多来。而向余致慰最关切者，为许广平大姐、杨之华大姐。

十点，到场诸人集体向墨之照片行礼，余见堕泪者颇有其人，固言深感“人情”，墨能得诸君之泪，大非容易，言次，泪夺眶而出。

午后一点举殡。此时在场并相送至墓地者犹有八十馀人。柩装于一汽车中，外以蓝布幔之，略有装饰，颇大方。此车系向国务院借来。相送者分乘二辆大客车，借自部中与青年出版社。出西直门一路向西山。晴光殊好，已有春意。不意此来乃为墨下葬，并非结伴郊游。“古来相送者，各自归其家”，送葬者均将回去，而墨则从此长眠于西山下矣，伤哉！

入福田公墓，视砖砌之圹，深约七八尺，工程可满意。于是舁柩下葬。柩四不着壁，上盖石版六块，五块宽，一块窄。石版距棺盖殆有四尺许。石版之间，以三合土涂之，版面亦涂三合土。于是覆土于其上。此是临时办法，俟天暖开冻，再作墓面之石工程。余忽想，既承大家厚情相送，与其鞠躬行礼，不如各在墨之墓上盖一勺土之为有意义。此意大家赞同。余首先执铲，以一铲土加于靠北之正中。一时心伤泪落，几不自持。诸亲友亦各累土毕，则由工人为之。下葬至此已毕，余仅能向送葬诸人说“永不敢忘”四字。于是“各自归其家”。

去年墨在北京医院第二次开刀，亦为三月五日。去年此日开刀，今年此日下葬，三月五日，永为纪念。……

昨夕余首次梦见墨。不知在何处，有客来访，亦不记是何人，墨迎出。旋即醒来，不记其曾作何语。

3月8日　　竟日不出门。自晨至下午三点，写墓石题字。计唯“我妻胡墨林墓”六字，篆书，先打草稿，继作双钩，复印再三，视之已可乃停手。墓石上尚拟刻墨谈人情之二十字，余加数句短跋，俟他日为之。待字样写就，即可命石工矣。

今日三八妇女节，至美得半日之假，便来看余。看余亦无足为余慰。傍晚饮茅台两杯。余言今日之事，早已预料，而亲历之后，况味乃不堪耐，言次泣下。余殆将长此郁郁寡欢乎。

3月9日　　上午复写墨墓碑题字。即以墨谈人情之二十字题其上，自为墓铭，尤见亲切。先楷书此二十字，然后为双钩。半日工夫，居然毕事。余书仅能工整而已，谈不到好。欲求其好，亦非仓卒可办。且亦未必真能写好。总之，是余亲笔所书，即为尽其心矣。

午后与至诚同浴于松竹园。余谓至诚，迩来唯洗澡较有兴致，其言亦蕴深悲。晚间复观川剧于北京剧场，剧名《穆桂英》。戏大致不错，然余殊无佳兴，坐在场中，唯感困惫。同观者至诚、满子与孙儿女三人，复有至美、蠖生、宁宁。依旧时见解，方有丧事，不宜作乐。此自教条主义言，固属无须拘拘。而旧时之义，亦本人情，逝者如斯，存者念之不暇，复何心娱乐耶。设墨健在，今夕必同观，而乃独缺此人，奈何不深感怅恻也。支持至十点二十分，乃得散场。

3 月 10 日　　休息时间晤白韬①，白韬相告，谓纯才之意，余心绪不佳，可以休假名义，往他地一行，借醒神思。此说言之者颇有人，余亦不反对。芷芬他们并谓可偕伯祥同行，有谈说之伴，并携晓风，则一切事务可由晓风料理。若其事果能实现，则出门一个月，亦未始非派遣愁烦之一道也。容徐徐谋之。

回家午饭后，继写墓碑题字，今日写二十字后之跋语。其语如下：

墨以一九五七年三月二日谢世，先十日为余说此意。呜呼！心系人间，骨归泉壤。用铭其墓，来者鉴之。

辞甚简约，观之者或恐不晓余之深悲也。仍以工楷书之，每字方寸有馀。写约三小时乃毕，缘修改补缀，亦甚费工夫。至此，墓

① 白韬：戴伯韬（1907—1981），江苏丹阳人，教育家。1954 年调人民教育出版社，任第一副社长兼副总编辑，主持日常工作，1960 年任总编辑。

石之字已完全写就，可以找石工矣。

伯祥来谈，既而元善、文叔、芷芬、郑缤相继至，皆恐余伤感，特来慰藉，情实可感。所谈多及各种戏剧。余以白兰地请诸君小酌，入夜，复留诸君共饮，唯元善先去。谈至八点三刻，乃皆去。

3 月 11 日　　芷芬来告，石工应招来，可同往看预备作墓上覆面之大石。遂驱车出广安门，于石工合作社观一石碑，系房山之汉白玉石，长两公尺，宽一公尺，厚三十公分，其料甚不坏，余即决意用之。碑面有汉文满文，周围有龙纹浮雕，皆可磨而去之，成一平滑之面，刻字其上。今时北京作墓碑，多用旧碑改作，若自房山凿新石，其工费与运费殊巨矣。余计用此白石盖于面，下层镶边，最好亦用汉白玉石，宽与厚亦须三十公分。苟汉白玉石不可得，则用房山之青石。据云琢磨加工并刻字，须一个月之时间。则清明而后，墨之墓可以完工矣。

至诚自照相馆取得放大之墨之相片归。前已放一帧，嫌其小，故重放一帧。装入镜框，悬于室内之西壁。往隆福寺买花二盆，一为白碧桃，一为白蔷薇，供于墨相片之前。余拟其处四时必供鲜花，桌上务求整洁。

坐室中看书报，心不宁定，稍看即放下。阳光满室，春光已浓，而此心不春，殊觉难以安静。起立徘徊，从复坐下，坐下又无聊，奈何奈何。

至诚已往买车票，预备返南京。余固不宜留彼，而雅不愿渠离我而去。往时渠数次来京，于其将去之时，殊未有如是怅惘之感也。

夜间愈之兹九伉俪来访，亦劝余决心外出休息。余深感之。

3月12日　今日自晨间迄下午三点，只作一件事，即将前此写就之墓石字样，比准距离，粘贴在一张大纸上，以便石工照样钩摹上石，不出错误。用尺，用剪，用浆糊工作，一连五六小时，颇感劳累。日来背酸特别厉害，大约缘春分将近之故。

3月13日　傍晚，伯祥、芷芬、晓风来，共商出外旅行之事。晓风已与刘子馀多次商量，决以休假旅行之名义外出。由部中通知所到之地之教育部门，请为照料，同时并请统战部出介绍书信，通知各地统战部亦与照顾。至于旅行路线，拟由京汉路而粤汉路，达于广州，回程则由粤汉路转浙赣路，而沪杭路、京沪路。于武汉、衡山、广州、庐山、杭州、上海、南京诸地，均作数日之留。偕行者伯祥与晓风。如此周游，若在平时，则亦甚有兴致。而余此日则心绪怅惘，徒以从他人之说，无可奈何有此一行，取何路，临何地，皆属无可无不可。固亦弥可哀矣。

3月14日　与至诚浴于松竹园，费时三个钟头。余迩来百事懒为，唯洗澡尚觉有兴，可以稍舒身体上之疲困。请理发匠揉捏敲打一番，可得大约半日之松爽。

饭后复小睡。伯祥偕倪农祥来，邀往陶然亭公园。记前度来此，系偕墨与我妹，今再来而墨已去矣。树木未芽，水面犹冻，游人寥寥，略有凄寂之感。……

六点归。酒后困倦，以至诚将去，心绪不好。至美来，来送其弟，亦来慰余。余偃卧，徐乃入睡。醒来已十点半，至诚遂去。余怅然，闭门复睡。

胡墨林去世后，叶圣陶对子女说："母亲去世，我不是说你们不难过，自然也很难过。不过，在我说来，就像死掉了半个人一样。"在凄苦中，叶圣陶甚至误会子女们过于理智，理智得可怕。老朋友们都知道叶圣陶的脾气，是不可能"达观"的，也就不说劝慰的话了。《扬州慢·略叙偕墨同游踪迹，伤怀曷已》以同一字为韵，称"独木桥"体，词云：

山翠联肩，湖光并影，游踪初印杭州。怅江声岸火，记惜别通州。惯来去淞波卅六，篷窗双倚，甫里苏州。蓦胡尘纷扑，西趋廛寄渝州。　　丹崖碧巘，共登临、差喜嘉州。又买棹还乡，歇风宿雨，东出夔州。乐赞旧邦新命，图南复北道青州。坐南山冬旭，终缘仍在杭州。①

叶圣陶笔下的"游踪"，是他和胡墨林共同生活的记录。"山翠"三句说婚后同游杭州。"怅江声"两句，是说婚后胡墨林到南通执教，逢假期才能回苏州。假期结束，叶圣陶总是送胡墨林到南通，依依惜别。1918

① 《叶圣陶集》第8卷，第230页。

年春，胡墨林辞了南通的教职，回到苏州时，叶圣陶执教于水乡角直（甫里）。1919年夏，胡墨林应聘也到角直执教，他们经常往返于苏城与角直，两地相距三十六里，乘船走水路比较方便。“惯来去”两句便写实。“蓦胡尘”三句，指日寇入侵，寄居重庆。“丹崖”两句中写在嘉州教书时，赏乌尤、凌云等蜀中佳景。“又买棹”三句，说抗战胜利后，乘木船东归。“乐赞”两句，述1949年年初，离上海至香港，又乘船北上，在烟台登陆，进入解放区。最后两句叙1954年10月杭州之行，为最后一次偕同出游，故云“终缘”。

写《扬州慢·略叙偕墨同游踪迹，伤怀曷已》的当天（3月3日），叶圣陶还写了一首五律《墨亡》“自抒其哀”，诗云：

> 同命四十载，此别乃无期。永劫君孤往，馀年我独支。出门唯怅怅，入室故迟迟。历历良非梦，犹希梦醒时。①

俞平伯读此诗时，写了评语：“一屏浮词，独见至性，不仅如古人所谓情文相生。览之凄然增伉俪之重者。诗中五六句，淡而愈悲，复出之自然，殆必传之名隽也。”

3月18日，叶圣陶又填《鹧鸪天》“排遣哀愁”，词云：

> 暝色无端侵小斋，是耶非耶起徘徊。迟归行附三轮至，暂别将驰一简回。　徒设想，更伤怀。往时相候候终来。如今已作西山

---

①《叶圣陶集》第8卷，第229页。

土，暮暮朝朝有独哀。[①]

他在当天的日记中写道："昨夜醒来，完成近日构思之《鹧鸪天》一首。其第三四句盖写实况。迟归盼归，暂别盼书，候望之切，四十年如一。近日设想，苟亦若是，岂不善欤。然此只痴想而已。"

胡墨林生前任职于人民文学出版社，早出晚归，以三轮车代步。谢世后葬于北京西山之福田公墓。覆盖在墓穴上的汉白玉石墓碑上，刻着叶圣陶的手迹，额头六个篆字："我妻胡墨林墓"。碑文为正楷书的一首五绝："人情实太好，与我大有缘。一切皆可舍，人情良难捐。"后面有两行小字："墨以一九五七年三月二日谢世，先十日为余说此意。呜呼！心系人间，骨归泉壤。用铭其墓，来者鉴之。"从胡墨林临终遗言中，也能看得出她的善良和通达，感受到她对家人、亲友和人世的眷恋，对叶圣陶的"真爱"。她和叶圣陶都是典型的"爱情至上主义"者。

三、"朝朝暮暮有独哀"

叶圣陶料理完胡墨林的丧事，在老友王伯祥和秘书史晓风的陪同下到武汉、广州、金华、温州、上海、南京等地散心。诚可谓"心有阴晴万象殊"，重叠的山峦，浓鲜的新绿，红艳的木棉，馨香的原野，怎么也排遣不了淤积在他心头的失落和哀愁。他在《水调歌头·从化温泉》里写道："排遣哀愁无计，姑作南州游旅，愁尚损春眠。灯灭帘栊黑，

① 《叶圣陶集》第8卷，第231页。

听水复听鹃。”这“听水复听鹃”最值得体悟。记得有一首题为《杜鹃》的歌，歌词是这样写的：

春郊欲雨，横塘笼雾，到处桃花迷路。却怪杜宇飞来何遽，踏破枝头晓露。剔刷毛羽，彷徨四顾，振翅发问如催春去；春光已是难驻，休休不堪听汝语。韶华如许，经几多润煦；疾风暮起，满地残红舞。归去！归去！试问春归究何处？归去！归去！可奈春归人凄楚。

“归去！归去！”，在叶圣陶听来肯定是别一番滋味。可见，在“南州游旅”的朝朝暮暮，他那破碎了的心从未有过片刻的安宁。这里摘录这一年4月至12月写到胡墨林的部分日记：

4月1日　　近日读贺方回《鹧鸪天》，弥感亲切，日必背诵一二遍。录之：“重过阊门万事非，同来何事不同归？梧桐半死清霜后，头白鸳鸯失伴飞。　原上草，露初晞。旧栖新垅两依依。空床卧听南窗雨，谁复挑灯夜补衣？”

5月2日　　今晨大约在三四时作一梦。梦见朱佩弦夫人来访，墨先已接谈，然后来谓我，朱太太携来义务戏券，我人宜买两张。于是余晤朱太太，与谈其治愈胃病之经过。其时余心中自忖，何言墨已永不得复见，今明明在此也。下文即模糊矣，梦中是何地点，想不清楚，总之非我家曾居之所。自墨去世迄今日，已历二月，偶尔得梦，皆极模糊，唯此一梦最清晰。

5月17日　　往日外出到家，墨之语声必首入于耳，此次乃无闻，怅怅。

6月2日　　午间留二位[①]小饮，蠖生、至美、龙文同座，今日端午，也算过节。庭间榴树二盆，缀株红蕊已绽。而墨谢世已三个月矣。

6月5日　　满子来捡衣橱，得墨之相片若干帧，自订婚之照片始，以至初婚时所摄，墨四十岁时所摄。往时影事，一一如在目前，而斯人已往，永不复见，凄然忍涕。

6月11日　　午饭之顷，余语至善、满子，乃母逝世，已逾百日矣。言时心酸，忍泪不复语。

6月14日　　写信复三官[②]，念及墨，暗自感伤。余为三官言，余四十年来为人作事，尚算不错，皆与墨有关。墨并未主张什么，亦未鼓励我什么，然余在渠之爱护下，自觉事事有兴，到处可乐，即在避寇四川非常困苦之际，余亦殊无所谓。今墨已去，余失所依傍，遂不免颓唐矣。

6月24日　　至善今日得消息，渠将往苏联参加七月下旬举行之世界青年联欢节，以七月十六日乘火车前往。此自是佳事，余

---

① 二位：指王伯祥、章雪村。

② 三官：叶至诚。

为之欣然。念墨若在，亦必为之高兴。

6月29日　　竟日未外出。缘昨夕看戏，今日上下午均酣睡较久。馀则徘徊斗室中，时时望墨之遗像，瓶中插苍兰数枝，炉中薰奇南香一盘。鳏夫之心情，余猜殆与寡妇之心情无异也。

7月3日　　昨日始买西瓜。云是广东货，尚可。墨弥留之时，欲吃西瓜，仅得已结成冰之两枚，尝其汁数匙而止。而去年夏令，每次食瓜，渠意兴甚好。今余复食瓜，而渠已作西山土矣。

7月7日　　今日为“七七”事变之二十周年纪念日。此二十年间，世界之变革，我国之变革，诚可谓其大无比。自今日而言，中华人民共和国成立已逾八载，社会已入于社会主义，是岂当时所能料耶。自余一家言，“七七”事变而后，举家西迁，历尽艰辛，为时将近十载。至于今日，则中心人物之墨已舍我而去，思之惨伤。

7月17日　　孤独之感时时袭来，并不特别难受，而总觉无可奈何。饮食睡起，谈话游乐，皆感其无可无不可。甚望作事为遣，而作事又提不起劲，才开头便盼其完毕。心情若此，如何是好。

8月31日　　八月已尽。念墨舍我而去，已半载矣。

10月20日　　今日假社中之轿车出城。以八点半出发。至善满子及四个小孩，至美蠖生及宁宁，三午邀两个同学，小沫邀一个同学，老田则携其女，余则邀伯祥，尚有司机潘同志，凡十七人。先至福田公墓，此为余第三次瞻墨之墓。携菊花二盆，一陈墨墓前，一陈伯祥夫人墓前。至美带照相机，拍墓石之文字，拍今日来者全体围墓而立之像。于墓前伫立约半小时，于是驱车至香山静宜园。

11月24日　　今日雪已停止，泥泞满途。上午十点许，偕至善到王府井，余买美术镜框一个，渠买皮帽。午饭后，以镜框装墨之早年照片。此照片摄于1916年夏，时新结婚，我二人与铮子内姑母、圣南、圣夏同摄。近日余取此照放大，单放大墨之半身像，今日遂装入镜框，悬于室中。此照甚丰腴端丽，仪态绝佳。今相去四十一年，已归西山之土壤矣，伤哉！

12月3日　　回家时经过王府井，买大镜框一个，金边，拟将悬于室中之墨之半身像移装其中。原来之一个镜框，余嫌其难看，故易之。于买镜框时，参观其制作过程。框以木条为骨干，上加浮雕装饰，系石膏粉加骨胶，按入模型而成。装饰钉于木框上，胶粘在一起，然后涂上各种色料，即为成品。此种镜框，销路颇广，凡美术展览，几乎必须购此种镜框。其形制确很不坏。

午饭后即为移装照片之工作，工作一小时有馀而毕。挂新框于墙上，观之移时。

12月31日　　夜间听音乐戏曲节目为遣。报告员作除夕谈话，列举第一个五年计划期间之成绩，无不可兴奋。余之怅恨，唯为墨之先我而去。去年除夕，墨在病榻，余在印度。今年除夕，墨在泉下，余居室中独坐。以前之年月，自结婚而后，无论阳历阴历之除夕，无不与墨在一起也（凭记忆，似从无一次分处两地）。

念及胡墨林的日记还不止这些，可见他们的爱刻骨铭心，难怪叶圣陶有撕心裂肺的“号哭”。1958年1月2日日记记：“墨之离去，迄今日已十个月矣。”3月2日日记记：“今日为墨去世一周年纪念日。”4月22日日记记：“昨夜梦见墨，醒时尚记忆清楚，旋即糊涂。亦不知在何地，总之墨神态如常。余念早知渠已死，而乃复生，真是大幸。余此时有欲泣之感觉。满子在旁，似亦欲泣。余执满子手，谓得非梦乎。满子谓非梦，彼此紧执手，余有痛感。旋即醒，梦中似未与墨攀谈。”6月20日日记记：“理发时默念，墨离余而去，迄今已将十六个月。又念两人相处四十年有馀，四十一年不足，以日计之，盖一万四千七百馀日。此一时期中，无论悲欢，自今思之，皆为至乐，不可复得矣。”8月27日日记中写道：

梅圣俞有“悼亡”三首，情意真切。录之：

结发为夫妇，于今十七年。相看犹不足，何况是长捐。我鬓已多白，此身宁久全。终当与同穴，未死泪涟涟。

每出身如梦，逢人强意多。归来仍寂寞，欲语向谁何。窗冷孤萤入，宵长一雁过。世间无最苦，精爽此消磨。

从来有修短，岂敢问苍天。见尽人间妇，无如美且贤。譬令愚者寿，何不假其年。忍此连城宝，沈埋向九泉。

“见尽人间妇，无如美且贤。”叶圣陶对胡墨林的“爱”，是这样地热烈、执着、真诚和圣洁！

叶圣陶的为人为文，似乎可以借用章太炎谈治学的话来概括：“始则转俗成真，终乃回真向俗。”青少年时代有锋芒，有棱角，“转俗成真”；到了20世纪五六十年代，则是“回真向俗”了。事事不过度，处处有节制，待人接物，进入了“发乎性情止乎礼义”的境界，胸襟开朗，心思旷达，宁静自然，含蓄温厚。他对死生之理知之甚深，悼亡之痛理当适可而止，可他居然不能免“俗”，过度伤感，以至一次次“号哭”，于“生死之际，诚难作达”，真可谓“人非圣贤，孰能无偏”也！有几位亲友直接或间接地试着规劝他再找一位伴侣，叶圣陶断然拒绝。他把胡墨林20世纪30年代以及去世前的照片放大后挂在卧室里，暮暮朝朝慰藉他失所依傍的颓然心情。1973年9月23日，叶圣陶梦中想到胡墨林许久不给他写信了，醒后十分怅然，第二天写了题为《从未》的五言仿古诗，诗云：

从未寄书回，梦中常疑猜：何因竟决绝，弃我如遗迹？而我亦太痴，胡为不先施？邮址何从写，电话何号码？念此怅百端，醒时始恍然。原来是永别，万古阻消息。①

① 《叶圣陶集》第8卷，第342页。

他在当天的日记中写道："昨夜醒来得诗思，思之不已，历二小时许而复入睡。今日下午足成全首，书之于左。此是十数年间梦中常有情形，唯为诸种情形之一。昨夕忽然闯入意识界，自当勉而成之。"《从未》情意真切，从中再次看到了叶圣陶对胡墨林至诚忠贞的爱。他始终记得胡墨林逝世当天自己在日记上写下的话："一九五七年三月二日，永不忘此惨痛之日。"开始几年每逢胡墨林的周年都去扫墓。1958 年 3 月 2 日日记记：

今日为墨去世一周年纪念日。亲友早有于今日出城扫墓之议，余自当赞同，假社中之中型汽车往。到者有元善、伯祥、晓先夫妇、郑缤、龙文夫妇、祖璋夫妇，外则我家与至美两家，连司机同志凡大小二十九人。墨既去世，而人情尚不衰，可感。墓上无恙，碑石上尘沙，韩祖琦为刷而去之。郑缤携奇南香三支，燃之而插于墓前。徘徊约一刻钟而出。生人所可为者，仅此而已。不知余有生之年，再当来此几度。

1959 年扫墓提前一天，因为 3 月 1 日是礼拜天。当天的日记中写道：

墨以前年三月二日逝世，两周年矣。今日星期，出城扫墓。驱车至北京展览馆，至美等已停车相候，遂同驶。郊外积雪尚未化，西山上则或化或未化。到福田公墓，踏雪趋墨墓，墓碑上雪寸许，遂共扫之。底层已结成冰，则轻轻敲而去之。到者大小共九人，人人动手，历半时有馀，积雪悉去，全墓光洁。明知无甚意义，亦各表其虔敬之心耳。偶亦念及，不知今后再来几度，亦无所谓悲感也。

1960年3月2日在洛阳视察，日记中写道："今日为三月二日，墨舍我而去已三周年矣！"因为没能去扫墓，想得也就特别多。6月16日日记记："昨夜梦极多，殆在十次以上，大多有墨出场，杂奇惝恍，不可悉记。有时确知其已死，而又确信其实未死。有时余涕泣而告之，谓君已死，宁不悟耶。"

1961年2月9日为了安排母亲的墓地，叶圣陶来福田公墓，又郑重其事地看了胡墨林的墓。是日日记记：

午后，偕我妹及至善、满子驰车出城，抵福田公墓。我母之墓穴在墓地走道之东，就全体而言，居于中央部分。墨之墓则在其北靠东，将近围墙矣。……遂往视墨之墓。余去年未尝一至。徘徊有顷，凄怅于心。墓无损坏，唯石与石之接缝略宽少许，不知十年百年而后，又将如何。

"去年未尝一至"，"凄怅于心"，可今年（1961年）又因患浮肿，未能去给胡墨林扫墓，心里更为凄凉。叶圣陶3月2日日记记："今日为墨之去世纪念日，渠去世四周岁矣。"4月7日日记记："余常作梦，梦与墨远别，彼此均非家居。忽念何以不作书寄与，又念墨何以迄无书来，于是作书之想至切，而又不遽执笔。昨夕又是如是之梦，因记之。醒来辄怅然，此书将何自致耶！"

1962年2月3日日记记："老母去世，至今日已一周年。而墨之逝，则将五周年矣。思之深怅，然未与儿孙言之。默察彼辈，似皆淡然。”3 月 2 日日记记：“今日为墨之忌辰，渠卒世五周年矣，伤哉。”3 月 4 日是礼拜天，叶圣陶和家里人一起去给胡墨林扫墓。是日日记记：“今晨出门扫墓。偕我妹、至善、满子、大奎、永和，先到至美处，会合他们三人，联乘而往。几个孩子取柏枝，拂去我母与墨之墓碑上之尘土。汉白玉石并不坚实，细视之皆有少数损坏处。徘徊半时许，胸中怅怅然。不知再当几回来视福田也。四望柳枝，已有绿意，天气温煦，身上觉热。”3 月 18 日日记记：

> 今日三月十八，一九四九年以此日到京，余来京十三周年矣。当时与墨同来，而今墨逝世已五年。贺方回悼亡之词有云，“同来何事不同归”，反覆诵之，深为怅怅。

这之后，由于健康原因，不能去给胡墨林扫墓了，但每逢 3 月 2 日，他必定在日记上记着：墨逝世若干年矣，从未间断过。1974 年 3 月 2 日日记记：“今日为墨逝世十七周年。十七年矣，而余犹能支持，未知此后尚复几时。”1975 年 3 月 2 日日记记：“墨之逝世至今日已十八周年，至善于晨间早出，独乘地铁车与公路车往福田公墓看望。归来已过十二点，言其母之墓尚完好。墓地今为果园，仅于出门之时遇见一园中人。余闻之亦无深怅，余今生殆不复往福田看望矣。”1976 年 3 月 2 日日记记：“墨之逝世，至今日为十九周年矣。”1977 年 3 月 2 日日记记：“墨之逝世，到今日为二十周年。当时似觉得将无法过下去，不意二十年居然过下来矣。此简单之想头盖超于悲哀之外，亦不知应如何说也。”1978 年 3 月 2 日日记记：“今日为墨逝世之二十一周年纪念日。”1979 年 3 月 2 日日记记：“墨逝世二十二周年。年年此日记之，不知尚复记几次。”1980 年 3 月 2 日日记记：“今日为墨逝世之二十三周年。”叶圣陶逝世的前一年 1987 年 3 月 2 日日记中说：

昨夜未睡好，思绪万千，今天是墨去逝纪念日。时光快矣，我独自又走了卅年。

午后史晓风来，……后听兀真告知，晓风给兀真背诵卅年前悼念墨的诗，没料到他竟然还记得，令我感动。

这一年岁尾，叶圣陶末了一次生病住院之前，特地关照子女们说：“到母亲的忌日，你们无论哪一个去坟上看看吧。”从 1957 年到 1988 年，叶圣陶以他特有伤怀、孤寂和坚贞“馀年独支”，走过了三十个春秋。贺方回为其妻赵氏所作的悼亡词《鹧鸪天》、梅圣俞悼念亡妻谢氏的《悼亡三首》成了千古绝唱。叶圣陶的悼亡诗不仅堪与《鹧鸪天》和《悼亡三首》媲美，而且开拓了前人从未写过的境界，例如五言诗《从未》。托尔斯泰曾经说过：

人虽然有地震，瘟疫，病的恐怖，灵魂上一切的剧痛，可是顶磨折得他厉害的是——寝室里的悲剧，从前是这样，现在是这样，将来也是这样的。

从托尔斯泰的话中我们更能体味到叶圣陶的“排遣哀愁无计”，以及

“暮暮朝朝有独哀”的心情。人生最可回味的是过去。叶圣陶所说的“独哀”，其实就是对于他与胡墨林的纯洁之爱的回味，是对于夫妇四十年偎依、温亲的记忆，是对于生之真趣的吟咏。从中可以看到叶圣陶的由“爱”的牺牲精神和“爱”的执着凝结而成的爱情观。他把全部的爱情献给了胡墨林。尽管胡墨林过早地离开了人世，水流云逝，是永远追不回来了，但叶圣陶对她依然一往情深。

第十章 在第二个故乡——甪直

甪直人说："甪直是圣陶先生的摇篮。"叶圣陶说："我真正的教师生涯是从甪直开始的。"

——商金林《访叶圣老的第二个故乡——甪直》①

一、水乡古镇甪直

1917年1月，尚公学校放寒假，叶圣陶回到苏州，在假期参加吴县教育会的演讲会，听章伯寅演讲"教育上之心得"、余日章演讲"教育救国"、沈信卿演讲"自勤主义之教育"、贾秀英演讲"训练上之注意以恻隐羞恶群让是非之心重为归束"、黄任之（炎培）演讲"国文新教授法"、欧洲人麦克洛演讲"体育问题"。演讲会期间，中学同学吴宾若、

① 《钟山》1981年第1期。

王伯祥坚邀叶圣陶到甪直镇吴县第五高等小学任教。吴宾若是“五高”的校长，王伯祥是“五高”的教员，老同学盛情邀请，让叶圣陶动心了。

甪直在苏州东南三十六里，曾经是吴中的一个大镇。它南连澄湖、万千湖，西靠独墅湖、金鸡湖，北邻阳澄湖，素有“五湖之厅”的美誉，历史上是个文化发达的地方。春秋时吴王阖闾在这里建过离宫。唐代诗人陆龟蒙在这里隐居，“多所论撰，明出处大义，以高洁称”。陆龟蒙号甫里，又号天随子。甪直镇古名甫里，甪直镇外有甫里塘，均为纪念陆龟蒙而得名。镇上的保圣寺，是有名的“南朝四百八十寺”之一。创建于梁天监二年（公元503年），以后经多次重修重建。最盛的时候，据说有殿产五千多间，僧侣千人。宋、明两代，文人们常在保圣寺天王殿、莲花殿聚会。元代书法家赵孟頫曾隐迹于保圣寺。镇上小桥流水，黑瓦白墙，窄街深巷，房舍层叠，店铺栉连。全镇面积约一平方公里，原有石桥七十二座半（所谓“半座”，指一处架在小溪上仅有三四级石阶的小石板桥）。漫步于甪直街头，真有“市尘五步一顶桥”之感，相传唐代诗人杜荀鹤的诗句“人家尽枕河，水港小桥多”，就是在这里写成的。经明清两代建筑所形成的“分署清泉”“西汇晓市”“鸭沼清风”“吴淞雪浪”“海藏钟声”“浮图夕照”“长虹漾月”“连阜渔灯”等甫里八景，也远近闻名，名人学者纷至沓来，赞誉者甚多。1926年1月初，郭沫若与周全平、常云湄一同到甪直镇参加严良才的婚礼，事后在回忆中说：

> 甪直于我却有点像物外的桃源。……那境地有点像是在梦里的

一样。空气是那样澄净，林木是那样青翠；田畴的平坦，居民的朴素，使人于不知不觉之间便撤尽了内外的藩篱，而感到了橄榄回味般的恬适。①

王伯祥是1916年年初到角直的，吴宾若在角直住的年头更长。叶圣陶在1916年1月3日的日记中还记到王伯祥去角直的事："灯下作一书致宾若、伯祥。盖闻伯祥亦赴角直，与宾若为同事也。"吴宾若和王伯祥对角直的描述肯定会比郭沫若笔下的"物外的桃源"更美，叶圣陶经不住两位老同学的劝导，于1917年春季开学前，和吴宾若、王伯祥一起从苏州乘船，经吴淞江前往角直。

吴淞江上，天色完全黑了。浓云重叠，两岸田亩及疏落的村屋都消融在黑暗里。近岸随处有高高挺立的银杏树，西南风一阵阵卷过来涌过来，把落尽了叶子的杈桠的树枝吹动，望去像深黑的鬼影，披散着蓬乱的头发。

江面只有一条低篷的船，向南行驶。正是逆风，船唇响着汩汩的水声。后艄两支橹，年轻的农家夫妇两个摇右边的一支，四十左右的一个驼背摇左边的。天气很冷，他们摇橹的手都有棉手笼裹着。大家侧转些头，眼光从篷顶直望黑暗的前程；手里的橹不像风平浪静时那样轻松，每一回扳动都得用一个肩头往前一掮，一条腿往下一顿，借以助势；急风吹来，紧紧裹着头面，又从衣领往里

① 郭沫若：《创造十年续篇》，《郭沫若全集》第12卷，人民文学出版社1992年版，第283页。

钻，周遍地贴着前胸后背。他们一声不响，鼻管里粗暴地透着气。

长篇《倪焕之》开头两小节写的正是叶圣陶去角直途中的景况。角直在苏州东南三十六里，走水路遇上顶风，得走六个小时。

二、改革“小学作文教授”

1917年，在我国现代史上是富有划时代意义的年份。1月，胡适在《新青年》发表《文学改良刍议》，拉开了我国新文化运动的帷幕。在陈独秀、鲁迅、周作人、钱玄同、刘半农等新文化运动先驱者们的策应下，提倡白话文、反对文言文，提倡新文学、反对旧文学的革新浪潮风起云涌。读了《新青年》就立志要做“新青年”的叶圣陶，闻风而起，结合自己的教育感受，率先对“作文教授”发难，为新文化运动献计献策，推波助澜。他在和王伯祥合写的《对于小学作文教授之意见》[①]中说：

我国文字之难习，言文之异致实为其主因。方为文之际，初则搜索材料，编次先后，其所思考固与口一致；然欲笔之于纸，则须译为文言。于是手之所写非即心之所思。其间移译之手续殊为辛苦。

① 《新潮》杂志创刊号，1919年1月1日；收入《叶圣陶集》第15卷。

这番话着实道出了我国“言文异致”的弊端，“文言文”不能“直写自己脑筋里的思想，或直叙外面的事物”，要创作“新文学”就必须反对“文言”，“口”“手”一致。这种全新的“白话文”的理路，与新文学先驱者们的思想是一致的。周作人就曾在《中国新文学的源流》① 中说过：“话怎么说便怎么写”；“作文的态度是一元的”，“无论对什么人，作什么事，无论是著书或随便地写一张字条儿，一律都用白话”。《对于小学作文教授之意见》，是我国新文化运动中第一篇“作文”教育论文，对于改革小学国语教育、将白话文著作引进中小学国语教材，产生过一定的影响。

叶圣陶在文章中指出：“小学作文教授之目的在令学生能以文字直抒情感，了无隔阂；朴实说理，不生谬误。”为达上述目的，“则选择读物殊为必要。必与以模范，始得有着手之方”。但当时的小学生诵读的都是古文，这些古文，或“陈义过高，所关至大”，“与小学生现时处境绝不相关”；或“每有不落边际，不可捉摸者”等弊端。文章认为：“教者果能随处留意，于学生读物，或自编，或修改，务使十分平易，有类口说，则学生临文之际，得此模范，但就情意所至，举笔照录，不必移译，便成文字矣。”至于作文题目，文章强调应取材广博，“不特学校中之所诵习所闻见可以命题，即家庭社会之事，苟学生能思议及之者，亦无不可命题。事事物物，与学生接触而引起其思想感情者，均可为文题之材料”。

文章提出了作文命题及读物选择的原则，“即以学生为本位”，儿童

---

① 北平人文书店 1932 年版。

读物“则力避艰古，求近口说”，“必学生能作之文而后题，必学生宜读之文而后选读”。布置了作文题以后，教员只要将题目讲明白，使学生认题确切就可以了，过多的解释、暗示，“势将予学生以限制”。克服“手之所写非即心之所思”这一积弊的方法“唯有直书口说”。评论学生作文之进步与否，不只看文字形式，还要看其内容，即“视其推理能否正确，抒情能否绵美。果日累月积，思想益正确而完善，情感益恳挚而缜密，即断定为确有进步”。批改作文“实为作文教授之要着”，但“批改固非教者自己作文，乃修正学生所作之意义及字句也。其意义不谬误而尚有不完全之处者，不必为之增；字句已通顺而尚欠凝炼高古者，不必为之改”。“批改只应注意于谬误之推理，不通之字句。此外之事，不妨于发还时评论及之。”在20世纪初那场席卷全国、横扫封建文化的白话文运动中，《对于小学作文教授之意见》开了小学国文科改革的先河。

叶圣陶在“五高”担任国文教员，自编国文教材是他实践教育改革的第一个步骤。针对书坊编辑的教科书大多不懂教育而又“随意杂凑”的积弊，叶圣陶提出教科书应由有经验的教师来编写；教材编写的宗旨是“顺自然之趋势”，既要体现时代精神，又要“适应学生之地位”；“要协助学生脱离旧社会旧思想的感化”，“照着进化的轨道上走去”；“叫学生做个正正当当的人”；“教科用物”应该真正成为“叫学生认识人生真价的工具”。在强调“思想性”的同时，叶圣陶大力提倡白话文，主张“小学国文教材宜纯用语体”；“教材或由搜集，或由创作”，重在培养学生的“推理力”和“观察力”。他在角直自编的第一部国文教材，课文包括：（一）翻译作品，如莫泊桑的《两个朋友》（即《二渔夫》）、《项链》，都德的《最后一课》和《柏林之围》，易卜生的《娜拉》等；

（二）古典名作，如宋濂《王冕传》、顾炎武《与友人论学书》、魏学洢《核舟记》、杜甫《兵车行》、白居易《折臂翁》、司马迁《史记·项羽本纪》等；（三）根据名作改写的语体文，如根据《史记·刺客列传》改写的《荆轲刺秦王》，根据袁宏道的《虎丘记》改写的《苏州虎丘》，根据张溥的《五人墓碑记》改写的《苏州五人墓》，等等。随着新文化运动的勃兴，鲁迅的《孔乙己》《故乡》，胡适的《一颗星儿》，周作人的《小河》《生活之艺术》，沈尹默的《三弦》等一大批新文学作品也被叶圣陶编入国文课本。叶圣陶认为"教材"是引导学生认识社会和人生的一种"适用的工具"，结合他当年发表的教育论文，可以看到他自编的教材"切合人生"，"务求活用"，"力戒板滞"，有益于学生"为学立行"，"把读书得来的经验，去体验四周的事物，来创造自己的新经验"，因而深受同学们的欢迎和教育同人的推崇。

三、"特设一种相当的境遇"

叶圣陶在《小学国文教授的诸问题》[①] 一文中谈道：学校教育当"以儿童为本位"，仅仅有了适用的教材是不够的，新的教育不能只靠文字和书本，"尤当纯用直观教授"，使教学与社会活动和实践活动结合起来，让学生得到健全、全面而自由的发展，"所以学校当有会场、农园、工室、博物馆、图书馆等设备"。这种要使学校成为一个"小社会"的办学理念，虽说带有几分天真，但的确出自学校要与社会相结合、要使

① 《教育杂志》第14卷第1号，1922年1月20日；收入《叶圣陶集》第13卷。

学生得到全面发展、“使醇醇诸稚展发神辉”的热望。叶圣陶这种“理想教育”的热望，始于言子庙小学，到上海尚公学校后就曾试探过。1916年4月24日日记中说：

> 昨夜与景岐、骏孙谈议，在校中办一极小之工厂，与学生共同作工。谈次兴发，既寝矣复起，燃烛写工艺部简章。今晨与诸同事言之，皆赞同，遂拟章招股本焉。
>
> 我近思，旧时生活甚恹恹无味，当谋一新生活，意想之中，以为作工必甚愉快。虽一书一架之微，而自手制成，善藏待沽。其精神之爽快，将有难以言语形容者矣。

他拟的“工艺部简章”得到“诸同事”一致赞同，也就紧锣密鼓地筹划起来。4月25日日记中说：“工艺部虽未成立，而琐事已多，吾只觉茫无头绪。百忙待理，因悟任事之才究竟浅薄，然当勉之耳。”5月4日日记中说：

> 晚际，工艺部开成立大会。基础立矣，当有以谋建设之巩固焉。

因为叶圣陶早年的日记留存下来的只到1916年5月14日，“工艺部”进展的情况就不得而知了，不过似乎也只是立了个“基础”，并未真正“建设”起来，这在顾颉刚的《〈隔膜〉序》中似乎也能找到印证。《〈隔膜〉序》中说：

到民国五年，旧同学吴宾若君在苏州东南角直乡做高等小学校长，招圣陶担任教科。这时候，他在城里的许多痛苦受不到了，旧教育讨厌的地方也可以商量改革了。回忆他做城里教师时，有一信给我道，

“唯念于教师职务得少尽精力，使醇醇诸稚展发神辉，亦此生一乐。虽今日所呈现象每不满昨日之所怀，所幸心存希望，即是一缕动机；此动机勃发，或有美满光明之时也！”——二年十月十二日

此种希望，在城里固因种种牵制不能达到，但到了乡下却很可自由措施了。

“在城里固因种种牵制不能达到”，到了角直“却很可以自由措施了”。他和吴宾若、王伯祥，“本来是同学，犹如亲兄弟一样，复为同事，真个手足似的无分彼此，只觉得各是全体的一部分”①。叶圣陶在《〈角直闲吟图〉题记》中谈到他与吴宾若、王伯祥等同事的情谊时说：

每日散学之后，家居本镇之教员各归其家。外来之五人②则为共同生活，业务工作，业馀闲遣，三餐一宿，皆聚处而不分。今姑回忆而杂记所谓业馀闲遣者。夜谈多在室内，值月朗风清，则各携椅坐庭院中。晚餐时偶亦沽酒共酌，发起者作东，佐饮自必闲谈。宾若清谈娓娓，体贴人情入细。夙以善唱歌称，兴到则曼声低唱。

① 叶圣陶：《好友宾若君》，《叶圣陶集》第5卷，第271页。

② 外来之五人，即吴宾若、王伯祥、叶圣陶，以及算术教员孙建平、体操教员董志尧。

伯祥最健谈，多说轶闻掌故。能以扬州方音唱郑板桥《渔樵耕读》道情，又能唱京戏若干出之片段，他人促之不休，则慷慨应承，引吭而歌。……至于星期日或其他假日外出游散，则往往三人行，而孙董二君不与焉。吃茶于万象春。其肆虽简陋，而镇上所谓士绅者颇趋之，临河踞座，高谈阔论。饮酒于财源店，店在保圣寺山门外。财源为店主之名，其妻善治馔，鱼虾蔬菜皆可口，而索值不昂。有时至殷家听弹词，有时至某公所听昆曲。殷家者镇上之大族，英文教员殷康伯亦草桥同学，其族中常邀苏州说书人之来镇弹唱者每日下午到家说书一回，合族男女共听之。镇上人多嗜昆曲，其闲暇者集于某公所，延曲师教授拍曲，进而至于串演。尝见名曲师沈月泉教演《长生殿·小宴》唐明皇上场时所唱“天淡云闲”一曲，逐字逐句指点，可谓剖析入微。宾若之表兄沈伯安亦镇上士绅，于其老屋中筑小书斋，布置自出心裁，窗明几净，书画盆栽皆有雅致。我三人得暇辄往访，到则无所不谈，而伯安尤好谈美，“赏美”“伤美”常挂口头。镇外四五里有张陵山，名为山而无石，灌木自生，高树无多。假日晴朗，我三人偶或一往，聊寄游山之意。而各村敬神演草台戏，亦尝往观数次。归来评论所见诸角色，伯祥之兴致最高。①

大家“都有革新的倾向”，“但圣陶是想象最锐敏的，他常常拿新的意见来提倡讨论，使全校感受到他的影响”②。为了给儿童“特设一种

① 《叶圣陶集》第7卷，第212—213页。

② 顾颉刚：《〈隔膜〉序》，叶绍钧著：《隔膜》，商务印书馆1922年版。

相当的境遇”，叶圣陶和吴宾若、王伯祥一起带领学生挥锄破土，在“五高”古银杏旁的乱砖地上创办了“生生[1]农场”，种植瓜豆菜蔬。长篇小说《倪焕之》第一章写到的“高高的银杏树”，就是“生生农场”旧址上的这两棵古银杏。独幕剧《恳亲会》就取材于“五高”创办“生生农场”的经历。短篇小说《校长》中的校长叔雅要办“理想学校”，他让学生组织体育会开展运动，办小报纸，开荒地种马铃薯、玉米，也都取材于“五高”当年的教改实践。为了引导学生们阅读新文学作品，“发展思想，涵育情感”，叶圣陶捐款在“五高”的四面厅创办了博览室和利群书店，把自己购买的中外名著、南社诗人的诗集，以及《新青年》《新潮》《小说月报》，上海《民国日报》《时事新报》，北京《晨报》等报刊，陈列在博览室，督策学生博学多闻。叶圣陶还在博览室的四壁开辟了诗文专栏、书画专栏、英文通讯专栏，指导学生们写生练笔。在他的建议下，“五高”建立了音乐室兼篆刻室。叶圣陶喜好篆刻，各班的篆刻课均由他担任。课上课余，叶圣陶教学生刻图章印记，刻竹板压书，刻诗文互赠，刻花鸟共娱。他指教学生刻写的诗文大多富有人生哲理，如“温不增华，寒不减叶”，“直、谅、多闻”等；有时还根据学生的特点刻写诗文，如“开卷有益”，“时还读我书”，激励学生刻苦攻读、温故知新。

叶圣陶喜篆刻，早在中学读书时就潜心琢磨钟鼎款识、碑碣镌刻，探究古籀篆隶之递变的兴致甚高，为同学和亲友治印、为店铺书写招牌的事在辛亥年前后的日记中也时有记载。到角直后，篆刻的豪兴大作，

---

① 生生：指先生和学生。

“凡以印章石来嘱托者无不应”[①]。锲刀之法，兼取各体，或柔谨，或遒劲，或隽逸，或朴拙，不主故态，自成一家风范。仅为王伯祥刻的图章就有数十方，大印小印，朱文白文，各体均备，无美不臻。行家们都说叶圣陶篆刻造诣之高，实不逊于老手，盖天资超逸，非尽为功力所致也。顾颉刚在 1919 年 1 月 20 日日记中写到叶圣陶有关欣赏并借鉴“名家印谱”的论述，引录如下：

接伯祥来书：末一节与上记章（章士钊）、胡（胡适）二先生言历史进化相印合。抄录于下：

十七日课毕，与圣陶访柏寒，谈刻印。圣陶谓名家印谱不可不看，而绝不可死摹。死摹无我，其格必卑。不看而自辟途径，则往往踵古人所已发；无论所造如何，时间已大不经济。……因思近代学术之盛，亦未始非集往古之大成。笃守故墟，犹死摹古印也。其失甚明。而弁髦视之，则犹不看印谱，亦不见经济。近人每谓创新非尽灭往古不可，至云往史旧籍俱当摧烧者。吾谓不然。夫人生观念随时随地而不同。改进之机，全在不足现境，希望幸福。故对于现境而加以批评，固吾人当具之同情。然所谓改进，必就现境出发，决非摆脱现境，另求一界，以再谋良善也。然则以前种种，必有足供改进之参考之助力者在。若一切吐弃，然后创新，是犹返玉辂于椎轮，然后谋车；毁宫室以安穴居，然后求大建筑也。焉所得哉？

① 叶圣陶：《〈角直闲吟图〉题记》，《叶圣陶集》第 7 卷，第 213 页。

现在"所谓新旧"盲动冲突，故吾辈易有调和之觉悟。所望以后能将社会学历史学究心深密，得有完善之体系耳。①

因为论述极精辟，顾颉刚特地抄在日记里。叶圣陶有关篆刻造诣的阐释也使顾颉刚对于当时"所谓新旧"冲突有了更深的认知，意识到他和叶圣陶的"调和之觉悟"的学术背景。叶圣陶又特别迷恋戏剧，顾颉刚在《〈古史辨〉第一册自序》中说："圣陶向我称道戏剧的功用"，让他也成了戏迷。② 叶圣陶不仅爱看戏，还想"做戏"，民国元年还有过"献身舞台"要当"名伶"的念头，只可惜"没有机会"。到了角直，就"提议在学校里造了一个戏台，自编了剧本，每逢星期三演出一次"③，名曰"同乐会"。1980 年 10 月 29 日，叶圣陶在给姜德明的信中谈到在角直开展戏剧活动时说：

大约隔一个星期演一回戏。戏由学生自选自编，教师给他们帮助。记得曾经把胡适翻译的《二渔夫》改编成戏剧，大家看了颇为感动。

我也演过一回戏。即是在学校开什么纪念会的时候。其时苏州城里好些同行到角直来，参加我们的纪念。剧本叫《春雪》，是我跟校长沈伯安，还有老同学王伯祥三个人合编的。剧情记不得了，总之是把春雪比喻不适宜的教育对儿童的不良影响。伯祥扮演一位

① 《顾颉刚日记》第一卷（1913—1926），联经出版事业股份有限公司 2007 年版，第 78 页。

② 参见顾潮编著：《顾颉刚年谱》，中国社会科学出版社 1993 年版，第 32 页。

③ 顾颉刚：《〈隔膜〉序》，叶绍钧著：《隔膜》，商务印书馆 1922 年版。

老妈妈，我扮演一个老头儿，鼻腔上夹着小胡子。其他角色由学生扮演。因为有苏州来的客人，又有当地的观众，室内的剧场容纳不下，戏台搭在操场上。……《春雪》的稿本没有保存，现在想想也有些可惜。①

而据学生回忆，叶圣陶指导他们编演的戏剧还有《最后一课》《荆轲刺秦》《完璧归赵》，等等。学期中和学期末开“恳亲会”，学校把学生的习作、试卷、字画、雕刻，以及种植的瓜豆菜蔬陈列出来，请学生家长和社会贤达来校观览，还请大家观看学生表演团体操，看学生演戏。学生演戏在当时是件新鲜事，每逢演出，角直镇上男男女女都赶来看。那情景，比到乡下看草台戏还热闹。

叶圣陶在角直致力于为学生“特设一种相当境遇”的创意还有很多，其中最重要的有两点：一是造成一种活泼亲谊的学习气氛，师生相见以诚，相处以爱；二是引导学生过学术的、体育的、游艺的、社交的、组织的等“团体生活”。顾颉刚在《〈隔膜〉序》中说：

他在这几年里，胸中充满着希望，常常很快乐的告诉我他们学校的改革情形。他们学校里，立农场，开商店，造戏台，设备博览馆，有几课不用书本，用语体文教授，……几年内一步步的做去，到如今都告成功了。这固是圣陶的一堂同事都有革新的倾向，所以进步如此其快，但圣陶是想象最锐敏的，他常常拿新的意见来提倡

① 姜德明：《叶圣陶演戏》，姜德明著：《书廊小品》，学林出版社 1990 年版，第 32—33 页。

讨论，使全校感受到他的影响，这是无可疑的。

自五年到现在，六年之间，他没有离开过角直。八年，又把全家搬了过去，从此他做了角直人了。他每天所到的地方，只有家庭及学校，而这两处都充满了爱的精神，把他浸润在爱的空气里。于是，他把民国四年以前的悲观都丢掉了，从不再说短气的话。社会的黑暗，他住在乡间，看见的也较少了。于是他做的小说，渐渐把描写黑暗的移到描写光明上去了。[①]

叶圣陶说在言子庙小学和尚公小学当教师时，“因年轻不谙世故”，“只感到这一途的滋味是淡的，有时甚且是苦的；但自从到角直以后，乃恍然有悟，原来这里头也颇有甜津津的味道”[②]，确信教育是“高尚”“神圣”的事业[③]，满心喜欢，乐此不疲。

四、“立教育基础于人生观”

叶圣陶在教学实践中深深感悟到小学教育既不是教学生“摹仿古人的行径，记古人的思想”，也不是“单教学生们学得一技一艺”，将来“得以养家活口”。“小学教育的价值”在于“替小学生定个方向”，“打定小学生一辈子有真实明确的人生观”的“根基”，使他们经过学校教

---

① 叶绍钧著：《隔膜》，商务印书馆 1922 年版。

② 叶圣陶：《好友宾若君》，《叶圣陶集》第 5 卷，第 271 页。

③ 叶绍钧：《今日中国的小学教育》，《新潮》第 1 卷第 4 号，1919 年 4 月 1 日；收入《叶圣陶集》第 11 卷。

育“晓得‘已往’，预备‘未来’”，“将进而为更高尚的人”。这就要求教师不能“虚有其表”，悬个“为人先导”的招牌，必须立志下一番“修养功夫”，使自己有个“真实明确的人生观”。[①] 叶圣陶一贯主张“教育者必须首先受教育”。为了使自己确定“真实明确的人生观”，他虚心向同事们学习。他说吴宾若“是具真诚能实行的教育家”，和吴宾若在一起“只觉得他的诚恳远过于我，竟略带压迫的力量。学生偶犯过失，他招犯过失的学生到他办公室详细地开导，严正而慈祥，往往是一点钟两点钟。末了，那学生擦着悔悟的眼泪退出来，宾若君自己的眼眶也好像湿润了”。[②] 其实，叶圣陶和吴宾若一样，都信奉“爱的教育”“学生第一”，只是觉得做得不如吴宾若那么好，就虚心向他学习。在角直，他们朝夕相处，谈得最多的是如何“造就新人”。他们认为：育人如植树，乔木参天，绿荫匝地，大者可为栋梁，小者亦成榱桷。小学教育的责任，就是把树苗植根于地，使得尽发育之能力，有成材的资格。倘若植根不良，萌芽时已卷曲力弱，则干粗枝劲之后，亦臃肿不中绳墨。“怒”是教师的“大忌”。小学生如嫩芽，逢雨露则欣欣向荣，遭霜雪则生机尽矣。为教师者，第一当和蔼可亲。教育的基础建立于“爱”，唯一的教育法只有一个“爱”字，对学生当如慈母待婴儿。

不过，仅仅是“慈母待婴儿”式的无微不至的“爱”，还不足以“立人”。“立人”，还必须有一种“大爱”，即“爱国主义教育”，在孩子

---

① 叶绍钧：《今日中国的小学教育》，《新潮》第 1 卷第 4 号，1919 年 4 月 1 日；收入《叶圣陶集》第 11 卷。

② 叶圣陶：《好友宾若君》，《叶圣陶集》第 5 卷，第 271 页。

们稚嫩的心灵里培植国家和民族的情操。鲁迅在《小品文的危机》中说："唐末诗文衰落，而小品放了光辉。但罗隐的《谗书》，几乎全部是抗争和愤激之谈；皮日休和陆龟蒙自以为隐士，别人也称之为隐士，而看他们在《皮子文薮》和《笠泽丛书》中的小品文，并没有忘记天下，正是一塌胡涂的泥塘里的光彩和锋芒。"[①]《新唐书》的《隐逸传》里说陆龟蒙秉性高放，酷爱读书，勤于写作。"尝至饶州，三日无所诣。刺史蔡京率官属就见之，龟蒙不乐，拂衣去。"后来隐居松江甫里，"多所论撰，虽幽忧疾痛，赀无十日计，不少辍也"。他有一首咏白莲的诗，以白莲自喻，淡雅自守，不求人知，但愿出污泥而不染，保持一己之高洁。叶圣陶来"五高"后，与吴宾若、王伯祥等商定，每年清明节的前一天和重阳节的后一天，为"五高"师生共祭陆龟蒙节，祭文均由叶圣陶撰写。平时，叶圣陶带领学生拜谒陆龟蒙衣冠墓，在陆龟蒙石碑和洗笔槽前评价陆龟蒙揭露现实、哀悯农民的诗文，在陆龟蒙遗迹斗鸭池和白莲寺旁讲述先贤的生平，教导学生们说："先贤高洁，是百世之师。今天，时代不同了，你们要入世为民。"由于时代的局限，"五高"学生念书大多是为了识字算账，长大了好做生意。在叶圣陶的教导下，有的学生毕业后投身革命，把青春年华献给了最壮丽的事业。角直镇上最早参加革命的陈继昌烈士和戴宗盘烈士，都是叶圣陶的学生。

五、"新文学"的探索和尝试

叶圣陶到角直之后，与正在北大读书的顾颉刚、俞平伯等人书信往

---

①《鲁迅全集》第4卷，人民文学出版社2005年版，第591页。

来更为频繁，对新文化运动由衷地向往。除了探索教育改革的途径外，还担任北大国学门研究所通讯研究员，并尝试创作“俗语小说”《春宴琐谈》，跻身于新文化运动的行列。

前面已经说过，叶圣陶创作的最末一篇文言小说是写成于 1916 年 4 月 11 日的《淞垒记》，《春宴琐谈》大概写于 1917 年年底，在 1918 年 2 月 5 日和 3 月 5 日出版的《妇女杂志》第四卷第二号、第三号上连载，时间相隔将近二十个月。从某种意义上说，《春宴琐谈》缘于“自觉”，是叶圣陶自己“要”写的，是一种“新”的探索。

小说写新女性葆灵的学识、魄力和境界，赞美她的“科学”与“民主”思想，也表达了青年叶圣陶对改造社会的许许多多天真而浪漫的想象。

葆灵的丈夫陈乾庵“是个文学家”，在报馆里当主笔，“一时舆论颇为所左右”。葆灵“性情温和，言辞诚挚”，有较高的“美学”修养，家里的“一切布置都含有审美思想”。她又是一位有魄力的实业家，办了鸡场，用科学方法养鸡，居然大有成效。还办了毛巾厂，“有数十架木机”，“织出毛巾，各处都来批发”，“是一宗极厚的出息”。工厂雇用的是“贫苦人家女孩子”，她们白天做工，晚上由葆灵教她们职业、卫生和公民课，“一年之间，那些女孩子居然粗知礼貌，懂得常识”。参加“春宴”的都是“极潇洒通达，不惯拘牵虚文俗礼”的新女性。为了举行这次的“春宴”，葆灵和小姑碧儿精心布置客厅，处处给人以“舒适”的“美感”；餐事从简，用餐前先上汤，并采用“分餐”的方式，讲究卫生。席间“琐谈”的是“男女平等”“聚餐方式”，以及“改良社会和家庭”。不难看出，这篇小说的主题是宣传改良，而改良就是全面“欧化”，就连小说中写到的“喝”（咖啡）、“玩”（小姐们为了身体的“挺拔”，在校“留心体操”，在家“打网球”）、“鉴赏”（西洋名画）等赏心乐事也“全方位”地趋附“欧洲新潮”。

值得留意的是，小说中没有涉及“从政”两字，只是说妇女应该自立于社会，有利于民生，发展实业，办平民夜校；改革社会不是去变革社会制度，而只是从改良“一切家庭杂务”做起，“国政不治，还要归咎到家政不修”。这种幼稚的“改良观”从一个侧面说明了叶圣陶当时的“新思想”，还拘泥于“欧洲的良法美俗”，偏重于“人心风俗”的改良。

但就时代的“新思想”而言，当时《新青年》提倡妇女解放，也还停留在“尊重人性”，“反对旧的贞节观念”，对传统婚姻道德持否定的态度等层面。陈独秀在《新青年》第一卷第五号发表《一九一六年》，论文开了对传统旧道德抨击的先声，号召妇女不要甘心委身于人，受别人支配摆布，应该把自己也看作一个人。他说：

> ……自居征服（To Conquer）地位，勿自居被征服（Be Conquered）地位。全体人类中，男子，征服者也；女子，被征服者也。……自负为一九一六年之男女青年，势以铁血一洗浃髓沦肌之奇耻大辱。

这篇文章无疑是《新青年》向旧婚姻道德、旧文化开战的宣战书。可是当时社会乌烟瘴气，帝制的风波才息，尊孔的云雾又起。国会议制宪法时，准备把孔教立为国教。陈独秀在《新青年》第二卷第三号上发表了《宪法与孔教》，第二卷第四号上又发表了《孔子之道与现代生活》。在这两篇文章中，他痛斥了孔子之道不宜于现代生活。他在《孔子之道与现代生活》中谈到妇人寡居时说：

> 西人孀居生活，或以笃念旧好，或尚独身清洁之生涯，无所谓守节也。妇人再醮，决不为社会所轻。（美国今大总统威尔逊之夫人，即再醮者。夫妇学行，皆为国人所称。）中国礼教有“夫死不嫁”（见《郊特牲》）之义，男子之事二主，女子之事二夫，遂共目为失节，为奇辱。礼又于寡妇夜哭有戒（见《坊记》），友寡妇之子有戒（见《坊记》及《曲礼》）。国人遂以家庭名誉之故，强制其子媳孀居——不自由之名节，至凄惨之生涯，年年岁岁，使许多年轻有为之妇女，身体精神俱呈异态者，乃孔子礼教之赐也！

陶孟和在《新青年》第四卷第一号上发表了《女子问题》，从社会学的角度讨论妇女问题，认为中国社会礼教压抑了女子的才能，使女子无奋发策励的机会。周作人在《新青年》第四卷第五号上发表了他翻译的日本女诗人与谢野晶子译作的《贞操论》，意在改变人们的贞操观。

从上述论文和译作，以及胡适在《新青年》第五卷第一号上发表的《贞操问题》，刘半农在《新青年》第五卷第二号发表的《南归杂话》可以看到，《新青年》提倡的“妇女解放”，也还停留在反对旧道德，提倡新道德，希望建立合乎人性的社会伦理秩序的层面。虽说早在辛亥革命成功、南京临时政府成立后就有“女子参政会”的上书请愿，要求“男女平权”。1922 年北京中国大学的女生联合其他专门学院的女生，发起了第二次女子参政运动。她们要求女子和男子一样，应该平等享有宪法上人民应享有的权利；依男女平等的原则，修正私法上的夫妻关系、亲子关系、继承权等；制定男女平等的婚姻法和保护女工法。这些要求当时也没有得到实际的解决。直到1924年1月，《中国国民党第一次全国代表大会宣言》中才提出："于法律上、经济上、教育上、社会上确认男女平等之原则，促进女权之发展。"因而被称为中国近代社会第一次用文字形式对男女平等作出规定的纲领性宣言。联系到这些背景，可以看出叶圣陶的《春宴琐谈》仍不失为一篇"新小说"。

1918年11月19日，北大学生傅斯年、罗家伦等发起成立新潮社，出版《新潮》杂志，专以介绍西洋近代思潮，批评中国现代学术及社会中各种问题为职司。第一批入社者绝大多数为北大文科学生，中国文学门有傅斯年、俞平伯，英国文学门有罗家伦、潘家洵，中国哲学门有顾颉刚、谭平山、陈家蔼、吴康等。"当时只要喜爱文学并能写白话文的，就被拉了进去"（顾颉刚《回忆新潮社》）。胡适晚年谈到新潮社时，认为那时在北大的一些"年轻但是却相当成熟，而对传统学术又颇有训练"的学生，"其中包括很多后来文化界知识界的领袖们如傅斯年、汪敬熙、顾颉刚、罗家伦等人"都加入了新潮社。《新潮》杂志以白话文这种活生生的新语言文字为自我表达的工具，同时又以把个人从传统的旧风俗、旧思想和旧行为的束缚中解放出来为新文学的内容，因之使新文化运动具备了与当年欧洲文艺复兴运动相似之处。胡适说，在这场"中国文艺复兴运动"中，《新潮》杂志"表现得甚为特出，编写皆佳"，超过了北大教授所办之《新青年》。①

① 胡适说："《新潮》月刊表现得甚为特出，编写皆佳。互比之下，我们教授们所办的《新青年》的编排和内容，实在相形见绌。"参见胡适口述，唐德刚译注：《胡适口述自传》，广西师范大学出版社2005年版，第173页。

汹涌澎湃的新文化运动使远在水乡古镇角直执教的叶圣陶成了“放眼以观世界”的“新一代青年”，成了敢于“发舒意见”“阐述志趣”的“思考的一代”，成了敢于批评、富有打破旧思想的清醒意识的“新青年”。他加入新潮社，以建设新文学为己任，成了开创“新体小说创作风气”的拓荒者中的一员。顾颉刚在《〈隔膜〉序》中对叶圣陶当年的思想风貌作了精辟的论述：

民国七年间，《新青年》杂志提倡国语文学极有力量。但那时新体小说只有译文，没有创作。圣陶禁不住了，当《新潮》杂志出版时，他就草了《一生》[①] 一篇寄去，随后又陆续做了好几篇。可喜《新潮》里从事创作的，还有汪缉斋、俞平伯诸君，一期总有二三篇，和圣陶的文字，竟造了创作的风气……

1919 年 2 月 1 日，叶圣陶发表了第一首新诗《春雨》。到过角直的朋友都能看出，《春雨》写的就是角直当地的乡村风景，抄录如下：

霏霏的几天春雨，
　登楼远望，烟树迷离。
那洋泾港畔的平田，
　早披上绿绒衣。

---

① 原题《这也是一个人!》，收入《隔膜》集时改为《一生》。

还记去年初夏，
　看农夫插秧在那里，
还记稻穗经风，
　宛如大海碧浪无边际，
还记农夫割了串串黄金穗，
　舂成粒粒珍珠米。
　　——都像是眼前的事体。

霏霏的几天春雨，
　平田又披上绿绒衣。
转眼间如箭光阴，
　又到麦秋天气。
稻哩，麦哩，轮流更替，
　同在一块田里。

　是不绝的生机！
　是无穷的地利！

诗写得自然清新，赞美大地，赞美耕耘大地的“农夫”，字里行间透露出来的是“人尽其能地尽其力”的社会理念，但这只是叶圣陶思想的一个侧面。3月1日，叶圣陶发表了第一篇白话小说《这也是一个人!》，让我们又看到了他思想的另一个侧面：对于“人”和“人格”的思考。作品发表后引起了广泛的关注。叶圣陶从此也就一发而不可收，写小说，写新诗，写童话，写文艺评论和散文杂感，写剧本，成了“托命于文艺”的一名战士，成了我国新文学史上杰出的作家和先驱者之一。

从《春宴琐谈》（大概写于1917年年底）到《这也是一个人！》（写于1919年2月14日），只不过相隔了一年多，叶圣陶思想就又有了质的飞跃。虽说写《春宴琐谈》意在摸索如何写“新文学”，但因无范本可依，旧小说的痕迹很重。俄国十月革命的胜利使整个世界的格局发生了深刻的变化，叶圣陶和同时代许许多多急进的知识青年一起开始重新思考中国的前途和命运，也就是在这个时候，鲁迅《狂人日记》①、周作人《人的文学》② 和《平民文学》③ 等“开新纪元”的杰作和宣言，给了叶圣陶以“全新”的感悟。张定璜在《鲁迅先生》④ 一文中说过：1914年至1915年，他最推崇的小说是《双枰记》《绛纱记》《焚剑记》，觉得“亲切而有味”；可读到《狂人日记》时，骤然看见了“一个新时代”。文中写道：

> 《双枰记》等载在《甲寅》上是一九一四年的事情，《新青年》发表《狂人日记》在一九一八年，中间不过四年的光阴，然而他们彼此相去多么远。两种的语言，两样的感情，两个不同的世界！在《双枰记》《绛纱记》和《焚剑记》里面我们保存着我们最后的旧体的作风，最后的文言小说，最后的才子佳人的幻影，最后的浪漫的

---

①《新青年》第4卷第5号，1918年5月15日。
②《新青年》第5卷第5号，1918年12月15日。
③《每周评论》第5号，1919年1月19日。
④《现代评论》第1卷第7—8期，1925年1月24日、1月30日。

情波，最后的中国人祖先传下来的人生观。读了他们再读《狂人日记》时，我们就譬如从薄暗的古庙的明灯底下骤然间走到夏日的炎光里来，我们由中世纪跨进了现代。

叶圣陶的体悟肯定与张定璜相仿，不然也不会说出“我亦青年，乃同衰朽”的话来。很有可能是读了《新青年》特别是周氏兄弟的作品后，叶圣陶懂得文学就是“人学”，开始自觉地用文学伸张人道正义、抨击旧伦理旧道德、抨击非人的社会，在新文学史上写下了极其精彩的篇章，而《这也是一个人！》就是这一“自觉”的起始。这里，我们不妨将《春宴琐谈》与《这也是一个人！》作一些简单的比较。

《春宴琐谈》中的“新女性”都是“有钱”人家的太太和小姐，胭脂气和贵族气很重。《这也是一个人！》采用写实的手法，叙述了一个经历类似祥林嫂的农村妇女的一生。“伊”幼小时“简直是很简单的动物”。十五岁出嫁，被婆家“抵半条耕牛”使唤；她受不了丈夫和婆婆的虐待，逃出去当佣妇，还萌生过离婚的念头。而父亲却用“既做人家的媳妇，要打要骂，概由人家”的“理由”，强迫女儿回到婆家。“伊”的丈夫死后，婆家就把她卖了，“把伊的身价充伊丈夫的殓费”。“伊”是我国现代小说中“第一个”受难的妇女形象，“伊”的悲惨的命运将农村劳动妇女的解放问题，提交到社会改革家的面前，向封建宗法社会发出了“这也是一个人！”的控诉。两相比较，一篇是经过“改良”后的“贵族文学”，一篇是地地道道的“平民文学”“血泪文学”。叶圣陶怀着“盖文章经国之大业，不朽之盛事”的强烈的功利主义态度，在这两篇小说中都有意识地强化了“文学”的

"启蒙"价值，试图用"文学"来揭示社会的"病源"，点出疗救的"药方"。由于对"病源"的诊断出了误差，开出的"药方"前后相拧。《春宴琐谈》力倡用"西方文明"对"旧习俗"进行渐渐的"改良"；《这也是一个人！》则与鲁迅的《狂人日记》相呼应，用"伊"的一生形象地说明我国农村劳动妇女非但没有得到做"人"的资格，就连"人"的意识也都没有。从1917年年底到1919年2月这一年多的时间里，伴随着时代的剧变、思潮的激荡，叶圣陶的思想发生了多么深刻的变化啊！《春宴琐谈》虽说是"俗语小说"，却未能脱尽文言的"坯子"，半文半白。《这也是一个人！》虽说也有初期白话文"四不像"的毛病，"文言的字眼和文言的语调杂凑在中间"①，还有"外来语"和"方言"，念起来疙疙瘩瘩，但毕竟是白话文。从这个意义上说，《春宴琐谈》打上了文白交替时代的印记，是文白过渡的一座桥梁，从中可以看出叶圣陶是如何从用文言过渡到用白话写小说的，这在叶圣陶文体研究中有特殊的价值；而《这也是一个人！》则开启了叶圣陶创作的新时代。关于《这也是一个人！》，在《顾颉刚日记》第一卷也有记载：

(1919年）1月16号　　得圣陶书，并新著小说《人格?》，即记吾家女仆全宝事。以写实法写之，不加论断，起读者评判之趣味。不作极端语，故弥觉情境之真，而无剌戟过度之弊。即寄入社中。圣陶询我知行不合精神所感痛苦，欲为作小说。极喜。暇当详

① 叶圣陶：《杂谈我的写作》，《叶圣陶集》第9卷，第226页。

告之。[1]

短篇《这也是一个人!》原来的题名叫《人格?》，是以顾颉刚家的女仆全宝做原型的，难怪读起来感到真实可信。至于“知行不合精神所感痛苦”，大概是出于对“人生”的思考，正如茅盾在《〈中国新文学大系·小说一集〉导言》里所说：“‘人生究竟是什么?’支配人生的，是‘爱’呢，还是‘憎?’在当时一般青年的心里，正是一个极大的问题。”[2] 在叶圣陶看来，人生应该是充满“美”和“爱”的，但生活中人与人之间是“隔膜”的，这让他感到“痛苦”。他写小说就是要描写和表现他的这个“痛苦”。

六、以“改造世界”为己任

1919 年 3 月，叶圣陶由顾颉刚介绍加入新潮社。鲁迅在《〈中国新文学大系·小说二集〉导言》中谈到汪敬熙、罗家伦、杨振声、俞平伯、欧阳予倩、叶绍钧等新潮社一批作家时，认为这群作家中“叶绍钧却有更远大的发展”[3]。

叶圣陶加入新潮社后，在角直设立《新潮》杂志角直“代办处”，销售《新潮》杂志，宣传《新潮》的“旨趣”。5 月 5 日，叶圣陶从报纸上看到北京学界公讨卖国贼，要求“取消二十一条”“还我青岛”“保

① 《顾颉刚日记》第一卷（1913—1926），联经出版事业股份有限公司 2007 年版，第 69 页。
② 《茅盾全集》第 20 卷，人民文学出版社 1990 年版，第 475 页。
③ 《鲁迅全集》第 6 卷，人民文学出版社 2005 年版，第 248 页。

我主权”的报道，彻夜未眠。他觉得天地间最重要的是“民气”，就和王伯祥等人一起商讨唤起民众的计划。第二天，在“五高”操场召开“五四”宣讲会。会上，叶圣陶作了题为“独立与互助”的演讲。王伯祥作了题为“社会的国家和官僚的国家有什么分别”的演讲。顾颉刚认为他们的选题是在根本上立说，指明此次风潮之原因，较一般“上海罢市的情况”“北京学生受苦的情况”的演说所得的效果好得多。宣讲会结束时，叶圣陶高呼“外争国权，内惩国贼!”的口号，似乎要点燃每个听众的爱国热情。后来，叶圣陶从报纸上看到有关傅斯年、罗家伦等人亲近军阀和日本人，被同学逐出的传闻，立即给顾颉刚写信询问究竟，并限定顾颉刚接信次日即须将复信付邮，竭诚地希望有志之士不要“自杀文化发展力”。

顾颉刚在回信中，除了回答叶圣陶的提问，还敦促叶圣陶将风潮扩大。信中说：

> 将风潮扩大的原因，一则胶州仍然断送，曹、陆依然故我，……二则总要在大处着想，曹、陆即使罢诛，尚有同他们同罪的人握住政柄，尚有铸造他们这一辈人的社会时时处处的照式铸造，……万非几个起劲人爽快赶一回便可奏功；我们觉悟的自身责任是改造社会，这回的事真是极微小的一个起点，不过大家看得见罢了。①

---

① 顾潮编著：《顾颉刚年谱》，中国社会科学出版社 1993 年版，第 51 页。

顾颉刚希望能让民气“渐渐的腾起”。叶圣陶非常认同，于是写了《吾人近今的觉悟》① 寄到上海《时事新报》。文章说：

> 现在世界各国的政府还是“强权称雄”的遗型，率了一种“强权欲”的冲动而前进，和“庶民主义”“社会主义”根本矛盾。中国政府毫没学识，所以做出罪恶来格外难看。他国政府将学识自文，所以坏得较为冠冕，其实是一个样子。
>
> 我们欲改造世界，第一步先要铲除强权欲的冲动。我们恃自觉的奋斗精神，凡是和“庶民主义”“社会主义”相背的，都要去反对他。我们不要怕强权，只要真能自觉，真能奋斗，最后胜利终属我们。我们如今应当认定，改造世界是我们的责任。无论什么难题，只有我们去解决——我们真欲解决，终能解决。
>
> 若是自居第三者地位，单说几句漂亮话，或是单能说不能行，或是深抱悲观，只会叹“国亡无日”，这都是懦夫的行径，我们绝对不应有这等态度。
>
> 我们要改造世界，只重在一个“我”——只重在我的“努力奋斗”——这是我们近今的觉悟。

文章宣传“庶民主义”和“社会主义”；提出“凡是和‘庶民主义’‘社会主义’相背的，都要去反对他”；指明改造世界的第一步就是要推翻“强权称雄”的“中国政府”，铲除“他国政府”的“强权欲的冲动”；

① 《时事新报》1919 年 5 月 15 日第 2 张第 1 版，收入《叶圣陶集》第 5 卷。

激励人们以“改造世界”为己任，反对在反帝反封建运动中“自居第三者地位”；坚信只要“我们不要怕强权，只要真能自觉，真能奋斗，最后胜利终属我们”，“我们要改造世界，只重在一个‘我’”。这些重要的见解与革命先驱者李大钊等人的思想十分相似，尤其是一个“我”字，“只重在一个‘我’”，堪称时代的“惊雷”。

5 月 10 日，苏州学界联合会成立。5 月 31 日，苏州教职员联合会正式成立。叶圣陶是这两个联合会的发起人之一。苏州教职员联合会宣言书云：

外交失败，警耗传来，北京大学学生以国之不存学将焉用首先叫号，矢以七尺微躯与国存亡，义声所播，四方景从。识者佥谓今日学生之奋发，实吾国前途莫大之幸运，苟能及时提倡，再接再厉，足以摧奸贼之肝胆，而戢强暴之气焰。乃政府不察，惑于群小，甘冒不韪，匪特拂戾学生救国之苦衷，而养奸贻患，国法荡然，其予敌人以轻视之隙，是可忍孰不可忍。同人僻处吴下，忝为人师，坐视青年学生虚掷黄金岁月，而不禁为之悒悒以悲也。同人爰于五月三十一日成立斯会，其唯一之主旨在组成健全机关后，援助学生，以挽教育一线之生机。嗟乎，谁无肖子贤女，今日捍卫国家，亦既竭其力矣！有教育之责者坐令子女牺牲而漠然无动于衷，忍乎否乎？为此宣言，深望全国教育界蔚然兴起，实国家前途之万幸焉。同人不禁伫足以望，翘首以待。

当时，叶圣陶在新文坛已经崭露头角。为了声援北京、上海等地青年学生的爱国运动，抨击“社会名流”散布的“罢课不适用”论①，他到角直第一、第二国民学校串联，联名发表了《角直高小国民学校宣言》。长篇小说《倪焕之》中写到倪焕之与几个学校串联罢课，就是以这件事为背景的。《角直高小国民学校宣言》说：

> 溯自现象混沌，外交屈辱，爰有五四运动。乃政府横肆摧残，务拂民情，吾三校感此潮流，五中愤结。初以群众既为正当之表示，当局或有悔祸之良心，果肯改图，宁非国利？顾倒行逆施，曾不少悛，吾三校忍无可忍，于六月十一日一致罢课，非特为对付日本之表示，作释放学生之要求，根本解决乃在满足民众之希望。标的既悬，誓必践之！②

从这份宣言中，可以看到叶圣陶五四时期亢奋凌厉的风貌，同时也能看到五四运动的影响极其深远，已从城市扩展到偏僻的水乡古镇。

七、“从此做了角直人”

1919年5月，叶圣陶的父亲去世，享年七十二岁。顾颉刚1919年的日记中记到了这件事。只是顾颉刚这一年的日记不全，仅存1月共三十一天，2、3、4月缺，5月仅存26日一天，6月仅存1、2、3日共三

---

① 如上海《时事新报》5月22日发表署名“知自”写的“时评”《敬告学生诸君》，称罢课“已不适用”，“至于‘抵制日货’，固不必罢课。即‘讨卖国贼’，亦非罢课打电报能期其效果者”。

② 上海《时事新报》1919年6月16日第3张第4版，收入《叶圣陶集》第5卷。

天，7 月之后缺。1920 年全年缺。1919 年 6 月 1 日日记中写道：

（下午）二时，到圣陶处；适伯祥、宾若到城，在叶宅进饭后，将至吾家，巧甚。旋与三君同至王废基，观童子军宣誓礼，而以雨展期。折至吴苑进茶，遇子清、凤生。又至丹凤进面，国民馆还账。四时许，分道归。

圣陶谓吾为所拟讣式，其叔不谓然。因仍添入孤子、期服孙，泣血稽颡、泣稽首等字样。此等浮文，固束缚老辈脑筋，已周密不漏矣。①

“讣式”当指顾颉刚为叶圣陶父亲拟的讣告，而叶圣陶能在 6 月 1 日与顾颉刚、王伯祥、吴宾若等“同至王废基，观童子军宣誓礼”，又“折至吴苑进茶”，“至丹凤进面”，可见父亲的后事已经办过了，否则是不会有这个闲暇的。至于“讣式”按叔父的要求加入的“字样”，也不难理解。那时的苏州风气既守旧又奢靡。顾颉刚在 1919 年 1 月 16 日的日记中写到苏州的殡仪，现摘录几节：

杭小轩没，其家本定前日出柩，嗣以天雨，改至今日。苏州自无迎神赛会，即以出殡代舆。争奇夸富，至有高跷、活罗汉等。市人见出殡不盛者，即目笑之，或至悔见。每豪家开吊之前，道路传语，得其路由，群集以观，若胜事焉。前年吴清卿侧室之丧，群闻

① 《顾颉刚日记》第一卷（1913—1926），联经出版事业股份有限公司 2007 年版，第 82 页。

有总统题额，测其必盛；而不孚其望，乃诮让及于主丧，以为有辱门第。此次亡妇殡仪，我主极俭，而格于俗例，竟耗百数十金，迂回市肆而过。其时吴天然女士方议婚于我。其母观殡容，笑其无场面，以为不足配我家奁具，婚议遂寝。乃知风俗之锢人，如是其深巨也。杭氏日期既定，徒以天雨，无以酬途人之望，乃俟至今日。吁，可悲已。[①]

就在这一天的日记里，顾颉刚还抄录了《小时报》刊登的《愈出愈奇之殡仪》一文，此外还贴了一张《奚宅出殡路由》的剪报，现一并抄录于下：

（《愈出愈奇之殡仪》）迩来苏垣社会竞尚奢华，即出丧一事，自前年盛氏今年奚氏哄动远道乘火车来观，于是小康之家亦必争胜以博路人之赞美。昨日船舫巷孙姓家举殡，其仪仗应有尽有，复加大锣党马、八仙马、八标马、六冲马、鼓吹阴皂隶，其中最为奇特者，扮有渔樵耕读四人，三人各骑一马，惟耕者独跨一庞大之水牛一只杂于殡仪中为点缀品，洵为近日丧仪中之别开生面。可见人民只知好奇，对于实际置诸不顾也。悲夫。（耕月）

（《奚宅出殡路由》）出辕朝北转东爱多亚路（大世界路祭），走云南路（仁济堂路祭），进北海路转北西藏路（新世界路祭），穿

① 《顾颉刚日记》第一卷（1913—1926），联经出版事业股份有限公司 2007 年版，第 69—70 页。

大马路一直向北转东走北京路（寿圣庵路祭），芝罘路朝南走广西路一直向南转东福州路（一枝香路祭），（大观楼路祭），转北进望平街（瑞康号路祭），向东走九江路转南走河南路（兴昌祥路祭），一直过三茅阁桥（谦益洋货号路祭），穿法大马路过吉祥街转东走民国路过小东门大街（路祭），走巡捕房街到宁绍码头（路祭），上船。奚垂裕堂账房启。①

《小时报》说的是苏州的事，“剪报”说的是上海的事，苏沪近在咫尺，都是同一个风俗。俗话说“抬棺木远转”，殡仪要的就是“场面”，“场面”越大“看客”也就越多，“口碑”也就越好。顾颉刚的妻子吴徵兰1918年8月1日病逝，年仅30岁。丧仪花了“百数十金”，按说已是不菲。丧事毕，有人为顾颉刚说媒，女方是吴天然女士，只因其母看过吴徵兰的丧仪，觉得太“无场面”，不足以配她家的“奁具”，这门亲事就黄了。顾颉刚祖母出殡的排场就相当排场，值得一读：

(1922年) 9月9号　　本日请司丧。坐灵前待客。十一点点主。日间陆续有客来，……夜间来客数十人，坐八桌。谢客，至十二点馀寝。

二点许，副音和尚上供。三点许，道士上供。明日下午二点，禅门和尚上工。②

---

①②《顾颉刚日记》第一卷（1913—1926），联经出版事业股份有限公司2007年版，第71、271—272页。

(1922 年) 9 月 10 号　　五点即起，闹五更。今日祖母出殡，来客约三百人，吃饭者约一百五十人。男廿桌，女四桌。饭后四点出门，走平江路、萧家巷、观前街、护龙街、因果巷、皮市街、西白塔子巷、临顿路、狮林寺巷、中由吉巷、二门口，到昌善局。中间萧家巷韩宅、观前晋福、因果巷祠堂三处路祭。回吉时已夜，十二点就寝。

来客甚多，匍匐叩谢甚劳。本日观前街出材过者有六起，以吾家为最盛。听看客说。①

(1922 年) 9 月 13 号　　此次丧事用去一千七百元。衣衾棺椁早就办好，均不在内。收礼现洋三百四十元，绸缎呢布幛约百顶，新票若干。……②

这么说来，叔父要叶圣陶在“讣式”里“仍添入孤子、期服孙，泣血稽颡、泣稽首等字样”，就不难理解了。再说叶圣陶原本就是孝子，让长辈满意是孝子的天职。父亲去世后，叶圣陶于当年暑假把家从苏州搬到了角直，和外祖母、母亲，以及妻子胡墨林还有刚满周岁的长子至善一起过上了恬静的“乡村生活”。他在《〈角直闲吟图〉题记》中说：

1919 年我父见背，我妻墨林育至善已逾周岁，伯安任墨林为女子部级任教员，于是我家于是年暑中迁居角直。伯祥让出所赁屋

①② 《顾颉刚日记》第一卷（1913—1926），联经出版事业股份有限公司 2007 年版，第 272、273 页。

之楼下三间俾我家居之。……厥后伯祥辞五高而就厦门集美学校教职，既而应北京大学之招赴北京，其家迁回苏城居因果巷……其家既迁，余家乃占陈氏楼房之六间。

……其处距五高三里许，到校有两途可循，一沿河岸而行，复折而南，一则曲折循田塍行，出眠牛泾即为保圣寺天王殿前之旷场，比较近捷。①

叶圣陶说他“从此做了角直人”，和胡墨林“晨晚到校返寓”，常“曲折循田塍行”，一日往返四次。叶圣陶本来就有通过改革教育来影响家庭、改造乡村的热望，也热心于“乡村教育”。“做了角直人”之后，他服务乡村的愿望更强烈了。因为喜爱日本作家武者小路实笃的作品，就与武者小路实笃通信，还加入了日本的“新村”。1920 年 1 月号《新村》杂志的“新入会员栏”，有如下记载：

中华民国江苏省苏州市角直镇第五高等小学校——叶绍钧。

1928 年 8 月号《新村》杂志上有武者小路实笃的一则补记，大意是“叶绍钧君为海外会员”②。虽然只是零星的记载，但也能说明叶圣陶当时的教育理念与乡村建设的思想有关，他“做角直人”的想法很可能也受到日本“新村”的影响。

在角直时，叶圣陶招集镇上的穷孩子到学校读书。短篇《阿菊》

① 作者抄录自叶圣陶题陈从周作《角直闲吟图》。

② 参见鲍耀明：《武者小路实笃·新村·叶绍钧与我》，《鲁迅研究月刊》2009 年第 12 期。

（原名《低能儿》）写镇上穷人家的孩子阿菊上学第一天的心理活动，他对学校里非常普通的事物、对老师的爱都觉得新奇。阿菊的原型就是住在保圣寺前面的阿虎，家境贫寒，父亲在外帮工，替人家操办红白喜事，瞎眼的母亲在家搓草绳。阿虎在“黑暗的墙角”里长大，成了不识数的“低能儿”。叶圣陶知道了，就出钱供阿虎上学。胡墨林在女子部教授国文和家政课，她讲授的各种剪裁技艺，很快在角直镇传开了。晚间，常有三五成群的姑娘来串门，胡墨林热心地教她们描剪花样，裁缝针织。为了建设乡村，叶圣陶则和王伯祥计划出版《自觉》周报，邀请顾颉刚、郭绍虞等十二人作为发起人，每人每月出二元钱作为办周报的基金，想用这份周报宣传科学知识，以唤起民众改革社会的“自觉”，后因种种原因，未能如愿。叶圣陶就和王伯祥一起刻印了《直声》文艺周报，传播新文化新思想。叶圣陶当时确实有“与劳动者为伍”的思想。他1917年初到角直执教，1919年夏天把家搬到角直。1921年7月后，叶圣陶应邀先后到上海吴淞中国公学、浙江第一师范、北京大学中文系任教，但家眷仍留在角直，胡墨林仍在“五高”女子部教书，直到1922年秋天才把家搬回苏州太平巷，在角直生活了将近六个年头。

叶圣陶曾经说过：“我真正的教育生涯和创作生涯是从角直开始的。”角直人则说：“角直是圣陶先生的摇篮。”古镇特有的市街、石埠、田野、河流、丛树、屋舍、店铺、快船、殿宇，以及“卷舒自如的炊烟”“山水画样的白云”等可爱的景色给了叶圣陶以美的享受；古镇特有的茶馆、酒肆、集市、风情，以及“躯干高大且挺直”的农夫、“臂弯里挂着篮子”的农妇、“别有一种健美的风致”的村姑，触发了叶圣陶创作的灵感。五四新文化运动初期，叶圣陶怀着要“使五四曙光更光明更普遍”的热忱，讴歌“人的觉醒”，为被侮辱被损害的人寻求“光明”的、充满了“美与爱”的“别一世界”。这种富有浪漫色彩的憧憬固然是受了时代思潮的影响，但也的确凝聚了他在角直“乡村生活”的感悟。

八、策励徐玉诺写“血与泪的文学”

1921年3月11日，叶圣陶写过一个“自叙传”式的短篇《绿衣》①，小说中的“我”是生活在水乡的“现代型”学人，天天盼迎的就是邮递信件的“绿衣”（邮差）。“我”就是凭借“绿衣”送来的“信件”和“书报”，和“世界”交流，从中得到“安慰，保证，勖勉，鼓励”，从而使信仰坚强而永恒，“自知我的心与世界的心团结在一起，而且刻刻在那里起交流作用”。这一天，天公不作美，狂风大作，邮船受阻，直到黄昏仍听不到“绿衣”的脚步声，“我”心底就只有“孤寂、失望、惆怅”，“觉得和世界隔绝了”，如“飘流孤岛”。

“我”的这些感触正是当年叶圣陶心绪的写真。五四新文化运动初期，“通信交友”的方式相当流行，在报刊上读到好的文章就给作者写信，书信往还多了，彼此就成了朋友。叶圣陶与周作人、沈雁冰、孙伏园、郑振铎、王统照等人的交谊就都始于角直。在角直，叶圣陶与许多朋友写信，建立了深厚的友谊，这里侧重介绍叶圣陶与徐玉诺的交谊。

---

①《晨报副刊》1921年3月19日、20日，收入短篇集《隔膜》。

在我国现代作家中，徐玉诺（1893—1958）的“怪癖”远在朱湘、白采之上。徐玉诺写诗，写小说，教书，流浪，开磨坊，学做西装，以至抛弃一切，参加神圣的抗日战争，永远保持一种神秘的色彩。他的言语行动，与世俗不合，被人视为“怪异”，但他又是一个很真实的人，读了叶圣陶在《新潮》上发表的小说，就给叶圣陶写信，还寄来照片。徐玉诺是河南省鲁山县徐营村人，他在信中常常谈起家乡兵匪横行，谈他所见到的醉汉、浪客、娼妓、赌棍、官僚。家乡的惨状使徐玉诺“伤心”到“几乎发狂”的地步。照片上的徐玉诺“苍黄的面孔”，“乱发乘风飘拂”，“不常剃的短须环着唇边”，“心神”特别“真朴”，叶圣陶感到徐玉诺“是个神秘家”，就写信邀请他来角直游览。

1921 年初夏，徐玉诺风尘仆仆，在从河南去杭州的途中，特地到角直看望叶圣陶。船到码头，乘客逐一登岸，叶圣陶逐一打量，仿佛受着神秘的主宰命令似的，抢步上前紧握着一个人的胳膊，“你——玉诺?”徐玉诺的目光注定在叶圣陶的脸上，端详了好一会儿，才把铺盖换到提篮子的手里，随即紧紧握着叶圣陶的手说，“你——圣陶!”

相见时的情景，叶圣陶在《玉诺的诗》① 一文中写得很详尽。虽然是初识，但神交已久。徐玉诺在角直住了三天。叶圣陶和胡墨林为了宽慰他那似烈火燎燃过的心情，盛情款待。初夏的江南，“正是新苗透出不容易描绘的绿，云物清丽，溪水涨满的时候”，美丽极了。看惯了中原旷野的徐玉诺，骤然见到水乡的田畴，格外感到新鲜有趣。“他独自赤着脚，走入水没到膝的田里，抚摩溪上的竹树。探访农家的小女孩，

---

① 《文学旬刊》第 39 期，1922 年 6 月 1 日；叶圣陶 1981 年 12 月 1 日删改后改题名为《记徐玉诺》，收入《叶圣陶集》第 5 卷。

憩坐在环门的小石桥栏，偃卧在开着野花的坟上”，“和自然景物互相亲密”，“融化陶醉于自然景物之中”。叶圣陶还在短篇《悲哀的重载》①中记叙了他们乘快船出游时的一段往事。

叶圣陶静观默察船舱内二十多位旅客的面容，倾听他们彼此间的诉说，觉得这些旅客个个都有一段辛酸史，精神上都背负着“悲哀的重载”。徐玉诺则沉醉在美的遐想中，“觉得江南的人都是非常平安的，无论做什么工作，总觉得他的趣味就在他的工作里”。进而说有知识的人自寻苦恼，说知识是痛苦的源泉。徐玉诺在角直住了三天后，叶圣陶又陪他到苏州游览，这在《顾颉刚日记》中也有记载：

> (1921 年) 6 月 19 号　　圣陶、硕民偕徐玉诺来谈。……今日父大人及徐玉诺君等来，说话过留心，遂又头痛。予真不能交际，可见又不（能）任上课事矣。②

> (1921 年) 6 月 22 号　　绍虞昨夜归，来视我。即同至三新旅社看徐玉诺，未晤。③

大概是徐玉诺想在苏州逗留几天，叶圣陶有课得赶回角直，就托在苏州养病的顾颉刚帮助关照。郭绍虞从上海回到苏州，也就和顾颉刚一起“同至三新旅社”看望徐玉诺。

---

①《晨报副刊》1921 年 7 月 3 日至 8 日，收入短篇集《火灾》。

②③《顾颉刚日记》第一卷（1913—1926)，联经出版事业股份有限公司 2007 年版，第 132、133 页。

翌年春，徐玉诺将他的诗稿《将来之花园》寄给叶圣陶。诗篇中萌动着“一丝新萌芽”，“对于将来却怀着热望”，叶圣陶怀着“乐为告读者”的欣喜，写了长篇诗评《玉诺的诗》，称赞诗的清新真实，想象的奇妙，思想的唯美。素以善忘著称的徐玉诺一反他那一别即惄然忘怀，好也忘，不好也忘，事过境迁，则统统忘去的性情，于 1922 年初夏再访角直，感谢叶圣陶对他的盛情。

到角直后徐玉诺非常兴奋。他不顾旅途的劳顿，通宵不眠，滔滔不绝地向叶圣陶讲家乡土匪如何杀人、放火、打家劫舍，疯子一般地寻求刺激。蔓延着的匪害犹如一场大火，燃烧在中原大地，燃烧在男女老幼的心里。叶圣陶希望徐玉诺把家乡的“火灾”写成文学作品，为黑暗中的乡村留下真实的记录。

两天后的一个早晨，雨下得很急。徐玉诺因渴念母亲和家乡，执意要回鲁山。叶圣陶冒雨为他送行。到航船埠，徐玉诺催叶圣陶马上回去，自己便一头钻入那低矮而黑暗的船舱里。

六七天后，叶圣陶接到徐玉诺从开封寄来的信，信中说因民匪相持，道路阻梗，他只好滞留在开封。两个月之后，叶圣陶接到徐玉诺在鲁山写来的信，信中如哭似泣地诉说家乡兵匪蜂起、凄苦不堪的惨状；说他得了恶性疟疾，卧床已久，病重的时候昏迷不醒，病势略退，便念着叶圣陶一家人。叶圣陶当即寄书慰问，然杳无回音，传来的只是匪帮猖獗，兵害疫厉，天灾人祸，连演不止。转眼已是寒冬，风雨凄凄。叶圣陶深切怀念徐玉诺，盼望徐玉诺写的“火灾”，却总也等不来，就在 1922 年 12 月 2 日深夜写了纪实小说《火灾》，记叙他与“言信君”（即徐玉诺）的交往，抒发对“言信君”的系念之情。叶圣陶把《火灾》寄给徐玉诺。徐玉诺看了很受感动，即以《火灾》为题，写了一首诗，答谢叶圣陶的“盼望”，诗中写道：

没有恐怖——没有哭声——

因为处女们和母亲早已被践踏得像一束乱稻草一般死在火焰中了。只有热血的喷泼，喝血者之狂叫，建筑的毁灭，岩石的崩坏，枪声，马声……轰轰烈烈的杂乱的声音碎裂着。

没有黑夜和白昼——

只有弥满天空的黑烟红火，翻反的

尘土焦灰流淌着。

我们晖醉，东倒西歪的挣扎着……我们的脚下是死的放着热烈蒸气的朋友，兄弟姊妹的身首；呼吸的是含着焚烧亲人的香气；我们喝的是母亲的血……

——没有诗，只有快要酸化的心底跳动——

这两篇《火灾》同时刊登在1923年1月出版的《小说月报》第十四卷第一号上，引起了强烈的反响。徐调孚在《叶绍钧君的〈火灾〉》[1] 中说：“我既认《火灾》中的主人翁是玉诺，乃益信他咒诅记忆，赞美幻梦，羡慕死灭的有所自；而他自己的挽歌也不由得不高唱

---

① 《小说月报》第14卷第3号，1923年3月10日。

了!”周仿溪在《叶绍钧君的〈火灾〉》[1] 中说：“我也和言信君是朋友，——十日前尚在一块儿住，——言信君的言，动，心思，我都大概晓得。我读《火灾》以后，只觉得叶君，是个进化的照相者，他能把言信君的言动，甚至心理上的波纹，都毫不缺略的——照下来。我很相信叶君是得了照相的神术!”阿英称《火灾》是徐玉诺的“传记资料”。周仿溪在《徐玉诺君的〈火灾〉》[2] 中说：“徐君这篇《火灾》，我每读一过，便将我火焰炕炙得几乎干枯的泪泉里的点滴，逼迫出来。我有时把它说给别人听，也落下了同样的泪。我觉得徐君是我们火坑中快死的人的喉舌，他的《火灾》就是我们的呼声。”叶圣陶的《火灾》引出了徐玉诺的《火灾》，为我国现代文坛增添了“被陷入污泥里的民族的文学”和“血与泪的文学”的新篇章，也为文坛增添了一段佳话。

①②《小说月报》第 14 卷第 3 号，1923 年 3 月 10 日。

第三编

第十一章
文学研究会的实干家

圣陶是文学研究会的实干家。

——胡愈之

一、“半淞园摄影”成佳话

1921年1月4日，由周作人、朱希祖、耿济之、郑振铎、瞿世英、王统照、沈雁冰、蒋百里、叶圣陶、郭绍虞、孙伏园、许地山等十二人发起的文学研究会在北京中央公园来今雨轩正式成立，这是新文学史上的一件大事，标志着新文学运动已经从一般的新文化运动中分离出来，形成了一支独立的队伍。文学研究会的成立，预示着“一个普遍的全国的文学活动开始到来”[1]，现代文学进入了各种流派竞相发展的新时期。《文学研究会宣言》[2] 中说：“我们发起这个会，有三种意思”：

一，是联络感情。本来各种会章里，大抵都有这一项；但在现今文学界里，更有特别注重的必要。中国向来有“文人相轻”的风气；因此现在不但新旧两派不能协和，便是治新文学的人里面，也恐因了国别派别的主张，难免将来不生界限。所以我们发起本会，希望大家时常聚会，交换意见，可以互相理解；结成一个文学中心的团体。

二，是增进知识。研究一种学问，本不是一个人关了门可以成功的；至于中国的文学研究，在此刻正是开端，更非互相补助，不容易发达。整理旧文学的人也须应用新的方法，研究新文学的更是专靠外国的资料；但是一个人的见闻及经济力总是有限，而且此刻在中国要搜集外国的书籍，更不是容易的事。所以我们发起本会，希望渐渐造成一个公共的图书馆研究室及出版部，助成个人及国民文学的进步。

三，是建立著作工会的基础。将文艺当作高兴时的游戏或失意时的消遣的时候，现在已经过去了。我们相信文学是一种工作，而且又是于人生很切要的一种工作；治文学的人也当以这事为他终身的事业，正同劳农一样。所以我们发起本会，希望不但成为普通的

---

① 茅盾《〈中国新文学大系·小说一集〉导言》，《中国新文学大系·小说一集》，上海良友图书出版公司1935年版。

②《小说月报》第12卷第1号，1921年1月10日。

一个文学会，还是著作同业的联合的基本，谋文学工作的发达与巩固：这虽然是将来的事，但也是我们的一个重要的希望。

因以上的三个理由，我们所以发起本会，希望同志的人们赞成我们的意思，加入本会，赐以教诲，共策进行，幸甚。

作为发起人之一的叶圣陶，在“联络感情”方面做得相当突出。1921年3月底，因郑振铎的南下及文学研究会的好多位作家聚集到上海，文学研究会的重心也由北京南移到上海，并由沈雁冰、郑振铎、叶圣陶等形成了新的领导核心。当时，叶圣陶虽说还在角直执教，但与上海靠得很近，来往方便。1921年4月上旬，叶圣陶到上海鸿兴坊沈雁冰的寓所，与沈雁冰、郑振铎、沈泽民会晤。他后来在1945年写的《略谈雁冰兄的文学工作》一文中谈及这次会晤时说：

到了上海，就到他鸿兴坊的寓所去访问他。第一个印象是他的精密和广博，我自己与他比，太粗略了，太狭窄了。直到现在，每次与他晤面，仍然觉得如此。那时还遇见他的弟弟泽民，一位强毅英挺的青年。振铎兄已经从北京到上海来了。我们同游半淞园，照了相片。后来商量印行“文学研究会丛书”，拟订译本目录，各国的文学名著由他们几位提出来，这也要翻，那也要翻，我才知道那些名著的名称。①

① 《叶圣陶集》第9卷，第128页。

“文学研究会丛书”包括《文学研究会丛书缘起》[1]《文学研究会丛书编例》[2]《文学研究会丛书目录》[3]。这“文学研究会丛书”连同他们四人同游半淞园拍摄的照片[4]，都是文学研究会极其珍贵的史料，也是叶圣陶参与文学研究会领导工作的见证。从此，叶圣陶与沈雁冰、郑振铎成了一辈子心心相印的朋友，只可惜沈泽民牺牲得太早了。现将他们四人这次拟定的《文学研究会丛书缘起》《文学研究会丛书编例》《文学研究会丛书目录》抄录如下：

文学研究会丛书缘起

我们中国虽自命为文学国，但我们的文学作品，能在世界文学水平线上，占一个地位的，却是极少。数千年来，文学的运动寂寞而且无力。许多人——诗人与文士与史学家——对于文学，不是轻视，就是误解。他们以文学为贡媚之物、进身之阶，或是游戏消遣之品，永远没有人把他当作最高精神的表现的，也永远没有人以全个心灵沉浸在他的作品中，以他的微笑、他的泪花来照耀来润湿他的诗歌与小说与戏剧的。所以我们中国文人的作品，多肤浅而不足感人，艳华雕饰而非人生的表现。

近十余年来，颇有人介绍些世界文学作品到中国来，但介绍的人，与读他的人，仍是用消遣主义的旧眼光来介绍他，或读他，对于文学的轻视与误解仍然未除。他们不是为文学界的联锁来介绍

---

①《东方杂志》第18卷第11号，1921年6月10日。

②③《小说月报》第12卷第8号，1921年8月10日。

④ 这帧照片刊《叶圣陶集》第1卷。

他，乃是因其新奇是资娱乐而介绍他；他们也不是以他为文学作品而读他，乃是因其新奇足资娱乐而读他。因此，他们所介绍的东西，多不甚精粹，所用以为介绍的方法，也不甚精粹，只要把原书的事实介绍过来就足了，原文的艺术，是毫不注意的，所以也有许多很好的文学作品，遭了删节与误会与失原意之祸患。

这种谬误与轻视的见解，如不根本划除，中国文学的新运动，是决不能有实现之一日的。

我们觉得文学是决不容轻视的。他的伟大与影响，是没有什么东西能够与之相并的。他是人生的镜子，能够以慈祥和蔼的光明，把人们的一切阶级、一切国种界、一切人我界，都融合在里面。用深沉的人道的心灵，轻轻的把一切隔阂扫除掉。惟有他，能够立在混乱屠杀的现世界中，呼唤出人类一体的福音，使得压迫人的阶级，也能深深的同情于被压迫的阶级。他是人们的最高精神与情绪的流通的介绍者，被许多层次的隔板所间断的人们，由他的介绍，始能复恢复这个最高精神情绪的流通。

文学也决不是消遣的东西。他有时虽也能微笑，也能减轻人生的负担，用他的轻快的活泼的笑声，然而他的任务却不止此。他的微笑，是慰安，不是给快乐；是同情，不是讥嘲。且在近代的残杀的环境中，他是哭泣多于笑语的。在他里头，充满着求解不得的郁闷，充满着悲悯慈爱的泪珠，充满着同情的祈祷的呼吁。以文学为娱乐品，真是不知文学为何物了。

我们在文学研究会的名义底下，出版这个丛书，就是一方面想打破这种对于文学的谬误与轻视的因袭的见解，一方面想介绍世界的文学，创造中国的新文学，以谋我们与人们全体的最高精神与情绪的流通。

我们在这个丛书中，有一部分是批评文学（Literary Criticism）与文学史的书籍。这种书籍，在中国是向来没有过的。我们把他们介绍来的原因，就是要使文学的基本知识，能够普遍于中国的文学界，乃至普通人的头脑中。这种文学的基本知识的普及，是很必要的，向来中国人对于文学轻视而且误解，大概都是原因于没有这种根本知识。

我们在这个丛书中，所介绍的世界文学作品，只限于近代的，并不是古代中代的作品，没有介绍的价值，乃是因为我们的出版力与人才，太觉缺乏，较量轻重，遂不得不暂置古代与中代的文学，而专译近代的作品。但近代的作品，也决不能包括一个大体。在此几十种的名目中，虽然有英、法、德、美、西班牙、瑞典、挪威、匈牙利、奥大利、俄罗斯、波兰、比利时、印度、新犹太、爱尔兰、日本等国的作品，然每国都不过十几种，乃至一二种，只能略表现其面目，决不能代表其国的文学的全体。这也是因为我们能力太少的原故。在商酌目录的时候，不知有多少极好的作品，删落了不能列入，我们殊觉惭愧而无可如何。

这个丛书中，我们自己出产的作品，只有三数种，我们的创作力，实在也太薄弱了。但我们以为介绍的东西，可以计日而程功，创作的东西，是万万不能求速成的。永久的文学作品，只能自然产出，不能催促，也无所用其催促。

文学作品的介绍，现在的人，都太觉随便了。我们于这个丛书，一面力求与原文切合，一面力求翻译艺术的精进。我们很相信，我们的工作，不惟是介绍文学作品，并且也是求这种作品的译文，也能稍有文学上的价值，虽不敢望他们有什么永久的历史的价值。如路德译的圣经，克鲁洛夫（Krylov）译伊索与勒封登（La Fontaine）的寓言一样。然而“文学还他文学”话，我们是要极力奉行的。

我们这个丛书，只有以下所列的八十余种的书，我们实是非常自愧，但这也是为现在的出版力与介绍力与创造力所限的原故。如果以后出版品能继续下去，介绍力与创造力能够扩大，我们的这个丛书的书目，也许能增多至数千百种，乃至无数种的。

中国文学界方在垦殖之期，我们研究文学的人对于他的努力，是义不容辞的；如能一日有我们为中国文学界尽力的机会，我们是必要尽力的。

我们很感谢商务印书馆，他的好意的帮助，使我们得实现这个丛书的出版计划。

文学研究会丛书编例

第一条　本会为系统的介绍世界文学，并灌输文学知识，发表会员作品起见，刊行本丛书。

第二条　本丛书分为二类。

（甲）关于文学知识及会员作品者，其所包含约有四类：

（1）文学原理及批评文学之书。

（2）时别的地别的及种类别的文学史及文学概论。

(3) 各作家之评传，个人的及集合的。

(4) 本会会员之作品。

(乙) 别名为世界文学丛书；其所包含，为所有在世界文学水平线上占有甚高之位置，有永久的普遍的性质之文学作品。

第三条　本会设丛书委员会一，办理一切关于丛书事务，并代表本会为对外之丛书代表人。

第四条至第六条（略）

第七条　本丛书之审查，为友谊的互助，不取审查费；惟著作者须以稿费百分之十，捐入本会为基金。

第八条　本丛书之取材，多近代之作品，因人材与出版力之关系，于古代中代之著作，盖多未遑顾及。

第九条　本丛书于文学作品之译述，偏重小说与戏剧；于小说尤略重短篇之作品。因诗歌至不易译，与其滥译，不如慎译；而篇幅过长之小说，费时日与出版力过多，亦难一时译出。

第十条　本丛书于应加注释之处，必详加注释，以便读者。于文学作品，尤注重于附述其作品之价值，与其地位与影响，及作者之传记。

文学研究会丛书目录

文学的近代研究	美国莫尔顿著	郑振铎译
文学的原理与问题	美国亨德著	沈泽民译
文学思潮论	日本厨川白村著	谢六逸译
文学概论	英国黑特生著	瞿世英译

文学之社会的批评	英国蒲克著	
	李石岑　沈雁冰　柯一岑	郑振铎译
诗歌论	英国皮利士著　傅东华	金兆梓译
戏剧发达史	英国布兰特马太著	王统照译
日本文学史		周作人编
意大利文学史		胡愈之编
俄国文学史		郑振铎编
英国文学史		沈雁冰编
德国文学史		蒋百里编
法国文学史		冬　芬编
美国文学史		瞿世英编
北欧文学史		刘　健编
西班牙文学史		郑庆豫编
匈牙利文学史	匈牙利李特尔著	沈泽民译
俄国文学的理想与实质	俄国克罗巴特金著	
	谢六逸　沈雁冰	沈泽民译
艺术家及思想家之托尔斯泰	俄国斯卞皮柴夫斯基著	耿之济译
太戈尔研究	郑振铎	瞿世英编
英国短篇小说集		胡愈之译
哈提短篇小说集	英国哈提著	胡愈之译
心碎之屋	英国萧伯讷著	潘家洵译
银匣	英国高思倭塞著	陈大悲译
心史	英国克洛士著	许地山译

一个不重要的妇人	英国王尔德著	耿之济译
王尔德神异故事集	英国王尔德著	郑振铎译
爱尔兰短篇小说集		冬　芬译
微光（小说集）	爱尔兰夏芝著	王统照译
夏芝诗集	爱尔兰夏芝著	李之常译
俄国短篇小说集		耿之济译
夜店	俄国高尔该著	耿之济译
高尔该短篇小说集	俄国高尔该著	孙伏园　郑振铎译
人的一生及其他	俄国安得列夫著	郑振铎　沈泽民译
安得列夫短篇小说集	俄国安得列夫著	会　员译
克洛连科短篇小说集	俄国克洛连科著	会　员译
古卜林短篇小说集	俄国古卜林著	会　员译
梭罗古勃短篇小说集	俄国梭罗古勃著	会　员译
猎人日记	俄国屠格涅夫著	耿之济译
托尔斯泰短篇小说集	俄国托尔斯泰著	孙伏园译
家庭幸福	俄国托尔斯泰著	耿之济译
工人绥惠略夫	俄国阿尔志拔绥夫著	鲁　迅译
沙宁	俄国阿尔志拔绥夫著	宋　介译
灰色马	俄国路卜岑著	郑振铎　瞿世英译
法国短篇小说集		会　员译
莫里哀戏曲集	法国莫里哀著	高真常译
佛罗倍尔短篇小说集	法国佛罗倍尔著	孙伏园译
莫泊三短篇小说集	法国莫泊三著	会　员译

佛朗士短篇小说集	法国佛朗士著	会　员译
美国短篇小说集		胡愈之译
每日之面包	美国杰勃生著	柯一岑译
草叶集	美国惠德曼著	谢六逸译
斯坎德那维亚短篇小说集		会　员译
建筑师及其他	挪威易卜生著	潘家洵译
阿尼	挪威般生著	谢六逸译
新结婚的一对及其他	挪威般生著	冬　芬译
结婚集	瑞典史德林堡著	柯一岑　沈雁冰译
饿者	挪威哈姆生著	瞿世英译
德国短篇小说集		会　员译
意门湖	德国史东著	唐性天译
沉钟	德国哈勃曼著	蒋百里译
织工	德国哈勃曼著	李之常译
苏特曼戏曲集	德国苏特曼著	潘家洵译
苏特曼短篇小说集	德国苏特曼著	会　员译
阿那托尔	奥大利显尼兹劳著	郭绍虞译
战中之人	匈牙利拉古兹著	沈雁冰译
波兰短篇小说		冬　芬　明　心译
胜者巴狄克	波兰显克微支著	冬　芬译
梅德林戏曲集	比利时梅德林著	高六珈译
青鸟	比利时梅德林著	李之常译
太戈尔戏曲集	印度太戈尔著	郑振铎　瞿世英译

新月集	印度太戈尔著	郑振铎译
暗室之王	印度太戈尔著	瞿世英译
春之循环	印度太戈尔著	瞿世英译
日本短篇小说集		周作人译
一个青年的梦	日本武者小路著	鲁　迅译
新犹太短篇小说集		会　员译
宾斯奇独幕剧	犹太宾斯奇著	胡愈之译
世界语短篇小说集		胡天月译
幽兰女士（戏剧集）		陈大悲著
隔膜（小说集）		叶绍钧著

“文学研究会丛书”的规模确实相当宏伟，难怪叶圣陶称赞沈雁冰“精密和广博”呢！这套丛书中我国新文学作品只有两种，其中就有叶圣陶的短篇集《隔膜》，也就凸显了叶圣陶在现代文学史上的地位。4月下旬，为了争取郭沫若加入文学研究会，叶圣陶来到上海。经过周密的安排，先由郑振铎出面在半淞园请郭沫若吃午饭，沈雁冰作陪；后由叶圣陶出面到郭沫若的住所（马霍路）拜访，郑振铎作陪。7月上旬，郑振铎和沈雁冰等来苏州参加郭绍虞的婚礼，叶圣陶出面接待，这在顾颉刚日记中留有记载：

7月6号　　圣陶来谈，以李石曾、郑振铎到苏州，约我同接，辞之。……圣陶谓李石曾欲来看我，商编辑中学教科事（商务馆所托），此颇难。或编本国地理一种。然又无书参考，奈何！[①]

7月7号　　介泉来同至绍虞处贺喜，晤石岑、振铎、雁冰、云六诸君。二时吃饭，三时成礼，余与振铎为伴郎，介泉为赞礼。礼毕即送石岑等还沪，至火车站，彼等趁五点九分车去。予与介泉、圣陶、硕民步行至阊门吃冰淇淋，即归。[②]

郑振铎、沈雁冰来到苏州，叶圣陶到车站迎送。7月8日，文学研究会在上海一品香开"南方会员年会"，《文学研究会记事》[③] 中记有：

（会议）讨论会务及其他重要问题，并欢迎俞平伯君赴美。到会的有耿式之，郑西谛，严既澄，朱自清，叶圣陶，俞平伯，顾颉刚，乐嗣炳，沈雁冰，沈泽民，胡愈之，周建人，潘家洵，金兆梓，谢六逸，周予同，柯一岑，胡哲谋，刘延陵等十九人。所讨论问题共分两项：

（甲）会务讨论：

（一）会员间图书流通的办法。

（二）会报征稿办法。

（三）分组问题。

（四）丛书及小丛书问题。

（五）《文学旬刊》编辑问题。

（乙）一般讨论：

---

①②《顾颉刚日记》第1卷（1913—1926），联经出版事业股份有限公司2007年版，第138、139页。

③《文学旬刊》第43期，上海《时事新报》1922年7月11日。

（一）我们的倾向。

（二）文艺上的民众与贵族——文学可以通俗化么？

（三）中国文学之整理——范围与方法。

（四）翻译问题——选材与译法。

（五）方言文学的建设。

当时发言者极多。下午一时开会至七时始散会。……

7月中旬，叶圣陶又到上海，会沈雁冰和郑振铎，适逢胡适来商务印书馆“视察”，他们三人就在7月18日上午拜会了胡适。胡适当天日记中记有“见李石岑、郑振铎、沈雁冰、叶圣陶”[①]。8月下旬，叶圣陶又来到上海，顾颉刚日记提供了有关线索：

8月25号　七点，辞别家人出门。至介泉处，同上船。九点，到站，晤昂若夫妇（朱晓群）。十一点半到上海，圣陶、伯祥、硕民均在站候。同至振铎处，午饭。到新旅社晤伯祥。……五点半，还宝通路，加入文学会议事。……振铎好客，未见其比。在上海，租屋四十馀元，自用不过两间，馀悉借与人；买棕垫七付，备客来。[②]

8月27号　送伯祥等出（他们上厦门船）。与振铎、圣陶相

① 《胡适全集》第29卷，安徽教育出版社2003年版，第366页。

② 《顾颉刚日记》第1卷（1913—1926），联经出版事业股份有限公司2007年版，第154页。

遇，在可可居进点。[1]

顾颉刚从苏州到上海乘车上北京，叶圣陶到上海车站迎候，隔了两天，又在一起用餐，可见这时的叶圣陶已常在上海了。那时，叶圣陶应上海吴淞中国公学代理校长张东荪和中学部主任舒新城的邀请，从角直来到中国公学中学部执教，从吴淞到上海，乘淞沪线只需一个钟头，来去相当方便。而郑振铎租的房子又多，正好让叶圣陶落脚。

中国公学同时邀请的还有朱自清、刘延陵、吴有训、常乃德、刘建阳、陈兼善、许敦谷，统称“八位新教员”。虽说是“新教员”，但叶圣陶对中国公学可不陌生，早在尚公执教时就曾于1915年4月11日到过中国公学，看望在该校读书的中学同学蒋企巩，他在当天的日记中写道：

企巩遂导观校舍，制作绝崇宏，厦屋层楼，殊壮观瞻，云须十万馀金也。饭后复导游江口，黄涛无际，巨舰四列，此际胸怀乃多异感。平生壮观，并之江，才第二回耳。

能到中国公学执教，叶圣陶是相当欢喜的，这从他10月22日致周作人的信中也看得出来，信中说：

今秋钧入中国公学，海滨景色，很足愉悦。江口的涛声，傍晚

① 《顾颉刚日记》第1卷（1913—1926），联经出版事业股份有限公司2007年版，第155页。

鲜明难描的云彩，成为每日相亲的伴侣。不过教中学生远不如小学生之亲密可爱耳。①

景色“很足愉悦”，可“教中学生远不如小学生之亲密可爱耳”这句话就埋有伏笔。秋季开学不久，中国公学就爆发了风潮，驱赶代理校长张东荪以及中学部主任舒新城和叶圣陶等“八位新教员”，叶圣陶和朱自清、刘延陵只好住到上海，等待胡适等名流前来调解，一住就是一个月。这一个月里，叶圣陶与沈雁冰和郑振铎朝夕相处，探讨新文学的相关话题，《小说月报》和《文学旬刊》的编辑问题，以及《诗》月刊的创刊问题，也就成了他们的家常话。可以这样说：大概从 1921 年 4 月起，叶圣陶就介入了文学研究会的领导工作，与沈雁冰、郑振铎等人精诚合作，团结了一大批作家，卓有成效地开展了各种活动。

从 1921 年 1 月到 1932 年“一•二八”淞沪抗战前夕的十一年间，是文学研究会最兴盛的时期，在我国现代文学史上写下了极其辉煌的篇章。司马长风在《中国新文学史》（上卷）中说：“由于文学研究会所拥有的条件这样雄厚，因此除了创造社一群作家，及与胡适接近的一些作家如沈从文、陈衡哲、丁西林、杨振声、凌叔华等之外，几乎网罗了当时全国所有的作家。潦草作一统计，单是知名的作家即近百人；因为阵容和声势太浩大了，使后起的团体无法与之竞争。”② 文学研究会的发展壮大，叶圣陶功不可没。叶圣陶参与选编的“小说月报丛刊”“文学研究会丛书”“文学周报社丛书”，少说也有上百集，仅在 1924—1925

① 叶圣陶：《致周启明》，详见姜德明著：《书边草》，浙江文艺出版社 1983 年版，第 153 页。

② 司马长风著：《中国新文学史》（上卷），昭明出版社 1978 年版，第 135 页。

年出版的“小说月报丛刊”就有五集共六十册，现将目录抄录于下：

第一集：《换巢鸾凤》（创作集，落华生等著）、《日本的诗歌》（周作人等著）、《世界的火灾》（爱罗先珂童话集，鲁迅译）、《曼殊斐儿》（徐志摩等著译）、《诗人的宗教》（太戈尔论文集，胡愈之等译）、《毁灭》（朱自清等著）、《死后之胜利》（戏剧，王统照著）、《歧路》（诗歌集，周作人等著）、《社戏》（创作集，鲁迅著）、《神曲一脔》（檀德原著，钱稻孙译）、《近代德国文学主潮》（李汉俊等译）、《犯罪》（柴霍甫小说集，耿济之等译）。

第二集：《创作讨论》（瞿世英等著）、《商人妇》（创作集，落华生等著）、《谚语的研究》（郭绍虞著）、《邻人之爱》（安特列夫的戏曲，沈泽民译）、《良夜》（诗歌集，王统照等著）、《或人的悲哀》（创作集，庐隐女士等著）、《俄国四大文学家》（耿济之著）、《疯人日记》（耿济之译）、《熊猎》（孙伏园等译）、《笑的历史》（创作集，朱自清等著）、《瑞典诗人赫滕斯顿》（沈泽民译）、《雾飙运动》（李汉俊等译）。

第三集：《圣经与文学》（周作人等著译）、《太戈尔诗》（郑振铎译）、《海啸》（梁实秋等著）、《梭罗古勃》（周建人等译）、《北欧文学一脔》（李达著译）、《平常故事》（创作集，叶绍钧等著）、《丹麦文学一脔》（沈雁冰等译）、《归来》（创作集，顾仲起等著）、《三天》（创作集，冰心女士等著）、《包以尔》（沈泽民等译著）、《恳亲会》（戏曲集，叶绍钧等著）、《芬兰文学一脔》（沈雁冰等译）。

第四集：《在酒楼上》（创作集，鲁迅等著）、《法朗士传》（陈小航等著)、《法朗士集》(高真常等译)、《彷徨》(创作集，庐隐女士等著)、《诗经的厄运与幸运》(顾颉刚著)、《波兰文学一脔(上)》(周作人等译)、《波兰文学一脔(下)》(李达等译)、《阿富汗的恋歌》(翻译诗歌集，沈雁冰等译)、《校长》(创作集，叶绍钧等著)、《武者小路实笃集》(周作人等译)、《日本小说集》(周作人译)、《孤鸿》(戏曲集，顾一樵等著)。

第五集：《诗的原理》(林纾等译著)、《坦白》(佛罗贝尔原著，沈泽民译)、《一个青年》(创作集，叶绍钧等著)、《牧羊儿》(叶绍钧、徐志摩等著)、《新犹太文学一脔》(沈雁冰等译)、《新犹太小说集》(沈雁冰等译)、《生与死的一行列》(创作集，王统照等著)、《婀拉亭与巴罗米德》(梅脱灵著，伧叟译)、《俄国诗坛的昨日今日和明日》(耿济之译)、《眷顾》(新诗集，周仿溪等著)、《宾斯奇集》(冬芬等译)、《技艺》(创作集，王统照等著)。

“五集共六十册，定价五元，每集十二册，定价一元一角”(广告辞)。其他像“文学研究会丛书”和“文学周报社丛书”，每本的定价也只有一角或两角钱，读者买个一本两本的，大多也是寄邮票来兑换。叶圣陶不辞辛劳，把读者寄来的邮票收集好，留作寄信件的时候用，再把读者要的书寄回去。他在谈到童话《古代英雄的石像》的“意旨”时说：“余当时不过瞧不起所谓英雄，又略有为大众服务之想头，以为唯有如石块铺路，供人行走，乃为有意义之生活。”[①] 他主持文学研究

---

① 《叶圣陶集》第23卷，第10页。

会的日常工作，编杂志出丛书，似乎也都可以解读为“如石块铺路，供人行走”。

二、与朱自清和刘延陵“结缘”

中国公学是一所富有光荣传统的学校，在中国新教育史上有着特殊的地位。它是由于留日学生反抗日本《取缔清国学生规则》而成立的。清末变法之初，政府为求速效，派遣大批留学生赴日本留学，至光绪三十一年（1905年）已达万余人，学生来源很杂，良莠不齐，日本文部省于是年冬发布《取缔清国学生规则》，规定学生入学资格。中国留学生认为此举“不啻将清国视为日本之保护国”，是侮辱中国，群情大愤，决议全体归国，一时退学归国者达千余人，发起创办中国公学。丙午年（1906年）春天，中国公学正式成立。其时反对取缔规则的风潮已渐松懈，许多官费学生纷纷东渡复学，而上海人士发现一大群剪发洋服学生自办学校，多起猜疑，官吏指为革命党，社会疑为怪物，故赞助的人很少，经费困难，学校遂陷于绝境。干事姚宏业激于义愤，遂于1906年10月13日投江自杀，以期唤起国人之注意。全社会受一大震动，赞助公学的人稍稍多了起来；同志诸人受他的深刻的刺激，也振作起来，向各处奔走求助。后来，中国公学成了“革命运动的机关”：教员之中，宋耀如、马君武、沈翔云、于右任、彭施涤诸先生都是老革命党，学生也大都是革命党人。民国成立后，孙中山和黄兴亲自为中国公学筹集经费。1915年，梁启超担任中国公学董事长，熊希龄、王敬芳等为董事。1917年中国公学因故停办。1919年梁启超等“致力于文化运动”，“很想吸收一批人才，造成一种新势力”，遂于是年秋天将中国公学重行恢复，设有商科及中学，由王敬芳任校长，张东荪任教务长（代理校长）。1921年春，张东荪聘请在湖南长沙第一师范执教的舒新城担任中国公学中学部主任，舒新城开始时还有点犹豫，悄悄来到吴淞向中国公学事务长李君打探情况。可当他第一次看见中国公学时，就惊喜至极。他在《我和教育——三十五年教育生活史（1893—1928）》中这样写道：

……我们同去吴淞访事务长李君，在火车将达炮台湾车站，庄严伟大的红色建筑物即映入眼帘，令人起崇敬之感。及下车向对面田野间之麻石路行半里入校，便见广大的操场，苍郁的树木，在那里静静地护卫着校舍。校舍之正面为一字式大楼，楼下为办事室、会客室及教室之一部分，楼上为全校教室。进一层与正校舍成丁字形者有平屋三排，两边为理化室、图书馆、膳堂、教员宿舍等；正中隔天井为大礼堂，可容千数人。礼堂及厢房后为正屋宽度相等的学生寄宿舍两排。再后为厨房、水塔及发电室——自来水及电灯均由校自行设置——再右面数十亩之大坪之边缘，有教员住宅两座，分为四宅。这种雄伟的建筑、宽敞的校基，幽静而便利——每小时有淞沪小火车开行——的环境，除去岳麓书院的高师而外，我曾服务过的学校都不能及：足见创校者之抱负远大、计划周密……返沪时再经某君引导至海滨眺望：那海天一色伟大的自然环境，更令人依恋。我的心境陡变，决心要把这庄严的殿堂，变为理想的学府，而准备接受中学主任的聘约，努力于实现我的教育主张。①

“除去岳麓书院的高师而外，我曾服务过的学校都不能及”！可就是这所富有光荣传统的学校，到了 1921 年已经腐败不堪。学生散漫，“缺课与不告假而出久已习成风气”②。中学三年级的学生不知道“‘德谟克拉西’为何，有人答俄国人者，有人答德国人者，有人答法国人、英国人或社会主义者”③。教师放浪形骸。“每食必酒，既酒必醉，醉后则议论风生，井田与社会主义，老子与柏格森，均可合为一炉，学生钦仰者极多。”④ 见此情景，张东荪与舒新城慨叹道：“以为目睹腐败之学校多矣。而未有若此之甚者。”⑤ 于是邀请了叶圣陶、朱自清、刘延陵、吴有训、常乃德、刘建阳、陈兼善、许敦谷“八位新教员”，试图对中国公学进行整顿和改革。

看到中国公学的乱象，叶圣陶有点痛心。他一贯认为学校最忌暮气。暮气之害甚于乱。乱逐渐整顿，久而久之，或有入于轨道之望。暮气一生，则非重行组织，更无他法。譬如树木，乱是枝叶横出，犹可芟删使直上；暮气则根本枯槁，非掘去重植不可。为了使中国公学“起死回生”，八教员决定从抓纪律入手。叶圣陶身体力行，每天清晨和其他教员一起带领学生出操，这就引起了旧派教员和部分学生的强烈不满。叶圣陶在“八位新教员”中名望最高，旧派教员把斗争的矛头首先指向

① 舒新城著：《我和教育——三十五年教育生活史（1893—1928）》，中华书局 1945 年版，第 179 页。

②⑤ 朱文叔、张东荪：《通讯》，《时事新报·学灯》1921 年 10 月 24 日。

③④ 舒新城：《中国公学风潮问题》，《时事新报·学灯》1921 年 11 月 18 日。

了他。舒新城是这样记述的：

> 叶圣陶先生第一次在甲组（新生）授国文，教材为胡适之先生所译之《最后一课》短篇小说，高年级某生见之，误为叶先生所作，将其中京语如"怎么一回事"俱改为"这门样一件事"；并于其后批一长批略谓无文言白话，文字不加检点，以之教人，贻误青年，末并谓以中国人而不通中国文，至可笑也，亦可怜也云云。我当时查知其人，召之私室，告以此文系何人所作，彼始不认，后竟谓胡适之不通，……①

学生出来闹事，"纯出于阴谋者之指使"。这场风波，使叶圣陶受到了很大的震动：教员中新旧轧铄，如冰炭之不相容，改革是不会一帆风顺的，从而改革的意志更坚定了。他从小就会喝酒，是出了名的"海量"，为了扭转颓风，他决定戒酒。中国公学的校风有所改观后，张东荪、舒新城和叶圣陶等八位新教员趁热打铁，拟定了改革学制、开设自选科、严格考试纪律、裁汰不合格教员等一系列的改革措施。"改革之初，学生狃于新潮，且不知是何性质，故一致赞成。迨实行月余，始知此种选科制非用功不易升学。夫用功者究居少数，加以多数已养成无故缺课之习惯，于是其潜意识隐然种有不安之种子。"② 旧派教员为了保住饭碗，蛊惑学生闹事。学生受愚后，"捣毁中学部办公室门上之玻璃，携去重

① 舒新城：《中国公学风潮问题》，《时事新报·学灯》1921年11月18日。

② 朱文叔、张东荪：《通讯》，《时事新报·学灯》1921年10月24日。

要文件，并印发传单，不承认张之代理校长”①。张东荪针锋相对，“开除为首十二人”，因而激起了更大的风潮。中国公学中学部和商科的三百多名学生一致罢课，发表驱逐张东荪、舒新城和八位新教员的宣言，事情越闹越大。1921 年 10 月 25 日，胡适专程从北京赶来调解风潮，他在日记中写道：

> 四时，到水榭，赴中国公学同学会。上海中国公学此次风潮，赶去张东荪，内容甚复杂；而旧人把持学校，攻击新人，自是一个重要原因。这班旧人乃想抬出北京的旧同学，拉我出来做招牌，岂非大笑话。
>
> 他们攻击去的新教员，如叶圣陶，如朱自清，都是很好的人。这种学校，这种学生，不如解散了妙！②

然而也正如胡适所说的此次风潮“内容甚复杂”，就连国民党元老邵力子也插了一杠子。就在胡适来中国公学调解风潮的当天，邵力子在上海《民国日报》发表时评，题为《中国公学风潮平议》，文中说：“我看见八位教员通告请假，并为东荪君辩护，不免深叹理性能力为感情所蔽。照那八位教员所说，东荪君处置这次风潮，完全没有错误，甚至带领警察二十人去开除学生，勒令两小时内一律出校，也是很有理由。……八教员又说：‘吴淞离上海稍远，旧日办事人之古气又重，故中学部学生

① 《中国公学学生一百四十人宣言》，上海《时事新报》1921 年 10 月 29 日第 3 张第 2 版。

② 胡适 1921 年 10 月 24 日日记。参见《胡适全集》第 29 卷，安徽教育出版社 2003 年版，第 487 页。

不识时代之潮流者甚多，国文教子书、八家文……’但我望八教员想一想‘君子爱人以德’的古训，对于东荪君那样暴厉恣睢的口吻，卤莽灭裂的手段，下个公平的判断。”

在旧势力的围堵之下，部分力主改革的人士也在“维护公学”、系念“公谊私情”的说教下止步不前，叶圣陶则愤然辞职。朱自清在谈及这件事的时候说：

> 他（叶圣陶）对于世间妥协的精神是极厌恨的，在这一月中，我看见他发过一次怒；——始终我只看见他发过一次怒——那便是对于风潮的妥协论者的蔑视。[①]

叶圣陶看重教育，还在草桥中学读书时，就撰写并发表过教育论文。民国元年当了小学教师，也就变成了一个教育救国论者。中国公学的这场风潮，使他对“教育救国论”产生了怀疑。他在文章中写道：

> 有人说，要把教育办好了，才可以把中国弄好。这自然见出对于教育的热忱和切望，可是实做起来未必做得通。还是调转来说，要把中国弄好了，才可以脱出前一派教育[②]的窠臼，彻头彻尾地推行后一派的教育。[③]

① 朱自清：《我所见的叶圣陶》，《朱自清全集》第1卷，江苏教育出版社1996年版，第156页。
② 前一派教育：指封建教育。
③ 叶圣陶：《“生活教育”——怀念陶行知先生》，《叶圣陶集》第6卷，第255页。

尽管对于像怎样才能“把中国弄好”这个大题目，叶圣陶当时的认识还比较朦胧，但毕竟是意识到教育脱离不了社会，不“把中国弄好”，教育就没有希望。舒新城在《我和教育——三十五年教育生活史（1893—1928）》中说：“这次的风潮我虽疚心，但并不灰心，其他诸同事也抱同样的态度，以为荆棘斩去了，光明大道便在目前，而于事后努力于如何为学生补课。惟有文学家的叶圣陶君感情素厚：看到这种情形，精神苦痛异常，无论如何都不愿再干下去，所以国文一席改聘沈仲九。而吴有训要去美国，乃改周为群任数学，刘延陵亦他去，又改聘王希和任英文。——十一年秋朱自清他去，由孙俍工任国文。”①

中国公学风潮让叶圣陶“精神苦痛异常”，不过也有意外的收获，就是认识了朱自清和刘延陵。朱自清在《我所见的叶圣陶》一文中说：“我第一次与圣陶见面是在民国十年的秋天。那时刘延陵兄介绍我到吴淞炮台湾中国公学教书。到了那边，他就和我说：‘叶圣陶也在这儿。’我们都念过圣陶的小说，所以他这样告我。我好奇地说：‘怎样一个人?’出乎我的意外，他回答我：‘一位老先生哩。’但是延陵和我去访问圣陶的时候，我觉得他的年纪并不老，只那朴实的服色和沉默的风度与我们平日所想象的苏州文人叶圣陶不甚符合罢了。”“他又是个极和易的人，轻易看不见他的怒色。……他的和易出于天性，并非阅历世故，矫揉造作而成。他对于世间妥协的精神是极厌恨的”。②

① 舒新城著：《我和教育——三十五年教育生活史（1893—1928）》，中华书局 1945 年版，第 192—193 页。

② 朱自清：《我所见的叶圣陶》，《朱自清全集》第 1 卷，江苏教育出版社 1996 年版，第 155—156 页。

吴淞港海天相连的远景和波浪拍岸的涛声触发了他们的诗情，也孕育了他们创办新诗刊物的念头。刘延陵在 1985 年 10 月撰写的《〈诗〉月刊影印本序》① 中说他和叶圣陶、朱自清常到江边散步，“有一天下午，我们从海边回学校时，云淡风清，不冷不热，显得比往日尤其秋高气爽。因此，我们一路上谈兴很浓”，“从学校里的国文课谈到新诗，谈到当时缺少专载它们的定期刊”，就想“由我们来试办一个”。这话说得有点出入。朱自清的《我所见的叶圣陶》写于 1930 年 7 月，相对说来更可信。朱自清在文章中说：在中国公学时只与圣陶见过一面，“只谈了几句关于作品的泛泛的意见，便告辞了”。圣陶在闲时“常邀延陵出去散步；我因与他不熟，只独自坐在屋里”。不久，中国公学闹风潮，双方都采用“强硬的办法”，互不妥协，风潮延宕下去，“于是大家都住到上海来”，等待常务董事、校长王敬芳前来调解。朱自清和叶圣陶在上海住了“一个月”，“差不多天天见面”，于是创办《诗》月刊也就形成了共识并付诸行动。《诗》月刊第一卷第一至四号均署“编辑兼发行者中国新诗社”，自第一卷第五号起（1922 年 5 月 15 日出版）改署“文学研究会”，封面上也标出了“文学研究会定期刊物之一”的字样，编辑声称：“现因本刊创办人都是文学研究会底会员，故大家协议，将本刊作文学研究会出版物之一。”② 而所谓的“中国新诗社”开始时只有叶圣陶、朱自清、刘延陵和俞平伯四个人。叶圣陶与俞平伯是苏州“同乡”，与朱自清、刘延陵结缘则始于中国公学。

---

①《诗》月刊影印本，上海书店出版社 1987 年版。

②《读者赐览》，《诗》月刊第 1 卷第 4 号，1922 年 4 月 15 日。

三、主持文学研究会的日常工作

中国公学风潮结束后，朱自清和刘延陵到杭州浙江省立第一师范任教。11月，浙江师范委托朱自清恳邀叶圣陶去教两个月国文。一师给每位教师安排一间宿舍，并作看书、备课、接待来访者的办公室。叶圣陶到一师后，为了能与朱自清一起海阔天空式地闲聊，就并了家，一间屋作为宿舍，一间屋作为办公室，用叶圣陶的话说是“联床共灯”，晨夕相亲。朱自清在《赠圣陶》一首中写道：“平生游旧各短长，君谦而光狷者行。我始识君歇浦旁，羡君卓尔盛文章。讷讷向人锋敛铓，亲炙乃窥中所藏。小无町畦大知方，不茹柔亦不吐刚。西湖风冷庸何伤，水色山光足彷徉。归来一室对短床，上下古今与翱翔。”① 江南的11月已进入冬季，可他们俩游西湖的兴致不减，叶圣陶尽管已经畅游过三次了（第一回是辛亥年春季草桥中学组织的；第二回是1914年7月陪顾颉刚到杭省亲，作“圣湖之游”；第三回是1917年暑期偕胡墨林到杭州旅游），可西湖的良辰美景怎么也看不够。

除了西湖觅胜，与朱自清、刘延陵一起紧锣密鼓地筹备《诗》月刊，叶圣陶又赶着写童话，用作品来支持郑振铎创办的童话周刊《儿童世界》，此外谈得最多的就是教育。叶圣陶认为，中学时代学生身体发育捷速，元气激扬。一方面，他们精神充足，思想、感情、意志趋于稳健；另一方面，他们的兴味往往随时更换，新的需求日益增加，可塑性

---

①《朱自清全集》第5卷，江苏教育出版社1996年版，第263页。

大。叶圣陶和朱自清注重教材和教法的改革，帮助学生组织各种学习小组和文艺团体，安排丰富多彩的课外活动。一师的学生汪静之在《自传》[①] 中说："一九二一年下半年，潘漠华和我发起，邀魏金枝、赵平福（柔石）、冯雪峰等同学和杭州其他几个中学的学生成立了'晨光文学社'，请叶圣陶（绍钧）、朱佩弦（自清）两位国文老师为顾问。"汪静之在《出了中学以后》[②] 中说："从十七岁到十九岁三年中胡乱写了很多的新诗，朱自清、刘延陵、叶绍钧、胡适之、周作人、鲁迅诸先生出乎意外地给我许多指导与赞许。离开杭州一师那一年我便编成一集《蕙的风》出版，又出乎意外的风行一时，到前三年止销了二万余部。"

叶圣陶在一师的两个月是相当愉快的。时间过得也真快，1921 年不知不觉地到了"岁尽日"，他们都沉浸在新年的喜悦里。叶圣陶在《记佩弦来沪》中写道：

> 岁尽日晚间，与佩弦同在杭州，起初觉得无聊，后来不知谈到了什么，兴趣好了起来，彼此都不肯休歇，电灯熄了，点起白蜡烛来，离开了憩坐室去到卧室，上床躺着还是谈，两床中间是一张双抽屉的桌子，桌上是两枝白蜡烛。后来佩弦看了看时计，说一首小诗作成了，就念给我听：
>
> 除夜的两支摇摇的白烛光里，
> 我眼睁睁瞅着

① 徐州师范学院编：《中国现代作家传略》第 3 辑。可参见北京语言学院《中国文学家辞典》编委会：《中国文学家辞典》（现代第二分册）之"汪静之"，1979 年印，第 256—257 页。

② 中学生社编：《中学毕业前后》（"中学生杂志丛刊"），开明书店 1935 年版。

一九二一年轻轻地踅过去了。[1]

“一九二一年轻轻地踅过去了”，当新的一年莅临的时候，他们筹划的《诗》月刊创刊了。1923年1月，叶圣陶到商务印书馆国文部当编辑，与沈雁冰、郑振铎朝夕相处。是年9月，叶圣陶到福州协和大学教新文学，临行前把家搬到宝山路顺泰里一弄一号，与王伯祥和傅东华同住一幢房子。12月，叶圣陶从福州回到上海。从此，文学研究会的日常事务由叶圣陶负责处理，家里成了文学研究会的会所，大门上钉着“文学研究会”的搪瓷牌子，诸如函件往来、接待来访等事务性的工作，大多由叶圣陶来做。以1924年上半年为例，仅王伯祥日记[2]中记到他与叶圣陶一同接待的名家就有俞平伯（1月3日，3月8日，4月27日，5月5日，7月12日，7月22日）、张东荪（1月7日）、徐玉诺（1月18日至19日，3月4日至8日）、傅东华（3月16日）、泰戈尔（4月13日）、何炳松（5月21日）、郭绍虞（6月25日）等。且看王伯祥日记中有关徐玉诺来访和访徐玉诺的两则日记：

1月18日　玉诺由厦门来，住惠中，今午来晤，旋去。晚饭后，我与振铎、圣陶往看之，同出闲步，至先施公司门前而别，明日他或搬来顺泰里小住也。

---

① 《叶圣陶集》第5卷，第208页。

② 本书所引用的王伯祥先生的日记，没有注明出处的，均抄录自日记原稿。

1月19日　散馆后与圣陶偕往惠中访颂皋及玉诺，……小饮于芝罘路口之九云轩。玉诺送我《思明报》副刊“鹭江潮”，读之。有转载《文学》者，宜乎渠在厦门，人皆目为文学会宣传者而备受挤扼矣。

“明日他或搬来顺泰里小住”，指的是住到叶圣陶家里，可见彼此情谊之好。同年3月4日，徐玉诺又来到上海，王伯祥在当天日记中写道：

玉诺由豫来，散馆后与硕民、圣陶走访之，盖赴乃乾约。玉诺自言在龙升旅馆，孰知他误记，遍寻不获。后至荣升访之，始遇。因约共出，饮言茂源，谈甚畅，至九时许始各归。

叶圣陶对徐玉诺这么热情，对其他朋友也是这么做的。南来北往的朋友路经上海时，他都要宴请。以1926年为例，叶圣陶单独宴请或与郑振铎、沈雁冰等人一起宴请的名家就有何柏丞、傅彦长、朱应鹏、张若谷、陶希圣、徐志摩、方光焘、朱自清、李石岑、徐悲鸿、李金发、高觉敷、孙伏园、郭绍虞、江小鹣、顾颉刚、魏建功、罗家伦、潘家洵、鲁迅、傅斯年、许地山等。叶圣陶广交朋友，看重情谊，朋友们都说“圣陶”这个名字简直就是“微温”“微甜”的象征！

四、参与主编《文学旬刊》（《文学》《文学周报》）

《小说月报》是文学研究会的代理会刊，《文学旬刊》和《诗》月刊是正式的会刊，这里侧重介绍《文学旬刊》。

《文学旬刊》作为上海《时事新报》的副刊，创刊于1921年5月10日，由郑振铎主编。原为“旬刊”，出至1923年7月30日，自第八十一期起改名为《文学》周刊。出至1925年5月10日，《文学》周刊自第一百七十二期起改名《文学周报》，脱离《时事新报》，独立出版。出至第九卷第五号（总第三百八十号）停刊，时为1929年12月23日。在整个刊行时期，郑振铎的贡献最大，在较长时期内，它的“编辑、发稿、往报馆校对、排样，经常由郑振铎担任”①。另一位干将是叶圣陶。

从1923年5月起，叶圣陶便参与《文学旬刊》的编辑工作。1923年12月24日，郑振铎在《文学》第一百零二期发表《启事》说：

> 我因事务太忙！已将关于《文学》一部分的事，移交给叶绍钧君经理。以后关于《文学》的一切来信，均请改寄“上海宝山路顺泰里一弄一号”为盼!!!

所谓“一部分的事”，大概是投稿、函件、问询之类的事务。1924年7月初，叶圣陶把家搬到香山路仁馀里二十八号，《文学周报》（即《文学》）自第一百二十九期（7月7日出版）起，封面上注明“编辑及经理处上海闸北香山路仁馀里二十八号”，还特地发表了更改社址的《启事》，直到1927年5月22日出版的第四卷第二十号（总第二百七十期），《文学周报》封面上仍标明“上海香山路仁馀里二十八号文学周报

① 叶圣陶：《略叙“文学研究会”》，《文学评论》1959年第2期。

社编辑”，叶圣陶家的大门上仍然钉着“文学研究会”的搪瓷牌子。由于仁馀里二十八号在“五卅”前后是左派的联络点，“四一二”中走漏了风声，叶圣陶回不去了。所以，自 1927 年 6 月 12 日出版的《文学周报》第四卷第二十一号（总第二百七十一期）起，封面上改署“上海宝山路宝山里六十号开明书店发行”。叶圣陶处理《文学旬刊》投稿、函件、问询之类的事务前后大约有四年半。

为了办好《文学旬刊》，“文学编辑会”定期开“聚餐会”，由在上海的成员轮流作东，用聚餐的方式商定相关事宜。仍以 1924 年上半年为例，仅王伯祥日记中记到他与叶圣陶一同参加的“聚餐会”就有：1 月 2 日，郑振铎作东，在郑（振铎）宅。1 月 5 日，“文学会聚餐，到者十九人，饮甚畅，乐极!”1 月 14 日，叶圣陶和俞平伯作东，在重元楼。1 月 28 日，胡愈之和周予同作东，在郑（振铎）宅。2 月 20 日，“到振铎所参与文学聚餐会”。3 月 7 日，严既澄作东，“在振铎处设席”。3 月 16 日，文学会聚餐，在半淞园江上草堂。3 月 23 日，严既澄和谢六逸作东，在粤商大酒楼。3 月 29 日，胡愈之作东，在“美丽”。4 月 9 日，叶圣陶作东，在“新有天”。4 月 22 日，胡愈之和周予同作东，在郑（振铎）宅。5 月 8 日，沈雁冰和讱生作东，在“振铎所”。5 月 20 日，王伯祥作东，在“新有天”。6 月 2 日，“在振铎所聚餐”。6 月 16 日，叶圣陶和樊仲云作东，在“新有天”。《文学旬刊》办刊方针、编辑思路、约稿集稿、筹集资金等大事常常是在“餐桌”上拟定的。且看王伯祥 1924 年 4 月 9 日日记：

（聚餐会）散会后就坐痛谈今后《文学》事。多半主张大家卖力，而且收回自办。其实只要负责编辑人临到自己名分编辑时，必做一篇基本的刊物，那就不怕没有料作了。近来反动潮甚大，曹锟要截印《四库全书》，使商务不得着手。齐燮元创设金陵学院，征文给奖，这都是提倡国故的先生喊出来的。

当晚参加聚餐会的，除了王伯祥和叶圣陶外，还有讱生、谢六逸、胡愈之、周予同、沈雁冰、郑振铎、严既澄。商量的大事有两件，一是《文学》脱离《时事新报》，独立发行；二是要痛击“复古”的“反动潮”。

1925 年 5 月 10 日，《文学》周刊自第一百七十二期起改名《文学周报》，脱离《时事新报》。独立出版后，郑振铎、叶圣陶等人承担的责任就更重了。1926 年 5 月初，胡愈之在为《文学周报》独立出版一周年写的《自己动手》① 一文中说：

我们这个小杂志，从撰稿，编辑以至印刷，校对，包寄，邮递等事，都是由我们十数人自己动手，除印刷因为我们不会自己排字，不得不仰仗我们的劳动兄弟，此外的琐事，都是自己作成，从不假手于人。每期周刊印成以后，我们聚在一处，折叠，检点，打包，写封套，粘邮票，当着那种闹烘烘的情形，我们总觉得非常骄傲。用了我们自己的纸墨，写出我们自己心里所要说的话，毫无顾忌的写出我们要说的话，用了我们自己的钱，印刷我们自己的出版

①《文学周报》第 223 期，1926 年 5 月 2 日。

物，又用了我们自己的劳力，包封寄发，总之是拿我们自己的心底的东西，由我们自己直接贡献给读者，这不该我们骄傲吗?

胡愈之在这篇文章中还说：《文学周报》是“成年者”的作品，“但是这些成年者都是有些孩子气的。他们并不自视很高，以为自己是天才，他们并不想作出名山不朽的事业。他们只是想用自己的力量来作成一种东西，用自己的腕力来耕种自己的园地，至于这园地里的产物，不论是奇卉异木罢，稗草莠谷罢，只要是自己的汗的结晶，便什么都可以”。胡愈之所说的“孩子气”，大概是指他们当年的天真率直，彼此亲密无间。

五、印制文学家明信片

1924年春，叶圣陶和胡愈之、谢六逸、郑振铎等人集资，先后印制了六组文学家明信片（每组六张），把世界著名文学家的肖像印在明信片上，目的是为了满足文学美术爱好者的需要。叶圣陶在《爱好文艺美术的人们，请购文学家明信片!!!》[①] 中说：

凡是嗜读著名文学作品的人，一定要想瞻仰作家的丰采，把文学家的肖像放在案头，挂在壁上，不但可以点缀一间优雅的书室，而且和文艺天才昕夕晤对，更可激发灵感，怡养性情。凡在文艺发达的国家，文学家像片印行发售的很多，只有在我国还无从购得。

---

① 《文学》第128期，1924年6月30日。

上海文学研究会为满足爱好文艺的人们的需要起见，特由会员集资，印刷了一种名信片，……第一组六张，合为一套，每套售大洋二角，连邮费在内（国外加邮费四分）。……汇兑不通处可以邮票代现。函购处上海宝山路顺泰里一号文学研究会。[1]

为了印得精美，他们委托上海当时新设的美化照相凹板公司，用照相凹板两色版印，“不但神采逼真，而且轮廓彩色都足引起美感，凡是欣赏艺术的人们，见了一定十分满意”。第一组的六张肖像是印度诗圣泰戈尔、英国诗人拜仑、爱尔兰诗人及戏剧家夏芝、法国诗人及戏剧家佛朗士、德国戏剧家霍卜特曼、俄国小说家陀斯妥耶夫斯基。购买者汇款不方便，大多寄邮票来兑换，有时信封受了潮，邮票粘在一起，还得用水泡开。叶圣陶不厌其烦，把明信片寄出去，再把邮票收集起来，留作文学研究会寄稿子或寄信时用。文学研究会印制文学家明信片的工作似乎一直没有间断过，1928 年 3 月 18 日出版的《文学周报》第六卷第八期上还刊登了这样一则广告：文学家明信片“先出俄德两国，其余陆续印行，每打售洋二角，每张售洋二分”。

“俄国文学家”是诗人普希金，小说家歌郭里，诗人李门托夫，小说家杜思退益夫斯基，戏剧家阿史特洛夫斯基[2]，小说家科洛林

---

① 《文学》第 129 期（1924 年 7 月 7 日）函购处改为“上海闸北香山路仁馀里二十八号文学研究会”。

② “歌郭里”今译“果戈理”，“李门托夫”今译“雷索托夫”，“杜思退益夫斯基”今译“陀斯妥耶夫斯基”，“阿斯特洛夫斯基”今译“奥斯特洛夫斯基”。

科，小说家迦尔洵，小说家柴霍甫，小说家高尔基，诗人蒲宁，小说家科布林，小说家安特列夫；

“德国文学家”是批评家莱森，诗人歌德，戏剧家席勒，小说家霍夫曼，戏剧家克来司忒，童话家格林，诗人乌兰，诗人海涅，戏剧家海勃尔，小说家施笃谟，戏剧家苏德曼，戏剧家霍甫特曼。

紧接着，又出了“英国文学家”和“美国文学家”两种：

“英国文学家”有散文家路斯金，诗人梅勒底新，诗人慕里斯，诗人史文明，诗人哈代，小说家史提文生，戏剧家萧伯纳，戏剧家巴蕾，小说家康拉特，小说家吉百龄，诗人夏芝，戏剧家高尔斯华绥；

“美国文学家”有小说家富兰克林，散文家欧文，诗人勃兰脱，散文家爱玛孙，小说家霍桑，诗人朗弗落，诗人华特尔，诗人爱伦坡，诗人罗威尔，诗人惠特曼，散文家泼克曼，批评家史特曼。

“凡是嗜读著名文学作品的人，一定要想瞻仰作家的丰采，把文学家的肖像放在案头，挂在壁上，不但可以点缀一间优雅的书室，而且和文艺天才昕夕晤对，更可激发灵感，怡养性情。凡在文艺发达的国家，文学家像片印行发售的很多，只有在我国还无从购得。”叶圣陶在《爱好文艺美术的人们，请购文学家明信片!!!》中说的这番话，也道出了文学研究会要使中国成为“文艺发达的国家”的用心和热忱。

六、创办上海朴社

1923年前后，商务印书馆汇集了一大批文学研究会会员，如沈雁冰、郑振铎、叶圣陶、胡愈之、顾颉刚、王伯祥、周予同、周建人、谢六逸，等等。他们继承五四文化思潮中“独立的思想和自由的精神”，为了摆脱社会的压制，以及书店的剥削和商务当局的牵制，就纠集同好，每人每月出十元钱，集资出书，以促进和推动新文学创作和学术研究繁荣发展。这个想法很快就得到了郭绍虞、朱自清、俞平伯、耿济之、陈乃乾、严既澄、潘家洵、吴颂皋、陈万里、陈达夫、常燕生等一大批学者的赞同，于是就在1923年3月成立了上海朴社。发起人为沈雁冰、郑振铎、叶圣陶、胡愈之、顾颉刚、王伯祥、周予同、谢六逸、陈达夫、常燕生，共十人，顾颉刚任会计。

社名“朴社”是周予同定的，缘自“朴学”，即乾嘉考据学（又称“汉学”）。梁启超在《清代学术概论》中揭示其十大特色：凡立一义，必凭证据；选择证据，以古为尚；孤证不为定说；隐匿或曲解证据为不德；罗列同类事项为比较研究；凡采用旧说，必明引之；所见不合，则相辩诘，虽弟子驳难本师，亦所不避；辩诘以本问题为范围，词旨务笃实敦厚，以讥弹影射为不德；喜专治一业，为“窄而深”的研究；文体贵朴实简洁，忌枝蔓。梁启超十分推重朴学的学风，认为有裨于笃学诚挚之学者的养成：

> 用习此种研究法以治学，能使吾辈心细，读书得间；能使吾辈

忠实，不欺饰；能使吾辈独立，不雷同；能使吾辈虚受，不敢执一自是。①

被梁氏誉为“治学之正轨”的朴学，以其“轻主观而重客观，贱演绎而尊归纳”的内蕴，得到许多学者的推崇。胡适在《清代学者的治学方法》中说“朴学”这一“科学方法”的出现，促成了中国学术史的“一大转机”。文学研究会同人将书店的名字叫作“朴社”，说明他们非常看重“朴学之风”。

关于朴社，顾颉刚和王伯祥的日记中都有记述，可以相互参证。顾颉刚的日记1921年以后的都留存下来了，王伯祥的日记留存下来的则始于1924年。这里先按顾颉刚的日记作一个简单的梳理。

著名历史学家顾颉刚事业心宏伟，求知欲旺盛，工作起来不知疲倦，在文坛有一股“豪雄之气”，治学方面仰慕皖派，他说自己既“爱好天趣”，又“勇猛精进”，在学者中是绝无仅有的，对朴社也特别热心。且看他在日记中的相关记载。1923年3月30日：“朴社宣言起草，毕，并誊正。朴社社约起草，未毕。宣言约一千五百言，说我们精神上的烦闷，颇畅。”3月31日：“重改朴社社约，并誊清，约二千馀言。”4月2日：“与振铎、伯祥、圣陶谈话。”4月8日：“与圣陶谈话”。4月20日：“伯祥、圣陶、振铎来谈”。4月22日：“朴社开会，到者雁冰、愈之、六逸、予同、振铎、平伯、伯祥、圣陶，及我九人。将宣言及社约删改一过，并议定一年内应行编成各书。”4月24日：“与振铎、

① 梁启超著：《清代学术概论》，商务印书馆1938年版，第79页。

圣陶论刘后主等词。”4 月 28 日：“作朴社会计本月份报告”。5 月 11 日：“与圣陶到予同处，谈标点《史记》事。”5 月 28 日：“作朴社收支报告、会计部催费事启，标点《史记》商例，写圣陶信。”6 月 1 日：“写秋白、圣陶、平伯信。理账目。”6 月 6 日：“晚得圣陶信，谓朴社事如我不在上海，大家贪懒，恐不能乐观。此事我亦深知之。然为我个人生命与学问计，实不能在上海，奈何?”6 月 7 日：“写振铎信。写圣陶信，痛论朴社事，约千五百言。”6 月 12 日：“写经农先生、圣陶信。”6 月 18 日：“写圣陶、振铎、平伯信。”6 月 22 日：“写圣陶信”。6 月 30 日：“夜谈朴社”。7 月 10 日：“（因病）嘱（夫人）履安代写秋白、韩馨、介皋、圣陶、孑民信。”7 月 12 日：“履安代写伯祥、云五、平伯、朴社信。”7 月 22 日：“写圣陶信”。7 月 26 日：“写圣陶快信”。8 月 5 日：“写经农、平伯、秋白、万里、圣陶、伯欣信。”8 月 6 日：“日来觉得凡是文学家都是最不负责任而最喜出主张的人，非我能友。予愈觉落寞。”8 月 13 日：“写伯祥、圣陶信。”8 月 17 日：“雁冰来谈。与圣陶应陈乃乾君之招，饭于一枝春。”

8 月 18 日，顾颉刚离开上海前往北京，准备就职于北京大学研究所。他在北大逗留了半个多月，于 9 月 7 日回到苏州，而这时的叶圣陶已经去了福州，应郭绍虞的邀请任教于福州协和大学。9 月 20 日，顾颉刚从苏州来到上海，把他和叶圣陶合编的《国语》教科书编定后，于 12 月 10 日动身北上，正式到北京大学研究所任职。

从顾颉刚日记可以看出，自朴社成立之日始到 8 月中旬止，除了顾颉刚，对朴社最热心的就是叶圣陶。朴社的“社徽”，就是叶圣陶设计的，是一个呈圆形的繁体的“朴”字，印在出版物的封底，很是醒目。

叶圣陶对朴社特别热心，这与他当时的工作不无关系。1923年前后的叶圣陶，虽说在新文学创作方面成就显赫，可商务印书馆看重的并不是他新文学的“实绩”，而是厚重的“国学”根基，是“国学”研究的能力，他到商务印书馆不是像沈雁冰和郑振铎那样主编《小说月报》和《儿童世界》，搞新文学，而是到国文部编纂初中国文教科书《国语》和“学生国学丛书”，偏于“国粹”和“古董”。叶圣陶虽说不很乐意，但也“胜任愉快”。他只有中学学历，但书读得多，古文根基深厚，中学毕业后就曾请刚考上北京大学的顾颉刚为他拟定“为学方针”。叶圣陶1914年9月29日日记中说：

接颉刚一书，为学程序业为定就，条分缕析，备举无遗。苟能铭其言于肺腑，行之十年，中国学术亦足谓得其大凡矣。兹录其自定为学方针，并以诏我者于下：

一、四部不能偏废。

二、经应尽治，正史治至《三国志》。

三、小学之音韵形体训诂，分年肄之。

四、集部不但重记忆涉览，故前后应不异书。

五、文至南北朝而止，诗至唐代而止。

六、目录学为研究学术系统之关键，必与平议并重。

七、语录学案虽极委琐，然欲洞明学术之大体，亦应涉猎。

颉刚为余定每日读书时间如下：

上午，经（两小时），小学（一小时），

下午，史（两小时），小学（一小时），

夜，集（两小时），平议（半小时），目录学（半小时）。

颉刚云：今定程序为四分，每分速治则一年，迟治则二载，中则岁半；不必存猛进之心，唯计日而进，量力而读。毕业不妨复诵，圈点不妨重加，毋畏买书，毋畏参考，毋畏巨帙，毋畏新书而不加圈点，毋畏臆想而不登笔记。久而久之，自与神化。

程序第一分：

（经）《诗经》《春秋左传》；

（小学）《音学五书》《屈宋古音考》，其他音韵书籍；

（史）《史记》《通鉴》；

（子）《老子》《庄子》《列子》；

（集）《文选》《楚辞》，李杜集；

（平议）《文史通义》《国故论衡》；

（目录）《四库全书简明目录》。

第二分：

（经）《易经》《尚书》《公羊》《穀梁》；

（小学）《说文解字》及各家注考；

（史）《汉书》《国语》《通鉴》；

（子）《论语》《家语》《孟子》《荀子》《墨子》；

（集）《楚辞》《文选》，李杜集；

（平议）《文心雕龙》《史通》；

（目录）《四库全书提要》《书目答问》。

第三分：

（经）《礼记》《孝经》；

（小学）《尔雅》《广雅疏证》，说文各家注；

（史）《后汉书》《国策》《通鉴》；

（子）《商君书》《韩非子》《管子》；

（集）《楚辞》《文选》，李杜集，《庚开府集》；

（平议）《论衡》《述学》；

（目录）《四库全书提要》。

第四分：

（经）《周礼》《仪礼》《古微书》；

（小学）《文始》（此书似汇音形训三者，应在三种治毕后治之）；

（史）《三国志》，宋元明清史，《路史》；

（典制）《通典》《通志》《通考》；

（子）《易林》，扬子《法言》，贾子《新书》；

（集）同前；

（学案）《近思录》《传习录》，各家学案。

颉刚书末谓："君既对影灯前，息肩窗下，不必以寂寞自伤，正研索学术自怡天怀之时也。即谓限期久远，胡能拥书长闲，然在此无事之时，亦不必生有事之想。则取第一分所列从而肄之，添书所费亦极菲薄，盍听吾言而姑试之。"云云。颉刚之言如是，所以勉我笃我者甚至，似此至友可一而难有其二，余必听其条教，遵其指挥，以之自淑，并以无负其厚意焉。饭后即以此意作一书复之。①

次日日记记：

字课毕，诵《周南》《召南》诗，用幼时塾中读本而辅之以顾亭林《诗本音》，盖以考其古音也。饭后圈点《史记》。《史记》一百卅卷，日诵一卷则四月可毕，因取《五帝本纪》点完之，其“集解”“索隐”“正义”亦并点之。晚间侍吾父饮，亦饮一壶。灯下读《离骚经》全首三之一，意欲其熟，故弗求其多。

第一分程序所列诸书犹有余所弗备者，又准时而读，排次以诵，有如学校中之课程，未免转成寡趣。每日诵习九时，亦似太觉繁重。故我先取已备诸书，择数者习之。先经后史之程序，时多时少之规定，或且有所出入其间。总之不失颉刚所定大旨云尔。②

这也就难怪商务当局要把叶圣陶作为“学者”来使用了。

商务印书馆编纂中学国文教科书《国语》和“学生国学丛书”，所编纂和汇集的都是我国历代的重要著作，“经部如《诗》《礼》《春秋》，史部如《史》《汉》《五代》，子部如《庄》《孟》《荀》《韩》，并皆刊入；文辞则上溯汉、魏，下迄近代，诗歌则陶、谢、李、杜，均有单本，词则隋唐五代、两宋，曲则撷取元、明大家，传奇、小说，亦选其英”。为便于阅读，“诸书均为分段落，作句读”，加注，难字注音，卷首均有“新序”，“述作者生平、本书概要，凡所以示学生研究门径者，不厌其

①②《叶圣陶集》第19卷，第140—142、142页。

详”（《学生国学丛书编例》）。除了日常的编辑工作之外，叶圣陶署名选注的有《荀子》《礼记》《苏辛词》《周姜词》《传习录》，以及《史记》（与胡怀琛、庄适一同署名），他继承了无征不信的乾嘉学风，广泛汲取新的知识和理念，提出学术研究要有“客观的态度”和“融通的性习”。他在《〈荀子〉（选注本）绪言》中说：

研究学术思想，不论是古人的或是现代的，首要在确知它的真相；更进一步，就拿来作我自己研究学术、完成思想的参证。所以主观的态度是不相宜的，拘泥的性习是没有好处的。譬如从前人因荀子主张性恶，就对他不满意，以为他无论如何，至少要比孟子低一级。这由于他们主观得厉害，拘泥得厉害，故而想着性总该是善的才对。我们现在就不这样，性到底是善是恶的问题且搁在一旁，却觉得孟、荀二人同样是混用抽象名词来说话的人。陈登元作《荀子之心理说》（见东南大学南京国学研究会所出的《国学丛刊》第二卷第二期），罗列两家的说数来比核，他的答案是“孟、荀二家皆主心善。荀子性恶之性，非孟子性善之性。”试读《解蔽篇》论心的文字，与孟子“恻隐之心，人皆有之……”的话对照，他们两个人确然在一条路上。荀子说性恶，每指情欲而言，孟子说性善，却指“我固有之”的良心，用词不同，显然可见。那么，从前人扬彼抑此，不是无聊的争辩么？这是说客观的态度的必要。

又如我们既知道孟子说性善，荀子说性恶，其实他们两家都说的心善，这当儿最要记着“孟子说”“荀子说”这几个字。记着这几个字就与“我信”不同。固然，如孟、荀两家在我国学术思想上都发生伟大的影响，或且直到无尽的将来。但“食而化之”是可以的，“酌而采之”是可以的，研究某说即我信某说是不可以的，因为这样就把你的进程阻挡住了。在现在的时代，要研究哲学、教育、心理等科，应当从现代的哲学、教育学、心理学等入手；古代的呢，都只给我们作参证的材料；这才会有永远进展的希望。这是说融通的性习的必要。①

这番话讲得相当透彻，可以作为治学的指南。也正是因为叶圣陶当时的工作偏重于“学术”，又是和顾颉刚搭档一起编纂中学国文教科书《国语》，对朴社的热心是顺理成章的事。1923 年 12 月底，叶圣陶结束在福州协和大学的教学工作回到上海后，就又成了朴社的“主干”。王伯祥 1924 年 2 月 15 日日记记：

散馆后去振铎所开会讨论朴社事。雁冰、愈之、乃乾俱到，决先把《浮生六记》刊行。又拟就重要古籍中选注辑印为《中国文学选本》陆续刊行，作中等学校教本或补充课本。当时商定《史记》《左传》《国策》《庄子》《荀子》《韩非子》《论衡》《孟子》《诗经》《乐府诗集》《唐五代宋词选》《唐诗选》《元曲选》《古诗选》等十四种。先出《史记》（圣陶任）、《孟子》（我任）、《论衡》（乃乾任）、《词选》（振铎任）四种，希望于暑假前交稿，则开学时当得一大批销路也。

① 《叶圣陶集》第 18 卷，第 272—273 页。

王伯祥日记中提到的上海朴社的主要成员中沈雁冰、郑振铎、胡愈之、叶圣陶、王伯祥都是学界名家，只有陈乃乾一人是个书商。陈乃乾精明能干，在上海经营一个名叫“上海古本流通处”的书店，专做图书生意，他在与书刊打交道的同时，刻苦自学，积累了丰富的学识，新中国成立后出任中华书局副总编辑。不过，就当时而言，他毕竟还只是个书商，沈雁冰、郑振铎、胡愈之、叶圣陶等人与他合作，显然带有营销策略上的考虑。

众所周知，商务印书馆在我国近现代出版史上的腾飞，与它的经营策略和管理体制紧密相关。商务当局尊重人才，编辑的薪酬比较丰厚，自由度高，每天上班时间为六小时，此外每年还有相对固定的假期，甚至还有出国访学的机会。这是优厚的一面，但也有相当苛刻的一面。商务当局要求编辑必须忠诚，“不能在书馆外做与在书馆内同一样的工作”，否则就是“不忠”。上海朴社同人和陈乃乾联手，显然也有为了要遮避商务当局的耳目的考量，想把印书售书的事交给陈乃乾来做。也正是因为这样，沈雁冰、郑振铎、胡愈之、叶圣陶、王伯祥等都没有在朴社的宣言上署名，出版的书有的也不署名，从而也就给研究增加了难度。至于叶圣陶为朴社做了哪些工作，顾颉刚和王伯祥的日记中留有记载，现汇拢如下：

顾颉刚 1924 年 2 月 28 日日记　　圣陶来信云，“《史记》预备四十篇，每篇不全选，中有删节。点好后加注，以详明二字为标准。要请你做一篇序，言太史公之史学上的价值，顾及文学上的价值。为才力着想，为名气着想，此序都要你做才行。你虽忙，因为这是社里事业的第一炮，务望抽闲努力一作。”上海友人之责望我如此。他说“名气”，可见名之累人。①

顾颉刚1924年3月3日日记　昨得圣陶、伯祥来信，要我为他们标点的戴东原《孟子字义疏证》等三种作序。我近日为学正想把范围缩小，而他们责望我放大，这是不能徇人的，因作函辞之。②

王伯祥1924年3月6日日记　饭后乃乾来，出《浮生六记》印稿交圣陶校。

顾颉刚1924年5月28日日记　（写圣陶信）圣陶嘱予为其所标点之《王文成公集》作序，辞之。此等事出诸圣陶之口，使我惆怅。③

王伯祥1924年7月23日日记　散馆后在振铎所议《结婚的爱》版税抽法。到愈之、乃乾、振铎、圣陶及我五人，决先付印，将来照定价取百分之十五。

以上是叶圣陶做的几项具体的工作。至于朴社出的书籍，这里也介绍几种。1924年6月30日出版的《文学》第一百二十八期刊登了朴社

①②③《顾颉刚日记》第1卷（1913—1926），联经出版事业股份有限公司2007年版，第460、461、491页。

出版的四种书的广告：

霜枫之一　浮生六记　沈复著　俞平伯点阅

作者是个习幕经商的人，全凭真率的性情和天禀的文才，写成这部反映出身世和心灵的自传。俞平伯先后作序文两篇，就它的本质和艺术加以批评，并钩稽书中事实，编成年表，对于读者尤为便利。……

霜枫之二　初日楼少作　严既澄著

月下微吟，灯前浅醉，如想在这境界中寻茜色芳年的残影，大可读这本小诗集。良金美玉，灼烁明珠，令人爱玩。

霜枫之三　髭须及其他　莫泊桑著　李青崖译

莫氏这六篇作品，占有浓烈的肉的气息，而文笔犀利，态度严正，不落猥琐。此从法文原本译出。

霜枫之四　剑鞘　叶绍钧、俞平伯著

中含二人的论说美文小说札记书评等，俱经抉择，力扫浮滥，作者的才性，作品的风裁，比较观之，颇有兴趣。

出版“霜枫丛书”，意在要为“文学”寻找成功的范本。俞平伯在《〈浮生六记〉序》中极力推崇这书的“境界”和“技巧”，“统观全书，无酸语，赘语，道学语”。说重印这书的目的是要使这书的价值“传播得更久更远”。莫泊桑是小说大家，《髭须及其他》收莫氏《髭须》《呢喃》《窗前的失败》《代理人》《林中》《波宣发司式的命案》等六个短篇，翻译和出版的用意不言自明。俞平伯对他自己和叶圣陶的创作评价颇高，出版《剑鞘》意在为“论说”“美文”“小说”“札记”“书评”示范。这四本书中，编得最用心的是严既澄的诗词集《初日楼少作》，是集收严氏诗七十八首、词三十五首。由李唐题签，书前冠有黎世蘅的序，以及王伯祥和叶圣陶写的两则“题辞”；书后有严既澄、顾颉刚和俞平伯分别撰写的三篇跋。“初日楼”是严氏的室名，所谓“少作”指的是诗人1918年至1923年羁旅北京时写的诗词。黎世蘅和俞平伯等人对严氏的“少作”极为推崇。黎世蘅在序中说：

……夫诗有多义，或美，或刺，或敷陈制教为后世典守，或寓寄俗尚为采风者所资。然缠绵悱恻，抒展性灵，如既澄之所为者，月白风清，浃人肌髓，证以古先民微言相感，以喻其志之说，正相吻合。今既澄方值盛年，幸时以离合欣戚之言，发为唱叹，蔚为时代珍品，诚甚盛事，又岂止愚一人昕夕翘企而已耶！

俞平伯在《〈初日楼少作〉跋》中盛赞严既澄的“少作”有“情感”，有“慧性”，“其佳处往往如良金美玉，自发精英，摇人灵魄”，“一编行世以来，将闻跫然足音，振于寥廓”。作为诗人和诗歌理论家的俞平伯显然是在为诗歌创作指点门径。为灌输新思想新理念而出书，也是朴社同人的理想。1924年10月24日《文学》第一百四十四期，以及1924年11月10日《文学》第一百四十七期，分别刊登了朴社的两则广告：

全译　结婚的爱　英国司托泼夫人著　胡仲持译

本书根据科学的考察，把两性关系的真相，庄严地露骨地叙述下来，实为已结婚及将结婚的青年们不可不读的书。著者又有卓越的天才，想象非常丰富，文笔非常优婉。所以从文艺的立场看来，也是一部有希望的作品。原书在英国已销售六百余版，各国都有译本。兹经译成流畅之语体文，以饷中国读者。卷首附作者肖像及周建人先生序文，尤为难得。

妇女问题丛书第一种　妇女问题十讲　章锡琛译著

本书为日本本间久雄原著，介绍欧美学者最新学说，如参政问题，职业问题，恋爱问题，婚姻改造，自由离婚，产儿限制各种重要问题，非常详备，实在是这方面最高权威的著作。原书第十讲，系述日本的妇女思想，由译者节成短篇，均作附录。另撰中国妇女思想的发达一篇，凡三万余言，详述古来妇女观及近年妇女思想发展的状况，更有价值。全书用白话文写成，译文的明了正确，和印刷装订的精美，为我国出版界空前的创作。末附索引，尤便检查。

文学研究会重视妇女问题，早在1922年8月，章锡琛和周建人等人就创立妇女问题研究会。章锡琛和周建人除主编商务印书馆的《妇女杂志》之外，还为《时事新报》编《现代妇女》旬刊，为《民国日报》编《妇女周报》，被誉为“妇女问题专家”。章锡琛翻译的《妇女问题十讲》以及胡仲持翻译的《结婚的爱》对于我国现代意义上的“恋爱观”和“结婚观”的建立，影响甚远，因而一版再版。1925年1月，《京报副刊》向社会征求十部“青年必读书目”，从2月11日登出胡适之所选的“青年必读书目”开始，至4月9日，共登出了五十一期，开列书目的选者计有七十八人。《京报副刊》对收到的三百零六票“青年爱读书目”进行了统计，得票超过二十票（含二十票）的书（书名后的数字为得票数）为：《红楼梦》（183）、《水浒》（100）、《西厢》（75）、《呐喊》（69）、《史记》（68）、《三国志》（62）、《儒林外史》（57）、《诗经》（57）、《左传》（56）、《胡适文存》（51）、《庄子》（47）、《孟子》（42）、《超人》（37）、《独秀文存》（37）、《聊斋》（31）、《唐诗》（31）、《自己的园地》（29）、《中国哲学史大纲》（29）、《文选》（26）、《四书》（25）、《楚辞》（25）、《结婚的爱》（24）、《少年维特之烦恼》（24）、《饮冰室文集》（23）、《墨子》（23）、《镜花缘》（22）、《小说月报》（21）、《东方杂志》（21）、《沉沦》（21）、《老残游记》（20）、《浮生六记》（20）。朴社出版的《结婚的爱》排在第二十二位，也从一个侧面说明受到读者的欢迎。叶圣陶在《读书》[①] 一文中说：

近来《京报副刊》征求人家公举十种青年必读书。……虽然我没有向《京报副刊》贸贸然投票，却觉得有几位先生举出的《结婚的爱》这部书很不错，青年该读一读；假如我投票，一定把它写上去，作为十种里的一种。因为不读《孟子》《荀子》并不要紧，在

① 郢（叶圣陶）：《读书》，《文学旬刊》第162期，1925年3月2日。

研究哲学、教育学、心理学的时候，这些古籍里的精华都会接触到；不懂“结婚的爱”而结了婚，对于结婚生活没有体味的能力，那就吃眼前亏了。

上海朴社学术著作出得最多，态度也极其认真。上海朴社1924年11月出版的《初日楼少作》的版权页上，有《人间词话》的一则广告：

> 王先生作词推崇五代北宋，标举“境界”之说，实为词坛创见，治文艺及文学史者，得此可助理解不少。本社就原书所举词人，辑为略传，所标零句，移录全篇，合为附录，载诸书后，尤便读者。

广告辞写得精练简洁。笔者见过上海朴社出的学术著作中还有两种：一是1924年8月影印的《古今杂剧三十种》，这部元人选刻的元曲，堪称元代文学中的精品。剧目为《大都新编关张双赴西蜀梦》《新刊关目闺怨佳人拜月亭》《古杭新刊的本关大王单刀会》《新刊关目诈妮子调风月》《新刊关目好酒赵元遇上皇》《大都新编楚昭王疏者下船》《新刊关目看钱奴买冤家债主》《新刊的本泰华山陈抟高卧》《新刊关目马丹阳三度任风子》《新刊的本散家财天赐老生儿》《古杭新刊的本尉迟恭三夺槊》《新刊关目汉高皇濯足气英布》《赵氏孤儿》《古杭新刊的本关目风月紫云庭》《大都新编关目公孙汗衫记》《新刊的本薛仁贵衣锦还乡关目全》《新刊关目张鼎智勘魔合罗》《古杭新刊关目的本李太白贬夜郎》《新编岳孔目借铁拐李还魂》《新编关目晋文公火烧介子推》《大都新刊关目的本东窗事犯》《古杭新刊关目霍光鬼谏》《新刊死生交范张鸡黍》《新刊关目严子陵垂钓七里滩》《古杭新刊关目辅成王周公摄政》《古杭新刊关目全萧何追韩信》《新刊关目陈季卿悟道竹叶舟》《新刊关目诸葛亮博望烧屯》《新编足本关目张千替杀妻》《古杭新刊小张屠焚儿救母》。其中的名剧，如关汉卿《闺怨佳人拜月亭》，王伯成的《李太白贬夜郎》，皆海内孤本，弥足珍贵。书前有王国维极详确的叙录。二是叶圣陶和王伯祥点校的《戴氏三种》，1924 年 8 月由朴社出版。书前有叶圣陶和王伯祥合写的引言，以及胡适的《戴东原在中国哲学史上的位置》。叶圣陶在为这本书作的广告中说：

> 戴东原一生的成绩，门类是很繁多；但足以使他不朽的，却在他的哲学思想。他的哲学思想具见于《原善》《孟子字义疏证》二书；虽所用的方法是籀绎古昔的学说，实在是自建他思想的体系……现在本社把这三书合刻在一起，精校印行。对于研究戴氏思想的，自谓颇能给予不少的便利。①

叶圣陶在为这本书写的“小引”中说：“书册序言，旨在提摄，强为者病。《努力周报读书杂志》第十七期载胡适《戴东原在中国哲学史上的位置》一文，扼要钩隐，足助理解，为本书序文，尤称其职，因移录焉。”

由此看来，胡适与上海朴社或许也有关系。因为在当时，沈雁冰、

---

①《文学》第 153 期，1924 年 12 月 21 日。

郑振铎、叶圣陶对胡适都比较推崇，争取得到胡适的支持也是很自然的事。遗憾的是顾颉刚到了北京后就对上海同人不满，要在北京成立朴社“北京部”，与“上海部”形成并峙之势；且因个人感情，拒绝与陈乃乾合作，主张由北京朴社来出书，上海同人耐心劝解，顾颉刚就是听不进。这里援引王伯祥的几则日记：

1924 年 3 月 7 日　　今日文学会聚餐……夜七时在振铎处设席，计到者有振铎、讱生、雁冰、玉诺、愈之、圣陶、仲云、乃乾、志摩、予同及我十一人。……今日圣陶把昨议的情形草就公函，由列席的七人署名寄出，专致颉刚、介泉、缉熙。

1924 年 3 月 19 日　　散馆后在振铎家议朴社事。（一）决定答复北京同人，社址设在北京，发行机关在上海，且要告进行组织发行机关事。（二）发行机关乃由乃乾进行，上海同人允先出五百元与古本流通处陈君合办，分征同人在外埠者同意。（三）“霜枫小丛书”，决听平伯个人主持。

1924 年 3 月 20 日　　为上海同人写信给颉刚、介泉、缉熙、万里，依据昨夕决议案措辞。不识他们对于组织发行所的进行，是否赞同也。

1924 年 3 月 24 日　　午刻乃乾来……他来欲与朴社会计，划一部款专任印刷，当经雁冰认可，说即日拨五百金交他手办理。

1924年3月26日　接颉刚、介泉、缉熙信，对于自设发行所事有异议。谨谈原自不错，然既欲向前通行，却不能再顾及别的麻烦；如多顾虑，不如不作之为愈也。吾意，与其徘徊顾却，则徒积金钱，无名甚矣。反不若速行散伙，各从所愿。夜六时许，乃乾来，因谈此事历三小时，毫无结果。明日拟集此间同人一议，或将就此收场耳。

1924年3月27日　集同人商答复北京同人书，佥主各言尔志，由各人自己本着主张写出来，汇总复去。

1924年3月28日　北京快信已寄出，不知如何答我们。如果不照第一路，我宁自行退出，决不迟虑。

因我默察前途，必不会有好果，所以很消极，竟侧重在退出一条路上。

1924年4月3日　接北京同人函，多不赞成第一路办法，且对于我所提出之三路颇多不谅，愤极！业将原函交给雁冰，声明以后一切不问，如大家都走第二路，我决退出。

据我观察，朴社前途决无良果。因（一）大家涣散，不负切实责任，（二）支用款项则多半捏着冷汗不敢放手，（三）意见庞缪，莫衷一是。我以为与其苟容隐忍，徒害进行，不如直截了当，一哄而散之为犹愈也。于此，我又得一教训，凡事之成，初非易易。聚群盲而求明，真瞽说也。

叶圣陶和沈雁冰等意识到“南北”难以磨合，准备解散朴社，这让顾颉刚更为气愤，且看他的几则日记：

（1924年）3月22号　伯祥来信，谓朴社拟与古书流通处在三马路合开一书店。我们三一商量后，佥谓此办法不妥，因由介泉写信拒之。①

（1924年）9月24号　写朴社公信，雁冰信。……上海朴社同人（振铎、伯祥、圣陶、愈之、雁冰、乃乾）以战事及予同、佩弦请出社为理，议决解散。予以理由既不成为理由，而解散亦非六人所能决定，去信不承认。写信后颇气，胸中闷甚。上海一班人之无出息如此，办事之荒谬如此！②

（1924年）9月25号　与平伯、绍虞、缉熙、万里书，谓朴社本部当移北京，由我经理。③

（1924年）9月26号　写伯祥、圣陶片，痛斥之。写雁冰片，嘱勿分款。明知已无及，但不得不说。上海一班人，越看越看不起了！④

①②③④《顾颉刚日记》第1卷（1913—1926），联经出版事业股份有限公司2007年版，第468、535—536、536、536页。

顾颉刚说他越看越看不起“上海一班人”，主要指的是沈雁冰。上海朴社大事由沈雁冰做主（存折在他手里），具体工作则由叶圣陶和王伯祥两人承担。1924 年 9 月中旬，叶圣陶因病住入庞京周医生开设的医院，朴社的事由王伯祥一人承担。王伯祥 9 月 18 日日记中说：“今日发出通启，谓暂时解散朴社，算还余款。提出一千元作发行所基本股款，分股归户，将来盈绌，即俗此分配，甚善。此意本乃乾所出，不识颉刚诸人得不持异议否?”9 月 30 日日记中说：“六时许挈两儿往（医院）视圣陶。颉刚太不识世故，致今日来片妄责我们的解散朴社事，甚为他惜之。”10 月 1 日日记中说：“往庞京周（医院）省视圣陶，当将代取之社款二百余元交他。”10 月 4 日日记中说：“乃乾于下午来馆访我，因以代之朴社还款交付之，并将绍虞所得亦交他。”11 月 5 日日记：“将朴社所出之《戴氏三种》分别打包，预备分寄颉刚、介泉、万里、缉熙、济之、绍虞、平伯、佩弦、颂皋，于是社事已毕，真不愿再过问此事矣。”11 月 6 日日记：“将朴社所印书分别寄出。此后再有印出，已托乃乾径寄，可不再预问矣。于心甚快，或可即此离却无谓之烦恼也。”11 月 24 日日记：“今日始得颉刚复书，彼甚固执，终以上海同人之举行解散①为大衅，似太不近人情矣。”12 月 1 日日记：“散馆后与振铎、圣陶、雁冰同往来青阁晤乃乾，同至高长兴小饮，谈社事进行，并解决《结婚的爱》再版事。”这之后，上海朴社也就“名存实亡”了，名义上仍保留一个“朴社出版部”的名义，由陈乃乾负责再版并经销已出版过

① 指解散朴社。

的书籍，原社员持股分红。可这也就成就了顾颉刚的“急流勇进”，他在北京重组朴社，招募社员，集资出书。大约在1925年二三月间，北京朴社正式成立。王伯祥在1925年3月5日日记中说：

（北京）朴社社章已由（俞）平伯起草讫，大约照此矣。今日此间同人曾略计及之，或者为责任专一计，应请取消沪部，专设总部于北京乎！

顾颉刚在同年6月28日日记中说：“朴社选举票今日揭晓，予得一百权，平伯得二十三权，予当选为总干事。事务更忙矣！”① 北京朴社维持了将近十三年，直到1937年“七七”事变后才停业。在我国近现代文学史上，作家办书店蔚然成风，文学研究会同人也试图尝试。虽说上海朴社办得并不成功，但他们从中积累了办书店的经验。上海朴社解体之后，郑振铎、叶圣陶、胡愈之、王伯祥等人想办书店的念头反倒更热切了。1925年1月，《妇女杂志》主编章锡琛和编辑周建人，因将《妇女杂志》1月号取定为“新性道德号”，且载有章锡琛写的《新性道德是什么》和周建人写的《性道德的科学标准》，受到封建卫道士的攻击。商务当局以耳代目，于是年6月将章氏降到国文部当一般编辑，将周氏调到自然部当编辑。章锡琛不服，于是年年底私下创办了《新女性》杂志，与商务的《妇女杂志》唱对台戏，触犯了商务当局“不能在书馆外做与在书馆内同一样的工作”的规定，被商务当局视为“不忠”

① 《顾颉刚日记》第1卷（1913—1926），联经出版事业股份有限公司2007年版，第633页。

而解职。出于对章锡琛的同情，也出自要开办书店的热望，文学研究会同人把当年创办朴社的热情转化为鼓动和支持章锡琛创办开明书店的行动。1926 年 8 月 1 日，开明书店正式挂牌，以其特有的“开明风”在我国现代出版史上写下了璀璨的一页，而叶圣陶后来则成了开明书店的“灵魂”。

第十二章

探索新文学发展的途径

特别使我欣慰使我奇怪的，是我回顾自己常常讲到的一些文学上的意见，大都好像和叶老书中论述的相吻合。我今天的所见，一点也没有超过叶老在五六十年间写出的。我好像是遵循着他的足迹走过来的。这也就是说，我几十年的一点经验，我在文学创作上的一些体会和总结，叶老在几十年前就体会到了。

——丁玲《〈叶圣陶论创作〉序》①

一、特别注重俄国文学

1921 年 3 月 5 日至 6 月 25 日，叶圣陶在北京《晨报副刊》连续发表四十则《文艺谈》，较系统地阐述了他的现实主义文艺观。

这四十则《文艺谈》强调要向俄国文学学习。俄国近代文学，从别林斯基到托尔斯泰都主张人生的艺术。“人生的艺术”这个术语，就是托尔斯泰首先提出来的。周作人在题为《文学上的俄国与中国》② 的演

---

① 欧阳文彬编选：《叶圣陶论创作》，上海文艺出版社 1982 年版。

②《晨报副刊》1920 年 11 月 15—16 日。

讲中，就曾谈到俄国近代文学的“特色是社会的、人生的”，说“中国的特别国情”与俄国“多相同的地方”，所以“相信中国将来的新兴文学当然的又自然的也是社会的、人生的文学”。鲁迅在《〈竖琴〉前记》中说：“俄国的文学，从尼古拉二世时候以来，就是‘为人生’的”①。“为人生”这个口号来自俄国。鲁迅在《祝中俄文字之交》中还说到“俄国文学”能给我们“切实的指示”②。叶圣陶在阐述文学与人生的关系时，首先指出：“文学是人生的表现和批评”（《文艺谈·三》），“文学家从事创作”，“他所为的是深广的人生”（《文艺谈·六》），这两段精辟的论述，既强调了文学作品内容的客观性和真实性（要“切合人生”），作家应该直面现实，忠实地写他所看到的人生，所看到的生活，所看到的现实；又突出了文学的功利观，通过“表现和批评”，为“最深广的人生”服务，以求改善这人生。值得注意的是：叶圣陶所说的客观和真实，不是被动的“复制和摹仿”，而是能动地描写和展示。既“揭穿黑暗”，也“迎接光明”；既批评国人的“卑鄙和浅薄”，也展示民族的“高尚和精深”；既客观地描绘人间的“寂寞和枯燥”，也带着乐观的倾向，形象地阐释“更进步的思想”和“更妙美的情绪”。可见，叶圣陶的“人生的艺术”观，与鲁迅一生坚持的“必须是‘为人生’，而且要改良这人生”③ 的文艺观是一致的。叶圣陶还提出了“人生化”这一特定的文学术语。他在《文艺谈·十一》中说：“人生”的内涵极为深广，“此言人生乃属广义，盖兼包过去与未来，现实与理想，物质与精神而言”，是“人生化”了的“人生”。这“人生化”，实际上就是“典型化”

---

①②《鲁迅全集》第 4 卷，人民文学出版社 2005 年版，第 443、473 页。

③ 鲁迅：《我怎么做起小说来》，《鲁迅全集》第 4 卷，人民文学出版社 2005 年版，第 526 页。

的同义语，是典型的现实主义文艺美学观。

叶圣陶从俄国文学中“拿来”“文学为人生”这个口号，又从俄国民众酷爱文艺的传统中受到启迪，立志用“高深纯美”的新文学传播新思想，让民众得到滋养和哺育。1920 年，苏维埃政府组织了“一个伟大的出版所——世界文丛书社”，刊行从法国大革命之始到俄国大革命时期内各国所刊行的“最著名的作家的著作”五千余种，高尔基称这“实在是空前的最伟大的平民教育计划”。郑振铎将高尔基为这套“世界文学丛书”撰写的序言《文学与现在的俄罗斯》翻译后登在《新青年》第八卷第二号（1920 年 11 月 1 日出版），叶圣陶读了很有感慨，在随后写的《文艺谈·十九》中说：

> 听人说，俄国人酷嗜文艺，他们视文艺为生活上必须的需求品。许多文艺家乘此机会，便借文艺以启导民众。至今俄人竟先成其为觉醒的民族。我于此说殊觉其有味，但也使我反顾境内，不怡于心。一样是人类，何以他们遭了困苦的境遇，演了灰色的悲剧，终乃产生出伟大的文学家和爱好文艺的民众，使这等背境逐渐改变，而在我土却大不相同呢？①

“俄国人酷爱文艺”的“传统”，使叶圣陶更深切地感悟到文艺具有使“群众兴起，民性显扬”的社会作用，并从精神与物质辩证关系的层面，作了深入的阐析，希望唤起全社会对于新文艺的重视。他在《文艺谈·

① 《叶圣陶集》第 9 卷，第 39 页。

六》中说："人譬诸花草，文艺就是雨露。人不仅须有物质上的欲求，尤赖有精神上的欲求，才可以向上进取。有时因有精神上的欲求，物质上的欲求随以改进。而可以激起我们的精神上的欲求的，文艺实为最重要的东西。当我们执卷欣赏之际，虽然不过是连缀着的许多文字送入眼里，而实际却在认识人生，感受作者的精神，并振起自己的精神入于向上进取之途。这是人生再重要不过的事情。"① 文艺可以满足人们"精神上的欲求"；人们精神得到了满足，就能使"物质上的欲求随以改进"。叶圣陶初步地认识到作为意识形态的文艺对物质具有能动的作用，文艺可以推动人们去改造社会。"久安迷梦的群众茫然无觉，只是徒生徒死，相续不绝。一部很好的文艺品出来，可以使群众从迷梦中跳将起来，急于想探索人之所以为人。一民族里具有极好的特性，但是隐而不显，偏而不普，就无从见特性的伟力。一部很好的文艺品把它表现得切实显明，立刻可以使这个特性普遍于全体，特著于世界。"② 在叶圣陶看来，社会的进化固然有赖于社会制度的改造，但"制度的改造"只可以"收一部分的效验"，"内心之事恐非仅仅改革制度可以奏功"。所谓"内心之事"指的是人们的思想感情。能够担负起改造人们思想感情这一重任的，"只有艺术"。"因为文艺如流水，最易普及"，"有真切动人的文艺，那么作者与读者的心，读者与读者的心，都彼此融合，或在天之涯，或在地之角，形迹虽然隔离，精神的交流却无阻障"③，伟大的文艺可以使人们"忽然跃进，觉旧境之不可再居。或者认识到真实的痛苦，而奋力求所以解免之方，期达于心安愿遂之路；或者改正人生观念

---

①《叶圣陶集》第9卷，第12页。

②③ 圣陶：《文艺谈·二十六》，《叶圣陶集》第9卷，第52、53页。

之鹄的，从此而得到新的生命”[①]。在叶圣陶看来，世界上的喜和忧、美和善、智慧和意识、梦幻与希望，都翱翔于文学的天地之中。人生离不开文学，文学要服务于人生，服务于社会。伟大的文艺犹如烛照大地的“曙光”，可以“激起”和“提高”群众的“觉心”；伟大的文艺犹如熊熊燃烧“烘烘地”散发着“高热”的灯火，可以“团众心而为大心”，“改良社会”，引导民众走上“向上之路”。[②]

二、规范新文学的最高品格

叶圣陶“把文学工作看成关系群众的共同事业而不仅仅是个人的劳动”[③]。所谓“群众的共同事业”，是说文学应该是“时代”的，是社会人生的写真，而不是作家纯“个人的劳动”，一己的悲欢。“为人生”的文学在创作方法上则是现实主义的。叶圣陶在论及怎样才能创作出服务于人生、服务于社会的“伟大的文艺”时，把真实性作为文学的最高品格，一再阐述生活是创作的源泉，要求作家积极地去感受生活。他说作家不能像“猎人猎取野兽”一样，站在正常的生活之外，“刻刻在那里搜寻和期待”猎物一般“寻找和期待”生活中现成的诗料，而是要在生活中深入地了解社会和人生，“无论这是好的生活，足以欣喜恋慕的，或是坏的生活，足以悲伤厌弃的”，都是“丰富和繁茂”的生活，都可

① 圣陶：《文艺谈·二十八》，《叶圣陶集》第9卷，第56页。

② 圣陶：《文艺谈·十八》，《晨报副刊》1921年4月17日。

③ 叶圣陶：《略叙文学研究会》，《文学评论》1959年第2期。

以从中汲取创作的素材，“从那里疏引起泉水出来”①，“人生世间占个怎样的地位？人的知能是怎样的性质？种种社会是怎样的情状？人处社会之中应该怎样？这等问题，都要切切实实作个答案”②。“文艺家如能随时观察，无论是什么人物，是什么思想言语，即不立著于篇，而蓄积既富，需用时自有俯拾即是之乐。若常是关在书室里，执笔构思欲有所作，即使精思深情可供抒写，而文艺的泉源已经壅塞了一部分，终有范围较狭之嫌了。”③ 他说“充实的生活就是诗”，而“生活充实的人便是诗人”。“因为生活充实，除非不写，写出来没有不真实不恳切的，决没有虚伪浮浅的弊病。丰盈澄澈的泉源自然流出清泉。所以描写工作，就表现出厚实的力量；发抒烦闷，就成为切至的悲声；赞美则满含春意；诅咒则力显深痛；情感是深浓热烈的；思虑是周博正确的。这等的总称，便是‘好诗’；否则，汲无源之水，未免徒劳；效西子的含颦，益显丑陋。”④

叶圣陶在要求作家积极地感受生活的同时，还热诚地鼓励作家走出书斋，走出都市，到广阔的世界里去，到劳动人民生活中去汲取创作的源泉。他在《文艺谈·二十九》⑤ 中说：“现在从事文艺创作的人”，“大部分是住在都会里的”，描写的只是“都会里”的生活和情绪。“都会以外的人正不知要加上多少倍”，文艺家埋没了这“一大群伴侣”的“忧思、疾苦、快乐、希求、特性、专长”等等，这不是“文艺界的幸福”。

---

①④ 叶绍钧：《诗的泉源》，《诗》月刊第 1 卷第 4 号，1922 年 4 月。
② 叶绍钧：《今日中国的小学教育》，《新潮》第 1 卷第 4 号，1919 年 4 月。
③ 圣陶：《文艺谈·五》，《晨报副刊》1921 年 3 月 15 日。
⑤《晨报副刊》1921 年 5 月 15 日。

他说，“欲建立中国的新兴文学，尤须从中国全群人的心中去抉取材料”，“单单用举一反三的简单方法那是不尽可靠的”，“入于人心的文艺原来从人心里抉取出来的，我们能从人群的心里抉取出来，制为文艺，还以供诸大众，这才是具有普通性的文艺。这等文艺的产生，以为先要文艺家不一定住居于都会而后有望”；“今日的创作家应当多多旅行中国各处，都会不必说了，便是穷乡僻壤，山村水集，也须印有创作家的足迹，各种社会，各种生活，都该镂入创作家的脑海”；“不仅是旅行，文艺家还当居于乡僻之区，贫民之窟”，去倾听贫民的“鄙俗、惨苦，直同于叫喊哭泣的歌声”，“去感受人生心灵的颤动”。“创作家果真有”与乡僻之区贫民的心“同其呼吸”的“热力和兴会”，中国才能产生出“有世界价值的文艺”。

叶圣陶在水乡角直生活多年，与“旧毡帽朋友”朝夕相处，对“耕田的农夫”“愚夫愚妇”有着特殊的爱。他在《诗的泉源》中说：“一个耕田的农夫或是一个悲哀的矿工的生活，比较一个绅士先生的或者充实得多，而诗的泉源也比较丰盈。”在《文艺谈·五》中说：“往往有许多妙美的思想言语，出于愚夫愚妇或孺子之口。但彼辈自己不能写录，不能撰作，事过境迁，那些思想言语便化为乌有，了无留痕。（我想古今以来妙美的思想言语曾经涌现于人们脑蒂里但没有留痕的一定不知凡几，幸而留痕的一定比不曾留痕的少得多多。）……文艺家就有一种不可推诿的责任，便是保留这等妙美的思想言语。”“这等妙美的思想言语”往往是“人心的花”“精神界的开拓”，“倘若不将他保留下来，便是精神的损失，心灵的浪费”，是“永远的可惜”。①

在叶圣陶看来，“创作文艺品的材料”不是来自浮光掠影式的“搜寻”，而是来自“精密的透入的观察”。他在《文艺谈·九》中以画为喻，打了个很形象的比喻。他说深入生活“譬如作图，一粒种子可以画成种种图样，或是纵剖，或是横断，观察不可谓不精密了，然而这种子所含有发荣滋长的活力，还是描绘不出。所以外面的观察虽精密也是无甚益处。文艺家不得不于外面的观察之外，从事于深入一切的内在生命的观察”；“内在的生命的观察”，“这当然异于外面的分析的冷酷的观察，这个须以心、以灵感来观察。……只有我潜入他们的内心，体会他们的经历，默契他们的呼吸，我和他们是一是二无分别，我就是叶，是花，是鸡，是小孩子，是乡下老头儿，才可以对于他们知道一些。借柏格森语名之，便是‘直觉’。柏格森以为唯直觉可以认识生命之真际，我以为唯直觉方是文艺家观察一切的法子”。②叶圣陶推崇柏格森的“直觉”，强调的是“亲知”，用“心灵”去阅历生活，要使自己的“心灵”与广阔的生活，与生活中的各种人物同忧患、共欢乐，融于一体；通过“精密的透入的观察”，在“浅易平凡”的事实中“发见”其“深刻和非常”之处；在“一粒种子”中“发见”其“所含有发荣滋长的活力”；在“愚夫愚妇”身上“发见”其“深切动人”的“至高之美”，从而创作出“不愧为‘创’”的文艺，“非常精妙的佳构”。所谓“创”和“精妙”，最主要还是理想主义四个字，对于“人生”多带乐观的倾向，远望将来，抱着无限光明的希望。

---

①②《叶圣陶集》第9卷，第10、19—20页。

叶圣陶的这些思想固然出自要用文艺“改善这人生”的热望，就创作方法而言显然带有积极的写实主义的色彩，因而被誉为“当代写实的中心”①。

三、述说作家的世界观和人生观之重要

作为“人生派”文学的倡导者，叶圣陶对“反乎人生”的鸳鸯蝴蝶派作过猛烈的抨击。20世纪20年代初，鸳鸯蝴蝶派文人为了使自己的“商品”畅销，热衷于写有闲阶级的娱乐趣味，以及嫖妓赌博和黑幕秘史。《礼拜六》杂志竟然刊登过“宁可不娶小老嬷，不可不看《礼拜六》”的广告，把文艺作品与“小老嬷”相提并论。叶圣陶在《文艺谈·三十七》中义正辞严指出：“这实在是侮辱，普遍的侮辱：侮辱文学，侮辱他们自己，侮辱所有的读者。”“我从来不肯诅咒人家，现在，我非诅咒他们不可了”。② 在《文艺谈·三十三》中谈到鸳鸯蝴蝶派以文学为“玩具”“商品”“布帛粟菽”时，叶圣陶痛切地说：“文艺”给他们“商品化了”，“不仅披上了垢腻的外衣，连它的肌肉筋骨乃至每个细胞都渗透了污浊卑鄙的质素。它是人间最弱小的心。它的唯一的低微的呼声便是‘钱来！’它只含着玩笑、滑稽、奇怪等等。它除了供人一笑之外，更没有一丝一毫的力量”。③

文坛的复杂使叶圣陶意识到，徒有“诅咒”并不能使鸳鸯蝴蝶派“绝迹”，只有凭借新文艺的伟力，才能把“礼拜六”“商品文艺”“集锦

---

① 张露薇：《现代中国文学的总清算》，《文学导报》1936年第1期。

②③《叶圣陶集》第9卷，第70、64页。

小说”挤出文坛。正是基于这样的认识，他提出了文艺家尤须有崭新的“自我”，“必先有人格而后有文学”，文艺家的人生观一定要在“水平线以上”。[①] 他在《教师的修养》[②] 中谈到修养的最低要求是：“一言一动，都没有消极的倾向，一饮一啄，都要有正当的意义。”进而提出了鉴定人生观在“水平线以上”的标准有三条：

第一，文艺家要“站立于时代之前”，真正成为“站立于时代之前的英雄”，以“异常热情”把“最高的思想”倾注在“创作”中，使“最高的思想”通过艺术的感染力深入于“一切人之心”，并由“理想的转为现实的”。[③]

第二，文艺家要摆脱“别种势力的羁绊”，以“清明澄澈的良心”从事创作，切不可“迎合嗜好习惯”，造成世人堕落心理，给人以“心灵的损害”，“辱没了自己”。[④]

第三，无论是揭露社会黑暗，还是描写“被损害与侮辱者”，都要成为“真的文学”，给人以“精美的体味”。在《文艺谈·三十》中说：“单单描写黑暗，而不究其最初最真的原因，不指示一条理想的光明的途径，就不能使人满意”；描写一件事实，总是含有究原指归的意思，或为明言，或为暗示，那就随着创作家的精神和艺术而各异。倘若不含这等意思，直可说这一篇创作没有精神，“仅仅连缀了十百千万个文字罢了”；“文艺家果能投入各种社会里，领会各种生活的真昧，我想决不至仅仅看出里面的黑暗方面和痛苦方面来，应当有潜隐的人类的最高精

---

① 圣陶：《文艺谈·二十三》，《晨报副刊》1921年5月9日。

②《努力周报》第68期，1923年8月19日。

③④ 圣陶：《文艺谈·三十五》，《晨报副刊》1921年6月7日。

神发见出来”[①]，并把“高唱新生之歌”[②]，作为“人生观”在“水平线以上”的一个尺度，从而构建了一个较为完整的思想体系。

叶圣陶在《文艺谈·十六》中说：“文艺家决不是一切的忠仆和书记官，他也不是冷淡的傀儡似的一个能作文的人，只随意地记所见所闻以为消遣。总之，他不是役于一切的。文艺家有他的修养，所以有他的世界观和人生观，有他的‘自我’。他本着这个接触一切，自然有他独特的情绪，独特的理想。于是他将这些用艺术的手段写出来。所写的自然也不过是人生之断片，永劫之流的一滴，然而化了，化而为文艺家精神所渗透的文艺品了。”[③]他在《文艺谈·二十八》中说：文艺家依凭着他那独特的情绪与理想，“遗其粗浮，显其精髓”，“写成一种创作”，“汇集一时代的精神现象而活跃地表现出来”，并“寓有作者之最高精神”。[④]在《文艺谈·十六》中说：“所谓写实派和自然派，曾自称为‘忠实描写’，不参主观的意见，总可谓作者和作品分离的了，然而何尝真能分离呢？试读无论哪一家写实的作品，于其描写‘被侵害与侮辱者’之处，彼虽不痛声疾呼若辈何如何如痛苦，如何如何可怜，而字里行间总隐隐流露同情和怜悯的热诚”[⑤]，作家总是在他的作品中表现出他的“世界观和人生观”，一切的文学作品中都有着文学家的“自我”，把作家的世界观和人生观是否在“水平线以上”，作为衡量作品成败的关键。

①③④⑤《叶圣陶集》第9卷，第59—60、33—34、56—57、34页。

② 圣陶：《文艺谈·三十五》，《晨报副刊》1921年6月7日。

四、阐释新文学的“二个标准”

叶圣陶把作家的世界观和人生观是否在“水平线以上”，作为衡量作品成败的关键，进而提出了“人生观”第一，“艺术手腕”第二的批评标准。他在《文艺谈·二十三》中说：

> 在今日中国而为批评家，眼光断然不可降低，然而不妨只讲大体，但就作品之精神方面衡量，而置精微于不论，列艺术手腕于次要。如此，才可慢慢导引，慢慢修炼，以期作家和读者同时长进，而共进于文艺复兴之光明时期……我们评论作品，最重要的是那位作者的人生观须是在水平线以上，作品差些还是其次。……倘若其人已有人生觉悟，衡其程度已超出于水平线之上，其人苟有所作，对于黑暗方面必然有所深恶，对于光明方面必然有所希求。虽或艺术手腕不很高，表现和描写不十分充足和真切，而必有供人一读之价值。且其根本既然树立坚牢，则从此而渐趋发育，正大有希望。譬如黑色的质料，要做白色的衣服，那是万万做不到的。既然是白色的质料，则任凭什么式样的素洁的美丽的衣服都可以做成，只须你有剪裁缝缀的技术。所以现在的批评家当赞许作者持真诚的态度，人生观在水平线以上的作品；同时那些反乎人生的作品，应当给予严正的攻击。凡是作者抱着一种观念，我写这些是供人家消遣

的，那就该受攻击。[1]

后来，叶圣陶还在《“革命文学”》[2] 一文中，提出了根本的问题是作者果是个“真正的革命者”的思想。他说：“我们如果能心知革命的必要，力行革命的事为，才是真正的革命者。成了真正的革命者，或者特意为文，或者乘兴为文，哪有不含着广义的革命的意味的？……唯其能自己锻炼成真正的革命者，不论以什么东西为题材作成文篇，力量由内发射，一定感人极深”；文学家“自身是真正的革命者”，他的作品一定能“震撼一个时代的人心”，“指导许多人的行动”。这些闪光的思想在同时期作家作品中尚不多见。

叶圣陶看重作家的“世界观和人生观”，把思想第一、“艺术手腕”次之作为新文学的批评标准。但这并不是说他只注重“社会功利”，不注重艺术。恰恰相反，在五四新文化运动初期，叶圣陶以他特有的冷静、客观、睿智和卓识，表现了一个新文化运动先驱者对于艺术的执着的挚爱和不懈的追求。

当时，文学研究会高举“为人生”的艺术大旗，强调文学的社会功利观。而以郭沫若、郁达夫、成仿吾为首的创造社则明确地宣称“艺术所追求的是形式和精神上的美”，形成了一个“为自我表现而艺术的文学流派”，并且引发了一场长达三年之久的论争。这场论争由文学主张的差异，延扩到创作评论和翻译介绍的争执。郁达夫指责文学研究会几个“偶像”“垄断”了文坛，压制了“天才”。郭沫若也指责文学研究会

---

① 《叶圣陶集》第9卷，第47—48页。

② 《文学》第129期，1924年7月7日。

“党同伐异”，“和卑陋的政客者流不相上下”。文学研究会注重译介世界近现代的文学，表彰弱小民族的文学，而对古典的东西则主张缓译，说创造社作家翻译《浮士德》《神曲》《哈姆雷特》等是“盲目”的，“不经济”的，“不切要”的。郭沫若针锋相对，说文学研究会“只注重媒婆，而不注重处子，只注重翻译，而不注重产生”。双方枪来剑往，相互指责，其间夹着唯我独尊的偏执，以及个人意气和宗派情绪。在这场论争中，作为文学研究会发起人之一的叶圣陶显得非常冷静。他在《文艺谈·十一》中深刻地阐述了文学作品应“兼人生的与艺术的二者”的文艺观。他说：“艺术究竟是为人生的抑为艺术的，治艺术者各有所持，几成两大派，以我浅见，必具二者方得为艺术。”① 他认为“文学”与“人生”和“艺术”的关系不应是相互“排斥”，而应是相互融合的。他说：“许多创作家明明有各持一义，以为创作的主义的。然而看他们的作品，何尝能仅仅表现他们所取而排斥所不取，常常二者相兼，莫能判离。我们想起王尔德与托尔斯泰，就想起他们对于艺术上主义的不相同，而且可谓相反。然而王尔德的作品何尝反于人生？托尔斯泰的作品何尝不有浓厚的艺术意味？于此可见，真的文艺必兼包人生的与艺术的。如或偏废，非玩物的作品，即干枯无味的记录，不可谓之真文艺。”②

叶圣陶的这些论述，绝非是消极的折中调和，而是遵循文艺创作的规律，深入地探讨了文学艺术所固有的审美功能之后得出的正确的结论。这一深刻、透彻的见解，既纠正了论争中“偏持一端”的弊端，又表达了他热切盼望建立文艺界联合阵线的良好愿望。希望稚嫩的文艺界

---

①② 《叶圣陶集》第9卷，第23、23—24页。

在黑幕派和鸳鸯蝴蝶派弥漫于大地的时候，能分清敌与友，消解意气。

叶圣陶在阐述文学作品应“兼人生的与艺术的二者”的同时，还提出了“无所为而有所为”的主张。初看起来，“无所为而有所为”似乎与他倡导的“为人生”的功利观相矛盾，其实是辩证的统一，更完整地表述了文艺的倾向性与真实性、功利观与审美追求、“终极的目的”与“艺术手腕”相交融结合的理念。“无所为而有所为”，显然是借用了先秦道家哲学思想。道家认为天地万物有其自身固有的运行规律，遵循事物自然规律而为，便是无为。这种把不违背客观规律的作为称为无为，实际上是真正意义上的有为论。叶圣陶提出的“无所为而有所为”侧重于讲在创作过程中，应该把一切条条框框都忘掉，不要受“我这所作必须是人生的”，或“我这所作必须是艺术的”等理论、概念和“连缀文辞的微末技巧”的牵制，“机械的”“物质的”“拘拘于某派某主义”，“拘拘于风俗、习惯、礼教”，受“为圣人立言”“文以载道”“语必有本”等“许多传习的话”的暗示，限制了从生活中得来的最可贵的感兴和情思的发挥，“埋没了自己创作的冲动，专在摹拟[①]型式上用功夫”，从而使“创作”成了“堕入型式”，“断绝”了“生命”的某一“型式的复制品”（《文艺谈·三》《文艺谈·一》）。且看叶圣陶在《〈挣扎〉序》[②]中对“无所为而有所为”所作的解释，他说：

写文艺总比写变相的八股与策论好，不管写得好不好。变相的八股与策论无非搬弄一些公式，运用一些零碎知识，说一番并非自

① 摹拟：今作模拟。下同。

② 中学生杂志社编：《挣扎》，开明书店 1948 年版。

己要说却多少要迎合人家意思的话。简单说一句，不是内心自发的表现。文艺可不然。无论见得浅见得深，总之是自己的实感，自己的真意思。就表现的动机说，可以说无所为而有所为。不迎合人家，不落什么公式的套，不存图谋某种利益心思，这是无所为。可是，要把自己的所感所想告诉人家，不但希望人家明晓，并且希望人家同意，接受，这就有所为了。我们发言吐语，最要紧的是养成这么一种习惯：说自己的话，无所为而有所为。写文艺无论好与不好，对于养成这种习惯总是有益的。

"说自己的话"而不"迎合人家意思"；把自己的"实感"和"真意思"告诉人家，而"不落什么公式的套，不存图谋某种利益心思"。这样的"无所为"恰恰契合了文学创作应该是"有感而发"、应该顺应思想感情的"自然流露"，作者的思想情感应为读者所明晓，作品应通过"感情"来"感人"的审美追求。叶圣陶认为只有将"无所为"与"有所为"相统一的文艺才是"真的文艺"。为了创作"真的文艺"，他特别强调一个"诚"字，一再援引《易传·文言》中的一句话"修辞立其诚"，并从主观符合客观、主观跟客观相一致的立场，对"诚"作了唯物主义的解释。他在《文艺谈·四》中说："我们要创作我们所希望的真文艺品，没有范本可临，没有捷径可走，唯一的方法乃在自己的修养，磨炼到一个'诚'字。我们应以全生命浸渍在文艺里，我们应以浓厚的感情倾注于文艺所欲表现的人生。"① 在《诚实的自己的话》中说："假若有所表

① 《叶圣陶集》第9卷，第9页。

白，这当是有关于人间事情的，则必须合于事理的真际，切乎生活的实况；假若有所感兴，这当是不倾吐不舒快的，则必须本于内心的郁积，发乎情性的自然。这种要求可以称为‘求诚’。”① 叶圣陶的“求诚”至少融汇了以下三个方面的追求：

一是创作态度的认真严谨。他在《完成》② 中说：“假设一个木工，他所以工作，当然为着生活，但只要他有一两分忠于自己的工作的真诚，爱好自己的成绩的情趣，你就教他少雕一两刀，少琢磨一两手，他一定不肯。……总要完成了一件无瑕的制作才满意”；“作文虽不见怎么高贵，总该比得上木工的工作，难道倒不妨随便一点儿，不必期求完成么?”在叶圣陶看来，作家拿出艺术的良心来，创作出“自己十分满意”的作品，这才是“诚”。

二是创作“原料”的真实、厚重。作者在创作过程中要“极天然地写出真切、自然、活跃、新鲜的字句”，要说“诚实的自己的话”，而不说“言不由衷”的“假话”，“言之无物”的“空话”，不说浮游无着不可征验的话，从而形成“自己的风格”③。

三是不断创新，力戒崇拜“偶像”，“与人从同”，“模楷他人而强作”，在“一个公式”里编列“算式”，犹同“写字的临摹、图书的翻版”似的“摹仿”等等浅薄的风气。热忱地希望作家打破“囿于方隅”的狭隘思想，旷观域外，“介绍外国文学作品、文学理论、文学源流和

① 《叶圣陶集》第15卷，第18页。

② 《小说月报》第18卷第7号，1927年7月10日；收入《叶圣陶集》第9卷时改题名为《完满》。

③ 圣陶：《文艺谈·三十四》，《晨报副刊》1921年6月4日。

文学批评等等”①，采纳异域文学中的“优点”，为我所用。他在《文艺谈·二十二》中说：

> 日本的近代文艺，以前不大有人翻译。以我臆断，或者因为他们有些人不很使人满意，就此连他们的文艺也看不起。改一句成语来说，是“恶屋及乌”。这种成见不是治文艺的人应该有的。他们新文学运动已有数十年的历史，今且入于已有成功的时期，定有许多很好的作品，以成见而不为介绍，终究是爱好文艺者精神上的损失。曾以此意告绍虞，请他翻译几篇。近来读到几篇译作，觉得他们也有一种特色，差不多可以一望而知。他们的文艺里含着深浓的爱和清丽的美。他们也爱好和平，憎恶争斗，和一切人们相爱，但并不与俄国文艺同其面目。一件细小的事故，一句平常的话，通过他们文艺家的情思就化为爱和美的融合体了。我想农业国里的人因为亲近自然，事必互助，所以爱它的观念很发达，而且喜欢和平。一班侵略派是私欲迷了心，是以和他们的伴侣刚是相反，我们且除开他们算。俄国农民最多，日本也是农业国，所以国民性俱有人道主义的倾向。而日本景物清丽，胜游无算，更养成了尚美的特性。二者合并以入文艺，就成了日本文艺的特色。②

五四新文化运动初期，先驱者们纷纷拥到俄国文学这个“窗口”，观赏

---

① 圣陶：《文艺谈·二十七》，《晨报副刊》1921年5月13日。

② 《叶圣陶集》第9卷，第46页。

从未见过的奇景，领略俄国文学的奇丽风光，对于一衣带水的日本新兴文学则抱有“成见”。1919年1月，在巴黎和会上，中国要求取消日本强加于中国的不平等条约及各种特权，遭到否决，引起国人的愤怒，于是“恶屋及乌”，“看不起”日本的文艺。叶圣陶则本着“将眼光放远一程”的心态，极力赞美日本新兴文学中的“人道主义”和日本民族“尚美”的特征，怂恿新潮社干事郭绍虞译介日本文学，以“唤起我们的感受性，养成我们的创造力”，“促醒我们对于文学的觉悟”。他说不介绍外国文学，中国就不会出现“永久辉耀的作品”；“对于外国文学，摹仿或袭取是自堕魔道。但感受而消化之，却是极关重要。……必如此才有对于文学的觉醒。这仿佛一条水平线，由此上升，乃有无穷的汹涌灿烂之观”①，把“感受而消化”外国文学作为“创新”的一个路径。

五、“为前生注定与文学绝缘的人们着想”

文艺是文艺家和民众的“共同事业”。文艺家“为人生”而创作，“全民族的人”必须去领略“新文学”，只有这样，“关系群众的共同事业”的文艺才能发挥其打破人间隔膜、推动社会前进的伟大作用。

有感于此，叶圣陶呼吁“为前生注定与文学绝缘的人们着想”。他在《文艺谈·六》中说：“古昔或当世有了很好的文艺作品，而大家不知领略，让他承受灰尘，饲养蠹虫，不发一毫光芒，烛照人们的心灵，这个损失当比赔款割地还要大。”文艺家有好的文艺作品不能为人们所领

① 圣陶：《文艺谈·二十七》，《晨报副刊》1921年5月13日。

略，这不仅是“人生的缺陷”，对于文艺家自己也是“莫大的辜负”。[1]在《文艺谈·三十八》中说：在中国看书看报的只是一小部分人，不改变这种现状，“创作译述的人无论如何努力，产生的文学无论如何高尚完美，结果还是一小部分人的事，就全体而言，终不得成为爱好文学的民族。全民族的人生活动要进化、丰富、高尚、愉快——文学就是重要的原力之一”[2]，并切实地提出了“为前生注定与文学绝缘的人们着想”的途径：一是“改正一般人对文学的腐旧观念”，“养成民众好文学的习性”；二是要为“呼号于码头，劳作于工厂，锁闭于家庭，耕植于田野”的劳苦大众创作出他们所能接受和欣赏的新文艺。他在《文艺谈·三十八》中说：

现在我要为大部分的天然不会接触（文艺）的设法。我要使他们尝文艺的蜜，须要创作家多多为他们制作些食料。他们不能识文字，但他们有口有耳，就不妨与文学接触了。各地都有一种演唱故事的人，如京津的大鼓、苏州的弹词评话之类，喜欢的实在不少。乡村的茶馆里，劳工的工作场里，或者乘凉的场上，清寒的炉旁，差不多都以讲“山海经”为唯一乐趣。又随口发声，唱吟歌词，也是一般人的普通习惯。我以为从这几条路径创作家就得了下手处。能于此多多努力，就可以使一般与文学无缘的不幸的人也认识真的文学的面目。简单地说，就是创作家要做出作品来，代替那些大鼓、弹词、评话，更做出故事歌词来供给大家谈讲歌唱。……

---

①②《叶圣陶集》第9卷，第11—12、72页。

叫不识字的人享受这等新作品，自然重在请他们听。于是演讲歌唱的人就成问题。现在那些唱大鼓说评话的与文学是完全隔膜，但创作家何妨与他们接近，让他们练习，使为自己的喉舌？现在各处都有通俗演讲的团体，这真是创作家最有效的喉舌了。

叶圣陶这些阐释初步涉及文艺通俗化、大众化，以及造就新文艺队伍等重大课题。他说文艺通俗化、大众化的路子有两条：一是创作出能替代“大鼓”“弹词”“评话”等通俗化的“新文艺”；二是重新改写人民大众所喜闻乐见的传说故事，“于旧形骸中渗入新灵魂，以旧分子凝为新组织。虽然外貌仍是以前的那件东西，其实已化而为真的文学了”。这些见解，即便在今天看来也仍是正确的。1981 年 5 月，叶圣陶在为《叶圣陶论创作》[①] 写的《我的说明》中说：这四十则《文艺谈》“还是二十年代初写的，我早忘了，是一位青年从旧报上找到的。半个世纪之前写这些文章的时候，我也是个青年，有一般青年的优点，敢于发表自己的见解；同时也有一般青年的缺点，所谓的见解还没有想清楚，还相当朦胧”。其实，这四十则《文艺谈》涉及的问题很全面，形成了一个系统，说理亲切，表述清晰，层层递进，相当完整，虽然没有结集出版，但在我国现代文艺理论史上仍不失为最早出现的理论专著，为新文学理论的孕育起了奠基的作用。

① 欧阳文彬编选：《叶圣陶论创作》，上海文艺出版社 1982 年版。

第十三章

开垦新诗创作和批评的田园

我们拟造这个名为《诗》的小乐园做他的歌舞养育之场，

疼他爱他的人们快尽他们的力来捐些糖食花果呀！

——叶圣陶《〈诗〉底出版底预告》

一、《诗》月刊的"缘起"

1921年五六月间，文学研究会在上海成立"读书会"，分设"小说组""诗歌组""戏剧组""批评文学组"（后又增加了"杂文组"），"每月开会一次"，由各组组员轮流报告"所购及所读之书"，以及"其所读书内容并宣读其研究所得之论文"①，"读书会"其实就是新文学作品的研讨会。

---

①《文学研究会读书会简章》，《小说月报》第12卷第6号，1921年6月10日。

作为文学研究会核心成员的沈雁冰、叶圣陶、郑振铎分别在“小说组”“诗歌组”“批评文学组”，沈雁冰和郑振铎还都是“戏剧组”的成员。“小说组”有《小说月报》，由沈雁冰主编；“批评文学组”有《文学旬刊》，由郑振铎主编；“戏剧组”的成员大都是“民众戏剧社”的社员，“民众戏剧社”是由沈雁冰出面组织的，并于1921年5月创办了《戏剧》月刊；这样就只剩下“诗歌组”没有相应的刊物了。因此，创办新诗刊物成了“诗歌组”的当务之急，也是叶圣陶义不容辞的责任。

1921年9月，叶圣陶应上海中国公学代理校长张东荪和中学部主任舒新城的邀请，到中国公学中学部教国文，同时受邀的还有刘延陵和朱自清。因为他们三个人都写新诗，于是就有了创办《诗》月刊的动意。1921年10月18、19、20日连续三天，上海《时事新报》副刊《学灯》刊登了叶圣陶写的《〈诗〉底出版底预告》，形式很特别，是用一首短诗写成的：

旧诗的骸骨已被人扛着向张着口的坟墓去了，
产生了三年的新诗还未曾能向人们说话呢。
但是有指导人们的潜力的，谁能如这个可爱的婴儿呀？
奉着安慰人生的使命的，谁又能如这个婴儿的美丽呀？
我们拟造这个名为《诗》的小乐园做他的歌舞养育之场，
疼他爱他的人们快尽他们的力来捐些糖食花果呀！①

① 这首诗，《诗》月刊第1卷第4号发表时，小有改动。

本刊一月一期。创刊号明年一月一日出版。来稿欢迎，请寄本报《学灯》转新诗社。

这则预告其实是《诗》月刊的“征稿之诗”（叶圣陶语）。1921 年 11 月 4、5、6 连续三天，《学灯》又刊登了叶圣陶写的《〈诗〉底出版底预告（二）》，明确宣告：《诗》月刊归中华书局发行，“创刊号准备于明年一月一日出版”，内容有“一诗，二译诗，三论文，四传记，五诗评，六诗坛消息，七通讯”，来函仍由《学灯》转新诗社。新诗社即“中国新诗社”。俞平伯在 1959 年写的《五四忆往——谈〈诗〉杂志》[①] 中说：所谓“中国新诗社，其实并没有真正组织起来，不过这么写着罢了”。但《诗》月刊第一卷第一至四号均署“编辑兼发行者中国新诗社”，自第一卷第五号起（1922 年 5 月 15 日出版）改署“文学研究会”，封面上也标出了“文学研究会定期刊物之一”的字样，编辑声称：“现因本刊创办人都是文学研究会底会员，故大家协议，将本刊作文学研究会出版物之一”[②]。由此可见，中国新诗社仍然可以看作新诗运动中出现较早的一个新诗团体。

为了替《诗》月刊的出版制造舆论，叶圣陶在 1921 年 11 月 1 日出版的《文学旬刊》第十八期上发表了“杂谭”《盼望》（署名佚名），刘延陵也在这一期的《文学旬刊》上发表了“杂谭”《诗论》（署名 YL）。叶圣陶的《盼望》可以看作《诗》月刊的“缘起”，现抄录于下：

---

① 《文学知识》1959 年 5 月号。

② 《读者赐览》，《诗》月刊第 1 卷第 4 号，1922 年 4 月 15 日。

文艺实在是人人需要的东西，同衣服食料一样。只看到极愚笨的人，他听人讲感动的故事，也能默默点头，深深欣赏，就可见文艺的力是普及的了。不过文艺超过物质，假若斫而不与，也不至于饿死冻死，因此人家便看得不很重要。然而精神的冻馁是永久的伤害，一经冻馁，便赶快加衣举箸，先前的伤害已不可磨灭了。所以能得多多接触文艺总是一种幸福。

现在文艺的供给实在太稀少了。黑幕派的，专供人消遣的书籍，态度不正，不能入数；只有几种外国作品的译本，不满五种杂志。按时供给，益进于新，本是杂志的优点。就现在的杂志说，《小说月报》偏重小说，《戏剧》杂志专研戏剧，各治一途，工分则精，确是很好的事。但是诗也占文学中一大领域，却没有专事研究的杂志，在贫乏的中国文艺界里，很有创办的必要。

十天以前，《时事新报·学灯》栏载一个《诗》的出版预告，颇引起我盼望的热情。美国有新诗的杂志不满十年，日本才有了两三年，但因此而产生了许多新诗人。我国一般人对于“诗是什么”这个问题，还没有清楚明确的观念。由于韵律的废除，句调的自由，新诗又往往受人家的非议和辱骂。而创作之浅薄和摹仿之弊病，又极须纠正的必要。我盼望《诗》能尽他的责任，一方向人家宣告什么是诗，一方向进取深造的方面努力，因此而唤起许多新诗人，一齐来供给一切以精神上的必要品！

这虽是个小乐园呵，——他们广告上的话——我盼望他们为一切人的灵魂安憩之地！[1]

“一方向人家宣告什么是诗，一方向进取深造的方面努力，因此而唤起许多新诗人，一齐来供给一切以精神上的必要品！”这就是《诗》月刊的创刊理念。刘延陵在《诗论》中对小说、戏剧、诗的传布的难易作了一番比较后说：“我想小说与戏剧之传布总不如诗之传布为易罢。实地扮演的戏剧才有满足的影响，单单读剧本就等于读小说，而戏剧小说之篇幅平常都较诗为长。诗的名句往往可以家弦户诵传之千万世。这是因为诗句短而意长，易于诵记之故。还有诗底可唱性多于小说戏剧；可唱，故于借视觉刺激人心之外，又能借听官而以其摇曳的音腔震动人心之灵魂”，诗是文艺之中“尤其可贵的”。从《〈诗〉底出版底预告》《盼望》《诗论》中可以看出，《诗》月刊的基本精神与《文学研究会宣言》[2] 所标举的宗旨是完全一致的。它肯定新诗是“有指导人们的潜力的”，“奉着安慰人生的使命的”，这些都体现、强调了“为人生”的文学主张；叶圣陶和刘延陵要给“诗是什么”下一个“明确的观念”，要扭转新诗受人“非议和辱骂”的局面，纠正“创作之浅薄和摹仿之弊病”，充分利用新诗“易于诵记”“可唱”“易于传布”的特点，让新诗“向人们说话”，“成为一切人的灵魂的安憩之地”，这些也都体现了文学研究会努力创造“真的文学”和“国民文学”的信念。

---

① 《叶圣陶集》第 9 卷，第 80—81 页。

② 《文学研究会宣言》中说：“将文艺当作高兴时的游戏或失意时的消遣的时候，现在已经过去了。我们相信文学是一种工作，而且又是于人生很切要的一种工作；治文学的人也当以这事为他终身的事业，正同劳农一样。”

二、回应复古派的诽谤和驳难

由于中国公学风潮的干扰，《诗》月刊的筹备工作拖延了四个月，直到1922年1月1日才由上海中华书局出版。研读叶圣陶在《诗》月刊创刊前后发表的一系列诗论，我们能更清晰地看到他创办《诗》月刊的意义以及为之付出的艰辛。

1921年11月1日发表的《就是这样了么?》①，文中谈到新文学运动已经有了“退潮”之势，“所谓新诗人者”近来“忽然变了节”，就是新文学运动“退潮”的一个迹象。叶圣陶想要“再燃”起作家们“如火一般”的“热烈的勇气”，“重行鼓起新文学运动”的“大潮”，促使新文学运动“向多方面努力”。创办《诗》月刊，就是要汇集新诗人一起来推进新文学运动的“大潮”，使新文学运动重新涌起“浩茫伟大之观”。

1921年11月12日发表的《杂谭》② 中说：“有些人起初很起劲的做新诗，自命是一个新诗人”，近来“又大做其五七言句和律诗，用了许多‘月’‘吊古’的题目，又步遗老遗少之后尘（其实他们还不配做遗少呢），做什么庵，什么轩的诗话。”

新文学运动的“退潮”和“新诗人”的“变节”，表明新文学的发展不会一帆风顺，而诗歌从旧体到新体这一革命性变革所面临的斗争尤为激烈。就在叶圣陶和刘延陵筹办《诗》月刊的同时，1921年11月，

---

①《文学旬刊》第18期。

②《文学旬刊》第19期。

学衡派的大本营东南大学的《国立东南大学南京高师日刊》出版了一张带有示威和挑衅性的《诗学研究号》，打着“讨论”和“研究”诗学的幌子，刊登文言诗话和旧体诗，声称“诗人必不能尽用白话”，“必不能以俗语填词”，不能把“语体诗”奉为“金科玉律”，“挂一面‘只此一家，别无分铺’的招牌”，“对于各家学说当并容兼采，绝不能受一种学阀之把持”，“文言诗”和“语体诗”可以并存，企图用“文言诗”挤掉新诗，与新文学运动较量一番。“绝不能受一种学阀之把持”，这显然是冲着文学研究会说的。叶圣陶写了《骸骨的迷恋》① 和《对于鹦鹉的箴言》②，迎头棒喝，指出学衡派遗老遗少迷恋文言，犹如抱着骸骨使其复活一样，是枉费心机的。进而谈到一个时代应有一个时代的文学，强调要“尊重以前时代精神”，但绝不能“珍重冢墓里的骸骨”。所谓“骸骨”，指的是旧体诗的形式。他说，“旧诗降为骸骨的要因”，一是“用死文字”，二是“格律严重拘束”；用旧形式“批评或表现现代人生，是绝对不行的”，“现代的人，不应再用旧的形式来发表自己的思想与情绪”。叶圣陶严正的辩驳，引来学衡派的恶骂，南京高师学生薛鸿猷跳出来骂叶圣陶是“一条疯狗”。

为了回应复古派的驳难和诽谤，《文学旬刊》就新诗展开讨论。这场讨论从 1921 年年底延续到 1922 年春天，仅《文学旬刊》第二十一期（1921 年 12 月 1 日）发表的文章就有：《对于“一条疯狗”的答辩》（守廷）、《诗坛底逆流》（卜向）、《看南京日刊里的“七言时文”》（东）、《由“一条疯狗”而来的感想》（赤），并转载了薛鸿猷的《一条

① 《文学旬刊》第 19 期，1921 年 11 月 12 日，署名斯提。
② 《文学旬刊》第 20 期，1921 年 11 月 21 日，署名斯提。

疯狗》，作为批判的靶子。从某种意义上说，《诗》月刊其实也是文学研究会与复古主义思潮斗争的产物。

复古派“迷恋骸骨”，有个堂而皇之的理论：“文学是必须摹仿的”。薛鸿猷在《一条疯狗》中说：“文学是必须摹仿的”，“若要创作”，得先“摹仿”。当时有的“新诗家”走的也是“摹仿”的路子，一味“摹仿”他们心目中的“偶像”。叶圣陶在批判复古派的同时，也批评了“新诗家”的这一不良风气。在《对于鹦鹉的箴言》中，叶圣陶从诗文的“派”和“体”谈到旧文艺的弊病。他说旧时文人为了挤进“作家之林”，就走“效某某体”的捷径，“压抑自己的情思，强就别人的范围，强制自己的喉舌，摹拟他人的声音”，结果成了“遭些讥谤的鹦鹉”。他恳切地希望“新诗家”不要“重犯旧文艺的毛病”，重蹈“摹仿”的“故辙”，文中写道：

（现在诗坛上）已经有许多鹦鹉羽毛丰满，引吭而鸣了。首创新诗的是胡适之君。跟在后面学胡君的，居然散见于报章杂志，大概是引譬设喻，以见作意，激昂慷慨，以警世众。近来在诗坛独树一帜的是郭沫若君。而追随郭君的又随处可见，大概是赞美宇宙，倡言大爱，叠章重篇，好为豪放。此外如俞平伯君沈玄庐君刘大白君的诗，各有独特的风格，就有成为偶像的资格，足以招来许多鹦鹉。读者如果略一留心现在诗坛，对我的说法谅来会有同感。

倘若此风日长，那么中国新诗的前途真可忧虑。少数偶像即使全是成功者，鹦鹉却决无成功之望，诗坛不将太寥落么？

我所希望于新诗家的，不是鹦鹉的叫声，而是发自心底的真切的呼声。[①]

“新诗家”模仿“偶像”，表面上是趋鹜新潮，造成的后果则是“注意瓶且过于酒”，注重诗的形式，忽略了诗的实质与精神，矫揉造作，结果使所谓的新诗成了“新形式”呆板的躯壳，而不是精神的产物；是凑数的类别，而不是和真实的人生有关、富有灵性的“新诗”。在叶圣陶看来，“新诗”与“旧诗”的界定并不仅仅是形式，尤其重要的是内容和精神上的区别。1922 年 1 月，郑振铎在为文学研究会诗选《雪朝》[②] 写的《短序》中说：

诗歌是人类的情绪的产品。我们心中有了强烈的感触，不管他是苦的，乐的，或是悲哀而愤懑的，总想把它发表出来：诗歌便是表示这种情绪的最好工具。

诗歌的声韵格律及其他种种形式上的束缚，我们要一概打破。因为情绪是不能受任何规律的束缚的；一受束缚，便要消沉或变性，至少也要减少他的原来的强度。

我们要求“真率”，有什么话便说什么话，不隐匿，也不虚冒。我们要求“质朴”，只是把我们心里所感到的坦白无饰地表现出来，雕琢与粉饰不过是“虚伪”的遁逃所，与“真率”的残害者。

虽然我们八个人在此所发表的诗，自己知道是很不成熟的，但

① 《叶圣陶集》第 9 卷，第 84—85 页。

② 《雪朝》，朱自清、周作人、俞平伯、徐玉诺、郭绍虞、叶绍钧、刘延陵、郑振铎等八人的新诗合集，周作人题笺，商务印书馆 1922 年 6 月出版。

总算是我们"真率"的情绪的表现；虽不能表现时代的精神，但也可以说是各个人的人格或个性的反映。

郑振铎写这篇《短序》时与叶圣陶"商酌"过，叶圣陶对于新诗的想象和追求与郑振铎是一致的。既反对守旧派对"旧形式"的迷恋，也反对"新诗人"对"新形式"的模仿。他在给刘延陵的一封信中谈到当时诗坛上的"小诗"太多、太滥，作品大多平庸浮泛，缺少情感，没有余味可咀嚼时说：

近来短诗盛行，触目皆是，使我颇生疑念。何以前此少有短诗而近来大家所得的情感却都宜于作短诗？若先存体裁的观念而诗料却随后来到，则短诗也就是五律、七绝了。看的越多，兴味越淡，即如某先生之作，也觉稍带勉强的意味。①

叶圣陶强调要打破"形式上的束缚"，"把我们心里所感到的坦白无饰地表现出来"，并不是说新诗可以"绝对自由"，不要形式，他在1923年5月22日出版的《文学旬刊》第七十四期发表的《亭居笔记》②中说：

新诗运动的兴起，不同的人各持不同的理由，我不能一一举出来；但是也有一个共同的主旨，就是在精神上则要摆脱旧诗所犯的

① 云菱（刘延陵）：《小诗的流行》，《诗》月刊第1卷第3号，1922年3月15日。

② 收入《叶圣陶集》第9卷时改题名为《形式的桎梏》。

毛病，在形式上则要夺回被占的支配权，要绝对自由地驱遣文辞。这所谓绝对自由地驱遣文辞，当然不是说行与行的字数、节与节的句数不许匀称，也不是说句尾不许押韵，乃是说不要为字数句数韵脚所拘而勉强迁就，伤及本质；乃是说字数句数不匀称和句尾不押韵也没有什么要紧。时人所谓“诗要是音乐的”，我似乎能够朦胧地领会，我想这“音乐的”未必全在匀称和押韵上吧。

视桎梏为无物，我也承认是可能的；那该是在能把它化为绕指柔的东西，裹在身上好像披着绸巾那样舒服的时候。否则，桎梏终于是桎梏！

叶圣陶希望“新诗家”共同来研讨“诗的将来”，呼唤真正的“指导者与提倡者”来催促“诗坛的滋生与繁盛”，并认为这是“新诗发展最紧迫的课题”。

《诗》月刊顺应了时代的要求，既给“收获极其薄弱”的诗坛开垦了一片创作园地，又使极为“寥落”的批评界有了施展才艺的舞台。从此，处在“筚路蓝缕”时代的新诗有了真正属于自己的刊物，新诗发展史揭开了新的一页。

三、“岂仅是我们的光荣”

《诗》月刊1922年1月1日创刊，1923年5月15日停刊，在将近一年半的时间里共出了两卷七期（第一卷五期，第二卷两期），名为

“月刊”，只因种种原因未能按时出版。

这一年半，叶圣陶“东奔西跑”。1921 年 10 月，中国公学风潮结束后，他应邀到杭州第一师范任教，与朱自清“击桨联床共曦月”，度过了两个月美好的时光。1922 年 2 月，他应北京大学校长蔡元培和中文系主任马裕藻的聘请，到北大任教；1922 年秋，他把家从角直搬回苏州。1923 年春，到上海商务印书馆国文部当编辑，把家搬到上海。《诗》月刊的“投稿地点”随着叶圣陶的履迹而迁徙。刘延陵在杭州的两所学校教书，中间还去过南通，因职务牵缠，“用于《诗》月刊的时间很少的”①。《诗》月刊第一卷第五号的《编辑馀谈》是刘延陵写的，其余的如第一卷第二号的《国内诗坛消息》、第一卷第三号的《投稿诸君览》、第一卷第四号的《读者赐览》和《编辑馀谈》，以及第二卷第一号和第二号两期的《编辑馀谈》，都出自叶圣陶之手，可见《诗》月刊的编辑工作主要是叶圣陶做的。他对来稿总是抱着十二分欢迎的态度，看得十分认真。一次，郭绍虞寄来两首短诗：

夕　阳

夕阳之神
正在精心地撰他的文章呢！
把满山的红霞，
铺作满江红锦。
说他是垂死的留恋吗？

① 刘延陵：《〈诗〉月刊影印本序》，《诗》月刊影印本，上海书店出版社 1987 年版。

但是何曾有些儿暮气呢！

雨　后

这又是洗刷的大章了：

在不甚充足的晴光中。

有远山似雾，

远雾似山。

这两首诗写得都很美，且相互照应，是一个诗组。叶圣陶把它们编入《诗》月刊第一卷第四号，可在复审时发现《夕阳》曾以《暮气》为题，在《小说月报》第十三卷第六号上发表过了，就把它抽了出来，只用了《雨后》一首。他认为一稿“重投”会使读者对于《诗》月刊“减少兴趣”，为了提请作者注意，还特地为《雨后》加了一段“附语”：“在这首之前还有郭君的《夕阳》一诗，本已排入；后因《小说月报》第六号登过，所以抽去。《夕阳》之首句是‘夕阳之神正精心地撰他的文章’，与这首诗底首句互相照应。”话说得很委婉，反对一稿“重投”的意思表述得再清楚不过了。1922年，诗人徐玉诺在福州写了一卷诗，题为《日落之后》，共三十六首。叶圣陶只选登了其中的七首①。叶圣陶对郭绍虞和徐玉诺这样的老朋友是如此严格，而对青年人却关怀备至，热情提携。《诗》月刊第一卷第四号②《读者赐览》中有一段话着实感人：

① 即《日落之后》《老年人》《美人的微笑》《偶像》《我的世界》《黑暗》《别》，《诗》月刊第2卷第2号，1923年5月15日。

② 1922年4月15日出版。

我们很欢喜，本期里有了许多新的姓名了！我们故意把这些新的投稿者底作品编在头上，用以表示我们的热烈的欢迎。我们敢敬告读者，本刊各栏是一律公开，欢迎投稿。我们并不愿意专门把自家几个朋友底稿件颠来倒去地登载；如果读者有佳妙之作寄来，我们总当尽先采用。

这些“新的投稿者”是叶善枝、陈开铭、张拾遗、周得寿、张近芳、应修人、许誉鸾、崔真吾、红舟、魏金枝等，他们都是头一回在《诗》月刊上发表作品。其实，《诗》月刊期期都有新人，如第一卷第一号上的汪静之、潘漠华、健鹏、程憬，第一卷第二号上的陈学乾、冯雪峰，第一卷第三号上的侠隐、孑耕、维祺、汪馥泉，第一卷第五号上的陈昌标、张守白、朱以书、何植三、施章、王梓音、吴俊升、葛有华、陈乃棠、蘅魂、陈斯白，第二卷第一号上的芳信、冯西冷、徐雉、张鹤群、王佐才、王怡庵、郭理同、崔小立、王祺、夏爱白、冯文炳、李宝梁、玉薇、赵景深、叶伯和，第二卷第二号上的林文渊、孙謇、柳野青、成绍宗、潘振武、张渭泾、倪文亚、朱枕新、曹世森、甘乃光、刘碧溪、程宪钊、查士元、罗青留、刘梦苇，等等，是叶圣陶和刘延陵（尤其是叶圣陶）的“发现”，他们的诗作或译作才得以在《诗》月刊上面世，并从此步入新文坛，其中不少人后来成了现代文学史上的名家。虽然《诗》月刊创办的时间不长，出版的期数不多，但有近百位诗人在上面发表了近五百首新诗，除了前面提到的诗人以外，胡适、周作人、沈雁冰、郑振铎、顾颉刚、王统照、朱自清、俞平伯、康白情等也都是《诗》月刊的“投稿者”，从而形成了一个阵营强大的“人生派”诗歌流派。这近五百首新诗题材极为丰富，内容主要集中在以下三个方面。

一是比较广泛地反映了军阀统治下旧中国社会的黑暗，描写了“农家夫妻”“渔舍人家”“讨饭的瞎子”“挥锄掘土的农民”，担水的长工“阿三”“老妇人”“樵女”“牧童”“瘦削的小孩子”等“像大道旁野草一般多”的“若醉、若睡、若死、若愚昧、若幼年、若风颠、若狂欢、若暴怒、若笑得傻的、若哭得大的，……不知道有‘我’或暂时忘了‘我’”的“苦人儿”的苦难生活。郑振铎的《死者（一）》[①] 控诉军阀赵恒惕用极其残酷的“斩首之罚”，杀害工人领袖黄爱和庞人铨，要复仇者“以眼还眼，以牙还牙”。这首诗共有四节，每一节的开头都是：“谁杀了我们的兄呢?”呼吁“亲爱的兄弟”对“我们的敌”绝不可“宽恕”。在这首诗的注中说：“今年黄爱、庞人铨二君，被赵恒惕杀于长沙城外，死状极惨。我们听见这个消息时，愤怒极了。当时我便想在泪火燃着的时候，写一首诗来吊他们。但是一个人当情绪紧张的时候，是什么话也不能写出来的。所以到了现在才成了这一首。‘我们应该用赵恒惕所用的方法，来对待赵恒惕。’真的，这是应当的。我们本想宽恕一切，但可惜我们的度量太小了。不要让最初流血者的鲜红的血无谓的流去呀！……这也是无法的。人世间的幕本就是由千万年来的‘悲惨’与‘恐怖’织成的。”“赵恒惕加于黄庞二人的死刑是‘斩首之罚’。据说：黄爱死时被砍数刀，头尚未断。他们即把他埋入土内。天明，他们把他的尸身，由土中掘出，装入棺内。此时，离他受刑时已有三四小时了。但是他的眼睛还‘睊睊而视’，两手还握紧作忍痛状……唉！不忍再往

---

① 《诗》月刊第 1 卷第 5 号，1922 年 5 月 15 日。

下写了。只要是‘人’，是一个‘人’，谁忍加这种刑罚在他的兄弟身上呢!”《死者（一）》是我国新诗史上最优秀的革命诗篇之一。

二是汇集了一批上乘的“爱情诗”。《诗》月刊发表的爱情诗，这在当时是有反封建意义的。朱自清在《〈中国新文学大系·诗集〉导言》中说：“中国缺少情诗，有的只是‘忆内’‘寄内’，或曲喻隐指之作；坦率的告白恋爱者绝少，为爱情而歌咏爱情的更是没有。……真正专心致志做情诗的，是‘湖畔’的四个年轻人。他们那时候，差不多可以说生活在诗里。潘漠华氏最是凄苦，不胜掩抑之致；冯雪峰氏明快多了，笑中也有泪；汪静之氏一味天真的稚气；应修人氏却嫌味儿淡些。”叶圣陶和朱自清都是“湖畔诗人”的“导师”。1921年秋，杭州第一师范学生潘漠华、冯雪峰、汪静之、应修人、赵平福（柔石）、魏金枝等组织“晨光文学社”，叶圣陶和朱自清担任顾问。朱自清的评述有益于我们更好地欣赏“湖畔诗人”的“情诗”，从中也能体会叶圣陶编刊的“慧眼”和“导向”，这里引录几位青年诗人的“情诗”：

潘漠华的《祈祷》① 是一曲炽热而又痴情的恋歌：“月光漫盖的静夜/他坐在石砌沙铺的一块空场上，/横起笛儿在吹，/心中却向他呢喃的祈祷：/笛声，我吹出的笛声，/你飞去，飞过那矮墙，/可落在我那人的屋顶。/她现在正在美睡——/左手搁在头边，/深蓝色的衣襟解开了/掩在右手上——/你轻轻地唤醒她，唤她出来，/说，如此美丽的夜，/月儿高高地照临，是待我们的夜行。/我们去，/我们去到旧日坐过的草坪，/同流久别后再会的欣慰的泪!”这一节写抒情主人公在月下

① 《诗》月刊第2卷第1号，1923年4月15日。

吹笛，“祈祷”笛声“飞过那矮墙”，“轻轻地”唤醒“正在美睡”的“她”出来相会，“到旧日坐过的草坪，同流久别后再会的欣慰的泪!”诗的第二节写抒情主人公在“她”门前徘徊，“祈祷”轻妙的脚步声“飞进去”告诉“她”：“他”在你门前来回地走着，“今夜是第七夜了，这次是第九次了，他看不见你出来，他将会走到天明，明夜也仍将会走到天明，后夜也仍将会走到天明”，流溢在字里行间的是至真至美的爱，如醉如梦……

冯雪峰的《鸟儿叫着》[①]，笔调明快而哀婉，这首诗共分三节，每一节都以“鸟儿叫着”打头：“鸟儿叫着，/太阳从东方出来，/老三底爸妈，打锣打鼓地忙着接医生；/可是总医不好老三底病。/老实说，/医生是戴着野花在塘边浣衣服啊”；“鸟儿叫着，/太阳走到天中央。/老三底爸妈，/打锣打鼓地忙着接医生；/可是总医不好老三底病。/老实说，/医生是戴着野花在山上摘茶叶啊”；“鸟儿叫着，/太阳溜到了西山。/老三底爸妈，/打锣打鼓地忙着接医生；/老三底病却更坏了。/老实说，/医生便是那穿着红衣坐在轿里抬去的新嫁娘呵。”“老三”热恋的姑娘是这样纯朴、勤劳，出嫁当天还像往常一样地“在塘边浣衣服”，“在山上摘茶叶”，他失去了这位好姑娘，怎能不“病”倒呢？诗人描写了江南农家男女青年纯洁的爱情，控诉了封建婚姻制度对于青年的摧残。

汪静之的《蕙的风》[②] 以其特有稚气和温馨流传一时。诗人运用象征的手法，以“蕙花”象征抒情主人公的恋人——一位被锁在深宅大院

---

① 《诗》月刊第1卷第4号，1922年4月15日。

② 《诗》月刊第1卷第1号，1922年1月15日。

里的姑娘：“是那里吹来/这蕙花的风——/温馨的蕙花的风？//蕙花深锁在园里，/伊满怀着幽怨。/伊的幽香潜出园外，/去招伊所爱的蝶儿。//雅洁的蝶儿，/薰在蕙风里：/他陶醉了；/想去寻着伊呢。//他怎寻得到被禁锢的伊呢？/他只迷在伊的风里，/隐忍着悲惨而甜蜜的伤心，/醺醺地翩翩地飞着。”诗作中“蕙花”和“蝶儿”这两个意象极为传神，“蕙花”飘香，“蝶儿”恋花，“伊”的“幽怨”，“他”的“悲惨而甜蜜的伤心”，写出了热恋中男女青年魂牵梦绕的思慕之情。

应修人的《拾取》[①] 只有短短的六行：“伊脸上没有花粉，/伊手里的青菜，/因捆菜的草绳断而坠了，/伊并不唤我拾取，/伊只回头/笑唤伊的妈妈。”味儿是淡了些，但清新、含蓄，颇有情趣。

此外，潘漠华的《将别》，冯雪峰的《桃树下》《落花》，汪静之的《杂诗二首》《祷告》《谢绝》《定情花》等，都是上好的“情诗”。除了“湖畔诗人”，刘延陵、徐雉、张鹤群、张西冷、叶伯和等人的爱情诗，也格外清新。诗中的抒情主人公无论是“体面的美少年”，还是“尊贵的处女子”，“娇憨可爱”的村姑，“零丁而孤苦”的寡妇，他们的“爱”总是那么纯净而热烈。刘延陵的《水手》[②] 把漂泊在海上的“水手”对于妻子的相思之情写得真切、凄婉极了：

月在天上，/船在海上，/他两只手捧住面孔/躲在摆舵的黑暗地方。/他怕见月儿眨眼/海儿微笑/引他看水天接处的故乡。/但他却终归想到/石榴花开得鲜明的井旁，/那人儿正架竹子，晒他的青

---

①《诗》月刊第1卷第4号，1922年4月15日。

②《诗》月刊第1卷第1号，1922年1月15日。

布衣裳。

漂泊在海上的水手，“两手捧住面孔，躲在摆舵的黑暗地方”，但照耀远近的月亮和滚滚远处的波浪好像在挑逗他，非教他看不可，他不由地“想到了”石榴花似火的水井旁晾晒衣裳的妻子。“水手”对妻子的爱就是这样率真、质朴。

徐雉散文诗《乞丐》中抒情主人公“乞丐”将“清丽的女子”的爱视为“新生命”，请看他对于“爱”的吟咏：“爱情？这正是我所最需要的！……面包只能疗我物质上的饥饿，惟有你的爱能疗我精神上的饥饿！金钱死后是带不去的，天才也有涸竭的时候，惟有你的爱才是永远不会磨灭的东西！名誉不能给我一些帮助，惟有你的爱是冲破烦闷之浓雾的太阳！是黑暗中引导我的光明！”

《诗》月刊上的爱情诗，无论是坦率的告白，还是痛苦和绝望的哀鸣，都是抒情主人公镌在“心版”上的歌；不管是枯竭的血液里“烧着的相思的火”，还是神秘的心房里“像太阳般的燃烧起来”的“爱”，都是新诗史上新的收获。

三是抒写知识分子的彷徨和苦闷。《诗》月刊出版的年代，正值五四的“退潮”期。《诗》月刊的作者经过五四的洗礼，唱出了高亢激越的“人生之歌”：

偷安，是人类之祖未食智慧之果以前的败德！/服从，是人类之祖未饮反抗之酒以前的弱点!①

泪是我们的情侣,/血是我们的侠客,/生命道上的柔弱者,/不过只有这两位知己!②

他们呼唤“希望之神”,向往“奋斗的人生”,但由于他们尚未投身到革命旋涡中去,没有同革命的主潮合流,因此看不清方向,找不到出路,在人生的道路上踯躅徘徊,“孤独的琴弦”弹奏出了“颓废而悲哀的调子”:

苦闷随着日子增加起来了;/躺下,郁在心里,/坐起,浮在脑上,/只有走着,仿佛印在地下;……③

我的心中没有喜悦的播植;/也没有悲哀的滋蔓;/只撒布了颗粒形“怀疑”的种子;并且循环地开花,结实;……④

痛苦永久的。/他像蔓草,蔓延遍播于人的心上,/虽被野火烧尽了,只要春风微微地一吹,他又复活了。⑤

---

① 李之常:《爱洗》,《诗》月刊第1卷第4号,1922年4月15日。
② 倪文亚:《知己》,《诗》月刊第2卷第2号,1923年5月15日。
③ 徐玉诺:《苦闷》,《诗》月刊第2卷第1号,1923年4月15日。
④ 罗青留:《投落》,《诗》月刊第2卷第2号,1923年5月15日。
⑤ 郑振铎:《痛苦》,《诗》月刊第1卷第3号,1922年3月15日。

"烦恼是一条长蛇"，"一刻不离的跟着我"[①]。诗人把自己比喻为怯弱的"失运儿"，"在生命道上碌碌奔波的漂泊者"，"是一只迷途的孤雁"，"是一个无根的浮萍"。朱自清在《自从》[②] 中说："我今年二十二岁"，在"人生底旅路"上，我一直在寻找"人间底花"；"我清早和太阳出去"，"夜幕下时，/我又和月亮出去，/和星星出去；/没有星星，/我便提了灯笼出去。/我寻了二十三年，/只有影子，只有影子呵！……我流泪如喷泉，/伸手如乞丐：/我要我所寻的，/却寻着我所不要的！——"俞平伯的《归路》[③] 写的是"独立山头闻杜宇，冷月三更无处归"的梦境，抒发的却是现实生活中找不到"归路"的苦闷："我想去叩天门/上有白云底皑皑；/我想来返人寰，/下有荆棘底漫漫。"透过这些诗篇，我们看到了五四时代知识分子心灵的历程和前进的足迹。

就诗的体式而言，《诗》月刊发表的近五百首诗都是自由体诗，长短不一，体式各异，色彩纷呈。所刊载的诗作中小诗约占总数的一半左右，生动地展示了当年诗坛上小诗创作繁荣的景象。这些小诗清新流畅，构思完整，言简意长，无论是写生活哲理，还是写刹那间的感兴、一地的景色、一时的情调，"纯任声气底自然"（俞平伯语），没有叶圣陶所批评的"先存体裁的观念而诗料却随后来到"的弊病。散文诗占的篇幅也不少，郑振铎的《痛苦》《无酬报的工作》《自由》《空虚之心》，俞平伯的《春寒》《生所遇着的》《迷途底鸟的赞颂》《没有我底分儿》《〈忆〉序》，徐玉诺的《杂诗》（二篇）、《走路》，刘延陵的《海客底故

① 徐玉诺：《跟随者》，《诗》月刊第1卷第1号，1922年1月15日。
②《诗》月刊第1卷第2号，1922年2月15日。
③《诗》月刊第1卷第1号，1922年1月15日。

事》《铜像底冷静》，潘漠华的《立在街头吹箫的浪子》，叶善枝的《一笑》，徐雉的《乞丐》等，都是散文诗中的佳作。在这之前的散文诗大多流于散漫、直白，缺少诗的韵味。《诗》月刊发表的散文诗既富有散文自由随意、轻灵潇洒的特点，又讲究诗的意境和韵味，真正包融了散文与诗的两者之长、两者之美。刘延陵在散文诗《海客底故事》前面引用了马拉梅的话：

> 实在没有散文，只有字母，此外就是诗，紧结得或多或少些，松散得或深或浅些。

刘延陵对于“散文诗”的“诗”的追求，也不妨看作《诗》月刊诗人群体对于散文诗的共识。除了小诗和散文诗，其余的两三百首新诗形式各异，诗的段数、行数、字数以及音节韵律都是自由灵活的，朱自清的《转眼》长达一百四十四行，王统照的《旧迹》长达九十八行，俞平伯的《忆游杂诗》是由十四首短诗组成的一个诗组，从而形成了《诗》月刊特有的品位：长诗短章争芳斗艳，各种诗体竞相媲美，创作、批评、译介并重。叶圣陶的《诗的泉源》，强调生活是创作的源泉；云菱（刘延陵）的《去向民间》，呼吁诗人注意现实生活；俞平伯的《新诗进化的还原论》，力主诗的“平民说”；王统照的《对于诗坛批评者的我见》，提倡开展新诗评论；刘延陵的《前期与后期》，介绍新诗发展前后两个阶段的特点：都是诗坛上颇有影响的诗论。其他，像俞平伯的《〈忆游杂诗〉序》、朱自清的《〈杂诗三首〉序》、叶圣陶给刘延陵的谈小诗的一封信、朱自清的《短诗与长诗》，或阐述小诗的艺术特色，或批评小诗流行中公式化的流弊，或提倡写长诗以调剂新诗体式“偏枯的现势”，也都对新诗的发展产生过积极的影响。尤其是叶圣陶的《诗的泉源》，可算是一部“诗美学”的缩影。文章指出“作诗”或“写诗”不是什么高人一等的事，“世间没有空虚无实，仅仅名为一个诗人的人”，“假若没有所谓‘人类’，没有人类这么生活着，就没有诗这东西”，诗源于生活。“空虚的生活是个干涸的泉源，也可说不成泉源，那里会流出诗的泉来?”“唯有充实的生活是汪汪无尽的泉源”，“充实的生活就是诗”，“这不只是写在纸面，有字迹可见的诗呵：——当然的，写在纸面，就是有字迹的诗”；生活中许许多多“写不出”诗的人其实也是“诗人”。“一个耕田的农夫或是一个悲苦的矿工的生活，比较一个绅士先生的或者充实得多，因而诗的泉源也比较的丰富。”他讲这番话的目的，意在纠正当时有些诗人的自视特殊，似乎高人一等的作派；强调只有生活充实才能写出好诗来，批评“生活空虚”的诗人。他指出：“生活空虚的人也可以写诗，但只是诗的形罢了。……所以到我们眼睛里的诗有满篇感慨，实际却浑无属寄的。有连呼爱美，实际却未尝直觉的；情感呢?没有，思虑呢?没有，仅仅具有诗的形而已。汲无源的泉水，未免徒劳；效西子的含颦，益显丑陋。”这些论述即便今天读来仍很亲切。《诗》月刊放眼域外。刘延陵、周作人、俞平伯、李宝梁、张鹤群等译介的欧美和日本有关新诗运动、诗歌流派的文篇，以及著名诗人的作品；沈雁冰、王统照、陈南士等译介的乌克兰、南斯拉夫、爱尔兰、印度等被压迫被侮辱民族的诗歌，拓宽了诗人的艺术视野，使我国的新诗得到了滋润。

《诗》月刊由中华书局出版，非但没有编辑费，也没有稿酬，所刊诗稿仅以“本刊一册为酬”，叶圣陶给作者写信还要自己贴钱买邮票，可他孜孜不倦，乐此不疲。他在《诗》月刊第二卷第二号的《编辑馀谈》中说：“承投稿诸君的厚意，多量地把所作的诗篇惠寄给我们，这是我们所欣感无极的。其中偶有本质微嫌平庸技术略感精浅的作品，我们大胆地把它隐藏了，不给披露出来。我们以为这样可以免除以后的悔愧，想诸君一定能够谅解而且表示赞同的。而对于诸君的努力，我们总怀着无限的敬意与热望。所以愿诸君继续以新作见示，直到佳稿累积，这薄薄的小册子容纳不下，势必扩充为厚帙的时候，又岂仅是我们的光荣呢!”叶圣陶想把《诗》月刊“扩充为厚帙”，让其为新诗的发展作出更“光荣”的实绩。不料中华书局改变了主意，不愿意继续负责《诗》月刊的印刷与发行，这样《诗》月刊出至第二卷第二号就被迫停刊了。《诗》月刊对新诗的成长与发展起的推动和促进作用，将永远镌刻在新诗发展史上。至于《诗》月刊的作者，值得一提的还有周作人，《诗》月刊一共出了两卷七期，周作人在《诗》月刊上发表的作品有：

《儿童的世界（论童谣）》，日本柳泽健原著，周作人译（第一卷第一号）；

《日本俗歌四十首》，周作人译（第一卷第二号）；

《法国的俳谐诗》[①]，周作人译（第一卷第三号）；

《通讯》，周作人、俞平伯（第一卷第四号）；

《石川啄木的短歌》（第一卷第五号）；

① 共27首，诗前有周氏1922年3月31日写的《附记》。

《日本的小诗》(第二卷第一号)。

只是终刊号没有周氏的作品。周氏这么热心，无偿地给《诗》月刊奉献了这么多稿件，既衬托出了《诗》月刊的品位，也折射出周氏五四时期的光辉，他对新文化运动充满了热情。

第十四章

“从激昂的反抗到相对的肉搏”

叶绍钧的《五月卅一日急雨中》，郑振铎关于“五卅”的诗文，就是很好的例。如果我们把这一篇小品文看了以后，再回顾前期的几篇作品，它的发展的途径是显然的。约略的说，是从反封建的重心移到反帝国主义的重心，从激昂的反抗到相对的肉搏，从对现状的不满到愤怒的抨击，从个人主义的观点，到反个人主义的立场。

——阿英《〈现代十六家小品〉序》①

一、“五卅”惨案中的《公理日报》

就叶圣陶的散文小品创作而言，阿英的上述评论是相当精确的。“五卅”惨案发生之前，叶圣陶的散文堪称“美文”，冲淡雅隽，情感细腻，意境悠远，且多怀乡抒情之作。《没有秋虫的地方》② 写作者在上海弄堂“阶前看不见一茎绿草，窗外望不见一只蝴蝶”。在“鹁鸽箱的生活”环境中，作者深情忆念着故乡秋夜那大自然的“美妙的音乐”——

① 阿英编校：《现代十六家小品》，光明书局1935年版。

②《叶圣陶集》第5卷。

"秋虫的合奏"。"它们每一个都是神妙的乐师；众妙毕集，各抒灵趣"，"它们高，低，宏，细，疾，徐，作，歇，仿佛曾经过乐师们的精心训练"，"哪有不成人间绝响的呢"！"这正是无上的美的境界，绝好的自然诗篇"，同都市中"井底似的庭院，铅色的水门汀地"的令人感到窒息的环境相对照，有"秋虫的合奏"的故乡多么令人神往。《藕与莼菜》① 以淡雅舒徐的笔调，书写"新秋早晨"姑苏的浓浓乡情："别有一种健康美的风致"的农家挑担进城，男男女女担子里"盛着鲜嫩的玉色的长节的藕"，"洁白"得仿佛是"供人品味的珍品"。又由"新秋"的藕联想到"春天"的莼菜，"嫩绿的颜色与丰富的诗意"，有一种"令人心醉"的"无味之味"。《暮》② 写日"暮"时的"美妙的诗境"，以及作者对"暮"的那份难以言说的微妙体验："充满空际的是淡淡的青。若比晴朗的长天，没有那么明；若比清澈的湖水，没有那么活：这是微暗的，轻凝的，朦胧的，有如卷烟徐徐袅起的烟缕，又教人想起堆在枕旁的美人的蓬松的长发。这青色蒙上屋檐、窗棂、庭树、盆花，以及平田、长河、密林、乱山等等，任是不协调的也给调和了，消融了各具的轮廓和色彩，在神秘的苍茫中凝合为一气。"作者"系恋"虫声、"牵系"藕与莼菜、"吟味"暝色，以此来抒写他的生活情趣，这正是他在《没有秋虫的地方》中所说的：

> 心如槁木不如工愁多感，迷蒙的醒不如热烈的梦，一口苦水胜于一盏白汤，一场痛哭胜于哀乐两忘。这里并不是说愉快乐观是要

---

①② 《叶圣陶集》第 5 卷。

不得，清健的醒是不必求的，甜汤是罪恶的，狂笑是魔道的；这里只是说有味远胜于淡漠罢了。①

作者对于“爱”“美”和“生趣”的体验和憧憬不无意义，但毕竟是“一己”的情怀，多少带有几分“馀裕”和“小资味”。是“五卅”惨案使叶圣陶真正地走向了社会，融入到民众之中。“五卅”惨案犹如霹雳一声震响全国，有志之士罔不为反帝爱国奔走呼号。叶圣陶全身心地投入社会变革的浪潮之中，从思想到“文风”都有了“蜕变”。

关于“五卅”惨案，在王伯祥日记中是这样记载的：

散馆归家，适仲弟来，谓过大马路（南京路），人挤断行程。印捕竟在闹市开放排枪，射杀游行演讲“日人虐杀同胞顾正红”之学生队，当场死十九人，其余死伤不可悉记云。我闻之，愤不可遏；痛心于外来帝国主义之暴横，亦唯有努力铲除之而已。②

这是“五卅”惨案最原始、最真实的记录。惨案发生的第二天即5月31日一大早，叶圣陶就和王伯祥一起去南京路，想看看惨案情景，出乎他的意外，部分市民竟无动于衷。王伯祥在是日日记中写道：

早与圣陶出，至大马路看昨日动静，孰知上海商民半已洋化，竟依然如故。甚至有怪学生多事者，吁，可恫矣！③

---

①《叶圣陶集》第5卷，第71页。

②③ 王湜华著：《王伯祥传》，中华书局2008年版，第35、36页。

5月31日下午，大雨滂沱，急风怒号，叶圣陶顶风冒雨，再次来到帝国主义横暴枪杀中国人民的南京路，“想用舌头舐尽所有的血迹，咽入肚里”。马路上积水成潭，同胞的鲜血“已经给仇人的水龙头冲得光光，已给烂了心肠的人们踩得光光，更给恶魔的乱箭似的急雨洗得光光！”叶圣陶怀着满腔愤怒，连夜写成了《五月三十一日急雨中》，用雄浑犷放的“愤怒之音”，倾诉了他的愤慨和激情。

“上海商民半已洋化”的事实，使叶圣陶认识到必须讨还公理，惩办凶手，只有这样才能使“商民”从“半已洋化”的状态中觉悟过来。于是，6月1日，叶圣陶和沈雁冰、郑振铎、胡愈之等发起成立了上海学术团体对外联合会，发表了《上海学术团体对外联合会宣言》①。所谓学术团体，一共有十多个，实际政治态度并不一致。据沈雁冰后来分析，有左中右不同情况。首先，当然是以沈雁冰、郑振铎、叶圣陶等人为核心的文学研究会，另外还有胡愈之等人组织的上海世界语学会，章雪村、周建人组织的妇女问题研究会，应修人、楼适夷组织的上海通信图书馆等，这是左派。商务印书馆编译所的郑心南、陈慎侯等组织的中华学艺社、孤军杂志社等，可以算是中间偏左。太平洋杂志社、中国科学社上海社友会等，也可归于中间偏左，但他们不敢提打倒帝国主义的口号。至于醒狮社，是国家主义派，可算是右派。其他的都是中间派。但在“一致对外”的口号下，他们走到一起来了。《上海学术团体对外联合会宣言》对反帝斗争提出了六条要求，第一条就是“收回全国英租界”；还有第四条是要“惩办肇事捕头及巡捕，西捕头爱优孙及其他凶

① 《公理日报》创刊号，1925年6月3日。

手，一律抵偿生命”。宣言号召广大民众要“奋力为之”，“一息无懈”，“使英人对吾人之要求全数照办而后止”。然而，上海各日报，如《申报》《新闻报》《时报》《商报》《新申报》《时事新报》《民国日报》等均拒绝登载这份宣言。他们既无耻又懦弱，“对于如此惨酷的足以使全人类震动的大残杀案，竟不肯说一句应说的话”。为了使“不平而残忍的事”和“公正的舆论”不至于被报界“隐瞒”，叶圣陶和沈雁冰、郑振铎、胡愈之等决定创办《公理日报》，“以发表我们万忍不住的说话，以唤醒多报的在睡梦中的国人”①。他们自筹经费，联系印刷厂，组稿编排，连夜作战，编辑部和发行所就在宝山路宝兴西里九号郑振铎家里。王伯祥 6 月 2 日的日记中记：

上午入馆工作，下午再往，因中华工人正在运动本馆同人罢工，大门紧闭，遂不得入。因往振铎家帮圣陶办《公理日报》发稿事。五时许，至尚公挈两儿及至美回。

夜未上课，帮做《公理》事，至十二时始归寝，圣陶、振铎则犹未行也。大约今晚必至平明才罢乎！

据本社（《公理日报》社）派出代表调查之报告，小沙渡、大马路、东新桥、虹口等处又被英捕开枪打死十余人，而西藏路竟开机关枪，被杀者据云有百余人，唯大家不能前往视察（因英捕、印捕、万国商团阻止交通故），确数未详。英人如此无理，简直非人类矣。奈何犹听其横行，不加惩创乎！然而返观本国政府，今日尚

① 《〈公理日报〉停刊宣言》，《公理日报》1925 年 6 月 24 日。

未有表示也，痛哉！①

叶圣陶和郑振铎通宵奋战。这样，就在“五卅”惨案的第四天——6月3日清晨，《公理日报》就与上海市民见面了，“在一切同类刊物中是最先出现的”②。报头“公理日报”四个字出自叶圣陶之手。印好的报纸，天刚蒙蒙亮就运到郑振铎家里，无数报童涌来买报。王伯祥6月3日日记复记道：

晨与圣陶到车站看情势，并购报而归。旋至振铎所，经商务门口，见有保卫团马步队荷械围守，并及馆之四周。愤极，这必是商务当局邀之来驱散中华工人者。到馆后，即由圣陶起草责问总务处书，将连署多人发出，而振铎谓已散去，馆中诿为不知。此信遂未发。未几，同人在花园中开会，推代表请总务处负责人员莅场说明。他们派梦旦、百俞二人来，力赖无此事，乃要求三条件而散。继又讨论捐款援助罢工工人事，定各部推代表于下午二时解决之。我被推为史地部代表，届时出席，至四时半才散。定抽取公积十分之一及按日捐薪百分之五至百分之五十赈急需。

夜帮办《公理》，十一时始归。③

王伯祥的这几则日记，现在已成了《公理日报》的重要史料。《公

①③ 王湜华著：《王伯祥传》，中华书局2008年版，第36、37页。

② 东公：《介绍关于“五卅”事件的定期刊物》，《时事新报·鉴赏周刊》第8期，1925年7月27日。

理日报》名义上是上海学术团体对外联合会的会刊，由少年中国学会、中华学艺社、文学研究会、太平洋杂志社、孤军杂志社、醒狮周报社、上海世界语学会、妇女问题研究会、中国科学社上海社友会、学术研究会、上海通信图书馆、中华农学会等十二个团体联合主办，“实际的编辑工作却落在商务印书馆编译所中的文学研究会会员身上”。该报一共出了二十二号，叶圣陶以“秉丞”的笔名发表文章共有十篇（其中号召捐款支援罢工工人的两篇社论，与“左生”一同署名），在文学研究会会员中是发表文章最多的一个。此外，《公理日报》几乎有一半文章没有署名，其中一定也有叶圣陶写的，或者虽非叶圣陶动笔，也包含着叶圣陶的意思，因为有许多意思本来是大家的。所以《公理日报》从一个侧面记录了叶圣陶在“五卅”运动中的反帝爱国斗争。

《公理日报》以其“中理而宏达”的议论“赢得了数万读者的热烈同情”，“每日印一万五千至两万份”①。6月2日，全国总商会副会长、上海总商会会长、淞沪市政办虞洽卿奉段祺瑞政府“妥协解决”“五卅”惨案的使命，从北京急急忙忙赶到上海，发表“调停”的演说，涎着脸说什么“这样各走极端是不对的呀，我是作调人的”。南京路商界联合会发布的《警告各界》② 的公告中说：

> 此次惨剧，务请静待解决。如无重要事件，幸勿外出。如在路上行走，切勿停留观看，或拍手呼喊；更勿暴动，以免危险。至要至要。

---

①《〈公理日报〉停刊宣言》，《公理日报》1925年6月24日。
②《申报》1925年6月2日。

明显是站在帝国主义一边，压制民众反帝爱国运动。叶圣陶敏锐地认识到，不揭露资产阶级右翼的真面目，反帝爱国斗争就很难深入。于是写了《虞洽卿是“调人”!》① 一文，用锋利的笔调，剖析了虞洽卿的卖国嘴脸：

> 调人！洽卿是来作调人的！同胞听见么？
>
> 我不知道他的国籍是什么！不知道他的头脑是什么！不知道他血管里有没有一点一滴红热的血！
>
> 凡是中国人，没有不热血沸涌，痛恨万恶的强权的。凡是有感情，有思想的人，没有不一致起来竭力反抗，以为决不可略为退让的。

叶圣陶抓住虞洽卿嚷嚷的“我是来作调人”这个说词，追问他的国籍，评论他的立场，点出他所说的“我们同胞的态度是走极端”，是要我们“退让几百步”，虞洽卿媚外卖国的嘴脸就被揭露无遗，再也掩盖不住了。同一天，叶圣陶在写的《有交涉，无调停》② 的社论中，呼吁那些持“旁观者的态度”的人加入反帝斗争的行列，“因为这回的耻辱是全体同胞的耻辱，所受的痛苦是全体同胞的痛苦，只有愤恨，只有反抗，是我们应走的路”。这些爱国的篇章，是叶圣陶在“五卅”运动中冲锋陷阵的实录。

“五卅”惨案发生后，帝国主义“采取最强硬的手段”，妄图扑灭中

---

①② 《公理日报》1925 年 6 月 6 日。

国人民反帝爱国的热情。自6月起，帝国主义的军舰一艘又一艘地开进上海港，工部局借口“维持秩序”，除了全体出动印度巡捕，复调集各国水兵上陆，并征召万国商团“出防”。万国商团并非商业团体，而是由各国流氓组织起来的维护帝国主义统治的一支反动武装。在接到工部局命令以后，他们“实弹巡逻”，甚至行凶杀人。而万国商团中的华队（中国流氓组成的队伍），居然也以“维持秩序”为名，荷枪出防，“追随英人之后，为杀戮同胞之举”，还在6月7日的《申报》和《新闻报》的头版发布了《华队公会宣言》：

夫商团有华队之设，原以维持租界公共治安为唯一之宗旨，盖租界户口稠密，尤以吾华人为多数，其生命财产关系较诸外侨奚啻倍蓰。如有变乱，华人必首当其冲，故凡力所能及，可以维持治安而无损于国体者，华队同人莫不坚心毅力以赴之。此次租界罢市，深恐有好事之徒乘机扰乱，以图抢劫，华队出防即为维持秩序，保护居民之生命财产。……

就在《华队公会宣言》发表的第二天，6月8日，叶圣陶在《公理日报》“社会裁判所”专栏发表了《华队公会的供状》一文，针对华队公会的“以维持租界公共治安为唯一之宗旨”，“华队出防即为维持秩序，保护居民之生命财产”等无耻谰调，义正辞严，层层驳斥：“在最热闹的大马路，有游行演讲的学生，有聚集听讲的群众，却给排枪打死打伤打散，这是什么样的治安！你们要实行你们的宗旨，就该出来维持呀，扑灭残暴的恶魔，保护同胞的生命……你们这样做过么?”“跟着残杀我们的仇敌，在众目共见的马路上站岗，还要搜查行人，搜查旅客，而行人旅客正就是你们的同胞”，这就揭穿了华队公会“跟着仇敌逞威”，甘作“大英顺民”的本质，让大家看清楚这群“没有廉耻没有正义”的民族败类！

“五卅”运动期间，叶圣陶密切地注视事态的发展。惨案发生的第二天——6月1日，《时报》的《小时报》刊登了一篇题为《今日只可谈风月》的文章，“把程砚秋、梅兰芳等人的起住，认为可以发表的消息；而把一切关于‘惨案’的消息，认为没有到发表的时期”。上海各日报照样大登特登英日广告，与广大市民的“提倡国货是救国的第一方策”“与帝国主义经济绝交”的呼声背道而驰。《公理日报》抨击《时报》的行径“是消磨民众的战斗意志”；并以上海学术团体对外联合会的名义，致书上海各日报公会，劝告他们“切实宣告，以后凡英日广告，一例摈斥不登，务希俯从公意”。日报公会非但不作答复，而且“照常替屠杀同胞的英国商人大登特登其销货广告”。6月12日，叶圣陶和郑振铎、胡愈之等代表上海学术团体对外联合会，向日报公会“特再提出警告，以冀报界最后觉悟，正式宣布，拒登英货广告”，希望报界的“明理之士”，不要“拂逆舆论，致引起社会之反抗”。日报公会仍然不作答复。叶圣陶于是写了《日报公会不答复》[1] 一文，愤慨地说“我们看见了一颗腐烂了变色的心！”次日，叶圣陶又写了《爱国的报纸应有单独的表示》，用极诚挚的话语呼唤日报公会的会员，希望他们不讲情面，不怕恶势力，与日报公会分道扬镳，单独宣告以后一律不登英

---

① 《公理日报》1925年6月13日。

日货广告。叶圣陶说，这样做“一方面可以见得你们不是同流合污的，而又一方面也安慰安慰我们老等着回音的人。大家看见你们的报纸上刊出‘本报以后永不登英日货广告’时，将齐声歌颂你们的勇敢，将永远记着你们的好义”。叶圣陶言词恳切，动之以情，晓之以理，表现了他真诚团结广大民众共同反帝的赤诚之心。6 月 13 日，作为统一领导全市反帝运动的公开领导机关——上海工商学联合会致函商界联合会，通告报界勿再登英日广告。14 日，致函中南银行及安裕、顺康两钱庄不得接济英商。然而，报界、银行和钱庄仍一意孤行，“每天发刊登载仇人的广告”，“每天解运银洋与仇人的银行”。叶圣陶又写了《再告报界与金融界》[①]，痛斥卖国的报阀、银行和钱庄，再次要求他们“为自己的心迹名誉起见”，赶快出来宣告“以后永不登英日货广告”，“永不与英日银行往来”，并提议各界“推举代表”，检阅银行和钱庄的“账簿”。这些正义的呼声，在当时确实起到了激励民众、鼓舞民气、打击敌人的战斗作用。

在汹涌澎湃的“五卅”反帝浪潮中，“上海市民的热血已被外人的枪弹沸腾到了顶点了!”[②]“复仇女神在翱翔，在拍翼!”[③] 为了使工人阶级的罢工斗争如火如荼地深入发展，叶圣陶和左生写了题为《援助罢工工人!》[④] 的社论，精辟地阐述了慷慨解囊、出钱援助罢工斗争的重大意义：

---

①《公理日报》1925 年 6 月 16 日。
②《〈热血日报〉发刊词》，《热血日报》1925 年 6 月 4 日。
③ 西谛：《〈小说月报〉第 16 卷 7 号〈卷头言〉》，《小说月报》第 16 卷第 7 号，1925 年 7 月 10 日。
④《公理日报》1925 年 6 月 12 日。

平常的捐资，大都以怜悯心为出发点。贫苦无告，或者天灾骤及，觉得是很可怜的，很足以致其同怜的；于是慷慨解囊……但这次的捐资全然不是这回事。受援助的工人并不同于颠连被难的苦人（虽然他们没有钱），而出钱的也不同乐善好施的仁人。这一点大家要注意呀！要知道现在的情形受援助的与出钱的一同站在一条阵线上，这条阵线是全民族反抗强权，所需的反抗力是全民族的力。工界同胞的力在那里呢？阿，他们有非常伟大的力，就是罢工，罢工足以制仇敌的死命！他们是开赴前线的代用军队！他们是与仇敌接仗的勇敢的英雄！各界同胞的力在那里呢？阿，各界也有非常伟大的力，就是出钱，出钱足以使我们的军队勇往直前，有进而无退。

社论接着提出了援助工人的“六条”具体办法，热切地希望各界“加以采纳”，“努力实行”，因为“这是义务，是责任，是良心的命令！”“凡是爱国的同胞，希望这回民族运动成为光荣的，胜利的”，就应该尽量地出力、出钱！6 月 13 日，叶圣陶又为《公理日报》写了题为《怎样做到我们的办法？——援助罢工工人》[①] 的社论，提出了实施“六条办法”的“三个步骤”：

第一步，由总工会指挥全体罢工工人分日在闸北南市举行大游行，促起市民的注意。

第二步，由学生会通知各校组织演讲队，同时出发演讲说明大

---

① 《公理日报》1925 年 6 月 13 日。

罢工之必要及援助罢工工人之意义与方法。

第三步，由商会及各马路商界联合会赶即筹议援助罢工工人之实施办法……

这“三个步骤”切实而具体，体现了叶圣陶面对现实、脚踏实地的战斗风格。这两篇社论当时是学校演讲队的讲稿，是我国现代史上最“鼓舞民气”的篇章之一。

随着斗争的发展，上海工商学联合委员会屈于当时的环境，忘却了民族解放的根本条件，在所提出的交涉“五卅”惨案的条件中，没有提到要废除一切不平等条约和收回租界，于是引起了市民强烈的不满。6月10日，叶圣陶在《公理日报》上发表了题为《不要遗漏了“收回租界”》的社论，批评工商学联合委员会所提出的条件“没有把捉到最切要的精魂”，责问他们“为什么不旁征众意”，倾听广大民众的呼声？真诚地规劝说：“现在正式交涉尚未开始，赶快修改还不嫌迟。条件中最切要的精魂，应当是收回租界！”希望工商学联合委员会“能够与我们取一致态度”。6月12日，《热血日报》也发了题为《工商学联合委员会》的社论，指出：“一切不平等条约不废除，即孙中山所谓卖身契不撕破，我们中国民族在政治上在经济上都永世不能抬头；租界上外人特权不完全废除，他们随时可以戮辱吾民。”

然而，就是工商学联合委员会这个“并不根本铲除帝国主义者在华之侵略势力，只要求吃人的老虎从整个吃进去的人身吐还给我们一爪一指”的“低到无可再低”的“交涉条件”[1]，在段祺瑞政府看来已是过高了，段政府派到上海同各国领事团进行“谈判交涉”的蔡延开、曾宗鉴，以及外交部特派江苏交涉员许沅，压根儿就不敢向帝国主义张嘴。他们一面要人民“静候政府交涉”，一面卑劣地指使大买办虞洽卿一伙，把工商学联合委员会提出的“交涉条件”中的“永远撤退驻沪之英日海陆军”“取消领事裁判权”“承认工人有组织工会及罢工之自由”等最重要的条款统统删除，而搞了一份所谓的“十三条”交付“谈判交涉”。目睹北洋政府的叛卖行径，叶圣陶义愤填膺，立即写了题为《总商会的条件?》[2] 的社论，呼吁广大民众奋发起来，为了“民族前途的命运”，为了大多数同胞的权利”，与“忘了全国，以私意取舍于其间”的“外交当局”进行斗争，“务使外交当局照工商学联合委员会的条件提出”，万万不能“迁就外交当局”。在广大民众的同声讨伐下，“只知媚事外人”“没有脊梁”的段祺瑞政府不仅不回头，反而勾结和拉拢资产阶级右翼背叛民族利益。6 月 19 日，总商会召集上海六十一公团代表在总商会会所举行秘密会议，策划于 6 月 21 日单独开市，并力主请奉军开进租界，维持开市后的秩序。叶圣陶连夜写了题为《无耻的总商会!!!》[3] 的社论，向同胞倾诉了他的愤慨：“开市了！明天开市了！总商会议决明天开市了！我闻此，心血已沸，怒火欲焚，我不料中国人里头会有这样无耻的总商会，卖国的总商会；然而中国人里头竟有这样无耻的总商会，卖国的总商会!”满腔的愤怒，使得叶圣陶与上海学术团

① 芳草：《欲一手掩尽天下目》，《热血日报》1925 年 6 月 15 日。

②《公理日报》1925 年 6 月 18 日。

③《公理日报》1925 年 6 月 20 日。

体对外联合会中的右翼公开决裂，冒着“赤化”和“过激党”的嫌疑，兀立高呼“大家起来打倒这个无耻的卖国的总商会!”“打翻了无耻的卖国的总商会，我们的步调才可以整齐，才可以打倒外来的帝国主义!”

6月22日，上海交涉破裂，屠杀又遍全国。原来“仅有”的“一家肯承印”《公理日报》的印刷厂，不再承印《公理日报》；原来捐助《公理日报》的商人们，也拒绝捐助；上海学术团体对外联合会内部的分歧也白热化起来，《公理日报》被迫停刊了。叶圣陶和郑振铎、沈雁冰、胡愈之等人在《〈公理日报〉停刊宣言》中说：我们“愤怒填胸，欲哭无涕”，“要是能力允许我们继续奋斗的话，我们必牺牲一切，奋斗到底。然而现在竟因种种不能克胜的困难，使我们不得不暂停我们所最欲做去的工作!”叶圣陶和郑振铎、沈雁冰、胡愈之等文学研究会会员的心情是很沉痛的，他们总结了三点教训：“第一，我们由这次的事，益明白‘公理’是要实力来帮助的。赤手空拳的高叫着‘公理’‘公理’，是无用的。……我们并不是说我们因此便不必呼喊了，是说我们由此益可明白我们将来所要走的是哪一条路；益可明白，我们于徒然的振喉大喊‘公理’之外，还有什么事要做。”“第二，经了这次大事变之后，我们益明了我们大部分中国人民及一般所谓‘绅士’者的态度与性格。……这种为奴为隶，为猪为羊都情愿，只求能暂时苟安的心理，已有四千馀年的传统关系了。这个传统的心理不打破，中国民族是永无救的!”“第三，我们简直不能相信中国民族中的一部分奸商及报阀、军阀以及其他小人乃如此的无耻，如此的卑鄙！……他们为了自己的权利，完全不顾到国民全体的利益与光荣。”同期报纸上还发表了《本刊同人特别启事》，该文写道：“我们还想继续做大规模的筹备，预备在将来建立中国健全的言论机关的基础”，重办一张报纸，并号召一切同情者资助，可将款寄到宝山路宝兴西里九号（即郑振铎家里）。并郑重地宣告：“我们的工作，万不能就此终止，诸君且记住……来日方长，我们的相别是暂时的！同情于我们的请来合作！在最近的将来，如得生力的应援，我们竟将以更勇进的面目与诸君相见。”从这些感人肺腑的言语中，我们可以感受到他们的心情。在这场反帝斗争中，他们认识到中国工人阶级的伟大与刚强，看清了“绅士者”的奴性（“待屠的猪羊似的苟安”），深切地懂得“‘公理’是要实力来帮助的。赤手空拳的高叫着‘公理’‘公理’，是无用的”。《〈公理日报〉停刊宣言》，使我们很自然地联想到鲁迅在《华盖集·忽然想到（十）》[①] 所揭示的思想：中国人民要“抽刃而起”，对敌人要“以血偿血”，要增长“国民的实力”，坚持同帝国主义斗争到胜利。

二、“笑将不复在我们唇上”

《五月三十一日急雨中》关于“反帝爱国演讲队”和“露胸的朋友”的描写，是极其感人的。重温这篇“与革命爆发时代相接近”、力倡“要反抗”“要复仇”的战斗檄文，有益于我们更准确地把握叶圣陶当时的思想脉搏。

从车上跨下，急雨如恶魔的乱箭，立刻打湿了我的长衫。满腔

① 《鲁迅全集》第 3 卷，人民文学出版社 2005 年版，第 95—96 页。

的愤怒，头颅似乎戴着紧紧的铁箍。我走，我奋疾地走。

这是这篇檄文的头一节。叶圣陶写“急雨”，当然是纪实，是写景，也是抒情。雨愈急，他为了“舐尽所有的血迹”，就愈要“奋疾地走”，“一口气赶到‘老闸捕房’的门前”；在滂沱大雨中，叶圣陶愈是“奋疾地走”，愈凸现出他那“头颅似乎戴着紧紧的铁箍”似的“满腔的愤怒”。在“急雨”中，也更能清晰地看到我们的“同胞”好的、坏的、像样的、丢脸的、无耻的、可悲的等等不同的姿态。文章接着写道：

路人少极了，店铺里仿佛也很少见人影。哪里去了！哪里去了！怕听昨天那样的排枪声，怕吃昨天那样的急射弹，所以如小鼠如蜗牛般蜷伏在家里，躲藏在柜台底下么？这有什么用！你蜷伏，你躲藏，枪声会来找你的耳朵，子弹会来找你的肉体：你看有什么用？

作者触景生情，连连斥问“人”到“哪里去了!”在“五卅”腥风血雨中，是勇敢地站出来抗争，还是屈伏在帝国主义的屠刀之下，这是一个极其严峻的审问，事关民族的生死存亡。对于那些“如蜗牛般蜷伏在家里，躲藏在柜台底下”的胆小鼠辈，叶圣陶叱责怒骂“你蜷伏，你躲藏，枪声会来找你的耳朵，子弹会来找你的肉体：你看有什么用?”；而当他在“急雨”中看到“反帝爱国演讲队”，看到“直任狂雨乱泼”的“青布大褂的队伍”，看到“穿各色衫子的短发的女子”时，随即亢奋起来，并且借用朱自清“笑将不复在我们唇上”的诗句，来歌颂这一张张

“严肃的郁怒的脸”。

“笑将不复在我们唇上”这句诗，引自朱自清的《给死者》，这首诗不长，抄录如下：

　　你们的血染红了马路；
你们的血染红了人心！
　　日月将为你们而躲藏！
云雾将为你们而弥漫！
风必不息地狂吹！
雨必不息地降下！
　　黄浦江将永远地掀腾！
电线杆将永远地抖颤！
上海市将为你们而地震！
　　你们看全国的哀号！
你们看全国的丧服！
你们看全国颜面的沉默！
　　花将为你们失色，
鸟将为你们失音；
酒将不复在我们口中，
笑将不复在我们唇上！
　　仇敌呀！仇敌呀！——
来，来，来，
我们将与他沉沦！

我们将与他沉沦！①

“笑将不复在我们唇上”，就是立誓要与“仇敌”搏斗，直至一起“沉沦”！这是最悲壮的“复仇”！叶圣陶写这些富有悲壮的“复仇”精神的“反帝爱国演讲队”和“穿各色衫子的短发的女子”的年轻、坚毅、赤诚。他们“纷纷投入各家店铺”，“差不多掏出整个的心，涌起满腔的血”，“真挚地热烈地”向人们“讲到民族的命运”，“讲到群众的力量”，“讲到反抗的必要”，“他们不惮郑重叮咛的是‘咱们是一伙儿！’”，这些感人肺腑的演讲，使得作者“感动”，“心酸，酸得痛快”，也使“店伙的脸也比较严肃了；……暗暗点头”。叶圣陶尽情地赞美道：“他们的脸使我感到惊异。我从来没有见到过这么严肃的脸，有如昆仑的耸峙；我从来没有见过这么郁怒的脸，有如雷电之将作。青年的清秀的颜色退隐了，换上了北地壮士的苍劲。他们的眼睛将要冒出焚烧掉一切的火焰，抿紧的嘴唇里藏着咬得死敌人的牙齿。”这是中华民族最壮美的礼赞！对那位穿粗布短衫、说“中国人”如果“齐心”“怕什么！”的“露胸的朋友”，叶圣陶由衷地赞美说：“露胸的朋友，你喊出这样简要精练的话来，你伟大！你刚强！你是具有解放的优先权者！——我虔诚地向他点头。”而对于那些“玩世地微笑的绅士们”，对于那些低吟着“可怜无补费精神”的公子小姐，对于那些卑怯惶恐的懦夫，叶圣陶则以犀利的笔锋发出诛心之论：“你们灭绝！你们消亡！永远不存一丝儿痕迹于这块土上！”

---

①《朱自清全集》第5卷，江苏教育出版社1996年版，第100—101页。

三、为“革新苏州”大造舆论

1925年6月6日，叶圣陶和沈雁冰、杨贤江、侯绍裘等人发起组织的上海教职员救国同志会正式成立，《上海教职员救国同志会宣言》痛斥“漠视而遏止救国运动”的“学阀名流”，宣传“救国应先于教育”的理念，号召广大教职员，“一方面应以国民的资格，率先为救国的运动，一方面以教育者的资格，领导受我辈教育之青年，为救国的活动，并培养其救国之能力”，“务使救国的教育，成为全国教育之风气，以挽国家之危机，而亦即所以根本的奠定教育之基础”。

《上海教职员救国同志会宣言》显然是有感而发的，当时“学者名流”散布的“读书救国”也不绝于耳。“五卅惨案”后，在全国沸腾的反帝怒潮推动下，胡适也曾上书北洋政府，提出惩凶、赔偿、道歉、废除公审公廨及“修改八十年来一切条约”等交涉条件①，表达了一定的反帝要求。但是，胡适只寄希望于军阀政府与帝国主义的交涉和谈判，却并不怎么支持群众的爱国反帝运动，特别不赞成学生罢课去参加斗争，还专门写了《爱国运动与求学》②，对爱国青年学生进行嘲讽。胡适说：“排队游街，高喊着‘打倒英日强盗’，算不得救国事业；甚至于砍下手指写血书，甚至于蹈海投江，杀身殉国，都算不得救国的事业。救国的事业须要有各色各样的人才；真正的救国的预备在于把自己造成

① 罗文干、胡适1925年6月21日《致沈瑞麟》，《胡适全集》第23卷，安徽教育出版社2003年版，第468—469页。沈瑞麟当时任北洋政府外交总长。

②《现代评论》第2卷第39期，1925年9月5日。

一个有用的人才”；还说什么：

> 国家的纷扰，外间的刺激，只应该增加你求学的热心与兴趣，而不应该引诱你跟着大家去呐喊。呐喊救不了国家。即使呐喊也算是救国运动的一部分，你也不可忘记你的事业有比呐喊重要十倍百倍的。你的事业是要把你自己造成一个有眼光有能力的人才。

这年9月，胡适到武昌大学讲演，又公然要学生“闭门读书，不管闲事”。尾随胡适之后的“学者”“名流”，也鹦鹉学舌，鼓吹“欧洲大战”时法国学生“安心读书”的精神，说“不定心”读书是“根器浅薄”，“还配爱国么?”叶圣陶当即写了散文诗《东西》① 予以还击。在这首诗中，他用反讽的口吻把以胡适为首的“学者”称作“智”，将被以胡适为首的“学者”教训的青年学生称作“愚”，通过“愚”对“智”的辩驳，揭露了以胡适为首的学者鼓吹的“安心读书”的荒谬。也正是出自要抨击“士大夫”和“学阀名流”的荒谬，叶圣陶和丁晓先、王芝九等人一起，自筹经费，于1926年1月20日创办了《苏州评论》。

《苏州评论》是十六开不定期的小型刊物，通信处就设在叶圣陶家中（上海香山路仁馀里二十八号）。在第一期的中缝刊有《告读者诸君》《本刊征稿简则》《本刊欢迎索阅》《本刊征求经济上之援助》等启事；第二期的中缝有《本刊特别启事》。《告读者诸君》中说：“本刊为十数同志之结合，目的在谋苏州社会之革新。同人预拟之计划，欲先从舆论

① 《文学周报》第195期，1925年10月18日；收入《叶圣陶集》第5卷。

方面入手，借以唤起群众组织团体，以与盘据苏州社会之恶势力相奋斗。唯同人之才能有限，思虑难周，所望吾乡有志革新者，不分彼此，咸来合作，或供给材料，或资助经费，或指示方略，或广为传布，以造成一坚强有力革新苏州之大联合，未始非苏州前途一线之生机也，是所切盼!”《本刊欢迎索阅》中说：“本刊为发行上之必要，虽在封面刊有定价，但实际并不注意于此项收入。凡爱读本刊者，只消通函本刊通信处，略附邮费，便可照寄。如愿代为推广者，尤所欢迎，请将需要份数开示，略附邮费，即可遵照办理。”《本刊特别启事》中说：“这样小小的一个评论，我们本想办成旬刊或周刊，使其能多与读者相见；只为经济能力所限，暂定每月发行一次。以后如同志加多，经济充裕，当将定期缩短。我们想早早实现所期望的，所以此时成了一个不定期刊的情形。”启事言简意赅，突出了《苏州评论》这一社会评论刊物的宗旨。

《苏州评论》第一期刊登的叶圣陶的《我们的意思》①，实际上是《苏州评论》的发刊辞。发刊辞中说，“认识我们的周围是非常切要的”。不然，“一塌糊涂，什么都不辨”，“就自欺得可怜，懦怯得可怜”。认识社会现状，认识苏州，“要用我们的眼睛耳朵，去看，去听；要用我们的身体心灵，去经历，去体验；这才会认识它的真实相”。不能听别人唱“三吴文物”“富庶之区”的老调子，不能“抱成见”“戴蓝眼镜”。认识苏州“衰老”“贫穷”“愁苦”和“危殆”的目的，是要“脚踏实地”地改造苏州，进而阐述了“本土”与“四方”的联系，革新苏州与改造整个社会的辩证关系，再次谈到创办《苏州评论》的初衷：

① 收入《叶圣陶集》第18卷时改题名为《我们的意思——〈苏州评论〉发刊辞》。

苏州曾是文明的一块地方，可惜它衰老了，从前的文明跟着它的盛年一同过去。现在有的是古旧的僵化的遗迹，仅足供人怀念而已。……苏州既是这样一块地方，就很容易使我们想起丢开它的念头：丢开了它，可以到旁的青年而壮盛的地方去。但是，这实是腐败的不道德的思想！我们是走了，不能大家都走，一定留下不能走的，难道他们就命该守住这快要灭亡的地方么？譬如吃一样东西，我们尝了一点，发见这是含毒的，就把嘴里的吐去，手里的丢掉，自己走开了。人家不晓得，拾起地上的东西毫无戒心地大嚼起来，结果不是牺牲一条性命，便是沉痾三月：这不是我们的罪恶么？所以尝到了毒物的，最正当的办法是先把这毒物毁灭净尽，再进一步，想法制成无毒有益的东西供大家吃。倘若舍此不图，便是腐败，便是不道德！而丢开苏州的念头，正同随手丢掉毒物的情形相仿佛，这怎么要得！唯其衰老，唯其危殆，我们更不该丢开苏州。给它想法，给它将护，是我们最低限度的责任；使它回春，使它光华，是我们更进一步的努力。如果说切身，苏州是我们游钓之乡，室家所寄，最切身不过的了；如果说近习，苏州是我们童而亲之，梦魂所系，最近习不过的了。颇有一班人以为区区小邑，何足道哉，大丈夫自有澄清天下的志概。我们不甘自弃，未尝没有这样的雄心；但是也不愿意附和着说一声："区区小邑，何足道哉。"我们觉得不忘情于本土和有志于四方根本上并不冲突，而且正见其脚踏实地；所谓"四方"，不就是四方人的"本土"么？……

不能忘情自然就有许多的话要说，于是我们想到自己办报刊。我们觉得现成有的报刊太可怜了！他们有许多的顾忌，有许多的拘束，为权势，为利益，几乎不能说心头的话，仅能说嘴边的话，那自然也未便刊载我们心头的话。自己办刊报纸就什么障阻也没有，要怎样说就怎样说，心头与笔头如一，我们所想与人家了解如一，直捷爽快。我们办这个《苏州评论》就为着这一点意思。

《我们的意思》深刻地阐明了创办这份刊物的目的，就是要以《苏州评论》为园地，“征求同志和我们合作一起”，为革新苏州和改造整个社会大造舆论，唤起民众，“连起手来向前走”，与“反动势力”作斗争。

叶圣陶在《苏州评论》第二期（2 月 20 日）发表《致态度各异的同乡们》，剖析“同乡们”遇事总是以为“事不干己，就回转头来抽他的水烟”，“消遣”“玩世”“忘却自己生活的意义”“无所为”等心态，号召“同乡们”起来“积极地奋斗”，一方面要努力铲除恶势力，一方面要劝诱改革恶习惯。“五卅”周年前夕，叶圣陶在《苏州评论》第四期（5 月 30 日）发表《“五卅”纪念与苏州》①，再次批评苏州人感觉特别薄弱，对什么事情都很随便，一味冷淡和敷衍的心态。叶圣陶颇有感慨地说：

苏州邻近上海，交通便利，每逢全国有一种什么运动，苏州也往往响应得很早的；然而也不过很早的响应而已，至于沉寂起来较任何地方（穷乡僻壤自然不算）为快，这是谁也看得出的，毋庸多言。而且所谓响应，也带着敷衍的色彩，事前既无广泛的宣传，当

① 署名同人，收入《叶圣陶集》第 5 卷。

时也没有激昂的举动，不过“虚应故事”而已。听说最近的“五九”纪念，军警倒认真到场弹压，民众却漠无所知，以致开会时连大中小学生合并起来，只抵及数不满百的军警的二分之一（决非到场之后被军警赶回去的）。而各种运动会，水龙会……以至大出丧，却从来没有如此萧索。……

希望“同乡”面对“内压外侵”要有“一点挣扎的呼声”。“‘五卅’事件虽发生于上海，而全国人民应当一致声援；‘五卅’流血虽已事过境迁，而我们当永远继续此种精神”。他在总结“五卅”运动失败的原因后又说，“我们无论做什么事，尤其不可离开了地方上的群众。所以除土豪恶棍之外，我们应一致联合”，“共谋地方事业之改进”。

《苏州评论》的创刊“像一块小石投入大海掀起了波圈，写信来交换意见的，一天总有好多起，有劝勉编者的，有指示办法的，有愿永相结合的，有愿担任发行的，有惠寄资料的，有寄文稿的”①；而苏州的恶势力则肆意攻击，诬其是“怪物”，“侮谩长上”，“专骂前辈老先生”，“想当官儿”，“是拿了什么党的宣传费”在作“宣传”。叶圣陶在《苏州评论》第五期（1926 年 6 月 30 日）发表《腐烂了玷污了的》和《我们与绅士》予以回击。他说《苏州评论》的“印刷费是你一块钱他两块钱凑集起来的”，并没有拿“广州的宣传费”。他说为了革新苏州，“须有许多高尚贞固的分子，须有许多阔大精深的人才”，需要“道德、智慧、热诚和不断的努力”。接着，叶圣陶大骂“腐烂了”良心的绅士。他说：

---

① 叶圣陶：《致态度各异的同乡们》，《苏州评论》第 2 期。

“在这八表同昏的时代”，绅士们“自烂良心，自污人格”，“道德沦亡”，这只能暴露他们的丑恶，他们“是不知有群的鄙夫”，“是金钱座下的奴隶”。叶圣陶还说：“我们的立脚点是一个市民，一个苏州的市民”，“是个爱地方的市民，真爱自己的市民”。虽说《苏州评论》只办了六期，但它确实起到激励民众、鼓舞民气、打击“反动势力”的作用，从一个侧面记录了叶圣陶在“五卅”后的斗争业绩。

四、主编中国济难会会刊

1925年“五卅”运动期间，叶圣陶和胡墨林一起加入了中国国民党。叶圣陶本没有入党的念头。辛亥革命前后受到“政党热”的影响，曾经加入过中国社会党，后来看到党内的腐败现象，觉得任何党派都带有宗教色彩，从此信奉“君子不党”的古训。中国共产党建党初期，一些共产党人觉得叶圣陶的信仰、品格都符合党员的标准，就劝请他加入共产党。叶圣陶似乎也答应了，可当杨贤江邀请他去履行中国共产党的“入党式”时，他却婉谢了[①]，因为党章上有“为共产主义事业而奋斗”的誓言，他觉得自己很难做到，就不能徒有虚名。那是1923年3月的事。叶圣陶没有加入中国共产党，但对共产党人是非常敬重的。诚如新华社在叶圣陶逝世后发表的《叶圣陶同志生平》中所说的：“从中国共产党成立之日起”，叶圣陶“就是党的亲密朋友”。他与沈雁冰、沈泽民、杨贤江、侯绍裘、瞿秋白、恽代英等共产党人都有过交往，为革命

① 叶圣陶：《纪念杨贤江先生》，《人民日报》1949年8月9日；收入《叶圣陶集》第6卷。

事业做了许多有益的工作。

1923年6月底7月初，沈雁冰参加了党的第三次代表大会后回到上海，接替恽代英担任上海“交通局”主任，从事革命宣传工作。那时叶圣陶的门上钉着“文学研究会”的牌子，沈雁冰看中了叶府这个公开身份，就托叶圣陶为他收取信件，凡是信封上写着“钟英先生收”的，收捡在一旁，转交给沈雁冰。“钟英”系“中央”的谐音。“五卅”前后，叶圣陶居住的仁馀里二十八号成了共产党人与左派的秘密联络点。一些共产党人和左派人士常在这里开会①。经历了“五卅”的反帝斗争，叶圣陶更深刻地认识到凝聚革命力量的重要。当时，正值第一次国共合作的蜜月期，许多共产党人都以个人身份加入国民党，“入党救国”的口号颇为流行。在沈雁冰、杨贤江等共产党人的劝导下，叶圣陶和胡墨林以他们特有的真诚，抱着要完成孙中山未竟伟业的宏愿，庄严地走到“三民主义”的旗帜下，成了中国国民党左翼阵营中的一名战士，与沈雁冰、杨贤江、侯绍裘等共产党人成了并肩战斗的战友，还分别担任了国民党上海特别市候补执行委员②和国民党上海妇女运动委员会委员③，站到了中国革命斗争的前列。

1925年12月17日，上海总工会副会长、中华全国总工会执行委员、“五卅”运动领导人之一刘华被军阀孙传芳秘密杀害。叶圣陶和沈

---

① 商金林撰著：《叶圣陶年谱长编》第1卷，人民教育出版社2004年版，第327页。

② 1925年4月5日上海《申报》第14版发表《国民党特别市代表大会记》称：4月4日，在国民党上海特别市代表大会上，丁晓先（39票）、叶绍钧（34票）、丁郁（34票）、冯明权（32票）、范博理（30票）当选为“候补执行委员”。

③ 1926年1月17日上海《申报》报道：上海妇女运动委员会由章国希、胡警红、郁斐如、范博理、管学达、张钟、胡数云、孔德沚、雷孝芹、陈比难、贺敬晖、梅玉珂、徐鸣和、胡墨林、钟复光等15人组成。

雁冰、胡愈之、蒋光赤、郑振铎等四十三人签署《人权保障宣言》[1]，表示强烈的抗议。这是中国进步的文化界人士第一次发表宣言，抨击反动派杀害中国共产党人。

1926年1月17日，中国济难会上海市总会正式成立。该会“以救济一切解放运动之被难者，并发展与世界被压迫民众之团结精神为宗旨”，“是中国光明运动的行动机关亦即是光明运动的理论的翻译机关”。叶圣陶受中国济难会上海市总会审查委员萧朴生[2]，以及中国济难会上海市总会组织委员阮仲一的委托，主编中国济难会会刊《光明》半月刊[3]。该刊第一期刊登了《光明运动》（愈之）、《光明底创造》（萧朴生）、《乱世求生之两大途径——互助与自救》（杨铨）、《中国“光明”运动的开端》（杨贤江）、《血花底爆裂》（诗，光赤）、《血痕》（俄国阿志巴绥夫的小说，西谛译）、《托尔斯泰的话》（仲云）和《莫遗忘》（圣陶），仅从作者群便可揣测《光明》半月刊的色彩。叶圣陶在《编辑馀言》中说：

> 这个刊物是公开的，凡是有良心的，为中华民族同时为世界人类之一员的人，都是这个刊物的栽培者和爱护者。我们可以不加入任何党派，我们可以不拘守任何主义。但是我们同为中华民族同时为世界人类之一员，却是坚强如铁石的事实，不容我们否认；而凡是要生活的，必须如航海者守着罗盘似的，抱定一种生活的态度，

---

① 北京《晨报副刊》1926年1月25日。

② 萧朴生：共产党人，早年留学法国，是邓小平的入团（中国共产主义青年团）介绍人。

③《光明》半月刊第1期于1926年6月5日出版。

也不容我们自居例外。那么，一个人，一个具有良心的人，在这时代该抱什么态度呢？具有良心的人的核心是“爱”，是“广大的爱”，这是无待解释的。唯其如此，具有良心的人又有“恨”，有“深切的恨”。他恨那些破坏了人间之爱的，他恨那些不自爱又不爱人的。徒然恨又有什么用呢？因而要作种种努力，如杨杏佛先生所说的“互助与自救”，用来消释心头之恨。这个恨到什么时候才消释呢？杀尽了那些可恨的东西之后吧！不是的，要到他们变化了，他们也能完成人间之爱，也能自爱而又爱人的时候；换句话说，要到他们恢复了丧失的良心，回归到具有良心的人的队伍里来的时候。这个工作真不轻呵，也许需要祖父子孙不知道多少代的继续努力。具有良心的人呀，还不该赶早团结起来么？见解的不同，派别的互异，那些算得了什么，完全驱散，排除出心灵之外！只想着彼此同是具有良心的人，同怀着“广大的爱”，也同怀着“深切的恨”，我们是一伙儿，是永远以心相结合的一伙儿啊！这个叫做《光明》的刊物，不啻是我们团结起来的宣言，同时也无妨作为我们团结起来的盟誓。

萧朴生先生说：“人们并不努力创造光明，人们有什么权利咒诅黑暗?”这是意味深长的一句话。我们的同伴呀，抛弃了我们的悲叹颓丧与一切消极，我们开始从杨杏佛先生指出的两条路上努力创造光明吧！

《光明》半月刊第三期《编辑馀言》，收入《叶圣陶集》第十八卷时改题名为《杀头与枪毙》，《光明》半月刊第五期《编辑馀言》，收入

《叶圣陶集》第十八卷时改题名为《该谁抱歉》，从这两则《编辑馀言》可以看出刊物的内容，以及叶圣陶编辑的艰辛。现将这两则《编辑馀言》抄录如下：

杀头与枪毙

杀头，枪毙，不是现在有权威者处置所谓罪犯的、不用反省的最普通的办法吗？听人讲说和在报纸上看到杀头和枪毙的新闻，也如听到吃饭喝茶那么平常，似乎这世界本当保存着这些事情的。畏垒先生问得伤心，“难道二十世纪的人类，已经‘血渴’到和野兽一样吗？”其实，他们所缺少的只是反省。能够反省时，虽有权威未必定要学张献忠的，而听到这等新闻，定会如撕去一缕脑筋似的震骇。

本志于最近期内拟出一个专号，来讨究处置犯罪的种种极刑问题。我们要从历史上观察，民族学上观察，法理学上观察，心理学上观察……看看所谓“极刑”到底是野蛮还是文明，是培养人类还是残戕人类，是有效的手段还是没有用的手段。现在向读者报告一声，同时也表示我们努力使这个杂志更为充实的诚意。

该谁抱歉

不多几年前，北京地方当局为维护风化，不大高兴青年男女谈什么恋呀恋，爱呀爱。他们认定有些书籍是专在那里教育青年们这样做的，于是查禁言“爱”的书。《爱的成年》当然是罪在不赦了，“爱美的戏剧”也做了陪客。我想，倘若有一位欢喜科学的先生给电气发明家爱迪生先生写一篇小传，大概同样要被查禁吧。

本期登载了蒋光赤先生的小说。读者诸君读这一篇时，会发见有几处印着点子，占到十个字的地位，这是表示删节的意思。为什么删节呢？无非免得被人家看作爱美的戏剧与爱迪生传之类罢了。这是得了蒋先生同意才这样做的，然而总觉得对蒋先生和读者诸君抱歉。但是再一细想，该抱歉的到底是编者么？

《光明》半月刊现存六期①，虽说延续的时间不算长，但它的确像黑暗中一颗闪耀的星光。《光明》半月刊“打破一切的桎梏，冲决一切的网罗”的呐喊，以及所倡导的“互助”说、“自救”论和“爱憎观”，都给了渴望“光明”的人们以思想和精神上的鼓舞和震撼。

五、把国民党党证撕得粉碎

在上海工人阶级发动第二次武装起义前夕，1927 年 2 月 16 日，叶圣陶与胡愈之、郑振铎等发起组织的上海著作人公会宣告成立，叶圣陶、丁晓先、郑振铎、潘公展、胡愈之、周予同、钱江春当选为执行委员，蒋光赤、朱应鹏、杨贤江、徐调孚、傅彦长当选为监察委员②。《上海著作人公会启事》③ 和《上海著作会公会缘起》④，都出自叶圣陶

---

① 《光明》半月刊第 6 期，1926 年 9 月 20 日出版。

② 《上海著作人公会成立》，上海《商报》1927 年 8 月 18 日第 2 张第 1 版。

③ 《文学周报》第 265 期，1927 年 3 月 13 日。

④ 《文学周报》第 262、263 合期，1927 年 2 月 27 日；收入《叶圣陶集》第 5 卷。

之手。“启事”指出：“本会宗旨，在谋增进著作人之福利，及促进出版物之改良。”“缘起”与当时的革命斗争相呼应，提出了反对“精神的产品商品化”，推翻“资本制度”，搬开“政治的习俗”对于“著作人”的“种种锢蔽”的顽石。“缘起”述说了“资本家”和“政治”对“著作人”的压迫后，接着说：

> 在这样的情形之下，我们觉得著作人应当组织一介团体，协力来谋改革，为自身也是为文化。所以发起这个“上海著作人公会”。很希望同业者踊跃加入，使这个会的力量坚强且伟大。想来，凡与我们同其命运的人，对于我们这个意见，总会致深切的同情吧。更希望各地的著作人都有同样的组织，因而成立一个“全国著作人联合会”。这时候，我们将自由的搬开压着我们的顽石，改善我们自身的生活，同时，自可毫无拘牵的渴望尽忠诚于我们的文化。

上海著作人公会会员来自各个阶层。“公会”具有强烈的社会责任感和朴素的阶级意识，自觉地与“体力劳动者”认同。作为上海著作人公会的主要成员，叶圣陶参加了上海市民代表大会的活动，投身到解放大上海的斗争中。

1927 年 2 月 22 日，上海闸北区的工人武装向盘踞在该区的直奉联军发起了猛烈的攻击，经过一天一夜的血战，工人武装攻克了全部据点。战斗尚未结束，又传来了北伐军到了上海的消息。叶圣陶欣喜若狂，急匆匆“挤”进“华界”，瞻仰北伐军的风采。他在长诗《忆》中写道：

闯到东边，两道三道的铁丝网；
赶到西边，外国枪截断了来往。
该有路吧，耐不住总想去望望，
　——枪声一连响了一天半，
　整夜晚的火烧怎么办！——
该有路吧，耐不住总想去望望。

心情可有点怪，说醉不像醉，
　说是痛快又未免过于干脆，
又急又怯像才回来的出门人，
　熟透的街市似乎全改了方位。
呵，好了，有条曲折的路在这边，
　……

“这就是呀！这就是呀！”
“我们的呀！我们的呀！”
　突然我心头一阵酸，
　这感动超过了喜欢：
经年的相思头一回见，
　掩着眼泪儿出神地看。

他们满脸的风尘色，
　可不曾掩没了精悍；

他们站的站，坐的坐，

　理衣，整帽，喝水，闲看，

像一队驯良的学生，

　走到这里休息一般。

呵，这面旗子，

　神圣的旗子！

你看红色的边缘已不很鲜艳，

　多少既流的血就也就是这么般；

你看青地白字已有点破残，

　想见他们怎样地露宿风餐。

神圣的旗子表白他们的一切，

　我起想嘴唇凑上去同它密接。

　…………

忽然想起家屋可受了灾，

　封闭着的东西还在不在？

算什么呢！我立刻又转念，

　对着这群人伟大的光彩

使家屋东西烧个精光，

　这点小牺牲也是应该。①

---

①《叶圣陶集》第8卷，第108—110页。

3 月 11 日，叶圣陶接受国民党苏州市党部的委派，与吴致觉、丁晓先、沈炳魁、王伯祥、计硕民、胡墨林等七人组成接管委员会，代表革命政权到苏州接管学校，“收回教育权”。由于丁晓先是上海市临时政府教育局局长，胡墨林又奉命接管上海务本女校（后因病未去），真正到苏州接管学校的只是叶圣陶、王伯祥、吴致觉、计硕民四人。4 月 1 日，叶圣陶一行来到苏州。次日，出席苏州市“反英讨奉市民大会”。4 月 4 日，接管“二中及一师”，并组建“接管吴县境内省立中学各委员会”。4 月 5 日，接管“女师及二农”。4 月 6 日，出席“二中维持会成立会”。4 月 9 日，接收“二女中”。4 月 11 日，“到纯一小学礼堂观开幕式”。

就在叶圣陶一行信心满满接管学校的时候，一个闷雷在头顶上炸响——4 月 12 日，蒋介石集团发动反革命政变，把已经站立起来的百万工农重新淹没于血泊之中。上海成了“狼虎成群”的世界（当时上海人民咒骂刽子手杨虎、陈群的双关语），昏黑的乌云弥漫了清朗的乾坤。革命陷入低谷，中国进入了一个冷酷而沉闷的时代。4 月 15 日，叶圣陶一行宣告接收委员会“解散”。次日，“接收工作全部了结”。4 月 17 日夜冒险回到上海。面对国民党反动派的倒行逆施，叶圣陶把国民党党证撕得粉碎，与国民党从此一刀两断。

六、“清党委员会”的“确凿证据”

空前的大屠杀使得 1927 年的那个天色阴翳、霪雨霏霏的梅雨季节更显得秽浊昏暗。因仁馀里二十八号曾经是共产党人和左派人士的联络点，叶圣陶回不去了，一家人暂时避居在斜桥天祥里。5月，据小报透露，国民党要逮捕胡墨林。不久，国民党上海特别市清党委员会查获了沈雁冰工作中经管的文件和私人信函、日记，以及书籍等，“清党委员会”以此作为共产党“破坏革命”的“确实证据”，于1927年8月13日在上海《民国日报》第二张第四版予以公布，标题为《请看共党阴谋毒计——上海清党委员会披露—在沈雁冰宅中搜得》。8月14日上海《申报》予以转载，标题改为《上海特别市清党委员会披露中国共产党操纵上海本党干部之真凭实据——在沈雁冰日记簿中检出》，其中就有共产党人在仁馀里二十八号召开党团改组会议的记录，现摘录于下：

> 第一区（闸北区）党团丁晓先、赵之乾、萧绍鄞、黄正厂、王芝九、刘重华、应修人、顾顺本。定星期一（1926年6月21日）晚7时半，在香山路仁馀里二十八号开第一次会议。会议日程：（一）各区报告，（二）各分部重新分配，（三）训练班，（四）整顿区党部，（五）召集民校（国民党内的共产党秘密小组）负责分子大会。训练班地点在景贤（指景贤女子中校），功课为：（一）民校政策（罗亦农担），（二）民校全盘状况，（三）第一区近状及今后工作方针，（四）戴季陶主义，（五）最近政治状况。①

> 15年6月21日下午7时30分，雁冰、义本、重华、之乾、治本、威贤、冰岩、正厂。主席雁冰，报告自民校全体中央会议于5

① 本段引文括号中的文字，均为本书作者所加。

月 15 日通过“整理党务案”后，本党对民党政策，由混合变为联合。以前的混合形势，好处在将散漫之民校团结起来，坏处在引起民校分子反感及同志之民校化，所以现在自从混合向着联合的路上走。目前虽不完全退出，但在非必要场所，则完全退出；即放弃高级党部，而拿住低级党部及区分部之工作。在第一区党部方面，区党部本身不健全，各分部也不能发展。在区党部我们同志只须二三天去指挥；在区分部我们要以少数指挥多数；完全是同志之分部，要想法分散到各分部去。现在整顿的办法：第一，先成立一巩固党团，其名单暂时拟定；第二，改组区执行委员会；第三，训练担任分部执行委员会之同志，于一二日后即行训练班，以造成之。（中略）（按去年 2 月广州中山舰之变，共产党实主其谋，于是有六月整理党务案之提出，在共产党已认为大让步矣!）①（二）训练班问题，先由区党部与部委②将所有各分部执行委员之同志开一大会，决定加入该班之人，地点及时间由部委决定，须在三四天之内。（三）整顿区党部，正式执行委员曹冰岩、丁晓先、朱义本、罗希之、陈阜东，候补朱公垂、王春生、顾治本，监察赵之乾，候补王芝九。

“清党委员会”披露的上述“实据”，是由沈雁冰的日记和会议记录拼凑而成的。沈雁冰主持的这个会议，中心议题是改组中央党团、整顿区党部，以巩固共产党对革命的领导，反击蒋介石继“中山舰事件”后，于

---

① 以上两个括号中的文字皆系“清党委员会”所加。

② 部委：为中国共产党区级机关。中共上海市领导机关称上海区委，各区级机关称部委。当时，上海共有七个部委，闸北区为第六部委。

1926年5月15日在国民党二届二中全会提出的赤裸裸的反共提案——“整理党务案”。1926年1月，沈雁冰到广州参加了国民党的“二大”，接着被留在广州担任国民党中央宣传部秘书。4月，沈雁冰因工作需要回上海担任中共上海区委委员，负责“民校”工作，6月21日闸北区党团改组会议，这是他“从事整理党部”工作的一个部分。这份“绝密”材料一经披露，叶圣陶随时都有被反动派缉捕的危险。中国的一切似乎都变得太快了。2月北伐军到了上海时的欣悦的笑颜还没有褪去，才四个多月，中国社会就在一夜发生了天翻地覆的变化，叶圣陶内心的痛苦和失望难以言表。他在《忆》中写道：

那天的印象总难消。/一个个的神态举动，/小胡子的回头一笑。/那不很鲜艳却神圣/的旗子，他们的表号，//现在都到哪里去了？/现在都到哪里去了！/我走过那天的街头，/只秋风吹动那市招。/淡淡的我的长影画在地，/我感到异样的寂寥，寂寥。[1]

① 《叶圣陶集》第8卷，第110—111页。

第十五章
填补新文坛刹那间空虚的《小说月报》

我永远是在这岸上徘徊着，

　在沙和沫的中间。

高的潮要把我的足迹抹掉，

　风要刮去这泡沫。

但海与岸却永远同在。

——叶圣陶为司徒乔的油画《沙和沫》题的小诗

一、擂响催人奋进的鼙鼓

叶圣陶为司徒乔的油画《沙和沫》题的这首小诗，同这幅油画一起刊登在《小说月报》第十九卷第九号（1928年9月10日出版）卷首。画面上，海浪涌上沙滩，浪顶翻着白沫，这是大海涨潮的景象。叶圣陶在这首小诗中说：潮水涨了，自然会抹掉印在沙滩上的一切痕迹。但他决不离开沙滩，永远“在这岸上徘徊”，“在沙和沫的中间”，决不怜惜自己的足迹将被抹掉。这大概就是1927年大革命失败这一特定的时代，叶圣陶当时的思绪和激情：虽然不能投身到革命的大潮中去搏击风云，但也不能远离时代，一定要为社会的进步和发展做一些切实有益的工作，决不顾念个人一时的安危得失。

从事现代文学研究的同人都知道，蒋介石发动反革命政变的第三天——1927 年 4 月 15 日，上海《商报》刊出了郑振铎、胡愈之等人写给国民党元老吴稚晖、蔡元培、李石曾的信，信中说：

> 上海市民方自庆幸得从奉鲁土匪军队下解放，不图昨日闸北，竟演空前之大屠杀惨剧。受三民主义洗礼之军队竟向徒手群众开枪轰射，伤毙至百余人，而我神圣之革命军人，乃竟忍心出之。……目睹此率兽食人之惨剧，万难苟安缄默。

这是知识分子反对国民党大屠杀的第一份抗议书，写于 4 月 13 日晚上，由胡愈之起草。签名者七人：郑振铎打头，依次为冯次行、章锡琛、胡愈之、周予同、吴觉农、李石岑。他们以为吴、蔡、李三人与文化教育界关系密切，或许还能听得进去，凭“元老”的身份在国民党内起点作用。不料吴稚晖看了大为震怒，通知斯烈（浙江军阀的一个师长）按名搜捕。当时，吴稚晖以“党国的柱石”“先知先觉的导师”“‘白头少年’的老健将”自居，今天检举这个是“准共产党”，明天诬陷那个是“额头上不雕字的共产党”①，以炫耀他“清党”的“魄力”“见识”和“奇功”，猖狂之极。郑振铎于是陷入了危险的境地，他不得不暂避锋芒，于 5 月 21 日搭乘法国邮船赴欧“游学”，把主编《小说月报》② 的重任

① 许德珩：《“清党”欤？“驱无”欤？》，时希圣编：《吴稚晖言行录》，上海广益书局 1929 年版。
② 《小说月报》自 1921 年 1 月号起，由沈雁冰主编。1923 年 1 月起，改由郑振铎主编。

托付给了他完全可以信任的挚友叶圣陶。

那么叶圣陶代郑振铎主编《小说月报》是从哪一期开始的呢?《小说月报》第十八卷第五号上印着的出版日期是5月10日，按说应该在4月中旬发稿，郑振铎的离国声明又刊登在第六号上，似乎都能说明，叶圣陶代郑主编《小说月报》是从第六号开始的。但是在当时，一般期刊经常脱期，不能按时发稿按时出版，《小说月报》也是如此。

《小说月报》第十八卷第四号（1927年4月10日出版）刊登的赵景深的新诗《Mars的恩惠》，后注“五，二二，于海丰”。林守庄的新诗《流泪》后注“七，三〇，大哭后”，诗人一字一血地倾诉了“四一二”大屠杀后的痛苦和彷徨：

> 眼是模模糊糊的了
> 心是空空洞洞的了！
> ……
> 这酸酸的，苦苦的泪往外流：
> 似酿熟的疮疽溃出毒脓，
> 似郁勃的溽暑下着阵雨。

赵景深和林守庄的诗作证实：《小说月报》第十八卷第四号的出版日期大概延搁到1927年8月。这一期的封面画是陈子佛的四色版画：宁静的夜晚，头戴大荷花的荷花仙子在荷塘旁现身，天上星光灿烂，池畔荷风送远。相传农历六月二十四日是荷花的生日，我国江南有在这一天给荷花“上寿”的风俗，红男绿女挑上这一天去游荷花荡，酒食征逐，热闹一番，再买些荷花或莲蓬带回家。这幅封面画也从一个侧面点出了该期的出版日期；该期的插页是商务印书馆的“夏令卫生必备要籍”，书目有《霍乱预防法》《传染病》《饮食防毒法》《食物卫生》《治蝇要览》《疟疾一夕谈》《清凉饮剂制造法》，等等，这也能说明这期《小说月报》虽然注有“4 月 10 日”出版的字样，但实际的出版日期是在赤日炎炎的盛夏，而不是无数花儿争着开的初春。可以肯定，这一期是由叶圣陶最后编定发稿的；“卷头语”引录了德国现实主义戏剧家赫贝尔（F. Hebbel）的一段话：

> 戏剧的诗人必须从事于各种的人类品性，犹之博物学家必须观察各种的动植物，无论他们的标本是美的，丑的，有毒的，无害的，因为他们的职务便在表现事物的全体——我愿人人都能明白这一点。
>
> 写实主义和理想主义怎样才能调和着并用在戏剧里面呢？无非将前者提高而将后者压屈而已。戏剧中的人物所言所行，必不得轶出他的世界之外，但在那世界范围以内所可能的，则无论什么都可以得着最纯粹的形式和最高尚的表白。
>
> 理想之于戏剧，犹之附丽音之于音乐——本身是无用的，却是一切东西的根本条件。

这番话强调“观察”和“表现”“各种人类的品性”和“事物的全体”，强调“写实”和“理想”的融合。赫贝尔注重“写实”，号召作家们要全身心地投入“生活”，作品的“开拓”要深，感情要“真挚”。他说：

“一切真正的诗思诗构，皆是诗人性灵里的启示，诗人之胸怀中，蕴藏着整个之人类，连同它们那全盘的苦乐悲欢之情感，他所写的每一首诗，悉系吐露为一个人生之基础，或为人生上某一状况之基础之至为深邃的情感现象。”叶圣陶引录赫贝尔的话，显然是为了激励作家们忠实地尽一个作家的责任，直面现实，敏锐而真实地描写人生和时代的“美”“丑”“善”“恶”。

《小说月报》第十八卷第五号封面上“小说月报”四个篆书和“第十八卷第五号”一行楷书，都出自叶圣陶之手。这一期是“柴霍夫（契诃夫）专号”，“卷头语”就引录了契诃夫的一段话。这段话说：“一个人要写小说，我以为他应该从头至尾先都想好。……你不要在你的作品未刊以前读给别人听。顶要紧的，也须有你自己的意思。莫泊桑以他的伟大把小说的程度提高，使得别人不敢献丑。但我们仍旧要作小说，尤其是我们俄国人，一个人写他的作品一定要勇敢。比方大狗和小狗，小狗不能因为有了大狗，它就灰了心。大狗可以叫，小狗也可以叫。上帝给狗声音原是要它叫的。”用意是明确的，为的是鼓励作家大胆创作，勇敢地说出自己的话，不要被任何权威压得不敢作声。

大革命失败后，曾经为革命奔走呼号的作家或锒铛入狱（如罗黑芷、潘漠华）；或避难海外（如郭沫若、成仿吾）；或暂时隐蔽（如沈雁冰、戴望舒）；或“默默然的叹息”（俞平伯语），回到书斋去做自己的学问；或谋“读书救国”以修炼“薄弱的心志”（谢冰莹语）；或想“游戏人生，糟蹋一生”①，新文坛“呈现了刹那间的空虚”②。周作人在

① 李白英：《借着〈春潮〉给〈从军日记〉著者》，《春潮月刊》第1卷第7期，1929年6月15日。
② 方璧：《欢迎“太阳”!》，《文学周报》第298期，1928年1月8日。

1927年9月20日写的《怎么说才好》[1] 一文中说：目前在中国生活的人最好“学个乖，真的像瓶子那样地闭起嘴来罢”，“不说最好”。他说：“我觉得中国人特别有一种杀乱党的嗜好，无论是满清的杀革党，洪宪的杀民党，现在的杀共党，不管是非曲直，总之都是杀得起劲，仿佛中国人不以杀人这件事当作除害的一种消极的手段，（倘若这是有效，）却就把杀人当作目的，借了这个时候尽量地满足他残酷贪淫的本性。……最奇怪的是智识阶级的吴稚晖忽然大发其杀人狂，而也是智识阶级的蔡胡诸君身在上海，又视若无睹，此种现象，除中国人特嗜杀人说外，别无方法可以说明。”因为“中国人特别有一种杀乱党的嗜好”，因而叫人“学个乖，真的像瓶子那样地闭起嘴来罢”。叶圣陶反其道而行之，所援引的“小狗不能因为有了大狗，它就灰了心。大狗可以叫，小狗也可以叫。上帝给狗声音原是要它叫的”这几句话，是有很强的现实针对性的。

国民党反动派的叛变断送了革命，也绞杀了新文学。尽快凝聚力量，使受“四一二”冲击而失散的创作队伍尽可能重新组织起来，并发现新人，成了新文学发展最紧迫的课题。叶圣陶通过“卷头语”和“编后记”与作者“对话”，希望得到真诚的感应。

《小说月报》第十八卷第六号的“卷头语”，叶圣陶引录了厨川白村在《苦闷的象征》中的一段话：

文艺者，是生命力以绝对的自由而被表现的唯一时候。因为要

① 岂明：《怎么说才好》，《语丝》第151期，1927年10月1日；收入《谈虎集》。

跳进更高更大更深的生活去的那个创造的欲求，不受什么压抑拘束地而被表现着，所以总暗示着伟大的未来。自过去以至现在继续不断的生命之流，唯独在文艺作品上，能施展在别处所得不到的自由的飞跃，所以能够比人类的别样活动——这都从周围受着各种的压抑——更其突出向前，至十步，至二十步，而行所谓“精神底冒险”。超越了常识和物质，法则，因袭，形式的拘束，在这里常有新的世界被发见，被创造。在政治上，经济上，社会上还未出现的事，文艺上的作品里却早经暗示着，启示着的缘由，即全在于此。

厨川白村可说是鲁迅最为看重的日本文艺理论家。1924 年鲁迅翻译了厨川白村的《苦闷的象征》，后来又翻译了厨川的另一本文艺论著《走向十字街头》中的部分评论。厨川对于文艺的根本问题的考察以及文艺起源的思想，均为鲁迅所欣赏。叶圣陶自学过日文，亲家夏丏尊又是个“日本通”，他所看的《苦闷的象征》是日文本，还是鲁迅的译本，现在已经无法考证了，但仅就这则“卷头语”来说，叶圣陶完全认同厨川关于“文艺是苦闷的产物”的思想，完全认同厨川关于文艺里面要“烧着”作家“生命力”或“意力”的思想，因而援引他的话，强调文艺的社会作用（即译文中说的“启示”作用），强调创作的欲求是为了使人们进入“更大更深的生活”，作家应该是“敢于冒险”的“精神上”的先驱者，不受任何压制，超越“常识和物质，法则，因袭，形式的拘束”，毫无拘束地在作品中“暗示着伟大的未来”。

叶圣陶又引录了德国现实主义戏剧家赫贝尔在《文艺日记》中的一段话作为第八号的“卷头语”：

一切艺术的事业在于表现人生……艺术的最初目的和最后目的便是使生活进程的本身明白表现，借示人生最内在的精髓如何在周围的空气里——无论它适宜与否——逐渐发达。若说唯有已经发达完竟的人生才配做诗人的材料，那是一种错误。因为诗人的题目正是那方在变化中的东西，换句话说，便是凡人生因与宇宙诸元素相冲突而方在产生中的东西。

叶圣陶引录的这段话，强调文艺的使命是要“表现人生”，文艺是“流”，作品表述的是“生活的进程”，不可能要求“已经发达完竟”了才可以写；鼓励人们抓住现实，大胆创作。赫贝尔在德国文学史上享有重要的地位，但中国读者对他还比较陌生，翻译界至今尚未翻译过他的作品，评论界似乎也很少谈论过他，叶圣陶选录赫贝尔的话，真是煞费苦心！

这四则“卷头语”都突出了“勇敢”二字，要作家们坚守“艺术之宫”，“执着现实”，真诚而热烈地“观照生活”，以“争天抗俗”的“反抗精神”创作出有“生命力”的戏剧、小说和诗歌来。这四则“卷头语”虽说都是“拿来”的，但似乎又都是为我们的作家量身定做的，表现了“节选者”的睿智、胆识和期待，煽动性极强。在当时“衰颓”的新文坛上，无疑是催人奋进的鼙鼓！

二、揭橥“写这不寻常的时代”的旗帜

赵景深在《文坛回忆·叶绍钧》中说，叶圣陶代编《小说月报》“是

用全力来对付的”，“一切琐碎的事，甚至校对，都由他自己动手。投稿人有信给他，如果是必需答复的，他自写回信去。他的字迹圆润丰满，正显出他那谦和而又诚实的心”。①

叶圣陶接手《小说月报》以后，为了挽救新文学的“衰颓”，他着眼于创作，立即筹划第七号的“创作专号”，并在第六号的编后记《最后半页》预告了“近来”收到的“可观的创作”，其中有鲁彦的《黄金》、胡也频的《牧场上》、刘一梦的《斗》、何燕的《葡萄》、赵景深的《栀子花球》、高歌的《春天的消息》、君亮的《幸福真谛》、子恺的《闲居》、佩弦的《荷塘月色》②、瞿菊农的《海塘上》。后面有一段针对“左”的论调的话，是这么说的：

> 在作家头上加上“什么进”的字样来称呼，我们觉得无聊而且不切实。我们以为，这个时候，作家们还是在同一的地位，大家需要不断的修炼——修炼思想，修炼性情，修炼技术，以期将来的丰美的收获。说“什么进”“什么进”只是狂妄与傲慢。
>
> 希望同在修炼中的作家们，常常惠寄你们的得意近作。为报答你们的好意，也许不久再出第二个“创作号”。

这话当然是有感而发的。大革命失败后，新文学阵营的当务之急是重整

① 赵景深著：《文坛回忆》，重庆出版社 1985 年版，第 230 页。

② 佩弦《荷塘月色》文后注“1927 年 7 月”，而《小说月报》6 月号的“预告”中则说已经“收到”了。可见，由于“四一二”的冲击，5 月号和 6 月号的《小说月报》均未能按时出版，这也是《小说月报》自 4 月号起就由叶圣陶主编的一个旁证。

并扩大创作队伍，可是一些自命“先进”“前进”的“革命作家”，却把矛头指向以鲁迅为代表的新文学先驱者，要“清算”“老脸文学家”的“落伍”和“浅薄”。叶圣陶在激励作家们要敢于写的同时，真诚地希望文艺界团结起来。众所周知，叶圣陶是一位“谦谦君子”，用“无聊而且不切实”这样严厉的话来批评某些“革命作家”，也可以看出事态的严重。在叶圣陶看来，在当时白色恐怖的高压下，“作家们还是在同一的地位”，应该互相切磋，共同提高；自封为“先进”，斥别人“落伍”，只会削弱自身的力量，妨碍新文学运动的发展。

1927年7月10日出版的“创作专号”（第十八卷第七号），“没有论文，没有译品”，这在《小说月报》是“前无其例”的①。以前的《小说月报》内容驳杂，实际上是一种综合性的文学杂志，作者群基本上是文学研究会的成员。叶圣陶为了填补新文坛“刹那间的空虚”，大力提倡创作，奖掖新秀，仅在“创作专号”上崭露头角的就有胡也频、徐元度、刘一梦、何燕、高歌、梁州、刘枝等十余人，他们都是头一次在《小说月报》上发表作品。

“创作专号”展示了新文学队伍后继有人的可喜局面。叶圣陶在编后记《最后一页》中说：“编者决不是一架天平。天平能把东西称量得一丝一毫没有差错，而编者岂其伦呢。但编者对于惠示的许多文篇，除了不能解悟及质料同技术很次的，也曾勉力减轻于习染、癖好等种种障蔽，只求它完成或者近于完成就行。所以这一本里所收容各篇，态度同情调几乎各色各样，殊不同趋。”好在《小说月报》本来是个“杂志”；

① 《小说月报》第18卷第6号《最后半页》。

"希望作者们更益修炼，更益精进，《小说月报》在这里等刊载你们尤见光辉的名篇"，"只要大家努力，不肯懈怠，好收成总在后头"。这番感人肺腑的话，道出了一个编辑出版家的博大胸怀，以及繁荣新文学创作的急切期待。

"创作专号"的"卷头语"是叶圣陶自己写的，重申了他一再强调的文艺创作的严肃性。他说：

> 创作，创作，岂是随便弄着玩玩的事情，该有它的深的根柢吧。
>
> 古往今来好些作者曾指陈他们创作的根柢，是这个，是那个，在这里，在那里。这自然是艺苑的宝藏，值得诵说且致尊崇的。
>
> 但是，如其我也是个作者，尤重要的乃在我自有我的深的根柢。枝叶繁滋，华实荣茂，只有联着在自己的根柢上才可能。
>
> 这不定要组成有秩序的言辞表白出来，甚至不定要自觉地存在意念里。有莫从指点而又无乎不在的这么一种——一种什么呢，却无以名之——渗透全生活，正是最深最深的根柢呢。

在"创作专号"上，叶圣陶还发表了《读〈柚子〉》《完成》《毫不》《法度》等四则短论。他强调创作不能单凭"天才"和"灵感"；"创作"的"最深最深的根柢"是"渗透全生活"，以及"一丝不苟，精密而又忠实的技工"；观察生活要"敏锐"，艺术构思时要"往深里、往远里想"；"创作"是严肃的，不是"随便弄着玩玩的事情"，不能"拿起画笔便涂，挺直喉咙便唱"；作品要讲究"法度"，创作过程中得反复"酝酿”，反复“琢磨”，反复修改，把“感情思维”给它“最适切地表达出来”，使作品“花一般开成个最动人的姿态”，思想和艺术都臻至“无瑕”的“满意”的境界。这些精辟的论述，既批评了当时有的“革命文学家”鄙弃艺术，鼓吹“一切的艺术，都是宣传”，以及在作品中一味地演绎“主义”和“意识”的主张，又批评了那些热衷于“自我表现”，以及坐在租界亭子间里面壁虚构的“空头文学家”。

《最后一页》实际上是“编后记”。叶圣陶在“编后记”的开头扫了一下胡适。他说：

> 颇有人这样说，生活的本身就是诗，就是艺术。现在这时代到底是个什么时代，有胡适先生同几位外国朋友各发表意见，尚无定论，但总之是个不寻常的时代，当无疑义。在这个不寻常的时代生活，恐怕更其是诗的，艺术的吧。如果把它写下来，岂不是非常之好的东西。然而这类东西还很少见。读者已渴望好久了。因此在这里向作者们要求：提起你的笔，来写这不寻常的时代里的生活！

1927年春，胡适在纽约作了题为《我们这个时代应该叫什么时代》的演讲，说中国正在走向“近代化”。“四一二”后，胡适又在东京发表谈话，“同情”蒋介石的“清党反共”。叶圣陶点出胡适关于“时代”的“意见”“尚无定论”，要大家警惕，不要轻信；同时肯定现在这个时代“是个不寻常的时代”，号召作家们写这个“不寻常的时代里的生活”。因为“创作专号”中还没有直接反映大革命失败前后的时代风云的作品，可能使编者叶圣陶等得不耐烦了，他不得不这样直白地说出了自己的意图，号召作家们写阶级斗争的血与火，写人民大众的生与死，促使人们震惊起来，感奋起来，走向新的生活道路。

写这个“不寻常的时代里的生活”，跟鲁迅当时的观点是一致的。鲁迅在1927年12月7日为黎锦明小说《尘影》写的《题辞》中说：“在我自己，觉得中国现在是一个进向大时代的时代。但这所谓大，并不一定指可以由此得生，也可以由此得死。”又说：“现在的文艺，是往往给人不舒服的，没有法子。要不然，只好使自己逃出文艺，或者从文艺推出人生。”叶圣陶号召作家写这个“不寻常的时代里的生活”，显然不是为了给人“舒服”，而是要“从文艺推出人生”；其目的显然不是“由此得死”，而是“一定指可以由此得生”，因而热诚地敦促作家转向对于社会题材的开拓，使新文学成为新兴阶级“最高政治斗争的一翼”。

三、寻找“尤见光辉的名篇”

1927年8月下旬，沈雁冰从牯岭回到上海，蛰居在景云里十一号半。这“十一号半”是叶圣陶帮他租下的。1927年5月叶圣陶从上海西区斜桥天祥里搬到横浜路景云里十一号。景云里位于租界与华界的交界处，当时还比较僻静。他就帮沈雁冰把隔壁的十一号半租了下来，两家就成了近邻。沈雁冰当时遭国民党反动派通缉，潜回上海之后，“足不出门，整整十个月”。叶圣陶几乎每天晚上都过去看他，转送朋友们的信件，传达文艺界的信息，商量《小说月报》的编辑事务。沈雁冰苦闷寂寞，常常给叶圣陶讲大革命中的经历和见闻。叶圣陶感到他所讲的只要写成文字，不正是他梦寐以求的好稿子吗？于是鼓励他写下来。沈雁冰也有写小说的愿望，叶圣陶的鼓动促使他把愿望化成了现实。他花了两周时间写成了《幻灭》的前半部分，随便写了个笔名“矛盾”，就拿给叶圣陶看。叶圣陶读了欣喜异常，第二天就急匆匆来找沈雁冰，说：“写得好，《小说月报》正缺这样的稿件，就准备登在九月份的杂志上，今天就发稿。”沈雁冰吃惊道：“小说还没有写完呢！”叶圣陶却说：“不妨事，九月号登一半，十月号再登后一半”；又解释道：“九月号再有十天就要出版，等你写完是来不及的。”考虑到沈雁冰的安全，叶圣陶劝他改一改笔名，在“矛”上加个草头，“茅”姓甚多，可以避免国民党方面的注意。

叶圣陶急不可待地为《幻灭》的问世作宣传，在即将付印的《小说月报》第十八卷第八号的《最后一页》中，添了一段文字略述《幻灭》的大旨：“下期的创作有茅盾君的中篇小说《幻灭》，主人翁是一个神经质的女子，她在现在这不寻常的时代里，要求个安身立命之所，因而留下种种可以感动的痕迹。”这样，《幻灭》就以“茅盾”的笔名发表于《小说月报》9月号的头条位置上，从交稿到出版只有十天。叶圣陶后来在《略谈雁冰兄的文学工作》① 中说：《幻灭》的前半部登载出来后，“引起了读者界的普遍注意，大家要打听这位‘茅盾’究竟是谁。徐志摩先生曾经问我，‘《幻灭》是你的东西吧?’我摇摇头，‘我哪里写得出这样的东西’。他不再问究竟是谁了，我想他一定厌我不肯坦白告诉他”。

1927年10月10日出版的《小说月报》第十八卷第十号分量更重

---

①《华西晚报》1945年6月23日，收入《叶圣陶集》第9卷。

了。这一期，除了刊登《幻灭》的后半部，还发表了叶圣陶自己写的《夜》，这是抗议“四一二”大屠杀的第一个短篇；还有王鲁彦的短篇《一个危险的人物》，反映白色恐怖已经遍布了全国城乡。这一期《小说月报》在社会上引起了强烈的反响。朱自清读了这三篇小说随即写了书评，欣喜地说这三篇虽然“都不曾触着这时代的中心，它们写的只是侧面；但在我，已觉得是一件值得注意的新开展了”，这三篇都是“以这时代的生活为题材”的小说，“无论它们的工拙如何，可以看出一种新趋势”。①

鲁彦的《一个危险的人物》堪称“写这不寻常的时代”的佳作。大革命失败后，青年子平暑期回到了阔别八年的故乡林家塘，全村人越看越觉得他是“一个危险的人物”。子平的叔叔惠明是林家塘的绅士，在试探口风时知道子平读过介绍“共产党”的书籍，与几位有地位的人密议一番后，差人到县里举报。前来缉捕子平的兵警以为子平会拒捕，就开枪把他打死了。作者没有明确地写出子平的身份，以及他回乡的动机。他可能是革命者，“四一二”后到乡下避风；也许就是一位浪漫的知识青年，回乡纯粹是为了游憩。作者笔下的这个“模糊”，形象地说明了白色恐怖已遍及穷乡僻壤。行为稍不合群就被认为是异端，惨遭杀戮，从而突出了那个“杀人如麻”的年代。

与《一个危险的人物》相比，叶圣陶的《夜》尤为成熟。朱自清说，“这真可称得完美的短篇小说”，虽然“没有一个字是直接叙述这件党案的”，但确令人深切地感着“这是上海的一件党案”，“写得很圆

---

① 白晖（朱自清）：《近来的几篇小说》，《清华周刊》第 29 卷第 2、5、8 号，1928 年 2 月 17 日、3 月 11 日、4 月 1 日。

满”，就连“闲闲写来，若无其事一样”的对话，“也是暗示着一般的空气的”。[①] 小说开头写一个黑暗得仿佛天空就要压到头顶上来的郁闷的深夜，老母亲抱着哭叫着“妈妈呀——妈妈呀”还不满两周岁的外孙，焦虑地等待着到刑场打听女儿（孙映川）女婿（姓张）信息的阿弟。痛切的思念使得她茫然无着，生怕别人知道怀中的外孙（大男），因此一遍一遍地教他说姓孙，而不是姓张。然而，当她听阿弟讲述了刑场上尸体狼藉的惨景，以及女儿女婿从容赴义的经过后，“眼珠闪着猛兽似的光芒”，由恐惧、绝望转而为对反动派的愤怒和抗争。“一阵忿恨的烈焰在她空虚的心里直冒起来”，愤激的情感就像沉默的火山突然爆发一般，她要到街上去喊“我大男姓张”，要给女儿女婿报仇，表现出了一种因愤怒到了极点而产生的不顾一切的感情冲动，并决定勇敢地再担负一回母亲的责任，为烈士抚育革命的后代。

“双线结构”的艺术手法，加重了这个短篇的思想容量。暗线——描写革命先烈“砍头不要紧，只要主义真”的献身精神；明线——通过老母亲从悲哀到愤怒，从懦弱到坚强的性格发展，深刻地展现了人民群众从反动派血腥屠杀中逐步觉醒并积极参加斗争的奋进历程。《夜》是我国“革命文学”创作的最初成果之一，是叶圣陶对我国新文学的又一突出贡献。今天观摩这个短篇，仍然可以感受到一股强烈的时代气息扑面而来。

正是《幻灭》《夜》《一个危险的人物》这些“写大时代的文艺”，

---

① 朱自清：《近来的几篇小说》，《清华周刊》第29卷第2、5、8号，1928年2月17日、3月11日、4月1日。

给“空虚”而“沉郁”的文坛注入了新的活力，给苦闷彷徨中的青年以抚慰和召唤。于是，在《小说月报》上发表的“以时代生活为题材”的作品越来越多。就小说而言，茅盾继《幻灭》之后，发表了中篇《动摇》《追求》，以及短篇《自杀》《一个女性》。叶圣陶继《夜》之后发表了《某城纪事》，揭露封建势力的残渣余孽混进了国民党，与反动派狼狈为奸，绞杀革命。此外，罗黑芷的《烦躁》，抨击了大革命中的“左倾幼稚病”；志行的《一个青年》，描写了国民党右派逐步走向反动，终于背叛革命，发动“清党”的全部过程；姚方仁的《胡子阿五》、黎者亮的《往哪里去呢》，揭露了封建军阀和反动政府的残酷；林守庄的《烟纹》、徐元度的《唱》，抒泄了青年的愤激和苦闷；许杰的《到家》、日生的《弱者》、彭家煌的《奔丧》，也从不同的侧面，再现了那个“不寻常的时代里的生活”。叶圣陶在为茅盾小说作的广告辞中说：“《幻灭》只是从侧面远远地描写现代革命”，而《动摇》“已深切的触着了”现代革命的“本身”。《追求》是“大变动时代”中青年们的写照，他们“一方面幻灭苦闷”，“一方面仍有奋进的热望”。《幻灭》《动摇》《追求》“可以无愧地说”是“写大时代的文艺”，“分开看时，三篇各自独立；合并起来，又脉络贯通——亦唯一并看，更能窥见大时代的姿态”。这些热烈的话语固然是对茅盾的褒奖，也为“写这不寻常的时代里的生活”作了诠释。

戏剧、新诗也不乏写这个“不寻常的时代”的佳作。景廉的话剧《归后》讴歌了革命者“过家门而不入”、不折不挠的斗争精神，展示了革命光明的前景。

许多革命青年“写大时代”的文学作品在《小说月报》上发表，这对于时代产生的影响是难以估量的，而对于作者本人带来的欣悦和鼓舞却不难想象。1927 年夏天，年仅二十二岁的戴望舒写了诗作《雨巷》，抒发了他在大革命失败后的彷徨和惆怅。这首诗描写的背景是梅雨时节的江南，抒情主人公“我”在一条寂寞而悠长的雨巷独自徘徊，希望逢着一个像他一样，“结着愁怨”，“丁香一样”的“姑娘”。这种极具象征意义的“彷徨”和“彳亍”，不仅带来了韵律上的抑扬顿挫，也给诗带来了既清新而又有点朦胧的气氛。杜衡在《〈望舒草〉序》[①] 中说：这首诗“写成后差不多有年，在圣陶先生代理编辑《小说月报》的时候，望舒才忽然想把它寄出去。圣陶先生一看到这首诗就有信来，称许他替新诗底音节开了一个新的纪元。……然而我们自己几个比较接近的朋友却并不对这首《雨巷》有什么特殊的意见，等到知道圣陶先生特别赏识这一篇之后，似乎才发现了一些以前所未曾发现的好处来”。叶圣陶还让戴望舒把手头的诗作都交给他。这样，《雨巷》在《小说月报》第十九卷第八号发表时，不是一首，而是一个诗组，题为《诗六首》。叶圣陶的赞许使戴望舒赢得了“雨巷诗人”的称号。《雨巷》像一曲抒情的乐章，回荡着郁抑而伤感的旋律：

撑着油纸伞，独自
彷徨在悠长、悠长
又寂寥的雨巷，
我希望逢着

① 戴望舒著：《望舒草》，现代书局 1933 年版。

一个丁香一样的
结着愁怨的姑娘。

她是有
丁香一样的颜色，
丁香一样的芬芳，
丁香一样的忧愁，
在雨中哀怨，
哀怨又彷徨；

她彷徨在这寂寥的雨巷，
撑着油纸伞
像我一样，
像我一样地
默默彳亍着，
冷漠、凄清，又惆怅。

她静默地走近，
走近，又投出
太息一般的眼光
她飘过
像梦一般地，
像梦一般地凄婉迷茫。

像梦中飘过
一枝丁香地，
我身旁飘过这女郎；
她静默地远了，远了，
到了颓圮的篱墙，
走尽这雨巷。

在雨的哀曲里，
消了她的颜色，
散了她的芬芳，
消散了，甚至她的
太息般的眼光，
她丁香般的惆怅。

撑着油纸伞，独自
彷徨在悠长，悠长
又寂寥的雨巷，
我希望飘过
一个丁香一样的
结着愁怨的姑娘。

悠长而寂寥的“雨巷”，象征着“四一二”之后那个阴暗寂寞的时代。革命失败了，同伴们流落到各地。诗人借用抒情主人公“我”独自在

“雨巷”中彳亍和惆怅的意象，深沉地抒写了迫切寻找同伴的心情，并且执着地相信一定会找到同伴，同伴也在像他一样地在寻找着他；尽管一时还遇不到，但还要寻找下去。叶圣陶体味到诗人这种寻寻觅觅的心境所蕴藉的情感，也有同样的心情，因而对《雨巷》特别推崇。

四、兼容并蓄　广结文缘

1980年，《文学评论》第四期发表了一篇批评戴望舒诗歌的论文，说《雨巷》在“内容上并无可取之处”，而叶圣陶“只着眼于形式和技巧的欣赏，因而作了过分的奖掖”。叶圣陶不无感慨。众所周知，到了“1928年夏秋之季，我国新诗已经呈现了疲蔽和枯涩的迹象”。《雨巷》以其特有的诗的“新的形式”、诗的“音乐的效果”，以及诗的“绘画的效果”给冷清了的诗坛带来了一股新鲜的生气，生动地说明了“新的形式能表达旧的形式所不能表达的，这是新的形式得生存且发展的最坚强的凭证”。① 叶圣陶说《雨巷》是有内容的，还说在那个不寻常的年代，怎么好在给一位青年朋友的信中谈“思想”呢？② 诚然，作为一位出色的编辑出版家，叶圣陶是看重艺术的。他钦敬沈从文捕捉事象的特有风韵，赞赏沈从文笔下湘西的动人风情，以及色调繁复的人生景观，在他主编《小说月报》期间发表了沈从文《我的邻》《在私塾》《或人的太太》《柏子》《雨后》《诱拒》《第一次作男人的那个人》等七个短篇。叶

① 胡展（叶圣陶）：《新诗零话》，《开明》第2卷第4号“诗歌批评号”，1929年10月10日；收入《叶圣陶集》第9卷。

② 叶圣陶1980年冬与作者的一次谈话。

圣陶觉得废名的小说与契诃夫的风格相似，就拉来《小五放牛》和《桃园》刊登在《小说月报》上。作为一个编辑，对见解不同、风格各异的作品应该兼收并蓄；胸襟狭隘，目光如豆，势必造成刊物的贫乏、单调、板滞。1928 年，叶圣陶谈到《小说月报》应作出“新颖的贡献”时说，“这努力有两个方面：第一，求能有时间性与趣味性的作品；第二，求能有较深切新颖的研究”。“为了求达第一点”，“除随时征访有时代性的其他稿件”，特请有“特长”的作家，将他们“所想所感尽量的披露出来”。①

既看重创作，又关注研究；既提倡写重大题材，又“随时征访有时代性的其他稿件”；既力图全面反映这个“不寻常的时代”，又尊重“个性”，把作家们的“所想所感尽量的披露出来”，这就是叶圣陶的编辑理念，从而形成了《小说月报》特有的丰富性。以爱情诗为例，叶圣陶选用的都是内容清新健康、形式活泼、不拘一格的“情诗”。诗中的感情或奔放或忧郁，都来自纯洁的心灵；诗风或凝重或纤丽，都源自精心的结撰，决无粗糙的痕迹。由于篇幅的局限，这里只能引录鹤西的两首短诗，请看《泛泛》②：

你像山那样高，那样静，那样深，
　我每次向你喊一声“爱”，
　“爱！”你就给我一个照例的回音，
等我不喊了，你也就寂无微声。

---

①《〈小说月报〉第 20 卷内容预告》，《小说月报》第 19 卷第 12 号，1928 年 12 月 10 日。
②《小说月报》第 19 卷第 4 号，1928 年 4 月 10 日。

像澄湖那样柔，那样静，那样清，

　我每将小石投入湖中，

　你就给我几圈泛泛的笑纹，

等我不投了，你也就镜一般平。

短短的八行诗，把姑娘的柔美、娴静与深沉写得极为细腻。再请看《我们等到冬天看》[①]：

你说你底爱像那条小川，

虽然小，永远这样地泛滥，

但是这还是夏天

我们等到冬天看。

你说你底爱像一脉温泉，

长流着，永远一样地温暖，

但是这还是夏天，

我们等到冬天看。

诗人讴歌爱情的浪漫和温馨，是“爱”的写实，也是“爱”的誓言，字里行间飘逸着“爱”的芬芳。鹤西大概是写“情诗”的好手，仅在《小

① 《小说月报》第19卷第7号，1928年7月10日。

说月报》第十九卷发表的“情诗”就有《不要来在这样的冬夜呵我爱》《泛泛》《Serenade》《琵琶引》(4 月号),《一个牧童的故事》(6 月号),《我们等到冬天看》《我底眠歌》《她底眠歌》(7 月号),《幽灵》《最后》(10 月号),等等,可见《小说月报》内容是很丰富的。

俞平伯在 1927 年 9 月 28 日写成的《谈中国小说》① 中说:

> 无论那种学术都是生活之反映。请问如此混乱穷困残忍的社会,反映在文艺中岂有不成乱草似的荒芜?以如此不安定的心灵所制成的文艺,如何能不草率而浅薄?若要怪我们不及古人或鬼子聪明,岂不把我们冤苦了?我们与其自责,不如咒诅我们的时代,我相信这决非怯懦。

俞平伯说得没错。当年的作品艺术上粗糙的多,“公式化”“口号化”的多。在那“混乱”的年代,叶圣陶把《小说月报》办得如此有声有色,是很不容易的。《小说月报》第十八卷第七号刊登了一则《更正》:“本卷第二号中《熬波图》一文第七页上栏第二行,‘但愿天公平,’应作‘但愿天公平。’”把逗号“更正”为句号。第十九卷第三号刊登了一则《刊误》:“本卷一九九页上栏第二行(即末行)服毒应改为自杀。”第十九卷第八号刊登的《刊误》中说:“上期《追求》篇中,有误植十字,今更正如下(略)”。为了几个字甚至专门为了一个标点符号,郑重其事地发表《刊误》和《更正》,可见叶圣陶编辑工作做得有多严谨和认

① 《小说月报》第 19 卷第 2 号。

真。他以文会友，广交朋友，既热情地恳请鲁迅、陈望道、郁达夫、胡愈之、俞平伯、朱自清、郭绍虞、丰子恺、许地山、庐隐、夏丏尊、郑心南、潘家洵、周建人、周作人等名家为《小说月报》撰稿；又重视不相识的作者的来稿，总像沙里淘金一样地从来稿中选取好的稿件，甚至热心地指导作者进行修改。丁玲的处女作《梦珂》、代表作《莎菲女士的日记》，以及短篇《暑假中》《阿毛姑娘》《一个男人与一个女人》，都是经过叶圣陶指点作了修改后，分五期刊登在《小说月报》的头条。小说描写了“近代女子”的感伤、苦闷，以及她们在社会变革的激流里经历的磨难和堕落，以其特有的细腻和率直，把近代女性的意识形态表现得淋漓尽致，因而轰动文坛，“大家都不免为她（丁玲）的天才所震惊了”①。从此，丁玲成了一位引人注目的女作家。丁玲回忆叶圣陶指点她修改自己的小说的往事时说：要不是叶圣陶发表她的小说，“我也许就不走（文学）这条路”②。

这里插入王伯祥的两则日记：

> 1928 年 9 月 29 日　　晨七时半往北站，会予同、觉敷、昌群、圣陶、乃乾、也频、冰之，同乘八时另五分特快车赴长安。车抵松江，机关车坏，坐待电沪调机始得行，迁延至一小时半，因在车中午饭。午后二时到长安站，下车另易汽车往海宁，半小时而达。至则晴帆已派警在城站迎候，导往所中小坐，即与晴帆同出，往游海神庙。庙殿建筑闳壮，牌坊、蹲狮、盘陀、柱础俱白石制，

① 毅真：《丁玲女士》，《妇女杂志》第 16 卷第 7 期，1930 年 7 月 1 日。

② 叶至善：《〈六幺令〉书后》，《人民日报·大地》1979 年 6 月 6 日。

雕镂绝精。虽失修，犹无倾圮象也。殿中祠浙海尊神，左配武肃王钱镠，右配吴大夫伍员，俱为造像，惟须皆被拔矣。旋出，饮于县商会之议事厅。地为陈氏安澜园故址，尝为陆宗舆所得，后以媚日事发充公改设者也。厅西有大池，曲桥，花木扶疏点缀之，殊不恶。有味凉小榭临其上，予等饮毕，即憩其中。夜十二时观潮海滨，详明日记中。

1927年9月30日　　昨夜十一时，由海宁警所步出城，由晴帆两警士导往海塘坐待潮来。未及十二时，即遥闻有声隆隆如轻雷。乘月色远望，初无所见。及十二时十余分，获见一浪白线，横海浮影。又十余分时而白线如墙而至，声势之壮平生所未睹也。潮头甫过，激浪滔天，飞沫若雾。就路局预置之测水标观之，顿高十五呎矣。尤可爱者，当潮初来时，远处水面有灯火数点，明灭闪烁如疏星。及潮大至而灯火愈多，横贯垒垒长数里。实计之，当不下千艘船也。询之人，则渔舟竞捞潮头鱼也。日以为常，初无足怪。予等自海塘入城，就晴帆预定之迎宾旅馆以行。惜地小无更好者，殊不堪睡，乃呼酒坐以待旦。晓色初上，即辞馆往谒晴帆，又蒙亲送上车。适馆授餐，备极劳扰，至感不安矣。到长安犹未及八时，即乘特别快车归沪。

日记中写到的晴帆，即叶圣陶和王伯祥的中学同学邱晴帆，时在杭州军事厅任职。他邀请叶圣陶和王伯祥等到海宁观赏钱塘江潮，丁玲和胡也频知道了也跟着一同去。叶圣陶和丁玲、胡也频的关系是这样亲近。

“钱塘午夜”共赏“潮头雪”的经历成了他们难忘的记忆。

巴金在1927年至1928年旅居法国巴黎期间，写了第一部长篇小说《灭亡》。1928年8月，他将书稿寄给当时在开明书店营业部工作的朋友索非，“托他代印几百册”。叶圣陶在索非那里看到这部稿子，就拿去在《小说月报》发表。他在为《灭亡》写的《内容预告》中说：“这是一位青年作家的处女作；写一个蕴蓄着伟大精神的少年的活动与灭亡”；“后半部写得尤为紧张”，说巴金“将来当更有受到热烈的评赞的机会”。是叶圣陶的慧眼，使巴金和丁玲一样幸运，初出茅庐就一鸣惊人。巴金曾多次很感激地说过：“倘使叶圣陶不曾发现我的作品，我可能不会走上文学的道路，做不了作家；也很有可能我早已在贫困中死亡。……编辑的成绩不在于发表名人的作品，而在于发现新的作家，推荐新的作品。我感激叶圣老，因为他给我指出了一条宽广的路，他始终是一位不声不响的向导。”①

叶圣陶提携、扶植、培养年轻作家的事例还有很多。他“不声不响”地为青年作家当“向导”，“不声不响”地培植文学新人，开启了文学研究会提拔新作家的时代。

五、开我国现代作家研究风气之先

茅盾在回忆录中说：1927年9月中旬写完《幻灭》，正要构思《动摇》，“圣陶却又来约我写评论文章了。他说，《小说月报》缺这方面的

---

① 巴金：《致〈十月〉》，《十月》1981年第6期。

稿件，而我正是‘此中老手’。他建议我写鲁迅论。我同意了”。但第一篇写出来的却是《王鲁彦论》。茅盾在《王鲁彦论》的开头说：“谢谢我的朋友郢（圣陶）先生，替我搜集了最近几年来国内新文坛的收获，已经是很丰富的一堆了”。就在这一堆很丰富的材料中，茅盾“仿佛看见各位作家不同的面貌”，看见各位作家“带着人生苦斗的伤痕的心”，看到他们“努力要创造”点缀“这枯寂灰色的人生”的“新”和“美”；也看到了“我们中间”的“希望”和滋长着的“蓓蕾”，“不禁踌躇满志地油然起了快感”，怀着“兴奋”的心情挥笔写下一篇篇“评论文章”，在《小说月报》上发表，开我国现代作家研究风气之先。

茅盾先写《王鲁彦论》是“避难就易”。因为在当时，评论界对王鲁彦作品的意见比较一致。而对鲁迅的作品，“评论界往往有截然相反的意见，必须深思熟虑，使自己的论点站得住。所以第二篇我才写了《鲁迅论》”。可在1927年11月号的《小说月报》上首先登出来的却仍然是《鲁迅论》。叶圣陶认为鲁迅是新文学的旗帜，研究新文学作家还是用鲁迅“打头炮”比较好，“而且那时鲁迅刚从香港来到上海，也有欢迎他的意思”。许广平在《景云深处是吾家》① 一文中说：“鲁迅在广东遭遇一九二七年的‘清党’之后，在悲愤与仇恨交集的心情下来到上海。怀着对叛变革命的新军阀的警惕和蔑视，心里是走着瞧，原没有定居下来的念头。”叶圣陶请茅盾撰写并执意首先发表《鲁迅论》，仅此一点，就能看到他对鲁迅的关心和敬仰。

1927年10月8日，鲁迅迁入景云里，住弄内二十三号，与叶圣陶

---

①《鲁迅回忆录》（第一集），上海文艺出版社1978年版。

是前后邻居，得到叶圣陶的“照应”（许广平《景云深处是吾家》）。10月14日晚上，叶圣陶陪黎锦明拜访鲁迅，黎锦明请鲁迅为他的小说《尘影》作序，叶圣陶则请鲁迅提供照片和签名，连同茅盾的《鲁迅论》一并在《小说月报》第十八卷第十一号发表。《小说月报》过去刊登过照片和签名，都是外国的著名作家。刊登中国作家的照片和手迹，鲁迅是第一人，也是仅有的一人。这时的鲁迅正陷入一个既危险又悲哀的境地。国民党反动派视之为“赤化暴徒”，一位青年行李中夹带了本《彷徨》，被反动派查出，即以此为罪，将他枪毙。① 而在某些“革命作家”的心目中，鲁迅则是“敌人”“封建余孽”“反动势力”“该死的‘老头子’”。《鲁迅论》称颂鲁迅“是青年最好的导师”，说鲁迅虽然“没有呼喊无产阶级最革命的口号”，但是我们却看到他有“一颗质朴的心，热而且跳的心”。叶圣陶用重磅道林纸印制鲁迅像和签名。在当时，《小说月报》这样“一味吹捧”鲁迅，显然要担风险的。

谈及鲁迅，似乎也应该插入一点文字简略地介绍一下他与顾颉刚的关系，因为顾颉刚与叶圣陶有非同寻常的“兄弟情谊”。鲁迅与顾颉刚不睦由来已久，到1926至1927年间发展到“势不两立”的地步。顾颉刚的女儿顾潮在《顾颉刚年谱》中是这么记载的：

(1927年)六月十八日　　厦大学生来，告曰鲁迅在汉口民国日报上说我反对国民党，此真奇谈！

(1927年)七月二十二日　　见履安转来本年五月十一日武汉

① 潘汉年：《信笔写来·鲁迅也是赤化暴徒之流吧》，《幻州》第2卷第2期，1927年10月16日。

《中央日报》，上刊四月下旬鲁迅及谢玉生与孙伏园二函。是时孙伏园任该报副刊编辑，鲁迅函中云：“我真想不到，在厦门那么反对民党，使兼士愤愤的顾颉刚，竟到这里来做教授了。”谢函中亦曰：“顾去岁在厦大造作谣言，诬蔑迅师，迨厦大风潮发生之后，顾又背叛林语堂先生，甘为林文庆之谋臣，伙同张星烺……等主张开除学生”。而孙伏园加以按语曰：“傅斯年顾颉刚二先生都变成了反动势力的生力军。”先生说：“如我在武汉者（武汉中山大学亦曾聘我），凭此一纸副刊，已足制我死命。我诚不知我如何‘反对民党’，亦不知我如何使沈兼士为我愤愤？血口噀人，至此而极。览此大愤。”

（1927年）七月二十五日　　与鲁迅信，认为与彼矛盾“非笔墨口舌所可明瞭”，“拟于九月中回粤后提起诉讼，听候法律解决”，嘱彼“暂勿离粤，以俟开审”。

（1927年）八月五日　　抵广州。

（1927年）八月十一日　　离杭抵沪，襄助中大招生事。

（1927年）八月十二日　　见傅斯年，彼“劝予不必与鲁迅涉讼，因其已失败也。”（日记是日）后王伯祥等亦劝止此事。

(1927年）九月五日　　离沪抵杭，仍忙购书事，至九月下旬结束。①

顾颉刚与鲁迅“交恶”，是文坛的一件大事，叶圣陶哪能不知道。顾颉刚1927年8月和9月在上海时，与叶圣陶见过面。既然知道了，既然见过面，是不会不谈及这件事的。仅以1927年7月和8月为例，《顾颉刚日记》中的相关记载就有如下数处。7月4日：“写圣陶、伯祥长信，得三千言，自叙身世之悲。”7月5日：“圣陶转来骝先先生一电，谓‘鲁复，全妄，勿疑’，则鲁迅竟未复职，此言何自而至乎？川岛至今无复，其承认造谣可知”。7月9日：“写圣陶信”。7月14日：“写圣陶信”。8月12日：“到伯祥处，并晤圣陶、缉熙，同到味雅吃饭。”8月13日：“（中午）到伯祥处吃饭，同席为圣陶、缉熙”。“今晚同席：孟真、平伯、予（以上客）文学周报社同人（主）。”8月21日：“今午同席：仲川、缉熙、乃乾、伯祥、圣陶、平伯、清宇、孟槐、绍虞（以上客），予（主）。”8月24日：“与伯祥、圣陶、调孚、石岑、经宇、愈之、予同谈话。”8月30日：“冒雨到商务书馆，访云五、伯嘉、伯祥、圣陶、予同、愈之等。与圣陶返其家，吃饭。”② 他们在信中、在客厅和饭桌上都说了些什么，已无从知道了，但不会不涉及鲁迅。顾潮在《历劫终教志不灰——我的父亲顾颉刚》一书中援引的顾颉刚致叶圣陶的一封信，虽然只是两个片段，但很值得玩味，现抄录如下：

① 顾潮编著：《顾颉刚年谱》，中国社会科学出版社1993年版，第142—143页。

②《顾颉刚日记》第二卷（1927—1932），联经出版事业股份有限公司2007年版，第64、65、66、75、77、78、79、81页。

父亲是年致叶圣陶信中说:“若要排挤鲁迅们来成全自己,更无此想。……我岂无争胜之心,但我的争胜之心要向将来可以胜过而现在尚难望其项背的人来发施。例如前十年的对于太炎先生,近来的对于静安先生。我要同他们争胜,也是‘堂堂之鼓,正正之旗’,站在学术上攻击,……所以,我要达到我的争胜之心,要创造出些新事物。”(1927 年 7 月 4 日)①

在 1927 年 7 月 4 日致叶圣陶的信中,他说:“这半年中,生活一乱,差不多没有读书。‘不进则退’,我现在比了去年确是退步了。”“我若从此不得继续以前的课业,那么我的生命不啻从此歇绝,我的活比了死还要痛苦。”在这封信中,父亲也谈到就职中山大学的态度:“至多,我只有看孟真面上,看金钱面上,去上一二年,把北京的欠债还清,我就卷铺盖。……若不容我发展自己,虽是广州中大给我高官厚禄,也留不牢我。”②

这封信写于 1927 年 7 月 4 日,最值得注意的是“若要排挤鲁迅们来成全自己,更无此想”,是叶圣陶信中批评顾颉刚的话呢,还是顾颉刚针对社会上的批评作出的解释,现在也只得存疑。不过,从叶圣陶这么真诚、热心而隆重地欢迎鲁迅来上海,至少可以说明他对鲁迅的尊敬和拥戴。

①② 顾潮著:《历劫终教志不灰——我的父亲顾颉刚》,华东师范大学出版社 1997 年版,第 114—115、117 页。

六、筹组“易卜生诞辰百周年纪念专号”

叶圣陶主编《小说月报》可以说是苦心经营，为了激励作家们都来写这个“不寻常的时代里的生活”，就想借用纪念“易卜生诞辰百周年”的名义，出一个“纪念专号”，再度弘扬“写实”和向“恶势力作战”的“易卜生主义”。

为了出好“纪念专号”，他想仿照《新青年》的思路，并首先想到胡适。1918 年 6 月 15 日发行的《新青年》第四卷第六号是“欧洲近代第一文豪”、戏剧大师易卜生专号，刊登了易卜生的《娜拉》（罗家伦、胡适译）、《国民公敌》（陶履恭译）、《小爱友夫》（吴弱男译）三个译本，以及袁振英的《易卜生传》，卷首是胡适的论文《易卜生主义》，“大吹大擂的把易卜生介绍到中国来”。胡适在论文中介绍了易卜生的“社会问题剧”，如《娜拉》（今译《玩偶之家》）、《罗斯马庄》（《社会栋梁》）、《雁》（《野鸭》）、《国民公敌》、《海上夫人》、《群鬼》等等，着重宣传了所谓“易卜生主义”，即易卜生的写实主义和个性解放的思想。他说易卜生所要张扬的，正是和“社会的风俗习惯”“舆论”“公论”“多数”对抗的“个人的个性”，并对易卜生的名言“世界上最强壮有力的人，就是那孤立的人”作了精粹的阐释，激励年轻人向“恶势力作战”，从而使“易卜生主义”成为典型的五四时代话语。这里引录胡适《易卜生主义》开头的几小节：

易卜生最后所作的《我们死人再生时》（*When We Dead*

Awaken）一本戏里面有一段话，很可表现出易卜生所作文学的根本方法。这本戏的主人翁是一个美术家，费了全副精神雕成一副像，名为“复活日”。这位美术家自己说他这副雕像的历史道：

我那时年纪还轻，不懂得世事。我以为这“复活日”应该是一个极精致、极美的少女像，不带着一毫人世的经验，平空地醒来，自然光明庄严，没有什么过恶可除。…… 但是我后来那几年，懂得些世事了，才知道这“复活日”不是这样简单的，原来是很复杂的。……我眼里所见的人情世故，都到我理想中来，我不能不把这些现状包括进去。我只好把像的座子放大了，放宽了。

我在那座子上雕了一片曲折爆裂的地面。从那地的裂缝里，钻出来无数模糊不分明，人身兽面的男男女女。这都是我在世间亲自见过的男男女女。（二幕）

这是“易卜生主义”的根本方法。那不带一毫人世罪恶的少女像，是指那盲目的理想派文学。那无数模糊不分明，人身兽面的男男女女，是指写实派的文学。易卜生早年和晚年的著作虽不能全说是写实主义，但我们看他极盛时期的著作，尽可以说，易卜生的文学，易卜生的人生观，只是一个写实主义。一八八二年，他有一封信给一个朋友，信中说道：

我做书的目的，要使读者人人心中都觉得他所读的全是实事。（《尺牍》第一五九号）

人生的大病根在于不肯睁开眼睛来看世间的真实现状。明明是男盗女娼的社会，我们偏说是圣贤礼义之邦；明明是赃官污吏的政治，我们偏要歌功颂德；明明是不可救药的大病，我们偏要说一点病都没有！却不知道，若要病好，须先认有病；若要政治好，须先认现今的政治实在不好；若要改良社会，须先知道现今的社会实是男盗女娼的社会！易卜生的长处，只在他肯说老实话，只在他能把社会种种腐败龌龊的实在情形写出来，叫大家仔细看。他并不是爱说社会的坏处，他只是不得不说。……

胡适的这番话，别说在1918年，即便是在过了十年的1928年，也有着极强的现实针对性。叶圣陶希望胡适在宣传易卜生方面再发挥些影响，就在1927年12月18日给胡适写了一封信：

适之先生：

居处距离较远，致不曾走候。读《生活周刊》知先生近况极详。勤于撰述，乐此不疲，甚为欣慰。现在有一事向先生请求。明年三月，为易卜生百周岁纪念。《小说月报》拟刊载几篇关于他的文字。先生介绍易卜生最早，那篇《易卜生主义》可谓已深入人心。敢恳抽些工夫，为月报特撰一文。此不同寻常应酬文字，想来可蒙允诺。明年三月号大约二月初便须付排，故尊作恳于一月底赐下。先生友人中，治艺大者极多，倘蒙代约作文，亦所盼祷。敬请赐覆。

即颂

著安

叶绍钧上
十二月十八日[1]

“那篇《易卜生主义》可谓已深入人心”，决非寻常赞誉的话。鲁迅在《〈中国新文学大系·小说二集〉序》中评点五四时期的小说创作时，就明确指出一些作品得益于“输入易卜生（H. Ibsen）的《娜拉》和《群鬼》的机运”[2]，一生处于重重“围剿”的鲁迅十分认同《国民公敌》中那句名言：“世界上最强壮有力的人，就是那孤立的人。”叶圣陶当然也是这么认为的。他不仅恳请胡适赐稿，还请胡适在他的文艺界的朋友中帮助约稿。可此时的胡适已不是五四时期的胡适了，迟迟没有答复。叶圣陶以为胡适没有收到，于 1928 年 1 月 4 日写了第二封信：

适之先生：

二十天前曾上一信，因为今年三月是易卜生的百周岁纪念期，《小说月报》拟刊载几篇关于他的文字，先生是介绍易卜生最早又最力的人，故欲请求先生特地撰一篇文字。连日盼望赐复，未得，想来那一封信不曾递到。现在再行陈请，希望能慰其愿。此非寻常应酬文字，想乐于动笔也。三月号于二月上旬付排，尊文能早日惠下，尤为盼祷。

介泉现在翻译易卜生剧，选定的是 *Hedda Gabler* 及 *When We*

① 耿云志主编：《胡适遗稿及秘藏书信》第 37 册，黄山书社 1994 年版，第 193—194 页。
② 《鲁迅全集》第 6 卷，人民文学出版社 2005 年版，第 247 页。

Dead Awaken 两篇。他在笕桥农业学校教书，住家在杭州，或者先生知道的。

叶绍钧谨上

一月四日[①]

叶圣陶信中所提及潘家洵译介的《海得加勃勒》（又译为《海妲传》），有别于《娜拉》《群鬼》《国民公敌》那样偏重写“问题”和“观念”的剧本，侧重写女主角海得的“品性”和她的“悲剧”。海得从小跟着父亲加勃勒将军骑马、打枪，“一心想做超越尘俗的事情，一切日常生活在她眼里都是猥鄙庸凡，不值一笑。然而她自己既没有充分的胆量，又限于外界的阻力，理想与现实隔得太远，人生对她既没有约束的威权，又缺少吸引的魔力，像她这样感觉过敏的人最后当然只能一死了事”。[②] 胡适早在留学期间就读过这个剧本，1914 年 8 月 9 日日记记：“昨日读易卜生名剧《海妲传》（*Hedda Gabler*），极喜之。此书非问题剧也，但写生耳。海妲为世界文学中第一女蜮，其可畏之手段，较之萧氏之麦克伯妃（*Lady Macbeth*）但有过之无不及也。”[③] 1921 年 6 月 3 日日记记：“易卜生的《娜拉》，以戏本论，缺点甚多，远不如《国民公敌》《海妲》等剧。”[④] 但对出版“易卜生诞辰百周年纪念专号”的事一直没有回音。

叶圣陶在向胡适约稿的同时，也敬请鲁迅赐稿。鲁迅早在 1907 年写的《文化偏至论》中，就赞颂易卜生的“瑰才卓识”，称“其所著书，

---

① 耿云志主编：《胡适遗稿及秘藏书信》第 37 册，黄山书社 1994 年版，第 195—196 页。

② 潘家洵：《〈海得加勃勒〉译者序言》，《小说月报》第 19 卷第 3 号，1928 年 3 月 10 日。

③《胡适全集》第 27 卷，安徽教育出版社 2003 年版，第 440 页。

④《胡适全集》第 29 卷，安徽教育出版社 2003 年版，第 282 页。

往往反社会民主之倾向，精力旁注，则无间习惯信仰道德，苟有拘于虚而偏至者，无不加之抵排”，还特别介绍易卜生的《国民公敌》：“《民敌》一书，谓有人宝守真理，不阿世媚俗，而不见容于人群，狡狯之徒，乃巍然独为众愚领袖，借多陵寡，植党自私”，赞扬尼采“斯个人主义之雄桀者矣”①。在同年写的《摩罗诗力说》中论及拜伦关于“人”的“自由”和“独尊”时说：“此其所言，与近世诺威文人伊孛生（H. Ibsen）所见合，伊氏生于近世，愤世俗之昏迷，悲真理之匿耀，假《社会之敌》（通译《国民公敌》——引者注）以立言，使医士斯托克曼为全书主者，死守真理，以拒庸愚，终获群敌之谥。自既见放于地主，其子复受斥于学校，而终奋斗，不为之摇。末乃曰，吾又见真理矣。地球上至强之人，至独立者也！其处世之道如是。”②尔后，鲁迅 1918 年在《随感录·三十八》，1919 年在《我们现在怎样做父亲》中，都谈到易卜生的“思想”和“主义”。鲁迅的“重个人”，以及“立人”的思想，都与易卜生的影响有关。也正是因为鲁迅是“易卜生主义”的传道者之一，当叶圣陶来约稿时，就很爽快地答应了。鲁迅 1927 年 12 月 4 日日记：“午后叶圣陶来”。12 月 24 日日记：“午寄叶圣陶信并稿”。这“稿”就是鲁迅翻译的日本有岛武郎评论易卜生话剧《死人复活时》（即《我们死人再生时》）写的随笔《卢勃克和伊里纳的后来》，从约稿到交稿前后不过二十天。值得玩味的是，1918 年胡适写《易卜生主义》，开篇就从《我们死人再生时》说起，过了十年，当胡适对易卜生不再热心时，鲁迅偏偏选了《死人复活时》，似乎是有意与胡适“反串”或“呼

①②《鲁迅全集》第 1 卷，人民文学出版社 2005 年版，第 52—53、81 页。

应”。而之所以翻译这一篇，不仅是有岛武郎的见解深得鲁迅之心，而且也契合当时中国的文学界。请看译文开头的两小节：

> 伊孛生（H. Ibsen）七十四岁的时候，作为最后的作品，披陈于世的戏曲《死人复活时》，在我们，岂不是极有深意的赠品么？
>
> 在那戏曲里，伊孛生——经伊孛生，而渐渐将过去的当时的艺术——是对于那使命，态度，功过，敢行着极其真挚精刻的告白的。我在那戏曲里，能够看生超绝底伊孛生的努力，和虽然努力，而终须陷入的不可医治的悒郁来。伊孛生是在永远的沉默之前，对自己结着总账。他虽然年老，但误算的事，是没有的。也并不虚假。无论喝多少酒，总不会醉的人的阴森森的清楚，就在此。当他的周围，中途收了场的时候，独有伊孛生，却凝眸看定着自己的一生。并且以不能回复的悔恨，然而以纠弹一个无缘之人一般的精刻，暴露着他自己的事业的缺陷。

叶圣陶也正是钦敬易卜生在艺术上的“极其真挚精刻”，“竭诚于‘真实’”，“凝眸看定着自己的一生”，“无论怎样，总是尽力战斗”的“个性”，迫不及待地把这篇译文刊登在《小说月报》第十九卷第一号（1928年1月10日出版），从寄稿到出版只有半个月。而潘家洵翻译的《海得加勃勒》，刊登在《小说月报》第十九卷第三号至第五号（1928年3月10日、4月10日、5月10日出版）上，并在《小说月报》第十九卷第三号刊登了易卜生的画像。

叶圣陶尊敬鲁迅，鲁迅也很欣赏叶圣陶，那时鲁迅正和郁达夫一起编辑《奔流》文艺月刊，1928年8月20日出版的《奔流》第一卷第三期就是“易卜生诞生一百周年纪念增刊”，将易卜生的肖像画作封面，刊登了梅川、郁达夫、鲁迅、林语堂翻译的介绍和研究易卜生的五篇文章。相比起其他报刊的纪念活动，《奔流》的“纪念增刊”经过鲁迅和郁达夫的精心编排，又选取了易卜生的照片、手稿、漫画，恐怕是当年最隆重的一个纪念专号了。

因为叶圣陶的想法与鲁迅不谋而合，因而鲁迅也很关注潘家洵翻译的《海得加勃勒》这个剧本，他在《〈奔流〉编校后记（三）》中这样写道：“不知是有意呢还是偶然，潘家洵先生的《Hedda Gabler》的译本，今年突然在《小说月报》上发表了，计算起来，距作者的诞生是一百年，距《易卜生号》的出版已经满十年。我们自然并不是要继《新青年》的遗踪，不过为追怀这曾经震动一时的巨人起见，也翻了几篇短文，聊算一个纪念。”① 又说，五四时期知识界“何以大家偏要选出Ibsen来呢”，除了“因为要建设西洋式的新剧，要高扬戏剧到真的文学底地位，要以白话来兴散文剧”之外，“也还因为Ibsen敢于攻击社会，敢于独战多数”②，现在出版“纪念增刊”，是为了“追怀这曾经震动一时的巨人”——叶圣陶筹组“易卜生诞辰百周年纪念专号”，同样是出于这种考虑。

七、真诚地与“革命文学家”认同

1927年，叶圣陶年方三十三岁，精力充沛，思想和艺术日臻成熟，

①②《鲁迅全集》第7卷，人民文学出版社2005年版，第172、171页。

对敌斗争的方式方法也灵活多样。《小说月报》的封面本来是固定的，通常几年才换一次，而在1927年5月至12月的八个月间，叶圣陶每期都变换《小说月报》的封面，以画为主体，使其尽可能通俗化些，以适应“环境”，在“夹缝”中求生存。到了1928年，鉴于革命力量有所发展，叶圣陶就把《小说月报》的封面固定下来，以宣传内容为主，用较大的幅面刊登“要目”。“要目”上端，仅占封面五分之一的长条版画春意盎然。画面上，三只白鹿依傍着两位身着长裙的姑娘在绿茸茸的草地上边走边嬉，四只春燕绕着姑娘们呢喃低回。走在前面的姑娘俯身轻轻地为鹿抚挠，喁喁情话，后面的姑娘悄然张开双臂逗引迎面飞来的双燕，处处给人以“春来了”的感兴。叶圣陶主编《小说月报》的一年零九个月中（1927年4月至1928年12月①），工余创作了短篇小说《夜》《赤着的脚》《冥世别》《某城纪事》《李太太的头发》，长诗《忆》，以及长篇小说《倪焕之》等一批“写大时代的文艺”。反动文人早在叶圣陶主编《苏州评论》和《光明》半月刊时，就指责他“赤化”，领受“卢布”的津贴。而革命文艺阵营内部却说叶圣陶生活在“资本家的腋下”（洪为法语），是“市侩派的小说家之代表”，把他那些“写人生”的新文学作品划定为应该打倒的“小资产阶级的学士和老爷们的文学”（蒋光慈语）。冯乃超在1928年1月15日在《文化批判》创刊号发表的《艺术与社会生活》中说：

从主张提倡自然主义的一批——文学研究会的团体中，可以抽

① 关于叶圣陶主编《小说月报》的始末，可参阅商金林撰著：《叶圣陶年谱长编》第1卷，人民教育出版社2004年版，第399—400页。

出叶圣陶。他是一个静观人生的作家，他只描写个人（当然是寂寞的教养的一个知识阶级）和守旧的封建社会。他一方面和新兴的资产阶级的社会有着“隔膜”。他是中华民国一个最典型的厌世家，他的笔尖只涂抹灰色“幻灭的悲哀”。他反映着负担没落的运命的社会。别一方面他的倾向又证明文学研究会标榜着自然主义的口号的误谬，这是非革命的倾向。

钱杏邨在1928年9月写的《叶绍钧的创作的考察》① 中称叶圣陶“只把握得住社会黑暗的现象”，“忽略了潜在的与黑暗抗斗的力，生命的力，只是消极的黑暗的暴露与咒诅，没有积极的抗斗与冲决”，进而把《夜》和《某城纪事》也作为“考察”的对象，批评叶圣陶“不曾表现到狂风暴雨的今日的具有伟大的力的青年”。叶圣陶辛辛苦苦创作，辛辛苦苦主编《小说月报》和“文学研究会丛书”，却招来了“革命文学家”的“批判”和“清算”。朱自清站出来为叶圣陶申辩，在《我所见的叶圣陶》② 一文中说：“圣陶是不会厌世的，我知道。”叶圣陶则一笑了之。为了表露心境，他特意将1927年至1928年的短篇小说汇编成《未厌集》出版，在《题记》中说：

厌，足也。作小说虽不定是什么甚胜甚盛的事，也总得像个样儿。自家一篇一篇地作，作罢重复看过，往往不像个样儿。因此未能厌足。愿意以后多多修炼，万一有使自家尝到厌足的喜悦的时候

① 钱杏邨著：《文艺批评集》，上海神州国光社1930年版。
② 朱自清著：《你我》，商务印书馆1936年版。

吧。又，厌，厌憎也。有人说我是厌世家，自家检察，似乎尚未厌世。不欲去自杀，这个世如何能厌？自家是作如是想的。几篇小说集拢来付刊，就用“未厌”二字题之。

“四一二”之后，悲观幻灭的情绪弥漫一时，有些青年甚至走上了自杀的路。“不欲去自杀”，这铿锵有力的话语，极其鲜明而坚定地表明了叶圣陶在那个“不寻常的时代里”，决不自示其弱，奋勇前进，不为威武所屈，不为挫折所阻，不折不挠，奋斗到底的决心，同时也否定了青年人“厌世自杀”的行为，批评了他们因大革命失败的愤激而骤生的捐弃尘世而去、不再回首人生的消极和绝望。在“艺术”上永不满足，在“思想”上永不满足，“以后”要不断地“多多修炼”，力争“尝味到厌足的喜悦”，这就是叶圣陶在“革命文学论争”中唯一的表白，字里行间洋溢着积极进取的人生态度。

在我国现代文学史上，遭到“革命文学家”批判过的人，有的往往针锋相对，讽刺、挖苦“革命作家”和“革命文学”。周作人就曾说过“革命文学”是“文士们”“摇瘦拳头”（《〈永日集·大黑狼的故事〉序》）。叶圣陶与“革命作家”的心是相通的。钱杏邨和夏衍曾经说过，叶圣陶主编《小说月报》期间，“在经济上不断给拮据之中的一些党内作家以照顾”，他们自己也受惠不少。这在叶圣陶日记中也有记叙。叶圣陶 1977 年 6 月 20 日日记中记有：

吴泰昌来，言其岳父钱杏邨已于前日病故。余与钱相识在代替振铎编《小说月报》之时，亦五十年矣。彼时钱为投稿者。常送来一稿，希望从早取得稿费。同来者有杨邨人，其文学集团曰太阳社。太阳社中又有蒋光慈。

当时，《小说月报》规定文章登出之后再付稿费，而钱杏邨、蒋光慈、夏衍他们都是交了稿就领稿费，而有些稿子稿费已领，后来并不见得刊用。这些党员作家大多无固定收入，叶圣陶的特殊照顾解决了他们在生活中的实际困难，这还在其次。叶圣陶在发表他们的文章时，都充分地尊重他们，对他们文章中的激愤的段落，都不作删改。下面就举钱杏邨的两个例子。叶圣陶在他主编的二十来期《小说月报》上，发表了钱杏邨的八篇评论国外作家和作品的论文，均堪称蕴蓄着“愤懑与抗斗精神”的“革命文学”。在《俄罗斯文学漫评》① 中，钱杏邨谈到阿志巴绥夫的《朝影》，他极力推崇阿志巴绥夫笔下的巴莎。当他写到这位“可爱的革命青年”牺牲时，情不自禁地说：

可怜的巴莎死了，然而他永远活在人民的心里，在全俄罗斯的心里活着。……我们中国的巴莎呢？啊！我们中国的巴莎呢？中国现在需要的正是这样果敢的，超个人主义的革命家，我现在想起巴莎，我又不得不为中国的巴莎招魂了。归来哟，巴莎，归来哟，中国魂！

新俄作家塞门诺夫的长篇小说《饥饿》描写国内战争时期尽管饥饿，却

---

①《小说月报》第19卷第1号，1928年1月10日。

“不能够使工人——尤其是青年——中的健全分子不忠心地去拥护革命，去继续斗争，一直到更好的时期到来”。钱杏邨在为《饥饿》写的书评中赞美了“代表不为饥饿所折服的人民的意志”的菲姑娘，批评了菲姑娘的父亲——一个“因着饥饿的关系，使心理上发生变态，变成极端的自私自利的老人”。在论述菲姑娘“不因饥饿而颓丧其志趣”时，钱杏邨引用了菲姑娘看到的“对于革命的欢颂抑制了饥饿的痛苦”的场景：

> 我们走到街上，天色很光明，工人和红军打着旗子排队走：唱着《国际歌》，并且因为他们唱歌的缘故，天色更显得清明，太阳更觉着温暖。所有的人面容都很快活，很健壮，就连爸爸也挺起他的凹进的干瘦的胸脯，他沿着边路走，在他的宽大的鼻子里，也哼哼出这《国际歌》的调子，并且我忽然觉得我也合唱起来了，我们好像没有一个是曾挨过饿的。①

在那“革命犯禁”“红色犯禁”的白色恐怖下，叶圣陶不怕“犯禁”②，把这些煽动性很强、政治色彩很浓、思想很急进的文章连篇累牍地刊登在《小说月报》上，可见他并不像钱杏邨、蒋光慈、冯乃超所说的那么“落伍”。广阔的襟怀，分明的爱憎，使叶圣陶淡化了你你我我、恩恩怨怨，执着地坚信他与太阳社和创造社作家们“还是在同一的地位”，竭尽所能，

---

① 钱杏邨：《饥饿》，《小说月报》第19卷第9号，1928年9月10日。

② 1927年后，国民党政权非但不准谈革命，就连“颈围红带”也会招来“杀戮”之灾。详见称愚：《红色犯禁》，《幻州》半月刊第2卷第7期，1928年1月2日；秦未帝：《论杀》，《幻州》半月刊第2卷第8期，1928年1月16日。

相互助援，冒着风险真诚地与他们革命文艺的主张“认同”。

鲁迅曾经说过：“在生活的路上”，他是“将血一滴一滴地滴过去，以饲别人，虽自觉渐渐瘦弱，也以为快活”。[①] 叶圣陶主编《小说月报》的过程，也可以理解为是“将血一滴一滴地滴过去，以饲别人”的过程。在那“黑云压城城欲摧”的岁月，《小说月报》一枝独秀，给“荒歉的年头”的文坛赢得了差强人意的丰收。1931 年 12 月 19 日，鲁迅将他翻译的法捷耶夫小说《毁灭》赠与叶圣陶，并惠书云：“聊印数书，以贻同气，可谓‘相濡以沫’，殊可哀也。”叶圣陶一直敬仰鲁迅。鲁迅也很爱护叶圣陶，早在 1919 年 2 月叶圣陶第一篇白话小说《这也是一个人!》在《新潮》杂志刊登后，鲁迅就给了很高的评价，他在 1919 年 4 月 16 日给傅斯年的信中说：“《新潮》里的《雪夜》，《这也是一个人》，《是爱情还是苦痛》（起首有点小毛病）都是好的。上海的小说家梦里也没有想到过。这样下去，创作很有点希望。”[②] 然而，他们真正成为“相濡以沫”的“同气”，则正是在叶圣陶主编《小说月报》的那个“不寻常的时代”。

---

① 鲁迅 1926 年 12 月 16 日致许广平，《鲁迅全集》第 11 卷，人民文学出版社 2005 年版，第 657 页。

②《鲁迅全集》第 7 卷，人民文学出版社 2005 年版，第 236 页。

创作《倪焕之》时的叶圣陶

1935年秋叶圣陶（靠前穿长衫者）与沈从文（靠后穿长衫者）等同游苏州天平山

抗战前的叶圣陶

1938年秋叶圣陶（右一）与巴蜀学校师生合影留念

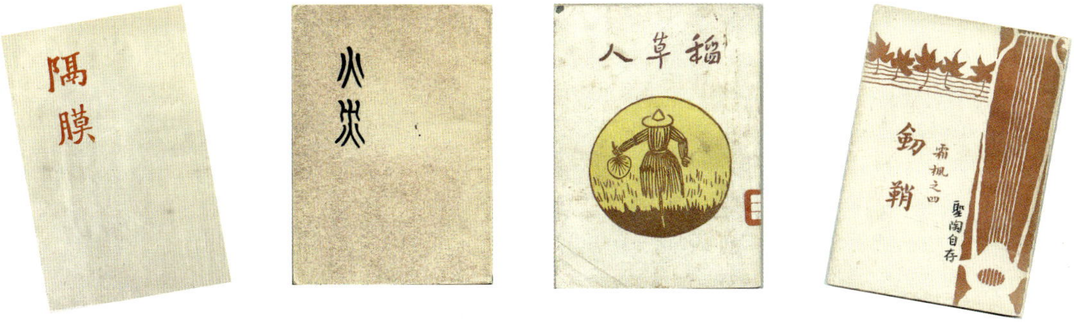
隔膜
稻草人
霜枫之四
圣陶自存

线下
城中
叶绍钧著
未厌集
倪焕之
古代英雄的石像
脚步集

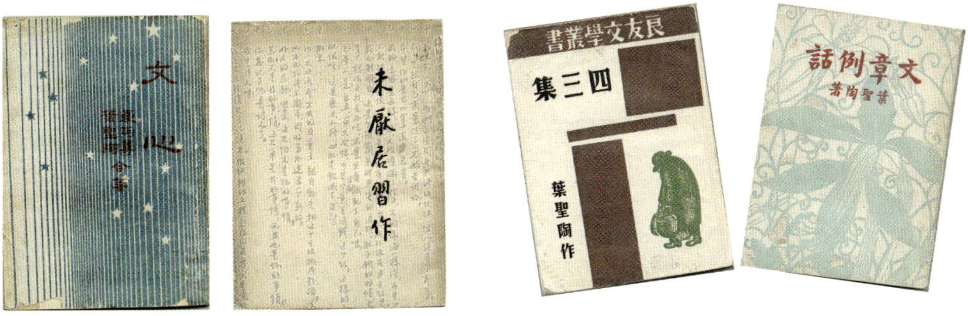
文心
未厭居習作
良友文學叢書
四三集
葉聖陶作
文章例話
葉聖陶著

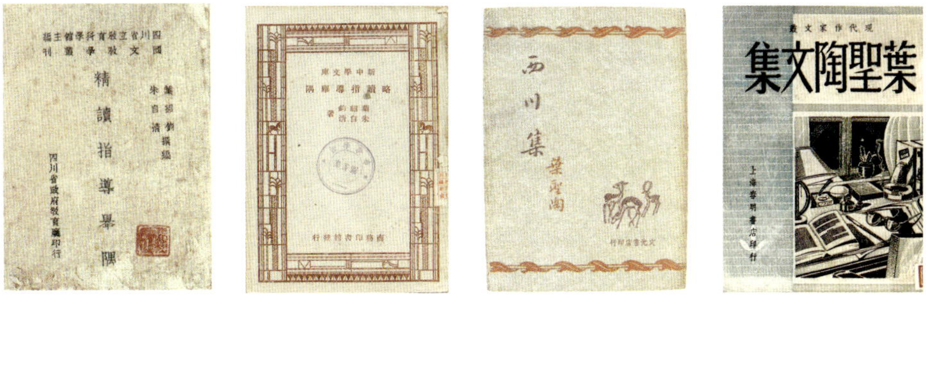
精讀指導舉隅
略讀指導舉隅
西川集
葉聖陶
葉聖陶文集

叶圣陶部分
作品书影

乐山被炸后，叶圣陶全家1940年2月16日摄于祝公溪畔之野屋（叶至美因在夹江乐山女中读书而缺席）

1942年10月11日，叶圣陶夫妇、长子至善夫妇、母亲朱氏和八个月大的长孙三午摄于成都西门外乡间的院子里

1943年11月15日中华文艺界抗敌协会暨成都文艺工作者为叶圣陶（前排左四）祝寿

1945年10月19日鲁迅逝世九周年纪念会留影（从左至右依次为叶圣陶、冯雪峰、老舍、周恩来、冯玉祥、郭沫若、邵力子、柳亚子、胡风）

1946年6月23日叶圣陶与许广平、周建人等到上海火车站欢送为反对内战到南京请愿的马叙伦等十位代表

1949年2月23日叶圣陶与夫人胡墨林在香港达德学院合影

1949年2月叶圣陶（二排右一）与曹禺、郑振铎等在香港合影

1949年2月奔赴解放区的部分民主人士在华中轮上合影（三排右二为叶圣陶）

1949年3月8日叶圣陶在山东莱西演讲

1949年9月叶圣陶和茅盾在新政协筹备会上

1949年10月1日华北人民政府教育部教科书编审委员会全体工作人员合影（二排右五为叶圣陶）

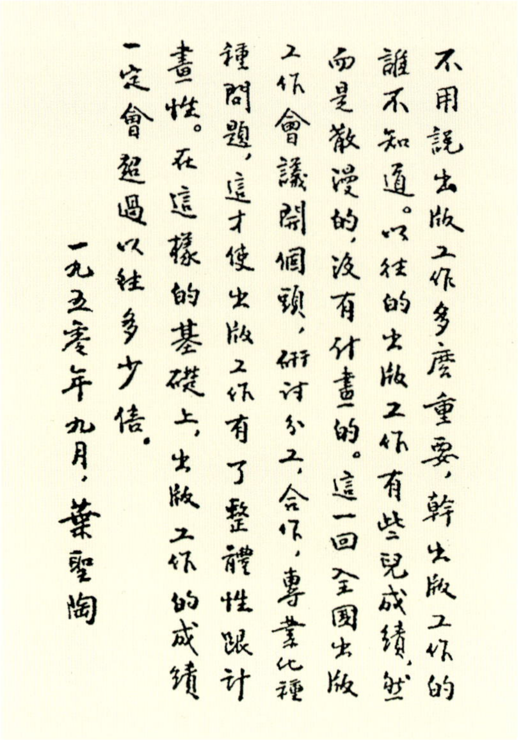

不用說出版工作多麽重要，幹出版工作的誰不知道。以往的出版工作有些兒成績，然而是散漫的，沒有什麽計畫的。這一回全國出版工作會議開個頭，研討分工，合作，專業化種種問題，這才使出版工作有了整體性跟計畫性。在這樣的基礎上，出版工作的成績一定會超過以往多少倍。

一九五零年九月，葉聖陶

1950年9月叶圣陶为全国出版会议题词

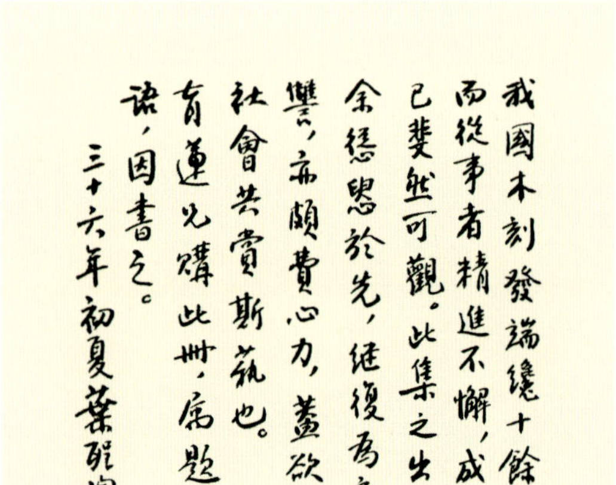

我國木刻發端纔十餘年，而從事者精進不懈，成績已斐然可觀。此集之出版，余慫恿於先，繼復為之校讐，亦頗費心力，蓋欲使社會共賞斯藝也。育蓮兄購此册，屬題數語，因書之。

三十六年初夏葉聖陶

叶圣陶题朱育莲藏《抗战八年木刻选集》

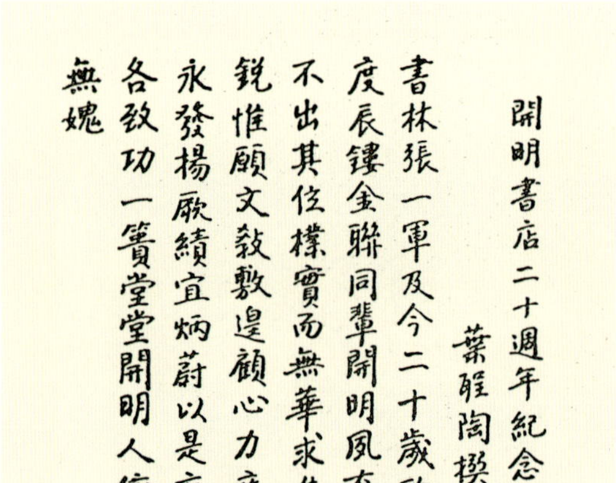

開明書店二十週年紀念碑辭

葉聖陶撰

書林張一軍及今二十歲欣茲初度辰鏤金聯同輩開明夙有風思不出其位樸實而無華求進弗欲銳惟願文教敷遑顧心力瘁此風永發揚厥績宜炳蔚以是交勉焉各致功一簣堂堂開明人俯仰兩無媿

叶圣陶撰写的《开明书店二十周年纪念碑辞》

“十二五”国家重点图书出版规划项目
国家出版基金资助项目

葉聖陶全传

第二卷

商金林◎著

人民教育出版社
·北京·

目　录

第四编 1

第十六章　“汇刊个人的新体小说的第一部”

——短篇小说集《隔膜》 2

一、关注“妇女问题” 2

二、探究“农民”的苦难 10

三、“学生问题小说”中“尖儿” 12

四、小市民灰色卑琐的人生 13

五、“包围在广大的虚幻里” 16

六、“写实”与“浪漫”的交融 20

第十七章　“真不愧为写生妙手”

——短篇小说集《火灾》 27

一、从俞平伯的题诗说起 27

二、致力于教育界实况的描绘 30

三、悲叹乡村的衰败 34

四、倾诉“孤寂无侣”的烦闷 39

五、“模型”和“老法子”的惨酷 42

六、“得了照相的神术”的摄影师 44

第十八章　开拓我国童话创作的路
——童话集《稻草人》............... 51
一、彻底改写我国童话界“言必丹麦”的历史 51
二、抒写“美丽的童话人生”............... 54
三、讴歌比成年人“更神气”的境界 59
四、“不自觉地融化了许多‘成人的悲哀’”............... 62
五、返归“美丽与多趣然”的田野 65
六、让“恶神”刺破“快乐的人”的“薄幕”............... 68

第十九章　展示“广大的社会动态”
——短篇小说集《线下》............... 73
一、善于从异域“拿来”............... 73
二、激扬改革社会的“血”与“火”............... 85
三、悲惨动人的“乡土小说”............... 88
四、让作品带上浓重的时代色彩 95
五、成功的艺术典型——潘先生 97

第二十章　探寻改革和奋进的道路
——短篇小说集《城中》............... 103
一、知识者的“倒流之势”............... 103
二、怪诞迷茫的“爱情”............... 105
三、“古城”的浊流和“鉴赏家”............... 107
四、新的人物　新的境界 111

第二十一章　“不厌世”和“不厌足”
——短篇小说集《未厌集》............... 117

一、“老中国的儿女”的“亮色” 117
二、应该关进“拔舌狱”的国民党元老 122
三、做民众最忠实的代言人 125
四、由讽“人”到讽“世” 132
五、从“世界革命文学”中汲取营养 135

第二十二章　“全力描写时代”的“稗史”
——长篇小说《倪焕之》 140
一、令企盼长篇的读者鼓腹而嬉 140
二、竭尽全力地描写大时代 143
三、展示一个理想主义者的悲哀 153
四、“自我反省”与“自我重建” 164
五、典型化的人物与形象化的主题 175

第五编 189

第二十三章　1930—1937年：“革命的普洛文学底友军和源泉” 190
一、“并没有把冯雪峰的‘解释’看得特别重要” 190
二、“文章病院”与讨蒋檄文 203
三、抨击“尊孔读经”　推崇“固有文化” 210
四、崇尚传统美德　宣传“人粹” 216
五、赞美“穿‘短打’之辈”　痛斥“学者” 220
六、“无名的泥土” 225
七、呼唤“赤热的真诚和明澈的理智” 230

第二十四章　“降一级”写少年读物 236
一、童话创作的新探索 236
二、儿童歌剧《风浪》和《蜜蜂》............... 241
三、童话集《古代英雄的石像》............... 244
四、童话集《鸟言兽语》............... 258
五、“儿童节”与“儿童年”的忧虑 267
六、儿童小说集《邻居》............... 272

第二十五章　在我国中小学教科书中创一新例 279
一、小学语文教材的经典——《开明国语课本》............... 279
二、“给国文科以科学性”——《开明国文讲义》和《国文百八课》............... 291
三、“青年阅读和写作的宝典”——《文心》和《文章例话》............... 303
四、旨在培养“欣赏力”的《揣摩集》............... 316

第二十六章　抒写社会赤裸裸的现实
——短篇小说集《四三集》 322
一、大学教育的衰败和没落 322
二、封建大家庭的解体和飘零 325
三、陷入萧条和绝境中的乡村 327
四、金融市场的混乱和危机 333
五、封建势力的祀孔和媚日 336
六、知识分子的退隐和沉沦 339
七、“乡里善人”的“寿序”............... 344
八、中华民族的抗日宣言 346

第六编…… 351

第二十七章　烽火漫天走巴蜀（上）…… 352

一、“全家来看蜀中山”…… 352

二、“在重庆安顿了十个月”…… 356

三、“落单”来到乐山武汉大学…… 361

四、任职教育科学馆整两年…… 384

第二十八章　烽火漫天走巴蜀（下）…… 407

一、创建开明编译所成都办事处…… 407

二、重振文协成都分会…… 420

三、“年五十而知四十九年非”…… 446

四、安排叶至诚去延安…… 451

第二十九章　流亡中的“文心思绪”…… 460

一、国统区的“民质”和“鬼趣”…… 460

二、被誉为“绝唱”的“抗战词史”…… 474

三、“最佳之自叙传”的蜀中书简…… 479

四、汇萃“文化人”掠影的《蓉桂之旅》…… 483

五、堪称“民国史”的战时日记…… 489

六、国文教科书必须“另起炉灶”…… 499

七、“四载侨寓弥可念”…… 506

第七编…… 523

第三十章　1946—1949 年在上海…… 524

一、胜利日的“沉重之感” 524
二、“买棹东归岁将迫” 534
三、弘扬“开明风” 545
四、担任文协总务部主任 571
五、与反动派“站在两边儿” 588
六、主编《中国作家》和“现代作家文丛” 594

第三十一章　涓泉归海 605
一、来自“远方”的召唤 605
二、绕道香港进入解放区 609
三、从烟台到北平 622
四、出任教科书编审委员会主任 631

第四编

第十六章

“汇刊个人的新体小说的第一部”
——短篇小说集《隔膜》

五四时期，圣陶是最早发表小说的一人。小说集《隔膜》等数种，实为中国新小说坚固的基石。

——茅盾《祝圣陶五十寿》①

一、关注“妇女问题”

叶圣陶的第一本短篇小说集《隔膜》，1922 年 3 月由上海商务印书馆出版，为“文学研究会丛书”之一，内收 1919 年 2 月至 1921 年 4 月间创作的《这也是一个人！》（后改名为《一生》）、《“你的见解错了！”》（后改名为《两封回信》）、《欢迎》、《母》、《伊和他》、《一个朋友》、《低能儿》（后改名为《阿菊》）、《萌芽》、《恐怖的夜》、《苦菜》、

① 《茅盾全集》第 23 卷，人民文学出版社 1996 年版，第 83 页。

《隔膜》、《阿凤》、《绿衣》、《小病》、《寒晓的琴歌》、《疑》、《潜隐的爱》、《一课》、《春游》、《不快之感》等共二十篇，书前有顾颉刚的序。这是我国现代文学史上第二本短篇小说集。第一本是郁达夫的《沉沦》，1921年10月15日由上海泰东图书局出版，为“创造社丛书第三种”，内收短篇小说三篇，即《沉沦》《南迁》《银灰色的死》和一篇译作《迷娘的歌》（葛冷作）。创造社先出丛书，后出刊物。文学研究会先办刊物，后出丛书。短篇集《隔膜》不仅篇目和分量超过《沉沦》，而且所汇集的二十篇小说都已于1921年6月之前在报刊上发表过，所以顾颉刚在《〈隔膜〉序》中说《隔膜》这本集子，“是汇刊个人的新体小说的第一部，是很可纪念的”。也就是说《隔膜》才是我国现代文学史上第一部真正意义上的短篇集，是值得“纪念”的。

作为“新体小说”，《隔膜》集的“新”，首先“新”在作者的“问题意识”。鲁迅在《〈中国新文学大系·小说二集〉导言》中谈到叶圣陶、汪敬熙、罗家伦、杨振声、俞平伯、欧阳予倩这几位作者在《新潮》上发表的小说时，先指出技巧的幼稚，又说他们有一种“前进的趋向”，没有一个以为小说是脱俗的文学，除了为艺术之外，一无所有的。他们每作一篇，都是“‘有所为’而发，是用在改革社会的器械，——虽然也没有设定终极的目标”。所谓“‘有所为’而发”，是指每作一篇都不同程度地触及社会生活中的某些问题，堪称“对人生诸问题加以记录研究的文学”，是“问题小说”，也是注重表现人生、指导人生的“人的文学”。诚如茅盾所说的，“小说集《隔膜》大都有点‘问题小说’的倾向”[①]，像《这也是一个人!》《“你的见解错了!”》等，题目本身就是一个发人深省的社会问题。

《这也是一个人!》中的“伊”，是我国现代文学史上最早出现的劳动妇女的形象。“伊生在农家，没有享过‘呼婢唤女’‘傅粉施朱’的福气，也没有受过‘三从四德’‘自由平等’的教训，简直是很简单的动物”。“到了十五岁，伊父母便把伊嫁了。因为伊早晚总是别人家的人，多留一年，便多破费一年的穿吃零用，倒不如早早把伊嫁了，免得白掷了自己的心思财力，替人家长财产。伊夫家呢，本来田务忙碌，要雇人帮助，如今把伊娶了，即不能省一个帮佣，也抵得半条耕牛。”娘家的重男轻女和生计窘迫，迫使“伊”过早地结婚，过早地成了夫家廉价的劳动力，过早地担负了生育的责任。她不能忍受丈夫和婆婆欺凌毒打，逃到外面当女佣，可在丈夫死后仍被公公、婆婆和父亲胁迫回来卖给人家，用得来的“二十千钱”身价充当丈夫葬殓的费用。

这就是我国农村劳动妇女牛马般的一生！作者在对“吃人”的封建礼教和整个社会制度发出愤怒控诉的同时，又着重揭示了这位劳动妇女身上萌动的“新思想”的萌芽。她善良、本分、勤劳、朴实，富有我国劳动妇女传统的美德。尽管从小就被父母视为“动物”，嫁到夫家后成了“耕牛”，但在时代思潮的影响下，也滋生了不满和反抗意识，善良却并非驯服，本分却并非麻木，勤劳却不甘被奴役，朴实却不愿被欺凌，沦落为“牛”却有着“人”的向往。为了反抗丈夫和婆婆非人的虐待，她不顾别人的规劝，甚至顶着“约下了汉子同走”的流言，勇敢地

① 茅盾：《〈中国新文学大系·小说一集〉导言》，《中国新文学大系·小说一集》，上海良友图书公司 1935 年版。

离家出走，进城当了女佣。“仗着主妇的回护”，与找上门来要她“乖觉”的“公公”和“父亲”对抗，拒不“回家”。她渴望自由，甚至产生过“离婚”的念头。小说写成于1919年2月14日。这之前，《新青年》第二卷第一号（1916年9月1日）发表过“女子问题”的“启事”，并于《新青年》第二卷第六号（1917年2月1日）推出“女子问题”专栏，但有关的问题仅仅是“缠足之痼疾”，幽闭于“闺阃”，“奴事于家室间”，“多妻之俗”与“贞操观”，从理论和道理上谈女子作为“自由自主”的一个“人”谈得多，对“女子”真实的生存现状关注得不够。叶圣陶以其特有的敏锐的观察和拙朴的现实主义创作方法，在提出“社会问题”的同时，给人以新的感悟和启示。既让读者通过阅读“伊”悲惨的一生，更多地来关注“女子”的命运，也激发像“伊”这样的“女子”自觉地走向觉醒和抗争，从而构成了“问题小说”的一大特色。

《阿凤》和《潜隐的爱》堪称《这也是一个人！》的姐妹篇。渔家姑娘阿凤六岁当了童养媳，未来的丈夫是个比她大十二岁的木匠。木匠“爱好骨牌和黄酒胜于刀锯斧凿”，嗜赌成癖，不务正业。在婆婆的怂恿下，这位未来的丈夫对阿凤极为苛刻。阿凤不仅要承担“汲水”、购物、“抱主人五岁的女孩子”等“粗重”的“职务”，还要忍受婆婆残酷的折磨。婆婆简直是个“虐待狂”，阿凤“受骂受打同吃喝睡觉一样地平常”，非但“一动手，一投足，一张口”都要受到婆婆严厉的管束和训斥，就连“说话”“笑”“哭”等最起码的“做人”的权利也被剥夺了。被禁锢在犹如“铁屋子”一般黑暗的一隅，不敢说，不敢玩，不敢笑，挨打后也不敢哭。作者在描写阿凤“悲惨人生”的同时，突出了她的“人”的意识，对于“人”的生活的向往。不管生活有多苦，阿凤少女的天性没有泯灭，“心里的活泉”没有枯涸，她总是乘婆婆不在的时候挣脱精神桎梏，给主人的孩子“抑扬徐疾”地唱起《青蛙歌》和《睡歌》，还与可爱的小白猫嬉戏，寻求“生命的自由，快乐”。

《潜隐的爱》中年仅十八九岁的陈家二奶奶，从小就被人遗弃，“伊仿佛阶前一个水泡，浮着也好，灭了也好，谁还加以注意呢?”丈夫死后，“伊从此只有个狭小的世界，就是自己”。“家里的人”对她分外冷酷，发痧卧床三四天，“竟没有一个人走进来问伊好不好，或是给伊一点茶水”。公公、婆婆和寡嫂的虐待，以及“剖麻捻麻线”的繁重劳动，成了她生活的全部。然而孤独和冷酷禁绝不了陈家二奶奶心头“爱”的欲望。她把“潜隐的爱”倾注在邻居一个孩子身上。她自己“从没吃过糖果，也不知道糖果是什么滋味”，却用微薄的“绩麻的工资”给小孩买“糖果”。小孩病了，她送去了“一丛荼蘼花”，“欲把花儿的笑靥安慰孩子的小灵魂，使他回复以前的活泼和快乐”。她施“爱”于人，也从中得到了“爱”的满足，尝到了“世间真实的快乐”，那丑陋的脸上现出心醉魂怡的笑。童养媳阿凤、“愚妇人”陈家二奶奶对于“生”的渴望和“爱”的追求，是对旧社会的控诉，是对精神奴役的反叛，也是“人性美”的颂歌。

与这些卑微丑陋的下层劳动妇女相比，知识女性的感情更为丰富，她们对于“人”的生活的向往尤为急切。妻子该不该有独立的人格？真正的爱情是什么？这就是《春游》和《两封回信》所要探讨的“社会问题”。《春游》中陪伴丈夫郊游的“伊”，是一位恪守“夫妇之义”（犹君臣也）的知识型女性。她出身名门，在“太太奶奶小姐们的榜样”的影响下，从小就养成了“和顺而且柔弱”的性格。她觉得“丈夫是人类里最高贵的，自己应当服从他”，并习惯于以“固执自尊”的丈夫的喜怒哀乐规范自己的感情，沦为丈夫的附庸和奴隶。郊游时，湖光山色给了她“一种奇异的感想”，一种“超出以前所历的快乐之上”的感想，小说中是这样描述的：

伊望着湖面，空阔光明，波澜微绉，那可爱的纹，决非人工可以织得成的。伊望着山，一派清气，像要渡湖送过来。山影倒入湖里，娟媚而且庄严，像那司美术的神在那里凌波游戏。这个当儿，伊把已往的生活忘了，伊把当年几位太太奶奶小姐们的榜样，和盘踞脑海里的丈夫的威仪言论都忘了。伊把自己也忘了，伊只觉得眼前的景物自然，活泼，高洁，自己早和这自然，活泼，高洁融和了。伊那感想深印脑筋，容貌上便显出一种快乐刚毅的神采——从前不曾有的。因跟着自己出游所以快活，实则此刻是不然了。

大自然的美陶冶了“伊”的心灵，山的独立不倚的个性，湖水的自由和空阔，激发了“伊”的内心的活力，从而形象地说明了“快乐”是与“自然，活泼，高洁”“融和”在一起的，只要亲近大自然，贴近时代，就能“变更”夫唱妇随的旧生活，忘却“盘踞脑海里的丈夫的威仪言论”，挣脱封建“名分”和“纲常”的束缚，找回独立的人格。

与《春游》中女主人相比，《两封回信》中的“伊”堪称觉醒了的“新女性”。她既拒绝了把她当作“笼子里的画眉”“花盆里的蕙兰”的求爱者“涵青”；也回绝了对她极为“艳羡，爱慕”，将她看作主宰男子的“超人”的求爱者“他”。在批评“世俗的，卑下的，不光明的，不人道的”爱情观，以及把爱情视为“灵魂的归宿，生命的意义”的“爱情至上主义”的同时，切实地提出了新的恋爱观和妇女观。“伊”的“两封回信”将五四时期男女平等、个性解放思想发挥到了极致。

严家炎在《中国现代小说流派史》中说：叶圣陶在发表《这也是一个人!》的前一期《新潮》上，“还曾刊出过一篇论文《女子人格问题》，可见在他来说形象思维与逻辑思维是并进的，这实在是很值得研究者重视的一种现象”。[①] 叶圣陶“形象思维与逻辑思维”的“并进”，还表现在他善于运用推论的方法，从正反两个方面切入，形象化地剖析和描述同一个社会问题，形成了一个个“问题系列”。

《伊和他》描绘了这样一幅图景：一位年轻的母亲抱着刚满两岁的幼儿，沉醉在美满幸福之中。这幼儿可爱极了，“柔滑如脂的皮肤，嫩藕似的臂腕，肥美鲜红的双颐，澄清晶莹的眼睛，微低的鼻，小小的口”，“伊抱他在怀里，伊就抱住了全世界，认识了全生命了”。幼儿偎贴在母亲的怀里，“举起两只小手捧着伊丰满的面庞，还将自己的面庞凑上去偎贴着”叫“妈”，“小手不住的在伊脸上轻轻的摩着，拍着”。这种境界，是“何等的爱，何等的自然，何等的无思虑，何等的妙美难言!”母亲与儿子心神相通，相互依恋。《伊和他》把母亲与儿子在一起的温馨甜美描写得入情入理，令人称慕。而《母》则从另一个侧面把母亲被迫与孩子分离造成的痛苦和不幸，写得凄凄切切，从而提出了“妇女生育儿女”之后，应该享受社会“报答”这一极其重要而紧迫的“社会问题”。

---

① 严家炎著：《中国现代小说流派史》，人民文学出版社 1989 年版，第 32—33 页。

《母》中的“梅”是一位年方二十五，充满了爱心的母亲。她有两个孩子，原在本地执教，不仅每天晚上都能看到孩子们的“笑靥”，“日间空一点钟没课，还抽身去抚抱他们一回”。于是“太恋家”成了她的“过错”，作为惩处，她被调往离家较远的一处学校任教。大的留在家里，小的“寄养在人家吃奶”，她只能在节假日才回家看望孩子。大的哭着要和她一同来学校住，小的“先前是又白又肥，小拳头竟像半个玉斫的球”，不久，“皮肤里显出灰白的颜色，眼睛低陷下去，两颐也瘦削了一半”，已不是原来的“那个模样子”。“梅”不能和她的孩子生活在一起，又不愿意另雇乳母，忍心“再去分别一家的孩子的权利”，想到大的“哭声”和小的“瘦削”，她“默默失神”，只有“醉梦一般的哭”。这篇小说在《小说月报》刊载时，主编沈雁冰加了一则评语：

> 圣陶兄这篇创作，何等地动人，那是不用我来多说，读者自能看得出。我现在是要介绍圣陶兄的另一篇小说名为《伊和他》（登在《新潮》）的，请读者参看。从这两篇，很可以看见圣陶兄的著作中都有他的个性存在着。①

沈雁冰所说的“个性”，大概是指叶圣陶观察社会问题的独特的视角。作品中所提及的“社会问题”是相互印证的，可以互相“参看”，因而使“问题”显得格外引人注目。

---

①《小说月报》第 12 卷第 1 号，1921 年 1 月 10 日。

二、探究"农民"的苦难

在关注"妇女问题"的同时，叶圣陶也关注"农民"，虽说《这也是一个人!》中的"伊"也是"农民"，但作者是把"伊"作为"妇女问题"来思考的，真正意义上的农民，是短篇《苦菜》中的福堂。

小说中的"我"雇了个种田的好把式福堂，将屋后一亩多空地开垦为菜园。福堂为人"浑朴"。翻地时，"手里那柄耙一上一下，着地的声音沉重而调匀，竟像一架机器"。技术也极为娴熟，造菜畦"不用尺量，只将耙轻轻地耙剔，自然成了极正确的长方形的畦；而且各个畦的面积都相等呢。他又提起石潭槌来在畦上打成下一个一个的潭，距离也无不相等，每畦恰是一百个"。可他对于种菜的"事务"非常懈怠，见了害虫也无动于衷。"劳动是人生的真义，从此可得精神的真实的愉快"。福堂"过的生活是最有意思最有趣味的生活"，为何不勤于他的职务，"喜欢吸黄烟胜于农作？……对于菜的不发育和被侵害又全无同情心呢？"

"我"没有责怪福堂，只是留心打听他的身世，发现他"怠业的缘故"是"厌恶种田"。原来，福堂的妻子被迫给人家当乳母，自己生的六个孩子，除大女儿外，其余的四个女儿都送了人。第六个是男孩，因不能喂乳，不满四个月就夭折了。福堂"终年种田"，只有一个念头，"就是'还租'"，于是觉得种田的滋味只是"苦"，"苦到说不出"，连做梦也梦见自己"不种田"了。"我"知道福堂的身世和他"怠业的缘故"后，心里很不平静：

“凡从事×的厌恶×，便是怠业”。……×决无可以厌恶的地方，可厌恶的乃是纠缠着×的附生物。去掉这附生物，才是治病除根的法子。

艺术的生活……

那些窎远而僭越的忧虑，一霎时在我心里风轮似的环转。我就觉得这个所谓“现在的我”，是个悲哀，怅惘，虚幻，惭愧……的集合体。

五四时期，有不少“知识者”渴望“艺术的生活”①。所谓“艺术的生活”是充满“趣味”的、自由的、无拘束的、随心所欲的、精神愉快的生活，所从事的工作是“喜欢这样做而做的，是无所为而为的”，并且天真地以为他们自己已经过上了“艺术的生活”，诚如《苦菜》中的“我”所说的：“我和福堂做同一的事务，感受的滋味却绝对相反”，“我”在种菜的劳动中“得到了真实愉快，认识了生命的真际”。了解到福堂的身世后，“我”这才深刻地意识到“我所知于人生的，究竟简单而浅薄”，所谓“艺术的生活”只是个“虚浮的幻想”。尽管“附生物”的概念还比较含混，但作者已经朦胧地意识到劳动者的“堕落而无愉快”，是由于阶级压迫造成的，只有消灭剥削制度，“才是治病除根的法子”。这种富有社会主义思想色彩的良好愿望不是一时的冲动，而是“在我心里风轮似的环转”，从而真实地反映了“知识者”的“我”渴望与“劳动者”沟通，竭诚地想“劳动者”之所想的愿望。叶圣陶在

① 参见叶圣陶：《艺术的生活》，《戏剧》第1卷第5号，1921年9月30日。

1919年5月15日发表的《吾人近今的觉悟》[①]中就宣传过“社会主义”，他在角直“五高”创办“生生农场”时，曾经向一位名叫福堂的农民学习过种菜。《苦菜》中的“我”明显带有“自叙传”的色彩。

三、“学生问题小说”中“尖儿”

作为教育家，叶圣陶对教育思考得更多。短篇《阿菊》中的“低能儿”阿菊八岁入学时，还不知道自己叫什么名字，因为从来没人问过他的名字；不知道人和人之间有“亲情”。他不敢去运动场观看小朋友们做游戏，“皮球”打在头上不知道是什么打的，感到奇怪、可怕、神秘。同班的二十多个同学“都不过五六岁左右”，他“仿佛平坂浅冈的丛山间插一座魁伟的雄峰”。他不会坐，因为在家总是蜷着脚，十以内的数不会数，不知道门比人高，因为他家的门比人矮，不会开门，不会唱歌。阿菊的父亲是给人家操办“喜事丧事”的“仆役”，母亲终年搓草绳。又矮又小的房子被当铺高墙挡着，终年见不到阳光，暗得连“母亲的面庞”也看不清。阿菊就生长在这样一个黑暗的角落里。母亲犹如一架搓绳的“机器”，除了给阿菊吸一些“淡薄的奶汁”以外，视若无睹。父亲只知道“喝酒”，连话都没有同阿菊说过。父母贫穷和愚昧造成了阿菊的“低能”。叶圣陶在倾诉下层人民受压迫的悲惨境遇的同时，提出了一个值得深思的“社会问题”：下层劳动人民的子女，由于缺少家庭教育已经成了“低能儿”，应当尽快地把他们从“窄狭的世界”里解

---

① 收入《叶圣陶集》第5卷。

放出来，进学校接受教育，“投入另一个宽阔的世界里”。

而就学校教育本身而言，也亟须改革。叶圣陶对于学校教育有很清醒的认识，短篇《一课》揭示了学校教育的许多弊端。沈雁冰在《评四五六月的创作》[①] 一文中说，这个短篇在当时反映学生问题的小说中“是个‘尖儿’，不可多得的”。小说中的方老师照本宣科式地讲“恒星”“行星”“地球”“轨道”，讲得津津有味，可孩子们就是不爱听。他们时而玩弄自己小匣子里嫩绿的桑叶和蠕动的小蚕，时而“俯首假做看书，却偷眼看窗外的蝴蝶”，时而陷入沉思，想象田野的风情，以及在可爱的眠羊泾旁采桑的乐趣，心驰神往的是养蚕、郊游、捉蝴蝶时的情景，与方老师所讲授的内容不搭界，这就提出了“教育改革”这一重大的“社会问题”。叶圣陶认为把儿童束缚在课堂上、束缚在书本知识里，以及“满堂灌”的教育方式，是不利于儿童身心发展的。《阿菊》强调学校教育的重要，《一课》突出改革教育的迫切，将这类“问题”系列小说放在一起揣摩，更能看出叶圣陶五四时期探讨的“社会问题”之广泛，以及改造社会和教育的满腔热忱。

四、小市民灰色卑琐的人生

叶圣陶同情劳动人民的疾苦，但对于那些沾染了“欲嗅欲审察的癖性”、满身集合着“揶揄”和“谩骂”的“细胞”，“懒懒的坐”，“闷闷的愁”[②]，饱食终日，无所事事，言不由衷，因循守旧的小市民的灰色

---

① 《小说月报》第 12 卷第 8 号，1921 年 8 月 10 日。

② 详见《生活》《梦》《经济时间》《说话》，《叶圣陶集》第 5 卷。

卑琐的人生，则作了无情的嘲讽和猛烈的鞭挞。

《隔膜》集中写到的小市民，有的整天泡在茶馆里。他们泡茶馆，“并没有什么事，也并不要会见什么人，只是各顾各的安舒，吸烟呢，品茶呢，假寐呢，默想呢，吃小食呢，状态各有不同。偶然有一个人谈起了一件无关紧要的事，大家便接了上来信口批评一回，不判个是非，不求个解决，一笑而罢。而且他们的论点刻刻在那里迁流转化，随后的谈料，他们也不问从前边哪一节推衍出来，只屡次振动声带各占据着永劫的一节罢了。看看电灯更为暗淡了，他们便各顾各走了。他们天天如此”，“不如此他们便闷郁得慌了！”① 有的嗜赌成癖。《这也是一个人！》中“伊”的丈夫输了钱，就把“伊”出嫁时的“几件青布大袄”偷偷地“当掉”了。《阿凤》中阿凤那位大她十二岁的还在学徒的木工，“爱好骨牌和黄酒胜于刀锯斧凿”。《阿菊》中阿菊的父亲除了给人家当奴仆，只知道吃酒“觅醉”。坐茶馆、进赌场、酗酒贪杯，这就是《隔膜》集中小市民的“共性”。而他们又是各具特色的“这一个”。《绿衣》中的漆匠阿喜，走路时“脚尖着力”，边走边“提高了干燥的喉咙，发出撕裂似的声音”，唱《黄金台》和《牧羊卷》；他的兄弟阿和走路时却是“脚跟着力”，“脚声懒懒的，而且常伴着痰嗽声”。寥寥数笔就将小市民浑浑噩噩、游手好闲的情态写得惟妙惟肖。对小市民的内心世界刻画得最细微的要数《一个朋友》了。

小说写“我”的“一个朋友”，给他刚“高等小学肄业”的儿子办婚事时乐不可支的情态；再由“朋友”的“儿子”的婚礼，追忆到十三

---

① 叶圣陶：《不快之感》，《叶圣陶集》第5卷。

四年前“朋友”的婚礼，以及婚后庸俗无聊的生活。“朋友”靠了一份家业，整天吃喝玩耍，同一个陌生的女子结婚后，“吃，喝，玩耍都依旧；快意的地方依旧，不如意的地方也依旧”，唯一的“新鲜的境遇”是“卧榻上多了一个人”。妻子唯一的功课是“对着镜里的伊笑，偷觑着他（丈夫）得意”，与“女伴商量装饰”和“叉麻雀”，没有“一秒”钟不“快乐”的。生了儿子，雇个“乳母”哺乳，长大后“进个学校”由老师管教，夫妇俩“生活上丝毫没有变更”。“他吃、喝、玩耍，依然如故。伊对着镜里的伊笑，偷觑着他得意，谈论装饰，‘叉麻雀’，也依然如故。”儿子高小毕业后，才不过十一二岁，他们就迫不及待地用他们结婚时的方式为儿子完婚，把十三四年前的故事“重新搬演一回”。结尾一段说：

> 我忽然想起，假如我那位朋友死了，我给他撰《家传》，应当怎样地叙述？有了！简简括括只要一句话：“他无意中生了个儿子，还把儿子按在自己的模型里。”

小说通篇采用白描手法，生动逼真。婚礼上掌声“沸天震地”，而“面对面”站着的这对“陌生”的“小新人”，“都有点迷惘的，惊恐的，瞪视的眼光，好像已被猫儿威吓住的老鼠”，又“像屠刀下的牲牛”。可是“我”的那位“朋友”却非常“乐意”，拿出“陈了三十年的花雕”招待宾客，且看他“敬酒”时的情态：

> 他非但说话，便咳一声嗽也柔和到十二分；弯着腰，执着壶，

给宾客斟酒，几乎要把酒杯敬到嘴边来。他听了人家的祝贺语，眉花眼笑地答谢道：

“我有什么福分？不过干了今天这一桩事，我对小儿总算尽了责任了。将来把这份微薄的家产交付给他，教他好好地守着，我便无愧祖先。”

小说借用“朋友”可笑可卑的表演，揭示了旧中国“娶妻早是福气”，“早得子是福气”，子女只是父母福气的材料等陋习，批判了小市民的“传宗接代”“无愧祖先”，以及“把儿子按在自己的模型里”等庸俗无聊的人生态度，讽刺了“威福，子女，玉帛”这一封建社会最高的人生理想，在轻快幽默的笔调中提出了什么才是人生的目的和意义这一重大的“人生”课题，读来发人深省。

五、“包围在广大的虚幻里”

人与人之间的“隔膜”，是五四新文学的一个颇为流行的主题。短篇《隔膜》撷取了人们相见时无聊的寒暄、酒席上虚伪的周旋、茶馆里嘈杂的议论等三个场面，通过描写日常交往中不为人们所注意，甚至习以为常的种种俗套，深刻地揭示了人与人之间可悲可怕的“隔膜”。

新年，“我”从乡下乘船回城看望亲友，重复听到的是：“今天来顺风么？你那条路程遇顺风还便利，逆风可就累事了，六点钟还不够吧……有几天耽搁？想来这时候没事，可以多盘桓几天。我们难得叙首呢。……府上都安好？令郎会走了？话都会说了？一定聪慧可喜呢。……”表面上恭恭敬敬、亲亲热热，但说的都是无关痛痒的应酬话，致使“我”成了“较进步的一张蓄音片”“一封印刷的书信”，留声机似的强向人们微笑地酬答：“今天刚遇顺风。我那条路程最怕是遇着逆风，六点钟还不够呢。我大约有一星期耽搁。我们可以畅叙呢。……舍下都安好，小儿会走了，话说得很完全，总算是个聪慧的孩子。……”亲戚的书斋里，尽管“悬空的煤油灯照得全室雪亮”，“果盘里梨和橘子放出引人食欲的香气”，“我”受到主人“优厚的款待”，但心里却有一种难言的孤寂。

宴席上伴着“某某兄”“请”“是”等应酬声，是机械地接二连三地敬酒、举箸、作揖。主人笑脸向这个，口里问那个，又要装出谛听第三个人的话，总之，须轮流和客人谈话，不可冷落了一个人。尽管主人说“你我至熟，不客气”，但“我”还是身不由己地成了“傀儡”，“无形的线牵着我，不由我不俯首，作揖，再作揖，三作揖”。请看斟酒时的客套：

> ……仆人执着酒壶，跟在主人背后。主人走到一个位子前，拿起酒杯，待仆人斟满了酒，很恭敬的样子，双手举杯过额，向一客道，“某某兄”，就将杯子放在桌上。那位“某某兄”遥对着主人一揖。主人拿起桌上摆着的筷子，双手举过了额，重又放在原处。“某某兄”又是一揖。末了主人将椅子略动一动，便和“某某兄”深深地对揖。这才算完了一幕。

“入座”“喝酒”也都有一定的程式。“喝酒”，“大家的嘴唇都作收敛的样子，且发出唼喋的声音，可知喝下的量不多。举筷取食也有一定的步骤，送到嘴里咀嚼时异常轻缓”。席间，“高低宏细的种种声浪里，充满着颂扬，谦抑，羡慕，鄙夷”，来客“不尽是素稔的”，“偶然会合在一起”就成了见面熟，“就有这许多话好讲”，但又都是言不由衷，“他们都是预先制好的蓄音片，所以到处可开，没有阻滞”。面对这样的“温情脉脉”，“我如漂流在无人的孤岛，我如坠入于寂寞的永劫，那种孤凄彷徨的感觉，超于痛苦以上，透入我的每一个细胞，使我神思昏乱，对于一切都疏远，淡漠。我的躯体渐渐地拘挛起来，似乎受了束缚”。

“他们各有各的心，为什么深深掩埋着，专用蓄音片说话?”“他们满脸的笑容里都隐藏着恍惚不安的分子。他们为了什么呢?”——这就是《隔膜》在揭示小市民灰色卑琐心态的同时提出的发人深省的“社会问题”。作者虽说“不明白”人与人之间的“隔膜”是怎样造成的，却借用“警察厅长”遇刺，含蓄地作了试探性的回答。在那社会动荡、经济崩溃的年代，潜隐在小市民心灵深处的危机感和自卫意识使“心与心之间筑起了无形的坚壁，深厚而致密，决不容摇撼或窥探”①。一方面自甘懦弱，满以为“越是冥漠无情，越容易在社会上占到稳固的地位”，于是“把自己的心深深地掩埋着”②。“两个人见了面，一颔首，目光都不肯互注，各自东西，此后便永不相见也无所谓忆念。一封信送来，固然有两张八行笺，但写在上面的都是尺牍上的话。”③ 另一方面，又极其冷酷地把希望和欢欣寄托在别人的不幸之中。“一个老妇足力不济跌

① 叶圣陶：《旅路的伴侣》，《叶圣陶集》第5卷。

② 顾颉刚：《〈火灾〉序》，《叶圣陶集》第1卷，第353页。

③ 圣陶：《文艺谈·四》，《叶圣陶集》第9卷，第9页。

了一跤，接着便是一阵拍手和哄笑。间壁人家遭了盗劫，还伤了人，我就私幸我家没有轮到。”① 人与人之间没有情感的交流和心灵的感应，只有虚伪的敷衍、应酬和嫉妒。

《不快之感》② 写小市民可悲的“虚伪，诽笑，自私，冷漠，隔膜”等“品行”与传统和习俗的关联。小说主人公“他”，在现实生活中总有一种“虚幻”“寂寞”“不可名言”的、“微淡”的，却又比“一切的痛苦还难堪”的“不快之感”。这种“不快之感”从何而来的呢？就在于生活中有一种不可抗拒的“模型”和“方式”：

> 这枯寂的暗昧的天空底下，仿佛装置着一种模型，预定着一个方式，专等无论什么人来仿效，配合。无论什么人一受彼的拥抱，便如醉似迷，不由自主了。……
>
> 一棵树上寻不到同样的叶子，……各支树枝没有同样的姿态，……模型，方式，原是和生命背驰的呀！然而他和他同伴的生命，竟给模型方式拥抱了。……生命的箭终于受他力的吸引，不能射到无穷的远，这是何等的空虚，结局是幻灭！

这里所说的“他力”，显然是指摧残人性的旧的传统观念和习俗，它们是侵蚀“生命的病菌”，是阻挠社会前进的“一个奇异的仇敌”。旧传统旧习俗滋生的“不快之感”，既不能用“知识”来排解，又不宜用“寻死”来“寂灭”，于是陷入了烦闷的深渊，“只觉一个虚幻的自己包围在

---

① 圣陶：《文艺谈·四》，《叶圣陶集》第 9 卷，第 9 页。

② 叶至善将《不快之感》定为“散文”，编入《叶圣陶集》第 5 卷。

广大的虚幻里”。作者剖析“隔膜”的“障翳”，在当时是富有反封建、反传统的意义的。近百年后的今天，我们的耳畔仍然回荡着“打破人间隔膜”的呼唤。短篇集《隔膜》以其特有的思想深度和艺术魅力，吸引了几代人的关注，并引起共鸣。

六、“写实”与“浪漫”的交融

傅斯年在给鲁迅的一封信中说：叶圣陶的小说“主义艺术两方面都有道理”①。瞿世英在《小说的研究》一文中说：叶圣陶小说的文字富有“‘诗的’气息”②。这些评述虽然只是一两句话，却道出了《隔膜》集的思想和艺术特色。

傅斯年所说的“主义”，可能是指“为人生”的文学主张。《隔膜》集里写乡村的苦难的妇女（《这也是一个人！》中的“伊”，《潜隐的爱》中的陈家二奶奶，《阿菊》中阿菊的母亲），写女佣（《阿凤》），写歌女（《寒晓的琴歌》），写乳母（《苦菜》中福堂的妻子），写农民（《苦菜》中的福堂），写仆役（《阿菊》中阿菊的父亲），写搬运工人（《欢迎》），从某种意义上说，都是《这也是一个人！》的续篇。

《这也是一个人！》提出了“这也算是一个人吗？”的民主主义启蒙思想，“可以算是用艺术方式写的新《人权宣言》”。《苦菜》中因了压迫日益加重而“厌恶种田”的福堂，《阿菊》中被苦难的生活折磨成“不像有思想，不像有忧乐”的搓草绳的“机器”的阿菊的母亲，《恐怖

---

①《新潮》第1卷第5号，1919年5月1日。
②《小说月报》第13卷第7号，1922年7月10日。

的夜》中因军阀混战在死亡线上挣扎的老翁和他的一家老小，这许许多多善良人的“非人”的生活和境遇，直接抨击了那个摧残“人性”的罪恶世界。在五四新文化运动初期，像叶圣陶这样真诚地关注并如实地描写劳动人民生活和命运的作品尚不多见，叶圣陶堪称新文学史上第一位“平民文学家”“市民文学家”。写作态度客观而严谨，尽管也有讥讽和调侃，但读者从中看到的是社会的现状和真实的人生。作品中的主人公，无论是被压迫、被侮辱的下层劳动人民，还是浑浑噩噩、醉生梦死的小市民，无论是天真可爱的幼童和学生，还是形形色色的小知识分子，这许许多多平庸或平凡的人和事，都是作者在日常生活中常见的，从某种意义上说叶圣陶不愧为“日常生活记者”，写得很“实”，客观色彩浓厚。

所谓“‘诗的’气息”，大概指的是小说的抒情风格。叶圣陶倡导现实主义，但《隔膜》集里的小说，并不都是严格美学意义上的现实主义作品。他说文学既是“为人生”的，也是“为艺术”的，在创作实践中把“写实”与“抒情”结合起来，在客观而冷静地描写社会现状的同时，常常急切地抒发自己的感受，根据自己的生活与情感经验，倾诉着对人生的理解。《这也是一个人!》曾得到鲁迅先生的赞赏。鲁迅 1919 年 4 月 16 日给傅斯年的信中说：“《新潮》里的《雪夜》，《这也是一个人!》，《是爱情还是苦痛?》（起首有点小毛病）都是好的。上海的小说家梦里也没有想到过。这样下去，创作很有点希望。”① 顾颉刚也对《这也是一个人!》作过很高的评价，说这篇小说情真境确，打破了以往

---

①《鲁迅全集》第 7 卷，人民文学出版社 2005 年版，第 236 页。

“佳人”才有资格与“薄命”相联的创作惯例，使读者不由自主地要思考当前社会上的善恶是非问题，而不仅仅欣赏故事而已。① 美中不足的是：作者在描写“伊”的“一生”时，未能更好地贴近生活，进行深入细致的刻画，只是以第三人称的口吻，侧重于客观的叙述，缺少具体的生活场景的支撑和细节的铺垫，人物在读者面前一晃即过，尚不具备较为严格的形象意义，读者仿佛只是朦胧地看到“伊”的身影，而没有触摸到一个有血有肉的人物形象。《隔膜》集里的作品的结构都比较平直，叙述多，描写少，写“生活”多，写“个性”少。小说中的“我”，时而大声嗟叹，时而低回不已，仿佛只有他才是世界上最孤独，最寂寞，“隔膜感”最深重的人，有时还急不可待地站出来直抒胸臆。例如《一个朋友》写到婚礼上一对“陌生”的“小新人”惊恐不安的情态时，作为叙述者的“我”就出面发表议论了：

> 你们怕和陌生的人面对面的站着么？何不啼着，哭着，娇央着，婉求着你们的爹爹妈妈，给你们换个熟识的知心的人站在对面呢？

类似这样的议论，削弱了作品所要塑造的形象，淡化了情节和场景的描绘。研究者往往把《隔膜》集艺术方面的稚拙归咎为“生活的生疏”，其实这些“稚拙”或许正是五四新小说倚重抒情的一个特色。五四新小说充满了探究人生究竟是什么的哲学热情，交织着知识青年“自我”孤

① 顾潮：《八十年的交谊——顾颉刚与叶圣陶》，《人物》1993年第1期。

独感、寂寞感的宣泄，洋溢着浓郁的抒情风味，这有可能是“有意为之”的。因为要用文艺唤起“人”的觉醒，要用文艺作为“改革社会的器械”，要表现人生、指导人生，这就必然地要倚重“理性”和“热情”。

五四时代可说是浪漫时代。在寻求“改革社会”的进程中，叶圣陶天真地以为“‘美’（自然）和‘爱’（心和心相印的了解）是人生的最大的意义，而且是‘灰色’的人生转化为‘光明’的必要条件”①，并在《阿凤》《潜隐的爱》《恐怖的夜》等短篇中，阐述了“爱”与“美”的“人生哲学”。《恐怖的夜》写“我”和“弟弟”在军阀混战、异常黑暗与恐怖之夜，搭救了陷入绝境的一家老小。老翁感动极了，“干枯微皱的脸上现出薄醉似的笑”，更加相信“人生确有可爱”。

1920 年 2 月，周作人在俄国作家库普林的小说《晚间的来客》的《译后记》② 中，提出了“抒情诗的小说”这一概念，提出了小说艺术应该同诗歌艺术结合起来的要求。叶圣陶当时也很看重“抒情”，他在论及库普林的这个短篇时说，“极平凡极细微为大家所不注意之事”，“脑海波澜瞬息起伏”之感想，“一个平凡的人，一秒钟的沉思，永劫的遐想，只需含有这浓厚的感情，都可以为小说的材料”，“真的文艺品”的“一种特质”，就是“浓厚的感情”。③ 文艺要唤起“人”的觉醒，文艺要成为“改革社会的器械”，就必须“含有活力”，倚重“抒情”。

---

① 茅盾：《〈中国新文学大系·小说一集〉导言》，《中国新文学大系·小说一集》，上海良友图书印刷公司 1935 年版。

②《新青年》第 7 卷第 5 号，1920 年 4 月 1 日。

③ 圣陶：《文艺谈·三》，《叶圣陶集》第 9 卷，第 6—7 页。

与《恐怖的夜》相比，《潜隐的爱》中抒情的成分就更重了。陈家二奶奶抱邻居小孩时的欣悦之情中显然夹杂了浓厚的“小资味”，小说写道：

> 当肥白的小手抚伊的额角，温软的小脸庞亲伊的颧颊时，伊觉得自己和他已合而为一，遨游于别一个新的世界，那个世界是亲爱和快适造成的；而眼前的婆婆嫂嫂，自己冷寂阴暗的卧室，使自己两手作酸的绩麻工作，这些事物造成的旧世界早已见弃于自己，而且是毁灭了，没有了。

现实生活中“愚蠢”“丑陋”的寡妇陈家二奶奶是不会有如此细腻、如此丰富的感情的。作者在描写陈家二奶奶的爱心时，显然渗入了“我”的情感。陈家二奶奶从邻居的小孩身上透彻地了解并“亲切地尝”过了“爱”，感到全身心沐浴在“光明”和“洁净”里。这些带有“虚幻的色彩”的描述，突出了陈家二奶奶的“人的意识”，也是五四初期弥漫一时的青春浪漫气息的投影。叶圣陶在《文艺谈·二十六》① 中说：

> 好的文艺往往使人起一种无可名言的感觉，往往使人感泣。不但写出了人间深潜的悲哀至于使人感泣，就是描写人间的至爱，人间的至乐，也使人像喝了醇酒，入于陶醉的境界，无可奈何，唯有对它感泣。在这样深深感动至于感泣的时候，世界尽归遗忘，自己与世界为一体；唯有这超越的心灵和文艺中的精神胶黏融合，凝而

① 《晨报副刊》1921年5月12日；收入《叶圣陶集》第9卷，第51—52页。

为一；一切欲求没有了，一切界限没有了，小我不存，唯见大我：这是我们可以从文艺中得到的享受。

要使我们的生活丰富多彩，一定要先去掉这寂寞和枯燥，那就必须打破人与人之间的隔膜。隔膜既破，彼此的心都是赤裸裸的，一层薄雾似的障翳都没有，而后可以互相了解，互相安慰，互相亲爱，团结众心而为大心，一次呼吸与世界的呼吸相通，一个感觉与全世界的感觉相通，一己的狭小扩张而为无穷的广大，这是何等新鲜有味美妙可爱的生活啊！果真达到这样的境界，则一切消极的问题全可消除；人们努力的只有求生活的更加向上，更加前进。

在《文艺谈·三十》[①] 中又说：

单单描写黑暗，而不究其最初最真的原因，不指示一条理想的光明的途径，就不能使人满意。文艺创作原没有一定的方式，有了方式便不成其为创作。然而描写一件事实，总是含有究原指归的意思，或为明言，或为暗示，那就随着创作家的精神和艺术而各异。倘若不含这等意思，直可说这一篇创作没有精神，仅仅连缀了十百千万个文字罢了。

正是这种“究原指归”促使叶圣陶在揭露黑暗的同时，着力“描写人间

① 《晨报副刊》1921年5月16日；收入《叶圣陶集》第9卷，第59页。

的至乐”，描写“精神方面的快乐”，发掘“潜隐的人类的最高精神”，把“美”和“爱”视为“世界的精魂”，这是青年叶圣陶的天真，也是五四文艺思潮中一束清浅的浪花。第一次世界大战之后，全中国乃至全世界的“知识界”都在呼唤“人道”和“爱心”，叶圣陶不能不受时代思潮的激荡。五四时代的叶圣陶既“浪漫”又“清醒”。《隔膜》集出版时，好友顾颉刚“以为这个名目不大好”，建议改名为“微笑”，叶圣陶没有采用。“集名”的这个插曲，正说明了叶圣陶对现实的关注。尽管在《潜隐的爱》《母》《伊和他》《小病》《阿菊》中，“把人类心情的相通相感之境写得美满极了”，但《隔膜》集里所突出的还是人与人之间的“冥漠无情”，所要“表达”的仍然是“隔膜”，而不是“交互萦感的心神”。

第十七章

“真不愧为写生妙手”

——短篇小说集《火灾》

《火灾》较《隔膜》的不同处，题材上不如《隔膜》那样的简单，思想更扩开与深沉了；……

——火《“火灾”的漫论》①

一、从俞平伯的题诗说起

1923年11月，叶圣陶的第二本短篇小说集《火灾》由上海商务印书馆出版，为“文学研究会丛书”，这是我国现代文学史上第四本短篇小说集（第三本是鲁迅的《呐喊》，1923年8月由新潮社出版），内收作者1921年6月至1923年1月间创作的《晓行》《悲哀的重载》《先驱者》《脆弱的心》《饭》《义儿》《云翳》《乐园》《地动》《旅路的伴侣》

① 《晨报副刊·文学旬刊》第22号，1924年11月5日。

《风潮》《被忘却的》《醉后》《祖母的心》《小蚬的回家》《啼声》《火灾》《小铜匠》《两样》《归宿》，共二十篇，书前有顾颉刚的序，卷首有俞平伯的题诗“吾心归来呀！/从人间，归来！”

卷首援引俞平伯的题诗，至少能说明当年的叶圣陶倾心于对“爱的世界”和“人生”问题作抽象的探索，在否定旧世界的同时，对理想世界抱有强烈的“重建”的热望。他在长篇小说《倪焕之》中曾对五四时期探讨“人生根本”和“世界根本”的“哲学热情”，作过生动的描述：

> 一切价值的重新估定，渐渐成为当时流行的观念。对于学术思想，对于风俗习惯，对于政治制度，都要把它们检验一下，重行排列它们的等第；而检验者就是觉悟青年的心。……从刊物上，从谈论间，从书铺的流水账上，都可以看出哲学尤其风行。随着“人”的发见，这是当然的现象。一切根本的根本若不究诘一下，重新估定的评价能保没有虚妄么？万一有虚妄，立足点就此消失；这样的人生岂是觉悟青年所能堪的？哲学，哲学，他们要你作照彻玄秘，启示究竟的明灯！①

《隔膜》集和《火灾》集中的一些短篇，都感染了这种“哲学热情”。叶圣陶认为“人心本来是充满着爱的，但给附生物遮住了，以致成了隔膜的社会。人心本是充满着生趣和愉快的，但给附生物缠住了，以致成了枯燥的社会”②。他在《隔膜》集的《阿凤》《潜隐的爱》等短篇中竭诚

---

① 《叶圣陶集》第3卷，第187—189页。

② 顾颉刚：《〈火灾〉序》，《叶圣陶集》第1卷，第353页。

地描写了“世界的精魂”是“爱”“生趣”“愉快”，呼喊被“附生物缠住了”的“人心”回到“人间”。从卷首的题诗可以看出，在《火灾》集中叶圣陶仍然把“唤回人心”“唤起世界的精魂”奉为艺术的真谛，但内心深处却透着悲凉。因为现实中的人生是“孤寂”的、“不相爱”的，即便是夫妻之间也因种种隔膜，不能作“心”的交流。

《云翳》中的男主角——小说家孟青是夫妇“一体论”的鼓吹者，他用小说来“宣传他的教义”。小说中的符先生每天都给夫人写信谈论夫妇“一体”，因为无太多的话可说，就写夜里的梦境。说梦中在花园里遇到一位才貌双全的女子，她善谈“美丽的诗歌”和“名家的绘画”，每一个声音都使他陶醉，从中领略到了“融而为一”的愉悦。但他又生怕引起妻子误会，就将“梦中”的“美女”改为“夫人”，自欺欺人。小说完稿后，孟青觉得将符先生的心思写得太“细密”，怕妻子怀疑他“自写心象”，给“明澈如青天”的爱“无端加上一层云翳”，就把这篇小说烧毁了。看起来作者似乎是在嘲讽孟青，实际上还是在述说人生的“隔膜”，就连夫妻之间也不能以诚相见，“各人把自己的心深深的掩埋着，专用蓄音片说话”。

在叶圣陶看来，人与人之间总隔着一堵墙，“把墙撤的，只有儿童”。越是觉得人间的隔膜，便越觉得儿童的天真。《地动》中的明儿听父亲讲“地震”的故事，当他听到有个小孩被“地震”震到了海外，见不到母亲时，竟急得大哭起来。《小蚬的回家》中那个天真的孩子模仿大人剖鱼杀了一只虾，只因父亲说了小虾也是有母亲的，便伤心地哭了。后来，他把渔妇送给他嬉耍的小蚬放到河里，让小蚬回家看“母亲”。

叶圣陶早期作品中的“人心”，似乎都被或浓或淡或重或轻的“云翳”包裹着，知识多地位高，“心”往往包得更严实。除了儿童，只有像童养媳阿凤（《阿凤》）、寡妇陈家二奶奶（《潜隐的爱》），以及“天真而哀婉”的妓女（《醉后》），这些生活在社会底层的人才有真情，不懂得将自己的“心”遮蔽起来，这是叶圣陶对被侮辱被压迫者最真诚的赞美。这种真诚的赞美与潜隐在《地动》《小蚬的回家》等短篇中的“返于儿童的”呼声是互为呼应的，它激励人们“去搜寻已经失掉的宝物”，像被侮辱被压迫者和天真可爱的儿童那样，用真挚的“爱心”去爱万事万物，使世界成为一个“爱的世界”。

二、致力于教育界实况的描绘

五四落潮后，叶圣陶逐渐摆脱了“爱”和“美”的“理想”，“冷静地谛视人生”，“客观的，写实的”描写人生，致力于教育界和下层社会实况的描写，“他那客观的写实的色彩更加浓重”①。

《义儿》被誉为“最动人”的短篇，令人“爱不忍释”②。小说中的义儿是个小画迷，可家长和学校老师对于义儿喜欢画画的天性却采取了压制的手段，强迫他规规矩矩地“上课”，做功课，回答问题，“像流水一般”地背书。义儿不欢喜学校里的功课，甚至和英文老师发生冲突。校方就让义儿离开家庭寄宿到学校，尝试用“过严苦的生活”来收敛他

① 茅盾：《〈中国新文学大系·小说一集〉导言》，《中国新文学大系·小说一集》，上海良友图书印刷公司1935年版。

② 林文渊：《致沈雁冰的信》，《小说月报》第13卷第12号。

“浮动的心情”。可“义儿还是往日的义儿”。作者站在教育家的立场上，追寻义儿浮躁执拗、喜欢胡闹的“起源”：首先是家庭教育不当，母亲对义儿娇生惯养，三叔处置义儿的秘诀“就是永远不要将好颜脸对他”，从“纵”和“压”这两极扭曲了义儿的性格；学校老师只看到义儿“喜欢捣乱”的“劣迹”，看不到他富于想象、活泼好奇的天性，非但不作正面的引导，反而认定他“愚笨懒惰”、不堪造就，要将他撵出教室。这些描写，形象地说明了义儿在学校受到的只是摧残与损害。

《小铜匠》堪称《义儿》的续篇。沉默寡言、敦实憨厚的高等小学学生陆根元，是教师们一致公认的“低能儿”，教师们“用尽了方法，总不能凿开他的浑沌的窍”。他退学去跟镇上一个叫“烂醉鬼”的铜匠学徒，居然很有长进，不久来学校修理门窗，工艺之娴熟令教师们惊叹。夜间乘凉时，教师们围绕着“烂醉鬼”是如何教授陆根元的问题展开讨论。陆根元的级任老师感慨最深，把教育的失败归结为教师实在没有认清这些“蠢然无知”的孩子：

> 用尽了方法么？这还不能说。像根元这一类的孩子，我们不能使他们受一点影响，不如说因为我们不曾知道关于他们的一切。我们与他们，差不多站在两个国度里，中间隔着一座又高又厚的墙，彼此绝不相通。我们怎么能把他们教好呢！

作者在描写陆根元的“蠢然无知”时，插入了他“悲哀”的家境。父亲混迹于赌场，“从来不问米盐”。母亲“劈竹做洗帚”，只有“一息不停地劈着”，才能勉强维持一家人起码的生活。后来，母亲病死了，“悲哀织成个致密的网”把根元“网住了”。教师对于这位兜着“钥匙”上学的“低能儿”，没有同情，只有“你这么笨”的训斥，以及迫使他退学的告诫。陆根元的孤苦和不可言说的悲哀，令人黯然，而教师却一无所知。

《风潮》深刻地揭示了学校“专制”与“被专制”的师生关系。开学伊始，有个学生对教师修改的课本提了意见，教师就动怒，和校长一起对这个学生进行“训诫”，还采用突然袭击的方式，用“考试”与全班学生为难，以示“警告”，致使矛盾激化，全班学生一致罢考。校长杀一儆百，将带头缴白卷的学生“斥退”，且拒不收回成命。全班学生的义愤不可遏制，捣毁校具，联名退学，还个个都自视为英雄，路上遇见相识的人，就用夸耀的声气说道“我们起风潮了！”

除了描写教育方法的失当、师生关系的隔膜和对立，叶圣陶还在《脆弱的心》中写小学教员既易于“兴奋”，又易于“烦闷”的心态，他们从事教育的心是很“脆弱”的。想起“小学教师的趣味”时，他们觉得身边“有很亲密的小伴侣”，学生“就是趣味的泉源”，“我们运我们的心力总可以影响到社会”，于是陶醉在“自任为社会的监督者指导者和改造者”的喜悦里。面对小伴侣“肮脏”的“面容”，“狂热”的“行动”，“愚蠢和顽皮”的“性质”，以及“陈旧和枯寂”的学校生活时，又陷入了“怀疑和烦闷”的深渊。

至于教育行政当局，叶圣陶写了“善”“恶”两类。“善”者，当推《乐园》中的学务委员，是个典型的敷衍主义者，对上是敷衍，对下也是敷衍。看到有人对小学校露出不满的脸色时，他就解释说：“你们过于苛求了。瘦到露出骨头的黄牛，怎能耕出丰收的田亩呢？吃不满一块豆腐的水鸟，怎能衔起小孩那么大的鱼儿呢？”小学教员月薪微薄，他们“身在教室里”，“心却在‘机会之流’的旁边迫切地等待着”，他们“常驻”在“来扇馆”，靠为乡民“代写些香疏经牌”之类的“副业”，挣个“三五斤菜，十来个鸡子”，学务委员看到了则佯装不知。视察时，看到学生“闹翻了”，先生还在茶馆里“捧着茶壶有情有趣地喝茶”时，也只是向先生提个醒：“倘若给县视学省视学撞见了，可有点不方便!”学校虚报学生的名额，为了应付学务委员的视察，只好临时“借兵”搞“银镶边”。“银镶边”跟着学务委员走，他走到哪校，“银镶边”就坐在哪一校的教室里。学务委员“虽然看破了，也不说穿”，只要求“县视学省视学来的时候平安无事”。

《饭》中的学务委员则是“恶势力”的代表。通篇以“饭”为焦点，围绕着找饭碗与保饭碗、扣饭钱（薪金）与讨饭钱，深刻地揭示了教育行政当局的贪婪和腐败。吴先生求情说项，从学务委员那里谋到一个饭碗——到“乡立第二国民学校”任教。这所乡村小学仅有的两间前倾后斜的老屋，“如人佝偻的样子”。一间做了吴先生的卧室兼厨房，另一间做教室，摆着十几副破旧的桌椅，坐着六七个孩子，其景况惨不忍睹。吴先生本来每月有十元的薪金，因为没有师范学历，学务委员克扣了四元，余下的六元分两次发放。吴先生雇不起佣工只得自己买菜做饭。学务委员为了应付省视学的视察，特地赶来通知吴先生临时“借十几个孩子”充数，发现吴先生利用“上课”时间上街买菜，遂以“不尽职”为理由“罚俸三分之一”，就这样吴先生十元月薪到手的只有四元，另外的六元则进了学务委员的私囊。吴先生为了“饭碗”，向学务委员打拱；学务委员“不拘一格”录用吴先生，就因为他没有师范学历，先天不足，卑微懦弱，这就成了学务委员压低薪酬和随意揩油的对象。

总之，在叶圣陶的教育小说中，我们看到的是教育行政当局的腐败和渎职，教师的“滞钝”“冷漠”，校舍和设备的简陋，教育方法的陈腐，这就是旧中国教育界真实的写照。

三、悲叹乡村的衰败

《晓行》控诉地主阶级的凶残。地主邵和之瞪着一双“可怕”的眼睛，收租“惯用硬功夫”，心狠手辣，冷酷无情。他精于“计算”，整天在农民身上盘算，定出一个“数目”，就好比“石头的山”，不能移动一分。杨家村的一位农民见他带了“差吏”来收租，“便发痴一般地避到屋后的茅厕里”，被“差吏”从茅厕里“拖”出来之后，又从地主手里挣脱出来投河。“差吏”和村里人都很同情这位缴不起租子的农民，而邵和之则心硬如石，宣称：“欠租是何等重大罪名！他便溺死了，还是要向他女人算！”逼迫这位被村里人救上岸的农民“卖掉了留着自己吃的一担米”，完了租才算了结。这个短篇写于1921年6月11日，分别在当月的《晨报副刊》和《时事新报》上连载，是新文学史上最早描写现代中国掠夺式地租剥削的“乡土小说”。

《悲哀的重载》从一艘快船上乘客的悲哀，写出了农村的败落景象。小说着重写了三位乘客，第一位是进城到医院看护儿子的“中年妇女”，儿子患了“流注”。她有四个女儿和一个儿子，大女儿生了“流注”是前年亡故的，二女儿生了“流注”于“去年夏天亡故了”，三女儿去年秋天也生过“流注”，虽然医好了但落下“两个核”（后遗症）。儿子也生了“流注”，春天见好，就给他娶亲“冲喜”，不料病情加重，危在旦夕。第二位是二十多岁的“青年妇女”，抱着“小尸体的模样”的小孩。她原本在外当帮佣，因为有儿子牵累，招人“讨厌”，只得悻悻“回家”。第三位是说话时“带着漂亮高贵自傲的意态”的“青年女子”，她在上海某富室当女佣，被丈夫胁迫着回家。她在船上炫耀在上海侍奉主人打牌、看戏的乐趣，诅咒乡下人是“猪”，过的是“猪的日子”，声称不久还要“出来”。船上的乘客对她“很艳羡”，她的“新鲜故事”使全船人“满足”了“好奇的心”。小说突出“现代文明”对于“乡村”的冲击，航船“冲坏田岸”，船票暴涨，“汽笛”扰乱了乡村的“沉寂”，带走了青年人的“心”。“青年女子”身为女仆，却穿着“时下流行式样”的衣服，以此炫耀自己的见识和城市生活的优越，艳羡上海“太太”们的骄奢，“鄙夷”在乡下的丈夫。小说写的是乘客的“悲哀”，抒发的却是作者“我”对于农村衰败的忧愁。请看“我”听了“青年女子”的“故事”后的感慨：

> 我正在沉思，她这一段话也许是农村破裂的先兆：农家妇女能做许多工作和男子们一样，现在她们厌弃农村的生活，往都会里跑了，农村里除减少劳动力之外，还减少了黏合力——家庭的爱情，那不是极容易使农村破裂么？在现在这时代，固然，农作的生活不是好的生活，但正当的办法在急图改革，决不在由厌弃而毁灭这种生活。走她同一歧路的男的女的，我看见听见的实在不少，她不过随同附和罢了。我们决不能说这是他们的过误，赶他们走上歧路的那种势力多么狠毒呵！所以她对于歧路虽然那样赞扬而且爱好，我总觉得她身上印着全部农人的悲哀。

迫使青年女子“走上歧路”的那种“狠毒”的“势力”是什么呢？作者在《旅路的伴侣》中作了深入的剖析。小说中的珠儿是位漂亮的好姑娘，因生活所迫由邻居老妇人带着去上海帮工。作者借老妇人之口道出了珠儿的家境：父亲“有过房屋，也有过航船”，因为抽大烟败光家业后，沦落为嗜赌成癖、泡茶馆成癖的“无赖”，“一家六口”租了“一小间屋子住着”，靠珠儿的母亲给人家缝衣服，过着连“粥”也吃不饱的苦日子。帝国主义的入侵和掠夺，加剧了中国乡村经济的解体，年轻人为了生存，不得不转向城市谋求生路。“旅路的伴侣”并没有意识到这是“农村破裂的先兆”，反倒对珠儿的前途抱着“热望”：

> 身躯庞大的那人却耸着肩说，“她到了上海，吃得好，看得好，包你不想回家呢。而且吃了些油水，面孔要比现在好看得多；现在已不错，将来怕不是个美小姐么？”
>
> 后面休息的舟子接着玩笑地说，“上海的小后生也俊俏。她看惯了，将来定要同爷娘吵闹，不是上海小后生不嫁呢。”
>
> 全舱的人笑了，连不曾开口只在那里默听的人也露出笑颜。身躯庞大的那人笑得咳嗽起来，唾沫飞溅，身体前后摇动。……

透过“旅路的伴侣”的讪笑，我们仿佛看到了潜隐在作者心灵深处的悲哀和忧愁。这种由于农村衰败而触发的悲哀，看来似乎很“平淡”，却比那些捶胸顿足式的呼号更感人，更富有艺术穿透力。1922 年 4 月 8 日，读者陈友荀在给沈雁冰的信中说：“叶绍钧先生《旅路的伴侣》一文其中的涵蕴，固然不差。然而这篇的真理所在，只有一点——家庭底黑暗；却是许多浮泛的描摹，占全篇的三分之一，这种不切实的工夫，我以为可以不必。”陈友荀显然没有读懂这篇作品。沈雁冰在回信中说：

> 近代小说都取极平淡的“人生断片”以为题材，原也有过于平淡之处，例如《旅路的伴侣》；但题材尽管平淡，如若做得好，无碍其为艺术品。我不好意思说我朋友的作品《旅路的伴侣》简直就是杰作；不过我敢说：这篇东西并非仅有一点“家庭的黑暗”，未必都是“浮泛的描写”，“不切实”。我敢说珠儿的父母的灰色生活至少也是一段值得研究的灰色人生。珠儿的父亲是好是坏，决不是一言两语可以断定。如果让世上所有的思想家来批评珠儿父亲的人生观，我猜想必有许多全然相反的议论呢。我常以为一篇小说，各随读者性格情感之不同而生各别的印象……①

短篇《醉后》也是取“人生断片”为题材的佳作。“我”的同事季亮喝醉了酒，被朋友拉进妓院。不料接待他的竟是同饮一口井水的尚未脱尽“孩子气”的“同乡”，“秀美”而“柔弱”，“不很丰满的面孔，微蹙的双眉，都含着天真而浮荡的悲哀”。“同乡”唤起了季亮“怀乡的情感”，酒也醒了。季亮同情这位“同乡”，但又受了道德的压迫，拒绝“多坐一会”；人离开了妓院，但感情上又抹不掉对“姑娘”的想念和悲哀，“绵延的惆怅”使得季亮无心看书，无心作文，无心游览。小说对于“姑娘”的家世写得极为简略，只是说她的父母亲都在上海，是父亲

---

①《小说月报》第13卷第6号，1922年6月10日。

把她送到妓院来的，父亲抽大烟。这位“姑娘”和《旅路的伴侣》中珠儿的命运相似，都是因为父亲抽大烟败了家，所不同的是一个去上海当女佣，一个进了妓院；珠儿的母亲“宁可断了腰，脱了手，瞎了眼”，还是留在家里“缝衣服”，“靠十指过活”，而“姑娘”的母亲则早已离开故乡，流落在“十里洋场”。小说着重抒发了季亮对于“无家”可归的妓女的同情，指出她们原都是世间良好娇羞的女子，是生身父母把她们送进地狱，迫使她们不得不随波逐流，以卖笑为生，进而抒发了季亮深浓的乡愁：

> ……我只觉我的故乡是个可爱的故乡。什么时候才得和它重见呢！眼前的她是从故乡来的，似乎与我有故旧的感情，……我怎么安慰她呢？我能对她说些什么呢？我面部的肌肉抽搐，有哭出来的感觉，可是眼眶里没有眼泪流出来。

《晓行》《悲哀的重载》《旅路的伴侣》《醉后》这四篇小说，大概都是以角直镇上农家的生活为题材的。航船往返于各乡镇之间，地主收租的铁石心肠，“冲喜”的愚昧习俗，男子们沉溺于赌场茶肆，青年女子纷纷涌入都市，所有这些与乡村“沉闷”“肮脏”“大烟”“病疫”，以及“落子馆”（妓院）的“时调小曲”，妓院里灯红酒绿，共同构成了20世纪20年代初江南水乡奇异的景观。叶圣陶关注人生，同情农家的疾苦，哀怜农村的衰落。小说中交织着江南水乡特有的生活情调，静穆而悲哀的笔调中隐现着淡淡的乡愁。

四、倾诉“孤寂无侣”的烦闷

在《隔膜》集中，叶圣陶已经展示了他描写小知识分子的非凡的才华。《疑》中的“伊”是个自忧自扰、无病呻吟的“小资”。她照镜子见到自己的面庞瘦了，脸色不如以前红润，就惶惶不可终日，担心有什么疾病“潜伏”在“脏腑”里。想请医生检查，又怕真的查出个什么毛病来，于是狐疑惶惑，神魂颠倒。医生取血化验，她看到左臂上划的“一条血痕”，犹如见了“荒凉枯寂的坟墓，灰败无光的白骨”一样“害怕”。在等待化验结果的三四天中，她“恐惧惊惶”，想到“死”，以及“谁更对自己抱同情，流泪，作挽歌”之类的“身后事”。当她得知诊断结果什么病也没有时，又觉得一切“都有新生的深意”，“流出欣悦感慰的泪来”。

《萌芽》中的新婚夫妇为了彼此间的“愉悦”和“安全”，决定不要孩子。妻子在无意间怀孕后，想用药物堕胎，又觉得不爱这生命的“萌芽”是一种“罪恶”，于是虔诚地向丈夫忏悔，诚意地“以血液栽培”新生的“萌芽”，“使他抽出挺拔的枝条，开出美丽的花来”。他们就是这样，自寻“烦恼”，又自我“悦乐”；半是自怜，半是骄矜，把一己的喜怒哀乐放在舌尖上，细细地品味咀嚼，顾恋再三，低回不已。

相对说来，《隔膜》集中对小知识分子的空虚和无聊的描写还比较浅显，到了《火灾》集中，作者的艺术笔触已经深入到他们的心灵世界，内容显得更厚重了。《被忘却的》中小学教员田女士被丈夫遗弃后，滋生了一种变态心理。每当看到夫妇同行，就触发出种种肉麻的幻想，

“悬荡着无着的嫉妒”，为了摆脱孤寂难耐的处境，竟与童女士玩起了同性恋的把戏。可感情是不能欺骗的，田女士在“美丽空幻”的“柔网”中寻求的“甜蜜”越多，内心就越空虚，在“被忘却”的“深哀”里就陷得越深。

《归宿》写怀芷“孤寂无侣”的烦闷。怀芷把“爱情”看作人生的“归宿”，不愿意过漂泊的生活，可又不愿做家庭的奴隶；他厌弃买卖式的婚姻，但在社交尚未公开的现实社会中，又得不到恋爱的机会。于是由渴望而失望，由失望而烦闷，“只任火样的热情在心里秘密地燃烧着”，绝望地发出“恋爱与我无缘了”的悲叹。小说的深刻之处，在于真实地写出了青年人“孤寂无侣”时空虚、落寞、无聊、苦闷的心理。烦闷像一条恶蛇紧缠着不放，难以向人启齿，别人也不能帮助排解。小说的构思是极其巧妙的，撷取的是从黄昏到天黑这段时间，借着鸟儿的归巢，引起怀芷的思家。暮色苍茫中，教堂里“震荡而绵延”的钟声，兵营里“辽远而凄清”的喇叭声，对于青年怀芷来说既是一种“警觉”，又是一种“习惯”和“灵感”，因为随之而来的就是“烦闷”。为了“解免闷郁”，他到郊野散步，“鲜艳”的“夕阳”和“徐徐”的“炊烟”，反而使他更加不能宁静。他去拜访朋友陈君，想作“无聊消遣”；陈君家庭的温馨，又使他想到过孤独生活的凄凉，“悲苦”得“似乎要哭出来”，只得去酒店借酒浇愁。聊以自慰的是“今夜”天黑“没有月亮”，不至于半夜醒来被月色“嘲笑”和“诱惑”。《归宿》将现代青年过孤独生活的烦闷，以及“孤独人”抑郁的心理描写得绘声绘色，为彷徨而无“归宿”的青年弹奏了一曲心弦颤动的哀音，被誉为射入现代青年心的深处，引起“剧烈的哀苦”的“文艺的利箭”。①

《两样》写伟如夫妇婚后性格和心理的变化。新婚伊始，他们生活得非常甜美，爱情到了“两体而一体”的境界。妻子生了若樟、若榆、若枫三个孩子后，爱心“差不多”全部献给了孩子，似蜜样甜的爱情日渐淡漠，生活也日趋清贫。是岳母的精心安排（她接走了若榆、若樟，让女佣照顾若枫），伟如夫妇有了“双双出游”碧梧园的机会。他们来到美丽的公园后，只觉得局促不安，肩并肩怎么也走不成“均齐的步调”。妻子想到留在家里的幼女若枫，“神情很不安宁”。伟如只是感到“无聊”，觉得游客的目光都凝聚在他们夫妇身上，回想起七八年前游园时兴奋而陶醉的情趣，唯有默默的叹息，于是悻悻而归。小说的结尾是耐人寻味的，“他们赶到家里，果然听见若枫的哭声转成沙哑了”。妻子急忙把若枫抱在怀中给她喂乳，她的爱全都给了孩子，暂时忘却了“面貌沉郁”的丈夫。这个细节形象地说明了“小知识者”有了家室后的愁闷，生活的牵累使他们不可能再有什么欢愉和浪漫。

被遗弃的田女士、人生旅路上的孤独者怀芷，以及虽有妻室实形同鳏夫的伟如，这些被排除在正常的“人的生活”以外的“小知识者”，用他们各自的身世从各个不同的侧面诉说了现代青年的烦闷，尽管他们本身都很软弱，缺乏直面现实、与旧势力抗争的勇气，但他们的烦闷毕竟是时代造成的。小说描写的是“小知识者”的心态，透露的却是时代沉闷的氛围，读来令人怅然。

---

① 振甫：《叶绍钧君的〈归宿〉》，《小说月报》第 14 卷第 10 号，1923 年 10 月 10 日。

五、“模型”和“老法子”的惨酷

《火灾》集中的一些短篇描写家庭生活中的“溺爱”，抨击养育下一代的“模型”和“老法子”。教训意味很重的《啼声》类似童话，作品通过一个女婴的自白，提出了父母如何教育孩子这个重要的社会问题。女婴诉说：父母对她的爱抚，只不过是大人的一种“游戏和消遣”；对儿童的关心，不过是“同喂猫狗一般”的给他们“吃”，像装饰“小玩偶”似的给他们穿戴；为了将“小玩偶”造成个“又斯文又高贵的东西”，就把他们“藏在又方正又简单的厅室庭院里”，而从未“为我们的智慧着想”，“真个为我们尽过一点心”。这种“爱”是“肤浅”和“惨酷”的。名义上是“爱”，实则“随时随地给我们损害”。父母将子女视为可以随意揉捏的“烂泥”，把他们按在所谓理想的“模型”里，从而成了孩子们的“仇敌”。

《祖母的心》以定儿的健康和教育为主线，写家庭内部新旧思想的冲突。祖母满脑子的封建意识，笃守陈腐的教条，而自以为生活经验丰富。明辉夫妇是西医，定儿是关系全家幸福的人。定儿病了，正是用得上明辉夫妇的时候，祖母偏要用老法医；明辉主张“放任式”的教育，祖母偏要用“填鸭式”的教育。定儿发烧咳嗽，老祖母请来“老法医生”用“老法”医治。她不让明辉夫妇插手，自任看护，“八昼夜一眼不阖”，守在定儿身边，非但不准开窗通风，还烧樱桃和枣核，“用浓烈的刺激性的烟”来“滋润”定儿的“气管”，居然收到“效验”。定儿“退热”后，老祖母又遵循“滋补”的“老法子”，忙着“洗剔燕窝”，煮“鸽蛋”给定儿“调养”。定儿吃了许多补品，“只是没有健旺的气色”。老祖母“承认这是滋补未足之故，更忙着洗剔燕窝”。这位疏发灰白的老祖母，为定儿的健康累得精疲力竭。定儿到了入学的年龄，老祖母认为学校培养不出人才，就请一位先生来家“教读”，自己亲自督促定儿“温理旧书”，对定儿进行严格的管教。小说的深刻之处在于真实而细腻地写出了老祖母对定儿的爱的真诚和精心。用她自己的话说：“只有我当心定儿的事。他病了，我给他日夜看护；他病好了，我弄滋补品给他吃。这种劳苦比老妈子还要加几倍。要是我没了，谁还管他的账!”而结果，反倒摧残了定儿的健康，剥夺了定儿的自由，这位仁慈而又顽固的老祖母，简直是一位“无人道的屠夫”!

“老法子”不仅摧残了儿童的身心健康，也排斥了“科学”，助长了愚蠢。请看“老法医生”戈白萍“每天傍晚”来为定儿诊脉开方时招摇过市的场面，以及引起的社会舆论：

> 杜明辉夫妇医室的门前，忽然停着一乘蓝呢的小轿，白铜蝴蝶的轿饰，一齐的乌丝的流苏，后面插着绚红的名片，印着引人注目的三个大字“戈白萍”。这戈白萍是著名的儒医。这时候是傍晚了，懒懒的阳光照在人家墙头的上半截和屋面上，已经没有使人昏昏然的威力；穿着单衣的行人开始觉得有些儿凉意。著名的医生总在这个时候，凭轿夫的精健的腿力，飞奔似的赶到病家。现在戈白萍到了杜家了。喜欢留心闲事的行人就对他的同伴说，“你看，他们男的做医生，女的做医生，人家都相信他们。现在他们自己打招牌了。他们家里人生了病，却请有名的老法医生。以后人家还会相信

他们么!”同伴看看戈医生的小轿，点点头，鄙夷地笑了笑，表示完全同意所听到的议论。

“人家都相信”明辉夫妇的医术，唯独自己的母亲不信，自己砸自己“招牌”。明辉看到母亲将定儿关在“书房”读书时，沉痛地叹息道：

我的意思，不承认学校比我们的书房好，两个正是等量地坏。较好的教育方法，世间或者已有人懂得，但不是我们。我们的教育只是给损害的教育呵！让他自己去发展，自己去搜求，或者好些。可是，这样地步我们也做不到，这是我不可消释的苦闷。

明明知道让定儿“自己去发展”“自己去搜求”或许会受益，但就是不敢违抗母亲的“家法”。“祖母”的顽固和专横，将旧中国“老法子”的淫威表现得触目惊心。

六、“得了照相的神术”的摄影师

与《隔膜》集相比，《火灾》集的题材更加丰富，视野更加开阔，思想更加深沉，态度更加严谨。“哲学热情”开始降温，“我”的情感交融在生活场景中，抒情风格趋于沉着而平实，刻画人物的技巧也有长足的进步。

《隔膜》集中的短篇都是“人的文学”“真的文学”。那时，“人生派”作家提倡“文以载人”，甚至认为“描写人物一定是实有其人（有

Model）的”[①]。《隔膜》集中的《欢迎》类同于纪实。1920年6月，杜威到苏州游览并作“教育行政之目的”“小学教育之趋势”“教员之责任”“学生自治”“教育与社会”“教育与实业”等专题演讲，上海《申报》刊有报道：

杜威博士莅苏

杜威博士偕同译员杨郑二君，于二十六日上午，由无锡乘车来苏，当由劝学所长潘起鹏、教育会长龚鼎、省立医校校长蔡文森、工校校长屠镇西、农校校长王企华、师范校长王饮鹤、中学校长汪鼎丞、中学以上教职员联合会彭敏伯等至车站欢迎。下车，即至铁路饭店午餐。下午，假盛氏留园开欢迎会，到会者为绅学各界如苏州市董蒋季和、潘经士，东吴大学葛校长……共六十余人。下午五时，欢迎博士至四面厅，先摄一影，然后开会，由王饮鹤、蒋季和先后述欢迎词，博士答辞毕，入席聚餐，至傍晚始行散会。[②]

《欢迎》极其简约地记述了几位“绅士”和“少年”到车站迎接杜威，以及他们在宴会厅欢迎杜威的场面。因为叶圣陶亲临过会场，聆听过杜威的演讲，所以小说与《申报》报道是吻合的。《欢迎》中写到在车站，绅士们不知道杜威是哪国人。宴会前，绅士们聚集在“戏厅”里恭候杜威，听到皮鞋声“便噤住了声，齐回转头去看”，等杜威一行走来了，“大家站得非常恭敬，头也不回转去了，气息也不使他发声，但斜睨着

① 沈雁冰：《自然主义与中国现代小说》，《小说月报》第13卷第7号，1922年7月10日。
② 上海《申报》1920年6月28日。

这位奇异的来客，不能了解的来客，显出一种好奇，猜测，懔栗的态度”。致欢迎词时绅士们互相推诿，被迫致“颂扬语”的那位大人物居然不敢大声说话，支支吾吾，声音轻得听都听不清。绅士们就是这样不学无术和卑躬屈膝。小说对于杜威也只是画了一个轮廓：“他的脸微微红着”，眼睛是“深沉”的，答词“恳挚”。很显然，作者偏重的是场景实录，而不是艺术的描写，追求的只是“生活的真实”。而到了短篇集《火灾》中，作者就注重写“人”了。

《脆弱的心》也是纪实小说，“许博士”的原型就是胡适。胡适在1921年8月16日日记中说：“叶圣陶（绍钧）作了一篇小说，用我在苏州的演说作一个影子，颇有意思”①，并把《脆弱的心》抄录在日记上。与《欢迎》相比，《脆弱的心》显然摆脱了“实录”的束缚。作者不仅写“许博士”演讲的内容，还写了他的神态，并借助于听众的观感抒发了对“许博士”的敬仰之情。作者笔下的“许博士”，“是瘦削而微现苍白的面孔，眼镜里显出近视的眼睛，顶部的发已稀疏，上唇有浓黑的须。他的身材不高不矮，穿着夏布长衫是普通的式样”；“他为着学问，为着群众，致这么瘦弱，顶部的微秃更表示他的多思。这就可以钦敬了。他的目光何等的沉定！这应是哲学家独具的目光”。这些描写源自胡适，但又经过了艺术的提炼。胡适本人的“认同”，也说明了这个短篇既“真实”也“艺术”。

瞿世英在《小说研究（中篇）》② 中说：新小说在描写人物方面，“恐怕要以鲁迅和圣陶为最好”，小说中的人物描写得恰如其分，“使他

① 《胡适全集》第29卷，安徽教育出版社2003年版，第420页。

② 《小说月报》第13卷第8号，1922年8月10日。

的个性活泼泼地涌现在我们心里”。火在《“火灾”的漫论》[①] 中说叶圣陶“真不愧为写生妙手，而不是我们同人中的别一个所能及的”。《火灾》集中的《饭》《义儿》《云翳》《乐园》《旅路的伴侣》《悲哀的重载》《晓行》《祖母的心》《火灾》《两样》《归宿》等短篇都曾受到文坛的赞誉。沈雁冰说“《旅路的伴侣》简直就是杰作”。《火灾》被称为“结构与艺术皆臻上乘”的成功之作[②]。1922 年 7 月，诗人言信君（即徐玉诺）从苏州乘船到角直看望叶圣陶，向叶圣陶讲叙其故乡河南“民匪”对峙、恶战的惨象。叶圣陶无法理解中原地区的残杀与劫掠，就对言信君的话作了进一步的解读：

> 这真如一场大火灾，人的心就是引火的材料！起火之期远在不知多少年前，现在蔓延得周遍了，什么穷乡僻壤的男女老幼的心里都燃烧起来了！

作者写言信君，既不像《欢迎》中浮光掠影式地“实写”杜威，也不像《脆弱的心》中专注于胡适外部特征的描摹，而是抓住言信君的外貌、言行、心态神秘而古怪的特征，纯客观而又真实地“写活了”言信君这个人。请看“我”在船埠与言信君相会时的场面：

> 呜呜的汽笛声听见了，小汽船的烟囱望见了，我的心里只觉又

① 《晨报副刊·文学旬刊》第 22 号，1924 年 11 月 5 日。

② 火：《“火灾”的漫论》，《晨报副刊·文学旬刊》第 22 号，1924 年 11 月 5 日。

热又乱。汽船后面拖着一艘“常熟快”，船头上挤挤地站着十几个人。有一个穿白衣裤的，举起了白帽子只是招。虽然还认不大清楚这人的面目，我不禁也举起胳臂只是招手。

船泊了岸，言信君最先离船，紧紧握着我的手。我觉得他的手很冷。他上下唇的胡子长到三四分，脸色干枯而黝黑，大有苍老之气。他的裤子沾了好些的泥，皱纹也不少。

作者写了言信君的穿着、举止、很特别的胡子和脸色，接着写他的神情。晚饭后，言信君“端相着火，侧首枕在桌上”。“我”以为他“行路劳顿”，劝他“早点休息”，他却说出了令“我”诧异的话来：

“这算什么劳顿！我现在不想休息。”他说着，竖起头来，两手按住散乱的头发。停了一会，他又说，“我现在很兴奋，你不知道我的生活全在这兴奋之中。不仅是我，我们那里的人差不多全是这样。因为要求兴奋，所以欢迎激刺。譬如将饮食来比，我们不想吃饭吃面喝甜汤，却欢迎辣椒，臭蒜，烧酒和鸦片，陈旧了的，力量渐渐薄弱，难以引起强度的兴奋，故而我们更愿意不绝地感受新的激刺。你要了解我们，须首先明白这一点。”

言信君手舞足蹈地讲起家乡的“人们”杀人放火，野蛮疯狂地“要求兴奋”“欢迎激刺”“很高兴守寨”“欢喜放枪”种种“似乎神话里的事实”，他“端相着火”，每句话似乎都是与“火”联系在一起的：“放起火来”，“受了猛烈的火焰”，“燃烧起来”，“蔓延得周遍了”，还说一定将家乡的“火灾”写出来，逐篇寄给“我”看。他的眼睛“放出可怕的光；语音凄悄，含有神秘的意味”。“我”觉得“出乎意料”，“只觉诧异”，“听得有点呆了”，“仿佛坐在一位古怪的预言家的面前，当此夜深人静，颇有点懔然的感觉”。言信君的“走”也很“神秘”和“古怪”：

> 言信君住了两天，他要走了，他渴望他的母亲以及家乡的一切。这早晨下着急雨，我们留他待雨止了再走。他说，“雨的河上也新鲜，不如走吧。我们再见很容易，说不定下半年就来。现在我们分别吧。”他辞了我的一家人，悄然便走，一手插在裤袋里，一手拿着白帽子。我没有什么可说，跟在背后送他。……我们到航船埠，衣裳给雨沾湿了，——很奇怪我和我的一家人都不曾想起带雨伞这回事。他催我马上回去，一壁钻入那低矮而黑的舱里。

言信君回到河南来信说他的“形神已损害得不堪了”，“再不想写什么了”，这个突然的“转变”使“我”怅然。信中还说：“道路传言，家乡附近的县城被烧后，在一街道中拖出死尸二千馀条。‘票子’拉走二千条，少数得归，大半死却。”“我”望着来信，“似乎正在那里喷烟吐焰，也不大敢重行细看”。作者处处写言信君的“神秘”和“古怪”，犹如一位“得了照相的神术”① 的摄影师，以其高超的技艺，从不同的角度拍摄了人物神采最丰富的瞬间，将“生活的真实”升华为“艺术的真实”。尽管熟识的人一看就认出是徐玉诺②，但又都认为《火灾》不仅仅是徐

---

① 周仿溪：《叶绍钧君的〈火灾〉》，《小说月报》第14卷第3号，1923年3月10日。
② 徐调孚：《叶绍钧君的〈火灾〉》，《小说月报》第14卷第3号，1923年3月10日。

玉诺的“史料”[1]，也是“芝兰一般的芬芳”的“创作”[2]。《欢迎》《脆弱的心》《火灾》这三篇“纪实小说”，从一个侧面凸显出了叶圣陶对艺术的不懈追求。

① 阿英编选：《中国新文学大系·史料索引集》，上海良友图书印刷公司 1935 年版。
② 赵景深：《读〈火灾〉》，《文学》第 111 期，1924 年 3 月 3 日。

第十八章

开拓我国童话创作的路

——童话集《稻草人》

为了千万的人类，去写一篇童话或一支歌，画一幅像，比较写部小说或交响乐重要，而且艰难得多。

——托尔斯泰

一、彻底改写我国童话界“言必丹麦”的历史

童话，作为一种新颖有趣的文体，堂而皇之地跨入我国文学殿堂，还不过百年。在封建社会中，人们很少注意到儿童的社会地位以及他们生活和精神上的需要。父母也总是把子女当作自己的“附属品”，“按在自己的模型里”（叶圣陶《一个朋友》），一味地用圣经贤传规范他们的思想行为，“少年老成”便是社会生活中一个极好的赞许词，这就难怪中国向来不曾有人创作或收集童话了。到了近代，在“输入西方文明以拯救祖国出于贫弱”的大潮中，在“童年的情形，便是将来的命运”，

"一国盛衰系于儿童"等新思潮的触发下，先驱者们这才把"儿童文学"提高到我国社会和国民"起死回春"的特效药的高度来看待，来到荒芜的童话园地里耕耘。

就目前所见到的资料，最早使用"童话"这个词的，是晚清的周桂笙。1903年，上海清华书局出版了周桂笙翻译的《新庵谐译》，共两卷，卷二为童话集，辑译童话及故事共十五篇。1909年，商务印书馆创办了我国第一个童话刊物《童话》，由"现代中国童话的祖师"（茅盾语）孙毓修主编。这一年，周氏兄弟的《域外小说集》里刊有淮尔特（今译王尔德）的童话《安乐王子》，这恐怕是王尔德童话最早的中译。1916年，沈雁冰进商务印书馆协助孙毓修编辑《童话》，陆续编写了《大槐国》《狮骡访猪》《书呆子》等二十七篇童话。1921年5月，郑振铎进入商务印书馆编译所，承接孙毓修编辑《童话》第三集，并着手筹办我国现代第一本真正称得上童话刊物的《儿童世界》。

中国现代童话在荒野中摸索，从改写和编译起步走向"自创"的道路，孙毓修、周作人、沈雁冰、郑振铎等先驱者功不可没。但由于时代和生活的局限，他们编写的童话大多从我国的传奇、史书、小说以及外国的寓言和童话故事中取材，进行改编；在阐述童话概念和定义时，他们援引和依傍的也都是西方流行的理论和范式，把童话等同于"神话""传说""寓言""民间故事"。五四前后，儿童文学就是搜罗"各种故事"的说法颇为流行。儿童生活"颇有和原始人类相似之处"，教育儿童"不必顾及实用不实用"（胡适语），"儿童是小野蛮，喜欢荒唐乖谬的故事"（周作人语），这些模糊的理论，客观上起着为童话创作导向的作用。相对说来，重视童话独特的文学品位，重视童话与现实和生活关系，对童话理论揣摩得较为深入的是叶圣陶。

叶圣陶当过十多年小学教师，顾颉刚在《〈隔膜〉序》中说：他的“性情原是和小学生聚得下淘的”，是不失赤子之心的人。他又虔诚地信奉“爱的教育”，乐于亲近孩子，熟悉他们的天真可爱之处，以及他们的接受心理和审美情趣；因而对当时陆续介绍过来的格林童话、安徒生童话、王尔德童话、托尔斯泰童话特别留意。他在1913年3月12日日记中记有：“第一次给学生讲童话，语涉新奇，则皆乐而静听。”看到孩子们喜欢童话，他就萌生了也要试一试的念头。从他早年的日记中可以看到，他在“修身课”给孩子们讲的“亲和”“博爱”“勤学”“自立”“知耻”“勿畏难”“戒游荡”“戒迷信”，等等，大多是他创作的口头童话。他用“口头童话”与孩子们交流，在孩子们回馈的一颦一笑中摸索童话创作的路径。在1921年3月至6月发表的四十则《文艺谈》中，叶圣陶郑重提出儿童文学要写儿童，要用孩子的口吻来写，叫孩子们看得懂，感到有趣，得到教益。他说文艺家应“对准儿童内发的感情而为之响应”，顺应儿童的“天性”“心情”“本能”“情思”“渴望”以及“自然的要求”，创作出“含有更进步的思想，更妙美的情绪”的“新鲜的滋养的食料”，使孩子们经过文艺的熏染，感情更加“丰富而纯美”，“立定在新的基础上”，植立“超过他们父母的根基”。坚决反对用神仙、妖魔、迷信来吓唬儿童，指出“真的儿童文学决不该含有神怪和教训的质素”，“奇异神怪”只能使儿童产生“恐惧怯懦的心”，给他们以“潜隐的损害”，“教训在教育上是一个愚笨寡效的法子，在文艺上也是一种不文明的手段”，“儿童文艺里更须有一种质素，其作用和教训不同，就是感情”，并率先示范，从而彻底改写了我国童话界“言必丹麦”的历史。

二、抒写“美丽的童话人生”

1921年11月15日，叶圣陶写出了第一篇童话《小白船》，接着在16日、17日写了《傻子》和《燕子》，在20日又写了《一粒种子》，不到一个星期写了四篇童话。12月25日到30日的六天里，写了《地球》《芳儿的梦》《新的表》《梧桐子》《大喉咙》等五篇童话。到第二年6月，一共写了二十三篇，结集为《稻草人》，1923年11月由上海商务印书馆出版。朱自清在《我所见的叶圣陶》[①] 一文中对叶圣陶童话创作的敏捷赞叹不已。鲁迅十分赞赏叶圣陶的探索精神，在《〈表〉译者的话》中说：“叶绍钧先生的《稻草人》是给中国的童话开了一条自己创作的路的。”[②] 胡风在《关于儿童文学》一文中说：

> 五四运动以后不久出现的《稻草人》，不但在叶氏个人，对于当时整个新文学运动也应该是一部有意义的作品。当时从私塾的《三字经》和小学的《论说文范》等被解放出来的一部分儿童，能够看到叶氏底用生动的想象和细腻的描写来解释自然现象甚至劳动生活的作品，不能不说是幸福。[③]

叶圣陶一连写出了这么多的童话，不仅是数量之多，速度之快，引起人

① 朱自清著：《你我》，商务印书馆1936年版。
② 《鲁迅全集》第10卷，人民文学出版社2005年版，第437页。
③ 《胡风评论集》（上），人民文学出版社1984年版，第75页。

们的注意，更为引人注目的是艺术水准。郑振铎在《〈稻草人〉序》中说："在描写一方面，全集中几乎没一篇不是成功之作"，翻开这本集子，"我们便不知不觉地惊异起来，而且要带着敬意赞颂他的完美而细腻的描写"。叶圣陶的童话，从第一篇《小白船》开始，就给人以别开生面、耳目一新之感，它一改以往童话的翻译味和改写味，不再是对西方童话简单的模仿；逸出了"幻想的故事""奇异的故事""神仙的故事""动物的故事"等传统的模式；不再是写"从前""古时候""很早很早以前"，不再有神话和传说所呈现的那种往昔的意绪和虚幻的氛围；也甩开了用"希望"开篇、用"编纂者评曰"刹尾的套路。用孩子们天真明亮的眼睛去观赏世界，用灵动的笔描写孩子们可爱的笑靥和瑰丽多姿的奇思异想，是叶圣陶童话的一个特色。开头几篇醉心于描绘大自然的"美"和心心相印的"爱"，既有安徒生童话的诗意与奇想，也有王尔德童话唯美的词藻、丰富的想象、微妙的哲理，以及托尔斯泰童话特有的爱、喜悦、单纯、质朴、明净、无可磨灭的心的慈善等风格；极具外国情调，又富有鲜明的地方色彩、浓郁的民间风情，是地道的中国风味，如诗如画。潜隐在字里行间的是"孩提的梦"，是天真的微笑，美好的情感。臧克家赞叹说：这些"真正能吸引住儿童的文艺作品"，也同样"得到成人的欣赏"，"插眼进去，就有点入迷"。[1] 请看《小白船》的第一段：

一条小溪是各种可爱的东西的家。小红花站在那儿，只顾微

① 臧克家：《读〈叶圣陶童话选〉》，《人民文学》1958年6月号。

笑，有时还跳起好看的舞来。绿色的草上缀着露珠，好像仙人的衣般，耀得人眼花。水面上铺着青色的萍叶，矗起一朵朵黄色的萍花，好像热带地方的睡莲——可以说是小人国里的睡莲。小鱼儿成群地来来往往，细得像绣花针，只有两颗大眼珠闪闪发光。青蛙老瞪着眼睛，不知守在那儿干什么，也许在等待他的好朋友。

童话的情节就沉浸在这样一个令人心旷神怡的意境中。主人公是两个孩子：一个男孩儿和一个女孩儿，他们乘着“只配给活泼美丽的小孩儿乘”的“小白船”，嬉戏、歌唱，漫游在恬静美妙、蕴有无限生机与欢乐的小溪里。忽然起了大风，小白船顺风而下，迷失在下游一个荒凉的旷野上，小女孩急得哭了。后来遇到一个面目可怕、心地善良的巨人。孩子们回答了他提出的三个问题后，这个巨人就亲自送他们回家。这三个问题是：“鸟儿为什么要唱歌？”“花儿为什么香？”“为什么你们乘的是小白船？”头两个问题孩子们回答得很巧妙：“他们要唱给爱他们的人听”，“香就是善，花是善的标志”。在孩子们的心目中，大自然的一切生机总植根于爱，大自然就是一个爱的世界。第三个回答得更是意味深长：“因为我们纯洁，唯有小白船才配我们乘。”小白船是纯洁的象征，“唯有”二字突出了孩子们的童心。鸟儿的歌唱、花儿的芳香、小白船的洁白，人间的美、善、爱，构成了一幅令人神往的人生画卷。“美”和“爱”成了沟通天真的孩童与丑陋的巨人的心灵的钥匙，成了连接荒原与乐园的桥梁，是人生唯一的生存法则。

在《梧桐子》中，作者将自然的美和人间的爱，交融在一颗梧桐子的生活历程中，创造了一个完美的童话意境。“梧桐子”小时候“穿着碧绿的新衣，都站在窗沿上游戏，周围张着绿绸似的帷幕。一阵风吹来，绿绸似的帷幕飘了起来，像幽静的庭院”。从帷幕的缝里，“梧桐子”可以看见深蓝的天，看见天空中飞过的鸟儿，看见像仙人衣裳似的白云；晚上，“梧桐子”可以看见永远笑嘻嘻的月亮，看见俏皮的眨着眼睛的星星，看见白玉的桥一般的银河，看见提着灯游行的萤火虫。他们看得高兴极了，轻轻地唱起歌来。这时候，隔壁的柿子也唱了，下面的秋海棠也唱了，石阶底下的蟋蟀也唱了，多么富有情趣呀，“梧桐子”可快活了。金秋时节，“梧桐子”成熟了。有“一颗”梧桐子羡慕鸟儿，羡慕白云，羡慕萤火虫，想跟着他们到处飞，看更多美丽的东西，唱更多快乐的歌儿，就悄悄地飞了出去。他万万没想到离开母亲和哥哥弟弟们后会非常孤寂，但后悔已经来不及了。最后，他落在泥地里，来年春天在春风的抚慰下长成了一棵挺拔的梧桐树。周围的小草都羡慕他，燕子捎来了母亲和哥哥弟弟们的信息，梧桐树乐得“只顾往高里长”。从而形象地说明了“爱”和“美”对于人生是多么重要。“爱”和“美”是生存的两大要义，有了“爱”和“美”，人生方为“美丽的童话的人生”；反之，只有痛苦和孤寂。

《燕子》的情节与《梧桐子》相仿。一个明媚的春天，一只小燕子出门春游，不意中了“一颗泥弹丸”，从柳树上掉下来，躺在棠棣花旁边。柳树、春水、蜜蜂听见哀叫声，都来安慰他，棠棣花的保护更是无微不至。青子姑娘来采花发现了小燕子，就把他带回家，跟小朋友玉儿一起精心护理。小燕子的伤养好了，青子和玉儿就在报纸上为小燕子刊登了寻找妈妈的广告，使小燕子又回到了妈妈的怀抱里。结尾部分原来有三句话，后来被作者删去了。燕妈妈对“乐得只是流泪”的小燕子说：

“这回还是幸运。以后你不要相信世间没有伤害呀。”

小燕子娇语道，“我真实遇到的都是好意。伤害之来，我没有知晓，可知他的性质是虚空的。我相信这是末一回了——遇到这虚空的伤害。”

小燕子的这番“娇语”，也许恰恰是“点睛之笔”，作者最初的创作动机大概不仅是描写小燕子的天真与稚拙，而是要着意表现“伤害”是“虚空”的这个主旨，借用小燕子的亲身感受，抒发他对“爱”的世界的向往之情。

孩子们心目中的现实世界是无限美好的，他们的梦幻世界更为奇丽。《芳儿的梦》中的芳儿要送母亲一件“独一无二”的生日礼物，送什么好呢？作者抓住了儿童依恋母亲的天性，设计了一个最富有儿童幻想特征的极为美妙璀璨的梦境。他让芳儿真诚地向星空中的月亮姊姊和云哥哥请教。月亮姊姊牵着他的手轻轻地飘到空中，摘了几百颗星星，串了一条美丽的项链挂在母亲的脖子上，母亲变得像“仙女”一样美。

这四篇童话犹如梦幻般的田园牧歌，童话的主人公们弹奏着温情脉脉的“爱”和“美”的乐曲。格调清新，寓理于情，虽说现实的成分少，想象的成分多，由于贴近孩子们的生活、想象、情感，情趣盎然，使人感到真实可信。作者简直就是一位高等画师，以他独特的视角，敏感地捕捉大自然美的神韵和孩子们天真的梦幻，又充分调动了童话的幻想、夸张等独特的表现手法，用诗的语言描绘了“一个美丽的童话人生，一个儿童的天真的国土”（郑振铎《〈稻草人〉序》），让孩子们从中体味到无穷的情趣。

三、讴歌比成年人“更神气”的境界

叶圣陶开头几篇童话极力描绘“孩提的梦”：生活是那样静谧安然，大自然是那样令人心旷神怡，山光水色、星月云霞都洋溢着青春的朝气和活泼的神态，如诗如画。而童话本身又大多是叙述人与人之间的亲密关系（这种关系有时是用植物或动物来体现的），歌咏大自然的美和人类相亲相爱的情感，抒发对美丽的人生的向往之情。这些优美的童话，不仅是面向儿童的，也是面向成年人的。每个成年人都与儿童有着千丝万缕的联系，都有过儿童时代。叶圣陶写儿童“天真的世界”，写儿童可爱和稚拙，其实就是写人类的童年之美，让成年人在孩子们身上看到自己的过去，以唤起他们的“童心”。“吾心归来呀！从人间，归来！”作者短篇集《火灾》的“题诗”，也是我们研读《稻草人》的一个思路。

《傻子》里的那个在别人看来是傻子，实际上是心地纯洁、充满了爱心的孩子，使我们很自然地联想到托尔斯泰《呆伊凡的故事》中那位傻气十足的伊凡。所不同的是：伊凡事事奉行“无抵抗的抵抗”，傻子是处处奉献爱心。傻子一生下来就被送到阴森森的育婴堂，睡在“好像一口小棺材”似的嵌在墙上的大抽屉里，因为没有母爱，吸的是“乳娘”没有爱心的奶水，长得又瘦又小，两岁时还“不会说话”，“不会笑”，被“乳娘”骂为“傻子”，六岁上让木匠领了去做徒弟，因年幼体弱，常挨师傅打骂。但他总是为别人着想，尽干“傻事”。有一天夜里，师傅逼着他和“师兄”锯木板，得全部锯好了才准许睡觉。傻子见师兄又冷又困，就劝师兄去睡觉，木板归他一个人锯，还把自己的破棉絮让给师兄盖。天亮时，师傅看到还有两根木头没锯完，就骂他、打他，还让他饿了两顿。又有一天，他在路上捡到一个钱包，里面有十来枚银元，想到失主一定非常伤心，就蹲在路边，直到半夜才等来找钱包的老太太。又有一天，他做工的那户人家上梁，分给他糕和馒头。他把糕和馒头都给了难民，见他们“像吃山珍海味那样有滋有味”，高兴极了。傻子还用自己高尚的情操战胜了邪恶。他所在的国家好战。有一天国王发表演说，傻子和百姓都得去听。国王最喜欢打仗，这一回却给邻国打败了。他发誓要攻打邻国，杀他个“一个也不剩”，还吼叫着说：“恨不得这时候就有一个敌人站在这里，让我一刀砍下他的脑袋，才解我心头之恨!”傻子可怜国王的愚昧无知，为了给国王解气，就站出来高声喊道：“国王，不必等敌人了！你要杀一个人解解气，就把我杀了吧。”国王被傻子的爱心、仁慈和勇于自我牺牲的精神所感动，不但打消了杀人的念头，还特意请傻子造了个牌楼，作为热爱和平、永不打仗的纪念。

《跛乞丐》中的跛乞丐十三四岁时是个邮差，他把给人家安慰看作自己最大的乐趣。他爬过了“峻峭的山岭”，帮“伤心的姑娘”找到了三年没有通音信的情人；他“渡过了风浪险恶的海洋”，帮孩子给远在海岛的燕子传递信息。可是他一再耽误上班，已经受到邮局两回惩罚。眼下他又遇到了紧急的事，一只受伤的兔子恳求他送一封信给他的同伴们。这几天，山羊、梅花鹿、野兔、松鼠正聚在一起开联欢会。猎人知道了，要把他们一网打尽，兔子得赶紧通知他的同伴。邮差拿着信，越山涧、爬岩石、钻密林，同伴们得救了，可他的左腿却中了一颗枪弹，成了跛子，邮局将他开除了，从此成了“跛乞丐”。“先生”和“太太们”都讨厌他，作弄他，“独有”孩子们喜欢他，爱听他讲“美妙”“神奇”的故事。

《眼泪》的构思也很奇特，说有一个人在无休无歇地寻找人类“丢失的东西——眼泪”。他要寻找的不是青年人“爱恋的眼泪”，不是婴儿“无缘无故”啼哭时的“幼稚的眼泪”，也不是演员在舞台上流的“虚情假意”的眼泪，而是“同情的眼泪”。他在城市里找，发现车夫、工人、市民、军阀、政客们的眼眶都像“一向干涸的枯井”。后来他在乡村一位农家孩子的眼睛里见到了“同情的眼泪”。

与《小白船》《梧桐子》《燕子》《芳儿的梦》相比，《傻子》《跛乞丐》《眼泪》这三篇童话现实的成分有所加重。成年人的种种虚伪和卑怯，人世间的隔膜和欺凌就堆积在孩子们的周围。但作者极力绕开这些阴郁的翳障，着力描绘孩子们的纯洁、聪慧、坦诚、憨实，着力描绘他们博大的胸怀和超出成年人的豪爽的气概，以及他们健全的精神和旺盛的活力，既给了成年人以“童年之美”的回忆，又拓展了人类在进步这一全新的主题。1934 年初，鲁迅见到日本友人增田涉的刚出世不久的孩子渡君的照片后，在给增田涉的信中说：“我觉得令郎的照片比父亲更漂亮，这样说颇不好，但照片是事实胜于雄辩。总之，证明人类在进步，对世界也应乐观”①。鲁迅在给山本初枝夫人的信中说：“增田二世的相片我也收到了。我回信中说，他比父亲漂亮，想来对一世有些失

① 鲁迅 1934 年 1 月 8 日致增田涉，《鲁迅全集》第 14 卷，人民文学出版社 2005 年版，第 276 页。

敬，然而这个是事实。”[①] 鲁迅的这两封信，使增田涉“张口结舌百思不解”。他说：“我无法理解。我不懂这种在人的脸上发现的生物进化论式的说明，所以只好这样想：他对孩子简直是无条件的喜欢，而且试图相信孩子一定会比老子强，相信人类一定要进步。”[②] 童话集《稻草人》也着意描写了孩子们比成年人“更神气”的境界，给人以增田涉所说的“张口结舌百思不解”式的欣愉。

四、“不自觉地融化了许多‘成人的悲哀’”

不难看出，叶圣陶是一位追求崇高理想的作家，他始终站在很高的精神层面去俯视生活，观照和反思人类的精神品格。他一直都在苦苦地探索，他参与发起“为人生而艺术”的文学研究会，这是“入世”的象征。“入世”，让叶圣陶变得非常清醒，也使“追求”与“现实”的二重心态构成了他笔下的两种童话世界：既憧憬“美”与“爱”诗化的意境，又“不自觉地改变了方向”，用沉重的笔触写出了人生种种冷酷场景。他在 1922 年 1 月 14 日给郑振铎的信中说他的童话已经“太不近于‘童’”了，“在成人的灰色云雾里，想重现儿童的天真，写儿童的超越一切的心理，几乎是个不可能的企图”，因而“不自觉地融化了许多‘成人的悲哀’在里面”，“渐渐地，一天一天地浓厚而且增加重要”。[③] 这固然表明了作者用童话反映现实生活的一种自觉，但对叶圣陶来说无

---

① 鲁迅 1934 年 1 月 11 日致山本初枝，《鲁迅全集》第 14 卷，人民文学出版社 2005 年版，第 280 页。

② 增田涉著：《鲁迅的印象》，日本角川书店 1970 年版。

③ 郑振铎：《〈稻草人〉序》，《叶圣陶集》第 4 卷，第 160 页。

疑也是一种“失落”，是一种无奈的选择。

《大喉咙》[①] 描写机器生产剥夺了劳动者家庭的幸福。“大喉咙”就是工厂的汽笛，早上天还没亮就呜呜呜地叫唤起来。它这一叫，母亲放下了怀里的婴儿，少年离开了自己的爱人，老汉撇下了瞎子婆婆，他们和许许多多男的女的老的少的一样，“三脚两步赶到工厂”去做工，直到晚上天黑以后才无精打采地回到家里。《旅行家》写一位来自星球上的旅行家的两个疑问：“为什么有的人可以吃得胃发胀，大多数人只能吃一小碟子咸豆呢？为什么有的人可以穿上中国蚕丝织的汗衫，大多数只能穿又破又脏的衣服呢?”在《画眉鸟》[②] 里，作者借用画眉的“出逃”，对不平等的世相作了一次鸟瞰：有人蒙着“精致的毯子”，“露出乌黑的皮鞋”，躺在车上，让另一个人拉着跑；“许多体面的人”围桌大吃大喝，而厨师却在伙房里受油和火的煎熬；有钱人在享乐，而一个十一二岁的小姑娘却低头含泪，颤声卖唱。穷人“只替代了人家的两条腿”，“只替代了一副煮菜的机器”，“只替代了一样的音乐器具”，“不幸的东西填满了世界，都市里有，山野里也有，小屋里有，高堂大厦里也有”。

不过，这几篇童话都还只停留在对于“世相”真实叙述的层面，“成人的悲哀”还只是作品的一种氛围，一种推动童话情节发展的契机，拓展孩子们思维空间的场景。“大喉咙”“旅行家”“画眉”也都还是游离于现实生活之外的童话形象。随着作者对现实生活理解的加深，他逐渐将他的童话形象放到现实生活中去观照，用他们各自的经历叙说世

① 收入《叶圣陶集》第 4 卷时改题名为《大嗓门》。

② 收入《叶圣陶集》第 4 卷时改题名为《画眉》。

界、烛照人生。

《花园之外》[1] 里的长儿，是个穷人家的孩子。他看到各种华丽的车辆都拥向花园，猜想里面一定就是神仙的境界，于是呆呆地站在花园的围墙外，望着敞开着的大门，做了一出又一出游园的美梦。“美”，穷人家的孩子是看不到、摸不着的。

《鲤鱼的遇险》用鲤鱼的经历否定了“人生美丽”的幻想。鲤鱼生活在清澈的小河里，与天鹅和鸳鸯为伴，每天的生活都是那么新鲜有趣。他们讴歌幸福，赞美世界，天真地以为“凡是太阳月亮和星星照到的地方，都跟他们的小河一样平静，都有要好的朋友，都有新鲜的生活，都充满着非常浓的趣味”。有一天，渔夫驾着小船带着十几头鸬鹚来了。鲤鱼以为鸬鹚是朋友，就迎上去欢迎他们。鸬鹚见了鲤鱼就冲入水中张嘴衔住献给渔夫，小河“变得地狱一样可怕”。面对突如其来的灾难，鲤鱼哭了。他们否定了过去的天真想法：“咱们先前赞美世界，说世界上充满了快乐。现在咱们懂了，世界上实在包含着悲哀和痛苦，咱们应该咒诅呵！”“凡是太阳月亮和星星照到的地方，看起来虽然又平静又美丽，实际上都跟他们住的小河一个样，都是可怕的地狱。”

《瞎子和聋子》里的瞎子和聋子，既互相安慰又互相羡慕。瞎子觉得世界上没有什么好听的声音，又苦于无法看见自己想象的一片光明的世界。聋子觉得世界上没有什么好看的事物，猜想世间最可爱的一定是声音，“十分羡慕耳朵不聋的人”。在“神异的风车”的帮助下，他们俩对调了“残疾”。瞎子成了“新聋子”，看到的是蔑视、嘲弄残疾人的恶

---

① 收入《叶圣陶集》第 4 卷时改题名为《花园外》。

作剧，各种痛苦而繁重的劳动，以及宰杀牲畜的惨象。这等世相聋子早看惯了，瞎子却从未见过。聋子成了“新瞎子”，听到的是蔑视、嘲弄残疾人的讪笑，种种痛苦的呼号，以及牲畜被宰杀时不堪入耳的惨叫声。这些声音瞎子早听惯了，聋子却从未听到过。他们各自都看到了一个完整的世界，得到的却是双份的痛苦和绝望。

童话描述不再是孩子们童年的嬉戏和天真的谐趣，而是童话主人公亲历的痛苦和感伤，是贴近孩子们生活的悲惨的图景，也是孩子们审美想象力完全可以沟通的想象。虽说笔调是轻松幽默的，还带有浓厚的悲喜剧色彩，但读来感到沉重。长儿在“花园之外”呆呆地做的游园的“美梦”、鲤鱼们憨态可掬地欢迎鸬鹚、瞎子和聋子急不可待地对调“残疾”，这一个个真实的童话故事听了让人发笑，可随后便流下辛酸的泪水。这是从真实的生活里产生出来的最真实的童话。

五、返归“美丽与多趣然”的田野

叶圣陶从“美”和“爱”的憧憬中走了出来，由描绘“美丽的童话的人生”，到揭示“冷酷而悲惨”的“‘人’的生活”。而在揭示“冷酷而悲惨”的“‘人’的生活”的同时，又不忍心让孩子们过多地看到“成人的悲哀”，不愿意在孩子们“幼稚的和平纯洁的心里”投下“人世间扰乱与丑恶的石子”。因为童话毕竟是无韵的诗，是“快乐的文学”，应该契合孩子们好奇的心态和审美的情趣，于是把童话的笔触伸向了“美丽与多趣然”的田野，有心让孩子们在恬淡、宁静的乡村遨游时，还能看到一个“美丽的童话的人生”。

《一粒种子》中的那粒可爱的种子，性格鲜明极了。国王为了显示他的尊贵和权力，把它种在白玉盆里，它就是不发芽。富翁为了表示它的高雅，把它种在白金缸里，它就是不发芽。商人想发财，把它种在商店旁边，它就是不发芽。士兵想升官，把它种在军营旁边，它就是不发芽。这粒可爱的种子就是不让“国王”“富翁”“商人”“士兵”等家伙称心。最后，这粒种子落到年轻的农夫手里，农夫把它种在田里，像培育其他种子一样，“该耕就耕，该锄就锄，该浇就浇”，这粒种子这才发芽、挺干、抽枝，开出了一朵大红花，放出新奇的浓郁的香味，沾在“乡村的人”身上，永远不散。

《祥哥的胡琴》里的农家孩子祥哥，虔诚地拜“泉水”“风”“鸟儿”为师，拉出了许许多多新颖的曲子。他想让更多的人欣赏，就到都市的音乐厅演奏。绅士、贵夫人和公子小姐们非但不欣赏，还骂他是乞丐，是冒充音乐家的骗子。祥哥只好又回到乡村，在田野这个“没有围城的大音乐厅”演奏，泉水、轻风、小鸟都跟着胡琴的琴弦一起唱和，美妙的乐曲“好像轻纱一般盖在人们的身上”，“又倦又乏的农夫恢复了精神，又困又累的磨坊工人又来了劲头，被火红的铁屑灼伤的小铁匠忘记了痛，死掉了儿子的老母亲得到了安慰”，“所有的人都感到甜美，感到舒适”。

《克宜的经历》以农家孩子特有的眼光来审视城市文明，赞美乡村的宁静和温馨。克宜从小就帮父母亲种地锄草，稻麦、泥土、花草、鸟儿、晨风、太阳、月亮都给了他无尽的欢欣。父母听信了别人的话，要克宜到都市里过幸福的生活。在去城里的路上，克宜救了一只蜻蜓，蜻蜓回赠一面神异的镜子作为报答。这镜子“可以看见人的眼睛看不见的事物”，可以“知道一切事物将来会是什么样子”。进城后，克宜先后在店铺当学徒、在医院当练习生、在剧院当职员，因为看不到“庄稼”“泥土”“花草”“鸟儿”，感到一种难以忍受的苦闷。他用“神异的镜子”一照，只见城里人个个骨瘦如柴，脸色灰白，腿和脚就“像鸡的爪子似的”又细又小，可怕极了。于是，他急不可待地离开都市，星夜兼程，第二天清晨回到了家乡，晨风欢迎他，太阳向他问好，鸟儿向他歌唱，庄稼向他点头，他用“神异的镜子”一照，乐得大声欢笑，“将来的田野，美丽极了，有趣极了”。

这几篇童话带着泥土芳香，洋溢着农家特有的生活情味。作者对父老乡亲，对农家的一草一木，都倾注了全身心的爱。他赞美在乡村开花结实的“一粒种子”，竭诚地希望祥哥、克宜这些农家孩子不要离开养育他们的热土，并给他们以新的希望和憧憬。在描绘“田野的美丽与多趣然”的时候，作者成功地把握了童话从幻虚中见真实，于真实中展现魅力的特质，虚实相见，出神入化，使作品折射出了双重色彩，令人称绝。请看《祥哥的胡琴》写祥哥家境的一段文字：

> 一条碧清的小溪边，有一所又小又破的屋子。墙壁早就穿了许多窟窿，风和太阳光月亮光可以从这些窟窿自由出进。柱子好像酥糖一样又粗又松，因为早有蛀虫在那里居住。铺在屋面上的稻草早成了灰白色，从各方吹来的风和从云端里落下来的雨，把原先的金黄色都洗掉了。屋子的倒影映在小溪里，快乐的鱼儿可以看见。月明之夜，屋子的影子站在小溪边上，半夜醒来的小鸟儿都可以看见。

这段文字描写细腻，比喻新奇，逼真可信，来自想象，又都是写实，亦虚亦实，真幻相映。祥哥的家既是白天纤毫毕现的破屋的实体，又是在碧溪和月色映照下迷蒙的幻影。介于“真”与“虚”之间的“屋子”，却又比客观实际的物象更真实，更具体，更形象。作者在又小又破的草屋上罩上了一层用富有童趣的想象织出来的纱幕，用童心、诗情酿造出一种真正属于童话的幻想的意境，让孩子们从中领略到一种新异的滋味，一种凄迷的美。

六、让“恶神”刺破“快乐的人”的“薄幕”

叶圣陶最终还是写了“田野”的悲哀和凄惨。《快乐的人》在叶圣陶的童话创作中具有重要的意义。童话描写人世间仅有的一个“快乐的人”的悲剧。这个“快乐的人”周身包围着一层极薄的“幕”，这层“幕”“轻到没有重量，薄到没有质地，密到没有空隙，明到没有障蔽”。他在这层幕里过他的生活，觉得“事事快乐”，“时时快乐”，“处处快乐”，“样样快乐”。蚕家姑娘“好几夜没有睡了，疲倦的脸上泛着灰色，眼睛网满了红丝”，“几乎要病倒了”，但为了养蚕，还勉强支撑着不停地采桑。“快乐的人”因为周身包围着一层幕，在他眼里蚕家姑娘过的是非常“悦目”“叫人心醉”的“太古时候的淳朴的生活”，幸福极了。纱厂的工作环境极其混浊，女工们“就仿佛埋在泥沙里、阴沟里”似的，累得喘不过气来；而在“快乐的人”的眼里，纱厂“就是一个快乐的天地”。“恶神”发现“地面上”有一个“快乐的人”，就把他的透明无质的幕刺破，“快乐的人”就死了。从此，“地面上”再也没有“快乐的人”了。“快乐的人”这个童话形象的灭绝，其实就是作者的“孩提的梦”的幻灭。郑振铎在《〈稻草人〉序》里说：“及至他写到快乐的人的薄幕的破裂，他的悲哀已造极顶，即他所信的田野的乐园此时已摧毁。最后，他对于人世间的希望便随了稻草人而俱倒。”

《稻草人》是我国现代文学史上富有划时代意义的童话，是一曲凄婉“田野的乐园”的挽歌。江南农村每逢庄稼快要成熟的季节，田野里就会竖起一个个“稻草人”，用来吓唬鸟雀，保护成熟的庄稼。“稻草人”本来是没有生命的。作者严格按照现实的逻辑，运用拟人化的手法，将“稻草人”刻画成“一个富有同情心，却又没有力量，没有办法可以改变环境、帮助别人的人”，一个“旧中国有良心的知识分子的典型”。作者根据儿童富于幻想、喜好新奇的特点，精心结构。且看童话开篇的一节文字：

> 田野里白天的风景和情形，有诗人把它写成美妙的诗，有画家把它画成生动的画。到了夜间，诗人喝了酒，有些醉了；画家呢，正在抱着精致的乐器低低地唱；都没有工夫到田野里来。那么，还有谁把田野里夜间的风景和情形告诉人们呢？有，还有，就是稻草人。

作者批评了当时一部分作家疏远农村，不注重观察生活，全凭个人情趣低吟浅唱，以及追求享乐的倾向。他立意写真，在对稻草人作了生动而客观的介绍后接着写道：

> 田野里夜间的风景和情形，只有稻草人知道得最清楚，也知道得最多。他知道露水怎么样凝在草叶上，露水的味道怎么样香甜，他知道星星怎么样眨眼，月亮怎么样笑；他知道夜间的田野怎么样沉静，花草树木怎么样酣睡；他知道小虫们怎么样你找我、我找你，蝴蝶们怎么样恋爱：总之，夜间的一切他都知道得清清楚楚。

这些富有童趣的描写，把孩子们引向了一个充满新奇而神秘的“童话世界”；而当孩子们饶有兴趣地踏进这个温馨甜美的“童话世界”之后，他们看到的却是一个真实的“现实世界”。童话侧重写了稻草人在一个“满天星斗的夜里”接二连三遇见的几桩惨痛的事儿：“肉虫”疯狂地咬嚼稻叶；渔妇撇下生了病的儿子，在河边罾鱼，她的儿子躺在船舱里不停地咳嗽，嚷着要喝茶，母亲只能给他舀一碗河水喝；被渔妇罾住的鲫鱼在木桶里挣扎，恳求稻草人放了它；有一位女子来河边投河，因为丈夫把她卖了，她不愿意像“一条牛，一只猪”似的随便卖给人家，可“除了死没有别的出路”。揭开夜幕下的一角，我们看到了 20 世纪 20 年代江南农村种种悲惨的景象，看到了旧中国有良心的知识分子的苦恼。

稻草人犹如王尔德笔下的安乐王子，用他特有的目光体察人间的苦难。在塑造这个童话形象时，作者着重展示了稻草人极其丰富的内心世界。稻草人是“农人亲手造的”，与农人的感情息息相通。稻草人的思维方式与儿童认知世界（主要凭借感觉）的特点相契合；稻草人的纯真、稚拙、欣喜、忧愁，无一不贴近儿童的情感。为使农家有个好收成，他“非常尽责任”，“不乱跑”，“不嫌烦”，“不贪玩”，“不吃饭”，“也不睡觉”，总是“直挺挺地”站在田里，轻轻摇动手里的扇子，赶走那些飞来觅食的鸟雀。这块地的主人是位孤苦伶仃的老妇人，死了丈夫，又死了儿子，老妇人把眼睛几乎哭瞎了。给丈夫和儿子治丧又背了一身债。债刚还清，接连两年闹水灾，她辛辛苦苦种的稻子都淹了。夫丧子殇，天灾人祸，给老妇人带来无穷的苦难。今年风调雨顺，丰收在望。稻草人想到老妇人干瘪的脸上很快会绽出“比星星月亮的笑更可爱”的笑容，真替她高兴。不料蛾子飞来产子，这让稻草人感到“无限惊恐”，“心里就像刀割一样”。这时“正当星星结队归去，一切夜景都隐没的时候”，他使劲摇动扇子，可是风力有限，不管怎么赶，小蛾就是不动。他向老妇人报警，可老妇人不懂他的用意。眼见“蛾下的子变成的肉虫到处都是了”，“一大片浓绿的稻”只剩下光杆儿了，老妇人今年的辛苦又只能换来眼泪和叹气，他“禁不住低头哭了”。他同情渔妇和她生病的孩子，“恨不得自己去当柴，给孩子煮茶喝；恨不得自己去作被褥，给孩子一些温暖；又恨不得夺下小肉虫的赃物，给渔妇煮粥吃”，可是他像棵树木似的定在泥土里，半步也移动不了，他哭得更伤心了。听到鲫鱼“恳切的哀求”，他非常心酸。他不但愿意救鲫鱼，并且愿意救渔妇和她的孩子，救“一切受苦受难的”，可是他是个“柔弱无能的人”，定在泥土里，不能按照自己的心愿做。鲫鱼不理解他，骂他“没有一点儿人心”；稻草人心酸极了，“一面叹气一面哭”。看到那位女子要“寻死”，稻草人不能跑去救她，急得直摇扇子，想叫醒那个沉睡的渔妇，可是渔妇睡得很实。他默默地祈祷：“天哪，快亮吧！农人们快起来吧！鸟儿快飞去报信吧！风快吹散她寻死的念头吧！”可一切都无济于事，“四周还是黑洞洞的”。那女子举起胳膊向河里窜去，稻草人没听见水声，就昏过去了。稻草人的哀怨和呼唤，反映出 20 世纪

20年代我国进步知识分子特有的济世安民的急切心情。遗憾的是，谁也不知道稻草人曾经伤心过，着急过，不知道他被自己的同情心折磨得怎样痛苦。一个美的被损害和毁灭的特定的凄凉情境，与一个富有同情心而不被人们所理解的寂寞的童话形象交织在一起，给孩子们留下了寂寞和悲哀。

童心本应是诗国，童话本应是诗境。但现实生活中惨痛的事儿实在太多，找不到光明和实现美好的途径。这样，叶圣陶写童话的前一时期，就以《稻草人》而告终。他不忍心再给孩子说惨痛的事儿，要探索用童话表现现实生活的新方法，可萦绕在心头的仍然是一个“孩提的梦”。

第十九章

展示“广大的社会动态”
——短篇小说集《线下》

这本集子取名“线下”，是说我的思想和艺术都在水平线以下。

——叶圣陶

一、善于从异域“拿来”

短篇集《线下》是叶圣陶的第三本短篇小说集，内收 1923 年 1 月至 1924 年 12 月两年间创作的短篇《孤独》《平常的故事》《游泳》《桥上》《校长》《马铃瓜》《一个青年》《春光不是她的了》《金耳环》《潘先生在难中》《外国旗》，共十一篇，1925 年 10 月由上海商务印书馆出版，为“文学研究会丛书”之一。《线下》集编入《叶圣陶集》第二卷时，插进了作者 1923 年 6 月创作的《错过了》和《病夫》。《错过了》原来收在作者和俞平伯合著的散文集《剑鞘》中，《病夫》收在叶圣陶的第四本短篇小说集《城中》里，按时间顺序插进《线下》集，便于集中反映叶圣陶1923年至1924年小说创作的全貌。

取集名为“线下”，虽说是叶圣陶自己真实的想法，但也是有所指的。1925年2月7日，《现代评论》第一卷第九期刊登的《〈现代丛书〉出版预告》中说：“《现代丛书》中不会有一本无价值的书，一本读不懂的书，一本在水平线下的书。”在《现代评论》“特别增刊第一号”上刊登的“现代文艺丛书广告”中，关于《志摩的诗》说：“徐志摩的第一部诗集。……书印两种，宣纸厚本定价一元四角，白连史本定价一元。却是聚珍宋字精印的线装书，很不讨厌。”这“广告”引起了很多人的反感。鲁迅在《从胡须说到牙齿》一文中嘲讽说：“我现在虽然也弄弄笔墨做做白话文，但才气却仿佛早经注定是该在‘水平线’之下似的，所以看见手帕或荒冢之类，倒无动于中；只记得在解剖室里第一次要在女性的尸体上动刀的时候，可似乎略有做诗之意，——但是，不过‘之意’而已，并没有诗，读者幸勿误会，以为我有诗集将要精装行世，传之其人，先在此预告。”① 叶圣陶的做法比较含蓄，但放到当时的“水平线”这个“话题”中，也有点讽刺的意味。

叶圣陶的短篇小说是越写越圆熟。郁达夫在《小说论》中说过：“现代我们所说的小说，与其说是‘中国文学最近的一种新的格式’，还不如说是‘中国小说的世界化’，比较的妥当。”② 进入20世纪以来，整个中国文化发展的一个非常重要的特征便是“别求新声于异邦”（鲁

① 《鲁迅全集》第1卷，人民文学出版社2005年版，第259页。

② 《郁达夫文集》第5卷，花城出版社、生活·读书·新知三联书店香港分店1982年版，第2页。

迅语）。作为新文化运动的先驱者之一，叶圣陶在中学时代就把目光投向了“异域文学”，是外国文学的吸引和滋润使他走上了文学的道路。捷克学者普实克在《叶绍钧和契诃夫》[①] 一文说《隔膜》集中的《这也是一个人！》，开始的一段用了许多对偶句，如“伊生在农家，没有享过‘呼婢唤女’‘傅粉施朱’的福气，也没有受过‘三从四德’‘自由平等’的教训”等等，“令人很自然地想到古文”，还说“作家按照传统的叙述体裁，仅止于报道出这个悲惨命运，而不作更多渲染”。叶圣陶早期创作中留存的某些旧小说的情调，那是以前看过不少旧小说的缘故，并不是有意地要沿用旧小说的笔趣，他喜欢的是“异域文学”，孜孜以求的是吸纳新的技巧，摆脱旧的套路。

五四新文化运动初期，为了创作服务于人生、服务于社会的新文学，叶圣陶关注俄国、日本，以及波兰、匈牙利、丹麦、挪威等弱小民族的文学，对以托尔斯泰、契诃夫、屠格涅夫、科罗连柯、陀思妥耶夫斯基、迦尔洵为代表的俄国文学作了潜心的研究。在叶圣陶看来，以托尔斯泰、契诃夫、陀思妥耶夫斯基、屠格涅夫为代表的俄国文学是社会的、人生的、理想的、写实的文学；认为那些表现俄国民众的坚忍与奋斗，以及对于光明的希望的俄国文学才是“真的文学”。他在《晨报副刊》发表的《文艺谈·二十二》中对俄国文学作了精辟的阐释：

> 近代的文艺里，俄国的最显出他们民众的特性。他们困苦于暴虐的政治，艰难的生活，阴寒的天气……却转为艰苦卓绝希求光

---

① 《抒情诗与史诗——近代中国文学论集》，美国印第安纳大学出版社 1980 年版。

明，对于他人的同情更深，对于自己的克厉更严，这就是以“爱”为精魂的人道主义。俄国的文艺里几乎无一篇不吐露这一种福音（就我所见译本而言），不单是对于受痛苦者悲悯，尤能于堕落者之心灵中抉出其未尝堕落的真性，以为若辈更生之勖励。可见俄国人对于他人无所不爱，敌人击我骂我，我正怜他而欲为劝勉，或者是他们的常事呢。俄国的文艺里有最丰富诚挚率真的情意，几乎没有玩笑的语句，卑陋的意思。这也是当然之事。视人生为醉梦的人们对于一切才诽笑，轻薄，虚假，冷淡。俄人视人生至真诚，爱人又超越寻常，形诸文艺，自然使读者如遇恳切诚挚的好友了。[①]

叶圣陶惊异俄国民众的慈善，以及他们对于“善”和“美”的渴求，欣赏俄国作家对于艺术的严肃与真诚，对于“被侮辱与被损害的人”的同情，称颂俄国文学里“几乎无一篇”不吐露这一种“以‘爱’为精魂的人道主义”。他推崇俄国文学中“以‘爱’为精魂的人道主义”，在思想上受托尔斯泰“平等”“博爱”等“永恒道德”观念的影响很深，认为“人”的本性是善的，强调人与人之间要讲“人道”，不仅“自己有人的资格”，而且要“爱人类”，“世界的精魂是爱、生趣、愉快”。在艺术上曾一度模仿陀思妥耶夫斯基。陀思妥耶夫斯基的著作中没有自然美丽的田庄，也没有天性温和可爱的农民，却充满了城市龌龊的陋巷和贫民窟，以及穷苦卑贱、酗酒贪婪好斗的城市无产者。他以特有的同情和悲悯，描写小偷、醉汉、乞丐等“被压迫被侮辱”的“小人物”，讴歌他

① 《晨报副刊》1921年5月8日；收入《叶圣陶集》第9卷，第45—46页。

们“人”的尊严和“觉醒”，他们真诚、善良、勇于自我牺牲，较之蹂躏他们的富人有着高尚得多的情操。也许他们会堕落到极卑污凶暴的生活里，但他们灵魂里闪烁着光明，有一种“可怕的美”。他们是“尤为高尚尤近圆满的人类”，富有更多的“人的气息”和“人的灵性”。陀思妥耶夫斯基博大的人道精神，为苏俄文学开辟了一片极丰饶的文学园地，使人们在广漠荒凉的旷野似的人间，看到了“天堂之美”和“超越之美”。叶圣陶认为这种将“被侮辱与被损害的人”作为“人”来看待的文学，描写“小人物”的“人的尊严感的觉醒”，努力在湿漉漉的抹布中间，寻出他们的“永久的人性”的文学，才是“人的文学”，于是着力描写陷于泥淖中的无瑕的美玉，着力描写具有灵性的“抹布”。

短篇集《隔膜》里“写学校中认为顽皮的学生和低能的儿童、婆婆认为生气的养媳妇，在平常人的眼光之下，真是不足挂齿的人物，但这辈不足挂齿的人物的内心里，正包含着无穷的生趣和愉快。至于没人理会的蠢妇人，脑筋简单的农人和老妈子，她们也都有极深挚的慈爱在她们的心底里。她们虽是住在光线微弱的小屋里，过很枯燥的生活，虽是受着长辈的打骂，旁人的轻视，得不到精神的安慰，但是‘爱、生趣、愉快’是不会给这些环境灭绝掉的。不但不会灭绝，而且一旦逢到伸展的机会，就立刻会得到生长发达，这时候从前的痛苦一切都忘了，他们就感到人生真实的意义了”。[①] 所有这些，显然是受了俄国文学的影响。其中，《潜隐的爱》堪称描写“具有灵性的抹布”的代表作。叶圣陶站

① 顾颉刚：《〈火灾〉序》，《叶圣陶集》第1卷，第350页。

在“人道主义”立场上，深刻地揭示了潜隐在这位丑陋、愚蠢、卑贱的年轻寡妇心灵深处的“爱”；真实地展示了“被侮辱与被损害的人”的醇厚正直的天性；形象地说明了“人”的生活的本质是“美”和“善”，应该得到完全满足。俄国作家安德烈耶夫在谈到他的写作誓言时说：

> 我们的不幸，便是大家对于别人的心灵、生命、苦痛、习惯、意向、愿望都很少理解，而且几乎全无。我是治文学的，之所以觉得文学可尊者，便因其最高上的功业，是去拭去一切的界限与距离。

用安德烈耶夫的这个誓言，来阐释叶圣陶《潜隐的爱》的创作构想，是再合适不过了。叶圣陶对日本文学也赞不绝口。他在《文艺谈·二十二》中说：

> 近来读到几篇译作，觉得他们的文艺也有一种特色，差不多可以一望而知。他们的文艺里含着深浓的爱和清丽的美。他们也爱好和平，憎恶争斗，和一切人们相爱，但并不与俄国文艺同其面目。一件细小的事故，一句平常的话，通过他们文艺家的情思就化为爱和美的融合体了。……俄国农民最多，日本也是农业国，所以国民俱有人道主义的倾向。而日本景物清丽，胜游无算，更养成了尚美

的特性。二者合并以入文艺，就成了日本文艺的特色。①

《文艺谈·二十二》刊登在1921年5月8日的《晨报副刊》上，他说近来读到的日本近代文艺的几篇力作，大概是周作人翻译的千家元麿的《深夜的喇叭》②、国木田独步的《少年的悲哀》③、志贺直哉的《到网走去》④、江马修的《小小的一个人》⑤、鲁迅翻译的武者小路实笃的四幕剧《一个青年的梦》⑥，以及朱希祖翻译的厨川白村的《文艺的进化》⑦等。叶圣陶在日本近代文学中感悟最深的是“深浓的爱和清丽的美”。所谓“深浓的爱”指的是“融合”在文艺作品中的“正义”和“情感”的“美”。日本新文艺家看重正义和爱，认为“新艺术生命”存在于“有生命的心中深伏着一种内部的美”，“尝以自然科学所与之精微的观察力，和那强劲而清新的主观，把地上的现实生活，从前所视为丑的里头，仿佛可以看出新的乐园来。对于平常的日常生活中，能开拓‘诗美’的新领域来”（厨川白村《文艺的进化》）。新文艺家用“有生命的心中深伏一种内部的美”，“唤醒人心”，使人人在我们这个可惊可爱的世界中“发见自己”，“在神的真理中发明人生的意义”⑧。

众所周知，叶圣陶有一部分小说是描写“灰色的人生”，写人与人

---

① 《晨报副刊》1921年5月8日，收入《叶圣陶集》第9卷，第46页。
② 《新青年》第8卷第4号，1920年12月1日。
③ 《新青年》第8卷第5号，1921年1月1日。
④ 《小说月报》第12卷第4号，1921年4月10日。
⑤ 《新青年》第5卷第6号，1918年12月15日。
⑥ 《新青年》第7卷第2号至第5号，1920年1月1日、2月1日、3月1日、4月1日。
⑦ 《新青年》第6卷第6号，1919年11月1日。
⑧ 国木田独步1893年10月13日日记。

之间的“虚伪、诽笑、自私、冷淡、隔膜”①。叶圣陶写人与人之间的“隔膜”是希望人们彼此不要“隔膜”；叶圣陶写“灰色的人生”，是希望人们不要过“灰色的生活”。他在写“隔膜”的同时，也着力描写冷漠的生活中的“温味”、寂寥的生活中的“生意”，“字里行间总隐隐流露同情和怜悯的热忱”，这些方面显然是受到了交织着“深浓的爱”的日本新兴文学的滋养。五四新文化运动初期，叶圣陶的“第一人称”小说，大都受到日本“私小说”的影响。我们不妨将叶圣陶的《旅路的伴侣》与日本的“新进作家，有人道主义的倾向”（周作人语）的江马修的《小小的一个人》作一点比较。请看《小小的一个人》的情节：

一天下午，“我”散步时，遇到小女孩鹤儿，交谈中了解到她的家境。母亲被远在美国的父亲遗弃了，鹤儿即将随母亲离开东京去大阪，带着在大阪生活的姐姐一起到“海风猛烈”的岛国尽头的马关，去过“孤寂”的生活，“我”感到有一种说不出的“哀愁”。这之后，“我”再也没有见到鹤儿。但“我”惦念着这个“不得不尝漂流苦味”的“小小的一个人”的命运；想起她，总是激起“我”对“人类”的爱心，因为“人类中有那个孩子在内”，她“溶化在人类的大海中”；“我”爱鹤儿，就“不能不爱人类”。

与江马修的《小小的一个人》相比，叶圣陶的《旅路的伴侣》写得很含蓄。“我”乘航船去访友。“旅路的伴侣”中有一位叫珠儿的姑娘，她由一位“红眼睛老妇”带着去上海当女佣。“我”从“旅路的伴侣”的闲谈中，知道了珠儿一家的故事。珠儿离家的事只告诉了母亲，却没

① 圣陶：《文艺谈·四》，《叶圣陶集》第1卷，第9页。

有向父亲说。父亲是个不可救药的浪荡子，抽烟赌博，耗尽了家产，全家六口人只得靠母亲缝纫度日，过着“连粥都吃不饱”的穷日子。小说通篇都是“实录”，剎尾处有一段抒情：

> 我从舱板缝里向外看，认得远远的有几垛白墙的一个村落，是陶村。水程还不到三分之一呢。可是珠儿家的故事引起了我的感情，又暂时却退了我的无聊，我不得不感激红眼睛老妇、身躯庞大的人这几个人——我的旅路的伴侣。

“我”因了“珠儿家的故事”，在这漫长的“旅路”中不会“孤寂”“无聊”了。这种富有象征意味的结尾，给读者留下了艺术的遐想，体会到“我”对“珠儿”以及其他“旅路的伴侣”的命运的忧思。

叶圣陶有些“第一人称”小说，不仅取材、立意、结构、风格与日本“私小说”相近似，有的甚至连题名都很类似。千家元麿《深夜的喇叭》写“我”深夜三点“醒着躺在床上”，“远远地听到什么地方的军队的悲戚的喇叭声”，觉得阴惨、不安而且孤寂，于是回想少年时代遇到的与“喇叭声”有关的种种恐怖。那“带了杀伐阴惨的色彩”的“喇叭声”，“令人想到生与死，现实与梦幻的境界；令人想到人们对于未来的无力；仿佛听见化为战场之露的那些亡魂的叫声；令人想到被风靡世界的暴力所虐的人们的命运”；“使人想到分散的亲子，分散的夫妻，分散的父子的残酷的命运”；“可诅咒的喇叭呵：在日本响着这声音的期间，我们不能得到安稳的梦”！作者由“深夜的喇叭”写出战争的残酷，写出善良的人们对于和平的向往，抨击了日本军国主义，抒发了要与军国主义“奋斗”的激情。

叶圣陶的《寒晓的琴歌》写“我”在一个寒冬的清晨，由“琴歌”触发的凄怆的情绪。“我”偶然走过歌女们的住处，听到“音尖厉而艰涩，旋律的进行屡屡间断，而且时常发出散音”的“琴声”，以及“和着”琴声的低微、细小、怯弱、干枯、颤动的歌声，不由地想起年方十二三岁的歌女们的“朦胧欲睡的倦态，索瑟不堪的蜷缩，惊惶无奈的神情”。她们“夜间应人家的征召”，弹唱卖笑，供有钱人开心取乐。清晨，“征召她们的人睡了”，而“困乏极了”的歌女们却要“执着生疏而可怕的胡琴”吊嗓子，“预备她们的功课”，“伊的声音里传出一切弱者柔软的灵魂，一切被侮辱者心底的悲哀”。作者对于被损害被侮辱者的同情，对于旧中国歌妓制度的愤懑，交融在这“近乎无事”的故事里，读来令人心酸。千家元麿的《深夜的喇叭》写于1916年9月9日，由周作人于1920年9月18日译为中文，刊登在1920年12月1日出版的《新青年》杂志第八卷第四号上。叶圣陶的《寒晓的琴歌》写于1921年3月21日，发表在1921年4月14日《京报·青年之友》上。《寒晓的琴歌》的“艺术的胎”缘于《深夜的喇叭》，但《寒晓的琴歌》又纯粹是叶圣陶“自己”的创作。从这两篇小说发表的时间来看，为了创作切合中国“国情”的新文学，叶圣陶的“拿来”是十分敏捷且富有创意的。

《线下》集中的《孤独》使我们很自然地联想到契诃夫的《苦恼》。较之《苦恼》，叶圣陶的《孤独》显得更真切细腻。

《孤独》写一位六十多岁老人晚境的孤独与凄凉。妻子去世后，老人陷于无尽的黑暗与孤独之中。他到茶馆寻求欢聚的快乐，失败了。他到“仅有的亲戚”表侄女家寻求温暖，失败了。他到水果铺买了橘子，想逗房东的孩子叫他一声“老先生”“老公公”，又失败了。那孩子抢走他特意买来的橘子，理也不理，就走开了。房东太太嫌他咳喘，把他打发到那间积满灰尘、弥漫着煤油气味的黑洞洞的房间里去住。老人作为“人”的存在的属性消失了。“世界虽大，仿佛处处拒绝他。唯有居室里的卧榻和茶馆里的椅子比较有念旧之情，还容他亲近”。他“仅有的境界”只是“一杯开水”和“沉长地叹气”……

契诃夫的《苦恼》写老马夫——郁那卜大伯“郁郁的苦恼”。儿子死了，老马夫失掉了唯一的相依为命的人，失掉了应该接替他赶车的人，他觉得寂寞、孤独。他想跟人家谈谈他死去的儿子，排解心里的哀伤。他向一个军官诉说，军官不屑听。他向一群醉汉诉说，醉汉反倒取笑他没有老婆。他向当佣仆的朋友诉说，佣仆不理会。他向马夫诉说，马夫不理睬。只有“小雌马”把“嘴里的热气”吐到郁那卜大伯的“手上”，使他感激不已，他“把他的悲哀全告诉了——小雌马”……

同是老人，一个死了妻子，一个没了儿子；一个到处寻求温暖，一个想跟人家说说自己的不幸。结果，一个“唯有居室里的卧榻和茶馆里的椅子比较有念旧之情”；一个唯有“嚼着草”的小雌马懂“人性”。这两篇小说都写了老年人的孤独和绝望，但作品的立意是不尽相同的。契诃夫的《苦恼》侧重于写俄国社会的残暴和冷酷。叶圣陶的《孤独》则从环境和人物心理反应的相互关系中，极其深刻地描述了这位鳏寡多病的“老先生”暮年凄苦不堪的孤寂，以及这种孤寂对他身心的摧残，使这位本来很善良的老人心态失去平衡。他自艾自怜，多心多疑，对于别人的一言一行都“别有所悟”，处处埋怨别人“不明白老人的苦处”，并因为享受不到别人的欢乐，就百般嫉妒，愤懑不平。“老先生”也曾有过温馨可念的家庭，有过“群居欢会”“闻歌起舞”的良辰，年轻时嗜酒成性，“酒家楼上每晚有他的踪迹，与朋友猜拳行令，总要喝这么两三斤”。回到家里，“夫人早已准备着可口酒菜，斟好了陈年花雕在那里等着。他便慢慢地独酌起来，或者随便看几行书，或者同夫人谈几句话，才举杯呷一口酒”，夫妇俩心心相印，相敬如宾。不料“才到中年”，妻子就去世了，他在犹如“摧毁了心肝一般”的“伤痛”中逐渐变得冷漠孤僻。二十年过去了，“酒客中竟不容易遇到熟人了”，他自己也衰老无助，患了哮喘，非但不能喝酒，就连茶馆里“酽酽的茶”也觉得“变了味”，只能喝淡而无味的白开水。

尽管晚境凄苦，却比《苦恼》中的郁那卜大伯好多了。没有人打趣他嘲讽他，清晨出门，相识的裁缝照例问候他，茶馆里的伙计见他来了赶忙递上“热毛巾”。不相识的茶客见了面是可以不打招呼的，而“老先生”总希望有人亲近他，见到茶客们围在一起谈天就不堪忍受，觉得他们“仿佛故意表示一种正当盛时的骄傲，借以奚落他的孤独和昏老”。老人在茶馆里寻找不到群聚的乐趣，就到表侄女家寻求慰抚。表侄女和她的丈夫对老人够客气了，可当表侄女说起下午要出门参加“消寒会”时，老人就觉得表侄女的话中“含有压迫的力量”，“使他伤悼自己的衰老和孤独”，对于青年人的“聚会”“歌舞”表示愤慨；当表侄女说到不想急于要孩子，世上“最密切最永久的伴侣只有夫妇”时，老人“仿佛见了鬼魅”，“举手掩面”，叹息不已。其实，“当年老先生同他的夫人也曾这么想过；不但想过，而且彼此说出来印证过”，如今这话从表侄女嘴里说出来，却“重重地”触动了“老先生”的“旧恨”。在回家的路上，老人想到表侄女和她的丈夫一同去参加“消寒会”时，“愤慨的火焰”又燃烧起来了：“为什么要夫妇两个一同去，这算显示你们成双作对么!”他不甘寂寞，想在房东的小孩身上得到补偿，特地买了一枚橘子逗他叫“老先生”“老公公”，结果又“自讨没趣”。

老人不甘于“拘囚”在卧室的“小天地中”，冒着寒风，从早到晚，多方寻求温暖和理解。从他“一天”的遭际和感慨中，我们看到了老人特有的心境。老人的处境令人同情，但他那自私嫉妒的变态心理又使人生厌。叶圣陶准确地把握了老人的年龄、经历、环境，以及老年人喜欢怀旧、自尊心强、怀疑心重、自控能力弱等心理特征，精心结撰，深入剖析，堪称“心理小说”成熟的代表作。虽说是受到契诃夫《苦恼》的启悟，又吸收了陀思妥耶夫斯基心理描写的技巧，融入了日本近代“日常小说”的风味，但的确是叶圣陶本人的创作，借用郁达夫的话说是“中国小说世界化”的范例。

二、激扬改革社会的“血”与“火”

1923年年初，叶圣陶进商务印书馆当编辑。到上海后，创作视野更开阔了。嫌恶都市的喧嚣，抨击拜金主义，揭露城市剥削阶级的残酷，讴歌青年的反抗和斗争，成了《线下》集的一大主题。

《病夫》中的主人公薛振之在五四高潮时，从乡村来到都市，在一家出版社当编辑。五四落潮后，时代的苦闷以及繁重的工作把他折磨成了一个极其“衰弱”的“病夫”，瘦得犹如一尊“蜡制人体模型”。他憎恨城市的死寂和“浊气”，诅咒城市是“疾病孳生的地方”“死寂的牢狱”，是“金钱独霸的商场”。他苦闷之极，可又没有一位“可以相对滴泪的人”。居住的亭子间非常狭窄，“不消两步就得转身了”。寓所前面是一家“洗衣作”，“捣衣声”“女人呜呜的歌声”“新生婴儿的啼哭声”，“杂然并作”，使他犹如置身在“扰攘纷乱的旅程中”，不得安宁。出版社编辑室主任是个“市侩”和“金钱的奴隶”，胁逼他赶写一本他不愿意写的关于“学生修养的书稿”，必须赶在秋季开学前出版，好让学校采用，从中牟利。编辑室其他“三四十个同事”，也都受了“企业心”的支配，都在“无意识地没休没歇地”赶制市场中“应时的商品”。他们“不敢表示自己的主张”，“不敢抒发自己的情感”，“宛如身被重枷的罪犯”，“被迫着去做那苦工”。这些真实的描写，让我们看到了五四落潮后的社会世象。面对时代的重压，振之喊出了“我恨我!”（因为我和我的同辈一样赶制“应时的商品”谋利）“我也是我的仇敌!”“我要毁灭这个‘我’!”的战叫，毅然决然地撕毁书稿，回到“恬静而优美”的故乡去，“做自己乐于做的事业”，寻求“我的新生”。

《病夫》中的薛振之“有所不为”。《桥上》（1923 年 7 月 23 日写毕）则写了一位“极想有为”的热血青年组青。组青认清了“富人的别墅”是建筑在“穷人的性命”上的事实，立志反抗。他痛批信伯屈从现实、“俟河之清”的消极等待思想，揭露所谓“慢慢改善”的欺骗性，指出“教育救国论”只不过是“愚人的梦想罢了”。怒斥奚如的“混世哲学”，指出改革社会不能指望“口舌”的成功，“谈说的力量”是“渺茫”的，唯一的手段是“干”和“做”。“我干，使空虚的瓶子充实起来；我喊，使瞌睡的汉子惊跃起来；我先走，使跟在背后的也使劲奔跑起来!”为了唤起民众，共同来铲除这个不平的社会，他拿起武器，潜伏在“桥上”，开枪击毙了富豪卞五爷，替为卞五爷粉刷阳台而摔死在街头的“泥水匠”报了仇。小说结构严谨，情节跌宕起伏。赵睿在《叶绍钧的〈桥上〉》[①] 中说：“读完了叶绍钧君的《桥上》，我不禁脉搏急迫，心神紧张，要喊又喊不出什么！简直不能不赞美他的艺术。”他还说从前读《隔膜》《孤独》时流出的是“冷冰冰的泪”，读《桥上》流的是“热烈之泉”。

《病夫》和《桥上》都是有“真人真事”为蓝本的。《病夫》中的主人公薛振之的原型就是顾颉刚，而“出版社”则影射商务印书馆。顾颉刚在 1923 年 8 月 17 日的日记中写道：

> 圣陶于六月间作小说曰《病夫》，以予为主干，而骂不合理的生活，因说得商务馆太像，故伯祥、予同劝勿登载。[②]

“因说得商务馆太像”，王伯祥、周予同相劝不要发表，可叶圣陶则执意要登。《桥上》中组青是以叶圣陶的一位朋友为原型的。小说讴歌组青“疾恶如仇”，赞美他的“血性”，宣扬只有黑铁和赤血才能变革社会的思想，读来令人感奋。

短篇集《隔膜》《火灾》渲染“美”和“爱”，《线下》集中《病夫》突显抗争，《桥上》力倡以暴力除恶，短短两年间，作者的思想发生了深刻的变化。尽管组青身上带有浓厚的无政府主义色彩，但确有一种可贵的献身精神。比起那些侈谈理想的主义的“愤青”，这种重“行”和

---

① 《小说月报》第 14 卷第 11 号，1923 年 11 月 10 日。

② 《顾颉刚日记》第 1 卷（1913—1926），联经出版事业股份有限公司 2007 年版，第 387 页。

“做”的理念值得颂扬。

三、悲惨动人的“乡土小说”

叶圣陶早年向往上海，到上海之后，又怀念乡村的自然宁静，怀念他的第二个故乡——角直。不仅在《没有秋虫的地方》《藕与莼菜》等“美文”中，尽情地抒写了对故乡的依恋之情，还借用小说直抒胸臆。短篇《病夫》中薛振之的故乡也是以角直为原型的，薛振之对故乡的依恋之情中也融入了作者对角直的思念。且看这段文字：

> ……于是他（薛振之）怀念起故乡来了。他想到那一碧无际的秧田，在那里新的蛙儿无思虑地叫着，蜻蜓蚱蜢之类随意地飞着跳着。又想到湖边的那片草场，几株古老的银杏树正好是遮阳的帐幕，在下边常有渔夫坐着，下罾取鱼。又想到那沿河的街道和桥头的市集，不论在晨晚或午昼，总是笼罩着一种宁静的气氛，挤挤闹闹的景象是永远不会有的。又想到那些居民，造橹的执着斧头曼声而歌，纺纱的摇着纺车说些东村西港的闲事；花船到了，大家聚集在埠头买一两盆草花回去；晴明的日子，有些人带着养在笼子里的绣眼画眉，到湖边银杏树下去游憩，逗引鸟儿高兴地叫：他们虽似乎简单一点，但也谢绝了烦闷的苦味。他觉得故乡色色可爱，仿佛是个早经密恋而分离已久的情人，只想赶快回到她的怀抱中去。“啊，故乡，我渴念你呢！”

叶圣陶在思念故乡的美丽而悠闲的生活情调时，又冷静地面对现实，“将乡间的死生”，移在纸上。

《金耳环》通过下层士兵席占魁被军阀战争毁灭的悲剧，深刻地揭示了军阀战争对于人性的摧残。席本来是个纯朴的农民。三年前，他的家乡横遭兵灾的洗劫，方圆几百里的麦子熟透在田里没人敢去收割。席母“舍不得比性命还重的麦”，忧急愤郁而死。席占魁“埋了母亲”，外出闯荡，由同乡保举进了兵营。当兵原本只是为了混碗饭吃，但他很快就蜕变为一个泯灭了良知的兵痞，追求享乐、寻求刺激。因为菲薄的军饷非但不能按时发放，还常常遭到长官的克扣，席占魁就由抵押被褥和衣物开始，慢慢地学会向各处赊欠，后来发展到丧心病狂地敲诈勒索，以满足他那永远填不满的欲壑。他吃补药，想女人，羡慕班长手上光灿灿的金戒指，觉得“非戴一个不可”，没有戒指的手，“简直不能够举起来托枪”。在开赴“前线”的前一天，席占魁暗暗地庆幸自己的“好运”来了，用一条被袱“勒当”了十枚洋元，买了一只“金耳环”当作戒指戴在手上，抱着打了胜仗就“破城明取”的奢欲，想在战场上再劫掠十个八个戒指。可就在他梦想大发横财的时候，炮火摧毁了他的躯体。小说结尾写道：“一阵烟尘消散时，离壕沟七八尺远有一条炸断的胳臂，断处渍着一滩殷红的血，皮色灰白，瘦瘪得可怜。这只手的中指上套着个金耳环，在夕阳光中闪耀着。”小说展示了席占魁在战乱中由“民”变“匪”、由“人”变“鬼”的过程，写出了一个善良的灵魂被毁灭的悲剧。

《外国旗》写寿泉夫妇“买外国旗”消弭兵灾的悲剧。军阀开战，临河小镇正面临着战火的威胁。寿泉夫妇打算逃到上海避难，但上海生活昂贵，仅是“二十块一担米”的米价，就把他们的“心抖碎了”。“常在教堂出进”的流氓金大爷，先是进行恐吓，大肆渲染兵匪浩劫的“凶险”；接着又假惺惺地开导，说只要到教堂买一面“外国旗”插在门上，就会得到外国人的庇护。寿泉夫妇看到金大爷和“吴老七”等大户门前都挂起了外国旗，就拿出积蓄的血汗钱，恳请金大爷“大发慈悲”，给买一面“救苦救难”的外国旗。不料金大爷兜售的“外国旗”，是前年用来装饰教会会场的烂纱旗，当然也就不会有驱邪避害的功能，军阀视之不顾，破门而入。寿泉夫妇躲闪不及，只得“老鼠一般伏在墙脚下”。他们的性命和埋在泥潭里的一点钱，都未能逃过“全营人马”的“搜查”。

场面是触目惊心的。善良的村民生活在世世代代生活过的村落，却要靠“外国旗”来保护，这是中国人的悲哀和耻辱。“外国旗”又深刻地揭露了中国军阀与帝国主义千丝万缕的联系。军阀武夫见到“外国旗”就肃然起敬，战前发布的命令中说：“看见挂着外国旗的地方，不准动一根草”，“打坏了什么，带走了什么，用掉了什么”，必须“照数偿还”。这个“命令”，既点出了军阀是帝国主义的傀儡，也点出了披着慈善的外衣兜售“外国旗”的“教会”的真面目，他们是帝国主义入侵中国的先遣队。

《金耳环》《外国旗》《潘先生在难中》这三个短篇，都是以江浙战争为背景的。1924 年 9 月至 10 月，江苏军阀齐燮元与皖系军阀卢永祥纠集十余万人的军队，在江苏、浙江交界处太湖流域的九个县进行混战，史称“江浙战争”。军阀一边打仗一边抢劫，各地土匪乘机大起，人民生命财产不堪闻问。战争结束之后，黄炎培等人写的一份调查报告中说：“无辜良民，死于战时之炮火，已属可怜，因为战后之焚掠，尤为奇惨。其间如浏河全市，弥望瓦砾，方泰一镇，洗劫殆尽。流亡间有归来，无衣无食，垂涕悲号，全无人色，而骸骨转于沟渠，妇女被迫于奸淫”。叶圣陶是这场战争的见证人。9月，他回苏州办事，因战事爆发，苏州到上海的火车不通了，只得由苏州乘船到常熟，再由常熟乘船到江阴转乘江轮经南通到上海，沿途目睹了人民流离失所，以及“抓夫”（参见散文《成串的人》① ）的情景。10月26日，叶圣陶与郑振铎、王伯祥、丁晓先等人到浏河看战后的惨象。王伯祥在是日日记中写道：

> 饭后与振铎、仲彝、圣陶、晓先、硕民共乘汽车赴浏河，……及抵浏河，已三时矣。到彼即西市梢，满目炮弹枪子痕，状甚可惨，而热市菁华，全付劫火，尤为怵心。偶闻老乡谈，辄带悲梗声，吁惨哉！我平时只识燹字，今乃睹燹之真状矣。

浏河乃由宁攻沪的要冲。战后，殷盛的市街只剩下满地的瓦砾与焦木，“童话里的仙乡”，“刚作过血肉飞舞的战场”；“仙乡里的仙人”，“正负着家破人亡的创伤!”“焦木碎瓦掩没了道路”，“踏着瓦砾就跨进浩劫场”。且看叶圣陶笔下的《浏河战场》：

> 刺鼻的是难闻的焦枯气味，
> 触目的唯有一片残破与荒凉，
> 风来扬起阵阵的灰，

① 《叶圣陶集》第5卷。

云浓日暗惨无光。
我们如来到古国的废墟，
我们如来到寂寥的墓场，
摧残，颓唐，
枯槁，灭亡，
我们在这里清楚地
认识了那四位魔王。
…………
看，树下泥滩有堆死人骨，
灰白的不干不净的颜色，
骨盘肋骨膊骨腿骨乱横。
再前几步躲着个尸身，
上半截已经不知去向，
拉直的肚肠黏着在荒草，
腐烂未尽的大腿黑赤像干酱，
小腿依然束绑布，
脚上草鞋仍一双：
静悄悄地，孤零零地，
犹如一件最没用的废物……①

"浏河战场"惨不忍睹。可也就在这个时候，苏州和南京城里的绅士们

① 《叶圣陶集》第8卷，第86—90页。

正忙着替齐燮元大帅办凯旋会。当齐燮元从真如回宁，路过苏州的那一天，苏州的绅士们“在车站上高搭彩棚，满张着‘保障东南’‘德隆恩溥’一类的匾额，敬谨伺候”，吹捧齐燮元简直到了“无微不至，唯恐失欢”① 的地步。兵匪蹂躏过的大地上的红血、白骨、硝烟，使叶圣陶心痛难忍；绅士们的“奉恶”与无耻，使叶圣陶愤懑至极，于是以他特有的冷隽与嘲讽，创作了《潘先生在难中》，挖掘我们民族自身的缺失。

军阀杀过来了，有钱的如潘先生逃到租界，靠帝国主义势力庇护；没钱逃难的如寿泉夫妇胼手胝足买面“外国旗”挂在门前“消灾”；至于像王妈（《潘先生在难中》）这样赤贫的劳动者，只能困在家里等死。关于潘先生其人，后面还要专门分析，这里先说三点。

第一，在上海租界，潘先生的小儿子害怕印度巡捕，潘先生连忙解释道：“不要害怕，那就是印度巡捕，你看他的红包头。我们因为本地没有他，所以要逃到这里来；他背着枪保护我们。他的胡子很好玩的，你可以看一看，同罗汉的胡子一个样子。”遭逢“战乱”，潘先生只知有小家，不知有国家，有奶便是娘的嘴脸暴露无遗。

第二，潘先生与教育局长在教堂“厢房”里的对话，更令人深思：

……局长给他（潘先生）介绍了自己的同伴，随后说，“你也听到了正安的消息么？”

“是呀，正安。正安失守，碧庄未必靠得住呢。”

“大概这方面对于南路很疏忽，正安失守，便是明证。那方面

① 王伯祥：《消毒运动》，《苏州评论》第1期，1926年1月20日。

从正安袭取碧庄是最便当的，说不定此刻已被他们得手了。要是这样，不堪设想！”

“要是这样，这里非糜烂不可！”

“但是，这方面的杜统帅不是庸碌无能的人，他是著名善于用兵的，大约见得到这一层，总有方法抵挡得住。也许就此反守为攻，势如破竹，直捣那方面的巢穴呢。”

“若能这样，战事便收场了，那就好了！——我们办学的就可以开起学来，照常进行。”

潘先生和教育局长非但对军阀蹂躏下的同胞没有一点顾惜之情，反而把一己的“安危”寄托在“善于用兵”的杜统帅身上，指望“这方面”的军阀“反守为攻”，“势如破竹”，“直捣那方面的巢穴”，用“那方面”的生灵涂炭换取“这方面”的安宁。在潘先生和局长的心目中，“这方面”与“那方面”断然成了两个不共戴天、你死我活的“敌国”。

第三，小说结尾，教育局同人兴高采烈地筹备欢迎杜统帅凯旋，以及潘先生“很有点意味”地为彩牌坊写“威镇东南”“德隆恩溥”等颂词的场面，触目惊心！杜统帅的“势如破竹”果真成了可庆可贺可颂的“功德”，这种站在同胞尸骨堆上为杀人魔王唱赞歌的丧失天良的娼妓式的行径，比阿Q的“精神胜利法”更可悲。叶圣陶在揭露帝国主义是军阀混战的幕后黑手的同时，又深入挖掘了“我们的同胞”身上卑劣的根性。

四、让作品带上浓重的时代色彩

与《隔膜》集和《火灾》集相比，《线下》集的题材由乡镇扩展到都市，写到革命和战争，写到黄包车夫、泥水匠等城市无产者以及军队的士兵。正如茅盾评述的："题材的范围是扩大得多了。作家的视线从狭小的学校生活以及私生活的小小波浪转移到广大的社会动态。'新文学'渐渐从青年学生的书房走向十字街头了。"①

对于叶圣陶来说，题材的扩大与表现的深切是同步的。《线下》集的短篇都带有浓重的时代色彩。

《马铃瓜》用第一人称写一个十二岁孩子参加科举考试的过程，这一素材来自作者十一岁参加科举考试（道试）的经历，全篇充满了童真、童趣，读来有一种特殊的感兴。"我"毕竟太小，连考场的高门槛都无法跨过，必须由送考的舅父抱着才能跨入仪门。"马铃瓜"和"抓冒籍"是点睛之笔。临考的前一天"我"向父亲撒娇："必须带两个马铃瓜"，否则就不考。父亲满足了"我"的要求。于是，"小食篮"里两个翠绿诱人的马铃瓜成了"我"时时惦记的馋食，未进"考棚"就想吃，进了"考棚"先吃瓜，瓜吃完了才有心思作文。令人捧腹的孩子气与庄严肃穆的考场，以及"经义""策论"和"指令恭默的《圣谕广训》"形成了鲜明的对照，让人见识了科举考试的实质。"抓冒籍"这个富有戏剧性的场面，深刻地表现了"科举"与"学校"对峙的局面。

① 茅盾：《〈中国新文学大系·小说一集〉导言》，《中国新文学大系·小说一集》，上海良友图书印刷公司 1935 年版。

官府和学校郑重规定：“每人只能走一条进取之路，若想兼走两条，便是取巧占便宜的办法，非禁不可。”为严惩“取巧”者，中学生居然可以“以凛然不可犯的神气”，堂而皇之地进“考棚”抓“冒籍”，而“考棚”内也真的揪出了一个独自包揽六份答卷的“冒籍”兼“枪替”。这位“冒籍”兼“枪替”，先是被以“杜天王”为首的中学生“打个半死”，后又被“六七个书吏”押出考场“查究”。沸沸扬扬的科场闹剧，使我们看到了清末改良运动的软弱和步履之艰难。德国汉学家顾彬赞赏《马铃瓜》是“一篇了不起的短篇小说，肯定也是二十世纪中国最好的短篇小说之一”①。

短篇《一个青年》和《春光不是她的了》，写五四落潮后一部分知识青年的心态。《一个青年》写小知连山“一个脆弱的春梦”。这位“爱情至上”主义者认为人生的归宿是“爱情”，“一个人”只能算“半个”，必须与另外“半个”融凝团结，同心一体，才能成为“更充足且幸福的一个”。他把爱情的丝网编织在才貌双全的万女士身上，以“索观手迹”和“讨究艺事”为由头，与万女士通了七八封信后，以为爱情已经“成功”了，就急不可待地向她“乞爱”，遭到万女士的严辞拒绝。于是连山跌入了“烦闷之渊”，颓然地哀叹着：“烦闷啊！烦闷啊！什么都烦闷，一切都烦闷！”小说嘲讽了把灵魂归宿寄托在恋人怀抱中的虚无的人生哲学，使我们看到了五四落潮后踯躅于歧路的“疲惫人”的心态。

《春光不是她的了》中的沈进之十六岁那年，由父母包办，与瑞芝

---

① ［德］顾彬著，范劲等译：《二十世纪中国文学史》，华东师范大学出版社 2008 年版，第 68 页。

结了婚，当时并未感到有什么不合适的地方。婚后，沈外出求学，瑞芝给了他“人生的情趣和生活的舒适”。十年过去了，瑞芝那“少女的光辉”已经消散。沈学有所成，非但不感激妻子的情分，反而进门就让妻子看他“相爱”的女人的照片，还用“小学教师”教训孩子的语调教训瑞芝说“结婚应该以恋爱做根基”，宣称“我并没有真挚地爱过你”，“敷敷衍衍做夫妻”没有任何“意趣”，再也不能“无聊”“乏味”地“维持下去”了。从此，沈进之有了“真挚”的“相爱”，瑞芝则成了人们“鄙夷不屑”的“谈话资料”，永远堕入了悲惨的境地。沈进之的喜新厌旧，形象地概括了五四之后一种奇特的社会现象：一切罪恶可以推在旧礼教身上，同时一切罪恶又在打破旧礼教的旗帜下照旧进行。

《校长》一开始就将校长叔雅置于思想斗争的旋涡中。学期即将结束，对陈、佟、华三个败类是辞退还是续聘，叔雅反复权衡利弊。叔雅一心想把学校办成“理想学校”，而教算术的陈、教理科的佟、教国文的华嗜赌成癖。在他们的影响下，“怠惰的气息”像“疫病”似的在全校蔓延。《地方公报》还披露了华的“艳史”，学校“名誉扫地”，校长也成了社会舆论嘲讽的对象。叔雅想辞退他们，但想起前任顾校长的下场就不寒而栗，只得违心地给这三个败类写了“继任书”。前任顾校长想辞退陈，结果正不压邪，反倒成了众矢之的，被逼辞职。小说从叔雅的软弱和游移这个角度，揭示了学界的腐败和社会的世态。

五、成功的艺术典型——潘先生

从短篇《饭》开始，叶圣陶已经比较善于调动情节和行为描写等艺术手法进行人物刻画。《饭》通过一系列与“饭”有关的情节的铺展和心理描写，较成功地刻画了穷困懦弱、甘受欺凌、易于满足的小学教员吴先生的形象。这之后，叶圣陶对于人物性格的体验更加冷静，他笔下的人物都富有各自鲜明的个性。人物性格写得最生动细腻的要数《潘先生在难中》里的潘先生了。

潘先生是上海郊区一个叫让里的小镇上的小学校长，是一个“体面的大家知道的人物”，“写得一手好颜字”，家有“一妻两儿”，雇了个仆人王妈，生活略有余裕。阶级地位形成了他特有的怕乱、怕官、张皇、敏感、怯弱的性格；而小知识分子固有的尊严和“体面”，又给了他些许的诡谲和傲慢。在军阀混战兵荒马乱的年代，潘先生由于没有资本和靠山，一有风吹草动就惊惶不安，挖空心思地想出自以为最得意的办法保护自己，疲于挣扎，受尽折磨，在夹缝中求生存。

军阀混战的风声传到让里，教育当局尚未作出停课的决定，潘先生便惊惶失措，深感“兵火焚掠”已迫在眉睫，不惜花上一笔“逃难钱”，像老母鸡护着一群小鸡似的，带着“一妻两儿”和一个“黑漆皮包”，挤上火车，逃到上海的租界里避难，苟全性命于乱世。第二天清早，潘先生从报纸上看到教育局长指令照常开学的消息，又惶惶不安。这个一贯卑躬屈膝，仰承教育局长的鼻息、俯伏在教育当局脚下的潘先生，为了保住维系性命的饭碗，“狠心地”撇下妻儿，不顾战乱的危险，只身返回让里。正当他得意洋洋筹备开学的时候，战事吃紧，危及让里。潘先生又“发狂”似的惊慌起来，雇车离开学校，躲进教会的厢房里。幸而战火并未烧到让里，一场虚惊之后，战事宣告结束。最后，小说以潘先生接受教育当局同人的“一致推举”，为欢迎军阀杜统帅凯旋的彩牌坊上题写颂词煞尾。这一讽刺性的情节，成为完成潘先生形象塑造的最后一笔。

作者的运思是极其严谨的，并没有用直缀的方式描写潘先生逃难的全过程，只是截取了火车缓缓地驶入上海车站，潘先生一家准备下车，即将结束逃难时的场景，并从这里敷衍开来，揭示潘先生的性格及其成因。“火车没有驶进月台之先”，潘先生就调排周妥，一家子四人手牵着手，“犹如一条蛇”。下了火车，潘先生牵着他的“蛇阵”，在人流中乱钻乱窜。因手失联，潘先生一时找不到妻儿时，“家破人亡之感立时袭进他的心，禁不住沁出两滴眼泪来”；待到他看见失散的妻儿时，随即“舒畅地吐一口气”，感到“幸福得很”。住进租界价格昂贵、又腥又臭的客店，潘先生“惊讶”过每天“两元”的房租，诅咒了“刺鼻的油腥味”和“阵阵尿臭”后，随即又“舒舒泰泰”起来，觉得“究竟比吃枪子睡露天好多了”，“迷迷地笑着”，并叫茶房拿来“一斤绍兴（酒），一毛钱熏鱼来”，“乐哉乐哉，陶陶酌一杯”，庆幸全家“从兵祸凶险的地方，来到这绝无其事的境界”。折回让里，潘先生探听到教育局长“照常开学”的口风后，就“一口气奔到自己的学校里”，刻印了“子弟教育犹如布帛菽粟”，“是一天一刻不可废弃的”开学通告，表明他在“炸弹”底下忠于职守的“非常精神”，但又总是甩不脱一个“怕”字。铁路中断的消息使他丧魂失魄，“觉得最亲热的一妻两儿忽地乘风而去，飘得很远，几至于渺茫”。为了增加“新的勇气”，他又急忙赶到“红十字会分会的办事处”缴纳会费，申请入会，把红十字旗和红十字徽章视若“救命的神符”，不仅把一面旗子挂到自家的大门上，把一枚徽章缀在衣襟上，还将多要的另三枚徽章“重重包裹”着，藏在“贴身小衫的一个口袋里”，为“远处在那渺茫难接的上海”的妻儿“加保了一重险”。然而，“闪耀着慈善庄严的光”的旗子和徽章并不能保佑潘先生的身家性命。战事再起，危及让里，衣襟上缀着红十字徽章的潘先生，不得不“发狂”似的“雇车”，逃到“红房子”祈求帝国主义教会的庇护。可他万万没有料到，那个在报上指令照常开学的教育局长早就在那儿坐着了，教育局长比他来得还早。教育局长和潘先生在尴尬之余本该痛恨和诅咒这场战争，可是为了自身的利益，他们都站在本地军阀的立场上，希望本地军阀能赢。当潘先生听到教育局长的“同伴”宣称本地的军阀如何“善于用兵”，“也许就此反守为攻，势如破竹，直捣那方面的巢穴”时，潘先生反倒附和说：“若能这样，战事便收场了，那就好了!”至于“那方面”受苦受害的同胞压根儿就没有想到。战事结束的时候，他又“当仁不让”地为“凯旋”的杜统帅书写“功高岳牧”“威镇东南”“德隆恩溥”的颂词。

战争对这位无辜、怯弱的小人物的捉弄实在是太残酷、太富有戏剧性了。潘先生小心翼翼地想保存自己已有的一切，处处庸人自扰，处处又自我安慰。他一方面像拳击家练习所用的假皮人，悬在空中，任人耍弄；另一方面又处处“钻营”，苟且偷安。他的一言一行、一颦一笑、忧喜危安，以及所有的“眼泪”和“微笑”，都围绕着“生命”和“小皮箱”（钱）运转，一刻不停地在庸俗猥琐的泥潭中打滚，求那“差堪自慰”的满足。对潘先生这类人物的思想和性格特征，茅盾曾作过精辟的概括：

> 他们在虚惊来了时，最先张皇失措，而在略感到安全的时候，

他们又是最先哈哈地笑；是一些没有勇气和环境抗争，揉揉肚子就把他的“理想”折扣成零的妥协者。①

(《潘先生在难中》)把城市小资产阶级的没有社会意识，卑谦的利己主义，Precaution（拘谨、畏葸——引者注），琐屑，临虚惊而失色，暂苟安而又喜，等等心理，描写得很透澈。这一阶级的人物，在现文坛上是最少被写到的，可是幸而也有代表。②

“幸而也有代表”这句话，高度地评价了作为艺术形象的潘先生在中国现代文学史上的地位。潘先生的“临虚惊而失色，暂苟安而又喜”，正是旧中国小资产阶级知识分子命运朝不保夕的写照。像潘先生这样苟且偷生、逆来顺受的庸碌之辈，并非没有是非曲直和品行操守，并非“乐意于这种卑微的生存”。他“狠心”地把妻儿撇在上海，“带着生离死别的哀感”，只身返回让里时，也曾“深深地发恨”，“恨这人那人调兵遣将，预备作战，恨教育局长主张照常开课”。他写颂词写到“德隆恩溥”的“溥”字时，眼前闪过了“拉夫，开炮，烧房屋，淫妇人，菜色的男女，腐烂的死尸”等一连串目不忍睹的“影片”。所有这些，都形象地说明了潘先生的良知并没有泯灭。无论是揣摩上司的脸色，投其所好，还是为军阀唱颂歌，都是被迫而为的。是无形的而又十分强横的社会势力，剥夺了潘先生的人身自由和是非观，迫使他随波逐流，不敢按照自

① 茅盾：《〈中国新文学大系·小说一集〉导言》，《中国新文学大系·小说一集》，上海良友图书印刷公司1935年版。

② 茅盾：《王鲁彦论》，《小说月报》第19卷第1号，1928年1月10日。

己的思想和意愿支配自己的言行。在潘先生这个可悲可笑，既令人厌恶又令人同情的弱者身上，我们看到了小资产阶级知识分子“灰色的人生”和卑微的心灵。小说似乎没有一句话是诅咒军阀的，但又处处都在诅咒军阀。作者把对军阀的诅咒，交织在现实生活的场景和艺术形象的描绘中，融化在故事情节和事件中，让读者自己去体味、感受和咀嚼。战时车站的氛围，潘先生的张皇，租界家家客栈都标着“客满”，等等，这些场景从各个不同的侧面揭示了军阀混战给人们带来的深重的灾难。作者冷隽、客观、细腻的艺术风格，达到了“不着一字，尽得风流”的艺术境地。作者处处都在揶揄和讽刺潘先生，但又给予善意的同情。潘先生时时处在“难中”，处处都演悲剧，这是旧中国的小资产阶级知识分子生活的真实写照。

第二十章

探寻改革和奋进的道路
——短篇小说集《城中》

论质料大概是仍旧应题作“线下”的。可是写作时不愿马虎，在现有能力之下，未曾偷懒一分，是作者可以自信的。

——叶圣陶为《城中》集写的广告词

一、知识者的“倒流之势”

叶圣陶的第四本短篇小说集《城中》，1926年7月由开明书店出版，内收1923年6月创作的《病夫》，以及1925年3月至1926年5月间创作的短篇《前途》《演讲》《城中》《双影》《在民间》《晨》《微波》《搭班子》。编辑《叶圣陶集》第二卷时，《病夫》按写作时间的顺序插入《线下》集中，这样，《叶圣陶集》第二卷中的《城中》集只有八个短篇，最值得关注的是作者写了知识分子的“倒流之势”。

《前途》写青年教师惠之的“前途”。惠之立志“终身当教师”，甘愿过“穷”日子。遇上军阀混战，学款“移充军饷”，学校“欠薪已积两月”，“抽屉里只有两块六毛钱了，领薪水的日子还不知道在哪一月哪一年”。面对“饭总得要吃，房子总得要住”这个严峻的“生计”问题，在妻子的怂恿下，惠之趁老友陈伯通的同学田某出任警察厅长之机，函请陈在田某面前“鼎力吹嘘”，帮助他在警察厅谋个“月薪二十元左右”的“兼职”，结果落了空。

惠之背弃了初衷，用自己所不齿的请托，企图跻进自己一向视为龌龊的政界官场。作者对惠之心态写得细腻极了。最先，他并不想求陈举荐。觉得向人开口“难为情”；又顾虑陈“有什么不方便”，反倒“难堪”。可生活又迫使他不能让“这个难得的机会在脚边滚过去”。他“决计写信”时，心头也萌生过“一缕春温”：求职的信“如果发生效力”，就可以“稍稍改换口味”，吃上“一尾清炖鲫鱼”，喝上一壶“陈绍”，夫人也可以做“几身应时的体面的衣裙”。甚至以“警厅里的人”自居，“为忠于职务计”，“为前途的进取计”，拟订了整顿“路政”和“警政”的“条陈”，希望能得到厅长的“采纳”，“升擢”为“科长”或稳当的“科员”，于是感到“莫名的愉快”，觉得“前面的境界”充满了“光明”。然而，陈的回信给了他毁灭性的打击。信中说：

特念政界风气，一官到任，请托累千，少亦数百，或以势压，或以利要；若弟者，两俱不足言，则徒成话柄而已。①

① 《叶圣陶集》第 2 卷，第 205 页。

惠之这才真正感到耻辱和绝望。小说深刻地揭示了军阀混战给教育带来的灾难，也批评了惠之的动摇和游移，使读者意识到在那“万方多难”的时代，倒退是没有出路的，出卖自己的人格，招来的只是耻辱。

《演讲》中的那位“温文尔雅”的“学者”，既不敢“讲恋爱”，怕落个“‘时代落伍者’的诨号”；也不敢讲“学潮”，不敢“讲工”，怕招来“赤化”的横祸；讲《从〈诗经〉里见到的古代人的宇宙观与人生观》，又担心会重新点燃起行将熄灭的“玄学”之争；讲《杜甫研究》，因为梁任公讲过了，怕别人说他拾人牙慧。最后觉得只有《当前的享受》这个题目可讲，于是援引古诗文中的材料，作为“我们不要轻轻放过当前的享乐”的例证，宣称“文艺与美酒”是“足以叫人陶醉的东西”，鼓吹“见好书就读书”“逢好山水就游山水”“遇好人就同他交朋友”的“刹那主义”。与这位“学者”相呼应，小说还刻画了青年学生不问时世、流于颓放的心态。正是青年学生的这种心态，让“学者”鼓起了勇气，“言辞竟像‘大珠小珠落玉盘’似的滚出来”，“差不多不需要天君作一点儿主”。演讲结束时，听众中爆发出“一阵结结实实的掌声”，学生还送上记录稿请“学者”审阅后送报馆发表。作者将“学者”的明哲保身，以及青年学生的颓放视为知识分子的“倒流之势”予以抨击，从中可体味到他对于时代的忧虑。

二、怪诞迷茫的“爱情”

叶圣陶在批评知识分子流于颓放、不忧世事的同时，还注意揭示他们卑微、怯懦、怪诞的心态和情感。

《双影》写知识分子感情的迷茫。“她”和“他”婚后有了天真可爱的女儿珩。不久，“她”觉得与“他”气味不投，爱情面临“爆裂”的危险。“他”不是想办法弥补，而是消极地“迁延”；当“她”提出“断绝关系”时，“他”虽然“颇觉得凄然，仿佛这个世界骤然荒凉得像月球似的”，但也随即“表示赞同”。离异后，“她”和“他”的一个朋友结了婚，“他”虽然很痛苦，但仍然把这个朋友看作朋友，作“友谊的访问”。“她”感到非常美满和幸福，而“他”则成了“被抛在浑水里的泥鳅”，越来越萎靡不振。女儿珩三岁生日那天，“他”携了鲜花和礼品前来祝贺。“她”为“他”对孩子的关心、对自己离弃行为的“宽解”所感动，把“从前所谓气味不相投”看作“幻梦”，既悔恨又惭愧。当“他”像跪对“神坛”似的虔诚地向“她”表明“不曾怨过你”时，“她”像“风狂似的”走上前，两人“密贴”在一起，重温旧情。

《微波》里极富“华采”的忆云，原本是“十二分通脱”的女郎。她藐视传统，对生活充满了浪漫的憧憬，经常与朋友们聚会，“谈主义，谈问题，谈时事，谈恋爱，谈文学，谈艺术”，以她的美貌、聪颖和“憨态”，在朋友圈内含娇带傲，争强斗胜。朋友们对她的宠羡和追求，更滋长了她的骄矜。她沉湎于交际，谈情说爱，宣称不高兴结婚。在男友们的心目中，忆云仿佛是个“悬空挂着的皮球，几乎要把它拿住了，但立刻又荡了开来”。他们“一方面蝴蝶恋花似的围绕着她，另一方面又侦探办案似的窥伺着她”，“得到的报酬是说不出来的烦闷”。让人感到意外的是，这位咄咄逼人的新女性，实则不堪一击。一次，她陪男友自成喝酒，醉意蒙胧中失了身，“运气”立即急转直下。特别是她发现自己有了身孕后，就犹如“翱翔天空自由的鸟儿”直掉入“深深的泥潭”一般，生命细弱得“像一根丝”似的。她央求自成和她结婚。婚后，她受尽种种折磨，经常被打得遍体鳞伤，“就是把身子磨成粉”，也找不出从前的“踪影”。她非但不怨恨自成，反而“鄙薄自己”，认为自己是“不配再踏上人生的大路”的“凡庸”，“是负着罪愆的人”，而那“狠毒的打骂”，“只是罪愆的责罚”，是不该“躲避”的。

忆云的蜕变，看似“从一而终”“贤妻良母”等封建伦理观在作祟，其实是小资产阶级知识分子自身的局限性造成的。他们脱离社会，脱离大众，只是在“朋友”和“家庭”的小圈子里转悠，感情极其脆弱，当个性解放思想走到尽头的时候，他们只能回归“传统”。《双影》写成于1925年11月，《微波》写成于1926年3月。当时，以工人阶级和青年学生为主体的反帝爱国运动高潮迭起。这两个短篇给正在成长中的青年提供了反面教材。知识青年随随便便地生活，沉溺在个人小小的悲欢中是没有出息的，这就是《双影》和《微波》深层的内蕴。

三、“古城”的浊流和“鉴赏家”

短篇《城中》和《晨》，使我们看到了“古城”种种令人窒息的氛围。《城中》那个“苍古而娟媚”的古城，就是苏州的缩影。作品中写到的“城墙”“高塔”“河流”“街道”“店家”，以及“行人”和“伙友”十分安闲的情态，都是古城苏州自然景观和人文景观的写真。丁雨生怀着“革新苏州”的宏愿，约了一批“志趣相同”的朋友一起，从外地回到梦魂所系的苏州创办一所宏毅中学，要给故乡“古旧的城池”注射新鲜的血液，把陈旧的挤出去，使它恢复壮健的青春。他抨击传统，主张男女同校，“教员学生一律要参加社会活动”，于是遭到封建反动势力的围堵，给他套上个存心“捣乱”、蓄意“叛逆”的罪名。小说围绕着改革与反改革的斗争，突出了教育改革之艰难，以及旧势力的猖獗。

教育局长王埙伯，以及县视学陆仲芳、高菊翁这些“老朽”，先是莫名其妙地恐惧，接着便大骂丁雨生是专吃“捣乱的饭”的“洪水猛兽”，极其恶毒地煽动说：“宏毅中学就是他们伸进来的一条腿!”他们“有心捣乱谋反叛逆”，“假如我们不去对付他们，让驯良的子弟们也混进他们的团体，变成洪水猛兽，这就对不起祖宗，对不起乡先贤，对不起这块地方”。为了扼杀宏毅中学，他们采用“釜底抽薪”的战术，散布流言蜚语，造谣惑众。于是，宏毅中学“那是有色彩的”，“宁可让子弟们永世不识一字，总不敢去请教宏毅中学”，使丁雨生陷入窘境。

与此同时，王埙伯、陆仲芳、高菊翁之流还对丁雨生进行严密的监视，必欲除之而后快。听说丁雨生要到“平民教育运动大会”演讲，如临大敌，恳请警察厅长和省议员方大人派来六七十名警察，“荷枪实弹”，密布在会场四周，伺机逮捕“不逞之徒”。演讲时，丁雨生伸手进裤袋掏手帕，陆仲芳以为他在掏“什么家伙”，“便移步向前，同他离得远些”。演讲会后，高菊翁佯装成与丁雨生有“师生旧情”的知己，前来游说和劝降，并用“镇守使”有“激烈派”的名单，对丁雨生进行恫吓。透过改革与反改革的斗争，我们看到了反动势力把持下的古镇的阴暗滞重的气息，以及“城里人”萎靡不振、苟安怕事的种种神态。

《晨》堪称是水乡古镇一帧绝妙的素描。初春的一个清晨，裁缝财源的妻子——财源嫂嫂乘丈夫熟睡之机，带着她的全部衣饰越窗而逃，趁早班轮船私奔（上海）。事发后，古镇上男男女女，尊卑长幼，或出自爱看热闹爱“解颐一笑”的德行，或出自喜闻隐私喜听秽闻的心理，纷纷凑集到财源家门前来看“新鲜戏文”。很快就“围成个半圆的圈子”，迟到的只能屈蹲在“圈子”外围，他们都仰着头，“一双双的耳朵似乎自觉竖得特别起”，圈子随着声音收缩汇拢，两眼则残酷地鉴赏财源的苦相。他们挖空心思地发掘财源嫂嫂的隐秘，打趣逗笑，幸灾乐祸。

财源嫂嫂“小圆脸，双眼皮”，爱唱戏文，是镇上一个“标致”的女子。“庙场上做戏时，她梳个油光头，截齐的前刘海，青竹布衫，玄色绉纱背心，身段又俊俏，走过去带一种锋芒，谁不要多看她几眼。”这个娇俏聪明的女子，被财源花一百七十块洋钱讨来以后，整日关在铺子里做针线活。她洁身自爱，从不轻佻。用赌徒阿荣的话说是：“看看她，她眼睛看鼻子，引引她，她不给个回音。”

财源是个“细眼削脸的小裁缝”，一张皱脸像个“胡桃壳”，丑陋且不说，还对妻子十分苛刻，财源嫂嫂只是他任意役使的机器。妻子离开这位丑陋、专横、吝啬的丈夫，无疑是对买卖婚姻的反叛，是对禁锢的抗争，是对自由的向往。然而，这在水乡古镇就是大逆不道。一位“标致”的女人顷刻间成了“骨头没有四两重”的“假正经”。乡绅赵大爷一手“托一个铜水烟袋”，一手“前后划动”着匆匆赶来，用“审判官的口气”对财源作了一番审问后，大骂“这又是轮船害人”。“镇上绅商主张通轮船的时候”，以赵大爷为首的反对派先是坚决反对，后是恶毒地诅咒，希望轮船“撞着河底的石头穿几个大窟窿”，并坚守“反对派的节操”，“死也不踏上轮船”。在他眼里，轮船是破坏旧秩序的祸害，它缩短了古镇与上海的距离，带来了上海的洋货，也带来了“轧姘头”

的男人。李家娘接过赵大爷的话茬，这位恪守“从一而终”的老妇人，对财源嫂嫂进行了恶毒的嘲讽：

我并不是说您的话不合。不过老话道，嫁鸡随鸡，嫁狗随狗。男人不成人的也很多，难道就该丢下了走么！我们当家的在的时候，不是牵动他死人头皮，才叫不成人呢，空空一双手：要吃，要喝，还要去闯祸惹事！可是我梦里也不曾想过丢了他走；小后生在门前走过，贼眼睛一五一十瞟过来，我总是回转头吐一口唾沫。现在他死了十七年了，我还是守着他。吓，女人会逃走，真是现在的新法！

赵大爷骂轮船，出自盲目的排外心理。李家娘讲“妇道”，缘自封建愚蠢。20世纪20年代中期，江南古镇有赵大爷和李家娘这并不奇怪，奇怪的是赵大爷“骂轮船”、李家娘讲“妇道”，居然赢得了众多“鉴赏家”的“响应”。“鉴赏家”的群体中，不仅有财源的“左邻”念佛的“黄老太”，黄老太的小媳妇“蓬头瘦脸的小女人”，还有赌徒木匠阿荣，“看了叫人发痒”的“酒糟鼻子的麻面汉”，头上“盘着浓黑大辫子”的船夫，以及头发修成“盆景菖蒲式”的学生。除黄老太之外，他们大都还是“小后生”。黄老太想到自家的小媳妇与财源嫂嫂相好，“觉得很可担心”，于是对小媳妇“禁抑”更甚。“小后生”们听到“私奔”，就像发现了新大陆似的，兴高采烈地拥挤着、议论着、猜测着。赌徒阿荣鼓动财源赶到码头捉奸，“擒住了以后”，把“两个无耻的狗男女脱得赤条条，一颠一倒捆着，由弟兄们抬着游遍全镇”。头发修成“盆景菖蒲式”的那位学生，“鹘落鹘落看那倒楣的裁缝”，沉溺在下流的“幻想”中，以至忘记了上学。他“每天到学校和回家的路中，看见这裁缝家婆红红的圆脸，就想她一定在想有趣的念头；有时看见她的背影，松乱的发髻褪到背上，就想她一定才干了风流事来”；“现在听见逃走的就是这个裁缝家婆，便想她干得加倍有趣，加倍风流了”。头上“盘着浓黑大辫子”的船夫，挤在“圈子”里说长道短，希望别人“再有什么好听的说出来”，以满足他淫秽的欲念。“麻面汉”则大谈上海卖身女子的“闲情”，笑着鼓动财源当天赶到上海，把妻子“原封弗动拖回来”……透过聚集在财源家门口那个时而“渐渐收缩拢来”，时而“松开了些”的“圈子”，我们看到了古镇“鉴赏家”的种种神态，也看到了江南古镇的另一种世态。

四、新的人物　新的境界

值得留意的是，作者塑造了众多新人的形象。短篇《城中》中那位“躯干很高，挺挺的，有豪爽的气概，年纪在三十左右，帽檐下一双眼睛放出敏锐的光”的丁雨生，就是一位不屈不挠、锐意改革的斗士。他热情、单纯、乐观，不仅有改造社会的理想，而且有改造社会的勇气，敢于同封建势力对抗。在旧势力的阻挠下，宏毅中学只招了八名学生，他却“感到青春的欢乐与事业的愉悦”，决心“好好地教好这八个”，斩钉截铁地说：“教不好这八个，才是失败呢!”这种不服输的“韧”性，着实可敬。

《搭班子》中的泽如是一个有志于革新教育的校长，履新之初，想从更换教员入手，邀请热心于教育事业、“立志要把生命奉献给儿童”的“乐水”和“宛”前来执教，搭建一个“完全可靠的班子”。正当他写邀请信的时候，八方干扰接踵而至。“糊糊涂涂”当了十年“教书匠”的钱松如“特来奉访”，恳求允许他领受校长的“指导”，继续留用；县议员周逸民登门“敬贺”，胁迫泽如为他安插亲戚；教育局长则亲自来信，郑重其事地向泽如推荐一位“必然胜任愉快”的朋友，“务望相宜录用”。泽如感慨道：“像这样搭班子，还不如跑到闹市地方去拉一批人来的好”。小说虽然没有从正面表现泽如如何抵制县议员和教育局长徇私舞弊的行为，但他的冷嘲和鄙夷却给读者以新的希望。

短篇《在民间》最值得一读。“五卅”运动前后，“到民间去”的呼声此起彼伏。那些自以为是“民族之魂魄”的知识青年喋喋不休地高谈“我们的责任”，把国家的危亡归罪于“尚大梦沉沉”的“可怜的民众”；而民众的“蠢蠢无知”又是“最富有血色”的青年的“过失”[①]，是他们没有“到民间去”教化“民众”。

叶圣陶对此十分反感，在创作《在民间》之前，曾写过一篇杂文《魔法》[②]，把“到民间去”这个“漂亮”的口号称作“魔法”，批评了少数知识分子在“到民间去”的口号掩饰下的某些不纯正的思想行为。严肃地指出，少数人把“到民间去”称作“入地狱主义”，即以“我佛”“先觉者”“有力者”自居，把“劳工”视作“地狱里的小鬼”。“到民间去”，“自然是教训他们，指引他们，帮助他们，救援他们”，使“地狱里的小鬼”和“我”一起“成佛”。在批评了他们这种错误的想法之后，

① 章渊君：《我们的责任》，《觉悟》1925年3月2日。

②《文学周报》第174期，1925年5月24日。

接着论述了知识分子与“民众”的关系，不无偏激地说知识分子“本来是民众，本来在民间，何用其到民间去?”所谓“到民间去”，其实就是凿一条“鸿沟横界在‘我们’与‘他们’的中间了”。进而又批评了知识分子是“先觉者”“有力者”的论调，指出知识分子并不比“民众”高明，知识分子所受的教育“犹如偶然打中一条彩票，纸面同口头的学问犹如会场中飘飘地挂着的花纸，所知所能只不过方面不同罢了，谁也不能多过了谁”；“袋里多几个钱无非不动手的窃掠”，“用力气，滴血汗，彼此还是半斤八两，（说不定你还及不来人家）”。在《诸相》[①] 这篇杂文中，叶圣陶批评了那种“张脸就只有一张嘴”的“了不得的教育家”，以及认为工人农民“无知无识”，只有他自己才行，颇“有点类似娘儿们行径”的“知识阶级”。叶圣陶反对“知识者”“作家”“教育家”的标新立异，不赞成提“到民间去”这个口号，郑重指出知识分子与民众相结合不在于形式和口号，而在于情感的交融，在于彻底“磨灭”灵魂深处的“我们”与“他们”、“此岸”与“彼岸”的鸿沟。这些精辟的论述，对于热衷于教化民众的“教育家”和“作家”无疑是一剂“清心丸”。

正是顺着这个思路，叶圣陶创作了短篇《在民间》。小说的主人公——知识女性庞和姜都有与“劳工”相结合的真诚愿望，一心想着要像“盐溶化在水里”一样地与工人阶级“混和”在一起，学习他们“可贵的心灵”“深切的见解”“熟练的技术”，还天真地以为只要把“全部的同情”“整个的生命”都献于“劳工”，他们就该伸出两条胳膊来“欢

①《文学周报》第183期，1925年7月26日。

迎我”，“把我抱在他们怀里”。为了援助劳工们的罢工斗争，她们穿上了“粗的夏布衫”和“蹩脚的白布鞋”，冒着酷暑来到“劳工”中演讲。可劳工们对于她们的演讲并不感兴趣，他们关心的是“工钱”，是不能叫肚皮“饿得太厉害”。“乞求的眼光”“开玩笑的神情”，以及“连续不歇”的“嚣声”，使庞的演讲不能按预定的计划进行。当“劳工”们听说逮住了“工贼”的消息后，个个义愤填膺，“推着拥着”前去惩治“工贼”，把庞和姜晾在一边……

小说的构思是颇具匠心的。庞、姜两人“同坐一辆人力车”到“民间”去。人力车在低凹不平的道路上颠簸，“大块小块的石头抵着车轮，车身只管左右颠动。焦灼的太阳直射下来，四望一切，都像僵化了似的”。“车夫酱赤的背在前面跳动”，“满背通湿”，“两个臂弯鸟翅般翘起，显见得手掌在努力按住那车柄；他又时时挺直躯干透气，行走作摇摆的姿势”。而庞、姜两人就坐在这辆摇摇晃晃的人力车上高谈阔论，一唱一和，畅谈给“劳工”讲“工人的使命”，讲“救国”“救民族”的责任，讲“认识文化，享用文化”。且看她们并排坐在人力车上的神态：

> ……靠左坐得较近的一个，脸呈圆形，皮色带黄白，眼睛略低陷，时作冥想的凝视。又一个的肤色却颇荣鲜，齐耳的短发乌黑有光，稍高的鼻子，薄薄的嘴唇，露出整齐的牙齿；她搁起一条腿，挺直身子坐着，一只手握着她同伴的手，大有昂然的气概。

庞的这种“昂然的气概”，正是当时部分以“先觉者”“有力者”自居的知识分子的神情。也正是因为庞“举足振臂都有点飘飘浮浮的样子”，致使“劳工”们以为是来“发工钱”的慈善家。庞下车伊始，演讲的头一句话（“各位女工友，我们工人身上的责任不轻啊!”），就使听众觉得“很突兀”，“都用骇愕的眼光看着她，同时又不免窃窃地谈说起来”，把庞视为不食人间烟火的“天上的仙人”。庞在失望之余，也感到自己对工人并不了解，这些衣衫褴褛的劳工最迫切需要的是“工钱”。“劳工”惩治“工贼”的场面，突出了工人阶级最鲜明的爱憎，也深刻地说明了他们并不需要庞、姜来教化，他们需要的是“钱”。诚如作者在《援助罢工工人!》① 一文中所说的：“罢工足以制仇敌的死命”，“出钱”可以“使我们的军队（工人）勇往直前，有进无退”。

多年来，人们往往把《在民间》列为“教育小说”，说庞和姜是“两个女学生”，其理由是女纠察员说的一席话：“你先生想，像你们先生这样，本来在学堂里念书的，不愁吃，不愁穿，正像天上的仙人；现在我们罢了工，就跑来替我们想法”。其实这位纠察队员所说的“念书”并不意味着她们真的就是学生，只是说明工人们对她们的生活不了解，以为她们在学堂里念书。小说是以 1925 年上海小河渡内外棉纱厂两万余名中国工人反抗日本资本家虐待中国工人的大罢工为背景的。小说中的庞、姜则是以杨之华（瞿秋白夫人）和胡墨林（叶圣陶夫人）为原型的。为了援助这场富有阶级斗争和民族斗争双重意义的罢工，她们到处募捐，还深入到女工中间宣传罢工的意义。正因为作者有了深切的感受，所以对于知识女性和“劳工”的描写都有血有肉，真实可信。小说的结尾是耐人寻味的：现实生活中的工人与庞、姜想象中的“劳工”，

---

①《公理日报》1925 年 6 月 12 日，收入《叶圣陶集》第 5 卷。

仿佛“完全不是那么一回事”，令她们感到“诧异”，于是陷入在“凄然”“茫然”“空虚”的境况中。工人纠察队员朱家姊妹向她们送来“笑颜”，“表示十分的亲热和恭敬”，邀庞、姜到她家做客，给了庞、姜以“新的鼓励”，于是她们四个手挽着手，“四条斜长的人影画在她们脚趾前面的路上”。不难看出，通过这次演讲，庞和姜对于“到民间去”有了新的感悟，在与工农相结合的道路上迈出了新的步伐。《在民间》是新文学史上最早描写革命运动对知识分子产生积极影响的短篇，是一篇比较别致的“革命文学”。

第二十一章

“不厌世” 和“不厌足”

——短篇小说集《未厌集》

有人说我是厌世家，自家检察，似乎尚未厌世。不欲去自杀，这个世如何能厌？自家是作如是想的。几篇小说集拢来付刊，就用“未厌”二字题之。

——叶圣陶《〈未厌集〉前言》①

一、“老中国的儿女”的“亮色”

《未厌集》是叶圣陶的第五个短篇小说集，1928 年 12 月由商务印书馆出版，为“文学研究会丛书”之一，内收《遗腹子》《夏夜》《苦辛》《一包东西》《抗争》《小病》《小妹妹》《夜》《赤着的脚》《某城纪事》，书前有《前言》。编入《叶圣陶集》第二卷时，插入了《冥世别》《李太太的头发》《某镇纪事》。这样，我们在《叶圣陶集》第二卷看到

① 《叶圣陶集》第 2 卷，第 417 页。

的《未厌集》就有十三个短篇，写于1926年7月至1929年8月。用“未厌”作书名，突出了他一不厌世、二不厌足的“未厌”精神。

短篇《夜》在《未厌集》中占有重要的地位。这之前作者塑造的人物中，最具“亮色”的是《城中》的丁雨生和《抗争》里的郭先生。丁雨生是教育改革的斗士。郭先生则是为教师的“生存权”而抗争的“大勇者”，为了坚持自己的“理想”和“信念”，敢于同封建势力作斗争，被教育当局“免职”后，非但不气馁不退缩，反而以更坚毅的勇气去探寻真正的生路。丁雨生和郭先生都是教育界的“新人”，同时也是时代的“新人”。

从《夜》开始，叶圣陶着力描写“老中国的儿女”，讴歌他们在惊天动地的革命洪流和阶级斗争腥风血雨中的觉醒和崛起。

《夜》，是我国现代文学史上第一个揭露“四一二”大屠杀的短篇。小说中的老母亲年轻时就守寡。她含辛茹苦，把唯一的女儿孙映川抚养大，当上了教师，有了温馨的家。女婿（姓张）也是教师，长得很“清秀”。他们志同道合，生了个聪明活泼的“大男”，生活得很和美。“四一二”后，有人“幽幽悄悄”地来报告“恶消息”，说女儿女婿被反动派枪杀了。“真是突地天坍下来”，老母亲骇得“魂都散了”，“惊吓、悲伤、晕眩、寒冷，种种搅和在一起，使她感觉心头异样空虚，身体也似乎飘飘浮浮的，一点不倚着什么”。她想问个究竟，而来报告的人却说“不必问了”。阿弟也说“不必问了，问没有好处”。老母亲怎么也不敢相信、怎么也不肯相信这个事实，就叫阿弟买通刽子手到刑场去认尸。小说的开篇就从这里切入，写一个阴森森的深夜，老母亲抱着哭喊着“妈妈呀——妈妈呀”还不满两周岁的外孙，焦急地等待着到刑场认尸的阿弟的归来。痛切的思念使得她茫然无着，异常震栗，生怕别人知道怀中的外孙，因此一遍一遍地教他说姓孙，而不是姓张。然而，当老母亲听阿弟讲述了刑场上尸体狼藉的惨象，以及女儿女婿从容赴义的经过，又看到了女儿女婿的“遗书”时，“泪膜底下的眼珠闪着猛兽似的光芒”，“一阵忿恨的烈焰在她空虚的心里直冒起来”，愤激的情感就像沉默的火山突然爆发一般，她要到街上去喊“我大男姓张”，要给女儿女婿报仇，表现出一种因愤怒到了极点而产生的不顾一切的感情冲动；并决定勇敢地再担负一回母亲的责任，为烈士抚育革命后代。

《夜》发表后引起了文艺界的关注。朱自清在《近来的几篇小说》[①]中，高度评价《夜》，以及茅盾的中篇《幻灭》和王鲁彦的短篇《一个危险的人物》，说这三篇“以这时代的生活为题材”的小说，开创了现代文学发展的“一种新趋势”。朱自清说《夜》“这真可称得完美的短篇小说”。作者成功地运用了象征暗示的艺术手法，把对反动派的抨击和对革命者的讴歌，都巧妙地蕴含在阴森森的环境和恐怖的氛围中。作者笔下的“夜”是“四一二”后黑暗中国的真实写照，老母亲刚开始时的“怕”，则形象地揭示了大屠杀给人民带来的深重灾难和挥之不去的恐怖。《夜》中革命英烈的光辉形象，主要是通过老母亲、阿弟和刽子手的叙述来刻画的。小说开始时，老母亲和阿弟一样“不懂女儿女婿的心思”，不理解他们所从事的事业，只觉得他们“同脸生横肉声带杀气的那些囚徒不是一类人。不是一类人为什么得到同样的结果?”她“老想不通，以致非常苦闷”。老母亲的“想不通”，突出了女儿女婿是“像人样儿”的好人。阿弟叙述刑场上令人“昏厥”的“恐惧”，突出了革命

① 《清华周刊》第29卷第2、5、8号，1928年2月17日、3月11日、4月1日，署名白晖。

烈士死得悲壮惨烈。“完了的人也多得很，男的，女的，穿长衫的，披短褂的”，“十来棵大黑树站在那边，树下一条一条死白的东西就是棺材”，“种种可怕的尸体，皱着眉咬着牙的，裂了肩穿了胸的，鼻子开花的，腿膀成段的，仿佛就将踢开棺材板一齐撞到他身上来”。刽子手回忆“女儿女婿”临刑前视死如归的神情，“男的很慷慨，几件衣服都送了人”，他们到了刑场“满脸气愤，可还是透着和善”，使得“我们那个兄弟”不忍心下手，“退缩了好几回，才皱着眉头，砰地一响放出去。哪知道这就差了准儿，中在男的胳膊上。他痛得一阵挣扎。女的好像发了狂，直叫起来。老实说，我心里难受极了，回转头不想再看。又是三响，才算结束了，两个染了满身红”。这些叙述，深刻地揭露了国民党反动派的凶残，也为老母亲的觉醒和奋起提供了契机，使她终于“懂得了向来不懂得的女儿女婿的心思”，并且深刻地理解了渗透在“遗书”里头的“意义”，进而迸发出“哀厉而响亮”的呼叫。女儿女婿看来都很文静，就义前没有高呼革命口号，但革命信念坚如磐石。他们视死如归，就义前留给母亲的“字条”是：“儿等今死，无所恨，请勿念。恳求善视大男，大男即儿等也。”坚信革命事业后继有人，对革命前途充满了信心。作者匠心独运地将时代的风云浓缩在一个家庭的悲剧中，将时代的愤激与革命的召唤交织在人物形象中，思想和艺术都很完美，为“革命文学”的创作提供了成功的经验。

《赤着的脚》，以速写的笔致、深挚的感情生动逼真地描摹了1925年5月1日广东全省第一次农民大会激动人心的壮观场面，赞扬了农民群众无比高涨的革命热情。“会众从广东的各县跑来，经过许许多多的路”，“他们的衫裤旧而且脏”，“但是他们脸上全部表现出异常热烈虔诚的神情”。“广场上差不多挤满了人，望过去巢里蜜蜂一般一刻不停地蠕动着的是人头”，但“人还是陆续地来”，“人头铺成的平面几乎没有罅隙”，“会众”凝望着台上的孙中山先生，“仿佛觉得中山先生渐渐凑近他们，几乎鼻子贴着鼻子”。中山先生的“视线向下斜注”，看到的是站在前排的农民的脚：“赤着，留着昨天午后雨中沾上的泥，静脉管蚯蚓一般蟠曲着，脚底粘着似的贴在地面上。”这一双双“赤着脚的”，使中山先生“一霎时入于沉思”。三四十年前，他就是怀着“中国农民不应该再这样困顿下去”的“革命思想”投身革命的。为了使农民“有鞋穿”“有米饭吃”，他“撰文”“演说”“找书”“访人”，呕心沥血，殚精竭虑。而眼前，“满场站着的正是比三四十年前更困顿的农民，他们身上，有形无形的压迫胜过他们的前一代”。中山先生从这些“在革命的旗帜下聚集起来”的“赤着脚”的农民身上，想到革命的迫切，同时也看到了“中国一股新的力量，革命的前途”，“一缕感动的酸楚意味从胸膈向上直冒，闪着沉毅的光的眼睛便湿润了；心头燃烧着亲一亲那些赤着脚的热望”。我们从作者的叙述中，可以感知中国农民身上潜藏着十分强烈的革命性，认识到改革社会必须深入民众，与他们融为一体，革命贵在真肯去干，不能指望“撰文”“演说”的成功。这个短篇写成于1927年11月9日，作者在“白色恐怖”中传播孙中山的“农民革命”思想，讴歌孙中山与民众心心相印的血肉深情，这对于当时那些高喊要继承孙中山先生遗志，实际上背叛革命、背叛人民的国民党反动政权，是一个有力的揭露和鞭挞。

大革命失败后，当有人哀叹中国只有“官气”“绅气”“兵气”，而无“民气”的时候，叶圣陶站在时代的高度，真心诚意地将“老母亲”

“赤着的脚”这些“老中国的儿女”作为时代的主人公来讴歌赞颂，以展示中国革命光明的前景，这是非常难能可贵的。尤其是《夜》里的“老母亲”从心灵深处发出来的呼号，简直就是振聋发聩的惊雷。这位年事已高、没有文化、胆小懦弱、孤孑一身的老太太，经历了“中国的最复杂的人生的一幕”，非但没有绝望，反而挺起脊梁，坚定而勇敢地站到了时代斗争的最前沿，这在中国现代文学史上是史无前例的。《夜》《赤着的脚》，以及《冥世别》等短篇，都是那个“不寻常的时代”的“革命文学”。

二、应该关进“拔舌狱”的国民党元老

从《夜》开始，作者着力描写“时代”。《夜》《赤着的脚》《冥世别》《某城纪事》《李太太的头发》《某镇纪事》都打上了时代的烙印，是形象地描写那个时代“现实风云”的佳作。

叶圣陶在谈到《冥世别》的创作动机时说：是出自对“几位自以为正直之士的老先生，不责备反动派之残暴，而斥青年之无知罔识，自遭其殃”一事的反感。[①] 他所说的几位“老先生”指的是蔡元培和邵力子。1928 年 8 月，身为中央监察委员兼大学院长的蔡元培在国民党二届五中全会上粉饰太平，并以贤哲自居，提出了“取消青年运动”“解散学生组织”的提案。他在提案中说：“往者中央党部国民政府在广州，举国大半在军阀之下，不得不厚集革命力量以颠覆窃据。故吾党当时助青年之运动，不复虑及其一时学业之牺牲，虽有所痛于心，诚不能免乎

① 吕剑：《叶圣陶先生印象记》，《战地》1980 年第 6 期。

此也。”意思是说大革命期间为了反军阀，夺取政权，“厚集革命之力量”，不得不“助各地青年学生之运动”，牺牲“学业”是“理所宜然，策所必取”，进而又说：“今中国本部已尽在青天白日旗帜之下”，“非停止往日之青年运动不可”，“不必再为他种学生会及学生联合会等组织，以避免学术界之大牺牲”。他还引用了国民党二届四中全会宣言①，以及当时的中山大学及广东广西教育厅的提案②，作为立说的依据。邵力子则说：“各学校学生会，自可任其存在，唯有高级系统之整个组织，则可不必要，盖一要高级系统组织，即与本党立于对等地位，易生弊端。”烈士赤血未干，白骨未埋，民众痛苦未除，青年泪汗未去，而身为党国要人的蔡元培竟歌颂“天王明圣”，蔑视青年人格和革命之初衷，强行取消青年运动，解散学生组织，这种为渊驱鱼、为丛驱雀的行径，激起了叶圣陶的愤慨，于是站出来为青年学子伸张正义。

《冥世别》以奇特的艺术想象，描绘了五位英烈崇高的英灵。他们都是热血青年，是在大革命期间被军阀枪杀和斩决的，其中两位英烈的头颅还挂在电线杆上。另三位英烈头上脸上中了“二处三处”不等的枪弹。他们为谋全国民众之解放奔走呼号，死而无憾，本想在“冥世”作“永久安息”。然而，当他们看了“阳世的报纸”后，立即“从电线杆上”取回头颅，请求“冥王”允许他们重返“阳世”，再“作一回人”，

---

① 宣言云：“未成年之青年男女身体健康之发育未完全，基本之知识经验未具备，即个人之私生活，尚不能离成年者之保佑而独立，何况国家社会之大事，乃放任于未成年之自由活动，是不特将民族所可爱可宝之未来生命，付之无代价之牺牲，亦直是以国家社会全体之生命，作儿戏之试验品也。”

② 提案中说：“盖军阀之下，学生之趋向，与在国民党统治境内者，理应不同；革命军兴之时，与建设之时，理应不同；昔谋革命之早日定功，今图建设之人材培养，则过去之青年运动，现今不能继续，以多破坏而妨建设，理甚显也。”

读来令人感动。

作者在塑造这五位英烈时，突出他们是青年，脑子“清白”，思想纯洁，爱憎鲜明，“有所为和有所不为”，“衷心有所执着”，富于牺牲精神。他们请“冥王”看“阳世的报纸”的场面感人肺腑。所谓“阳世的报纸”指的就是刊登蔡元培“提案”的报纸。面对“提案”的侮辱，他们“坦然”地陈述革命情怀，怒斥“工具论”：“我们自信不曾作他们那批人的工具”；不是“我们作了他们这批人的工具”，“只有我们鞭策他们，教他们不得不从社会的角落里踅出来，像乌龟一样，不得不迈上几步”。所有这些，既有力地抨击了“提案”中诬陷青年男女“发育未完全”“基本之知识经验未具备”“尚不能离开成年者之保佑而独立”等种种谬论，撕破了“提案人”以关心青年为名，残酷地扼杀学生运动的丑恶嘴脸，也热情地讴歌了以救国救民为己任的革命青年，称颂他们是反帝反封建的先锋战士。五位英烈看了“报纸”，“觉悟到我们还没有尽我们的本分”，要求重返“阳世”“作一回人”的壮举，意味深长。说明革命的成果已被少数人篡夺，反帝反封建的任务更艰巨了，“青天白日”倍蓰于军阀时代，“因而急于要鞭策自己，无论如何不愿意就这样永远安息！”

小说中的冥世“公平”，“有秩序”，充满人情味。冥王以仁慈为怀，善恶分明，看了“阳世”侮辱英烈的“报纸”，顿时“愤怒起来，脸色转成铁青，眼睛里仿佛闪着猛烈的火焰，厉声说：‘竟说出这样的话来！应该把这班东西抓来，关进我的拔舌地狱！’”而对五位“死得冤枉，死后还要受诬蔑”的青年，则满怀“怜悯”和“恻然”之心，待如爱子，并“用他特有的动情的调子”劝五位青年在“公平”而有“秩序”的冥世“永远安息”。可当“他”知道了五位青年执意要回“阳世”的志向后，感动得流下了泪水，特设酒席为他们壮行。短篇通过“冥世”与“阳世”，“冥王”与“自以为正直”的“老先生”的强烈对比，深刻地揭示了“四一二”后中国社会的黑暗。国民党反动派的统治比阴曹地府更阴森恐怖，嗜血成性、惨无人道的反动派是比阎罗王更残暴的人世恶魔。作者用“冥王”像“审判鬼犯”似的口吻来审判“自以为正直”的“老先生”，抒发了他当时的愤激和“反感”。其实，叶圣陶对蔡元培是相当尊敬的。他说蔡元培的“道德学问和事业的确可以作青年人的模范”①。敬仰归敬仰，是非归是非。在只有“统治”，没有道理，只有杀戮，没有人道的旧中国，叶圣陶把“人”和“事”，把“此一时”与“彼一时”严格地区别开来，这种有好说好，有坏说坏，实事求是的历史唯物主义的态度，也值得称赞。

三、做民众最忠实的代言人

《未厌集》中也还有写“身边琐事”的短篇，但批判的力度明显加大了。

《遗腹子》写文卿夫妇被封建子嗣观念毁灭的悲剧。妻子连生七胎都是女孩，受到社会舆论的嘲讽。文卿认定她是“一辈子生不出别的东西了”的废物，决定“讨个小”的。妻子自愧无能，见丈夫已届中年，“后顾尚虚”，无法向祖先“交代”，只好同意丈夫纳妾。不料娇妾生下

① 叶圣陶、朱自清：《〈蔡孑民先生言行录〉指导大概》，叶圣陶、朱自清著：《略读指导举隅》，重庆商务印书馆 1941 年版。

来的也是女孩，而妻子的第八胎竟是个“男宝宝”。妻子的“尊严从此恢复过来”。文卿的“脸上泛溢着踌躇满志的笑”，“有了皱纹的颧颊上显出红润的光彩”。可爱的“男宝宝”仿佛成了“宫中的王子”，受到“宾客们”齐声称赞。可万万没有想到的是“男宝宝”很快就夭折了，文卿痛不欲生投河自尽，妻子精神失常，“按摩着她那并不突起的肚皮”，逢人便说她怀孕了，还说“一定是个男”，一百二十分地疼爱她的“遗腹子”。写到这里，故事已经完毕，可作者偏偏又加了一句：

这时候，颇有些人来为大小姐二小姐说亲了。

“这句话有点冷隽，见得后一代又将踏上前一代的道路，生男育女，盼男嫌女，重演那一套把戏，这样传递下去，正不知何年何代才休歇呢。”① 小说深刻地揭示了封建子嗣观念对于人性的摧残。生“男宝宝”，不仅是夫妻能否恩爱的准则，也是他们在社会上是否有“尊严”的象征，是未来是否有福分的见证，也是祖先是否“积德”的报应。在这种观念的统辖和社会舆论的支配下，文卿夫妇生活的全部意义就是生儿子。妻子一胎接着一胎生，文卿关心的只是婴儿落地时“哇的一声之后那最关紧要的报告”。妻子因为生男生女毫无把握，越是临近“产期”，“真比罪人对于行刑时刻还怕”。至于文卿娇妾的得宠与失宠，就更表明“生儿子”的重要了。旧中国的“娶妻取德，娶妾取色”的说法，意思是说娶妻是为了操持家务，娶妾则专供玩赏。而文卿娶的这个

① 叶圣陶：《开头和结尾》，《叶圣陶集》第 9 卷，第 201—202 页。

妾是个大块头“乡间女子”，“最引人注目的是肥大的臀部”，文卿求的不是美貌，而是能生儿子。这位“乡间女子”进门六个月就怀孕，于是颇受舆论的褒奖。沉浸在“半醉似的欣快”中的文卿对她“加倍宠爱”，买了名贵的保胎丸给她服，并预备在她生了儿子之后，“开个盛大的宴会，让她在众宾之前占有无上荣耀”。然而，伴随着女婴的出世，这位“乡间女子”就从光明的顶峰堕入黑暗的深渊了。文卿将她卖给“一个久鳏的小商人”，将那个无辜的女婴送给了别人。子嗣观念就是这样使人蜕化成了原始的、野蛮的繁衍后代的生物，成了断送许许多多母女幸福的杀手。

《小妹妹》采用对话体的形式，写一对新婚夫妇关于生育的对话，由新娘“我”的回忆，讲叙了“小妹妹”悲惨的故事。“十八年前”（“我”六岁那年），母亲怀了第四胎（前三个都是女孩）。外祖母、父母亲，以及女佣都希望生个“小弟弟”。不料母亲生下的还是“小妹妹”。父亲气极了，看都没看一眼就让女佣送到“育婴堂”去。女佣“像端个木桶似的”抱起“小妹妹”走了，房间里再也找不到“小妹妹”的“一点点痕迹”，母亲生小孩的事犹如自始就“不曾有”过。

旧中国男尊女卑。生男称为“弄璋”，生女则称为“弄瓦”，男婴与女婴之差别如璋、瓦之不同。“乃生男子，载寝之床”，“乃生女子，载寝之地”（《诗经》）。生了男孩，要放在床上；生了女孩，却放在地上。送进“育婴堂”的差不多全是女婴。“育婴堂”的经济来源多由私人捐助。因为资金不充足，设备不完全，所谓的“保育”也不难想象。虽说会比那些被弃之山林、暴之田野、溺于粪坑的女婴要幸运些，但结局往往也是很悲惨的。“小妹妹”的遭遇使新婚的“我”对于“当母亲”的事忧心忡忡。

从《遗腹子》和《小妹妹》，我们可以看到封建的子嗣观念经过世代沿袭，无形中成了人们的“生之意义”和“道德律”。《苦辛》中的田表婶被子嗣观念捉弄了一辈子。她年轻时就守寡，吃尽千辛万苦，把个残疾儿子拉扯大，娶了亲。儿子儿媳相继病死后，她领养了个孙子，又担负了一次当母亲的责任。她就像阿Q避讳“光”“亮”一样地避讳“衣领”“零数”“菱角”之类的与“领养”的“领”字发音相似的字。孙子失业后，她又担负起抚养曾孙的责任。

表婶抱曾孙的情节是耐人寻味的。这位“弯腰曲背抖抖瑟瑟”的老人，听到睡在“桶里”的曾孙“啊”的一声醒了，“一缕喜悦的颜色显露”在她的“眉目之间”，她急忙晃到桶边，解开襁褓，换去湿了的尿布，重行包好后，几乎举不起地把他捧起来，“嘴里唱眠儿的调子呜着，用如纸的颧颊去贴着婴孩的小胖脸”。为了使门庭香火不断，祭祀有人，表婶受尽了万般“苦辛”。

《遗腹子》《小妹妹》《苦辛》都有真人实事作依据的，叶至善说：“《苦辛》中的田表婶是以作者的一位亲戚为原型的。《遗腹子》的故事是章锡琛讲的。章先生老家有个人死了儿子，他也莫名其妙地死了。《小妹妹》的某些素材来自王伯祥先生。王先生子女多，生活困难，曾经把一个女儿送到‘育婴堂’。”[①] 虽说是“身边琐事”，但也触目惊心。在关注“身边琐事”的同时，叶圣陶更注重从更广阔的世间汲取创作素材，不断开拓新的创作领域。《夏夜》就是写城市工人生活不可多得的

① 作者1993年6月6日访叶至善。

佳作。

《夏夜》中的那位码头工人，做的是“牲畜的工作”，“躯体弯曲着，胸部与地平面平行，这样，才使背心能承受比他躯体更粗大的大包的货物”，“一个个的大包裹”，就在“喂……呀……唉……呀……”的喊声中，“慢慢地摇晃地移过”，从船上驮进栈房，或从栈房驮到船上。生活中唯一的感觉是“疲乏”，“体力的完全恢复是什么滋味，几乎一点也不明白”。夏夜，这位劳累了一天的码头工人在苏州河畔的粥摊吃“午夜餐”，回去晚了，睡觉的“老位置”（水门汀地）就被别人侵占了，再也没有安插一个身体的空隙。请看“老位置”拥挤不堪的场面：

> 水门汀地已经横满各样姿态的裸体：有的抱着胸，有的胸贴着地，有的侧着头，有的双臂上举像个篆文的子字，有的张开口腔似乎等待吞什么东西，有的蹙紧眉眼在伤梦里的心。不很近的灯光映在这些肉体上，反射一种僵滞的色彩，仿佛皮肤底下的血是不流动的。有少数，下面衬条破席，有更少数，还裹着不辨何色的棉被——也就是他们冬季的好伴。此起彼应的鼾声敛抑而不扬，使这地方成为可怕的寂静。倘若不习见的人到来，一定会发生疑念，——这到底是“生”的地方还是“死”的地方？

无奈，他只好到“腥气刺鼻”“弥漫着浓烈的恶臭”的菜场的水泥地上寻找“住处”。不料，这里也被近二百个无家可归的“睡眠者”占了。他“放出猎狗样的眼光一路侦察”，好容易才发现在菜场“中央扶梯左侧”——那最“闷”的地方，“仿佛有点儿空地”。他“在头颅臂膊腿脚等错杂的堆里跨过去”，“伛下身子”，推动那些“横伸出来的腿与臂”，挤出一个“勉强可以摆一个身体”的空隙，“于是铺平那幅老青布，骼落地倒在上面”。夜里，他做了一个梦，梦见巡捕不许他在菜场睡，“黑棍子带着千斤的力量挥过来”，他周身烧起“一团火”……码头工人生活之苦，苦到不可言说。“梦”本该是幻想王国。可是，这位码头工人的梦仍是被欺凌被蹂躏的恶梦。现实与梦境的交融、希望与幻灭的重叠，把码头工人的苦难写得入木三分。

《某城纪事》和《某镇纪事》对大革命的失败进行反思。《某城纪事》以反革命两面派陈莲轩与其连襟土豪劣绅周仲篪的勾结为主线，揭示大革命失败的原因。1927 年春，北伐军打到了杭州，江南“某城”的民众欣喜若狂。“‘齐欢唱，齐欢唱’的声音像海潮一样泛滥起来，弥漫在全城的空间；牛肉，馒头，牙刷，毛巾等慰劳品，成担地挑着”，夹在欢迎队伍中间，“比迎神赛会中的汉玉如意，古铜彝器，更惹路旁观者注目”，“全城的人”出城二十来里迎接北伐军，“什么万岁什么万岁接连高唱，多至一二十个，脆弱一点的人感动得只好淌泪”。而土豪劣绅却“都成了热石上的蚂蚁”。投机家陈莲轩从“火车窗洞里爬进爬出”，赶到上海“参与”革命。他高喊“土豪劣绅是民众的蟊贼、地方的灾殃”“打倒土豪劣绅”等急进的口号，混进国民党党内，当了县党部的宣传干部，从此感到“有如穿上一件灿烂的金甲”似的舒适和荣耀。陈莲轩的儿子菊生，本来是个只会在家陪老婆打麻将、吃茶、看看流行小报的花花公子，靠了陈莲轩为他弄到的一张党票，摇身一变，菊生就成了“革命”的“领导者”，到处调解纠纷，“指导”革命。

陈莲轩的姊丈周仲篪，早年是同盟会员，后来成了保皇党，因

“劝”袁世凯复辟帝制有功，当上了“省议员”。他“包揽词讼，把持地方”，还利用家中的“大仙殿”，从事封建迷信活动，“是十二分合格的土豪劣绅”。在革命浪潮的冲击下，周仲篪“犹如荒野的孤客”，惶惶不安，即便在“春寒的傍晚时分”，他的额上也“缀着细粒的汗滴”。为了逃避革命，他把资产转到妻弟陈莲轩的名下，自己则躲到上海的旅馆里。不久，形势发生了逆转，陈莲轩成了县党部的要人，菊生擢升为县党部的“宣传部长”，龟缩在上海旅馆里的周仲篪也“撞见了可爱的光明”，当上了新军阀的秘书长，带着两个挎“盒子炮”的警卫，从上海回到“某城”。陈莲轩父子立即投入周仲篪的怀抱。革命的成了“反革命”，革命的对象竟然成了“革命党”。小说深刻地揭示了国民党内部的投机分子与封建势力有着千丝万缕的联系。国民党反动派上台，也就意味着封建势力复辟。《某城纪事》的这个立意，写出了广大民众郁积在心头的愤懑。

《某镇纪事》借用农民的眼睛写国民党官僚的腐朽。小时候矮小瘦弱的李少爷，离家“不过十年”，居然“时来运转”，当上了“革命的官府”的“调查员”，身价之高“好比从前的钦差”。盛夏时节，李少爷率领一帮官员回镇巡视。“本镇和附近各乡的民众”为了瞻仰“革命的官府”，一睹李少爷的“官相”，“看看什么叫革命”，纷纷丢下手里的农活，饿着肚子，从四面八方赶到镇上来。大家兴高采烈地拥挤着，盼望着，“脑袋的海的波浪汹涌起伏”。但他们越看对“革命”越感到“怀疑”和“失望”。李少爷率领的“穿长衫与穿中山服”，以及“穿外国衣裳”的“一大批阔人”，在警察的簇拥下来到镇上，只是观看寺院、鉴赏“烂石板”、朝拜菩萨。民众“各自贪婪地但又茫然地朝他看个不歇”

之后，竟“冷笑”地怀疑自己看到的不是李少爷，而是李少爷的“替身”。轻松诙谐的笔调，交织着民众对“革命的官府”的绝望和悲伤。没有“官相”的李少爷居然当了大官；李少爷一行有的“穿外国衣裳”，有的“穿长衫”，有的“穿中山服”，这就既形象而又含蓄地点出了“革命的官府”是外国帝国主义、中国封建势力和买办资产阶级的代表，他们唯一的“新政”只是“重兴寺院”“敬神奉佛”。

四、由讽“人”到讽“世”

1951 年，叶圣陶在回顾自己的创作道路时说：“我的小说，如果还有人要看看的话，我希望读者预先存这么样一种想法：这是中国社会二三十年来一鳞一爪的写照，是浮面的写照，同时掺杂些作者粗浅的主观见解，把它当文艺作品看，还不如把它当资料看适当些。”① 在谈到自己小说的风格时说：“当时仿佛觉得对于不满意不顺眼的形象总得‘讽’它一下。讽了这一面，我期望的是在那一面，就可以不言而喻。”② 在短篇《夜》之前，叶圣陶讽刺的对象主要是“人”；而在《夜》之后，主要是讽“世”。

短篇《一包东西》通过由一包讣告引起的恐慌，把某些知识分子怯弱卑琐的心态写得淋漓尽致。某校长提着“熟朋友老李”托他带的“一包东西”走下公共汽车时，正好看到身着玄色长袍、头戴玄色宽檐帽的“侦探”在查问一位乘客的包裹，猛地意识到老李是个革命斗士，他的

①② 《〈叶圣陶选集〉(开明版) 自序》，《叶圣陶集》第 18 卷，第 317、316 页。

这包东西有可能是“危险刊物”，万一落入“侦探”之手后果不堪设想，不由得“老鼠见猫似的警觉且震栗”起来，眼前随之出现了种种昏乱而模糊的幻影：“仿佛觉得那玄色的胳膊正在伸近来，一只粗大的手马上要盖到头顶上来了；随后就是惨酷的拷问……躺在溲溺浸渍的泥地里……让各种小虫吸全身的血……与蓬头长胡子的强盗作伴……重而硬的链条缠住身体”，“乌黑的小管子”指向他的“后脑勺”，报上刊载着“捕获运输危险刊物”的号外。绝望之余，他“鄙夷”老李“不聪明的蛮干”是“鸡蛋”碰“石头”，老李“托他带那危险东西”是“累及无辜”，“尤属大可痛恨”。直到他魂不附体回到学校，打开纸包看清是老李祖母的“讣告”时，一颗恐惧的心才慢慢平静下来。

小说通篇是某校长心灵的独白，这位典型的“革命失败论者”钦佩老李敢于与“恶魔”搏斗的精神，但他决不愿意“像老李那么干”，因为“恶魔”有“锋利的爪牙”“无上的威力”。他的口头禅是“我的力量太微弱了”，我的“事业”在“教育”，“教人不要堕入魔道，也非常重要，而且尤为根本”。作者没有从正面抨击某校长躲避革命的这些冠冕堂皇的遁词，而是敏捷地抓住了他下车时刹那间的“震栗”：用他的“怕”来揭露他的卑微，在揭露他卑微的同时又见缝插针，点出他内心的龌龊。下车时，他“无意间瞥见”一位女子“圆圆的，腻腻的”脖子，就想入非非，直到看见“侦探”，他“那恬适的甚至于朦胧的心情”才不得不“消散”。作者的这个闲笔，有画龙点睛的妙用，使我们认清了这位以“育人”自居的校长的全貌。

这个短篇虽然也能让人感受到白色恐怖的氛围，但作者侧重写的是“某校长”，抨击和讽刺的是特定时代中的“人”，并不是“人”所处的时代。而这之后的短篇，尤其是《赤着的脚》《冥世别》《某城纪事》《某镇纪事》都侧重于写时代，即便是以写“人”为主的《李太太的头发》，笔锋所向，也还是突出“人”所生活的那个暗无天日的世界。

《李太太的头发》以 1928 年春南京国民政府的继续“北伐”为背景，写江南某地女子初中校长李太太“倒剪了头发”的悲剧。李太太年轻时以“美发出名”，一向“爱重头发”，恪守“妇道”，大革命期间还写过严禁女学生剪发的通告。“国民政府”成立后，她以为革命成功了，不剪发就落伍了，只好趋附潮流。不料，她刚刚剪了头发，就听到军阀“孙传芳的兵渡了江”的传闻，“江南人心便震荡起来”。李太太害怕被军阀当成革命党，惶惶不安，要女儿把她剪下的头发送到理发店“编个发网”，以遮盖“革命”的痕迹。可“发网”还没有“编”，孙传芳的部队就全军覆没了。李太太只是虚惊一场，“生命”是保全了，但同时接到教育局免去她校长职务的通知，读了让人啼笑皆非。

李太太想在“国民政府”面前标榜“趋新”和“革命”，剪了头发；又害怕军阀杀回来，于是想出“编发网”的对策，为保住“地位”和“生命”煞费苦心，可结果是聪明反被聪明误。作者尽情地嘲讽了李太太极其卑微的投机侥幸心理，但批判的锋芒却直指“国民政府”。李太太剪发是有目共睹的，“全校师生以至校役无一不晓”，并成了女学生嘲讽的笑料。而她想编“发网”，只是私下和女儿商议的对策，外界并不知晓，也没来得及真的去编。由此可见，她被黜职的“原由”并不是她的“落伍”，剪了头发又想装发髻，缺乏追随“革命”的诚意；而是她的不甘落伍，是她的“趋时”，剪了头发，标榜“革命”。这个聪明反被聪明误的下场出神入化地点到了“国民政府”的嘴脸，他们空喊“革命”，骨子里与“反革命”的军阀孙传芳是一丘之貉。

五、从“世界革命文学”中汲取营养

1927年“四一二”之后，作者着力于“写这个不寻常的时代”。《夜》《赤着的脚》《冥世别》《某城纪事》《李太太的头发》《某镇纪事》等短篇都是作者确定了革命的人生观，考察了社会的实情之后，精心创作的佳作。比起当时那些声嘶力竭的“狂态”、骚动的“自我表现”，以及泛泛地歌唱灿烂的未来的“革命文学”①，叶圣陶的这些凝结着自己的生活经验和爱憎的短篇，更富有鲜明的“倾向性”“社会性”和艺术的感染力。

叶圣陶奋进的步伐，固然是受了那个急剧动荡的时代的感召，但与日本“无产阶级文学”和“苏俄文学”的影响也不无关联。当时，日本“无产阶级文学”一个最显著的特点就是“广义”的“大众化”，摒斥“‘卓越人物’做主人公”，提倡“描写民众”②。1929年1月1日，《文学周报》自第八卷第一号（总第三百五十一期）起，由耿济之、谢六逸、傅东华、李青崖、樊仲云、徐调孚、赵景深、郑振铎八人担任主编。虽说叶圣陶在“四一二”后就不再担任《文学周报》的编辑工作了，但他与《文学周报》仍然保持着密切的联系。他认为“新文艺”的

① 成仿吾说：“革命文学似乎应该是自我表现的。”参见黎锦明：《关于“烈火”》，《文学周报》第289期，1927年11月6日。

② 谢六逸：《一九二八年的日本文学界》，《文学周报》第8卷第1号（总第351期），1929年1月1日。

创造不是一朝一夕之功，必须放眼域外，译介日本和苏俄的新作，法其所长，于是就和耿济之、傅东华、谢六逸、郑振铎、赵景深、徐调孚、樊仲云，以及当时经常为《文学周报》撰稿的刘穆等人一起，精心地选择了俄国十月革命后新作家白倍尔的《信》、涅维诺夫的《马利亚》、罗曼诺夫的《大家庭》、赛甫琳娜的《老太婆》、谢景林的《三架织布机》、谢西珂夫的《鹤》、弗尔可夫的《奇迹》、曹西钦珂的《爱情》、左祝梨的《不过一点儿小事》分头翻译。1929 年 4 月 18 日出版的《文学周报》(第八卷第十四号至第十八号)，用整整五期版面的篇幅，隆重推出“苏俄小说专号”，卷首有刘穆翻译的库尼茨（Joshua Kunitz）的小说集《蔚蓝之城》的“序言”——《新俄文坛最近的趋势》，“序言”中说：

> 本集各篇小说之不能表现得苏联的生活一样好，和不能有同样的艺术价值，自不消说。不过，有一事很明显的，就是在过去的残烬之中，俄国文学的“麟凤”已出现了：崭新的作家、崭新的题目、崭新的世界。失败的哀痛的一切革命前的事迹逝去了；哈孟雷特之流，幻想家，神秘主义者逝去了；灰心失望的自私者和自苦者逝去了。即便现在尚无屠格涅甫、杜思退益夫斯基其人，该地已准备其诞生了。新的声响回环激荡——遒劲有力，奋发为雄，逸兴遄飞。新的英雄写出来——情节动人，行文瑰丽，音调激动。新的英雄活现纸上——热烈而惊人；他们的心——钢铁，他们的血——烈焰。新的俄国明白如绘——那里有绝大的矛盾，极相反的运动，可怕的冲突，而正一步一步趋于最后的、永久的、包罗万象的和谐去。

因为这次的翻译是一次集体行动，所以这则“序言”也从一个侧面道出了叶圣陶对“革命文学”的想象。叶圣陶翻译了涅维诺夫的《马利亚》，在为涅维诺夫写的《作者传略》中说：“涅维诺夫的短篇在1906年就已略露光明，真正的完成却在革命以后。他的眼睛常看到乡村。尤其是乡下的苦人。涅维诺夫略带一点同情和幽默把各种乡村的类型介绍给读者——新妇人，乡间的孩子，红军的兵，等等；他的小说时常表现他对于光明而且快乐的生活有热烈的信仰，可以显出他所归属的Smithy派的特色。”

《马利亚》描写了乡村劳动妇女在斗争中成长为“布尔什维克党人”的过程。小说中的主人公马利亚是一位“身材高高的，胸部饱满”、温柔而又活泼的青年女子。她那绰号叫作“柯佐克”的丈夫则是一个只有“针箍那么大”的侏儒（“柯佐克”是一种“如鸡卵大小的游艺品”），生性“暴戾”，经常与马利亚“闹架”，“拍桌子好像铁匠打铁砧”，开口就是“我要杀你!”“我要撕碎你的魂灵!”“我要割掉你的头!”马利亚忍受着“家庭里的痛苦”，小心侍候丈夫。后来，她参加了“布尔什维克”的集会，听了有关“男女平等”的宣讲，精神面貌焕然一新。她创立“妇女部”，开设“研究班”，还申请加入了“布尔什维克党”，被群众推选为“苏维埃”农民代表中的“第一个女子”。

《马利亚》是“从英文本重译的”①。翻译其实也是一种创作。叶圣陶自谦英文没有学好，很少染指于翻译，可在1929年春毅然提笔翻译苏俄新文艺，其用心是很明显的。茅盾在1928年7月撰写的长篇论文

① 《〈苏俄小说专号〉编校后记》，《文学周报》第8卷第14号至第18号，1929年4月18日。

《从牯岭到东京》[①] 中说：

> 从今年起，烦闷的青年渐多读文艺作品了；文坛上也起了“革命文艺”的呼声。革命文艺当然是一个广泛的名词，于是有更进一步直捷说出明白的新的文艺应该是无产阶级文艺。但什么是无产阶级文艺呢？似乎还不见有极明确的介绍或讨论；因为一则是不便说，二则是难得说。……我敢严正地说，许多对于目下的“新作品”摇头的人们，实在是诚意地赞成革命文艺的，我们并没有你们所想象的小资产阶级的惰性或执拗，他们最初对于那些“新作品”是抱有热烈的期望的，然而他们终于摇头，就因为“新作品”终于自己暴露了不能摆脱的“标语口号文学”的拘囿。……

叶圣陶虽然没有高喊过“革命文学”的口号，但他“实在是诚意地赞成革命文艺的”。他主编《小说月报》期间，仅在1928年就发表过评述苏俄作家阿志巴绥夫（小说《朝影》《宁娜》《血痕》）、塞门诺夫（小说《饥饿》），德国著名剧作家霍甫脱曼（剧作《织工》），日本无产阶级作家林房雄（小说集《牢狱的五月祭》），以及“绝对是普罗列塔利亚艺术最伟大的代表者”高尔基创作的评论；还发表了“正义的战士”辛克莱的剧作（《住居二楼的人》），和“正统的马克思主义者”“布尔塞维党的始创者”、马克思主义批评家伏洛夫斯基的文艺批评论文。作为一名一向以严谨和认真出名的编辑出版家，叶圣陶在采用上述稿件时，一定

① 《小说月报》第19卷第10号。

认真阅读过原作。他熟悉国内文坛的现状，了解那些在苦闷中求生路的知识青年们的阅读需求，又看到了世界文学发展的趋势，于是提出了“写这个不寻常的时代”，以及“创作新文艺”的口号，并身体力行，进行了探索性的创作和翻译。他这一时期创作的业绩，缘于他严肃的创作态度，也得益于苏俄和日本乃至“世界革命文学”的启示。

第二十二章

“全力描写时代” 的“稗史”
——长篇小说《倪焕之》

只要与作者相识的，谁都知道他是一个中心热烈而表面冷静默然寡言笑的人吧。中心热烈，表面冷静，这貌似矛盾的二性格是文艺创作上重要素地，因为要热烈才会有创作的动因，要冷静才能看得清一切。《倪焕之》的成功，大半是作者性格使然，就是这性格的流露。

——夏丏尊《关于〈倪焕之〉》①

一、令企盼长篇的读者鼓腹而嬉

茅盾在《〈中国新文学大系·小说一集〉导言》② 中说：新文学“第一个‘十年’前半期”创作界比较“寂寞而单调”，“虽然后半期比前半期要‘热闹’得多，但是‘五卅’前夜主要的社会动态仍旧不能在文学里找见”。这里所说的“寂寞而单调”，不仅是指作品的题材，也包括作品体裁。作家们热衷于写短篇小说，写短诗，写散文小品，写独幕剧。

---

① 《叶圣陶集》第 3 卷，第 274—275 页。

② 《中国新文学大系·小说一集》，上海良友图书印刷公司 1935 年版。

相对说来“短”比“长”来得容易。以画家为例，画一枝竹一束花或一叶扁舟，往往会一挥而就；如请他画千山万壑百舸争流，便不得不有个长时间的思考和构思。创作毕竟是“创”，不纯是“写”，需要有生活积累和艺术借鉴，循序渐进。“趋短”“趋简”是新文学初期的必然现象，这与先驱者的导向和外来思潮的影响也有联系。胡适在《论短篇小说》[①] 中说：

> 我们简直可以说，“写情短诗”，“独幕剧”，“短篇小说”三项，代表世界文学最近的趋向。这种趋向的原因，不止一种。（一）世界的生活竞争一天忙似一天，时间越宝贵了，文学也不能不讲究“经济”；若不经济，只配给那些吃了饭没事做的老爷太太们看，不配给那些在社会上做事的人看了。（二）文学自身的进步，与文学的“经济”有密切关系。斯宾塞说，论文章的方法，千言万语，只是“经济”一件事。文学越进步，自然越讲求“经济”的方法。有此两种原因，所以世界的文学都趋向这三种“最经济”体裁。

“短”一旦成了时尚，也就会在一定程度上制约“长篇”的发展。虽说在新文学的“第一个十年”中，也有鲁迅的《阿Q正传》、张资平的《冲积期化石》、王统照的《一叶》、李劼人的《同情》、杨振声的《玉君》、蒋光慈的《少年飘泊者》《短裤党》、郭沫若的《落叶》、许钦

① 《新青年》第4卷第5号，1918年5月15日。

文的《回家》《鼻涕阿二》、张闻天的《旅途》、老舍的《老张的哲学》等二十多部中长篇相继问世。《阿Q正传》是我国新文学史上的杰作，富有广泛的世界性的影响。其余的，大多写了“个人生活的小小的一角”（茅盾语）；个别作品有很浓的旧小说的情调（如《玉君》）；《少年飘泊者》虽被誉为“革命的前矛”，但缺乏具体的描画，结构不够谨严，语言也缺少锤炼。中长篇小说尚处在幼稚的发展阶段。随着时代的发展，人们已不满足于阅读抒写社会生活之一角以及描述人生之片断的短篇，希望能有长篇巨制从容不迫地描绘纷繁复杂的社会生活，塑造众多的人物形象。就连《孽海花》的作者曾朴也很感慨地说过：“现在名为长篇，实不过是中篇”，埋怨作家“懒惰”，“不肯下笨重的工夫”，“冒险图功”，创作长篇“成功之作”。[①] 一些读者还说读短篇犹如“嚼到一片橄榄”，“咬到一片香糖”似的，不够味，期望着能有“使我们感到一种激刺深长的趣味”的长篇。从这个意义上说，《倪焕之》的面世使那些“久饿的”读者鼓腹而嬉。

《倪焕之》共三十章，十八万字。酝酿于1927年秋冬之季，1928年初动笔，是年11月15日完稿。以“教育文艺”的名义在1928年的《教育杂志》上连载十二期（第二十卷第一号至第十二号），1929年8月由开明书店出单行本。《倪焕之》是我国现代小说发展史上一座巍峨的里程碑。茅盾在著名的长篇论文《读〈倪焕之〉》中，称《倪焕之》是“描写了广阔的世间”的“扛鼎”之作。夏丏尊在序文《关于〈倪焕之〉》中，称之为“全力描写时代”的“划一时代”的作品。柳亚子高

① 曾朴1928年3月16日给胡适的信，《真善美》第1卷第12号。

度评价了叶圣陶敢于真实记录时代风云的胆识与才华，称《倪焕之》是讴歌革命先驱的“楚骚”和“稗史”。他在悼念侯绍裘烈士的诗中说：“刎颈侯嬴漫怨哀，已从稗史证丰裁。”“稗史”即指《倪焕之》。柳亚子在1931年作《新文坛杂咏》十首，其中写叶圣陶的一首云：“光阴未转骨先糜，一语深悲《倪焕之》。愁见鬼雄来入梦，楚骚哀怨泣江篱。”[①]“楚骚”亦指《倪焕之》。瞿秋白也非常推崇《倪焕之》，以至1935年6月18日在福建长汀就义前特地留下遗嘱，要杨之华将他的“一些材料”交给叶圣陶“作小说”[②]。《倪焕之》的声誉经久不衰。新中国成立前曾刊印十三版，新中国成立后又出数种版本，还译成英、法、日、俄、德等多种文字出版，为中国现代文学“走向世界”作出了贡献。

二、竭尽全力地描写大时代

《倪焕之》的成功，首先取决于它“第一次描写了广阔的世间”。小说的情节开始于1916年初，结束于1927年夏。在叙事过程中，作者又通过主人公的回忆和铺叙，将人物活动的舞台拓展到辛亥革命前夕。这样，小说所涵盖的时间就由十一年扩展为1911年至1927年的十七年间。这十七年，正是中国历史上“空前的大时代”，是中国历史由“近代”走向“现代”的转折点，也是中国革命由资产阶级领导的旧民主主

① 叶圣陶1944年6月28日日记：“亚子颇不忘余之小说《倪焕之》，书中又抄录其旧作一绝见示”。参见《叶圣陶集》第20卷，第251页。

② 叶圣陶：《回忆瞿秋白先生》，上海《新民报晚刊》1949年6月28日。

义革命进入无产阶级领导的新民主主义革命的转换期。社会动荡，人心思变。辛亥革命，袁世凯称帝，张勋复辟，五四风暴，“五卅”怒潮，北伐的风云，蒋介石的血腥屠杀等等重大的历史事件，犹如狂风暴雨中一个个竞相狂啸的惊雷，撕开浑浊的寰宇，响彻在梦魇般的荒原。这些重大的历史事件，在《倪焕之》中都得到不同程度的反映。小说几乎每一页上都镌刻着“时代”二字。蒋冰如校长设宴欢迎倪焕之，杯觥交错间，谈论的却是袁世凯称帝和“欧洲无休无歇的空前大战争”；倪焕之与金佩璋热恋，花前月夜耳鬓厮磨的却是“张勋打到北京，宣统小皇帝又坐龙廷”，以及《新青年》和“文学改良”“赞成白话”等等时新的话题，可见作者“写时代”的“竭力”和“有意”，这在当年是有示范意义的。

1928年前后，新文学遭到国民党反动派剿伐，不少知名作家身处逆境中，不能自由地进行创作；青年作家尚未完全适应历史生活的急剧变动，走出五四文学的“流行主人公”的模式，文坛上“充满了信手拈来的‘即兴小说’，许多作者视小说为天才的火花的爆发时的一闪，只可于刹那间偶然得之，而无须乎修炼——锐利的观察，冷静的分析，缜密的构思。他们只在拾掇片断的印象。只在空荡荡的脑子里搜求所谓‘灵感’；很少是有意地表现一种时代现象，社会生活”①。“所见到的只是千篇一律的恋爱谈，或宣传品式的纯概念的革命论而已。在这样的国内文艺界里，突然见了全力描写时代的《倪焕之》，真是使人为之一

① 茅盾：《读〈倪焕之〉》，《茅盾全集》第19卷，人民文学出版社1991年版，第207页。

新。”[①]《倪焕之》“有意”地要“表现”[②] 时代和社会生活，这不能不说是现代小说发展史上一个突破性的贡献。

作者对于历史事件的描述是极其准确的。在叙述辛亥革命时，作者侧重强调辛亥革命对唤醒民众觉悟潜在的巨大力量。武昌光复这一震动人心的消息，“使昏昏然的民众从迷梦中惊醒，张开眼来看一看自身所处的地位，而知的确是在泥潭里，火坑里；同时怀着感动惊讶的心情望长江上游那班新出场的角色，相信他们演出来一定是一出伟大的戏剧，虽然还只看个序幕。各处城市依然是平时的样子，晨光唤起它们的响动，夜色送它们归于沉寂；但是有与平时不同的，里边已经包藏着无量数被激动的心，不安，忧惧，希望，欣幸，——一致相信大变动正在大踏步而来”。在描述 1919 年的五四运动时，作者热情地讴歌了五四时代精神，郑重地指出“这是中国人意识到国家的第一遭，是大众的心凝集于一，对一件大事情表示反抗意志的新纪元”；作者赞颂“觉悟”了的青年放眼“世界”的宏阔的视野，追随世界潮流的求“新”意识，以及爱国的热忱和改造主义的信仰。小说写道：“五四运动犹如一声信号，把沉睡着的不清不醒的青年都惊醒了，起来擦着眼睛对自己审察一番”，“‘觉悟’这个词儿，也就成为最繁用的了”；“刊物就像春草一般萌生；名称里大概有一个‘新’字，也可见一时人心的趋向了”；“一切价值的重新估定，渐渐成为当时流行的观念”；“随着‘人’的发见”，大家恍然想到“往常号称‘国粹’的纲常礼教”，“那是蛮性的遗留，无形的桎

① 夏丏尊：《关于〈倪焕之〉》，叶绍钧著：《倪焕之》，开明书店 1929 年版。

② 茅盾：《读〈倪焕之〉》，《茅盾全集》第 19 卷，人民文学出版社 1991 年版，第 207 页。

梏，可以范铸成一个奴隶，一个顺民，一个庸庸碌碌之辈，却根本妨碍作一个堂堂正正的人”，非彻底“丢开”不可；“西洋的学术思想一时成为新的嗜尚”，“现在一般青年嗜好西洋学术，可以说是要观大全而不喜欢一偏，要寻系统而不细求枝节”；富有“近代意味与异域情调”的西洋文学，“也渐渐风行起来”；“所谓‘德谟克拉西’，几乎是一致的理想”；“托尔斯泰的人道主义和无抵抗主义也被收受，作为立身处世的准绳。悲悯与宽容是一副眼镜的两片玻璃，具有这样圣者风度的青年，也不是难得遇见的”；“各地青年都往都市里跑，即使有顽强的阻力，也不惜忍受最大的牺牲，务必达到万流归海的目的。他们要在‘潮里头沐浴’，要在‘运动’中作亲身参加的一员”。作者以沉雄的笔力从政治、学术思想、文学等各个领域高扬了五四的科学与民主精神，以及五四时代特有的“离经叛道”和“开放主义”。

如果说《倪焕之》对辛亥革命和五四运动的描写还是回顾式的、宏观的，议论的；那么对于“五卅”运动和 1927 年大革命的描写则是直接的、全面的、惊心动魄的。在描写“五卅”运动时，作者撷取了五月卅一日大雨滂沱中南京路上群众示威游行的壮观场景，以及总商会前群众“像长江大河一般”，众志成城，以“死”抗争，迫使总商会宣布罢市的壮烈的场面，并对这些场景和场面作了鸟瞰式的描绘，将“五卅”运动这一场轰动全世界的英勇热烈而悲壮的反帝斗争的暴风雨写得喧天撼地，将中华民族恸哭死者的热泪和无限悲惨的光荣写得可歌可泣。

在描写示威游行的壮观场面时，作者先从“人丛”的攒动、人心的郁怒、表情的冷峻等各个层面切入，对大行动前的不寻常的气氛作了渲染。5 月 31 日正午十二点，在“恶鬼”开“血宴”的那条马路上，“一簇一簇的青年男女和青布短服工人在两旁人行道上攒聚着，这时候雨下得很大，他们都在雨里直淋”；“那些攒聚着的人物并不是固定的，时时在那里分散，分散了重又聚集”，人们惊愕地预感到，“一幕悲壮的话剧就将在眼前上演”：

忽然“叮呤呤”的铃声在马路中间乱响，四五辆脚踏车从西朝东冲破了急雨，飞驰而去。小纸片从驾车者手里分散开来，成百成百地和着雨丝飞舞，成百成百地沾湿了落在地上。这是命令，是集合的命令，是发动的命令！攒聚在行人道上的一簇一簇人立刻活动起来；从横街里小巷里涌出来的学生和工人立刻分布在马路各处："援助工人"，"援助被捕学生"，"收回租界"，"打倒帝国主义"等等的标语小传单开始散发，并且贴在两旁商店的大玻璃上；每一个街角，每一家大店铺前，都有人在那里开始演讲，立刻有一群市民攒聚着听；口号的呼声，这里起，那里应，把隆隆的电车声压低了，像沉在深谷的底里。郁怒的神色浮上所有的人的脸；大家的心像是在烈火上面的水锅子里，沸腾，沸腾，全都想念着同一的事。

有好几批“三道头”① 和“印捕”，拔出手枪，举起木棍，来驱散聚集在那里的群众，撕去新贴上去的标语。但他们只是徒劳罢了，刚驱散面前的一群，背后早又聚成拥挤的一堆，刚撕去一张标语转身要走，原地方早又加倍奉敬，贴上了两张。武力压不住群众的沸腾的心！

---

① 租界里巡捕在衣袖上标明等级，“三道头”是衣袖上佩三条符号的巡捕，等级最高。

于是使用另外一种驱散的方法，救火用的橡皮管接上自来水管，向密集的群众喷射。但是有什么用！群众本已在雨中直淋，那气概是枪弹都不怕，与雨水同样的自来水又算得什么！打倒“帝国主义”呼声春雷一般从四面轰起来，盖过了一切的声音。

…………

“叮呤呤”的脚踏车又飞驰而过，新的命令传来了：“包围总商会！”总商会在市北一所神庙内，群众便像长江大河一般，滚滚地向北流去……①

这“飞驰而过”的脚踏车传达的两道命令，形象地说明了波澜壮阔的“五卅”运动是在“集团”和“组织”的领导下进行的。一道道“命令”使“全上海市民”齐心为“一伙儿”，工、商、学界“团结在一起”，罢工、罢市、罢课使帝国主义和封建军阀统治下的“东方大都会”立刻变成了“死上海”“瘫痪的上海”，而上海的“死”和“瘫痪”则寓示着民族的新生，“蓬蓬勃勃有春草怒生似的气势”，“正在这死骸里激剧地增长”，这些描写突出了党的领导，讴歌了人民群众革命斗争的伟大的历史作用。

《倪焕之》第廿五章至第廿八章这四章，堪称 1927 年大革命形象的写照。与写“五卅”运动大写意的手法不同，对大革命的描写，作者既浓墨重彩地渲染了山雨欲来风满楼的磅礴气势，又隐隐约约地点出了大革命潜在的危机；既全方位地展示了革命军克复上海前后民众的亢奋，

---

①《叶圣陶集》第 3 卷，第 201—203 页。

及如火如荼的壮丽场面，又入木三分地揭露了国民党右派同封建势力相互勾结，背叛革命，篡夺胜利的卑鄙行径。隐现在字里行间的是“各种的心”“各种的血”，“心与心互相撞击”，“血与血互相激荡”。

1927年春，当“长江上游的外交故事”（即汉口、九江人民收回汉口、九江英租界的喜讯）传到上海时，人人“都蓄着新发于硎的活力，只待那伟大戏剧的开幕铃一响，就将一齐冲上舞台，用开创新纪录的精神活动起来”。职业革命家王乐山将大革命前夕的上海“象征地比拟”为吞天没日的“钱塘潮”。“不是涨潮的时候”，“江流也是缓缓的，而且很浅，仿佛可以见底似的”。然而，当“一种隆隆隆的轻声”从那“百把里路”外传来的时候，“不到十分钟”，雄伟壮观的钱塘潮就以挟着“笼罩天地”的巨响、“包笼着宇宙”的气势，奔腾汹涌而来。小说对于上海工人阶级第三次武装起义的过程写得极其简略，而把描写的重心放在起义成功之后，请看沸腾了的上海的壮丽的景象：

> 上海开了个全新的局面。……在所谓“华界”里，充满了给时代潮流激荡得近乎疯狂的人，武装的，蓝布衫裤的，学生打扮的，女子剪了发的，在无论哪条路上，你总可以看见一大群。最有奇趣的要算是同军阀残部战斗而得胜了的工人。他们把所有战利品全都带在身上，有的交叉背着三支枪，有的齐腰挂着红缨的大刀（是从所谓大刀队那里拿来的，有好些革命者的项颈，尝过这种大刀的锋刃的滋味呢），有的耸起肩膀抬着一支机关枪，有的束一条挂刺刀的皮带（这是最寒俭的了）；那些武器由那些人各色各样的服装衬托着，就觉得有完全不同于平常军队的一种气氛。就是只束一条挂

刺刀的皮带的，脸上也显露非常光荣的神采，开口总是高声，步子也格外轻快。

旗子到处飞扬，标语的纸条几乎遮没了所有的墙壁。成群的队伍时时经过，呼喊着，歌唱着，去参加同业的集会或什么什么几色人的联欢大会。一切业务都在暂时停顿的状态中。这好比一场大火方才熄灭，各人震荡的心魂不能立刻安定下来，于是把手里的业务搁在一旁，却去回想当时的惶恐情形，并预计将来的复兴状况。……①

小说将大革命中的“浊流”汇集在离上海近在咫尺的小镇上，深入地揭示了大革命失败的原因。恶霸蒋老虎（士镳）的儿子蒋华，早在读高小时就是个无赖恶少，后来居然成了国民党镇党部的重要骨干。大革命前夕，蒋老虎嗅到了即将来临的革命风暴，惶惶不可终日。蒋华“嗤的一笑”，拿出一张“空白表格”，吸收父亲“入党”。蒋老虎做梦都没有想到这位“泼而不悍，勇而不狠”的儿子，居然“鬼鬼祟祟”地“走了最便宜的路”，他要“探”的“门径”原来“就在自己家里”。蒋老虎由儿子“介绍”，混入“国民党”，摇身一变成了“新势力”的“革命同志”后，遂以“强者”和“军师”自居，处心积虑地破坏革命。针对“新势力”提出的反对封建迷信（封掉烧香许愿的“三官堂”）、宣布减租、惩治“恶劣腐败”的革命主张，蒋老虎提出了三个“对抗”的步骤：一是争取代表军阀势力的警察局“亲热站到我们这边来”，“彼此互

①《叶圣陶集》第3卷，第251—252页。

称‘同志’”；二是吸收“下层阶级”（流氓无产阶级）作“革命的急先锋”；三是“毫不客气”地“铲除”本镇“腐败势力的中心”——开明绅士蒋冰如。当镇上刚刚“沉入浓睡”的民众被“一阵海啸”似的“起来啊！到来了！”的喊声惊醒，慌忙地穿衣起身，冒着峭寒的晨风汇集在高等学校门前的空场上，欢迎“革命势力到来了”的时候，这革命的“未见之奇”把他们惊呆了：

> ……怎么蒋老虎也在里头？看他挺胸凸肚，一手执着司的克，这边一挥，那边一指，一副不可一世的气概，他还是一伙里的头脑呢！再看这一伙人，穿长衣服，学生模样的，穿短衣服，工人或“白相人”模样的，有的指得出他们的名字，有的好生面熟，就是不太面熟的，也断得定是本镇人；他们这样历乱地走过，时时把嘴张得像鳜鱼的一样，高声呼喊，得意扬扬的脸上，都流露凶悍之气，很像一群半狂人的行列。咦！还有警察。平时调班，“替拖替拖”往来的，不就是这几个么？——不是吧？这一群不是所谓：“来了！”的吧？然而他们明明在那里喊，告诉人家他们正是所谓“来了！”的，并且他们都有符记①，警察缀在制服的袖管上，其馀的人缀在衣襟上。②

作者“借部分以暗示全体”，通过小镇这批由土豪劣绅、地痞流氓、军阀残余拼凑而成的“革命势力”的“激烈”的行径，揭示了大革命时期

---

① 指“青天白日”符号。

②《叶圣陶集》第3卷，第246—247页。

“左倾幼稚病”的来源，以及流行一时的“觉悟”“合作”“顺我者来”“今是昨非”“革命不是几个人专利的，谁有热心，谁就可以革命”等等左右狼顾的“革命信条”给革命带来的毁灭性灾难。而收买流氓恶棍，勾结封建军阀势力，则正是国民党反动派“反共联合战线”的一种策略。

小说对于国民党反动派血腥屠杀共产党人的描写着墨不多，但阶级斗争的惨烈令人目不忍睹。革命者王乐山的死惨绝人寰，他是“被装在盛米的麻布袋里，始而用乱刀周围刺戳，直到热血差不多流完了的时候，才被投在什么河里”。密司殷是一位“天真而强毅”的新女性。在“五卅”反帝运动中，她“像个勇武的女神”；北伐军克复上海时，她“像九天鸣鹤一般嘹亮地”唤醒市民去欢迎、慰劳北伐军。她被拘系后，因为“有好几个人垂涎她的美艳的丰姿”，吃的“是刑罚以外的侮辱，是兽性的人对女性的残酷的玩弄”，她的生命保留在几个垂涎者的均势之下。作者借了倪焕之酒后的独白，用这位“天孤客”耳闻目睹的一幕幕血的事实，既揭露了反动派的“杀人如草不闻声”，也倾诉了一个正直的国民党左派对蒋介石新军阀倒行逆施、背信弃义、破坏合作统一的义愤。他怎么也没有想到他“认为圣诗一般的”“时时歌颂着的那句‘咱们一伙儿’”，“等于狗屁”！“一伙儿”怎么会“分成两批”，“一批举着枪，架着炮，如临大敌，一批却挺着身躯，作他们同伙的枪靶”，他“忘不了横七竖八躺在街上，后来甚至于用大车装运的那些尸首，其中几个溢出脑浆，露出肚肠”……朋友的生离死别，斗争的你死我活，以及“人是比兽更其兽性的东西”，将大革命的瞬息万变和“四一二”的腥风血雨，写得触目惊心。

三、展示一个理想主义者的悲哀

文学创作的现实主义成就主要体现在人物形象的塑造上。作者竭尽全力描写大时代，就是为了给人物的活动提供一个广阔的舞台和背景，让人物在时代的潮流中显露身手，并通过他们各自的生活道路来展示他们的人生和追求。

《倪焕之》写了众多的人物：革命者王乐山、改良主义者蒋冰如、恶霸势力蒋老虎、贤妻良母式的“新女性”金佩璋、“崭新”的革命女性密司殷、无所事事的青年绅士金树伯，以及形形色色的“小学教员”。叶圣陶在《作者自记》中谈到他写作态度时说：“每一个人物，我都用严正的态度如实地写，不敢存着玩弄的心思。”他们各自鲜明的个性，从各个不同的侧面映衬了主人公倪焕之的敏锐、执着、脆弱、孤独，以及“理想”与“现实”脱节的悲哀。

倪焕之出身于一个小职员家庭，生活“不优裕”，也不怎样“竭蹶”。父亲是“钱庄里的伙友，后来升了当手（经理）”，他“性情忠厚方正，与他的职业实在不大相应”。和当时许许多多小资产阶级知识分子一样，倪焕之仇恨帝国主义和封建主义。中国传统文化的哺育、中学堂现代科学知识的熏陶，以及方兴未艾的资产阶级民主革命浪潮，造就了他的爱国热忱和反抗意识。他如饥似渴地阅读“学生界流行”的鼓吹革命的《复报》等秘密书刊，聆听资产阶级革命家、教育家“讲朝鲜，讲印度，讲政治的腐败，讲自强的必要”。“种族的仇恨，平等的思想，早就燃烧着这个青年的心。”“武昌光复”的消息，使他激动不已。他从火车站买到刊登“上海光复”的报纸后，“兴奋欲狂”，“仿佛有一股新鲜强烈的力量袭进身体，遍布到四肢百骸，急于要发散出来——要做一点事。一面旗子也好，一颗炸弹也好，一支枪也好，不论什么，只要拿得到，他都愿意接到手就往前冲”，并连夜作了一首七律，“中间嵌着‘神州’‘故物’‘胡虏’‘汉家’那些词儿”，抒发了他对光复神州的欣喜。

作者在刻画倪焕之这位“在中国的民主革命运动中”“首先觉悟”的青年知识分子的形象时，突出了他的热烈和敏捷，以及热烈得快、颓唐得也快的弱点。革命高潮中，他欣喜若狂，充满了天真的幻想，“以为增进大众福利的政治立刻就实现了”，“霹雳一声”，就可以“跨进希望的境界”。然而，“民国”尚未肇造，报纸还在纷纷扬扬传布“各地次第光复”消息的时候，倪焕之就已经陷入了“失望”和“悲哀”的深渊，觉得光复后，除了挂了白旗，剪掉了辫子，“此外就不见有什么与以前不同”，甚至“萌生了跳下池塘去死的强烈欲望”，似乎只有这样做，才“是最爽快最解脱的办法”。

倪焕之缺乏抚剑长号的侠气和卧薪尝胆的韬略，但也没有醉生梦死或甘于落伍。他想自杀，既不是因为犯了什么不可饶恕的过失，也不是为了要洗刷一己的荣辱，完全出自对于国是和政治的绝望。辛亥革命“只把清朝皇帝的权威分给了一班武人！这个倒了，那个起来了；你占这里，他据那里”。倪焕之想自杀，是对权奸窃踞、军警骄恣的“民国”最绝望的控诉，也是力图以“死”来唤醒民众的一种“绝望的抗争”。

中学毕业后，倪焕之带着心酸的泪痕，于1912年春来到“第六小学校”当上了他“强度的反感”的小学教师。这所小学原来是一座“阴森而破旧的庙宇”，作“课堂”的大殿“纠结着灰尘和蛛网，好像随时可以掉下一条蛇或者一个鬼怪来似的”，沉寂、幽黯。校长只知道想尽办法招徕学生，减少支出，“增加自己的盈馀”，“两眼骨碌骨碌尽在那里转”，像躲在树丛中窥视猎物的“猫头鹰”。另一位同事是“第二期的肺病患者，两颊陷下去成两个潭，鼻子像一片竖放的木片，前额耀着滞暗的苍白的光，发音很低，嘶嘶地，喉咙头像网着乱丝”，简直是“一个‘死’的化身”。教学方法一是“不惮一而再，再而三”地“问”（提问），二是“唱”（读书，背书），“那调子有点像和尚道士念经忏，又有点像水作工人悠长的‘杭育’声”。倪焕之一踏上讲台就落在“唱”的“窠臼”里，感到非常失望和冤屈，“好像美丽贞洁的处女违心嫁给轻薄儿一般”，于是借酒浇愁，甚至又来到他曾经想自杀的那个“废园的池塘”。只是因为父母对他的职业颇感“欣慰”，他这才“不好说出逆耳的话伤他们的心”。

两年后，倪焕之为了寻找“比较好一点”的“新境界”，换了一个学校，遇见了一位奉行“爱的教育”的同事。在他的感召下，倪焕之那厌恶教育、视学校为“地狱”的“心”转了个“方向”，决定力戒“悲伤”，一心想趁“自己的青春还在”，要作“教育家”，把学校“严饰”为“天堂”。倪焕之的这个急转弯，道出了小资产阶级知识分子易于冲动的个性，也写出了知识青年不甘寂寞、苦心探索的心情。尽管辛亥革命流产的悲哀“像夏雨前的浓云一般”淤积在心头，把一位“蓬勃”的青年折磨得形同槁木，但一逢到“比较好一点”的“新境界”，那颗消沉了的心就如得春风雨露，又恢复了勃勃生机。

辛亥革命后，倪焕之经过几年的潜心探索，终于找到了他的理想，把一切希望悬于教育，以为只要“养成正当的人”，“中国总有好起来的一天；就是世界，也总有一天彼此不以枪炮相见，而以谅解同情来代替”。而“养成正当的人”的唯一途径就是教育。也就在这个时候，倪焕之的中学同学金树伯受水乡一位热心教育的校长蒋冰如的委托，专程放船来请倪焕之到水乡执教。蒋冰如曾留学日本，他认为学校教育必须联系人类社会的实际生活。基于这种信仰，他在学校里实践理想教育，要把学校办成一种社会的雏形，这正迎合了倪焕之的教育理念。为了结交“志同道合的伴侣”，共同开创“称心满意的事业”，倪焕之毅然决然地告别城市，离开慈母（时，父亲已经去世），于1916年初冒着春寒，乘船来到偏僻的水乡小镇，和校长蒋冰如一起精心设计“理想教育”。

倪焕之改革教育的理念有两点：一是“着着实实发展儿童的‘性’，长养儿童的‘习’”。为此，他信奉“爱的教育”，实行“诚意感化”。二是“学习与实践的合一”，为儿童“布置一种适宜的境界”。他把创办农场、工场、乐院、舞台、商店、报社、疗病院等作为新教育试验的园地，让儿童在实践中学会各种技能。但这也只能是个想象。小说通过倪焕之在处理蒋华“霸占皮球”的事件、排解农场的风波，以及教育实验中遇到的种种懊恼，宣告了“理想教育”的幻灭。

体操课上，蒋老虎的儿子蒋华为霸占皮球“踢个畅快”，命令同学方裕将接的球都“授”给他踢。方裕的爸爸是木匠，叫蒋老虎“老爷”，叫蒋华“少爷”。蒋华就把方裕当作奴仆使唤。方裕不愿一而再、再而三地侍奉他，也踢了一脚球。蒋华即恼羞成怒，出手就打，气势汹汹地骂他是“小乞丐”，“只好去搬砖头，挑烂泥桶”，不配踢球。体操老师陆复三管教不了，就将这个蛮横的“少爷”推给了级主任倪焕之。处理这件事，是倪焕之试验新教育的第一个挑战，也是倪焕之在同事们面前进行“诚意感化”的第一场示范表演。

蒋华“面朝着墙，两肩耸起”，捏着拳头，“挺挺地站着”，摆出一副“吃官司”的老资格。倪焕之却“像看见了亲弟弟”似的，“用非常柔和的声气”叫他“坐下来”，“感动地执住蒋华的右手”，用“木匠一样是光荣伟大的人物”，方裕是“可亲可爱的同学”，“损害别人结果也损害自己”等抽象的“人类之爱”，“软和和”开导了一番。歪着梗脖、捏着拳头的蒋华眼见天黑了，学校里“异常寂静”，心里有点儿慌，就答应照倪焕之说的办，明天向方裕道歉。

当年，这类抽象的“人类之爱”固然是很时髦的“新思想”，但在社会制度尚未变革之前，这种抽象的“人类之爱”是不可能切实地发展儿童的“性”、长成他们的“习”的。“诚意感化”比起“封建专制”来的确是一大进步，但专靠“说教”是不可能改造像蒋华这样的纨绔子弟的。老教师徐佑甫奚落道：这种“感化”只不过是“被学生当作傻子玩弄着”，事实也正是这样。就是这位经倪焕之“诚意感化”过的蒋华，后来居然与蒋冰如和倪焕之对着干，为了阻挠学校创办农场，他带头罢课；跨出校门后成了政治流氓，大革命期间欲置蒋冰如于死地而后快。蒋华的劣迹的确是对“诚意感化”最恶毒的嘲讽。

与“诚意感化”相比较，给学生“布置一种适宜的境界”的构想更为天真。他们在学校里建“图书馆、疗病院、商店、报社、工场、农场、乐院、舞台”，将学校“严饰”成为“一个世界的雏形”，为学生“雕刻”一个“毫无遗憾的模型”，通过“游戏同功课合一”“学习同实践合一”等全新的、完善的教育，使学生成为一个充满爱心的“新人”，走出校门后能胜任“三百六十行”中任何“一行”。这项与实用主义教育家杜威“儿童中心主义”“教育即生活”“学校即社会”等主张“暗合”的教育实验，酝酿之初就遭到来自各方的强烈反对。老于世故的徐佑甫、头脑简单的陆复三、见异思迁的李毅公这些思想守旧、目光短浅、视教育为“饭碗”的同事不仅当面奚落，还在背后拆台。徐佑甫称蒋冰如拟定的“教育意见书”是“空想”的“仙山楼阁图”，是要把学校办成“杂耍场”。英文教员刘慰亭还把“仙山楼阁图”拿到茶馆里“调侃”。茶馆是三教九流汇集的地方，是社会的一个缩影。“茶客”们看了“仙山楼阁图”，都异口同声指斥蒋冰如和倪焕之是异想天开。在蒋老虎的煽动下，反对教育改革的风波越演越烈。蒋冰如和倪焕之雇工开垦学校附近一块荒地创建农场，迁移了几穴“无主荒坟”。顿时，迁移棺木会惊动鬼魂，“搅一个全镇瘟疫”，“发掘坟墓”犹如“生番蛮族”之类的流言四起。迷信、蒙昧、种种落后意识顷刻之间联合起来，一齐横梗在蒋冰如和倪焕之面前。

好在蒋冰如出身名门，“有田地，有店铺”，又曾留学过日本，在镇上“具有特殊的地位”，他热衷于教育改良，幻想着把家乡改造成“模范乡镇”，面对“民间”的“流言”，他慷慨陈辞，声言要“杀得他们片甲不还”，但他毕竟不是蒋老虎的对手。蒋老虎一口咬定学校正在垦辟的农场占了他家的地，要告蒋冰如“盗掘坟墓”“占夺地产”。在他的唆使下，“一班‘白相人’”声称要让蒋冰如和倪焕之尝尝“拳头”，要把“学校踏成一片平地”；“有心人”和“不平客”则四处张贴“揭帖”，煽动学生“一律退学”；蒋老虎的儿子蒋华带头罢学。蒋冰如陷入了“四面楚歌”，“开垦”被迫搁浅，学校也“动摇”了，只好请出“隐士”金树伯出面“疏通”，答应“不动”坟墓。倪焕之虽然想着要“转移社会”，不能“迁就社会”，但面对像蒋老虎这样“无中生有寻事胡闹的人”，也只好“含羞含辱地低下了头”，默认蒋冰如的“妥协”。

农场勉强办了起来，“戏台”“音乐室”“商店”之类的“仙山楼阁”也实现了。倪焕之像个“大地主”似的，领着学生“计划农场的一切”，指导他们改编排演话剧，试图“从根本上着手”，培养学生“处理事物应付情势的一种能力”。不料学生“兴奋”了一阵后，就“倦怠”“敷衍”“玩忽”起来，他们表演的戏剧也“令人想起职业的‘文明新戏’的恶劣趣味”。倪焕之惨淡经营的“适宜的境界”，同“诚意感化”一样了无成效。他这才开始意识到个人的渺小、社会势力的顽固：“没有法子，社会是那样的一种社会！任你抱定宗旨，不肯放松，社会好像一个无赖的流氓，总要出来兜拦，不让你舒舒服服走直径，一定要你去找那弯曲迂远的小路。”

与此同时，倪焕之在寻找“志同道合”这条“弯曲迂远的小路”上，也演了一场由兴奋、狂热，到“意兴阑珊”的悲剧。他把寻找“志同道合”锁定为寻求爱情。小说对长得和谐匀称、带有几分羞涩和矜持的金佩璋作了着力的描写：

> 青春的年龄把她蕴藏着的美表现出来；像花一般，当苞儿半放花瓣微展时，自有一种可爱的姿态和色泽，叫人家看着神往。她的美可以说在乎匀称；面部的器官，躯干和手臂，好像天生配就是这么一副；分开来看也没有什么，合拢来看就觉得彼此相呼应，相帮衬；要是其中任何一件另换个样式，就要差得多了。……她常常

笑，但是不过分地狂笑，只到两排细白的牙齿各露一线为度。她又常常凝思，睫毛下垂几乎掩没眼球，端正的鼻子仿佛含着神秘；想到明澈时，眼皮开幕一般倏地抬起，晶光的黑眼瞳照例这么一耀。①

倪焕之爱上金佩璋，不仅仅是金佩璋美丽、庄重、聪明，更主要的是思想上的“志同道合”。在改革教育的实验中，倪焕之清醒地意识到蒋冰如并不是真正意义上的“同志”，暂时的合作并不能弥合彼此思想上的差异。对此，他不无感慨地说，在教育界“能定心地干，不再去投网的只有两种人：富有资产，生活不成问题，是一种人；把物质生活看得极轻，不怕面对艰窘，一心唯求精神的恬适的，是又一种人”。蒋冰如热心教育，是把教育看成一种颇为风雅的乐事；倪焕之执着干教育，是把教育看成一种至高无上的神圣的事业。伴随着“理想教育”遇到的种种障碍和阻挠，彼此的差异也就越加明显地暴露出来了。创办农场时，面对蒋老虎的“无端兴风作浪”，蒋冰如想得最多的是自己的“两个孩子正在这学校里。如果让别人接办学校，决不能十分满意。而且，自己离开了教育事业又去干什么?”进而又想到“有人想攫取这个校长位置呢”，“为了目的，手段不妨变通”。倪焕之正是从蒋冰如的妥协，以及妥协后“微露阑珊”的状态中意识到自己的孤单，唯一能够连接他心中希望之路的只有金佩璋。

市立女子师范学校的高才生金佩璋，是金树伯的妹妹。她没有父

①《叶圣陶集》第3卷，第57—58页。

母，自立意识强，虽然出身地主家庭，但受到“新思潮”的影响，发奋读书，打算毕业后献身教育事业。她爱倪焕之的“英秀”，更钦敬他革新教育的坚毅和执着，于是不顾哥哥金树伯的反对，摆脱了封建门第观念的束缚，毅然决然地向倪焕之敞开了爱的心扉。小说没有写过多的“爱情曲折”，而是着重于描写美满爱情是事业的动力，以及婚后思想上的分野。

甜蜜的爱情扬起了事业的风帆。有了金佩璋的“爱”，倪焕之创办农场的工作就觉得“很顺手”，他兴奋着，“丰满的脸上更涂上一层焕然的光彩”，在给金佩璋的信中说：

> 我想到我们两个同在一处不再分离的时候，我的灵魂儿飞升天空，向大地骄傲地微笑了。因为到那时候最大的幸福将属于我们，最高的欢愉将充塞我们的怀抱。佩璋君，你也这样想的吧？我从我自己又从你的爱情推测，知道你一定也这样想。
>
> 这个时候并不远，就在明年春上。但是，它的诱引力太大了，使我只觉距离它很远，要接近它还有苦行修士一样的一段艰困的期间。假若有一回沉酣的睡眠，或者做一个悠长的梦，把艰困的期间填补了，醒转来便面对着那幸福的欢愉的时候，那多么好！每天朝晨醒来，我总这样自问：“那幸福的欢愉的时候来到了吧？”及知还没有到来，不免怅然。请你不要笑我痴愚，你该明白我的心！
>
> 三天一往还的通信，当然不是不值得满意的事情。然而写得出来的是有形的文字，写不出来的是无形的心情。两个人同在一处的时候，往往不需要一句话一个动作，就会感到占有了全世界似的满

足；但是，如其分离两地，要用文字来弥补缺陷，那就写上千百言未必有一半的功效。我虽然不怕写信，每一封信总是累累赘赘写上一大篇，我却盼望立刻停止这工作。我们哪得立刻停止这工作呢？

其实，说“我们两个”是不合理的。我们是一个！这半个与那半个中间，有比较向心力更强的一种黏合力在那里作用着。这可以解释我们俩所以有此时的心情的因由……①

这封情书，真实地表述了彼此热烈缠绵的恋情和渴望结合的美好心愿。倪焕之把金佩璋视为理想的“爱”的极致。他简直不能想象“更有怎样的人能胜过她”，对未来的幸福生活作了天真而浪漫的描画：

未来的生活像神仙境界一样涌现在眼前了：两个心灵，为了爱，胶黏融和为一个；虽只一个，却无异占有了全世界，寂寞烦忧等等无论如何也侵袭不来，充塞着的是生意与愉悦。事业当然仍旧是终身以之的教育；因而两个人共同努力，讨究更多，兴味更多而成功也更多。新家庭里完全屏绝普通家庭那种纷乱丑陋的气氛；它是个甜美的窠儿，每个角落里，每扇窗子边，都印上艺术的灵思的标记，更流荡着和悦恬美的空气；而其间交颈呢喃的鸟儿就是他同她。②

不久，金佩璋师范毕业，他俩结了婚，并同在一个学校里任教，研

①②《叶圣陶集》第3卷，第153—154、133—134页。

讨教育成了“骄傲的闺房之乐”。然而，金佩璋的妊娠使这种幸福生活出现了意想不到的裂痕。金佩璋一心想着如何当母亲，倪焕之孜孜以求的“诗的，梦幻的”理想家庭就此终结。金佩璋“似病态非病态”，“好尚，气度，性情，思想”等等，都“朝着与从前相反的方向”转换，女性的传统性格“露出本来的面目”，心安理得地以“我已做了妻子”自慰，演变为心里只有“一个家庭”的贤妻良母。出现在读者前面的金佩璋，又是另一副形象。先请看有了身孕之后的金佩璋：

佩璋已变更得非常厉害，在焕之看来，几乎同以前是两个人。但若从她整个的生命看，却还是一贯的。她赋有女性的传统性格；环境的激刺与观感，引起了她自立的意志，服务的兴味，这当然十分绚烂，但究竟非由内发，坚牢的程度是很差的；所以仅仅由于生理的变化，就使她放了手，露出本来的面目。假如没有升学入师范的那个段落，那末她说这些话，表示这种态度，就不觉得她是变更了。①

念过师范，受过新式教育的金佩璋当了妻子后却渐渐“落伍”了，由革新教育的“参与者”变成了“旁观者”，至于当了“母亲”之后的形象就毫无“新”意了：

皮肤宽松而多脂，脸上敷点儿朱，不及真血色来得活泼，前刘

① 《叶圣陶集》第3卷，第172页。

海，挂在后脑的长圆髻；牵着孩子，讲些花鸟虫鱼的故事给他听；还同老太太或者邻居不要不紧地谈些柴米价钱，时令的变迁，以及镇上的新闻，等等；完全是家庭少奶奶的标本。[①]

倪焕之暗自在心头叹气："有了一个妻子，但失去了一个恋人，一个同志！幻灭的悲凉网住他的心，比较去年感觉学生倦怠玩忽的时候，别有一种难受的况味。"倪焕之的"理想教育"体现了民主和科学精神，顺应了历史发展的要求，有一定的进步意义。但因没有"志同道合"的同行者，只有空叹。

四、"自我反省"与"自我重建"

茅盾在《读〈倪焕之〉》中论及小说的文学史意义时说："《倪焕之》是他（叶圣陶）的第一个长篇，也是第一次描写了广阔的世间。把一篇小说的时代安放在近十年的历史过程中的，不能不说这是第一部；而有意地要表示一个人——一个富有革命性的小资产阶级知识分子，怎样地受十年来时代的壮潮所激荡，怎样地从乡村到都市，从埋头教育到群众运动，从自由主义到集团主义，这《倪焕之》也不能不说是第一部。在这两点上，《倪焕之》是值得赞美的。"[②]

毋庸讳言，《倪焕之》前十九章写"理想教育"和"理想家庭"，倪焕之是主角，写得血肉丰满，呼之欲出。第十九章之后写社会革命，倪

---

① 《叶圣陶集》第3卷，第219页。

② 《茅盾全集》第19卷，人民文学出版社1991年版，第207页。

焕之成了旁观者，对其形象的描写显得线条粗疏，缺乏立体感。作者写倪焕之“埋头教育”时，将“历史事件”交融在人物奋进的历程中，“写历史”与“写性格”得到了和谐的统一，因而具有较高的审美价值。而在描写作为社会活动参与者的倪焕之时，却忽略了“写历史”与“写性格”的交融，偏重于写历史进程。“从埋头教育到群众运动”，其间的心灵历程被简单化、抽象化了。前十九章情节的发展是缓慢的，“活像在平静的土地上缓缓地流动着的河流，但同时却又保持着它的庄严的气魄。作为伟大的革命斗争前奏的风暴就在这平静的土地兴起来了，向日常的生活冲击，使它发生了翻天覆地的变化。故事的缓慢发展有时就像坐着舢板船在水上滑行，它使我们能够欣赏风景，能够更仔细地观察人物以及这座离上海近在咫尺的小镇。”① 第十九章以后情节的发展是急促的，重大的历史事件给人以应接不暇之感，作者有时似乎是在作冷静的推论，抒写某种理念，用情绪感染读者，以引起感情上的“共鸣”。作者与五四之后的历史事件“距离”太近，尚不能作深入的过滤和思考；而大革命失败后的愤激又促使他要尽快地描写“这个不寻常的时代”，这大概就是这部长篇小说结构上“头重脚轻”和艺术不平衡的原因。

倪焕之不断进行“自我反省”是后十一章（即第二十章至第三十章）最醒目的主题。轰轰烈烈的五四运动给陷落在“理想教育”和“理想家庭”双重幻灭深渊里的倪焕之以新的召唤。这位自打辛亥革命后“连报纸也不大高兴看了”、一门心思搞教育的理想主义者，第一次睁开

---

① C. 巴农：《一个极普通的小学教师》，《中国文学》1962 年第 2 期。

眼睛，看到“执政的懦弱和卑污”，“列强的贪残和不义”，“同胞的昏顽和乏力”，对“昨天的我”作了全盘否定：“只看见一个学校，一批学生”，没有想到“天下国家的大题目”；“理想学校”不过是“隐逸生活中的一种新鲜玩戏”，“要转移社会，要改造社会，非得有组织地干不可!”“赤手空拳打天下”，“终归于徒劳”。进而由“为教育而教育”的“改良主义”，走上了反帝反封建的革命的民主主义道路，把“社会看得同学校一样重”。倪焕之思想上的这个飞跃，适应了历史发展和革命性质的转变。在五四运动高潮时，他激动地登台讲演，表现了热血青年急进凌厉的风貌，并由乡村走向都市，全身心地去感应时代的浪潮。“五卅”运动中，倪焕之“减少了温和，增添了劲悍的气氛”，“清湛的眼光里透露出坚决的意志”，“满腔的血差不多都涌到了喉际”，他像一名“勇敢的战士”，冒着棍棒临头、水枪冲淋和流弹袭击的危险，到街头讲演。在斗争的前沿，倪焕之看到了民众的力量，看到了工人阶级的“伟大”与“刚强”，受到一次强有力的冲击和震动，从根本上改变了一贯以“自觉者”自居、轻视民众的观念，认识到工人阶级“是具有解放的优先权”的阶级，于是将那位青布短衫的“露胸朋友”视若“神然”，虔诚地向他注目致意，并进行了深刻的“自我反省”：

他的鼻际“嗤”的一声，不自觉地嘲笑自己的浅陋。仿佛觉得自己的躯干忽然缩拢来，越缩越小，同时意想着正要去会见的那青布短衫的朋友，只觉得他们非常伟大。

“我，算得什么！至多是读饱了书的人一边的角色，何况又没有读饱了书！”①

这段剖析，与五四运动高潮中冒雨演讲时的神态形成了鲜明的对比。那时，倪焕之自以为是“觉悟”的人，“真正有志气的人”，“眼光放宽大”的人，而“同胞”是“昏顽和乏力”的。他要用“演讲”来教化同胞，“以为明天此刻，这台前的几百人必将成为负责的国民，救国运动的生力军”。当一阵急雨驱散了台前听众，他仍然什么也不管，一个人在雨中慷慨陈词，直到被人唤醒，才知道眼前已空无一人。这个富有戏剧性的艺术情节，将五四时期“先觉者”的自我意识表现得入木三分。在“五卅”运动中，倪焕之开始意识到“力”的重要，对“知识者”用“教训孩子似的态度”对工人作“夸耀”式、“说教”式演讲的做法，予以否定，甚至连“在马路中振臂高呼、引起群众潮水一般的热情的密司殷”，也认为是“卑卑不足道”的“浮而不实”，明确表示“我得向他们（工人）学习”，“学习他们那种朴实，那种劲健，那种不待多说而用行为来表现的活力，用他们的眼光看世界”，以认清“路向”，增加“前进的勇气”，并就如何向工人阶级学习作了种种“设想”：

他设想自己是一条鱼，沉没在“他们”的海水中间，彻头彻尾沾着“他们”的气分；而“他们”也是鱼，同他友好地结队游泳：他感觉这有人间难得的欢快。他又设想自己是一只鸟，现在正在飞行的途中，阴沉的树林和雾翳的地面早已消失在视力之外了；前边

① 《叶圣陶集》第 3 卷，第 213—214 页。

是光明的晴空，万古煊耀的太阳显出欢迎的笑脸，而他飞行的终点正就是这个太阳！他自己也不明白，为什么今天的感情特别激越，心思特别开展；他觉得一种变动已经在身体的微妙的部分发生，虽然身体依旧是从前的身体。①

所有这些，都真实地写出了知识分子走向社会、参与实际斗争后思想发生的变化，读来令人鼓舞。早在五四新文化运动初期，鲁迅就在《一件小事》中表现了知识分子要向劳动人民学习的重要思想，但并未能引起"知识者"的重视，他们陶醉在"知识"的"优越"里，从"同情"和"悲悯"出发，在批评民众愚昧的同时，不切实际地夸大知识分子的作用。可见，《倪焕之》高扬的"自我反省"意识在中国现代文学史上具有划时代的意义。

遗憾的是，作者未能将倪焕之闪光的思想安放在历史的进程中予以更形象、更个性化的描述。虽然隐隐约约地点出倪焕之在"五卅"运动后加入了国民党左派，但又未能充分表现他的"集团主义"，读者看到的倪焕之似乎还是个"自由战士"。蒋冰如这位"怯懦的空想家"在创办农场时被蒋老虎暗中咬了一口，就萎缩不前。五四落潮后，他为了权势，不顾倪焕之的劝阻，出任乡董，忙着给邻里"排难解纷"，充当"善意或恶意的工具"，把"理想"撇在一边。大革命前夕，蒋冰如担心在上海读书的儿子自华、宜华"被牵累"，特地赶到上海把他们叫回去。倪焕之则认为"时代的浪潮，躲避是不见得有好处"，让他们去"接

① 《叶圣陶集》第3卷，第215页。

触”，去“历练”，“才是正当办法”。蒋冰如畏首畏尾，甘心“落伍”，最终成了日本武者小路实笃“新村主义”的信徒，由一个曾经要求民主与进步的知识分子，转化为与封建势力妥协的保守主义者。蒋冰如的“退缩”衬托出了倪焕之的奋进意识，遗憾的是倪焕之的“接触”“历练”也还停留在口头上，缺少实际行动的支撑。

王乐山堪称革命知识分子的典型。他是倪焕之的中学同学，因为意趣相近，都喜欢阅读“排满复汉的秘密刊物”，“彼此便亲密起来”。中学毕业后，王乐山当了三年小学教师，为了追求新的理想，他到北京读大学，五四期间成了北方学生运动的领袖，“老练，坚定，过于他的年纪”。1919 年 11 月，全国各界联合会在上海成立。倪焕之从报上看到王乐山“为了学生会”的事到了上海的消息后，出于对“新思潮”的向往，就写了一封“热望”盼见老同学的信，邀请王乐山来“乡间”相会。王乐山到“乡间”后，给倪焕之讲“新文化运动”、讲“五四运动灿烂的故事”、讲“改造社会”的“方案”，给倪焕之“寂寞心情”带来了“解慰”和温暖。1925 年“五卅”运动前后，王乐山又到了上海，参加了火热的工人运动。这位学生出身，身材“矮小”，长得“精悍”结实的青年知识分子，走的是一条革命的道路。他认定“要转移社会，要改造社会，非得有组织地干不可”，“赤手空拳打天下”终归于徒劳。他全身心地投入革命，“永远不想闹恋爱”，虽因劳累过度患了第二期肺病，精神却像石头一般坚强，不吃药，不调养，一如既往地拼命工作，誓为人类的解放而奉献自己的一切。

在王乐山的引导下，倪焕之离开了水乡古镇，告别了妻儿，于 1925 年春来到上海，在一所女子中学教国文和社会学。虽说仍旧是教书，却抱定了“做个革命的教育者”的志向。王乐山的形象着墨不多，但他却像一块巨大的磁铁紧紧地吸引着倪焕之，从而丰富了倪焕之的艺术形象。一些研究者以为“王乐山跟倪焕之一样，只是一个国民党左派，一个民主主义革命家”。其实，仅从第二十四章倪焕之与蒋冰如的交谈中，我们便可以感悟到王乐山是共产党人，是一个职业革命家。倪焕之向蒋冰如介绍说：

> “他可以算得艰苦卓绝富有胆力的一个。在这样非常严重的局势中，他行若无事地干他的事。被捕，刑讯，杀头，他都看得淡然；如果碰上了，他便无所憾惜地停手；不碰上呢，他还是要干他的。一个盛大的集会中，他在台上这么说：‘革命者不怕侦探。革命者自会战胜侦探的一切。此刻在场的许多人中间，说不定就坐着一两个侦探！侦探先生呀，我关照你们，你们不能妨害我们一丝一毫！’这几句说得大家有点儿愕然；但看他的神态却像一座屹然的山，是谁也推不动的，因此大家反而增强了勇敢的情绪。他是第二期的肺病患者，人家说他的病可厌，应当设法休养。你知道他怎么说？他说：‘我脑子里从来不曾想到休养这两个字。一边干事业，一边肺病从第二期而第三期，而毁掉我的生命；我的生命毁掉了，许多人将被激动而加倍努力于事业：这是我现在想到的。’”……①

①《叶圣陶集》第3卷，第223—224页。

王乐山置身于群众运动的浪潮里，头脑却异常地清醒，对斗争的残酷和革命道路的艰难曲折有足够的认识。上海克复前夕，王乐山把上海蓬蓬勃勃的革命形势喻为“钱塘江的潮水”，同时又敏锐地预感到反动势力的猖獗，革命有可能失败，并已做好了献出“头颅”的思想准备。他赞成倪焕之为“新政权”拟订的“乡村教育”的计划，又提醒他要注意革命形势有可能出现的突变。当时，许多教育家都看重“乡村教育”，把“乡村师范”看得尤为重要。他们从“国情”出发，认为全国四分之三的人居住在乡村，为了使农家子弟在学习文化的同时也能学会养鸡、牧豕、养鱼、养蜂、养蚕，就必须发展“乡村师范”，培养“乡村教师”。上海工人第三次武装起义成功后，倪焕之在“新政权”中担任“教育方面”的工作。他“自信刚强的程度比以前有进步”，决心更加努力，使“历史的轮子”转得“比平常快”。尽管他也看到了“革命阵营”里“那种图谋钻营，纯为个己”等丑恶现象，但总以为“旧时代”已经“过去”，“现在”是个“伟大的新时代”。他很高兴地“捉住”王乐山，谈起他拟订的“乡村师范的计划”。王乐山却很淡漠地说“乡村师范的计划”是可以“从缓”的，这一句话说出了王乐山的敏锐。尽管当时离“四一二”大屠杀还有十几天，但王乐山已经看清了蒋介石的反革命嘴脸，“像寡援的将军深入了敌阵那样的焦虑”，哪里还有心思谈“乡村教育”呢？他不愿意把他的焦虑说给倪焕之听（因为倪焕之“终究是个简单而偏于感情的人”），只是委婉地劝他不要失去一个革命者的“权利”，“对着历史的轮子呆看”。不管历史的轮子“这样转，那样转，转得慢，转得快”，都要“能用自己的手去推动它”。这些描写，突出了王乐山对倪焕之的关怀，以及作为一个职业革命者的深沉和坚毅。在王乐山的启导下，倪焕之“据一些显露的端倪来推测”，将信将疑地意识到王乐山所说的“变化”是“有可能”的，决心要追随王乐山，为民请命。他们分别时（其实是诀别）的场面是非常感人的：

> 焕之似乎已从乐山方面得到了好些慰藉；与乐山那石头一般的精神相形之下，见得自己终于脆弱，因而自己勉励自己，应该更求刚强，徒然的烦愁要尽力排斥。他想了一阵，捉住乐山的手掌，紧紧地捏着，说：“佛说我不入地狱谁入地狱，这句话有意思呢。”
>
> “佛也许一辈子是地狱里的住民，因为他愿意与一切众生负同样的罪孽，受同样的命运！”是乐山毅然的声口。
>
> 焕之觉得手心里热烘烘的，他并非捏着一个人的手掌，简直是捏着一颗炽炭一般的心。①

然而，当“四一二”大屠杀以空前的残酷猝不及防地出现在倪焕之周围的时候，他那“求刚强”的心禁不起腥风血雨的袭击而崩坍了。没有经过“时代的浪潮”的“历练”，“理想”终究是“脆弱”的，尤其是王乐山的死使他失去了精神支柱。王乐山实践了他生前愿为革命抛头洒血的诺言，死得光荣；倪焕之却忘记了作为一个革命者的“权利”，再次陷入彷徨苦闷之中，“给愤恨呀，仇怨呀，悲伤呀，恐怖呀，各色各样的燃料煎熬着”，觉得“前途是一片浓重的云雾”，在极度的茫然和哀伤中，借酒浇愁，终于得了“肠窒扶斯”而死去，在失望和痛苦中结束

① 《叶圣陶集》第3卷，第257—258页。

了他的人生追求。弥留之际，倪焕之又作了深刻的“自我反省”，把“脆弱”和“浮动”看作他一生悲剧的最深刻的根源所在：

三十五不到的年纪，一点儿事业没成功，这就可以死么？唉，死吧，死吧！脆弱的能力，浮动的感情，不中用，完全不中用！一个个希望抓到手里，一个个失掉了，再活三十年，还不是那样？同我一样的人，当然也没有一个中用！成功，是不配我们受领的奖品；将来自有与我们全然两样的人，让他们去受领吧！……①

如果没有“四一二”大屠杀这一突变，倪焕之在诸如王乐山这样的革命者的引领下，经过不断“自我反省”，也许能够逐渐地去“接触”、去感应“时代的浪潮”，经过“历练”，有可能克服“脆弱”，摆脱“失望”和“烦愁”，渐渐地沉毅起来，走上革命的道路。但历史不可能给倪焕之提供这么一个循序渐进的机遇。阶级斗争的暴风骤雨使倪焕之的弱点更充分地呈现出来了。茅盾在《读〈倪焕之〉》中说：“在近十年中，像倪焕之那样的人，大概很不少吧。”可见这个典型人物在当时是具有普遍意义的。茅盾的《读〈倪焕之〉》中还有一段极为精辟的论述：

我猜想来，大概有许多人因此而不满意这部小说。但在目前这样的时代，在落后的东方，我们便盼望有怎样了不得的伟大作品，

① 《叶圣陶集》第3卷，第266页。

岂不是等于“见卵而求时夜”？在目前许多作者还是仅仅根据了一点耳食的社会科学常识或是辩证法，便自负不凡地写他们所谓富有革命情绪的“即兴小说”的时候，像《倪焕之》那样的“扛鼎”的工作，即使有多少缺点，该也是值得赞美的吧。

…………

话再回到《倪焕之》吧。

因为也是描写小资产阶级知识分子的，所以我觉得《倪焕之》中间没有一个叫人鼓舞的革命者，是不足病的。再显明地说，主人公的倪焕之虽然“不中用”，然而正可以表示转换期中的革命的知识分子的“意识形态”。这样有目的有计划的小说在现今这混沌的文坛上出现，无论如何不能不说是有意义的事。这样“扛鼎”似的工作，如果有意识地继续做下去，将来我们大概可以说一声：“五卅”以后的文坛倒不至于像五四时代那样没有代表时代的作品了。当代的批评多半是盲目的！作家要有自信的神，要毫不摇惑地冷静地埋着头干！①

茅盾所说“转换期”，指的是1927年“四一二”后，中国革命进入了由无产阶级单独领导的革命战争时期，所谓“革命的知识分子的‘意识形态’”，指的是“四一二”后革命知识分子拥戴共产党，把希望寄托在共产党人身上。在复杂的政治风云和白色恐怖中，在中国知识分子经历了巨大的创痛、强烈的震撼和最严峻的考验，进行新的抉择的关键时刻，作者用倪焕之的“不中用”郑重而又形象地传播了“革命的知识分

①《叶圣陶集》第3卷，第282—283页。

子的‘意识形态’”，这“不能不说是有意义的事”。假如作者在表现“革命的知识分子的‘意识形态’”时，把革命者王乐山的形象写得更丰满些，不是用“侧笔”①，而是正面描写，使读者更加清晰地意识到像王乐山这样的革命者就是倪焕之所说的“与我们全然两样的人”，王乐山就是倪焕之“自我重建”的榜样，那么，这部长篇小说的思想意义就更深刻了。不过，在国民党白色恐怖的笼罩之下，在阶级斗争最残酷的年代，作者敢于让王乐山在自己作品里占有如此重要的地位，并给以热情的讴歌，这是十分难能可贵的，从中可以看出叶圣陶在那个“不寻常的年代里”的思想风貌和他的现实主义艺术特有的光辉。

五、典型化的人物与形象化的主题

尽管《倪焕之》后半部分艺术上有某些欠缺，但在当时仍不失为成功的佳作。夏丏尊在《关于〈倪焕之〉》中说：“真足使人眼光为之一新”，“《倪焕之》不但在作者的文艺生活上是划一时代的东西，在国内的文坛上也可以说是划一时代的东西”，是“描写力最旺盛的一篇”，各种人物的“思想行动”和“变迁的路径”，以及“十余年来中国的教育界的状况，乡村都会的情形，家庭的风波，革命前后的动摇，遂如实在纸上现出，一切都逼真，一切都活跃有生气。使我们读了但觉得其中的人物都是旧识者，或竟是自己；其中的行动言语都是曾闻到见到过的，或竟是自己的行动言语”。② 小说出版后有人将书中人物与生活中的真人“对

① 茅盾认为叶圣陶写王乐山用的是“侧笔”。参见《叶圣陶集》第3卷，第282页。
②《叶圣陶集》第3卷，第274页。

号入座”，做这种“索隐”工作的不是别人，恰恰是大名鼎鼎的文坛耆宿柳亚子。他在 1929 年 9 月 27 日致姜长林的信中说：

> 绍钧既与衮兄至交，则书中之王乐山，确指衮兄无疑矣，兄以为然否？①

这里的“绍钧”，即叶圣陶的本名。“衮兄”则指侯绍裘烈士，上海松江人，中共早期党员，曾任中共江苏省委书记及国民党江苏省党部常委和上海市临时政府委员，“四一二”政变中被国民党反动派缉拿后捆进麻袋中刺死，沉尸秦淮河。姜长林与柳亚子同为国民党左派，姜长林曾任国民党江苏省党部秘书长，与侯绍裘共过事，且同是松江人，所以柳亚子特地将他读了《倪焕之》的感触问询于他。1929 年 10 月 2 日，柳亚子在给姜长林的信中问道：

> 叶绍钧君与兄认识否？其人现在何处？兄如有所知，希告我为盼。因有一友人，读《倪焕之》而甚佩叶君之文笔，托代问讯也。②

柳亚子又在 10 月 6 日给姜长林的信中说了自己想问叶圣陶的三件事：“（一）王乐山究指衮兄否？（二）密司殷指何人？（三）倪焕之又指何人？唯此系闲事，本不要紧。又弟与叶君未相识，通信亦嫌

---

①② 上海图书馆编：《柳亚子文集·书信辑录》，上海人民出版社 1985 年版，第 106、107 页。

冒昧，姑俟他日有机缘时再说可也。”姜长林对《倪焕之》的观感与柳亚子相同，柳亚子甚表欣悦，在 1929 年 10 月 8 日致姜长林的信中说：

> 《倪焕之》中之王君，兄以为“确系裘兄，就使不是真实的写他，也必是用裘兄为蓝本无疑”，是极是极。弟见二十一章“真像一只猴子”，及廿九章述王君死状，亦以为必是裘兄也。中间一切议论行为，亦确确为裘兄写照，叶君诚今世之有心人矣。唯南洋读书改为北京求学（因此便于衔接写五四运动之故），又肺病第二期，当是影射裘之气急病耳（在永吉时，确有膏滋药一缸出毛，渠自言无暇服药也）。女校当指景贤，倪焕之不知就是叶君自己否。密司殷不知又是何人。此等惨事，当时确有之，弟亦曾听人家讲过，惜不详其姓名耳。春姊事竟无人能写，怅极怅极。……①

“春姊”，即张应春烈士，她是柳亚子的吴江同乡，早期共产党人，曾任国民党江苏省党部妇女部长等，“四一二”中壮烈牺牲于南京。柳亚子读了《倪焕之》，想到了“春姊”，说自己不能为她“撰一小说”，别人又不能写，春姊的事迹“淹之无闻矣”，“每一念及，辄为回肠荡气而不能自己”，可见柳亚子对共产党人感情之深厚，对叶圣陶创作才华的心悦诚服。《倪焕之》描写的内容是有生活依据的，但不是“实录”。王乐山这个形象中确实有侯绍裘的影子。叶圣陶在 1950 年 3 月 27 日写的

① 上海图书馆编：《柳亚子文集·书信辑录》，上海人民出版社 1985 年版，第 108—109 页。

《纪念侯绍裘先生》[1] 一文中说：他曾应邀在侯绍裘创办的景贤女子中学上海分校担任过教员，对这位“在全国各地的烈士里头最先成仁”的“革命斗士”的“和气”“亲切”“爽直”“俭约”“公而忘私的精神”，以及“对于敌人可绝不宽容”的“革命立场”，十分钦敬，但“过从并不甚密”，“不足以写叙他，表扬他”。可见王乐山并不等于侯绍裘。叶圣陶生前也曾说过在王乐山身上也汇集了杨贤江的经历和品德。杨贤江忙于革命工作，生活朴素，患有肺病，热心乡村教育。当年一般革命者生活很浪漫，而杨贤江极其严谨，像个苦行僧，没有一点知识分子式的浪漫，与叶圣陶关系甚密，感情深挚。小说创作必然有所虚构和“拼凑”，不可拘泥对待，这个基本道理作为文坛耆宿的柳亚子当然不会不懂。但是，事情往往就是这样：当人们从优秀的文学作品中读到自己十分熟悉的人与事，在受到强烈的艺术感染与震动时，总是抑止不住地希望探究小说人物与真实人物的关系、与作者的关系，等等。而作品一经发表，也就成为社会的客观存在，尽管作者有权声明“纯属虚构”，而读者根据自己的实际感受作种种判断和解释，只要不悖于情理，也是可以理解的。柳亚子的“对号入座”，从一个侧面说明了《倪焕之》的人物刻画是成功的，其特色可以归纳为三点。

（一）让人物的性格和情态从自身的言行中流露出来，这是《倪焕之》描写人物的一大特色。元宵灯会犹如一幅色彩斑斓的风俗画，从中既能看到古镇风流雅趣的绅士、炫耀华贵的阔太、奔跑呼噪的儿童，以及“保持古风”或显示“超越”的店铺；也能看到民间传统节日特有的

---

① 《解放日报》1950 年 4 月 9 日。

既新鲜又迷信，既优雅又姣媚，既纯朴又浮艳的风情。倪焕之到小镇后就赶上闹元宵，这个设计是别具匠心的：一是全面介绍了倪焕之实施“理想教育”的客观环境，二是为倪焕之与金佩璋的结识提供了机缘，三是点出了镇上张扬跋扈的蒋老虎的奸、狡、威、谋。作者写蒋老虎真正做到了出神入化，“无一字褒贬，而神情毕露”的境界。元宵节中午，采茶女郎和采莲女郎正在化妆和彩排，热心观众已等不及了，闹着嚷着把化妆室围个水泄不通，蒋老虎出来撵赶围观的人群，且看这段文字：

门倏地开了。群众只觉眼前一亮，因为门背后是个院子。在光亮中站着个身材高高的人，大家看见了咽一口气，在肚里念道：“蒋大爷！”

这人就是蒋士镳。玄色花缎的皮袍子，两个袖口翻转来，露出柔软洁白的羊毛；两手撑在腰间，右手里拿一朵粉红的绢花，右腿伸前半步，胸膛挺挺的，站成个又威风又闲雅的姿势。他的脸作紫褐色，额角，颊腮，眼眶，耳朵，都叫人感觉异常饱满；换一句说，一件件都像个球，而一件件合并起来的整个脑袋，更像个滚圆滚圆的大球。

他起先不开口，用满不在乎的眼光向外面的许多脸看着。好像有魔法似的，经他这么一看，所有呼噪的嘴挤动的身躯都被镇住了；一时店门前店堂里见得异样的寂静。

“吓！”他冷笑一声，“你们要看，就等不及半天工夫么？——况且不要半天，只有几个钟头了。你们要知道，看灯要看得眼里舒服，心里酥麻。现在里边正在把采莲姑娘细心打扮，细心教练，就为叫大家到夜来舒服一下，酥麻一下。你们挤闹些什么呢？”

他说这些话有一种特别的调子，带着煽动的但又含有禁抑的意味。右手从腰际举起，两个指头拈着粉红绢花向外一挥，又说，“现在去吧！把晚饭吃个饱，眼睛擦个透亮，然后看天仙降凡一般的采莲姑娘吧！”

群众虽然不立刻退出，往里挤的趋势却没有了；对于这几句“挡驾”的话，也觉得并不刺耳，而且似乎甜甜的，比真个看见了尚未成熟的采莲姑娘还要有味。渐渐地，有些人就走开了，预备回去早些做晚饭吃，泡起菊花水来洗眼睛了。①

这段文字把蒋老虎擅长心术，面带冷笑，横行乡里的奸、狡、威、谋和盘托出。这些描写，既与“民初”不择手段拉选票、闹出“蒋老虎”的政治丑闻相契合，又为蒋老虎后来兴风作浪、阻挠学校办农场、投机革命，以及“四一二”大屠杀后当上“乡董”等等阴险、狡诈、卑鄙伎俩作了铺垫。

（二）把人物“定格”在某个特定的场合（场面），从各个不同的角度予以细致的观照，以构成一幅完整的形象画卷，这是《倪焕之》刻画人物的又一个特色。喝酒和坐船，是作者最熟悉的生活素材，他用自己的经验去琢磨，根据情节和内容的需要，把倪焕之一生的理想和追求，安放在三回坐船、四次喝酒的场合中，进行细腻而深入的刻画。

第一回坐船。1916 年年初，倪焕之应邀到水乡古镇执教。天色已

① 《叶圣陶集》第 3 卷，第 83—84 页。

晚，吴淞江上风急浪高，“浓云重叠”，一条低篷船逆风而行。船舱里，摇曳的烛光映照着一位“非常温和，率真”的青年，他那“清湛的眼睛凝视着烛焰，正在想自己的前途”，“江景虽然暗淡，绝不引起怅惘的情思”，只觉得“烦闷的生活完全过去了，眼前闷坐在小舱里，行那逆风的水程，就是完篇的结笔。等候在前头的，是志同道合的伴侣，是称心满意的事业，是理想与事业的一致”；“今夜虽然是风狂云阴的天气，但不是明天，便是后天或大后天，总有个笑颜似的可爱的朝晨”。这幅舟行遐思图，突出了青年倪焕之的热望与幻想。在纷至沓来的“新思潮”中，他自以为已经找到了救国的“药方”（杜威的实用主义教育思想），心潮澎湃，充满憧憬……

第二回坐船。1918年春，倪焕之与金佩璋成婚前夕，特地雇船把母亲从苏州接到水乡古镇，共同创建新家庭。这一次是顺水行舟，“没有一点儿风，吴淞江面蓝水晶似的耀着轻暖的阳光”，航船载着家具，载着倪焕之“事业”成功的喜悦和对于“幸福无边”的婚姻的期待，在辽阔的江面上缓缓行驶。“明耀的恬波，安舒的载渡”，给这位风华正茂、沉湎于个人事业和美满婚姻的欢欣里的主人公点染了浪漫的情趣，他踌躇满志，浮想联翩，其天真而富于幻想的性格又有了发展。

第三回坐船。1919年冬，倪焕之经历了“理想教育”和“理想家庭”的双重幻灭，雇船去火车站接王乐山来古镇晤聚。“船慢慢地在清静的河道中行驶”，当王乐山按倪焕之的“探问”，详细地叙述完“五四运动灿烂的故事”，鼓励倪焕之走出小镇，“到外边”去看大世界的时候，狭窄的河道走完了，“船入一个广阔的湖，湖面白茫茫一片”。倪焕之此时的心情，恰如那“白茫茫”的湖面一样浩渺，思想在“沉默”中腾飞、升华……

倪焕之这三回坐船，犹如三幅精巧的工笔画，将倪焕之即将踏上“理想教育”“理想家庭”“理想社会”三大征程前的情景和心态，描绘得惟妙惟肖。与“坐船”相比，“喝酒”更能直接地展示人物的内心世界，请看倪焕之前后的四次喝酒。

第一次喝酒。1912 年年初，出自“厌教”的心情，倪焕之“独个儿上酒店去喝闷酒。每夜带着七八分酒意回家，矜持着吃晚饭，同父母说话。一躺到床上，仿佛有什么东西在头顶上一盖，再也作不得主了，他总是轻轻地呜咽地哭；边哭边迷惘地想：‘人间的苦趣，冠冕的处罚，就是教师生活了！’仿佛像贞洁美丽的姑娘违心地嫁给轻薄的浪荡儿一般，痛苦极了”，这显然是借酒浇愁。

第二次喝酒。1916 年年初，倪焕之刚到水乡古镇的那个晚上，蒋冰如为他接风，“两个聪明的傻子碰了头”，高谈阔论，“一唱一酬”。酒逢知己千杯少，与第一次喝闷酒形成了鲜明的对照。

第三次喝酒。1927 年大革命前夕，倪焕之与蒋冰如相会在上海的一家酒店，“昏黄的电灯光下”，两个人各执一把酒壶，边呷边谈。蒋冰如对于时局的动荡变幻感到恐惧，倪焕之却越谈越兴奋，声音虽然并不高，“却个个字挟着活力，像平静的小溪涧中，喷溢着一股沸滚的泉水”，寥寥数语，简洁而形象地写出了倪焕之在革命高潮到来之前的亢奋。

第四次喝酒。1927 年“四一二”大屠杀后，倪焕之“独个儿上酒店”，借酒浇愁。临桌是“四个小商人模样的人”，他们划拳行令，饮酒作乐，从而更加突出了倪焕之的孤独和痛苦。倪焕之想起日本著名文学评论家片上伸氏的“唯具有大勇的人”才够得上“痛苦”的演讲词，感到自己尚有“大勇”的一面，“真心求真理的心”，“是比以前更旺地燃烧着!”另一方面，“愤恨、仇怨、悲伤、恐怖”的“魔法”又“缠绕”着他，怎么也抑制不住内心的激愤：

> ……却禁不住“哇……”的一声哭出来了。哭开了头反而什么都不想，只觉得现在这境界就是最合适最痛快的境界，哭呀，哭呀，直哭到永劫的尽头，那最好。他猝倒似的靠身在墙上，眼泪陆续地淌，倒垂下来的蓬乱的头发完全掩没了眉额，哭声是质直的长号。①

这“质直的长号”使我们联想起鲁迅《孤独者》里魏连殳“失声”的“杂着愤怒和悲哀”的“长嚎”。所不同的是，“吊客”和“亲戚本家”都以为魏连殳的长恸号哭是哀悼死去的唯一的亲人（祖母），这种误会尚合情理。倪焕之在“小酒馆”的痛恸，却被“小商人”误解为“不会喝酒装腔”，是被“姘头”甩了喝伤心酒，甚至“劝慰”他再去“姘一个”，这一荒谬的猥亵，使倪焕之更加感到孤独、悲哀和绝望。作者写的是倪焕之四次喝酒，映照的却是他一生的心灵和奋进的历程。

（三）扣住人物的性格特点，在不经意处给以点染，造成若隐若现、时隐时现、多方呈现、欲忘不能的审美效应，这是《倪焕之》刻画人物的第三个特点。青年绅士金树伯在小说中是个陪衬，他是倪焕之的同

---

①《叶圣陶集》第3卷，第262页。

学，中学毕业后回乡经管田产，过上了地主阶级不劳而获的寄生生活，养成了无所事事玩世不恭的生活态度。他的名言是："世间的事情何必认真呢？眼前适意，过得去，什么都是好的，还问什么为这个，为那个。"作者抓住金树伯的"卑琐庸俗"，随意点染。小说开头写他受蒋冰如之托，冒着严寒放"专船"接倪焕之来古镇执教。倪焕之沉浸在"理想教育"的遐想中，神情激奋。金树伯则躺在舱里吸烟卷，"狡笑"蒋冰如的"理想教育"是"弄着玩"。蒋冰如为倪焕之接风，畅谈理想的教育，作陪的金树伯却反客为主，嗔斥蒋冰如和倪焕之"冷落"了"门外汉"，甚至说出"不许谈教育""违令的罚三杯"的狠话。办农场风波中，金树伯充当蒋冰如的"说客"，像个巧舌如簧的媒婆，硬是将蒋老虎"拉拢来"与蒋冰如"黏在一块儿"。因为倪焕之没有家产，金树伯就不同意妹妹的这门婚事。大革命前夕，他明知自己够不上打倒的对象，但还是惊恐不安，携同妻子急急忙忙逃到上海避难。倪焕之染上"恶症"沦落在上海客店里，作为倪焕之唯一至亲的金树伯，因为怕传染，看了一眼就匆匆离开了。透过这些描写，我们看到了一位无理想、无信仰、无情感、无是非、卑微可悲的"隐士"，大时代潮流中一具随波逐流的无灵魂的躯壳。

《倪焕之》的人物是典型化的，《倪焕之》的主题则是形象化的。倪焕之一生主要从事教育，小说又冠以"教育文艺"的名目在《教育杂志》上连载，致使许多研究者认为这是一部堪与《爱弥儿》媲美的"教育小说"[①]。其实，《倪焕之》并不是严格意义上的"教育小说"。有的

① 余士铬：《五十年来百部佳作》，《人间世》第38期，1935年10月20日。

研究者认为《倪焕之》的主题是“通过倪焕之半生经历的描写，深刻地否定了改良主义”[①]，还引用茅盾《读〈倪焕之〉》中的话语作为立论的依据。我们不妨再来看看茅盾的原话：

《倪焕之》曾以“教育文艺”的名目在《教育杂志》上发表；就全书的故事而言，这个“教育文艺”的称呼，却也名副其实。……但或者《教育杂志》当初要求叶绍钧做一篇和教育有关的“教育文艺”，所以倪焕之的半部全是描写乡镇教育，在全体上发生了头重脚轻的毛病。这在艺术上的意味，不能不说是结构上的缺憾，并且也许有人因此而误会此书是专谈教育的。[②]

“也许有人因此而误会此书是专谈教育”的话，点出关于《倪焕之》是“专谈教育”的评论实在是一种“误读”。叶圣陶在《作者自记》中说他“向来心折”夏丏尊的“德行艺能”，非常感激夏丏尊在《关于〈倪焕之〉》中作的一系列“极精当”的评述，请看夏丏尊对于“题材”的阐释：

圣陶的小说，我所读过的原不甚多，但至少三分之一是过目了的。记得大部是短篇，题材最多的关于儿童及家庭的琐事。这次却居然以如此的广大的事象为题材写如此的长篇了。在作者的文艺生活上，《倪焕之》实是划一时代的东西。

……因《倪焕之》中写教育的事，说它是教育小说，原不妥

① 孙光萱：《读〈倪焕之〉》，上海《文艺论丛》第8辑，1979年11月。

②《叶圣陶集》第3卷，第277—279页。

当。……《倪焕之》虽取着革命的题材，而不流于浅薄的宣传的作物者，其故在此。[①]

夏丏尊的话说得也非常明确：《倪焕之》以“广大的事象为题材”，写的是“革命的题材”，称它为“教育小说”是“不妥当”的。小说的立意显然是在“叙述”和“表现”中国社会的“变革”，展示知识青年寻找真理的艰难历程，并用他们的切身体会郑重宣告：“在那大变动的年代里”，小资产阶级知识分子是“不中用”的，中国革命的希望寄托在新兴阶级的身上，并且断言将来“自有与我们全然两样的人”。这个动意隐匿在人物形象和故事情节中，只要认真琢磨，便不难领悟。小说结尾的寓意是极为深刻的。金佩璋独自到上海，“没有送着焕之的死”。倪焕之却在“绝气”前看到了妻子和盘儿的幻影：

他看见佩璋站在洒着急雨的马路中间。群众围绕着她，静候她的号令。她的截短的头发湿透了，尽滴水，青衫黑裙亮亮地反射着水光。她喊出她的号令，同时高举两臂，仰首向天，像个勇武的神。

他看见无尽的长路上站着个孩子，是盘儿。那边一个人手执着旗子跑来，神色非常困疲，细看是自己。盘儿已作预备出发的姿势，蹲着身，左手点地，右手反伸在后面，等接旗子。待旗子一到手，他就像离弦的箭一样发脚，绝不回顾因困疲而倒下来的父亲。不多一会儿，他的小身躯只像一点黑点儿了。在无尽的长路上，他

---

① 《叶圣陶集》第3卷，第273—274页。

前进，他飞跑……①

金佩璋悲痛之余，“心头萌生着长征战士整装待发的勇气”，对蒋冰如说道：“盘儿快十岁了，无妨离开我。我要出去做点儿事；为自己，为社会，为家庭，我都应该做点儿事。我觉悟以前的不对，一生下孩子就躲在家里。但是追悔也无益。好在我的生命还在，就此开头还不迟。前年焕之说要往外面飞翔，我此刻就燃烧着与他同样的心情!”金佩璋因丈夫的死而清醒，这个转变将小说着力表现的“寻找真理”与“自我重建”意识烘托着更加清晰，再次表明《倪焕之》的主旋律是“追求真理”“改造社会”，而不是纯粹的“教育小说”；震颤人心的是倪焕之走过那段迷茫而坎坷的道路，并不是“理想教育”和“理想家庭”的幻灭。《倪焕之》比同时期的作品更为完整地写出了近现代中国追求进步的知识分子的心灵变迁史，倪焕之就是这一心灵变迁史的标本。自辛亥革命以来，在社会大变革的浪潮中，倪焕之一直在希望与失望中挣扎，最后在幻灭中死去。他的悲剧，使我们联想到在艰苦斗争中牺牲的许多青年知识分子，他们的探索、奋斗、幻灭、死亡，从而深刻地揭示了反帝反封建斗争的艰巨性和复杂性。1958 年，叶圣陶在为英译本《倪焕之》写的“序”中，说他创作《倪焕之》的目的是“叙述”和“表现”中国社会的“变革”，“不但在认识以往，而且在启发未来”。这番话道出他的良苦用心，也突出了小说的主题。

---

①《叶圣陶集》第 3 卷，第 270 页。

第五编

第二十三章

1930—1937 年："革命的普洛文学底友军和源泉"

我刚参加"左联"（1930 年 4 月），就发现郑振铎、叶圣陶没有参加，心中纳闷。后来问冯雪峰，他说，因为多数人不赞成，郁达夫是鲁迅介绍的，所以大家才同意；又说，圣陶我已经去做过解释工作，免得他多心。我表示不赞成这种"关门"的做法。冯雪峰说，鲁迅也反对这样做。我恍然明白，为什么从日本回来的那一天（1930 年 4 月 5 日）由圣陶陪伴去看望鲁迅时，鲁迅对"左联"的事一字不提，原来是这个缘故。

——茅盾《"左联"前后——回忆录（十二）》①

一、"并没有把冯雪峰的'解释'看得特别重要"

1930 年 3 月 2 日，中国左翼作家联盟（简称"左联"）在上海成立，标志着以鲁迅为"旗手"的左翼文艺运动发展到一个新的阶段，在"革命文学"论争的基础上有了统一的组织和行动纲领。叶圣陶没有参加"左联"，成了研究者关注的话题。茅盾认为这是"左联"关门主义的一种表现（《"左联"前后——回忆录（十二）》），而有的研究者则认为这是冯雪峰的特意安排。中共领导的中国左翼作家联盟，是由党派

① 《茅盾全集》第 34 卷（《回忆录一集》），人民文学出版社 1997 年版，第 440—441 页。

冯雪峰和上海作家联系后酝酿成立的。叶圣陶与冯雪峰有师生之谊。1921年10月，叶圣陶在杭州第一师范任教时，冯雪峰是一师的学生。“左联”成立之前，冯雪峰确曾跟叶圣陶说过不加入“左联”对工作更为有利的话，有人据此认为这是“左联”有意的安排①；而照茅盾的推断，冯雪峰的“解释”则是他个人说的安慰话，并不代表“左联”。

作为我党的“最早的一批党员之一”②，以及中国左翼作家联盟的组织者，茅盾的话是可信的。自“革命文学”论争以来，叶圣陶一直处在“赤者嫌其白，白者嫌其已赤”的尴尬境地。“革命作家”批判过他。“左联”成立前夕，“赤色作家”钱杏邨在1930年2月10日出版的《拓荒者》第二期发表《创作月评》，批评叶圣陶的童话《古代英雄的石像》和《书的夜话》，他说：

> 《古代英雄的石像》，……所缺陷的是，灰色伤感的气分，依旧是反映在他的作品之中。在大小石子的对话中，虚无的倾向，也还偶然的存在。《书的夜话》是用着伤感的情调，讽刺一般囫囵吞枣，专读死书，或者也可说是把知识商品化了的人们。虽然也曾内含了一些启发的意义，但从正面送出来的，不免是承继着他过去的悲观的基调，只有阴暗的叹息。

---

① 吴泰昌：《从郑振铎、叶圣陶没有参加“左联”谈起》，吴泰昌著：《艺文轶话》，安徽人民出版社1981年版。

②《在沈雁冰同志追悼会上胡耀邦同志致悼词》，《新文学史料》1981年第2期。

重弹两年前冯乃超《艺术与社会生活》[①]一文中的老调，称叶圣陶“是中华民国一个最典型的厌世家”，这或许就是“革命作家”不赞成叶圣陶参加“左联”的理由了。1930年5月初，有人假冒“左联”的名义，向包括叶圣陶和郑振铎在内的一批大学教授“下警告”，扬言要批斗他们。为了澄清事实，“左联”于5月11日特地给叶圣陶、郑振铎等人写了回信，信中说：

> 本联盟是由思想倾向及对革命有一致态度的作家组织的，它的任务，在国际资本主义日趋崩溃而无产阶级起来求解放的现在，当然是求无产阶级革命的成功；更具体的说，在文学的领域上，时时刻刻为无产阶级的解放而斗争。因此我们对于文艺现象一切的反动的倾向是不放弃我们斗争的责任。然而，斗争只是光明正义的理论斗争，绝对不用偷偷摸摸的卑污手段。最近听说有人假冒联盟名义向先生们警告，这样的事情不但是超出本联盟的工作范围，而且，反乎本联盟的精神。恐诸先生为反宣传所欺骗，谨此通知。[②]

语气生硬，颇有居高临下的架势。假如叶圣陶和郑振铎真的是“左联”有意安排在外围的“革命作家”，是不会用这种方式来答复的。1931年8月中旬，叶圣陶又收到一封署名“左联”的信，信中说：

---

① 《文化批判》创刊号，1928年1月15日。

② 《巴尔底山》第1卷第5号，1930年5月21日。

编辑先生：我们以最和平的态度谨致忠告，希望贵社能以三分之一的篇幅登载关于苏联的论文及文艺作品，并须于最近一期开始，否则即以手榴弹投入，我们已经到了使用暴力的时代了。

左联（A3）八，十一

这封信故意署了“A3”这样似乎很神秘的代号，以便让人觉得真的是“左联”的人干的，显然是别有用心的人要的阴谋。对此，“左联”也以秘书处的名义写了《左联启事》[①]，戳穿谣言。《左联启事》写道：

……关于此信，我们从种种方面观察，认为系民族主义文艺派的诡计，其用意所在，一望即知。兹特在此郑重声明，本联盟绝未发出此项信件，且绝对无此种意思。盖惟理论上不能胜人者，方乞灵于武力；马克思主义文艺理论，今已深入人心，虽因白色恐怖之严厉，并不减其暗中的活跃。反之，民族主义文艺派则常凭借武力以救其理论上之末路。如本联盟刊物及联盟员之屡受禁止逮捕屠杀，及社会上中间作家之受恫吓，皆其明证。

假如叶圣陶果真是“左联”在外围的“革命作家”，也就用不着这么郑重其事地发表“启事”了。1934年，“左联”在给驻莫斯科代表萧三的信中承认犯了“关门主义”和“宗派主义”的错误，使“许多有影响的作家仍然站在共同的战线之外”，这中间无疑也包括了叶圣陶。不过，

① 《文学导报》第1卷第4期，1931年9月13日。

叶圣陶生前谈起这些往事时说，他并没有把冯雪峰的“解释”看得特别重要。叶至善在谈起这件事的时候也曾说过：“我父亲的组织观念一向不是很强的。他认为应该做的就做，不一定要参加组织。”① 20世纪30年代，叶圣陶的确做了很多工作，至少可以列出以下若干项。

1930年9月17日，参加“鲁迅五十生辰纪念会”，叶圣陶和与会者每人集资三元，设晚宴为鲁迅祝寿。鲁迅9月17日日记载：“友人为我在荷兰西菜室作五十岁纪念，晚与广平携海婴同往，席中共二十二人，夜归。”9月20日致曹靖华信中又说：“前几天有几个朋友给我做了一回五十岁的纪念，其实是活了五十年，成绩毫无，我惟希望就是在文艺界，也有许多新的青年起来。”据9月21日中共中央机关报《红旗日报》报道，这次纪念会由柔石、画室（冯雪峰）、冯乃超、蔡咏裳、董绍明、许广平等发起，参加者除“左联”“社联”“美联”“剧联”代表外，还有叶绍钧、傅东华、茅盾、史沫特莱等三十余人。首由柔石致开会辞，接着是各左翼文化团体代表讲话，继由史沫特莱演讲，末由鲁迅致答辞。据史沫特莱后来回忆，这次纪念会是通过她租借了法租界吕班路（今重庆南路）五十号荷兰西菜室，以秘密方式举行的。“被请的一百个左右的男女正是‘危险分子’的代表人物”，他们“川流不息地到来”，挤满在花园中，当暮色开始下降时，一半客人已经走掉。晚宴过后，宾主作了热烈、恳切的祝词。发言的代表有的报告国民党的监狱摧残革命者的情况，有的报告革命根据地的成长和“秋收暴动”的经过。一位青年女作家，情不自禁地向鲁迅呼吁，希望他做左翼作家联盟

① 叶至善1985年6月2日致作者书。

及左翼艺术家联盟的保护者和盟主。鲁迅自始至终专心地倾听着，最后他在答谢讲话中回顾了自己五十年来所走过的道路，谈到现在被人要求出来领导普罗文学运动，并且还有一些年青的朋友坚决请求他做一个普罗作家时，鲁迅表示："他若真装做一个普罗作家的话，那将是非常幼稚可笑的事……他也不相信中国的青年知识分子，没有经验过工人和农民的生活、希望和痛苦，便能产生普罗文学。创作只能从经验中跃出来，并不是从理论中产生出来的。""可是不管这一切，他将继续把西洋文学及艺术中最优秀的作品搬置到中国青年的面前。他是愿意去帮助和领导中国的青年的，或是，正像旁人所请求的那样，作他们的盟主。可是，保护他们呢？即使是最温和的社会文学也被当作罪恶，在这种统治下，谁还能保护他人呢？作为一个盟主，他督促青年知识分子去和工人农民共享他们的生活，从他们的生活中提取材料，从西洋的文学和艺术中学取形式"。在这次纪念会上史沫特莱为鲁迅摄影，载次年 1 月出版的美国《新群众》第六卷第八期。[①] 1931 年 11 月鲁迅翻译法捷耶夫的《毁灭》出版之后，给叶圣陶送了一册，还附了一封信："聊印数书，以贻同气，亦相濡以沫之意耳。"叶圣陶说："那时候看到'相濡以沫'这四个字，首先想到的是鲁迅先生抓住了时代的特征：相识的不相识的许许多多朋友如今不正像《庄子》里所说的'泉涸，鱼相与处于陆'的鱼吗？《庄子》的作者认为这许多'处于陆'的鱼'相呴以湿，相濡以沫'并不足取，要'相忘于江湖'才好，鲁迅先生却赋与'相濡以沫'积极的意义，认为吐出唾沫来沾润沾润总有好处：这是第二层。再一层是这

① 参见鲁迅博物馆鲁迅研究室编：《鲁迅年谱（增订本）》第 3 卷，人民文学出版社 1981 年版，第 230—231 页。

个‘相’字值得仔细体会。唾沫要大家吐，不能我吐你不吐，唯有大家吐，沾润才是可能的。这可以想见鲁迅先生对‘同气’的殷切的期望和策励。”① 而叶圣陶正是鲁迅信得过的“‘生的意志’的强固和‘群的联系’的强固”的“同气”。

1931 年 1 月 19 日凌晨，胡也频与“左联”的李求实、柔石、殷夫、冯铿等被公共租界捕房与上海市警察厅组成的联合行动队逮捕，叶圣陶参与了营救的一系列活动。

1931 年 12 月 19 日，“文艺界反帝抗日大联盟”在沪成立，叶圣陶为发起人之一。翌年 2 月 4 日，与鲁迅、茅盾、胡愈之等四十三人联名发表《上海文化界告世界书》② 和《为抗议日军进攻上海屠杀民众宣言》，抗议日本帝国主义侵略上海，制造“一·二八”事变的暴行，表示“坚决反对帝国主义瓜分中国的战争，反对加于中国民众反日反帝斗争的任何压迫，反对中国政府的对日妥协，以及压迫革命的民众”。呼吁全世界的无产阶级和革命的文化团体及作家们，“立即起来运用全力，援助中国被压迫民众，反对帝国主义瓜分中国的战争，反对日本帝国主义惨无人道的屠杀，转变帝国主义战争为世界革命战争。打倒日本帝国、国际帝国主义!”

1932 年 12 月，与鲁迅、茅盾、夏丏尊、胡愈之、郁达夫等联名发表《中国著作家为中苏复交致苏联电》③，电文中说：“苏联和中国现在恢复邦交了！我们相信两国人民中间的友谊从此能够更加进步。一年以

---

① 叶圣陶：《“相濡以沫”》，《人民中国》（日文版）1976 年第 3 期。

②《文艺新闻》之战时特刊《烽火》第 2 号，1932 年 2 月 4 日。

③《文学月报》（周扬主编）第 5、6 期合刊，1932 年 12 月 15 日。

来，日本帝国主义武力侵占我们的东三省，国际联盟的列强始终袒护日本，并且在幕后密谋瓜分中国共管中国了；中国人民已经认清了国际帝国主义的真面目，同时更加认清了苏联的和平主义。只有苏联是被压迫民族的真正朋友！这次中苏复交就是中国民众热烈期待的结果。”又说：“全中国久受帝国主义文化侵略的被压迫民众，正热烈地需要着苏联的和平的创造的新文化以为努力的借镜”，“在庆贺中苏两国人民从此更能增进友谊这当儿，从事文化工作的我们更热烈地盼望中苏两国的作家以及一切文化工作者在反对帝国主义文化的战线上亲密地携手!”

1933年1月，加入由宋庆龄、鲁迅、蔡元培、杨杏佛等组织的中国民权保障同盟。

1933年5月14日晚，丁玲、潘梓年被国民党当局拘捕。叶圣陶与蔡元培、胡愈之、洪深、邹韬奋、郁达夫、陈望道、柳亚子、夏丏尊等三十九人致电南京政府行政院长和司法行政部长，请查明并释放丁玲、潘梓年。[①] 叶圣陶还参与组织募捐营救丁、潘。丁玲也曾把获释的希望寄托在叶圣陶身上。宋建元撰写的《丁玲评传》中说：“1933年5月14日，丁玲被国民党特务绑架，旋即押赴南京囚禁。在押赴南京的火车上，丁玲利用上厕所的机会，用燃烧过的火柴棒在一块纸片上写了几句话：‘呼请仁人君子把拣到的另一封短简寄到上海开明书店叶绍钧收’，在给叶绍钧的短简里只说她被绑架到南京，署名‘冰’。她把纸条和信用手绢包着，里边又包了四元钱，是给拣信人的报酬，从便盆中投出去。她希望能把她被绑架的消息传出去。但并无反响。此信未能传到叶

---

①《蔡元培等电京营救丁潘》，《申报》1933年5月24日第3张。

圣陶手里。”①

1933年5月，与鲁迅、茅盾、郁达夫、丁玲等联名发表《为横死小林遗族募捐启》②。“捐启”中说：“日本新兴文学作家小林多喜二君，自‘九一八’事变后即为日本国内反对侵略中国之一人。小林君及其同志的活动，不但广布于日本劳苦大众间，更深入于日本的海陆军。因此深受日本帝国主义的畏忌，必要杀之。小林君及其同志在严重的白色恐怖下犹复努力进行反抗日本军阀的工作。日本警察探网密布，终于在本年二月二十日，侦得小林潜藏的所在而加以逮捕，沿途殴打，未到警察所而小林已被打死。小林君生前著有《蟹工船》，中国早有译本，我著作界同人当亦久闻其为人。现在听得了小林君因为反对本国的军阀而遭毒手，想亦同深愤慨。小林君故后，遗族生活艰难，我们因此发起募捐慰恤小林君家族，表示中国著作界对小林君之敬意。”小林多喜二有年老的母亲，确是需要慰恤的。“捐启”揭露了野蛮入侵中国的日本军国主义政府对国内人民的统治也是极为凶残的，同时从精神上道义上声援了日本人民和日本革命作家的斗争。

1933年6月18日，人权保障同盟总干事杨杏佛被国民党特务暗杀于上海法租界亚尔培路。叶圣陶参加了杨杏佛入殓、吊唁及葬仪。

1933年8月，与鲁迅、茅盾、郁达夫、田汉、巴金等联名发表《中国著作家欢迎巴比塞代表团启事》③。“启事”中说：“自‘九一八’事变以后，日本帝国主义掠夺我东北四省，侵凌内蒙华北，飞机大炮毒

① 宋建元著：《丁玲评传》，陕西人民出版社1989年版，第132—133页。

② 北平“左联”机关刊物《文学杂志》第2号，1933年5月15日。

③ 上海《大美晚报》1933年8月16日。

瓦斯时时在毁灭吾中国民族之生存。暴日既已在华取得优先地位，国际帝国主义瓜分中国战争之危机遂愈迫。世界反战会议此次特在上海召集，其意义即在于号召世界民众——尤其中国民众反对帝国主义大战及瓜分中国的战争；并同时派遣巴比塞代表团调查日本帝国主义暴行。同人等对此伟大的世界反战会议，对此主持正义的巴比塞代表团，极端表示拥护。当此反战会议即将于九月初开幕，各国代表团纷纷来沪之时，谨表示欢迎。”

1935 年 4 月 20 日，《福建日报》透露有叛徒向国民党供出瞿秋白，瞿已经被俘的消息。5 月 11 日，国民党中央机关报《中央日报》以头版醒目篇幅正式公布了秋白被捕的消息。同日，《大公报》《华侨日报》等也作了报道。这个不幸的消息震撼了每一个同情革命的人。叶圣陶早在“民国十一二年间”就认识瞿秋白，常在郑振铎的“寓所里碰见”，瞿秋白也“给《中学生》写过稿子”。[①] 叶圣陶清楚地知道，瞿秋白只要一旦暴露在极端残忍的反动派面前，是几无生存的可能的。6 月 9 日，《大公报》又报道了“瞿秋白将予枪决”的消息。6 月 10 日《中央日报》《申报》等也都刊登了“蒋批示枪决，将就地执行”的消息。瞿秋白是 6 月 18 日被害的。6 月 19 日《中央日报》就发布了消息。7 月 5 日的《申报》上，刊载了瞿秋白就义的详细消息。在这前后，鲁迅与茅盾、郑振铎正式商量编印瞿秋白遗著的事，叶圣陶也参与商量。鲁迅说：“我们都是秋白的老朋友，就由我们来带个头吧。秋白这本书，书店老板是不敢出的，我们只能自编自印。自编容易，只要确定个编选范

① 叶圣陶：《回忆瞿秋白先生》，《叶圣陶集》第 6 卷，第 324 页。

围。自印却需要解决两个难题：一个是经费，书的印刷、装帧必须是第一流的，而印数又不可能多，所以成本一定高，目前先得垫出钱来；另一个是印刷，要找个肯印刷的地方。”商量的结果是：“经费可以在朋友、熟人中间筹集”，印刷由开明书店的美成印刷所承担。8 月 6 日晚，由郑振铎出面设一次家宴，把捐款人请来，一是秘密哀悼秋白烈士，同时也就正式议定编印瞿秋白遗著之事。一共来了十二个人，据茅盾回忆，除鲁迅与广平外，还有胡愈之、叶圣陶、陈望道、章雪村、徐调孚、傅东华等。“大家回忆起瞿秋白当年的音容笑貌，不免凄然。”① 这次聚会后，鲁迅像怀中揣着一团火似的，扶病为烈士收集整理文稿。郑振铎留存下来的一份认捐名单，计开明书店叶圣陶、徐调孚、章雪村、宋云彬、夏丏尊各捐十元，王伯祥、丁晓先各捐五元；暨南大学的傅东华、吴文祺各捐十元；胡愈之与耿济之各捐五十元；陈望道捐十元。鲁迅并拟定了书名叫《海上述林》，取述而不作之意，显得相当“雅”。鲁迅又提议出版时具名“诸夏怀霜社”，也很古奥，“诸夏”即中国，“怀霜”即怀念秋白，因为秋白原名瞿霜，秋白是他的号，而这是只有秋白的老友才知道的。《海上述林》由开明书店的美成印刷所排印，这在当时也是要承担风险的。而瞿秋白留下遗嘱，让杨之华将他的“一些材料”交给叶圣陶“作小说”②，也能看到彼此间的情谊。

1936 年 3 月“左联”解散之后，叶圣陶加入中国文艺家协会，并担任理事。9月中旬，和鲁迅、郭沫若、巴金、王统照、包天笑、沈起

---

① 茅盾：《我走过的道路·一九三五年记事》，《茅盾全集》第 35 卷，人民文学出版社 1997 年版，第 26 页。

② 叶圣陶：《回忆瞿秋白先生》，《叶圣陶集》第 6 卷，第 324 页。

予、洪深、林语堂、茅盾、陈望道、夏丏尊、周瘦鹃、谢冰心、张天翼、傅东华、郑振铎、郑伯奇、黎烈文、赵家璧、丰子恺等二十一人代表文艺界发表《文艺界同人为团结御侮与言论自由宣言》①。宣言全文如下：

日本帝国主义之侵略，日甚一日，亡国之祸，迫在眉睫，东北四省既早已沦陷，华北五省与福建又危在旦夕。然而我国各派当局，至今犹未能顺应全国民众之要求，从事实上表示团结御侮之决心。

在此时会，我们所愿掬诚为国人告者：对时局，我们要求政府当局加紧全国的缉私运动，竭力援助东北义勇军，严命冀绥当局坚决保持华北各项主权，并尽量资助华北国军物质上的缺乏。我们要求政府对北海事件与成都事件之交涉，不作妥协之让步，对绥东伪军之侵扰与北海日舰之威胁，迅速以实力应援各该地方之爱国军事长官。

我们希望全国民众尽力参加并辅助政府的缉私工作，援助东北义勇军，加紧一切救国运动。

我们是文学者，因此亦主张全国文学界同人应不分新旧派别，为抗日救国而联合。文学是生活的反映，而生活是复杂多方面的，各阶层的；其在作家个人或集团，平时对文学之见解，趣味与作风，新派与旧派不同，左派与右派亦各异，然而无论新旧左右，其

① 《新认识》第1卷第2期，1936年9月20日。

为中国人则一，其不愿为亡国奴则一；各人抗日之动机或有不同，抗日之立场亦许各异，然而同为抗日则一，同为抗日的力量则一。在文学上，我们不强求其相同，但在抗日救国上，我们应团结一致以求行动之更有力。我们不必强求抗日立场之划一，但主张抗日的力量即刻统一起来。

为民族利益计，我们又甚盼民族解放的文学或爱国文学在全国各处风起云涌，以鼓励民气，我们固甚盼全国从事文学者能急当前之所应急。但救亡之道初非一端，其在作家亦然。故在文学上我们宁主张各人各派之自由发展，与自由创作。

其次，我们主张言论的自由，急应争得。言论自由与文艺活动的自由，不但是文化发展的关键，而在今日更为民族生存之所系。国民自由发展其救国意见，文学者自由发表其救国文艺，在今日已不仅为人民之权利，亦且为人民应尽之天职。除非不要人民爱国，否则，予人民发表救国意见之自由，在今日实属天经地义，无可怀疑。因此我们要求政府当局，即刻开放人民言论自由，凡足以阻碍人民言论自由之法规，如报纸检查、刊物禁扣等，应立即概予废止。我们深信唯有言论自由，然后能收全国上下一致救国的效果。我们敢吁请全国的学者，新闻记者，作者与读者，一致起而力争言论自由，促其早日实现。

宣言“主张全国文学界同人应不分新旧派别，为抗日救国而联合。……在文学上，我们不强求其相同，但在抗日救国上，我们应团结一致以求行动之更有力。我们不必强求抗日立场之划一，但主张抗日的力量即刻统一起来”。包天笑等鸳鸯蝴蝶派通俗作家亦列名其中，这标志着文艺界抗日统一战线的初步形成。夏衍在《懒寻旧梦录》中说：“这个宣言是第一次国内革命战争时期文艺界第一个大联合、大团结的文件，在现代文学史上，应该说是有很重要意义的。”叶圣陶是文艺界大联合、大团结的促进派。他在《现势与文学》① 一文中说：“最近文坛上标榜着两个口号，一个是‘国防文学’，一个是‘民族革命战争的大众文学’，经过了详尽的讨论，许多文学家都认为二者可以并存。预料最近的将来，在这两个口号之下，文学将是民族解放斗争中一股巨大的力量，不亚于精强的武力”，祝愿文艺界创作出“反帝”“反封建”的“伟大的作品”，激励民众“抗日作战的意志和万众一心的气概”，表现了一个文艺战士高尚的情操和宽广的襟怀。“国防文学”和“民族革命战争的大众文学”这两个口号“可以并存”，这就是叶圣陶在沸沸扬扬、几成对垒的两个口号论争中唯一的表白，他一向以大局为重，以团结为重。

二、“文章病院”与讨蒋檄文

1931 年 1 月，叶圣陶辞去商务印书馆的职务②，到开明书店当协理，主编《中学生文艺》和《中学生》杂志。《中学生文艺》创刊于 1930 年冬天，每年出一册，1934 年改为半年刊，自 1935 年始改为季刊，专门刊登青年学生写的“文艺短论”“小说”“随笔”“游记”“诗

① 《中学生》1936 年 11 月号“卷头语”。
② 《叶圣陶启事》，《妇女杂志》第 17 卷第 2 号，1931 年 2 月。

歌”“戏剧”“读书笔记”，叶圣陶在为该杂志写的介绍辞中说：《中学生文艺》“是中学生的好伴侣，是中学生的攻错石，是青年文艺的渊海，是青年心理的镜子”。《中学生》杂志创刊于1930年1月，起先由夏丏尊主编，他在《发刊辞》中说：

> 合数十万年龄悬殊趋向各异的男女青年于含混的“中学生”一名词之下，而除学校本身以外，未闻有人从旁关心于其近况与前途，一任其彷徨于纷叉的歧路，饥渴于寥廓的荒原，这不可谓非国内的一件怪事和憾事了。
>
> 我们是有感于此而奋起的。愿借本志对全国数十万的中学生诸君，有所贡献。本志的使命是：替中学生诸君补校课的不足；供给多方的趣味与知识；指导前途；解答疑问；且作便利的发表机关。

《中学生》杂志自始就像和煦的春风，熏沐着“年龄悬殊趋向各异”的读者。自1931年3月号（总第十三号）起，改由叶圣陶主编，唯一的助手就是他的夫人胡墨林。叶圣陶在介绍辞中说：《中学生》“充满着进步的、活跃的精神”，是中学生“生活上的密友，课外的知识库”，是“为中学一切利益而努力的刊物”。他“每天看几十封来信”，从而能准确地“把握住青年人的情绪和需要”，使《中学生》“紧密地渗透在那个时代青年人的生活、知识与思想当中”。[①] 他在谈到主编《中学生》的体会时说：我只觉得自己是融和在青年的队伍里；“融和在青年的队伍

① 王天一：《你所知道自己》，《中学生》1946年8月号。

里是我们的安慰，跟并世的青年心心相通是我们的欢快，所以我们不怕阻碍和困难”①。数以万计的学生家长把《中学生》称为“子弟杂志”，把主编《中学生》的夏丏尊和叶圣陶称为中学生的“保姆”；青年学生把《中学生》称作“课馀良伴”，把夏丏尊和叶圣陶推崇为他们最敬佩的良师益友。叶圣陶则以《中学生》为园地，给“数以万计的中学生”提供精美的精神食粮；又以《中学生》为课堂，指导青年学生“怎样学习，怎样做人，怎样了解时事，怎样认识我们民族的危机和将来努力的途径”②，懂得如何去“爱”，如何去“恨”。值得介绍的专栏有很多，这里说说“文章病院”。

《中学生》1932 年 2 月号开设了“文章病院”专栏，“把看到的病的文章一字一句的来下诊断治疗的工夫”，“把文病指示给初学作文的人，叫他们不要重蹈覆辙”③。首批“收容”诊治的“病患者”是：《第一号病患者——辞源续编说例》《第二号病患者——中国国民党第四届第一次中央执行委员会全体会议宣言》《第三号病患者——江苏省立中等学校校长劝告全省中等学校学生复课书》。叶圣陶在《〈文章病院〉规约》中说：“本院只诊治病患者本身——文章，对于产生文章的作者绝不作任何评价，毫无人身攻击等卑劣意味。”1933 年 1 月号《中学生》收容了第二批“病患者”，即《第四号病患者——今后申报努力的工作》，叶圣陶在《编辑后记》中说：

① 王思澍：《我也是〈中学生〉的老朋友》，《中学生》1946 年 5 月号。
② 觉民：《我和〈中学生〉》，《中学生》1946 年 1 月号。
③ 霜香：《文病枝谈》，《中学生》1947 年 1 月号。

去年本志二月号曾刊载“文章病院”一次，颇得到读者界的赞许。说，“国文教师因为学生的文卷太多，总不能像这样仔细批改；而学生的文字确需要这样仔细批改，使他们知其然又知其所以然；否则第一回错了，经先生改正，第二回还是错，大家白费心力。‘文章病院’里所批改的文字诚然不是学生写的；但学生知道了人家的错误，又知道了这些错误应该怎样改正，到自己动手的时候，也就不会犯这些错误了。‘文章病院’功德无量呀！”听到这样的赞许，我们一方面感到惭愧，一方面更欲奋勉。只因琐事较多，又恐引起误会（我们录人家的文字原不过取来作例，若被认为别有用心，岂不就引起误会了?），所以不曾续作。但是，读者来信要求续作的事实在太多了；我们对他们差不多负有一种责任，再不能贪图省事，顾虑旁的。于是，“文章病院”又在这一册里出现了。以后虽未必能每期都有，但决不致像去年那样间断到八期之久，这是可以预告的。

《编辑后记》重申了《〈文章病院〉规约》中只“诊治”文章的“病状”，纯属“写作技术”。1933 年 5 月号《中学生》收容的第三批“病患者”是《第五号病患者——初级中学国文教本编辑条例》和《第六号病患者——禁运军火案》。这六位“患者”中，叶圣陶“诊治”了三位，即《第一号病患者——辞源续编说例》《第二号病患者——中国国民党第四届第一次中央执行委员会全体会议宣言》《第四号病患者——今后申报努力的工作》。给“文章”治病，不能不牵及“作者”。语言问题终究还是思想问题。在“诊治”国民党四届一次全会宣言时，叶圣陶抓住“病患者”欲盖弥彰、不能自圆其说的段落，寻根刨底，揭开“病”因。1931年12月23日，国民党召开了中央四届一次全会，全会的宣言在谈到“党”的任务时说：

> “一致对外”为本党与全国人民共同之呼声。大会认为尚有急需注意者。国内生产日渐衰落。因生产衰落而社会经济逐渐崩溃。因社会经济逐渐崩溃而失业日多。因失业多而赤匪之焰张……

这段话显然是国民党反动政府“消极抗战”的辩护词，也是实行“军事围剿”和“文化围剿”的动员令。叶圣陶从写文章的常识讲起，从宣言前后不连贯的地方切入，揭露国民党反动派的用意。他在“诊治”时说：

> 这里“国内生产日渐衰落”一语非常突兀。要说“日渐衰落”，前面就不能不说出原因，下文说“逐渐衰落”，说“日多”，说“更益衰落”，前面都说出原因，便是明证。再设一个譬喻：遇见一个朋友，突然对他说道，“我的身体日渐衰弱”，朋友必将问道，“为什么呢?”这就因为没有说明身体日渐衰弱的原因。如果说明因为什么什么病，故身体日渐衰弱，朋友就明白了，不会再问了。生产衰落岂是无因的呢？就常识着想，这里大可说我国因帝国主义之侵略与连年不息之内战，而“生产日渐衰落”。……这样，至少在文字上是过得去了。

这显然是在启发读者深思：既然“帝国主义之侵略与连年不息之内战”是导致“国内生产日渐衰弱”的原因，宣言不讲“一致对外”，反倒强调“赤匪之焰张”是“急需注意者”，这样做居心何在？看起来，叶圣陶的确是在“剖析文章本身的毛病”，但锋芒所向却是国民党反动派投降卖国的嘴脸。

20世纪30年代的上海，是“围剿”与“反围剿”斗争最激烈的前沿阵地。和所有的进步人士一样，叶圣陶面对的是“流氓、侦探、走狗、刽子手”，敢于向国民党中央全会的宣言开刀，是要有胆量的。叶圣陶还在《中学生》1933年5月号“卷头言”《五月》中，指名道姓地抨击蒋介石。文章在谈到“国耻”时说：

讲到“国耻”，最近两年来我们所经受的可谓“耻”到极顶。国土失去了四省！同胞被杀戮的不计其数！若与“五三”“五七”“五九”“五卅”那些事件相比较，那些事件将见得轻微不足道。可是反而不见有将定一个日子，题上“国耻”字样的事情。这大概因为可指的日子太多了，除非统而言之曰“国耻年”，不然便没有办法的缘故吧。

最近秦皇岛又失陷了，据报纸记载，“我军安全退出”。这教人啼笑俱非的“安全退出”四个字，与张学良的失志不抵抗，汤玉麟的存心放弃热河，中央政府的满口“整个计划”“全盘计划”而终于没有什么计划，具有同等的激刺力。北平的古物是三批四批地搬到南边来了，教育当局命令北平各校把图书、仪器也搬走。大概敌军到什么地方，什么地方的“我军”就“安全退出”；这是真正的

“整个计划！”至于古物、图书、仪器、“我军”之外的其他，那是不在“计划”之内的，被宰割，被毁灭，由他们去吧；这是“整个计划”的附则！

4 月 12 日，各报都载着军事委员长蒋介石在南昌对各将领的演说词，中间有这样的话：“在匪未剿清之先，绝对不能言抗日，违者即予最严厉处罚。”而行政院长汪精卫氏最近到上海时的谈话，则谓“言战则有丧师失地之虞，言和则有丧权辱国之虞，言不和不战，两俱可虞。所以现时置身南京政府中人……无异投身火坑一样。”这都是坦白的话，痴心妄想地希望出兵收复失地的人可以取来参考的。

现在逢到五月里的几个纪念日，我们不禁起如下的感想。袁世凯和曹、陆、章之流受民众的诛罚固然不见苛刻，然相形之下，他们未免冤屈了。这是一层。所谓“国耻”者，到底纯由帝国主义给予我们的呢，还是帝国主义之外，尚有给予我们“国耻”者在？这在今天特别需要研讨。否则“多难兴邦”呀，“知耻近乎勇”呀，全是自骗自的梦呓；现在是“国耻”，将来将没有连得上“耻”字的国！这是又一层。

“给予我们‘国耻’”的是国民党反动派。国民党反动派的罪孽，比卖国贼袁世凯、曹汝霖、陆宗舆、章宗祥之流还要深重得多。“现在是‘国耻’，将来将没有连得上‘耻’字的国”，这其实是在骂蒋介石卖国、丧国，倾诉着作者对于民族前途和命运的忧思。

三、抨击“尊孔读经” 推崇“固有文化”

1932年年底，国民党教育部颁布《高级中学普通科课程标准》，明确规定毕业最低限度的第四条为：“能自由运用语体文及平易的文言文作叙事、说理、表情、达意的文字。”于是，雕琢的、铺张的、艰涩的文言文恢复了社会宠儿的地位。1933年6月，广东军阀陈济棠提案：各学校应该注重读“四书五经”，每周至少在六小时以上，还要青年读《孝经新诂》。报纸特撰评论，说“自北大所谓新潮流发生之后，斥经书为死物，詈礼教为桎梏”，“于文字则尚白话”，“然行之数年，黉舍中之课艺，求一文从字顺者不可或得；而礼教既倒，共产党乃遍于中国矣”，为陈济棠的提案喝彩。1934年2月19日，国民党政府下令尊孔，规定8月27日为孔诞纪念日。五四新文化运动中，自吴虞提出“打倒孔家店”的口号后就交了倒运的孔老夫子，至此又复吉星高照，被抬上了祈求国泰民安和世界和平的祭坛。这年5月，国民党中央政治学校教授汪懋祖在《时代公论》上发表《禁止白话与强令读经》，迎合政府的旨意，鼓吹“复兴文言”，攻击白话文，胡说什么恢复“礼义廉耻忠孝仁爱”必须仰仗“文言运动”之大力，“文言兴，白话亡，国德不被土苴视之，而后国强”。1935年2月，江亢虎等在上海发起以“保存汉字保存文言为目的”的“存文会”，与汪懋祖相唱和，宣传“旧文化”。在他们的鼓噪下，读载道的经世名文，写载道的经世名文，禁授白话，采用文言，成了施教要政。1937年2月，湖南军阀何键在国民党三中全会提出“明令读经”的议案，主张自小学起至中学十二年间，先读《孝经》《孟子》《论语》《大学》《中庸》，“尊孔读经”“复兴文言”成了医治百孔千疮的中国社会的“特效的药石”。写文言文，写旧体诗，随意曲解儒家学说，呜呼噫嘻地应声学舌，成了时尚。

1933年春，上海市中学毕业会考高中部国文科的题目是《礼义廉耻国之四维论》，赵遂之拔得头筹，请看他的“优秀试卷”：

礼义廉耻国之四维论

盖闻国之本在民，故观民风之美恶，可觇国运之盛衰。昔者管子曰：“礼义廉耻，国之四维；四维不张，国乃灭亡。”有旨哉，斯语也！盖治国者必先治民。民之相处也，不能无求，求而不得，则争端起矣；民之相处也，不能不交，交而不诚，则诈端起矣；民之相役也，不能无取，取而无节，则贪端起矣；民之相杂也，不能无别，别而不严，则无耻之端起矣。一国之民相争而不已，贪诈而无耻，则国且不国，其不底于灭亡者几希！故必有至人者出，制礼以止争，制义以化伪，劝之以廉，齐之以耻，然后国乃可兴焉。故曰“礼义廉耻，国之四维”，盖国之有此四维也：所以维民者也，所以维民使不争者也，所以维民使不诈者也，所以维民使不贪者也，所以维民使知耻者也。故国之有此四维也，若网之有纲，衣之有领，政治以之易行，风俗以之易化也。诗曰“泛泛扬舟，绋缅维之”，易曰“其亡其亡，系于苞桑”，言得其维者则昌，失其系者则亡也？呜乎！今之风俗日硗，四维废弛者久矣！有志者其亟起而图之。

这次“会考”，显然是在为“尊孔读经”推波助澜。“试卷”中所说的“交而不诚，则诈端起矣”（“义”）、“取而无节，则贪端起矣”（“廉”）、“别而不严，则无耻之端起矣”（“耻”），完全违背了“本相”的“礼义廉耻”。叶圣陶当即写了《“礼义廉耻国之四维论”》[①]，从评论“试卷”入手，指出赵文只注重形式的整齐，声调的铿锵，只是鹦鹉学舌般地重复了社会上流行的一些浅薄空洞的论调而已，使人“仿佛觉得听了那些到处皆是的谭派须生戏”；进而指出这样“变相”的“八股”，“单只是在会考的时候‘八股’一下还不要紧；倘若平日说话作文也是‘八股’，甚至思想行为无不‘八股’”，“我们实在有点觉得不寒而栗!”

众所周知，做八股文是“代圣贤立言”，是不准发表自己的意见的，正和优伶们袍笏登场一般。叶圣陶说赵文是“‘变相’的八股”，一针见血地揭穿了“尊孔读经”的实质。赵遂之非但不接受批评，反倒写信骂叶圣陶是“狂妄人”，吹嘘自己“尝诵十三经，涉猎二十四史”，文章字字“必出于己”。最后恶毒地说：“方今春寒料峭，先生固善于‘不寒而栗’者，愿善自卫，勿使新文坛又弱一个!”[②] 从赵的“试卷”和“通讯”可以看到，“尊孔读经”对于青年的毒害之深，看到20世纪30年代“读经”和“文言”的风气之盛。像赵文这类“‘变相’的‘八股’”，简直是“如雨后春笋似的萌芽起来”[③]。

面对来势汹汹的复古思潮，叶圣陶意识到“尊孔读经”，就是“要

① 《中学生》1934年3月号。

② 《通讯》，《中学生》1934年4月号。

③ 胡钟达：《语体文之防御战——读〈礼义廉耻国之四维论〉以后》，《中学生》1934年5月号。

把整个教育系统‘读经化’”，其目的就是要给青年“以无形的桎梏”，窒息他们的思想和自觉，使他们驯若羔羊，蠢如鹿豕，“不至于出什么乱子”，从而使统治者的“权势得以稳固，天下得以太平”①，于是奋起反击。他说，“不担负研究古代文化的责任”的“中等学校学生”不必“读经”，也不必“读古文”。那些还不知道“‘经’为何物”，却偏要教“中等学校学生”读经的政客、学者、教育家，是不惜“葬送”青年来维护“封建势力的篱笆”。他说：“古书是用古代的语文文字写成的，不容易读懂”；“古书未经整理，涉及学术思想大都杂乱无章，武断迷信，封建意识浓重，一般青年读者读了，非但得不到益处，还可能中毒受害”，像那些“政客、学者、教育家”一样，“自己陷在没落的退潮里，同时给前进的船加一点儿轻微的阻力罢了”。②

在抨击“尊孔读经”的同时，叶圣陶还不遗余力地反对“文言”和“旧瓶”。1934 年，汪懋祖的“文言复兴”论挑起了文言和白话的论战，形成了“大众语”“文言文”“旧白话文”三个阵营。“大众语”主张纯白，“文言文”主张纯文，“旧白话文”和当时流行的“语录体派”相呼应，主张“不文不白”③。叶圣陶是坚定的“大众语”派，他说语言和文字应该统一，口头怎么说，笔头就怎么写，提倡用语言来统一文字，写地地道道的白话文和新体诗，批评“练习文言文可以使文章更美丽或有力”、作“典雅”的文言文是引导学生向“高深”方面前进的模糊观念。当时，“旧瓶可以装新酒，新瓶也可以装陈酒”的说法颇为流行。

---

① 丙丞（叶圣陶）：《“读经”》，《中学生》1933 年 9 月号。

② 《杂谈读书作文和大众语文字》，《申报·自由谈》1934 年 6 月 25 日。

③ 南山：《这一次文言和白话的论战》，《中学生》1933 年 9 月号。

叶圣陶认为这些比喻是“不切当”的。他在《关于读古文》[①]一文中说：“酒和瓶是两种东西，而文章的外形与内含却有连带关系。用白话做的文章固然可以有理论和思想都很陈腐的，但用古文的格调写出来的文章决不能把现代的学术思想充分发挥。理由很简单：古人的语气不能表现现代人的说话；而古书里的辞汇也不够做写现代文的运用。”他还不无忧虑地说：

> 五四运动已经过去好多年了，一班在五四时代大声呵斥做古文或旧诗词者为迷恋骸骨的，或曾受五四的洗礼努力用白话写作而现在已成了名的，正在回过头来劝青年们多读《文选》一类的书，以增进写作的能力；或借旧瓶可以装新酒，新瓶也可以装陈酒的比喻，以为文章不必讲形式的新旧，很巧妙的把“白话”“文言”并为一谈。无论他们是真正的蒙昧或有意欺骗青年，在客观上不能不认为是时代的反动者。

在叶圣陶看来，在当时那个特定的时代，引导青年“写文言文”“写旧体诗词”，其结果只会是诱使青年“离开了现实，忘记了自己，而去想古人的想头，说古人的话语，作古人的文章”[②]，慢慢地昏睡下去，成为“毫无生气”的“弱虫”[③]。这些观点，在今天看来不无偏激之处（到了抗战期间叶圣陶也写旧体诗词，认为“旧瓶可以装新酒”），但在

---

① 补之（叶圣陶）：《关于读古文》，《中学生》1933年12月号。
② 《再读〈中学生的国文程度的讨论〉》，《中学生》1935年4月号“卷头言”。
③ 《又开学了》，《中学生》1936年9月号。

当年都出自“愿中国青年都摆脱冷气”的期望，都是热心肠的话。

20 世纪 30 年代，与“尊孔读经”“复兴文言”相对应的，是全盘否定“经”和“古文”的“左”倾思潮。叶圣陶既反对不加分析地把“经”奉为维系国运的“至宝”，也反对把儒家学说和“古籍”笼统贬斥为“坟墓”“骷髅”的“左”的虚无主义。他在《“读经”》一文中说：“所谓‘经’乃是古代的文化史料。在大学生及专门家，如果研究古代的文化，‘经’是必要的对象的一部分。研究者对于研究的对象是取客观的态度的，既不奉为神圣，也不‘斥为死物’，只还它个本来的面目。”他说中等学校学生不“读经”，不“读古文”，但也还有个了解和享受“固有文化”，接受“文化遗产”的问题。在谈及中学国文教学时，叶圣陶强调国文教材必须联系现实，使学生借国文的学习养成正确的人生观和世界观，深刻认识现实社会，以及时代和历史的动向；同时也阐述了让学生了解和享受“固有文化”、接受“文化遗产”的“深远的意义”，真诚地希望教师“从文学史的见地选授历代的名作”，让学生通过认真阅读优秀的文学作品发展阅读能力，增进表达自己思想感情的能力，知道中国文学的源流和演变，并从中领会“先民的伟大高超的精神”，学习“历代的精美的表现方法”，“以产生我们的新血肉”。[①] 这些精辟的论述，即便在今天看来也无懈可击。也正是出于要了解和享受“固有文化”，接受“文化遗产”的理念，叶圣陶和夫人胡墨林编纂了《十三经索引》，点校了“明代传奇之总结集、汲古阁后之最善本《六十种曲》”，和开明同人筹划出版了《二十五史》和旨在“补各史表的重

① 夏丏尊、叶圣陶：《〈文心〉（三十二）最后一课》，《中学生》1934 年 6 月号。

要著作总结集”的《二十五史补编》，对学术的研究和发展作出了重大的贡献。他在《〈十三经索引〉自序》中谈到编纂过程的艰辛时说：“历一年半而书成。寒夜一灯，指僵若失，夏炎罢扇，汗湿衣衫，顾皆为之弗倦。”这番话说出了他对于我国古代文化执着的爱，及其严肃认真的学术品格。

四、崇尚传统美德　宣传“人粹”

1934年2月，蒋介石为了加强独裁统治，在南昌行营发动了所谓“新生活运动”。这个运动，按照他在《新生活运动要义》里的解释是：“国家民族之复兴不在武力之强大，而在国民知识道德之高超”；“提高国民知识道德，在于一般国民衣食住行能整齐、清洁、简单、朴素，过一种合乎礼义廉耻的新生活”。他还解释说：“礼义廉耻者，就是规规矩矩的态度，正正当当的行为，清清白白的辨别，切切实实的觉悟。”联系当时“尊礼读经”的复古思潮，就不难看出，所谓“新生活运动”就是利用封建的道德与文化来麻醉人民群众；按照封建的“礼义廉耻”，把人民群众驯化为国民党政府的顺民和奴隶。在“新生活运动”的喧嚣声中，“新生活运动促进会”“新生活运动劳动服务团”粉墨登场，打着“道德救国”“人格救国”的幌子，鼓吹“道德”和“人格”，妄图把国人禁锢在“新生活”的怪圈里，沉寂下去。

叶圣陶抨击“新生活运动”，但对“中国固有道德”是非常推崇的。他总是追随时代发展的步伐，从服务民族、服务社会、服务民众的立场出发，不断地赋予“忠”“孝”“仁”“爱”“信义”“和平”以新的标准和内涵，激励人们更加严肃地面对国土日蹙、主权日损的现实，自觉地担负起“反帝抗日”的责任和使命，不做“弱民”，不做“顺民”，“决不屈辱”，“为自己，为自己所属的群图生存和发展”，“一刻不也容缓”地进行“坚强的应战”[①]。他在《不成问题的读经问题》[②] 中说我们现在仍然需要“忠”和“孝”，但“决不是《论语》所说的‘臣事君以忠’的‘忠’，《孝经》所说的‘身体发肤，受之父母，不敢毁伤，孝之始也’的‘孝’，而是对于国家和人民的忠诚和孝敬”。他还特别推崇儒家“仁者不忧，知者不惑，勇者不惧”，“好学近乎知，力行近乎仁，知耻近乎勇”的说教和美德，把“礼义廉耻”作为青年德业修养和优良习性的一项“理想”[③]。1931 年 11 月，叶圣陶送给青年的座右铭是“日本对我侵略的步骤”[④]。1937 年 6 月，他真诚地告诫青年“少读中国书，多读外国书；少捧国粹，多捧‘人粹’”[⑤]。叶圣陶在这里所说的“少读中国书”，主要是指“经”和“古文”。他说“国学”“国粹”“国故”这些名词“不合理”，“太笼统”，尤其是“国粹”，“以为我国固有的学问全是精粹，与别国不同”，“大有自尊和自夸的意味”[⑥]，但“先人之淑德嘉言，自当随时服膺”，我国历史上“足以模楷者，为数甚多，皆可垂型作则，为后辈师也”[⑦]。也正是出于要“多捧‘人粹’”的理念，《中学生》杂志特地开辟了“每月人物”专栏，每期介绍两位，一是外

① 《前途》，《中学生》1932 年 4 月号“卷头言”，未署名；收入《叶圣陶集》第 12 卷。
② 《中学生》1937 年 5 月号“卷头言”，署名编者；收入《叶圣陶集》第 11 卷。
③ 《生活管理与生活指导》，《中学生》战时半月刊第 40 期，1941 年 2 月 5 日。
④ 《中学生》1931 年 11 月号“编辑后记”。
⑤ 《中学生》1937 年 6 月号“编辑后记”。
⑥ 《“国学”入门书籍》，《中学生》复刊号第 92 期，1945 年 10 月 1 日。
⑦ 《不成问题的读经问题》，《中学生》第 75 号，1937 年 5 月 1 日。

国名家，一是中国“人粹”。以《中学生》杂志1935年1月号至6月号为例，介绍中国“人粹”的文章依次为《从李鸿章说到国难》（息予）、《明代畸人唐寅与徐渭》（张同光）、《颜习斋与李刚主》（王容）、《翁同龢》（宋云彬）、《屈原》（郭沫若）、《林则徐》（云彬），分别介绍李鸿章“在万难中艰苦奋斗的精神”；唐寅“明快的性格”，徐渭的耿直、豁达；颜习斋和李刚主“热烈的用世之志”，“在日常行事中求学问，耻以空言立教”；翁同龢在甲午战争时主张“对日用兵”、戊戌变法时“主张变法”，“跟着时代走”的“书生本色”；屈原“宏伟端直而又娓婉”的“气魄”；林则徐“不畏强御外”的伟美情操。这些文章激励青年服膺先人，珍惜年华，奋发有为，切不可消极苟安，悲观颓丧。叶圣陶自己也在《中学生》上先后发表了《书匡互生先生》①《悼匡互生先生》②《追怀李石岑》③《学习鲁迅先生的真诚态度》④等一系列宣传“人粹”的文章。匡互生是五四运动中火烧赵家楼的英雄。叶圣陶在《悼匡互生先生》文中颂扬他“勇往直前的精神”和“刻苦耐苦的习惯”。在《书匡互生先生》一文的结尾说：“我们的本意，无非希望诸君看了献身于中等教育事业的匡先生的事迹，能够有所感动，知道在中国的现在，有像匡先生这样的人正为着青年而献身，青年诸君不应该把自己看作无关重轻才是。”在《追怀李石岑》一文中，叶圣陶赞美李石岑“修己不懈，诲人不倦的精神”。叶圣陶钦敬鲁迅的“伟大”和“坚强”，认为只要

---

①《中学生》1932年7月号。

②《中学生》1933年4月号。

③④《中学生》1934年12月号。

“人人有了他那样的精神”，中华民族就会“真个得到解放”①，号召青年“学习鲁迅先生所具有的对任何事情都十分真诚的态度”，自觉地担负起“一份解放中国危难的责任”，做民族解放的“斗士”。

1937年初，蒋弗华在《学生与国家》杂志上发表了《青年思想独立宣言》，向全国文化界以至全体国人提出一个恳求：“停止一切制造名字、搬弄观念、歌颂偶像的工作，也停止一切足以诱发青年浅薄的感情，汩没青年的理性与自我的说教”，为的是使青年能有“独立的思想”，达到“真正的创造”。接着，朱光潜在天津《大公报》（4月4日）发表了《中国思想的危机》。他在这篇文章中说：“就一般人看，中国智识阶级在思想上现在所进的路只有两条，不是左，就是右，决没有含糊的余地”。他说现在有一种恶风气，以口号标语作防御战，已成为各党派的共同战术，而“受害最烈的”则“是青年人”。叶圣陶并不完全赞成蒋弗华和朱光潜的观点，认为“这两篇文章所指出的我国青年思想上的危机，是说得很抽象的，而且在观察上也许不免浅泛和狭隘的”，但这两篇文章“正触到了目前青年教育上一个重大的问题”，“青年诸君和教育青年的贤明师长，若能由此注意到当前这个重大问题，进一步加以深思，对于我们民族的前途，对于目前时代的演进，都是大有益处的”。② 叶圣陶在这里强调的是要帮助青年坚定志向。颂扬传统美德，“多捧‘人粹’”，无疑是对青年进行“志向”教育的一个有效的途径。

---

①《鲁迅先生的精神》，《生活星期刊》第22号，1936年11月1日。

②《青年的思想》，《中学生》1937年5月号“卷头言”；《中学生》1937年5月号“编辑后记”。

五、赞美“穿‘短打’之辈”　痛斥“学者”

1932年“一•二八”战争爆发前夕，上海笼罩在惊惶、紧张、恐怖、哀愁的气氛中，市民纷纷逃难，满载着铺盖的黄包车、汽车、搬场车，衔头接尾地涌向租界。叶圣陶出自对日本侵略者的愤慨，出自一个中国人的良知，竟想用不搬家来“抗议”。他在《战时琐记》[1] 中说：

> 一月二十五前后，闸北人家移居纷纷。我家不曾打算过搬。一则料定当局必将屈服，既屈服，总不会有事情了。二则也颇不以那些抱头鼠窜的人为然，祸患将至，什么也不想，只有一个逃，未免卑怯；我们若无其事，仿佛给他们一个抗议。但是到了二十八日下午三点过后，全里（景云里）差不多走光了。邻居周乔峰（建人）先生来说：“听说会冲突起来的，还是避避的好。”我们于是“动摇”了，扶老携幼走入租界。对于先前纷纷逃窜的人，我们是“五十步”。

“一•二八”战争的导火线是日本帝国主义一手策划的“日僧事件”，以日本僧人被殴打作为大规模入侵上海的借口。国民党当局媚颜屈膝，不折不扣地答应了日方提出的“对于被害者予以医药费及抚慰金”，以及一律取缔“排日侮日之非法越轨行动”等四项要求。“忍辱妥协”和

[1] 《文学月刊》第1卷第2期，1932年7月10日。

"不抵抗主义"非但没有"了事"，反倒助长了帝国主义张牙欲噬的野心。叶圣陶扶老携幼，刚刚跨进租界，战争就爆发了，"成群的飞机飞翔天空"，"无数的重炮接连开放"，"火是累日地焚烧，白天黑烟与阴云混合，到夜间红光满天，活跃的火舌历历可数"①。十九路军英勇抵抗，但当局抱定"不抵抗主义"，奉行"敌来则抵抗，敌去则不追"的被动政策，淞沪血战持续了一个月零数天就宣告"停战"，坐下来"和议"了。这一个月里，叶圣陶"每天徘徊街头"②，心里很不平静。他在 3 月 2 日给俞平伯的信中说：

……战事已逾一月，虽和议之说屡见，而总一要叫我国吃亏。揆诸恒情，唯有持久作战，决无忍辱苟全之理。然当局者不欲战，战则内外债俱不得举，无以延续其生命。大商人资本家亦盼战事即了，不即了则若辈事业亦将动摇。来书谓"海上居民一致狂热"只能就外象言之，实际未必然也。……

上海人多不满北平人，奴性太重是其弱点，然上海人特富买办气息，越是代表人物气息越浓。政府当局亦买办也。买办亦岂免于奴性。以是实为"半斤八两"。

一月来闲步街头，觉敌忾心真挚而强固者，穿"短打"之辈为最。若辈无所有，故私心亦淡。……③

① 《前途》，《中学生》1932 年 4 月号"卷头言"，未署名。

② 《夏?》，《现代》第 1 卷第 5 号，1932 年 9 月 15 日；收入《未厌居习作》时改题名为《没有日记》。

③ 清华《文学月报》第 2 卷第 4 期，1932 年 3 月 30 日。

十九路军撤退之后，街头巷尾到处都是破墙残壁，到处都洒染了同胞的鲜血，到处都布满了狰狞的日本兵。而栖身于租界的“文人”和“学者们”急于回家看护家产，他们“领了公共租界局的‘派司’”之后，再接受“日本兵检视”。检视完了，他们端正着和顺的笑脸恭候日本兵用粉笔在他们“衣襟上画了一个圆圈”，才可以离开租界。叶圣陶看了心里痛苦极了，也正是这样，他特别看重仁、智、勇，看重“礼义廉耻”，敬重那些“敌忾心真挚而强固”的“穿‘短打’之辈”，而对媚外的“学者”格外憎恶。

1932年10月，胡适分别在《独立评论》第二十一号和《国闻周报》第九卷第四十一期发表了《一个代表世界公论的报告》，对国联调查团关于中、日问题的报告书，作了充分肯定。他说，报告中对于去年“九一八”事变和成立伪满洲国的判断，“我们认为最公道”，“是丝毫没有疑义的”。报告中提出解决中日问题的十个条件，“如果承认日本在满洲的条约上的利益，和承认满洲的自治权，可以取消‘满洲国’，可以使中国的主权与行政权重新行使于东三省，我认为这种条件是我们可以考虑的”；对于“满洲自治”一条，“我看不出有什么可以反对的理由”；对于东三省解除武装问题，“我是赞成三省的解除武装的”。该文结尾说：

如果这样严重的全世界公论的制裁力在这个绝大危机上还不能使一个狂醉了的民族清醒一点，那么我们这个国家，和整个文明世界，都得准备过十年的地狱生活。

与此同时，北平文教界江瀚、刘复、徐炳昶、马衡等三十多位“学者”，集会商讨，决定向南京上呈“明定北平为文化城”的意见书。意见书于10月上旬送交，江瀚领衔、刘复拟稿，要求将“北平的军事设备挪开”，用不设防来求得北平免遭日军的炮火。叶圣陶当即写了《“学者”》① 一文，予以抨击。针对胡适“报告”结尾的“地狱生活”论，叶圣陶斥责道：“‘我们这个国家’，劳苦民众不是早已在过地狱生活了么？何待‘准备’？更何止‘十年’？”针对“文化城”的论调，叶圣陶愤怒地说：“依他们的逻辑，若把我国定为文化国，宣布我们连裁纸刀都销毁了，‘尽其在我’岂不更到了家？这样，敌人会客气不作非分之想么？……我们知道东北数十万民众义勇军中没有一个‘学者’！”接着，叶圣陶又在《“今天天气好啊！”》② 中，对“学者”的“媚日”和“圆滑”，进行挞伐。他在文章中说：

> 近来北平有许多学者主张定北平为文化城，撤除军备，免遭日本飞机大炮的蹂躏；但是在他们的意见书里，却只含胡地指称“敌人”，绝对不见“日本”二字。他们大概是这样想的：若在这“未雨绸缪”的意见书里交代明白，说为的是日本，未免太使日本难堪了。

1936年4月12日，胡适在天津《大公报》发表题为《调整中日关系的先决条件——告日本国民》的“星期论文”，这篇论文和他以前发表的

---

① 《中学生》1932年11月号“卷头言”。

② 《申报·自由谈》1932年12月1日。

《敬告日本国民》（1935年10月3日）、《答室伏高信先生》（1935年11月30日），唱的是同一个调子。胡适认为，“中日间积有仇恨，这不是东亚之福”，希望通过“调整日中关系”来“解除这种仇恨”；“调整的方式是双方让步”，中国将“东北三省永远放弃”。1936年5月10日，胡适又在《独立评论》第二百期发表《关于〈调整中日关系的先决条件〉》，为自己放弃“东北三省”的谬论辩护。叶圣陶写了《胡适先生的幻想》[①]，对胡适这种“勇敢”的奴才式的“幻想”，迎头棒喝，指出“在万分严重的民族危机中，我们必须辟除这种可笑的错误的幻想，而切实地认定：要救亡图存，只有抵抗侵略。从狮子的口中夺食是不可能的，要把狮子制服，我们才能免于狮子的吞噬！”

叶圣陶在批判胡适的同时，还在《读北平文化教育宣言》[②] 中谈到“文化教育界”的两个弱点：一是“好为凭空之论”，“‘中国’‘中国’不离于口，不绝于书，却往往忘了自己的‘国籍’”；二是“好为妥协苟安之计”，“逆来顺受”，“缺乏心理上之守御力量”，使“野心者”铁蹄驰驱，“如入无人之境”。进而把革除这两个弱点提高到“我族前途生命之所系”的高度来阐释，希望“学者”能“深自悔之”，来一个“转变”，不忘“我族大众之要求”，“毋忘国耻”，“重实际而不取虚名”，“不惜牺牲”，作“最后之挣扎”。

---

① 《中学生》1936年5月号“卷头言”。

② 《申报》1935年11月29日。

六、“无名的泥土”

1935年秋，叶圣陶在苏州滚绣坊青石弄造了几间平屋，搬回苏州居住。苏州离上海很近，交通又便捷。迁居苏州之后，他仍担任《中学生》杂志的主编，每月总有一两段时间住在上海，处理编务。青石弄在葑门附近，僻静得很。叶圣陶经常到苏州金城书店，“看看青年人买书踊跃的状况”，关心青年的进步成长。搬回苏州不久，苏州文艺青年邀请他在怡园举行一个座谈会。叶圣陶在会上说，近年来时势不同了，青年人都在追求进步。“他看见了小学校中每天有时事报告，国内和世界各地发生的新事情随时会汇集到小心灵里头。他看见了中学生功课虽忙，报纸杂志不可不读，常识方面，比较二十年前的中学生进步了。他看见了新书报很有销路。站在书店角落，好些人在那里贪馋地翻看陈列品，好些人专诚地跑来问‘某某期刊到了没有?’他们之中，至少十分之六七是店员学徒。他们在店里为店规所拘束，不能够公然地看，只好把书藏把抽屉里或衣袋里，遇到相当机会，就偷偷地拿出来看这么一页两页。”“知道从前店员学徒只看小唱本或‘哈哈笑’之类，至多也不过看看《岳传》《三国志》之类，现在这突跃的进步并不是一个奇迹，乃是‘时势教育迫着我们’每个人觉醒到不得不努力求知。……现在有些人还是停留在从前的模型里。然而，时势转变越急，他们终于要直跳起来，一齐赶上进步的路，这是可以断言的。”①

---

① 白雪:《叶圣陶安居苏州》,《辛报》1936年10月19日第2版。

正是这种要满足“觉醒”的青年人“努力求知”的愿望，促使叶圣陶处处为青年着想。他和开明同人设立了“中学生劝学奖金”（奖金专作学费之用），以劝勉在校初、高中学生好好学习，还创办了“开明函授学校”，帮助广大失学青年通过函授完成中学学业。从1930年至1937年的七年间，叶圣陶先后担任了《妇女杂志》《中学生》《中学生文艺》《新少年》和开明《月报》“文艺栏”的主编，用优秀的文化哺育了一代青年。以《中学生》杂志为例，“为了替读者计划内容的充实，趣味的丰富”，叶圣陶“竭尽着全般的努力”，“言论则务求能策励读者的奋勉精神；各科谈话则务求能指示读者以勉学方针；时事及科学则务求使读者与世界潮流接触；文艺及各种杂文则务求引起读者的兴味”①。“《中学生》是永远在进步的，而她的进步更有着一贯的轨道，从没看见她出过一次轨。她始终保持着一种诚恳的毅力为我们青年努力”②，“不但年年在改进，而且期期在改进”③，先后开设过“中学生的出路”“出了中学以后”“致文学青年”“我的中学时代”“贡献今日的青年”“革命者的青年时代”“青年论坛”“青年文艺”“青年美术”“地方印象记”“学习指导”“阅读指导”“世界情报”“时事瞭望台”“每月讲台”“每月人物”等专栏，以及“科学特辑”“世界现势特辑”“中国现世特辑”“升学与就业特辑”“读者特辑”“文艺特辑”“研究和体验特辑”“非常时期教育特辑”“青年与文艺特辑”“华北与国防特辑”“大学生写生特辑”，仅从这些专栏和特辑的名称，就可以看出《中学生》确实是青年

① 《一九三一年的〈中学生〉》，《中学生》第10号，1930年11月1日。

② 陈訔：《读一九三四年的〈本志〉》，《中学生》1935年1月号。

③ 忆秋：《一九三四年本志概观》，《中学生》1935年1月号。

的“知己”，处处给青年以“忠实的安慰和督促”。青年读者从中“学会了呼吸正义，诅咒黑暗”（陈原语）。黄炎培在给青年的题辞中说：“现时青年对于读物的要求，一、实质上可以济知识饥荒，二、富于趣味。欲得实质与趣味兼美，莫如——《中学生》月刊、《新少年》半月刊，敬为绍介。”①

叶圣陶的名字是与《中学生》《新少年》和开明书店连在一起的。1925年，章锡琛因在他主编的《妇女杂志》“新性道德问题专号”发表了《新性道德是什么》（章锡琛）、《新性道德的科学标准》（周建人）两篇文章，被封建卫道士斥责为鼓吹邪说，商务当局借故将章锡琛辞退了。叶圣陶和郑振铎、胡愈之等人鼓励章锡琛索性办个书店，把《文学周报》和“文学周报社丛书”交给章锡琛出版。在他们的大力支持下，章锡琛于1926年8月1日正式创办了开明书店。叶圣陶帮助开明书店出主意，几乎每天都要与章锡琛畅叙一番（钱君匋语），后来觉得与开明同人意趣相投，感情融洽，就辞了商务印书馆，到开明任职。宋云彬说圣陶“那一丝不苟的作风，给开明同人作出了好的榜样”（《开明旧事》），徐盈说叶圣陶是“开明书店的奠基者”②，萧乾说“叶老（圣陶）是开明书店的灵魂”③。

作为“开明书店的灵魂”，叶圣陶对开明书店、对出版界、对我国的文化事业作出了重大的贡献。以20世纪30年代为例，“九一八”之后，为了使青年认清“世界的大势”“中国边疆的现势”，以及帝国主义

---

①《中学生文艺季刊》第3卷第1号，1937年3月31日。

② 徐盈：《从我应试作文说起》，《我与开明》，中国青年出版社1985年版，第92页。

③ 萧乾：《向叶老致敬》，《我与开明》，中国青年出版社1985年版，第91页。

的本质，开明书店前后出版了《中国近世史》（魏野畴著）、《五卅痛史》（陈叔谅编）、《济南惨案史》（李宗武编）、《上海中日战区图》（陈铎校注，葛烺编制）、《满洲事变与各国对华政策》（日本田中丸一作，默之译）、《沪战纪实》（韦息予、王臻郊著）、《最近中日外交史略》（李季谷著）、《最近的日本》（李宗武编）、《帝国主义与文化》（伍尔夫著，宋桂煌译）等专著（译著）。叶圣陶说出这些书的目的，就是要“使那些‘健忘的人’也知道‘有外来的侵略’”①，使那些“有血气”的青年，“循诵此篇，跃然奋起”②。

我国现代文学史上一些重要的著作，除了茅盾的《蚀》三部曲、《虹》《子夜》，还有朱自清的《背影》、巴金的“激流三部曲”第一部《家》、王统照的长篇《山雨》、丁玲的第一个短篇集《在黑暗中》、臧克家的处女诗集《烙印》、端木蕻良的《科尔沁旗草原》，都是经叶圣陶之手在开明书店出版的。开明书店还出版了高尔基、陀思妥耶夫斯基、契诃夫、托尔斯泰、班珂、果戈理、屠格涅夫、伊林、李师尔、王尔德、柯林、安徒生、巴比赛、都德、莫泊桑、左拉、正宗白鸟等外国作家的名著，出版了《苏俄文学理论》（冈泽秀虎著，陈望道译）、《欧洲近代文艺思潮论》（本间久雄著，沈端先译）、《欧洲文学发达史》（弗理契著，沈起予译）、《法国浪漫主义》（曾仲鸣著）、《文学理论》（本间久雄著，章锡琛译）、《世界文学史话》（约翰·玛西著，胡仲持译）、《文艺心理学》（朱光潜著）等。这些著（译）作开拓了读者的视野，促进了文学理论在我国的传播，使新文学得到了滋养。叶圣陶主编《小说月报》

---

① 《中学生》1933 年 9 月号“编辑后记”。

② 《〈沪战纪实〉广告辞》，《中学生》1933 年 4 月号。

期间约请茅盾撰写作家论，开我国现代作家研究风气之先。20世纪30年代，经由他的倡议，开明书店出版了《关于鲁迅及其著作》（台静农编）、《茅盾评传》（伏志英编）、《郭沫若评传》（李霖编）、《郁达夫评传》（素雅编）、《张资平评传》（史秉慧编），为我国现代文学研究做了铺路的工作。

1924年1月，鲁迅在北京师范大学附属中学校友会发表的演讲《未有天才之前》中讲道："在要求天才的产生之前，应该先要求可以使天才生长的民众。——譬如想有乔木，想看好花，一定要有好土；没有土，便没有花木了；所以土实在较花木还重要。花木非有土不可。"又说："泥土和天才比，当然是不足齿数的，然而不是坚苦卓绝者，也怕不容易做；不过事在人为，比空等天赋的天才有把握。这一点，是泥土的伟大的地方，也是反有大希望的地方。而且也有报酬，譬如好花从泥土里出来，看的人固然欣然的赏鉴，泥土也可以欣然的赏鉴，正不必花卉自身，这才心旷神怡的——假如当作泥土也有灵魂的说。"① 1933年8月，鲁迅在《由聋而哑》中再次谈到作者和译者"甘为泥土"的重要。他说："用秕谷来养青年，是决不会壮大的，将来的成就，且要更渺小，那模样，可看尼采所描写的'末人'。……甘为泥土的作者和译者的奋斗，是已经到了万不可缓的时候了，这就是竭力运输些切实的精神的粮食，放在青年们的周围，一面将那些聋哑的制造者送回黑洞和朱门里去。"② 叶圣陶就是鲁迅所称颂的"甘为泥土"的作者、译者和编者，为繁荣新文学、发展我国的文化教育事业，叶圣陶甘作"无名的泥

---

①《鲁迅全集》第1卷，人民文学出版社2005年版，第174—175、177页。

②《鲁迅全集》第5卷，人民文学出版社2005年版，第295页。

土”。鲁迅在《两地书·七一》中说：“我的生命，碎割在给人改稿子，看稿子，编书，校字，陪坐这些事情上者，已经很不少”。① 从某种意义上说，叶圣陶也是把“生命”“碎割在给人改稿子，看稿子，编书，校字”这些事情上的，且心怀喜悦，乐此不疲。

七、呼唤“赤热的真诚和明澈的理智”

1936年1月28日，上海《大美晚报》“一·二八纪念专刊”在论及国难日深的事实时说：

> “九一八”以来有四年多时间，虽不怎么久，但所遭遇的国耻已经打破中外古今历史的一切记录。有人估计这短短期间，我国共丧失只以土地而论已有八百余万方里，比百年来满清共失的土地还超过一百万方里，等于日、英、法、意、德、奥、匈、比、荷、丹、瑞士十一国本国面积之和；换言之，也可以说是等于四个法国，五个德国，六个日本，十个英国，六十个瑞士，七十个荷兰，八十个比利时。这多够骇人听闻，照四年以来这样的速度断送下去，再不了十年，全个中国便会送得干干净净。

轰轰烈烈的“一·二九”运动，揭开了中华民族反帝斗争的崭新一页。清华大学救国会在《告全国民众书》中说：“我们真惭愧：在危机日见

① 《鲁迅全集》第11卷，人民文学出版社2005年版，第199页。

严重的关头，不能为时代负起应负的使命，轻信了领导着现在社会的一些名流、学者、要人们的甜言蜜语，误认为学生的本分仅在死读书，迷信着当国者的‘自有办法’。几年以来，只被安排在‘读经’‘尊孔’‘礼义廉耻’的空气下摸索，痴待着‘民族复兴’的‘奇迹!’现在，一切幻想，都给铁的事实粉碎了！‘安心读书’吗？华北之大，已安放不得平静的书桌了！……”[①] 请愿学生一吐心声，全国民众警觉同气，山山海海相呼应，“我们要把救国的责任担在肩上”，“我们要用热血浇灭敌人的凶芒”。这震天撼地的怒吼充满了整个中华。

叶圣陶在《度过了非常时的一年》[②] 中说：“一•二九”运动开端的“抗敌救亡运动，也像一个激怒的洪流，泛滥到了全国，学生民众的英勇抗争，演成了五四、五卅以来一首空前悲壮的史诗”。他在《纪念第二十五度的双十节》[③] 中，郑重地宣告：“新的希望”并不是“我们虚构出来用以安慰自己的幻想，而是确确凿凿的事实”。在《“九一八”五周年》[④] 中，不无欣喜地说：“只要大家继续努力下去，像暴风雨一般的神圣的民族解放斗争无疑就会到来。”

叶圣陶坚定地站在民族解放斗争的阵线上，在 1936 年到“七七”事变爆发前夕的一年半里，写杂文抨击国民党反动政府的投降卖国政策，批评我们民族的弱点，寄希望于正像“日头出山”“笋子报芽”的青年。《“笼统病”》[⑤] 批评“中国人”浑浑噩噩、糊里糊涂的心态。他

---

① 竹桁：《一•二九运动记》，《中学生》1936 年 2 月号。
②《中学生》1936 年 12 月号“卷头言”。
③《中学生》1936 年 10 月号“卷头言”。
④《中学生》1936 年 9 月号“卷头言”。
⑤《中学生》1936 年 2 月号“卷头言”。

说："中国人一向都中了'笼统毒'，对于一切事物和现象，只是笼统地看，笼统地想，从来不肯从合理的分析中求得明确的判断。……老是在玄学里兜圈子"，结果造成思想上的惰性，对外来的学说和主义，"不是囫囵吞枣地接受，便是不加思索地拒绝，很少有人肯加以正确的分析和合理的判断"，进而指出"像这样不想把这近乎遗传的'笼统病'医治一下，那是永远不会有正确的认识和自觉的信心的"。他劝勉青年"不忧不惧，把握住心情，认真地生活"，"对于纷然四起的说教"不要盲从，一定要把"斟酌取舍之权"操在自己手里。

《关于青年的修养》① 着重批判"偶像"，指出"有人在鼓吹无条件地信仰偶像"，其目的就在于"养成青年盲目的、被动的服从性"，"造成一些供驱策的奴才"，竭诚地希望青年"能运用自己坚强的意志力量来克服不合理的欲望"，"着眼于国家"，保持"以社会为本位"的节操。叶圣陶在这里所说的"有人"，指的显然是国民党反动派及其御用文人。

《论非常时期的领袖》②，批判了国民党鼓吹的"一个领袖"的谬论。文章在阐述了领袖的意义、领袖权力的来源后说：

> 中国现在非常时期中，……举国一致的愿望便是抗敌救国。谁能领导民众，诚意抗敌，他便可以获得民众的信仰，做民族领袖。……领袖的产生决不在他的本身而在他所处的时代背景，换一句话说，就是客观的历史条件。所以领袖要想对时代有所贡献，唯一条件是认识他所担负着的历史使命，把握住当时群众的迫切需

---

①《中学生》1937 年 1 月号"卷头言"。

②《中学生》1937 年 2 月号"卷头言"。

要，然后运用群众的力量，努力去求实现。如果只想利用机会，牺牲群众的福利来造成个人或少数人的利益、地位，那必然要为群众所遗弃。毁灭一个领袖比造成一个领袖要容易得多，这在古今中外的历史上例证是举不胜举的。

这些深刻的论述，揭露了蒋介石集团的“独裁政治”和“暴力压迫”，对其所鼓吹的“一个领袖”的谬论，是一个有力的抨击！

1937年3月号《中学生》上有叶圣陶写的“卷头言”《到统一之路》，着重谈了他对“统一战线”的看法。他说，“统一”的道路应该是一条堂皇的路，“在一端，是以和洽的民主化的方式，使整个民族统一团结起来，没有内战，而只有内部的建设，除了破坏我们民族利益的卖国汉奸之外，在我们民族内部，不能以一些政见上的差别而自相摧残压迫，这样开诚布公的合作，便是一条宽广的民族统一大道的起点。在另一端，则是以不妥协的战斗的精神，对付外来的侵略我们的敌人，这种战斗可以使统一的合作加强，而唯有对于侵略的敌人坚决不妥协的战斗，才可以把民族发展的道路开辟得益加宽广起来，使我们从民族统一的起点达到民族解放的终点”。为此，他一方面希望青年以万分的热诚，去响应这种“统一战线”“统一救国”的呼号；另一方面又希望大家警觉，督促这个伟大的“统一”运动，使它达到原来的神圣的目的，提醒人们不要被“统一”的口号所遮蔽：

因为，我们都知道，有人说过中国是一个“文字之国”，许多字眼尽管如何说法，干下来的结果却又另是一个样子；假使我们只是盲目地守着这个“统一”的字眼，而不看它向那一个方向发展去，那最后的结果是怎么样，还是值得顾虑的。

在二十几年来的民国历史中，“统一”两个字不是没有人喊过的。袁世凯谈过“统一”，为的是要把中国统一起来，做他皇帝宝座的垫脚板；吴佩孚也谈过“统一”，他要用武力的统一来扩大他封建势力的统治。但这些统一运动结果都由荒唐的幻梦变成破碎的噩梦……当这些野心家利用统一的幌子，走了一段路程，要想“过路拆桥”时，他们立刻成为民众唾弃的独夫，断送了他们的政治生命了。

仅从这几篇杂文我们就不难看到叶圣陶当时的心情。无论是抨击反动当局鼓吹的“偶像”“领袖论”“统一论”，还是批评我们民族“软弱”“文明”“镇定”等“病害”，都是为了激励青年人“睁开眼睛”，认识“现今的世界”，振作、耐劳、坚忍、奋斗。他说只要青年们不悲观，能以“赤热的真诚和明澈的理智”与“各色各样的人”携手，“锲而不舍”地“爱国”和“救国”①，就一定会有光明的前景。他在《春假》② 一文中希望青年学子利用“春假”，回到乡村去看看农村“破产”的现实，向民众宣传救亡的意义，结尾说了一段意味深长的话：

到乡村去，还有一点应当看看的。今年开头两个多月，天气特别寒冷，有几处地方，据老辈说，四十多年来没有这样严寒了。草

---

①《“爱国”和“救国”》，《中学生》1936 年 4 月号“卷头言”。

②《中学生》1936 年 4 月号。

木的芽迟迟不见萌发，耕种为主的农民叹着气，玩赏花木的“雅人”也叹着气，大家说，“春天不会来了！”但是，现在时交四月，草木的芽到底萌发了出来，绿色又遍满郊野了。这些从酷烈的寒冷中挣扎出来、解放出来的“新绿”特别值得看看，因为这可以鼓舞我们的热望，坚强我们的信念。

叶圣陶写的是“春假”，抒发的却是“忧患还须惜好春”的情怀，激励青年们与“酷烈的寒冷”搏斗，坚定“酷烈的寒冷”过后就是生气蓬勃的“好春”和“春天一定会到来”的信念。

以上记叙的是叶圣陶20世纪30年代生活和战斗的几个片段，我们从中可以看到他当年的姿态。他“没有卷入任何笔战圈内”，心里想的是国家和民族，为的是国家和民族。他外柔内刚，方正耿直，有所为有所不为，合乎真理的就坚决地去做，遇到需要行动的时候，决不落在任何人的后面，成了“左联”外围的一位斗士。就连“左联”1934年在给萧三的信中也宣称：叶圣陶“成了革命的普洛文学底友军和源泉之一”。

第二十四章

“降一级” 写少年读物

我们这时代的特点是和时间赛跑。我们落后得太厉害了！……我们对于此后的“儿童文学”有一个最低限度的要求——

在材料方面，千万请少用些舶来品的王子，公主，仙人，魔杖，——或者什么国货的吕纯阳的点石成金的指头，和什么吃了女贞子会遍体生毛，身轻如燕，吃了黄精会终年不饿长生不老——这一类的话罢！在文字方面请避免半文半白的字句，不必要的欧化，以及死板枯燥的叙述（narrative）；请用些活的听得懂说得出的现成的白话！

——茅盾《关于“儿童文学”》①

一、童话创作的新探索

旧中国“青少年无书可读”令许多有识之士忧虑过。朱自清曾经说过：“大凡深入浅出的书，配写的人不肯写，以为这将自贬声价；肯写的人又往往写不好，他还缺乏专业知识。弄得青少年因此无书可读，学术著作也显出谫陋和荒芜。”鲁迅为此写过《大家降一级试试看》，批评“学术界文艺界作工的人员，大抵都比他的实力凭空跳高一级”，希望

① 《文学》月刊第2卷第4期，1935年2月。

“大家都降下一级去”[1]，这对于青少年读者尤为重要。叶圣陶乐于“降一级”，既为青少年读者写文学作品，也为他们写“学术著作”和理论读物。

就童话创作而言，叶圣陶的创作有两个高峰期，分别以20世纪20年代初的童话集《稻草人》和20世纪30年代初的童话集《古代英雄的石像》为标志。在这两个高峰之间有一个探索期，时为1923年至1925年。这三年间，叶圣陶陆续写了《阿秋的中秋夜》[2]《牧羊儿》[3]《菁儿的故事》[4]《牛奶》[5]《聪明的野牛》[6]《甜》[7] 等六篇童话[8]。这六篇童话，是叶圣陶在探索期留下来的足迹。

《阿秋的中秋夜》写“贫穷”剥夺了母爱。因生活所逼，阿秋七八岁就担任了“调丝”的职务。“调丝”就是把丝理清楚，遇到断处，把它接起来，这样，梭织时就便当了。调好的丝绕在一个竹制的“轴头”上。调丝的人右手不停地抽着，“轴头一顺旋转，丝就很平匀地绕上去了”。阿秋调的丝是从机织的厂家领来的。每天天刚亮，阿秋就被母亲从睡梦中叫醒，赶着去厂家取丝。厂家的丝有限，调丝的人太多，每天总有人空着手回家。阿秋要是空着手回来，非但要挨母亲“重重的一顿打”，还不给“薄粥”吃。因为穷，母亲的脾气可躁急了，对阿秋也很

---

① 《鲁迅全集》第4卷，人民文学出版社2005年版，第561—562页。

② 《儿童世界》第7卷第8、9、12期，1923年12月1日、12月8日、12月29日。

③ 《小说月报》第15卷第1号，1924年1月10日。

④ 《儿童世界》第9卷第8、9、11期，1924年2月23日、3月2日、3月16日。

⑤ 《儿童世界》第10卷第1期，1924年4月5日。

⑥ 《儿童世界》第10卷第7期，1924年5月17日。

⑦ 《儿童世界》第14卷第6期，1925年5月9日。

⑧ 这六篇童话均收入商金林编：《叶圣陶童话全集》，人民教育出版社2006年版。

粗暴。阿秋终年劳作，非但没有吃过可口的水果，穿过漂亮的衣服，就连母亲的笑容都从未见过。中秋节的晚上，月亮升得高高了，邻家的小孩子都出门赏月去了，可阿秋还是坐在小室的一角调丝。调着调着就觉得月亮向她“迎上来了”，她“不自觉地便跨进门去”，听到高树下的许多兔子都在叫她，五六个小女孩从树后跑了出来，牵着她的手，唱着快乐的歌儿，一同到树林里做游戏、吃苹果、讲故事，母亲也穿着好衣服，带着她“一同出去步月”，她沉浸在“我更见得母亲爱我了，我愿意母亲永久这样爱着我”的喜悦中，可也就在这时候，“她的额部突然受着重重的一击，使她的幻想全逃走了”，定睛看时，母亲“一双发怒的眼光十分可怕”，正要打第二下呢，“于是阿秋的右手急急抽转那绕丝的轴头”。可怜的阿秋只有在“中秋夜”的“梦”中才偶尔见到母亲瞬间的笑容。

《牧羊儿》中的牧羊儿是个穷人家的孩子，为羊的主人放养三十多头羊。牧羊儿与羊群亲密无间，一同唱歌，一同做梦，一起赛跑，一起玩儿，“比兄弟姊妹还要亲热”。后来牧羊儿的母亲死了，牧羊儿放声痛哭，羊也忍不住哭起来，还派出“三位代表”去牧羊儿家慰问。这“三位代表”因为不认路，在去牧羊儿家的路上被一个坏人引到家里给杀了。羊的主人见少了三只羊又气又恼，就把羊全卖了。牧羊儿办完母亲的丧事回到草场，一头羊也不见了，他也被主人辞了，草场上从此没有羊也没有牧羊儿了。

《菁儿的故事》写城里小朋友菁儿在父亲的启发下，留心所遇到的事情，“从自己得到的经验”中学到三个“做人的道理”。菁儿向农家孩子学种玫瑰，从开得“香艳可爱”的玫瑰花中得出一个道理：“要受用什么东西，要使自己高兴快乐，只有一个方法，就是自己去做。”菁儿到乡村画了风景画，又帮老婆婆割稻子，还修好坏了基石的小石桥，让一位瞎眼人安然地过了桥，他从这几件事中懂得了第二个道理：“现在要做的事，马上专心地去做，这就是快乐的根源。”又通过规劝强盗改邪归正这件事懂得了第三个做人的道理：“对于不论什么人，当他好人看，用诚心待他，结果总是很快乐的。”

《牛奶》写碧儿可爱的同情心。牛奶洁白而香甜，是碧儿和小朋友们都爱喝的饮料。可奶农屠杀了小牛的事让碧儿受到刺激。奶农为了做牛奶生意，就把母牛刚生下来的小牛杀了，不让小牛吃奶。“我们吃牛奶是夺了小牛的权利，害了小牛的性命，又伤了母牛的慈心”，碧儿悟到这个道理，就再也不喝牛奶了。

《甜》通过期儿“梦”中跟随从月亮来的老爷爷到月亮里参观游行的故事，写“苦”和“甜”都源自心情。生活在“月亮”里的人，“他们为着高兴，为着喜欢，来做他们的工。这种心情是甜的，所以收获的结果也是甜的”。“地上”原本也同“月亮里一样”，“一切人的心情是甜的，样样东西的味道也是甜的”。后来出了狡猾的人，“自己贪懒不做工，却叫别人加倍地做”，于是就有了心情“淡淡漠漠”的人、“心酸的人”“痛苦的人”“愤怒的人”。心情“淡淡漠漠”的人种出来的稻麦蔬菜“自然淡而无味”，“心酸的人”只能种“酸的青梅这类东西”，“痛苦的人”只能种“枳实”这类“苦”的东西，“愤怒的人”种出来的是“辣茄这类东西”。“独有母亲，她怀着个深浓的爱，她高兴为孩子用尽她的心力，她喜欢为孩子忘了她的自身。这种心情，甜美到不可说，所以从她乳房里流出的奶是甜的，还保存着早先地上一切东西的好的味道。”

《聪明的野牛》写森林里的“野牛”和城市里的“牛”两种不同的生活。“野牛”过的是很“自由”的生活，“随意吃草，随意玩儿，来来往往总是成群结队的，非常快乐”。而“住在城市里”的“同族”，虽说有主人给他们预备“房子和草”，但住在屋里“很憋气”，吃的草也不像“野地的草那么有嚼头，有味道”，还要遭主人的“鞭子”，而给他们预备“房子和草”的往往是个沾满血腥气的屠夫！

这六篇童话，除《聪明的野牛》之外，都以儿童作为童话的主人公，读来让人感到有些沉重。叶圣陶为小女孩阿秋和牧羊儿叫苦，呼唤人道、怜悯和同情，反抗剥削和掠夺，控诉欺骗和残杀，指点孩子们求学和做人的门径，颂赞真诚和友爱，向往平等自由，所有这些，都出自要让孩子们了解社会的热望，让他们学到教科书里学不到而又与真实的社会人生息息相关的知识。他在为风沙的《给年少者》写的序中说：“我很怕看见有些儿童读物把世间描写得十分简单，非常太平。这是一种诳骗，其效果只能叫儿童当发觉原来不是这么一回事的时候喊一声‘上当’！这本书却不然。它把世间如实描写给儿童看，有许多事是教科书里找不到的。我愿意少年们接受这份有意义的礼物。”① 这番话其实也是叶圣陶的自叙。他的这六篇童话立意深刻，想象丰富，文字优美，描写生动，这样的探索为童话集《古代英雄的石像》的创作积累了经验。

---

①《叶圣陶集》第5卷，第408页。

二、儿童歌剧《风浪》和《蜜蜂》

叶圣陶喜好戏剧，早在辛亥革命之前就想登台演戏。1917 年春到甪直执教后，在学校建戏台，组织学生排演自编的“新剧”（话剧）。因为喜好，对戏剧界特别关注。1924 年 1 月看了黎锦晖创作的儿童歌剧《葡萄仙子》，对该剧的对白、乐谱、歌词，以及孩子们的装扮、服饰、舞蹈推崇极了。他在《泪的徘徊》中说：

说到歌剧，在不懂音乐戏剧的我，觉得昆曲那样唱法简直是有声无词，即使唱得十二分神妙，也只能给听众以声音的趣味（听众本已熟悉曲词的，当然不能一概而论）。至于京调，固然可以听得清词句了，但它的曲词另成一种格式，与说话相差颇远，而且又多有不通之病。真正内行家的欣赏京调，在乎咀嚼它的声调与韵味，至如曲词的成不成话，是通是不通，却存而不论，可见它给与听众的实在同昆曲差不多。……倘若听到的是一番说话，是完全能够领会的说话，同时这里边就含有乐歌的声音的趣味，那就觉得所得更多，中心的感动必将愈益深至。《葡萄仙子》的歌词与曲谱的关系就是这样。我想，要教歌剧这东西发展为健全的，完成的，这是一条适当的路径。①

① 《叶圣陶集》第 5 卷，第 99—100 页。

歌剧“有声有词”，“乐谱”的“情味”一如说话那样自然，“而且把歌词托得更见有力，更见优美”；“词”是“完全能够领会的说话”，易于为观众所接受。于是，叶圣陶把儿童歌剧喻为“儿童恩物”①，恳请作家们多写一些适合于儿童演出表演的歌剧，让学校里的游艺会开得更有生趣。他自己也作了尝试，创作了儿童歌剧《风浪》和《蜜蜂》。

这两个歌剧均由何明斋谱曲。《风浪》1928 年 5 月由商务印书馆出版。《蜜蜂》1933 年 10 月由商务印书馆出版。出版虽有先后，但创作的时间却靠得很近。叶圣陶生前说过《蜜蜂》的写作时间应为 1930 年年底之前。叶至善回忆说他在商务印书馆附设的尚公小学读书时，学校开游艺会演过《蜜蜂》，父亲应邀特地赶来观看。叶至善读尚公小学应为 1924 年至 1931 年，这也为《蜜蜂》的写作时间提供了佐证。

这两个歌剧都突出“团体意识”的重要。《风浪》通过人与“风暴”的抗争，以及人与人的思想冲突，谱写了一曲“团结自救”的凯歌。歌剧开篇就切入正题：航船遇到了罕见的风暴，桅杆被风吹得轧轧作响，船身猛烈地颠簸，波浪涌上甲板。面对着“天也摇，地也摇”的茫茫大海，有的乘客干脆睡在舱里，“耐着性儿等待”安稳；有的祈祷菩萨大发慈悲，“把可怕的狂风收了”，“更把浓云尽扫”；有的听天由命，做好了“作鱼儿的食料”的准备。年轻的女郎力排众议，力倡“团结自救”。在她的召唤和鼓舞下，满船的乘客，男女老少，高唱着“我们的力量合在一块了！胜利就在我们的手里了！”的战歌，齐心协力地帮着拉帆、稳舵，最终战胜“风暴”，迎来了“天晴浪平”“海鸥飞翔”的美妙风

① 叶圣陶为儿童歌剧《傻田鸡·恶蜜蜂》（邱望湘、张守方合编）写的广告辞，《中学生》1931 年 11 月号。

光，平安地抵达“可爱的目的地”。

《蜜蜂》的主角是八只蜜蜂，为了给“大众”酿造新蜜，它们不怕翅儿倦，不怕嘴儿酸，唱着“辛苦工夫为大家，自己就在大家里”，“大家幸福大家乐，才是自己真幸福”的歌儿，忙着采花。突然飞来三只麻雀，它们自封为“春光中的王”，“骄傲欲狂”，看到又“肥”又“好”的蜜蜂，垂涎欲滴，想“吃个开怀”。蜜蜂奋起反抗，刺得麻雀落荒而逃。沉浸在胜利的喜悦里的蜜蜂且歌且舞：“外来侮辱要抵抗，同胞相呼，来来来来”；“若不抵抗侮辱，那就对不起自己”。

这两个歌剧契合儿童的心理，曲调优美，情节单纯，场面紧凑，歌词清新，写实性强。航船遇到罕见的风暴，蜜蜂遭逢骄横的麻雀，均可理解为是当时中国社会多灾多难的写照。歌剧彰显的“团结自救”和“若不抵抗侮辱，那就对不起自己”的主题，让人感同身受。年轻的女郎和辛勤劳作的蜜蜂表现出了我们民族特有的坚韧、勇毅、临危不惧、勇于抗争的品格。尤其是《蜜蜂》，抒情味浓，那富有节奏和韵律的音乐性的语言，给歌剧增添了稚气和童趣。自《新青年》抨击旧剧、提倡新剧之后，陈大悲、蒲伯英、赵太侔、余上沅、田汉、欧阳予倩、洪深、徐志摩等一批“赤忠于戏剧”的先驱者创立戏剧专门学校、戏剧协社和俱乐部，但最终均因缺少剧本、导演、演员、资金、剧场、观众等实际问题而宣告失败。新剧倡导者们崇洋媚外，重宣传，轻艺术，似乎也是戏剧运动屡屡失败的一个原因。叶圣陶为孩子们写作，让孩子们表演，这在我国歌剧极幼稚的时期，不失为可贵的尝试。

三、童话集《古代英雄的石像》

童话集《古代英雄的石像》，汇集了叶圣陶1929年9月至1931年4月间创作的九篇童话：《古代英雄的石像》《毛贼》《皇帝的新衣》《书的夜话》《含羞草》《蚕儿和蚂蚁》《慈儿》《熊夫人幼稚园》《绝了种的人》。由丰子恺插图，并附有丰子恺的“读后感”。这是叶圣陶的第二本童话集，1931年6月由开明书店出版。

《古代英雄的石像》诞生于中国文坛最黑暗的年代。鲁迅在1931年四五月间写的《黑暗中国的文艺界的现状》中说：当时文艺界所遭受的是“诬蔑，压迫，囚禁和杀戮”，“于是使书店只好出算术教科书和童话，如 Mr. Cat 和 Miss Rose[①] 谈天，称赞春天如何可爱之类——因为至尔妙伦（H. Zur Mthlen）[②] 所作的童话的译本也已被禁止，所以只好竭力称赞春天。但现在又有一位将军发怒，说动物居然也能说话而且称为 Mr.，有失人类的尊严了”。[③] 鲁迅说的这位“将军”，指的是国民党湖南省主席何键，他在1931年2月给国民党政府教育部的咨文中说：“近日课本，每每狗说，猪说，鸭子说，以及猫小姐，狗大哥，牛公公之词，充溢行间，禽兽能作人言，尊称加诸兽类，鄙俚怪诞，莫可言状。尤有一种荒谬之说，如‘爸爸，你天天帮人造屋，自己没有屋住。’又如‘我的拳头大，臂膀粗’等语，不啻鼓吹共产，引诱暴行，青年性

---

① 英语，猫先生和玫瑰小姐。

② 海尔密尼亚·至尔妙伦，德国女作家。

③《鲁迅全集》第4卷，人民文学出版社2005年版，第292—293页。

根未能坚定，往往被其蛊惑。此种书籍，若其散布学校，列为课程，是一方面铲除有形之共产，一方面仍制造大多数无形之共产。虽曰铲共，又奚益耶。”① 很显然，何键关心的不是儿童读物，而是害怕“鸟言兽语”中隐含革命思想。于是印有“鸟言兽语”的儿童读物遭到查禁。鲁迅对于这种荒谬的言论予以抨击，在1931年4月1日写的《〈勇敢的约翰〉校后记》中说：“对于童话，近来是连文武官员都有高见了；有的说是猫狗不应该会说话，称作先生，失了人类的体统；有的说是故事不应该讲成王作帝，违背共和的精神。但我以为这似乎是‘杞天之虑’，其实倒并没有什么要紧的。孩子的心，和文武官员的不同，它会进化，决不至于永远停留在一点上，到得胡子老长了，还在想骑了巨人到仙人岛去做皇帝。因为他后来就要懂得一点科学了，知道世上并没有所谓巨人和仙人岛。倘还想，那是生来的低能儿，即使终生不读一篇童话，也还是毫无出息的。”② 另一方面，对于当年出版界“拼命向后转的复古风”，鲁迅也感到痛心，他在苏俄班台莱耶夫的《表》的《译者的话》里说：“看现在新印出来的儿童书，依然是司马温公敲水缸，依然是岳武穆王脊梁上刺字；甚而至于‘仙人下棋’，‘山中方七日，世上已千年’；还有《龙文鞭影》里的故事白话译。这些故事出世的时候，岂但儿童们的父母还没有出世呢，连高祖父母也没有出世，那么，那‘公益’和‘有味’之处，也就可想而知了。”③ 叶圣陶也在《儿童年与儿

① 《申报》1931年3月5日。

② 《鲁迅全集》第8卷，人民文学出版社2005年版，第353页。

③ 《鲁迅全集》第10卷，人民文学出版社2005年版，第437页。

童读物》《儿童读物展览会》[1] 等时论中抨击了出版界“拼命向后转的复古风”，并用童话创作的实绩回敬反动军阀的谬论，扭转儿童读物一味地模仿西洋童话，以及改编我国民间传说或历史故事的做法，抵制那些宣扬“王子”“公主”“仙人”“魔怪”“忠臣”“孝子”“贤孙”守“礼”、讲“恕”的“儿童读物”。

童话集《古代英雄的石像》里的《古代英雄的石像》，是继《稻草人》之后，又一篇在我国现代童话史上享有盛誉的童话。

一块大石头，还没有经过艺术家雕刻之前，只是一块石头而已。经过钢凿凿刀子刻，就有了英雄像和小石块的区别。石像代表一位英雄，成了人们崇拜的偶像，小石块则垫在石像底下做台基。同是石头，做了英雄像的因为站得高，就骄傲起来，在伙伴面前摆架子：“你们，垫在我下面的，算得了什么呢!”由于它的骄傲，瞧不起人，小石块们不愿做它的台基了。石像先是动怒，“除了你们，世间就没有石块了吗?”后是惊慌，央求小石块们不要故意为难；“央求”不行，就不服气地争辩。石像总以为他代表的是历史上的“实实在在的英雄”，而小石块们并不这么看。请看它们的争辩：

“我代表的那位英雄总不会是空虚的，”上面那石头有点儿不高兴，竭力想说服底下的那些石头，“看市民这样纪念他，崇拜他，一定是历史上的实实在在的英雄。”

“也未必!”六七块石头同时接着说。

---

① 《叶圣陶集》第12卷。

一块伶俐的小石头又加上一句："市民最大的本领就是纪念空虚，崇拜空虚。"

上面那石头更加不高兴了，自言自语地说："空虚？我以为受人崇拜是光荣的，难道我上了当……"

一块小石头也自言自语地说："我们岂但上了当，简直受了罪——一辈子垫在空虚的底下……"

大家不再说话了，都在想事情。

半夜里，石像忽然倒下来，像游泳的人由高处跳到水里。离地高，摔得重，碎成千块万块。石像，连下面的台子，一点儿原来的样子也没有了，变成大大小小的石块，堆在地上。①

"大家不再说话了"中的"大家"，石像和小石块都包括在内。"大家"想了些什么呢？可见，并不是骄傲和虚荣使得石像"粉身碎骨"，并不是小石块们的拱动使得石像"碎成千块万块"，是通过论争和"想"（思考），"大家"都觉悟了，石像不愿意再做"空虚"的偶像，不愿再做高高在上的受人膜拜的"石像"，自动地"像游泳的人由高处跳到水里"一样地"倒下来"，"碎成千块万块"，小石块们不愿意再做偶像的"台基"，也碎成千块万块，所有的石块集合在一块儿，铺成了实实在在的路，开始另一种平凡而有意义的生活，真正进入一个"咱们真平等！""咱们一点儿不空虚！"的境界。

作者借小石块们之口，大胆地否定了所谓的"英雄"这个概念：

---

①《叶圣陶集》第4卷，第171页。

“英雄，也许是个很平常的人，甚至是个坏蛋，让写历史的人那么一吹嘘，就变成英雄了；反正谁也不能倒过年代来对证。还有更荒唐的，本来没有这个人，明明是空的，经人一写，也就成了英雄了。”这正是作者的立意所在。它深刻地揭示了生活的哲理：荣誉并不能说明问题，受到人们的尊敬和崇拜，也不值得骄傲；活着的意义不在追求虚名，而在于为人民大众做点有意义的事。另一方面，作者也嘲讽了那些崇拜“偶像”的芸芸众生，写了他们因为石像落成而狂欢的情态：“市民都聚集到市中心的广场，在石像下行礼，欢呼，唱歌，跳舞；还喝干了几千坛酒，挤破了几百身衣裳，摔伤了很多人的膝盖。”然后，“无论谁从石像下经过，都要站住，恭恭敬敬地鞠个躬，然后再走过去”。石像坍塌后，市民没了偶像可以崇拜，“大家你看看我，我看看你，说不出一句话，无精打采地走散了”，雕刻家“在乱石块旁边大哭了一场，哀他生平最伟大的杰作”。一尊石像“碎”了，怎么会有这样大的影响力呢？作者尖锐地点出：“市民最大的本领是纪念空虚，崇拜空虚。”

《古代英雄的石像》发表后产生了很大的影响，但见仁见智。有的说作者“有显示骄傲者自悔的寓意”，其现实的意义尤其值得“大人物”们警惕。像小石块说的“你不但忘了从前，也忘了现在”；“现在你其实也并没跟我们分开。咱们还是一整块，不过改了个样式。你看，从你的头顶到我们最下层，不是黏在一起吗？并且，正因为改成现在的样式，你的地位倒不安稳了。你在我们身上站着，只要我们一摇动”，你就不能高高在上；“一跤摔下去，碎成千块万块，跟我们毫无分别”，这些惊心动魄的言语，还是可以作为“某些人的座右铭”。1950 年，《古代英雄的石像》编入初级中学语文课本第五册，编者在“提示”中说：“这篇童话是在第一次国内革命战争失败后写的。那时候，凭借群众力量登上政治舞台，又反转来压制群众的人正在被那些无耻者和愚昧者捧做英雄。在这篇童话里，作者巧妙地对那些盗窃革命果实的叛徒和那些盲目崇拜所谓‘英雄’的人作了有力的讽刺。试就这一点，仔细分析本文的思想内容。”编者还提了八个问题，让学生“思考”和“讨论”，其中的第四个问题说：“因为不是真正的英雄，所以连代表这‘英雄’的石头也由动摇而倒塌了。要是真正的英雄，人民是不会让他的石像垮下来的”；第七个问题说：“那石头已经被雕成‘英雄的石像’了，但还一直把他叫做‘上面的石头’，作者的用意何在?”引导读者刻意强求作品的思想性和政治意义，似在暗示这“石像”就是蒋介石。类似这样的“提示”和“思考”，看起来似乎是拔高了作品的主题，实则有损于作品丰富的内涵。“英雄只是个空虚的偶像，石块应该铺大家要走的路，不该去代表这空虚的偶像”，这才是《古代英雄的石像》的创作动机。叶圣陶在 1956 年写的《〈叶圣陶童话选〉后记》里谈到《古代英雄的石像》时说：

我当时认为主要的意思放在这篇东西的末了儿。无论大石块小石块，彼此集合在一块儿，铺成实实在在的路，让人们在上边走，这是石块的最有意义的生活。在铺路以前，大石块被雕成英雄像，小石块垫在底下做台基，都没有多大意义。至于大石块被雕成英雄像就骄傲起来，自以为与众不同，瞧不起人：我这么写，只是揣摩大石块当时的“心理”而已。这原是一种不太容易抵抗的毛病，过去时代犯这种毛病的挺多，当前时代也得好好地锻炼才能不犯。我写小石块看见大石块骄傲以后怎么想，也无非按照它们当时的“心理”。①

既不要做空虚的偶像，也不要吹捧空虚的偶像，要切切实实地做有益于人民的事；即便有朝一日真的成了“英雄”，也不要以为自己就理所当然地应受到尊敬和膜拜，得意忘形，目空一切，忘了自己原本也是芸芸众生中的一分子，忘了现在自己的地位还有赖于千万民众的拥护和支持；这大概就是这篇童话的意蕴。作者写的是“石块”，阐述的却是做“人”的极其平凡而又极其深刻的哲理。

《毛贼》写人们往往容易被骗。某地连年虫灾，乡民祈求“圣明的神”显灵，驱除害虫。“毛贼”见乡民求神心切，就装神惑众，人们见“神”来了，兴高采烈地涌到庙里敬拜，“毛贼”乘机行窃，将各家的财物洗劫一空。幸福的生活还没有来，“却先来了荒歉以外的灾难”。《慈儿》的立意与《毛贼》相似。想做一番“慈善事业”的慈儿，见到一位在“六年战役”中失了一条腿的老乞丐。这老乞丐可怜极了：“干瘦的脸，好像几十年不曾吃饱”；“从蓬乱的黄发直到沾满了泥的足趾”，“没有一处不可怜，没有一处不表现出这个世界的羞耻”。童话通过老乞丐的回忆，写出慈儿的祖父与这位老乞丐的关系。几十年前，两派军阀为争夺地盘展开一场恶战。打到第五年头，军需不足，难以为继。慈儿的祖父想：如果他这一方败了，他就失掉所有的一切；胜了，既保住了现有的一切，还可以大发横财，于是就孤注一掷，“捐出全部家产的十分

① 《叶圣陶集》第18卷，第322页。

之九”，给本地的军阀充作军需，成了这场战争的“大股东”。本地的军阀得胜后，慈儿的祖父不仅成了受人崇拜的“伟大人物”，还得到了大片的土地，名利双收。而十多万像老乞丐这样在战场上断了胳膊断了腿的“军人”，却沦落街头。而更可悲的是，老乞丐对这场野蛮、残酷、旷日持久的军阀混战，非但没有起码的觉悟，反倒以参战为荣，自称是为“正义”而战的英雄。

乡民被“毛贼”骗了抢了，非但不觉悟，反倒沉醉在“神来了”的幻觉里，欢唱庆祝。老乞丐被军阀战争蹂躏得那么凄惨，非但不恨军阀，反倒“几十年”如一日地沉湎在为“正义”而战的“光荣”里，“无怨无悔”。这在20世纪30年代的中国是有特定的社会意义的。

《皇帝的新衣》是对安徒生的同名童话的“续写”。安徒生的《皇帝的新衣》，赞扬了敢于对赤身裸体的皇帝说真话的孩子。他用“皇帝实在没有穿新衣呀”这句简单的话，揭露了皇帝的昏庸、腐朽、专横，以及大臣的奸佞。叶圣陶的《皇帝的新衣》，写敢于说真话的孩子揭穿了皇帝没有穿衣服的骗局之后发生的故事。叶圣陶笔下的皇帝比安徒生笔下的皇帝更昏庸、凶残、专横。说真话的要杀，笑要杀，小声说话的要杀，提合理建议的要杀，小孩哭要杀，女人唱歌要杀。他的话就是法律。凡是他经过的时候，“人民一律不准出声音”；出了声音，“不管说的是什么，立刻捉住，杀”。皇帝的凶残和专横激起了人民的反抗。叶圣陶着力描写了人民群众觉醒的过程和反抗斗争的场景。在这篇童话里，敢于讲真话的已经不是天真的孩童，而是人民大众，他们异口同声地嘲笑不穿衣服的皇帝；面对残酷的“法律”，仍然忍不住“要指点，要议论，要笑”，要争取“言论自由，嘻笑自由”；面对皇帝残暴的杀戮，大众挺身而出，男男女女老老少少“一齐扑到皇帝跟前”，“伸手撕皇帝的肉”，就连大臣也纷纷转换立场，毅然加入反抗斗争的行列。这位貌似强大、双手沾满了人民鲜血、俨然不可一世的皇帝经不住民众的厮打，“瘫在地上”。童话写的是古代的帝王，却使人们很自然地联想到国民党反动政权的专制和残暴，可以说是用童话体裁写成的战斗檄文，是人民反抗斗争的颂歌。

《书的夜话》借助拟人手法，通过“书”的自述，写出了“书”的各种用途。爱好虚荣的人为了装潢门面，搜罗珍贵的版本，并用精致的书柜陈列起来，以炫耀其财产的富有和知识的渊博，实则一字未看；利禄之徒搜罗书籍只是为了东抄西摘，拼凑文章，以“书”作为敲门砖，作为发迹变泰的捷径，图谋名利双收；而“书痴”则是一门心思死读“一本破书”，这本“破书”绵延了“三千多年”，“吃进去，吐出来，是一代”，“再吃进去，再吐出来，又是一代”，“除了吃和吐”，“书痴”们没有“对世间做一点事”，这本“破书”耗尽了许许多多“书痴”的一生。这里所说的“书痴”和“破书”，显然是在影射当时的“读经运动”。作者借“书”的“夜话”，批评了只藏书不读书、只用书不读书，以及死读“圣经贤传”等三种不同的态度，批评国人对于“书”的种种不正确的观念，也道出了作为人类知识和精神财富的“书”的悲哀。

《蚕儿和蚂蚁》① 里的蚕儿“俨然是个沉默深思的思想家”，想到自己吃桑叶只是为了作茧，等到茧做成了，就会被扔进开水里煮死，抽出

① 收入《叶圣陶集》第4卷时改题名为《蚕和蚂蚁》。

丝来织成绸缎，做成华丽的衣裳，让那“全不相干的‘人’享受”，就心灰意冷。它无法改变自己悲惨的命运，就“厌恶工作”，罢工绝食。童话里的蚂蚁热爱劳动，蚂蚁王国是一个平等和谐的国度，没有剥削，没有压迫，劳动果实归全体劳动者共享，劳动给他们以“丰富的报酬”和“热烈的高兴”，蚂蚁“全群繁荣”，“个个欣幸”。蚕儿参观了蚂蚁王国，听了蚂蚁唱的歌儿，相信并向往自由平等幸福的“另一个世界”。童话写的是蚂蚁王国，抒发的则是对于理想世界的憧憬。

《绝了种的人》以考古发掘的一副骸骨作引子，通过奇特的想象，对“绝了种”的“劳心者”作了无情的嘲讽。童话写的是史前“几十万年”的事，影射的则是现实生活中“伟大高尚的人物”，以及“富翁”“戏文家”“研究家”等“劳心者”，指出他们的“劳心”只是绞尽脑汁、想方设法去剥削“劳力者”，强迫“劳力者”为他们效劳。童话通过揭露剥削阶级不劳而获的思想对于人们心灵的腐蚀和戕害，赋予作品以深刻的社会内容和现实意义。

《熊夫人幼稚园》借助动物的各种心态，对 20 世纪 30 年代流行一时的“教育万能论”“教育超然论”作了全盘否认。童话里的熊夫人是一位“真诚的教育家”，她用“全副的精神”教育虎儿、鸡儿、猪儿、象儿、麒麟、猴儿，可“孩子们”各有各的要求和希望。虎儿不忘自己的“种族”，宣称“将来一定得跟我的祖先一样生活”，“喝别种动物的血”，“吃别种动物的肉”，他想从小就养成虎性，恳请熊夫人指导“虎啸”的技能和“扑攫”的功夫。鸡儿听了虎儿的话不禁“浑身颤抖”，哀叹他的种族的命运只是“进了别种动物的胃肠”，请求熊夫人指导“劝说人家”改变“残酷的习惯”的方法，让世界充满和平和友爱，“没有被吃掉的，也没有吃掉人家的”。猪儿不忘他的“种族”从前也有过“光荣的时代”，“生活在山林之中，长着锋利的牙齿，奔驰来去，谁也不敢欺侮”。他要“立定志向”，非但“生活不再受人家的支配”，还要把“分散的同伴”联络在一起，请求熊夫人教授实现这个志愿的方法。麒麟作为贵族后裔，上学的目的只是为了混个文凭。他请熊夫人什么也不用教，让他“安安逸逸地消磨悠闲的岁月”。猴儿说他的祖先是偷吃王母娘娘蟠桃的孙行者，请求熊夫人指导怎样才能上天偷吃蟠桃。奇奇怪怪、五花八门的要求让熊夫人无所适从。她不愿意“胡乱”教下去，只好摘下牌子，关园了事。在描述虎儿、鸡儿、猪儿、麒麟、猴儿各色各样心态时，作者着重揭示这种种心态与“祖先”和“种族”的关联，使人们看到“祖先”习性和“种族”遗传根深蒂固。

《含羞草》告诉读者含羞草为哪些事儿含羞：它是“替无知的庸俗的玫瑰花苞们羞愧”，“替不合理的世间羞愧”。作者热切地向往一个美好的新世界。这正是丰子恺在《〈古代英雄的石像〉读后感》中所说：“含羞草原来是代替这不合理的世间而羞愧的。可惜这种草世间并不多，我描写时要找些标本都找不到。它们何不繁殖起来，使不合理的世界可以所知觉悟，使蚕儿不致辍工，使熊夫人幼稚园亦不致停办呢？我读这些文章的时候，对于含羞草的见解觉得可敬，对于蚕儿的态度觉得可佩。对于熊夫人的困难的情形，则有更深的同情，因为我自己做过教师，知道不仅熊夫人的幼稚园中有这种情形，就是我所教过的学生中，也有虎儿、猪儿、鸡儿和猴儿；麒麟尤多而显著。读了这些童话，使我想起世间的所有不合理而丑恶的状态。我相信我们一定另有一个十全的世界。在那世界中，熊夫人的幼稚园非常发达，蚕儿赞美工作，含羞草不复含羞。”丰子恺所说的这一个“十全的世界”，就是没有剥削、没有压迫、没有贵贱的自由、平等、和谐、幸福的新世界，这也正是叶圣陶当年的理想和追求。

童话集《古代英雄的石像》严格遵循童话的创作方法，善于从儿童心理特征和天真童趣出发，塑造童话形象，使童话乐于为孩子们所理解和接受。请看《熊夫人幼稚园》里写上课的一段文字：

> 熊夫人轻轻拍了几下手掌——这是她的习惯，跟孩子们说话之前总得先拍几下手掌，然后用她那温和的语调说：“孩子们，我要问你们几句话，请你们各自回答我，说得越仔细越好。你们怎么想就怎么说，不要隐藏一丝儿在脑子里。”
>
> 象儿有点呆气，但是很听熊夫人的话。他说：“知道了，我决不隐藏一丝儿。老师，您要是不相信，可以剖开我的脑壳来看。”
>
> 猴儿性急，他想起前一回猜中了谜语，得到熊夫人奖赏的糖果，不禁咽了一口唾沫。他盖住孩子们的笑声，喊着说：“老师您快问吧。我们回答仔细，您可不要舍不得糖果。”
>
> “糖果！”“糖果！”孩子们的舌尖上仿佛感到有点儿甜，都咂起嘴来。①

熊夫人上课的情态，“象儿”的“呆气”，“猴儿”的“性急”，都充满了天真的童趣。《皇帝的新衣》里愤怒的群众“撕”皇帝的“空虚的衣裳”

① 《叶圣陶集》第 4 卷，第 219 页。

的场面既喧闹又形象："人围得风雨不透，皇帝东窜西撞，都被挡回来；他又想蹲下，学刺猬，缩成一个球，可是办不到。最不能忍的是腋下痒得难受，他只好用力夹胳膊，可是也办不到。他急得缩脖子，皱眉，掀鼻子，咧嘴，简直难看透了，惹得大家哈哈大笑。"这些描写十分契合孩子们"喜变化"和爱看"真象"的心态。

童话形象的形象、行动、对话、心态个性化、形象化，是童话集《古代英雄的石像》的又一个特色。《慈儿》里"悲苦潦倒"的老乞丐、《皇帝的新衣》里"瘦猴"般的皇帝，《绝了种的人》里"瘦弱"的劳心者，这些个性化的形象都很传神。在《含羞草》里，作者把"含羞草"刻画成了一个充满着正义感、富有同情心的"害羞的孩子"。因为"含羞草"很少见，作者就侧重写它的外貌："小草又矮又难看，叶子细碎，像破梳子，茎瘦弱，像麻线"。"一阵羞愧通过小草的全身，破梳子般的叶子立刻含拢来，并且垂下去，正像一个害羞的孩子，低着头，垂着胳膊。"孩子们读了，可以想象"含羞草"的姿态。《古代英雄的石像》中"石像"这个童话形象的塑造主要是通过"对话"来完成的。作者用"看我多荣耀！我有特殊的地位，站得比一切都高……没有一个神圣仙佛能够比得上！"表现他的狂妄自大，目中无人；用"我高高在上是应当的。难道你们想跟我平等吗？如果你们想跟我平等，就先得叫地跟天平等！"来表现他的得意忘形，不可一世；用"没有礼貌的东西！胡说！敢吓唬我！"写出他的盛气凌人，飞扬跋扈；又用"别这样！彼此是朋友，连在一起黏在一起的朋友，何必故意为难呢！"来表现他的色厉内荏；用"我代表的那位英雄总不会是空虚的"来表现他信心的动摇；用"我以为受人崇拜是光荣的，难道我上了当……"来表现他如梦初醒，大彻大悟！这些对话真实而细致地描绘了“石像”微妙的心理变化过程，使这个形象栩栩如生，呼之欲出。

语言简洁、生动，富有“音韵的美”和“哲理的美”，是这本童话集的第三个特色。请看《古代英雄的石像》里“石像”吹嘘“荣耀”时的一段文字：

> 他这话不是向浮游的白云说，白云无精打采的，没有心思听他的话；也不是向摇摆的树林说，树林忙忙碌碌，没有工夫听他的话。他这话是向垫在他下面的伙伴大大小小的石块说的。骄傲的架子要在伙伴面前摆，也是世间的老规矩。①

这类形象化的语言，念起来朗朗上口，又幽默风趣，非常适合于孩子们吟咏。在孩子们的心目中，白云、树林也都是具有人的感知的；浮游的白云无精打采，摇摆的树林忙忙碌碌，都极富童趣。在注重描写的同时，作者画龙点睛，在关键处直接插入一些幽默而又寓意深刻的议论。如“骄傲的毛病谁都容易犯，除非圣人或傻子”，“骄傲像隔年的草根，冬天刚过去，就钻出一丝丝的嫩芽”等等，极具情趣的话语中闪耀着丰富的人生哲理，从而增添了童话的艺术魅力。

童话集《古代英雄的石像》里的想象都非常奇特。“石像”和“小石块们”的论争，“毛贼”的谎言，“皇帝”的“新衣”，“书”的“夜话”，“玫瑰”的攀高附贵，“蚂蚁王国”的繁荣和欢欣，“熊夫人”办

---

①《叶圣陶集》第4卷，第168—169页。

"幼稚园"等一系列构想，既迎合孩子们好奇的天性，为孩子们乐于接受，又融汇了社会的千姿百态，突出了作品的时代感和现实感。这本童话集，不仅适合孩子们阅读，更适合做父母的或做教师的成人阅读。就儿童方面说，童话里的美丑善恶，有益于诱导孩子们认识社会，明辨是非，从小就养成良好的美德。就成人方面说，它提供的教育儿童的实例和材料，让成人们懂得了儿童的心理、儿童的个性，知道该怎样去接近儿童、指导儿童。

四、童话集《鸟言兽语》

童话集《古代英雄的石像》出版后，叶圣陶又创作了童话《将做些什么》《鸟言兽语》《火车头的经历》，这三篇童话连同1934年6月出版的《开明国语课本》里的《月姑娘的亲事》《最有意义的生活》，以及1924年和1925年创作的《牧羊儿》《聪明的野牛》辑为一集，取集名为《鸟言兽语》，编在《叶圣陶集》第四卷中。这里着重介绍其中的四篇。

《将做些什么》[①] 中童话主人公李宜、黄和、潘敏都是十一二岁的孩子，他们在暑期旅行期间受到教育，从而确立了将来的志向。他们不愿意像手艺神奇的老艺人，把一生的精力耗费在几个精致的象牙球上，"只给少数几个人做摆设，装场面"；也不愿意像手捧瓷钵采集荷花花心中露珠的姑娘，只给少数几个太太小姐制作香水；而要像工人农民那

① 收入《鸟言兽语》集时改题名为《将来做什么》。

样，“拿出自己的力量来”，跟大家的力量融合在一起，“生产出一些东西来供大家享用”。

《最有意义的生活》与《古代英雄的石像》的立意相似。童话的主人公小青石不甘心安于河滩的“安静”，总想着进“都市”跟“水晶和玛瑙碰头”。被工人运到都市后，小青石和“许多同伴”一起铺成了一条宽阔的马路，“支持着大众的脚”，“过的是有意义的生活”，从此“不再羡慕水晶和玛瑙”。

《月姑娘的亲事》可以看作童话集《稻草人》中《小黄猫恋爱的故事》的续篇。小黄猫爱上了“白衣的小姑娘”鹅儿，慌慌张张地向鹅儿求爱，鹅儿“稍稍沉思了一会儿，她就恢复了温和安静的态度”，对小黄猫说：“你爱我，我非常感激。但是请你告诉我，你爱我什么呢？你必须明白告诉我，我才可以考虑能不能使你满足。”以下就是小黄猫与鹅儿的对话：

> “我爱你的洁白的羽毛，白得像雪一样的羽毛。”
>
> “我给你洁白的羽毛，白得像雪一样的羽毛。”鹅儿把全身的羽毛褪下来了。一阵风轻轻吹过，羽毛飘了一地，鹅儿聚拢来都给了小黄猫。
>
> “我爱你灵活美丽的眼睛，闪着金光的眼睛。”小黄猫又说。
>
> “我给你灵活美丽的眼睛，闪着金光的眼睛。”鹅儿把一双眼珠取了出来，随即扔给了小黄猫。小黄猫敏捷地用前爪接住了。
>
> “我爱你头顶的鹅冠，黄玉似的鹅冠。”小黄猫又说。
>
> “我给你头顶的鹅冠，黄玉似的鹅冠。”鹅儿把鹅冠摘下来扔给

小黄猫，正掉在小黄猫的脚边。

“我爱你可爱的嘴，能唱好听的歌的嘴。”小黄猫又说。

“我给你可爱的嘴，能唱好听的歌的嘴。”鹅儿的嘴又掉在小黄猫的脚边。

“我爱你玲珑的脚掌。”

鹅儿的脚掌也离开了鹅儿的身体。这时候，鹅儿只剩下一个剥光的身体了。

“我爱你又白又嫩的裸露的身体。”小黄猫又说。

“我给你又白又嫩的裸露的身体。”鹅儿的剥光的身体就滚到小黄猫跟前。

小黄猫悲伤极了，他的心几乎碎了。鹅儿一一满足他的要求，他所爱的全都到手了，哪里知道从此就不见了可爱的鹅儿！

“白衣的小姑娘，你在哪里呀？”小黄猫垂头丧气地走回家去。孩子抱着他跟他取笑的时候，只见他眼眶里满含眼泪。

第二天，小黄猫管不住自己，又走到池塘边，想再看看羽毛、眼睛、鹅冠等等东西。好不快活，只见鹅儿又在池塘里游泳了，清脆的鸣声，幽雅的姿态，跟从前没有一点儿不同。

小黄猫问鹅儿：“昨天你把一切东西都给了我，我说不出该怎样感激你。可是你自己藏到哪里去了呢，我的亲爱的小姑娘？”

“请你再不要说什么爱不爱吧。昨天的把戏已经玩过了，不必再玩了。以后咱们还是做朋友的好。”鹅儿很自然地更正对她的称呼。

“仅仅是朋友么？”小黄猫失望地问。

“昨天的把戏告诉咱们，咱们只能做朋友。要说到爱情，非常对不起，你不能得到我的爱。”

小黄猫终于失败了。[①]

“你把一切东西都给了我”，“可是你自己藏到哪里去了呢”，小黄猫的疑惑，正是这篇童话的点睛之笔。原来小黄猫爱的不是整个的“鹅儿”，只是“鹅儿”的某一个部分，只是“鹅儿”的姿色，而遮蔽了恋爱的主体（“鹅儿”）。叶圣陶晚年曾和我谈起这篇童话。他说有人觉得像《小黄猫恋爱的故事》给儿童看不合适，不应该让孩子们过早地知道“恋爱”，他认为让孩子们知道“恋爱”没有什么不好。大概也正是出自这样的考虑，他又写了《月姑娘的亲事》，强调应该爱一个真正“最有用”的人，而不是“听”别人怎么说。《小黄猫恋爱的故事》写于 1922 年，《月姑娘的亲事》写于 1934 年，前后相隔了十多年。《月姑娘的亲事》写得很简洁：

月姑娘要挑选一个最有用的丈夫。人家猜想，她会选中太阳吧？可是她嫌太阳太懦弱无用了，每天呆呆地站在天空中，什么事儿也不干。她不愿意有那样的丈夫。

月姑娘听说世界上最有用的是电。他能够变成光，像太阳一样照耀；他能够变成热，像木柴煤炭一样煮东西；他能够变成力量，像牛和马一样拉车，像人一样做工：电才是她所想望的丈夫。她请

---

① 《叶圣陶集》第 4 卷，第 146—148 页。

专替人作媒的月下老人到电那里去，问电要不要娶她做妻子。

月下老人非常高兴地跑去，他以为月姑娘那样漂亮，她的婚事一定一说就成功。他找到了电，眯着老花眼说：“恭喜你，你的运气来了！那位月姑娘——世界上最美丽的一位——爱上你了！她叫我来替她作媒，可不是你的运气来了？”

电觉得很奇怪，他问：“你可知道她为什么爱上了我？”

月下老人说：“她说你是世界上最有用的一个，能够做一切伟大的工作。她说只有你才配做她的丈夫。”

电摇头说：“她要嫁给世界上最有用的一个，我就不配做她的丈夫了。她说我有用，那没有错；可是我还得靠着煤。我的老家是发电机，一定要等燃烧着的煤给了我力量，我才能够跑出来做各种各样的工作。这样看来，煤比我更有用，请月姑娘嫁给煤吧。如果嫁了我，她将来会失望的。我怕她将来失望，只好辜负她的好意了。”

月下老人觉得电的话很有道理，就去回复月姑娘，说这桩亲事没说成。月姑娘听说煤比电更有用，就请月下老人到煤那儿去，替她说亲。

月下老人找到了煤，又眯着老花眼说：“煤先生，月姑娘听说你是世界上最有用的一个，能够把力量给电先生，使他做一切伟大的工作。因此她爱上了你，特地叫我来替她作媒。”

煤没料到会有这样的事儿，很惭愧地说：“月姑娘的好意，我十分感激。只是我年纪老了，加上隐居在地底下几千万年，弄得浑身黝黑，万万配不上那样漂亮的月姑娘。请您老先生替我婉言谢绝了吧。你老先生果真要替月姑娘作媒，我看还是把植物先生介绍给她吧。植物先生是我的本家，年纪可比我轻多了。”

月姑娘又请月下老人去找植物。植物听月下老人说明了来意，也不敢答应。他埋怨说：“煤把我介绍给月姑娘，真是老糊涂了。月姑娘要挑选的是世界上最有用的一个，我虽然有用，哪儿说得上最有用呢？世界上最有用的是太阳先生。就说我吧，我所有的力量都是他给的；要是没有他，我就不能摄取泥土里和空气中的养料，做成我的血和肉。请您老先生告诉月姑娘吧：太阳是世界上一切力量的泉源，是世界上最有用的一个。要是没有太阳，也就不会有植物，不会有煤，不会有电了。”

月姑娘听了月下老人的回复，很是发愁。

月下老人安慰她说：“好姑娘，不用烦恼。太阳既然是世界上最有用的一个，你就嫁给他吧。看他呆呆地站在天空中，好像什么事儿也不干，实际上他做的却比谁都多呢。你还犹豫什么呢？我到太阳那儿去了，这一回保你一说就成功。”

月姑娘望着月下老人渐渐远去的背影，一声不响，她默默地同意了月下老人的建议。①

这几篇童话写得都很精彩，可要说思想成分更重的还是《鸟言兽语》和《火车头的经历》。叶圣陶在《〈叶圣陶童话选〉英译本自序》里谈到《鸟言兽语》和《火车头的经历》的写作背景时说过：“写《鸟言

① 《叶圣陶集》第4卷，第257—259页。

兽语》是在墨沙里尼发动侵略阿比西尼亚的时候。写《火车头的经历》是在日本帝国主义侵略我们中国，我们中国人民都要起来抵抗，可是反动的国民党政府却不许人民起来抵抗的时候。”①

阿比西尼亚（即埃塞俄比亚）位于非洲东部，国土肥沃，有金、银、煤、铁、铜、油等矿藏，又有棉花、糖、咖啡、麦类、谷类等农产品，畜牧业发达，享有“非洲瑞士”之称。意大利对阿垂涎已久，墨索里尼的名言是“宁舍和平而求生活”。1935 年 10 月 2 日，墨索里尼在维尼齐亚宫阳台向全国发表演说，以阿是“野蛮国家”为由，动员对阿宣战。童话借麻雀和松鼠游历的见闻，对“文明”和“野蛮”的定义作深入的探究，得出这样的结论：大批失业工人高喊“要工作”“要吃饭”，绝非那些警察所说的“像狗一样乱汪汪，乌鸦一样乱聒噪”的“鸟言兽语”，而是最简单、最合乎情理的“人言人语”；“没有快枪、大炮、飞机、坦克”的阿国人民，决不是墨索里尼所诋斥的“野蛮”，他们高举“长矛和破后膛枪”，奋起抗击意国“文明”军队入侵的壮举，誓死保卫祖国的誓言，“才是‘人言人语’”。镇压爱国运动的反动派，以及像墨索里尼这样的侵略者，他们的叫嚣才是地地道道的“鸟言兽语”。童话中还描写了墨索里尼演说时的狰狞面目：

> 忽然军鼓打起来了，军号吹起来了，所有的军士都举手行礼。一个人走上铜像下边的台阶，高高的颧骨，犀牛嘴，两颗突出的圆滚滚的眼珠。他走到铜像跟前站住，转过来，脸对着所有的军士，

① 《叶圣陶集》第 18 卷，第 326 页。

就开始演说。个个声音都像从肚肠里迸出来的，消散在空中，像一个一个炸开的爆竹。

“咱们的敌人是世界上最野蛮的民族，咱们要用咱们的文明去制服他们！用咱们的快枪，用咱们的重炮，用咱们的飞机，用咱们的坦克，叫他们服服贴贴地跪在咱们脚底下！他们也敢说什么抵抗，说什么保护自己的国土，真是猪的乱哼哼，鸭子的乱叫唤！今天你们出发，要拿出你们文明人的力量来，叫那批野蛮人再也不敢乱哼哼，再也不敢乱叫唤！”①

据说墨索里尼就是这个长相，他当年用的也就是这一类的语言。《火车头的经历》以上海学生要求抗日赴南京请愿，遭到反动政府的阻挠破坏为背景，用“火车头”的口气，歌颂了青年学生纯洁、正义，勇于奋斗、不怕牺牲的大无畏精神，全篇充溢着豪迈的英勇气概，以及必胜的信念。童话开篇是“火车头”的自我介绍，可风趣了：

我出身英国的机器厂，到中国来给中国人服务。我肚子大，工人不断地铲起又黑又亮的煤块给我吃，我就吃，吃，吃，永远也吃不够。煤块在肚子里渐渐消化，就有一股力量散布到我的全身，我只想往前跑，往前跑，一气跑上几千几万里才觉得畅快。我有八个大轮子，这就是我的脚，又强健，又迅速，什么动物的脚都比不上。我的大轮子只要转这么几转，就是世界上最快的马也要落在背

① 《叶圣陶集》第 4 卷，第 267 页。

后。我有一只大眼睛，到晚上，哪怕星星月亮都没有，也能够看清楚前边的道路。我的嗓子尤其好，只要呜——呜——喊几声，道旁边的大树就震动得直摇晃，连头上的云都会像水波一样荡漾起来。

我的名字叫机关车。但是不知道为什么，人都不喜欢叫我这个名字，也许是嫌太文雅太不亲热吧。他们愿意像叫他们的小弟弟小妹妹那样，叫我的小名——火车头。

我到中国来了几年，一直在京沪路上来回跑：从南京到上海，又从上海到南京。这条路上的一切景物，我闭着眼睛都说得出来。宝盖山的山洞，几个城市的各式各样的塔，产螃蟹著名的阳澄湖，矗起许多烟囱的无锡，那些自然不用说了。甚至什么地方有一丛竹子，竹子背后的草屋里住着怎样的一对种田的老夫妻，什么地方有一座小石桥，石桥旁边有哪几条渔船常来撒网打鱼，我也能报告得一点儿没有错儿。我走得太熟了，你想，每天要来回一趟呢。①

“火车头”是爱国者的化身，他情愿为“学生、农人、老婆婆、游历家”服务，讨厌那些在舞场寻欢作乐的特权者；他同情请愿的学生，愿意“早一点儿”把他们送到目的地。然而，司机受到“再往前开，非枪毙不可”的威胁，藏起来了；铁轨被当权者拆了，火车头“急得要命”。当他“带着这样慷慨的学生，还有他们的热烈的无畏的心”前进的时候，他是热情澎湃，所向无敌的；他向那些高唱《开路先锋》抢修铁路的学生致敬：“你们能够修路，一切障碍就等于一张枯叶。……你们的

① 《叶圣陶集》第4卷，第271—272页。

路修到哪里，我就带着你们往哪里飞奔!”不难看出，作者在塑造“火车头”这个童话形象的时候，他心里一定是充满着义愤和激情。《鸟言兽语》和《火车头的经历》，对如何用童话这一文学形式描绘时代风云、描写重大的社会题材，提供了有益的经验。

五、“儿童节”与“儿童年”的忧虑

20 世纪 30 年代，民不聊生，大批儿童流落街头，沦为乞丐、奴仆、雏妓，处于牛马不如的悲惨境地。国民党政府为了欺骗社会舆论，自 1931 年起定每年 4 月 4 日为“儿童节”，“认真保护儿童”“切实救护儿童”的宣传，喧腾一时。1935 年“全国儿童年实施委员会”规定自是年 8 月 1 日至翌年 7 月 21 日为“儿童年”，国民党政府行政院奉“国民政府第六百零七号训令”，于 1935 年 7 月 31 日“儿童年”开幕前一日饬令所属各省市政府切实为全国儿童谋福利。于是，“儿童年”被誉为“民族的转机”，成了中国历史上“光明灿烂的一页”[①]。《儿童年歌》云：“一番新气象，呈现在眼前，今岁欣逢儿童年；亲爱小朋友，幸福真不浅，同来高歌祝盛典！念国家需要切，感社会扶植艰，怎敢不及时奋勉？未来新中国，未来新世界，都待我们去创建!”“儿童年”尚未过去，“儿童节”又蹒跚而来，在这“年”与“节”的双重意义下，1936 年的“儿童节”闹腾得特别欢。“乐观派”闭着眼睛想象“儿童节”的欢乐，“幽默派”则净说风凉话。

---

① 王立明：《贫苦儿童之救济》，《东方杂志》第 32 卷第 19 号，1935 年 10 月 1 日。

在这个特殊的年份，叶圣陶为《申报》写的《儿童年与儿童读物》和《儿童读物展览会》值得一读。虽说应了《申报》的要求写得像文言，但思想是很新的，先请看《儿童年与儿童读物》：

儿童年与儿童读物

儿童读物，群号为“儿童精神之粮食”。……不幸此基本观念为著作家出版家所忽视。若辈唯求产量之多，成货之速，遂令花花绿绿灿烂于书柜者，实乃同于无物，且甚于无物之读物。举其缺失约有数端。皇帝公主，摇笔即来；神仙鬼怪，连篇皆是；诡谋售欺，妄云智慧；行一小善，便致富贵；以弃弱为美德，视力作为苦役……凡此之类，皆不适于当今之世，尤非宜于我族此日之儿童，不幸儿童读物中往往遇之：此意识不纯之弊也。布局简拙，观篇首而揣知结尾；立言空泛，虽终卷而弗留印象。儿童爱活动，喜变化，厌接浮谈，愿亲实迹。儿童读物不足以满其志，遂顾而之他，街头巷口累累陈列之连环图画，教育专家群以鸩毒视之者，转为儿童之恩物：此技术不修之弊也。造语遣辞，或违于名理；集言成文，或乖于语法；或杂乡土俚言，非他方人所克解；或竟信笔构句，非我国人所宿习，漫云仿效儿童口吻，实则儿童决无此语言。儿童久而习之，语言思维遂趋歧途，不特语文教学横生阻碍，各科教学亦皆蒙其影响：此文字不当之弊也。其为诗歌，亦多可指，往往诗趣毫无，印象莫睹。歌体操则曰：“起得早，学体操。身体好，志气高。”歌景物则曰：“红花开，蝴蝶来。好风景，真可爱。”或则堆砌警诫之文，若严父之训子；或则杂凑唇边之语，若滩簧之登台；徒求趁韵，不恤拗句；意在可解不可解之间，味在若有若无之中。其所与之观感，将使儿童恍然有悟。以为诗歌者，乃如是枯燥无聊之物，虽终其身而弗与为缘，又复奚所憾惜。然则儿童诗歌非第不足以陶冶性情，甚至为蔽聪塞明之具矣。其为图画，复少佳作，往往仅具轮廓，难言妙肖。他且不论，专言人物，勾勒不应乎解剖，神尤有弊患，良可叹也。①

“今值儿童年，而儿童正滥吞品质迥殊之精神粮食，以阻遏其生机，岂非尤堪自失者乎。”叶圣陶真诚地呼吁：“明达之著作家与出版家”必须有所“觉悟”，牢固地确立“儿童读物”必须是“儿童精神之粮食”这一基本观念，郑重其事地为儿童创作和出版“品质纯良之精神粮食”，让孩子们得到切切实实的“滋补”，使“其性习智慧”，“可得适度之营养”。

1936年1月30日至2月5日，全国儿童年实施委员会在南京举办儿童读物展览会，会期过后，还将所征集的儿童读物到各地巡回展览。“委员会宣告举行该会之旨趣凡有三点：一、供国人概览，以正国人对于儿童读物的观感；二、供专家研究，以为改进并选择儿童读物之助；三、供文坛参考，以期新旧文学家多多致力于儿童读物之编著。”以唤起国人对儿童读物之正当认识，改进儿童读物之内容与形式，促进儿童读物创作和出版的繁荣。这次展览的读物是否真的是“品质纯良之精神粮食”呢，叶圣陶希望评判委员会认真审查。他在为这个展览会写的评论《儿童读物展览会》中说：

---

① 上海《申报·评论》1935年8月7日，署名秉；收入《叶圣陶集》第11卷，第62—65页。

我人于去年八月间曾刊布评论，曰《儿童年与儿童读物》，大意谓儿童读物为儿童精神上之粮食，而现有之儿童读物殊未能尽满人意，结论则致望于出版家与著作家，“速汰其尤劣者，而暂存其较可者；一方从头做起，别制佳品。此自非仓卒间事。他日佳品渐多，则并今之较可者而亦汰之。庶几儿童有品质纯良之精神粮食”。今仍持此义，愿观会者予以采纳，汇为舆论；出版家与著作家受广大之属望，因循者不复因循，迟疑者转为奋发，既有所需，自有所供，儿童读物之园地殆将有丰富之良获乎。

该会所征集之儿童读物计二千四百五十种，一万二千四百九十八册，自数量上观之，不可谓不多。于此巨量之儿童读物，该会聘定专家，组织评判委员会，将逐一予以研究与评判。据日前电讯，各专家会议结果，已将评判标准确定。我人所望于评判委员会者，第一，宜认定现代中国儿童之立场。夫儿童之非缩小的成人，言教育者罔不知之，故成人之教养与观感虽未必全不适于儿童，要不可挹此注彼，必须自儿童之立场出发，方得谓之纯良之儿童读物。而现代中国方受空前之困厄，中国大众咸负有争求民族解放之重责，此重责决不止于一代，必且父死而子继之。故现代中国儿童之读物又必须于此点切实顾到，方得谓之适应时代之读物也。第二，宜持明澈之眼光与公正之态度。夫批评之事，至不易为，其在文坛，往往以为批评者非骂即捧耳，其实此观念殊属错误。纯正之批评乃以尺度衡量作品，其间无恩怨之可言，复奚有所谓骂与捧耶？今之评判儿童读物，其事正与文学批评相类，各专家皆具有素养，当不至阿其所好，保守成见。苟乃心倾注于儿童，萦系于民族国家，自能根据其智慧，发为切当之评判。凡优良之读物，必郑重表彰之，俾普及于全国儿童，而劣陋不堪之读物，尤必特别揭出之，俾全国儿童勿再受其毒害。盖出版家之营业其事小，而儿童精神上之粮食适当与否，其事弥大也。

又有一事，方今有主张删改现有教科书，以迁就一地方之特殊情形者。评判委员会于研究教科书一类之后，宜郑重宣告，此举可否承认，抑为有妨我国教育精神之举。我人之意见，删改亦属必要，唯于彼辈所认为应行删改之部分，则非特主张绝对不可删改，且须增加其分量，充实其内容也。①

“宜认定现代中国儿童之立场”，“儿童”不是“缩小的成人”，“成人之教养与观感虽未必全不适于儿童”，但也不可“挹此注彼”，“必须自儿童之立场出发，方得谓之纯良之儿童读物”。叶圣陶在强调“儿童读物”的特殊性、“儿童读物”有别于“成人读物”的同时，又指出“儿童读物”必须与“成人之教养与观感”有相应的对接与传承，“现代中国方受空前之困厄，中国大众咸负有争求民族解放之重责，此重责决不止于一代，必且父死而子继之。故现代中国儿童之读物又必须于此点切实顾到，方得谓之适应时代之读物也”。“儿童读物”既坚守“儿童本位”，又是“时代之读物”，让孩子们在沐浴阳光雨露的同时，又深深懂得“负有争求民族解放之重责”。这些热心肠的话听起来有点沉重，但也真实地道出了叶圣陶的情怀，他是真的做到“心倾注于儿童，萦系于民族国家”。

① 上海《申报·评论》1936年2月4日，署名秉；收入《叶圣陶集》第11卷，第66—68页。

六、儿童小说集《邻居》

也正是出于要“彻底改善儿童读物”的愿望，在 1935 年至 1936 年的两年里，叶圣陶创作了《半年》《一桶水》《邻居》《儿童节》《一个练习生》《寒假的一天》等一批富有强烈时代气息的儿童小说。他把这一批小说编为一集，取“邻居”为集名，编入《叶圣陶集》第四卷。

《邻居》集以深刻的理性见长。小说中看不到儿童小说常见的欢欣、浪漫、轻松、夸张、诙谐、幽默，也没有美丽而神奇的想象和摇曳生姿的情节。在儿童天真、纯朴、幼稚而好奇的眼光里映照出 20 世纪 30 年代特有的世态人生。

《半年》中的“我”是小学二年级学生，在校舍条件较好的“文明小学”读书，由于家境困窘，没有教师喜欢的“西装”，也不能响应“航空救国”的号召，捐两块钱买一枚好看的徽章，遭到教师叱责侮辱，只好转入条件很差的“进化学校”。“进化学校”由于资金匮乏，发不出教师的薪水，不久就关门了。“我”半年里换了两所学校后失学了。小说中的“我”因为没有西装，“心里好像压了一块石头”，睡梦里也骇得“我拉直了喉咙哭起来”。透过这些饱含着血泪的描述，我们看到儿童内心的忧伤，只因为贫寒，从小就承受社会摧残。

《一桶水》以 1935 年上海推行的“识字运动”为背景。这之前，叶圣陶写过一篇杂文《不相应的“因”与“果”》[①]，说“识了字”（这个“因”），虽不一定会结出“有饭吃”这个“果”；但识了字，“仿佛添了一只眼睛，一只耳朵，因而能够接触到本来所不能接触的，使自己的知识丰富起来，能力加强起来，这是识字的目的”。《一桶水》对这篇杂文的立意作了形象化的描述。小说真实地展示了贫民窟下层人民的生活。这里是清一色的草棚，弄堂狭窄，火灾频繁，一烧就是一大片，救火车进不来，市民只好每年打两回“太平公醮”，祈求神道保佑。少年采石工阿掌、阿秋兄弟俩进了“识字学校”学了文化，和纱厂、香烟厂的童工，以及“翻砂厂”“推塌车”的“少年工人”一起宣传预防“火灾”的常识，还劝告人们“预备一桶水”，以防万一。小说写的是“童工”和“少年工人”宣传预防“火灾”的常识，却从另一个侧面展示了20世纪30年代都市生活凄凉的一幕。

《儿童节》把“儿童世界”的贫富悬殊、儿童思想的迷茫，以及人世间的不平，展现在读者的面前。小说采用对比的手法，写出了在普天同庆儿童节，高喊“增进全国儿童的幸福”的这一天，富家子弟提着点心袋，到学校“开会”“唱歌”“演戏”“吃茶点”，开“提灯会”，而流浪儿则正在沿街行乞；沦为“小车夫”的穷孩子俨然像成人一样在街上拉车，毫不示弱地与“矮胖的车夫”争揽“主顾”。最富有讽刺意味的是“小车夫”争揽的“主顾”，竟是为“儿童节”提灯会采购“彩灯”的教师。小学生对于“儿童节”也并不都那么热心，张蓉生拒不参加提灯会，理由是爸爸不同意，声称“我们是爸爸生出来的，所以我们应该

① 《中学生》1935年10月号“卷头言”，收入《叶圣陶集》第12卷。

孝顺他，听他的话。就是爸爸要我们死，我们应该立刻去死!”还说什么中国“早晚总得有个皇帝，国家才搞得好”，一派胡言乱语。张蓉生同班的阔少王大春和李诚凑在一起谈“死尸”复活，谈奶奶“亲眼看见过两回鬼”。从他们身上，我们可以看到 20 世纪 30 年代复古思潮和封建迷信是多么盛行。叶圣陶关心儿童的身心健康，希望人们不要空喊时髦的口号，不仅要把啼饥号寒的小乞丐、小车夫从水深火热之中拯救出来，也要把像张蓉生这样的“在校学生”从封建迷信的泥淖中解救出来。

《邻居》中的小主人公“我”还是个天真无邪的幼童，却遭到日本侵略者的诬陷。住在“我”家东边“浓眉毛，高颧骨，连鬓短须”的日本人是个无赖。他喝醉了酒，半夜三更上门寻衅，诬陷“我”骂他“东洋乌龟”，要“找大人论理”。事后，还多次到领事馆报案。巡官和警察非但不主持公道，反而奉命前来“警告”和“训斥”，要我们和日本人和睦，并以“防我们闯事”为由，轮班在“我”家门前“看守”，直到“爸爸”答应搬家，警察才如释重负，笑着对“我”爸爸说：“到底你们读书人，懂道理，识相。让了他们就是了，何必同他们争什么意气。我们也好松一松肩膀。”小说通过“我”的遭遇，揭露了日本侵略者的下流无耻，以及国民党反动政府媚日、亲日、恐日的可卑嘴脸。

《一个练习生》中的小主人公“我”，只因参加了反帝示威大游行，就被书局开除了。小说通过“我”参加游行的亲身感受，控诉了帝国主义镇压中国人民反帝斗争的血腥罪行。小说写到上海市民反帝游行队伍与脚蹬“皮鞋”“挥动着木棍”的“外国巡捕”搏斗的场面，读来惊心动魄：

昨天是十二月二十四日，一个平平常常的日子。早上，我从双层床的上层爬下来，跟每天一样，穿衣服，叠棉被。谁知道当天晚上就不容我睡在那张床上！

我隶属于进货部，为了提取一批纸张，一早跑出去。经过南京路大陆商场，忽然听得一阵鞭炮的声音，不知从哪里来的，爽脆，紧张。同时大陆商场涌出大批的人，人声脚步声搅起了狂大的海啸。立刻之间，我的前后左右挤满了人体；向这边看看，一个个激昂的脸，向那边看看，一个个激昂的脸。白色的纸片在空中纷纷飘扬。我捉住一张来看，上面用特别大的铅字印着“打倒强盗样的帝国主义”。

我明白了。半个月来，北平、上海以及各地的学生都在干这种工作，现在是上海市民来那本分内的一手。

冲在人群的波浪里，我身不由主，只能应合着大众的步调朝西跑。不知道怎么，一会儿我就传染了大众的情绪。我的呼吸沉重起来。我听见太阳穴的血管突突作响。如果旁边的人回头来看我，一定也看见个激昂的脸。

“打倒强盗样的帝国主义!”

无数人的声音合并成一个浪潮的怒吼。两旁的建筑物都像震动了，电车和汽车慌张地叫喊，显得混乱和可怜。

一叠叠的传单向无论什么车辆扔过去。飘散开来，掩没了亮得发青的电车轨道，掩没了唯一的用木块铺成的马路。人群就踏着那些白纸黑字，前进，呼号。

突然间，人群的波浪冲着了礁石，反激地往后退了。我听见重实的拍拍拍的声音。踮起脚来看，是好些个脸红红的外国巡捕挥动着木棍，在向人身上乱抽乱打。

“五卅”事件！我立刻想到教科书中所讲的这个题目，现在我亲身经历当时的一幕了！

“不要退啊！不要退啊！”浪头回冲过去，直欲推翻那挡在前面的礁石。

拍！拍！拍！拍！木棍又是一阵放肆。有一些人倒了下去。巨大的皮鞋就在横倒的人身上狠命地乱踢。鲜红的血淌出来了，染上白色的纸片。又凄惨又愤怒的叫声像一枝枝的箭，刺得人几乎发狂。

我描摹不出我当时的愤恨。谁说帝国主义只是口头的一个名词，眼前这一幕就是它活生生的表现！我们不把它打倒，只好横倒在地上淌血！

但是人群终于退进了大陆商场的过道以及山东路。经过两三分钟的异样的沉默，忽然霹雳似的声音响了起来：“先施公司门前去集合啊！”

“我们手挽着手走啊！”似乎是青年女子的声音，在霹雳过后的严肃空气中，特别显得清朗。

于是手挽着手的行列重又流动起来。

这当儿我开始想到我的任务。很抱歉地谢绝了一位穿青布衣服的朋友伸过来的一只手，从九江路绕着圈子到了我所要去的地方。

回到书局里，向部长交了差，不由得把刚才看见的告诉几个同学。这对于我太新鲜了，太刺激了，藏在肚子里会发胀，必须吐露一下才觉得痛快。我叙述了激昂的人群，浪潮样霹雳样的呼号；我叙述了木棍和皮鞋怎样地放肆，鲜红的血淌在马路上怎样地惊心动魄；我也叙述了我当时的心情，我差不多忘了自己，人群如果是海潮，我就是其中的一滴。①

小说发表于1936年7月1日出版的《文学》第七卷第一号，小说中点到的“十二月二十四日”应为1935年12月24日，是北平（北京）“一二·九”运动扩大到上海之后，上海市民举行的反帝大游行。“我描摹不出我当时的愤恨。谁说帝国主义只是口头的一个名词，眼前这一幕就是它活生生的表现！我们不把它打倒，只好横倒在地上淌血！”一个“练习生”如此深明大义，“失业”后仍不失其爱国心，实属难能可贵。

《寒假的一天》通过“我”的目击，写大年三十表哥何阿良和他的大学同学在街头演讲的遭遇。表哥他们激于爱国热忱，利用“寒假”宣传抗日救亡。他们“不坐轮船，火车”，“用自己的两条腿，沿着公路跑”，“和乡镇里的同胞见面，谈话”，虽说受够了“风雪”“寒冷”和“饥饿”，但看到同胞都赞成他们的话，“像亲兄弟一样”欢迎他们，感到“非常兴奋”。反动派千方百计地阻挠。当他们“在寒冷的黑暗中，在积雪的道路上，一口气跑了二十里”，于年三十来到某地城外时，当局下令关上城门，将他们封锁在城外。解释，呼喊，流泪，“把城门撞得震天价响”，都无济于事。他们只好踩着肩膀，爬进了城墙，强行去拔城门的门闩。前来弹压的“保安队”被他们的演讲所打动；挥舞着

① 《叶圣陶集》第4卷，第333—335页。

"藤条"喊打的公安局长带着巡警狼狈地走了；可残暴的"宪兵"拥上来"捆绑""殴打""拘禁"，并连夜将他们"押上火车"，"递解回校"。

《邻居》集里的儿童、童工，以及练习生和学生的形象，既切合儿童的年龄、思维方式、思想承受的能力，又超越了儿童的年龄、思维方式和思想承受的能力。唯其"切合"，叙述语言、表达方式、艺术形象，以及小说写到的饥馑、痛苦、诬陷和战争才能为孩子们所理解；唯其"超越"，作品才显得更加浑厚深沉。国家和民族的苦难，让孩子们过早地承担起爱国救国的历史使命，过早地品尝到那个时代特有的人生况味。希望孩子们尽早地认识时代和社会，从小就懂得爱国爱民，明辨是非，有所爱有所憎，这大概就是叶圣陶创作这些短篇的初衷吧。

第二十五章
在我国中小学教科书中创一新例

教育固然有一点缓不济急之嫌，然而总是我们程途中的一盏灯，能够照着我们的四周使之光亮起来，又能照见我们的目的地，使我们加增前进的勇气。我们有了它，虽然觉现在站得不大稳定，但并不感觉空虚，因为丰美的秩序和境界出现在我们的想象中了。如其没有它呢？那就不堪设想了，当前这样昏暗，前途这样渺茫，我们即使不甘颓废，又何以振作起精神来呢？

——叶圣陶《教师的修养》①

一、小学语文教材的经典——《开明国语课本》

20世纪30年代初文坛的“落寞”，不仅表现在“质”的方面，“缺少惬意的作品”，也表现在“量”的贫乏。“书店拒收文艺的稿件，杂志刊物拒载文艺的创作”，“书商”热衷于发行利润较厚的教科书，不愿做“销路不好的文艺书”的生意。“社会对于文艺的漠视”，“钱”和“生活”对于作家的“威胁”，直接导致了“文艺创作之殁落”，老作家们

① 《叶圣陶集》第11卷，第56页。

“渐趋沉默”，“新进作家”则“不能抬头”①，“中国文坛是显得异常的沉寂”。有些作家迎合“书商”的需要，编撰起“销路”看好的“教科书”，“教科书”鱼龙混杂，出版情况相当混乱。

在开明书店老板章锡琛的怂恿下，叶圣陶也编写了一部“国语课本”。他在《我和儿童文学》一文中说：“在儿童文学方面，我还做过一件比较大的工作。在1932年，我花了整整一年时间，编写了一部《开明小学国语课本》，初小八册，高小四册，一共十二册，四百来篇课文。这四百来篇课文，形式和内容都很庞杂，大约有一半可以说是创作，另一半是有所依据的再创作，总之没有一篇是现成的，是抄来的。给孩子们编写语文课本，当然要着眼于培养他们的阅读能力和写作能力，因而教材必须符合语文训练的规律和程度。但是这还不够。小学生既是儿童，他们的语文课本必得是儿童文学，才能引起他们的兴趣，使他们乐于阅读，从而发展他们多方面的智慧。当时我编写这一部国语课本，就是这样想的。”②《开明国语课本》配了丰子恺绘画，图文并茂，成了开明书店的“社传宝书”，新中国成立前印了四十多版。

《开明国语课本》第一个特点是编写指导思想纯正，不是为了灌输知识，应付考试，而是从社会对于教育的要求出发，讲求科学性，侧重于帮助学生掌握系统的学习方法。在“符合语文训练的规律和程度”的前提下，让学生得到实实在在的“教育”；不仅仅是培养阅读能力和写作能力，还要提高他们的思想素养，陶冶他们的心灵。因此课文的内容都与“儿童生活”相适应，采用做游戏、讲故事、介绍见闻、探讨辨析

---

①《〈中学生文艺月刊〉发刊的话》，《中学生文艺月刊》创刊号，1934年3月10日。

②《叶圣陶集》第9卷，第323—324页。

等方式，由近及远，由浅入深，循序渐进；给孩子传授的思想和信仰全都浸透在课文里，循循善诱，娓娓道来。语言是纯粹的白话，是亲切的“口语风”。以初小第一册为例，第一课《先生早》：“先生早/小朋友早”；第二课《坐下来》：“先生说/小朋友/坐下来”；第三课《我讲话》：“先生说/我讲话/小朋友听”。常言道“高楼大厦平地起”，初小一年级语文第一课最难写。《开明国语课本》是从“先生”和“小朋友”开始的，逐渐延伸到“家庭”“日常生活”“四时八节”“民风民俗”“社会公德”。随着年龄的增加，年级的递升，课文的内容越来越丰富，写到江河、湖泊、海洋、长城、陶瓷、甲骨文、纸和印刷术、飞机和飞艇、不死药、地球、古代人类、孔庙和孔林、医学、宝藏等，扩展到自然、生物、地理、历史、医学、科学等各方面。《开明国语课本》前后写到的人物有孔子、詹天佑、爱迪生、孙中山、岳飞、花木兰、曹操、武松、达尔文、弦高、荀巨伯、严嵩、诸葛亮、关羽、华佗、玄奘、项羽、优孟、伽理略（今译伽利略）、张良等。根据中外名著（作）和故事传说改写的课文有《荒岛上的鲁滨逊》、《河神的新娘》、《月光曲》、《“让我拿一根火柴”》（“钻木取火”）、《火烧赤壁》、《景阳冈》、《君子国》、《韩非子》（“矛和盾”等简短的故事四则）、《项圈》（莫泊桑的《项链》）、《钓鱼的朋友》（莫泊桑的《两渔夫》）、《顶好和顶坏的菜》、《喝干海水的赌赛》（《伊索寓言》）、《玄奘的西游》、《东郭先生和狼》、《愚公移山》等，知识丰富，视野开阔，行文活泼，都是小学生应该知道又乐于知道的。

《开明国语课本》第二个特点是从儿童的性情出发，用的是孩子们喜爱的口吻，处处彰显孩子们特有的童心、童贞和童趣。初小课文的主人公大多是天真的孩子，可爱极了，如：

种痘（初小第二册）

爸爸种豆，种在地上。

医生种痘，种在臂上。

弟弟对医生说：“这是我的臂，不是园地。

你种错了没有？”

医生说：“大家要种痘，

种痘防天花。”

“现在都洗干净了”（初小第二册）

弟弟洗过了脸，说：

“泥人脸上不很干净，我来洗一洗。”

他用水洗泥人的脸。洗过了再看，他说：

“泥人的脸怎么洗不干净的？”

“我要老了”（初小第三册）

哥哥落了一颗牙齿，他说：“我要老了。”

妈妈说：“没有的事！”

哥哥说：“祖父老了，他的牙齿落完了。现在我落了牙齿，不是也要老了吗？”

妈妈笑着说：“你会生出新牙齿来的。”

哥哥问：“真的吗？祖父的新牙齿为什么还没生出来呢？”

孩子们读了这么风趣的课文，既增加了知识，又培养了想象力、思辨能力和观察能力。高年级的课文也都用孩子们的视角来写，新颖灵动，富有情趣，请看高小第一册里的《雁》：

秋天，有一群群的雁在天空飞过，发出清亮的叫声。雁的家乡在西伯利亚地方。那里秋天就飞雪，到了冬天，什么东西都被冰雪盖没了。太阳只露一下子脸，立刻又落了下去。如果再往北去，便是北极，那里足有半个年头见不到太阳的面。在这样又寒冷又黑暗的地方，雁怎么能够生活呢？所以一到秋天，它们就结队迁移，向南方飞来。

雁的飞行队很有秩序，常常排成“人”字形、“之”字形、“一”字形的行列；因此，我国的诗人把它叫做“雁字”。它们飞行的时候，由一只富有经验的统率着全队。那一只疲乏了，便由第二只有经验的代替它的职务。它们向我国南方沿海一带飞去，一路停落下来休息。当停落下来之前，常常在空中盘旋地飞着，侦察地面有没有危险。它们饥饿的时候，连麦苗和青草都吃。可是它们到底是水鸟，最喜欢在湖边、江滩搜寻它们的食物。

到了春深，它们的家乡渐渐暖和起来，冰雪融化了。太阳照得很长久，每天只有两三小时的黑夜。如果再往北去，就有整整的六个月，太阳老是在远远的天边。那时草木很快地生长起来，各种虫豸也繁殖得很多。于是雁从南方飞回去；用芦杆等东西做底盘，再放上枯叶和羽毛，做成了窝，就把卵生在里边。母雁孵它的卵是非常专心的，除非十分饥饿，它决不肯离开一步。一个月之后，小雁出壳了，一出壳就能活泼地走动。母雁带领着它们，到有水的地方去觅食。那里虫豸既多，得食自极容易；侵害它们的动物很少，行动又极自由。雁在这样安适的地方生活，真是其乐无比。

可是，这样安适的地方不是常年不变的。过了夏天，便是秋天，冰雪又要来管领这地方了。因此，雁必须每年一回离开故乡，向南方来旅行。

课文很简短，知识含量却很丰富。雁的“家乡”的天气、“迁移”的原因、飞行的“秩序”，以及雁的属性、筑巢用的材料、母雁孵卵的“专心”、小雁出壳后的神态等，写得既形象又生动，处处都能引发孩子们的学习兴趣，像“冰雪又要来管领这地方了”，“雁必须每年一回离开故乡，向南方来旅行”，全都是孩子们的语言。

高小第一册里《不用文字的书和信》，介绍我国古代“结绳记事”以及世界上其他民族用“贝壳”记事、用“实物”传递信息的方法，融知识于趣味之中。请看其中写“信”的一段文字：

从前有一个民族送给相邻的民族一封信。这封信一共四样东西：一只死鸟，一只死老鼠，一只死青蛙，还有五支箭。这些东西包含着什么意思呢？就是说：“你们能像鸟儿一样在天空中飞，像老鼠一样在地底下藏，像青蛙一样在湖面上跳跃吗？如果不能，休想跟我们打仗。什么时候你们的脚踏上我们的土地，我们就用乱箭来对你们！”

这些话语也只有孩子们才说得出来。因为用的是孩子们的视角，《开明国语课本》里的课文篇篇都有新意，请看高小第三册里的《三棵银杏树》：

三棵银杏树

我家屋后有一片空地，十丈见方的开阔，前边、右边沿着河，左边是人家的墙。三棵银杏树站在那里。一棵靠着右边，把影子投到河里。两棵在中央，并着肩，手牵着手似的，像两个亲密的朋友。

这三棵银杏树多大年纪了，没有人能够知道。我父亲说，他小的时候，树就有这么高大了，经过了三十年的岁月，似乎还是这么高大。

三棵树的正干都很直；枝干也是直的多，偶然有几枝屈曲得很古怪，像画幅上画的。每年冬天，赤裸的枝干上生出无数的小粒来。这些小粒渐渐长大，长得像牛、羊的奶头。

到了春天，绿叶从奶头似的部分伸展出来。我们欢喜地说道："银杏树又穿上新衣裳了！"空地上有了这广大的绿荫，正是游戏的好场所；我们便在那里赛跑，唱歌，扮演狩猎的戏剧。经过的船只往往在右边那一棵的树荫下停泊，摇船的乘此吸一管烟或者煮一锅饭，这时候，一缕缕的烟便袅起来了。

银杏树的花太小了，很容易使人忽略。去年秋天，我一边拾银杏果，一边问父亲道：

"银杏树为什么不开花呢?"父亲笑道："不开花哪里来的果?待来春留心看吧。"今年春天，我看见了银杏的花了，那是很可爱的、白里带点淡黄的小花。

说起银杏果，不由得想起街头“烫手炉，热白果”的叫卖声来。白果是银杏果的核，炒过一下，剥了壳，去了衣，便是绿玉一般的一颗仁，虽然并不甜，却有一种特别的清味。这东西我们都喜欢吃。

秋风阵阵地吹，折扇形的黄叶落得满地。风又把地上的黄叶吹起来；我们拍手叫道：“一群黄蝴蝶飞起来了！”待黄叶落尽，三棵老树又赤裸了。屈曲得很古怪的枝干上，偶然有一两只鹰停在那里，好久好久不动一动，衬着天空的背景，正像一幅古画。

课文写银杏树的“年纪”，是突出银杏树生长缓慢。写“三棵”，意在说明银杏树雌雄异株，单株不能结果实，类似动物的繁衍性状。写银杏春天的小花、夏天的浓荫、秋天的果实、冬天的“赤裸”，都在引导孩子们学会观察和欣赏。夏天的“游戏”和“炊烟”，“黄蝴蝶”和“古画”，这些天真浪漫的想象让孩子们在学习语文的同时得到了美的熏陶。

《开明国语课本》第三个特色是对于各种文体，兼容博采。叶圣陶在关于国语课本的《答语》中说：“我所谓文体，系指记状、叙述、解释、议论等基本体式而言。我们用语言文字表情达意，就离不了这些体式。国语课本怎能不把这些体式都收纳进去？我所谓文体，又指便条、书信、电报、广告、章程、意见书等实用文的体式而言。这些体式都是日常需用，随时随地会接触到的。国语课本怎能不示一些范式？”《开明国语课本》有“文艺性”的课文，也有“实用性”的课文。前者是为了了解“经典”，学会欣赏；后者是为了学会记日记，写信，写报告，写建议，写演讲稿，这是日常生活不可或缺的。

我国的儿童文学一向贫乏。就诗歌而言，当年编入教科书里的诗歌，往往缺少诗意，成人气味太浓。如胡适的《鸽子》曾被编入小学国语课本，“白羽衬青天，十分鲜丽”，成人以为妙笔，儿童并不欣赏。《开明国语课本》里的诗歌写“月亮”“菜秧”“春风”“雪花”“采棉”“时钟”“牧羊”“燕子”“萤火虫”“蜗牛”“龟兔”“蜘蛛”“学校”“农人和野兔”“菊花”“赛跑”“市集”“池塘”“小鸟”“彩虹”“长江”“秋天”“蒲公英”“青蛙”“新年”“踢毽子”“云彩”“瀑布”“动物园”等，契合孩子们的兴趣爱好和欣赏习惯，为孩子们喜闻乐见。《小萤虫》（初小第三册）像一幅淡淡的素描，寥寥数笔，就勾画出了夏夜的宁静、农家的辛劳，以及孩子们天真的遐想：

小萤虫，点灯笼，
飞到西，飞到东。
飞到河边上，小鱼正做梦。
飞到树林里，小鸟睡得浓。
飞过张家墙，张家姊姊忙裁缝。
飞过李家墙，李家哥哥做夜工。
小萤虫，小萤虫，
何不飞上天，做颗星儿住天空？

《蜗牛看花》（初小第四册）描绘一花引来百花开的明媚春色，赞美蜗牛“爬墙”看花的恒心和毅力：

墙顶开朵小红花，墙下蜗牛去看花。

这条路程并不短，背着壳儿向上爬。

壳儿虽小好藏身，不愁风吹和雨打。
爬得累了歇一会，抬头不动好像傻。

爬爬歇歇三天半，才到墙顶看到花。——
无数花开朵朵红，一齐笑脸欢迎他。

小红花起初只有一朵，过“三天半”，墙顶的花便开遍了。蜗牛本来想爬上墙去看一朵花，当它经过艰难的跋涉，在墙顶上看到的竟是“无数花开朵朵红”，思想和意境都很美。

《开明国语课本》里的“诗”好。“文”也都富有“诗”的特质，深入浅出，往往几句话就能把所要写的人物描绘得很生动，把所要说的事情或道理讲得很透彻。这一篇篇富有“诗”的特质的“文”，应用了各种体式，初小第三册里的《孙中山先生》用的是“对话体”：

“这个人是谁？”
“孙中山先生。”
“孙中山先生是哪里人？”
“广东人。”
“孙中山先生做过什么事？”
“他要中国好，他同许多人立起中华民国来。”
“从前我们中国叫中华民国吗？”

“当然不叫中华民国。我们说起中华民国，就该想到孙中山先生。”

仅用四句“对话”，就把孙中山的主要功绩讲清楚了。初小第六册里的《比老虎更可怕》，用的也是“对话体”：

孔子同他的学生经过泰山旁边，看见一个妇人靠着一座新坟啼哭，声音非常凄惨，就教学生子路去慰问她。

子路上前问道：“大嫂子，你哭得这样凄惨，为的什么？”

那妇人说：“从前，我的公公给老虎衔去了；去年，我的丈夫给老虎吃了；如今，我的儿子又给老虎咬死了！”

孔子问道：“既然这儿有老虎，为什么不搬到没有老虎的别处去住呢？”

那妇人说：“这儿没有苛刻的政治，我还舍不得离开这儿。”

孔子回过头来对学生们说：“你们记住，苛刻的政治比凶猛的老虎更可怕呢！”

课文选自《礼记·檀弓下》中的“苛政猛于虎”一段，改写后从“题目”到“语气”“称呼”“表情”，都“童化”了；不到二百个字，就把“苛政猛于虎”这一严肃的社会话题讲透彻了。

高小第四册里的《公德》用的是“书信体”。这是父亲写给读高小六年级的儿子“波儿”的信。父亲看到“成绩报告单”中有“公德”方面须要“注意”的话，就为什么要遵守公德、遵守公德的意义、学生应遵守哪些公德等话题，在信中说给波儿听，“从不妨碍他人入手”，从“要轻轻地关门”“游园时不要摘花”做起，“随时随地实做，务须养成习惯”，这些语重心长的话，配上丰子恺“壁上不可写字!”的插图，让孩子们感到应该这么做。

除了用“诗歌体”“对话体”“书信体”“剧本体”的文体写课文之外，《开明国语课本》里也有杂文和议论文，如高小第三册课文里的《规律生活》就是议论文。叶圣陶把“有规律的生活”这一议题放到真实的生话情境中叙述，站在与孩子们商榷的立场上，用朴实的语言和浅近的比喻阐释道理：“规律生活无非是把时间分配停当了再用的办法罢了”，“规律生活无非是划定某一段时间专做某一件事情的办法罢了”。“规律生活”无非是养成“某一段时间专做某一件事情”的“习惯”，丝毫没有一点说教味，让孩子们听得进、记得住。

《开明国语课本》出版后，立即轰动了教育界和出版界，报刊连篇累牍地发表评论，称誉这套教科书的“形式和内容俱足称后起之秀，材料活泼隽趣，字里行间流露天真气氛，颇合儿童脾胃。材料亦多不落窠臼，恰到好处”。教育部在审定的“批语”中说：这套课本“在我国小学教科书中创一新例”。黎锦熙在评语中说：“叶先生之文格与丰先生之画品，竟能使儿童化，而表现于此课本中，实小学教育前途之一异彩。”郑晓沧的评语中说：“富有艺术的意味”，“优美的情趣，随处可见”，“有许多课能引起儿童丰富的想象”。赵欲仁在评语中说叶、丰两先生“对于儿童文学与儿童艺术研究有素，即此可知本书的价值”，全书“颇合儿童学习心理。至每课课文，字句活泼，图画生动，意义浅显，亦足引起儿童阅读兴趣”。何兢业在评语中说：“叶先生是素负盛名之作家，如今他编的《国语》，内容十分新颖。依据社会生活与自然生活，编为童话、寓言、故事，每课中动物的或植物的人物的特长，均与人类生活相吻合。像这样的结构与内容，在一般儿童读物中，实是不曾多见。”陈普扬在评语中说：“叶先生以写《稻草人》的笔致着意到教科书上，所以课本能切近儿童生活，而且富有童话的意味。”① 过了七十多年，在全社会关注中小学语文教育的大背景下，《开明国语课本》由多家出版社重印，又获得了前所未有的好评。行家们都说这是一部能引起年长者对童年记忆的怀旧读物，是对教师提供借鉴的辅导读物，是孩子们的开智读物。

二、“给国文科以科学性”——《开明国文讲义》和《国文百八课》

1932 年，《中学生》杂志曾经刊登过一则题为《失学诸君的福音》的广告，宣布为了使那些“入学的资格不备”“就学的年龄已过”“学校因战事停闭”等无缘攀登学府门墙的青年人也能受到良好的教育，叶圣陶和夏丏尊等同人发起创办了开明函授学校。按照当时教育部规定的课程，以及社会所需要的各种知识，分别请专家编撰各类讲义，采用发讲义和练习册，以及批改作业的方式，指导函授学员，还出版了《学员俱乐部》杂志，让师生联络感情，交流心得。《开明中学讲义社简章》共九条，摘录于下：

---

① 详见商金林撰著：《叶圣陶年谱长编》第 1 卷，人民教育出版社 2004 年版，第 475—476 页。

第一条 名称 本社由上海开明书店股份有限公司创办，定名为开明中学讲义社。

第二条 宗旨 使有志上进之失学者，得于职务馀暇，修习中学程度之各种学科；同时使在校就学之学生，获得课外修业补益校课之机会。

第三条 事业 特聘富有中学教学经验之各科专家，依部颁中学课程标准，编成浅明易解之讲义，按月颁发，俾社员循序自习。分初中高中两部，先办初中部。

第四条 入社 凡具有完全小学毕业同等程度，有志修习中学各科课程者，不问年龄、性别、职业，均得依照入社手续，随时报名入社，由本社发给社员证，为本社社员。

第五条 讲义 每月发行一册，每册约二十万言。以三册为一卷，全部六卷。每卷内容相当于初中一学期之教材。除依照课程登载初中必修之各科讲义外，各册冠以“讲坛”，指导社员独学自习之方法及立身处世之方针。末附“课外讲义”一种，对于部定课程所无而为社员投身社会所必需之各种学科，分请专家讲述，务求简要明显，适切实用。

第六条 批答 社员如愿将练习成绩、课内疑难由讲师批答者，须写记于本社所编之自习册。该项自习册，依照讲义程序，每科分“练习”“笔记”“质疑”三项，按月印发。社员写毕送社，经讲师分别批答，评定分数发还。

第七条 试验 每修毕讲义六册，本社即按科命题，试验成绩，评定分数。但已将自习册按月送社评阅，并无遗漏者，得以其自习册之成绩为标准，免除试验。

第八条　奖励　每年六月、十二月，由本社将各社员平日或各期试验分数汇集发表，对于成绩优良者给予奖励。第一名奖现金三十元，第二名二十元，第三名十元，以下酌送书籍学用品。

第九条　毕业　修毕全部讲义试验及格后，即为毕业，由本社发给成绩证书。（下略）

从这份简章可以看出，叶圣陶及其同人都富有理想色彩。开明函授学校社长及各科讲师名单抄录如下：

社长　夏丏尊

各科讲师

党义　邵力子　张梓生

法制　陶希圣

经济　刘叔琴

国文　夏丏尊　叶圣陶　宋云彬　陈望道

算学　章克标　刘薰宇

英文　林语堂　林　幽

历史　王钟麒　宋云彬　倪文宙

地理　韦息予　傅彬然　邓启东

物理　沈乃启

化学　程祥荣

动物、植物　缪维水　薛德焴　薛德煜

生理、卫生　薛德焴

图书、音乐　丰子恺

此外还有课外讲师及顾问：王庆曾、王鞠侯、吴觉农、周予同、周建人、胡愈之、范寿康、茅盾、章锡琛、陈超仑、郑尧拌、顾寿白等十二人。讲师和顾问的阵容极为强大，大都是教育界学术界知名人士及社会贤达。讲师就是编写讲义的人，用“笔”而不是用“口”来教授。这在旧中国可以说是一个创举。

创办函授学校也促使叶圣陶更深入地思考语文教材建设和教育目标。五四之前，叶圣陶把语文教学的目的定为“能读、能识、能讲、能写”四项，而在“读”“识”“讲”“写”的排序中，似乎更看重“写”。1913年6月27日日记中说：

下午课毕与选青闲话，君颇以学生之昧于国文为忧，且谓曩时私塾死读强灌，每兼朝昏，其不合法固已极点，然窗下数年，一旦豁然，则稚幼之岁或成名家。今之循序渐进，教育并顾，其法来自异国，殆必至善。然入小学四年，未必能作一明了之书函，此其教者之短乎？抑其所由法有未尽善者也？……与同事诸君论教授作文，共叹竟无善法。

日记中的“选青”是他的同事。那时叶圣陶在苏州言子庙小学任教，采用的语文教材是上海商务印书馆出版的《国文教科书》，课文大多是文言。受到晚清“文界革命”和“欲新一国之民必新一国之文”等新思潮的影响，叶圣陶教授语文时把“写”看得很重。日记中最值得留意的是“然入小学四年，未必能作一明了之书函”一句，似乎在说连“实用”的“书函”都写不好，正经的文章就更别提了。而所谓正经的文章，很可能还是正统观念中的“载道”和“达意”。至于采用“新式教育方式”教育的学生为什么“写”的水准远不如私塾里“死读强灌”的“小蒙童”，叶圣陶和他的朋友都感到困惑。“此其教者之短乎？抑其所由法有未尽善者也?”把责任归咎于教师和教法倒没有错，只是找不出个原因来。

五四新文化运动勃兴，使叶圣陶成了新文学的弄潮儿。在新文化和新思潮的影响下，叶圣陶对语文教育有了新的探索。他那时在苏州角直吴县县立高等小学执教，开始自编国文课本。从《小学国文教授的诸问题》① 一文可以看出，他自编国文课本有以下三个特色：

一是“纯用语体”（或由文言翻译过来的“语体文”）；

二是“教材”应“以含有文学趣味为标准”，偏于文学作品；

三是教材不是预先编定的，而是“非整本”的，可随时调整和选编，“待儿童需要而后与”。

选编的教材，既有“域外文学”，如莫泊桑的《两个朋友》（即《两渔夫》）、都德的《最后一课》、易卜生的《娜拉》，也有经过改写的“古典名篇”，如《荆轲刺秦王》和《苏州五人墓》等，至于鲁迅的《孔乙己》、胡适的《一颗星儿》、周作人的《小河》等“新文学”，更是重点讲解和欣赏的名篇。他在 1921 年 3 月发表的《文艺谈·七》中说：

---

①《叶圣陶集》第 13 卷。

我是个小学教师，我的学生都是十一二岁的少年。我选国文给他们读，各种性质和形式的文字都要选，而他们最欢喜富于感情的。

一篇《项羽本纪》，他们于项羽兵败人散、慷慨悲歌之处，读得最有兴味，最为纯熟。他们在运动场上玩耍，有时也抑扬歌唱，声音里含有无限悲壮的热情。莫泊桑的《两个朋友》，都德的《最后一课》和《柏林之围》，曾将译本给他们读，他们也感动得不得了。那篇《两个朋友》，他们还改编为剧本，开同乐会时在学校里的剧台上开演。两个学生饰两个钓徒，一种颓丧的神气、愤懑的语调和苦中求乐的自然心情，居然给他们都描摹出来了。后来两人被德兵捕获，逼迫他们将法兵的暗号换性命，他们不肯，便将他们做枪靶。当一排德兵举起枪来的时候，他们俩齐发出颤动而心碎的声音，互相诀别道："再会了！"这三个字竟使我堕下泪来，许多学生和别位先生也有掩面的。他们能够表现书中人的性格，可知他们的心真已深入书中。而这一篇原是小说，富有浓厚的感情的文字。

他们更欢喜诗。杜甫的《兵车行》，白居易的《折臂翁》，都是他们百读不厌的。他们往往作期望的语气问我道："下星期选诗吧，好几星期没教诗了。"①

"下星期选诗吧，好几星期没教诗了。"可见叶圣陶采用语文课本不是编定的"整本"，而是带有"讲义"性质的"待定本"，根据儿童的欲望和

① 《叶圣陶集》第9卷，第13—14页。

兴趣，及时“搜集”或“创作”，不仅“选”，也“写”，把自己“写”的作品印发给学生作教材。叶圣陶一直强调教师要能写，他在《小学国文教授诸问题》中就曾说过：“教师应当能创作的，或者唯教师的精神，才是儿童适宜的粮食；倘若自己不敢创作，而唯赖编辑先生信手挥来的作品以临事，乃是教师的奇耻。”

自编的教材当然更适用。与所选的主要是适合儿童阅读的“文艺品”相对应的，是叶圣陶在语文教学中把“精神和思想”的培育和“发展心灵”放到了首位。五四之前，叶圣陶的语文教学重在“督责”和“指点”。五四之后就很“着重训练”，师生亲密合作，教与学打成一片，如组织学生到野外写作，排演爱国戏，作爱国主义演讲等等。五四之前的“写”，还局限于正统观念中的“载道”和“达意”。五四之后的“写”，孜孜以求的就是“最可宝爱”的“文艺”了。他在《文艺谈·七》中叙说“十一二岁的少年”如何喜爱小说、诗歌、戏剧等“文艺作品”之后，接着就写到孩子们如何喜欢文艺创作。他说：

儿童对于文艺的创作非常喜欢。我曾叫他们到野地里去席地坐着，作描写景物的文字，又曾叫他们随意为小说。他们大半以乞丐为材料，此外则记传闻的神怪之说，也有表现得精细的。一天我说，你们可高兴作诗？他们都呈好奇的笑容，表示愿意。我就教他们各随己意，无论心之所感，耳目之所闻见，只须自以为是诗的材料，就可以写出来。句子的字数和押韵的问题，且不管它。

下抄一诗，是一个姓陈的学生做的。这一首字句改得不多，又很有天趣，所以请读者观览。

夜景

吾家小庭里，夜景最美丽，到了有月时，清光无边际。

偶然仰头看，明星满天际，好像无数萤，靠着天上飞。

我家大门前，树高三四丈。吾庭亦能见，枝随风飘荡。影子亦随动，搅碎明月光。

立在小庭中，四周寂无哗。俄闻狗吠声，呜呜渐高起，行人加呵斥，连路吠过去。①

语文课成了文学作品阅读和欣赏课，“作文”成了“文学创作”，叶圣陶的这个尝试显然与时代和思潮的影响有关。和新文学运动的先驱者们一样，叶圣陶也推崇文艺的伟力，抱着“文学救国”的理念，想把莘莘学子培养为文学新人，走向社会后能用文艺这盏明灯照亮国民前进的征程，因而把语文课改成了“文学启蒙”。

1921年秋季开始，叶圣陶先后在吴淞中国公学中学部、杭州第一师范和北京大学中文系任教。1923年春，叶圣陶到商务印书馆国文部当编辑，与顾颉刚合编初级中学教科书《国语》，并参与“新学制中学国文课程标准”的拟订工作，加之这之后又先后到福州协和大学、上海神州女校和立达学园任教，学术视野更为开阔，思想也渐趋成熟，对中学语文教育的定位也渐渐明晰了，意识到“国文的含义与文学不同，它比文学宽广得多，所以教学国文并不等于教学文学”。语文课不是文学课，也不是思想品德课，中学教育并不是要培养专门

① 《叶圣陶集》第9卷，第15—16页。

人才，而是要使学生掌握应对生活的基本知识和技能；就中学语文教育而言，着力点在于培养和提升语文能力，于领略先哲思想、欣赏名家著作之外，更须切合于日常的“应酬”和“应用”，能够写文通字顺的“普通文”和“应用文”，因而把中学语文教学的任务定位为“阅读与写作的训练”。

1930年后，叶圣陶的语文教育思想趋于系统化。编撰了“小学初级学生用”《开明国语课本》和“小学高级学生用”《开明国语课本》这一套完整的小学国语课本之后，1934年叶圣陶和夏丏尊、宋云彬、陈望道合编了《开明国文讲义》，这是为开明函授学校编写的国文讲义，全书三册。第一、二册注重文章的类别和技术方面，第三册注重在文学史的了解方面。每篇选文后附有解题、作者传略与语释。第一、二册每四课设有一篇文话，用谈话式的体裁，述说关于文章的写法、欣赏种种方面的项目，又活泼，又精密。第三册每三课设有一篇文学史话，讲文学的时代和社会背景。文话、文学史话和选文互相照应，相互印证。第一、二册每隔四篇选文还有一篇关于文法、修辞的讲话，这两部分注重理解和使用，竭力避免机械的术语和过细的分析，务使读者修习之后，对于语言、文字的规律具有扼要的概念，并且养成正确地、精当地表达的习惯。文话、文学史话、文法、修辞讲话的后面都有复习或测验性质的练习。这套教材的特点是体例新颖，内容丰富，浅明易解，便于自学，注重应用。

在《开明国文讲义》中，叶圣陶首次将“普通文字”与“文学”截然划开：将“普通文字”界定为“‘记述文’‘叙述文’‘解说文’‘议论文’四体”，“普通文字”处于“文学”（诗、戏剧、小说、小品文）之外。随后，又由“普通文字”梳理出“应用文”的类别，把布告、公函、批示、宣言、章程、契约、报告书、说明书、仪式上的演说词、出版物前面的凡例，以及日常生活中的日记、书信、电报、广告、单据、便条等界定为“应用文”。“应用文”由此被界定为“普通文字”的一种，把这种文体选入语文课本，使中学语文科偏重实用的特色更为鲜明。虽说中学语文课本中也有一定篇数的诗歌、散文、小说和戏剧等文学作品，那也只是着眼于介绍我国源远流长的文学传统，激励学生学习并弘扬优秀的人文精神，学会欣赏中外文学经典名作，陶冶情操，并不是为了引导学生去创作，把写作的训练主要界定在“文学之外”的“应用文”。

1935年，叶圣陶与夏丏尊合编了“初中国文课教学自修用”的《国文百八课》（共六册，每册十八课，后两册未能出版）。这是一部侧重文章形式的书。在《编辑大意》和《关于〈国文百八课〉》中，提出很多新的思想。叶圣陶第一次明确提出，国文课是一门科学。他说：“在学校教育上，国文科一向和其他科学对列，不被认为一种科学。因此国文科至今还缺乏客观具体的科学性。本书编辑旨趣最重要的一点就是想给国文科以科学性，一扫从来玄妙笼统的观念。”这些话切中以往语文教学的要害，为语文学科建设指明了方向。《国文百八课》在选文和编排上有很多特点：第一，选材范围尽量放宽，兼顾到各种文体，特别提出应用文入选，应用文应该成为中学国文教学上的一个重要项目。他们认为“洋洋洒洒的富有情趣的材料固然选取，零星的便笺、一条一条的章则、朴实干燥的科学的记述等也选取”。应用文在教材里和其他文章同样处理，这在当时的国文课本中是别具一格的。第二，单元编排，形成完整严密的科学体系。“本书每课为一单元，有一定的目标，内含文话、文选、文法或修辞、习问四项，各项打成一片”；“每课所列课文，以文话为中心”。文话讲文章知识，“百八课”指“文章”有一百零八个项目，或者说代表了文章的一百零八个方面。每一课的文选均列古今两篇文章为范例；文法或修辞，从文选中取例，并保持自己的系统；习问是对前三项的复习巩固。从纵的方面看，四项都有一定的系统，构成全书完整严密的体系。单元编排的形式，从《开明国语课本》提出并实行后，到这套教材有进一步的发展。这种形式也成为以后教材编写的特点之一。

1937年6月，叶圣陶与夏丏尊合编的“修正课程标准适用”《初中国文教本》（六册）由开明书店出版，这是“供初级中学国文科精读教学”采用的一套教科书。“本书含有精读范文及文章法则两项教材，文章法则又分甲乙两部。甲部提示文法要项，乙部提示文章理法。皆按照范文分别安插，即以范文为例证，全体打成一片。”为了方便学生的自学和教师的教学，范文中的生字难句及故事详加注释。

《开明国语课本》《开明国文讲义》《国文百八课》《初中国文教本》，可以说是这个时期语文教材的范本，为我国现代的语文教材建设打下了良好的基础。尤其是《国文百八课》和《初中国文教本》的编辑思想和编排体例至今仍可借鉴。叶圣陶抱着试验和改革的态度，对教材，尤其是语文教材的建设，“筚路蓝缕，以启山林”，作出了重大的贡献。1926年教育家林砺儒在为张鸿来编撰的初级中学教材《应用文》[1] 写的

---

① 北京文化学社1927年版。

《序》中说：

> 窃以为文之用有二：曰载道，曰达意。精微之思想，优秀之情操，生于哲人天才之心，播于社会而成文化财，载之者，神奇之文学是也。定其体裁，一其式样，通万人之意而无误，同举国之义而不悖者，公私应用书契之体例是也。文学代表民族之生活理想，而应用文书则适应社会之结构与社交之心理。文章则贵能创奇翻新，以丰富其心思，而应用文字之形式则务求通用整齐，以节其心力，一其视听。盖文书体例为社会契约之一，其成也有自来，其行也有所借，其变也有起因。吾人置身社会，必资既成之形式以为心意交通之具，亦必须通其义例，始能制因革之宜，收运用之效。故受最高普通教育如中学生者，其国文能力，于领略先哲思想，欣赏名家著作之外，更须于公私交际，能得一义同文之用。前者可称为国民陶冶，后者可称为公民陶冶，合言之，即民族化之一道也。

林砺儒把写好“应用文”上升到“公民陶冶”的高度，这与叶圣陶的见解是一致的。叶圣陶一再强调教育的“总目标”就是“造成健全的公民”，“做国家够格的公民”。这里的“健全”和“够格”，当然包括“养成使用语文的良好习惯”、能写“应用文”这两项在内。而写好“应用文”的本身，也可解读为是在“公私交际”中遵循“民族化”的一种“规范”，是对精神文明的一种提升。

三、“青年阅读和写作的宝典”——《文心》和《文章例话》

为了提升青少年读者的阅读和写作水平，叶圣陶为他们写了一系列辅助性的文章和读物，最值得称道的是《文心》和《文章例话》。

1933 年 1 月，叶圣陶和夏丏尊合写的读书故事《文心》开始在《中学生》杂志上连载，1934 年 6 月由开明书店出版。《文心》“用小说体裁叙述学习国文的知识和技能”（叶圣陶语），人物贯穿全书，通过师生之情、亲子之爱、朋友之谊以及各种活动，写出了诗歌、小说、戏剧以及各种应用文的阅读、欣赏、写作等方方面面的知识。正确的，加以肯定；错误的，提出批评；既谈理论，也讲方法。每项知识都用一个相应的场面来衬托，使抽象的国文知识和中学生的生活史，以及社会上的大小时事交融在一起，既生动又形象，比喻得极适切，极明显。例如，作者在述说叙事文和小说的区别时说：“叙事文好比照相，只须把景物照在上面就完事；小说却是绘画，画面上的一切，全由画家的意识情感支配着的。”再请看《文心·鉴赏座谈会》中谈鉴赏的一段文字：

“鉴赏”二字，粗略地解释起来只是一个“看”字。真的，所谓鉴赏除音乐外，离不掉“看”的动作。看文章，看绘画，看风景，都是“看”。鉴赏的“鉴”字，就是“看”字的同义语。不过同是一个看的动作，有种种不同的程度。和“看”字相似的字，从来有“见”“视”“观”三个，这三个字，如果查起字典来，都是

"看"的意思，其实程度各各不同。"见"只是见到，看见，并无别的复杂的心理作用可言。"视"就比较复杂了，"视"不但见到，看见，还含有查察的分子，医生看病叫"诊视"，调查某地方的情形叫"视察"，凡是与"视"字合成的词，差不多都有查察的意义。"观"字更复杂，与"观"字合成的词，意义都不简单，如"观念""观感""人生观""宇宙观"之类，都是难下简括的注解的。同是一个看，有"见""视""观"三个阶段，我们看到别人的一篇文章或是一幅画是"见"，这时只知道某人曾作过这么一篇文章或一幅画，其中曾写着什么而已。对于这一篇文章或一幅画去辨别它的结构、主旨等等是"视"，比"见"进了一步了。再进一步，身入其境地用了整个心去和它相对，是"观"。"见"只是感觉器官上的事，"视"是知识思辨上的事，"观"是整个的心理活动。不论看文章或看绘画，要到了"观"的境界，才够得上称鉴赏。"观"是真实的受用，文章或绘画真滋味，要"观"了才能亲切领略，用吃东西来做譬喻，"观"是咀嚼细尝，"见"和"视"只是食物初入口的状态而已。①

这些论述就近取譬，通俗易懂。叶、夏两人都有丰富的语文教学经验，如鱼饮水，冷暖自知，说来新颖隽妙，又恰到好处。朱自清和陈望道分别作序，提举要旨，给《文心》以极高的评价。徐调孚称《文心》是他在1934年最爱读的书，是"五十年来百部佳作"中的一种②。开明书

① 《叶圣陶集》第13卷，第442—443页。

② 各家：《一九三四年我最爱读的书籍》，《人间世》小品文半月刊第19期，1935年1月5日。

店在广告辞中说《文心》也是“一群中学生三年间的生活史的缩影”[①]，《文心》可以作为文章作法读，可以作为“文学入门”读，也可以作为一本小说来读。书中写到的青年学生的做人和求学的态度，足为青年的模范，因而被誉为“青年阅读和写作的宝典”，“为天下之至文”[②]，“像牛奶那样的既富营养又多兴味的一本书”[③]。

《文章例话》写于1936年。这年1月，《新少年》半月刊创刊，为了帮助青少年学生养成良好的阅读习惯和“正当的写作态度”，领悟作文要道，叶圣陶开设了“文章展览”专栏，每期选一篇“切近少年意趣和观感”的“现代文”，连同他写的评述一同发表，汇编成书时取名《文章例话》，内容包括《朱自清的〈背影〉》、《夏丏尊的〈整理好了的箱子〉》、《茅盾的〈浴池速写〉》、《俞庆棠的〈一封公开信〉》、《巴金的〈朋友〉》、《鲁迅的〈看戏〉》（小说《社戏》开头的部分）、《徐志摩的〈我所知道的康桥〉》、《刘延陵的〈水手〉》、《周作人的〈小河〉》、《丰子恺的〈现代建筑的形式美〉》、《苏雪林的〈收获〉》、《赵元任的〈科学名词跟科学观念〉》、《胡适的〈差不多先生传〉》、《夏衍的〈包身工〉》、《郭沫若的〈痈〉》、《沈从文的〈辰州途中〉》、《韬奋的〈分头努力〉》、《丁西林的〈压迫〉》、《萧乾的〈邓山东〉》、《老舍的〈北京的洋车夫〉》（选自《骆驼祥子》第一章）、《蔡元培的〈杜威博士生日演说词〉》、《徐盈的〈从荥阳到汜水〉》、《胡愈之的〈青年的憧憬〉》和《尤炳圻的〈杨柳风〉序》。

---

① 《中学生》1935年2月号。
② 潘菽培：《从文学革命谈到〈文心〉》，《中学生》1934年11月号。
③ 方时杰：《牛奶一般的书——〈文心〉》，《中学生》1935年9月号。

《文章例话》涵盖了议论文、说明文、记叙文（抒情文）、演说词、书信、小说、诗歌、话剧、随笔、旅行记、报告文学、传记、序跋等诸多文体，在引领阅读时，叶圣陶侧重提示这诸多文体各自的鲜明特色，让读者在如何阅读、欣赏以及如何学习写作、如何做人等诸多方面收到实实在在的教益。

胡愈之的《青年的憧憬》旨在“劝导青年努力奋发，以求实现憧憬中的世界”，是一篇非常严正的论文。叶圣陶在评析时侧重说明文章的“立意”与“文章体裁”的关系。“在一篇文章中，要把实际的世界和憧憬中的世界都描绘出一个轮廓来，决不能琐琐屑屑作具体的刻画，而只能粗枝大叶作概括的叙述，所以用论文的体裁最为相宜。又因为读者是中学生”，“若把意思艺术化了，写成诗歌或者小说，不及写成小论文容易使读者理解”。韬奋的《分头努力》也是议论文。叶圣陶在解析时特别说道：议论文不同于说明文。说明文“说明一种道理、原由、关系等等”，把“一种道理、原由、关系”“说明白了”的就是说明文。议论文旨在“说服他人”，比说明文更推进一步，“也是说明一种道理、原由、关系等等，但是同时伴着一种愿望，必须说服读者，使读者信从”；说明文以“说明白了”为成功，议论文却以“说服他人”为成功。

丰子恺的《现代建筑的形式美》讲“现代建筑的形式美是什么”，是“根据什么来判定”的，这就不同于记叙文，而是说明文了。叶圣陶认真阐释“记叙文”与“说明文”的区别。“记叙文”好比“写生画”，“按照东西的性状写下来”；好比“拍活动影片”，“把事情的前前后后写下来”。而“说明文”的“作用在讲明白一些内心所发见、所理解的道理”。赵元任的《科学名词跟科学观念》也是一篇说明文。叶圣陶在评介赵元任的这篇文章时，特别指出“说明文说明一种道理，作者的态度是非常冷静的”，“只是理智方面的活动”，进而又说到说明文也可以带一点儿“风趣”，使说明文的面目也亲切可人，这样“对于读者的吸引力就比较大——也就是它的效率就比较大”。

苏雪林的《收获》叙述的是采葡萄的事情，按说应该是记叙文。但通篇“有一股满足的愉快的感情灌注着，好像人体的血脉分布到全身”，表达的是作者对于收获的欢喜，对于劳动的赞美，重在抒发感情。“文章中间没有‘满足极了’‘愉快极了’一类的句子，然而它是一篇很好的抒情文”。蔡元培的《杜威博士生日演说词》，是庆祝杜威博士六十岁生日写的演说词，是“仪式的文章”。“仪式的文章”是被动的，带有即席讲话、即兴发言的性质。虽说可以带有几分“无中生有”的颂扬和“语言文字游戏”的调侃，但一定要人感觉到是“由衷之言”，感到“亲切”，而不是“随便敷衍的”。叶圣陶从对蔡元培的这篇“演说词”中得出这样一个结论：“仪式的文章不是可以随便敷衍的。第一，要有意思。第二，必须切合当时的情境。”而要做到这两点，“平时的积聚”就显得特别重要。

俞庆棠的《一封公开信》是写给请愿学生的一封公开信。1935 年 12 月 23 日，上海学生为响应北平的学生救亡运动，决定乘京沪火车到南京去请愿。他们遇到种种的障碍，绝不退缩，只是艰苦地奋斗，直到 26 日才到达无锡。但是终于在宪兵的“护送”之下，火车向东开，回到了上海，南京是没有去成功。俞庆棠这封信的题目叫作《写给上海学生请愿团的一封公开信》，登在《大众生活》第九期，全文很长，通体记叙她在无锡眼见耳闻的关于这事件的种种情形，加上她当时的种种感想，末了她表示对学生有三点希望：一是力求救国更有效的方法，二是组织严密，三是为大众谋利益，为民族求解放。由于《新少年》篇幅有限，不能把全信刊载出来，叶圣陶只能摘录了其中的两节，并由此生发开来，着重谈“信”该怎么写。叶圣陶说：写给请愿学生的公开信的读者，“除了受信人请愿学生以外，还有非请愿学生的全国大众，把眼见耳闻的种种情形记叙在信里头，就是对全国大众尽了报告的责任”。接着说：

写这样的一封信，可以有几种不同的态度。激昂慷慨，感情激发，甚而至于谩骂：这是一种态度。叙事说理，完全理智，像法官下判词那样严谨：这是一种态度。并不遏抑感情，但是也不让感情过分放纵，对于该受责备的人给他责备，但责备里头含有宽恕的心情和深切的期望：这又是一种态度。读者试看作者写这一封信取的是哪一种态度？想来谁都可以看得出，她取的是最后一种态度。咱们不能说最后一种态度是正当，其他两种态度都不行。因为动笔写文章，同开口说话一样，得看作者当时的心情和那事件的关系，要骂的时候自然不妨骂，该严谨的时候也不必故意做得不严谨，这都是所谓“求诚”，是写作者的基本品德。可是取了最后一种态度写出来的文章，它的力量比较深厚，教人家看了之后还要去细辨那没有说尽的意思，因而受它感动。这情形好比用“文火”炖，里面同外面一样地酥软，不像用“烈火”炒的东西那样，外熟里不熟。咱们读了这一封信就有这么一种感觉：只觉得作者怀着一颗热烈的心，那心的跳动决不比请愿学生弱一分一毫，但是她却把它按捺住了，只用一些平淡的语言表达出来；语言越平淡，越是耐人寻味，于是使我们受到了深切的感动。

这里摘录的两节，一节记叙一位女士捐赠五块钱，一节记叙请愿学生修路开车，如果要加上夸张的形容，是有许多话可以说的。可是作者并不加上夸张的形容，单只按照事实写下来，因为事实本身就是顶动人的资料，再加上形容反而见得多馀了。我们读到“学生询问她姓氏，坚不肯说。再三的问，仅云：‘我是参加“五四”运动的一分子。’她就跑开了”，以及“你们有了轨道没有螺丝钉，你们赤了脚在冰一般冷的水泥沟里去寻螺丝钉，寻着一个是一个。你们大家出力的结果，毕竟把很长的轨道修好了”，谁能不引起深长的感想？再看作者抒发她的感想的部分。在前一节的“二”项里，她说：“现在衮衮诸公中有很多人都参加过‘五四’运动、‘三一八’运动、‘五卅’惨案的，希望他们赶快站起来和现在的学生携手，一致参加救国运动。”希望他们站起来，可见他们还没有站起来。还没有站起来而不加责备，只希望他们赶快站起来，这就是宽恕。所谓“他们”看见了，大概会感到惭愧，因而想站起来振作一下的。

在后一节里，“那班拆毁轨道抛掉螺丝钉的苦力们对你们真应该受良心的责备，然而他们也不过‘服从命令’而已”。这又是宽恕。作者哪里真要责备那班苦力呢？不想责备苦力而终于责备了苦力，责备之后又为他们开脱，说他们也不过“服从命令”而已：这使真该受责备而并没受到责备的人看了之后，将要羞愧万分，无地自容。她的所以如此，无非因为对于所谓“他们”和那些真该受责备的人怀着深切的期望：她要他们从感愧转到奋发，不再作救国运动的障碍，而和现在的学生携手，一致努力于争求民族解放的工作。[①]

叶圣陶说的是“公开信”该怎么写才“具有深厚的感染力”，以及怎么处理“感情”的问题，但他对这封信的解读评析本身就是一篇“具有深厚的感染力”的抗战宣言。巴金的《朋友》写他“和许多朋友交接，彼此相见以心”。“他们（朋友）待我太好，我简直没有方法可以报答他们。”那么就此不想报答了吗？“不。作者愿意做一块木柴，‘把我从太阳里受到的热放散出来，……给这人间添一些温暖’，这就是他的报答。报答的对象并不限于‘待我太好’的朋友，而是广大得多的‘人间’。”叶圣陶在这里宣讲的不仅仅是源于生活的“文章”，不仅仅是什么样的“文章”才能让人感动，更为重要的是讲了“从受了友情的培养而滋长起来的一种崇高的道德”。

以上说的都是“实用文”和“应用文”以及一般意义上的“文章”。选“实用文”和“应用文”与叶圣陶的教育思想有关，他认为中学生首先要学习写“实用文”和“应用文”。至于文学作品，叶圣陶认为贵在能学会欣赏，以了解更广阔的社会和丰富多彩的人生，涵养性情。

夏丏尊的《整理好了的箱子》是一篇随笔，写 1935 年 11 月初的上

① 《叶圣陶集》第 10 卷，第 239—241 页。

海，由报纸上“打仗”的标题引发的纷扰和恐慌。市民根据“一•二八”的经验，“整理好的箱子”，纷纷向租界里搬。作者写纷扰和恐慌有点特别，既不写街市上“大车小车，拖箱提笼的慌忙景象”，也不写市民“逃与不逃”的议论，而只是记叙“一家”夫妇之间的“谈话”。前半篇里“悄然对着这几只箱子看”的是“她”，而后半篇里却是“他”了。“她”的看含有无限的爱惜和焦急的意思，“他”的看却含有无限的愤激和惆怅。前半部的紧张来自报上的“两个标题”，紧张到爆炸起来似的。后半部空气转为平安，这平安也来自报上的“一个标题”：“日兵云集榆关”。上海转平安了，国难更深重了。叶圣陶由这篇“‘簇新鲜’的实录”，说到“随笔”的种种不同做法。郭沫若的《痈》是流亡日本期间写的，写他胸部右侧生了一个“小疖子”，医生劝他开刀，他舍不得“要费三个礼拜的静养和治疗”，就自己用紫外光线来照射，但总是不化脓。“难道我们中国人的白血球，真真是已经变到不能抵抗外敌的么?”他带着这个疑虑，检查患处，十天后发现痈已经化脓了，这一快乐真是不小：“我虽然是中国人，我自己的白血球依然是有抵抗外敌的本领的!”叶圣陶由这篇“新鲜的意趣”的随笔，说明“随笔是最自由的文章。形式既没有一定，题材也随处可取”，“随笔的唯一条件在于‘新鲜的意趣’”，“作者的动手写随笔，读者的乐于读随笔，都为着新鲜的意趣”。

茅盾的《浴池速写》写他在日本的浴池洗澡，“只是告诉我们他眼睛里看见的一番光景”；由于“看得精密”，文章写得细腻。沈从文的《辰州途中》写辰州风物，“是把自己印象最深的事物记下来，宛如摄一套活动影片，与此无关的简直丢开不写”，使得这篇旅行记具有“文学的价值”。而这“最深的事物”，“往往是当地人以为不值得一说的，甚至是从来没有关心过的事物”，因而特别推崇沈从文写旅行记特有的“眼光”“心胸”“笔墨”。

徐盈的《从荥阳到汜水》“专写社会间一般人的生活情形”，不注目在“天然风景”“名胜古迹”，以及“途中所见印象最深切的一些事物”，而只写了黄土坡上的窑洞和柿树林，这反倒让人感到新鲜。丁西林的《压迫》是话剧，“话剧是纯粹用对话来构成的”。叶圣陶侧重谈了《压迫》“对话”的“经济”：“非常干净，句句是口语，而且是传神的口语”。

《杨柳风》是英国格莱亨的童话，尤炳圻把它翻译过来并写了序。叶圣陶在评介《〈杨柳风〉序》时，首先谈了“读书先看序文是一种良好的习惯”，然后指出这篇序的特色：“大部分是分析书中人物的心理的话”，让读者看到“作者所以要这么描写的苦心”，“并且品味这本书的精蕴”。

《看戏》是鲁迅《社戏》的开头部分，《看戏》这个题目是叶圣陶加的。《看戏》描摹进戏园看戏“当时的感觉”，使读者“如临其境”。进而说到“教科书里的文章”与“文艺”的区别。前者“注重在叫人家记忆和理解”，后者“注重教人家感动，教人家欣赏”。

徐志摩的《我所知道的康桥》是“记叙景物的文章”，“是接触过景物”之后才写的，“因此，他告诉读者的不是单板的景物，而是景物怎样招邀他，引诱他，他怎样为景物所颠倒，所陶醉”。“作者自己担任篇中的主人公，他东奔西跑，左顾右盼，一切由他出发”，把“他和康桥一番永不能忘的交情”告诉读者，“使用着许多重复的语调”，“出现了许多的‘你’字”，因而使文章显得热情活泼。

朱自清的《背影》以“父亲的背影作为主脑”，“父亲的背影原是作者常常看见的”，而文章中“写的却是使作者非常感动的那一个背影”。进而谈到怎样阅读文章：“读一篇文章，如果不明白它的主旨，而只知道一点零零碎碎的事情，那就等于白读。”《背影》的主旨“就是把父亲的背影作为叙述的主脑，从其间传出父亲爱惜儿子的一段深情”。

叶圣陶很推崇周作人的《小河》和刘延陵的《水手》，在1929年发表的《新诗零话》① 中说：“周作人的诗一点儿不带中国的旧诗词的传统气，《小河》一诗到如今还可以说新诗中的绝作”。《水手》采用“纯印象的手法，有鲜明的彩色，使人读罢有馀味”，虽然是“新诗初产生时期的产物，到今八九年，似乎少有看见与这等齐的作品”。在《文章例话》中，叶圣陶对这两首诗作了更为细腻的评析。他说周作人的《小河》根据“世间的真实”架构全篇的材料，并用精粹的口语来予以表现，最终达致声调与诗境的和谐。说刘延陵的《水手》捕捉“情和境发生关系的那个当儿的一切”，用“最精粹的语言”呈现出水手在海船上思念他的女人的情境。进而提出“诗”是“用艺术手段”表现“一种情境”，“诗”必须讲究“诗的声调和诗中情境”的“和谐”，为“诗”的定义和特征作出了最简洁而明晰的界定。

萧乾的《邓山东》描写事物“不是死板地照抄实际事物”，而是“用适当的文字，把事物外面的和内面的特质表达出来，使人家认识

① 《开明》第2卷第4期，1929年10月10日；收入《叶圣陶集》第10卷时改题名为《新诗杂话》。

它的整体，这才算描写到了家”；“描写人物以描写他的性格为主，容貌、态度、服装等等常常作为性格的衬托”，“描写人物性格要在人物的一言一行一颦一笑上下功夫，没有一句评判的话也不要紧。能使读者从人物一言一动一颦一笑上体会得出人物性格来，那才是上等的描写”。老舍的《北平的洋车夫》节取于长篇小说《骆驼祥子》的第一章，是《骆驼祥子》的第一篇评论。叶圣陶侧重展示老舍作为一位艺术上成熟的作家特具的风格：一是语言明快、简洁，是纯粹的口头语言；二是温厚的幽默。什么是“温厚”的幽默呢？叶圣陶是这么阐释的：

> 一般人往往以为幽默就是说俏皮话，嘻嘻哈哈，乱扯一顿，要不就是讽刺，对人生对社会来一阵笑骂和嘲弄。这却无论如何是一种误会，幽默决非如此。老舍先生有一篇《谈幽默》，其中说：“它表现着心怀宽大。一个会笑而且能笑的人，决不会为件小事而急躁怀恨。褊狭，自是，是‘四海兄弟’这个理想的大障碍；幽默专治此病。嬉皮笑脸并非幽默，和颜悦色，心宽气朗，才是幽默。一个幽默写家对于世事，如入异国观光，事事有趣。他指出世人愚笨可怜，也指出那可爱的古怪地点。”咱们不妨说这是老舍先生幽默观。这样的幽默非常可贵，不只是“笑”，不只是“事事有趣”，从“心怀宽大”这一点更可以达到悲天悯人的境界。①

① 《叶圣陶集》第 10 卷，第 329—330 页。

类似这样浸透着“悟性”的阅读和欣赏，处处给人以别有见地幡然醒悟的欣喜，对于读者提高审美情趣和鉴赏能力，有许多深刻的启迪。

叶圣陶在《〈文章例话〉序》中说：“这许多文章中间有些是文艺作品，但是我也把它们看作普通文章，就普通文章的道理跟读者谈谈”，都谈些什么呢？一是“正当的写作态度”：“凡是好的文章必然有不得不写的缘故。自己有一种经验，一个意思，觉得它跟寻常的经验和意思有些不同，或者比较新鲜，或者特别深切，值得写下来作为个人生活的记录，将来需用的时候还可以供查考：为了这个缘故，作者才提起笔来写文章。否则就是自己心目中有少数或多数的人，由于彼此之间的关系，必须把经验和意思向他们倾诉：为了这个缘故，作者就提起笔来写文章。前者为的是自己，后者为的是他人，总之都不是笔墨的游戏，无所为的胡作妄为”；二是“写文章不是什么神秘的事儿，艰难的事儿”，“文章的材料是经验和意思，文章的依据是语言。只要有经验和意思，只要会说话，再加上能识字会写字，这就能够写文章了。岂不是寻常不过容易不过的事儿？所谓好文章，也不过材料选得精当一点儿，话说得确切一点儿周密一点儿罢了。如果为了要写出好文章，而去求经验和意思的精当，语言的确切周密，那当然是本末倒置。但是在实际上，一个人要在社会里有意义地生活，本来必须要求经验和意思的精当，语言的确切周密。那并不为了写文章，为的是生活。凡是经过这样修养的人，往往会觉得有许多文章要写，而写出来的往往是好文章。生活犹如泉源，文章犹如溪流，泉源丰盈，溪流自活泼泼地昼夜不息”；三是“阅读和写作都是人生的一种行为”，“凡是行为必须养成了习惯才行。譬如坐得正站得直，从生理学的见地看，是有益于健康的。但是决不能每当要坐要站的时候，才想到坐和站的姿势该怎么样。必须养成了坐得正站得直的习惯，连‘生理学’和‘健康’都不想到，这才可以终身受用。阅读和写作也是这样。临时搬出些知识来，阅读应该怎么样，写作应该怎么样，岂不要把饱满的整段兴致割裂得支离破碎？所以阅读和写作的知识必须化为习惯，在不知不觉之间受用它，那才是真正的受用”。进而强调《文章例话》中选录的二十四篇文章，“都不是无聊消遣的游戏笔墨，各篇各有值得一写的价值才写下来的”；“这些文章都不是魔术那样的特殊把戏，而是作者生活的源泉里流出来的一股活水，所以那样活泼那样自然”。“我在每篇之后加上的一些话，性质并不一致。有的是指出这篇文章的好处，有的是说明这类文章的作法，有的是就全篇说的，有的只说到其中的一部分。读者看了这些话，犹如听老师在讲解之后作一回概说。于是再去读其他文章，眼光就明亮且敏锐，不待别人指点，就能把文章的好处和作法等等看出来。如果文章中有不妥当的地方或者不合法度的地方，自然也能随时看出来，不至于轻轻滑过。这不但有益于眼光，同时也有益于手腕。自己动手写作的时候，什么道路应该遵循，什么毛病必须避免，不是大致也有数了吗?”又说：“我编这本小书的意思跟认真的老师同其志愿，只希望对读者的阅读和写作方面有些帮助。”话说得相当亲切。

四、旨在培养“欣赏力”的《揣摩集》

叶圣陶晚年将他写的评论和赏析的文章汇编成了一个集子，取名《揣摩集》，编入《叶圣陶集》第十卷。现将《揣摩集》中的篇名及写作时间抄录于下：《第一口蜜》（1923）、《〈温德米尔夫人的扇子〉序》（1926）、《“良辰入奇怀”》（陶渊明诗，1926）、《新诗杂话》（1929）、《新年偶读姜白石的元日词》（1934）、《浑凝的诗感——〈清人绝句选〉序》（1934）、《其实也是诗——读〈日出〉》（1937）、《文艺作品的鉴赏》[一、《要认真阅读》（1936）；二、《驱遣我们的想象》（1937）；三、《训练语感》（1937）；四、《不妨听听别人的话》（1937）]、《读元稹〈遣悲怀〉一首》（1942）、《读周邦彦〈关河令〉》（1942）、《读卞之琳〈给建筑飞机场的工人〉》（1942）、《读〈游子吟〉》（1945）、《辛弃疾的〈双赋云山〉》（1945）、《谈〈小石潭〉里的几句话》（1956）、《揣摩——读〈孔乙己〉》（1959）、《话剧〈关汉卿〉插曲〈蝶双飞〉欣赏》（1961）、《〈丹心谱〉的台词好》（1978）。前十三篇是新中国成立前写的，后四篇是新中国成立后写的。新中国成立之前写的这十三篇中一半以上是专为青少年读者写的，主要是谈阅读和欣赏，这里援引《第一口蜜》的头两节：

> 欣赏力的必须养成，实已是不用说明的了。湖山的晨光与暮霭，舟子同樵夫未必都能够领略它们的佳趣。名家的绘画与乐曲，一般人或许只看见一簇不同的色彩，只听见一阵繁喧的音响。一定要有个机会，得将整个的心对着湖山绘画乐曲等等，而且深入它们的底里，像蜂嘴的深入花心一样，于是第一口的蜜就尝到了。一次的尝到往往引起难舍的蜜恋，因而更益去寻觅，更益去吸取。譬诸蜂儿，好花遍野，蜜亦无穷，就永远以蜜为生了。
>
> 所以这个机会最重要。它若来时，随后的反复修炼渐进高深，

实与水流云行一样是自然的事。最坏的是始终没有这个机会。譬如无根之草，又怎能加什么培养之功呢？任你怎样好的艺术陈列在面前，总仿佛隔着一幅无形的黑幕，止有彼此全不相干罢了。[1]

进而说到“欣赏力”贵在自我培养，郑重指出阅读和欣赏不要存有“玩戏的心”和“求得的心”。“如果我们存着玩戏的心来对一切的文艺，我们就劫夺了自己的幸福了。玩戏的心止是一种残馀的如灰的微力，只能飘浮在空际，附着于表面，独不能深入一切的底里。更就实际生活去看，止有庄严地诚挚地做一件事情才做得好。假若是玩戏的态度，便不能够写好一张字，画好一幅画，踢好一场球，种好一簇花，甚至不能够讲好一个笑话。对于文艺，当然终于不会欣赏了。我们应以教士跪在祭台前面的虔意，情人伏在所欢怀里的热诚，来对所读的文艺。这时候不知有别的东西，只有我们的心与所读的文艺正通着电流。更进一步，我们不复知有心与文艺，只觉即心即文艺，浑和不分了。于是我们可以听到作者低细的叹息，可以感到作者微妙的愉悦：就是这听到这感到，我们便仿佛有了全世界。于是我们尝到第一口的蜜了。”叶圣陶把阅读和欣赏看作一种宗教。至于为什么把“求得的心”也看作“魔法”呢？叶圣陶解释说：“如果我们存着求得的心来对一切的文艺，我们就杜绝了精美的体味了。求得的心总要连带着伸出一只无形的手来，仿佛说：给我一点什么。心在手上，便不能再在对象上；即使在对象上还留着一点儿，总不能整个的注在上

① 《叶圣陶集》第10卷，第3页。

边。……我们应当绝无要求，读文艺就只是读文艺。这时候我们的心如明镜一般，而且比明镜还要澄澈，不仅仅照得见一片的表面。而我们固有的知识智慧感情经验与文艺里边的情事境界发生感应，就使我们陶然如醉，恍然如悟，入于一种难以言说的快适的心态。于是我们尝到第一口的蜜了。"①

也正是因为叶圣陶的阅读是这么虔诚专注和深入，他的文艺评论往往成了定论，如称曹禺的话剧《日出》"其实也是诗"，称闻一多的诗"较徐（志摩）多为沉着，为精密。读徐（志摩）的作品，诗与散文一样，有时感到浮滑，有时感到芜杂"②。称李金发的诗不是诗，"是诗料。有奇妙的想象，有深入的思考，而终于是诗料"③。称朱自清的长诗《毁灭》"充分表现出近几年来知识分子的意识形态，不是他一个人如是想，如是说，是他说了一般知识分子所想的"④。再看《要认真阅读》中关于孔乙己的评说：

> 鲁迅的《孔乙己》，现在小学高年级和初级中学都选作国语教材，读过的人很多了。匆匆读过的人说："这样一个偷东西被打折了脚的瘪三，写他有什么意思呢？"但是，有耐心去鉴赏的人不这么看，有的说："孔乙己说'回'字有四样写法，如果作者让孔乙己把四样写法都写出来，那就索然无味了。"有的说："这一篇写的孔乙己，虽然颓唐、下流，却处处要面子，处处显示出他所受的教育与他的影响，绝不同于一般的瘪三。这是这一篇的出色处。"有

① 《叶圣陶集》第 10 卷，第 3—5 页。

②③④ 《新诗杂话》，《叶圣陶集》第 10 卷，第 13、12、15 页。

一个深深体会了世味的人说："这一篇中，我以为最妙的文字是'孔乙己是这样的使人快活，可是没有他，别人也便这么过'。这个话传达出无可奈何的寂寞之感。这种寂寞之感不只属于这一篇中的酒店小伙计，也普遍属于一般人。'也便这么过'，谁能跳出这寂寞的网罗呢?"①

这里所说的"有一个深深体会了世味的人"，正是叶圣陶自己。他在《揣摩——读〈孔乙己〉》中说："这篇小说简直是用'笑'贯穿的"②。在《〈孔乙己〉中的一句话》中说：鲁迅在这篇小说的前后两部分中间插了一句话，"孔乙己是这样的使人快活，可是没有他，别人也便这么过"，如果把这句话"轻易滑过"，"就会毫无所得"。③ 又说，"孔乙己是这样的使人快活，可是没有他，别人也便这么过"——"这个话传达出无可奈何的寂寞之感。这种寂寞之感不只属于这一篇中的酒店小伙计，也普遍属于一般人。'也便这么过'，谁能跳出这寂寞的网罗呢?"在叶圣陶看来，鲁迅笔下的孔乙己写出了世间的"人"的悲哀，论说极其精当。

《揣摩集》和《文心》《文章例话》一样都侧重于"鉴赏"。叶圣陶说"鉴赏"就是"通过文字去接触作者的所见所感"，"通过文字的桥梁"去"接触作者的意境"，"接近作者的旨趣"，"和作者的心情相契合"。因为"文字"是"桥梁"，"读者必须把握住语言文字的意义和情味"，"辨出真滋味来"。"辨"，不是"被动"地接受，而是"主动"地

①② 《叶圣陶集》第10卷，第25—26、63页。

③ 《叶圣陶集》第14卷，第15—16页。

“研究”“考察”，“着眼于艺术”，“从生活方面去体验”，“驱遣我们的想象”，去领会“极关重要”的“言外之意，弦外之音”，“认识世界，体会人生”，体味到作为“骨子”的“高尚的思想、情感、意志”，从中“接受美感的经验，得到人生的受用”。他说“鉴赏”是一种愉快的精神活动。他的“鉴赏”都进入了他在《文心·鉴赏座谈会》中所说的“观”的境界。无论是指点文章的好处，还是说明某类文章的作法，无论是全面的欣赏，还是只谈其中的一个部分，都能虚怀求益，深切领悟，咀嚼出“真滋味”来。

第二十六章

抒写社会赤裸裸的现实
——短篇小说集《四三集》

这本集子是四十三岁这一年出版的，就叫它《四三集》吧。四十三岁是“中国算法”，扣实足算，四十二岁还不到一点。

——叶圣陶《〈四三集〉序》①

一、大学教育的衰败和没落

《四三集》，是叶圣陶自编的短篇小说及童话集，1936 年 8 月由上海良友图书印刷公司出版。各篇原来用“以类相从”的方式编排，编入《叶圣陶集》第三卷时，“为了跟其他集子取得一致”，改用“编年”的办法。其中《冥世别》一篇，按“编年”的体例，编入《未厌集》；《半年》《一个练习生》《寒假的一天》《邻居》《儿童节》《一桶水》等六篇

① 《叶圣陶集》第 3 卷，第 438 页。

儿童小说和童话《火车头的经历》《“鸟言兽语”》，移入“童话儿歌”卷（《叶圣陶集》第四卷）。这样，我们在《叶圣陶集》第三卷看到的《四三集》是纯粹的短篇。原有短篇《投资》《多收了三五斗》《逃难》《“感同身受”》《得失》《一个小浪花》《丁祭》《一篇宣言》《英文教授》《招魂》《老沈的儿子》，加上新补进的《席间》《秋》《乡里善人》，共十四篇，写于1932年至1937年的六年间。

作为著名的教育家，叶圣陶早期的教育小说大多侧重于展示中小学的教育现状。从20世纪20年代开始，他到大学兼课，积累了丰富的创作素材，于是把艺术的触角伸进了大学校园。在《四三集》中直接或间接写到大学教育的有《投资》《“感同身受”》《席间》《逃难》《英文教授》《丁祭》等，其中《投资》《“感同身受”》《席间》三篇还构成了一个系列。

《投资》通过“我”报考大学的见闻和感受，写国民党统治下的教育已经完全商业化，大学堕落为赚钱牟利的“商店”，就像只要钱袋饱满就可以逛“先施”“永安”公司一样，只要有钱，大学“绝不会拒绝你”。学校看重的是赚钱，家长和学生则把上大学视为“投资”，花钱买文凭，有了文凭就有了饭碗，有了入世闯荡的资本，能赚取超出“投资”N倍的盈余。

大学生在想象中拼凑“学而优则仕”的浪漫宏图，残酷的现实却给了他们毁灭性的打击。作为《投资》续篇的《“感同身受”》，把大学毕业没有出路、毕业等于“无业”的惨象写得凄凉至极。某大学把三十六名应届毕业生摊派给十二位教员，每人三名，要他们各显神通，分头给毕业生找吃饭糊口的去处。毕业生成了推销不了的“货品”，教师成了推销“货品”的“跑街”。许教授特地赶到上海，跑老牌书局，访新创办的大学，“到处瞎碰”。他负责的三名毕业生水平都“刮刮叫”，“都有撰稿的经验，在报纸杂志上露脸，也不止一两回了”；要价都很低，当“缮写员”“校对员”“小职员”都可以，可就是销售不了。所到之处不是人浮于事，就是事浮于人。失业像夏天的苍蝇一样，布满了这个不合理社会的每一个角落。农村破产，都市萧条，使只占全国人口万分之一二的大学毕业生也卷进了失业的狂流。

《席间》侧重于揭示某些大学教授恶劣的品行。秃顶应聘到某大学执教，临行前邀请“倒U纹”的“国际情势专家”和“总司令”、大胖子、瘦脸苏州人等“几位朋友”聚宴。“席间”谈“大学的真实意义就在发得出薪水，维持一班教员的生活”；谈消极抵制欠薪的办法是“拿六折的薪水，教六折的功课”，“用现成书本，不编半个字的讲义”，早退十分钟，“留下工夫来写点儿稿子，卖钱”；谈叉麻将的输赢。当话题转入“离婚再结婚”“男女问题”时，“席间”填充了“无限的欢快空气”：“每一张脸忘我地笑着，每一颗心突突地跃动”；说到“剿匪”（婚外恋），“笑声的浪花比先前更高更汹涌了”。酒喝到七分醉时，“苏州人”提出“到老地方”（妓院）去行“馀兴”，一言未了，教授们“各人心头涌现着一个可爱的‘老地方’，各人心头痒痒地盼望着另外一个快乐场面开幕”，于是“带着微妙的兴奋的心情”互相催促着走出“席间”，奔赴“‘年红’光一明一灭”的“老地方”。欠薪，固然是20世纪30年代教育衰颓和没落的一个主要原因，而《席间》中的这些空虚、无聊、沉醉酒色中的败类也玷污了大学这一神圣殿堂。

二、封建大家庭的解体和飘零

在叶圣陶的短篇中，《秋》似乎是个“另类”。小说写封建大家庭的崩解和飘零，对 20 世纪 30 年代的中国作了更为全面的描绘。

小说写女主人公“她”回乡扫墓期间的伤感。“她”年近四十，是产科医生。秋分时节从上海回到老家与家人一起去祭扫祖坟。身为产科医生，“她”跟庸医和老式接生婆处于竞争地位，也受到她们狼藉的声名的牵累，且又因独身招来种种嘲讽和非议。社会上“异样的眼光”和“不怀好意”的“猜测”，已注定“她”要做一辈子的老处女了；而“家”的衰落却又无情地剥夺了原本属于“她”的“世界”。小说从“她”进入她从前在家里住的房间写起，开篇就构成了一种凄凉的氛围：

> 开了锁，推开房门，一阵霉蒸气。是阴沉的秋天的傍晚，那些疏阔得几乎不相识的家具都显得非常朦胧。开了两扇窗，才看出什么东西都糁上一层灰尘。①

空落落的“家”，形同“凄凉的旅店”。“她”想守住这个“旅店”似的“家”，永远拥有属于她的“世界”——她的“一间房间”。父亲遗嘱上说“终于不出嫁的得田二十亩”，“她”既要“房间”，也想拥有这二十亩田。嫂子试探“她”愿不愿嫁给一个五十开外的钱庄经理当“填房”，

---

①《叶圣陶集》第 3 卷，第 308 页。

看似“关心”，其实是为卖田制造舆论，想乘机把“她”推出家门，剥夺她的继承权。这使女主人公“不免激怒”，用“偏不肯嫁”来回应，不过也加重了“她”内心的寂寞和痛苦。在去上坟的船上，“她”重温旧梦，情不能抑：

比较十馀年前，上坟的情况是冷落得多了。那时候全家各房同住在宅内，上坟那天的早晨大家大厅上齐集，就是个十分欢快的场面。各房的奶奶小姐走出来，全都穿起自出心裁的新装，这一件绣着蝴蝶，那一件绣着牡丹，各样的花边，各样的款式。脂粉气从每个腮帮上每条手臂上发散开来，熏得人人都好像喝了点儿酒，有说不出来的高兴。小孩子跳出跳进地催着上船，这个拉着伯伯，那个牵着爸爸。所有的人齐集了，才出门上船。船共三条，摇到河道宽阔处便并排着行。水果和茶食满桌，箫笛声应和着，笑声在这条船和那条船之间投来投去。简直是全家的快乐的郊游会。现在，各房分散了：有一房在交易所投机得利，便在上海造小洋房住；其他几房或在上海做点儿生意，或在南京当个小差使，都带了家眷去；空下的房子就租给几家别姓住了。大厅久已成为三不管的区域；令人生厌的几把破椅子上积着厚厚的灰尘；梁间常常搁着竹竿，晾着不知谁家的孩子的尿布。竞新斗艳的盛况再也不会在这里出现了，因为别房的女人根本就不来，只男人来了算数。就是男人，活动的天地各自不同，他们除开上坟而外，见面的机会也就很少了。[1]

---

① 《叶圣陶集》第 3 卷，第 314—315 页。

也就在这去上坟的船上，堂兄提议卖掉“老宅”。“大家似乎吃了一惊”，然而，“暂时间彼此面面相觑”之后便是同声应和。女主人“仅有的世界”永远地消逝了。封建大家庭从黄金时代到全盘崩解，前后只不过“十馀年”。究其原因，既不是子孙不肖挥霍无度，也不是子孙们不思有为甘心当“啃老族”，而是时代性的灾难。作者将这个大家庭的解体放到20世纪30年代经济凋零、社会动荡的大背景中来描写。哥哥的织袜厂“失利”，只好卖了田入股做赚钱的棉绸生意；堂兄一个商业专门学校毕业的儿子为找工作被骗了“三千两银子”的“保证金”，为了凑钱打这场官司，不得不卖掉“老宅”。封建大家庭的解体是社会变迁必然的结果，女主人公的感伤也烙上了时代的烙印。

三、陷入萧条和绝境中的乡村

20世纪30年代的中国，面临着两种极端严重的困境：一是外患日深，国势日损，半壁河山，无端沦丧，强邻吞噬，一日千里，整个民族国家有覆灭的危险；一是国家财政，日趋涸竭，工商百业，日趋枯槁，金融市场，纷扰不安，外资洋货，蜂拥而至，就连数千年立国根本之农业经济及小工业，亦破败不堪。因生产不足，国际之过剩物品都以我国为倾销之尾闾，致使我国物价猛跌。20世纪30年代初，洋米洋面充斥我国市场，米价大幅度下跌，使广大产米区失去了销纳的场所，农村在帝国主义的经济侵略之下，已经濒于破产。当时，上海人一般吃的是安南米、暹逻米以及美国面粉和澳洲面粉。评论文章说：连年灾荒，农村中“十室九空”，“哀鸿遍野”；同时，“洋米输入……其富人们仍然可以谷食饶足，廪囷不空，口腹不饥”。1932年邀天之幸，各地粮食丰产，可是粮价太贱，农民的贫困反而愈加深重，“放下禾镰没有饭吃，成为农村之普遍现象”。甚至“有许多田地因为粮价大贱，简直没有人去收获，恐怕收起了反而赔累”。丰收成灾，谷贱伤农，农村破产的悲惨景象冲击着富有正义感的作家的心灵。叶圣陶于是创作了中国现代文学史上的名篇——《多收了三五斗》。

《多收了三五斗》从1932年秋天开始酝酿，到1933年7月1日在《文学》杂志创刊号上发表，历时九个月之久。小说以他曾经生活过的水乡古镇角直为背景，只写了一个“横断面”——农民粜米这一个片段。因为截取在要紧的所在，读者犹如看一株大树的横断面，仔细检查年轮，也可以知道这株树的生长过程一样，看到整个事件的全貌。江南一年二熟，春季的蚕茧，秋季的稻谷。农民纳租、完税、还债、赎当、娶妇、嫁女，全指望这春秋二熟上。抓住粜米，也就是抓住了生活中的关键时刻。

小说的主人公不是张三，也不是李四，作者刻画的是旧毡帽朋友的群像。在粜米的过程中，他们询价、论价、讨价、还价，粜与不粜米的犹豫，择地而粜的设想，以及粜米时米质好坏的争议，斛子浅满的争辩，给银元与给钞票的争执，不仅写出了旧毡帽朋友们“今年亏本比去年（去年是水灾，收成不好，亏本）都厉害”的遭遇，而且形象地概括了丰收成灾的社会原因：洋米洋面充斥市场，商人垄断市场操纵粮价，重重捐税加重了对农民的剥削。这些社会原因又是互相纠结在一起的；帝国主义、封建官僚、高利贷者、投机商人，像一重又一重的网罗，把旧毡帽朋友逼得走投无路，只好剜肉补疮，忍痛把稻米贱价卖给万盛米行。随后，作者描写旧毡帽朋友上街购物的场景，借用水乡古镇的一角，把旧毡帽朋友的贫困与民族工商业的凋敝联结在一起；把洋米洋面充斥市场，致使丰收成灾这一严酷的现实，与洋油洋布洋皂洋镜洋火等种种洋货遍布城镇、把我国的民族工商业排斥殆尽的情景联结在一起，深化了小说的主题。最后，旧毡帽朋友在船头借酒浇愁，意识到"路路断绝"，从而产生了宁愿"吃枪"，也不愿坐以待毙的反抗意识，要效法丰桥农民闹抢米，要寻求新的斗争的道路。暗示了"中国是全国都布满了干柴，很快就会燃成烈火"①。

从小说的结构来看，《多收了三五斗》是以三幅场景连贯而成的。这三幅场景或突出面对面的争论，或着墨于气氛的渲染，或侧重于描写七嘴八舌的谈论，写法各不相同，然而都紧紧地围绕着主题使之伸展和深化。我们愈是细细研读，愈觉得布局严密，不枝不蔓，获得以少胜多、一目传神的艺术感受。之所以能这样，当然是作者艺术上的修养深。他认为"简洁"就是美，一贯用笔极为省俭，不追求词藻的堆砌。但是，艺术修养不仅仅是文字方面的修养，而更主要的是对生活的观察和思考。作者在古镇角直生活过五六年，对江南古镇在每逢新谷上市时节的景象，非常熟悉，对于农民们在那时的希望和忧虑，也有很深的体会，所以有了要写的主题不必临时去农村"深入生活"，就能写出既形象而概括性又很强的短篇来。

《多收了三五斗》采取角直作为背景，正因为这个水乡古镇是他极其熟悉的，写来能给人以身临其境的感觉。作者用"旧毡帽朋友"来称

---

① 毛泽东：《星星之火，可以燎原》，《毛泽东选集》第1卷，人民出版社1991年版，第102页。

呼农民，抓住了江南农民的特征。鲁迅在《寄〈戏〉周刊编者信》中曾经强调过江南农民戴的毡帽，说："只要在头上戴上一顶瓜皮小帽，就失去了阿Q，我记得我给他戴的是毡帽。"小说中写万盛米行的河埠头："齐船舷的菜叶和垃圾给白腻的泡沫包围着"，"填没了这船和那船之间的空隙"，"河埠上去是仅容两三人并排走的街道"，这正是江南水乡古镇在秋收季节特有的景色。而河埠头"横七竖八停泊着乡村里出来的敞口船"，"船里装载的新米"，则点明了新米正好上市。作者把丰收成灾这出悲剧安排在这样的地点这样的时间，当然是再恰当不过的了，便于情节的展开，也能够引人入胜。

江南农民勤劳俭朴，平时没有闲工夫走街上市，只有在卖新茧和粜新谷的季节，为了出卖自己的劳动果实才上街赶集。他们的"女人"和小孩，也只有在这个时候才能随船出村。旧毡帽朋友粜米后到镇上买些生活用品后回到船上，吃了饭开船回家。这些情节不仅承上接下，脉络相连，而且单纯简练，符合江南农民的风俗习惯，使小说增加了水乡情调。请看下面一段：

> "乡亲"还沽了一点酒，向熟肉店里买一点肉，回到停泊在万盛米行船埠头的自家的船上，又从船梢头拿出盛着咸菜和豆腐汤之类的碗碟来，便坐在船头开始喝酒。女人在船梢头煮饭。一会儿，这条船也冒烟，那条船也冒烟，个个淌着眼泪。小孩在敞口朝天的空舱里跌交打滚，又捞起浮在河里的脏东西来玩，唯有他们有说不

出的快乐。[1]

这是一幅色彩浓重的水乡风俗画。“咸菜和豆腐汤”，点画了江南农民生活的俭朴。男人“坐在船头开始喝酒”，“女人在船梢头煮饭”，农民的习惯确是如此。“这条船也冒烟，那条船也冒烟，个个淌着眼泪”，多么富有乡土气息和水乡风光。而“沽了一点酒”，写出希望破灭的农民还想慰劳一下自己一年的辛勤。“小孩在敞口朝天的空舱里跌交打滚”，则与出村时“船里装载的是新米，把船身压得很低”形成了鲜明的对比，再通过“唯有”不懂事的小孩“有说不出的快乐”的映衬，强烈地烘托出旧毡帽朋友希望破灭的痛苦。作者就是这样，把对旧毡帽朋友的深切同情，对黑暗现实的满腔的愤懑，收敛和包含在水乡的风情之中，给小说增添了“活气”，读来着实叫人感动。

作者在描写背景的时候，还巧妙地使用背景来造成一种氛围，造成20世纪30年代初叶江南水乡的一种气象和气氛，使旧毡帽朋友的感慨与时代气息水乳交融地浑然一体：

……小孩给赛璐璐的洋团团，老虎，狗，以及红红绿绿的洋铜鼓，洋铁喇叭勾引住了，赖在那里不肯走开。

“小弟弟，好玩呢，洋铜鼓，洋喇叭，买一个去，”故意作一种引诱的声调。接着是——冬，冬，冬，——叭，叭，叭。

当，当，当——“洋瓷面盆刮刮叫，四角一只真公道，乡亲，

---

① 《叶圣陶集》第3卷，第322—323页。

带一只去吧。”

“喂，乡亲，这里有各色花洋布，特别大减价，八分五一尺，足尺加三，要不要剪些回去？”①

这几段文字虽然描写水乡古镇的场景，其用意不在于表现地方色彩，而是在着力描绘20世纪30年代初叶，洋货已经深入农村各个角落的可怕情景。如果说地方色彩所注重的是背景和人物的处理，那么，氛围所注重的却是背景和人物的调和，尤其侧重于感情的调和。水乡村镇的这种氛围，是殖民地半殖民地旧中国的灰暗和没落的写照。这种氛围深化了小说的思想：“谷即使不贱，在帝国主义和封建势力双重压迫之下，农也得伤。”这种氛围把旧毡帽朋友的忧伤的心境，把他们的宁愿“吃枪”也不愿种地当白差的激愤，映照得更加鲜明而强烈，这是时代逼迫的产物！江南水乡历来是我国的富庶之地，素有“天堂”之美称。生活在“人间天堂”的旧毡帽朋友尚且濒于绝境，那么，挣扎在广大贫苦和偏僻的乡村里的农民的命运更是不堪设想了。

小说结尾写到“都市”的“报上”，以及“地主”“金融界”“工业界”“社会科学家”关于“谷贱伤农”的议论。五花八门的救济方案闹得震天响，但与“乡亲”毫不相干。旧毡帽朋友“有的粜了自己吃的米，卖了可怜的耕牛，或者借了四分钱五分钱的债缴租；有的挺身而出，被关在拘押所里，两角三角地忍痛缴纳自己的饭钱；有的沉溺在赌博里，希望骨骰子有灵，一场赢它十块八块；有的求人去说好话，向田

① 《叶圣陶集》第3卷，第321—322页。

主退租，准备做一个干干净净的穷光蛋；有的溜之大吉，悄悄地爬上开往上海的四等车”①。

农业为百业之本。农业之盛衰，不唯整个国家经济盛衰之所系，更与大多数国民生死存亡有关。因农村经济破产、民生不安、民食之匮乏而导致的暴动、骚乱、闹荒、离开土地流向城市的浪潮，从本质上揭示了社会的黑暗及其必然崩溃的历史趋势。

四、金融市场的混乱和危机

《多收了三五斗》中旧毡帽朋友与米行老板关于“现洋钱”和“钞票”的争执，值得玩味：

> “先生，给现洋钱，袁世凯，不行么?”白白的米换不到白白的现洋钱，好像又被他们打了个折扣，怪不舒服。
>
> “乡下曲辫子!”夹着一枝水笔的手按在算盘珠上，鄙夷不屑的眼光从眼镜上边射出来，“一块钱钞票就作一块钱用，谁好少作你们一个铜板。我们这里没有现洋钱，只有钞票。”
>
> “那末，换中国银行的吧。”从花纹上辨认，知道手里的钞票不是中国银行的。
>
> “吓!”声音很严厉，左手的食指强硬地指着，“这是中央银行的，你们不要，可是要想吃官司?”②

---

①②《叶圣陶集》第3卷，第326、320页。

旧毡帽朋友相信“袁世凯”（银元）而不信“纸币”，要“中国银行”的而不要“中央银行”的，可见旧中国金融市场的混乱，币制的紊乱，人民不信所谓的“中央”。世界经济恐慌，我国市场的萧条，湮没在金融危机浪潮中的银行和钱庄，朝不保夕。叶圣陶的《逃难》和《一个小浪花》真实地记录了银行和钱庄的倒闭风以及所谓的“新货币政策”给人民带来的灾难。

《逃难》中的李先生是个典型的守财奴，他的“兴味就在积钱的数字上”。“跟修行人空闲下来就念阿弥陀佛一样”，李先生“空下来就作加减法的心算”，一心想着如何才能存足六千元的整数。面对银行钱庄纷纷倒闭、金融市场瞬息万变、日趋混乱的严峻局面，李先生以他特有的敏感从银行提出最大的一笔存款；听说“食货银行”可能要倒闭，他宁愿不要利息，通过侄儿的关系，取出存款。这两笔钱，放在家里怕强盗入室抢劫；拿回家乡去买十间八间房子吧，又担心“土匪闹事，打家劫舍”，想来想去，觉得还是存入侄儿所在的银行比较稳妥。侄儿是这家银行的会计主任，万一有个风吹草动，他可以提前取出来，这样“钱”总可以“逃难”了。谁知不出三天，这家银行突然倒闭，侄儿措手不及，李先生的这两笔存款最终仍未能逃过灭顶之灾。

与李先生相比，《一个小浪花》中的吴先生显得更精明。旧中国的货币从来没有统一过，货币的种类，除钞票外，不但有银元、铜元、银锭、金条等等的分别，同时还有官办、私铸、大小、优劣、成色、等次的不同，所以兑换货币的钱商开的“钱庄”，在中国金融界占有相当重要的地位。吴先生从收音机里嗅出钞票就要贬值的风声，连夜把一百多元钞票兑换成大包小包的“硬通货”铜板。不料第二天风云突变，中央财政部颁布了“六项紧急法令”，即1935年11月4日颁布的《财政部紧急法令》，规定从当日起，将中央、中国、交通三银行所发行的钞票，作为法币，集中发行。其他各银行钞票逐渐收回，以后不得再发。同时，原有的银币，不得再在市上使用，应由持有者交存政府，照额面换取法币。今后如有使用银币者，将全数没收；如有故意存放隐匿者，依《危害民国紧急治罪法》治罪。“如有故意阻挠，造谣生事，或希图投机，高抬物价者，定即执法严绳，不稍宽贷。”与此同时，政府舆论大肆吹嘘，说这一“高瞻远瞩”“快刀斩麻”的“利民”的“新货币政策”，开创了“中国金融稳定之新时代”，“其造福国家前途，实未可量”。蒋介石、孙科等人称这一改革可使“国民经济建设得于政府指导之下以自力奋斗而复兴”①。小说以漫画式的笔触勾勒了吴先生为了保全自己的积蓄，惶恐不安、挖空心思、疲于挣扎的慌乱的神情，以及听了“六项紧急法令”后的窘态，极其巧妙地点出这个“利民”的“新货币政策”实同劫掠。吴先生的“铜板”是用“一万”比“三千五百”和“一万”比“三千三百九十”的比价兑换的，而“铜板”兑换“法币”的比价只能是“一比一”，损失极其惨重，难怪他“对门”的张妈听了“法令”拍着胸脯“大哭”不止呢。张妈辛苦一辈子“积下三十只洋”，如今变成了三十块“法币”，“现洋”收归国有，物价随之骤涨，从而形象地揭露了所谓拯救金融危机的“三位一体”的统制，全是欺人之谈，“事关救国要政”的“新货币政策”对于人民来说只是一场浩劫。

---

① 引自蒋介石、居正、冯玉祥、孙科、于右任、邹鲁、丁惟汾1935年11月12日给国民党一中全会提交的改革币制的提案，《东方杂志》第33卷第1号，1933年1月1日。

五、封建势力的祀孔和媚日

短篇《丁祭》写江南某地仲春“丁祭”的一场闹剧。为了与冀察政务委员会委员长宋哲元“祭圣庙”的行动相呼应，江南某地以菊翁、砚翁、鼠须、咏翁、洛翁为代表的一帮封建僵尸，抱着“就是下铁片，也得要祭”的虔诚之心，冒着大雪，来到“破败不堪”的孔庙，好像“道士打醮”似的“上香”“献爵”“跪拜”“焚帛”“送神”。小说中的“宋哲元宋委员长”实际上是象征国民党反动政权的一个靶子。由于文禁森严，作者不便直接攻击南京政权，就拿宋哲元开刀。1935 年 12 月，国民党南京政府为了适应日本的“华北政权特殊化”（日化）的要求，于 12 月 11 日发表明令成立“冀察政务委员会”，指派原平津卫戍司令、冀察绥靖公署主任宋哲元为委员长，由日方推荐臭名昭著的汉奸王揖唐、王克敏、齐燮元、曹汝霖等组成了十七人的委员会。12 月 18 日，冀察政务委员会在北平外交楼举行成立典礼。宋哲元在就职致辞中说：

> ……应日本善邻原则，力谋邦交之亲睦，凡以平等互惠精神待我者，皆我友也，况自“塘沽协定”以来，冀察两省与日本有特殊关系，为两国利益计，为东亚和平计，尤应互维互助实行真正亲善，哲元愿以最大之诚意，为最后之努力。此外尊重礼教，消弭共祸，发扬东方文化精神，促进人民自治能力，亦为哲元素所主张。古人有言：为政不在多言。哲元与各委员愿与冀察数千万民众相见

以诚，本此方针，切实作去。①

日本侵略者控制下的半傀儡式的政权——冀察政务委员会的成立，宣告华北冀、察、鲁、晋、绥五省已名存实亡，日本军阀疯狂地要吞噬华北与整个中国，中华民族处在亡国灭种的紧急关头。联系当时的相关背景，我们更能看出这个短篇深刻的思想内涵。1936年2月18日，蒋介石发表"新运（新生活运动）二周纪念感想，谓成绩不及第一年"。2月19日，国民党中央政府及各地分别举行"新运二周纪念"。2月20日，国民党中宣部举行记者招待会，"报告救国运动应注意：一，肃清赤匪余孽，二，具真诚奋发沉着之精神"。同日，国民党政府颁布《维持治安紧急办法》七条，明文规定军警枪杀抗日群众、逮捕救国分子、解散救亡团体、钳制救国言论为"合法"行为。从2月20日到2月24日的五天里，"北平当局已拘捕学生一百零七人"。②就在这样一个反共媚日、尊孔读经的声浪中，这帮封建僵尸利用"丁祭"，一个个粉墨登场，拥戴政府的《维持治安紧急办法》，高唱尊孔读经的滥调，主张以孔教来"革心"，用"孔学"来洗刷"现在的人"太坏了的"这颗心"；而对于抗租的"种田人"和"开口救国，闭口救国"的学生，则希望反动军警把他们"像湖蟹一样一串串地牵回来"，进行血腥镇压。小说着意描写了菊翁与咏翁的对话，点出了这帮封建僵尸的政治立场：

① 难宾：《何应钦返京后之华北局势》，《东方杂志》第33卷第2号，1933年1月16日。

② 上述史料均引自《东方杂志》第33卷第6号"时事日志"，1936年3月16日。

（菊翁）“咏翁，听说令坦在北平不肯回来，有这个话吗？”

咏翁梳理着灰白色的络腮胡，点点头说：“有的。亲翁写了好几封信去，叫他不要读什么书了，回家来还有口饭吃。可是他回信总说不愿意回来。还说到乡下去宣传，吃了许多苦，可是很乐意，很有长进。又据小女说，他还写了什么文章登在报上呢。这样的一个人，说不定逮住的一百多个里头就有他。我为小女打算，恐怕还是同律师商量商量，提出离婚的好。”

“离婚？”菊翁对咏翁的络腮胡看了一眼，脸上现出一副尴尬的神色……①

咏翁当众数落女婿的“胡闹”，并提出“离婚”，把“家丑”张扬出去，名义是为“小女打算”，实际上是与“抗日”切割。这帮封建僵尸对抗日学生恨之入骨，而对日本帝国主义则无耻地乱捧，说什么“东洋人倒也知道敬重孔子”，“他们讲王道”，“各处都有圣庙呢”；进而把他们这次的“丁祭”也归功于“东洋人”，说大革命后孔庙被“穷人”占了，“东洋领事”提了意见，他们这才“一一照办”，赶走了穷人，有了“重游泮宫”的机会。1927 年大革命期间，江浙一带确曾有过“灭佛毁庙之风”②，这帮封建僵尸耿耿于怀。小说中还有两个精彩的细节，拜跪时“一个老头子跪了下去站不起来了，一个老头子的棉鞋浸在泥浆里他都没有知道”，点出这帮封建僵尸只要还有一口气，就会蠢蠢欲动，摇唇鼓舌。作者通过描写封建僵尸在民族危亡之秋的丑态，从“礼”与

① 《叶圣陶集》第 3 卷，第 367 页。

② 释巨赞：《弘一法师》，桂林《文学创作》第 1 卷第 4 期，1943 年 1 月 15 日。

“政”这个独特的视角，揭示了国民党政府鼓噪的“新运”和“祀孔”的实质。

六、知识分子的退隐和沉沦

民族危亡之秋，知识分子何去何从？这是叶圣陶关注的一大问题。《英文教授》通过展示董无垢自1925年到1935年前后十年间思想演变的轨迹，控诉了国民党反动派的倒行逆施给一个革命的知识分子心灵的戕害，也揭示了知识分子遁入空门的根源。

董无垢早年留学美国，获哈佛大学哲学硕士学位后回国担任西洋哲学、心理学和伦理学教授。他风流倜傥，工作“最热心最认真”，“无论走到哪里，人家总觉得他带来一股青春的光辉”。西服笔挺，一头头发消磨半点二十分钟不在乎，“总之要教它成为一件惬心贵当的艺术品，能以参加美容术的赛会”为标准。他“抽烟不用中国货，因为质地太坏，有碍卫生。喝酒却喜欢中国的花雕，兴致好的时候，两斤还不醉。他又常常和一班年龄相仿的朋友上新世界、大世界那些地方”去欣赏“女性美”。他孝敬母亲，但对母亲的“念佛”觉得好笑，“对一个虚幻的观念，锲而不舍地倾注着虔诚，算什么呢？”

董无垢还是一位有抱负、有胸襟、有肝胆、有作为的斗士。“五卅”运动期间，他站到反帝斗争的前列，率先提出援助“罢工工人”的倡议，并被“推为学校的代表，去和他校以及各界的代表合力工作”，共同推进援助罢工工人“这个伟大的运动”，还在“日报”上第一个喊出了“打倒帝国主义”的口号，并且加入了“当时还不能公开的一个政治团体”，他的寓所成了“所属的那个区分部的会场”。轰轰烈烈的大革命激起他更为高涨的革命热情。他欣羡革命的策源地广州，“北伐军出发了，他的心神依着军队的路线在地图上活跃”，随时准备“迎头冲上去”消灭“那班残酷的禽兽”，坚信革命一定会成功，“‘新中国’必然会花一样地开出来”。为了支持工人阶级的武装斗争，甚至把自己的家作为藏匿武器的场所。上海工人阶级第三次武装起义成功后，“他挤在汗臭满身的人群中间，参加了好些个盛大的集会。他跑遍租界的各处，观察了帝国主义爪牙的色厉内荏的窘态。他巡行沪西沪北以及浦西的工业区域，领略了那些准备站起来的男女的狂热情形”。

小说对董无垢思想性格的把握是极其准确的。他思想纯正，但也潜藏着妥协成分；富有革命朝气，但也夹杂了知识青年常见的狂热。大革命失败后，董无垢“宛如从海船上掉到海里的孤客”，绝望中回到僻静的乡下，在“一位父执”的指点下皈依了“佛门”，于是“戒酒”，“戒烟”，“戒荤”，“拒绝了丝织品的衣服”，扔掉了衣袋里的“皮夹子”，开始念佛，“遵守规定的格式”朝着西方“拜伏”。厄运越多，他的“修持”也就越发虔诚。经过失业、被炸（“一•二八”的炮火毁了他的家）、丧妻的打击后，万念俱灰，全身心地沉浸在宗教的境界里。后来，他的“哈佛的同学”接任大学校长，想到董无垢太困顿了，请他出来教书，但他已不愿意讲授西洋哲学、心理学、伦理学等“触着思想方法”的功课了，只愿意教一个班的英文，拿较低的报酬，而把大部分时间用来念经与拜佛。

董无垢确有其人，他就是作者在散文《好友宾若君》[1] 中写到的吴宾若的二哥吴致觉。因为是苏州人，也就成了叶圣陶的亲家夏丏尊的朋友。夏丏尊也信佛，抗战期间与吴致觉一起翻译佛经。叶圣陶关心吴致觉，抗战胜利后回到上海还特地到法藏寺看望过他。可在小说中，作者对皈依佛学后的董无垢是竭尽讽刺之能事的。作者处处都在讽刺董无垢，如写他的"打扮"："头发修得短短的，是'和尚头'，不是'圆顶'"，"身上穿一件灰布大褂，尺寸和身材不相称，前胸后背以及胛肢窝下都有很大的折皱，又太短了，裤管露出了两三寸"；"鞋是布制的，黑布面，蓝布底，沾上灰尘，像一个店司所穿的鞋"，这样打扮完全不像当年的"英文教授"。学生有意作弄他，"窥看"他拜佛，还在黑板画有"和尚"字样的漫画。国难当头，董无垢天天拜佛，在香雾缭绕中"深入一种麻醉似的境界"。随着情节的发展，作者对董无垢的讽刺越来越辛辣，说他"蜷伏在大学的一个角落里，像地板底下的老鼠"。

必须指出的是，叶圣陶讥讽的是遁入空门后的董无垢，而不是佛学。叶圣陶对佛学一直是尊崇的，早在辛亥革命前后就曾热情地宣传佛学，1927 年 10 月写过一篇很有名的散文《两法师》[2]，对"一心持律，一心念佛"的弘一法师（李叔同）钦敬极了。后来，还在《谈弘一法师临终偈语》一文中说："我不参佛法，对于信佛的人只能同情，对于自己，相信永远是'教宗堪慕信难起'（拙诗《天地》一律之句）的了。"[3] 叶圣陶在小说中不仅仅写出了一个吕纬甫[4]式的董无垢，一个完

①②《叶圣陶集》第 5 卷。

③《叶圣陶集》第 6 卷，第 281 页。

④ 吕纬甫：鲁迅短篇小说《在酒楼上》中的人物。

全走到了自己的反面，躬行“先前所憎恶、所反对的一切”、拒斥“先前所察仰、所主张的一切”的董无垢，点出他荒谬的“慈悲”。董无垢痛恨暴力，视暴力如恶魔，并以戒杀为由反对中华民族抗击侵略者，对日本帝国主义也主张“慈悲”，声称：“如果我们以杀抗杀，那就是自己造孽，岂不同他们一样地可怜?”作者在民族危亡之际塑造这个形象，显然是有针对性的。当时，蒋介石到处鼓吹卖国论，说什么“和平未到完全绝望时期，决不放弃和平，牺牲未到最后关头，亦不轻言牺牲”①。与此同时，社会上刮起了一股尚佛的风气。兴盛佛门、昌明佛法的文章也随处可见，谭云山在《锡兰小乘佛教观》② 一文中说：

> 今日世界之纷乱，可说已达于极点。其致此之主要原因，即在人心之不觉悟。“佛教”之大觉大悟及其慈悲、和爱、牺牲、刻苦等等救世精神，实足以药此时弊。……我以为，我们今日，只应该提倡“佛教”之大觉大悟与共慈悲、和爱、刻苦、牺牲等等之救世精神。

叶圣陶批评董无垢的“勿‘以杀抗杀’”，批评“佛教”的“救世精神”，也就从另一个侧面提倡“御侮救亡”，这在当时是有正面意义的。

社会越乱，妖言越多，迷信越盛。短篇《招魂》中装神弄鬼、招魂扶乩的胡君并不是卖卜混饭的巫觋，而是正宗的“海归”，早年留学美国，是莎士比亚的研究者，回国后在南京某机关任职，月薪三百大洋，“风度翩翩，头发胶得发亮，西装笔挺”。可当国家遭到“空前浩劫”，

---

① 蒋介石1936年7月13日在国民党二中全会的讲话。

②《东方杂志》第32卷第19号，1935年10月1日。

日寇长驱直入的时候，他却把灵学喻为法宝，奉若神明，“专心致志”地玩上了“招魂”的“把戏”，带着“灵媒”到上海来为老师季勉死去的女儿宛宛“招魂”，并利用“招魂”的空隙变卖股票，散布“中国大乱”的谣言和“可怕的死灭”论，要人们“发心修炼”，靠“法力呵护”，逃避“浩劫”。

王任叔说过《招魂》是“写真人真事”[①]。小说中的季勉就是夏丏尊。1935年夏丏尊的长女吉子（小说中的“宛宛”）患伤寒去世，年仅二十岁。夏丏尊的学生胡君知道后特地赶来“招魂”，于是就有了小说中写到的那些场面。夏丏尊并不相信“招魂”，1933年写的散文《命相家》[②]中嘲讽过“靠些江湖上的老调来敷衍”顾客的“命相家”。叶圣陶当然也不信“招魂”，早在散文《记宾若君》中就说过“关于招魂之类的方术”当然“是迷信”。从《命相家》中可以看到20世纪30年代“迷信”之盛，相信“命相家”的并不是沈尹默《三弦》中写到的“穿破衣裳”的老头儿，而是“身着洋服的青年”“各大学的毕业生”以及政府机关里的“革命同志”，他们所要测算的不是“财气”而是“官运”；“命相家”毋需弹着三弦游走四方，而是在都市的饭店里包了房间，挂牌服务。透过这些描写，我们可以看到20世纪30年代一种奇异的社会景观。

---

① 《小说家座谈会第一次纪录》，《小说家》创刊号，1936年10月15日。
② 《文学》创刊号，1933年7月1日。

七、“乡里善人”的“寿序”

《乡里善人》堪称《遗腹子》的续篇，小说中的钱康侯简直就是活着的文卿。假如文卿的幼子没有夭折，文卿还活着，他也会像钱康侯一样附庸风雅，觍着脸面去求名家为他作寿序的。

和文卿一样，钱康侯也是坐吃祖宗家业的庸碌之辈，他自己也觉得“生平太平淡了”，从父亲那里承受两千多亩的家产，靠收租为生，户口表的“职业”项下填着“‘守产’的字样”。妻子不生育是他“最难排遣的烦恼”，四十五岁娶来了第一个妾，“也是一块没有收获的废田”；五十岁上娶来第二个妾，三年之后才生了一个儿子，“真是比克复一个城池还要困难”。而今年届六十，想到能“在世上留点名儿”，就辗转托人，“送五百番的润笔”，请“当今唯一大学问家大文章家”鲁太公，“做了一篇文字大约有三百光景”的寿序。请看钱康侯求寿序的用意：

> 鲁老先生是当今唯一的大学问家大文章家，他的文集，现在已经是人家的宝典了，将来必传无疑。一个人得到大总统的一张褒奖状，没有什么稀罕。得到鲁老先生的一篇文章，那就了不起了。文章收在他的文集里，他的文集永远不朽，人也永远不朽。将来小辈跑到社会上去，人家指着说，这个人的父亲或是祖父是有来历的，鲁太公的文集里都有讲到他的文章，这使小辈脸上也有光荣。①

---

①《叶圣陶集》第3卷，第426页。

钱康侯有何善行懿德可以入传？为了给鲁太公提供写寿序的史实，钱康侯必须写篇“节略”，这可把他难为了，在他六十年的行迹中，能够提及的，只有两件事：一是“甲子之岁”江浙战争时举办了一个“终于不曾发生什么作用”的“难民收容所”；二是“去岁之秋”疯狗伤人，当局下令禁犬。钱康侯觉得将狗“捉去乱棒打死”太残忍，建议“易打杀而收养”，“聚而畜之”。他收养的三百条“待毙之犬”，由于“经费不充足”，已所剩无几了。就是这样一个连自己也实在汗颜窘迫得无法下笔的平庸之辈，居然要“大文章家”为他写传，留芳千古，荣及子孙，实在是个绝妙的讽刺。鲁太公在寿序里称他是“乡里善人”，他得意得似乎要飞了起来，“仿佛觉得自己的身躯渐渐在那里扩大，往空中升上去似的”。第二年春天，鲁太公去世了，钱康侯窃喜，庆幸自己的“命”好，“如果迟生了一年，就是花五千块钱，向哪里去求鲁太公的文章呢?”不料，鲁太公的弟子遵照鲁氏“遗训”，没有把这篇寿序编入文集，钱康侯要求刻补也未能如愿，他“传名”的愿望最终成了一个“渺茫的梦”。

对于钱康侯的庸俗、卑下、厚颜、无聊，作者只是“实录”，给人以如见其人的实感，但笔锋之凌厉，情感上的厌恶，都潜隐在字里行间。这种“皮里阳秋”的写法使作品显得风趣诙谐。作者让钱康侯始终处在一个既有点儿自知之明又不得不厚颜无耻的难堪的境地。“才只有六十岁，又是这样物力维艰的年头，做什么寿呢?”这是钱康侯托乡绅王晓初辗转求鲁太公写寿序的开场白。明知六十算不得高寿，也没有忘记正值“物力维艰”的抗战年头，但还是找了个“一班亲戚朋友可不答应”做借口，非做寿不可；“如果小辈都长大了，儿子功成名就，女儿嫁个体面的丈夫，那时候做老太爷的逢到正生日，做做寿还有点儿意思。我呢，现在只有一个八岁的孩子，不知道能不能见到他成立，居然也做起寿来胡乱热闹一阵，有什么意思呢?”明知没有意思，但还是要“胡乱热闹一阵”；“我虽然比不上古来的君子，却也希望在世上留点儿名。因此我想到鲁太公老先生”。明知自己的“生平太平淡了”，“把它写成节略”未免“暗淡点儿”，但还是厚颜地恳求乡绅代为恭请鲁太公写寿序；看到鲁太公的寿序，钱康侯觉得“羞惭”，但一想到“将来人翻开鲁老先生的文集，读到这一篇文章，都要想望康翁的风采，大家心目中都有这么一位‘乡里善人’，康翁不朽了”时，又飘飘欲仙。作者存心让钱康侯说出一系列真心的话和违心的话，寓讽刺于幽默之中。

八、中华民族的抗日宣言

抗日反帝，是《四三集》一个突出的主题。《一篇宣言》以 1935 年冬季开始的大规模的爱国救亡运动为背景，讴歌了知识分子抗日爱国的激情。

1935 年 11 月，北平二十多位大学教授为了反对汉奸殷汝耕领衔的伪自治运动（伪组织“冀东防共自治政府”），反对宋哲元等军阀酝酿的“华北特殊化”阴谋（成立所谓的“冀察政务委员会”），发表对时局的宣言，要求政府维护领土完整，保持主权独立。宣言发表后，凡有爱国热情、民族意识的教职员和青年学生无不闻风响应。小说中的江南某城市中等学校的教职员也发表了“一篇宣言”，号召全民族团结起来

“维护领土的完整”，“保持主权的独立”。

这份宣言发表后，教育厅给校长发来电文，命令立即查覆宣言起草人。校长诚惶诚恐，“奉命唯谨”。他从美术教员张先生口中获悉起草的就是国文教师王先生时，当即将王先生找来，刨根问底，并“据实回复”。当天晚上，校长又接到教育厅的第二封电报，要求他把王先生所教两班学生的作文本寄去接受审查。校长感到“祸事临头”，生怕作文中有“不妥当的话语”牵连到他，就强迫王先生和他一起连夜查看，一词一句都细细筛检，认定“确是要当的，王道的”才放过。审查了一个通宵，只在一篇题为《秋天的郊野》的作文中，发现有学生写到农人割稻用了“镰刀”两个字。校长认为“不很妥当”，连忙把“镰”字“涂了”，因为“镰刀”是农人的象征，写进作文就有鼓吹工农革命的嫌疑。作文本送审后，教育厅又来了第三封电报，说王先生批改的作文本，尚无什么不妥，从轻发落，“立即解除教职”。国民党反动政府色厉内荏，只要与“抗日”“爱国”沾一点边，就在剿伐之列。

小说中的王先生可说是爱国志士，他受众教员的委托，起草了抗日宣言。面对校长的盘查，他沉着应对：“这确是我起的草，请校长回复教育厅就是了。我想，这里头并没有什么大逆不道的话。要维护领土的完整，要保持主权的独立，无非这一点意思。只要是中国人，只要是有心肝的中国人，醒里梦里谁不想着这一点意思?”既慷慨激烈又镇定自若，看到被“革职”的电报后：

……只觉身子往下一沉，模模糊糊之中，他看见东北无家可归的同胞，他看见黄河流域长江流域饥寒交迫的灾民，他看见大都市中成群结队的失业大众，而他自己的形象就隐隐约约在这些活动图画里面出现，这一幅里有，那一幅里也有。等他清醒过来的时候，他悄悄地带了行李，头也不回地走出校门，坐上一辆人力车，直奔火车站。……①

王先生把个人的遭遇与“东北”的同胞，与“黄河流域”“长江流域”流离失所的灾民，与“大都市”里“失业大众”连在一起，与国家的安危和民族的存亡连在一起，“直奔火车站”的这一抉择预示他选择的将是“爱国救亡”之路，是革命斗争的道路。

王先生是知识分子中的俊杰，《老沈的儿子》中的“老沈”则只是普通的百姓。小说通过“我”的感兴，突出了老沈父子的抗日爱国情怀。

1935 年春，国民党政府规定全国高中一年级男学生悉数入营，到军营受三个月的集中军事训练。老沈的儿子阿长进军营后，社会上有谣传，说“某国人”要在军训学生回校途中“行使阴谋”，“给他们一种可怕的危害”。老沈的妻子和沈老太太焦虑不安。她们背着老沈，给儿子写了快信，要他不要“跟着大队回来”，以免遭不测，遭到阿长的严辞拒绝。他在回信中说：

万一谣言不假，几千个同学遭了劫，独有我一个，事前取巧溜开了，那时候听到那惨酷的新闻，将感觉到怎样的惭愧和痛苦！我

① 《叶圣陶集》第 3 卷，第 377 页。

和大队在一起，无论欢乐，苦恼，甚至劫难，都要和大队共享！我不能离开了大队独个儿回去！①

老沈看了这封信特别高兴，特地来对“我”说：“照阿长那样的想头，至少不会去当汉奸！”“至少不会去当汉奸！”这朴实的话语乃是中华民族在民族危亡之时的心声，是父辈们的厚望，也是年轻一代抗日反帝的铿锵誓言。

① 《叶圣陶集》第3卷，第423页。

第六编

第二十七章
烽火漫天走巴蜀（上）

故乡且付梦魂间，不扫妖氛誓不还。

——叶圣陶《江行杂诗》

一、“全家来看蜀中山”

1937年“七七”卢沟桥事变，揭开了中华民族全面抗战的序幕。8月13日，日本帝国主义发动对上海的大规模进攻。“‘八一三’寇难作，沪东先罹凶锋。时开明（书店）总处适在虹口梧州路，以当炮火之冲，举凡编译所、图书馆、印刷厂以及书纸仓库，全部燹焉。唯发行所越在苏州河南之福州路，仅存而已”①，资产损失达全部资产的百分之八十

① 王伯祥：《故总理范公事略》，王湜华著：《王伯祥传》，中华书局2008年版，第254页。

以上。叶圣陶和开明同人不忍心惨淡经营了十多年的事业就此“拉倒”，非竭力挣扎干下去不可，遂和经理章锡琛、范洗人，以及开明书店汉口分店经理章雪舟议定在杭州会齐，取道吴兴、长兴、宣城先到芜湖，然后乘轮船到汉口，准备在汉口筹建编辑部。

不料尚未出发，苏州就频频告急。叶圣陶不得不于 9 月 21 日率老母、夫人胡墨林和至善、夏满子（夏丏尊的小女儿，叶至善的未婚妻）、至美、至诚离开苏州，经运河到杭州，暂时寄住在绍兴直乐泗胡墨林的亲戚家里。叶圣陶举家西迁，是要下一番决心的。1935 年，他在苏州青石弄五号置了四间瓦舍，是一座中西合一式的平房。平房前面有个庭院。院中栽了广玉兰、红梅、石榴、槐树、日本枫、葡萄……十几棵树木，“四时不断地有花叶可玩”[①]。墙头的爬山虎，墙脚的书带草，把整个小屋和园子镶嵌在一副常青的框架里。新居颇有值得留恋处，“像梦镜一般如诗似画”[②]；再说母亲已经七十二岁了，还经得起颠簸吗？可是，为了抗日，为了出版事业，“忧国心旌悬”，“身家何足论”[③]，“家”又算得了什么呢？就是背也要把母亲背着一起走！

到绍兴后，叶圣陶把“家”交给胡墨林，约好 11 月 20 日在南昌会面，就匆匆折回杭州，和章锡琛、范洗人、章雪舟一同去了武汉。11 月 20 日，叶圣陶从武汉赶到南昌，左等右等不见胡墨林的影子，以为他们在旅途中出了什么事，焦虑万分，在给夏丏尊和王伯祥的信中说：

---

① 叶圣陶：《抗战周年随笔》，《叶圣陶集》第 6 卷，第 7 页。
② 叶至诚：《青石弄故居》，《苏州杂志》1990 年第 1 期。
③《伯祥五十初度》，《叶圣陶集》第 8 卷，第 159 页。

弟遂以前晚登轮，独行到此，正值西北风大作，江雨狂肆，思绪起伏，竟夕不眠。到此探听，知浙赣路客车每日到达，但误点极多，到时每在深夜。以家母之高年，墨林之弱体，而令冒寒冲风，拥挤于长途之客车中，念之真欲陨涕。①

次日下午在写给夏丏尊和王伯祥的信中说：

今日始知自金华以东，客车久已不通，我家诸人必不能来，为之怅惘万分。若不改变初意，一起到了汉口，即无此时之挂牵，后悔何及。不知他们已出来而又折回欤，又不知是否仍回直乐泗欤。刻打急电问仲盐，不知何时始得回电也。直乐泗亦无出路，此后情形，不堪设想。弟不能离家人，尤不能离墨林，何时重聚，殊不可知。万一有三长两短，我生已矣。俟接到回电，知他们究竟着落，弟即当回汉。两日来在狂大之西北风中，徘徊于南昌街市，此中况味，可以想见。②

凄风冷雨打在身上，袭到心头，虽说心绪不宁，但叶圣陶想到国家危急存亡，想到人人都应以全力来贡献给国家，就更坚定尽早筹建编辑部的决心。他毅然决然地离开南昌，冒着凄厉江风返回武汉，为筹建编辑部事奔走。直到 12 月初胡墨林才和家人一起经龙游、南昌、九江来到汉口，和叶圣陶会合。

---

①②《叶圣陶集》第 24 卷，第 107、109 页。

1937年12月上旬，从上海运往汉口的美成印刷厂的印刷机械以及开明书店的书籍纸张，在镇江白莲泾附近遭劫。12月12日，南京被围，武汉人心浮动，许多工商业开始撤离武汉，开明书店也只好放弃在汉口建立书业基地的计划。这时，苏州已经失陷。叶圣陶从报上看到家乡有人当了汉奸，成了所谓“维持会”中的傀儡，跺了跺脚说：“这批人若不消灭净尽，我真耻为苏州人。”夏丏尊和王伯祥写信劝他返回上海，他在12月24日的回信中说：“承嘱返沪，颇加考虑。沪如孤岛，凶焰绕之，生活既艰，妖氛尤炽。公等陷入，离去自难，更为投网，似可不必。以是因缘，遂违雅命。并欲离汉，亦由斯故。……近日所希，乃在赴渝。渝非善地，故自知之。然为我都，国命所托，于焉饿死，差可慰心。幸得苟全，尚可奋勤，择一途径，贡其微力。”宁肯“饿死”，也要率家入川。又说：“出版之业，实未途穷。……设能入川，张一小肆，贩卖书册，间印数籍，夫妻子女，并为店伙，既以糊口，亦遣有涯。顾问之选，首有我甥①，李君诵邺，并可请益。此想实现，亦新趣也。”②

1937年12月26日，叶圣陶一家登上“民族轮”，四天后抵达宜昌。在船上听到南京沦陷的消息，看到滞留在江边的故宫古物、兵工器材，以及大批迁徙的难民。国难深重，连天腥风兼血雨，可叶圣陶依然是那样地镇定从容。举国群情亢奋，官兵英勇抗敌，炎黄子孙纷纷请缨，救亡图存的热潮，给叶圣陶以莫大的鼓舞。他在“民族轮”上写了《宜昌杂诗》（共三首）。其一云：“宜昌日日啖川橘，聊作椒盘献岁新。战讯忽传收杭富，悲欣交并愿他真。”在“苦”得难以言说的“逆旅”

---

① 叶氏外甥，商务印书馆重庆分店经理刘仰之。

②《叶圣陶集》第24卷，第110、112页。

中，叶圣陶“悲欣交并”，用“川橘”来迎接“新岁”。1938 年 1 月 4 日，叶圣陶全家从宜昌乘“民主轮”去重庆，途中写了《江行杂诗》（共三首）。其三云：“故乡且付梦魂间，不扫妖氛誓不还。偶与同舟作豪语，全家来看蜀中山。”“杂诗”洋溢着磅礴俊伟之气，也流露出了一个“文化人”的天真，把举家西迁说成是来“蜀中”观光。和许许多多文化人一样，叶圣陶对抗战的长期性和艰巨性认识不足，因而在八年离乱中受尽了难以想象的痛苦和折磨。

二、“在重庆安顿了十个月”

经过五天的航程，叶圣陶一家于 1938 年 1 月 9 日到达重庆，暂时住在复兴观巷二号外甥刘仰之家里，后来搬到西三街九号开明书店驻渝办事处。“重庆冬令，烟雾漫天，恍如天压眉宇，令人胸怀不舒”，到处都是拥挤的人流，“聆其所谈，或断家信，或忆父兄，庐舍已墟，田园成梦，欷嘘之馀，继以默然”。朋友来信，虽字字至诚，但“凄苦之至”，“只有怅惘”。所见所闻，“实非初料也”。叶圣陶在 1938 年 1 月 25 日给上海友人的信中说：“前此数日，曾往中央大学一观。白木为架，涂泥作墙，屋顶只盖瓦片，别无他物。桌椅均竹架板面。卧室中则自木制之双层床，位置几无隙地，不如寻常工人宿舍。图书馆挤得像货栈房，四百七十箱书，开了七十箱，已把房子塞满，四百箱无法再开。当初大学均抱洋房主义，建筑何等轮奂，今乃简陋至此，殆所谓物极必反欤。教师学生据云大部与家乡断了音信。学生更无从得到接济，只好过苦日子，读苦书而已。”① 他在1938年1月25日致夏丏尊信中谈到内心的“闷损”时说：“愈走愈远，竟成事实，未依尊戒。然事势所限，莫能自主，萍随波迁，想蒙宥原。在汉既无所可为，而须纳高价之房租，不如移作旅费，处较安全之地，且可一览三峡之胜。现居重庆，因亦一无可为，静待窘境之来临耳。为文殊无心思，且何处可得笔润耶？或思老着面皮登台作教，而现任教员失业者且繁多，复何容我插足其间。前言设一小书摊，以老板而兼伙计，借谋微利；但一经探问，此路不通，前言只成戏言而已。思之思之，殊无曙光，虽不致忧郁成疾，究未免怅怅无欢。”② “事势所限，莫能自主，萍随波迁”，前途茫茫。叶圣陶心里苦闷极了。他在同一天给徐调孚的信中说：

> 前送村公词，承见赏可，惭愧之至。词诚平常，而意境确萧瑟。弟犹如打麻将者能赢不能输，输了就要面红耳赤，大为懊丧。其实只表示其人之不坚定，受不起挫折。如此不坚定之人，让他心理上受些痛楚，固其分也。③

“前送村公词”，指的是叶圣陶与章雪村的唱和之作《感奋词抄》，刊登在《文学》第九卷第四期上。《〈文学〉编者附记》中说：“于调孚处偶见雪村圣陶唱酬之作，乱离忧愤，情见乎辞，而慷慨激昂，应不让稼轩独步。爰不待征得二君同意，亟为录布以公同好，并为着‘感奋’二字，以概其意云。”《感奋词抄》写在携家入川之前。那时满以为抗战很

①②③《叶圣陶集》第24卷，第118—119、116—117、121页。

快就会取得胜利，而现在则“大为懊丧”了。1938 年 2 月，叶圣陶应老友周勖人之邀，到重庆巴蜀学校教国文，从此“交了教书运”，“每天八时出门，十二时回来，挤公共汽车，上坡下坡，均颇吃力”，“作文有六七十本，须三个半天方了，最为麻烦。但有事则心有所寄，比枯坐无聊总胜十倍”①。3 月，应重庆中央国立戏剧学校校长余上沅和教务长曹禺的邀请，到戏校教写作练习，每周两节课，又多了一宗“改作文”的“苦事”。这个月，陈子展和伍蠡甫来邀请他到复旦大学教文法、修辞和写作课。叶圣陶说他“早已立志不作大学教员”，但复旦方面“不容分说”，“缠绕”没完，“非去不可”。那时，复旦大学在北碚，条件极差。叶圣陶在 4 月 8 日给夏丏尊的信中说：

> 复旦总办公处假一道观，供奉禹王。殿前天井即大会堂，戏台为演讲台。教室则假一小学校之教室。学生宿所则村人之馀屋也。走往教室上课，小路上时时遇小猪。简陋荒凉，殆难描状。选弟课者，现代文习作四人，修辞学五人。弟讶其少，他们说并不少，最少者一人，亦为开班。统计中国文学系全系，亦不过数十人耳。如此大学教育，其最大意义为养活几个教员，此语弟昔曾言之，今乃益信。②

从重庆去北碚，乘船溯嘉陵江而上，要走五六个小时。遇江水暴涨出现所谓“沙水”时，浊浪入舱，衣衫尽湿。叶圣陶每两周去一次，一到那

---

① 1938 年 2 月 24 日致伯翁、调孚兄，《叶圣陶集》第 24 卷，第 123 页。

②《叶圣陶集》第 24 卷，第 135 页。

里就要上半天的课（五课时），第二天再上一天课，然后坐船赶回来，疲惫不堪。他在5月8日给上海朋友的信中说："教了三个月的课，觉得担任太多了吃不消。弟讲课惯用高音，语语使劲，待下课时累得要命，有几天连上五节，待回来看见椅子就坐下，再也不想起来了。"①

叶圣陶"登台作教"，是生活所迫，也是图"心有所寄"。刚到重庆，生活艰难，雇不起佣工，家务都得自己做。至善和至美念中学，每学期的学费、制服费和膳费就要上百元，至诚念高小，也得花费，日子过得挺紧的，加上旅途劳顿和水土不服，一家人轮流生起病来。先是至诚患痢疾，看了西医看中医，总不见疗效，"四肢骨出，如照片上之难童"。至诚的病还没有好，满子又患了湿症，发烧腹泻。满子的病未愈，胡墨林突然腹痛发烧。叶圣陶自己也病倒了，"两颧高起，双臂骨出"。最严重的是叶至善得了伤寒，最初腹痛得厉害，呻吟不止；之后是大泻，退烧后体温突低，脉搏微弱，手足俱冷，昏迷不醒，差点送了性命，脱险后"全身瘦甚，有如灾民"。生活是那么艰辛，但叶圣陶一刻也没有忘记血肉模糊的战场，没有忘记散落在各地的亲友。他一到重庆就帮助谢冰莹创办重庆《新民报》副刊《血潮》，宣传抗日。1938年3月27日，中华全国文艺界抗敌协会在武汉成立，叶圣陶为大会主席团成员。4月初，担任中苏文化协会研究部副主任。5月，《抗战文艺》创刊，担任编委。他还和茅盾、宋云彬、楼适夷一起创办了《少年先锋》② 杂志，鼓励青少年在抗战中尽自己的责任，多做抗战工作。他在给朋友们的信中称赞老舍的"忠贞热忱"；赞扬丰子恺由"和平中正"

① 《叶圣陶集》第24卷，第141页。

② 1938年2月创刊于汉口。

变为“慷慨激昂”；歌颂他的小学老师章伯寅先生的坚贞气节，章伯寅先生不愿与苏州的“蟊贼”（汉奸）和“新贵”同流合污，只身远道来渝。他在《题伯祥书巢》中写道：

闻说春回期匪遥，会见贼势逐退潮。
届时狂喜料难描，应效杜老发长谣。
大江水涨没百篙，楼船东去如轻舠；
巴峡巫峡疾于飙，便下吴郊向沪郊。
过君书巢不待招，见面握手牢复牢，
剧谈痛饮笑呼号，君乎此乐券可操。①

这首诗写于 1938 年 5 月，描绘的却是对于抗战必胜的信念和想象：在欢庆胜利的喜悦中，叶圣陶率家东归，顺流而下，回到上海与朋友们握手畅叙，举杯祝捷，读来令人感奋。与此同时，他开始抨击国民党政府。1938 年 5 月 8 日给上海朋友的信中说“川省新主席王君”自奉亦俭，但“老婆太多”，揭露国民党官僚空喊抗日的劣迹。7 月 2 日，在给徐调孚的信中谈及教育部花钱保存“古董”时说：

教部居然有此闲钱，亦殊可异。现在只要看到难民之流离颠沛，战地之伤残破坏，则那些古董实在毫无出钱保存之理由，我们即没有一只夏鼎商彝，没有一本宋元精椠，只要大家争气，仍不失

① 《叶圣陶集》第 8 卷，第 149 页。

为中华民族也。以教部而为此，亦不知大体之一证矣。①

7月22日，叶圣陶在给夏丏尊的信中批评教育部次长顾一樵，说顾氏“到处演说，俱传述陈立夫部长那一套，用几个德目调来搭去，说些似真理又似游戏的话。大家说今后教育必须彻底改造，看见了他们，殊觉希望无多也”②。

叶圣陶在重庆安顿了十个月后，应陈通伯的邀请于1938年10月去乐山武汉大学任教。重庆的生活是艰苦的，他在写给朋友的信中说“经年流寓全家瘦”，但也为结识许多新朋友感到高兴，“巴蜀同事及学生别情甚浓，人生得此，亦复温暖可欣”③。

三、“落单”来到乐山武汉大学

秋阴漠漠，暮雨潇潇。1938年11月22日，叶圣陶率家离开重庆，乘这年末一班上水轮船，在如煮如沸的波涛中，冒着风寒、滩险和盗匪的危险，经过七天的艰难跋涉，于29日天色漆黑时分到达自古称为“嘉州”的乐山。“天下山水在蜀，蜀山水在嘉，嘉山水在凌云”，虽说这是古人的夸赞之辞，但汉嘉一带，风光秀媚，确有令人流连处。嘉定名胜，首推乌尤，次为凌云。乌尤土名乌牛，象形也，黄山谷嫌其不雅，改为乌尤。兀立大渡河与岷江交会处，百丈丹崖，独峙江心，岩壁

---

①②《叶圣陶集》第24卷，第151、153—154页。

③ 1938年10月18日致上海诸翁，《叶圣陶集》第24卷，第167页。

苍峭，绿萝蔓延，古木郁深，尤多楠木，大者五六围。从树隙外窥，则江水安澜，峨眉隐约云表。山顶有郭璞注《尔雅》处。凌云寺筑于临江悬崖之上，鸟道盘云，古树翳日，下当三江（大渡河、铜河、青衣江）之会，远对峨眉。有诗云："分取三江作明镜，镜中各自照峨眉。"极顶为东坡楼，俗称东坡读书处。

"乐山甚似苏州"，既不像重庆有那么多坡坡坎坎，也不像重庆那样烟雾沉沉，熙熙攘攘。平坦的三合土（石灰、水泥、黏土混合而成）马路不宽不窄，两旁栽着既不高大又不粗壮的泡桐。街两旁绝没有西式的别墅高楼，一律中式房屋，或是平房，或是一楼一底，或是居家，或是店面，店铺大的，也不过三四个门面。这是一个近乎桃花源的地方，宁静而舒适，生活便宜。叶圣陶 1938 年 11 月 4 日致诸翁的信中说：

此间生活便宜，肉二角一斤，条炭二元一担，米七元馀一担。蜀中鱼少，唯此间鱼多，今日买小白鱼三条，价一角八分，在重庆殆须六角。昨与两位书店朋友吃馆子，宫保鸡丁，块鱼，鸭掌鸭舌，鸡汤豆腐，大曲半斤，饭三客，才一元八角，而味绝佳，在苏州亦吃不到也。大约吃食方面，一个月六十元绰绰有馀矣。

街道亦柏油路。有街树，不甚修剪。无上坡下坡之麻烦。无汽车奔驰，仅有少数人力车往来，闲步甚安静。人口五万，现在多了一万，不见拥挤。除抽壮丁以外，全无战时气氛。说不好固然不好，说好亦有理由。城门据说有十七个，多数沿江，为便于挑水。挑来之江水经沙滤缸滤过，无殊自来水。水二百文一担，等于上海三个铜元不到一点。重庆购自来水，一元仅十一二担。

此地无地方报，民教机关收听无线电广播，书于黑板，俾众观之。仅书比较重要之电讯四五条，遂觉与各地隔膜。成都之报隔日可到，重庆报则须隔五六天。

二官[①]终于跟了来，转学入乐山县立女子初中。三官转学入私立乐嘉小学，原系武大之附小。城区甚小，他们徒步往返并不吃力。

武大于十日上课。但弟所教系新生，新生从他处来不易，大约须至廿日始上课。同任国文者为苏雪林女士。杨今甫君闻亦要来担任此课，还有一二位尚未遇见。昨与苏商谈，她推弟拟一目录，供一年教授之用。以前大学教国文唯凭教师主观嗜好，今新有课程标准，或可渐入轨道。武大房屋系嘉定府之文庙，大成殿改为图书馆，两庑改为十四个教室。注册课、会计课居二门旁从前悬挂钟鼓处。以视重庆之中大与复旦，宽舒多矣。[②]

叶圣陶1938年11月29日给诸翁的信中不仅说到生活的舒适，还谈到武大当时的情况。信中说：

弟家居乐山，迄今日正满一月。以生活情况而论，诚然安舒不过。小墨[③]正在大增食量，喜吃肉，肉价不贵，日买一斤或十二两。流窜经年，颇思鱼鲜，此间鱼多，间日购之。八九角可买一

---

① 二官：女儿叶至美。

② 《叶圣陶集》第24卷，第172—173页。

③ 小墨：长子叶至善。

鸡，五六角可买一鸭，亦偶一奏刀。大约每日买菜，七八角钱已吃得很好，与在汉口，在重庆，迥然不同。城区狭小，而街市整洁（因武大迁来之故，县政府为要面子，令警察督促居民扫街，叫化子不许入城）。小墨恒与满子出行一周，期得运动，恢复足力。母亲与墨有时亦同行，购饼饵以归。此间之饼饵糖食制作甚精，云乐山类苏州，殆以此故。门内无事，治膳食以外，或结绒线，或为补缀，闲谈偶作，足音稀闻。最活动者为三官，学校课馀，仍是三朋四友，往还互访，收集旧邮票。最忙迫者为二官，天未明即起身漱洗，急欲到校。五时半始归来，晚饭方罢，即取灯做功课，直至九时。而弟则枯坐室中，随取架上书为遣，然依然有前诗所云"读书乏味知啜糟"之感。废书涉想，辄复搔首。故以心理方面言，亦无所谓安舒。近作《鹧鸪天》一阕，另纸录呈，诸公读之，约略可以想见矣。

下月一日（后天）弟始上课。弟所任为一年级国文两班，班各三时，二年级作文一班，二时，凡八时耳。大学教师任课如是其少，而取酬高出一般水准，实同劫掠。于往出纳课取钱时，弟颇有愧意，自思我何劳而受此也！三班人数，合计不出八十人，作文两星期一次，则每星期改作文本四十本可矣。同行尚有三位，陈通伯君以为弟有什么卓识，推弟为之领导，选文由弟主持。实则弟亦庸碌得很，所选与陈所不满之老先生（旧时多黄季刚门人，今因学校搬家，他们未随来，现在老先生无一个矣）无甚差异。此间熟人有刘南陵、杨端六，刘为法学院长，杨虽仅任教授，而颇主校政。校中风习素称良好，主者以安心读书为标榜，今来嘉之学生均曾署决不游心外骛之志愿书。以故入其校门，空气恬静，如不知神州有惊天动地之血战也者。如此教育，于现状究否适应，亦疑问也。①

乐山当年的恬静和闭塞，不是我们今天所能想象的。没有地方报纸，成都的报纸第二天才能看到，重庆的报纸则要隔五六天才能收到，电灯的光线远不及油灯，街上没有汽车，“除抽壮丁以外，全无战时气氛”，叶圣陶觉得过的是“类隐沦”的生活，他在《鹧鸪天·初至乐山》中写道：

忽讶生涯类隐沦，青衣江畔著吟身。更锣灯蕊如中古，翠巘丹崖为近邻。　　搔短发，顿长颦。雁声一度一酸辛。……会看雪冱冰坚后，烂漫花开有好春。②

听着打更锣“哐—哐—哐”清晰而沉寂的响声，对着煤油灯闪跳而微弱的亮光，叶圣陶仿佛觉得是回到了“中古”时代。卞之琳有一首写江南小镇“更夫”的诗，题为《古镇的梦》，诗中写道：

敲沉了别人的梦，
做着梦似的
更夫在街上走，
一步又一步。
他知道哪一块石头低，

---

①《叶圣陶集》第24卷，第175—176页。
②《叶圣陶集》第8卷，第151页。

哪一块石头高，

哪一家门户关得最严密。

叶圣陶万万没有想到自古称为嘉州的乐山夜里主宰市街大权的居然也是更夫，这是一个全然“不设防”的城市啊！武汉大学也清静至极。苏雪林在《学潮篇》[①] 中宣称武大“校风之整肃，即不敢说是全国之冠，在东南一带，实可推第一流学府”。这“整肃”的“学风”，正是叶圣陶的忧虑之处。“主者以安心读书为标榜，今来嘉之学生均曾署决不游心外骛之志愿书。以故入其校门，空气恬静，如不知神州有惊天动地之血战也者。如此教育，于现状究否适应，亦疑问也。”

叶圣陶受聘到武大执教是有背景的。苏雪林回忆说：“文学院长陈通伯先生，立意要把全校基本国文课好好整顿一下。素知叶氏对国文教学极有研究，知他此时也到了大后方的重庆，一时尚未找到适当的职业，遂卑辞厚礼，聘请他来武大任教。请他选择教材，订定方针，领导全校基本国文教学工作。那时的国文系主任是刘博平先生，叶氏则俨然成了一个没有名义的国文主任，不过他的权限止于国文罢了。”又说：“叶氏做事非常负责，也非常细心，到校后，果然不负陈院长的委托，把他多年国文教学经验一概贡献出来。”[②] 当时武大中文系有一部分教员主张复古。叶圣陶主张中文系学生要学习新文学，学习外语。他对同人说：“我们的文学、语言学落后了，有必要吸收外来的东西；不吸收外来的营养，我们的文学和语言学就不能繁荣发展。古文要学，不厌其

① 苏雪林著：《我论鲁迅》，台北文星书店 1967 年版，第 156 页。

② 苏雪林：《叶绍钧的作品及其为人》，苏雪林著：《文坛话旧》，台北文星书店 1967 年版。

多，只嫌其少，但不可一味的读古书。”叶圣陶改革国文的主张起到了一定的作用，系里增设了新文学课和外语课。为了改变武大这“整肃”的“学风”，打破“恬静”的“风习”，叶圣陶在课上谈到抗战的时局，提倡写“与抗战有关”的诗文，引导学生“游心外骛”。在武大上了两个月的课，他就对大学教育感到失望。1939 年 1 月 21 日致上海诸翁的信中说：

> 大学殆是一骗局，师生互骗，学校与社会互骗。大学之最有意义者二事：一为赡养许多教师；二为发出许多文凭。教师得赡养，可以不饿死；文凭在手，可以填履历：如此而已。①

他希望学生不要为了“文凭”而闭门读书，忘记了在神州大地上正在开展着的“惊天动地之血战”。他自己也不因为“薪给从丰”（月薪三百多元），就与旧思想和旧势力妥协。课余，叶圣陶与学生们的交往就更多了。从他当教师的第一天起就把“我要做学生的朋友，我要学生做我的朋友”，看作“准备认真当教师的人的起码条件”，并且一再强调说：“这个‘朋友’决不是浮泛的称谓”，而是“开诚相与，情同手足”，“论情谊不亚于家人父子”。叶圣陶在小学任教的时候做小学生的朋友，在中学任教的时候做中学生的朋友，在大学里还是如此，学生是朋友。1939 年 2 月 1 日是农历除夕，叶圣陶在家“祀先”，陪母亲吃了点“年夜饭”后，就匆匆赶到学校，和家在沦陷区的学生剪烛夜话，烫酒深

①《叶圣陶集》第 24 卷，第 184 页。

谈。他在《农历除夕与同学聚饮》中写道：

岁除蜡烛两支红，座尽青年我已翁。
醉唱流亡三部曲，忍言沦丧一年中？
秦川岭海风将雨，人事兵机变则通。
午夜角声思战士，厌听窃窃说和戎。①

从诗中不难体会到叶圣陶的情怀。1939 年 8 月 11 日，叶圣陶应邀到成都中学教师讲习所讲授国文。8 月 19 日，日寇出动二十七架飞机对乐山进行大轰炸。叶圣陶租住在较场坝的寓所被炸毁了，“所有衣物器用书籍悉付一炬”，乐山城内“炸去三分之二”，“死伤甚众”。叶圣陶在成都听到这个消息，“一夜无眠，如在迷梦中”。

关于乐山被炸，叶圣陶在日记中有较详尽的记载和叙述：

8 月 19 日（星期六）　（下午）闻人言今日炸乐山，大惊恐，心绪麻乱。而还得应商务印书馆张屏翰、许季芸二位之招宴，与雪舟至明湖春。张、许二君言打听已确，的系乐山，电报电话均不通，且闻欧亚航空公司飞机经过乐山归来言，乐山已炸去四分之三，刻尚在燃烧。余悔不该来此，我家向来不逃，母亲、墨林、满子、二官、三官，伏居家中，不知如何惊恐，万一受伤或有更大之不幸，我将何以为生！小墨尚在校中，不知躲避何所。自抗战以

①《叶圣陶集》第 8 卷，第 152 页。

来，余之心绪，以前年往南昌接眷不遇时最为难过，今日则尤甚矣。张君关心乐山之堆栈，欲明日附人家之汽车往观，谓如能成行，必与余偕。但探听久之，毫无结果。然其意可感也。同座诸人亦均慰余，谓大致无事。余亦饮亦食，然恍惚如梦，与诸人别，似大殊平时。

星期一之课，决不复上，明日非回去不可。因思往要求郭子杰君，明日以汽车送归。回宿舍，与马、叶、吴三君同商，人同此意，遂访郭。而郭之汽车适以今日坏了，打了几处电话，尚无结果，谓只得明日再想法。四人愁容相对，欷歔不绝，我们身在此间，不知家中人生死存亡如何也。观夜报，谓敌机径袭乐山，有三十六架。城内城外俱投燃烧弹爆炸弹，多处起火。呜呼，此可惊之消息何堪入目乎！大家都睡不着，悄悄谈话。余乃记此日记，写毕已一时半矣。

8月20日（星期日）　昨夜勉强就睡，仅睡熟一小时耳。五时起身，收拾行李。教厅之二职员入城觅汽车，至八时，始来言以三百七十元雇得一汽车，汽油之购入，犹是代汽车行设法者。八时二十分开行，郭君及教厅职员川大数教员均送行，祝平安，殷勤可感。

天气甚热，车行不停，追过小汽车二辆。同行诸人皆屡看里程碑与时计，唯期立刻到达。一点二十分，到夹江，见逃来者，问其被烧里巷，不及较场坝，余心略慰。但至小墨校附近，遇见武大事务部董君，问之，则言较场坝完全烧光，余家人口不知下落，呜呼，余心碎矣。种种惨象，涌现脑际，不可描状。念人生至痛，或且降及吾身矣。车再进，逃避他往者接踵于途，皆若失其精魂。

入嘉乐门，人言车不能再进，遂下车。忽吴安贞走来，高声言余家人口均安，已在昌群所，彼正出城往视也。余乃大慰，人口均安，身外物尽毁亦无足惜矣。彼又言昨日轰炸时，彼正在我家，一同逃出者。遂别同行诸友，与安贞乘人力车到昌群所，三官、墨林皆在山上高呼，此景如在梦寐。上山，见母亲及满子均在蓝君房中，蓝君以自己之卧房让与我家，盛情可感。坐定，听诸人言昨日逃出情形，真所谓间不容发，如早走或迟走几分钟，皆殆矣。

昨日十一时许，嘉定发警报。安贞正在旅行社打听船期，将往重庆，就南开中学事，闻警即避至我家。大家以为亦如以前若干次之虚惊而已，照常吃饭。小墨以将行学期考试，停课温习，回家已数日。故在家者连安贞、黄嫂凡八人。忽闻轰炸机声甚大，遂避至前面堆栈中。而黄幼卿、老刘与幼卿之二友亦来同躲。方伏居书堆中，而轰然下弹矣。大家屏息掩耳，自念既闻其声，此身当尚在。墨偶仰首，见三楼天窗外有火光，大呼“火！火！”大家乃起立。开前门看视，对街诸店，火舌已出于檐。可走之路唯有后门。而后门即余书室之后壁，自余在书室铺地板后，地板高而门趾低，开后门必须去地板。老刘、幼卿及其友多方想法，地板终不得去。而火星且自余屋已破碎之天窗中下坠。小墨知地板必不能骤去，用力将门抬起，使其枢脱于臼，门与墙遂有极狭之一缝。大家皆庆得生，陆续钻出。而我母身躯大，且伛背，不能钻，安贞在门外拉，小墨在门内推，始得出。小墨又返身入屋，取可携之衣物，纳入一竹箱中而出。又在地上捡起余常用之澄泥砚（余所有书籍文具，仅馀此一砚而已，此为墨家旧物，此后益可珍贵矣）。统计携出之物，除小墨一竹箱外，我们唯一手提箱，我母唯一藤篮，内容皆单薄衣服耳。

大家既出门，向左行。时后门对面之草屋已着火，空气焦灼，安贞扶我母而行，贴近火屋，灼破其右臂弯寸许，而其左臂弯于钻出时擦伤，逃出者共十二人，只安贞一人受此轻伤，亦云难得。忽敌机飞来，经过头顶，大家伏于路旁躲避。时路中不见他人，至安澜门，于城门洞中又躲避敌机一次。遂下石级，向岷江之滩。沿江小屋，正在燃烧，小墨主张必须过江，而小船皆在对岸，仅见一船，离此岸丈许，欲渡者有数十人，呼之而舟人不肯来。小墨乃涉水而前，拉使较近，老刘抱我母登舟，小墨抱墨登舟，馀人皆涉水而行。又载他客数人，徐徐至于对岸。

诸人此次得生，亦是机缘凑合。苟小墨不在家，无领导之人，必不得出。若后门无地板障碍，大家必得早出，得出必趋江滩，而江滩边被机枪扫射，死伤者不少，或亦将在此劫中。今不先不后，得以脱于火灾与机枪之厄，实为万幸，天之厚我至矣。

大家在对岸沿江而行，至八仙洞相近，乃雇舟回此岸，而至昌群所。昌群望见大火，即为我们着急，欲入城探视，而路挤不通。见我家俱安，始释然。昌群家有刘宏度（永济）君全家寄住，刘君原系武大教员，本学期回校，方到嘉定，寓于旅馆，闻警而来此者也。蓝春坊君遂以己室让与我们。刘君夫人以一被借我们，昌群夫人亦捡出被褥数事，俄而徐伯麟、刘师尚各以一被送来，安贞以适间新买之毛巾肥皂相馈，朋友之情，同胞之感，记之感涕。

昨日之轰炸，下弹时间不过一分钟，而热闹市区全毁。死伤之数，殆在千数以外，小墨曾见四个焦枯之尸体相抱。较场坝一带，烧死者甚多。右邻一家仅馀一儿，此儿与三官为同学，路遇三官，言父母兄弟俱烧死矣。军警于救火救人，均束手无策。武大同学与艺专同学皆立时出动，拆房子，抬伤人，奋不顾身。余闻传述如是，觉青年如是，实前途之福，不禁泣下。武大仅第二宿舍中一弹，他处均无恙。死同学六人（文健在内，此人上余之课，为一优秀学生，闻之又不禁下泪），校工二人。同事全家被毁者二十馀家，杨端六、刘南陔两家在内。馀不胜记。

傍晚，昌群归来，互道大幸。刘家与我家俱吃昌群之饭，合昌群家，大小共十九口。夜，余与小墨、三官睡于昌群书房中，打地铺。刘君与其儿亦睡地铺，同一室。小墨之先生曹自晏君特来慰问，可感。二官与徐伯麟，以今午动身往牛华溪买布，未归。盖嘉定已无从买，近处市镇，势将一买而完，故赶早往买也。蚊虫甚多，又是满身是块。但疲甚矣，十时即得入睡。

今日寄上海一信①，编蜀沪第十八号。告我家安全。

叶圣陶全家七口人，“统计携出之物，除小墨一竹箱外，我们唯一手提箱，我母唯一藤篮，内容皆单薄衣服耳”，可见损失之惨重。叶至善在《化为劫灰的字画》一文中谈及乐山被炸烧毁的字画时说：

①《叶圣陶集》第24卷，第220—221页。

那些字画中最可纪念的是一幅《天女散花图》，那是父亲母亲结婚时候一位朋友送来的礼物。图是绢本，阔约八寸，高不及阔的一倍。因为挂的日子久了，绢已经成了深茶色，而作画的墨色又很淡，所以远远地看去，只见右上角“天女散花图”五个篆文，旁边还有一行题款，和下面盖着的一颗赭红色的印章。凑近细看，才看得清天女的位置在全幅的中下部。她的面貌与服装，和别的画上的美女相仿，身子稍向左偏，左手提着花篮，右手稍低，按住花篮的口；从花篮里飘出来十来朵纤小的花，和她的衣带一顺，飘向她的右前方；她的衣袖和裙幅，也都被风吹得向那方翩翩地飘动。想来她正在御风而行吧。她的脸侧向右方，目光稍稍下垂，漠不关心地望着那些飘散的花朵。一起一伏的云绕在她的脚下，像海里的浪，然而从疏淡的墨色和轻飘的笔意看来，那毕竟是云。全幅空白部分约占五分之四，可是经几笔云这么一渲染，就似乎满幅弥漫着云气，那天女是在无际的云海上。

那幅画和一副小对联，一向是挂在父亲的书房里的。那对联是弘一法师的正书：“寒岩枯木原无想，野馆梅花别有春。”上下款都是长行小字，约略记得是“岁次大辰……结庐双髻山麓”，“……晚晴沙门月臂书”。上款上方有一颗长方印，刻着一个坐在莲花上的佛像，下款下方也有两颗小印。父亲常常赞叹那副对联，说不但每个字的一笔一画都写得非常舒适，便是字与字之间的距离也布置得非常匀称，通体看来，有一种端庄静穆之美。①

① 桂林《国文杂志》第1卷第4、5期合刊，1943年3月10日。

乐山遇炸后，叶圣陶在城外张公桥雪地头租了三间房子。他在9月16日给王伯祥的信中说：“炸后二十几天以来，我们忙的是买布，裁衣服，买家用东西。布已买了一百五十元以上，而计算下来，还是不够分配。大家做单的夹的长袍短袄裤子，就得二三十件。棉絮及被褥尚未买，而天气已转凉了。缝缀是自己动手，母亲，墨林，竟日纫缀不辍，弟亦‘客串’，间或缝几针。买东西有三四个同学帮忙。我家原来用的女工，因其人逃出时只顾自己，一点不帮忙，又不便让她多吃昌群家的饭，于二十日那一天叫她走了。于是扫地洗衣倒马桶都得自己来。前天昌群家搬到乌尤山去住了（为的是他有五个孩子，逃警报时他夫人一个人实在难以照顾，只得搬去同住），于是我们又得自己做饭。弟出去买过两回菜，夫妻两个，你提我负，虽然吃力，却又别是一趣。今天才用到一个十八岁的男孩子，可以帮一些劳役，然洗衣倒桶仍得由自己来。”“我们的新屋已在修理，即日可完工。共为三间，各分为两，得小卧室四间，客堂一间，书房一间。旧料为柱子、椽子及瓦，其代替砖头之篾片是新的，承尘和地板也是新的。待墙上及承尘涂上石灰（四川之石灰比下江者白而坚），与新修房子无二。另有厨房及用人住所合一大间，是全新的。房子朝东，前面有长约丈许之一块空地，四周以竹篱围之。篱外为菜圃，圃外一水，曰竹公溪。循溪左行一二十步，即闻流水声。屋后即小山，上有杂树，有藤蔓，自书房外窥，石壁上绿色浓淡相间，可称幽居。又有一蛮洞，若闻警报，犹不须躲避，俟闻飞机声，从容入洞，尚绰有馀裕。弟善忘，过往之事不大去想它，对于未来往往作美好之憧憬。今见此屋，又觉其可爱，以为得以安居矣。今虽入秋，在此犹弥望皆绿，及于来春，庭前开些花朵，更足乐矣。”[1] 叶圣陶还特地写了《乐山被炸》一文，答复各地惦念他的朋友们。文中说：“粗陶碗，毛竹筷子，一样可以吃饭；土布衣衫穿在身上，也没有什么不舒服；三间面对田野的矮屋，比以前多了好些阳光和清新空气”。[2] 10 月 14 日又写了长诗《乐山寓庐被炸移居城外野屋》[3]，诗云：

避寇七千里，寇至展高翼。轰然乱弹落，焰红烟尘黑。
吾庐顿燔烧，生命在顷刻。夺门循陋巷，路不辨南北。
涉江魂少定，回顾心怆恻。嘉州亦清嘉，一旦成荒域。
焦骸相抱持，火墙欲倾侧，酒浆和血流，街树烧犹植。
国人方同命，伤残知何极？死者吾弟兄，毁者吾货殖。
惊讯晨夕传，深恨填胸臆。吾庐良区区，奚遑复叹息。

遘难见友情，感极乃欲涕。杯酒为压惊，假室容暂憩。
或抱衣衾至，或以盆盎惠。微劳辄与分，慰语未嫌赘。
吾今无所有，得此富绝世。土布既已量，湖棉白复细，
老母与弱妻，低头勤纫缀。赁屋小山麓，风雨聊可蔽，
修葺亦已完，炉灶重新置。古洞汉蛮遗，蒙络多薜荔，
于焉避空袭，当免值危厉。吾复何所求，一笑堪卒岁。

---

① 《叶圣陶集》第 24 卷，第 221—222 页。
② 《叶圣陶集》第 6 卷，第 17 页。
③ 《叶圣陶集》第 8 卷，第 164—166 页。

溪声静夜闻，晴旭当门入。绿野堂前望，苍壁后檐立。
菘芋朝露滋，山栗晚可拾。野人歌相答，力耕复行汲。
乌鸢知自乐，鸡豚亦亲习。篱内二弓地，栽植聊充给。
种竹移芭蕉，气暖时犹及。海棠丐一株，伫想春红浥。

劫馀有可欣，颇领山野趣。非敢效隐遁，庶以养贞固。
春秋无义战，御侮宁反顾？夷夏孰不辨，军民共赫怒。
独彼贱丈夫，昏妄失故步，甘谓他人父，奸言时一吐。
是直蚍蜉耳，焉能撼大树？近传湘北捷，穷寇断归路，
歼旃逾三万，夺获亦无数。彼老我方壮，胜负岂无故？
行见下江汉，神京扫妖雾。卷书喜欲狂，细味老杜句。

林宰平评语是："此四首杜音、杜容、杜皮、杜骨，古人何遽不相及耶!"俞平伯读后的赞语是："不减平素之雅怀，无颓唐音，无客气语，贞固夷粹，令人兴感。"①

乐山遇炸后，叶圣陶坚信"穷寇断归路"，对所谓的"与抗战无关论"也恨得咬牙切齿。他在《乐山被炸》中说：

为什么要轰炸乐山呢？乐山有唐朝时候雕凿的大佛，有相传是蛮子所居实在是汉朝人的墓穴的许多蛮洞，有凌云乌尤两个古寺，有武汉大学，有将近十万居民，这些难道是轰炸的目标吗？打仗本

① 陈次园、叶至善、王湜华编注：《叶圣陶诗词选注》，开明出版社 1991 年版，第 50 页。

来没有什么公定的规则，所谓不轰炸不设防城市，乃是从战斗的道德观念演绎出来的。光明的勇敢的战斗员都有这种道德观念。彼此准备停当了，你一拳来，我一脚去，实力比较来得的一方打倒了对方，那才是光荣的胜利。如果乘对方的不防备，突然冲过去对准要害就来个冷拳，那么即使把对方打得半死，得到的也只是耻辱而不是胜利，因为这个人违背了战斗的道德。多数住在乐山的人以为乐山该不至于被炸，一半就由于料想日本军人也有这种道德观念。他们似乎忘却了几乎每天的报纸都记载着的事例，要是不忘记那些事例，日本军人并没有这种道德观念是显然的。他们存着极端不真切的料想，又把自己的身家性命作为赌注，果然，他们输了。我是他们中间的一个，我也输了。①

住到城外张公桥雪地头后，叶圣陶与武大学生的交往更多了。学生们经常步行三里许来到他的“野屋”，与叶圣陶和胡墨林“闲谈”，“或涉诗文，或评世态”，“引喉而歌，间以笑语”。一些学生对政治不满，提出了一些看法。学校当局就对学生进行压制，禁止学生讲“政治”。学生不甘屈服，想用出壁报的方式来“宣达思想”，“发表感情”。在叶圣陶的支持下，“图文并茂，色彩缤纷”的壁报如雨后春笋，打破了武汉大学的“纯良”“风习”。苏雪林在《学潮篇》中说：“此类报刊，简峭有力，易于吸人注意，兼之一报在壁，众目共赏，其宣传力之广大，竟远胜于铅印书刊。所谓壁报者均左倾青年负责编写，其外表每富于文艺趣

---

①《叶圣陶集》第6卷，第15页。

味，内容则万变不离其宗，无非以宣传赤化为鹄的。日积月累之间，全校学生的头脑都为之麻醉。”叶圣陶在为壁报写的诗《付武汉大学迎新壁报》中写道：

> 此日尤宜志节先，辄持此语语青年。
> 志唯专一节贞坚，以应万变始绰然。
> 今与诸君初识面，仍赠此语罔所变。
> 非曰能之诲时彦，乃愿交勖永无倦。①

叶圣陶支持学生办壁报的事情传开以后，旧派教员议论纷纷，说他思想“左”倾；只因是陈通伯院长请来的，不便肆意攻击。苏雪林在抗战初期将所积聚的金子全部献出来支援抗战，深得叶圣陶的敬重。苏雪林也很敬慕叶圣陶“沉潜笃实”的人格，“素来钦佩”他的“国语文教学方法”，“颇能虚心听从叶氏的领导”②，可是不久，一场严峻的论争就在叶圣陶与苏雪林和刘博平之间爆发了。

叶圣陶与刘博平之间的矛盾，始见于1939年8月26日，是日日记中写道：“（高）晋生来访，言刘博平以国文系主任名义，将派定彼与朱东润、苏雪林及余专教基本国文；此似太教人劳苦，亦复看不起人，约明日往彼寓所共商应付之方。”“基本国文”其实就是大学国文，是大课，又要批改作文，很辛苦。一个大学教授假如只讲“基本国文”，不讲专业课，就会被看成学术水平不高。叶圣陶在同一天的日记中还写

---

①《叶圣陶集》第8卷，第168页。

② 苏雪林：《叶绍钧的作品及其为人》，苏雪林著：《文坛话旧》，台北文星书店1967年版。

道：午后与朱孟实（光潜）、徐中舒三人偕访陈通伯。“彼二人先走，余与通伯长谈。承告校中权力之转移，现院长一职同于虚设。刘君以新旧门户之见，颇欲排挤异己。相与叹惋。余本不欲为大学教师，去年贪于避难之得暂安，遂勉强来此。今乃为人所嫉视，意颇不快。任余之性，当作一书正告校中，国文系持抱残守阙之见，决非武大之福，亦非学生之福。而刘之所为如此，尤羞与为伍，但事实上又不能遽尔他往，只得忍之。然此忍之也者，最难堪之事也。”① 次日日记中说：与高晋生、朱东润、苏雪林“共冒雨访刘博平，告以不愿专教基本国文之意。刘饰说再三，劝大家勿误会，并言必将我们之意达学校。可谓无结果而散”。②9 月 23 日日记中说：“九时接通知，今日国文系开系务会议，遂乘车而往，会已将毕。所议为各人所担任之课程。余任一年级基本国文两班，及二年级各体文习作。并议定课文必须文言，作文亦必须作文言。在座诸君皆笃旧之辈，于教学无所见地，固应如此。余以一人不能违众意，亦即随和而已。”会散，“至陕西街方、高、朱三君所，被留吃饭。饭后访雪林女士，谈校务，各抱消极观念。二时辞出，至通伯处小坐而后归”。③10 月 6 日日记中说：“至孟实处借火盆，以烘房屋。闻其言，知通伯已辞去文学院院长，法学院院长周鲠生亦辞职。学校之局殊为可厌。诸人为避难计，聊在此作教，不求长居也。”叶圣陶是陈通伯请来的，他的辞职，对本来就被旧势力排挤的叶圣陶极为不利。可让叶圣陶没有料到的是他与苏雪林之间也发生了冲突。

武大原有的国文教材不选鲁迅的文章。叶圣陶主张让学生多读鲁

①②③《叶圣陶集》第 19 卷，第 201—202、202、203 页。

迅。自称“一贯反对鲁迅”的苏雪林心怀不满，就在课堂上谩骂鲁迅。叶圣陶劝她慎言，苏雪林反倒说叶圣陶跟在共产党背后捧鲁迅。为了帮助学生认识鲁迅在我国新文学史上的地位，鼓励学生多读鲁迅的作品。叶圣陶在国文试题中拟了两道题：（一）试论鲁迅先生在我国新文坛上的地位；（二）你最喜欢鲁迅先生的哪篇小说，谈谈这篇小说的艺术特色。苏雪林看了非常恼怒，一定要叶圣陶改换其他题目；叶圣陶执意不改，双方展开论争。事隔三十多年，苏雪林在《叶绍钧的作品及其为人》一文中是这样追叙的：“有一次为了鲁迅，我同他竟闹了小小的意见。本来新文坛之发狂捧鲁迅，并不为鲁迅有什么值得捧，不过是一种政治作用，以圣陶之明，岂有不知？但他一日拟国文常识考题竟有鲁迅文坛地位如何，他的著作何者为最有名，等等，我忍不住发言了，我说鲁迅不过是左派有心塑出来的偶像，国立大学提到他的名字似乎不宜。叶坚持不肯改，我不觉愤然情见乎辞，叶亦怫然情见乎色，从此我们二人竟多日不交一言。我从此才明白男人们的政治偏见之可怕。鲁迅一辈子恶骂‘西滢教授’，西滢即陈通伯氏，圣陶受陈礼聘前来，宾主相得，可见他也知道鲁迅骂他的话太不公平。……圣陶是个很正派的文人，应该明于是非善恶之辨，为什么一提到鲁迅，他心里的天平便失去平衡呢?”其实，一提到鲁迅“心里的天平便失去平衡”的倒是苏雪林自己，哪能因为与鲁迅有“私怨”，就一口咬定国立大学提都不能提到鲁迅的名字呢？旧派教员认为以新文学起家的苏雪林也反对叶圣陶，叶圣陶已经到了众叛亲离的境地，就毫无顾忌地否定叶圣陶所定的“教材”和他订定的“方针”。

1940年5月，教育部新定各大学生学业竞赛办法：先于校中竞赛，学生自由参加，选其优者参加统考。武大的考试时间定在5月21日至22日，国文试卷由系主任刘博平亲自命题，题目很特别：

试将下文译为恒言

纯柔纯弱兮必削必薄，纯刚纯强兮必丧必亡。韬义于中，服和于躬，和以义宣，刚以柔遒。守而不迁兮变而无穷，交得其宜兮乃获其终，姑佩兹韦兮考古齐同。乱曰：韦之申申，佩于躬兮；正本生和，探厥中兮；哲人交修，乐有终兮；庶寡其过，追古风兮。

这是柳宗元《佩韦赋》的一部分。当时，全面抗战已经进入了第三个年头，东北、华北、华东、华南已经沦陷了，敌人的刺刀搁在我们的脖子上，却要学生去理解“韦之申申，佩于躬矣；正本生和，探厥中矣”，去追求和平，这与时代和民族的情感水火不容。何谓“恒言”，是白话还是浅近的文言，谁也搞不清楚。叶圣陶和朱东润、高晋生联名给教务处写信，抨击这种莫明其妙的考题，并以“恒言”二字不知所云为理由，拒绝阅卷，好事者称之为“恒言之役”。一时流言四起，风波宕荡。刘博平以有人与他“捣乱”为名，向校长王星拱“请辞”，暗地里请求王要叶、朱、高向他“道歉”，让他有面子返校。此事在叶圣陶日记中也有记载：

6月2日　刘师尚来，言闻校中同学言，刘博平以我们指其疵谬，向校长辞职云。此人气度至狭，我们并非攻讦其人，不过不满其行事，而彼以为与之捣乱，实亦过矣。即访东润，告以所闻。

东润言既已至此，刘与我们对立，我们自当站定脚跟，与之周旋耳。谈良久，偕出散步，然后归。①

6月3日　　晋生、东润偕来，共商致一书于校长，言我们所以不看竞试文卷之意。并言刘博平不主于国文选读用标点，实属顽固。书由东润起草，余缮写之，三人皆自署其名焉。②

6月4日　　晨到校迟十分钟。上两课毕，访苏雪林，以昨日所拟致校长一信示之，征其同意。苏谓取此手法，近于进攻，攻必期其克，而今日学校情势，刘博平似未易打倒，徒然树敌，不如其已。彼语此当然不拟签名，并劝我们亦可再考虑。余因访东润，即与东润、通伯共饭。东润言既已进攻，不能退缩，敌已树矣，信不发亦未必减人之怨恨。察其语气，似以余之再回来商量为多事。余又言余之去此已决，今三人同一阵线，将来自当各走其路。东润则谓如倒刘而成功，我们三人必在此一同支撑下去。余不能允。他就说那就不如不要发信。余又谓晋生亦将去此，唯以云南生活昂贵，故意有犹豫耳。东润是否有他处来聘，今尚不可知，然不能必其必无，则三人固将走散也。取一快意而走散，亦未始不可。东润乃谓且与晋生商之再说。初不意为了不去阅卷一点小事，引出此许多纠缠也。③

---

①②③《叶圣陶集》第19卷，第256、256、256—257页。

6月5日　（晨）到校上二课。课毕，与东润、晋生至欣安所共谈，东润仍劝余再加考虑，勿决然言去。余不肯应。遂言既三人不能一致，即不必致书校长，向刘作积极之进攻。以后仍当取消极之一致耳。（刘既言辞，日来且不到校，此实其愚拙处。彼既如此装腔作势，非我三人向彼表示歉意，即无面子再自返校，而我三人绝不肯出此也。）①

6月7日　午后，晋生来，言彼决意去滇，无心留武大，正与余同。旋共访东润。东润闻人言，谓校中一部分人以为我们将掀起波澜，又谓刘博平既辞职，将由学生及教授会出面挽留之，而于我们三人，则采有效之处置云云。造言生事之环境中，自然有此现象，姑静观其发展可耳。②

6月16日　东润来，谓间接听到刘博平系得王校长之劝留信而回来。王之信大意言"恒言"之不错，以后如再有人指摘，学校必力为解决云云。③

6月29日　到学校，诸同事集会讨论本届考试关于基本国文一科之问题。刘博平为主席，余与晋生、东润皆不与交谈，相视如不相识。④

---

①②③④《叶圣陶集》第19卷，第257、257、258、262—263页。

刘博平返校后，派了一名助教去听叶圣陶讲课，叫他有闻必录。叶圣陶是苏州人，“一口吴侬软语”，为了让学生听明白，有时一句话要重复一遍。刘博平拿着助教送上的“有闻必录”的笔记，散布流言蜚语，说叶圣陶文句不通。叶圣陶对王、刘的做法极为愤怒，于 1940 年 8 月 5 日向王星拱辞职，是日日记中说：“作一书致王抚五，辞去武大教职。”① 8 月 22 日获准，是日日记中说：“接王抚五校长复信，允余辞职。信殆是秘书所书，仅一张八行笺又两行，乃有两句甚不通之句。可见国文不通者不仅学生也。”② 9 月 10 日日记中说：“今日为武大发薪期，而余未接通知单，令三官往欣安所，托代为探问。十一时，欣安来，言庶务组接校长条，余八月份之薪不复发给。此殊不合于理，学校聘书以九月始，则年度终了，自应迄于八月也。余本拟作一严词之书，质问校长，欣安言不必，姑婉言之，第指明年度应至八月为终可耳。即从其言，作书致王校长，且看下文如何。”③ 9 月 21 日日记中说：“接王校长复书，以已请新教员，八月份薪归新教员，不能再致送于余为言。此强辞夺理也，余心甚愤愤，即草一书，严词质问之”。④ 9 月 26 日日记中说：“王抚五送来复书，以本年新聘教师均以八月起薪，旧教师他去者发薪均至七月止为言。这总算说明了原则，余亦不想再与他打笔墨官司矣。”⑤ 因为反对刘博平，被校方以“特殊”的理由克扣了一个月的薪酬。

四、任职教育科学馆整两年

1940 年 7 月，叶圣陶应四川省教育厅长郭有守和夫人杨云蔚的邀

①②③④⑤《叶圣陶集》第 19 卷，第 280、284、288、290、292 页。

请，到教育厅任教育科学馆专门委员，从事教学的规划和研究工作，编撰《国文教学丛刊》，并担任《中等教育季刊》和《文史教学》杂志的责任编委，处理日常的编务工作。1942年7月16日，叶圣陶致书郭有守，“请辞去馆中职务，容其留职停薪。理由为将任开明之事”，“以后馆中有事，仍愿照常担任也”。[①] 叶圣陶在教育科学馆工作了整整两年。更有趣的是，叶圣陶虽说是1940年7月正式上任，但从5月起他就算是教育科学馆的在编人员了。叶圣陶虽说1942年7月16日才正式向郭有守辞职，但他于是年5月2日就离开成都，为主编桂林《国文杂志》的事及开明书店的相关事务去了桂林，7月13日回到成都，隔了两天就辞了教育科学馆，这样算来也确好是整两年。

叶圣陶任职教育科学馆最早见于他5月16日日记，是日日记记：

> 傍晚，得颉刚书，同时得四川省立教育科学馆聘书，余之名义为该馆专门委员。该馆性质如何，余所未详，以意度之，盖是研究机关，辅佐教育之推行者也。颉刚书中附郭君书，言专门委员之薪，实得二百卅元，余由五月起薪，以资补剂（依规定，须以到馆之日起薪也）。并言将由省府派余视察学校国文教学，最好于暑假前出发数回云。于是余今后之职务约略明晓，而余之生活决定改一方式矣。[②]

月薪“二百卅元”，比起武大月薪三百元，可说是少了不少，但叶圣陶

① 《叶圣陶集》第20卷，第57页。
② 《叶圣陶集》第19卷，第252页。

厌恶武大守旧陈腐的风气，不顾好友朱光潜等人的劝留，按照郭有守的安排，武大的课程结束后便于7月1日起程到夹江视察中学教育，并于当天来到叶至美就读的嘉属联中观“初中上国文，凡观三时”。次日晨早起，看学生的作文，“八时至罗祠，观乡师科上国文一小时，又观高中部作文本十馀册”。下午“与四位国文教师为座谈会，校长教务长亦列席”。[①] 次日，“参加高中部升旗礼”，给学生作题为《国文与文学》的演讲。[②]7月21日正式到成都四川省立教育科学馆报到，当晚住在城内陕西街开明驻蓉办事处。第二天见到四川省教育厅长郭有守和教育科学馆馆长汤茂如，日记中写道：

四时，郭君来。言此次招余，殊无特定工作，唯欲研究出川省国文教学不良之症结，谋有以改善之耳。授余《中等教育季刊》稿一束，嘱为阅看一过。并言又有开会，订明晚至其家吃饭细谈。匆匆即去。开会之多，殆是今日政界之新流行。然开会与实效相去尚远，不知好开会者亦尝念及否也。

汤茂如君今日方归成都，闻余至，来访。汤君系川人，向在定县平民教育促进会服务，于教育至有兴趣，望而知为明快精干之人。雪舟、镜波邀余饮酒，即拉汤君同饮。谈次，言及近已决定设实验中学，行比较理想之教育。又言及大局，语多乐观，使余振奋。八时半，汤君去。[③]

---

①②③《叶圣陶集》第19卷，第264、264、270页。

雪舟，即开明书店驻蓉办事处经理章雪舟，镜波是开明老同事张镜波，能聚在一起也是很高兴的事。然而，教育科学馆的工作并不能让叶圣陶满意，这里引录他头两周的日记：

7月23日　　看《中等教育季刊》稿。作稿者皆教育科学馆同人，而文字似均有毛病，内容贫乏，说话不得要领。亦未便爽直与郭君言之也。……五时半，徒步认路，出南门，至华西坝郭君家，则汤君与教育科学馆馆员三人已先在。旋即进餐。餐后共谈，诸人皆言四川教育问题纷繁，欲谋改进，如理乱丝。于余所任之工作，郭、汤二君亦不能举出纲要，唯言且俟余草一计划再商。九时散，乘人力车归。①

7月24日　　晨八时，至城守街教育科学馆晤汤君。知馆址原属一小学校，楼有三层，建筑颇坚实。今小学校他迁，由教育科学馆与省立图书馆分用之。导观图书馆，馆系新办者，新书旧籍皆最近所购入。据馆员言，每日阅览人亦有二三百也。

与汤君乘人力车出新南门，至新村教育科学馆办公地点，系借用一工业学校之临时校舍，草屋一大间而已。室内二十馀人，桌椅栉比。余定一席，即观前此时收到之《中等学校国文教法教材调查表》，凡卅馀份，拟各项为之统计。又观汤君所拟实验中学筹备计划。颇觉返于前曾久习之编译所生活矣。观各人工作，殊不紧张，

①《叶圣陶集》第19卷，第271页。

缺席者亦多。余若每日来此，亦殊不耐。郭、汤二君皆言不必每日到馆，且在乐山亦可工作，则似尚可接受也。①

7月25日　晨至教育馆办公处，仅馆役二人在，后汤君及二三人来，馀皆不至。汤君言城内馆址门首之屋昨亦被炸，碎片飞入正屋，三层俱有之。以是住宿馆中之同人皆整顿行李，谋迁至城外。而临时办公处距城犹近，大约将更谋远迁也。看报纸，知寇机昨来卅六架，为我击落一架。受伤者十馀架。寇本有炸成都如炸重庆之宣称，昨既来矣，殆将连日来袭乎，此种忧虑为成都每人所具有，盖可想而知也。然今日居然未来。余在馆将所收国文教材教法调查表归纳起来，伏案半日，仅去其四分之一。②

7月27日　早餐后，余仍坐纳凉亭中，草拟余所可为之工作计划，蝉声而外，唯远处微微之流水声，及空中偶尔飞近之飞机声，皆不致扰余心思，半日得千字。③

7月28日　晨起餐后，续作计划书毕，全文千六七百字耳。即为誊清，备入城时交与郭、汤二君，俟其核定。④

7月29日　（晨）七时，研究所⑤同人设茶点，为欢迎余之

---

①②③④《叶圣陶集》第19卷，第271—272、273、274、275页。

⑤ 研究所：齐鲁大学国学研究所。

座谈会。颉刚[1]意以为同人不长于写作，拟令余为之劝说指示。然此辈皆研究所或大学毕业生，余何能以告中等学生之言告之乎？因只说他们在此时期，埋头作一种工作，为知识分子之理想生活云。以后杂谈文事及所中事务，历一点半钟而散。看颉刚赠余之《汉代学术史略》。[2]

7 月 30 日　　晨步行至办公处，走一趟殆须四五十分钟。以计划书示汤君，汤阅后以为可行，并嘱余撰实验中学六年一贯之国文标准及细目。又指定王范群君为余助理。王毕业于四川省立教育学院，自谓有意研究语文教学也。余即请其查配需用书籍，并试作书目提要。余坐定，仍整理国文教法教材调查表。草屋顶之竹片为虫蛀，时有竹屑下落，布于桌面，旋拭旋满。室中时有人往来或说话，皆扰心思。如此环境，何可安心作事乎！[3]

7 月 31 日　　晨仍徒步出城到馆，续为整理调查表工作。前日坐人力车，颠簸殊甚，尾闾部分起一泡，今日益大，坐时觉胀痛。侧坐以避之，则吃力殊甚。[4]

8 月 1 日　　（晨）八时，开馆务会议，出席者为专门委员、研究员，汤君为主席。理化专门委员刘君报告视察所见，谓卅馀县之

---

① 颉刚：顾颉刚，时任齐鲁大学国学研究所主任，主编二十四史索引及辞典。

②③④《叶圣陶集》第 19 卷，第 275、275—276、276—277 页。

中学，理化教学大都不讲究。试验设备大都阙如；其少数有钱者，则滥行购买贵重而不必需之仪器，购备者不止一具，而又无保管知识，结果渐就损坏。刘君又言出外视察，行旅多苦，余闻而寒心。汤君则以实验学校计划书请大家研究，仅有文字上之修正而已。十一时会毕，余续为整理调查表工作。买了四个面包，午刻食之，至三时半始走出。①

8 月 2 日　晨依时到馆，续前工作，明日可以毕事矣。一时闻警，两时半解除，余坐定未走，比前一次便宜多多。②

8 月 3 日　八时十分到馆，继为整理调查表工作，至午而全体完毕。因告汤君，下星期拟回嘉，在家为编辑工作，下月再来。午后有“注意情报”。但不久即解除。

四时回陕西街，休息有顷，疲劳稍舒。倪文穆君来访，言得铜梁县中校长，以道远难于请教师，不拟接受。又言郭子杰为教厅，外间颇有不满意者，欲驱之为快者亦不乏其人。倪君自谓彼所不满者，则郭为中央方面人物，而办事仍不能摆脱一切，认真做去也。余于此等事，皆无所知，不能下断语。然郭君终日奔忙，而忙不出个所以然，亦似但能作官而不能办事，则余所深感也。③

8 月 5 日　（上午）佩弦夫妇忽至，欣然握手。佩弦曾患胃

①②③《叶圣陶集》第 19 卷，第 277、278、278—279 页。

病，近又行旅劳顿，似比前数年为消瘦。其夫人腹又便便，多子，太辛苦矣。他们预备往吃“吴抄手”，邀余与雪舟同往，雪舟乃携酒而往。“吴抄手”至有名，以此名店者有数家，初未知孰为最佳之一家。佩弦夫人系本地人，知真的一家在东城根街，吃面与抄手，牛肉与怪味鸡，确清爽鲜美。店无酒杯，以饭碗代之，余饮一碗有馀。佩会钞，如此小食，亦费六元以上。他们更将往看朋友，约明日下午再来细谈。①

8 月 6 日　（下午）四时，所邀冯月樵、王畹香二位来，……佩弦、承法、受百以次至，七时起饮酒。不为劝迫，随意举杯，颇为舒适。余商请佩弦与余合作，随时为余指陈如何促进国文教学，承其允可，至为欢忭。十时，始散。明日可动身回家矣。②

叶圣陶来教育科学馆上任的头两个星期，成都前后五次“报警”（7 月 22 日、7 月 24 日、7 月 31 日、8 月 2 日、8 月 3 日），人心惶惶。7 月 22 日日机轰炸成都，叶圣陶日记中有较详细的记载：

（午）十二时，诸人皆返城午餐，余独行，餐于小馆子，自己寻路而至陕西街开明办事处。未几，即闻弄中看门人喊“注意情报”，历十馀分钟而闻空袭警报，又不久即闻紧急警报。诸人皆就后门外高槐下坐，我方飞机盘旋空际，其响似无所不在，俨如去年

①②《叶圣陶集》第 19 卷，第 279—280、280 页。

"八一九"与徐仲舒避出西门外时情况。继闻轰炸机声，知寇机已至。飞过我们上空时，其声震甚，似墙屋树干俱动。余仰首而望，止见寇机四架为一小队，成菱形。殊未闻投弹声。历一点多钟而解除。出里门而望，则见东南面烟焰甚浓，路人言被烧者数处，可知又是丢的燃烧弹也。

饭毕，……与章、张、林三君同出，至新南门外复兴桥眺望，见东首有烟焰。返入城，在春熙路附近有数处被烧。约略推测，被灾面积似不及去年之大。（后知不然，被炸处至卅馀，其广大可想。）而成都城中被炸，则以今日为第二次也。闻被炸被烧而死伤者颇不少，确数自无从知。途遇军校学生数队，或携面盆，或持土铲，精神颇整肃，余感动焉。①

其余四次虽说有"警"未"炸"，但闻报警后"走避"时的惊慌和无奈，是难以描述的，有时一"躲避"就是半天。且看叶圣陶7月31日日记：

十二时一刻，出馆拟就食，而忽传"注意情报"，走避者纷纷。乃返身向东南田野间行，烈日当空，余又无帽，苦矣。群众麇集处，余不欲伫立。卒至一家之土墙下，上有丛竹蔽日，又无他人止于此，余遂停足，观颉刚《汉代学术史略》为遣。继闻空袭警报，渐有驻足于余旁者，约十馀人。他们皆席地而坐，余不欲污衣，只得站立。久久不闻解除，余腹枵腿酸，几不可耐。意敌机不必至，

① 作者录自叶圣陶日记原件。可参阅《叶圣陶集》第19卷，第272页。

姑向新南门徐徐而行。中途始闻解除。观城门口之钟，正指三点三刻，躲避历三小时矣。急购面包，且行且吞之。到办事处洗脸抹身，凉风偶至，如登天矣。①

“到办事处洗脸抹身，凉风偶至，如登天矣。”——这种感觉远不是我们今天所说的“平安是福”所能涵盖的。寇机随时都有可能会飞来，宁静的市街随时都有可能变为浓烟滚滚的火海，善良的人们随时都有可能成为炸弹下的污血和焦尸。在中华民族生死存亡的关头，能奔赴战场英勇杀敌当然更好，在平凡的岗位上把本职工作做好，也不失为为抗战尽了一分贡献。而教育厅厅长郭有守和教育科学馆馆长汤茂如“皆言不必每日到馆，且在乐山亦可工作”的话，则说明教育科学馆是个很松散的“研究型”机构。

8月8日，叶圣陶从成都回到乐山，在“家”里工作了三个多月，11月15日才又回到成都。在从8月9日至11月14日的三个多月里，叶圣陶为教育科学馆做的工作在日记中有如下记载：

8月18日　晨起仍伏案作文，至于下午三时，全篇完成，共五千馀言耳，而作了一星期，亦复可怜。题曰《对于国文教学的两个基本观念》……

8月19日　晨起改郭子杰嘱改之陈君文字，系谈升学指导

① 《叶圣陶集》第19卷，第276—277页。

与就业指导者，意既平凡而不贯，文字又多有毛病，改之无味，如改学生作文也。

8月31日　今日接郭子杰一信，商季刊征稿事，并言余所计划编辑之各种册子，最好托人分担，于本年内完成。其急功欲速，可谓已甚。又接佩弦一信，附来文稿一篇，特为季刊作者也。

9月4日　得子杰信，嘱改《中等教育季刊》发刊词。

自9月12日始，叶圣陶开始写与朱自清合作的《精读指导举隅》，他承担了《前言》《欧阳修〈泷冈阡表〉》《徐志摩〈我所知道的康桥〉》《蒋中正〈第二期抗战开端告国民书〉》，至11月8日写定。这期间还为《教育通讯》写了《关于大学一年级国文》，为《中学生战时半月刊》写了三篇《国文随谈》。

11月12日至15日，按照汤茂如的安排，叶圣陶到成都附近各县"调查中学的国文教学情况"。11月21日至12月6日，叶圣陶独自一人，乘人力车和鸡公车，到成都西北的崇宁、彭县、灌县、郫县等四个县的中学和中等职业学校视察国文教学，到过的学校有华阳中学、省立成都女子职业学校、私立济川中学崇宁分校、省立成都女子中学彭县分校、彭县县中、华英女中、私立福建旅彭女子中学、崇宁华阳中学、灌县县中、私立荫唐中学、县立初中女生部、郫县初中女生部、私立大成中学等。住的是小客店，或者是学校的宿舍，吃得很马虎，经常以面点充饥。每到一所中学，他总是听老师们讲课，看学生的作文本，与师生座谈，为师生们作了《学习国文之方法》（11月25日）、《学国文之目的》（11 月 28 日）、《学习国文之要》（12 月 2 日）等系列演讲，每天总要接触许多陌生人。叶圣陶说，“这样别致的旅行，我一生中就只有一次”①。

视察结束回成都后，叶圣陶撰写“视察报告书”，为郭有守审阅文稿，修润《成人班课本》，筹办《文史教学月刊》，拟《六年一贯制中学之国文课程标准》，代郭有守写“《国文教学丛刊》序文”②。1941 年 1 月 31 日，叶圣陶把家从乐山迁到成都，在新西门外罗家碾王家冈，租了农家的茅舍住了下来。叶圣陶 1941 年 2 月 3 日日记中说：

> 九时半，与墨及三官同出新西门，循大路至罗家碾，再乘鸡公车至王家冈，视新租房屋。屋以土墙围南面，馀三面则有竹树。新筑屋五间西向，又两间东向，两间之北，则为一田家所居。中间为广场，无草木为憾。新屋草盖泥地，颇宽大，廊阔，窗小，光线嫌暗，他无不满意处。出大门则平原无际，竹树丛生，俟春回发绿，一望皆生意矣。③

2 月 4 日日记中说：“傍晚出门眺望。墙外竹篱内有桃树四五株，不久当作花。又有柏树多株，殊不寂寥。竹篱之外，小沟环绕，可取汲，可洗濯。南望则田亩无际，竹树四起。此种境界，余向未临之，亦有新鲜之感。”④在 1941 年 9 月写的《略叙》中说：家住在新西门外，“杜甫诗‘舍南舍北皆春水，唯见群鸥日日来’，就是指的这一带地方”。

---

①③④《叶圣陶集》第 19 卷，第 336、338、339 页。

② 叶圣陶 1941 年 1 月 9 日日记，《叶圣陶集》第 19 卷，第 328 页。

叶圣陶在罗家碾王家冈把“家”安顿好后，就开始了紧张的工作。2月6日，与朱自清“商定《略读指导举隅》选用书九种”，开始合作，写《略读指导举隅》。2月24日，“代子杰修改《文史教学》发刊词一篇”。

3月20日，“出席检定考试委员会会议”。3月24日，“作一书致吕叔湘君，请其为馆中编《文法指导举隅》一书”。3月26日，始为郭有守写演讲稿，题为《求学的目标和方法》。

4月1日，为美国大学生竞赛得奖之三篇论文写跋，“题为《中国前途与美国之利害关系》”。4月2日，出席馆务会议，为全省统计人员考试出题。4月6日，参加“中等学校教师暑期讲习会”。4月7日，安排馆员做“《课外阅读书目提要》及《小学生诗选》之选辑工作”。4月12日，“至青龙街考试委员会办事处”，主持“前此录取之统计人员”的“复试”。4月12日，始选注《精读文选》。

5月12日，为川省“普通检定考试委员会”阅卷，试题由叶圣陶所拟，一为“文学史家言韩愈倡古文，盖以复古为革新，试言其所以”，一为“发言成辞，执笔为文，古今人无不主立诚者，其故何欤?”5月28日，“看子杰嘱阅之《公民》课本两册”。

6月12日，“代子杰作《科学教学季刊》之发刊辞”。6月13日，“开始作《小学生诗选》之序文”。6月17日，“将《小学生诗选》缮清稿校阅”。至开明办事处会吕叔湘，取吕撰写的书稿《中国文法要略》，“共八章，为上编，名《词句论》。尚有下编，名《表达论》。与谈文法，颇多沾溉。其论‘弗’‘不’之别，‘毋’‘勿’之别，皆绝精”。[①]《中国文法要略》，是叶圣陶约请吕叔湘为中学语文教员写的汉语语法书。这本书的出版，标志着中国语法学开始走上独立研究的道路。叶圣陶敬佩吕叔湘的比较研究的方法，在赠诗中说：“邃密深沉殊弗逮，愧存虚愿欲齐贤。”[②] 6月19日，“校阅《小学生诗选》原稿”，与吕叔湘《中国文法要略》一同交出付排。6月24日，“排次《抗建国文教材》，共得今古文四十一篇”。6月25日，开馆务会议。汤茂如“报告华阳中学一年来之概况。据谓颇可乐观，校风确有异于前。下学年将以新教材实验新方法，实做‘实验中学’云云”。6月26日，“作《抗建国文教材》序文”。

7月24日，写定《〈呐喊〉指导大概》，“全篇一万七八千言，足足写了一个月”。7月31日，作《如果我当教师》，“分小学、中学、大学三部分言之，对今日教育界现状，略致针砭”。

8月4日，“子杰嘱阅‘四川文物小丛书’之农业方面稿两种，并修润其文字”。8月16日，“看《文史教学》之投稿”。8月18日，“阅同事田世英君之书稿（《中国地理》）一册，略为修润，并指出其应改正处。田君于地理教学颇有经验者也”。8月21日，“校《文史教学》第二期稿四篇”，“此期已出版，而编者徐君不善校对，错误太多。余以为拿不出去，议作‘刊误表’，乃不得不助之校对几篇。午后，看孙元君所编《小学教师通讯答语集》，又是文字不通，别字连篇。馆中人才

---

① 《叶圣陶集》第19卷，第373—374页。

② 《叔湘索书因作二绝赠之》，《叶圣陶集》第8卷，第397页。

太差，思之怅怅”。[1] 8月26日，“上午看徐君已编成之《文史教学》第三期稿，各篇皆平平，无可观者。此等杂志，实可不出，然子杰以多一种为善，未可与语也”。8月28日，“写定《〈史记菁华录〉指导大概》”。

9月5日，“阅陈斠玄所编《司马相如》，馆中所约撰，将以入‘四川文物小丛书’者也”。9月8日，“在馆中看《东坡集》及绍虞之《文学批评史》，准备作《三苏》一册，入馆中所出之‘四川文物小丛书’”。9月19日，为“教厅办教育行政人员考试”出国文题四份。9月27日，“在馆看陈斠玄所作《扬雄》一小册”。9月28日，作《谈大学的合并》。9月29日，“看《文史教学》投稿三篇。改田女士稿一篇”。

10月3日，“阅教育行政人员考试国文卷卅八本”。10月8日，“继改陈斠玄之《扬雄》稿。此稿由子杰交佩弦看，佩以为其白话文实不像样，须改作。子杰遂托余为之”。10月14日，改订“与丏尊所编之《开明初中国文》”。10月20日，到西北中学演讲，题为《中学生之写作》。10月21日，到青羊宫外树德中学考察，“提出国文必须预习，必须兼教语体文”。10月22日，到华西坝济川中学考察，“提出‘须令学生切实预习’‘语体文尤不应逐句讲解’两点”。10月24日，到老西门民新中学考察。10月25日，到华西坝高瑞初中考察。

11月4日，到光华附中考察。11月6日，到敬业中学考察。11月7日，到清华中学考察。

---

① 《叶圣陶集》第19卷，第392页。

12月3日，“看《中等教育季刊》之来稿，为之修改”。12月5日，“与朱启贤君商订《中小学教师进修丛书拟目》”。12月10日，为《青年之声》作《高等教育所要养成的习惯》。12月18日，写定《论中学国文课程之改订》。12月19日，“重行校阅《中教季刊》所收文稿，一一批明排装款式”。12月21日，写毕桂林《国文杂志》之发刊词。12月24日，“看《中教季刊》来稿，凡五六篇，皆为修润，付排”。12月27日，细校《国文杂志》校样。

纵观叶圣陶在教育科学馆的工作，主要是协助郭有守拟定“中小学课程标准”和“课外阅读书目”、举办“中等学校教师暑期讲习班”，编辑《中等教育季刊》《文史教学》杂志，主编“国文教学丛书”“中小学教师进修丛书”“四川文物小丛书”，到中等学校考察国文教育。此外，他自己于1942年1月独自创办了成都《国文杂志》，由普益图书公司出版。成都《国文杂志》署编者胡墨林，实际上所有稿件几乎都是叶圣陶一人写的（只有少数几篇短文章是他授意叶至善写的），“发刊词”《这个杂志》中说：

这个杂志没有什么奢望，只想在中学同学学习国文方面，稍稍有一点帮助罢了。看了这个杂志，未必就能学好国文。因为这里所说的，无非怎样阅读，怎样写作，等等关于方法的话，而能不能实践，实践是不是到家，还在读者自己。如果不能实践，或是实践没有到家，当然，国文还是学不好的。可是看了这个杂志，可以得到一些启示。平时自己有没注意到的，教师没有提示过的，在这里看到了，若能不让滑过，务必使它化为“我的经验”才歇；那么，一点一滴的累积，正是学好国文的切实基础。这个杂志所能帮助读者的，就在这一点。

排在“发刊词”之后的是叶圣陶写的《略谈学习国文》，文章说：“学习国文就是学习本国的语言文字。语言人人能说，文字在小学阶段已经学习了好几年，为什么到了中学阶段还要学习？这是因为平常说的语言往往是任意的，不免有粗疏的弊病；有这弊病，便算不得能够尽量运用语言；必须去掉粗疏的弊病，进到精粹的境界，才算能够尽量运用语言。文字和语言一样，内容有深浅的不同，形式有精粗的差别。小学阶段学习的只是些浅的和粗的罢了，如果即此为止，还算不得能够尽量运用文字，必须对于深的和精的也能对付，能驾驭，才算能够尽量运用文字。尽量运用语言文字并不是生活上一种奢侈的要求，实在是现代公民所必须具有的一种生活的能力。如果没有这种能力，就是现代公民生活上的缺陷；吃亏的不只是个人，同时也影响到社会。因此，中学阶段必须继续着小学阶段，学习本国的语言文字——学习国文。”话说得相当恳切。《战时文艺》第一卷第二期刊登的《文化消息》称，“普益图书公司发行国语杂志一种，由叶圣陶主编，为高初中学生良好读物”。成都《国文杂志》出到第六期就停刊了，因为叶圣陶要筹办并主编桂林《国文杂志》。

叶圣陶主编的桂林《国文杂志》于 1942 年 8 月 1 日在桂林创刊，由桂林文光书局出版，署编辑人叶圣陶。叶圣陶在《〈国文杂志〉发刊词》中说：现在的“国文教学”用的还是“旧式教育”的方法。“旧式教育可以养成记诵很广博的‘活书橱’，可以养成学舌很巧妙的‘人形鹦鹉’，可以养成或大或小的官吏以及靠教读为生的‘儒学生员’；可是不能养成善于运用国文这一种工具来应付生活的普通公民。”在谈及该杂志的宗旨时说：“我们这个杂志没有什么伟大的愿望，只想在国文学习方面，对青年们（在校的和校外的）贡献一些助力。我们不是感叹家，不相信国文程度低落的说法；可是，我们站定语文学和文学的立场，相信现在的国文教学决不是个办法，从现在的国文教学训练出来的学生，国文程度实在不足以应付生活，更不用说改进生活。我们愿意竭尽我们的知能，提倡国文教学的改革，同时给青年们一些学习方法的实例。所谓学习方法，无非是参考，分析，比较，演绎，归纳，涵泳，体味，整饬思想语言，获得表达技能这些事项。这个杂志就依照这些事项来分门分栏。我们的知能有限，未必就能实现我们的愿望；希望有心于教育和国文教学的同志给我们指导，并且参加我们的工作，使我们的愿望不至于落空。如果这样，不仅是我们的荣幸，实在是青年们的幸福。”叶圣陶在创刊号发表的文章还有：

《〈孔乙己〉中的一句话》（评论）；

《略谈韩愈〈答李翊书〉》（评论）；

《改文一篇——〈斥“消极”〉》（评论）；

《读元稹〈遣悲怀〉一首》（评论）；

《编者的话》。

《〈孔乙己〉中的一句话》评述的“一句话”是：“孔乙己是这样的使人快活，可是没有他，别人也便这么过。”《略谈韩愈〈答李翊书〉》认为韩愈的《答李翊书》这类“论文的文章”，中学生也未尝不可读，“只要能活读而不死读。所谓活读，就是辨明古人持论的范围，酌取其大意，而不拘泥于一言一句的迹象。辨明了范围，就知道古人持论的所以然：这是知识方面的事。酌取其大意，化为自己的习惯，就增长自己的写作能力；这是行为方面的事。如果在讲解和记诵以外不再作什么研讨，那就是死读。”《改文一篇——〈斥“消极”〉》，对文章逐字逐句地进行修改，并说明修改的原因。《读元稹〈遣悲怀〉一首》评述唐朝元稹追悼他的夫人谢氏作的七律三首中的一首，诗云：“昔日戏言身后事，今朝都到眼前来。衣裳已施行看尽，针线犹存未忍开。尚想旧情怜婢仆，也曾因梦送钱财。诚知此恨人人有，贫贱夫妻百事哀。”认为这首诗的好处，“在乎境界真切”。最后说到这首七律“文字极朴素，对仗也随便”，“朴素和真切是同胞兄弟；为求真切起见，自无妨牺牲对仗的工整”。在引导《国文杂志》的读者欣赏这首七律的同时，也向读者指点写作的“要诀”。叶圣陶为桂林《国文杂志》的创刊竭尽所能，不辞辛苦。

1942年8月，叶圣陶脱离了教育科学馆，主持开明编译所成都办事处的工作。叶圣陶走后，教育科学馆人心思散。他在同年9月11日的日记中写道：“清晨往华西坝访子杰，遇之于途中，立谈有顷。渠言教育馆人人想走，几乎溃不成军，言下怅然。”① 同年9月13日日记中又说：“云波来谈教育馆事。言离去者多，势将无法支持。子杰心有馀而力不足，人虽欲助之，亦无能为力。”②至于叶圣陶为何要辞教育科学馆，表面上有两个理由，他在给郭有守的辞职信中说：

①②《叶圣陶集》第20卷，第73、74—75页。

理由为将任开明之事，原在馆中收入，不敷应用，每周往茶店子三次，亦复嫌其劳顿。①

其实，“馆中收入，不敷应用”，“复嫌其劳顿”只是个托辞。在这之前，用“高薪”吸引他的至少有两处：一是复旦大学。叶圣陶1941年7月26日日记中说：“又得复旦吴校长及诸教师电，招余赴彼。发电辞之。”② 二是重庆中国文化服务社。叶圣陶1941年12月21日日记中说：三官自城中归，带回昌群之信。“昌群言刘百闵君欲邀余往重庆，佐办其中国文化服务社之编辑出版事务，薪给从丰。昌群极盼余能应之。然余一动不如一静，居此尚可，亦复怠于他往矣。”③时任中国文化服务社社长刘百闵同时还是国民党中央宣传文化运动委员会常务委员（该会主任委员是张道藩，副主任委员是潘公展）、国民参政会参政员。叶圣陶谢绝这两处的招邀，可见他看重的并不是“钱”或者说不仅仅是“钱”。他离开教育科学馆更主要的原因似乎可以从下面两则日记中去推测：

1941年5月8日　　晨步行到馆，馆中无一人。寻得一馆役询之，知今日为馆之成立纪念日，故放假也。馆之成立已两周年，而成绩似无可指称者。以余观之，实徒多一衙门耳。以余所居之第二组言之，同事十馀人，能力均弗甚强，于教育皆无甚兴趣，遑言造诣。而欲以之推进教育，岂能如愿。美其名曰“教育科学”，实则据“教育”之名而吃饭也。欲求奏效，宜确定计划，多聘真正之

---

①《叶圣陶集》第20卷，第57页。

②③《叶圣陶集》第19卷，第383、428页。

专家，群以全力赴之，而不视为衙门，始有希望。然余何能为子杰言之乎，彼亦未必有此理解也。[①]

1941年12月1日　（上午）十时许，有教厅职员冉君来访。冉曾作一《征妇词》，刊成小册，欲以教厅名义介绍于各中学，为补充教材。子杰嘱余审阅，余评云，其辞未臻纯美，不适为教材。冉以是愤愤，来访余有问罪之意。初尚客气，后竟作流氓口吻，谓“人对我不客气，我也会对人不客气”。同室诸人闻之均不平，群起而斥之，有呼“滚”者。后薛远举君来，拉之出，余亦陪出，婉言告以余盖就文论文，别无他意。彼始转颜为歉容而去。

余受此不相干之气，虽不致动怒，而心不免怏怏。朱启贤君意欲相慰，拉出共就点心店小饮。继而子杰、云波偕来，向余致慰，并云必立即处理此事。饮毕返馆，不久，子杰导冉君来，令向余道歉。余笑答之。闻冉为哥老会中人，有小小势力，足以暗中给人吃亏。今如此，或不致结成怨仇。苟其人果要施用流氓手段，余亦无可如何，防亦无可防也。[②]

冉君的流氓行径至少也能说明教育厅风气不正，教育科学馆实同“衙门”，这大概才是叶圣陶离开教育科学馆的真实原因。

在教育科学馆任职期间，叶圣陶还应邀到光华大学讲国文课，每周四小时；到齐鲁大学开“中学国文教学”。前者始于1941年10月7日，

①②《叶圣陶集》第19卷，第361—362、421—422页。

后者始于1942年3月6日。请看这两天的日记：

1941年10月7日　　傍晚，光华教务长薛观澄（迪靖）先生来，要余教基本国文一组，四小时。余怕改作文，本拟拒之，而其语颇殷切，遂允焉。相约以下星期开始。作此一诺，身上又多一事；以余之衰躯，实不宜过劳，亦只得且强为之耳。①

1942年3月6日　　二官自城中取得数信。……一为齐鲁刘校长所寄。余尝为颉刚言，拟试开"中学国文教学"一课程于大学，为欲为国文教师者贡献些意见。颉刚向刘校长言之，遂邀余在齐鲁开设。再不应允，便若拒人于千里之外，只得勉允之。每星期六两小时，尚可应付也。②

"中学国文教学"专题课是叶圣陶主动要求开设的，可见他对于"中学国文教学"是很重视的。在教育科学馆的两年里，叶圣陶研究得最多的还是语文（国文）教育，从小学国语一直关注到大学国文，而研究得最深入的还是"中学国文"。有关"中学国文"论文的主要篇目有：

《对于国文教学的两种基本观念》（1940年8月18日作）

《关于大学一年级国文》（1940年10月12日作）

《国文随谈——"从国文课程标准谈起"》（1940年11月1日作）

---

①②《叶圣陶集》第19卷，第405—406、446页。

《国文随谈——“谈谈实施情形”》(1940 年 11 月 1 日作)

《国文随谈——“求甚解”》(1940 年 11 月 1 日作)

《论写作教学》(1940 年 12 月 23 日作)

《六年一贯制中学国文课程标准》(1940 年 12 月发表)

《论国文精读指导不只是逐句讲解》(1941 年 1 月 7 日作)

《变相的语文教学》(1941 年 1 月 15 日作)

《如果我当教师》(1941 年 8 月 3 日作)

《国文随谈——“写作是极平凡的事”》(1941 年 9 月 18 日作)

《论中学国文课程标准的改订》(1941 年 12 月 18 日作)

《当前教育必须改进》(1942 年 1 月 15 日作)

至于他与朱自清合著的《精读指导举隅》《略读指导举隅》《国文教学》,既是三部具有较高学术价值的专著,也是三部专书研究的论文集,将在后面予以评述。

第二十八章

烽火漫天走巴蜀（下）

旧的炸毁了，新的建造起来了。一千一万个被战争毁灭了，十万个万万个都从瓦砾中重建起来。只怕信念不坚，不愁事业不成。

——1939 年 5 月《中学生》战时半月刊《复刊献辞》

一、创建开明编译所成都办事处

1942 年 5 月至 7 月间，叶圣陶“蓉桂之旅”的收获之一，是与朋友们拟定了创建开明编译所成都办事处的计划。他在 6 月 13 日日记中写道：

傍晚，洗翁邀仲华、彬然、云彬、锡光、联棠在店中小饮，谈设立编译机构事。议定设于成都，由余主之，定名曰“开明编译所成都办事处”。仲华、彬然、云彬皆为编译委员，相助编稿约稿。

每月以印书三十万字，出版两册或三册为定则。收费费用年以十万元为度。其他事务费用亦有规定，九时散。[1]

回到成都之后，叶圣陶把主要精力投入编辑出版工作，第一步是编好《中学生》杂志。《中学生》杂志于1937年8月停刊，1939年5月在桂林复刊，为了适应战时的需要改为半月刊，封面上印有“战时半月刊”字样，后来又改为月刊。叶圣陶任社长，文稿大多由宋云彬、贾祖璋、傅彬然等人在桂林集齐，用航空寄给叶圣陶，叶圣陶审定后再寄回桂林排印。《复刊献辞》中说：

旧的炸毁了，新的建造起来了。一千一万个被战争毁灭了，十万个万万个都从瓦砾中重建起来。只怕信念不坚，不愁事业不成。《中学生》杂志是抱了这种坚定的信念在西南抗战根据地宣告复刊的。

在复刊之始，我们愿意和中学生诸君共相勖勉的——

第一是努力追求文化与智慧。用文化的智慧的光辉，消灭世界上野蛮与疯狂的侵略者。第二是民族利益超过一切。牺牲一切个人利益，时刻准备为救国救民而奋斗。第三是学习、工作、生活打成一片。生活是为工作，为工作而学习，而且从工作中学习。

成都办事处成立后，《中学生》杂志编辑部迁到成都，叶圣陶在成都把

① 《叶圣陶集》第20卷，第34页。

杂志编定后，用航空寄到桂林印刷发行。

《中学生》复刊给广大青年送来了精神食粮，也给开明书店带来了生气。1944 年 7 月，桂林告危，开明书店在桂林的机构撤退到重庆，《中学生》杂志也迁到重庆出版。叶圣陶于 8 月 15 日去重庆，与章锡珊、傅彬然等人接洽印刷机构，并访问作者，直到 9 月 28 日才回到成都。他在《蓉渝往返日记》的“小引”中说：“我在重庆的那一个多月里，正碰上日本侵略者大举进犯湘桂，于是又有一批‘文化人’撤退到重庆来。所以那次在重庆，我与朋友的交往甚至比战前在上海的时候还频繁，彼此的心情也复杂得多。”① 1945 年 5 月 29 日，叶圣陶再次来到重庆，与开明同人共商店务，留渝十六天，会客访友，每天的安排都很满，谈得最多的还是时局。社会动荡，秩序紊乱，交通阻塞，物价暴涨，百业凋零，出版界在风雨中飘摇。叶圣陶在 1944 年 12 月 22 日日记中写道：

> 书业营业范围益小，而制造工本益高，从今以后，殆将真入于困难之极境。我店一方与商务中华为伍，一方又为新出版业之一员，徘徊于两个阵营之间，其势更难自如。如何勉力支持，立于不败，非易事也。②

“徘徊于两个阵营之间”，说的是开明书店的立场。用茅盾的话说是“间乎中间”，“稳健而不落伍，亦不肯不顾一切，冲锋陷阵”，“稳扎稳打”

①② 《叶圣陶集》第 20 卷，第 453、343 页。

而不“赤膊上阵”[①]。叶圣陶在《题开明二十周年纪念碑》中说的“开明夙有风，思不出其位。朴实而无华，求进弗欲锐。唯愿文教敷，遑顾心力瘁。……堂堂开明人，俯仰两无愧”[②]，指的也是这个意思，有所为，有所不为。既然是书店，就要做书的买卖，讲究一点生意经。但重心在文化，以文化事业为宗旨，为国家，为民族，为文化，也为自己，叶圣陶始终以极其谨严、极其郑重的态度选择文稿和书稿，《中学生》杂志从未发表过一篇不合时宜或格调低下的文章，开明书店从未出版过一本不合时宜或格调低下的书籍，没有出过升学考试之类的复习资料，没有出过有严重错误思想倾向的书籍，没有出过一本武侠小说，这在当时的历史条件下实属难能可贵。抗战期间，国民党当局奉行“防民之口甚于防川”的政策，叶圣陶偏左的立场，引起了当局的注意，国民党中央宣传文化运动委员会副主任潘公展曾当面告诫他在《中学生》杂志上少谈“时事”。请看叶圣陶1945年8月3日的日记：

> 昨陈克成以书致雪舟，言潘公展在此，欲与余晤，因乘车访潘于中国旅行社招待所。据谈对于“中志”之意见，谓宜注意基本工具学科，少弄社会科学文字。又言渠不满审查制度，若编辑人员各自检点，即审查制可以废止。其言殊可笑，余不与辩，颔之而已。若非顾及开明之立场，则面斥之矣。[③]

① 《开明书店二十周年纪念讲演录》，《明社消息》第17期，1946年12月31日。

② 《叶圣陶集》第17卷，第294页。

③ 《叶圣陶集》第20卷，第429页。

叶圣陶没有“面斥”潘公展，回去之后则写了《三大原则与四大自由》《发表的自由》等一系列文章予以抨击。他在《发表的自由》中说：“发表一些意见，却被认为诐辞邪说。不肯摹仿八股腔调，不肯像喜鹊似的叫出些吉祥的声音，就被认为不依规矩，别有用心。好像为国为民只是少数人的专利，此外多数人根本不知道为国为民，所以也没有权利为国为民。其实哪里有这回事!”①

“唯愿文教敷，遑顾心力瘁。”叶圣陶主持“开明编译所成都办事处”工作的三年，是他“努力追求文化与智慧”的三年，他编辑出版的书籍中就有沈从文的《边城》《湘行散记》《湘西》《长河》《月下小景》《从文自传》，冰心的《冰心著作集》[包括《冰心小说集》《冰心散文集》《冰心诗集》《寄小读者》《关于女人》以及译作《先知》(凯罗·纪伯伦著)]，朱自清的《背影》《伦敦杂记》《经典常谈》，朱光潜的《给青年的十二封信》《谈美》《文艺心理学》《我与文学及其他》，老舍的《蛤藻集》，朱东润的《中国文学批评史》《张居正大传》《读诗四论》，吴晗的《明太祖》，缪钺的《缪钺文论集》，李广田的《诗的艺术》，黄炎培的《苞桑集》，马文珍的《北望集》，吴祖光的《少年游》，吕叔湘的《文言虚词》和《石榴树》(索洛延著，吕叔湘译)，傅庚生的《中国文学欣赏举隅》，贺昌群的《汉唐文化研究》，叶石甫的《经子选注》，林庚白的《丽白楼自选诗》，薛贻源的《地理与战争》，王了一的《中国语法纲要》，等等，为文学和学术的发展和繁荣作出了重大贡献。

叶圣陶生前在谈到开明书店的成功经验时说过：开明书店重情谊，

① 《叶圣陶集》第6卷，第166页。

善于与作者交朋友。不是出了书就把作者忘了，而是出了书就把作者“记”住了，彼此成了朋友。开明重视新文学，出版新文学作品就成了开明的一大特色。沈从文在1947年9月致周定一的信中说：

> 第二十年来多数作品，也多半是徐志摩，叶圣陶，徐调孚，施蛰存诸先生主持杂志编辑时，用“鸡毛文书”方式逼出。①

这倒不是客气话。沈从文20世纪二三十年代的作品大多发表在徐志摩主编的《晨报副刊》、《新月》杂志，施蛰存主编的《现代》杂志和叶圣陶主编的《小说月报》上。徐志摩和施蛰存怎样“逼”沈从文为《晨报副刊》、《新月》杂志、《现代》杂志写稿，我知之甚少，而对叶圣陶“逼”沈从文为《小说月报》写稿的事，倒是知道一些的。不过与其说是“逼”，不如说是“读”。从某种意义上说，沈从文在《小说月报》上发表的作品是叶圣陶“读”出来的。

1921年1月，《小说月报》革新，成了文学研究会的代理会刊后，因为刊登的都是文学研究会会员的作品，曾经受到文艺界的批评，就连沈从文也曾说过偏激的话，指责文学研究会“独占文坛”。1927年5月，郑振铎赴欧游学，《小说月报》暂由叶圣陶代编（徐调孚协助）。在这之后的《小说月报》上出现了许多新作家的名字。1927年6月，叶圣陶在来稿中读到沈从文的短篇《我的邻》，觉得这个短篇写得很有特色，就约请他多为《小说月报》写稿。到1928年底，经叶圣陶之手，

---

①《致周定一先生》，《沈从文全集》第17卷，北岳文艺出版社2002年版，第471页。

沈从文在《小说月报》上发表了《我的邻》《在私塾——一个老退伍兵的自述之一》《或人的太太》《柏子》《雨后》《诱拒》《第一次作男人的那个人》等七个短篇，还发表了新诗《想——乡下的雪前雪后》。1929年初，叶圣陶把《小说月报》交还给郑振铎主编（仍由徐调孚协助），1932年“一•二八”后停刊。从1929年初到1932年“一•二八”的三年间，沈从文在《小说月报》发表的小说有《说故事人的故事》《会明》《菜园》《夫妇》《同志的烟斗故事》《萧萧》《血》《楼居》《丈夫》《微波》《逃的前一天》《薄寒》《山道中》《医生》《虎雏》等共十五篇。虽说这期间《小说月报》的主编是郑振铎，可沈从文的作品却还是叶圣陶和徐调孚要来的，这在沈从文给朋友们的信中可以看出来。

沈从文与施蛰存的友谊是人所共知的，而郑振铎与施蛰存则不那么和睦。郑振铎曾经猛烈地抨击过施蛰存，让施蛰存感到不快，此事在给沈从文的信中亦有提及。沈从文1934年12月25日在给施蛰存的回信中劝他“莫太在小事上注意”，“不要太注意批评”，信中写道：

> 西谛我不常见到，见到时也不会说什么。我觉得他为人很好，只是许多事情热得过分，便乱了一些罢了。①

当时郑振铎和沈从文都在北京。假如郑振铎在1929年至1932年的三年间经常约请沈从文给《小说月报》写稿，或者沈从文这期间在《小说月报》发表的十五篇小说都曾经过郑振铎的手，是不会“不常见到”，更

① 《新废邮存底•五》，《沈从文文集》第12卷，花城出版社1984年版，第18页。

不会“见到时也不会说什么”的。而叶圣陶把《小说月报》交还给郑振铎之后，仍一直给郑振铎帮忙，沈从文的小说仍然是他和徐调孚“用‘鸡毛文书’方式逼出”来的。沈从文在《小说月报》发表的小说多达二十二篇，他早中期的代表作《柏子》《会明》《菜园》《夫妇》《萧萧》《丈夫》《虎雏》都刊登在《小说月报》上。李同愈在《沈从文的短篇小说》① 一文中说：

> 以甲辰的笔名开始，从北京寄到上海的《小说月报》发表了小说以后，沈从文的短篇才引起了大多数读者的注意。许多学习写作的年轻人也不知不觉地模仿起他的调子来，我就是其中一个。

固然，沈从文的成功成名要归结于他的朝气、才华，以及“端起来就不放下”（湖南话，意思是“抓住不放”）的执着，但《小说月报》的提携也功不可没。叶圣陶特别看重沈从文，不仅经常向朋友们推荐介绍，还循循善诱，引导孩子们欣赏阅读沈从文的作品。

那是1936年1月，叶圣陶主编的《新少年》杂志创刊，该刊开设了“文章展览”专栏，每期选登一篇“现代人”的文章，在每篇文章之后加上评析，有的是指出这篇文章的好处，有的是说明这类文章的作法，有的是就全篇说的，有的只是说到其中的一部分。叶圣陶认为：“能写文章算不得什么可以夸耀的事儿，不能写文章却是一件缺陷，这种缺陷跟瞎了眼睛聋了耳朵差不多，在生活上有相当大的不利影响。”②

---

① 《新中华》第3卷第7期，1935年4月10日。

② 叶圣陶：《〈文章例话〉序》，叶圣陶著：《文章例话》，开明书店1937年版。

因而希望孩子们通过看“文章展览”，养成阅读和写作的习惯。“文章展览”一共“展览”了二十四篇，后来结集为《文章例话》，1937 年 2 月由开明书店初版，到 1949 年曾经再版十次左右，在读者中产生了广泛的影响，其中就有沈从文的《辰州途中》。

《辰州途中》是从《湘行散记》中的《一九三四年一月十八》节选出来的，原文有二十七个自然段，四千六百字左右，叶圣陶节选了其中的六段，即原文第三至第八个自然段，大致一千四百字。叶圣陶认为这六个自然段可以独立成篇，是一篇非常出色的旅行记，就给另起了一个题目——《辰州途中》，在后面写了将近两千字的讲解，刊登在 1936 年 8 月 25 日出版的《新少年》第二卷第四期上。将《辰州途中》与《一九三四年一月十八》作一番比较，就可以看出叶圣陶的节选特别精当，非但没有影响到内容上的完整性，反而使文章更加凝练，辰河的风物更加鲜明，内容更加突出，沈从文写旅行记的手法和技巧也更加清晰。叶圣陶称沈从文这篇旅行记的写法“是把自己印象最深的事物记下来，宛如摄一套活动影片，与此无关的简直丢开不写”；很欣赏沈从文描摹“滩水险急”、纤手老头儿“对于生存还那么努力执着”，以及“那小山水村如画如诗印象”的手法和语言，一一指点这篇旅行记的“佳胜”和“意味”之所在，最后归纳说：“原来旅行者连篇累牍写在旅行记中的，往往只是当地人以为不值一谈的，甚至是从来没有关心过的事物。这不全由于‘当局者迷’，也由于旅行者的眼光和心胸超过了一般人的缘故”，他的这些讲解处处给人以豁然开朗之感。

记得一位老作家在谈到《辰州途中》时说过：“没想到好文章也可以删，而且删得这么好！”从这个意义上说，作为文学家、教育家与编辑出版家的叶圣陶“读”作品时是有他特有的“眼光和心胸”的。也正是出于对叶圣陶的敬重，沈从文爱把他的作品交给叶圣陶由开明书店出版。1987年，叶至善应上海三联书店的约请，把他和叶圣陶撰写的书刊广告汇集起来，编成《叶氏父子图书广告集》[①] 出版。我协助叶至善收集广告，经叶圣陶审阅后选定了《春灯集》《黑凤集》《边城》《湘行散记》《湘西》《长河》《月下小景》《从文自传》等八部书的六则广告，编入《叶氏父子图书广告集》，后又编入《叶圣陶集》第十八卷。虽说这六则广告是20世纪三四十年代写的，经过六七十年的过滤和沉淀，今天读来依然感到非常亲切，对沈从文研究仍然富有指导意义。现抄录于下：

《春灯集》《黑凤》

作者被称为美妙的故事家。小说当然得有故事，可是作者以体验为骨干，以哲理为脉络，糅和了现实跟梦境，运用了独具风格的语言文字，才使他的故事成了“美妙”的故事。我国现代文艺向多方面发展，作者代表了其中的一方面，而且达到了最高峰。读者要鉴赏现代文艺，作者的作品自不容忽略。作者现将所有短篇小说重加修订，交由本店分册印行。先出《春灯集》《黑凤》两集。《春灯集》中，收集《春》《灯》《八骏图》《若墨医生》《第四》《如蕤》共六篇。《黑凤集》中，收集《三个女性》《贤贤》《静》《主妇》《贵生》《白日》《三三》共七篇。

① 上海三联书店1988年出版。

《边城》

这是一个中篇，写川湘边境一个山城里祖父跟孙女儿的故事。祖父是撑渡船的，对于孙女儿爱护周至，可是老年人的心情常常为青年人所误解，因而孙女儿的婚姻问题得不到美满的解决。故事既缠绵曲折，作者写人物心性，山水风景，又素有特长，这篇小说就成为朴实美妙的叙事诗。作者善于创造高妙的意境，见得到而且达得出，读者几乎都有这样的印象，读了这本书这种印象必将更见深刻。

《湘行散记》《湘西》

作者是湘省人，对湘省的认识真确而深刻。他写各方面的问题，虽则似乎极琐细平凡，但是在一个有心人看来却极有意义，值得深思。《湘西》一名《沅水流域识小录》，是写湘西沅水流域的杂记。《湘行散记》则是记他在一九三八年回乡时旅途中的见闻。作者文笔的美妙是一致公认的，这两本书当然也不会例外。

《长河》

作者在抗战前，回去过一次湘西，写了一本小说《边城》，一本游记《湘行散记》。抗战发生后，又回去过一次，又写了一本游记《湘西》和这本小说《长河》。他用辰河流域一个小小的水码头作背景，熟悉的人事作题材，来写这地方一些平凡的人物生活上的常和变，以及因此而生的哀和乐。忠忠实实地分析了痛苦的现实，但又特意加上了一点牧歌的谐趣，这样似乎取得巧事上的调和。作者用了他庄严认真的态度，写出他一腔沉痛的感慨。爱读他的作品的必将先睹为快。

《月下小景》

本书收有故事九篇，除第一篇《月下小景》外，本事全部出自《法苑珠林》所引诸经。佛经故事常常有极其动人的情节。现在沈先生选了其中尤其精彩的若干篇，加以改造，重新处理，使死去了的故事变成活的，使简略的故事变成完全的。因此，这些故事都带有一种清新而独特的风趣。

《从文自传》

作者是新文艺运动开创时的健将。他自小就一面读书，一面又读着一本大书——“社会”。他从当兵，当军队里的文书，当税收机关的税务员，一直做到文学家。本书就写他怎样读“会”这本大书。

在我国现代作家中，叶圣陶素以“认真”和“严谨”著称，说话办事中正平和，不走极端。像“美妙的故事家”“代表了其中的一方面”“达到了最高峰”这一类绝对肯定的评断，没有十成把握他是不会轻易说的。广告词写得这么精美，这么高瞻远瞩，这么智慧，说明叶圣陶对沈从文的作品品味得深，“读”得相当认真。

众所周知，20 世纪三四十年代，沈从文在文坛的处境并不好，自1949 年1 月起，陷入“精神失常”。叶圣陶惦念沈从文，1949 年3 月18 日，他应中国共产党的邀请来到北平，参与新中国的筹备工作，虽说很忙，但仅隔了一天就迫不及待地出门寻访他惦念的朋友。3 月 20 日上午，叶圣陶与夫人胡墨林访俞平伯夫妇。午后偕郑振铎访赵万里，随后往访朱光潜和沈从文，他在当天的日记中写道：

早起见飘雪，地上屋上略有积雪。九时许，与墨访平伯夫妇……

饭后偕铎兄访赵万里，由赵陪同访介泉于红楼，未晤。遂访孟实、从文。从文近来精神失常，意颇怜之。杂谈一切，五时始辞出。①

叶圣陶到北京最先拜访的朋友中，俞平伯、赵万里和潘介泉都是苏州人，是老朋友；与朱光潜相识于 1923 年，抗战期间一同执教于武汉大学，也是老朋友；与沈从文纯属“文字之交”，相识于 1927 年“四一二”之后叶圣陶代理主编《小说月报》时。1935 年秋，沈从文到苏州看望岳父，知道叶圣陶在苏州青石弄盖了房子，搬回苏州住了，就到青石弄看望叶圣陶，他们一同游苏州天平山的照片②，已成了珍贵的史料。叶圣陶看望的这几位朋友当时处境和情绪都不算好，沈从文的处境最可担忧，叶圣陶在沈从文家里停留的时间最长，与沈从文谈得也最多。

笔者有幸聆听叶圣陶多次谈起过沈从文，他老人家“远行”后，叶至善也一再叮嘱笔者读沈从文的作品。他说读沈从文的作品才是享受。

---

①《叶圣陶集》第 22 卷，第 45 页。

② 商金林撰著：《叶圣陶年谱长编》第 1 卷，人民教育出版社 2004 年版，卷首彩插。

沈从文笔下的山水人物，我们读的时候可以想象出来是什么样子。他写乡村，能让我们看到这个小村子是怎样地宁静；他写江水，我们似乎能听到哗哗流水的声音，这个本领不得了，要真心看，看到沈从文作品的好处。

开明编译所成都办事处除了出版《中学生》杂志，以及新文艺作品和学术著作，还于 1945 年 7 月创办了《开明少年》，由叶圣陶、贾祖璋、唐锡光、叶至善编辑。这个杂志实际上是《新少年》的复刊。在成都时，叶圣陶时常听到读者的反映，要求恢复因抗战停办的《新少年》。为了不辜负读者的期望，叶圣陶和开明同人决定复刊。只因《新少年》这个刊名，被人家用了，就改名为《开明少年》，一是表示它是开明书店出版的少年杂志，一是希望少年读者做个又“开通”又“明白”的人。叶圣陶全心全意地为读者着想，为文化事业着想。著名教育家林砺儒在为“开明青年丛书”写的题辞中说：“文艺科学，浩然瀚然，挹浆注液，以酬青年。不宣教义，不颂封禅，开明之举，仁人之言。”借用这则题辞来赞美开明编译所成都办事处，同样也是很确当的。

二、重振文协成都分会

文协成都分会成立于 1939 年 1 月中旬，由居住在成都的作家李劼人、陈翔鹤、罗念生，以及抗战后回到成都的川籍作家沙汀、周文、何其芳和由外地移居成都的作家萧军、陈白尘、叶丁易等四十多位作家组成，由于国民党当局的压制，活动一度被迫停顿。1941 年 11 月 3 日，徐礼辉在《华西日报》发表的《成都文艺界现状》中说：“最近成都的文艺界，如深秋一样，显得败坏凋零了。人把它比沙漠的。不管怎样，总是在走下坡路，好像愈走愈窄，阮籍途穷之慨”，成都文协“像经了秋霜样，凝固了，除了两月前请得叶圣陶、朱自清在青年会公开讲演了两次外，并没有什么行动”，成都文协机关杂志《笔阵》“直到最近还是遥遥无期”。

1942年3月1日，在文协成都分会会员大会上，叶圣陶、李劼人、陶雄、牧野、陈翔鹤、王余杞、王冰洋当选为第四届理事。3月7日，新理事在四五六餐馆召开理事会，决定复刊会刊《笔阵》，由叶圣陶和牧野主编。叶圣陶是日日记记：

> （晨）入城，至月樵所谈半时。途遇王冰洋，……遂与王同至四五六餐馆，既而会者渐集，皆文协会员，凡十人。李劼人、陈翔鹤、厉歌天、王余杞、陶雄、苏子涵，更有数人，不记其姓名。推定李、陶为总务部理事，余与厉为出版部理事，陈为研究部理事。将按月出版杂志《笔阵》，此志前已出版，唯内容不甚佳，脱期亦厉害，今后拟整顿之。谈笑甚欢，饮食亦畅，三时始散。①

叶圣陶资历深，影响大，很快就成了文协成都分会的重心。他参与文协工作，日记中也有记载：

> 1942年3月14日　　宾四②方从崇义桥来，邀共吃饭，饭后

① 《叶圣陶集》第19卷，第446页。

② 宾四：钱穆（1895—1990），字宾四。江苏无锡人，历史学家，教育家。

吃茶，谈甚畅。宾四颇忧我国文化之绝灭，近常作文论之，今日所谈，亦多此类。二时为别，余遂访厉歌天于肺病疗养院。其地甚清静，场中皆苹果树，已有花苞。与厉君就露天坐，谈文协出版杂志事，又谈其所作小说一篇，君颇能信余之评议。四点半为别，到家已六时矣。

这之后，4月7日至9日日记中均记有“看文协会杂志《笔阵》之来稿”。8月7日日记记：“厉歌天送来《笔阵》来稿一大包，拟用者未决定者均在内。今日以半日之力，逐篇看过。”8月21日日记记：厉歌天来访，“遂与偕往公园吃茶。共同商定《笔阵》新五号目录。又杂谈作小说”。8月27日日记记：“又看《笔阵》之投稿，分头作书，将可用者交厉歌天，不可用者交吕朝相加封退回。”10月5日日记记：“忽厉歌天来访，……编定《笔阵》一期。厉谈近来之苦闷，有所恋而又有心理上之矛盾，无法解决。五时去，余送之至青羊宫。此君用心作小说，取材颇不坏，而表现能力差，不足以副之。今日谈两篇小说之材料，皆颇值一写者，余怂恿之”。10月16日日记记：“看《笔阵》投稿，积存已多，及晚始看毕。”11月20日日记记：“又看《笔阵》投稿六七件”。12月14日日记记：“至东方书社，晤王畹香，座谈。《笔阵》改由渠出版，已历三期，每期所费六七千元，而收不到账款。虽非由余向渠接洽，亦感抱歉。”① 1943年3月14日日记记：“寄雁冰之稿与牧野，交《笔阵》者也。”1944年4月3日日记记：“三时，至陶自雄家，出席文

①《叶圣陶集》第20卷，第97页。

协理事会。商量召集年会，准备改选等事。理事到八人，李劼人、王余杞、王冰洋、陈翔鹤、罗念生、苏子涵、陶自雄及余，唯谢文炳因病未到。五时散。”

除了主编《笔阵》，叶圣陶还和理事们一起组织“编辑委员会”，主编“文艺创作丛书”“文艺翻译丛书”和其他进步书籍；发表《成都文艺界为张天翼氏募集医药费为万迪鹤氏遗属募集赡养金启事》[①]，增进作家之间的联谊。

1944年7月，文协成都分会在成都发起“援助贫病作家筹募基金运动”，募集基金，援助贫病作家，这在日记中也有记载：

> 7月31日　翔鹤来，商量为援助贫病作家基金，招待新闻界之事。捐款册已送来，即往祠堂街，向月樵、洁夫、穆伯庭各捐得若干元。
>
> 在穆家小坐，张静庐亦在，主张发动书业界，请以一二日之赢利，捐入此基金，以引起社会人士之注意。其说可以考虑。回家，乐山永言书店主人周君来谈。
>
> 饭后，开始写一短文。二时，至《新民报》，访王楷元，并晤张慧剑，与谈募金事，请为帮忙。访翔鹤，未晤，遂归。[②]

> 8月2日　九时，文协诸理事来余处开会，讨论响应募集援助贫病作家基金事。到者陈翔鹤、刘开渠、罗念生、杨云慧及余。

---

① 《华西晚报》1943年5月6日。

② 《叶圣陶集》第20卷，第264页。

商定募集书画家作品，发售之，以捐入此款。又拟请某提琴家开演奏会，票价亦悉捐入。文协诸友作文捐稿费者，其稿由余校阅，分配于各报副刊。①

8月3日　　校读文协会友文稿，预备刊于各报副刊者。……

饭后，睡两小时。起来作文，至夜成两篇，一为《援助贫病作家》，一为《记夏章二君被捕》，皆拟投于《新民报》，捐助其稿费于所募捐款中。②

8月4日　　上午作一短文，题曰《暴露》，亦将以付报纸副刊，响应募捐运动者。

午后，访王楷元，以所作文交与，约可供《新民报》副刊一天之用。王商之于张慧剑，张同意，并言润笔共二千元，特别从丰，悉入捐款。余甚慰。

访翔鹤，谈募款事，并及明日招待新闻界之茶会。③

8月5日　　下午四时，至教育厅，文协假其地之会议室招待新闻界。记者到者仅十馀人，余略作报告，念生、翔鹤、云慧皆说话。此次成都募捐，得新闻界之助确不少。晤瞿冰森君，《中央日报》记者，瞿菊农之弟也。又晤黎澍君，醴陵人，近代白尘编辑“华晚”副刊者。六时半归。④

①②③④《叶圣陶集》第20卷，第265、265—266、266、266页。

8月6日　　整理收到之文稿，分配于中央、华西、华晚三报之副刊。中央瞿冰森派人来取稿，一并付与，托其转致。①

8月7日　　（午后）范敬贤来，代余捐款得六千馀元。②

8月14日　　晨翔鹤来，言有若干票友，拟演戏为遣，欲借文协募捐名义（非募捐即不能卖票）出之。余以为若不负其他责任，则乘此净得若干亦佳。翔鹤以为然。③

除了在成都募捐，叶圣陶还写信给在昆明主编《中央日报》“星期增刊”的王力（了一），希望昆明也行动起来筹募基金，援助贫病作家。④ 8月15日，因开明书店由桂林撤迁到重庆，叶圣陶赴渝与章锡珊、傅彬然等人接洽印刷机构，并访问作者。文协总会于8月22日晚开会欢迎他，叶圣陶向文协报告了“成都募捐情形”，是日日记记：

五时半，偕雁冰、彬然至读书出版社应招宴。主人以群、洛峰、夏衍而外，尚有张静庐、何其芳诸人。肴馔丰而精，饮啖甚适。七时半，共步行往文协会所，诸友已集，余多半不相识，一一握手相见。中有伏园、沈启予、陶雄、冯雪峰诸君，都三十馀人。伏园主席，言此会系欢迎余与崔万秋。余因言成都募捐情形。万秋谈河南战时情形，渠方自战区来也。今日报载王鲁彦病死桂林，因

①②③《叶圣陶集》第20卷，第267、267、270页。

④《关于援助贫病作家基金》，昆明《中央日报》1944年9月2日。

商及致赙办法。十时散，与彬然乘人力车以归。竟日奔忙，疲劳特甚。[1]

这次赴渝，叶圣陶滞留了四十天，参加了文协总会的一系列活动，这里引录部分日记中的记载：

8月23日　（晚）七时，与彬然至天官府郭[2]寓。少数友人在彼，请《大公报》记者孔君谈此次参加记者团，参观延安各种情形之感想。孔君谈延安，似颇公正。彼处政治设施多能就事求解决。来听者中有张骏祥及白杨女士夫妇二人，余以前所未识也。又有王亚平君，亦新相识。归店已十时半，十一时睡。[3]

8月24日　（午后）三时，胡绳、刘白羽、何其芳三位来访，因与彬然邀他们饮于酒店，畅谈。三位同服务于一家报馆，于文化方面之宣导极关心，询余有何意见，余愧无可答。饮至六时，夏衍来，诸人共吃豆花饭而散。[4]

8月25日　吴朗西夫妇偕巴金来。胡风来。午后徐盈来，谈政府用人行政，将大有变更，大约下月初参政会开会以后即将实行。[5]

①③④⑤《叶圣陶集》第20卷，第275、276、276、277页。

② 郭：郭沫若（1892—1978）。文学家，历史学家，社会活动家。

8月27日　　十时，偕彬然至作家书屋访姚蓬子，晤侯外庐，治史学者也。蓬子赠余所印书数种。出经儒勉家，儒勉在门口，邀入小坐，并订小饮之约。遂乘公共汽车至上清寺，步经学田湾而至枣子岚垭郑明德家，盖杭州一师校友之集会也。沈仲九、胡公冕、姜伯韩及余四人为教师，馀二十人为同学，皆余未及教者，其中余仅识彬然、明德、达夫、雪峰、孔雪雄数人而已。席间各期同学分别为老师寿，云今日为八月廿七教师节，大有意义。余甚愧，饮酒不少，致辞示歉。沈仲九闻名而未前见，与久谈，渠赞余之关心国文教学。四时散。与彬然步行上坡，憩于小茶馆解渴。①

8月28日　　晨四时半即起。六时，偕洗、山二公及彬然出，应雁冰之招。在小茶馆吃茶。至嘉陵码头，乘民生公司轮船。船以八时一刻开，顺长江而下，至唐家沱登岸。其地为一场，市街尚整洁。雁冰所居在新市区，市政府于其地建屋供疏散之用者也。屋系独立之小洋房，建筑不精，而结构尚佳，雁冰夫妇又善布置，居然楚楚。雁冰夫人两鬓已苍，视两年前似更甚。先品梁山产之青茶，继即饮酒。雁冰夫人治馔八器，皆佳。彼此至熟，谈话无禁，饮啖甚适。食毕又谈一时许，遂往码头，雁冰送我辈登轮。轮以三时开，五时到嘉陵码头，上水行舟，其时倍长也。②

8月29日　　六时，偕彬然至留俄同学会，晤张志让。张治

①②《叶圣陶集》第20卷，第277—278、278页。

法律，具正义感，任教于复旦，颇知名，约余相见。握晤而后，张约余为其《宪政》月刊作文，余勉应之。旋沈衡山先生来，此老矍铄犹昔，谈吾人服务于文化，其效虽不可骤见，而实深广。留俄同学会者，实一西餐馆，近来重庆颇有类此之名之餐馆也。菜颇可口。①

8 月 30 日　　晚八时，偕彬然至作家书屋，商王鲁彦身后事。到者蓬子、雪峰、巴金、以群、梅林。商定约集友人致赙，并于十六日开追悼会。②

8 月 31 日　　（下午）四时，偕彬然至交通银行。参加《宪政》月刊社邀集之宪政座谈会。黄任老、张志让二位皆曾相邀，故往。到者约三十人，相识者不多。子冈与余邻座，会场中不便谈话，书短语于纸，互为问答而已。讨论题目为保障人身自由问题，以政府最近颁布之两项法令为对象，发言者六人，余仅识沈衡山先生耳。聆诸家之意见，则新颁条文实有论理上之错误，殊不足以见尊重人身身体自由之意。多数主张实行提审法、司法一元化。余于此等事皆未尝措意，但听诸君之言，亦颇能明晓。六时半散。至沈衡山先生之事务所，应其招宴。坐间有与沈同在一处之三位律师（其中有沙千里），又有张恨水、周鲸文等人。听一位龚君谈苏沪近状。肴馔系闽式，甚精。主人不强客饮酒，各取酣适。③

①②③《叶圣陶集》第 20 卷，第 279、280、280—281 页。

9月4日　　夏衍来，巴金来，谈一时许而去。继之冀野来，望道来，张西曼来，谈政治现况，共多感慨。望道已多年不见，瘦弱殊甚，近在复旦任教，于新闻系深有兴趣云。①

9月5日　　作一报告书，述我店最近编辑出版情况，将提出于八日之董事会。屡辍屡续，而未完毕。

饭后，昌群来，系特地入城者，谈近况及国事甚多。……继之子恺来，白发已多，须髯亦苍，而精神甚好。回想以前会晤，犹是（民国）二十六年在沪共编小学教本时事。子恺为我店监察人，八日之会亦当出席，渠将在城留住，九日始归沙坪坝。

…………

五时，偕洗公、彬然、子恺、璋圭（子恺之亲戚）至大梁子一小酒肆，共饮黄酒。谈彼此近况，谈艺术界情形，甚欢，各饮酒三碗有馀。②

9月7日　　略写纲要，预备今夕之演讲。五时，仍与洗公对饮。六时至曹家庵文化运动委员会，晤李辰冬、赵友培、徐文珊诸君，皆会中职员也。即共饮。七时一刻，开始讲演。会场名文化会堂，听者一百四五十人，多系公务员与学生。余所预备纲要，言之未能详尽，历一时半而终。③

①②③《叶圣陶集》第20卷，第282、283、284页。

9月8日　　六时，为董事会之时刻，洗公、山公、子恺、彬然、允藏、士敭及余咸集，而邵力子先生及冀野未至，待之。二君皆在参政会，日来正开会，散时较晏。

七时一刻，邵先生夫妇与冀野同来，先为聚餐，餐毕开会。历次董监会，以今夕到者最多。洗公报告今年增资、营业及撤离桂林之经过。余以所写编译所报告传观。讨论议案，以设法向外国订购印刷机，及填报抗战以来我店损失以俟敌人赔偿为要。九时，邵夫妇先去，馀人续谈至十时而散。

冀野独留，谈日来参政会中所见所闻。此次参政会，诸参政员皆勇于发言，为民喉舌，语多指摘行政官吏。行政首长答复询问，皆执礼甚恭，语多自认愆咎，为以前所未有。报纸所载，洋洋大观，俨如严父兄与不肖子弟对话之记录。《大公报》盛赞此一种态度上之转变，今日刊一社论曰《公开之明效大验》，以为一经公开，行政者自认过失，则愤愤者亦释然。其实殊未然。往时不自认错，多方掩饰，今则反其道而行之，自言过失，苟实践方面无所改变，又何别乎。欲求行政之清明，殆非易事，此所以可虑也。冀野以十一时去。①

9月9日　　七时半，明社开会。所谓明社者，店中同人业馀之团体也，本在桂林，今来重庆，合总公司及渝店同人，出席廿三人。彬然为主席，报告社务而后，余随意说话二十分钟。改选干

① 《叶圣陶集》第20卷，第285页。

事，复为馀兴。十时半散。①

9月15日　十时，与洗公、彬然访柳亚子先生。柳于数日前自桂飞此避难，云神经衰弱，委顿殊甚，居此又非所甚喜。然以飞机避难，到后即有安适之寓所可以借住，若此之人，亦极少矣。仲华之母夫人亦来，颇心系仲华之安否，足见母心之慈爱。仲华甚活泼，危急之际，必能设法离桂也。

…………

晚饭后，雪峰、蓬子来谈。雪峰于文事，所见颇深，自言为文不能阔大，同辈为文，鲜能自成风格，其说皆精。又谈及周知堂，言此人终毁于时世，实可深哀。周明知其非，而最近为文，则表甘自为之，非由被迫之意，此益可哀矣。谈一点半钟而二君去。②

9月16日　七时，偕洗公、彬然、晓先参加王鲁彦追悼会，地点在观音岩中国文艺社。到者四十馀人，蓬子主席。余被邀说话。外有雁冰、彬然、王平陵、张道藩诸人。③

9月19日　四时，至新运会观都冰如石刻展览，系仿碑刻与石刻画，摹仿而无创造，无多意趣。士敭亦来观，告我以谢冰心曾来店访我，留字而去。余即至其所书地点中一路嘉庐，晤谢及其夫吴文藻君。冰心连日出席参政会，疲甚，小睡方起。观其姿态，

①②③《叶圣陶集》第20卷，第286、290—291、292页。

已是中年妇人模样，余尚是初次见面也。谈其著作之版权应如何保持，并告余其《关于女人》一书在他家出版，颇多不满意处，拟交我店重出云。坐四十分钟辞出。①

叶圣陶于9月25日大清早离开重庆，乘汽车走了三天，28日傍晚才回成都。回成都后继续为贫病作家募捐。这在日记中也有记载：

9月30日　饭后，楷元来，以《新民报》馆代收之援助贫病作家捐款四万数千元交余。余即走访翔鹤，以此款交与之。据云已收到之款为十七万馀，估计他项收入，五十万之总数殆可达到。②

10月4日　饭后，王楷元来谈，嘱作“双十”文字。既而陈翔鹤来，三人偕至美术协会，观女作家书画展览会，所得款亦以援助贫病作家者也。③

10月9日　入夜，与小墨、二官、三官至暑袜街礼拜堂听费曼尔女士小提琴独奏。票资悉数捐入文协之援助贫病作家基金。此会由子杰夫妇张罗，售票甚多，可得二十万元。大约费女士之提琴亦有名，听者甚拥挤，可千人，不得票而退出者怏怏而去。奏琴凡六曲，以不知音者听之，似小品反较大品为悦耳。十时返家。④

---

①②③④《叶圣陶集》第20卷，第294、301、302、303页。

10月13日　乘车至刘开渠所，出席文协理事会，到者白尘、翔鹤、朝相、云慧、开渠与余。议定参加韬奋追悼会，开晚会答谢赞助募款诸人，并开歌唱会继续募款等项。四时散。①

10月31日　饭后，与墨及二官至美术协会，参加文协与《华西晚报》主办之晚会。此会在文协方面，意在答谢各界相助募款之人。场中陈桌椅如茶肆，罗列茶具及点心，客到各自就坐，颇为自由。到者在百人以上。七时，余致词申谢。随之有唱歌、唱戏、话剧、谐剧等节目，皆可发噱。九时散。

此次成都募款，约计可得百万。合重庆、昆明两地计之，将近四百万元矣。②

12月中上旬，为了援助湘桂流亡来蓉的“文化人”，文协成都分会专门成立了“文化人协济委员会”。叶圣陶12月11日日记记：“午后三时，翔鹤来，言明日午后二时，文协理事在我处开会，讨论湘桂黔之友如有来蓉者，宜如何为之招待，使得少舒喘息。”③次日日记记：“午后二时，白尘、翔鹤、劼人、开渠四位来，连余共五人，即开文协理事会。决定文协为发起人，更去邀约热心人士，开一座谈会，请彼辈同列发起人之次，共定办法，援助湘桂流亡来蓉之文化界人士。”④12月18日日记记：

①②③④《叶圣陶集》第20卷，第305、314、338—339、339页。

午后，至嘉乐纸厂，出席座谈会，讨论援助湘桂文友流亡来蓉者之办法。到会者近二十人，即以此二十人为发起人，组一“文化人协济委员会”，属于文协，以免别立名目，有登记之烦。推出委员十三人，分为总务、财务、协济三组。余被推为协济组之召集人。其实各方接头，设法募款募实物，以李劼人、杨云慧所负责任为多。如余者，固无能为力也。又，文友苟能到渝，必略有办法，已可在渝歇脚。欲自渝来蓉花费至多，行旅不易，恐未必有多人来此也。然有此一举，亦见文人互助之情，自是佳事。开会历三小时有馀，会散到家，已六时矣。①

虽说“自渝来蓉”的“文友”不会很多，但叶圣陶和文协成都分会同人还是多方筹措资金，做好充分的准备。1945 年 1 月 6 日日记记：“上午十一时，至杨云慧家，协济委员会集会，到劼人、翔鹤、白尘、开渠、季惺诸位。会中募款，已得市长陈离允许，于电影戏剧之入场券加收十元，以二百万为度。房屋亦经市长答应，在东门城边拨屋若干间。此后若有湘桂撤退之文友来蓉，即可暂时安顿矣。”② 同年 3 月 8 日日记记：“四时，至美术协会，观现代美术展览，其门票售价亦以充文化人协济会基金。出品者凡二十六人，皆选其得意之作，比较普通展览会为可观。开渠之塑像、沈福文之漆器，亦陈列其中。”③

作为“协济组”召集人，叶圣陶对每一个流亡来蓉的“文友”都热情接待。1945 年 5 月 24 日，叶圣陶听到张天翼来蓉的消息，立即前往

①②③《叶圣陶集》第 20 卷，第 342、348、372 页。

看望。他在日记中写道："（二时半）往《华西晚报》宿舍，访张天翼。张患肺病甚久，迄不见愈，此次来蓉意在休养。余与不见者且十年矣。一榻萧然，顾而凄恻。"① 5月29日，叶圣陶因开明书店的事务到了重庆，停留了半个月后，于6月15日回到成都，6月24日日记记："与白尘、翔鹤诸君茗于少城公园，天翼亦在。渠来蓉休息些时，身体已转好不少。承告谓余之小说，渠往往读之数过，以为深入生活。余闻而愧甚。茶散，诸人聚餐于宴宾楼。"②张天翼刚到成都时，医生诊断已到危险期，很快转危为安，这与叶圣陶、陈白尘、陈翔鹤等文协成都分会的朋友们的关爱和帮助不无关系。

从1942年至1945年的三年间，文协成都分会的活动大多由叶圣陶主持。1945年5月4日上午，叶圣陶出席文协成都分会庆祝文艺节大会。下午，代表文协到华西大学广场主持成都大、中学一百零三个学生团体（叶圣陶日记中记为"一百零五个学生团体"）联合举行的纪念五四大会。会议将要结束的时候，国民党特务冲进会场，"一声鼓噪，竟将主席台掀翻，将大会横标扯下，撕成碎片，呼啸而去"③。晚上，一百零三个学生团体在华西大学体育场举行五四营火会，叶圣陶赶往参加，在熊熊的营火旁和青年学生一起唱流亡歌曲，高呼"继承并发扬五四战斗精神"，"为争到实现真正民主而奋斗到底"的口号，还朗诵了他在抗战期间写的唯一的一首新体诗《言论自由》。他在当天的日记中写道：

九时，与二官至青年会，出席文协年会。到者约八十人，劼人

①②《叶圣陶集》第20卷，第404、415页。

③《五四在全国》，《青年园地》第1卷第6期，1945年6月15日。

主席。报告会务后，选举下届理事。理事本为九人，今增多六人。余仍当选，实则力既不逮，时亦不许，余未能作何事也。午刻，会友聚餐于四五六，凡五席，有一部分人不参加之故。鼎彝邀至其家小休，泡浓茶见饷。

二时，再至青年会，参加庆祝文艺节之会。到者除文协会友外，尚有各文艺团体之主持人，及各报副刊编者。余为主席，致词半小时，复请周太玄演说，谈五四精神。继之则为馀兴节目。

四时半散。……到家稍休，吃晚饭。即与二官驱车往华西坝。坝上殊热闹，各大学皆特出壁报，纪念五四，蔚为大观。方在开大中学一百零五个学生团体之纪念五四大会。后有特务人员来捣乱，裂旗拆台，会遂散。特务人员以此为工作，为报销，不足深责，而行此制者，其恶不可恕矣。

余所参加为营火会，亦各大学学生所召集。燃木柴一大堆，火焰炽然，会众围之，藉草而坐。歌声四起，别有情味。虞特务人员再来捣乱，则各校推出纠察队。致辞者四人，陈觉玄、林体兰（燕大秘书长）、文幼章（美国人）及余。余先退，与何文龙往视王楷元。楷元病气喘，今日照爱克司光，尚未得医生之正式答复。坐有顷，遂归。①

不难看出，叶圣陶的心与青年学生的心是连在一起的。

1945年5月30日，叶圣陶为了开明书店的店务再次来到重庆，次

① 《叶圣陶集》第20卷，第397—398页。

日会晤了郭沫若、茅盾、巴金、丰子恺等。6月1日，会晤茅盾和孙伏园。6月2日日记中说：

> 昨夕赵家璧偕巴金同来，未晤，今晨往访家璧于其良友办事所。辞谢嘱作《我的良友》之文。而家璧言且俟之，仍要余勉为之。回店，校“中志”校样。
>
> 午刻，家璧邀巴金来，拉我店数人同餐于滋美。以群来，亦同餐。以群言本月二十四日，将为雁冰祝寿（实只四十九岁），嘱余为邀请之公启，并为文纪念。余又思邀集各书店，凡出有雁冰书者，届时共同登广告发售其书。
>
> 返店小睡。允安来，梦生来。大琨来，详谈其受累三年半之经过，所述甚惨。渠与雪峰同系也。既而夏衍来，仲华来，遂在店中共饮。仲华与余饮较多，久已未晤，可谈者多。八时后，洗公、仲华、达君、彬然打牌，余看数圈，先睡。①

仅从这则日记就能看到叶圣陶在文化界联系之广、交谊之厚。6月4日日记记：“晨起即往凯旋路，就清华之写字桌作文，可得安静。先作一邀请朋友参加雁冰五十寿辰茶会之书函，仅三百言，由少数至熟之友人具名。继作回忆文，得二千言，往事实不胜其记述也。骄阳夺窗而入，流汗执笔，亦殊苦事。”② 现将他以文协总会的名义作的“邀请朋友参加雁冰五十寿辰茶会之书函”，即《通启》② 抄录如下：

---

①②《叶圣陶集》第20卷，第406—407、407页。

②《新华日报》1945年6月21日。

今年沈雁冰先生五十岁了。五十岁正在壮年，祝寿的事又是俗套，我们不愿意从俗，为他做什么寿。可是，二十七八年以来，他倡导新文艺，始终没有懈怠过，而且越来越精健。对于他的劳绩，我们永远忘不了。他有所为，有所不为；他经历了好些艰难困苦，只因中有所主，常能适然自得。对于他的操守，我们永远忘不了。现在他五十岁，我们虽说不愿从俗，却真个乐意和他叙一叙，一方面向他表示慰劳的意思，一方面彼此互相共勉，加倍的振作起精神来，一同走以后的路。因此，我们决定六月二十四日下午二时，开个茶会。我们诚恳地请你参加，想必会得到你的许可。

由于事务繁忙，叶圣陶 6 月 14 日就回成都了，未能留在重庆参加茅盾的祝寿活动，但他和成都文协的朋友们一起在 6 月 24 日召开了“茅盾五十寿辰纪念会”。是日日记记：“午后二时，至祠堂街华记餐厅，出席雁冰五十岁纪念茶会。到者八十人左右。药眠[①]主席。余略致辞，颇感吃力。”[②] 叶圣陶在“致辞”中都说了些什么，日记中没有写，可重庆《新华日报》作的报道中写到了，说叶圣陶在致辞中说：

“我们要和茅盾一样提着灯笼在黑暗里行走，现在成都、重庆、昆明各地到处有人点着灯笼，光明越聚越多，黑暗终将冲破”，他

① 药眠：黄药眠（1903—1987）。广东梅县人，文艺理论家。
②《叶圣陶集》第 20 卷，第 414 页。

越讲越激动，大声呐喊，甚至站到了凳上。①

因为“站到了凳上”大声呐喊，难怪他在日记中说“颇感吃力”呢！

1945年6月中旬，叶圣陶与文协成都分会的理事们着手筹备给青年学生和文艺爱好者举办文艺讲座。6月20日日记记：“二时半，至李劼人嘉乐公司，出席文艺讲座委员会。议定以下月九日开始讲述，下月一日，集讲师为茶会于子杰所。此外杂谈甚多，至五时始散。到家疲甚矣。”② 7月1日日记记：“（午后）起来，驱车至子杰家，参加文艺讲座讲员之茶叙。六时归。”③ “文艺讲座”于7月9日正式开始，地点设在燕大礼堂。叶圣陶是日日记记：“晨间下雨。文艺讲座开始，到者仅四十馀人。余致开场白，子杰讲《文艺与教育》。”④7月10日日记记：“晨间又大雨。至燕大，听雪垠讲《小说的创作》。姚君能谈话，杂以诙谐，颇动人听。”⑤7月12日日记记：“晨至燕大，候佩弦来讲，过时半时许而至。其讲题为《新诗之趋势》。听者较前数日为多，一以天不下雨，一以新诗为青年爱好之故。”⑥7月15日日记记：“至燕京，今日许可经讲《音乐的欣赏》，余致介绍辞”。⑦7月17日日记记：“晨起预备明日之讲辞，明日余在文艺讲座讲《小说的欣赏》，取鲁迅之《风波》与《药》为实例。”⑧7月18日日记记：“九时，至燕大演讲。听者居然满堂，为开讲以来之最高纪录。十一时半毕，讲《风波》一篇，犹未能尽所欲言。力已疲，只得截止。”⑨7月19日日记记：“晨至燕大，介绍邹荻帆

---

①《新华日报》1945年7月4日“文化短波”。

②③④⑤⑥⑦⑧⑨《叶圣陶集》第20卷，第414、416、418、419、420、421、422、422页。

于听众，其讲题为《新诗之创作》。”[①] 7月21日日记记：“晨至燕京，介绍庞薰琴开讲。与白尘诸君商定，廿四日开茶会于月樵所，欢迎来蓉之友，并邀集讲演诸君。既而与白尘、鼎彝茗于公园，谈文事，甚快。”[②]7月22日日记记：“晨至燕京，介绍戴镏龄讲《传记文学》。”[③]7月23日日记记：“晨至燕大，介吴组缃讲《生活态度》。其言甚可味，谓宜兼取执着与超脱。十一时讲毕，与组缃、白尘、鼎彝茗于公园，谈文事甚快。共进食于天津馆老乡亲，然后散。”[④]7月25日日记记：“晨至燕大，介子恺讲《艺术与艺术家》。”[⑤]7月27日日记记：“雨甚大，至燕大，介吴作人讲《敦煌艺术》。”[⑥]7月29日日记记：“上午至燕大，听姚雪垠讲《小说之结构》。”[⑦]7月30日日记记：“仍至燕大，今日王冰洋讲《文学批评的任务》。” 7月31日日记记：“晨至燕大，与白尘晤。今日白尘讲《戏剧之创作》”。[⑧]8月1日日记记：“清晨李劼人来，今日轮到渠讲演，题为《佛罗贝尔》。偕往燕大”。[⑨]8月4日日记记：“晨至燕大。庞薰琴讲《工艺美术》，天雨，听者仅十馀人。与鼎彝商定，讲员廿馀人招集不易，燕大之邀，只得辞谢。因往晤沈体兰，告以此意。”[⑩]日记中所说的“燕大之邀”，指的是燕京大学要招待作演讲的作家和学者。“文艺讲座”于8月5日结业。叶圣陶在是日日记中说：

晨至燕大，今日讲座结业，到讲员十馀人，听众百馀人。九时，余致闭幕辞。继对此次讲座作一检讨，大家发言。复由听者提

①②③④⑤⑥⑦⑧⑨⑩《叶圣陶集》第20卷，第423、424、424、424—425、425、426、427、427—428、428、429页。

出问题，由讲员分别答复。十二时散。与诸友聚食于北平饭店。复啜茗于公园，随意闲谈，至为舒适。三时半归。①

这次“文艺讲座”，前后将近一个月，一共讲了十六场，涉及的领域也相当广，叶圣陶付出的心血最多，整个文艺讲座大都是由他主持的，讲到第九讲，就被国民党内部通报为“异党活动”。叶圣陶在 7 月 24 日日记中写道：

今日文协为茶会，欢迎冯焕章、吴组缃、姚雪垠、戴镏龄，及子恺、佩弦，兼集讲座讲说之诸君。假地于月樵店中之楼上。九时，与白尘、鼎彝、二官到彼布置。冯、吴到甚早，前于约定之时间（十时），而他友迟迟其来，十时半始开会。余为主席，致欢迎词。冯、吴、朱、丰、姚各为谈说，继之自由集谈。午刻，聚餐于宴宾楼，尽欢而散。……

沈体兰偕其夫人来访，告余燕大近接三青团中央团部之密令，谓有奸伪分子假其校设文艺讲座，所讲多荒谬，嘱彻底究查呈覆，并令成都团部另组一讲座，以为纠正。此事可气复可笑，与沈相对叹息。②

明知有“密令”定性为“奸伪分子”，但叶圣陶没有退却，“讲座”仍按原计划进行，讲座大多由他为主讲人作“介绍辞”。

---

①② 《叶圣陶集》第 20 卷，第 430、425 页。

1945年9月7日，重庆《东方杂志》、《新中华》月刊、《民宪》半月刊、《宪政》月刊、《民主世界》、《国讯》半月刊、《中学生》杂志、《现代妇女》杂志联合发表声明，抨击国民党政府的“送审制度”，拒绝送审，并出版“联合增刊”，鼓吹民主和出版自由。众所周知，抗战期间，国民党当局打着抗战的幌子，以加强“审查”为名，扼杀进步舆论，查禁进步书刊，文化出版界多次呼吁，要求取消审查制度，均告无效，这一次是奋起抵制，联合拒检，与当局进行针锋相对的抗争。叶圣陶当时虽然不在重庆，可由他主编在重庆出版的《中学生》杂志也是“拒检声明”的发起者。而在这之前，叶圣陶在《“胜利日”随笔》中就已经郑重提出：战争结束了，“图书杂志审查制度应该立刻取消了。要彻底的无条件的取消，再不要什么尺度与标准”，“如果还有什么尺度与标准”，“那就是加给他们的精神上的迫害”，侵犯“四大自由的第一项‘发表的自由’”。[①] 为了与重庆的“拒检”相呼应，叶圣陶主持召开会议，联络成都报社、通讯社和杂志社一起“拒检”。9月8日日记中说：

> 晨间《华西晚报》之黎澍君来，邀余至《华西晚报》馆集会。缘昨日此间报馆得讯，重庆《东方杂志》《新中华》《宪政》及我“中志”等八种杂志，决自即日起不送审查，以为对于审查制度之抗议，八种杂志并拟发行联合增刊，取名《民主与团结》云云。因此此间报馆、通讯社、杂志社拟响应此行动，遂有今日之会。余于此事，昨曾于信中与彬然详谈。审查制度之必须取消，已无可争

① 《叶圣陶集》第6卷，第163页。

辩，既政府不取消，我人自动取消之，最为干脆。且当此时会，提出此主张亦最为适宜。曾告彬然我店必当参加，今知业已参加，为之欣慰。

到会者十馀人，计报纸两家，通讯社数家，杂志社十馀家。余为主席，议定致书重庆之八杂志，表示以行动为响应。又议以舆论界立场发宣言，提出其要求，由余起草。十二时后散会。白尘邀至其寓午餐，特为设酒。①

叶圣陶起草的这个宣言，即成都十七个文化新闻团体《致重庆杂志界的一封公开信》②。9 月 9 日日记中说：

晨起作昨日所决议言论界对于言论自由之主张，全文凡二千言，将由成都各报社、通讯社、杂志社以己意签名，然后发布。要点在取消事前之登记特许，事后之检查与传递时之扣留。并言政府协助言论界之复员须求其公平，并严惩降敌附逆之文人，保障文人之人身自由，文化事业不得由一部分人独占云云。③

《致重庆杂志界的一封公开信》在述说了“审查制度”“严重地糟踏了中国人民的言论自由，损害了中国文化新闻界的尊严和信誉”后，郑重

---

①《叶圣陶集》第 20 卷，第 445—446 页。

② 详见《言论自由的大旗——成都十七文化团体致重庆杂志界的一封公开信》，《天风周报》第 17 期，1945 年 9 月 18 日。

③《叶圣陶集》第 20 卷，第 446 页。

指出：

> 言论自由必须是完整的，决不能是残缺不全或仅为一党一派所享有的特权。……从今天起（9 月 8 日），我们和你们一样，将是言论自由的报纸，将是言论自由的通讯社，将是言论自由的杂志。我们将和你们以及全国要求言论自由的报纸、通讯社和杂志团结起来，共同举起言论自由的大旗，宣告检查制度的死亡！宣告一切压迫言论自由的法令与制度的死亡！对于这个必须死亡的制度的任何挣扎，我们都将以联合一致的力量予以无情的反抗。必使该死亡的及早死亡，该到来的真正言论自由的新时代才会及早到来。让我们握手，让我们向着民主中国的光明前途勇敢迈进！

这封“公开信”的发表，敲响了成都“检查制度死亡的钟声”。9 月 9 日，叶圣陶又写了《我们永不要图书杂志审查制度》，和重庆的“拒检运动”紧密呼应。《我们永不要图书杂志审查制度》郑重指出：“我们不要这个制度，并不因为我的言论曾经被禁被删，你的思想言论曾经被禁被删，他的思想言论曾经被禁被删。即使我的你的他的思想言论都没有被禁被删，将来也永不会被禁被删，我们还是不要这个制度。制度存在，总有我你他以外的人受着精神上的迫害，我们与他人精神上是共通的，他人受到迫害也就是我们受到迫害。”[①] 说理透辟，感人肺腑。9 月 17 日，叶圣陶出席成都各杂志社之集会，决定仿照重庆“联合增刊”

① 《叶圣陶集》第 6 卷，第 169 页。

的做法，出版《自由言论》增刊。是日日记中说：

> 作文，将以与重庆各杂志之“联合增刊”。此“联合增刊”为各杂志争取民主之表示，彬然来信嘱为文字，此不可却也。至于午后，馀一尾巴未完成。……
>
> 三时，至《新中国报》编辑部，参加各报各杂志社之集会。决定组织一联谊会，并如重庆样，亦出一联合增刊，取名曰《自由言论》，最近期内即出版。①

“自由言论”，锋芒所指是国民党政权的专权和专制。9月19日日记记：

> 作《自由言论》之发刊辞，甚短，仅八百言。②

国民党政府迫于压力，不得不在9月22日举行的中常会上作出让步：从9月1日起撤销对新闻和图书杂志的审查。轰轰烈烈的“拒检运动”大获全胜。叶圣陶被誉为“手举言论自由大旗走在前头”的“勇者”和“战士”。张西洛在回忆文章中说，叶圣陶所主持的开明书店和《中学生》杂志“拒不送审，照常发稿、出版、发行。由于叶老威望甚高，我们成都的几家进步报刊有了叶老的大无畏的榜样，也拒绝送审。就这样，我们在叶老的领导下，取得了争取出版自由斗争的胜利”。③ 叶圣陶坚持真理、不畏强暴，在文协成都分会的会史上写下了光辉的一页，

---

①②《叶圣陶集》第20卷，第449页。

③ 张西洛：《哲人已萎　典范永存——沉痛悼念叶圣陶先生》，《人民政协报》1988年3月15日。

被誉为“拒检斗士”。

三、“年五十而知四十九年非”

1943年10月28日，是叶圣陶五十岁（虚岁）生日，“跟四十九四十八那时候一样，依从旧例，买几斤切面，煮了全家吃，此外，就不想什么”（《答复朋友们》）。成都文艺界的朋友知道了，说他“乡居避寿”，“种桃不吃桃”，一定要为他“补行庆寿”，敬祝他“永远愉快，永远健康，永远跟青年在一起”。“庆寿”活动由陈白尘和陶雄筹备，参加者每位交份金一百五十元，谓之“我们自己掏腰包”，向圣陶先生“敬一杯”。《华西晚报》于11月2、4、5、7、10、13日连续刊登《中华全国文艺界抗敌协会蓉分会暨成都文艺界为补祝圣陶叶绍钧先生五十大庆启事》，“敬希文艺界友好踊跃参加”寿庆，“一面是对文坛老将致敬，另一面引起许多文艺青年对清苦崇高的工作认真努力”①。成都报刊发表了洪钟的《并替新文学祝寿》、李東丝的《祝叶圣陶先生五秩大庆》、杨槐的《管自己的生活——为圣陶先生五十寿庆写》、刘百闵的《寿叶圣陶五十》、方令孺的《祝战士不老》、顾颉刚的《记三十年前与圣陶交谊》、茅盾的《祝圣陶五十寿》等“寿庆”的诗文，赞扬叶圣陶是青年的导师和文艺界的榜样，茅盾在《祝圣陶五十寿》② 中说：

圣陶对于中国新文学的光辉的贡献，海内早有公论，决不因我

① 《文艺简报》，《大公报》1944年2月13日。

② 《华西晚报·每周文艺》第1号，1944年12月5日。

的赞美而加重。我们二十多年的交谊，使我从圣陶的“为人”与其作品看到了最重要的一点，即两者的统一与调和。作品乃人格之表现：这句话于圣陶而益信。凡是认识他的朋友们都不能不感到，和圣陶相对，虽然他无一语，可是令人消释鄙俗之心，读他的作品亦然。你要从他作品之中找寻惊人之事，那不一定有；然而即在初无惊人处有他那种净化升华人之品性的力量。才华焕发，规模阔大，有胜于圣陶的，但圣陶的朴素谨严的作风，及其敦厚诚挚的情感，自有不可及处。我们所以由衷的爱慕圣陶，而圣陶的作品对于青年的教育意义之重大，唯有从这一点才得到了最真切的说明。

人生五十，也还是壮年；文学界二十多年的老战士，在这民族解放战争的大时代，动心忍性，其积养之丰之厚，将必回荡而凝结，放射异彩，我们今天为圣陶五十岁的纪念而庆祝，我更预祝不久的将来，再为圣陶的光辉的新作而共尽一杯！

中华民族的独立解放万岁！

中国新文学万岁！

叶圣陶万岁！

“寿庆”于11月15日在南门外竟成园礼堂举行，参与祝贺的有卢剑波、谢冰莹、贺孟斧、应云卫、陈白尘、沈杨、周彦、陈翔鹤、刘开渠、程丽娜等约七十人。寿堂上点了“寿烛”，上了寿糕、寿盒和长生果。成都文协分会送纪念簿一本，上题各家之祝词。“寿庆”由车瘦舟司仪，主席陶雄致祝词，陈白尘宣读文协总会贺电，后由车瘦舟、陈瘖、白堤、跃冬、陈白尘致贺词，陶雄和洪钟朗诵祝寿诗，王冰洋报告叶圣陶文学创作的历程。接着，叶圣陶致答词，这就是收在《西川集》里的《答复朋友们》。随后是奏乐，吃寿面，每桌轮流向寿星敬酒。宴后，由程丽娜唱京戏致贺，并摄影纪念。

关于祝寿事，叶圣陶在日记中也有好些记载：

11月10日　　知朝相来过，云友人约于十五日聚餐，为余作寿，于报纸作纪念文字。此殊无聊，然无法却之也。①

11月13日　　伯琴、世英、朝珍三位送信来，约于明日会于公园，似有为余祝寿之意。余作书辞之。人皆与余甚好，情意綦厚，殊为可感。②

11月14日　　入城，至公园，……趋茶馆，则叔湘已先至（前日预约），又有胡赞平及许君（音乐家，在省立艺专任教），已而陈叔明君至，许、陈皆叔湘之同学，余初识面者也。叔湘、赞平见报载明日有人为余作寿消息，坚欲觞余，五人遂偕进食于聚丰园，饮绍酒，吃面，闲谈甚欢。③

11月15日　　晨有浓雾，雾开而晴光皎洁。

偕墨及二官、三官入城，在陕西街小坐，然后驱车出新南门，至江上村竟成园。堂中陈讲台，挂寿字，桌上有红烛寿糕，为余始

①③《叶圣陶集》第20卷，第175页。

② 作者录自叶圣陶日记原件。可参见《叶圣陶集》第20卷，第175页。

料所弗及。皆由陶雄、陈白尘二君筹备，并号召文艺界参加。

十一时许，客到齐，约七十人，余所不识者约半数，王畹芗、雪舟、谢冰莹、陈翔鹤、应云卫夫妇、卢剑波、张逸生夫妇等均在其中。开会，五六人作颂语，语多夸饰，实与余不相当。张逸生读余《倪焕之》中一节文字，张为演员，读文颇能中肯。末后余致简短谢词。于是奏乐（细乐），放鞭炮。此宛如一幕戏剧也。

会毕聚餐，共五席，每席皆劝余夫妇饮酒，所饮白酒较多。食后，刘开渠夫人及李旭生唱京戏助兴。全体拍照，始散。

今日所费，殆需万元，每人参加纳费一百五十元也。诸君又备一题语册子，人各书数语，因尚未写齐，将缓日送来。

此事就意义言，实亦无多，而人皆与余颇亲热，实为可感，余将何以报答诸友及社会乎！

出竟成园，至王洁之君寓中小坐。又至二官校中，墨入观其寝室，余与三官在会客室待之。及出，食抄手于小铺子，驱车到家，已上灯矣。

…………

今日《中央日报》副刊，及《华西晚报》《成都晚报》之副刊皆为余生日出特刊，文字类无可观。诸友以余为题目，俨然当为一事件矣。

疲甚，然墨兴致甚佳，余乐之。①

---

①《叶圣陶集》第20卷，第175—176页。

叶圣陶致的“简短谢词”，即《答复朋友们》，全篇不过一千一百字，言简意赅，蕴意极为深切。“答词”中说：

> 朋友们的文字里，都说起我的文字跟为人；这两点，我自己知道得清楚，都平庸。为人是根基，平庸的人当然写不出不平庸的文字。我说我为人平庸，并不是指我缺少种种常识，不能成为专家；也不是指我没有干什么事业，不当教员就当编辑员；却是指我在我所遭遇的生活之内，没有深入它的底里，只在浮面的部分立脚。这样的平庸，好比一个皮球泄了气，瘪瘪的；假如人生该像个滚圆的皮球的话，这平庸自要不得。……一个人本当深入生活的底里，懂得好恶，辨得是非，坚持有所为有所不为，实践如何尽职如何尽伦，不然就是白活一场；对于这一层，我现在似乎认识得更明白，愿意在往后的小半截路上加紧补习……①

“答词”由衷地感谢朋友们的“厚爱”，也表明了要“好好地走”“往后的小半截路”的决心（叶圣陶认为人很难活到一百岁。过了五十，道路就走了大半截），这“不是寻常致谢的话”。值得注意的是，叶圣陶在这里强调的是“要深入生活的底里”，不再在“浮面的部分立脚”。他把“深入”作为生活应当具备的首要条件，把“深入”视为人生观的根基，“年五十而知四十九年非”，这个“非”就是“平庸”；而“平庸”的原因，就是“没有深入生活的底里”，这番话在当时应该说是有所指的。

---

①《叶圣陶集》第6卷，第39—40页。

四、安排叶至诚去延安

成都文艺界的朋友说叶圣陶"乡居避寿"，这个"乡"，指的是罗家碾。叶圣陶一家在罗家碾住了三年，1944 年 1 月中旬搬到城内陕西街，搬家的原因是窃贼蜂起，横行乡里。且看叶圣陶的几则日记：

1944 年 1 月 9 日　（下午）三时辞出，至陕西街小坐，遂归。家中正谈前夕之盗劫，闻盗纠众至数十人，衣服被褥，无不欲，皆捆载而去。此殊可怕，我家虽无所有，苟服用被劫，即无异又遭一次轰炸。虽未必果来劫我，然每夕惊惶，醒来即想，心理上之不安实难受。因决议迁入城中。陕西街百零六号屋中，印刷工作停止，原有空房间，而此间房租亦正满期，于此迁移恰好。遂定明日由墨与小墨入城，相度一切，能早搬即早搬。

上床后心情激动，久而不成睡。念乡居三年，又须迁移。入城固有方便，而乡间亦可恋。余恒有此种心思，住定一地，即安之，不喜移动。离苏以来，每次移徙，俱感怅惘。不知来日复将移徙几回，始可东归故乡也。①

1944 年 1 月 10 日　墨与小墨自城中归，言明后日迁动。雇定板车三辆，器物由鸡公车运至罗家碾，然后装板车入城。

---

①《叶圣陶集》第 20 卷，第 191 页。

1944年1月12日　　墨于五时即起，余亦即起。

雇鸡公车九乘，运物至罗家碾，包定一天，每辆百元。板车三乘至罗家碾来接，来回三趟，每乘每趟三百元。余家器物而外，兼运店中存书，至夜尚未搬完。

墨先入城，布置桌椅床铺之陈设。余陪母亲、满子、三午以下午三时入城，小墨、三官最后至。

余家占住下首朝东四间之靠外两间，其一居母亲，其一居余夫妇及二官、三官，半间为办事室。小墨夫妇则居上首靠里之一间，无地板。此间有电灯，殊为方便。自（民国）廿七年离重庆，我家不用电灯至今矣。①

搬到城内陕西街，不仅有了“电灯”，与朋友们的往来也更多了。抗战伊始，叶圣陶就对国民党政府的“消极抵抗”政策不满，不过也还寄予希望，相信当局总会抗日爱国的。可到1943年7月写《抗战第七年》的时候，叶圣陶就完全站到了国民党政府的对立面，下决心要与国民党政府以及周围“不好的环境”进行斗争。他在文章中抨击“官僚政治”“封建习性”，鞭挞“‘防民之口’的周厉王”和名不副实的“政治家”，揭露“行政长官”贪污、军官和校长“吃空额”等卑劣行径，描画“大后方”贪赃枉法、仗势欺人等等丑恶现象。他在《踏莎行·题丁聪所绘〈现象图〉》中写道：

① 《叶圣陶集》第20卷，第191—192页。

现象如斯，人间何世！两峰“鬼趣”从新制。莫言嬉笑入丹青，须知中有伤心涕。　　无耻荒淫，有为惕厉，并存此土殊根蒂。愿君更画半边儿，笔端佳气如初霁。①

“无耻荒淫”，指统治大后方的国民党当局；“有为惕厉”，指在边区和敌后坚持抗战和建设人民政权的共产党。光明和黑暗“并存”在中华大地上，“根蒂”却不相同。叶圣陶真诚地希望画家在讽刺“鬼趣”的同时，也要讴歌那个“半边儿”的晴光，描绘边区和敌后解放区那犹如“初霁”的“佳气”。

抗战爆发后，国民党政府高唱“培养抗敌干部，造就救国人才”“培育英才新兴中国，驱除狂寇全面抗争”的高调，吸引青年学生弃学从军。1943年，国民党当局还明令各校中适合兵役年龄的学生“依照抽签办法”，应征服兵役；高中毕业生必须到部队服务半年，“否则不能有自由升学的机会”②，但收效甚微。1944年11月，日军进犯贵州，逼近重庆，国民党中央发动青年从军，就是鼓动知识青年从军。这之前，实行的是所谓的“征兵制”，但由于“役政”的腐败，有钱有势人家的子弟，是可以逃兵役的，即使真的该服役了也只要花点钱就能“买”一个“替代”，所谓的“壮丁”其实是“拉”来的，或者说是“买”来的。因为是“拉”来的或者是“买”来的，既不会安心服役，又因教育程度太低，很难接受新式武器的操作。而此时的蒋介石已经担任了远征军的远东统帅，与“国军”并肩作战的还有美、英军人，这就要求“国军”

① 《叶圣陶集》第8卷，第202页。

② 详见孟如：《关于中学青年的两件事》，《中学生》复刊后第62期，1943年2月5日。

必须现代化，于是当局火急火燎地号召青年参加“远征军”，叫得最响的口号是“一寸河山一寸血，十万青年十万军”。这个口号果然奏效，有志青年纷纷报名。看到山河沦陷、敌骑纵横，叶至诚也决心弃学从戎，建功疆场。叶圣陶 1944 年 11 月 16 日日记中说：

> 三官有一同学来，云加入远征军，渠与谈久之，亦萌投军之念。余与墨皆嘉其意，而不能竟许。自知矛盾，尚未能克服。
>
> 华西坝方面，自毕博士演说后，大学生颇有从军者。毕之言从利害从大义方面说，彼谓大家应认战争为“我们的战争”，故比较有效。而党政界之号召者，徒以一套空话，利诱势胁，自不能打动青年之心。近数日来，似忽然嗅到战争之气息。此宜在二十六七年间之事也，而延至三十三年冬季，此果谁之咎乎。①

叶圣陶和胡墨林“不能竟许”，叶至诚则“投军”心切。叶圣陶 11 月 17 日日记中说：

> 三官昨日实已往市政府报名，今日外出，知已不及加入此次飞印之队伍，遂未往检验体格。据其自陈，下届出发之际，必欲报名加入。余言此事甚有道理，无可反对，唯若一旦出发，即等于从此家庭中少此一人，此在余感情上殊难忍受耳。墨与小墨，亦持此说。结论则谓果欲脱离家庭，致力于国族，不必定欲从军，亦可别

---

①《叶圣陶集》第 20 卷，第 325 页。

趋他途。所谓他途者，且徐徐图之。①

叶圣陶所说的“他途”，就是指去延安。叶至诚当然乐意。于是叶圣陶就函请茅盾和胡绳帮助安排。请看叶圣陶1944年11月18日日记：

致书胡绳、洗公（第百十三号）、士敫，以陆步青昨来之英文书稿附去。又作一书致雁冰，所托事与致胡绳书同，皆为三官。②

11月28日，叶圣陶收到茅盾的回信，在日记写道：

雁冰回信来，论我辈对于子女之用心与态度，其言甚有深味。兹摘录之：“小伙子有这样志气和胆识，我们做长辈者当然很高兴，可是又总觉得他们的美丽的青春时代就被这样严酷的现实活生生催老了，实在不忍。我们这一代的生活是沉重的，而他们的更沉重；我想我在至诚的年纪时，实在还浑噩得可爱而又可笑。做父母的人，看到儿辈有此决心，衷心是快乐的，却又有点不忍。这种心理，我近来常有。不过理知还是使我们挺直起来。我想兄及嫂夫人也有此同样心情罢。从大处远处看，我们也只有鼓励他们。”③

很显然，茅盾是很热情地鼓励叶至诚去延安的。叶圣陶看了也很欣喜，11月19日日记中说：“作书复雁冰”。信的内容日记中没有写，但肯定

①②③《叶圣陶集》第20卷，第326、326、332页。

是感谢和再拜托的话，这从茅盾的第二封来信中就可以看得出来。叶圣陶 1944 年 12 月 12 日日记中说：

接信甚多。洗公有长信，谈店事。附告雁兄转语，谓三官远游，可成事实，其期速则一月，迟则两月，嘱我家准备行李，以俟通知。此事墨甚欣慰，以为令三官远游，亦如平常之出外求学数年。余亦毫无不赞同处，唯觉别离难受。三官有些见解颇与余谈得来，若彼离开，余少一可谈之人，未免寂寥。①

“其期速则一月，迟则两月，嘱我家准备行李，以俟通知。”这话出自茅盾的口中，按说是万无一失了。叶圣陶 1944 年 12 月 14 日日记中说：

写毕致彬然书。又作书复洗公（第百十八号），并附一书答胡绳。午后，修改彬然寄来其子又新之文，未毕。

二官归来，闻三官将有远行，虽致赞同，不无怅惘。其实行期亦尚未定，正不必先起别愁。

胡绳是哪天回信的，叶圣陶在日记中没有记。不过按叶圣陶接到信就回复的惯例来推测，应该就是 12 月 14 日，信中谈的不外也是叶至诚去延安的事。至此，“远行”已成定局，只是“行期”未定而已。叶圣陶与沙汀的关系也很好。1944 年 12 月 25 日日记中记有：

---

①《叶圣陶集》第 20 卷，第 339—340 页。

上午，沙汀来访。沙汀君前曾一遇于上海，今为再见。其人甚诚笃。方自重庆来，为余谈重庆友人近况，并及政局战局。志远来，谈学会及协济会事。①

沙汀“其人甚诚笃”，叶圣陶就和他谈叶至诚去延安的事。叶圣陶1945年1月1日的日记中记有：“傍晚沙汀来访，与共茗于少城公园。余就问三官远行，是否适宜？渠极表赞同。并表示两点：一，不宜为找作文资料而去；二，去时不宜取作家之态度，必须参加实际工作。此两点甚重要，余谢之。”②后因种种原因，至诚的延安之行未能成行，但叶圣陶的心已经向着延安了，对国民党政府已不抱有任何幻想。

茅盾在信中赞美“小伙子”（至诚）的“志气和胆识”，其实“小伙子”的这个“志气和胆识”来源于“长辈”的引导。1944年8月，叶圣陶滞留重庆期间于23日到郭沫若寓所听《大公报》记者谈参观延安的感想；1945年2月21日会见赵超构，得新版《延安一月》，是日日记记：

十一时，至小天竺楷元家，应其招饮。天气晴明，与楷元入附近人家果园，梅花方盛，望而怡然。既而何文龙、赵超构到其家，遂进餐。赵超构为《新民报》记者，去年往访延安，其所著《延安一月》，近颇为人传诵者也。慕名已久，得会甚欢。承赠余浏阳纸本之《延安一月》一册，较前所见者清楚得多。③

---

①②③《叶圣陶集》第20卷，第344、346—347、366—367页。

1945年2月23日看毛泽东《在延安文艺座谈会上的讲话》，对讲话的基本思想是接受的。是日日记记：

看毛君文艺座谈讲话之小册子，药眠前日交来者也。觉其以文艺为教育工具，自其立场言，实至有道理。①

1945年2月25日，听赵超构“谈延安杂事”，又“偕出逛旧书肆”，并一起“饮酒”，可见心情之好。是日日记记：

十一时，至店中，少休，即至宴宾楼，应房东张小留招饮。……开席未久，二官来言，楷元偕赵超构来访，因辞谢而归。听超构谈延安杂事。三时，偕出逛旧书肆，楷元、超构皆有所得。仍共返余家，留二君饮酒。酒系小墨友人所馈，为上好绵竹大曲。又有广汉之熏兔，牧野所赠之鱼，以为下酒之物。到夜，二君乃去。②

1945年10月16日，应邀到曾家岩中共办事处参加周恩来副主席的晚宴，是日日记记：

六时，偕叶以群、吴组缃二位至曾家岩，应周恩来之招宴。闻周之名已久，见面尚是初次。其人有英爽之气，颇不凡俗。同座有

①②《叶圣陶集》第20卷，第367、368页。

老舍、靳以、胡风、何其芳、徐冰、王若飞诸位。饮啖甚适，笑谈无忌。十时散，驱车而归。①

10月19日，午后“至白象街西南实业大厦，参加鲁迅逝世九周年纪念会。到者甚众，殆在五百以上。许季黻为主席，说话者冯焕章、郭沫若、余、胡风、周恩来，参以赵丹、徐迟、老舍三人朗诵鲁迅之著作，至六时始散。”② 10月21日，出席文协茶酒晚会，“到者四十人光景，……七时半开会，老舍主席，余报告成都情形，郭沫若致辞，周恩来谈延安文协近况。十时散”③。10月28日，“十一时至店中，会彬然，偕至郭沫若寓，郭与潘梓年作东招宴。客有研因、伯才、恩来、友渔、乃超。席间研因谈菲律宾解放后情形，恩来答人之问，谈近日事势。三时散”④。从这些零星的材料中，我们也能体悟出叶圣陶“向往延安”的心情。

---

①②③④《叶圣陶集》第20卷，第465、466、467、469页。

第二十九章
流亡中的“文心思绪”

挑灯疾写残烧夜，得句遥怀野望中。

——叶圣陶《自居乐山与上海诸友通信重行编号今满百通矣》

一、国统区的“民质”和“鬼趣”

抗战期间，经过民族革命战争火与血的冶炼，叶圣陶的文艺观进入了一个崭新的境界。

首先，他对文艺与时代、社会和人生的关系有了进一步的理解。在我国现代文学史上，叶圣陶是现实主义文艺理论的奠基者之一。早在1921年3月至6月间，就在北京《晨报副刊》上连续发表了四十则《文艺谈》，阐述了“为人生”的文学主张。他坚持“文学是人生的表现和批评”的观点，认为“真的文艺必兼包人生的和艺术的”，既“切合人生”，又“含有艺术的性质”，“如或偏废”，就会成为“玩物的作品”或“干枯无味的记录”。他说作者必须“持真诚的态度”，“以浓厚的感情倾注于文艺所欲表现的人生”，“从中国全群人的前途着想”，“点起引路的灯来”，“引导人们走向发展的前途，超过眼前的一切，永远前进”。1922年1月，在《民众文学的讨论·三》① 中提倡写“赋以新的灵魂”的“民众文学”。1924年7月，在《革命文学》② 中提倡写“震撼一个时代的人心”，能肩负起改革社会的责任，“指导许多人的行动”的广义的“革命文学”。1926年6月，在《诗人》③ 中批评“厌世派”和“游仙诗”“招隐诗”；希望“诗人”写“现实”的“功利”的诗篇，把“我们的生活”，“撕成粉碎，让它再也拼凑不拢来”，“另外建造个新的”生活。叶圣陶在这里说的要“撕成粉碎”的“我们的生活”，就是当时那个军阀割据的旧中国黑暗的、令人窒息的现实。他在描述当时的“生活”时说：“‘愚昧’高高地坐在顶上，抽着他那狠毒的鞭子；‘强暴’密密地围在四周，刺着他那锋利的刀剑；不容声响，声响就是罪恶；不容喘息，喘息就是乖逆”。叶圣陶力倡的“撕碎”和“建造”，突出了文艺的批判性和战斗性，既要描写黑暗，也要指引光明。1927年，轰轰烈烈的大革命失败后，叶圣陶号召作家“提起笔来”，“写这个不寻常的时代里的生活”④，写阶级斗争的血与火。20世纪30年代，在文化围剿与反围剿斗争中，叶圣陶抨击“庸俗文学”和“帮闲文学”，批评以

① 《文学旬刊》第26期，收入《叶圣陶集》第9卷时改题名为《“民众文学”》。

② 《文学》第129期，收入《叶圣陶集》第9卷。

③ 《光明》半月刊第2期，收入《叶圣陶集》第5卷。

④ 《小说月报》第18卷第6号《最后半页》，收入《叶圣陶集》第20卷。

“旁观者”“超脱派”自居的论语派，强调写小说“要讲功利”。在国统区，叶圣陶针对文艺界存在的“帮闲凑趣”“粉饰太平”的倾向，严肃地指出一个正直的文艺家要写出“真实的生活”“真实的本相”。他在《〈西川集〉自序》中明确地指出：“反映现实，唤起人民大众的要求，是文学的时代的使命”。在《工馀随笔》① 中说：“文学要人家接受，说得郑重一点儿，要像庄子所说的‘以其道易天下’”，这个“道”就是“主义与纲领”。在《作者还有别的事儿》② 中说：“当前需要”的文艺，是“要能为大众所了解，并且有激动大众的力量”的文艺。在《作者·读者》③ 中说当前需要的文艺是有“真知灼见”，能引起人家“向善的热诚”，促进“社会改进”的文艺。

叶圣陶所说的“道”“主义与纲领”，以及“真知灼见”，核心的思想就是要求文艺要契合“时代的使命”，“自然而然地与人民大众‘同其呼吸，合其脉搏’”，成为“划时代的巨制”，成为“文学史上的里程碑”。20 世纪 40 年代初，茅盾想写一部意在谱写现代中国第一个十年历史风云的长篇巨著《霜叶红似二月花》。1943 年，他在桂林写完并出版了《霜叶红似二月花》的第一部。这第一部以 20 年代初期江南的一个小县城为背景，描写了新旧各派势力围绕“善堂公积”的争夺和“地方公益”的不同主张，所掀起的一场小小的风波，描写了上层社会的堕落和下层社会的不幸，以及某些出身地主资产阶级家庭的青年知识分子

①《今文学丛刊》第 1 本《跨着东海》，1947 年 10 月；收入《叶圣陶集》第 9 卷时改题名为《“言志”和“载道”》。

②《新中华》复刊第 3 卷第 6 期，1945 年 6 月；收入《叶圣陶集》第 9 卷。

③《文艺春秋》第 8 卷第 1 号，1949 年 1 月 15 日；收入《叶圣陶集》第 9 卷。

对于社会人生的探索。在特有的现实关系和人生性格的描写中，显示了20年代初期我国社会生活的一角，并为后来的风云变幻留下了更为繁复的发展线索。《霜叶红似二月花》的第一部出版后，由于时局发生了变化，茅盾的工作和生活不得安定，“总没有时间续写此书”，不无遗憾。可叶圣陶并不这么看。他在1945年6月为茅盾五十寿辰撰写的祝贺文章《略谈雁冰兄的文学工作》[1] 中说：

> 最近问起他《霜叶红似二月花》的后文如何，他告诉我还没有写下去。我心里想，《霜叶红似二月花》缓些也无妨，按照他以前写三部曲的先例，在这个时日，他有更急于要写的题目，大家在等待写那种题目的作品，而他正是适于写那种题目的作者。

在叶圣陶看来，《霜叶红似二月花》离“现实”远了些，“缓些也无妨”；在“争自由的波浪”风起云涌的“这个时日”，迫切需要像《蚀》三部曲那样从正面描写“革命的浪潮”和“大时代的姿态”的文学，而“兼具文艺家写作品与科学家写论文精神的”茅盾，是最适宜于描写契合“大时代”、为现实斗争服务的“纪念碑式的作品”的，因而希望茅盾毋需急于续写《霜叶红似二月花》的下“半部红楼”。文艺要描写时代，要紧密地为现实服务，为人民大众服务，这就是叶圣陶现实主义文艺观的精髓；而“实写人生现象”“民众文学”“革命文学”“大时代文学”等等，就是叶圣陶现实主义文艺观形成的过程中留下来的思想印记。

---

① 《华西晚报》1945年6月23日，收入《叶圣陶集》第9卷。

20世纪40年代，毛泽东的《在延安文艺座谈会上的讲话》在国统区曾备受青睐，作家们互相传递，先睹为快。叶圣陶1945年2月23日日记中写道："看毛君文艺座谈讲话之小册子，药眠前日交来者也。觉其以文艺为教育工具，自其立场言，实至有道理。"叶圣陶对讲话的基本思想是赞同的。他自己也一直强调文艺的"教育"作用。诚如鲁迅在《〈中国新文学大系·小说二集〉导言》中说的"每作一篇，都是'有所为'而发，是在用改革社会的器械"。叶圣陶早期的创作主要是从描写"社会问题"入手，突出文艺的"问题"意识和"教育"作用。1925年的《五月三十一日急雨中》以粗犷的笔调，凸现中华民族反帝怒潮中高昂的激情；1927年的短篇《夜》以激昂的战叫，讴歌中国人民不畏强暴，面对反动派的屠刀，前仆后继，浴血奋战，可歌可泣的革命精神。抗日战争爆发后，在颠沛流离中看到大好河山无处不烽烟，听到民众悲愤的呼号，叶圣陶更深切地体悟出了"教育"的真义：所谓的"教育"，不是说教，不是描绘缥缈的幻象和浪漫的憧憬，而是要突出我们民族的精神，用生活中的那可敬可爱的人物提升我们民族的精神品质，从而给他的现实主义文艺观注入了新的基因。短篇《我们的骄傲》《邻舍吴老先生》《辞职》《春联儿》堪称歌颂"民质"的最光彩的篇章。

《我们的骄傲》热情赞美六十多岁的老教育家黄先生高尚的民族气节。抗战爆发后，黄先生在乡间"办理收容难民的事"，安顿了"一百多家人家"。家乡沦陷后，敌伪组织以高官厚禄的利诱和软硬兼施的威胁，逼迫他出来参加维持会，他拒绝了。伪县政府请他当学务委员，伪省政府请他当教育厅长，他坚决不干。对"诗礼之家的人物"不知道什么叫"民族"、在敌人面前奴颜婢膝的行径深恶痛绝。为了表明气节，黄先生化装成米店的掌柜，来到上海的一所女校教书，不料上海的敌伪组织又送来聘书，请他当“教育方面的委员”，月薪两百元。黄先生为了保持民族“操守”，悄悄地离开上海，冒着枪林弹雨，历尽千难万险，绕道香港、广州来到四川，“宁愿两手空空”，“做一个无业难民”。黄先生是以叶圣陶小学时代的老师章伯寅为原型的。他在 1938 年 10 月 8 日给上海朋友的信中说：

> 本月二日曾与颉刚、元善、勖成前往聚餐，为卅二年前小学四友之会。……小学四友之叙确是难得，近又多一位当时之老师，即章伯寅先生。明日拟再为一会，并邀章师，共叙旧事，定多乐趣。章因苏州潘某等拉彼同流合污，为表其忠贞，只身远道来此，其高节至可钦敬。我四人有此老师，至足骄傲。弟向不善当众恭维人，但明日颇想敬宣此意焉。①

《邻居吴老先生》中的吴老先生是位性情狷介的爱国主义者。避寇入川六年了，但生活总是不习惯，思乡之情越来越急切，平日闭门不出，逢到晴天总要把皮箱拿出来晒一晒，深恐一旦抗战胜利了，却因翻晒皮箱耽搁了回乡的日子。只因从沦陷区逃来的侄儿的“一句话”，就气病了。侄儿说“家乡的秩序还不错”，“地方上跟日本人处得很好”，日本鬼子夸奖他家乡人是“最出色的中国人”。吴老先生万万没料到家乡人这样没有操守，一气之下“横了心”，断绝了回乡的念头，决定

① 《叶圣陶集》第 24 卷，第 164 页。

“做迁川第一世祖”，决不跟被日本人评定为“最出色的中国人”一伙儿住。他痛恨家乡“其俗柔靡，人轻节义”，告诫后辈“骨头有些斤两”，如有人问起籍贯，“千万不要把家乡的名儿说出来”，就说“敝籍四川”。他再也不晒皮箱了，一改过去“不出门”的习惯，“正月初七游草堂寺，春二三月青羊宫赶花会，四月初八望江楼看放生，有什么应景的名目他都要去看看”，称赞“成都确也不错”，“古人说到处为家”是“有些道理”的，还特地买了两株橘树种在院子里，不管它七八年才能开花，十来年才能结果。据叶至善说，他家在四川时的确有一位叫“吴老先生”的邻居，小说中的“吴老先生”就是以这位邻居为原型的，同时融合了叶圣陶自己的忧国之思。请看叶圣陶《抗战周年随笔》中的一段话：

……后来苏州失陷了，从报上看到所谓维持会中人物的姓名，居然有两三个是我预料到的。这批人大都有田，有钱，有玩好，有享用，临到危难，不肯放弃所有，就傀儡登场当汉奸了。顾颉刚先生曾经写信给我，说到苏州的汉奸道：“维持会中，某姓甚多，亦见故家大族之鲜克由礼也。”故家大族为什么这样不争气？就在乎他们有“所有”，把“所有”看得太重了，“所有”之外的一切当然都丢在脑后了。这批汉奸有一件事，使人听了非常难受，觉得啼笑皆非。他们为了逢迎寇军，在张贴的通告上写上“昭和”的年号，寇军却假仁假义说：“这是你们中国人的事，照旧用中华民国好了。”他们听了哪敢照旧用，结果有一个聪明的汉奸想出了改用西历纪元的办法，据说一直用到如今了。就在这件简单的事上，汉奸心理充分表现出来了。这批人若不消灭净尽，我真耻为苏州人。①

正是融合了叶圣陶自己的深切感受，使得小说中的吴老先生形象栩栩如生，呼之欲出，格外感人。

《辞职》中的刘博生是国统区某财政机关的会计，“年纪轻轻，不声不响，每天八个钟头的办公时间内，不写私信，不看小说，总是弄那些阿拉伯数字，拨他的算盘珠儿”，是个循规蹈矩的会计员。新来的主任发现所里有八十几万积余，就要刘博生“依从他的意思”，编个“开销”的账目，“神不知鬼不觉”地占为已有，还答应分给他二十万，怂恿说“这算不得一回事，有麻雀的地方都有”，决不会出“漏子”的。虽说刘博生生活苦到“实在没法维持”的境况，但他甘于清贫，守正不阿，不管主任怎么“威胁”，他都拒绝编造假账，最后用“辞职”来表示抗议，用“辞职”来警告主任：“不要以为有麻雀子的地方尽是些与他一路的货色，要知道比较正派的人到底还有。”

黄先生在惊心动魄的炸弹声中只身逃难，小说突出他的民族意识；吴老先生嫉恶如仇，狷介高洁，小说突出他的民族自尊心；刘博生“有所不为”，出污泥而不染，小说突出他的独善其身。虽说都是“知识分子”，但仍不失为“民族的脊梁”，是抗战中的“无名英雄”。《春联儿》中的老俞是一位纯朴的农民，已经五十多岁了，大儿子在前线打“国仗”（抗日），他和小儿子推鸡公车。后来小儿子突然死了，他独自挑了生活的重担，仍旧推鸡公车，生活极其艰难。但他念念不忘抗战，在给

① 《叶圣陶集》第6卷，第8页。

大儿子的信中说：“打国仗的事情要紧”，“国仗打不赢，谁也没有好日子过，第一要紧是把国仗打赢，旁的都在其次”。

《春联儿》是继《夜》之后又一篇在最平凡的老百姓身上挖掘最伟大精神的短篇佳作。1945 年 6 月，茅盾为了答复朋友们为他祝寿（五十岁）的厚意，特地写了《回顾》[①] 一文，总结创作的经验。他说：“我所懊恼而亦感惭愧的，仍是不曾写出中国的最平凡而其实是最伟大的老百姓。”这也可以看出《春联儿》在国统区文坛的意义。叶圣陶在成都时确曾结识了一位推鸡公车的农民老俞，他大儿子在前线抗日。一年春节，老俞请叶圣陶写春联，叶圣陶题写了与小说中相同的对联：“有子荷戈庶无愧/为人推毂亦复佳”。老俞很高兴，说是“写到我心窝里了”，这就是《春联儿》的“素材”。黄先生、吴老先生、刘博生、老俞，以及叶圣陶在诗词中写到的“拼血淹东方虏”的“抗战将士”（《长亭怨慢·颂抗战士》）、“心急回前线”的“伤兵”（《卜算子·伤兵》）、“那问恩和怨”“齐视死和生”的“难民”（《卜算子·难民》）、“有钱者出钱，有力者出力”的“同胞”，是他们的精神风貌，拓宽了叶圣陶的创作视野，从而为文学史谱写了新的篇章。

“有所爱必有所憎。”真正伟大的爱，同时也是伴随着一种伟大的憎恶的。叶圣陶在把“歌颂”作为“战时”现实主义主旋律的同时，“暴露”也就自然而然地成了他现实主义文学创作的另一个最突出的主题，“暴露”与“歌颂”相映衬。抗战中后期，叶圣陶针对国民党政府的“图书审查制度”和禁止“家丑外扬”的禁令，写了杂文《暴露》[②]，极

---

① 《解放日报》1945 年 7 月 9 日。

② 成都《新民报晚刊·出师表》1944 年 8 月 9 日，收入《叶圣陶集》第 6 卷。

其愤慨地说："暴露，我不知道为什么要不得。"他说"暴露"就是宣告社会"毛病"的"迹象和根源"，"连带提供治疗的方案"，供大家"研讨"；暴露"涉想的是整个社会"，而不是"揭发阴私，攻击个人"；"暴露"的目的在于激励人们"提起神来"，"想尽办法，务必去掉那毛病"，"迁善改过"。所以，"暴露"是严肃的，"是存在着一腔悲天悯人的心肠的"；"刚强磊落的人"决不会"厌恶人家的暴露"，只有讳疾忌医的阿Q和那些"愚人"才遏止暴露，希望文艺家以彻底的、大无畏的精神"暴露"社会"不如意的种种迹象"。他说文艺家"决不肯违心地说些吉祥言语，讨人家的喜欢。假如违心地说些吉祥言语，讨人家的喜欢，他就是清客，是帮闲，不成其为文艺家了"。

至于"暴露"的锋芒，叶圣陶首先指向汉奸汪精卫和发动内战、"无耻荒淫"的国民党反动政权。他在《伯祥五十初度》中写到他对汪精卫和国民党政府的"愤慨"时说："夷夏辨未严，奸佞方高骞。团结聊复云，同根犹相煎。"① 其次是集中描写国统区的"鬼趣"。《冲破那寂静》②《双十节随笔》③《四个"所有"》④中写国统区"一片可怕的寂静"，"欺人、说谎、贪赃、枉法、囤积、高利贷、仗势霸占、把人当牛马、专制、独裁"的事"随处都有"。

短篇《皮包》被誉为讽刺小说中的精品，透过国统区某机关黄科长的皮包丢而复得的故事，揭露了官场的昏庸和腐败。清早，黄科长的包车送两个孩子上学，为要拜访朱委员等不及，只好临时租了黄包车。拜访出来，在公园里"转了个圈儿"，回到办公室里发现皮包丢了。他像

---

①《叶圣陶集》第8卷，第159页。

②③④《叶圣陶集》第6卷。

丢了魂似的惶恐不安，因为“随时要查”的“一些重要的文件”都在皮包里，“丢了皮包，就等于丢了行为的依据”。于是，黄科长对“提案”“演说辞”“计划书”等工作，都茫无头绪。而在科员、书记、公差、卫兵的眼里，科长没有了皮包就好像不成其为科长，科长的办公桌上“没有了那熟悉的装得饱饱的黑皮包”，就“寂寞”得“仿佛不像一张办公桌了”。他们趋炎附势，围着黄科长转悠，想方设法查寻皮包。第二天清晨，警官把皮包原封不动地送来了，因为科长不在场，警官只好当着许多科员和书记的面，彻底清点皮包里的“文件”。原来，这只“油光光”“饱鼓鼓”的皮包里装的是《法学通》的油印讲义，《啼笑因缘》《服务要诀》《最新公文程式》等书刊，电影《大独裁者》《华清春暖》的说明书，大学毕业文凭，以及私人往来信件和“一叠人家的名片”。作者巧妙地将黄科长作为权力象征的皮包为中心轴，让黄科长及其下属科员、书记、公差、卫兵、警官都围着皮包打转，对官场作了深刻的揭露。

《邻居吴老先生》中的吴老先生只因侄儿的“一句话”，就决定“做迁川第一世祖”。可他那位当“公务员”的儿子任夫则不以为然，他说他是“跟着政府内迁的”，是“义民”，惦记着战后回到“本乡本土”，承当事务，“享受特殊的利益”；还说表兄只不过“随随便便说了一句话”，父亲“不想回去”的话“也不过是说说罢了”。这就点出并批判了国民党政权中那些置民族利益而不顾，一门心思想“特殊的利益”的“官员”。

短篇《辞职》中新主任“看”刘博生的细节也耐人寻味。刘博生不愿意同流合污，用“辞职”来表示他的“警告”和“抗议”。主任二话没说，只是“似乎关心似乎不关心”地“看了他一眼”，让刘博生感到“那一眼”藏着许多的话，“‘你傻子！’‘你不识抬举！’‘你熬好，要清白！’‘难道我没有了你就干不成事！’诸如此类”，这一“看”，也让读者“看”到国统区黑白混淆、人妖颠倒的乱相。

叶圣陶在《暴露的效果》[1] 一文中说：“暴露”就是要“真切”“深入”地“写叙一些事象”，把“家丑”扬出去，“尽量外扬”，“直到再没有家丑的时候”。他说切不可“把家丑作为茶馀酒后的谈资”，或者“愤慨一阵，痛骂一阵，事过情移，也就罢了”。“家是我的家”，“在我家里”出了“丑”，“必须把它消灭了才罢休”，让“暴露”真正产生“效果”。为此，叶圣陶特别强调文艺要敢于讲真话，文艺家要以为坚持真理而不怕“被囚”“被杀”的科学家为楷模，以文艺为“武器”，“环境越坏，武器越不该放手，越要把它磨得锋快”，呼吁文艺家把“暴露”与“歌颂”有机地统一起来，“如果有功可歌，有德可颂，我们还是要歌颂”，“我们要为将要死去的撞葬钟，也要为将要出生的唱‘新生之歌’”[2]，以激励“真正的青年人”和“精神上的青年人”起来“飞翔”“奔驰”“跳跃”，冲破寂静。正是基于这一认识，叶圣陶在揭露国民党政权“无耻荒淫”的同时，热情地赞美中国共产党的“有力”；在描述国统区贪污风行、廉耻丧尽等丑恶现象的同时，歌颂边区和敌后解放区的“佳气”。他在《踏莎行·题丁聪所绘〈现象图〉》中说：“愿君更画半边儿，笔端佳气如初霁。”[3] 叶圣陶希望作家和艺术家描写边区和敌

---

① 《文萃》第11期，1945年12月18日；收入《叶圣陶集》第6卷。

② 《我们的话》，《叶圣陶集》第6卷，第93页。

③ 《叶圣陶集》第8卷，第202页。

后解放区的一片晴光，把写实主义推向革命现实主义的高度。

生活是创作的源泉。叶圣陶关于生活与创作关系的论述相当丰富，也极其深刻。早在1922年5月发表的著名诗论《诗的泉源》中，就深入地阐述了“唯有充实的生活是汩汩无尽的泉源”，作家的生活应该是“充实”“丰富”“繁茂”的。到了20世纪30年代，叶圣陶在阐述生活是艺术创作的源泉的同时，强调作家要善于分析生活，透过现象把握本质，写“和一般人生有重大关系的意义”的题材，写“世间最真实的故事”①，又说“写小说的基本要项在乎有一双透彻观世的眼睛”②。20世纪40年代，叶圣陶在许多文章中都谈到深入生活的重要性。他在《关于谈文学修养》中说：“文学是生活的源头上流出来的江河溪沟，不是与生活离立的像人工凿成的池子似的东西”，“生活在先，文学在后”，深入生活重在随时随地“观察”与“体验”，“以心接物”，“进一步是心与物融和合而为一”，作家应该“在生活的大路上迈步前进，不断地求其充实”。③ 在《以画为喻》中，强调深入生活不仅仅是要“以身”，还要“以心”，“必须要把整个的心跟事物相对，又把整个的心深入事物之中，不仅认识它的表面，并且透达它的精蕴，才能够真切见到些什么”，要求作家在深入生活的过程中注重“辨认”，力探底蕴，真正做到“看得明白，认得确切”，有“真切的见到”，而不人云亦云。④在《我们的话》中，叶圣陶说作家“生活在群众之中”，要“把自己纳入群众之中一起想”。上述论述生动地阐明了生活与创作、生活真实与艺术真实的

① 夏丏尊、叶圣陶：《“小说与叙事文”》，夏丏尊、叶圣陶著：《文心》，开明书店1934年版。
②《过去随谈》，《叶圣陶集》第5卷，第307页。
③④《叶圣陶集》第9卷，第120—121、220页。

辩证关系，深刻地说明了只有深入生活把握本质，才能对生活进行艺术的概括和真实的表现。

叶圣陶在强调生活是艺术创作的源泉的同时，还特别谈到“根基”的重要性。他在《答复朋友们》一文中说：“为人是根基，平庸的人当然写不出不平庸的文字”，并且认为中外历史上的文学大师“屈原、陶潜、杜甫、苏轼、托尔斯泰、易卜生……说他们的作品可爱，诚然不错，但是，不如说他们那诗人的本质可爱，尤其推究到根柢。”这里所说的“本质”“根基”“根柢”，也就是他在《关于谈文学修养》中说的“人生观和世界观”。叶圣陶说的“人生观和世界观”，是进步的、健全的“人生观和世界观”。他说：“求取知识，锻炼能力，讲究生活的意义跟实践”，是“修养”的细目；“一切的知识根本是道德；若不在德行上扎根，纵有知识，并无是处”；德行“注重在己和人的关系上”，“人格离开民主，好像娇花离了温室，人格一定要破产的”，“徒讲圣贤的修养而不着重民主，只有把政治弄得更坏”①，新道德的标准应该是服从民族的，服从社会的，服从大众的。他一方面严于解剖自己，说他的“文字跟为人”都很“平庸”，“在我所遭遇的生活之内，没有深入他的底里，只在浮面的部分立脚”，“在往后的小半截路上，加紧补习”②；另一方面对当时一些文人无聊的论争极为反感。他在1939年1月3日给上海朋友的信中说：“今日尚作报屁股之争，足见文人无聊。他们如见老舍一班人热诚团结文人之态度，应当愧死”③；对于某些人“喜爱侈

① 《〈我要向青年说的〉书后》，《中学生》第207期，1949年1月1日。

② 《答复朋友们》，《叶圣陶集》第6卷。

③ 《叶圣陶集》第24卷，第182页。

言革命，可是只限于挂在口头，实际上是懒得革命，尤其是懒得革自己的命”① 等言行不一的做法极为不满，反复强调知识分子自觉地进行思想改造的必要性和迫切性。叶圣陶严于解剖自己的可贵的精神，对于世界观与创作关系的正确见解，对于作家深入生活并在社会实践中实行思想改造的高度重视，成为他这一个时期文艺观的核心思想，也是由前期现实主义发展为革命现实主义的显著标志。改造世界观，“革自己的命”这类提法，在今天听来似乎有些刺耳，但在 20 世纪 40 年代的国统区，在中华民族被日本帝国主义的刺刀逼上生死悬崖的关键时刻，改造世界观和“革自己的命”的呼吁，无疑是有特定的时代意义的。叶圣陶热切地希望作家们通过世界观的改造，使自己的“文字跟为人”更为完美，更自觉地肩负起时代的使命，“用文化与智慧的光辉，消灭世界上野蛮与疯狂侵略者”②，求得自己民族的自由解放，这是时代的心声。

二、被誉为“绝唱”的“抗战词史”

从 1937 年 7 月至 1946 年 2 月前后八年又七个月的“流亡”生涯中，叶圣陶写了很多旧体诗词。叶圣陶作旧体诗词始于中学时代。五四新文化运动中竭力提倡新诗，与旧体诗词几乎绝了缘。1923 年 5 月，叶圣陶在《亭居笔记》里提出旧形式可资供鉴，但并没去写旧体诗，直到 1929 年 12 月 28 日，在给施蛰存的信中为了答谢他送鲈鱼的盛情，

---

① 《“八一三”随笔》，《叶圣陶集》第 6 卷。

② 《〈中学生杂志〉复刊献辞》。

这才写了新文化运动以来的第一首旧体诗，诗云：“红腮珍品喜三分，持作羹汤佐小醺。滋味清鲜何所拟，《上元灯》里诵君文。”这封信由孔另境编入《现代作家书简》（上海生活书店 1936 年 5 月出版），《西北风》杂志的编辑看到了，擅自改题名为《施蛰存自松江饷以鲈鱼，书一绝以赠》，连同叶圣陶 1936 年 10 月写的旧体诗《挽鲁迅先生》，一同在《西北风》第十三期（1936 年 12 月 5 日）发表。写给施蛰存的诗笔调轻松，有点诙谐；挽鲁迅的诗写得极其恭敬。两首诗的写作时间相隔了七年，登在一起并不庄重。这大概是编辑玩的“拉名家”花样，不是作者本意要发表的。从 1917 年到 1937 年抗战前夕，叶圣陶自己发表的旧体诗只有《挽鲁迅先生》[①] 一首。20 世纪 30 年代初，面对来势汹汹的复古思潮，叶圣陶写了《关于读古文》[②] 等议论文，极力反对写文言文和旧体诗词，反对“旧瓶可以装新酒”的论调。

抗战爆发后，叶圣陶举家入川，旧体诗才多起来，内容大多是“流亡”中的见闻、爱国忧民、严辨夷夏的思想情感，以及朝夕怀想、时萦梦寐的思乡念友之情。叶圣陶青年时代旧体诗词写得多，积累了丰富的写作经验，古典文学的修养极高，爱国主义思想十分炽热，对朋友最讲情谊，又得江山之助，所以一写出来便不同凡响，深得林宰平、俞平伯、王了一诸位先生的赞赏。如《江行杂诗》用字“拗救”“隽绝”（王了一、林宰平语），《今见》“惯家句调，如饮醇醪”（林宰平语），《至善满子结婚于乐山得獠翁寄诗四绝依韵和之》“风规高迈”（林宰平语），《游青城口占》“洒落有味”（俞平伯语），《乐山寓庐被炸移居城外野屋》

① 《作家》第 2 卷第 2 号，1936 年 11 月 15 日。

② 《中学生》1933 年 12 月号，收入《叶圣陶集》第 12 卷。

“躬历艰危，不减平素之雅怀，无颓唐音，无客气语，贞固夷粹，令人兴感。若风格出陶、杜间，如诵《羌邨》《彭衙》等篇，犹其馀事耳”（俞平伯语），《彬然治圃桂林百岩山》“得盛唐正趣”，“冲淡绵邈，是善学陶者”（王了一、林宰平语），等等。总之，叶圣陶“流亡”重庆、乐山、成都期间写的旧体诗，可以作为“抗战词史”来读。请看 1939 年 11 月 8 日写的《水龙吟》：

举头黯黯云山，秋心飞越云山外。风陵渡口，洞庭湖畔，捷音迟至。战士无衣，哀鸿遍地，西风寒厉。听连番烽警，惊传飞寇，又几处、教摧毁。

怅恨良朋悠邈，理舟车、愿言难遂。雨窗剪烛，春盘荐韭，谈何容易。江水汤汤，写愁莫去，够尝滋味。更何心、怀土悲秋，点点洒、无聊泪。①

当天的日记中说：“下午，作成《水龙吟》一首，写近怀。首二句得之已多日，自以为切合当前情景。”写这首词完全出自心有所感，意有所触，情有所激。时值初冬，阴暗的云山更增添了诗人的愁绪。抗战已经两年了，不但最初的鞭痕没有半点平复，而且创伤的范围越来越大，山西境内黄河北岸的“风陵渡”，以及长江以南的“洞庭湖”，均为主要战场。前方，西风寒厉，战士无衣，哀鸿遍地；后方，警报频传，敌机不断地进行轰炸，人民的生命财产化为寒烟。烽火连天，诗人与滞留在孤

① 《叶圣陶集》第 8 卷，第 167 页。

岛上的朋友们离得越来越遥远了。东归无期，想象有一天久别重逢，接受老朋友的殷勤款待，又谈何容易。江水汤汤，流不尽亡国之恨，徒然愤恨，只能流洒哀伤而又“无聊”的眼泪。《水龙吟》写的是诗人的“近怀”，反映的是那个时代最痛切的国难，中华民族的忧虑和悲痛，读来令人深思。

“清真沉厚”，是叶圣陶“流亡”期间的诗词的另一个特色。作者戴着镣铐跳舞，“斟唐酌宋”，古为今用，板滞的形式在叶圣陶手里成了随心所欲抒写新的内容和新的情感的利器，“旧瓶”装上了“芳醇”的“新酒”，非但没有陈旧的涩味，反而显得清新可喜；朴实而有“芳润”，言有尽而意无穷。请看 1939 年 12 月 15 日写的《浣溪沙四首》：

一

曳杖铿然独往还。小桥流水自潺潺，数枝红叶点秋山。

渐看清霜欺短鬓，稍怜瘦骨怯新寒。中年情味未阑珊。

二

尽日无人叩竹扉。家鸡邻犬偶穿篱，罗阶小雀亦忘机。

观钓颇逾垂钓趣，种花何问看花谁？细推物理一凝思。

三

野菊芦花共瓦瓶，萧然秋意透疏棂，粉墙三两欲僵蝇。

章句年年销壮思，音书日日望遥青。可堪暝色压眉棱！

四

几日云阴郁不开，远山愁黛锁江隈。乡关漫动庾郎哀。

风叶洒空疑急雨，昏鸦翻乱似飞灰。入房出户只徘徊。①

乐山"寓庐被炸"，叶圣陶移居"城外野屋"。词中"小桥流水自潺潺""尽日无人叩竹扉""家鸡邻犬偶穿篱""野菊芦花共瓦瓶"都是写实。诗人"离群索居"，虽说在武汉大学教国文，分章析句，解释文章，但不是他的所爱，"章句年年销壮思"，感到非常烦躁和寂寞，诚如他在1941年10月4日写的五言诗《二友》中所说的"虽居稠人间，何殊孤岛守?"于此孤岛中，仅得"手杖"和"烟斗"两个朋友，"慰我无聊时，伴我郊野走"，可见这《浣溪沙》第一首开头的"曳杖铿然独往还"，以及词中的"渐看清霜欺短鬓""稍怜瘦骨怯新寒"等偏于寂寞而哀伤的话也都是写实。词中融铸了许多典故："曳杖"句出自苏轼《东坡》"莫嫌荦确坡头路，自爱铿然曳杖声"；"未阑珊"出自白居易《咏怀》"白发满头归得也，诗情酒兴未阑珊"；"罗阶小雀"出自《史记·汲郑列传》"始翟公为廷尉，宾客阗门；及废，门外可设雀罗"；"亦忘机"出自李白《下终山过斛斯山人宿置酒》"我醉君复乐，陶然共忘机"；"细推物理"出自杜甫《曲江二首》"细推物理须行乐，何用浮名伴此身"；"远山愁黛"出自欧阳修《玉楼春》"春山敛黛低歌扇"；"乡关"句为符合平仄规律而倒装，实为"漫动庾郎乡关哀"，缘自庾信的《哀江南赋》。叶圣陶创造性地借用了这许多典故，可见他古典文学根基极

① 《叶圣陶集》第8卷，第169—170页。

深，经典满腹，善于活用。俞平伯评《浣溪沙四首》，说“用典入微，令人不觉”，这话十分精当。研读叶圣陶在“流亡”期间写的这些诗词，我们很自然地联想到“古今名句，每从飘泊中来”，“艰难诗万首”等等警句，可见作者直面现实，与时代贴得很紧。叶圣陶常说自己不是诗人，但他在抗战期间写的上百首诗词，堪称并非诗人的“绝唱”。

值得指出的是，叶圣陶的这些旧体诗本来是写给流落在各地的朋友看的，向朋友们倾诉他“流亡”中的见闻和思绪，与朋友们交流情感，并不打算发表。朋友们将其中的部分诗作交给报刊发表时，叶圣陶事前并不知道。他真正同意发表旧体诗是在20世纪50年代毛泽东发表旧体诗之后的事。

三、“最佳之自叙传”的蜀中书简

抗战期间，叶圣陶写得最多的是书信，多的时候一天写十多封，这些信大多遗失了，幸存的只有抗战初期写给留守“孤岛”的夏丏尊、王伯祥、徐调孚、章雪村、周予同等上海的朋友们的几十封信，叶圣陶生前将这些信编为两辑，即《渝沪通信》和《嘉沪通信》[①]，发表后引起了研究者的注意。

《渝沪通信》是叶圣陶在1938年1月从汉口经宜昌到重庆的途中，以及留居在重庆的十个月间写给上海朋友的二十八封信。《嘉沪通信》是叶圣陶1938年11月初到乐山后，以及留居乐山期间写给上海朋友的

① 收入《叶圣陶集》第24卷。

二十封信（截至 1939 年 9 月 16 日）。叶圣陶不顾朋友们的劝阻，怀着为了抗战不惜牺牲一切的激情，毅然尽室以行，率家入川，想“在渝或蓉重振旗鼓”，建立开明书店之出版机构。“然事势所限”，他的理想和追求统统成了“戏言”，心情的懊丧和痛苦难以言说。他思念民族的前途和命运，思念上海的朋友们，就把自己想说的话写成书信告诉上海的朋友们，并与他们约定“每旬必是一札”①，权以书信代替日常过从，互致煦沫，遥相慰藉。叶圣陶在信上或谈旅程艰辛，或叙生活琐屑，或记人情世态，或抒思乡之情，都是为了让朋友们知道他的全部生活和全部的思想情感。诚如他所说，信中写到的“所经所历所见所思所感”，皆“敬掬至诚为言”，“全是实话”，“最为亲切”，“决没有一点儿虚假做作”，“非漫然作寻常尺牍语也”。

叶圣陶写这些“至诚”的“非寻常的尺牍”，除了要告诉朋友们“客中所历种种”之外，还为了要遵循朋友们的嘱咐，“记述远行，以留鸿爪”。所以，叶圣陶一有所见所思所感，便伸纸濡毫，随意挥写，“信笔所涂”，“不遗纤屑，尽量书之，直到写尽没有脱漏”或者“手已酸，不能再写了”为止（且待下次再写）。“总之每次寄信都是厚厚的一叠，信封撑得鼓鼓的”，信里的内容很驳杂，或天上地下，或街头巷尾，或茶馆酒肆，或谈文说艺，或评人议事，“佳音恶耗”，“大事小件”，包罗极广；描写也很琐细，往往在一封信中既有战时生活的速写，又有人物小记，以及社会一角的姿影和人民的忧伤愤懑，所有这些都是一般的书信难能比拟的，也是一般的回忆录难能做到的。《渝沪通信》中关于中

① 作者录自王伯祥《〈翩若惊鸿〉序》（手稿）。

央大学简陋和叶圣陶自己心理“痛楚”的描述①，以及复旦大学“荒凉”的景象②，要不是当时写进书信里，后来回忆就写不到这么形象和真实了。《嘉沪通信》涉及的内容更加广泛。1939 年 3 月 11 日给夏丏尊的信中谈及处世哲学时说：“规范以绳己，宽容以待人，此论甚卓，最为处世善道。弟之夙习亦差近斯义，故于所遇纵至不堪，亦不至于愤怒。”4 月 10 日给王伯祥的信中谈及《中学生》杂志复刊时说：“今后我们要说真有所见的话，不效一般人搬弄几个名词术语，一切都是从嘴唇边滚下来的。又，我们要特别提倡个人之志概与节操，天下事未可料，今日之读者或者命里注定要当‘遗民’，须有志概与节操，将来乃有生望。此二意皆有感而发，言之有深痛，兄当解之。”5 月 9 日在给王伯祥的信中说到马一浮创办“复性书院”，研究“诗、书、礼、乐、易、春秋”等“六艺之教”时说：“弟极赞其不偏重知解而特重体验，不偏重谈说而特重践履；然所凭借之教材为古籍，为心性之玄理，则所体验所践履者，至少有一半不当于今之世矣。好在学生决不会多，有一二十青年趋此一途，未尝不可为一种静修事业，像有些人信佛信耶稣一般，此所以弟前信有‘以备一格未尝不可’之说也。”认为此举“系开倒车”，但亦以为可以聊备一格。1 月 29 日在给徐调孚的信中谈到周作人遇刺时说：“知堂被刺未伤，而连累及于朋友与车夫，懊恼差同。此后精神上之痛苦必尤难受。不知彼何以必须为北平寓公也。”当叶圣陶知道周作人已于 1 月 12 日接任伪职，当上了伪北京大学图书馆馆长，

---

① 1938 年 1 月 25 日致上海朋友的信。

② 1938 年 4 月 8 日致上海朋友的信。

接着又于3月28日当上了伪北京大学文学院筹备员的消息后，非常震惊。他在8月6日写给章雪村的信中说："知堂失节，闻之叹惋。院长不比一个算学教师物理教师，平日集会，总得向学生说几句话，不知彼将何辞语学生也。"总之，叶圣陶在信中写的都是他的所见所思所感。如果说"以言观人，莫尺牍若也"，那么《渝沪通信》《嘉沪通信》不仅真实地记录了大后方的各个侧影，也真实地记录了叶圣陶抗战期间在重庆和乐山时的性情。研读叶圣陶这批书简，就能"从不经意处，看出这人——社会一分子的真实"①。

叶圣陶写给上海的朋友的信"多投寄伯翁（王伯祥），或一书而请为传观，或分致诸人而汇于一函，其数殆将二百通"②。王伯祥将叶圣陶的这些书信一一编号粘集积存。然而，太平洋战争以后，"寇气渐深，风声盖紧，匪特渝申两地不敢通信，即沪上居寇亦凶焰日煽，几将逐户搜，酷施迫害，于是举凡各地亲友往还书札，悉索以付一炬。圣陶赐翰遂不免焉。及今思之，良深毁史之痛已"③。王伯祥称叶圣陶的书信为"史"，俞平伯称叶圣陶的书信是他最好的"自叙传"。他在1976年4月13日给叶圣陶的信中说："得读旅蜀旧信札及最近自题记，五花八门，应接不暇"。"此实是一大宝藏！粗粗看来，至少可说有三点。（一）从多方面反映了抗战初期动乱时代的现实。以知识分子的角度看，虽有局限性，未得其全，却非常亲切，如一剪影，即可识庐山真面也。

① 鲁迅：《孔另境编〈当代文人尺牍钞〉序》，《鲁迅全集》第6卷，人民文学出版社2005年版，第428页。

② 叶圣陶：《〈渝沪通信〉题记》，《叶圣陶集》第24卷。

③ 作者录自王伯祥《〈翩若惊鸿〉序》（手稿）。

（二）交游踪迹备见于斯，虽其人其事，览者或未详知，而就作书人说，实为那时最佳之自叙传。如对人接物之恳切，律己之严谨，工作之认真，与人为善之乐，教诲青年之盛，非特他人万万写不到，即吾兄自己若意为之，恐亦不能到也。（三）当然是思想。各信中虽非有意谈此，而偶于字里行间流露出来的，皆光明宝珠也。不偏重知解谈说而特重体验践履，如兄在蜀沪第十号信中所赞许者①，亦即弟今日所向往者也。其他各端，非此能详，谨以另篇候正。三者之外，更有纪事、纪游、谈文艺、教育、记家常生活（此似琐琐，却很重要，弟最喜观之，如见我兄那时生活状况）。……包括多多少少文字素材，若摘出‘卖文’，不知可添若干杖头钱也。”② 叶圣陶“深感相知之雅”，说这些书信是他战时生活的记录，在《渝沪及嘉沪通信跋》中说：“呜呼，此余彼时辛苦艰难忧伤愤慨之自叙状也！翻阅一过，重省所历，感慨无涯矣。”

四、汇萃“文化人”掠影的《蓉桂之旅》

《蓉桂之旅》③，是叶圣陶 1942 年从成都到桂林的纪行日记。1942 年，抗日战争进入了第六个年头。

“艰苦之避，今年为最。”日寇大举进犯，“浙省几已全陷”，“赣、粤、滇战事皆甚紧”，“通货膨胀，……各业危机已不远”，中华民族处

---

① 1939 年 5 月 9 日致王伯祥的信。

② 叶至善、俞润民、陈煦编：《暮年上娱——叶圣陶俞平伯通信集》，花山文艺出版社 2002 年版，第 109—110 页。

③ 《新文学史料》1982 年第 4 期，收入《叶圣陶集》第 20 卷。

在生死存亡的紧要关头。4 月 16 日，傅彬然从桂林来到成都，邀请叶圣陶到桂林拟定开明书店的编辑方针，筹备创刊桂林《国文杂志》，参与编写《国文手册》。叶圣陶经过了一番踌躇之后，不顾“旅途困难”，毅然成行。他这样做，固然是受了傅彬然的“怂恿”，但更主要的是出于对朋友们的怀念，想到桂林去看看老朋友。

“抗日战争期间，桂林因为政治情况特殊，成为‘文化人’集中的地方，过去在上海差不多朝夕相见的许多老朋友都在那儿。他们到桂林大致分两个时期，走两条不同的路线：有的在‘八一三’之后不久就离开上海，先到汉口，后来溯湘江而南，进入广西，少数人或绕道贵州；有的先到香港，后来太平洋战争爆发，就渡海西行，溯西江进入广西——不论走哪条路线，都是受了日本军队‘进入’的驱使。”叶圣陶则“落了单”，由上海到汉口到重庆到乐山，直到 1941 年年初把家迁到成都后，“离群索居的情况仍然没有改变”①。叶圣陶从成都出发，乘卡车和汽车，克服了重重艰难，经历了“一个月又三天”的“难以言说”的艰辛的旅行。一路上，叶圣陶的“情绪坏得无以复加”。5 月 2 日随傅彬然离开成都，5 月 3 日抵重庆，在重庆等车去贵阳，一等就是十三天。他在 5 月 12 日日记中说：“来重庆后只觉喧嚣不宁，而昨夜醒来，众响毕绝，唯闻雨声与杜鹃声，此境不可不记也”②，于是写下了被林宰平称为“好诗”的七绝《重庆不眠听雨声杜鹃声》：

终日驰车不见津，滔滔江水未归人；

---

①《〈蓉桂往返日记〉小记》，《叶圣陶集》第 20 卷，第 55 页。

②《叶圣陶集》第 20 卷，第 11 页。

渝州万籁一时寂，夜雨啼鹃听到晨。①

“不见津”比喻前程渺茫。车出重庆，群山更加奇谲峻峭，“行旅”更为艰难。叶圣陶和傅彬然在贵阳滞留长达半个月，其间他写了一首被王力（了一）称为“绝妙”的五言诗《公路行旅》，诗云：

自古难行路，今难倘有馀。
临程谈黑市，过站上黄鱼。
蚁附颠危货，麇推老病车。
抛锚愁欲绝，浑不傍村墟。②

司机一路拉客（“黄鱼”），纳费高于票值（“黑市”），使本来就很拥挤的车厢变得更加拥挤，人就像蚂蚁爬在颠簸的堆得很高的货物上一样危险。汽车有了故障，旅客还要下来推汽车，有时坏在前不着村后不着店的半路上，一筹莫展。但叶圣陶居然能坚持到最后，来到当时“文化人”集中的地方——桂林，完全是出于“经过了好几年的颠沛流离，尝够了‘相思不相见’的况味之后”，想急于见见老朋友们的心情。

叶圣陶路经重庆和贵阳，以及在桂林逗留期间遇到的老朋友少说也有一百多人。在战乱的岁月里，一别五年，突然相逢，欣然握手，“心情之畅快真是难以言说”。各人的踪迹、遭遇、见闻不同，思想、性格、感慨各异，国难深重，“人事变更难料”，以后能否重逢也说不准，彼此

---

①②《叶圣陶集》第8卷，第187、190页。

间要说的话很多，一时又不知从哪里说起，只得“东鳞西爪”地“杂谈”，说些心里最急于要说的话，一句话未了，又想起了另一句，屡屡易辙，没有中心。叶圣陶随手笔录，把朋友们的谈话，他们当时的状貌、风姿，以及他们各自的感慨、信仰都记入日记中，间加评述，使我们看到了一批“文化人”在抗日战争期间的所经所历所思所感所作所为。

“战火腾冲”，这一批“文化人”遍尝了颠沛流离之苦。叶圣陶在5月3日日记中写到重庆：“饭后在附近闲行一周，已不大认识，马路多开宽，房屋多由炸毁而重建，重建者皆低矮简陋。杂乱喧闹犹昔，煤气扑鼻犹昔，五官所触皆足以唤起印象——此乃重庆也。”① 次日日记中说：“望西三街一片瓦砾，不可辨认。欲望长江，烟雾迷蒙，未能清楚一看。当年离重庆时，以为再来之日，必且顺流东归，孰知今日重来，仍须继续为蜀中久客也。”“视巴蜀校舍，几全部被炸而经简单之修理，不复如昔日之整齐可观。房屋之大部，已租与各机关，止留教室而已。”②次日日记中写道：“余独访王云五先生于白象街。商务白象街经轰炸，先生居一小屋中治事，眠食会客亦在此。”③商务印书馆大老板尚且如此，一般“文化人”的境况就可想而知了。贺昌群“生活艰难，以后拟请夫人亦出外任事”④。在贵阳见到谢六逸，日记中说：谢住在贵阳乡下，仅居破旧“茅屋三间”。在桂林，丁晓先夫人“谈逃难经过，滔滔不绝”；茅盾夫妇“五年来行路最多，见闻自广”。上海沦陷后，茅盾就离开上海到了广州，再由广州去新疆，复延安，复重庆，复香港，

---

①②③《叶圣陶集》第20卷，第5、5—6、6页。

④ 叶圣陶1942年5月6日日记，《叶圣陶集》第20卷，第7页。

复桂林。叶圣陶与茅盾说的话最多。6 月 7 日日记中写道："席间雁冰谈在西北时骑马，射猎，饮马酪，吃烤羊之情景，颇动听"。6 月 9 日日记中写道："至雁冰所，应其招饭"。席间，"雁冰为余谈在新疆一年之所历，颇长异闻"。这次叙谈，从上午十一时一直谈到下午四时半，"雁冰夫人复谈香港脱险经历，南北往来行程经历皆可听"。这一批"文化人"遇到的坎坷难以想象，但他们并不因之气短心灰；无论是私下晤叙，还是在茶肆宴席上的畅谈，谈得最多的还是政界、学界、文化界的现状，以及修养、学识和"立身之要"，所谈的都是有感而发，出自肺腑。他们思念故乡，思念亲友，可最关注的还是"国际之纵横捭阖"和日本帝国主义军事侵略的步步深入。时局危急，他们"忧心如捣"，对国民党反动派消极抵抗、积极反共，表示极大的愤慨。6 月 21 日的日记中写道："与仲华闲步街头，君语我镇压青年及被认为不稳分子之实况，闻之深叹"。为了笼络"文化人"，国民党政府派说客到桂林游说，"迎'文化人'来渝"。叶圣陶在 7 月 9 日的日记中写道："刘百闵自乐群社打电话来邀往午餐。……刘此次来桂系代表中央邀自港撤退之'文化人'赴渝，但来已两月，殊无成果。其意似欲余向雁冰、仲华劝说。其语亦有感情，有理由，而谓某某人必须住某处而不宜住某处，则没甚道理。"次日日记中说："至雁冰所，以昨与刘君会晤事告之。于仲华亦然。二人均无应招径行重庆之意。"刘百闵在桂林游说了两个月，"殊无成果"。这些史料，生动地说明了沈雁冰、金仲华等"文化人"爱憎鲜明的崇高人格。

《蓉桂之旅》真实地记叙了一批"文化人"当年的风貌："清癯而健"、年老而精神不老的沈钧儒；"勤奋益甚"的王云五；到处奔走，

“繁忙特甚”的顾颉刚；“壮健犹昔”的徐盈、彭子冈夫妇；“风度依然”的宋云彬；“谈风之健仍如曩日”的洪深；“浓髯益多”的丁晓先；“比以前消瘦多矣”的谢六逸；“貌清癯，须发萧然”的柳亚子；“壮健诚恳犹昔”的孙福熙；指导桂剧戏班的欧阳予倩；求医不得，几乎流落街头的高士其，等等。叶圣陶过去与他们的交往或多或少，感情也有深有浅，但欣然重逢时“心情之畅快真是难以言说”，相互拜访，争先招宴，那“惊呼热中肠”的情景，正是“文化人”相濡以沫的写照。叶圣陶走访黄炎培，黄炎培谈及传统与现代的关系，“谓一作家必上承文化传统而及于今日此时之观点，又必大概审知世界情况而及于我国人之观点。若纵不随往古，横不知世界，或纵与横俱备而不立自己之观点，皆难有成就”，叶圣陶对此极表赞同。马宗融来访，谈“宣传回教教义”的意义，叶圣陶并不信教，但对马传教的热忱极为钦敬，“君风度依然，语有妙趣，五十一岁，犹有童心”。梁漱溟邀请叶圣陶吃月牙山豆腐，席间梁漱溟大谈儒家的“理性”，说：“中国文化之特质为理性发展得早”，“故中国社会史之种种问题皆当从此一结论出发而探求之”。叶圣陶并不赞成这种观点，却认为梁“有所见到”，不失为一家之言，敬佩他的“严肃”和“沉着”。从他们身上我们还看到了老一辈知识分子赤诚相见，不卑不亢，言必由衷，求同存异，互敬互爱的美德。

《蓉桂之旅》的字里行间洋溢着老朋友握手晤叙时的欣喜，也交织了不及往访时的怅惘。5 月 5 日日记云：到白象街访王云五，“途中遇姚蓬子，询知老舍刻离城居乡，不获会面为怅”。抗战爆发后，丰子恺从浙江经江西、湖南到汉口，复往长沙、桂林、柳州、宜山、都匀，暂居遵义。叶圣陶和丰子恺彼此都有好多话要说。车过遵义时，少停即复开，叶圣陶未能往访丰子恺，很是怅惘。在西去的汽车中，写了《自重庆之贵阳寄子恺遵义》，诗云："始出西南道，川黔两日间。凿空纡一径，积翠俯千山。负挽看挥汗，驰驱有愧颜。怅然遵义县，未获叩君关。"丰子恺的子女丰宛音和丰一吟等在《丰子恺传》[①] 中说："叶圣陶从成都到桂林，道经贵阳，惦记着住在遵义的老朋友丰子恺，便在小旅馆里寄来了一首诗表示思念之情"，"隆盛的友情使丰子恺的心感到无比的温暖"。

五、堪称"民国史"的战时日记

叶圣陶早年的日记取名为《圣陶日记》。抗日爆发后的日记取名《西行日记》，从抗战之初携家入川开始记起，直至抗战胜利离开重庆为止。《西行日记》原本有十三大册，头三册在乐山遭敌机轰炸（1939 年 8 月 19 日）时烧毁。第四册又被一头产子的母猫撕毁了前半本。剩下的九册半，时间跨度为七年又八个月，分作《避地嘉州》《廛寄蓉城（上）》（收入《叶圣陶集》第十九卷）和《蓉桂之旅》《廛寄蓉城（下）》《复员第一程》（收入《叶圣陶集》第二十卷）共五个部分。与《复员第一程》衔接的是《东归日记》，是叶圣陶携家乘木船回到上海，以及随后在上海居住的三年间的日记。接着是《北游日记》。1949 年 1 月 7 日，叶圣陶受中共中央的邀请，偕夫人胡墨林绕道香港进入北方解放区，从此定居北京，到 1988 年逝世，一直住了将近四十年，《北游日

① 《新文学史料》1980 年第 4 期。

记》这个名字却沿用下来，共五十六册，少说也有四五百万字。叶圣陶的日记是一笔丰厚的遗产，仅就《西行日记》来说，就是一部不可多得的教材，读者从中可以看到抗日的烽火、民族的灾难。

《西行日记》的第一部分《避地嘉州》，说是“避”，其实和普天下的中国人一样，叶圣陶岂能逃过日本帝国主义侵略者的魔爪。1939 年 8 月 19 日，日本军队出动三十六架飞机，在乐山城内狂轰乱炸，叶圣陶一家人幸免于难，而房屋、衣物、书籍文具悉付一炬。他在 8 月 20 日日记记：

> 昨日之轰炸，下弹时间不过一分钟，而热闹市区全毁。死伤者殆在千数以外。……①

8 月 22 日日记中写到乐山被炸后的惨象：

> 晨与二官入城购零物，而所得甚少。至土桥街，一片瓦砾场，焦枯之气扑鼻，死尸已起出，偶见一二白木棺而已。右折经玉堂街，焚烧至三馀味而止。入公园，中山堂正中中一弹，堂分为前后二部。……至武大宿舍，同学咸来致慰，余谢之。出宿舍遇刘南陔，共言彼此同命，苦笑而别。访高晋生，而朱东润亦寓其处，朱所寓安居旅馆已坍塌。坐少顷，又访子馨，其寓后之小学校中一弹，弹穴径丈馀，毁屋一间。……经东大街较场坝，无一遗留之

① 《叶圣陶集》第 19 卷，第 198—199 页。

屋。余寓门面尚在，伫立有顷，感不可言。返身走河街，火势至中河街而至。①

乐山毁于日本侵略者的炮火，成都亦然。1939 年 8 月 11 日，叶圣陶应邀到成都为暑期讲习班作演讲，住在城内沙利文饭店，他在当天的日记中写道：

我们所住为四楼，下望全城，屋舍隐于树木之中，真如“锦城”，与北平相仿。顷过巷陌，见人家门墙，雕镂绘彩亦类北平，绿树森森常出墙外，诚居家之良地也。然大轰炸以后，迁住他处者闻已不少。被炸区域曾见数处，皆甚广大，已整理清楚，虽颓垣断壁，而无惨象矣。城门旁之城墙正在拆除，便于城中人闻警时出城。②

成都的城墙拆于 1939 年，是为了便于市民“闻警时出城”而拆的，假如不读这则日记，我们恐怕不会想到成都的城墙是毁在日本侵略者手里的。

在我国现代作家中，像叶圣陶这样记有较完整的抗战日记的不多，所以《西行日记》显得格外珍贵，是我们阅读和研究抗战历史、抗日统一战线、抗战文艺、战时教育，以及作者生平、思想与创作的不可多得的史料，既可以当作“文学作品”来欣赏，也可以作为“民国史”“流

①②《叶圣陶集》第 19 卷，第 200、187—188 页。

亡史”来解读。请看1942年5月7日在重庆的日记：

吴朗西来访，为别已三年有馀矣。君忙于业务，而仍兼顾文化生活社之出版事。聆其谈罗致文稿、待遇作者及推广销路之办法，皆有理想。最近将往金华，为其服务之银行设办事处，顺便运回存在上海之书籍。君知余能饮，邀往一家售绵竹大曲之店。自菜馆不许饮酒以来，酒店之生意大好，客恒不断，几如茶馆。例不许售荤菜，只备花生豆腐干。各饮酒二两，遂饭于粤香村，又吃茶于某茶室而别。所谓茶室，布置类咖啡店，茶一杯值一元五角。①

那时国民党政府规定：国难时期不让大吃大喝，除酒店外，菜馆一律不许喝酒，点菜也只能四菜一汤。有些饭店为了招揽生意，就用茶壶装酒，顾客似乎在用茶壶喝茶，其实是在喝酒，美其名曰：欺上不欺下，瞒上不瞒下。叶圣陶乘汽车和卡车到了广西金城江后，居然托宾馆买到去桂林的“二等卧车（火车）票”。请看叶圣陶日记里记载的火车：

1942年6月3日　车系由各路原有车辆杂凑而成，人戏名为车辆展览会。我们四人②占一间。室中器用固以前所惯见，而睽违已五年，骤见之不无异感。电扇生风，电铃唤役，绒毯软垫，无不舒适。以视挤坐于卡车之中，何止天壤之判耶。车以下午一时十分开，行驶甚缓，平均每时殆不足三十公里。窗外所见唯广西风格

---

①《叶圣陶集》第20卷，第8页。

② 同行的傅彬然等。

之山，略有田亩。所经镇集县城不能详记。七时至柳州，停两点多钟再开。我们就睡，而衬褥太厚，天气闷热，又略有蚊虫作祟，不能安眠，终夜朦胧而已。

1942年6月4日　（晨）五时起身，见窗外下雨，念桂林将到，殆可以不复在车中遇警报。讵意六时许车抵横山即传有警，车遂停止不进。询知敌机来者仅一架，颇不足怕。察头等卧车所谓“蓝皮钢车”者，车箱顶下有钢件颇多，伏其间避机枪弹绰绰有馀，因不复他适。同车之客则有避至路旁山上者。等候两时许始解警，车复开行。……

列车“系由各路原有车辆杂凑而成”，“戏名为车辆展览会”。“头等卧车所谓‘蓝皮钢车’者，车箱顶下有钢件颇多，伏其间避机枪弹绰绰有馀”，敌机用机关枪扫射时伏在车厢里就可以了，不用下车到“路旁山上”躲避。这样的“头等卧车”，不读叶圣陶的日记大概是想象不到的。

叶圣陶从成都到桂林，途中走了“一个月又三天”，沿途阻难重重，想起就心有余悸。回程时托人买到了欧亚公司的飞机票。1942年7月11日，叶自桂林机场乘飞机飞往重庆。且看当天的日记：

晨二时离开明，洗翁、士敭、彬然、瑞清送行。余言此生未必再来桂林，此游良可珍惜。诸君言未必然，人事变更难料，或不久须重到也。至欧亚公司，乘客到者尚无有。候至三时半，客始到齐，遂入汽车往机场。送客者例不得同往，珍重道谢，招手而别。

车行约半时许到达，亦不知所经何路，场在何地。到则入一草棚中。至天放明，关员检查行李。见场外一机，机身大如两间房间，两翼横广，约相当于屋七间。发动机凡三个，一一开动，试验推进机之旋转有无障碍。旋公司主任令上机，诸客自机左侧之小门入。座位凡两行，每行七座，余坐左边之第四座，正居中。自窗外望，即见左翼之顶部，如在楼上望平屋之屋面。五时四十分开行，左旋右转数次，机即直驰，渐渐离地，初不知觉。在漓江上空北行，未能详观桂林市廛。余初以为或将感觉不舒，此时乃知不然，与乘汽车无异，又似乘江上小船，有随波轻荡之感。机声虽响，亦不致震耳，初塞棉花，旋即去之。凭窗外望，唯见山头，大约黔桂之山带黑色，川境之山多绿色。白云铺于谷间，为诸山之界。有时下望尽是白云，初阳照之，其白乃见明朗，卷舒松散似棉絮，不像雪山。有时掠疾流之云而过，则暂时无所见。余虽不知升高若干尺，意料之殆不甚高。机头司机者三，机械复杂远胜汽车，亦不知其分职何如。乘客有老头、老太太，有时装女子、西服青年，有美大使馆馆员一人，又有日本俘虏一人，一军官押解之。此俘虏似作冥想，垂目而坐，不知其何所思也。余曾入睡半时许。八时半降落于重庆江中之珊瑚坝。自桂至渝不足三小时，痛快极矣。若陆行乘木炭汽车，即一路无耽搁亦须半个月。①

① 《叶圣陶集》第20卷，第50—51页。

桂林机场的候机室是“草棚”，叶圣陶乘坐的飞机只有十四个座位，乘飞机“与乘汽车无异，又似乘江上小船，有随波轻荡之感”，怕机声震耳，“初塞棉花”，驾驶室与机舱之间不隔，乘客可看到司机如何操作，机上也不供应饮料和食品，但感觉“痛快极矣。若陆行乘木炭汽车，即一路无耽搁亦须半个月”。要写我国现代航空发展史，这则日记不可不录。

日记中写到的城市和乡村以及“文化人”，显然比留存下来的“老照片”生动得多，珍贵得多。且看日记中的广西金城江畔的河池县城：

> 1942年6月2日　（下午）五时后与彬然出游街市。店铺皆极简陋之板屋，杂乱无序，群蝇乱飞，令人不快。此处自黔桂路通达以后始成要地，将来路线展长，便将为一无关紧要之小车站。今之充斥于市廛者，为旅馆、餐馆与日用品店。活动其间之人物则以司机为众，而娼妓、赌徒亦复杂厕其间。市面虽如此，自然景物却不恶。四望皆山，突兀矗立，近翠而外，复见远青。金城江水流颇急，江中有滩，激水若沸。市街之杂乱喧扰如彼，山水之静穆严整如此，共处一境殊不调和。①

“市街之杂乱喧扰如彼，山水之静穆严整如此”，这种“殊不调和”只有在沈从文的湘西小说中才能见到，不料叶圣陶路经广西时亦有同感。至于日记中写到的“文化人”的命运，真叫惨不忍睹，且看那时的高士其：

① 《叶圣陶集》第20卷，第26页。

1942年7月9日　（清晨）忽言有高君来访，下楼见一木然之人，目定，身僵，面无表情，扶一人而立。其一人自言黄姓。高君即高士其，前曾为《中学生》撰稿，集其稿而编成《菌儿自传》《细菌与人》者也。高毕业于清华，继留学美国，研究细菌。有某种细菌自其耳际入于脑，神经系统遂受损伤，司言语与动作之官能皆木僵不灵，得病已十五年，近乃加剧，曾在各地治疗，今日自曲江到此（因曲江疏散人口）。扶之坐，则垂头而坐，手脚皆抖动不已。与之语，发言甚慢，且不相连贯，久之乃曰"我说不出来"。为科学研究而牺牲至此，深可悲悯。黄君系其同学，云至医院就医，无空病榻，遍找旅馆，亦无一空房间，希望相助。洗翁乃嘱同人代为寻找，居然于隔壁西亚旅馆得一单人房间。黄遂扶之而去。黄言在桂林有高之友好数人，须往访之，庶几可以共同扶助。又言高拟撰《自然科学发达史》，已拟定大纲，将来殆须有人为之笔录云。

…………

傍晚与洗翁对酌。彬然来，谈有顷即去。晚饭后煮粥一器送与高君，与洗翁偕看之。黄君言高饮食由渠喂之，夜眠与同榻，以便照顾。友情如此，良可感动。高君闽人，其家属皆在本乡。①

著名学者、科普作家高士其贫病交加，流落街头。日记中对国民党当局

① 《叶圣陶集》第20卷，第48—49页。

的腐败的揭露令人瞠目结舌。且看抓壮丁的几则日记：

1944年11月12日　有某地从军学生数人，途中被拉充壮丁，结果如常例，以每人数万元赎出。此事甚确！系马君所述。役政如是，焉能有改善之望。迩来每逢警报，逃避者稍趋僻远，恒有被拉之虞，单身行旅亦复难免。受百且谓军校学生，全身武装，亦尚被拉。拉壮丁之部队，盖视其事为劫盗矣。呜呼！。①

1945年4月9日　晚饭后，忽人声鼎沸，传言隔壁茶馆中寄居之壮丁脱逃。既而屋瓦上有脚步声，一壮丁破屋面而下，求予宽容。旋趋入厨房，又越墙他去。事后闻人言，壮丁逃去者将二十馀人。此等事近日时有所闻。缘本年抽丁，一次征足全年之数（本分四季），故额数特多。乡镇抽齐后（实非抽而为买），皆送入城来，而师管区有种种需索，不即收点，于是寄居于各街巷。壮丁之食既不好，待遇犹如囚犯，遂皆欲伺机而逃。前此十馀日，三桥街有一壮丁脱逃，被枪击而死。上星期祠堂街有壮丁逃入少城公园荷池中，追者拘及之，以大刀痛击其身，旁观者不平，则群击操刀者，警察来弹压，亦被痛殴。昨夕祠堂街复有逃者，看守之兵放枪，死数壮丁及二路人。今夕我街居然未放枪，犹为幸事。役政之坏，至今而极。以人口为卖买，狡黠者从中取利，俨然一新辟之牟利事业。待遇不改善，中签入伍者苦于牛马，以此拒敌，甚于缘木

①《叶圣陶集》第20卷，第322页。

求鱼。思之伤心，闻之惨恻。而政府方且以役政已趋改善自诩也。颇思作一文刊于报纸，供军政部长陈诚、兵役部长鹿钟麟读之，而因循未果，心头总似有一事未了者然。①

1945年4月10日　昨夕跳屋而下之壮丁实未越墙他去，竟夕蜷缩于两屋夹墙之间。今夕厨下有人声，渠始出。询之，知其人姓黄，十七岁，居西门外，为粗纸业，出外收账，途中被拉，身上衣服及囊中一万馀元均为军官没收，而易穿灰布军服。我们遂检出旧衣令其改装，以便俟机走归。渠不敢以夜行，恐逻者守于街之两端，拟以明日清早疾驰以归。昨夜逃脱之壮丁殊不少，住茶馆中者为一连人，今日观之，似留者不过三四十人。方纷纷走散时，街坊人民抱住军官与守兵，夺其手枪步枪，乃未致开枪杀人之祸。夺去之枪不复交出，则其未必纯出于抱不平怕出事之心理，可推知也。看报，知此批壮丁将候机运往昆明，据云于一星期内可以运毕。②

叶圣陶对“壮丁”深表同情，对国民党政府“役政”腐败的愤怒已经不可遏止。次日日记中写道：“燕大二学生来，谈日来访问留城待送壮丁所见所闻，惨事甚多，闻之气愤。”次日，叶圣陶出席成都各大学联合举办的兵役问题座谈会，在日记中写道：

晚饭后，燕大学生来邀，参加各大学代表之兵役问题座谈会。

①②《叶圣陶集》第20卷，第386—387、387—388页。

诸人发言皆有见，而结论则为此是整个问题之一部，政治不民主，即兵役不能改善。争取民主，当自各项具体事情上表现之，就兵役问题有所工作，即一种之表现。主张发起募捐，经常慰问入营壮丁；刊印记录，将所见所闻报告于社会，面谒兵役部长鹿钟麟（即将来蓉），为壮丁请命。此数事若经各大学之自治会赞成通过，即可成为事实。九时半散。

今日城中寄居之壮丁已迁出城外，闻在城之西北，不知何地，其总数为八万人。大约当局亦觉太不像样，恐惹是非，不如匿而不见之为愈也。①

阅读这些日记，我们很自然地联想到电影《抓壮丁》，以及沙汀的短篇小说《在其香居茶馆里》、长篇小说《淘金记》和《还乡记》中所揭露的有关“役政”的种种弊端。国民党当局把“壮丁”当作“猪仔”，也是导致蒋家王朝覆灭的一个原因。

六、国文教科书必须“另起炉灶”

八年抗战，叶圣陶差不多有五年时间是当教员。在重庆时在重庆巴蜀学校、中央国立戏剧学校和复旦大学任教，搬到乐山后在武汉大学任教，在成都四川省教育科学馆任职期间，也曾应邀到光华大学和华西大学讲授国文，到齐鲁大学讲授“中学国文教学”专题课。他边教书，边

① 《叶圣陶集》第 20 卷，第 389 页。

编书，前后编写了《记地之文选》、《记人之文选》、《国文精读文选》、《抗建国文教材》、《中学精读文选》（与胡翰先合编）、小学教师辅导读物《小学生诗选》（与田泽芝合编）、小学初级学生用《普益国语课本》（与叶至善合编，全书共六册）、台湾临时教科书《小学国语教本》和《初中国语教本》（与丁晓先、叶至善合编）。教学实践使叶圣陶更深切地认识到教材建设刻不容缓。当时流行的教科书大都是“闭门造车”，“学生实在消化不来”，中小学国文教科书必须“另起炉灶”，重辟途径。他还再次谈到国文教学的主要任务是阅读和写作的训练，教材选材的范围应该扩大到非文学作品的应用文，国文教学不是文学教学。他说：“国文所包的范围很宽广，文学只是其中一个较小的范围，文学之外，同样包在国文的大范围里头的还有非文学的文章，就是普通文。这包括书信、宣言、报告书、说明文等等应用文，以及平正地写状一件东西或载录一件事情的记叙文，条畅地阐明一个原理发挥一个意见的论说文。中学生要应付生活，阅读与写作的训练就不能不在文学之外，同时以这种普通文为对象。”

经历了战争和“国难”，叶圣陶对旧教育的弊端看得更透彻了。他说：“旧式教育可以养成记诵很广博的‘活书橱’，可以养成学舌很巧妙的‘人形鹦鹉’，可以养成或大或小的官吏以及靠教读为生的‘儒学生员’；可是不能养成善于运用国文这一种工具来应付生活的普通公民。”① 他说旧式语文教学有三大弊病：第一是阅读教学不适当地强调所读的内容，而把语文本身的规律放在次要的地位；第二是在作文教学

① 桂林《〈国文杂志〉发刊词》，《国文杂志》创刊号，1942 年 8 月 1 日。

上要求模仿一套程式；第三就是读书作文不是为了增长知识，发表思想，抒发感情，而是为了应付考试。他强调说：我们今天的国文教学的目标，“在养成阅读书籍的习惯，增植欣赏文学的能力，训练写作文字的技能”①。不能把语文课看作“知识课”，教学方法不能以“讲为主”；而是要“教”，教学生去“学”，使学生由被动变为主动，从而“养成阅读和写作的习惯”。“阅读是‘吸收’的事情，从阅读，咱们可以领受人家的经验，接触人家的心情，写作是‘发表’的事情，从写作，咱们可以显示自己的经验，吐露自己的心情。在人群中间，经验的授受和心情的交通是切要的，所以阅读和写作两项也最切要。这两项的知识和习惯，他种学科是不易担负授与和训练的责任的，这是国文科的专责。”②

1942 年 1 月，叶圣陶创办了成都《国文杂志》(出至第六期停刊)。1942 年 8 月，叶圣陶开始主编桂林《国文杂志》。他发表了一系列有关语文教学的论文，还和朱自清合作，撰写了《精读指导举隅》《略读指导举隅》《国文教学》等三本关于语文教学的专著。

《精读指导举隅》和《略读指导举隅》这两本书称作“举隅”，当然是作为范例的意思，供教师指导阅读和学生自己阅读时“举一反三”。

《精读指导举隅》专重精读指导，1941 年 2 月由四川省教育厅出版，为四川省立教育科学馆“国文教学丛刊”之一。1942 年 3 月由重庆商务印书馆出版，1944 年 7 月渝三版，1946 年 2 月上海商务印书馆初版。书中选了欧阳修《泷冈阡表》、鲁迅《药》、徐志摩《我所知道的

---

① 《〈略读指导举隅〉前言》，收入《叶圣陶集》第 14 卷时改题名为《略读的指导——〈略读指导举隅〉前言》。

② 《略谈学习国文》，成都《国文杂志》1942 年第 1 期，收入《叶圣陶集》第 13 卷。

康桥》、胡适《谈新诗》（节录）、柳宗元《封建论》、蒋中正《第二期抗战开端告全国国民书》，都是当时教科书里常见的。其中《鲁迅〈药〉指导大概》《胡适〈谈新诗〉（节录）指导大概》《柳宗元〈封建论〉指导大概》和例言是朱自清写的，其余三篇的指导大概以及前言，是叶圣陶写的。“精读”贵在再三玩味，反复咀嚼，充分汲收书中的知识和智慧。“精读”指导贵在“纤屑不遗，发挥净尽”。他们对中学教师怎样指导学生“精读”提出了许多切实的建议。他们提出，在“指导”前先得令学生“预习”（“预习”包括三个方面：一是通读全文；二是认识生字生语；三是解答教师提示的问题，写成笔记）。“指导”过程中要注重“课内讨论”。“指导”之后要有“练习”。这种“练习”分为“吟诵”、“参读相关的文章”和“应对教师的考问”。

叶圣陶和朱自清认为：“要考查学生对于文字理解与否，听他宣读是最方便的方法”；“要考查学生对于生字生语的认识程度怎样，可以看他的笔记，也可以听他口头回答”；“上课时候令学生讨论，由教师作主席、评判人与订正人”。讨论要进行得有意义，“第一要学生在预习的时候准备得充分”，“第二还得在平时养成学生讨论问题，发表意见的习惯。听取人家的话，评判人家的话，用不多不少的话表白自己的意见，用平心静气的态度比勘自己的与人家的意见，这些都要历练的”。在实行时最有关系的事是教师的提示和解析，学生有错误给予纠正，有疏漏给予补充，有疑难给予阐明。课内指导之后，“为求涵咀得深，研讨得熟”，还要指导学生“吟诵”。叶圣陶认为：“国文和英文一样，是语文学科，不该只用心与眼来学习；须在心与眼之外，加用口与耳才好。吟诵就是心、眼、口、耳并用的一种学习方法”。“吟诵”能加深“理智地了解”和“亲切地体会”，达到“合于规律”“通体纯熟”的境界。其次是指导学生参读与精读课文有关的文字，在“敏捷上历练”，提高阅读的速度。最后是采用多种方法进行考查，“如背诵，默写，简缩，扩大，摘举大意，分段述要，说明作法，述说印象”等等，敦促学生“既要知新，又要温故”。叶圣陶列举的这些“考查”方法，至今仍为各校（甚至统一高考时）广泛采用。“各篇的‘指导大概’皆注重说明例文的体制、主旨、作者意念发展的线索，取材的范围、手法、笔调，及构成本文特殊笔调的因素；说明各段大意，各段文字在全文中的作用；指出在文章理法上有关系的章节、句，说明其呼应、承转；指出须加体味的字句，玩索其言外之意；以及注释较难懂的字、词、句。（文言文则特重叠字的解说。）间亦论及作家的思想、创作的背景、论辩的对象等等。”① “此外对于例文所要发挥的意思及例证往往有补充”，“也有指摘及订正例文中错误的地方”②；有时用他篇文章作比较，以助说明。如此指导学生精读，确实能起到举一反三的作用。也正是因为“指导”得相当到位，朱自清在《中学生与文艺》一文中郑重推荐《精读指导举隅》，说：“这是详细的讲解，注重怎样分析语文的意义。恕我‘戏台里喝采’，推荐了自己的书。”③ 余冠英在《介绍〈精读指导举隅〉》④ 一文中称赞这本书写得特别“谨慎用心”。

从“精读”扩展到“略读”的过程，是学生从“学习”到“应用”的过程。“学生从精读方面得到种种经验，应用这些经验，自己去读长

---

①② 余冠英：《介绍〈精读指导举隅〉》，《国文月刊》第 1 卷第 10 期，1941 年 9 月 16 日。

③《朱自清全集》第 4 卷，江苏教育出版社 1996 年版，第 474 页。

④《国文月刊》第 1 卷第 10 期，1941 年 9 月 16 日。

篇巨著以及其他单篇短什，不再需要教师详细指导，这就是‘略读’。就教学而言，精读是主体，略读只是补充；但就效果而言，精读是准备，略读才是应用。学生在学校的时候，为了需要与兴趣，须在课本或选文以外阅读旁的书籍文章；他日出校之后，为了需要与兴趣，一辈子须阅读各种书籍文章；这种阅读都是所谓应用。使学生在这方面打定根基，养成习惯，全在国文课的略读。如果只注意于精读，而忽略了略读，功夫便只做得一半。其弊害是想象得到的，学生遇到需要阅读的书籍文章，也许会因没有教师在旁作精读那样的详细指导，而致无所措手。现在一般学校，忽略了略读的似乎不少，这是必须改正的。”有感于此，《略读指导举隅》着重指导怎样略读。该书 1943 年 1 月由重庆商务印书馆出版，为四川省立教育科学馆“国文教学丛刊”之一。1945 年 10 月渝三版，1946 年 12 月上海商务印书馆初版。书中以《孟子》《史记菁华录》《唐诗三百首》《蔡孑民先生言行录》《胡适文存》《呐喊》《爱的教育》等七部书作例子。《〈唐诗三百首〉指导大概》《〈蔡孑民先生言行录〉指导大概》《〈胡适文存〉指导大概》等三篇是朱自清写的，其余四篇以及例言和前言都是叶圣陶写的。“略读”指导贵在“提纲挈领，期其自得”。他们认为“略读”指导包括：一，“读书前指导”（一是版本指导，让学生知道哪种本子较好；二是序目指导，提示学生怎样看序文和目录；三是参考书籍指导，引导学生广博地翻检参考书籍；四是阅读方法指导，帮助学生养成脚踏实地、毫不苟且的优良习惯，达到“过目不忘”“展卷自得”的境界，并且对怎样阅读知识书籍、小说、剧本、诗集、古书提出了具体的意见；五是问题指导，教导学生如何带着问题读书，怎样写读书笔记）；二，组织学生阅读；三，课内讨论；

四，读书成绩考核。

叶圣陶说他和朱自清写这两本书是很“谨慎用心”的，分析文章的方法很细，于文章理法不作空论泛说。“精读”与“略读”同样重要，古人“譬之兵家战争”，谓“精读如读书，则深沟坚垒，得地能守者也”；“略读如看书，则攻城争地，开拓土宇者也”。这里更值得注意的是叶圣陶和朱自清对“略读”的诠释。他们所说的“略读”的“略”，并非“粗疏”“不求甚解”，并不像我们平常所说的只是一般意义上的浏览，“略加翻阅”，一目十行式地“溜一眼”，而是要有阅读的速度，能抓住要领，达到“过目不忘”“展卷自得”的境界。“略读”之道贵在能拓宽知识面，发现问题，学到方法，找到研究的方向。叶圣陶和朱自清把国外先进的教育理论同我国传统教育中的精髓结合起来，并使之成为具有民族特色的思想体系和教学原则的典范，是教师教学的宝鉴，也是学生自学的门径，是一般读者登堂入室的指南。

《国文教学》[①] 汇集叶圣陶和朱自清谈如何搞好语文教学的文章（内收叶圣陶的《对于国文教学的两个基本观念》《论国文精读指导不只是逐句讲解》《谈语文教学》等，共八篇），偏重语文教学的“技术方面”，着重发展“一般学生了解文字和运用文字的能力”（《〈国文教学〉序》）。“各篇中有谈原则的，有谈方法的，都根据他们的经验而写下来，绝没有散漫空泛的浮辞。他们所谈的国文，并不像有些人那样单把文言文当作国文。他们谈教学，是双方兼顾的，关于教的该怎样教，学的该怎样学，都有论及，也不像有些人那样老站在教师的立场说话。因

① 叶绍钧、朱自清著：《国文教学》，开明书店 1945 年版。

此，不论教师和学生，都可以从这本书中得到不少帮助。”[1] 从20世纪30年代起，有识之士就不断呼吁：我们的国文教育是“愚蔽教育”，国文教学“选材溺于一偏之说，使学生没有比长挈短的机会”，致使中学生“国文程度低劣”，青少年无书可读，学术著作也显出谫陋和荒芜。为了改变这种局面，叶圣陶在20世纪30年代写了《文心》《阅读与写作》《文章讲话》（以上均与夏丏尊合著）、《文章例话》等教学参考书，抗战期间又与朱自清合写了《精读指导举隅》《略读指导举隅》《国文教学》，为改革语文教学，为青少年学生不被旧教育所“愚蔽”“戕贼”，为我国教育事业的发展，尤其是大、中、小学的语文教育作出了卓越的贡献。

七、“四载侨寓弥可念”

叶圣陶一家在成都住了四年又八个月。成都，给叶圣陶留下了许多难忘的回忆。他在1980年7月写的《望江南十首》[2] 中说：

成都忆，缘分不寻常。
四载侨寓弥可念，几番重访并难忘。
第二我故乡。

---

① 《国文教学》（广告），《国文月刊》第48期，1946年10月20日。
② 《叶圣陶集》第8卷。

成都忆，茅屋赁农家。

门外溪流东注水，春来屋隐白梨花。

入夏饱听蛙。

成都忆，绿野际天宽。

慈竹深丛随处是，桤荫活水自潺湲。

佳趣颇多端。

成都忆，家近浣花溪。

晴眺千秋西岭雪，心摹当日杜公栖。

入蜀足欣怡。

成都忆，得见草堂新。

书卷收藏欣美备，园林构筑雅无伦。

四季集游人。

成都忆，常涉少城园。

川路碑怀新史始，海棠花发彩云般。

茶座客声喧。

成都忆，登眺望江楼。

对岸低回怀故友，苍波浩渺记前游。

附舸下嘉州。

成都忆，看竹望江楼。
本土殊方诸品种，高竿丛篆并清幽。
人在画中游。

成都忆，近邑偶经行。
酒试郫筒曾宿店，桥循竹索上青城。
一路好泉声。

成都忆，几度访离堆。
放水曾来观仪式，扩充近复睹宏规。
蜀守大名垂。

前六首以及第八、九两首写成都的风情和生活情趣，第十首写新中国成立后四度重访成都（1958 年 1 月、1961 年 4 月、1965 年 11 月、1978 年 5 月）；第七首述说的是他与朱自清在成都的交往。“附舸下嘉州”，说的是 1940 年 8 月 7 日，乘木船顺岷江而下，由成都返回乐山，看望家人。8 月 6 日傍晚，朱自清和几位朋友前来送行，一起饮酒，“不为劝迫，随意举杯，颇为舒适”，这可称得上是“酒逢知己”。可回乐山途中的经历太困难了，请看叶圣陶的两则日记：

8 月 7 日　晨六时离陕西街，雪舟及学徒江仁根送余，为招管行李。出东门，至船码头，布置妥帖，然后与雪舟道别。客来渐多，皆因江水上涨，新津河汽车不能过渡，无法乘汽车而改乘木船者。既而挤满一舱，余坐舱之右舷，亦复局促，仅比前此乘汽车略宽舒耳。船久久不开，客多喧噪，有三五人退票登岸。舟子盖与码头经纪人算账未完，拿钱未尽到手，故延搁也。直至十一时半，始解缆。

两岸皆丛树田亩，颇似行于江南水港中。问明日可到嘉否，舟子及乘客皆言开船已迟，明日殆难到达。余闻而怅怅，如此枯坐两天有馀，无聊极矣。所携《十八家诗抄》一部不慎漏落舱底，货物堆积，难以捡起，因是展卷亦不可得，唯吸烟而已。行约八十馀里，天已薄暮，舟忽搁于滩上，推撑拉曳，全体舟子皆下水，而仍不得动。历一点半钟，始复动。少进，泊于一小镇，不知其名，但知尚在华阳县境也。多数客皆登岸就小客栈歇，余以客栈之臭虫蚊子可怕，且天方下雨，雷电交作，登岸亦麻烦，决宿于舟上。旁座一胡君，无锡人，治蚕丝之学，将至技专校蚕丝科任事，其铺盖置于舱底，骤不能取，余遂与之共被而卧。

舟中照例备白饭两餐，余见其饭甚硬，未吃。雪舟为余买点心两匣，又馈余鸡及肉一碗，余即食之以果腹。船上无茶水，竟日未沾滴水焉。十时雨大作，篷漏，水沾被褥，亦无可奈何。朦胧竟夜，雨终弗止。①

8月8日　　五时独起，登岸解手。六时开船，雨渐止，水则大涨，黄流滚滚，舟行如张满帆。共言如此水势，当晚或可“拢”

① 《叶圣陶集》第19卷，第280—281页。

嘉定。余闻而心喜。仍枯坐不动，吸烟，取鸡、肉、点心食之，开饭时仍不吃饭。一客倡言，愿多加酒钱，唯期榜人努力扳桨，早到嘉定。榜人闻说，扳桨较勤。薄暮过小三峡，其处离嘉尚三四十里，两岸连山，江流被束，颇似三峡，唯此不及其雄伟耳。七时半，舟泊张公桥，雇一人力车，载行李，余随之而行。有雪舟赠余之绍酒一坛，必须卫护，以免倒翻。

到家，家中闻余呼喊，皆欢呼出迎，盖盼望多日矣。母亲背部已不复酸痛。墨正在烂脚。小墨、三官，腿脚部亦有湿气。洗脸喝茶，并吃泡粥，顿觉舒服。丏翁之长子已去世，其家之悲恸可想。更琐琐谈别后事，十时始睡。①

可见“附舸下嘉州”一语，也有抗战期间生活艰难的意蕴。

“对岸低回怀故友，苍波浩渺记前游。”说的都是朱自清。朱自清当时在昆明西南联大任教，因生活困难，不得不把家安顿在物价还比较便宜的成都，住在东门外一所尼庵的三间草屋里。1940年暑假，朱自清回成都休假一年，8月5日与叶圣陶邂逅。这一年他们过从甚密，合写了《精读指导举隅》《略读指导举隅》《国文教学》等三本书（书中的部分篇章是一年之后才写成的），还写诗唱和，倾诉情怀。朱自清写给叶圣陶的诗有《圣陶为言今年少城公园海棠甚盛，恨未及观。逭公权见和之作，有“各自看花一畅颜”语，再叠前韵奉答，并示圣陶》《圣陶颇以近作多苦言为病，试为好语自娱，兼示圣陶、公权，三叠颜字韵》

① 《叶圣陶集》第19卷，第281页。

《近怀示圣陶》《赠圣陶》《圣陶示〈偶成〉一章，超世而不出世，所感甚深，即次原韵奉答，并效其体》《别圣陶，次见赠韵》，等等；叶圣陶写给朱自清的诗有《和佩弦〈再叠颜字韵答公权戏赠之作，兼谢观澄先生〉》（4月23日）、《采桑子·偕佩弦登望江楼》（4月26日）、《偶成》（5月9日）、《次韵答佩弦见赠之作》（5月23日）、《送佩弦之昆明》（9月21日），等等。虽说是“唱和”诗，但写的都是“抗日”和“时事”，是知识分子共同的欣慨。叶圣陶1941年4月26日日记中写道：“独饭于邱佛子。遂乘车至佩弦所。……佩弦近耽诗，谈诗甚多，且作一五古赠余。二时，携酒至望江楼，登楼啜茗，继之小饮。此会殊难得，不欲遽去也。五时，乃分手而归。”① 4月29日日记中说：“上星期六与佩弦游望江楼，意有所怅感，今日作成《采桑子》小词，书寄之”②，词云：

> 廿年几得清游共？樽酒江楼。樽酒江楼，淡日疏烟春似秋。
> 天心人意愈难问，我欲言愁。我欲言愁，怀抱徒伤还是休。③

1921年7月，叶圣陶和朱自清同在上海吴淞中国公学执教，至是恰为二十年。二十年弹指一挥间，在一起清游能有几回？日色黯淡，烟云几缕，四月的春景仿如秋色。时局动荡，瞻念前途，忧心如焚。言愁徒然伤怀，不如不说了吧。叶圣陶“对岸低回怀故友”，朱自清成了叶圣陶的成都“十忆”之一，可见朱自清在他“侨寓生涯”中占了多么重要的位置，在日记中留下的记载也很多。仅以1940年8月16日至12月30

---

①②《叶圣陶集》第19卷，第359、360页。

③《叶圣陶集》第8卷，第173页。

日为例，书信往来和见面谈聚就有三十多次：

1940年8月 16日，“得佩弦一信”。18日，“晨起仍伏案作文，至于下午三时，全篇完成，共五千馀言耳，……题曰《对于国文教学的两个基本观念》，即作一书复佩弦，并将文篇附去，请其先行过目”。31日，“又接佩弦一信，附来文稿一篇，特为季刊作者也”。

1940年9月 3日，得佩弦信。9日，“得佩弦一信”。12日，得佩弦信。13日，“傍晚作一信复佩弦”。21日，“作一书致佩弦，以墨所抄鲁迅之《药》附去，请其作精读指导”。28日，将精读指导《泷冈阡表》“封寄佩弦，请其审阅。并作一书寄之”。30日，“接佩弦信，允以十一月中作完《精读指导》数篇，与余所作一并交卷”。

1940年10月 1日，“应佩弦嘱，思作一文投《国文月刊》，言白话文用文言调之不妥”。2日，“作书复佩弦”。“午后二时，入城寄信。乘便访苏雪林闲谈，向之借胡适《白话文学史》，以便将其中《南北朝民歌》抄寄佩弦，为《精读指导》之材料之一。”15日，“得佩弦信，专述看了我稿之后的意见，大体上均表满意，提出一二点商量处，皆关重要。切磋之乐，余素鲜尝，今乃于佩弦得之，快甚”。16日，“又接佩弦寄还余之《精读指导》稿”。17日，“《我所知道的康桥》一文，至此已讲毕。午后作书复佩弦，并将所成稿寄与”。20日，“得佩弦信”。29日，“得佩弦信，言已接余前寄解说《我所知道的康桥》一稿”。30日，“得佩弦信，及其所作《药》之解说稿。读之一快”。

1940年11月 6日，复佩弦信。16日，“访佩弦于宋公桥报恩寺。路不算近，车行四十分钟光景而达。佩弦所赁屋，系寺中草草修建以租于避难出城者，简陋殊甚。佩弦夫人生产后尚未起床，其儿女均在学校，佩弦管理家庭琐务，似颇耐烦。杂谈无条理，而颇慰数年来阔别之怀。午刻，开瓶尝糟酒，不下于茅台。吃云南带来之罐装火腿，久不尝火腿，亦一大快。二时，偕访望江楼。余前两次来成都，皆未游览，今望江楼近，故一过之。其处布置竹树房屋，雅整朴素。楼数座，下望锦江，而对岸为市屋，殊无旷远之致。薛涛井乃一口井而已。联语诗石，均平平之作。我们在楼上坐片时，静寂之趣，足以欣赏。旋步行入城，行甚缓，历一时而至春熙路，访商务张屏翰君，为通伯、子馨代购书籍。遂与佩弦别”。18 日，与佩弦同应雪舟、月樵招宴，“席间谈甚畅”。20 日，“乘车至佩弦所，观其所作《古典常谈》稿数篇。杂谈一切，甚觉惬心。佩买花生一堆，出其葡萄所泡大曲，余饮三小杯。四时半，同入城，且行且谈，不觉其远，至于雪舟所，六时，共饮绍酒，甚畅适”。

1940 年 12 月 6 日，“早餐后，乘车出东门，至佩弦所。彼作稿方于昨日完毕。即观其所作关于胡适《谈新诗》、柳宗元《封建论》两篇之讲说。略有商讨，切磋至快。全书‘例言’亦由佩弦作成，《精读指导举隅》于是告成，后日可以交与郭君矣”。8 日，“八时归。本约佩弦以今晚来此吃酒，知佩弦来而空返，殊感怅怅。灯下作一书寄之”。17 日，“得佩弦书”。18 日，“作书复佩弦”。19 日，“因佩弦督促，嘱为《国文月刊》作文，今日开始作一文，论国文科命题作文一事”。23 日，续作文毕，“题为《论写作教学》。即作一信，将稿寄与佩弦，请其先行过目”。24 日，“晨得佩弦书，抄示所作《普益图书馆记》及和萧公权诗三首。萧原作为《四十三初度作》，诗颇不坏。其‘随分看山无计买，游仙托梦几时真’，‘散尽藏书斑却鬓，好将贫贱学骄人’，‘自甘头为前修白，敢冀书传后世多’，‘荒村冷屋凄清绝，不用深山带女萝’，‘才因世乱添诗料，已为钱轻损酒资’，‘云雁风鸦秋冉冉，檐声灯影夜迟迟’诸韵，均可玩味。佩弦和作，如‘荆榛塞眼不知路，风雨打头宁顾身’，‘八口累人前事拙，一时脱颖后生多’，‘东西衣食驴推磨，朝夜丹铅鼠饮河’，‘尽有文章能寿世，却教酒脯患无资’诸韵，亦可诵。因作一书复之，加入昨所封之信中”。25日，“午后，录从前所作诗文，未以示佩弦者，寄与佩弦，请其商论，并报其录示诗文之雅意。三时，东润偕程千帆君来访。程为技专国文教师，长于校勘目录之学。谈有顷，共出散步，至乐西公路而折回。晚饭后，作书致佩弦，附入所录旧稿”。

1941年1月31日，叶圣陶一家离开乐山搬到成都，住在成都西门外罗家碾王家冈，家还没安顿好，叶圣陶就去拜访朱自清。2月2日日记记：“(午饭毕) 余独出东门访佩弦。至而不值，佩弦夫人言佩弦往游草堂祠矣。遂转达郭君之意，订晚间会叙。归陕西街休息。五时，至郭君家。颉刚先在，佩弦、云波继至。谈《文史教学》撰稿，及推进中小学国文教学事。八时散。”① 见好友一家搬到成都，朱自清特别高兴。叶圣陶2月4日日记记：

> 忽佩弦坐鸡公车至，云先至陕西街，闻余已迁，追踪而至者。盛情足感。而我家茶水无有，凳子亦稀少，无以款之，少谈数语即去。②

---

①② 《叶圣陶集》第19卷，第338、339页。

这之后，两人往来就更多了，除了常在书店或友人的宴席上相见外，两人相约在少城公园单独见面的次数也很多，谈作稿，谈时局，谈心情，往往一“盘桓”就是一天或半天。这在叶圣陶日记中有很多记载：

2月6日　晨与二官、三官至青羊宫，买菜买炭。……毕，余乘人力车入新西门，出东门，而至佩弦家。欢然倾谈，殊快。君示余萧公权《辛巳元日七律十首》。复共商定《略读指导举隅》选用书九种，今后将与君合作此册矣。饭时，佩弦夫人治馔饷余，饮余以桂圆所泡之大曲。二时，与君渡江，入望江楼，游行一周，在竹林下品茗。三时半为别。①

3月23日　前约佩弦以今日来此，买一鸡一豚蹄款之。佩弦以十时至，闲谈无序。中午饮酒，尽两瓶。四时去。虽同处一地，而相距甚远，此会亦难得也。②

4月6日　上午入城。……至子杰家。每年暑假，例须举办中等学校教师暑期讲习会。此举劳费甚多，而成效罕见，子杰拟改为通信讲习。今日之会，盖筹议国文科之通信讲习办法。以陈斠玄、佩弦及余三人为主客，又有教厅秘书主任章君，科长宋君，及云波、陈廷瑄二人。先为午膳。膳毕，佩弦与余至斠玄金女大寓所，商定三人各拟切实一点之研究题目五个，并规定研究办法，指

---

①《叶圣陶集》第19卷，第340、351页。

示参考书籍，请国文教师择一研究，以结果撰为论文。

三时，与佩弦自新南门入城，闲行街市，随谈不拘，颇适。又品茗于茶楼而后别。到家已六时半矣。①

4月26日　（午饭后）乘车至佩弦所。其夫人为余在友人处买得白布一匹，价一百十六元，比诸市价，便宜近二十元矣。佩弦近耽诗，谈诗甚多，且作一五古贻余。二时，携酒至望江楼，登楼啜茗，继之小饮。此会殊难得，不欲遽去也。五时，乃分手而归。②

4月29日　上星期六与佩弦游望江楼，意有所怅感，今日作成《采桑子》小词，书寄之。③

5月24日　午后一时入城，至公园，茗坐待佩弦。三时，佩来。谈近来大局，种种方面，均有我人不知死所之感。继谈诗词，佩示我其同乡吴君入川词《卜算子》八首，境界别开，得未曾有，共赏叹不置。本相约于今夏为峨眉之游，今资斧弗充，心绪又不甚佳，即此作罢。今生未必得上峨眉矣。五时半，始为别。同处一地，而相距遥远，得此一面，亦非易也。④

6月21日　上午仍雨。……林雅巢自城中来，带来佩弦一

---

①②③④《叶圣陶集》第19卷，第354—355、359、360、367页。

信，约余今日茶叙。又有彬然一信。

饭时雨止，且有阳光，遂与雅巢偕行。赤足着破鞋，拄杖而行，屡欲滑跌。至罗家碾，得鸡公车，车夫亦不敢走大路，绕道循小路，泥泞较差。至陕西街，洗脚易皮鞋，遂至公园吃茶。

少顷，佩弦至，相左三次，今得会面，殊感欣慰。佩交余所为《〈唐诗三百首〉指导大概》一篇，长二万馀言，详密之至。又示我萧公权、吴徵铸、施蛰存三人诗词。闲谈至于五时半而别。①

“相左三次”，说的是6月7日，午后一时半，叶圣陶应朱自清之约，携至美、至诚到少成公园吃茶，“候佩弦。但候之至四时半犹未至，谅余看信误会，彼所指殆是下星期六也。遂归。往返皆以徒步，腰腿俱酸”。因为太希望见面了，素以心细著称的叶圣陶把约会的时间提早了一周。6月14日，应约会面又未得成。是日日记记：“午后一时，离家入城，至新西门，而忽传预行警报，只得返身而归。旋闻空袭警报，三时方解除。与佩弦之会，又成‘黄落’，可谓缘悭。即作一书与佩弦，约十七日三时半在公园吃茶。”6月17日，与吕叔湘“共至公园，候佩弦，而佩弦不至。五时，分别各归”。这就不难体会叶圣陶6月21日日记中所说的“今得会面，殊感欣慰”的心情了。在蓉城，叶圣陶对朱自清思念的心情真可说是“一日不见，如隔三秋”。1941年6月29日日记记：“二官、三官入城，带回佩弦、昌群、君斐之信各一件。”②7月4日日记记：得佩弦信。③7月5日日记记：“余作一书复佩弦”。④7月12日日记

①②③④《叶圣陶集》第19卷，第375、378、379、379页。

记：约贺昌群下星期二在我寓小叙，“兼投一书，约佩弦亦来”。又记：“今日得佩弦书，抄示潘伯鹰君和余一诗。”① 7月15日日记记：

> 昨夜雨，今晨不止，约昌群、佩弦二兄以今日来，意未必能来。九时许，雨止，遂令小墨、三官二人往青羊宫买菜，不敢买鸡与鱼，唯割肉耳。买大曲十两，价十元，亦骇听闻（最好之大曲有贵至四十馀元者）。
>
> 十二时，二兄果来，大喜。即相与饮酒。饭罢闲谈，亦无甚重要话，唯觉旧雨相对，情弥亲耳。四时半，二兄去。昌群将于日内至乐山，再转犍为，候其夫人自马边迁出，寓居于此——其夫人不惯居马边老家也。佩弦拟以九月下旬返昆明，为别之期，亦不远矣。②

7月25日日记记：“小墨归来，携归佩弦信，并所作《〈蔡孑民言行录〉指导大概》。即看之。佩弦看书极能得扼要概念，说来又畅达，余自愧不如也。”③次日日记记：作书复佩弦。8月5日日记记：“城中人来，携来颉刚、佩弦书各一通。颉刚以《史记菁华录》一部假余，以便校雠。佩弦云九月下旬将之昆明，刻正在作《胡适文选》之指导大概。又言西南联大罗莘田君拟招余往任教。”④8月10日日记记：“作书复佩弦”。⑤8月22日日记记：“开明人来，带来佩弦、君斐、刘英士、唐锡光之信。佩弦言光华大学有邀余为专任教授之意。余即复一信，言兼教四五小时

---

①②③④⑤《叶圣陶集》第19卷，381、381—382、383、387、383页。

则可，辞教育馆而为专任，殊觉未便。”① 8月28日日记记：“小墨、三官自城中归，带回信件。佩弦以《〈胡适文选〉指导大概》稿交来，‘略读指导’全稿至此完成矣。信中言光华方面之意，余如不能为专任教师，兼任亦可。又约余于后日在少城公园茶叙。”②8月30日日记记：

> 九时半仍传“空袭”，直至下午二时半解除。余即入城，茗于公园中之绿荫阁，此家以薛涛井水为号召者也。……
>
> 不久，佩弦至，交换看文稿诗稿，闲谈近况，颇快适。五时，偕至邱佛子吃小酒。佩弦于下月二十日以后至重庆，在重庆候机赴昆明。再一二面，即为别矣。
>
> 六时出城，乘鸡公车，背月而行。③

9月3日日记记：“在馆作书二通，一复佩弦，一复颉刚。”④可朱自清一直没有信来，叶圣陶惦念极了，虽说这时家里乱成一锅粥，儿媳患了子宫瘤，全家人心里都感到有“重压”⑤，可他还是在9月20日去看望了朱自清。是日日记记：

> 9月20日　　久不得佩弦书，未知即动身否，因拟往看之。八时离家入城，新西门大路泥泞之极，走得很吃力。至陕西街休坐，再步至东大街，然后乘人力车至宋公桥。
>
> 入门，佩弦方抄书，见余至，出乎意外。云动身当在月杪，又

①②③④⑤《叶圣陶集》第19卷，392、394、395、396、401页。

拟自水道至泸州，搭西南运输处车辆往昆明。并为言近独游新都桂湖，其地景不凡。旋即饮糟酒，与留居其家之客周君同饮。周君习空军，……据言迩来寇机不来肆扰，缘我之轰炸机队已调往他处之故，非关天气也。三人尽酒一瓶，食牛肉面，殊为酣畅。下午三时为别，约下星期再见一面。①

朱自清定于10月6日启程去昆明西南联大。10月4日与叶圣陶话别。叶圣陶10月4日日记记：

午后二时，出门乘车入城，茗于公园中绿荫阁。少顷，佩弦至。共谈彼此性情学行，颇畅快。然此后未易得此乐矣。

五时，偕至陕西街②，听雪舟谈商界金融界近况，颇惴惴于生活费之益将增高，无以抵付。六时半聚饮，办事处同人而外，唯有一月樵而已。余殆饮至一斤，稍觉其多。饮毕，与佩弦珍重握手而别。君言重见时当在抗战胜利之后，愿此言非虚也。

乘车而归，月色蒙原野，清旷殊甚。小墨、三官迎余于罗家碾相近。③

朱自清的日记不全。1940年留下的日记仅五十三天（1月1日—2月22日），1941年留下的日记加起来半年多一点（2月1日—6月13日，11月9日—12月31日）。1941年4月5日，朱自清写了两首旧体

①③《叶圣陶集》第19卷，第400—401、405页。

② 章雪舟为朱自清作饯，邀叶圣陶同饮。

诗《夜坐》，是日日记记：

成二诗书怀，未尽吾意。诗曰：

挂眼千家黑，娱魂一焰青。
群鼾成隔世，瘦影独横经。
日出还生事，天高有铩翎。
狺狺勿相警，微尚付沉冥。

吾生为事畜，廿载皮骨存。
圭角磨看尽，襟怀惨不温。
追欢惭少壮，守道枉朝昏。
剩学痴聋老，随缘寐莫喧。①

第二天（4 月 6 日），朱自清应邀参加郭有守的午宴，与叶圣陶、陈斠玄同席。午宴后，朱自清与叶圣陶一同去喝茶，并出示《夜坐》请叶圣陶评点。朱自清在日记中写道：

同圣陶散步，至一茶馆，将新成之诗示圣陶。他读余诗后深知余心，但以勿悲观相劝。②

朱自清虚心地听从了叶圣陶的奉劝，于 4 月 14 日写了旧体诗《圣陶颇以

①② 《朱自清全集》第 10 卷，江苏教育出版社 1997 年版，第 111、112 页。

近作多言为病，试为好语自娱，兼示圣陶、公权，三叠颜字韵》，诗云：

此生未合恨缘悭，饱阅沧桑抵九还。
天上重开新日月，人间无限好江山。
惊心战士三年血，了事痴儿四体闲。
竞说今春佳气盛，烟尘长望莫摧颜。①

“天上重开新日月，人间无限好江山。”“竞说今春佳气盛，烟尘长望莫摧颜。”都表明朱自清要振作精神，不再悲观，可叶圣陶还不满意。朱自清 4 月 26 日日记记：

圣陶来访，示以我写诗的簿子。他似乎不大喜欢古体诗。圣陶确有勇气面对这伟大的时代。②

从朱自清的这些零星的日记中，也能看出叶圣陶对他的关爱，他们在蓉城结下的情谊是如此深厚。可见，叶圣陶把成都称为“第二故乡”，绝非仅仅是成都风物之美，在这里住的年头较长，更主要的是他在这里与朱自清、吕叔湘、朱光潜、朱东润、贺昌群、陈白尘、李劼人等一批朋友共同生活过战斗过，共商时局，切磋学问，相濡以沫，忧戚与共；在这里遇到的死亡威胁也最多，仅日机的轰炸就遇到过十次，多次与死神擦肩而过，因而对成都有着特殊的情感。

---

①②《朱自清全集》第 10 卷，江苏教育出版社 1997 年版，第 114、117 页。

第七编

第三十章
1946—1949 年在上海

（抗战）胜利消息传来，在国民党统治的“大后方”，知识分子的心情非常复杂，绝非单纯的欢欣鼓舞，跟杜甫当年所说的“愁何在”“喜欲狂”相比，其差远了。

——叶至善为叶圣陶《胜利前后的三十天（日记）》加的按语

一、胜利日的“沉重之感”

1945 年 8 月 6 日，美国在日本广岛投下原子弹。8 月 9 日，苏联应盟国之请，参加对日作战。8 月 10 日，日本宣布投降。叶圣陶在日记中写道：（夜九时许），“外传日本投降，已于今晚发出广播，既而报馆发号外，各街燃放爆竹，呼声盈路，亦有打锣鼓游行者。余自问心绪，殊无多兴奋，日本虽败，而我国非即胜利。庶政皆不上轨道，从政者无求治之诚心，百端待理，而无求以应之，去长治久安，民生康乐，为期固甚远也。所可欣慰者，日本飞扬跋扈，欺我太甚，而终见其崩灭耳。”① 次日日记中说：“发电致重庆，日本既表示投降，杂志中有关‘九一八’之文字，口气皆须换过，请彬然注意。又寄信与彬然，细说此事。”“下午三时，应车瘦舟之约，至其寓叙饮，座中多数为昨夕共谈之友人。诸友闻昨夕之讯，类多不成安眠。思念已往，瞻望未来，忧思正多，欢欣尚远，宜其如此。”②8月13日日记中说：

晨起赶作一随笔，才逾千字，预备交冯列山。……

饭后，列山来。言数日之间，人心大不安定。营投机生意者，因物价惨跌，惶惶不可终日，甚有损失至于破产，因而自杀者。与政界接近者，当此之际，皆思出而活动，谋得一新地位。以此之故，其筹备之周刊不克于十六日出版，只得少缓些时再说。列山又谓安定若渠与余者，实为难得。然渠亦将于日内往重庆，订购外国之印机与纸张，预备在新加坡办报。则真安定者，唯余而已。③

列山，即冯列山，他所筹备的周刊，即《自由周刊》。叶圣陶8月12日日记中记有“冯列山来，又催作文”，仅隔了一天就变主意了，可见人心不安。8月14日日记中说：姚雪垠来访，“渠言今届胜利之日，投机者有失望之感，丧利者有痛惜之感，而有心人则有沉重之感。以前种种偷惰，皆可诿之抗战时期，今战事结束，更何以推托。其言甚当”。④
8月16日日记更值得注重，日记中说：

①②③④《叶圣陶集》第20卷，第432、432—433、433—434、434页。

今日各街巷保甲纠集市民，往春熙路孙先生铜像下献花，庆祝胜利，一路爆竹锣鼓。饭后与小墨出外观之，所见行列皆衣衫不整之人，杂以小儿甚多，与新年间游行无异。如此庆祝，实可伤惨。即归。①

“胜利”了，但国家民族付出的代价太巨大了，我们的“胜利”是“惨胜”。日记中的“即归”二字道出了叶圣陶的感伤：“惨”不忍睹。8月22日，叶圣陶为《华西晚报》写了篇《“胜利日”随笔》，用自问自答的方式，写“胜利日”的“感想”：

今天“胜利日”，你作何感想？

当然是极度的高兴。我有生之年是甲午，从甲午到今年五十二年，这五十二年中，我国人受了日寇不知多少侵害，就我一家而论，也受了日寇好几回直接损伤。现在日寇投降了，以后他们会不会彻底悔改，固然要看同盟国家的管制如何，日本全国人民的觉醒如何，可是仇恨的“前账”可以结一结了。结清前账，心头一松，极度的高兴在此。

从今天起，第二次大战结束了，世界上法西斯的最后堡垒倒塌了，虽然有些“法西斯细菌”还待各国人民努力清除。若问“老百姓的世纪”什么时候开始，就全世界而言，可以说开始于今天。老

---

①《叶圣陶集》第20卷，第435—436页。

百姓的世纪与以前的世纪有什么不同？我回答说：老百姓的世纪将实现法国革命时候的三大原则“自由，平等，博爱”，与罗斯福先生提出的四大自由“发表的自由，信仰的自由，免于匮乏的自由，免于恐惧的自由”。这三大原则与四大自由是实实在在对老百姓有好处的，在物质生活精神生活上都有好处的，怎能叫我不极度高兴呢？

还有旁的感想吗？

我愧对牺牲在战场上的士兵同胞，愧对牺牲在战场上的盟军。

我愧对挟了两个拐棍，拖了一条腿，在东街西巷要人帮忙的“荣誉军人”。

我愧对筑公路修飞机场的“白骨”与“残生”。

我愧对拿出了一切来的农民同胞。

我愧对在敌后与沦陷区，坚守着自己生长的那块土地，给敌人种种阻挠，不让他们占丝毫便宜，同时自己也壮健地成长起来的各界同胞。①

“胜利日”伴随着“极度高兴”的是一系列“愧对”。9月2日，日本向盟国正式投降，“各盟国宣布世界第二次大战至此告终”。国民党政府规定9月3日至5日三天为“庆祝日”。叶圣陶在9月3日日记中写道：

① 《叶圣陶集》第6卷，第162—163页。

四时与墨出外游观，街上悬旗结彩，游人来往。至店①中，观祠堂街及少城公园中游行队伍之集合。所扎灯笼及所饰汽车，皆简陋粗俗。人众止有嚷嚷，无以表其欣愉之情。此事自关教育程度，无可强也。

六时归，不待观游行队伍之出发。饮酒半瓶。楷元来闲谈。九时早睡，时闻零乱之锣鼓声。

和许许多多逃难的同胞一样，叶圣陶离开祖宗坟茔所在之乡已经八年了。而今，当朝思暮想的“胜利”到来的时候，他非但没有“青春结伴好还乡”的欣悦，反而显得感伤和茫然，对国家的前途和命运充满忧思。

1945 年 9 月 26 日，叶圣陶举家迁渝，临时住在中兴路螃蟹井三号。12 月 28 日，由重庆乘木船“东归”。从抗战胜利之日到“东归”的四个月里，叶圣陶比以往任何时候都更热切地关心时事。8 月 28 日日记：“报纸来，载美国大使赫尔利飞延安，邀毛泽东到渝，与蒋氏谈国共两党之团结问题。此事最为国人所切系，此问题不决，则抗战方毕，内争即起，民不堪矣。据毛之复电，似其来渝颇有可能。若能从此和解，双方赴之以诚意，则共事和平建国，前途实多光明。余虽不与政治，然望治之心甚殷，极欲于未死之年获睹民生康乐，庶业繁兴。今日见此消息，不禁心喜，未知后果如何耳。”② 8 月 29 日日记：“早报载毛泽东已于昨日到渝，此事甚为国人所注意。以意推之，中苏新约既成

① 店：开明书店成都分店。

② 《叶圣陶集》第 20 卷，第 440 页。

立，国际形势亦不容我有内争，或者可以彼此相让，趋于团结乎。”① 8月31日日记记：“毛泽东与蒋先生已会见两次，报载正式谈判已展开，为期八日。关于军事，由国共双方讨论，关于政治，由各党派及无党派人士讨论。据此，似不致决裂也。若能得一较好之结果，实为我国前途之福。”搬迁到重庆之后，叶圣陶通过与冯雪峰、茅盾、胡乔木、胡绳、郭沫若、何其芳、老舍等人的交往和接触，特别是见到周恩来之后，对时局以及国家民族的未来有了更深刻的认识。

10月3日日记记：“彬然陪徐盈来。徐将飞往天津，复刊天津之《大公报》。渠以记者身份，接触之人甚多，所知广博。听其谈各方面，皆不能乐观。总之，斯时为大有为之时，而当事者非大有为之人，美人竭力抱腰，而其人终为阿斗。阿斗之病，一在自私，只知有己，二在愚昧，不识群己之关系。此皆不可救药，因而误事太多。”② 10月12日日记记：“国共谈判初步协议之会议纪录以今日发表，为民主运动之一大纪程碑。于解放区之民选政权及军令统一两点，双方未获协议，将于政治协商会议中解决之。毛泽东已于昨日返延安，两党协商仍将继续进行。”③ 其实，国民党反动派毫无诚意，他们只是把谈判作为掩护内战的一种手法。《国共双方会谈纪要》（即《双十协定》）带来的不是“和平、民主、团结、统一”，而是蒋介石军队向解放区不断地加紧进攻。叶圣陶悲愤至极，在10月27日日记记：“与彬然谈近事，感慨殊甚。复员工作之进行，无非为当事者攫利争权之举。从政者一切恶德，皆于此时表露无遗，殆为古今腐朽之顶点。军事冲突，自绥远以至浙江，随

①②③《叶圣陶集》第20卷，第440、459、462—463页。

地而有，似内战之祸终不可免。经济政策，唯事依傍美人，民族工业之兴起杳无朕兆。我国翻身，本以此时为最好机会，今则其机已失，须待从新来过，然而民生困苦太甚矣。”① 10 月 31 日日记记：与店内同人“酒后闲谈，于胜利后国内种种不如意事，共致感慨”。②11 月 1 日日记中说：

> 饭后偕彬然至中苏文化协会，参加杂志社联谊会之临时会。近以内战危机迫切，有人提出开此临时会，不及待至本月九日。听各人报告所闻，似内战已不可免，一切设施皆集中于备战，敌伪参加部队，美军任运输修路，紧缩工贷，不顾工厂关门，大众失业。闻之皆可痛伤。山西一部分地区不顾政府免赋之命，令民众追缴八年来之赋税，抗者腰斩，真不知人间何世。最后决议由各杂志发一呼吁文字，制止内战，由余起草。并定九日开座谈会，邀社会人士共商此事。余于写文字为呼吁，颇疑其有无效果，彬然则谓能由多数人说，总有些效果云。③

日记中所说的“呼吁文字”，即收入《叶圣陶集》第六卷的《也算呼吁》，警告国民党反动派不要“绞尽脑汁”“忍心害理”打内战，“违反了人民的利益，必至于受到人民的斥责与唾弃”。接着，叶圣陶又代表杂志界写了《告美国人民书》，要求美军立即退出中国，恳请美国人民制止美军卷入中国内战。他在 11 月 9 日日记中说：“出席杂志联谊会，

---

①②③《叶圣陶集》第 20 卷，第 468、470、470 页。

余为主席。主要决议为致美国人民书，请促其政府撤回在华美军，以免参加我国内战之嫌。实则美军确以助一方面为内战。余又被推起草，陈翰伯副之。会中听各人报告消息，知内战必将扩大。前途茫茫，余个人徒深愤慨。”① 由于美帝国主义的大力支持，蒋介石放手发动全面内战。叶圣陶在11月17日日记中写道：“美国驻华大使赫尔利在美竟发声明，显示干涉我国内战之意味。美国政府态度越来越坏，一为对苏，一为使我国处于殖民地地位，永不翻身。念及将来，悲愤填膺。”②11月18日日记中说：“内战蔓延，山海关激战甚烈。美国官方谈话皆令人愤懑。”③

与此同时，叶圣陶与中国共产党的联系则越来越密切。10月16日，应周恩来副主席的邀请，赴曾家岩中共办事处参加晚宴。是日日记中说：“六时，偕叶以群、吴组缃二位至曾家岩，应周恩来之招宴。闻周之名已久，见面尚是初次。其人有英爽之气，颇不凡俗。同座有老舍、靳以、胡风、何其芳、徐冰、王若飞诸位。饮啖甚适，笑谈无忌。十时散，驱车而归。”④10月19日出席鲁迅逝世九周年纪念会，日记中记有：“（下午）一时半，至白象街西南实业大厦，参加鲁迅逝世九周年纪念会。到者甚众，殆在五百以上。许季黻为主席，说话者冯焕章、郭沫若、余、胡风、周恩来，参以赵丹、徐迟、老舍三人朗诵鲁迅之著作，至六时始散”。⑤10月21日，出席文协茶酒晚会，日记中记有：“七时半，开会，老舍主席，余报告成都情形，郭沫若致辞，周恩来谈延安文协近况。十时散。”⑥10月28日11时，赴郭沫若、潘梓年之宴，日记

---

①②③④⑤⑥《叶圣陶集》第20卷，第473、477、477、465、466、467页。

中记有："十一时至店中，会彬然，偕至郭沫若寓，郭与潘梓年作东招宴，客有研因、伯才、恩来、友渔、乃超。席间研因谈菲律宾解放后情形，恩来答人之问，谈近日事势。三时散。"① 叶圣陶对"务私为己，恃强称霸"的国民党反动政权深恶痛绝，急切地希望我国的社会制度有一个重大的变革，并把国家和民族的前途和命运真诚地寄托在中国共产党身上。这些思想在他的日记和文章中时有流露：

1945 年 8 月 30 日　　读黄任老②所著《延安归来》，系述其访延安五月间之经历。觉延安之作法平易切实，就事解决，处处为改善民众生活着想，殊可钦佩。各地若均能造成如此风气，则一切有办法。若继承传统之官僚政治，变本加厉，则一无可望。任老尝以人存政举、人亡政息之意询毛君，以为延安之将来或亦循此轨迹。毛君答此诚可虑，然已找到一新路，其路即为民主。余观而深善其言，所谓人存人亡，皆指倡导者而言，既成民主，则倡导者退居于不重要之地位，自无政息之惧矣。③

1945 年 9 月 1 日　　上午校读陈原一文，谈苏联之科学研究。其研究用集体的方式，其目标在增进人民之福利，理论与技术不分，发见与应用联系，大可感佩。非社会主义国家不克臻此境域也。④

---

①③④《叶圣陶集》第 20 卷，第 469、411—412、442 页。

② 黄任老：黄炎培（1878—1965），字任之。江苏川沙县（今属上海）人，教育家。

1945年9月14日　孙明心假余以美国记者斯诺所著《战时苏联游记》，即看之。苏联人已有新型之社会意识，故不可侮。①

叶圣陶坚定地站在反内战、争取民主运动的前列。12月21日下午，叶圣陶集出版界同人为会，“讨论对于政治协商会议应提出之意见”，又出席文协晚会，讨论文协提交给协商会议之“意见”。是日日记记：

（下午）一时半，偕山公至立信大楼，应出版界同人之邀，讨论对于政治协商会议应提出之意见。余为主席。讨论集中于出版自由，议定具体项目若干端。将托出席会议之王云五、郭沫若二位表达之。四时馀散。

六时，到巴蜀学校，向勖成辞行。勖成之甥邱家模欲附木船东下，余应之。

六时半，到文协会，出席晚会。到者不足二十人，亦讨论提供于协商会议之意见。结果决定扩大范围，邀约文化界各部门之朋友共商，再行提出。九时散。余与诸君为别，以后相见，当在上海矣。乘人力车以归。②

1946年1月10日，政治协商会议在重庆国民党政府大礼堂开幕。会议代表三十八人，其中中国共产党七人（周恩来、董必武、王若飞、

① 《叶圣陶集》第20卷，第448页。
② 《叶圣陶集》第21卷，第6—7页。

吴玉章、邓颖超、陆定一、秦邦宪），社会贤达九人（郭沫若、王云五、傅斯年、胡霖、钱永铭、缪嘉铭、李烛尘、莫德惠、邵从周）。和许多真诚、善良的人们一样，叶圣陶也对政治协商会议寄予厚望，在《赠参加政治协商会议诸君》[①] 一文中，希望代表们“必须商出一些切切实实的纲领和办法来，把公众的事办得上轨道，有进步，使公众的生活渐渐好起来”，停止内战，制止政党间的“指摘、斥责”，协商出“用怎样的办法使政府成员受信任被委托，使政府成为受信任被委托的政府”。由于中国共产党的努力，经过激烈争论，政协会议通过了关于组织问题、和平建国纲领、国民大会问题、宪法草案问题、军事问题的“五项决议”，在不同程度上有利于人民而不利于蒋介石反动统治。然而，国民党反动派逆历史潮流而动。1946 年 3 月 1 日至 17 日，国民党召开六届二中全会，蒋介石在会上公然带头撕毁政协决议，宣布独裁。中国前途越发迷茫混沌。

二、“买棹东归岁将迫”

叶圣陶生前曾将 1945 年 12 月 25 日至 1946 年 2 月 9 日，前后四十七天的日记抄了下来，取名《东归江行日记》，送给老朋友观览。后来，在《大地》1981 年第一期至第三期上连载。这段日记，记的是他扶老携幼，乘木船从重庆到汉口，再换乘小汽船到上海的航程。抗战胜利以后，叶圣陶归心似箭，想早日与阔别八年的留在上海的亲友们会面。他

① 重庆《联合增刊》第 6 号，1945 年 12 月 25 日；收入《叶圣陶集》第 6 卷。

在日记的前言中说："飞机、轮船、汽车都没有我们的份，心头又急于东归，只好放大胆子冒一冒翻船和遭劫的危险。"①

知识分子纷纷东归，当时重庆的报纸上常有报道，标题很醒目，如《作家去冒险，东下买木船》，说的就是像叶圣陶这样买不起飞机票、轮船票的作家；《作家你往何处去，上海滩头乞丐多》，为回到故乡而生活无落的作家担忧。叶圣陶"急于东归"，置生死于度外，请看几则日记：

> 1945 年 11 月 20 日　　芷芬倡议，我店②雇一木船，将应行东下之各人及家眷悉数载行。余赞其议。盖以目前情形推之，从容乘轮而下殆难断其时日也。推芷芬作详细计划，果得成行亦当在一个月之后。其事较冒险，水急一险，土匪二险，但为事简便，一了百了，若安然到达，则比之分批成行省力多矣。③

> 1945 年 11 月 27 日　　上海来信，于我们之将乘木船以归，亦喜亦惧，意殊矛盾。④

> 1945 年 12 月 4 日　　晓先来，谈木船东下，大须考虑。其意甚殷。但今日除木船而外，无他种工具可供我店利用，亦唯有勉强一用木船耳。⑤

---

①《叶圣陶集》第 21 卷，第 35 页。

② 我店：开明书店重庆分店。

③④⑤《叶圣陶集》第 20 卷，第 478、480、482 页。

1945年12月18日　东润力言木船不可坐，劝余考虑，其意甚殷。余甚感之，以“吉人天相”之套语谢之。①

船一共是两艘（一大一小），12月25日登船，叶圣陶一家三代七个人都在这条船上（上有老母，下有长孙三午），另外还有开明书店的“复员大队”，总共五十多人。叶圣陶在《〈东归江行日记〉小记》中说：

木船是开明书店雇的，大小两艘载了五十多人，有开明的同事，有搭载的亲友，有全家老小，有单身一个。年纪最大的是我的母亲，过了八十居然还能出川，看望昼夜惦念的女儿——我的妹妹。最小的章建昌出世才一个来月，他是士敫和清华的孩子，锡琛先生的孙子，伯祥先生的外孙。伯祥先生还有一对女儿女婿在船上，就是汉华和卢芷芬，他们也带着儿女。即此可见上海有多少亲友的心系在这两艘木船上了。也亏得那时下了决心乘木船，要是再延迟半年，就见不着夏丏尊先生了。我们到达上海后才两个半月，丏尊先生就怀着满腔忧愤去世了。②

关于这条大船，叶圣陶日记中也有记载：

船甚长，首尾约六丈馀，其宽则适容两人抵足而卧。余家睡于中舱。中舱置一写字桌，日间作事，夜间睡两人。燃四盏油灯。以

---

①② 《叶圣陶集》第21卷，第6、35页。

油布遮两旁，用以挡风。八时，大家就睡，余傍母亲而卧。江声汩汩，船家相呼，别有风味。

半夜，风甚厉，自油布之缝隙而入。寒甚，颇以以后之二十馀日船上生活为虑。①

乘客急着“东归”，而船老板以及驾长（舵手）和棹夫关心的则只是“钱”，讨价还价，拖延了两天才开船，而工价仍未谈妥。叶圣陶12月28日日记中说：

船居然以十一时后启行。解缆撑篙，亦费数十分钟，舵手之工价犹未谈妥。离码头正为十二时。自此与重庆别矣。

午后晴光渐露，嫩阳照江山，似此行之兆殊佳。……②

开船后的第三天12月31日，叶圣陶一行人在船上开了“辞岁晚会”，是日日记记：

雾不浓，船以七点后开。略见小滩，水皆平稳。经蔺市、李沱，午刻至涪陵。青年人皆上岸游观，余未上。午后一时许，再开。棹夫停手休息时，青年人往替之。初不熟习，历二三回，居然合拍，上下一致。傍晚，歇于南沱，为一小市集，无甚可观。今日除夕，犒舟子以肉六斤，令“打牙祭”。余与芷芬等饮酒，甚酣。

①②《叶圣陶集》第21卷，第8—9、9页。

铺盖铺齐后，各人坐于铺位，听汉华唱《思凡》《问病》《琴挑》，声音节拍，均合法度，余甚赏之。今夕余与芷芬、邱嘉模、陈君四人守夜。余轮到上半夜，但下半夜亦未安睡。（民国）廿六年自汉入川，在宜昌过年。今越八年而东归，过年尚未出川境。我生居川，盖足八年矣。

其实，叶圣陶“居川”还不止八年，他 1937 年 1 月 6 日从宜昌乘民主轮入川，1946 年 1 月 11 日才出“川境”，“居川”共八年零五天。《东归江行日记》记载了木船经过“礁石与岸平行，激起水波甚急”的“铁门槛”，经过“水势至急，波浪激荡”的兴隆滩，经过“水流汹涌”“中矗巨石”的空舲峡等许多急流险滩时的惊心动魄的情景，记载了“漏水”“损舵”“折棹”“撞船”“触礁”“搁浅”以及“驾长”逃逸等种种磨难和意外。请看几则日记：

1946 年 1 月 6 日　　我店之另一船途中与军粮船相撞，损船舷一板。检视之，后舱入水甚多，货物浸湿，余与三官之书三篓在内。舟中人皆惶惧，云不敢复乘此船。一时欲易船，势不可能，议论纷纷，迄不得决。余主张以后开船时，彼舟之人亦聚于我舟，停泊时仍归宿。且过三峡，到达宜昌，再作计较。不知彼舟之人咸能同意否。

第三舟损一舵，于过滩时用力过骤，不胜水力，遂致损坏。而我舟亦于停泊时折一前端之大桿。川江行舟之险，今乃亲尝之。①

1月7日　　今日不开船，三船皆动工修整。余之主张，彼舟之人表示同意，云至此亦只有是一法。明日开行，只得大小五十馀人挤坐一舱，如在公路上乘卡车矣。②

1月9日　　泊舟二时许，再开。行不久，泊碚石。地属巫山县，系川鄂交界处。我店另一舟先泊岸，我舟在后数百丈。忽见彼舟之人纷纷上岸，行李铺盖亦历乱而上，疑遇暴客。舟人见此情形，断为船漏。及靠近询知，则知驾长不慎，触岸旁礁石两回，水乃大入。此驾长好为大言，自夸其能，而举动粗忽，同人时时担心，今果出事。犹幸在泊岸之际，若在江心，不堪设想。于是众往抢救行李与货品，亚南、亚平、小墨、三官、两邱君，皆颇奋其勇力。书籍浸湿者殆半，非我店之物，而余与三官之书则有三四包着湿，即晒干可看，书品已不存矣。逮货物取出，水已齐舷，下搁礁石，不复沉。③

1月10日　　早起，知失事之驾长杨姓已逃，惧遭拘系。船主雇木匠修船，其方法殊为原始。以棉絮塞破洞，钉上木板，涂以米饭，又用竹丝嵌入，如是而已。④

---

①②③④《叶圣陶集》第21卷，第14、14、15—16、16页。

1月11日　晨间，留宿岸上之另一舟之人皆来我舟，全船载客至六十人。以铺盖卷衔接直放于中舱，人坐其上。于是如三等火车，众客排坐，更无回旋馀地。然较公路上之满载一车，犹觉宽舒。舟以八时开。未几，舟人言已出四川境。十时许，船首一主棹折，泊舟修理。……

四时许，泊巴东。一部分人上岸宿旅馆。墨以不耐烦扰，亦上岸。余上岸观市街，荒陋殊甚。旋即归舟。所有稚子，几全集舟中，哭闹之声时作，便溺之气充塞，甚不舒适，余一夜未得好睡。①

关于"买棹东归"，叶至善也填过一首《小梅花·三峡》，上阕云：

八载别，乡思切，

买棹东归岁将迫。

战云沉，出夔门，

苍翠峥嵘过眼尽烟云。

水枯滩险舟行涩，

榜号湍鸣何郁悒。

泊穷乡，卧篷舱，

江雨峡风寒柝数夜长。②

① 《叶圣陶集》第21卷，第17页。

② 叶圣陶、叶至善写，叶小沫、叶永和编：《叶圣陶叶至善干校家书（1969—1972）》，人民出版社2007年版，第549页。

从中也可看到“东归”的艰辛。1946 年 1 月 14 日到宜昌后，木船附拖轮前进，1 月 27 日到达汉口后改乘“风茂”号小汽船，途经九江、安庆、芜湖、南京、镇江，于 2 月 9 日抵达上海。从 1945 年 12 月 25 日登船算起，历时四十七天。而这时候，中国正处在“方生未死之间”，政治斗争日趋剧烈，叶圣陶在日记中也如实地记载了他的见闻和感慨。这里也引录几则日记：

> 1 月 14 日　宜昌市屋，十去七八，系为日兵拆去，充作燃料，故皆留屋顶墙壁。碎瓦颓垣之处亦颇不少，不知何由而毁。现皆新筑木板小屋，居家或开小铺子。得见当天之《武汉日报宜昌版》，始知国共避免冲突，恢复交通，已成立协议。政治协商会议已开会，报载昨日之会为第三次，此是为慰之事。①

> 1 月 24 日　（歇于城陵矶）登岸游观，市集亦只一条街道。闻有日寇俘虏留置处，即往探访。其屋旧为学校，破败已甚，不知何校。日俘约百许人，坐卧于地铺上，燃木烘火，呼笑杂作。其年皆二十馀，身体壮硕，胜于我国兵士。同行者鲜通日语，以英语国语语之，了解程度不过十之二三。据言若辈在此任劳役，碾米运货，每人得米十馀两，他无供应。询以日本军国主义如何，答言天皇好，军阀不好，中日为兄弟，今得收留于此，甚感恩惠云云。此

① 《叶圣陶集》第 21 卷，第 19 页。

亦套语而已。①

1月27日　　看报，知协商会议将于廿九日闭幕，有原则之决定，少切实之办法，殆与其他会议无殊。唯有此协议，内战必不至公开举行，此则较可慰者。②

1月30日　　晨与诸人共游旧日租界，今为日侨集中地区。美飞机炸汉口，以此区为标的，破坏殊甚，颓屋断垣，触处皆是。各街口有铁丝网拦住，开其数口，任日侨出入。出入之时，须以身份证示岗警，并行敬礼。日侨日兵似均贫苦，衣服不称身者，衣单现索瑟状者，时时可见。其无一椽可蔽者，则构芦席为小棚，小棚之多，如兵营列帐。炊事洗涤，悉在露天。店铺仍营业，但多售旧货，小食，及香烟灯烛。购食豆沙甜食，细腻可口，昔在上海所曾尝也。

十一时返旅馆，邵荃麟来访。邵以飞机来汉，为时两小时，用资五万元，较诸余辈，太舒适矣。邵为余道一月来重庆政闻。协商会议总算有成果，但决议诸端，期其实行，尚须人民之督促。偕至乐露春，与同船诸人聚餐。③

身在船上颠簸，心里系念的却是“协商会议”，担心的是会不会有“内战”，对于美国犹存戒心。2月8日傍晚，木船赶到吴淞口，可黄浦江

①②③《叶圣陶集》第21卷，第23—24、25、26页。

六点封江，船只能抛锚，在船上又得再住一夜。日记中写道：“近处泊美国兵舰二十馀艘，电灯闪烁，望如厦屋，颇有威胁之感。”[①] 不过，能回到上海，就是再高兴不过的事了。且看2月9日全天的日记：

黎明即起，望炮台湾，此固余熟悉之地，建筑虽有改观，大体均能记认。六时开行，进黄浦，缓缓而行。八时抵南市停泊。未靠码头，店中同人亦不来，无法登岸。

有流氓型之数人来拉生意，代运行李，此辈在码头上为权威，非经其手不可，即与讲价。一行人之行李，大小八十馀件，送至四马路店中，讲定价四万五千元（后又多索五千元）。

其时三官、冬官、瑞卿及店中工友探询到来，遂请母亲先行上岸。先从汽船抱上小划子，众人扶掖之，划至码头，扶之上埠。乘人力车，余与冬官偕行，行李等事，由小墨、三官等料理。路经之处，皆似熟似生，颇有化鹤归来之感。旧法租界各路，似甚少改观。

至霞飞坊三十五号，叩门，先见伯祥夫人，神采如旧。我妹与墨下楼相迎。我妹已望如老太太，牙齿悉去，补以假牙。八年馀为别，我母时时念之，今得重逢，心慰可知。余此次东归，最为慰者，即侍母还沪，得与我妹见面，且一路无恙。有此可慰，一切辛苦足以抵偿矣。墨与三官前晨到沪，即留宿我妹处。于是登三层楼，坐定，话亦无从讲起。冬官颇清秀，但稍见文弱。以下三甥

---

① 《叶圣陶集》第21卷，第31页。

女，其二为初见，皆驯顺。

进点心后，至同里三号，访丏翁。丏翁坐床上，相见之顷，唯言“老了，老了”，彼此忍泪，不能为言。翁之肺病殆已犯实，时时发烧。而心绪复不佳，自家庭琐屑以至天下大事，皆感烦恼。见余与满子等归来，自觉意慰。夏师母则依然如故。龙文在水泥厂任职员，尚可敷衍。旋即饮酒。丏翁饮已甚少，因余之来，居然多进一杯。

下午二时，返三十五号，洗澡。悉去身上衣服，借穿红蕉[1]之衣，以清除虱子。傍晚，红蕉归来，风采亦如旧。于是我家七口，红蕉家六口，团坐聚餐。此不易得也。我妹所作菜，皆苏州名色，八年来所未尝，今乃一一尝之。唯闻近日以来，上海物价飞涨，几乎超过重庆，虾一斤，值三千元，肉亦八九百元，今夕一席自备菜，值在二三万矣。

饭罢下楼与伯祥畅谈。伯祥谈兴犹昔，滔滔不穷。既而均正夫妇来访。谈至十时始散。余与墨宿三楼亭子间。[2]

叶圣陶及家人归心似箭，上海诸亲友望眼欲穿。叶圣陶八年前“不扫妖氛誓不还”（《江行杂诗》[3]）的誓言，以及抗战胜利后“楼船东去如轻舠，巴峡巫峡疾于欻，便下吴郊向沪郊，……剧谈痛饮笑呼号”（《题伯

---

① 红蕉：妹夫江红蕉。

② 《叶圣陶集》第21卷，第31—32页。

③ 《叶圣陶集》第8卷，第143页。

祥书巢》[1]）的想象，如今都成了事实。虽说“楼船”换成了“木舟”，“疾于欻”成了慢似牛，“笑呼号”成了“彼此忍泪，不能为言”，但能平平安安地回到上海，与朝思暮想的亲人重逢握手，毕竟是欣喜的事！

三、弘扬“开明风”

叶圣陶是开明书店的“灵魂”，至于开明书店的景况，叶圣陶在回到上海第二天（1946 年 2 月 10 日）的日记中留有记载：

> ……以人力车至北四川路虬江路口，自永丰坊入祥经里。我店于里中租定房屋六幢，曾出巨大顶费，即分租于同人。洗公先迁入，彬然、锡光、绍虞、欧阳小姐等亦已认定地位，从事布置。彬然等所居一幢为日本式，门窗橱障，俱精巧有致。派定余家所居者，尚有人居住，一星期后迁出，因未往观。
>
> 在洗公处坐定，未几，调孚、达君、伯祥相继至。遂共饮。店中之事，缓日再谈。
>
> 饭罢，墨先归霞飞坊。余与伯祥、调孚、小墨、三官循虬江路西行，日本旧货摊满地皆是，贩卖者与选购者纷纷，路为之塞。越淞沪铁路，折至宝山路南行，经河南路，至于福州路店中。一路似无甚改观，热闹情况，且胜于八年以前。我店店面移在原店面之东，仅有一间，殊不壮观。办事部分则即原店址之后进，旧为栈房

① 《叶圣陶集》第 8 卷，第 149 页。

及宿舍者。调孚导观二层楼及三层楼，指示某座系某人之席，人多屋窄，颇见拥挤。①

开明书店的“店面”，“仅有一间”，办公处“人多屋窄，颇见拥挤”。可人心“依旧”，风气犹存。“开明人”朴质、笃实，孜孜不倦地从事于学术研究，以教育家的态度来办书店，脚踏实地，迅赴事机，勤奋从公，“一句不苟，一字不偷”，相濡以沫，既能共患难，也能共安乐，从而形成了一种特有的品格，这就是人们常说的“开明人”与“开明风”。为了爱护开明，弘扬“开明风”，也为了爱护中国出版界，激励“开明人”紧握着手追随时代的步伐前进，叶圣陶对“开明人”与“开明风”都作了恰如其分的总结，他在 1946 年 5 月 21 日为开明同人组织“明社”撰写的“社歌”中说：

开明风，开明风，
好处在稳重，所惜太从容；
处常绰有馀，应变有时穷。
我们要互助，合作，加强阵容，
敏捷，活泼，增进事功。
开明风，开明风，
我们要创造新的开明风。②

① 《叶圣陶集》第 21 卷，第 33 页。
② 《叶圣陶集》第 8 卷，第 115 页。

“社歌”点出“开明人”的主要长处是笃实、稳重，缺点似乎是散漫、迂缓。补救之道在“互助合作”“敏捷活泼”，以形成一种新的风气。1946年适逢开明书店二十周年，于是决定庆祝。叶圣陶1946年7月16日日记中说：“开二十周年纪念会筹备会，决定以双十节举行纪念，以后每周集会，加紧筹备。”① 7月18日日记中说：“续开二十周年纪念筹备会。”②7月25日日记中说：“开二十周年纪念筹备会议。”③8月2日日记中说：“午后开二十周年纪念筹备会。”④纪念会于10月10日召开，为的是取“重庆”之意（“双十节”为民国国庆日）。叶圣陶日记中记得很简略：

今日为国庆，实无可庆。和平谈判，濒于破裂，内战之局扩及数省，国趋于殖民之地，民处于困绝之境，复何可庆者。唯我店以此日纪念二十周年，则不无欢慰之意。

十时后，同人全体及其家属，又有店之好友如马夷初、雁冰、仲华、子恺诸人，会集于金城大楼之餐厅，举行纪念仪式。洗、村、夷初、觉农、雁冰诸人相继演说，皆就开明之作风为言，颇不同于寻常颂祷。余代表同人致辞，以“有所爱，有所恨，有所为，有所不为”四语交勉。十一时半摄影。十二时聚餐，凡十馀桌，饮甚欢。到者各携礼物，汇为“摸彩”之戏。余摸得玻璃球镇纸两事。饭后，复共坐，为馀兴，或唱或说，或为戏法。伯祥以扬州口音唱郑板桥道情一首，犹是三十年前之态，兴复不浅。四时

①②③④《叶圣陶集》第21卷，第98、98、101、103页。

始散。①

其实，纪念会开得相当隆重。首先由范洗人致开会词，其次由章雪村报告店史，再次由马夷初致演讲词。他在演讲词中说："开明在出版界中虽是后起，却是很负盛名"，"社会上对于上海出版界的批评，要以开明为首屈一指。开明的规模不及其他各大书店，所以能得此称誉，因为开明对于所出版的书从不马虎，不是只讲营利的商店。另一方面，当然由于开明所聘请的编辑，都是切实治学的。故规模虽小而声誉甚隆，这是可以为开明庆贺的"。② 吴觉农在演讲词中着重谈了开明书店"认真精细的精神"以及"稳健和脚踏实地的作风"。③ 朱季华在演讲词中说："在文化界方面，开明是小弟弟，商务是老大哥。可是在出版方面，小弟弟有时却跑在老大哥的前面，故开明实是后起之秀。"④ 茅盾在演讲词中说：

开明书店在出版界，规模不算大，可是精神却很活跃。例如在战时，我曾到过昆明、桂林、衡阳各地，看见开明在这些地方，短期内都将分店设立起来，做当地出版界的领袖。桂林文化城，是大后方的文化中心，其中的出版业以开明最为活跃。再如我胜利后到广州，便见广州分店在那里复业。开明的办事精神，是脚踏实地，

① 《叶圣陶集》第21卷，第122页。
② 《马夷初先生演讲词》，《明社消息》第十七期"大家庭特刊"，1946年12月31日。
③ 《吴觉农先生演讲词》，《明社消息》第十七期"大家庭特刊"，1946年12月31日。
④ 《朱季华先生演讲词》，《明社消息》第十七期"大家庭特刊"，1946年12月31日。

迅赴事机。再如桂林撤退时，其慌乱情形非可形容。当时在桂林的开明，分向重庆、昭平撤退，倍极艰苦，所受的损失，拿别家书店比起来，还算小的。就靠有这种精神。再就兄弟数十年来对出版界的印象说，认为书店大致有二个极端，一个可以商务做代表，是老爷书店。一个可以生活做代表，作风特别。间乎中间的为开明。就以所出版的书论，开明所出的书，稳健而不落伍，亦不肯不顾一切，冲锋陷阵。在目前这样的时代，开明的稳扎稳打是很适宜的。鲁迅先生说的赤膊上阵，究竟不相宜的。再说出版业对一时风气的感应，商务太迟钝，生活太敏感，开明则介乎中间。我认为在目前开明还应保持这种精神。我和开明的创业者都是二十多年的老友。在大后方奋斗时，也常常和开明同人甘苦与共。故我和开明的感情特厚。谨祝开明五十年一百年二百年时候有更大的发展，以及中国的能够真正开明。①

叶圣陶“答谢词”中的“有所爱，有所恨，有所为，有所不为”四句话，所涵盖的内容极其深广。他解释说：“有所爱”，“爱真理，即一切公认为正当的道理”。反过来是“有所恨”，“因为无恨则爱不坚。恨的是反真理”。“有所为”——“合乎真理的才做”，“有所不为”——“反乎真理的就不做”。“开明人”，“确实以此态度做人，以此态度做出版编书”的。②他在《题开明二十周年纪念碑》中说：

① 《茅盾先生演讲词》，《明社消息》第十七期“大家庭特刊”，1946 年 12 月 31 日。

② 《叶圣陶先生致答谢词》，《明社消息》第十七期“大家庭特刊”，1946 年 12 月 31 日。

书林张一军，及今二十岁。欣兹初度辰，镂金联同辈。开明夙有风，思不出其位。朴实而无华，求进弗欲锐。唯愿文教敷，遑顾心力瘁。此风永发扬，厥绩宜炳蔚。以是交勉焉，各致功一篑。堂堂开明人，俯仰两无愧。①

“唯愿文教敷，遑顾心力瘁。”这是对过去的总结，也是对未来的承诺；是对同人的褒奖，也是对同人的鞭策。叶圣陶还为开明书店拟了一副对联，贴在开明书店的大门上：“开来而继往，明道不计功”，激励开明同人“但问耕耘，莫问收获”，注重社会效益，做有远见、讲成效、讲贡献的出版家。

当时，国共谈判“已陷僵局”，“反动之高潮”“有增无已”；“前途颇险恶”，“各方面均濒绝境”。就出版业而言，“成本奇昂，销路奇窄”。民主的诺言化为幻影，内战的祸乱天天在扩大，甚至连反对内战也几乎成了叛逆。国民党反动当局以“出版法”和“刑法”钳制舆论，禁止《文萃》《周报》《民主》《昌言》《人民世纪》等进步杂志，黄色书刊则泛滥成灾。叶圣陶在 1946 年 4 月 11 日日记中写道：

午后开编审会议，决定《中国作家》予以接受。并接受印行中国哲学会之《哲学评论》……目前黄色刊物极风行，全上海多至四十馀种。此足以夺去正当刊物之销场，并移易观众之视线，使不注意现实问题之真实意义。在反动派方面观之，实为可以慰心之举。

① 《叶圣陶集》第 17 卷，第 294 页。

然于吾人，则大为可虑。如何与之奋斗，颇费周章，今《消息》略取其形而易其质，实为得要之道，故宜助之。①

"目前黄色刊物极风行，全上海多至四十馀种"，其他各地的情况更为严重。朱光潜在《刊物消毒》② 一文中谈及中国人"读什样书，识什样字"时说：

……走到一家新书摊，除掉一些陈腐的教科书和党八股式的宣传品之外，你看到一些红红绿绿的封面印着电影名星的刊物，只有它们是崭新的，你可以想到它们无须在那里久摆，可怜的书贾们就靠它们来撑持门面。你如果在国内作一次旅行，你可以看见轮船上、火车上、飞机上、旅馆里、码头上、车站上，处处都是这些印着电影名星乃至于妓女照片的红红绿绿的小型刊物。我说"红红绿绿的"，本是事实，不过据说它们的通行的台衔是"黄色刊物"，为什么是"黄色"，恕我无知。反正这些就是现在中国一般识字的民众所读的书。原来几十年来扫除文盲的努力就是为着要使一般民众有读这种黄色刊物的能力！

这些刊物的内容是家喻户晓的，无庸缕述。总之不外是影星妓女以至于学府校花名门闺秀的桃色新闻，贪官污吏的劣迹，社会里层的奸盗邪淫的黑幕，以及把这一切乌烟瘴气杂会在一起的章回小说。它们已在出版界树立起一种强有力的风气，凡是刊物如果不沾

① 《叶圣陶集》第21卷，第63页。

② 《天津民国日报》1948年1月1日。

染它们的一点色彩，就行不通，卖不掉。我知道北平有一家报纸每天有大半篇幅都是报导强盗闹妓院，父亲逼奸女儿和儿子谋杀父亲之类“社会新闻”。

我能想象到茶房店伙、少爷小姐以至于达官贵人们读这一类刊物时的“过瘾”。过的什么瘾？淫瘾，盗瘾，欺诈瘾，残酷瘾，嘴嚼粪和猪滚污泥的瘾。他们有闲暇，黄色刊物消遣了他们的闲暇；他们有饥渴，黄色刊物满足了他们的饥渴。花钱不多，费时不多，买起来方便，带起来方便，读起来不用费脑筋而有陶醉之乐，读完了扔到字纸篓里，如吸完一袋烟之后吹去烟灰，本无足惜。谁说这不是近代文明带给人们的福泽！

中国人老是说“开卷有益”，读这种黄色刊物的益处何在？它喂养了人们的低等欲望，让它们一天肥壮似一天；人们的心地本已恶浊，在它恶浊之上累积恶浊，叫他们永远甘于恶浊，不复知人间有所谓羞耻事。它在生命的源头下毒，把一切生命毒得一干二净。读品在近代荣膺“精神食粮”的雅号，这种黄色刊物也是一种精神食粮，它是精神食粮中的吗啡鸦片烟。像吗啡鸦片烟一样，它刺激你，麻醉你，弄得你黄痠刮瘦，瘫软无能；弄得你骨髓精血里都深藏它的毒素，遗传给你的子子孙孙。

吗啡鸦片的毒是有形的，人人知其祸害，黄色刊物的毒是无形的，许多人深中其毒而不自知。它的猖獗反映着民族精神的颓废，一般人的生活趣味的低落；大家对它多见不怪，所以法律不加禁止，舆论不加制裁，教育不加防范。依现在情形看，它还有一个很兴旺的前途。但是这是中国民族精神的生死关头所在，我们明知其不可为而仍不能不向国人大声报警：这种黄色刊物一日不扑灭，中国人就一日不能成为一个纯洁的健康的民族，而现在中国社会一切黑暗现象也就一日不能消除。

由此可见与“黄色刊物”“奋斗”的意义。叶圣陶身体力行，除主编《中学生》杂志，还和郭绍虞一起主编《国文月刊》①，与文协同人一起主编《中国作家》，用纯洁优美的文学和崭新的文化知识吸引读者。当年一些颇有影响的书籍，如中华全国木刻协会的大型画册《抗战八年木刻选集》，以及《闻一多全集》和茅盾的《苏联见闻录》等，也都是经叶圣陶之手编辑出版的。

1946 年 9 月 15 日，中华全国木刻协会在上海举办了“抗战八年木刻展览会”，陈列的作品有几千幅之多。为了给木刻展览会拟定主题，打造声势，汇集精华，扩大影响，在中华全国文协总会的统筹下，中华全国木刻协会选编了一本《抗战八年木刻选集》，由开明书店赶在木刻展览会开幕日之前出版，这是出版界值得纪念的一件大事。

《抗战八年木刻选集》汇集了野夫、陈烟桥、夏风、李桦、王琦、刃锋、古元、罗清桢、李少言、沙清泉等七十五位木刻家抗战八年来的木刻共一百幅（另有封面和扉页的木刻以及环衬的装饰画）。书前有中华全国文协总会总务部主任叶圣陶写的序，以及中华全国木刻协会写的《中国新兴木刻的发生与成长》和《编后》。编者精挑细选，规定得极严，“每个作家的作品最多不超过两幅”，叶圣陶亲自担任“责编”，帮

① 《国文月刊》自第 41 期（1946 年 3 月 20 日）起，改由开明书店在上海出版。

助筛选，精心设计，精益求精，从而确保了作为我国“新文化的一部分”的木刻的“伟大的性格”。

《抗战八年木刻选集》的扉页上印有红色的中英文字：“谨以此书纪念／木刻导师鲁迅先生／逝世十周年”。简短的题词讴歌了“木刻导师”鲁迅的业绩，也升华了《抗战八年木刻选集》的品格和意义。虽说木刻艺术在中国由来已久，但因为民间化的程度较深，一直没有步入艺术的最高殿堂。鲁迅借助西方木刻艺术的思想来融合中国木刻艺术的创作，以“拿来主义”的态度尝试着对木刻艺术的改造和提升。1929 年，鲁迅印行了《近代木刻选集（1）》和《近代木刻选集（2）》两本木刻集，把西洋的木刻介绍过来，在我国播下了木刻的种子。1930 年的夏天，鲁迅在上海开办了木刻讲习班，催生出了木刻的萌芽。1934 年 10 月，鲁迅编辑的《木刻纪程（一）》，以铁木艺术社名义出版，计收木刻二十四幅，作者为一工（黄新波）、何白涛、李雾城（陈烟桥）、陈铁耕、陈普之、张致平（张望）、刘岘、罗清桢等人。鲁迅除为木刻作者寄出样书外，还分赠郑振铎、北平全国木刻展览筹备处，以及苏联木刻家克拉甫兼珂和冈察罗夫、苏联美术批评家丁格尔等国外友人，给我国的木刻家以巨大的鼓舞。

可反动当局竟把木刻“认做‘危险’的玩艺儿”，丧心病狂地封闭展会，没收作品，囚禁作家。“然而这些打击与阻挠并没有使木刻夭折”，经过血和泪的培植，木刻艺术有了与其他文化部门并驾齐驱的发展。抗战的八年间，正是我国木刻的成长期。在中华全国木刻界抗敌协会的推动之下，木刻成了抗战宣传的利器，“木刻出版物的散布真是异常广泛，几乎每个重要城市，只要是木刻作者所到的地方，当地的报纸杂志上就有木刻的作品出现。据中国木刻研究会的估计，战时全国出版的木刻刊物约在四千种以上”（《中国新兴木刻的发生与成长》）。在1946年那个时局动荡不安的环境中，出版《抗战八年木刻选集》，把散见于各种刊物上的优秀木刻作品汇集起来，纪念“木刻导师鲁迅先生”，并以这部著作作为建设新中国新文化的基石和支柱，意义极为深远。

《抗战八年木刻选集》的第一幅木刻就是我国新兴木刻运动的主要活动家野夫的《角斗》：苍茫的大地上，两头牛正在“角斗”，寓意极其深刻。野夫是在鲁迅直接指引下我国最早从事新兴版画运动和创作的艺术家之一，1933年始与鲁迅通信，深得鲁迅先生赞赏。早年曾参与组织春地美术研究会、中国美术家联盟、野风画会、涛空画会、MK木刻研究会、上海绘画研究会、铁马版画会，兼负责中国左翼文化总同盟新亚艺术传习所的绘画木刻系。抗战后参加战时青年服务团，与画家王良俭筹办春野木刻美术研究会，出版《春野木刻集》，又创立浙江战时木刻研究社。举办木刻函授班、绘画专修社，在浙、闽、赣、苏领导木刻运动。1946年任中国木刻家协会常务理事。《角斗》秉承了野夫木刻一贯的黑地白线的风格，粗犷而豪放，其场景和寓意都让我联想到那是一个中华民族拼死“角斗”的年代：与日本侵略者拼死“角斗”，与懦弱和腐朽“角斗”，中华民族就是要在这场“角斗”中求生存和发展。第二幅是我国木刻运动另一位“最初提倡木刻运动者”陈烟桥的《鲁迅与高尔基》，画面上鲁迅与高尔基面对面在亲切地交谈，朴实无华的画面彰显了鲁迅就是“中国的高尔基”这一主旨。陈烟桥1928年入广州市立美术专科学校西画科，1931年入上海新华艺术专科学校西洋画系，不久开始版画创作，并从事进步艺术活动。1933年与鲁迅通信，在鲁迅的鼓励与支持下，继续从事版画创作。抗日战争爆发后，在武汉、重庆等地从事抗日宣传活动。1946年任中华全国木刻协会常务理事。

其他的九十八幅木刻，风格各异，或豪迈，或朴拙，或忧郁，或沉重，或静穆，或稳健，或柔美，无论是"倾向于通俗的民族形式"，还是接受钟鼎文"'金石味'的线条"的启示，无论是师承苏联的作风，还是"接近西洋"，都力求走出我国新兴木刻"自我发展"的道路，都紧紧地扣住"抗战八年"民族国家的悲欢和历程，不作虚构的描写。就内容而言，大致可分为四个方面：

一是揭露日本帝国主义的凶残。华山的《仇》，由两幅木刻组合而成，一幅是日寇把我同胞扒光后捆绑在木柱上唆使烈犬撕咬；另一幅是日寇馋涎欲滴，死死扯住一位年轻的女子，企图淫奸。林仰铮的《神圣教堂的悲剧》，刻的是日寇冲进教堂拉走年轻的母亲，踩死母亲怀抱的婴儿。此外，蔡迪支的《桂林紧急疏散时的北站》、杨讷维的《紧急撤退》、李桦的《疏散》、荒烟的《搜索》、王流秋的《为死者复仇》、刘仑《同志，还有一个在这里!》、罗清桢的《雾中行军》，集中地表现了日军的疯狂和战争的残酷。敌人烧杀掳掠，我军浴血奋战，人民颠沛流离。

二是表现沦陷区和国统区人民的苦难。沙清泉的《天灾》、朱鸣岗的《孩子之间》、丁正献的《卖唱的孩子》、亦支的《报贩》、张漾兮的《成都车站码头》、阿杨的《生活的倾诉》、潘仁的《住在都市背面的人们》、王树艺的《狱中人》、江锋的《穷人之家》、葛克俭的《难民》、宋肖虎的《弃婴》，王琦的《劈石》、刃锋的《嘉陵江上》、麦秆的《负木者》、荒烟的《渴》、王树艺的《自行失踪的人》、克萍的《胜利后》，让我们看到了国统区的凄惨景象，贫穷，饥荒，劳役，抓壮丁的场景触目惊心，而抗战胜利后的“乱象”则更为悲凉。

三是刻画共产党领导下的各个边区，包括各个敌后根据地的兴旺景象。生产，学习，练兵，歼敌，政府和人民心心相印，军队和老百姓亲如一家人，处处给人以新的欢欣。夏风的《打靶》（民兵苦练杀敌本领）、彦涵的《神兵的故事》（我军神勇）、赵泮滨的《欢送》（军民鱼水情）、陆田的《宜山的妇女》（帮助军人往列车上搬运弹药）、万湜思的《合作》（军人帮助农民收割）、王秉国的《行军休息的时候》（民众给军人端茶送水）、张在民的《耕》（解放区的妇女下田春耕）、李桦的《两代》（老农与从军的儿子两人的脸上都挂满了笑容）、马达的《烧毁神像》（解放区人民破除迷信）、王流秋的《年节劳军》（老百姓慰劳子弟兵）、陈叔亮的《印刷工》（表现工人的风采），都是这类木刻的代表。此外，张望的《乡村会议》、宋秉恒的《军民合作》、赵泮滨的《灌田》、焦新河的《商订农户计划》、力军的《劳动英雄》、余别墅的《晚归》、古元的《向吴满有看齐》、王式廓的《开路》、徐甫堡的《丰年》、张望的《秋收》、夏风的《货郎担》、沃渣的《年画》、胡一川的《牛犋变工》、焦星河的《牧羊女》、丁正献的《赖家桥之秋》、彦涵的《移民图》、计桂生的《纺织》，全方位展现了解放区新的生活和新的人物。

四是展现江山之美和各地的风情。代表作有刘岘的《嘉陵江的一角》、刘平之的《苗区市集》、沙兵的《畲民夫妇》、唐英伟的《徭妇》和刘铁华的《四川小景》等。

作品这么丰富，意义这么重大，作为中华全国文协总会的负责人和著名的编辑出版家，叶圣陶当然会全身心地投入，赶速度，求质量，做到尽善尽美。从开始接洽到装订成书，只花了两个多月；如果从稿交齐之日算起，只有五十一天，进度之快，效率之高，质量之好，在当时着实令人惊叹。为了使这本大型画册赶在1946年9月15日“抗战八年木刻展”预展之前出版，叶圣陶废寝忘食，精心打磨。从日记中可以看到，他修改木刻协会的序文《中国新兴木刻的发生与成长》，就花了三天工夫；为木刻选集作者的小传润色，花了两天工夫。8月10日日记：“为木刻协会改木刻选集之序文。此班美术家俱不善为文，言不能达其意。”① 8月12日日记记：“改木刻协会之序文竟。”②8月15日日记：“为木刻集之作者小传润色。”③8月16日日记记：“竟日润色木刻作者之小传，毕。”④经过叶圣陶的“润色”，作者小传（作者简叙）其实也是对所选木刻的评点，有话则长，无话则短，行文活泼，视野宏阔，谈“人”说“画”，均精确至极。这里抄录四则“简叙”：

野　夫

原名郑诚元，浙江乐清人。是中国木刻运动最早的运动者之一。在上海美专学习时即组成“一八艺社”及“野风画会”，从事木运的推动。初期创作极努力，后来大部分时间用于推进木刻运动方面。曾于一九三六年与李桦发动第三次全国木流展，因抗战爆发，未能成功。后辗转浙赣，投身于合作事业，并着手发展木刻用品的供应事业，组成木刻用品合作社（即今日的中国木刻用品合作工厂）。这时东南以至全国木运的蓬勃发展，有赖于他的努力极多。后更为培养木刻新人，创办木刻函授班，成绩卓著。与其说他是个

①②③④《叶圣陶集》第21卷，第105、106、106、107页。

木刻创作者，毋宁说他是个木刻运动家，十几年来他推进木运的劳绩相当的大。他的木刻颇粗豪，坚持着黑地白线的作风，没有大变化。著有《点缀集》《木刻手册》《合作运动木刻画集》等书。

陈烟桥

广东人。一九三〇年与野夫、铁耕在上海从事木刻运动，为最初提倡木刻运动者之一。“九一八”以后，在上海刻作甚勤，并曾组织木刻团体。抗战军兴，即离沪赴香港，从事报纸与漫画工作。其后转至重庆，帮助陶行知先生创办育才学校，任该校绘画组主任。课馀撰述艺术理论甚多。两年后流落西南各地，因生活环境多变动，刻作渐少。其风格纯朴无华，一如其人，从他为爱波斯坦著《人民战争》所作插图可以充分看出。他有很高的抱负，想到各地搜集画材，创作刻画这时代的画幅，但为生活所逼，未能如愿。近年来从事艺术理论多于木刻创作，并常绘时事讽刺画。据他说，客观现实需要甚么最急，他就做甚么。

刘　岘

河北人，早年在上海美专肄业时，即从事木刻运动。后赴日本研究“木口木刻”。“七七”后赴西北。作品精细，有苏联木刻风格。

武　石

这位沉毅的木刻家好像一头老鹰，对现实投下阴沉的眼光，一下子就把对象紧紧抓住。湖南湘潭人中多革命家，他也具有这种传统的乡土性格。战前在新华艺专学画，战事起来之后，随戏剧队在湘桂各地流动工作。他从事木刻大概因为这门艺术适合他的孤僻的性格。他的明快而豪放的刀触很有压迫观者的感染力。

七十五位木刻家的“简叙”构成了我国现代木刻的“简史”。随后，叶圣陶又写了一篇序，排在《中国新兴木刻的发生与成长》的前面，并请专家把他的这篇序连同《中国新兴木刻的发生与成长》《编后》《目录》《作家简叙》全都译成英文，用中文和英文两种文字分开排印，以便于向海外发行。8月19日日记记：“竟日排比木刻作者小传，致肝阳上升，颇不舒服。”① 9月15日日记中说：

至钱业公会，观抗战八年木刻展之预展。我店所印《抗战八年木刻选集》今日始装成，即送至会中。此集余为改稿，托人译为英文，锡光主持交排交印，用心用力至一个月以上。今日一编入手，尚称可观，为之欣慰。②

抗战八年里，中国分成了“三个天下”：一个是敌占区，一个是国统区，一个是共产党领导下的各个边区，包括各个敌后根据地。在这本木刻选集中，木刻家们对“三个天下”作了真实而深刻的展示。叶圣陶在《〈抗战八年木刻选集〉序》中说：入选的都是“兼有工具和武器作用”

①② 《叶圣陶集》第21卷，第107、113页。

的“艺术品”，在我国木刻运动史上极具“里程碑”的意义，同时也是八年抗战的“历史的缩影”，是我国人民“生命史”的写照。现将叶圣陶为这本木刻选集写的广告词抄录于下：

《抗战八年木刻选集》

是八年来木刻的精华　是抗战中艺苑的奇花

重磅米黄色道林纸单面精印（内有彩色图数幅）

硬面精装一厚册；封面四色烫印，精雅美观。

我国木刻艺术，从倡导到如今，时间不满二十年，成绩已经相当可观了，近似于传统而不承袭传统，受着外来的影响而不为影响所拘束，土生土长，趋于创造。这本选集就是证明。

这本选集包含七十五位作家，一百幅作品。这些作品是从陈列在抗战八年木刻展览会的几千幅作品中精选出来的。木刻作家把对于敌人的憎恨，对于受苦难者的同感，对于大众生活的经验，对于自由中国的期望，在这里表露无遗。我国人民以生命写了抗战的历史。而这本选集就是那历史的缩影。

前有叶圣陶先生序及协会所撰《中国新兴木刻的发生与成长》，后附七十五位作家简叙。（均附英译）①

把“对于自由中国的期望”“表露无遗”，这就彰显出了这本“透露着新中国的新文化光辉”的《抗战八年木刻选集》，在那个“反内战，争民

① 《国文月刊》第47期，1946年9月20日；收入《叶圣陶集》第18卷。

主”年代的现实意义。

1946年岁末，叶圣陶从《抗战八年木刻选集》里选了胡一川的《牛犋变工》，制成贺年卡，随同开明书店的“期刊”和“新书”送给“读者”。《牛犋变工》刻的是三位农人，每人赶着两头牛在广袤的大地上辛勤地耕作，淡蓝的天空，金色的朝霞，把“一年之计在于春，一日之计在于晨，一生之计在于勤”的蕴意抒写得淋漓尽致。叶圣陶在木刻画的下面题了四句诗：“大地藏无尽，勤劳资有生，念哉斯意厚，努力事春耕。”在贺卡的背面用红笔写了“恭祝进步”四个字，落款是“国文月刊社、中学生社、开明书店、开明少年、英文月刊社”。把《抗战八年木刻选集》中的作品制成贺年卡，这一别致的设计也拓展了《抗战八年木刻选集》传播的途径。

叶圣陶为《闻一多全集》做的“技术性的工作”尤其多。1947年9月12日日记中说：“一多全集之原稿已由沫若处交来，尚缺一部分。其已来者将近七十万言。此书甚富学术性，宜为仔细校雠。而发售之际，人震于一多之名，亦必能畅销也。”① 9月22日日记：“写《闻集》之金甲文字。”②次日日记：“续写《闻集》金甲文字。”9月25日日记：“写《闻集》金甲文字。”③ 10月18日日记：“点闻一多所选之《唐诗大系》。”④10月20日日记：“下午续点《唐诗大系》。”⑤10月21日日记：“续点《唐诗大系》，毕。”⑥11月13日日记：“看《闻一多全集》中之《近代诗抄》，为之校改误字，以免排植有误。”⑦次日日记：“续校《近代诗抄》。”⑧次日日记：“校阅《近代诗抄》，毕。”⑨12月15日日记：

①②③④⑤⑥⑦⑧⑨《叶圣陶集》第21卷，第216、219、219、225、225、226、233、233、234页。

"校闻一多之《周易义证类纂》，竟日工夫，仅校三十馀面耳。尚馀一半，他日续校。"① 次日日记："午后，续校《周易义证类纂》，仍未毕。"②1948年1月16日日记："校读《闻集》原稿。"③是年8月，《闻一多全集》精装四卷本由开明书店出版，从交稿到出书总共只有十一个月。叶圣陶为《闻一多全集》写的《重印后记》中说："闻一多先生被反动派看作死敌，他当然是咱们的英雄；反动派消灭了他的肉体，咱们就得拥护他的精神的永生——包括他的道德和文章。给他编集子当然应该编全集，不编全集就感到不满足，不够劲，不够给敌人一种威慑力量，不足以向全世界控诉反动派竟杀害了这样一位正义的有成就的学者。"④ 叶圣陶做的是审读、编排、抄写、校对等琐碎的工作，进行的却是一场特殊的战斗。闻一多是被反动当局杀害的。叶圣陶挺身而出，和朱自清、吴晗、郭沫若一起编辑《闻一多全集》，使闻一多的精神业绩长驻人间，"令人神往"，催人奋起，其意义十分深远。且看叶圣陶为《闻一多全集》写的广告词：

《闻一多全集》

朱自清　郭沫若　吴　晗　叶圣陶编

闻一多先生为民主运动贡献了生命，他是一个斗士。但是他又是一个诗人和学者。他说他始终没有忘记除了我们的今天外，还有那二千年前的昨天，这角落外还有整个世界。他又说："我的历史课甚至伸到历史以前，所以我又在研究以原始社会为对象的文化人

①②③《叶圣陶集》第21卷，第243、243、251页。
④《叶圣陶集》第7卷，第240—241页。

类学。”

他的贡献真个太多了。创作《死水》，研究唐诗以至《诗经》《楚辞》，一直追求到神话，又批评新诗；更动手将《九歌》编成现代的歌舞，象征着我们青年农民的严肃的工作。他将古代与现在打成一片，成为一部“诗的史”，或一部“史的诗”。

这部全集由朱自清先生负责编辑。附有先生之年谱与事略及郭沫若朱自清两先生的序，末附朱自清先生的编后记。①

在1946年至1949年三年间，经叶圣陶编辑出版的书籍，除了《抗战八年木刻选集》《闻一多全集》之外，最值得一提的是茅盾的《苏联见闻录》。

1946年8月初，苏联大使馆一等秘书、著名汉学家费德林，专程从南京来上海，给茅盾送来了一份苏联对外文化协会邀请茅盾和夫人孔德沚赴苏联观光的正式请帖。茅盾成了中国第一位以作家身份访苏的名人（此前郭沫若访苏是以科学家身份），所以引起文化界的高度重视。叶圣陶日记里记载了欢送茅盾赴苏的一系列活动：

1946年11月23日　（下午）五时后，偕调孚至青年会，应中苏文协之邀，参观苏联保卫三大城之照片展览。六时半，中苏文协开餐会，为雁冰作饯，到者五六十人，食毕演说，由戈宝权任翻译。戈君由中语译俄语，由俄语译中语，均甚便捷，行所无事，至

① 《中学生》1948年9月号，1948年9月1日；收入《叶圣陶集》第18卷。

可佩。九时半到家。①

1946年11月24日　午后，至清华同学会，文协及其他团体欢送雁冰。到百馀人。三时半开始，诸人说话，五时半散。②

1946年11月25日　傍晚，至苏联总领事馆，应总领事哈林之招，为雁冰作饯。到者二十馀人，进俄国菜，频频干杯，直至十一时始归。大惫。③

1946年11月29日　前夕在苏联领事馆宴饮，席间黎照寰君首作一诗，沫若、田汉、衡山、颜惠庆与余皆和之，亦为打油之类。余之一首补录之："今宵不惜醉千杯，语各相投襟抱开。为送雁冰致一语，幸凭慧识发天才。"④

1946年12月5日　到店后，与洗公、彬然、调孚至海关码头送雁冰夫妇。到者有三四十人。以驳船载往苏联船斯摩尔尼号，船在外白渡桥北。登船，观其房间，休于其客厅，摄影于甲板。苏联人来者不少。船上有女水手，殆为他国船只所无。至十二时，催送行者离船，遂与雁冰夫妇握手而别。⑤

1947年4月25日　雁冰夫妇游苏归来，于今日午后到埠。

---

①②③④⑤《叶圣陶集》第21卷，第142、142—143、143、144、146页。

四时，偕彬然、调孚往迎之于海关码头。友人二十馀人先在，船已停泊，但尚未卸客与货。候至五时后，雁冰夫妇始乘驳船登岸。一别五月，彼此依然。记者访问，照相，又是一番忙碌。①

1947年4月28日　雁冰来，谈旅苏情形。据谓苏联中之小共和国最为舒适，对外大事，有长房相似之俄罗斯共和国担当之，小共和国可以自治其国，欣欣向荣。人才在小共和国中亦易于出头，凡有一长，即可自致于重要地位。雁冰代我店及中华书局购得俄文书籍若干种，已运来，将于下月一日展览，供同人观摩。

雁冰去，余治杂事。……

放工后，偕彬然至沫若家，诸友举行迎雁冰之宴。凡三桌，甚欢。席散，雁冰略谈苏联文艺家关心我国文艺界之情形。十时散。②

1947年11月20日　校阅雁冰之《苏联见闻录》。渠以此稿交我店出版，分两部分，一为日记，一为专篇随笔。专篇列目三十三，尚有十馀篇未作，俟其完成，即可付排。③

1947年12月19日　校雁冰之《苏联见闻录》剪存稿，此书即付排矣。④

---

①②③④《叶圣陶集》第21卷，第180、181、235、244页。

1948年1月14日　　校阅雁冰《苏联见闻录》之原稿。其稿尚缺四五篇，俟其作齐，即可付排。其书约于三四月间问世。①

1948年1月15日　　续阅《苏联见闻录》原稿。②

以上所援引的叶圣陶日记，有几则需要作相应的补充和解释。1946年11月24日，上海文协及其他团体欢送茅盾的活动，茅盾在《回忆录二集》是这么介绍的：

11月24日下午，中华全国文协、剧协、音协、木协、漫协、诗音协、学术联谊会、杂志界联谊会、新出版业联谊会等十个民间文化与文艺团体，在八仙桥青年会举行欢送会。郭沫若、马寅初、叶圣陶、熊佛西、潘梓年、侯外庐、许广平、阳翰笙等都来了，共有二百余人。叶圣陶担任主席。许多人讲了亲切而热情的话，要求我代表中国人民到苏联去，把苏联蓬勃的人民艺术带回来。……我在会上说："谢谢你们的临别赠言。去苏联观光是我二十年来的愿望。……我们现在去是冬天，回来应该是春天了。但那时中国是否已经是春天尚不能预料，我相信苏联人民会给我们很多热，帮助我们度过冬天，我就是要去把这'热'带回来，让寒冬早点过去。"③

11月25日晚，苏联总领事哈林夫妇设宴为茅盾饯行。戈宝权曾著文记

①②《叶圣陶集》第21卷，第251页。

③《茅盾全集》第35卷，人民文学出版社1997年版，第594—595页。

述了宴会盛况。[1] 会上由黎照寰开头，郭沫若、田汉、沈钧儒、叶圣陶、颜惠庆、潘梓年等六人一起应和，共写了七首送别诗。黎照寰写的诗是：

滨楼此夜酒千杯，为爱人和万意开。
两国英雄醒复醉，醉中同敬特殊才！

郭沫若即按原韵唱和：

不辞美酒几倾杯，顿觉心花带怒开。
今日天涯人尽醉，澄清总得赖群才！

田汉的唱和诗是：

几度新亭举百杯，愁颜偏许对花开。
何须痛恨张君劢[2]，扭转乾坤有霸才！

沈钧儒的唱和诗是：

一杯一杯复一杯，贺君万里旅程开。

① 戈宝权：《忆和茅盾同志相处的日子（五）茅盾同志夫妇的访苏之行》，《新文学史料》1982 年第 3 期。
② 当时是国社党领导人。

从知领导归文化，旋转乾坤仗众才。

叶圣陶的唱和诗是：

今宵不惜醉千杯，语各相投襟抱开。

为送雁冰致一语，幸凭慧识发天才。

颜惠庆的唱和诗是：

红白旨酒满玉杯，宾主相对笑颜开。

敬祝伉俪征万里，不愧我国有奇才。

潘梓年的唱和诗是：

文化交流酒满杯，中苏合作鸿运开。

问谁好战追希墨，举世人民骂蠢才。

戈宝权还把这些诗汇编成册，题为《欢送茅盾先生访苏唱和诗辑》，并附“小言”，在茅盾启程前印好，分送给诸人。这些赠别诗，既是写真，又有祝愿，同时也是时代的一幅剪影。

《苏联见闻录》由日记和记述见闻的一组文章组成。日记按访问过程纪实；文章则是有关苏联的重大材料，和作者感受的专题报导。这是离沪前应叶以群和《时代日报》要求，边游边写，寄回国发表，以飨读者。

访苏的见闻和阅历，让茅盾大开了眼界。通过这次访问，茅盾对苏联的社会主义制度，以及这制度之下的文化艺术、科学、教育，有了较全面的认识。他最突出的感受，是社会主义制度的优越性。关于苏联的经济建设，通过具体数字对比，不无欣喜地说："二十五年的苏维埃政权做了百年的帝俄政权所没有做到的事。"关于苏联的政治民主，茅盾在参观了选举活动，参观了最高苏维埃开会典礼，并把约四百余名议员的成分作了分析后，得出结论说："从社会经济的地位说，他们全是劳动的人民。他们中间没有剥削者。这就是苏维埃民主政治和英美的所谓民主政治不同的地方。苏维埃的民主政治是真正的民主政治。""苏联公民凡年满十八岁者有选举权，二十一岁者有被选举权。没有任何职业、财产、性别等等的歧视与限制。所以这选举制度是全民的，平等的。选举票上概不记名，所以是秘密的。人民直接（一次）选举最高行政机构的委员，所以是直接的。全民，平等，直接，秘密，这是苏维埃选举制度的优点。"这就给下一代青年提供了美好的前景：他们"来自苏联社会主义大家庭的各民族，他们是有幸福的。他们受到政府的爱护，受到社会的尊视"。他们不怕失学、失业，"不怕没有发展的机会，他们都是社会主义建设的后备军"。由此茅盾获得了鼓舞与信心：他看见了"新世纪的主人公，也许是一个吉利的朕兆——预兆着我祖国的年青的一代在不久的将来也就可以从黑暗中冲出而获得了温暖与光明，并且与苏联这年青的一代携手共向人类的理想社会迈步而前进"。① 这次访问，把

①《茅盾全集》第13卷，人民文学出版社1986年版，第49—50、143—144、86、34页。

茅盾早在20年代末就憧憬的“北欧运命女神”真正具体化了！

茅盾记叙的苏联，今天虽已不复存在，可在当年正是茅盾及其同辈人孜孜以求的。叶圣陶1947年12月19日日记中记有：“校雁冰之《苏联见闻录》剪存稿，此书即付排矣。”《苏联见闻录》在《时代日报》上连载时，叶圣陶就从报纸上“剪存”起来，留作出书的时候用，可见他对这部书有多关注。《苏联见闻录》1948年8月由开明书店出版。叶圣陶写的广告词中说：

> 茅盾先生于前年冬季游苏联，去年夏季回国。在旅行期间，他每天写日记，用他那致密的文笔，把所见所闻所思所感记载下来。对于特别需要详记的材料，如访问某一位作家，参观某一个博物馆，观赏某一出戏剧，他又另写专篇，好似电影中的特写镜头。旅行日记与三十多篇专论合在一块儿，就成这部包括他全部的游苏观感的《苏联见闻录》。①

四、担任文协总务部主任

1946年2月，老舍和曹禺应美国国务院的邀请赴美讲学。叶圣陶接替老舍担任中华全国文协总务部主任，主持文协的日常工作。叶圣陶在1946年2月24日日记中写道：“至蓬子之作家书屋，文协上海分会

① 《叶圣陶集》第18卷，第347页。

于此开理监事会，而总会理事亦出席。老舍叙文协过去情形，及将来之办法，甚详，听者动容。老舍本为总会之常务理事，管总务。于其出国期间，推余为之代，云已在渝通过。余只得应之。五时散会。至杏花楼，我店作东，为老舍、曹禺作饯，并宴夏衍、祖光等文艺作家。饮甚欢。”① 叶圣陶担任全国文协常务理事和总务部主任之后，与茅盾接触特别多。5月26日日记：“午后三时，雁冰夫妇来。自广州来沪，今日方到。此后将留居上海。”②5月27日日记：“雁冰来，谈文协事，兼及广州、香港文艺界情形。”③5月28日日记：“雁冰来，诸友皆与欢然握手，共话别后情况。”④6月13日日记：参加《改造日报》社座谈会，“到会者有马夷初、郭沫若、田汉、冯乃超、雁冰、望道、翦伯赞，外则报社中人”。⑤6月14日日记：“傍晚，我店在金城餐厅宴客，欢迎雁冰夫妇、巴金夫妇、望道夫妇、沫若夫妇、田汉、靳以、叔湘、鞠侯、伯赞，并为亚子夫妇祝寿，兼邀无垢小姐。”⑥6月18日日记：“三时，梅林⑦来，仍谈租屋事。前言及之一所已放弃，今又有他处，或可成交。雁冰适来，因共谈论。雁冰言苏联邀彼到苏一游，或将于今秋成行云。”⑧6月24日日记：“傍晚，雁冰、振铎、夏衍三人来，商定于星期日开文协总会及上海分会之联席理事会”。“五时三刻，明社开月会，请雁冰讲新疆之经历。雁冰娓娓而谈，至三小时之久，犹仅其一小部分。”⑨6月29日日记：“晚七时，至仲华家，应其招宴。洗、达、彬、墨同往。他客有冯仲足、王翼云、雁冰夫妇。座皆熟人，谈叙甚畅，十时半归。”⑩7月9日日记：“（放工后）至霞飞路某西菜馆，应

①②③④⑤⑥⑧⑨⑩《叶圣陶集》第21卷，第47、79、79、80、85、86、88、91、92页。

⑦ 梅林：中华全国文艺协会秘书。

张君、雁冰之招。张君为大同书店之经理，请孔另境为编文艺丛书，而由雁冰为之拉拢。到沫若、乃超、田汉、洪深、振铎、雪峰诸人。席间各为闲谈，……九时散。”① 日记中的相关记载还有很多，就不一一罗列了。众所周知，茅盾身份特殊，叶圣陶与茅盾接触多，他主持文协不可能不受到茅盾的影响，从而也使得文协的工作有声有色。

在反内乱、争民主的斗争中，叶圣陶做了许多切切实实的工作。以1946 年为例，他做的工作主要有以下一些。

（一）悼念民主文化战线上的老战士夏丏尊。1946 年 4 月 23 日，夏丏尊与世长辞，弥留之际对亲家叶圣陶说：“胜利！到底啥人胜利——无从说起！”这话道出了夏丏尊对于践踏抗战胜利果实的国民党反动派的愤慨，对于创伤未复的祖国的系念。叶圣陶写了《从此不再听见他的声音》② 和《答丏翁》③ 等纪念文章，把夏丏尊临终的凄苦和悲愤公告于众，激励“昨日的青年，今日的青年，以至明日的青年，永远铭记夏先生这位最纯洁最诚挚的导师的话，实践他的遗志，使胜利最终归于老百姓”。

（二）主持盛大的文艺欣赏会。1946 年 5 月 4 日，文协在辣斐戏院举行文艺欣赏会，庆祝胜利后第一届文艺节。上海《文汇报》《联合晚报》《世界晨报》《辛报》《时代日报》《时事新报》《新民报》《立报》《前线日报》《大公报》都以醒目的标题，刊登了叶圣陶向千余名青年作的“开会词”：“文艺工作者必须有所爱，有所恨，有所为，有所不为。”这一天，叶圣陶还为《世界晨报》题词：“从五四开始的反帝反封建精

① 《叶圣陶集》第 21 卷，第 95 页。

②③ 《叶圣陶集》第 6 卷。

神，几经锻炼，直到现在，已经成为一股大力量了，最后胜利是我们的。”叶圣陶在当天日记中写道：“上午九时后，至辣斐戏院，参加文协主持之文艺节纪念会及文艺欣赏会。……全场满座。余为主席，略致数语，次由予同讲‘五四’之意义。景深读自撰之‘五四’大鼓词，健吾朗诵新体诗数首。于是某女士及景深唱昆曲。殿之以欧阳山尊、李丽莲之秧歌。秧歌系陕北民间歌曲，共产党主持边区政府后，采其调而另制新词，为推行各项政令之助。今日所唱为《兄妹开荒》，则系鼓励生产者。二人带唱带表演，助以丝竹，甚令人感动。与脱离现实、徒资悦耳之昆曲，处于两极端矣。”①

（三）欢送上海各界代表赴南京请愿。1946 年 6 月 23 日，上海五十三个人民团体，为了反对内战，争取和平，欢送马叙伦、蒉延芳等十位代表往南京请愿。五万多群众在北站集会，会后举行示威游行，历时六七小时以上。叶圣陶代表文协到车站送行。是日日记中说：

> 晨七时半，与小墨至北站。今日上海各界争取和平代表马夷初先生等八人及学生代表二人乘车往南京请愿，各界送之。各团体皆结队而来，张旗唱歌。至九时，广场人满。不知其数，殆在五万以上。余与诸友上火车送动身者，其中余只识马先生一人。十时开会，有动身代表蒉先生、雷女士说话，次则送行者陶行知、林汉达、吴晗等人演说。今日之口号为“反对内战，争取和平”。前数日亦有学生游行，其口号为“反对内乱”，则是国民党方面所操纵。

---

①《叶圣陶集》第 21 卷，第 71 页。

据实而言，自以今日之会为真正民意之表现。市政府及警备司令部方面，预闻今日有大会，曾迭次会商。警备司令宣铁吾主力压，市长吴国桢则主放任，渠盖鉴于昆明去年之事，若用力压，发生巨案，即无以保其市长地位。此止是私图，非晓然于民意之真当尊重也。火车以十一时开。各界队伍遂为大游行，小墨、三官参加其中，余即归。直至下午二时半，二人始归，游行犹未毕，他们以足力乏退出。①

次日，马叙伦一行在南京挨打，国民党报纸造谣说马等“自称人民代表”。叶圣陶对国民党反动派卑鄙无耻的行径极为愤慨，当即写了《我就是推选他们的一个》一文，与开明同人一道署名，送请《文汇报》《大公报》发表，声明人民确曾推选马先生等，“我就是推选他们的一个”②。他在 6 月 24 日日记中写道：

晨看报，知马夷初先生等昨日到京，在镇江即遇留难。有自称苏北难民之群众无理叫嚣，阻勿到京。及车抵南京下关，复有所谓苏北难民者出而纠缠，后乃动武，打伤代表五六人，报馆访员二人，马先生亦在其内。群众纷扰至五点多钟，而军警假作痴聋，任彼辈行凶。此事为预设之局面，显然可见。昨日见上海群众声势甚盛，不敢动手，遂改变方向，布置阴谋于镇江、南京。无耻至此，令人深恨。同人共谈，无不愤激。而一些国民党方面报纸记载此

① 《叶圣陶集》第 21 卷，第 89—90 页。

② 《我就是推选他们的一个——我们抗议！》，《文汇报》《大公报》1946 年 6 月 26 日。

事，谓马先生等“自称人民代表”，“所谓人民代表”，亦属卑鄙无耻。余遂致一书于《大公报》，声明确曾推选马先生等，并附愤慨语，与彬然、予同、伯祥、达君共同署名。①

（四）哀悼李公朴、闻一多。1946年7月12日，李公朴被刺身亡，国民党特务造谣说李公朴是被共产党派来的艾思奇杀害的。叶圣陶感到非常愤怒。7月13日日记中说：

报载李公朴被人暗杀于昆明，此定是特务人员所为。倒行逆施，愈来愈凶，前仅用殴打之手段，今以李案为始，且用暗杀手段矣。李为民主同盟之盟员，多说话，颇露锋芒，或即以此贾祸。去冬在重庆，余尝与晤数面也。②

7月15日，“代书联作一短文，为李公朴被刺事公告社会”③。7月16日，参加民盟的纪念会，日记中说：

下午三时，偕彬然至南海花园，应民主同盟政协代表之招。到者五十馀人。民主同盟主张重开政协会议，解决国是。然政府一意孤行，苏北及豫鄂，皆发动军事，宁复有协商之意乎。又谈起李公朴之死。来客发言者六七人，皆可听。七时到家。④

---

①②③④《叶圣陶集》第21卷，第90—91、97、97、98页。

7月15日闻一多被刺的消息，叶圣陶隔了两天才知道的。7月17日日记中说：

> 报载闻一多亦被刺于昆明，气愤之至。当局以如此手段对付呼号民主之人，岂复有存立之道！
>
> 作文应高祖文之嘱，高之杂志曰《中建》，征文嘱说建国的话，于此时势，何可言乎！得千字，发牢骚而已。
>
> 振铎来书，嘱为其所编《民主》作短文，谈闻一多之被杀。余请彬然代作三百字付之。
>
> 梅林来，言闻一多为文协理事，今遭惨杀，宜开会员大会商量应如何表示。余请其与诸友接洽后再定。①

7月19日日记中说："冯乃超来，以致联合国自由保障会一书之稿见示，系谈李、闻被暗杀事，即签名其上。"②7月21日日记中说："午后二时，至花旗银行，文协借彼开会员大会，讨论对于李、闻被杀事件之对策。到者颇众，欧阳予倩方自桂林来，马彦祥方自北平来，尤为难得。四时开会，余为主席。郭、田、沈、洪十馀人发言，皆悲痛激昂。欧阳及马君谈桂林、北平近况，皆窒息万分，毫无自由空气。结果通过对国人宣言一通，对外国作家呼吁书一通，并募捐赠李、闻家属等件。六时后散"。③7月24日日记中说：（下午）六时半，与郑振铎"共至于银河餐馆，欢迎到沪之文友。到者五十馀人，被欢迎者八人，为欧阳予

①②③《叶圣陶集》第21卷，第98、99、99页。

倩、洪深、马彦祥、阳翰笙、李何林、臧克家、周伯勋，其一人已忘之。余为主席，略致辞。李何林方自昆明来，谈李、闻被刺事甚详。民主运动人士如张奚若、潘光旦等十一位以同有被刺危险，避入美国领事馆。而官方提出抗议，谓外国人无保护中国人士之权。可谓无耻之尤。九时散”。[①] 10 月 4 日，国民党当局为了欺骗舆论，也开了“李、闻追悼会”，叶圣陶在当天日记中写道：

晨早出，与小墨、三官至天蟾舞台，参加李、闻追悼会。

先是闻党政方面已有布置，令二三千人占据座位，操纵会场空气。入场而知果然。会时定九点，余入场才七点半，座席凡三层，已占去十之七八，据闻若辈皆以六点钟即到矣。挽联悼辞，悬挂几满，平心而论，无足观者。准时开会，行礼如仪。市长吴国桢为主席，就“民主”二字发挥，谓今日之会即足表现上海之民主，并言一切争持，皆须守法云云，语不及李闻，而鼓掌者之齐一与踊跃，足证预先布置之奏效。

演说者四人。首为潘公展，言民主，言美苏，而意实攻诋民主派，鼓掌亦如前。次为沫若，民主派大鼓掌以迎之，历时更久。沫若预拟一稿，朗声诵之，虽非前知，语足以抵潘。次为邓颖超女士，代表其夫周恩来诵一短稿，语颇激越，亦大鼓掌。末为罗隆基，就潘所言美苏而发挥之，其语精警扼要，足以折潘之气焰。谓我人所求之民主至简单，为人人能活，人人能成一个人。美苏之民

---

① 《叶圣陶集》第 21 卷，第 100 页。

主虽不同，而美苏之人民皆能活，能成一个人，我辈未足与美苏并论，此所以必需争取也。鼓掌亦甚沸。

在筹备此会之时，闻各方约定，不及政府杀李、闻之一点，故郭、邓、罗皆不之及。在党政方面，借此得以开成一会，不闹乱子，自足心慰。而在民主派方面，容忍成事，得一宣传机会，亦未始非得计。追悼会原为普通之事，而关系曲折如此，亦有味也。十一时散会。①

“在党政方面，借此得以开成一会，不闹乱子，自足心慰。而在民主派方面，容忍成事，得一宣传机会，亦未始非得计。追悼会原为普通之事，而关系曲折如此，亦有味也。”从这几句话可以看出，当年文协的斗争策略，为了“得一宣传机会”，有时表现得有点“容忍”。10 月 6 日，上海各界在静安寺公祭李公朴、闻一多。叶圣陶和傅彬然、郭绍虞、周予同、徐调孚联名敬献挽联：“生命何足重，妻子何足恋，刀锯何足畏，所争者真民主。/富贵不能淫，贫贱不能移，威武不能屈，此之谓大丈夫。”又代表文协总会诵读他写的祭文：

鸣呼二公，人间所亲，大盗所恨。
倡导民主，宣扬和平，乃以身殉。
凡我后死，不遑伤感，唯知振奋。
精诚赴之，锲而不舍，挫而不钝。

---

①《叶圣陶集》第 21 卷，第 119—120 页。

必有一朝，人乐安康，群求精进。

迄于彼时，告慰二公，灵其无闷。①

叶圣陶坚信人民一定能争到民主。他在《诗话》② 中说：闻一多以身殉国，把他在新诗《一句话》里写到的“咱们的中国!”这人人心中想说而没有说出的“一句话”，“爆”出来了，而且，“不止是一个霹雳，是漫天漫空的雷阵”。“爆发的火山”是“扑灭”不了的!③ 在《多说没有用，只说几句》④ 中说：“‘人生自古谁无死’，今天，为争取民主与和平而呼号的人士，也没有一个怕死的。”向国民党反动派郑重宣告：新兴的民主力量，决不被反动派的屠杀所震慑；呼吁大家“要用行动”来反对国民党反动派的暴行。

（五）慰问《文汇报》。1946 年 7 月 12 日，《文汇报》“读者的话”专栏刊登了两封警察的来信。一封署名“一群警察”，他们批评南京警察没有负起责任，保护肩负政治使命的上海晋京请愿的人民代表，致使他们到达下关时被所谓“苏北难民”殴打。另一封署名“本市一巡官”，要求免费发给夏季制服。反动当局指斥《文汇报》“捏造警察名义，离间上下感情，淆惑社会视听”，破坏“公共秩序”，勒令《文汇报》自 7 月 18 日起停刊一星期。叶圣陶知道了《文汇报》被罚的“罪名”后，当即给《文汇报》同人写了封信，现抄录于下：

---

①《文汇报》1946 年 10 月 26 日，收入《叶圣陶集》第 8 卷时改题名为《祭李闻二公》。

②《叶圣陶集》第 6 卷。

③ 香港《华商报·热风》1946 年 8 月 19 日，收入《叶圣陶集》第 6 卷。

④《民主》第 40 期，1946 年 7 月 20 日；收入《叶圣陶集》第 6 卷。

文汇报诸位先生：

被罚停刊，你们当然不颓丧。你们问心没有错儿，连那罚你们的也必然自知是借端生事，你们为什么要颓丧呢？可是停刊的确吃了实实在在的亏，你们不能不考较个明白。人家借端生事，成不成个理由？人家要你们停刊，手续上合不合？不能说现在没有道理可讲，吃了亏就算了的。如果这么想，不尽的亏就等在后头。我国弄到这么糟，一半固然要怪那些为非作歹的，一半也要怪大多数人，大家存着吃了亏就算了的想头。这种想头对于为非作歹的是很大的鼓励，鼓励他们更加肆无忌惮，更加为非作歹。必须考较，必须讲道理，除非他们正正式式，公开宣告，现在不讲道理了。书生之见，也许很迂，不知你们以为如何。愿你们精进不懈，继续努力，在许多种无可看的报纸之外，永远有一种像模样的报纸。

叶圣陶谨启　七月十九日①

当天晚上，叶圣陶又给《读者的话》的主编柯灵写信说：

柯灵兄：

《文汇》停刊期满之日，弟以为宜出一特刊，至少两版，专载读者投函，表明读者需要此报纸，与此报纸有片刻不能相离之情感。亦使反动家知所警惧，报纸后面原有如此大力为之支持。急速发动，尚来得及，不知贵刊有此意与否？文字宜短不宜长，人数愈

① 《文汇报》1946年7月25日“文化界的慰问”专栏，收入《叶圣陶集》第24卷。

多愈佳。作者不必拉知名之人，尤不宜专请习见于各种刊物之作家，最好各界均有，署名之上，标明其职业地位。文字内容宜抒实感，宜就最具体之方面言之，不作空洞之呼号。动员途径，似可通过人民团体联合会及各业之联谊会。弟想只要贵刊透露此意，各界必乐于效命。弟之店中同人均爱《文汇》，必可有七八篇呈上。如何，乞与贵刊同人详酌之。专此，即颂大安。

弟叶绍钧顿首　七月十九夜

今日《联合晚报》载有《周报》应予停刊之讯，如何应付，念甚。又及。①

叶圣陶不仅对《文汇报》被迫停刊表示愤慨，还为《文汇报》同人特别是柯灵出主意，鼓动他们要跟反动派“考较个明白”，并对怎样与国民党反动派进行斗争提出了具体建议。叶圣陶对敌斗争有胆识，有策略。

（六）挽《周报》和《民主》。叶圣陶在给柯灵信中深表关切的《周报》（唐弢和柯灵合编），不久也被迫停刊了。叶圣陶在《周报》终刊号②的“我们控诉”专栏，发表了《什么道理?》一文，表示抗议。文章说：“《周报》出版了一年，还不让它登记”，什么道理？不让它登记也罢了，还要叫它“暂缓”，什么道理?“不给登记，借此使报纸杂志不得出版，那就是侵犯人民的自由”，“侵犯人民的自由，比起个人侵犯他人的自由来，罪情更见严重”。10 月 18 日，叶圣陶得知郑振铎主编的《民主》将要停刊的消息，在日记中写道：

---

① 《收获》1979 年第 5 期，收入《叶圣陶集》第 24 卷。

② 《周报》第 49、50 期合刊，1946 年 8 月 24 日。

艾寒松来，告以《民主》月刊为当局压迫，将出“终刊号”。同其命运者有《文萃》与共党之《群众》。警局强令不许出版，且使贩卖头脑具结，如犯禁即受拘禁之罚。横逆之来，殆将有加而无已，去年此际，以为我国当渐入坦途，真梦想矣。回家看报，意殊颓唐。①

在《又来挽〈民主〉》（《民主》终刊号）一文中说：“我们挽《民主》，我们恨”；“我们决不肯说‘予欲无言’，我们要呼喊‘记住这个恨’!”素以“温柔敦厚”著称的叶圣陶这时已是“怒目金刚”。

（七）纪念鲁迅。1946 年 10 月 9 日，主持纪念鲁迅逝世十周年筹备会。是日日记中说：

午后二时，各团体代表在我店集议，筹备于十九日纪念鲁迅十周年。共谓值此时局，大规模之群众大会殆不可能（可作会场之处所受社会局警察局统制，不能借到），只能举行茶会方式之会集而已。去年在重庆，却能成大会，时势演变，后而弥坏，可为感慨。五时散会。②

10 月 19 日，中华全国文艺界协会假辣斐戏院隆重举行鲁迅逝世十周年纪念大会，主席团由邵力子、郭沫若、茅盾、沈钧儒、马叙伦、叶圣

①②《叶圣陶集》第 21 卷，第 127、121 页。

陶、翦伯赞组成。叶圣陶在会上作了题为《“相濡以沫”》[①] 的演讲。他说鲁迅爱用的一句话“相濡以沫”，突出的是“‘生的意志’的强固和‘群的联系’的强固”；“鲁迅先生影响所以伟大，就在于他奉行那‘相濡以沫’的信念”；鲁迅“所吐的口沫非常之多”，“他那明辨是非的态度，坚决奋斗的精神，待人接物的诚恳与认真，全是他的口沫”；“相濡以沫沫成海”，“人与人要是‘相濡以沫’”，“走鲁迅先生的道路”，“学习鲁迅先生的精神”，中国社会就会有光明的前景。当时，抗战胜利已经一年了，中国社会显露过的一线光明已经被国民党反动派吞噬净尽。叶圣陶在这个时候讲“相濡以沫”，呼唤“民族之魂”，激励人们更加紧密地团结起来，向国民党反动派抗争。是日日记中写道：

饭后，驱车至辣斐戏院，会场由木协漫协诸君布置，中悬巨大之鲁翁画像，旁悬鲁翁语录多则，简单朴素而庄严。到会者已涌至，迄于二时，坐位尽满，站立者亦无隙地。由邵力子先生主席，先唱颂歌，邵先生继为演说。次白杨女士诵许广平之《十年祭》。次余之演说，仍如去年，就鲁翁爱用之“相濡以沫”一语而为发挥。次沫若、雁冰演说。次沈衡山、周恩来演说。周之语悲壮而沉着，得掌声最多。殿以许广平之演说。健吾朗诵鲁翁之《聪明人傻子与奴才》，沈扬、耿震等朗诵其《过客》。于是映鲁翁葬礼之新闻片。

今日之会，秩序极好，听众满堂，肃静无哗，诸友均大为满

① 《叶圣陶集》第 6 卷。

意。初意此会未必能顺利举行，而居然得此成绩，深足慰矣。

到家已六时。①

10月20日，文协组织各界人士给鲁迅扫墓，并致辞。是日日记中写道：

上午七时半，至劳动协会，昨日借定此会之大卡车，运诸友往虹桥路万国公墓。八时开车，一路接人，到墓地已九点过。先至者已一二百人，皆男女青年。此公墓前颇多树木，今殊见零落。上海各公墓，经过战时，大抵如是。鲁翁之墓以昨日种下柏树十二株，高不过四尺，期其蓊蔚，当须十年二十年。

十时，群众集五六百人。围墓地成环形，扫墓礼开始，先唱纪念歌，余献花，行礼，默哀。于是致辞，先沫若，次沈衡山，次及余，皆呼鲁迅先生而告之。余谓“此是先生之坟墓。当下葬时，棺上覆一大旗，曰‘民族之魂’。先生虽死亡，民族之魂不会死亡。试听方才所唱的歌，‘一个人倒下，千万人站起来。’”余之后为雁冰、曹靖华、胡风、洪深、田汉、雪峰、广平，殿以纪念歌之重唱，礼遂毕。②

（八）抨击《中美商约》。1946年11月4日，国民党政府外交部长王世杰与美国驻华大使司徒雷登在南京签订了《中美商约》（即《中美

①②《叶圣陶集》第21卷，第127—128、128页。

友好通商航海条约》)。五天后，国民党立法院批准了这个条约。这个条约确定了中美两国整个的关系，范围非常广，包括通商、航海、移民、投资、教育、文化、宗教、慈善事业等等的相互来往关系，而以经济关系为主干。这个条约规定美国在我国任何地方、领水都有通航权；美国的国民、法人或团体，只要遵守中国的法律，便可以到中国任何地方来旅行、居住、经商，并从事为中国法律所不禁的商务、制造、加工(即开设工厂)、科学、教育、宗教及慈善等事业，并得与我国国民、法人、团体享受同等之待遇。在这样广泛的范围内，中国已无所不开放。而国民党政府却说“这是中国和外国签订条约以来第一次的互惠平等商约”；“这个商约对于今后中美经济关系的增进，文化的交流，都是有裨益的，可以作为中美经济合作的桥梁”。实际上，这是一个新的不平等条约。凡是对美国有利的，中国无不慷慨地让与；凡是中国可以占到一点便宜的，美国却仍靳而不予。也就是说：凡是我们所有的，我们都给了；凡是美国所给的，我们得到的却是“镜花水月”的互惠。历史上任何一个条约，对于主权之损害，都没有这个条约之露骨与彻底。叶圣陶对这个条约痛心疾首，11 月 7 日日记中说：

近日报载中美签订商约，我国只待立法院通过。此约表面上甚平等，而国力差异，实际上大不平等。根据此约，我国门户洞开，美国经济势力无远弗届。《大公报》曾有评论，结语谓“以江宁条约为始的不平等条约，曾支配中国一百年的半殖民地命运，无疑问的，以这个中美商约为始的平等条约，又将支配中国今后的百年命运”。言外颇含悲愤。唯有今日之买办政府，始与美国订如此条约。

诚宜发动广大运动，反对此有关百年命运之举措。并昭示于世界，此等大事非经真正代表民意之议会批准，不生效力。然民众无组织，无力量，政府仍由一党操持，真正代表民意之议会无从产生，现在实际上亦只能任国民党作恶，俟将来加以改正耳。①

接着写了《名与实》② 一文，予以抨击。1946 年 10 月 31 日，蒋介石六十岁生日。此前叶圣陶曾接到参加蒋介石寿辰的请柬。他对蒋介石恨都恨不过来，还会去给他祝寿吗？他在这一天的日记中写道：

今日为蒋氏之六十寿辰，各报一片祝寿声，有用“万寿无疆”之语者。前此数日，见章行严撰一寿序，全以蒋拟帝王。又见戴季陶所作《天下归顺歌》，举古圣贤所标德义之目悉数归之。士之无耻，有如是者。③

也是凑巧。11 月 30 日，是朱德六十寿辰。叶圣陶出自对中国共产党的敬仰之情，一定要去为朱德祝寿。11 月 29 日夜里作了寿诗《寿朱德将军六十岁》，诗云：“止戈为武古之训，乃役于人耶墨心。六十生涯冀革命，愿缘公义祝长春。”④ 11 月 30 日日记中记有：

午刻偕彬然至思南路，为朱德祝寿。到者六七十人，多熟友。

---

①③《叶圣陶集》第 21 卷，第 136—137、133 页。

②《中学生》1946 年 12 月号，收入《叶圣陶集》第 6 卷。

④《叶圣陶集》第 8 卷，第 207 页。

酒用烟台带来之陈白兰地，易于上口，而其力甚强，又兼诸人互相干杯，余乃大醉。醉时自己失去统制，一时悲从中来，出声而哭，所语为何，不自省记。乘车返店中，众人扶上楼，又发言哭泣。小墨为购安神药一颗服之，始入睡，睡于洗公办事室中。

六时，明社开大会，为王亚南小姐与周君结婚致贺。……众人欢叙，余乃偃卧如死。及会散，墨乃唤醒余，余神志仍未清。①

叶圣陶爱喝酒，但一向讲究节制，尤其是在像为朱德祝寿这样庄重的场合，按说是不会失态的。叶至诚在《父亲醉酒》② 一文中说："我总以为那天父亲并不一定喝过了量。何至于一醉至此？只因为抗战结束以后牵心挂肚的无数大小事件，交织在他心里，一个经历了辛亥革命、北伐战争、十年内战、抗日战争，这许多次大兴奋和大失望的，开明却不激进的知识分子，对于蒋介石国民党的幻灭，对于中国共产党的敬佩与期望，尽在那一醉之中，一哭之中。"

五、与反动派"站在两边儿"

1946 年 7 月 1 日出版的《文艺复兴》第一卷第六期，刊登了杜丹乡的一组诗，总标题为"愤怒的抒情诗"，叶圣陶最喜欢其中的《宣言》，诗云：

---

① 《叶圣陶集》第 21 卷，第 144 页。

② 商金林编：《四叶集》，漓江出版社 1989 年版。

你有鞭子，

我有意志！

刺刀是你的，

理想是我的！

我爱你所恨的，

你恨我所爱的；

咱们中间永远存在着，

一段天大的距离。

你有手枪的恐怖，

你有枷锁的威胁，

你有策略，命令……

监狱，陷阱……

但是，你

以及你的主人和你的徒子徒孙们哪，

却没有人民！

叶圣陶说："在如今时候，读这样的诗最配胃口"；"在如今时候，除了'愤怒的抒情诗'还有什么诗可以写的？"于是，他也写了他"愤怒的抒情诗"：

你爱好听的名儿，
我把一切好听的名儿让给你，
咱们站在两边儿，
水火之势不自今日始。

你喜欢自居革命，
好，我就自居反革命；
可是，你骨子里若是反革命，
我就反反革命。

你喜欢自居正动，
好，我就自居反动；
可是，你骨子里若是反动，
我就反反动。

你，爱好听的名儿的人呀，
朝你说旁的话全是多馀的，
只有一句话：
“不与同中国！”①

这首诗可以看作叶圣陶与国民党反动派斗争到底的革命誓言，也是“精

① 香港《华商报·热风》1946年8月19日，收入《叶圣陶集》第6卷。

神独立”的宣言。1947 年 3 月 4 日，叶圣陶写了《如果教育者发表“精神独立宣言”》[①]，说是为了开创“为万世开太平”的局面，“文化人”应该发表一篇《精神独立宣言》，说明文化界人士的态度：“消极方面，不再受野心家的利用；积极方面，要为自己所抱的正义和所奉的理想坚决努力。”如果我国教育工作者要发表一篇《精神独立宣言》，其中至少包含以下几点意见：（一）“表示教育工作者不再承袭我国传统的教育精神”，“把受教育者赶上利禄之途”；（二）“表示教育工作者不再无视是非善恶”，“要明是非，辨善恶，有见必言，有言必践，即以此立身，同时也以此为教”；（三）“表示教育工作者只对人民服务”；（四）“表示教育工作者的终极目标是‘为万世开太平’”，站在人的地位，就得作这样想：“即使太平不能立致，甚至距离很远，可不能不开其端，立其基。否则一直乱糟糟的，战争，饥饿，贫穷，疾病，侵凌，压迫，人将何以为人？开其端，立其基，在乎一点一滴的实干，尤其在乎多数人一点一滴的实干”，“太平之境无尽，教育工作者之愿也无尽”。

“为万世开太平”，出自宋儒张载“四句教”的末了一句。他那“四句教”是很足以摄引人心的：“为天地立心，为生民立命，为往圣继绝学，为万世开太平。”这是我国先哲的最高抱负。所谓“太平”，也就是我们常说的太平盛世，除了没有战争、不动刀兵之外，更应该是一个人人快乐幸福的至治之世或大同之世，是一个至公至平、天下为公之世。在抗战胜利后的那个特定的年代，叶圣陶认为要创建一个快乐、平等、自由的世界，首先要做到“精神独立”，从固定的思想模式里走出来，

---

① 《文汇报》1947 年 3 月 4 日，收入《叶圣陶集》第 6 卷时改题名为《如果教育工作者发表精神独立宣言》。

不随俗沉浮，不对权威俯首。“独立”的“精神”必须是“自由”的精神。而“精神独立”“思想自由”最大的保障是思想者本人的勇气，以及正确的思想方法与态度。叶圣陶一贯看重“做人之道”，在论说“精神独立”的同时，还从“爱着大群，服务大群”(《根本的改革》)、“和衷共济，通力合作”(《去私》)等等“新的观念”出发，论述了“文化人”应有的修养和情操。他在《教育改造的目标》[①] 中引用了张其昀《北美学府之一枚南针》中的一段话，并作了精彩的发挥。请看张其昀的原文：

民治为“自由人之社会”，人人有自由，人人有尊严。一人不能为他人之奴仆，亦不能为他人之工具。唯目的非自私自利之谓，即洁身自好之徒，不加害于他人，亦仅足称为消极之道德，而不足以构成民治。凡自由人应有责任观念，合作精神，与知识上之虚心。人性之尊严在能认识对于他人之义务，能为公众福利舍己为群，公而忘私，以效忠于民族国家。自己应有信心，对人应有同情，于他人之观点能有虚怀审察之雅量。知宽容之要而不流于虚无主义，知信仰之要而不流于独断主义，知批评之要而不流于愤世嫉俗之犬儒主义，自由社会之所赖以成立者在此。

这里所说的“人人有自由”里的“自由”，以及“人人有尊严”里的“尊严”，内容极其深刻，极其广泛。就“自由”而言，在当时至少包括

① 《中学生》第171期，1946年1月号；收入《叶圣陶集》第12卷。

言论自由、学术自由、思想自由、行动自由。而这“言论”“学术”“思想”“行动”中又包含了许多具体的“细节”。如“言论自由”就包括取消新闻检查，取消图书杂志检查，取消邮电检查，取消剧本电影检查，取消限制言论自由的出版法，停止统制纸张印刷政策，废除限制收复区言论自由的特殊法令等等。“言论自由”包括“学术自治”“教授治校”；“思想自由”包括不再有因思想而犯罪的事情，取消“纠正思想”“检查思想”的方针和机构；“行动自由”突出的是“行”和“有所为”，拿出热情来去追求、去拥护是的、善的、合乎真理的，鼓起勇气来去打倒、去反对非的、恶的、违反真理的。可见，叶圣陶所说的“人人有自由”，突出的也还是“精神独立”和斗争的勇气。“人人有尊严”，强调的是“爱”“合群”和“心灵的融洽”，尊重他人的自由，保护他人的安全。1946 年 5 月，蒋天佐在《海沫文谈断片》[①] 一文中说：

> 这世界，我几乎说不出它是个什么东西！
>
> 到处是贫困，饥饿，疾病，迫害，争夺，欺骗，和不平。到处是自私，愚笨，残酷，和虚伪。到处是无辜的血，到处是辛酸的泪。到处是敌意的堡垒，到处是隔阂的鸿沟。

从蒋天佐对当时中国社会最真实的描述中，我们可以进一步体味到叶圣陶力倡“人人有自由，人人有尊严”的时代意义。

---

① 《中学生》第 175 期，1946 年 5 月号。

六、主编《中国作家》和“现代作家文丛”

叶圣陶对生活中名实乖离的现象极为反感，他的《名与实》谈“名”与“实”的关系谈得很透彻。“名者实之宾也”，实是主，名是从，名必须依附于实才能成立。如果名实彼此乖离，名就失却依据，空无所有，终至变为虚伪的幌子。他提倡“偏重实际”，又说“实是根本”。叶圣陶担任文协总会总务部主任代表文协做的工作，都可以说是用“火星”在向中国枯萎的原野撒种。他像老舍一样兢兢业业，为文协的工作付出了很多辛劳。1946 年 4 月 11 日日记中说：“午后开编审会议，决定《中国作家》予以接受。”①《中国作家》是文协的会刊。当时，文协为了繁荣“革命的现实主义”的文艺创作，为“民主运动”服务，决定出版会刊《中国作家》，并成立了由叶圣陶、茅盾、冯雪峰、梅林、靳以、楼适夷等人组成的《中国作家》编辑委员会。而这时的中国，物价狂涨，“各方面均濒临绝境”，开明书店在风雨中飘摇，“造货成本益高，书籍销路益窄，瞻望前途，搁浅堪虞”②。为了支持文协的工作，叶圣陶和开明同人统一认识：赔钱出版《中国作家》。作为主编，叶圣陶为《中国作家》做了许多具体而琐碎的工作。1946 年 9 月 18 日日记记：“雪峰来，谈文协出《中国作家》事，约于星期六多邀数友再谈。”③9 月25 日日记记：“午后三时，雪峰、巴金、振铎、胡风四位来，共商文协之杂志《中国作家》出版事。议定出两月刊，以明年一月出版。目

---

①③《叶圣陶集》第 21 卷，第 63、114 页。

② 叶圣陶 1946 年 6 月 16 日日记，《叶圣陶集》第 21 卷，第 87 页。

前各出拉稿，务期有较具斤两之东西。四时半散。”① 11月20日日记记：“雪峰来，谈《中国作家》集稿事。此志为文协之会刊，须比较像样，文字均在水平以上。然值此时会，文友皆心绪不宁，何能有像样之文字耶。”②虽说组稿很困难，叶圣陶还是主张尽快出版。1947年2月16日日记中写到托邵力子“向内政部催问《中国作家》登记事”③。邵力子是国民党元老之一，由于他出面过问，内政部于4月上旬准予登记，《中国作家》有了出版执照。叶圣陶在4月10日日记中说：“靳以、适夷二位来，共商《中国作家》征集稿件之事，此事算是从今上劲，希望能编成较为像样之刊物。”④但事与愿违，集来的稿子都不理想。叶圣陶在8月2日日记中说：

> 下午三时，至许广平家，开文协常务理事会。决定对困窘之会友三十一人，各致送八十万元。又议《中国作家》赶速出版，内政部之执照发出已四月，六个月内不出，执照即将失效矣。然余实不能编此志。投来者多不及水准之作，请诸人赶作一篇，凑成一册，复何意义。所谓“为杂志而办杂志”，至无聊矣。然他友均不作如是想，他们以为有胜于无，且出了再说。五时散。⑤

叶圣陶不赞成“有胜于无”之类的敷衍和迁就，特地请茅盾向文协“诸友”转达他的想法。他在8月6日日记中说：

①②③④⑤《叶圣陶集》第21卷，第116、142、163、177、207页。

下午三时，雁冰来店，谈及《中国作家》出版事。彼此以为勉强凑集，必无佳篇。外间属望此志甚久，而所出平庸，殊失文协信誉。且开明承印此志，从目前工本之高，读者购买力之差，必致亏损。亏损而出一平平之杂志，亦甚无谓。至于内政部之执照，失其时效，亦未足惜。果有佳文，固不必以杂志形式出版也。余因托雁冰告有关诸友，望共喻此意，暂不主张此志之出版。①

8 月 16 日日记中说："午后三时，至梅龙镇茶叙，讨论《中国作家》之出否。余与雁冰主暂时缓出，仓卒集事，必无佳绩。其他诸友均主出之。既多数如是，但需集稿足数，即可已。"叶圣陶服从"多数"，四处"集稿"，8 月底就把"创刊号"编好了。他亲自校对。9 月 11 日日记中说："校《中国作家》校样"。9 月 15 日日记中说："校《中国作家》"。次日日记又说："继续校对《中国作家》"。9 月 19 日日记又说："校《中国作家》末校样"。10 月 1 日，《中国作家》创刊号正式出版，封面署"中华全国文艺协会编印"，版权页上署：

编辑者　中华全国文艺协会上海作家编辑委员会

发行者　舒舍予

这署名是叶圣陶精心安排的。这时老舍还在美国，心情很不愉快。叶圣陶 1946 年 11 月 6 日日记中说：

① 《叶圣陶集》第 21 卷，第 208 页。

上午梅林来谈老舍事。老舍到美国后，美国通讯社曾发简短消息，谓老舍曾在某一会中发言，美国应保持原子弹秘密，以与苏联折冲云云。上海友人见此，颇不满于老舍，沫若、雁冰、田汉皆尝为文论及此事。其文传至美国，老舍大恚。大约通讯社之消息系有意或无意之误传，而沪友不察，遽加指摘，且执笔者均为支持文协之老友，尤伤其心。最近老舍致书与余及振铎、梅林，请辞文协理事，并退还前年文协资助之药费，于发言事并未直接提明，唯言到美后未公开演说。此事欲求弥补，转落痕迹，唯有俟老舍归来时当面一谈。庶几前嫌尽除耳。①

文协会刊《中国作家》署“发行者　舒舍予”，这是叶圣陶坚持要这么做的，完全出自对老舍的尊重和信赖，郑重其事地告诉老舍：他仍然是文协的总务部主任，叶圣陶只是“暂代”，展现了叶圣陶宽广的襟怀。

《中国作家》第二期于 1948 年 1 月出版，叶圣陶仍亲自审读和校对。1947 年 12 月 17 日日记记：“上午梅林来交《中国作家》第二期之稿。”② 1947 年 12 月 29 日日记记：校《中国作家》校样。次日日记：“竟日校《中国作家》校样，仅校三十面光景。”次日日记记：“续校《中国作家》。伤风甚剧，头昏，恶心，未进午餐。”③ 1948 年 1 月 1 日日记记：“校对十馀面，头又昏胀，体寒，因偃卧。”④ 次日日记记：“校对十馀面。”次日日记：“校毕《中国作家》。”⑤ 1 月 7 日日记记：“下午，《中国作家》看清样。”⑥ 也许是由于“文友皆心绪不宁”，《中国作家》

---

①②③④⑤⑥《叶圣陶集》第 21 卷，第 136、244、247、248、249、249 页。

越来越难编。叶圣陶在1948年2月21日日记中写道："看《中国作家》文稿四篇。靳以以为尚可，余以为实无佳处，杂取一些事实作小说，事实之背后无深旨，写人写物又皆平常，何堪为小说乎！"① 在1948年2月26日日记中写道："上午至福利会，仍商讨翻译外国名著事。靳以同在，谈《中国作家》第三期之文稿收集为难。渠交来所收小说数篇，以余观之，均不堪用也。"②叶圣陶感到非常为难，这期间又遇到一些不愉快的事情，请看1948年3月31日日记：

> 竟日写覆信。……答覆沫若、雁冰二位（关于美国捐与文协一款分配事），则颇感不快。美作家共捐二千四百馀美元，意在救济我国作家，交来而后，由余保管。曾捐助困窘者三十馀人，其名氏由理事会决定，每人国币八十万元。又曾付《中国作家》之稿费。此外会中杂用皆取给于是。今尚存一千九百美元。梅林之意，以为此款即可支持会用。最近沫若、雁冰来信，言此款亟宜分配完毕，报告美国捐款者，否则无以取信于人，其言甚是。而所以致书于余，盖以为余乃管此事者，言外不无责备之意。不知余实无心管此等事，一切皆由梅林作主。而所谓总会者，确亦无事可为，仅有一会所，一书记，以及梅林为驻会秘书耳。设撤销会所，不用职员，亦复无妨。然梅林之居处即成问题，彼将何所往乎。余为此心中不安，拟即辞去总务部之责。但恐召开常务理事会时，他人不我许也。③

①②③《叶圣陶集》第21卷，第260、261、271—272页。

在4月11日的文协理事会上，叶圣陶提出“辞去总务，不管钱财，大家不答应”①。他顺从“民意”，顾全大局，勤勤恳恳，尽可能把工作做好。4月21日日记中说：夜间“校梅林所作小说一篇，在《中国作家》第三期中者。此志甚无聊，余不欲观。所以校梅林此篇，恐其有违碍之处，影响代售之家也”。②4月24日日记中说：“傍晚，至振铎家与文协诸君聚餐。餐后谈会中悬赏征文，以期推进文艺之事。余亦无甚兴味，以今日文艺界情形，决无比较可观之作可以产生。会友所以出此，亦谓既有此会，即不能不有此一举，以免无何工作之讥耳。至九时半散，乘电车而归。”③9月2日日记中说：“靳以交来《中国作家》第四期稿，嘱为看一遍，因与调孚分看之。”④次日日记中说：“续看‘作家’文稿。诸文皆平常之至，看之乃如受罪。”⑤次日日记中说：“续看‘作家’文稿”。9月7日日记中说：“傍晚，文协诸友小叙于延福楼，谈征文评选及他事，至九时而散。”⑥。当时，文协为了激励作家们描写“八年对日民族战争和两年余争取民主运动在人民生活上的巨大影响”，发动征文运动，广泛征集长诗、短诗、长篇小说、中篇小说、短篇小说、中篇报告、短篇报告、多幕剧、独幕剧、电影剧本、童话、民间文学、文艺批评、社会批评等各种作品，入选作品在《中国作家》发表，或用丛书名义出版，“以为创导”。叶圣陶在9月21日日记中说：

傍晚，文协在我店开理监事会，凑合邵力子来沪之便也。讨论评阅征文之办法，甚烦琐。征文系于五月四日发表，所悬门类至夥，

①②③④⑤⑥《叶圣陶集》第21卷，第274、276、277、310、310—311、311页。

> 应征者极踊跃，长篇小说亦有二十馀部，其他门类均有之。评阅之事，实甚麻烦。而诸友皆不之措意，唯谓其中必有好东西，精心发掘，意义无量。以余言之，虽不敢遽谓无望，亦不能如此乐观也。①

叶圣陶对“征文”不太“乐观”，倒不是怕麻烦，而是觉得文协诸友把事情看得太简单，工作不够扎实，内部又不够团结。此类问题，叶圣陶在日记中时有记载。1948 年 4 月 23 日日记中说：“白尘与蒋天佐偕来，谈‘五四’文协出特刊事。余不以此等事为然，大家凑些无聊文字，有何意义。但诸友均不欲如余之‘拆穿’也。”② 5 月 3 日日记中说：“三官参加文艺晚会，预行纪念‘五四’。‘五四’在青年心中永为光明之象征。而我文协则以种种关系，并聚餐会亦不举行，仅出一小册子《五四谈文艺》而已。去年此际，尚开年会及群众大会也。”③对文协不集会纪念“五四”表示不满。

文协内部的矛盾也让叶圣陶感到不愉快。1947 年 10 月 10 日日记中说：“上午，克家来，谈文坛现况，于胡风颇不满，谓其为取消主义宗派主义之尤，于他人皆不满，唯其一小群为了不得。余于此等事向不甚措意，然胡风之态度骄蹇，亦略有不满也。”④ 1948 年 10 月 19 日日记中说：“下午，杨慧修来谈胡风之为人及持论。此君自命不凡，否定一切，人家之论皆不足齿数，而以冗长纠缠之文文其浅陋。余于文艺理论向不措意，唯此君之行文，实有损于青年之文心”。⑤ 10 月 21 日日记中说：“夜间白尘来，亦谈胡风之文与人。九时半去。”⑥ 10 月 24 日日记中

---

①②③④⑤⑥《叶圣陶集》第 21 卷，第 315、277、280、223、325、325 页。

说："午刻，应王辛笛之招，会于悦宾楼。……萧乾久未见余，渠年来受人排挤，怨气甚深，辄因酒后向余倾诉。"① 不难看出，叶圣陶当时的心情有点压抑。国民党实行高压政策，上海的学生运动少了，进步的书刊少了，民主人士纷纷去了香港，上海异常寂寞。环境是这样险恶，文协内部又有作风浮泛和不团结现象。但他仍以大局为重，一心想把文协的工作做好。1948 年 10 月 18 日日记中说："梅林来，以征文收到之小说两部交我审阅。此等作品殆不会好，而必须约略看过，亦是苦事。"10 月 23 日日记中说："下午三时，偕调孚出席翻译工作委员会。会毕，与靳以、振铎谈《中国作家》编稿事。"② 11 月 2 日日记中说："午后，梅林、靳以来谈《中国作家》事，无结果。"③ 他虽说不主张出《中国作家》，但既然要出，就总想把《中国作家》"编成较为像样的刊物"，不负社会的"属望"，并为此作了不懈的努力。

1947 年 7 月，叶圣陶和梅林代表文协，与上海春明书店打了一场"版权"官司。叶圣陶 7 月 8 日日记中写道："放工后，至会宾楼，文协宴请沈衡山、沙千里、林某某三位律师。盖三律师为文协出面，与春明书店交涉，责备其出版各作家选集为妨害著作权，结果议和解，春明交出纸型，并赔偿每一作者一百万元，此可谓大获全胜也。其实此类书已有十多年之历史，出版者非仅春明一家，一向无人过问，即亦自然流行。今文协代作者出面追问，自为本分中事。先对春明，居然胜利。此后再与他家交涉，即有先例可据矣。同席者沫若、雁冰、振铎、胡风、广平、梅林、适夷。九时半散。"④ 关于这场官司，《叶圣陶集》第二十

①②③④《叶圣陶集》第 21 卷，第 326、326、329、200 页。

四卷收录了叶圣陶写给许广平的一封信，现抄录于下：

广平先生：

周先生著作被上海春明出版社以《鲁迅文选》一书盗印贩卖，由本会委托法律顾问代表向之交涉，结果由该书店交出纸型，并赔偿国币壹佰万元，同时立下字据，保证以后不再有盗印情事，赔款除拟付法律顾问手续费百分之二十即廿万元外（如律师不收，当即补送），其馀八十万元，兹为送上。祈即查收，并赐一收据。另外尚有三四书店盗印文协会友著作达六十馀种之多（其中有周先生五六种），现已由本会代表协同法律顾问交涉中，倘有结果，当即详告。专此。即颂

文祺！

文协总会总务部主任叶圣陶

理事会秘书梅林

卅六年七月十八日

外附国币八十万元正。①

这场官司结束后，叶圣陶建议春明书店出版“现代作家文丛”，以挽回影响。春明书店当然很乐意与文协合作。“文丛”由文协编选，第一辑共十二集，为《鲁迅文集》《茅盾文集》《郭沫若文集》《郁达夫文集》《叶圣陶文集》《巴金文集》《老舍文集》《丁玲文集》《张天翼文集》《雪

① 《叶圣陶集》第24卷，第250页。

峰文集》《胡风文集》《梅林文集》。书前有叶圣陶以中华全国文艺协会名义写的序言——《关于刊行现代作家文丛》。序言中说：

关于本文丛的编选和刊行，其主要原因，不外为了街坊间盗印作家的著作过多，损害了作家的版权，影响了作家的版税。其次，那些盗印书又大抵非常不负责任，不得作家同意，随意窃编，随意阉割；而封面的庸俗，印刷的恶劣，尤其馀事。但偏偏以“代表作”“杰作选”欺骗读者。为消除这一唯利是图的恶劣文风，为保障作家权益，以及为使读者不再受欺骗，本会乃于本年夏季代表作家向各盗印书商交涉，同时代表作家版权，在春明书店刊行了这一套文丛。

这是一桩颇为艰辛的工作，盗印书商之所以敢于公然盗印作家著作，有其历史的原因，但交涉结果却相当圆满。盗印书商知道盗印作家著作于情于理于法均有未合，是有背良知并且犯罪的行为，大抵都在本会所提出的最低条件之下合情合理合法的解决了。自然，街坊间还有若干盗印书商在，但事实会告诉他们，肆无忌惮地吮吸作家的脑汁心血，在人情法理都不容许的形情下会有怎样的结果的。

作家与出版家是站在一条线上的友伴，他们的使命与目的是共同的，应该亲密地合作。因此，“现代作家文丛”的刊行，算是本会作家与春明书店正式合作的开始。

序言记录了叶圣陶在“保障作家权益”、沟通“作家与出版家”关系方面所作的贡献。作为文协总会总务部主任，叶圣陶对文协的工作真可谓尽心竭力，勤奋从公。20 世纪 50 年代初，由茅盾、胡愈之、叶圣陶、丁玲等组成的“中央人民政府文化部新文学选集编辑委员会”，选编“新文学选集”，由开明书店出版。这套“新文学选集”就是以春明版“现代作家文丛”为基础的。

第三十一章

涓泉归海

一九四八年十一月初，辽沈战役结束，就有许多民主人士和文化界人士陆续进入解放区，真像“涓泉归海”似的。

——叶圣陶《〈北上日记〉小记》①

一、来自“远方”的召唤

叶圣陶1946年2月9日回到阔别八年的上海，1949年1月7日离开上海，绕道香港进入解放区，这三年间，叶圣陶接触的人最多，参加的会议最多，发表的演说最多。这三年的日记，以《在上海的三年》为题，在《新文学史料》② 连载时，叶至善加了一段按语，按语中说：

① 《叶圣陶集》第22卷，第48页。

② 《新文学史料》1986年第1期至1988年第4期。

当时，我父亲在开明书店主持编辑部的工作，又代老舍先生主管文协的总务，跟文艺界、学术界、教育界、出版界的人士有许多交往；上海在解放战争时期的民主运动，我父亲大多参加了，在日记上留下了记录。读者凭借这些简略的记录，也许可以印证一些资料，发现一些线索。

叶圣陶参加“上海解放战争时期的民主运动”，穷途末路的国民党反动派把他的名字列入黑名单，并准备下毒手。从日记中可以看到，在1948年11月28日至12月7日的十天里，叶圣陶晚上都住在妹妹叶绍铭家里，以防国民党在夜间的突然搜捕。蒋家王朝行将灭亡，这是黎明前最黑暗的时期，这里援引叶圣陶的几则日记：

1948年11月10日　　臧克家来，言同人纷纷离去，竟不免惶惑。余劝以镇定，我行我素。①

1948年11月15日　　陈布雷以前日去世，报载系心脏衰弱，眠而不复醒。今日又载其遗书，主薄殓薄葬云云。则其非突死而为自杀，殆可断言。陈久为蒋氏幕僚，已在倡优畜之之列，今当危急，忽而自戕，必其所见所闻有甚不可告人者。其遇盖深可悲也。报载张阆生（宗祥）挽联，感慨愤激，堪称传作，亟录之：“蹈东海而亡，昔闻其说；秉中书之笔，吾惜此才。”②

①②《叶圣陶集》第21卷，第332、333—334页。

1948年11月16日　南京方面以徐蚌战事紧急，人心惶恐，政界中人与富有者皆迁家作避难计。传说此辈分三级，高级游美国，中级往香港，又次则至台湾云。

达轩来信，同业均拟撤退，渠亦已将书籍打包，请示机宜。一店如是，他可类推。①

1948年11月19日　陈布雷自戕，其致蒋氏及诸友信件，今日报纸披露之。皆言精神极度委顿，不堪任事，于出此下策，则极自毁诋。其于蒋氏，如奴仆之于家主，并无谏诤之言。有人遂谓其并非尸谏，仅显其奴性。伯祥一语甚妙，尸谏非奴性人不办。书中有言二十年来国家措施大体无误。视政府为国家，甚且视一人为国家，实甚荒唐。各书皆掩沓殊甚，虽云出于临死精神不安之际，要亦平日头脑不清所致。平时见其代拟文告，多芜杂荒乱，以为其奉命而为，今乃知陈之头脑固亦如是。盖与其主之头脑混而为一矣。

上海市清查户口之后，已发表总人数为五百四十四万八千馀人。据闻实际不止此数，为七百五十万人。所以减少发表，恐益增大家粮食恐慌之感也。②

与此同时，中国共产党盛情邀请叶圣陶离开上海，绕道香港转到解放区，准备参加新政协。跟他接头的是杜守素（国庠）、吴觉农、李正文。11月2日日记中记了一句："杜守素来，谈近事，致远方之意，谢

---

①②《叶圣陶集》第21卷，第334、335页。

之。”[1] 这天的日记中还记有“杜国庠劝离沪”。12 月 19 日日记中又记了一句：“觉农来，为远方致意，余再度谢之。”[2]李正文来接头时，日记中没有记载，很可能是有意略去的，到香港后，叶圣陶在日记中作了补记[3]。叶圣陶用“远方”“北方”亲切地称呼中国共产党，道出了爱国知识分子对共产党的一片深情。12 月 28 日日记中说：“暂拟偕墨一游。缘是心不宁定，竟夕未得好睡。”[4]叶圣陶下定“登程的决心”，想到新的生活即将开始，夜不能眠。这里援引叶圣陶离沪“北上”前两天的日记，可见他当时的心情：

1949 年 1 月 5 日　　清理书桌，亦不能净也。芷芬往外购票，谓后日即可成行。

傍晚，偕墨及小墨、二官至我妹家。妹为治馔，全家侍母亲共餐。红蕉亦特地回家进晚膳，与之叙别。八时半辞出，请母亲珍重。唯作乐观之想，小游回来，母体仍佳健，其他不敢想也。

到家复清理东西，十时半就睡。连日多饮酒，肠子不甚舒服。[5]

1949 年 1 月 6 日　　到店仍理杂事，心不定，亦坐不定。出外理发，购杂物。郑小姐惜别依依，至于流泪半日，为之心感。承赠手套，墨与余各一双。渠谓用之而敝，当归来矣。

---

①②④⑤《叶圣陶集》第 21 卷，第 329、340、343、345 页。

③ 1949 年 1 月 13 日日记：返舍时，余遇李正文，李“于十日前访余于四马路，转达促行之意，今又相遇于此矣”。

放工后，驱车至铎家，计洗、村、予、祥、达、彬与余。铎特备羊肉锅饷客，酒次诸公各有赠别之言，当牢志之。八时半别而归，调孚、锡光、韵锵、知伊、芷芬在我家饮方毕。洗公复来话别。叔湘夫妇亦来。待客去，复整理东西，十一时始睡。①

临行的前一天，叶圣陶还照常到开明书店上班，“放工后”（下班后）才到郑振铎家聚会，聆听朋友们的“赠别之言”。可见他和胡墨林的离沪是很秘密的。

二、绕道香港进入解放区

1949 年 1 月 7 日，叶圣陶和胡墨林悄悄地从华盛码头乘永生轮，经台湾基隆，于 1 月 11 日抵达香港，住德邻公寓，与陈叔通“比屋而居”。对于当时的香港，叶圣陶在日记中只记了一句：“望之如重庆，唯房屋较整齐些。”香港工委和文委的负责人夏衍、邵荃麟、宋云彬、杜国庠、李正文等代表“北方”热情欢迎他。叶圣陶在 1 月 11 日日记中写道：“云彬来夜谈，告以种种情形。”② 次日日记中说：“夏衍来，所谈与士敏、云彬相同而加详。谓昨日又接北方来电，询余到否，一切尚待商谈，缓数日再决。”③ 晚餐后，“荃麟来长谈，陈劭老亦至。十时

① 《叶圣陶集》第 21 卷，第 345 页。铎：郑振铎。洗：范洗人。村：章雪村。予：周予同。祥：王伯祥。达：朱达君。彬：宋云彬。调孚：徐调孚。锡光：唐锡光。韵锵：金韵锵。知伊：王知伊。芷芬：卢芷芬。叔湘：吕叔湘。

②③ 《叶圣陶集》第 22 卷，第 6 页。

散。"① 叶圣陶当时激动而喜悦的心情是难以形容的。他曾把接受中国共产党的召唤，秘密离开上海，一直到赴北京西郊机场欢迎毛主席进入北京的这段日记，取名"北上日记"，作为"庆祝中国共产党成立六十周年"的一份礼物，在1981年7月号的《人民文学》上发表。《〈北上日记〉小引》中说：

一九四八年十一月初，辽沈战役结束，就有许多民主人士和文化界人士陆续进入解放区，真像"涓泉归海"似的。香港成为当时的中转站，遇到的熟人有一百位左右，大多是受中国共产党的邀请，在那里等待进入解放区，参加政治协商会议的。

《北上日记》详细记载了在香港与进步文化人士的交往，如听僧人巨赞谈"社会改革"的"拟议"，与金仲华"论及中共之优点"，与章元善谈对于"新政权"的"希望"。日记中涉及他心情的文字尤其感人。请看1949年1月12日日记：

（下午四时后）访仲华于其寓所，并谒其母夫人。仲华亦小心过分，谓余出来为佳，留沪不妥。余于此终未能深信。若不为有事可做，仅为避扰，决不欲有此一行也。②

郑重其事地说明他"北上"，不是为了"避扰"，而是"为有事可做"，

---

①②《叶圣陶集》第22卷，第6页。

是新的重大的抉择。再请看1月13日日记：

夜七时，出外晚餐，又遇高祖文，承以茅台一瓶相赠，言知余耽饮，而此间无好绍酒，特以茅台为馈。其情深可感。遂至一四川馆，遇夏康农。又于座中见吴耀宗，未招呼。皆最近到港者也。抗战期间，一批人初集于桂林，继集于重庆，胜利而后，皆返上海，今又聚于香港，以为转口。余固不在此潮流之中。而事势推移，亦不免来此一行，复自笑也。

与芷芬、士敭合饮酒半瓶，进饭一碗。返舍，云彬、士敏相候，谈至十时半而睡。①

抗战期间，叶圣陶"落了单"，不在"文化人"迁徙的"潮流之中"。而当中国社会即将发生重大变革的时候，他和许多进步人士走到了一起，"涓泉归海"似的奔赴解放区。到香港后，他最想念的是滞留在上海的好友郑振铎，1月12日写给上海朋友徐调孚、王伯祥等老友的信中说：

诸公均鉴：

在台寄一书，想先达览。昨日下午登岸，暂寓旅舍。已晤云少爷，略谈大概，其详须俟夏公方知。此行甚安适，无风无浪，长乐有兴，亦可出此途，乞容翁转告之。在台游三小时，吃一餐饭，市中甚脏，恐以前不若是也。大西瓜大橘子皆甘，啖之称快。刻须外

①《叶圣陶集》第22卷，第6—7页。

出，匆匆上书。馀俟续闻。

即颂

台安

弟郢顿首一月十二日上午十时[①]

“云少爷”即宋云彬，“夏公”即夏衍，“长乐”指郑振铎，“容翁”是王伯祥。在叶圣陶的催促下，郑振铎有了“远游之意”。叶圣陶1月27日日记中说：“昨得洗公信，知铎兄将以明日动身来此，与家宝同行。”[②]2月8日日记中说：小墨来信，“谓振铎已打消来此之意，因闻人传言我辈且将回沪矣。不知何来此说，颇为可怪”。[③]2月9日日记中说：“据荃麟言，铎兄将于明日登轮来港，打消初意之说非确。余闻之欣然。”[④]2月15日日记中说：“国民党方面分崩离析，而皆无求和之诚意，各地咸作备战姿态。今日报载上海白色恐怖复炽，又有开名单准备捕人之消息，相识者且有被捕者。铎兄迟迟其行，迄未见到，深为悬念。”[⑤]2月16日日记中说：“今日接洗公电，言铎兄已动身，19日可到。”[⑥]2月19日日记记：

与彬然过海，至太古码头，振铎所乘之盛京轮已到埠。士敏上轮寻访，未几即见振铎偕其女出。彼此相见甚愉悦。于是同返九龙酒店[⑦]，振铎赁得一房间，在我室之右。徐伯昕邀午餐，以振铎为

① 《叶圣陶集》第24卷，第252页。

②③④⑤⑥ 《叶圣陶集》第22卷，第13、19、20、22、23页。

⑦ 时，叶圣陶已从德邻公寓搬到九龙酒店。

福建人，特觅一闽菜馆。饭后，陪振铎访家宝、以群、翰笙，皆未遇。返寓入睡一小时。

夜七时，应商务徐应昶、李孤帆之招，餐于大华。座有马季明、徐伯昕等。九时散。访夏衍于报馆，谈半时许而归。①

从这些零星的书信和日记中，我们看到叶圣陶与郑振铎亲如兄弟的情谊，看到叶圣陶“爱友如命”的美德，以及迫切期盼郑振铎和他一起投身于建设新中国的伟大事业之中的激情。

在香港候船“北上”期间，叶圣陶除了访友、游览，就是参加各种聚会和作演讲，这在日记中也有记载：1月18日，“余与云彬、彬然至一小茶室，应新中国书局之约，谈编辑小字典事。主其事者为陈原，荃麟亦与闻其事。此字典拟供应工农之略识文字者。余据所知，略贡意见。谈两小时而散”。②1月23日，“夜应徐伯昕、荃麟、陈原等之招宴于红星酒家。座皆熟友，谈出版编辑方面事。十时半始散”。③2月3日，在香港文协“迎欢新近来港诸友”同乐会上“略致数语”。2月11日，午后“与彬然冒雨出门，至荃麟所，观北方来之各种出版物。有友人三十许会集，共谈对于此等出版物之观感。六时归”。④2月13日，“午后一时，渡海至六国饭店，应港九教师福利会之招待。是会多中学教师，小学教师亦有少数。今日到者殆一百四五十人，特别招待余与彬然、东莼，甚为惶愧。我三人各作说词”。“六时，与云彬、彬然再次渡海，至海景楼，应周而复及吉少甫之招饮。二君为群益书社主持人，邀我们商

①②③④《叶圣陶集》第22卷，第24、9、11、20页。

文艺小丛书之编辑计划。各有意见语之。”① 2月20日，“与彬然渡海，至汉华中学，参加教育座谈会。此会系少数教师所组织，近方研究解放区之教育情况（彼辈名之曰‘新教育’），传阅书册，共为讨论。邀余发言，余偶尔提及广东学生语文方面负担太重，诸人遂相继发言。广东学生学国语，其实亦是另一种语言。又须读文言、英文，实太繁重”。② 2月22日，到达德学院参加座谈会。“一时半开座谈会，全院学生二百馀人俱入座，外有院中教师多人。其会场曰民主会堂，木屋五大间。余先演说，凡两点：一、文艺勿为社会科学之例证与文艺理论之演绎。二、文艺创作必注重语言文字。”③2月23日，“（下午）三时，至《文汇报》社，与其编辑部同人谈话。余以读者之见地，言报纸应注意之点”。④

1949年2月28日，叶圣陶从香港乘船动身去解放区，一同北上的共二十七人，“民主人士有柳亚子、陈叔通、马寅初、俞寰澄、张䌹伯诸位老前辈，文化界人士有郑振铎、宋云彬、傅彬然、曹禺诸位老朋友，还有新相识的好多位，大多数都年过半百，可是兴奋的心情却还像青年。因为大家看得很清楚，中国即将出现一个崭新的局面，并且认为，这一回航海决非寻常的旅行，而是去参与一项极其伟大的工作”。⑤当时，国民党军舰还控制着海域，所以叶圣陶一行全部化装潜行。叶圣陶2月27日日记记：

> 饭后，余入睡一时许。醒来而王芸生、徐铸成、赵超构、刘尊棋四人来会。四君亦此次同行者。诸人除余与彬然外，皆穿西服。

---

①②③④《叶圣陶集》第22卷，第21、24、25、25页。

⑤ 叶圣陶：《〈北上日记〉小引》，《叶圣陶集》第22卷，第48页。

而此行大部须冒充船员身分[①]，须改换中式短服。此时皆改装，相视而笑。云彬冒充庶务，独不改。余之身分，则被派为管舱员。女客则以搭客身分登轮。

三时许，墨与郑、邓二小姐先由李君导引登轮。我辈则以夜九时许往。先行者五人方下电船，而巡警二人即来查问。余与芸生、铸成、振铎四人望见，疑有疏漏，即避不前进。既而巡警徐徐行去，我四人始下电船。询知系侦察所携物件，恐为走私。而所以启其疑，殆由于不伦不类之短服也。

电船驶向轮船，行一刻许而达。登轮，墨已住定八号房，两人上下床，颇为安适。唯今夕墨须与曹禺对调。余管舱员，自不能与女客同舱，而曹禺之职亦为管舱，亦不能与女客邓小姐同舱也。

十一时许，末一批朋友登轮。此次所有载客，皆往同一目的地，平日皆熟友，除以上所记连余十二人外，一一记之。年较老者六人：陈叔通、马寅初、包达三、张䌹伯、柳亚子夫妇。又有张志让、沈体兰两位。吴全衡携其二子。外有包达三之女儿。外有小姐三位，皆往出席全国妇女大会者。总计男女老幼廿七人。历次载运北上之人，以此次为最多。

余夜眠甚酣。[②]

党组织为这批民主人士“北上”作了精心安排，对可能遇到的盘问均预

① 今作身份。下同。

② 《叶圣陶集》第22卷，第26—27页。

先作了关照，“设想之周，防备之密，至可佩服”。叶圣陶在2月28日日记记：

> 上午船不见开行。据人言此轮挂葡萄牙旗，而葡领事留难，尚未签证。
>
> 李君又来，一一告以应对之说辞，搭客宜如何说，船员如何说，恐海关人员查问。又令勿登甲板，以此是货轮，甲板上貌似旅客者众，恐致启疑。然至十一时五十分，轮竟开行，海关人员竟未来。如何交涉，抑或纳贿致之，未可知矣。
>
> 此行大可纪念，而开行须五六日，亦云长途。全系熟人，如乘专轮，尤为不易得。
>
> 开行历一点钟，传言已出于香港水警巡查之区域，可以不必戒备。于是登楼而观之，餐厅颇宽畅，其上层为吸烟室与燕坐间。午餐晚餐四菜一汤，尚可口。余等皆饮洋酒少许，恐所携不多，不够消费。
>
> 略有风浪，墨午饭后不舒，略呕吐，晚饭即未进食。诸君谋每夕开晚会，亦庄亦谐，讨论与娱乐相兼，以消此旅中光阴。……①

叶圣陶在3月1日日记中说：“晚饭以后，举行第一次晚会。包达老谈蒋介石琐事。曹禺唱《李陵碑》《打渔杀家》，邓小姐唱《贵妃醉酒》，张季龙唱青衣，徐铸成唱老生，余皆不知其何戏。全衡与郑小姐唱民

---

①《叶圣陶集》第22卷，第27—28页。

歌。轮及余说笑话，余以谜语代之。谜面为我们一批人乘此轮赶路，谜底为《庄子》篇名一。云彬猜中为《知北游》，‘知’盖知识分子之简称也。云彬索奖品，要余作诗一首，并请柳亚老和之。……余归寝后作诗，迄于深夜得一律”，即《自香港北上呈同舟诸公》，诗云：

南运经时又北游，最欣同气与同舟。
翻身民众开新史，立国规模俟共谋。
篑土为山宁肯后，涓泉归海复何求。
不贤识小原其分，言志奚须故自羞。①

诗中说他离沪南行，至香港北上，已五十多天了，最可欣庆的是“同舟”都是同声相应、同气相求的朋友。为了催促新中国的诞生，他像背一筐土去堆山似的，怎肯落在别人后头呢？像小溪一样流归大海，真是再高兴没有了。只因自己没有才能，今后怎样去“参与一项极其伟大的工作”，“应该怎样去做，自己能不能胜任”，还是“相当模糊的”。他不怕难为情，把自己的志向告诉“同舟诸公”。

第二天的日记记：

余诗传观于众，颇承谬赞。柳亚老和作不久即成，兹录之：
栖息经年快壮游，敢言李郭附同舟。
万夫联臂成新国，一士哦诗见远谋。

① 《叶圣陶集》第22卷，第28页。

渊默能持君自圣，光明在望我奚求。
卌年匡齐惭无补，镜里头颅只自羞。

陈叔老亦有和作，此老七十有四，兴复不浅。诗云：
奔赴新邦未是游，涉川惭说用为舟。
纵横扫荡妖氛靖，黾勉艰难国是谋。
总冀众生能解放，岂容小己各营求。
青年有责今方始，如我终蒙落后羞。

张季龙之和作继之而成，并录之：
开浪长风此壮游，八方贤俊喜同舟。
经纶首作三年计，衣食须为万众谋。
学运文潮黉沼起，奇才异技野田求。
衔泥聚土成丘陆，回顾平生不自羞。
（第三句谓恢复经济应首作三年计划，末句后改作“群力擎天漫自羞”。）

饭后睡二小时许。晚饭后仍为晚会。陈叔老谈民国成立时掌故。柳亚老谈民初革命，一以无民众基础，二以中山先生不能统御众人，当时无强有力之政党，故致徒有民国之招牌。云彬谈民十六以后，杨皙子曾赞助中共，在沪多所救护，为前所未闻。继之，几位小姐唱歌。余与云彬合唱《天淡云闲》，在余为破天荒，自然不合腔拍。邓小姐唱《刺虎》，颇不恶。谋全体合唱，无他歌可唱，仍唱《义勇军进行曲》，此犹是抗战时间之作也。九时过方散。[1]

3月3日日记记：

十时开座谈会，题为“文化及一般社会如何推进新民主主义之实现”，张季龙为主席。在座诸人各发言，多有所见，唯皆不甚具体，亦无法作共通结论。十二时散。

叔老为余谈袁世凯称帝，英国公使朱尔典实怂恿之。其后各省反对，朱尔典又劝袁氏取消帝制。日本与英国，对我外交往往相反，其公使日置益实不赞同袁氏为帝。今各种记载往往称日本助袁氏称帝，而不及英国，非真相也。余因谓叔老，此等事宜笔记之，流传于世，以见其真。

午饭时小饮。饭罢，与亚老闲谈颇久，然后归舱昼寝。醒来已四时矣。

晚饭后仍为晚会。叔老谈胡林翼以其母联络官文之妾，收为寄女，使官文不加钳制。包达老谈上海掌故。继之诸人唱歌。家宝则谈戏剧，而推及其他，以为将来纪录影片必须尽量利用，乃可收社会教育之大效。次言一切文化成果，将来自宜普及于众，然不可仅止于此，又宜使之逐渐提高。其言可谓有心。大家称善。复各说笑话而散。

在舟中已四日，颇习惯矣。[2]

---

[1][2]《叶圣陶集》第22卷，第29、30页。

3月4日日记记：

十时，开第二次座谈会。诸君就新闻事业发挥甚多，占时一点有半。其馀四十分钟谈及戏剧电影等。

午饭后睡一时许。起来时云彬示以和韵诗，录之：

蒙叟寓言知北游，纵无风雨亦同舟。

大军应作渡江计，国是岂容筑室谋。

好向人民勤学习，更将真理细追求。

此行合有新收获，顽钝如余只自羞。

墨以明日将登陆，即整理箱箧之一部分。晚餐时仍饮酒，方志勇馈余与云彬之四瓶白兰地至此而罄。其间振铎亦出两瓶。共饮者凡七人。

七时起开晚会，至十时而止。船上人员均来参加，兼以志别，兴致极好，甚为难得。歌唱甚多，不悉记。墨亦唱《唱春调》四句，则破天荒也。

叔老谈甲午之役中国先增兵朝鲜，实由袁世凯张大其词有以致之。而袁所以出此，为与日本公使争娶闵氏女，彼有兵在手，则势力足以敌日本公使也。后闵氏女果归袁，而兵端一启，中国大败。此事似未见记载也。

船员倪君谈其经历一事：

倪曾服务于招商局某轮，前二年由加尔各答返沪，途遇飓风。

见一渔船已失其控制，驶近救之。拉近时则中无一人，殆已漂没，唯见大鱼满载，其长与一人或二三人等。舟人识为珍品，则藏之冷气间。抵沪售诸鱼市场商人。商人言上海已无制罐业，无所用之，若运至澳洲，则至值钱，每尾可得数十美金。舟人与商人情商，勉强成交。逮卸货未半，管理虬江码头（此为军用码头）之军官谓其不法，将吊销鱼商之执照。纳贿而后无事。而海关人员又来刁难，复纳贿焉。时天气甚热，已卸之三分之二，冰块全融，鱼已腐烂。卫生局知之，谓弃于黄浦江有妨饮用水之清洁，须载出吴淞口弃之。于是鱼商含泪载腐鱼往吴淞口。

众闻此故事皆动容。又有徐君谈抗战期间新四军自苏北渡江而南之经历，甚详尽。结论谓今日解放军已非昔比，渡江自不成问题。船上经理则致歉词，谓招待不周。实则此行饮食起居皆至舒适，即茶房服务之态度，亦大异寻常，众皆心感，非徒口谢而已也。今夕晚会，人各自忘，情已交融，良不可多得。

叔老录示旧作二首，皆极浑成，愤慨甚深，录之：

日本投降枕上喜赋

海隅偷活鬓加霜，八载何曾苦备尝。
未见会师下江汉，已传降表出扶桑。
明知后事纷难说，纵带惭颜喜欲狂。
似此兴亡近儿戏，始知史册半夸张。

秋热

事事年来反故常，秋行夏令太张皇。
已无多日犹为厉，不到穷时总是狂。

谤语有征嗟猛虎，烦冤谁诉让吟螿。

移时霰集须防冷，老去忧深苦昼长。①

柳亚子诗中“渊默能持君自圣，光明在望我奚求”，是称赞叶圣陶的，说他一定能胜任建设新中国这“一项极其伟大的工作”。这些为“我们的中国”奔走奋斗了三十多年、年过半百的老前辈在船上饮酒赋诗，还高唱《义勇军进行曲》寄托兴奋的心情，而“仍唱”二字，点出他们不止一次地唱《义勇军进行曲》，其“年轻”和“兴奋”的心情，不难想象。他们以主人翁的责任感，为中国革命和新中国的文化事业献计献策，如“经纶首作三年计，衣食须为万众谋”，“大军应作渡江计，国是岂容筑室谋”，等等。还召开了两次题为“文化及一般社会如何推进新民主义之实现”的座谈会，就文化的“普及”和“提高”，“新闻事业”和“戏剧电影”如何为“现实”服务等课题进行研讨。面对即将开始的崭新的生活，他们在欣喜激动的同时，互相勉励，要为民众的翻身解放有所奉献，有所作为。

三、从烟台到北平

3 月 5 日午后船抵烟台，傍码头已是下午五点，军队及市政府领导到码头欢迎。叶圣陶在当天的日记中说：

①《叶圣陶集》第 22 卷，第 30—32 页。

码头上已有军队及市府人员迎候，盖先接电报通知。诸人分乘汽车入市区，至一大屋。晤徐市长及贾参谋长。闻一大可喜消息，国民党之军舰重庆号，于上月下旬，有兵员二十二人起义，劫持六百人，将军舰自上海开来烟台。此二十二人自书遗嘱，共誓必死，而竟成功，此于海军影响甚大。徐贾二君态度极自然，无官僚风，初入解放区，即觉印象甚佳。席间饮张裕葡萄酒。此间第二次解放仅四个月，在此以前，为国民党军队占据一年又半个月。于此期间，葡萄产量锐减，鱼之产量亦然，大部洋房，皆为拆做作工事与燃料。撤退之际，掳去青年及学生即至二千人。

饭罢，徐市长询要否洗浴，余与云彬等四人应之。由人导至浴室，洗大池，甚痛快。

以汽车至宿所，乃一西人别墅，距市区较远。因恐国民党飞机来袭，故特找其处。此屋近旁之别墅，则俱拆毁，颓垣断壁，战事之象显然。余二人与家宝二人联屋，各一小室，原为仆人之居。馀人则分居正屋。十时就睡，一梦甚酣。①

叶圣陶的生活从此揭开了新的一页。徐市长及贾参谋长“二君态度极自然，无官僚风”，这就是烟台解放区留给叶圣陶最初的印象。

叶圣陶一行在烟台停留了两周，解放区的天是艳阳天。且看叶圣陶3月7日从烟台去莱阳途中的所见所感：

---

①《叶圣陶集》第22卷，第32—33页。

所过村落皆瓦屋，骡车运输时时可见。四时歇桃村，其地解放已近十年，土改已完成。村人脸色多红润，可见其生活不恶。五时复开车，一路见新修大桥数座。桥皆低平，意水来时将溢出桥面。未修复之处，车涉小水而过。经此一带，想起“沮洳”二字。直至九时，车始停歇。

其地曰三李庄，距莱阳城卅里。据闻莱阳近分成四县，曰莱东、莱西、莱西南、五龙。三李庄属于莱西。晤一青年姜汝，二十五岁，小学毕业程度。搞青年工作将十年，聆其所谈，颇头头是道。余因想，共党从生活中教育人，实深得教育之精意。他日当将此意发挥之。即进晚餐，皆先派人在此预备，农村风味，亦自有致。诸人分宿于农家，余与墨宿一李姓家，睡一土炕，甚宽。天气虽寒，自携铺盖较充，竟夜温暖。①

3月8在莱阳参加当地的“‘三八’妇女大会”，叶圣陶应邀致辞，“略述蒋管区妇女近况”。当晚有欢迎会，叶圣陶在日记中记有：

夜间，在田野间举行欢迎会。阑地作舞台。我等居于台前，铺褥坐地，前设炕几，陈烟茶瓜子之类。其外围则士兵与村民，不详其数，约计之殆将五百人，而寂静无哗。欢迎会仅郭老②略说数语，无他噜苏。演剧凡四出，皆歌舞兼之，多采用旧形式。演员皆部队及政工人员，有男有女。一曰《拥护毛主席八项条件》，为花

---

①《叶圣陶集》第22卷，第33—34页。

② 郭老：郭子化，华东局秘书长。

鼓戏之形式，而从集体演唱出之。二曰《交易公平》，三曰《积极生产》，皆叙解放军之优良传统，据云俱有事实根据。四曰《开荒》，则延安之旧作，亦系事实。亚老感动甚深，自己要求当众致辞。余亦以为如此之戏，与实生活打成一片，有教育价值而不乏娱乐价值，实为别辟途径者。而场中蓝天为幕，星月交辉，群坐其中，而有如在戏场之感，此从来未有之经验也。且风势已杀，并不甚寒，尤为舒适。①

3 月 10 日到青州市（益都），叶圣陶在日记中说："听吴仲超君谈收藏保管文物之情形，头头是道，至为心折。诬共党者往往谓不要旧文化，安知其胜于笃旧文人多多耶。"② 3 月 11 日，叶圣陶在华东党政军驻地孟家村出席欢迎会，是日日记记：

（下午）二时，驱车至孟家村，距城二十五里。华东党政军各机关俱在此村及其周围。所谓华东，包括山东、江苏、浙江、福建、安徽五省。然则此间诸村庄，其重要性甚高矣。先为茶叙，各机关高级人员俱到，个别谈话，答问唯求其详。四时又为大宴，菜多酒多，吾人虽尚饱，亦不得不勉力进之。

六时，入大会堂。此堂系木构草屋，通十大间，有舞台。座中已满，料想当是各机关中下级人员，约计之，殆将五百人。此为华东正式之欢迎会。于是由两位致欢迎辞。来客相继被拉登台者凡八

①②《叶圣陶集》第 22 卷，第 35—36、36 页。

人。余致辞，谓来解放区后，始见具有伟大力量之人民，始见尽职尽分之军人与官吏。其所以致此，则此次解放战争实为最大规模之教育功课，所有之人皆从其中改变气质，翻过身来，获得新的人生观也。此意尚未想得周全，他日当为文表达之。

将近九时，始为游艺。演平剧[①]四出，《空城计》《三岔口》《御碑亭》《芦花荡》。演毕已十二点半。演员为投降军官与其夫人，亦有部队中军官与士兵，亦属于胜利剧团，不详其为第几大队也。《三岔口》打工甚好。《御碑亭》中之青衣为投降军官中之高级者，唱做俱佳，铸成颇致赞赏。《芦花荡》之张飞亦佳。驱车返寓，进点心就睡，已两点矣。

马寅老见王有道休妻，恶其思想荒谬，不尊重女性，不欲复观，先行返寓。此老看戏而认真，亦复有趣。[②]

在解放区，叶圣陶一行还参观了“军官教导团”。3月12日日记记：

饭后二时，乘车出发，至城北四十里外某庄，观军官教导团。……教导团者，收容投降军官之所。蒋军投降军官总数在一万以上，华东之一团共十四分团，我人所观者为十四分团之一。在一堡寨之中，分组而居，多为将校阶级之人。邀十馀人与我们对坐谈话。其中最著名者为王耀武，此外多为军长、参谋长，余不能记其名。王耀武先发言，自谓始见光明正路，知忠于一人之非。又谓在

① 即京剧。
②《叶圣陶集》第22卷，第38—39页。

此学习，读书讨论，大有兴味。又谓此间待遇甚优，颇为感激。另一人谈此间生活情形，颇切实。以余观之，待遇被解放军官以最厚之友谊，此为最有力之一点。所谓宽大政策之道，于此见之。复参观其宿所。一切生活方面之劳动，皆自处理。此辈在蒋管区，固莫非婢仆满前之特殊人物也。

六时半返寓。晚饭后，听刘组织部长谈王耀武失守济南及被俘之经过。又谈另外二人之被俘经过，皆至有戏剧性。余询以处理俘虏情形。承告士兵大部施以教育，编入部队。所谓教育，先与阐明为谁打仗，又发动诉苦运动，令各自诉其家世代所受痛苦。经此之后，大多觉醒，本为被动之人，今成自动之兵。在战事紧急之际，亦有不及教育，即令作战者。其老弱疾病之人，则遣令回乡。至于军官，尉级者多送入军政大学。此辈已有军事知识，重在令习政治知识，毕业之后即入部队。解放战争胜利，得力于此部分兵士军官之补充者甚多。校级将级者则送入教导团，令自为学习，研究调查，撰写报告，颇类大学研究生。毕业后大部遣回。若王耀武之辈，今时所不能放心者，恐将来民众控诉，指为战犯，要求审判。此间诸首长时时加以宽慰，渠略释然。以后若无人提出，渠固可为自由之人也。①

3月13日，叶圣陶一行会见了战俘杜聿明。是日日记记：

---

①《叶圣陶集》第22卷，第40—41页。

（下午）三时许，将俘获之杜聿明送来，与我们谈话。杜名字已列入战犯，故加脚镣。颜色红润，服装整洁，殊不类阶下囚。诸君发问，渠皆推诿，言不详知。亚老、絅老尤愤恨，几乎骂彼一顿，渠只笑而受之。一般印象，认为杜殊狡猾，殆无改变可能。渠或亦知将来必判罪，或且至于死，故颇带玩世不恭之态，与王耀武不同。王因希望能得安然释出也。①

3 月 14 日凌晨到济南，次日清晨到德州，次日夜到沧州。在沧州车站见到杨之华和邓颖超。日记中说："之华已二十馀年不见，渐渐老矣。略谈其历年经历。"② 3 月 18 日"晨五时许到天津"。是日日记记：

北平方面有三人来迎，只记其一为连贯。车停天津一时有馀，遂开行。此一段为双轨，行驶颇速，十时许到北平。候于车站者数十人，中有北平市长叶剑英。此外大半为熟友，所谓民主人士，不能一一记其名。唯愈之已十馀年不见，且曾有海外东坡之谣传，乍见之际，欢自心发。

群驱车至六国饭店，特赁此为吾人之宿所。余与墨住一百卅五号房间。服用至舒适，为夙所未享。虽主人过分厚意，实觉居之不安。进午餐后，先到之诸友相继来访。他们居于北京饭店，其体制亦如六国。客稍稀，洗浴沐头，竟体松爽。

…………

①②《叶圣陶集》第 22 卷，第 41、44 页。

三时后，随芷芬至北平分店，访王稚圃、李统汉诸君。谈次略知平市情况。六时，在店中聚饮，畅谈甚欢。七时后返寓。①

“唯愈之已十馀年不见，且曾有海外东坡之谣传，乍见之际，欢自心发。”愈之即胡愈之。1937年暑期前在上海一别，就再也没有见过面。1940年11月，在周恩来的安排下胡愈之到新加坡担任《南洋商报》的主编。1942年1月，日军占领了马来亚首府吉隆坡后，胡愈之流亡到苏门答腊。1945年3月，胡愈之在苏门答腊东南的马达山区避难期间，国内有过他已病逝的误传。消息最初是由泰国传到重庆的，称“胡愈之已在1944年9月上旬病逝于南洋某地”。还说“十有八九可靠”。这消息由重庆传到桂林、成都和上海后，国内的朋友无不伤痛失色。叶圣陶在1945年4月3日日记中说：“得彬然来信，皆言店中事。末言有人传言，愈之避居于荷属东印度，已以病死。此说深冀其未确，愈之之才，友朋中不可多得也。怅然不欢。”② 就决定在他主编的《中学生》杂志上出一期纪念胡愈之专辑，茅盾、傅彬然、宋云彬、柏寒、胡子婴等都写了纪念文章。叶圣陶的文章题为《胡愈之先生的长处》③，文章说：

胡愈之先生是我们《中学生》杂志的老朋友，从《中学生》杂志创刊到复刊，他一直给我们许多帮助，不但替我们写文字，还帮我们出主意，定规划。如今的新读者也许不很知道胡先生其人，可

---

①《叶圣陶集》第22卷，第44页。

②《叶圣陶集》第20卷，第383—384页。

③《中学生》复刊第89期，1945年7月1日。

是从五年以前往上溯，那时候的读者一定知道他。假如那时候的读者在《中学生》杂志以外还看旁的杂志，多多接触他的文字，那就不但知道他，并将永远记住他了。

今年得到消息，说胡先生在南洋某地病故了。朋友们听了，都感觉异样的怅惘，与他作朋友很少会是泛泛之交的。消息极简略，可是据说十之八九可靠。我们真个失掉了这位老朋友吗？于是大家作些文字来纪念他，汇刊在这儿，成个特辑。万一的希冀是海外东坡，死讯误传。如果我们有那么个幸运，得与他重行晤面，这个特辑便是所谓“一死一生，乃见交情”的凭证，也颇有意义。

文章侧重写了胡愈之的四个长处：自学精神、组织能力、博爱思想、友爱情谊。茅盾在题为《悼念胡愈之兄》[①] 的文章中回顾了从 1920 到 1940 年与胡愈之二十年的交往和友情，赞扬胡愈之“一生为学与办事的精神和成就，实在值得青年一代永志不忘，奉为圭范”。“他留给我们的，是一个战士的光荣事业。而在年青的一代，我相信他是一个光荣的模范。”后来才知道，胡愈之“病故之说”，果然如老朋友叶圣陶所“希冀”的，纯属“海外东坡”。隔了十一年有半，忽然在北平车站相逢，看到这位经历过“一死一生”的老朋友，走在“百川归海”这一大潮的前头，提前来到北平到前门车站来迎接他，叶圣陶心里真有说不出来的惊喜！

---

① 《中学生》复刊第 89 期，1945 年 7 月 1 日。

四、出任教科书编审委员会主任

叶圣陶到北平后，就参加全国文艺界协会的筹备工作，为七常务委员之一，又担任出席世界和平大会文艺界的代表和全国学术工作者协会理事。3月25日，中共中央迁至北平。叶圣陶到西郊机场欢迎毛泽东主席和周恩来副主席。当天日记记：

> 午后一时半，六国饭店之大厅中举行茶会。初未知何事，及坐齐，始知中共中央今日迁来北平，毛先生与其诸同志将检阅军队，此间诸客谋有所表示。众决定出郊欢迎。于是驱车出西郊，至于飞机场，沿途戒备甚严，军队已排列于场周。各界来者无算。候至五点许，毛先生一行到达，军乐与口号齐作。少数代表与诸君握手，余不能一一记忆，唯周恩来为旧相识耳。于是各上汽车，绕场徐徐而行。所见军容军械甚盛，军械大多系国民党送来之美式装备也。
>
> 入城返寓已七时。街上售号外，报告此事。此诚大事，意义深长。①

中共盛情邀请叶圣陶“北上”，对于他的工作也早已作了安排。此事最早见于叶圣陶3月29日日记，是日日记记：

① 《叶圣陶集》第22卷，第47页。

黎劭西来访，言师大拟邀余任教。北大、清华方面亦有此拟议，余均将谢之。自知无可教人者，雅不欲虚与应付，令人失望也。胡绳已自石家庄来，今日来访。渠在中宣部，将与余辈共同谋教科书之工作。

四时半，往参加中学教师之国文教学座谈会。夜七时半，至华北局出席教育问题之会议。有中宣部、华北政府、北平市政府之人员出席。谈两点：一为下学期教科书之供应问题，决赶紧组织一编审机构。一为政治功课问题，决从训练政治教员入手。

黎劭西即黎锦熙，著名语言文字学家、词典编纂家、文字改革家，时任北京师范大学文学院院长兼国文系主任，并兼任中国大辞典编纂处总主任。北大、清华方面也想邀请叶圣陶前往任教，叶圣陶也都未能“与应”，因为有更重要的工作要做。而“胡绳来访”，则表明至少自 1949 年 3 月 29 日始，叶圣陶就已担任起组织“编审机构”，赶编 1949 年秋季“教科书”的工作了。4 月 4 日日记记：

九时半，与少数友人集会，筹备组成教育座谈会。推定起孟、胡绳、陶宏三人为筹备员。又谈及编审委员会之事，此会专治教科书，余辈之本位工作即此矣。

4 月 5 日日记记：午后“参加教师们之国文教学座谈会”，“夜与胡绳、彬然、云彬谈教科书编审事，历一小时许”。开明的老朋友傅彬然和宋云彬成了他得力的助手。4 月 7 日日记记：夜“胡绳来谈编审委员会组织事。此会属于华北政府。俟将来中央政府成立，当属于中央政府。拟定余为主任委员，乔峰与胡绳为副主任委员云。又杂谈编辑出版等事，十一时就寝”。4 月 8 日日记记：

> 六时，应周扬、陆定一、晁哲甫之招宴。陆定一为中央宣传部长，晁为华北人民政府之教育部长。盖为编审委员会之事，故有此集。外有参加编审工作之人，及董必武、蓝公武、范文澜诸君。餐毕，略有谈话，即作为此会已经成立。

当时，晁哲甫是华北人民政府的教育部部长，而教科书编审委员会则成立于 1949 年 4 月 8 日。从这一天开始，叶圣陶正式出任华北人民政府教育部教科书编审委员会主任。作为华北人民政府教育部教科书编审委员会的主任，叶圣陶不仅管教科书，也参与规划和设计新中国教育的体制和蓝图，讨论像“接管上海教育”这样的大事，每天的工作排得都很满，星期天也不休息。请看以下八则日记：

> 4 月 10 日（星期日）　　下午二时，开教育座谈会，到者五十人，余为主席。刘皑风、柳湜二位谈解放区办教育之经验，颇长余之见闻。继之推出五人为干事，并另设一小组，讨论接管上海教育之问题。五时半散。

> 4 月 11 日（星期一）　　昨日与柳湜、胡绳、彬然谈办一种类似《中学生》之杂志，以应目前青年界之需。此事他们三位甚感

兴趣，而芷芬亦然，以为可由开明出资。此在开明，一方面可登载广告，一方面亦尽服务社会之义。谈及主编之人选，共谓各人有事，兼顾必致两失，须有较闲之人专主之。因思及超构，今晨与超构谈起，承渠应允。今时人事变动至多，不能作长久之计，但请渠暂主二三个月，亦是佳事。出版之期定于五月四日。今年为“五四”三十周年，又当华北解放之际，自不宜放过此大有意义之日子。然为时已催，写作编排，均须用突击方式出之，乃可有济。论余之体力与精神，实不堪任，然大家有兴，亦唯有努力促其成耳。

午后，与乔峰、胡绳、金灿然（编审会秘书长）讨论第一次编审会议之内容，谈一时许而毕。……

4 月 12 日（星期二）　　晨间军管会招观苏联电影片，名曰《三次攻击》。战争场面颇大，系叙苏军反攻德军致胜之史实。殊沉闷。

饭后，参加座谈会，讨论接管京沪杭教育机关之问题。仅谈及大学一项，余听之而已。五时半散。

偕稚老、芷芬、彬、云等再至润明楼，宴请徐伯昕、黄洛峰、薛迪昌、赵晓恩四位。杂谈出版发行方面之问题。九时半散。

4 月 13 日（星期三）　　晨间又被邀观东北制片厂之影片，皆为新闻及纪录片。其中森林砍伐及木材应用之一卷最佳。馀为天津及北平解放时之情景。摄影、编排等，均颇不坏。

饭后二时，会堂中多人聚集，听两位典型农民之报告。此事前已举行一次，报告者为四位典型妇女，余未及听。今日之二农民，一为贫农经翻身而为新富农之人物，其人为河南人，言语殊不能明晓。一为组织民工二千八百人参加淮海战役之英雄，其山东话尚可有一半明晓。因须外出，听三分之一即退出。

至观音寺惠丰堂饭庄，邀集熟友近二十人，谈杂志之事。共商得杂志名称，曰《进步青年》。其他稿费、约稿等项，亦均谈妥。遂开宴，欢叙至八点半而散。

4月14日（星期四）　开始作《进步青年》之发刊词。下笔甚缓，得一千馀言而中止，俟明日续作。

…………

午后四时，至雁冰所，开文协评选委员会小说组之首次会议，讨论评选材料、标准、分配方法等项。六时散。

4月15日（星期五）　上午续作昨文完篇，共二千馀字。

饭后二时，开第一次编审会议，商定分组工作。人手不足，徐俟补充。等房屋觅定，即将住在一起，集中办公。五时会毕。

…………

胡绳为余看所作发刊词，指出一重要之不周密处，见其精心负责，甚为可感。

夜七时，至中国旅行社，开文协代表会筹委常务会之扩大会议。各委会各小组分别报告，次加讨论，一坐历四点有半钟。大惫。……

4月16日（星期六）　　上午十时，至东长安街十五号，参加全国青年代表大会之筹备会。余以向来关心青年之资格，被邀参加此会。会将于五月四日开始，系汇合各界青年而讨论一般之问题，推进有关青年之运动。其与新民主青年团之不同，则为组织性较差，约束力较弱。始余被推为常委，坚辞始得免。

下午二时，至中山公园，应亚老之邀，参加南社、新南社之纪念雅集。……

北京饭店有周恩来关于和谈之报告，余乃未及往听。墨往听，回来已十一点半。据谈周所谈为中共所提根据八项条款之具体办法，皆入情入理，苟南京方面可以同意，即可签字生效。其限期为本月二十日，二十日不能谈妥，大军即渡江矣。

4月17日（星期日）　　上午作杂志之卷头言，未完。午后二时，开教育座谈会，由柳湜报告接管北平中小学之经过。谈两小时有馀，述了解情况，事先准备，政策与实况之配合，皆见思想方法之灵活应用。余由此思精通辩证法者确与一般有不同，而徒看书籍以为学习，不如听此等实际经验谈之为有益也。五时半散，在室中与数友小饮。

教科书的编撰和审定工作在夜以继日地进行。小学的算术、自然，中学的数、理、化课本稍加修改就可以沿用，历史、地理、常识课本改编的难度也不算太大，再说也可以逐年修饰，关键是语文（国文）和政治课本，必须除旧出新，重新编撰，用叶圣陶的话说是：不能让新中国的儿童再读“青天白日满地红!”而革命进程则如风卷残云，一日千里。4月16日，周恩来郑重宣告：如果南京政府不接受共产党的“八项和平条件”，人民解放军就将于4月20日横渡长江。短短的几句话，简直是震耳欲聋的春雷。叶圣陶4月21日日记中说：

傍晚街上喊《号外》，系载毛朱之命令，令将士奋勇渡江，并言敌方有愿接受二十四条款者，即可与签订协定云云。

…………

夜间，周恩来开招待会，墨往参加。深夜归来，述其所闻。系和谈破裂经过，并言渡江有把握，十天内可见分晓。又谓防空袭于万一，六国饭店、北京饭店之诸人须谋分散。日来一部分朋友即往东北参观，一部分朋友则即日南下。其留平者，将分别迁居。据此，六国饭店一个月馀之生活即将结束矣。

国民党政府拒绝接受国内和平协定。4月21日，毛泽东主席和朱德总司令向人民解放军发布向全国进军的命令，百万大军横渡长江。叶圣陶4月22日日记中说：

晨间闻人传言，昨日已有三十万人过江，地点在安庆、芜湖之间。众皆兴奋。

因准备移徙，助墨整理杂物。饭后，至东四二条，视择定之办事处所。其处原为国史馆，今国史馆并入北大，屋遂可以挪用。究其先则王揖唐家之家庙也。中为正殿，两庑形制对称，光线稍弱，而宽敞特甚。庭中平铺方砖，所种树木亦两两对称，有海棠、丁香、垂柳及松、海棠，丁香方盛开，至可赏心。住宿之所尚无着落，正在竭力寻找，总须距离较近之所。金灿然以华北人民政府之聘书分致同人，余之一份为第一号，可记也。遂开国文组工作会议，决定以一个月之时间改订华北区之高小国语课本，以满下学期应用。五时散。……

想到一个梦寐以求的新中国即将诞生，叶圣陶怎么也按捺不住内心的欣喜。他在教科书编审委员会会议上提出了一个口号："解放军打到哪里，教科书送到哪里!"激励教科书编审委员会同人忘我地工作。新中国在亿万人民的欢呼声中成立了，教科书编审委员会编写的《初级小学国语课本》《高级小学国语课本》《初级中学国文课本》《高级中学国文课本》《大学国文（现代文之部）》及各种课本，也由新华书店和华北联合出版社相继出版。新中国大、中、小学教科书与新中国同时诞生!"解放军打到哪里，教科书送到哪里"的豪言壮语，化作累累硕果，镶嵌在新中国教育史的扉页上。

写《我呼吁》时的叶圣陶

1954年5月5日全国政协《中华人民共和国宪法》（初稿）座谈会第十组委员合影（前排左二为叶圣陶）

1956年5月6日叶圣陶接见来北京参加全国先进生产者会议的少数民族女教师

1956年12月18日到印度参加亚洲作家会议的中国作家代表团成员在泰姬陵前合影（左九为叶圣陶）

1958年5月25日叶圣陶在河北怀来县花园乡为果树喷农药

20世纪50年代在人民教育出版社工作期间的叶圣陶

1961年7月29日至9月23日叶圣陶（前排右一）率作家、艺术家参观团访问内蒙古自治区期间欣赏牧民表演

“文革”期间叶圣陶的日常消遣是抄书

1978年2月叶圣陶和长子至善一同出席全国政协五届一次会议

1979年5月26日叶圣陶与来访的丁玲在院子里合影

1979年9月27日叶圣陶与胡愈之在《辞源》修订本第一卷出版座谈会上

1979年12月18日叶圣陶与民进中央主席周建人在民进会议上亲切交谈

1981年4月13日叶圣陶与巴金在一起（这是“文革”之后两人首次见面）

1981年8月4日叶圣陶与俞平伯交谈

1983年6月22日叶圣陶在全国政协六届一次会议闭幕式上发言（右为邓颖超；在这次大会上，叶圣陶当选为全国政协副主席）

1987年4月22日叶圣陶邀冰心来住所院中赏花

1987年10月28日叶圣陶生日照片（这是叶圣陶过的最后一个生日，前面从左至右依次为长孙三午、夏满子、叶圣陶、至美、姚兀真，后面至善）

1983年2月12日（除夕）叶圣陶全家合影

晚年的叶圣陶（摄于1987年9月8日）

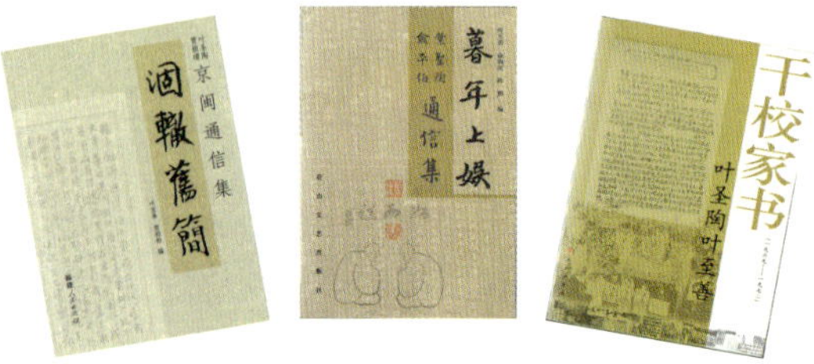

叶圣陶与贾祖璋、俞平伯、
叶至善的通信集

叶圣陶北京故居大门

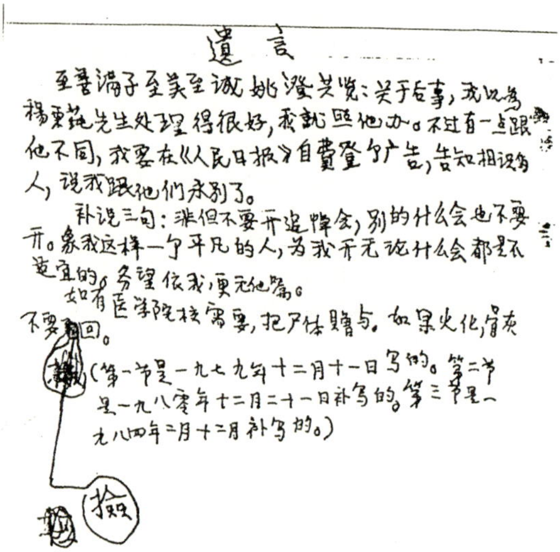

遗言

至善满子至美至诚姚澄吴览：关于后事，我以为杨东莼先生处理得很好，我就照他办。不过有一点跟他不同，我要在《人民日报》自费登个广告，告知相识的人，说我跟他们永别了。

补说三句：非但不要开追悼会，别的什么会也不要开。象我这样一个平凡的人，为我开无论什么会都是不适宜的。务望依我，更无他嘱。

如有医学院校需要，把尸体赠与。如果火化，骨灰不要捡回。

（第一节是一九七九年十二月十一日写的。第二节是一九八零年十二月二十一日补写的。第三节是一九八四年二月十二月补写的。）

叶圣陶遗言

叶圣陶墓园一角

“十二五”国家重点图书出版规划项目

国家出版基金资助项目

葉聖陶全传

第三卷

商金林◎著

人民教育出版社

·北京·

目 录

第八编 1

第三十二章　新中国教材建设的奠基人和开拓者 2

一、全面规划　精心编纂 2

二、“修订”后的《初级小学国语课本》............ 16

三、“修订”及“新编”的《高级小学国语课本》............ 39

四、全新的《大学国文》............ 48

第三十三章　“篑土为山宁肯后” 62

一、在出版总署五年 62

二、为语言的纯洁和健康而斗争 73

三、撰写《标点符号用法》............ 95

四、拟定课程总纲和标准 101

五、主持编写《新华字典》............ 106

第三十四章　创建人民教育出版社 118

一、人民教育出版社的成立 118

二、树立教育出版大家风范 121

三、俯仰无愧　天地立碑 132

四、语文教育界的一代宗师 145
五、“甘洒遗风在人间” 155

第三十五章　瓶无新旧　酒必芳醇 166
一、流溢着“口语风”的游记散文 166
二、“毕写吾真”与“当境洽情” 184
三、“切切实实地繁荣儿童文学创作” 197
四、《读后集》里的文学评论 214

第三十六章　整风反右中险遭不测 225
一、误判“鸣放”是“有领导的一回革命” 225
二、对教育部和作协党组同时发炮 232
三、《“瓶子观点”》引发的风波 241
四、“拔白旗”运动中的“警醒” 252

第九编 263

第三十七章　“文革”初期的“温情”与迷惘 264
一、《海瑞罢官》“殊乖真际也” 264
二、日复一日地抄读毛著 271
三、“惊讶于反党黑帮之猖獗” 295
四、“愤歉交并”求“自处” 327
五、“余自己今亦觉其为僵尸” 335
六、斫去墙上布满的爬山虎 349

第三十八章　“文革”中后期的反思与“背离”............... 358
一、突发急性前壁心肌梗死............... 358
二、“向海阔天空任远飞”............... 365
三、“献忠心”、大批判和“自费旅游”............... 417
四、“消磨岁月，唯借阅览”............... 431
五、“林彪事件”后的“怅惘”............... 441
六、堪称“史实”的三本通信集............... 451

第十编............... 471

第三十九章　虽邻夕死　犹欲朝闻............... 472
一、“悲逾失父嗟无怙”............... 472
二、提交关于“公审‘四人帮’”的提案............... 480
三、“晴窗”撰文争朝夕............... 485
四、“教是为了达到不需要教”............... 490
五、“希望文艺界共趋于正派”............... 499
六、为出版事业鞠躬尽瘁............... 502
七、“把全部身心交还给人民”............... 512

第四十章　一代师表　风范长存............... 516
一、大地泓吟感德愔............... 516
二、发人深思的“僭越”和“愧对”............... 520
三、待人以诚　如水至清............... 523
四、“惜时如金”与“心有常闲”............... 525
五、己与世违　心系人间............... 540

附录……………………………………………… 543

亦文亦史　多姿多彩

——叶圣陶的散文 …………… 544

沉重的寂寞

——怀念叶圣陶先生 …………… 551

开展全面而深入的研究

——在叶圣陶研究会成立大会上的发言 …………… 555

“不厌世”和“不厌足”

——写在叶圣陶先生逝世两周年之际 …………… 559

无论怎样说都无法表达我的敬仰

——在纪念叶圣陶先生诞生 110 周年座谈会上的发言 …………… 562

一个教育理想主义者的理念和尊严

——在叶圣陶先生从教 100 周年纪念会上的发言 …… 566

主要参考书目……………………………………… 570

后记……………………………………………… 580

第八编

第三十二章

新中国教材建设的奠基人和开拓者

叶圣陶是我国语文教学的一代宗师，是新中国教材的奠基人和开拓者。

——黄辛白《在叶圣陶研究会成立会上的讲话》

一、全面规划　精心编纂

来到北平之后，作为华北人民政府教育部教科书编审委员会主任（又是内定的出版总署副署长），叶圣陶的工作可谓千头万绪，凡是与教育和出版相关的大事都得参与筹谋，大至机构的设置、人员的配备、办公的地点，小到职工的宿舍分配、薪级的评定，都得落到实处。刚刚安排好《进步青年》的出版工作，写定《发刊词》，出版《新华月报》的事又排上了议事日程。催得最急的当然还是教科书，刻不容缓。1949年4月22日日记记：

金灿然以华北人民政府之聘书分致同人，余之一份为第一号，可记也。遂开国文组工作会议，决定以一个月之时间改订华北区之高小国语课本，以满下学期应用。五时散。

“修订”的《高级小学国语课本》（又称新编《高级小学国语课本》）共四册，是根据华北解放区的教材改编的（原来的编者是刘松涛、悳頫、黄雁星），“以一个月之时间改订”完毕，使之面貌一新，成为新中国的第一本通用教材，这种“改订”真可谓既光荣而又艰巨。且看叶圣陶日记中的记载。4 月 26 日：“看高小国语，预备改动调换。”次日：“上午改高小国语课文，未竟一篇。”4 月 29 日：“改国语课两篇”。5 月 2 日：“上午改课文数篇”。次日：“上午改课文三篇”。次日：“上午，余改课文三篇”。次日：“改课文两篇”。次日：“改课文数篇。至此高小第一册已改毕”。这第一册的“改订”前后用了十天，参与“改订”还有宋云彬和孟超，最后由叶圣陶定稿。

当时的华北人民政府教育部教科书编审委员会国文组，专职成员只有宋云彬、朱文叔、金灿然、蒋仲仁几个人，另外聘请了魏建功和孟超作为“兼职”。叶圣陶四处物色人才，到 1949 年 10 月，才招募到十三人。叶圣陶 10 月 6 日日记中说：

下午，国文组全体开会，今有十三人矣。就业务方面漫谈，及于分配工作。①

① 《叶圣陶集》第 22 卷，第 73 页。

“今有十三人矣”，听语气似乎还相当满意。“国文组”面向全国，主管全国大、中、小学和师范的“国文”教科书，“十三人”怎么忙得过来呢？叶圣陶真是见缝插针，只要有一点时间就都用到教科书上。且看日记中的记载。5月7日：“改第三册课文三篇。开国文组会议”。5月9日：“竟日改文六篇”。次日：“改文数篇”。次日：“改文五篇”。次日：“改文仅三篇”。次日：“上午改文三四篇。下午开全体委员会议”。5月16日：“改文三篇，看高小历史改订本一本有半。”次日：“上午看历史约半本。校订国语之缮写本。”5月21日：“改文数篇，看高小历史缮写本一册。午后，请一小学教师周女士来，为我们诵读高小国语第一册，正其国语词汇及语调之失。”5月23日：“上午周小姐复来，将国语第一册读毕”。午后“开史地小组常会。会毕，余阅高小历史第三册毕，续看高中历史”。次日：“看历史教本两种各数十页”。次日：“今日请魏建功为校读国语课本。自上午九时至下午三时半，仅通过一十三篇。建功不特留意语言，并及内容，较之周小姐自有大不同。此书经如此琢磨，可以拿得出去，亦是一乐。消息传来，上海已获解放。固是意计中事，但不能不感振奋。”次日：“胡乔木来访，谈语言问题及中学国文教本编制问题。”次日：“上午作审查教本意见书。下午，开全体委员会议，讨论各人所作之意见书”。次日：“建功来，读课文半日，仅通过六七篇。余旧作大鼓词《景阳冈》经集体改作，胜过以前多多，居然切合声调矣。”叶圣陶旧作大鼓词《景阳冈》原是他编纂的《儿童国语读本》第四册①里的课文，经“集体改作”后分为《景阳冈（一）》和

① 开明书店1948年8月出版。

《景阳冈（二）》编入新编《高级小学国语课本》第一册。5月30日：“竟日整理审读教本意见书，尚未就绪，预定需于明日完成者。”次日：“上午继续整理意见书。午后开教育座谈会。此会前于六国饭店开过二次，以会众散漫，中即停顿。今以我会为之中心，邀集少数同气，重行举行。言其旨趣，将拟定今后教育之方针及其大体轮廓，为他日教育会议之准备，意义不可谓不重大。到者十馀人，中有林砺儒、潘菽二位，皆初见。今日先为漫谈，林老之言最深长。谓解放军三百万众，助人民翻身，取得政治上之地位。又必有教师三百万众，为人民服务，增进其文化上之程度，乃为全始全终。而教育之根本精神，必将全异于从前，此必须审慎考虑而后得之者。又谓将来战事平息，解放军中士兵政治认识既高，文化程度亦尚可，少加熏陶，即为最适宜之教师。将来师资之取给，此为一大来源。其言皆有识见。馀人谈话甚多，五时半散会。”

这里值得注意的是5月21日日记：

> 请一小学教师周女士来，为我们诵读高小国语第一册，正其国语词汇及语调之失。此事余久已存心，迄未试过，今语同人，俱以为然，乃得实行。唯周女士虽久居北平，而语感不甚强，且不甚了解我人之旨。以后当请建功为之。

叶圣陶主张语文课文要能诵读。他认为只有“诵读”才能传达出“语言的节奏跟情趣”，“必须文字本身是活生生的语言”才适合“诵读”。“如果文字本身是生打硬造的语言，是有骨骼没有血肉的语言”，“诵读”起来就不顺，“总觉着这不像个语言”。[①] “诵读”既有益于语言的规范化，也便于记忆和传播，因而对入选的课文语言方面要求特别严格。5月26日的日记也值得注意：

> 胡乔木来访，谈语言问题及中学国文教本编制问题。此君亦党方之能“化”者，儒雅谦和，颇可佩。一谈即是半天。

新中国成立后胡乔木任中共中央宣传部副部长，政务院文化教育委员会秘书长，主管中小学教科书工作。而从叶圣陶的日记可以看出，早在此前，胡乔木就已经过问教科书的事了。同时也能看出，大、中、小学和师范国文课本的“改订”或选编工作是同时进行的。

叶圣陶6月1日日记记：魏建功来“共读小学课文，至于六时，读毕第一册”。“诵读”的过程中发现了问题，就立即修改。6月2日，“校阅改订之国语第一册”，即新编《初级小学国语课本》第一册。

新编《初级小学国语课本》共八册，也是根据华北解放区的教材改编的，原来的编者是悫頫、刘松涛、黄雁星、项若愚，要把这部国语课本“修订”成为新中国的第一部通用教材，同样也得认真地进行打磨。叶圣陶6月3日日记记：“修改国语第一册之小节目，以便付排。一书之成，至不易也”；“午后，随写编辑中学国文之意见，将与同人共商”。6月4日日记记：“参加平市中小学教育工作者代表大会”，叶剑英在致辞中“首言中国人民一定得到最后胜利，次勉励教师，必须以科学教学

① 叶圣陶：《能读的作品》，《叶圣陶集》第9卷，第118—119页。

生，抱持为人民服务之最高道德。其次晁哲甫致辞，言解放区办教育之实例即为新民主主义教育。其次余致辞，比较任教者今昔之不同”。这是叶圣陶以教科书编审委员会主任的身份在“北平市中小学教育工作者代表大会”上作的第一次讲话，“比较任教者今昔之不同”，不外是与叶剑英和晁哲甫的“致辞”相呼应，激励中小学教育工作者以全新的精神面貌为即将诞生的新中国的教育事业大显身手。

代表大会后，叶圣陶的工作更忙碌了，日记中仅小学语文课本的记载就有如下多处。6 月 5 日：“建功上下午俱来，共读第三册课文十八篇。”6 月 16 日：上午看山东解放区所编高小国语，“以便采补今后将着手之二四两册”。6 月 20 日：“上午建功来，共读国语第三册之十馀课。”6 月 22 日：午后“校阅国语第三册改定本”。6 月 23 日：“仍校读第三册改定本”。6 月 24 日：“下午续为校看工作”。7 月 11 日：“高小国语调动一篇，建功来共推敲”，“谈及编辑小学国语之先决问题”。7 月 12 日：“看改正之国语文篇稿。”7 月 14 日：“据成书改作课文一篇，补入第三册国语。原用荀巨伯看友人之材料，以今日观之，此等友谊不足风矣。”原来选定的课文是《荀巨伯》，也是叶圣陶写的，编在《少年国语读本》第一册①里，课文写荀巨伯舍不得离开生了病的朋友独自去逃命，在胡人入侵时留在城里照顾朋友，入侵的胡人非常感动，觉得这个地方有这样的好人，不该糟蹋这个城，就此退兵回去。叶圣陶用“今天”的眼光看，觉得“此等友谊”不值得称颂，就“改作”了一篇《故事四则》（一、《矛和盾》；二、《不死药》；三、《本领和用处》；四、《吹

① 开明书店 1947 年 7 月出版。

竽》)。7月18日:“继续谈国语国文之问题”。7月26日:“与文叔讨论高小国语第三册之校样”。8月22日:“看文叔所选高小国语二四两册所用文。多采自报章,可意者不多”。9月14日:“上午看文叔所选高小二四册国语课文,皆不能通体无疵,大部分须大加修润,对之生愁。”10月6日:“下午,国文组全体开会”。10月25日:“下午作成《国旗歌》一首,插入高小国语第一册。人民共和国业已成立,课本中无所表见,亦说不过去也。为此之故,初小国语八册且须重行排版。”10月27日:“看同人修改之小学国语两本”。10月28日:“改文叔所撰高小国语课文。渠以十月一日开国大典为题材,此题未易写,写来殊呆板。”

朱文叔“以十月一日开国大典为题材”写的课文,即《开国大典》,经叶圣陶改定后分为《开国大典(一)》《开国大典(二)》《开国大典(三)》,编在《高级小学国语课本》第四册的头三课。叶圣陶写的《国旗歌》,即《国旗》,排在《高级小学国语课本》第一册的第一课,现抄录《国旗》于下:

看!我们的国旗
高高升在旗杆顶,
它代表中华人民共和国,
我们诚心诚意向它致敬。

看!我们的国旗
高高升在旗杆顶,
它那么好看又那么庄严,

显出我们新中国的光景。

看！我们的国旗
高高升在旗杆顶，
四颗星星齐向一颗大星，
万众一心齐向人民革命。

看！我们的国旗
高高升在旗杆顶，
中国人民从此站起来了，
这旗帜就是胜利的凭证。

“人民共和国业已成立，课本中无所表见，亦说不过去也。为此之故，初小国语八册且须重行排版。”1949 年年初离开上海，叶圣陶绕道香港进入解放区，原定是到山东烟台，没想到革命形势发展得那么快，还没到烟台，北平就解放了，于是就直接到了北平。新中国成立得那么快也是没有料到的，因而排好的“国语”课文不得不作临时的修订，要尽情讴歌新中国的诞生。

叶圣陶在日记中还写道：11 月 1 日，“改文叔所为课文一篇”。11 月 3 日，“作诗歌一篇，补入高小国语第三册，其题为《咱们的新国家》”。“改文叔所为课文一篇”，指的是《“我们是幸福的”》，经叶圣陶改定后编入《高级小学国语课本》第二册，排在第一课，全文如下：

一九四九年十月一日，是中华人民共和国的第一个国庆日。这一天，首都北京的学生们，个个心里欢喜脸上笑。从清早起，他们一队一队地赶往天安门广场，参加开国典礼。他们的服装都整整齐齐，有的是一色全白，有的是一色全蓝，有的是一色全黄，胸口还挂着红星。他们入场之后，排列在广场的西半边，广场的西半边就显得特别美，特别活泼。

他们听见毛主席宣告“中华人民共和国”成立的声音。他们看见第一面新国旗升起来。他们听见二十八响惊天动地的礼炮。他们看见英勇威武的朱总司令阅兵，看见两个半钟头才检阅完毕的新中国的海陆空军。他们全都心里想：“我们是幸福的！”

天快黑了，他们开始游行。他们排成大纵队，一边走，一边拍手按拍子，唱着《新民主主义青年团进行曲》，脚步声、拍手声、唱歌声都越来越响亮。他们走到主席台前就不断地高呼“毛主席万岁！”他们听见毛主席吩咐管理灯光的人添两盏水银灯，他们看见毛主席向他们招手，慈爱地向他们微笑，他们听见毛主席高呼“青年同志们万岁！”这呼声和他们的呼声连成一气。他们全都心里想：“我们是幸福的！”

文章并不长，而“我们是幸福的！”却道出了新中国成立伊始少年儿童美好的憧憬和欢乐的心声，成了那个年代最流行的话语。叶圣陶写的《咱们的新国家》，是《高级小学国语课本》第三册的第一课，现抄录于下：

中华人民共和国——
咱们的新国家！
工人农民结合在一起，
你帮助我来我帮助他。
其馀的人也不肯落后，
齐心协力搞好新国家。
多修铁路多开矿，
多定计划把生产增加。
办工厂，开农场，
大家致富，人人发家。
人民的心血全在这儿，
等着瞧吧，
五年十年之后，
咱们的新国家！

以上说的是小学语文，至于历史课本、地理课本、政治课本、师范课本、英语教材和农民读物，以及中学语文课本，可说的也有许多。为了应急，这些课本大多也只能在解放区的课本上进行修改，这在叶圣陶日记中有较详尽的记载。

8 月 1 日："为教育部审读其所编民校课本"，"提出修改之意见"。8 月 3 日："竟日看胡绳及其友人所撰之政治课本，所叙为封建主义、帝国主义、官僚资本主义统制下之旧中国，甚明畅，但不见干净。降格以求，亦只得如此。" 8 月 5 日："会中开例会。决定今后几个月之工作集中于初中，如人手能扩充，则及小学。初中亦只及于国文史地政治数科耳。”8月8日：“看《中国革命》原稿，系政治课本之一，中宣部人员所编。内容尚充盈，但表达不佳。急于应用，亦未能细改也。”8月9日：“续看《中国革命》毕”，“看《调查统计研究》，亦政治课本也”。8月10日：“看《调查统计》毕”。8月11日：“看《调查统计》之续稿”。8月15日：“看彬然等所选辑之师范教育科目教材”。8月17日：至北大访潘介泉，“谈及其所教英文之教材大部须重选”。8月19日：“为教育部社教处看农民读本第二册”。8月22日：“综合余与仲仁、文叔所批对于农民读本二册之意见”。8月23日：“上午写毕对农民读本之意见”。8月24日：“观苏联学校教师关于文学教学之报告”。8月25日：“续观苏联学校教师之报告，略有所摘录。”8月26日：“看苏联教师关于教学自然理化史地之报告”。11月9日：“看郭地所编《革命故事集》。此将以代替政治课本者，而内容与文字均平常，殊觉不好意思拿出去。”11月10日：“续看《革命故事集》。忽然肝阳上升，头昏，胸口恶心，卧于沙发半时许，稍已。”11月12日：“看《革命故事集》”。11月14日：“看晓先所为高小历史第四册稿。柳湜、程今吾、方与严来谈教科书事”。11月15日：“看《革命故事集》数篇”。11月19日：“看武行生所编高小政治课本”。11月22日：“续看《革命故事集》之稿”。11月25日：“看武行生所为高小政治课本数篇”。11月26日：“续看政治课本”。11月28日：“看蝬生所为近代史教本稿”。11月30日：“改蝬生之历史教本”。12月1日：“改蝬生之历史稿本约二十页”。12月6日：“第一处开处务会议，余往参加。处中现分语文、史地、教育三组，各为报告。明年拟编小学中学语文课本全部，人手不敷，工作非易，虽经商讨，无具体结果也。”12 月 8 日：“与少数同人会谈，讨论着手编定初中语文课本之目录”。12 月 21 日：“与云彬、文叔、子勤、仲仁会谈初中国文一二册材料。此材料系同人所选，由子勤编定者。其中不能满意者多，还待重选，而实未易得也。”

仅从这些日记便不难看到叶圣陶的忙碌和辛苦。但这忙碌和辛苦还是次要的，更主要的是与党内主管教材的领导有理念上的差异。且看 1949 年的几则日记：

> 6 月 6 日　夜间，与胡绳谈余之踌躇心情。渠有一言颇动听。渠谓余任今事，足示党内外人之堪以合作。若舍去不干，人将谓若某某者尚不能与党中人合作，遑言其他。谈甚久。
>
> 6 月 10 日　徐特立老先生来会谈话，参加者除会中诸人外，又有林砺儒、陈其瑗、葛志成等。徐在中共中为专心研究教育之人，言解放区于艰苦中办教育之情形，谈锋甚健，讯滥无归，而时有善语。
>
> 7 月 6 日　石磐君来访，渠在宣传部，以所编中学政治课本稿嘱阅看。余于此点，已屡向胡绳诸君提及，政治诚宜讲，但当融入各科之中。今观石君所为，颇不惬意，允为之签注意见。在此时期，局面初变，有特种课本亦属可行，然不宜如此之粗草幼稚也。
>
> 8 月 15 日　看彬然等所选辑之师范教育科目教材。此类东

西皆解放区之旧材料，虽不为无见，而意义朦胧，语言不通，不一而足。改亦不胜其改，对之生愁，……与胡绳谈，我人为编辑工作，而所出书皆草草，殊说不过去，且于读者亦有不良影响。胡绳谓有总胜于无，书本有若干部分之优点即可，不良影响亦不妨有一些。余听之殊不以为然。

8月17日　　至北大访潘介泉，……谈及其所教英文之教材大部须重选。语文教学因不必顾时代，而实际上不能不顾，如读闲适之趣之散文，即感不协调矣。

8月22日　　看文叔所选高小国语二四两册所用文。多采自报章，可意者不多。

8月23日　　上午写毕对农民读本之意见。全体同人集会，讨论小学政治课本之编辑办法。政治课本实即从前之公民，唯为新民主主义社会之公民，大部须有异于从前。商定由少数人拟定具体纲目再谈。

8月24日　　观苏联学校教师关于文学教学之报告，于传统的文学抉发其长处，目的在收思想政治教育之效。此点可为我国借镜。我国以往文学为封建社会之产物，其作者十之九为地主贵族，苟一笔抹杀，则可以全从舍弃。此岂接受文学遗产之道耶。必也知人论世，明其不得不然，而摄取其至今犹为瑰宝者而发扬之，乃可以继承往昔，激励来者，然此工作非易为也。

叶圣陶6月6日日记中所说的“踌躇心情”，指的是他担任教科书编审委员会主任责任重大，工作繁重，“有追随不上之感”，这种心情在5月15日日记中就曾说起过。叶圣陶最讲认真，像胡绳所说的“有总胜于无”，感情上很难接受。对于语文课本“多采自报章”，对于“中学政治课本”的“指导思想”，叶圣陶与某些领导就显得更不合拍。叶圣陶很看重我们民族的“文学遗产”，认为不必单开“政治课”，对“政治课本”中“为政治而政治”和贴“政治标签”的做法很反感。这并不是说他不讲政治，而是希望把“政治”融入到“各科之目”。8月26日日记中说：

> 看苏联教师关于教学自然理化史地之报告，盖与前昨所观者①合为一书，总题为《学生之思想政治教育》者也。苏联初期有独立之政治功课，后即废去。今观此书，觉其融化思想政治于各科之中，甚合我之所怀。而理解之深，设计之周，要非现时我国教师所能企及也。

可在当时，这种要“废去”政治课的想法怎么行得通呢？仅就“屡屡”向“胡绳诸君提及”一语看，就显得过于迂执。1957年5月，叶圣陶因不同意开设“政治课”和“劳动课”的《“瓶子观点”》一文受

① 即8月24日日记中提到的“苏联学校教师关于文学教学之报告”。

到批评，差点儿划成“大右派”，其实《“瓶子观点”》的伏脉就在这里。新中国成立前后，党热忱欢迎知识分子为建设新中国服务，政治氛围相对宽松，即便有“不同的声明”也不会上纲上线，甚至也不会影响彼此间的私人感情。胡绳、胡乔木与叶圣陶的关系也正是这样，即便在如何对待“文学遗产”和“政治课”等重大思想理论问题上有分歧，但“和而不同”，私交甚好。叶圣陶知道自己的想法行不通，也就“着眼大局”，把心思全都用在教科书上，对“粗草幼稚”的“政治课本”尽可能地进行修饰打磨，使其“拿得出去”。党的信任和“解放区于艰苦中办教育之情形”激励叶圣陶满腔热忱地“追随”潮流，与时俱进。

下面就“修订”后的《初级小学国语课本》和“修订”及“新编”的《高级小学国语课本》这两种教材作一点评介。这两种课本是新中国小学语文课本的奠基之作，极具示范的意义。

二、“修订”后的《初级小学国语课本》

“修订”后的《初级小学国语课本》又称新编《初级小学国语课本》，共八册，署编者“悥频、刘松涛、黄雁星、项若愚”，修订者“华北人民政府教育部教科书编审委员会”，新华书店出版，华北联合出版社发行，1950 年 1 月起陆续出版。为了叙述的便捷，以下统称新编《初级小学国语课本》。新编《初级小学国语课本》几乎每篇课文都有插图，图文并茂。

新编《初级小学国语课本》第一册目录：一、《人》；二、《手》；三、《一人两手》；四、《做工》；五、《种地》［练习一］；六、《哥哥》；

七、《爸爸》；八、《上学校》；九、《我家里》；十、《人人有事做》［练习二］；十一、《早早起》；十二、《升国旗》；十三、《学校里》；十四、《小同学》；十五、《大同学》［练习三］；十六、《春天到》；十七、《耕地送粪》；十八、《放羊》；十九、《高山上》；二十、《吃草》［练习四］；二十一、《好朋友》；二十二、《吃和穿》；二十三、《种瓜》；二十四、《种什么收什么》；二十五、《不踏庄稼》［练习五］；二十六、《集市上》；二十七、《升斗石》；二十八、《寸尺丈》；二十九、《抬水》；三十、《不打人不骂人》［练习六］；三十一、《早起早睡》；三十二、《高才有》；三十三、《苍蝇》；三十四、《扫地》；三十五、《不喝生水》［练习七］；三十六、《方向》；三十七、《月亮》；三十八、《牛》；三十九、《收麦》；四十、《打麦》［练习八］；四十一、《毛主席》；四十二、《分土地》；四十三、《努力生产》；四十四、《王大妈》；四十五、《新儿童》［练习九］。

新编《初级小学国语课本》第一册第一课是个“人”字。孩子们的启蒙是从“人”字学起的，由“人”延伸到“家庭”“劳动”“生活”“习惯”“卫生”。课本突出了新的时代和新的气象，标志性的课文有：

升国旗

早上/升国旗/人人都要敬礼

毛主席

毛主席/像太阳/他比太阳还光亮/照着你/照着我/大家拍手来歌唱

分土地

共产党/毛主席/领导人民分土地/人人有地种/家家都欢喜

王大妈

王大妈/王大妈/儿子参军不在家/我们抬水又打柴/大家一起去帮她/王大妈/笑哈哈/都说我们是好娃娃

新儿童

新儿童/新儿童/要学习/要劳动/大家都学毛泽东

新编《初级小学国语课本》第二册目录：一、《心全上学了》；二、《王二小》；三、《学国语》；四、《学算术》；五、《帮爹妈》［练习一］；六、《互助》；七、《我家的房》；八、《扫地》；九、《识字牌》；十、《守时间》［练习二］；十一、《小青蛙》；十二、《花猫》；十三、《鸡》；十四、《抓石子（一）》；十五、《抓石子（二）》［练习三］；十六、《八月天》；十七、《方小梅》；十八、《菜》；十九、《摘棉花》；二十、《送公粮》［练习四］；二十一、《狗和狼》；二十二、《客人来》；二十三、《哥哥参军》；二十四、《同志喝点吧》；二十五、《朱德总司令》［练习五］；二十六、《铅笔有毒》；二十七、《剪指甲》；二十八、《谁讲卫生》；二十九、《眼的卫生》；三十、《这是什么》［练习六］；三十一、《小先生》；三十二、《懂礼貌》；三十三、《乌鸦喝水》；三十四、《不要说谎》；三十五、《中华人民共和国》［练习七］；三十六、《砍柴拾粪》；三十七、《喂母猪》；三十八、《纺棉花》；三十九、《斤和两》；四十、《认票子》［练习八］；四十一、《工人农人》；四十二、《毛主席像》；四十三、《黄干粮》；四十四、《雪》；四十五、《放假》[练习九]。

第二册课文紧紧扣住孩子们的日常生活，内容包括好好学习，好好劳动，今昔对比，翻身解放，歌颂毛主席共产党。标志性的课文有：

心全上学了

从前，心全家里很穷，爸爸给人家做长工。心全上不起学。自从爸爸分地翻了身，有吃有穿，心全也上学了。

我家的房

街上房子两边排，我家大门向南开。院里有棵大槐树，北房三间成一排。窗子大，又向阳。不是分地翻了身，怎能住上这样的房！

抓石子（一）

小花和小青抓石子玩，一面抓，一面唱：

你一我一，平分土地。

你二我二，男女有份。

你三我三，耕地深翻。

你四我四，预备种子。

你五我五，忙送粪土。

抓石子（二）

你六我六，种瓜种豆。

你七我七，快快锄地。

你八我八，收割庄稼。

你九我九，扬场过斗。

你十我十，吃新粮食。

送公粮

小米饭，黄又黄，爸爸赶驴送公粮。爸爸是个翻身汉，赶着毛驴喜洋洋。早把公粮送前方，军人吃饱打胜仗。

哥哥参军

前方打蒋匪，哥哥去参军。骑高马，戴红花，喇叭吹起的的达。爸爸妈妈对他讲："打倒老蒋再回家。"

同志喝点吧

河里水，哗啦啦。解放军打仗过我家。烧豆汤，送给他："同志同志喝点吧！"

朱德总司令

骑大马，骑大马，姐姐做马头，我做马尾巴。弟弟做军人，骑在马上笑哈哈。

"什么军？"

"人民解放军。"

"谁带领？"

“朱德总司令。”

中华人民共和国

你打鼓，我敲锣，住了锣鼓就唱歌。唱个什么歌？唱个团结歌。工农大众齐努力，建设中华人民共和国。

毛主席像

爸爸在集上买来一张毛主席像，贴在北屋的墙上。又叫哥哥用红纸写了两行字，贴在两边。写的是：

“共产党带来好光景。

毛主席教人不受穷。”

黄干粮

吃饭的时候，爸爸拿起一个黄干粮，对小花说：“过去咱们种地主的地，辛苦一年，交了租子，天天还得吃糠。要不是分了土地，努力生产，我们就吃不上这黄干粮。”

新编《初级小学国语课本》第三册目录：一、《开学了》；二、《学好人人夸》；三、《国旗飘》；四、《玉英》；五、《谁懂道理》[练习一]；六、《说错了》；七、《春天到》；八、《蜜蜂》；九、《摇钱树》；十、《李家庄》[练习二]；十一、《赶集》；十二、《栽树》；十三、《树的医生》；十四、《两件事》；十五、《借条》[练习三]；十六、《小灯笼》；十七、《儿童节》；十八、《帮助军属》；十九、《爱护公物》；二十、《小青洗衣裳》[练习四]；二十一、《请假》；二十二、《种牛痘》；二十三、《沙眼》；二十四、《冬明生疮》；二十五、《换牙》[练习五]；二十六、《感冒》；二十七、《羊的用处》；二十八、《怎样养牲口》；二十九、《替人除害》；三十、《挂起一面网》[练习六]；三十一、《采槐花》；三十二、《黑板报》；三十三、《你姓什么》；三十四、《坏习惯》；三十五、《写字的法子》[练习七]；三十六、《各不相让》；三十七、《老来红》；三十八、《爹爹的话》；三十九、《赔钱》；四十、《捉老蒋》[练习八]；四十一、《文彦传》；四十二、《我是什么》；四十三、《水向低处流》；四十四、《真奇怪》；四十五、《取火的方法》[练习九]。

第三册课文就内容说注重培养良好的生活习惯，介绍生活常识和“借条”“请假条”一类的实用文，抒发得更多的是“一心来把中国建设好”的理念，这里抄录五篇有代表性的课文：

国旗飘

国旗，国旗，飘飘飘。

我们敬爱你，

你是新中国的代表。

五颗星星黄澄澄，

缀在红旗左上角。

星星是人民，

为着革命，大家团结在一道。

跟着共产党，

一心来把中国建设好。

春天到

春天到，

冰儿消，雪儿化。

河里水，哗啦啦。

河水，河水！你说什么话？

河水说：

我是唱歌，不是说话。

河水，河水！你唱什么歌？

河水说：

我唱春天到，我唱劳动好，我唱大生产运动开始了。

帮助军属

一二三，一二三，一走走到宋家滩。

宋家滩有个宋大娘，儿子打仗在前方。

叫一声："宋大娘，今天又是星期六，我们来给你帮忙。

要抬水，把水缸抬得满又满。

要磨面，把面儿磨得细又白。

有什么活儿你说吧！我们都能帮你办。"

爹爹的话

小田帮他爹在场上打麦，对爹说："以前咱们整年吃糠咽菜，现在分了地，打了很多麦子，可该天天吃好的了。"

爹说："不行！现在翻身了，吃得稍好一点是应该的。可是要懂得节省，不能浪费。省下钱来买牲口，喂猪，养羊，多积肥，把地养种得更好。这样，咱们才能一年比一年富裕。”

捉老蒋

手拍手，当放枪，大家来个“捉老蒋”。三个人装做蒋匪帮，一面跑来一面藏。五个人装做解放军，冲锋去缴美国枪。有的装做老百姓，抬担架，送军粮。军民齐合作，捉住老蒋喜洋洋。

新编《初级小学国语课本》第四册目录：一、《检查清洁》；二、《吃饭》；三、《痢疾》；四、《消灭虱子》；五、《太阳》；六、《人民解放军的生日》［练习一］；七、《誓死不作亡国奴》；八、《地道斗争（一）》；九、《地道斗争（二）》；十、《东北》；十一、《东北抗日联军》；十二、《新中国诞生了》［练习二］；十三、《华北的出产》；十四、《挖井》；十五、《秋收》；十六、《儿童学搬工》；十七、《选种歌》；十八、《秋耕歌》；十九、《上粪经验》［练习三］；二十、《一只蜻蜓》；二十一、《到底成功了》；二十二、《刘米长》；二十三、《今天的事今天做》；二十四、《怎么少了一个》［练习四］；二十五、《秋凉了》；二十六、《家雀闷死了》；二十七、《气候》；二十八、《冰》；二十九、《煤的话》［练习五］；三十、《卖煎饼的小波》；三十一、《郑玉莲变好了》；三十二、《群众代笔处》；三十三、《便条和收据》；三十四、《一天的日记》；三十五、《工人识字组》［练习六］；三十六、《团结就是力量》；三十七、《地主的福气》；三十八、《长工的话》；三十九、《谜语两则》；四十、《发财致富靠劳动》［练习七］；四十一、《纪律》；四十二、《解放军还旧账》；四十三、《门东贵当了段长》；四十四、《做军鞋》；四十五、《毛主席的故事》［练习八］。

课文涉及抗战、东北抗日联军、抗战游击队、小英雄刘米长、华北的出产、斗地主等，视野逐渐开阔，知识更丰富了。下面抄录三篇课文：

太　阳

太阳太阳照四方，地上万物要太阳。

太阳不晒草不绿，太阳不晒花不香。

太阳不晒果不熟，太阳不晒苗不长。

被褥也要太阳晒，盖着垫着暖洋洋。

身体也要太阳晒，太阳晒了才健康。

东　北

大舅在东北做了二十年长工，最近从东北回来。我问他："东北好不好?"他说："实在好。那里交通便利，铁路公路四通八达。出产真丰富，不光有煤有铁，还有很大的森林，那大树一棵挨一棵，走几天也走不到边。到处是大豆，颗粒大，出的又多。过去土地都在大地主手里，现在平分了，庄稼人也和我们这里一样翻了身。"

毛主席的故事

毛主席从小的时候，就对穷人非常关心。一年秋天，村里的人都把稻子打下来，放在场上晒。忽然天下雨了，大家都忙着收稻子，他也忙着去收。可是他不收他们家的，却去帮助穷人家收。他的爸爸见了非常生气，问他："为什么不收我们家的？"他说："人家家里很穷，还要交租子，损失一点就不得了。我们家里光景好，损失一点也没什么。"

新编《初级小学国语课本》第五册目录：一、《田大伯的话》；二、《小主人》；三、《选举班长》；四、《服从多数人的意见》；五、《列宁的少年时代》；六、《时光》；七、《谁聪明》[练习一]；八、《小组检讨会》；九、《驼子》；十、《劳动和健康》；十一、《十个小朋友》；十二、《蜗牛爬墙》；十三、《一架活机器》；十四、《白求恩》；十五、《姐姐的来信》[练习二]；十六、《布谷》；十七、《人力胜天》；十八、《春雨》；十九、《怎样种棉花》；二十、《老乌鸦》；二十一、《发工账》；二十二、《模范军属》[练习三]；二十三《翻身谣（一）》；二十四、《翻身谣（二）》；二十五、《红军到了杨家洼（一）》；二十六、《红军到了杨家洼（二）》；二十七、《朱德的扁担》；二十八、《新式结婚》；二十九、《送喜幛》[练习四]；三十、《龟兔赛跑》；三十一、《不守纪律的小修》；三十二、《长工当了教师》；三十三、《卖货郎》；三十四、《给林老师的信》；三十五、《铁厂参观记》；三十六、《水的卫生》[练习五]；三十七、《凶神变成了好工人》；三十八、《磷火》；三十九、《火柴》；四十、《纸是怎样造成的》[练习六]；四十一、《不失信》；四十二、《读死书》；四十三、《捉老鼠》；四十四、《王大娘》；四十五、《哑口证人（一）》；四十六、《哑口证人（二）》；四十七、《两个九十多岁的老人》；四十八、《拔黄疸》；

四十九、《一个有趣的问题》；五十、《水磨》[练习七]。

课文中的《列宁的少年时代》介绍列宁少年时代怎样刻苦用功，《白求恩》赞美白求恩的国际主义精神，《不失信》写东汉时范式和张劭的“不失信”的故事，把孩子们的目光开始引向国外和古代。改造“二流子”、反对封建迷信、防治病虫害、新式结婚也写进了语文课本。这里抄录四篇课文：

老乌鸦

老乌鸦，老乌鸦，
西山飞到东山洼。
张着嘴巴呱呱叫，
吵吵闹闹叽叽喳，
拍翅膀，翘尾巴，
要是人不在，就去偷吃瓜，
这里吃饱了，又窜别一家。
这样好吃偷懒鸟，
世上没人不恨它。
劝你莫做二流子，
劝你莫学老乌鸦，
春天到了要努力，
早到田里种庄稼。

新式结婚

冬冬冬，镗镗镗，
新式结婚真大方，
不坐轿，不请客，
不用花钱买嫁妆。
院子里，当会场，
中间挂起毛主席像。
一边是新郎，
一边是新娘，
一人一朵大红花，
两张脸儿喜洋洋。
证婚人，把话讲：
“女的过去穷得没饭吃，
男的给人放过羊。
现在翻了身，
两人又参加了共产党，
结婚后，工作更加强。”
新郎说：
“我要多生产，学打仗，
要给青年作榜样。”
新娘说：
“我要多纺织，多学习，
让家庭有个新气象。”

看的人，齐鼓掌，
送着新郎新娘入洞房。
冬冬冬，镗镗镗，
新式结婚好排场。

王大娘

王大娘，真是呆，
病菌钻进身体内，
她说鬼神在作怪。
人死尸骨都烂完，
偏说灵魂还存在。
自己饭都吃不饱，
买香买纸何苦来？
有了活儿不去干，
整天念佛求消灾。
一切听天命，
全凭神安排。
直到临死时，
还说是命该。
王大娘，真是呆！

拔黄疸

拔拔拔，拔黄疸，拔下黄疸要烧完。

麦子害了黄疸病，最初麦秆现黄线；
外面皮一破，黄粉随风散，
黄粉飞到好麦上，好麦马上就黄疸。
一传十，十传百，百传千，
一大片麦子几天就坏完。
拔拔拔，拔黄疸，拔下黄疸要烧完。

新编《初级小学国语课本》第六册目录：一、《一颗心儿向太阳》；二、《我们的国家（一）》；三、《我们的国家（二）》；四、《两兄弟》；五、《筑堤歌》；六、《救了全村人的性命》；七、《平型关大战》[练习一]；八、《这不是苍蝇吗》；九、《消灭蝗虫》；十、《写报告》；十一、《高尔基的学习精神》；十二、《几个能干的孩子》；十三、《虹》；十四、《养小鸡》；十五、《庄稼人的好朋友》[练习二]；十六、《植物的种子》；十七、《蚂蚁和蟋蟀》；十八、《一个懒孩子》；十九、《坦白认错》；二十、《给二叔的信》；二十一、《请毛主席来望望》；二十二、《启事和广告》[练习三]；二十三、《磨豆腐》；二十四、《一个豆瓣的旅行》；二十五、《奇怪的胃》；二十六、《不要只觉得自己好》；二十七、《食物里的养料》；二十八、《食盐》；二十九、《拔苗》[练习四]；三十、《送行》；三十一、《左权将军的故事》；三十二、《列宁的外套》；三十三、《大鞋》；三十四、《鹿的角和脚》；三十五、《比本领》；三十六、《鸟儿座谈会》[练习五]；三十七、《参观印刷厂》；三十八、《他是什么》；三十九、《电灯》；四十、《苏联的儿童》；四十一、《刻舟求剑》；四十二、《长城和运河》；四十三、《称象》[练习六]；四十四、《小春的日记（一）》；四十五、《小春的日记（二）》；

四十六、《让小同志骑吧》；四十七、《没有字的介绍信》；四十八、《三句话》；四十九、《写信的方法》；五十、《给毛主席拜年的信》[练习七]。

课文中写到了高尔基、列宁和苏联的儿童，写到“刻舟求剑”和曹冲“称象”，写到“长城和运河”，课文的内容更开阔和厚重了。这里抄录三篇课文：

一颗心儿向太阳

向日葵，
花儿黄。
头戴大草帽，
身穿绿衣裳。
它的根儿深，
骨干硬如钢，
大风面前不弯腰，
顶天立地往上长。
太阳东方出，
抬头向东方。
太阳西方落，
转向西方望。
它是花中的英雄汉，
一颗心儿向太阳。

请毛主席来望望

贫农李老头，
须发白苍苍，
工作积极精神旺，
年轻人也赶不上。
前天支部批准他，
准他加入共产党。
那天大会上，
他拱手又作揖，
对着毛主席的像。
大家说：“不需要这样。”
他说：“见了毛主席，
就像大旱得了雨，
本不该打拱又作揖，
可是不由我自己。”
他又对大家讲：
“抗战前，
我吃不上，
穿不上，
全家口外去逃荒，
老婆饿死在草地上。
到现在，
有了牛，

有了羊，
还分到五间新平房。
几时毛主席到这里，
一定请他来望望。
看看我的地，
看看我的房，
看看我家老和幼，
看看我的牛和羊。
我还要告诉他：
‘我李老头也参加了
你领导的共产党。’”

给毛主席拜年的信

亲爱的毛主席：

先告诉你：我们都翻身啦！村上的地主恶霸完全给清算了。以前祖上养种的好地，像村前靠河的那一亩好平地，我们都收回来了。地主们拿我们穷人血汗换成的白银现洋，我们也算回来了。牛驴也买下了。家家都住上了暖窑，炕上都有了枕头。腊月二十三日那天，差不多家家都有人进城赶集，割下包饺子的羊肉，买下写对联的红纸，还给孩子们买了些花布。家家都买了一张你的像。想起往年腊月里躲账的日子，再看看现在吃饺子的这种舒心光景，我们心里真欢喜！过了年，我们就要照你说的“组织起来”的办法一心一意闹生产。全村老少在这里给你拜年，祝你长生不老！

李家庄全村群众　正月一日

新编《初级小学国语课本》第七册目录：一、《祖国的河山》；二、《回声》；三、《毛主席在戏院里》；四、《送神歌》；五、《筑路歌》；六、《铁杵磨成针》；七、《分工合作》[练习一]；八、《爱惜米粒》；九、《通知》；十、《捉虱子的故事》；十一、《再也不讨厌读报了》；十二、《二十四节》；十三、《梨树回家》；十四、《白洋淀》[练习二]；十五、《小水点的故事（一）》；十六、《小水点的故事（二）》；十七、《壶盖为什么会动》；十八、《瓷器》；十九、《风》；二十、《自大的蛀虫》；二十一、《树的叶子》[练习三]；二十二、《温塘》；二十三、《人怎样会生病》；二十四、《怎样预防传染病》；二十五、《刘伯承将军的故事》；二十六、《姐姐谈日记》；二十七、《两篇日记》；二十八、《驴脸上的字》[练习四]；二十九、《兄弟三个》；三十、《有没有天狗》；三十一、《第二次绕行地球》；三十二、《小小旅行家》；三十三、《我们的好朋友苏联》；三十四、《哥哥的来信》；三十五、《鸡笑鸭子》[练习五]；三十六、《庄稼和土壤》；三十七、《为什么要调楼》；三十八、《鹬与蚌》；三十九、《小虫和珍珠》；四十、《发票》；四十一、《西庄合作社》；四十二、《学记账》[练习六]；四十三、《朱德总司令和营长》；四十四、《小组长联席会议》；四十五、《怎样开会》；四十六、《肺病》；四十七、《疟疾是躲不好的》；四十八、《画蛇添足》；四十九、《盲从（一）》；五十、《盲从（二）》[练习七]。

随着孩子们年龄和知识的增加，课文与生活、健康和生产劳动结合得越来越紧密，像《人怎样会生病》《怎样预防传染病》《肺病》《疟疾是躲不好的》《庄稼和土壤》《为什么要调楼》，在今天看来作为语文课文似乎不太合适，可在当时不能不说是一个创举，实用性很强。课文的构思也很别致，这里抄录三篇：

回 声

前天早晨，我上学去。路过一处崖边，看见崖上新写上一行标语，写的是：

“毛主席万岁！”

那字写得比人还高，非常显明。我就学着那天村民大会上田大伯喊口号的姿势，把拳头向上一伸，喊了一句：

“毛主席万岁！”

不想立刻听到同样的声音，也喊道：

“毛主席万岁！”

我以为是哪个同学藏在后面学我，忙大声问：“你是谁？”墙那里也问：“你是谁？”

跑过去一看，一个人影也没有，我有些害怕了。后来到了学校里，问田老师是怎么回事。

田老师笑着说：“那是回声。不管什么声音，碰到障碍，便会折回来。在山谷里或高大的厅堂里，常常遇到这种情形。”

放学回来，在一堵大墙对面试试，果然也有回声，我才明白了。

送神歌

李春来是李家铺的一个翻身农民，生产非常积极，起早睡晚，日子过得很好。春天，他盖了三间新平房，里面用白粉刷得干干净净，更把几辈子供着的“财神爷”搬出去，换了一幅毛主席的像，还编了一个“送神歌”，读起来很有趣：

泥胎泥胎！你别见怪！
我当佃户，多少年代，
辛苦一年，缺米少柴，
饿的眼黑，紧紧裤带。
说你增福，真是胡来！
亏俺自己，组织起来，
斗争恶霸，除了祸害，
分了土地，又分浮财，
老实百姓，才把头抬。
到了今天，请你下台！
毛主席像，贴了上来，
领导翻身，人人敬爱。

二十四节

立春雨水，计划订起。
惊蛰春分，送粪耕地。
清明谷雨，瓜豆快点。
立夏小满，抓紧种棉。

芒种夏至，割麦种谷。

小暑大暑，遍地开锄。

立秋处暑，种菜莫误。

白露秋分，种麦打谷。

寒露霜降，秋耕最好。

立冬小雪，白菜入窖。

大雪冬至，拾粪当先。

大寒小寒，杀猪过年。

新编《初级小学国语课本》第八册目录：一、《人人歌颂毛泽东》；二、《给妈妈的信》；三、《怎样寄信》；四、《学校卫生》；五、《千人糕（一）》；六、《千人糕（二）》；七、《怎样看护病人》［练习一］；八、《当记录》；九、《农家谚语》；十、《最好的东西》；十一、《慌张的女人》；十二、《瞎子摸象》；十三、《好吃的梨》；十四、《县官的笑话》［练习二］；十五、《鸦片战争》；十六、《洪秀全》；十七、《芬儿为什么不愿上学》；十八、《送别同学》；十九、《李祥生的来信》；二十、《赵占魁》；二十一、《借物清单》［练习三］；二十二、《国庆纪念会》；二十三、《提灯会》；二十四、《烟囱顶上的人（一）》；二十五、《烟囱顶上的人（二）》；二十六、《电话的发明》；二十七、《印刷术的进步》；二十八、《奇怪的文字》［练习四］；二十九、《童年时刻的牛顿》；三十、《无线电的用处》；三十一、《一封电报》；三十二、《煤油是从哪里来的》；三十三、《泰山游记》；三十四、《发明炸药的诺贝尔（一）》；三十五、《发明炸药的诺贝尔（二）》；三十六、《劳动和懒惰》［练习五]；三十七、《苏武（一）》；三十八、《苏武（二）》；三十九、《住在沙漠里的小安》；四十、《蒙古人民共和国》；四十一、《牧羊狗》；四十二、《人工呼吸法》；四十三、《狐狸和乌鸦》[练习六]；四十四、《介绍信》；四十五、《慢慢再说》；四十六、《奇怪的小动物》；四十七、《列宁在理发馆里》；四十八、《借书》；四十九、《随机应变的外交家（一）》；五十、《随机应变的外交家（二）》[练习七]。

课文中的《怎样寄信》《怎样看护病人》《农家谚语》《送别同学》《借物清单》《一封电报》《人工呼吸法》《介绍信》《借书》都很生活化，实用性强。这与新中国成立初期培养"有社会主义觉悟有文化的劳动者"的"教育方针"是十分吻合的。这里抄录《人人歌颂毛泽东》，大概是《东方红》的另一个版本。

人人歌颂毛泽东

东方红，太阳升，
中国出了个毛泽东。
领导咱们闹革命，
他是人民大救星。
闹革命，翻了身，
翻了身，拔穷根，
组织起来大生产，
合作互助栽富根。
你种地，我做工，
大家一齐来劳动。

有吃又有穿，
光景往上升。
喝水要想挖井人，
人人歌颂毛泽东。

总之，新编《初级小学国语课本》凝聚了叶圣陶等老一辈教育家的智慧和期望，以及他们关怀新中国第一代儿童健康成长的热忱。他们忠诚党的教育事业，不断开拓创新，对教材精益求精，永远值得后人追忆和缅怀。

三、“修订”及“新编”的《高级小学国语课本》

“修订”及“新编”的《高级小学国语课本》又称新编《高级小学国语课本》，共四册，第一册和第三册署原编者“刘松涛、悳頫、黄雁星”，修订者“华北人民政府教育部教科书编审委员会”；第二册只署了“修订者：华北人民政府教育部教科书编审委员会”；第四册署“编辑者：华北人民政府教育部教科书编审委员会”。新华书店 1950 年 6 月初版，华北联合出版社发行，建华联合印刷厂印行。为了叙述的便捷，以下统称新编《高级小学国语课本》。

新编《高级小学国语课本》第一册目录：一、《国旗》；二、《“劳动创造了人”》；三、《莱特弟兄》；四、《爱迪生》；五、《一只鸡》；六、《鞋》；七、《一个恶魔》；八、《苏联的小朋友》；九、《秋天到》；十、《一粒种子（一）》；十一、《一粒种子（二）》；十二、《一粒种子（三）》；十三、《寓言四则》；十四、《办壁报》；十五、《壁报的一页》；十六、《景阳冈(一)》；十七、《景阳冈(二)》；十八、《毛主席爱小孩》；十九、《列宁的外套》；二十、《蜜蜂引路》；二十一、《赤壁之战(一)》；二十二、《赤壁之战(二)》；二十三、《人民解放军渡长江》；二十四、《为什么要喝水》；二十五、《咀嚼和消化》；二十六、《折箭》；二十七、《一个小虫和一条大船》；二十八、《“你很有东西好写呢”》；二十九、《三天的日记》；三十、《启事和广告》。

这第一册里的《国旗》《一个恶魔》《一粒种子(一)》《一粒种子(二)》《一粒种子(三)》《景阳冈(一)》《景阳冈(二)》《赤壁之战(一)》《赤壁之战(二)》《“你很有东西好写呢”》等十篇都是叶圣陶写的。《国旗》上面已经引录过了。《一个恶魔》选自叶圣陶编撰的《儿童国语读本》第四册[①]，这里抄录开篇的几小节：

> 帝国主义是什么？
>
> 帝国主义是一个恶魔。
>
> 它一只手里是算盘，一只手里是武器。
>
> 它有两副面孔。打算盘的时候，它也会装出和善的面孔。但是，使用武器的时候，它的面孔就变得凶恶无比了。原来和善是假的，凶恶才是它的本相。

《一粒种子》是叶圣陶 1921 年写的童话。《景阳冈（一）》《景阳冈（二）》和《“你很有东西好写呢”》，都选自叶圣陶编撰的《儿童国语

---

① 开明书店 1948 年 8 月出版。

读本》第四册。叶圣陶在 1949 年 5 月 28 日日记中说过："建功来，读课文半日，仅通过六七篇。余旧作大鼓词《景阳冈》经集体改作，胜过以前多多，居然切合声调矣。"《赤壁之战（一）》和《赤壁之战（二）》原名为《火烧赤壁（一）》和《火烧赤壁（二）》，也是《儿童国语读本》第四册里的课文。

新编《高级小学国语课本》第二册目录：一、《"我们是幸福的"》；二、《我们的朋友》；三、《怎么样读报》；四、《骑兵和战马》；五、《"功劳炮（一）"》；六、《"功劳炮（二）"》；七、《"功劳炮（三）"》；八、《西瓜弟兄》；九、《开荒日记》；十、《刘二学好》；十一、《检查身体》；十二、《儿童节筹备会》；十三、《开会前的布置》；十四、《演讲的材料》；十五、《演讲的声调》；十六、《演讲的姿势》；十七、《寓言三则》；十八、《小青石（一）》；十九、《小青石（二）》；二十、《"一分钟也不让它停工"》；二十一、《怎么样取得时间》；二十二、《詹天佑（一）》；二十三、《詹天佑（二）》；二十四、《朱德总司令的故事》；二十五、《朱德总司令的向导》；二十六、《土地还家（一）》；二十七、《土地还家（二）》；二十八、《拖拉机》；二十九、《农民代表看工展》；三十、《暑期学习会章程》。

这第二册的《"我们是幸福的"》是朱文叔起草，由叶圣陶改定的。《检查身体》选自叶圣陶编撰的《儿童国语读本》第一册①；《詹天佑》选自叶圣陶编撰的《儿童国语读本》第二册②；《小青石（一）》和《小青石（二）》原是叶圣陶 1934 年 6 月出版的《开明国语课本》第三册里的两篇课文，即《最有意义的生活》和《它支持着大众的脚》。

①② 开明书店 1947 年 7 月出版。

新编《高级小学国语课本》第三册目录：一、《咱们的新国家》；二、《我们的学校生活》；三、《一套工具》；四、《望远镜》；五、《细菌》；六、《老实话（一）》；七、《老实话（二）》；八、《“牛牵来了”》；九、《喂牛》；十、《报告学校展开生产运动的信》；十一、《园艺家密邱林[①]》；十二、《“可给我找到了!”》；十三、《毛主席看伤兵》；十四、《一张名片》；十五、《愚公移山》；十六、《故事四则》；十七、《斯达哈诺夫（一）》；十八、《斯达哈诺夫（二）》；十九、《读书会》；二十、《读书会记录》；二十一、《东郭先生和狼（一）》；二十二、《东郭先生和狼（二）》；二十三、《“我们把它作为题目”》；二十四、《篮球比赛》；二十五、《多写多修改》；二十六、《马克思和恩格斯》；二十七、《刘志丹同志的小本本》；二十八、《毛主席的结论》；二十九、《新小放牛》；三十、《读书笔记》。

这第三册的《咱们的新国家》和《故事四则》是叶圣陶写的。《东郭先生和狼（一）》《东郭先生和狼（二）》，以及《“我们把它作为题目”》《愚公移山》《篮球比赛》，都选自叶圣陶编撰的《儿童国语读本》第三册[②]；《细菌》选自叶圣陶编撰的《儿童国语读本》第一册。

新编《高级小学国语课本》第四册目录：一、《开国大典（一）》；二、《开国大典（二）》；三、《开国大典（三）》；四、《十八个勇士》；五、《大战平型关（一）》；六、《大战平型关（二）》；七、《野战医院（一）》；八、《野战医院（二）》；九、《上海〈解放日报〉的诞生》；十、《怎样写新闻通讯》；十一、《一份建议书》；十二、《飞机》；

① 密邱林：今译米丘林。当时译作“密邱林”，后改译为“米邱林”。

② 开明书店 1947 年 7 月出版。

十三、《“美少年”》；十四、《淮河大桥》；十五、《赵占魁（一）》；十六、《赵占魁（二）》；十七、《鲁迅先生的故事》；十八、《奴隶英雄》；十九、《锄和小鸡（一）》；二十、《锄和小鸡（二）》；二十一、《女孩子们驾驶的拖拉机队（一）》；二十二、《女孩子们驾驶的拖拉机队（二）》；二十三、《女孩子们驾驶的拖拉机队（三）》；二十四、《女孩子们驾驶的拖拉机队（四）》；二十五、《在福特工厂里就业——一位苏联工程师的经验谈》；二十六、《节约》；二十七、《小经理（一）》；二十八、《小经理（二）》；二十九、《小经理（三）》；三十、《毕业以后》。

这第四册的《开国大典（一）》《开国大典（二）》《开国大典（三）》是朱文叔起草，由叶圣陶改定的，叶圣陶对于新编《高级小学国语课本》贡献是多方面的。

叶圣陶作为新编《初级小学国语课本》和新编《高级小学国语课本》的总设计师，在新中国小学的语文学什么和怎么学方面作了清晰的规划。这十二册国语课本，初小八册属于“修订”，“新写”的不多，虽说“修订”的幅度比较大，但毕竟是有“旧本”作依托的。高小四册中第一至三册是“修订”，第四册注明是“编辑”，也就是说这第四册的课文全都是“新”课文，是“原创性”的，更能体现教科书编审委员会全新的思路。这里对新编《高级小学国语课本》第四册的课文作一点简要的介绍。

《开国大典》歌唱新中国的诞生和新中国的开国元勋毛泽东；《十八个勇士》讴歌抢渡大渡河的十八勇士；《大战平型关》赞扬人民军队的威力；《野战医院》写孟良崮战役中沂蒙山区人民看护伤员；《上海〈解放日报〉的诞生》写上海《解放日报》与延安《解放日报》的关系；

《淮河大桥》写津浦铁路线上的大铁桥被国民党反动派炸毁后，我铁道兵团的英雄们奉命修复，赶在 1950 年“七一”前通车，向党的生日献礼的感人事迹。“长征”“抗战”“解放”“建设”等不同的场景，构成了中国现代革命波澜壮阔的画卷。《赵占魁》与《鲁迅先生的故事》互为呼应。赵占魁是陕甘宁边区的特等劳动英雄，“是新中国工人阶级的一面光荣的旗帜”。《鲁迅先生的故事》是对短篇《一件小事》的改写，突出“满身灰尘”的车夫形象之“高大”，让鲁迅“时时记起”，“叫我惭愧，催我自新，并且增长我的勇气和希望”。《女孩子们驾驶的拖拉机队》节选于时代出版社出版的《我的集体农场生活》。《我的集体农场生活》是苏联帕莎•安奇林娜的自述，由海观翻译成中文。这篇课文写的是在集体农场挤牛奶的帕莎•安奇林娜通过学习，不仅当上了拖拉机手，而且“入党”，并组织了一个女孩子们驾驶的拖拉机队，创造了收获的新纪录，获得嘉奖。《在福特工厂里就业——一位苏联工程师的经验谈》，是根据贾米舍夫的《奴隶和主人》改写的。课文的主题是说在美国工程师是资本家的“奴隶”，工作“不上劲”；而在苏联工程师是国家的“主人”，大家都愿意“竞赛”。《节约》是根据《苏联是怎样节约》一文改写的，说的是“一支铅笔”要用到最后、出门要关灯、劳动时间不能休息，所谓“节约”，“就是跟一切损失作斗争”。《小经理》是赵树理 1947 年写的短篇小说，是典型的“农民文学”。小说中的三喜斗倒了靠放高利贷起家的合作社旧经理张太，被群众推选为经理，因为年纪轻村子小，人们都叫他“小经理”。三喜不识字，合作社掌柜王忠故意刁难他。在党支部的启发和指导下，三喜学识字，学文化，用行动感化了王忠。把赵树理的小说编入小学国语课本，显然是要贯彻毛泽东的文艺思想。而作品入选课文时从语言到标点都有改动，叶圣陶就是这样地一丝不苟。

让小学六年级的孩子在一个学期的语文课文里接受这么多思想内容，似乎太偏于“思想”和“政治”了。但叶圣陶受到的批评还是“语文挂帅”，他不得不虚心采纳，年年“修订”。且看人民教育出版社1952年8月出版的五、六年级用的《高级小学国语课本》。

《高级小学国语课本》（五年级用）目录：《国旗》、《我们是幸福的》、《快去见毛主席》、《一个伤员的愿望》、《我看见毛主席了》、《举杯祝福毛主席》、《工农兵歌唱“七一”》、《朱德总司令的故事》、《朱德总司令的向导》、《鞋》、《一只鸡》、《袁儿》、《骑兵和战马》、《功劳炮》、《西瓜弟兄》、《好容易找到了》、《人民解放军渡长江》、《淮河大桥》、《他是从朝鲜前线回来的人》、《蜜蜂引路》、《一棵大树》、《斯大林的工作作风》、《小侦察兵》（三课）、《朝鲜孩子们的心》（二课）、《我懂得怎么样写日记了》、《雨天的日记》、《办壁报》、《壁报的一栏》、《我们的好朋友》、《怎么样读报》、《演讲的材料》、《演讲的声调》、《检查身体》、《一封报告课馀作业的信》、《儿童节筹备会》、《开会前的布置》、《我羡慕你们》、《暑假学习会章程》、《开荒日记》、《土地还家》（二课）、《秋收场上》、《牛牵来了》、《农民代表看工业展览会》、《机器割麦子》、《步步走的光明》（二课）、《渴求文化的人们》、《一分钟也不让它停工》、《望远镜》、《会喷火的怪物》、《世界上第一架飞机》、《拖拉机》、《为什么要喝水》、《怎样取得时间》、《一条小虫和一条大船》。

与1950年6月出版的五年级用新编《高级小学国语课本》第一册和第二册相比，课文的更换多达百分之八十，《我们是幸福的》原是新编《高级小学国语课本》第一册的课文（《“我们是幸福的”》），编入《高级小学国语课本》（五年级用）时删了引号；《一个伤员的愿望》原是新编《高级小学国语课本》第二册里的《毛主席看伤兵》，标题的修订也使内容更加鲜明，至于文字上的改动就更多了，可见叶圣陶及其同人工作特别细致认真。

《高级小学国语课本》（六年级用）目录：《我们的新国家》、《开国大典》（三课）、《一篇祝词》、《寄给祖国的小朋友们》、《在井冈山上》（二课）、《刘志丹同志的笔记簿》、《十七个勇士》、《大战平型关》（二课）、《野战医院》（二课）、《过桥》、《铁脚团长》（二课）、《列宁和卫兵》、《米邱林》、《斯达汉诺夫》（二课）、《在福特工厂里竞赛》、《女孩子们驾驶的拖拉机队》、《“美少年”》、《我们的学校生活》、《一套工具》、《读书会》、《读书会记录》、《我们用它作为题目》、《篮球比赛》、《多写多修改》、《读书笔记》、《一份建议书》、《时刻准备着》、《赵占魁》（二课）、《我的理想实现了》、《成渝铁路》（三课）、《用飞机扑灭蝗虫》、《飞机》、《节约》、《最好的成绩在等待你们》（二课）、《天气预言家》（二课）、《小经理》（三课）、《我是从农村来的》（三课）、《奴隶英雄》、《故事四则》、《赤壁之战》（二课）。

与 1950 年 6 月出版的六年级用新编《高级小学国语课本》第三册和第四册相比，课文调换超过一半。《我们的新国家》原是新编《高级小学国语课本》第三册的课文，题名为《咱们的新国家》；《米邱林》也是新编《高级小学国语课本》第三册的课文，题名为《园艺家密邱林》；《刘志丹同志的笔记簿》也是新编《高级小学国语课本》第三册的课文，题名为《刘志丹同志的小本本》；《十七个勇士》原是新编《高级小学国语课本》第四册的课文，题名为《十八个勇士》。两相比较，可以看出编辑工作做得相当认真。新编《高级小学国语课本》第三册里有一篇课文《毛主席的结论》，没有收入《高级小学国语课本》（六年级用），是有原因的。我们先来看看这篇文章：

毛主席的结论

抗战期间，陕甘宁晋绥联防军发生了一件事情。

一支部队冬天行军，黑夜里进了个小村子。老百姓家已经上了门。一位团长亲自去“号房子”，站在一家门口敲了几下。

房东老太太因为穿衣服，出来迟了。一开门看见是一位官长，还跟着警卫员，心里有些儿高兴。

团长见老太太出来迟了，开口就说：“为啥敲门不开？快给腾房子!”

这位老太太是了解人民和八路军的关系的，自然不满意团长的话，就说：“哟！你这当官的就这样说话吗?”

“你别说废话！我们走了一天了，快去腾房子!”

老太太严正的向团长说：“啊！你这样，那我就是不给你腾！我没见过八路军这样……”

于是团长跟老太太争吵起来。“砰”的一声，老太太把门关上，让团长冻了两点钟，才叫他进了屋。

团长觉得受了委屈，就反映到联防政治部去请求处理。一些人听到了这件事情，各有各的说法。有人说：“这老太太不对。无论如何，也不能叫团长挨冻啊！态度上有些欠和气，那是另一回事。”

后来，这件事情反映到毛主席那里。毛主席下结论说："老太太这种做法对得很！她知道八路军是她自己的军队，才严格的教训我们。如果是军阀的部队，她就不敢了。这是老百姓政治上提高的好现象，有什么不对呢？"

这位团长因此受到了严格的批评。经过反省之后，他明白过来了。他说："我以前总以为我是团长，比老百姓高一等，老百姓应该顾到我的面子；就忘了自己虽然当了团长，仍旧是人民的子弟呀！"

读了之后就会找到割舍的答案。这也可以看出叶圣陶及其同人在编纂语文课本时特别注重思想性和社会影响。

四、全新的《大学国文》

1949 年 8 月，叶圣陶开始思考《大学国文》。8 月 24 日日记记："写信复广田，兼致建功，告以大一国文选可以出版，唯选目尚须商量。希望彼等约期会谈，即作为国文座谈会之开始云云。"次日日记记："午后，广田、建功同来，商定于本星期六，在北大会谈大一国文之问题。由我会同人参加。俟其去，随记涉想所及，以备会谈时发言。"8 月 27 日日记记："二时半，至孑民堂，清华北大之国文系同人十馀人已先至。即共谈其大一国文之目标。虽未能一致，而皆认为补高中所未及，文言暂不顾，且致力于现代语文。余以为教法重要，教材其次，人似不甚同意。最后谈决定选目，由二校与我会共定之。付印需时，期以下星期编定。今日之会即为国文座谈会之始，下二星期续谈。六时散会。”8月29日日记记：“看两大学所选大一国文教材”。次日日记记：“九时，清华王瑶、北大赵君来会，与同人共商大一文选。于两校之选目，略有所删，而别谋补充。谈至十二时止。”8月31日日记记：“竟日校阅大一文选。余与文叔、云彬同观之，比较精细。但须排校不误，可为善本。”9月1日和2日日记记：“仍为校读工作”。9月3日日记记：“上午，北大赵西陆，清华王瑶准时来，与同人商定大一国文全目，凡三十二篇。此后数日，只须校勘修整，即可付排。”9月6日日记记：“上午仍为校雠大一国文原稿之工作”。9月10日日记记：“上午仍校阅大一国文之发排稿”。9月11日日记记：“驱车至会中，参加国文座谈会，北大、清华诸君已到齐，全体共二十人。所谈题目为从此次招生试卷中所见之中学国文教育。于当前之病象，诸君所谈皆有见到处。六时散。”9月11日日记中说：

> 将大一国文原稿校毕，今日发齐。尚须由余作一序文，度非一二日可了，而日来政协即将开会，未必能有整齐之数日为供我作文。

由于工作太忙，应付的杂事太多，“序文”时作时断。9月13日日记记：“上午作大一国文之序文，仅写数百言。巴金来访。戴伯韬来访，谈上海教育界及教科书情况。”9月15日日记记：“上午续作大一国文序文，所得甚少。应付杂事，同人来谈话，时时搁笔。”9月16日日记记：“竟日续作序文，然时时打断，所得不足千言。”次日日记记：“上午续作序文，亦仅得一纸而已。”次日日记记：“上午续作序文”。次日

日记记:“续作序文,半日仅得一纸。”9月20日日记中说:

> 续作序文,又得一纸。全文完毕,共四千馀言耳。由墨缮写两份,分送北大及清华,请其国文系同人阅正。

9月21日日记记:“下午,建功来谈。于余所作序文(大学国文),北大方面同意,无甚修改。又谈我人宜注意语文现象,随时为文发表,促起大家注意,期其不至汛滥无归。”9月24日日记记:“石磐来,为余言前余所写定恩格斯在马克思墓前演说,尚有若干处未谛,应修改。即据其所言改定校样,确较明达。”“恩格斯在马克思墓前演说”,即编入《大学国文(现代文之部)》的恩格斯《马克思墓前的演说》,石磐认为文字方面有不仔细的地方,叶圣陶又作了打磨。9月26日日记记:“补作大学国文之序文一段,盖依清华方面所提意见。即发排。”从酝酿选编到正式出版,前后不过两个月。

这部教材的意义至少有三点:首先是给大学语文“命名”。以往的大学语文,有叫“国文名著选读”的,有叫“大一国文读本”的,有叫“近代文编”的,有叫“大学国文选”的,至此统一定名为“大学国文”。

其次是内容上的重大调整。把“大学国文”分为“现代文之部”和“文言文之部”,不仅在提法上将“现代文”和“文言文”并举,而且强调要用“三分之二”的时间学习“现代文”,“三分之一”的时间学习“文言文”,充分突出“现代文”在“大学国文”中的地位。这是叶圣陶和北京大学、清华大学同人对“大学国文”的一个“反拨”。“民国”的“大学国文”偏重于“古典”(文言),“现代文”只是陪衬或点缀。1948

年《辅仁大学国文选本》选“现代文”五篇，即顾亭林的《论廉耻》《论文章繁简》《论文人求古之病》《生员论中》，另一篇是洪亮吉的《与孙季逑书》。抗战前《国立清华大学国文选》选“现代文”六篇，即鲁迅《狂人日记》《示众》，胡适《建设的文学革命论》，杨振声《文言文与语体文》，宗白华《论世说新语和晋人的美》和朱光潜《咬文嚼字》。抗战后《国立清华大学国文选》选“现代文”八篇，即王国维《人间词话》（选录），蔡元培《新文学大系总序》（选录），鲁迅《狂人日记》《〈呐喊〉序》，闻一多《说舞》《龙凤》，朱自清《文学的标准和尺度》《古文学的欣赏》。1948 年《北京大学国文选》选“现代文”六篇，即顾炎武《廉耻》、鲁迅《狂人日记》、徐志摩《我所知道的康桥》、胡适《我们对于西洋近代文明的态度》、丁燮林《压迫》、林徽因《窗子以外》。除了“陪衬或点缀”，一般的大学国文还有三个弊端：一是“政党色彩”浓厚。1942 年正中书局出版的《大学国文》（中央政治学校国文教材编纂室编注）收课文六十七篇，其中的四篇“现代文”分别是：孙文《上李鸿章书》和《中华民国临时大总统就职宣言》、蒋中正《五十感书》和《中国国民党第五次全国代表大会宣言》。二是“门户派别色彩”过重。沈启无编的《大学国文》（上、下册）①，只收梁启超、周作人、俞平伯和冯文炳四个人的“现代文”，即梁启超《亡友夏穗卿先生》、俞平伯《读词偶得》、冯文炳《悼秋心》和《读论语》，而周作人则多达八篇，即《志摩纪念》《论语小记》《长滩丛录》《科目之蔽》《张天翁》《右台仙馆笔记》《西斋偶得》《古诗里的女人》，不无奉承之嫌。

---

① 1942 年出版。

三是编排比较零散，有“个性”无“规则”。1938 年《燕京大学国文名著选读》（上、下册）选的“现代文”不少，但编排凌乱，现将“现代文”篇目抄录于下：

《燕京大学国文名著选读》（上册）目录

原儒　　章炳麟

说儒　　胡　适

周东封与遗民　　傅斯年

中华民国解　　章炳麟

共和平议　　章士钊

少年中国之自白　黄远庸

真理是什么　　陈大齐

说合理的意思　　任鸿隽

杜威论思想　　胡　适

论批评　　陈大齐

新思潮的意义　　胡　适

人生观　　张君劢

人生观与科学　　梁启超

我们对于西洋近代文明的态度　　胡　适

机器与精神　　林语堂

最近二三十年中国发见之学问　　王国维

我们对于国家应取的态度　　顾颉刚

今日中国之大学教育　　阙　名

改善中学教育之亟务　阙　名

郡县论　顾炎武

田制沟洫　林则徐

畿辅水利推行各省议　林则徐

滇缅分界通商事宜疏　薛福成

《燕京大学国文名著选读》（下册）目录

玄学与科学　丁文江

再论人生观与科学并答丁在君　张君劢

评所谓“玄学与科学之争”　范寿康

中国哲学史大纲序　胡　适

颜氏家训　周作人

社会通诠序　夏曾佑

复林琴南书　蔡元培

新青年宣言　阙　名

国学季刊发刊宣言

在中国科学社演说词　任鸿隽

杜威博士生日演说辞　蔡元培

戴东原在中国哲学史上的位置　胡　适

天演学初祖达尔文之学说及其略传　梁启超

进化论革命者颉德之学说　梁启超

登泰山记　薛福成

出使英法义比四国日记　薛福成

视察河北山东两省社会教育实施状况报告　　阙　名

北京西郊一带农村调查　　必　达

中国报业教育之近况　　戈公振

《燕京大学国文名著选读》由于篇目多，内容庞杂，又“文”“白”掺杂，眉目就不清晰。而叶圣陶把大学国文分为“现代文之部”和“文言文之部”，既便于老师教，也便于学生选，既可开成“通选课”，也可开成“选修课”。

最后是选文有了“统一”的标准。既考虑“文”，也考虑“人”，既从“学科”建设的需要出发，又从培养“新一代大学生”的需要来构建体系，确定篇目。现将《大学国文（现代文之部）》的目录抄录于下：

序言

在延安文艺座谈会上的讲话　　毛泽东

毛泽东论学习

《农村调查》序言二　　毛泽东

中共中央毛泽东关于时局的声明

人的阶级性　　刘少奇

五四运动与知识分子的道路　　陈伯达

表现新的群众的时代　　周　扬

论严肃　　朱自清

鲁迅的精神　　瞿秋白

奴隶就这样得到的解放　　郭沫若

墨子与墨家　　张荫麟

马克思墓前的演说　　恩格斯

论列宁　　斯大林

作家与战士　　罗斯金

论通讯员的写作和修养　　加里宁

在巴黎世界拥护和平大会上的演说　　爱伦堡

短论三篇·人生识字糊涂始　　鲁　迅

短论三篇·不应该那么写　　鲁　迅

短论三篇·什么是讽刺　　鲁　迅

写于深夜里　　鲁　迅

龙凤　　闻一多

狂人日记　　鲁　迅

在其香居茶馆里　　沙　汀

传家宝　　赵树理

一个女人翻身的故事　　孔　厥

无敌三勇士　　刘白羽

郑子产　　张荫麟

文人宅　　朱自清

白杨礼赞　　茅　盾

春联儿　　叶圣陶

包身工　　夏　衍

海上的遭遇　　周而复

三日杂记　　丁　玲

墨水和鲜血　　爱伦堡

就篇目而言，的确让人耳目一新。毛泽东、瞿秋白、刘少奇、陈伯达、恩格斯、斯大林、加里宁、罗斯金等领袖人物或政治人物都有作品入选，突出了鲜明的政治导向。鲁迅入选的篇目多达五篇，毛泽东四篇，既突出了毛泽东至高无上的领袖地位，也突出了对“旗手”鲁迅的评定。作家虽多为“革命作家”和“左翼作家”，且一人只选一篇，而作为“学者”的张荫麟反倒选了两篇，体现出了选编者看重“学术”和“人格”的一面。而选用外国作家的文章，也就为语文教材建设拓宽了新的天地。叶圣陶在“序言”中谈到这本国文课本的编选标准时说：

我们选材的标准不约而同。那些怀旧伤感的，玩物丧志的，叙述身边琐事的，表现个人主义的，以及传播封建法西斯毒素的违反时代精神的作品，一概不取。入选的作品须是提倡为群众服务的，表现群众的生活跟斗争的，充满着向上的精神的，洋溢着健康的情感的。我们注重在文章的思想内容适应新民主主义革命的要求，希望对于读者思想认识的提高有若干帮助。就文章的体裁门类说，论文、杂文、演说、报告、传叙、速写、小说，都选了几篇。这些门类是平常接触最繁的，所以我们提供了若干范例。①

① “序言”收入《叶圣陶集》第13卷时改题名为《大学一年级国文的教学目标和学习方法——〈大学国文（现代文之部）序〉》，《叶圣陶集》第13卷，第138页。

从这本教科书的目录可以看出，它实际上就是未来中国新文学课程的雏形，在一定程度上代表了新中国新文学教学的方向。这本教科书中选择的作家和作品，也都是新文学史上给予高度评价的作家和作品，充分说明叶圣陶在主持教材建设方面卓越的才能以及他作为新中国教材建设奠基人之一的严谨的科学性和敏锐的前瞻性。

与《大学国文（现代文之部）》配套的《大学国文（文言之部）》，是由叶圣陶与教科书编审委员会语文组同人提出篇目，再与北大、清华两校教师商讨后编定的。叶圣陶 1949 年 12 月 8 日日记记："与少数同人会谈"，"如何拟定大学国文古典文之部之目录，以与北大清华两校同人共商"。[①] 1950 年 1 月 21 日日记记："建功来谈。一谈大学国文选本（文言），明日将集北大清华两校同人共谈者。" 1 月 22 日日记记："九时到局中，清华北大之国文系同人以次至，得十六七人，共商大学国文古典文之选目。先商定学习此科之目标为：培养青年阅读古典文，获得批判的接受文化遗产之能力。定目凡二十馀篇，学习时间至少，分量不能多也。午刻留饭，饭后续谈，二时许始毕。" 2 月 8 日日记记："北大五位教师来谈，为我局编辑高中国文。……顺便及大学国文，我人于杜甫《新安吏》一诗'借问新安吏'一句以下之语句孰问孰对不能决，在座诸君亦各有其说而皆未妥。后因蠖生之言，余乃作如下解释：'问'者，打听也。'县小更无丁'之上，含有'才知道'之意。如此则全诗皆作者之所闻所见所感，无所谓孰问孰对也。众皆以为可。向之必欲定其孰问孰对，盖拘于《杜诗镜铨》之说，不足据也。" 2 月 9 日日记记：

① 《叶圣陶集》第 22 卷，第 84 页。

“看所选大学国文之分段与标点。”2月10日日记记：“校阅大学国文原稿”。2月25日日记记：“开始作大学国文文言之部之卷首序言，得五百字。”3月11日日记记：“续作序文，一日亦不足一千字也。”3月25日日记记：“大学国文之序文一搁多日，尚未了。其他未了事亦多，如何是好。”3月28日日记记：“续作大学国文序，仅得三四百字。”《大学国文（文言之部）》于1950年5月出版，从教材的定位、选目、标点、校对到写序，均可看出叶圣陶是名副其实的“主编”，只是没有署名。

叶圣陶在“序言”中阐释“这部教材主要的目的是引导学生培养文言文的阅读能力”，谈到选编的标准时说：

> 我们编辑这个本子，预先选了数目超过两倍的文篇，淘汰了好几回，才确定现在这个目录。对于入选的文篇，依据我们的目标，定了些标准。有爱国思想的，反对封建迷信的，抱着正义感，反抗强权的，主张为群众服务的。就思想方法说，逻辑条理比较完密的，我们才选它。换句话说，那篇东西在那个时代那个环境那些条件之下是有进步性的，我们才选它。咱们不能要求古人的想法全合于现今的思想政治水平，咱们对于古人的东西必须批判的接受，选读前面所说的一类东西，跟实际并不脱离，同时又便于磨炼批判的眼光。
>
> 我们也考虑过教学分量的分配，决定现代文占三分之二，文言占三分之一。如果咱们承认大学国文为的是补修，最要紧的当然是现代文，分量应当多些。按教学时间来说，我们希望把三分之二的

时间给现代文，三分之一给文言。①

现将《大学国文（文言之部）》目录抄录如下：

序言

召公谏弭谤　　《国语》

郑子产　　《左传》

公输　　《墨子》

有为神农之言者许行　　《孟子》

察今　　《吕氏春秋》

信陵君列传　　《史记》

魏其武安侯列传　　《史记》

西门豹　褚少孙补　　《史记》

晁错论贵粟疏　　《汉书·食货志》

钧世　　《抱朴子》

江水　　《水经注》

神灭论　　《范缜》

涉务　　《颜氏家训》

与元九书　　白居易

李娃传　　白行简

书何易子　　孙　樵

① “序言”收入《叶圣陶集》第 13 卷时改题名为《大学一年级同学学习文言的目标和方法——〈大学国文（文言之部）序〉》，《叶圣陶集》第 13 卷，第 148—149 页。

淝水之战　　《资治通鉴·晋纪》

教战守　　苏　轼

指南录后序　　文天祥

君道　附原君（黄宗羲）　　邓牧

吏道　附原臣（黄宗羲）　　邓牧

游太华山日记　　《徐霞客游记》

田功论　　顾炎武

与杨明远书　　徐　枋

促织　　《聊斋志异》

四库全书总目提要史部类一则

密陈夷务不能歇手片　　林则徐

天演论译例　　严　复

驳康有为论革命书　　章炳麟

诗·卫风·氓

诗·豳风·东山

古辞·陌上桑

古诗·为焦仲卿妻作

新安吏　　杜　甫

洗兵马　　杜　甫

前出塞　　杜　甫

后出塞　　杜　甫

新乐府·西凉伎　　白居易

新乐府·缭绫　　白居易

新乐府•卖炭翁　　白居易

新乐府•盐商妇　　白居易

叶圣陶明确提出大学语文教育中文言和白话文的比例，并且在序言中逐一总结文言学习的方法，使得大学生即便中学功底不好也能通过他的讲解进入文言学习。从选文上看，《大学国文（文言之部）》选的基本是论辩、疏注、传记、游记、叙记、书信等应用文体，文学作品只收录了《诗经》《聊斋志异》以及杜甫、白居易等的诗歌，符合“序言”里的政治正确标准。民国以来，文言在行政的文书中仍较为普遍地使用，而《大学国文（文言之部）》侧重选应用文则是为了培养学生的阅读和欣赏能力。

《大学国文（现代文之部）》和《大学国文（文言之部）》这两部教材的出版，使得大学语文课的教学和学习的内容逐渐趋向古代、近现代和外国文学三方面的融合，这是新中国建国前后现代大学语文教育的理念，也是叶圣陶等老一辈教育家历经几十年教育探索的结晶，既为新中国大学国文“应急”，也给新中国大学国文“奠基”。新中国的大学国文从此有了全新的面貌，有了规范和指导。

第三十三章

“篑土为山宁肯后”

万夫联臂成新国，一士哦诗见远谋。

渊默能持君自圣，光明在望我奚求。

——柳亚子《和叶圣陶自香港北上呈同舟诸公》

一、在出版总署五年

早在新中国成立之前，中共领导层就酝酿成立出版总署。叶圣陶1949年8月15日日记记：

午后，与乔峰、胡绳、灿然至北京饭店，与陆部长、愈之、黄洛峰诸人谈将来出版署之规划。署中拟暂设编审、出版两局。编审局分教本、工具书、翻译、通俗书、杂志诸部分。杂志部分出“月报”与通俗画报二种，拟于十月一日出版。翻译部分有他处转来之俄文译者二十人，皆不高明，以石磐为之领导。所缺人手尚多，一时无从征集。谈至六时而散。①

这么早就确定了“规划”，为的是利于更广泛地征询各方意见，使之更加完善，明确职责，并尽快调集各方面的人才。叶圣陶 1949 年 9 月 25 日日记中说：

驱车至东总布胡同十号，应愈之之邀集谈。政府即将成立，愈之殆将为出版总署之署长。署设两局，编审局与出版局。编审局中，愈之兼局长，余与胡绳副之。局分教本、一般读物、通俗读物、时事读物、翻译等处，而以余长教本处。其他各处，大多有所拟定，而其下人手缺乏，皆将成光杆。群言努力找人，有人即提出，而结果仍以他日再商了事。十时散。②

叶圣陶主管教科书，责任重大。他在 1949 年 10 月 16 日日记中说：

成仿吾送来政务院各部署主持人之初步名单，请提意见，俾政府委员会作最后决定。余名在出版总署，与乔峰同为愈之之副。他们何以提及余，不之知。余实怕尸其名。就实际而言，余岂能助理全国出版事业之大计乎。唯提出余不愿为，亦殊啰唆。葛志成旋来，将名单取去，转示教育单位之同人。③

---

①②③《叶圣陶集》第 22 卷，第 60—61、67、75 页。

但另一方面又受到了很大的鼓舞。如 1949 年 10 月 18 日与出席全国出版会议的“全体代表入中南海，见毛主席于颐年堂。毛主席与诸人一一握手”。毛主席接见，是莫大的鞭策。次日，出版工作会议闭幕。陆定一致闭幕辞，“勉新华工作人员以五点：（一）无条件的为人民服务，（二）尤其要为工农兵服务，（三）内部统一，（四）与同业团结，（五）加强学习，为革命的出版工作者”。陆定一的话说得相当“切实”①，但如何才能做到，叶圣陶还是感到有些“茫然”②。

1949 年 10 月 20 日，叶圣陶被任命为出版总署副署长兼编审局副局长（后来兼任局长）。胡愈之为署长，周建人亦任副署长。叶圣陶在是日日记记：“今日报章载政府委员会所通过之政府各机构负责人名单，愈之为出版总署署长，余与乔峰副之，如前此所见之草案。”1949 年 11 月 1 日，出版总署正式成立。是日日记记：

> 三时，至东总布胡同，为出版总署成立之会，先拍照，继之开会。愈之宣布组织条例，略为讨论。余与乔峰为副署长，均有致辞。到者仅二十馀人耳。五时一刻散。继之聚餐，饮谈甚欢，七时归。③

出版总署召开成立大会，“到者仅二十馀人”，这也能看出新中国成立之初社会风气的纯正和简朴。1950 年 11 月 13 日，教育部与出版总署成立教科书编审委员会，叶圣陶任教科书编审委员会主任。同年 12 月 1

---

①②③《叶圣陶集》第 22 卷，第 76、76、78 页。

日，人民教育出版社成立，叶圣陶任社长兼总编辑。1954 年 9 月，出版总署撤销，并入文化部。10 月 30 日，叶圣陶任教育部副部长，仍兼人民教育出版社社长和总编辑。1966 年 8 月 2 日，叶圣陶被免去教育部副部长职务。周恩来总理特地关照：叶圣陶如何安排，由国务院“直属口”管理。① 从新中国成立到“文革”初期的十七年间，叶圣陶把全部精力贡献给了新中国的出版事业和教育事业。

新中国成立之初，出版业处于分散状态，没有联合和统一，编辑出版方面不可避免地发生无计划、重复浪费、版本混乱、质量不高等现象；私营的出版业力量相当强大；人民渴望了解一切新事物，需要学习，而出版业无论编辑力量还是印刷和发行力量都不能适应。面对上述问题，叶圣陶和出版署的同人，遵照党的“保护人民的出版权利，禁止反人民的出版物的出版发行”，“在出版方面贯彻人民民主专政”，以及“统筹兼顾、分工合作”的方针，首先抓了出版工作的专业化，以原来在解放区的新华书店和国统区的一些进步书局为基础，在全国范围内组织新型的社会主义出版事业，逐步建立各种专业出版社，如人民文学出版社、人民出版社、人民教育出版社、人民美术出版社、科学出版社、财政金融出版社、民族出版社、青年出版社、工人出版社、农业出版社、通俗读物出版社，等等，到 1954 年国家出版总署撤销时，中央一级专业出版社已达三十多家。

出版工作的专业化，这是出版业的一场大革命。这一改革进一步促进了国营书刊的生产，全国出版业开始沿着有领导、有组织、有计划的

---

① 商金林撰著：《叶圣陶年谱长编》第 4 卷，人民教育出版社 2005 年版，第 8 页。

机制运行。叶圣陶办事最讲“认真”，事必躬亲。在出版总署的五年，大到出版总署五年规划、字体的规范化、铅字的统一、铜模的铸造、标点符号的使用、印刷和装帧技术的改进，小到各出版社的分工、人员的配备、出书的范围、纸张的利用、印刷的版式，他都要细细过问，其中有的是他亲自主持的。例如《标点符号用法》①，就是叶圣陶撰写的。《标点符号用法》对“句号”“逗号”“顿号”“分号”“冒号”“问号”“感叹号”“引号”“括号”“破折号”“省略号”“着重号”“专名号”“书名号”的定义和书写格式作了明确的界定。标点符号的规范化，有益于文章跟口语的一致，强化了根据语言来使用标点符号的意识。叶圣陶在日记中说《标点符号用法》是他做的“最满意的一件工作”。

叶圣陶为新中国出版事业做了一系列开创性的工作。在创建一批专业出版社作为出版业主干的同时，叶圣陶和出版总署同人一起，对私营企业进行整顿和改造。当时私营出版业占全国出版业的四分之三。对私营出版业进行改造，使其纳入人民出版事业的轨道，为新中国的建设服务，意义十分重大。尤其是像商务印书馆、中华书局、开明书店等大型出版社，在国内各地设有许多分店，都有一个有一定规模的编辑部，集中了许多人才，和著作界有着长期的紧密的联系。叶圣陶在《我和商务印书馆》一文中谈到商务印书馆时说：

就编译和出版的书籍杂志来说，文史哲理工医音体美，无所不包；有专门的，有通俗的，甚至有特地供家庭妇女和学前儿童阅读

① 《人民日报》1951年9月26日，收入《叶圣陶集》第17卷。

的。此外，还贩卖国外的书刊、贩卖各种文具和体育器械，还制造仪器标本和教学用品供应各级学校，甚至还摄制影片，包括科教片和故事片。业务方面之广和服务对象之广，现在的任何一家出版社都不能和商务相比。①

中华书局是我国近代第二家大型出版企业，它的规模跟商务印书馆差不多。开明书店仅次于中华书局。新中国成立初期，旧中国的私营出版业因新旧社会的交替而出现了种种困难，生意清淡，难以为继。在对私营出版业改造方面，叶圣陶做了许多卓有成效的工作，这在他的日记中也有较多的记载：

1950 年 9 月 2 日　上午在署，由少数人商量我署对于商务印书馆致助之方。十一时诸人共往玉华台，与陈叔老、黄任老、雁冰、振铎、宦乡会谈，即言商务事。谈次，均谓须商务劳资双方有重振此馆之意图与表示，乃可以由政府致助。至求行事有效，须建立临时机构，以代替不复奏效之经理制。谈至午后二时散。②

当时，商务印书馆因资金缺乏，濒于纡烂，亟需“急济”。至于如何“急济”，包括如何对私营出版社进行改造，叶圣陶日记中都有记载：

1950 年 9 月 12 日　下午，李小峰来访，谈北新情形。继

① 《叶圣陶集》第 17 卷，第 373 页。
② 《叶圣陶集》第 22 卷，第 126 页。

之，子敦、新城、文迪、绍华四位来访，谈中华情形。①

1950年9月26日　偕愈之、伯昕驱车至萃华楼，应谢仁冰之招，谈商务事。有叔老、任老、俞寰老②、振铎、华东新闻出版局二位、商务工会一人。共谓商务必须集中力量，以谋改革，宜成立业务委员会，略如开明之方式，以为计划决策之机构。③

1950年10月9日　上午，少数同人会谈，讨论商务印书馆业务改进委员会之组织与人选。华东出版局、上海出版处合推三人，由商务董事会聘请，参加此业务委员会。其中一人为万国钧，将以委员名义，实际上助谢仁冰处理一切，改进各项。又议及编辑之主持人，有两说，一说以乔峰主之，又一说以陶孟和主之，助商务整理旧书，另出新书。究竟如何，尚待各方商洽。然必须有班子为后盾乃可，否则无论为周为陶，均不生效也。④

1950年10月19日　（傍晚）至琉璃厂荣宝斋。荣宝斋为诗笺裱背铺，其出品甚精，《北平笺谱》中以其店之成绩为多。近以营业不振，亏累不少，欲将歇业。我署乃投资一亿元，作为公私合营，始可维持。今日为重行开张之期，特设宴请客。余到时已开宴，愈之、振铎、建功诸位先在，即共饮。七时散。⑤

---

①③④⑤《叶圣陶集》第22卷，第128—129、133、135—136、138页。

② 叔老：陈叔通。任老：黄炎培。俞寰老：俞寰澄。

1950年11月6日　青年团李庚来，与均正、祖璋相会。开明既以出版青年书籍为方向，其出版计划与杂志编辑方针，自当与青年团配合。约定一二星期之后，双方有所拟定，再来共商。①

1950年11月25日　晨与愈之、邵公文、静芷、静庐共谈。三联、商务、中华、开明、联营五家将组织联合管理处，统一发行工作，特于下星期一始开干部会议。公文于此事为倡导人，报告所知之各方面情况，俾我署同人知如何发言，使与会者可以解除顾虑，知所振奋。②

1950年11月27日　九时至灯市口五联所假开会场所。谢仁冰致开幕辞。愈之讲话较长，余亦讲一小时有馀，皆言联合发行有发展前途，并勉全体与会者重视工作。祝志澄继讲新闻出版印刷工会即将成立，大家须予重视云云。散会已十二点半。③

1954年1月5日　午刻，偕愈之、洛峰、灿然至文化俱乐部，会晤陈叔通、俞寰澄二老，即共聚餐。二老皆商务印书馆之董事，与谈商务公私合营事，初步交换意见。俟其他董事来京之后，再正式协商。④

1954年2月19日　上午开署务会议，首先讨论财政经济出

①②③《叶圣陶集》第22卷，第143、146—147、147页。

④《叶圣陶集》第23卷，第67页。

版社之方针任务、组织机构、与其他出版社之分工。此社除出版财政经济方面之书籍而外，缘原有中华书局之底子，尚须出文史方面书籍，则以中华书局名义出版之。

其次讨论保障著作权之规定。此事甚有事实上之需要，缘一般投机出版家，其出版物往往侵害他人之著作权，若有所规定，即可以限制此辈之投机行为。规定由出版管理局草拟，署内已几经研究，余亦提若干意见。今日在会议上讨论之后，尚须送外面各方面提意见，如无问题，再经政务院批准，乃可发布。其次讨论公营报社、杂志社收登私营出版业广告之办法。此亦限制私营出版家之一种措施。会以十二点一刻散。①

1954 年 2 月 26 日　　上午开署务会议，讨论时代出版社与新华地图社之工作及今后方针任务。发言甚多。时代社之专业为出版介绍苏联建设成绩及社会生活之书，各种有关学习俄文之书，复次有关中苏友好之书。专业以此为限，即不与其他出版社重复。余猜此社向只从事移译，专就语言方面用功者不多，今后以学习俄语书为重点，尚须下功夫多为业务学习也。地图社在最近期间先学校用后一般用，先普通图后专门图。但建设事业发展至速，专门图之需要自必迫切，宜有所准备。②

1954 年 4 月 2 日　　上午开署务会议，讨论二事。一为北京

---

①② 《叶圣陶集》第 23 卷，第 80—81、82 页。

市改造私营出版业之计划，由北京市新闻出版处之同志报告。二为关于教材、教科书、教学参考书之规定，大致谓私家不得出版此类书籍。以计划尚未周全，修改后再作讨论。①

1954年8月21日　晨间开署务会议，……决定接受私营地图出版社之申请，改为公私合营，与地图编绘社合而为一。②

类似的记叙还有许多，恕不一一引录。对私营出版业卓有成效的社会主义改造，使一批濒临倒闭的书店获得了新生，对新中国文化出版事业的繁荣产生了深远的影响。

二是在对私营出版业进行整顿和改造的同时，取缔了一批有政治倾向性错误的书籍。出版总署取缔的第一本书，是赵景深主编、由北新书局出版的《新知识辞典》。这个决定，是叶圣陶1950年3月10日在出版总署的会议上宣布的："此书有违人民民主，故令其收回销毁"，同时也给"出版家及读者以一种刺激，并望出版家认真编撰也"③，态度极其严肃。事后，赵景深想小修小补后再版，叶圣陶认为不妥。他在3月14日给赵景深的信中说：

关于《新知识辞典》，已由署中函复小峰先生，兄必将寓目，不复赘陈。此事所以如是处理，意固在恐其贻误读者。辞典之用，在释疑解惑，视一般书籍尤关重要，翻检而得谬解，流弊滋深。况

①②《叶圣陶集》第23卷，第94、139页。

③《叶圣陶集》第22卷，第97页。

其订正于解放之后，而谬误依然，混淆听闻，更为可虑。此间尝加研究，摘录其未妥之条目，据主其事者谓举例而已，未能悉备。今以研究报告一份附呈，至希察览。弟等以为与其零星补缀，招草率从事之讥，不如重行编撰，收认真出版之实。苟逐条加以审订，合正续编而为一书，果能确切精当，读者明识，必将誉之不遑，急相购置。如是则北新之名噪，而实利亦复不菲。唯其为数十年之老友，故敢以忠恳之言奉闻，倘荷采纳，岂唯私幸而已乎。

《新知识辞典》自经《人民日报》发表读者批评后，各方均极注意，北新能毁版重排，可使全国读者了解北新对于出版工作认真不苟，足为出版界之表率。谁不欲善，知兄必将首肯矣。①

正是这种严肃认真的态度，确保了新中国的出版事业沿着为社会服务、为人民服务的轨道健康地发展。

三是建立和健全了出版工作的法令、法规。出版总署成立后，先后制定和颁布了《关于国营书刊出版、印刷、发行企业专业化与调整公私关系的决定》、《关于改进和发展出版事业的指示》（以政务院名义下达）、《出版物的计量单位与计算方法的规定》、《关于征集图书、期刊样本暂行办法》、《关于图书杂志版本记录的规定》，等等。1951 年 5 月 11 日，出版总署发布《关于编印发行 1952 年历书的指示》，要求人民出版社与各地方人民出版社合力编印新历书，向农民介绍政治常识，以及生产与卫生方面的科学知识。1952 年 7 月 1 日，出版总署发布了《关于

① 《叶圣陶集》第 24 卷，第 255 页。

查禁书刊问题的指示》，针对个别“查禁的人员”滥用查禁手段的做法，严格规定了“查禁”的范围，规定：“今后各地出版行政机关查禁书刊，必须事前得到本署批准，绝对不允许先斩后奏”。1954 年 4 月 19 日，出版总署作出了《应该组织重印一些有价值有内容的近代学术著译、文化知识读物的决定》，明确指出：“出版工作也与其他文化工作一样，我们不能割断历史，应该继承历史上所有优秀的、有价值的东西，使之为现代中国的读者服务，并使之发扬光大”。上面列举的这些法令、法规和指示，都是叶圣陶主持或参与拟定的。此外，建立中央书库和版本图书馆，创办《进步青年》《新华月报》等一批有影响的重要刊物，在《人民日报》开辟“图书评论”双周刊（1950 年 4 月 5 日创刊）等举措，也都是叶圣陶参与筹划的。出版总署为我国出版事业开创了崭新的局面，也为出版事业的长远发展打下了坚实的基础。从新中国成立到 1954 年，出版总署存在的这一历史阶段，中国出版界起了战略性的本质变化。这是以胡愈之、叶圣陶、周建人为代表的一批精通出版事务又特别能战斗的出版家，在中国共产党领导下创造的一个辉煌的业绩。

二、为语言的纯洁和健康而斗争

叶圣陶十分关注语言问题。20 世纪 30 年代，他在《中学生》杂志开辟“文章病院”和“文章修改”专栏，创建“中国语言学会”；40 年代，叶圣陶创办成都《国文杂志》，主编桂林《国文杂志》和开明版

《国文月刊》，筹建“中国语文学会”，为我国语言文字的规范化做了许多开拓性、建设性的工作。

“北上”之后，因为肩负着编纂教科书的重任，叶圣陶对语言文字就更关注了。1949 年 8 月 22 日日记：

> 夜间，胡乔木来，与诸同人闲谈。有就询毛氏《七一文告》者，渠之解答颇圆通。余谈起目前语言文字之混乱，对之深抱杞忧。渠因谓何不邀约友朋，为以前之“文章病院”。又言《人民日报》可以刊载，各地大报可以转载。每周一次，延续三年五年，其效自宏。余答以余性矛盾，虽好事，亦怕事，然有此传布之便利，未尝不兴奋，且俟徐图之。十时半散。

虽然说是“怕事”，但还是与有关人士研究编集文字改革的资料，供毛主席等中央领导人参阅。1951 年 1 月 14 日日记：

> 午后两点半，偕建功访莘田，三人同应乔木之招，会于中南海。同座者尚有胡绳与陈伯达。所谈为编撰文法书籍，供一般人学习，并于中学校加文法功课，以期语言之渐入规范，减少混乱。共议以叔湘主持其事。今日本亦邀叔湘，而渠以母病回沪，俟其来后再当劝驾。乔木主语言文字以毛主席与鲁翁之作为准，余则以为二人之作尚未臻纯粹，可以目治，但不便于口耳。以彼为范式，固可以号召，但举例之时，编辑者不妨斟酌其间，择其纯粹者而用之。

会以六点后散。①

1951年2月7日日记记："九时，偕凤祥乘清华校车往，十时到达。与叔湘谈语法问题。"②2月11日日记记："十时后叔湘来，与偕往中南海，晤乔木、胡绳，谈语文之事。彼二人怂恿叔湘编语法书本，即留饭。两点半至孑民堂，应语言研究所之约，作座谈会。谈三小时，就语法及语文教学各抒所见，发言者十馀人，并无结论。"③也就是在这个月——1951年2月，党中央发布《关于纠正电报、报告、指示决定等文字缺点的指示》，这个指示的中心思想就是为祖国语言的纯洁和健康而斗争。

为了宣传党的语言政策，促使汉语规范化，叶圣陶和胡乔木一起于1951年3月4日会见语言学家吕叔湘，请他在《人民日报》刊载文章，谈文法，供干部学习。叶圣陶在当天日记中写道：

上午九时，叔湘自城外来，……十点过，乔木来，应约与叔湘会晤，请叔湘在《人民日报》刊载文章，谈文法，供干部研习。中共中央已通知各级党委，嘱大家注意文理，并言《人民日报》不日将刊载此类文字，故索之甚急。谈论结果，决先从报纸杂志搜集材料，据材料然后为文，期于二三月内完篇。乔木事甚忙，谈毕即去。叔湘留饭。④

1951年6月6日，《人民日报》接受叶圣陶和胡乔木的建议，发表了题为

①②③④《叶圣陶集》第22卷，第158、164、165、170页。

《正确地使用祖国的语言，为语言的纯洁和健康而斗争》的社论，并从同日起连载吕叔湘、朱德熙的《语法修辞讲话》。《语法修辞讲话》共分六讲：第一，语法的基础知识；第二，词汇；第三，虚字；第四，结构；第五，表达；第六，标点。连载结束后，叶圣陶写了《从〈语法修辞讲话〉谈起》一文，对《语法修辞讲话》作了中肯的评析，并且提出了对语法的建设性意见：语法体系不一，术语分歧的现象虽不能用强迫命令“定于一”，但是希望能充分协商，先提出个在教学上可能试用的纲领来。

《语法修辞讲话》后来分别在开明书店、中国青年出版社等社出版。学界普遍认为该书不仅是阐述语法理论的经典著作，更是普及语言知识、规范语言文字应用的具有里程碑性质的作品；不仅对学术界的争鸣与繁荣起了重要的推动作用，更为祖国语言的健康发展指引了方向。我们在向吕叔湘、朱德熙这两位语言学前辈致敬的同时，也得铭记叶圣陶的卓识和功绩。

为“语言的纯洁和健康”，叶圣陶率先垂范，在语言文字方面精益求精，见到不规范的语言，他从不放过。且看1951年6月25日的日记：

> 胡乔木作《中共的三十年》①，于上星期五刊布于《人民日报》，纪念中共之卅周年。此文剖析情势，自与吾人以种种识见，而造语遣词，疏漏颇多。在号召群众留意语文之今日，且为文者为乔木，实不宜有此。因作一书寄之，径达此意，并谓我社同人方将一一举出，由文叔加以整理，送请采纳。此亦发聩之举也。②

---

① 即《中国共产党的三十年》。

②《叶圣陶集》第22卷，第203—204页。

1951年7月8日日记记：晨至北海公园，“啜茗于双虹榭，观文叔所汇集诸同人校出乔木《共产党的三十年》① 语文谬误之本子，因明日即将送与乔木，供渠作修改时之参考”。② 值得关注的是“本子”二字，叶圣陶晚年告诉笔者，这“本”指“谬误”的文字多达五万多字，是厚厚的一本，条分缕析，不厌其烦。叶圣陶对语言就是这么认真。

从20世纪50年代起，叶圣陶为国家的一些文件的文稿把“文字”关。以宪法草稿为例，1954年3月6日、7日、8日、15日，叶圣陶与胡绳和吕叔湘一组，专门修润文字。钱端升、周鲠生、张友渔为一组，则专注研究内容。叶圣陶3月6日日记记：

> （上午）九点后至叔湘所，少坐，即偕往北京市委之会所，作修润宪法草稿之事。邀集者凡六人。余与叔湘、胡绳为一组，注意文字之修正。钱端升、周鲠生、张友渔为一组，注意条文之实质。中午，董老③来招呼，共午餐。董盖实际主持此事之人也。自上午十点至下午五点半，中间午餐并休息二十分钟，计修正条文二十馀条，颇有几条，斟酌大费时间。④

3月7日日记记：“九点偕叔湘至市委会，与胡绳三人继续研读条文。至十二点，读至第五十条，进程亦殊不快。午饭时彭真来。彭亦主持起稿之人。渠谓毛主席之意，宪法须全国人民共晓，务求其明白浅显，宜

① 即《中国共产党的三十年》。
②④《叶圣陶集》第22卷，第207—208、85页。
③ 董老：董必武。

尽量用白话。余谓全体读过而后，再通读一遍，期其更与语言接近。餐毕，茗坐，周鲠生、钱端升多谈内容方面之意见，听之亦有味。”① 3月8日日记记：“九时起仍与叔湘、胡绳斟酌条文。下午将九十馀条研磨完毕。重又从头起读一遍，改去文言用法之‘以’‘其’等字。于国徽之形式，余之改语为‘齿轮和麦穗稻穗环绕着五星照耀下的北京天安门’，自以为颇得意，不知大家讨论后结果如何。六点过读毕，两天半之工作至此结束。”②3月15日日记中说：

> 两点至市委，与叔湘处一室，共同研究本月九日之四读初稿。胡绳因事未来。研讨至六点廿分，读毕六十馀条，写修改意见三纸交与张友渔而归。就语文观点而言，起草者颇不注意于精密，往往说出即算数，不顾其达意与否。余与叔湘嗅觉较灵敏，一看即感知毛病所在。然修改意见虽说明所以然，自忽视此事者观之，或尚以为系属吹求。究竟被采用至若何程度，且待他日定稿出来时观之乃可知也。③

3月23日，午间应彭真之招宴，“酬数日斟酌宪法草稿之劳”。是日日记记：“中共中央今日以此草稿提供于宪法起草委员会。此后将在京中发动多数人士讨论，以四、五两月为期。然后综合各方面意见而修正之，通过于中央人民政府委员会，成为正式之宪法草案。于是广泛讨论于全国范围内，以六、七、八三个月为期。再作修正，乃交全国人民代表大会通过。”④

---

①②③④《叶圣陶集》第23卷，第85—86、86、88、91页。

3月24日，李维汉在中南海武成殿召开会议，说明中央已提出宪法初稿，决定会后在京请各方人士五百零四人，分成十七个小组讨论。叶圣陶被分在由文艺界人士组成的第十组，茅盾为召集人。各地也同时讨论，随时汇报其意见于宪法起草委员会。商定今后每组每周讨论三次。宪法起草委员会聘请叶圣陶与吕叔湘为语文顾问，周鲠生、钱端升为法律顾问。4月22日起，政务院开讨论宪法草稿各小组之召集人会议。作为语文顾问，每次的会议叶圣陶都得参加。自5月5日起，“法律、语文顾问将增加人员，为两小组，佐召集人讨论会工作，整理宪草”。语文顾问小组由叶圣陶、吕叔湘、钟敬文、冯至、刘尊棋、姜椿芳六人组成，就“文字研磨”，提出意见，供各组召集人考虑。直到5月25日，每天都开会研究。5月27日、28日、29日、31日，宪法起草委员会在勤政殿开会，叶圣陶与吕叔湘、周鲠生、钱端升以顾问名义参加。6月4日至6日，叶圣陶与吕叔湘、周鲠生、钱端升、李维汉、田家英、屈武在紫光阁“就重印之宪法草稿再加研磨”。6月5日上午，邓小平参加讨论。6月8日下午又至勤政殿，宪法起草委员会开会，研究语文和法律顾问“所拟修改之点”。6月11日下午五点至勤政殿，出席宪法起草委员会之末次之会，“毛主席出席。就宪草通读一过，诸委员举手表决，全体通过。于是起草之事终了，此历史大事也。会毕会餐，设酒”①。叶圣陶与屈武、田家英、陈伯达、彭真、周鲠生等对饮。6月14日，下午五点，“至勤政殿，列席政府委员会之会议，议程为讨论并通过宪法草案。宣读而后，发言者至多，皆言宪草之精善”。“至九

① 《叶圣陶集》第23卷，第113页。

点，毛主席作结论，主要谓此宪草结合历史之经验与建国以来之经验，结合我国之经验与国际之经验，结合原则性与灵活性，故深得人心，大家称誉。”

8月16日至25日，参加宪法草案座谈会，讨论五个组织条例——全国人民代表大会组织条例、国务院组织条例、人民法院组织条例、检察机关组织条例、地方各级人民代表大会与人民委员会组织条例。叶圣陶8月16日日记中说：

> 上午九点至民革总部，参加小组讨论会。讨论者为五个组织条例：全国人民代表大会者、国务院者、人民法院者、检察机关者、地方各级人民代表大会与人民委员会者。皆系初稿，据云此初稿已历多次之修改与反复。须以两个星期讨论完毕，故每日上午均须讨论。此次讨论仅有六个小组，共百馀人。规模不如当初讨论宪草之大。余之一组以李济深、章乃器、李德全为召集人，全组共十六人。今日讨论人代大会之组织条例，至十馀条而止。①

8月25日日记中说：“至民革总部，继续讨论昨日未完之地方人代会人民委员会之条例。十一点半散。此小组开会九次，讨论五种条例，至今日功德圆满矣。”②

座谈会结束后，紧接着8月30日、31日和9月1日，叶圣陶又与部分宪法起草委员和小组召集人约二十人商量修订组织条例。9月2日

①② 《叶圣陶集》第23卷，第137、141页。

和3日，在紫光阁与吕叔湘、周鲠生、田家英、屈武、陶希晋、张苏等讨论整理五个组织条例。每天从上午九点到晚上将近十二点。这里抄录两则日记：

9月2日　　九点至紫光阁，讨论地方人代会人民委员会组织条例，十二点半毕。至此，五个条例又经一回讨论修改，于是余等之整理工作又须开始，就五个条例为之调整，使无矛盾，语句说法略趋一致。缘为时迫促，约定下午即动手。

三点再至紫光阁，开始整理工作。参加者为余与叔湘、周鲠生、田家英、屈武、陶希晋、张苏，尚有法院方面之三位同志。自三点至十一点过，整理完毕全国人代会、国务院、地方人代会人民委员会三个组织条例，中间仅进晚餐约半小时耳。余大惫，夜眠遂不佳。①

9月3日　　自上午九时至下午十一时半，除饭后两小时外，俱在文化俱乐部作讨论修改工作。法院与检察机关之组织条例俱毕，五个条例之不统一处亦略予调整，工夫之细致不如宪草。余大疲。明日可休息一日，后日起又须根据全国讨论之意见修改宪草矣。②

9月5日，又开始研磨宪法草稿。叶圣陶是日日记记："九点至文化部，

①②《叶圣陶集》第23卷，第144页。

重行修订宪草。参加者周鲠生、钱端升、楼邦彦、王铁崖、梅汝敖、费孝通、田家英与余，尚有青年同志五六人。午后休息二小时，晚饭后休息不足一小时，馀时皆坐而谈论，直至夜十二点半，通体讨论一过。各地提出之意见可采者不多，以宪草公布已久，先入人心，能不改处即不改。然宪草中尚有欠周密之处，前后不甚合拍处，大家有此感觉，亦颇难于仓促间修补也。今日又大惫。”① 9月13日日记记：“九点至北京饭店，将宪法起草会重行修改之宪草复阅一过”，就改动之处又进行讨论。14日，应刘少奇邀请，与吕叔湘、周鲠生、钱端升、胡乔木、陈伯达、胡绳等人到中南海“修润刘少奇关于宪法起草之报告”。从上午十点直到下午六点半方完毕。日记中说：“稿凡三万言，余先通读一遍，然后加入诸君之讨论。改动处颇不少，要皆为增删数字或改换句读符号。迄于下午六点半，全篇完毕。”又说：“此稿内容甚充实，虽不逮斯大林之宪法报告，亦大见分量。既已通过于宪法起草会，又复屡次研磨斟酌文字，足见领导同志深明内容与形式之不可分，必须语言明确乃足以达思想。此在我辈固当深表赞同也。”②

关于“宪草”，从3月初到9月中，叶圣陶付出了许多辛劳。这里再引四则日记：

5月8日　今日以四小时讨论《序言》部分，亦仅至第三段而已。第三段原文第一句通过第一个宪法之后，下半句为“作为全国人民和一切国家机关必须遵守的根本法”。多数人谓其无力。余

①②《叶圣陶集》第23卷，第145、148页。

嫌“作为”殊不切当。后乃渐趋于在通过第一个宪法之处圈断，改“作为”为“这个宪法是”。钱端升主将此句移在第三段末了，大家均赞赏。于是第三段共四句，后三句皆以“这个宪法”发端，庄重而劲健有力，意义亦周至。①

5月25日　　（晚饭后）田家英来，言宪草之修整须仗叔湘与余。此君年才三十有馀，从毛主席十馀年，头脑清澈，见理甚明，谦谦其德，大可钦。九点乃去。②

6月6日　　余至叔湘所，田家英旋至，三人相约为会，讨论宪草尚有未安之语句，又拟定鼓励各种文教工作者之条文一条。即此小事，亦费两点钟有馀。③

9月15日　　九点至北京饭店，组长报告昨日中央人民政府委员会开临时会议，于宪草又作两处之修改。一处为《序言》第三段之“庄严地通过我国第一个宪法”，改为“庄严地通过中华人民共和国宪法”。此处余在初见草稿时即如是提出，而今竟照此修改。唯余之初意，以为今后社会主义实现，宪法自当另有一个，但不须于今日提明“第一个”，暗示将来还有第二个。而领导方面所以修改，则缘自今以前已有若干宪法，虽性质与今之宪法完全不同，而今之宪法不得谓第一个已甚明。又一处修改为宪草第三条，原文为

①②③《叶圣陶集》第23卷，第103、107、112页。

"各民族……都有保持或者改革自己的风俗习惯和宗教信仰的自由"，今删去"和宗教信仰"五字。……解释为"公民有宗教信仰的自由"已见于第八十八条，不必再在第三条重出。其实原文改革宗教信仰亦有语病。苟舍此种信仰而取彼种信仰，或自信仰而转为不信仰，皆只能谓之"改变"，不能谓之"改革"也。

组长又述毛主席之语，谓宪法草案大体无疵即可，不宜过事精求。毛谓恒言云"天衣无缝"，天衣初未之见，而寻常衣服则未有无缝者。此可谓妙语。①

对宪法草稿这部"立国"的大法，叶圣陶一丝不苟，力求在语言方面没有瑕疵。对于其他像文件、宣言、通知的文稿，叶圣陶同样一丝不苟，力求在语言方面纯洁精准。请看 8 月 20 日和 21 日的两则日记：

8 月 20 日　　三点至紫光阁，参加政协全委会扩大会议，讨论为解放台湾之宣言稿。周总理作报告两小时，申言我之解放台湾为天经地义。我非欲战争，盖解决我之内政。且唯有解放台湾，东亚与世界之和平乃克维护。次分析美国之孤立无助，色厉内荏，均极精辟。继之多人发言。至七时，发言者未毕，留至明日再为之。于是会餐，殆将三十席。

餐毕，李维汉邀余与起草宣言之诸君共同修改此草稿。第二段中有一处依余之意修改，甚为重要。余之所提，他们或接受或不接

① 《叶圣陶集》第 23 卷，第 148—149 页。

受。总之，他们于语言之规范化殊无观念，不肯做严格之考虑，此是余之直觉也。今记其人如下：李维汉、陆定一、邵力子、张奚若、沫若、雁冰、罗隆基、许德珩。外有乔冠华、陈家康二君。余觉他们之语感较敏锐，与余最接近。①

8月21日　　下午三点再至紫光阁，听多人发言。发言者多起义军官、各地协商会负责人及工商界人士。语多重复，且公式化。总的印象为此等发言亦宜整风，若能不求繁冗，专说自己的话，则较可听矣。

宣言之稿今日又发一次，据昨夕之改稿印刷。第二段中余所谓甚关重要之改动，昨夕经大家同意者，此本乃未改。仍依原文。陆定一相告，谓毛主席以为原文无病，故不改。余则以为尚可商。其原文如下：

“六十年前，日本帝国主义强占了台湾。中国人民进行了长期的斗争，终于在伟大抗日战争的胜利中，使台湾同胞在一九四五年十月二十五日回到了祖国的怀抱……”

余觉“中国人民进行了长期的斗争”，自当包括台湾同胞在内，不宜谓“中国人民使台湾同胞……”，因拟改为

“中国人民进行了长期的斗争，在伟大抗日战争胜利中，台湾同胞终于在……回到了祖国的怀抱……”

后经乔冠华提议，又改成

① 《叶圣陶集》第23卷，第139页。

“中国人民进行了长期的斗争，台湾同胞终于在……回到了祖国的怀抱……”

乔之改法余不甚同意，以“台湾同胞”紧接在“中国人民”之后，主语重出，意不明显。然避免用“使”字，尚较胜于原文也。①

中央领导的报告稿或文稿请叶圣陶帮助把“文字”关的时候，他也从不马虎。1954年9月23日日记中说：

下午三点至怀仁堂。周总理作政府工作报告。全文长二万馀言，历列五年来之工作，而以社会主义工业化及外交情况为重点。报告历两小时有馀。继之陈云发言，就若干物资之计划购销作说明。郭沫若发言，补述文化方面之工作成绩。邓子恢发言，就农业发展前途有所发挥。又有程潜之发言。七点散。

到家，总理办公室送来周之报告稿，嘱于文字方面琢磨一过，须于十点前送回。于是匆匆进食，食毕即重读此稿。既而至善回来，即与共读，有所更改即书于印本之上。读至九点五十分始毕，皆小修改，亦有数十处。急令凤祥送回。此等稿件皆嫌出之仓促，若提早属稿，从容研磨，必能使质文并茂也。②

①②《叶圣陶集》第23卷，第139—140、152页。

9月25日日记记：

两点三十分到怀仁堂，彭真相约，于法院、检察院两个组织法之标点拟有所修改，意见为张奚老所提出。结果改动六处，皆易分号为逗号。入会场听发言，至于七点一刻散……

到家匆匆进餐。周总理之报告校样又送来，谓前夕所改者送到已迟，故发表于报上者均未据改，今将重印一本布发，嘱余再为校改。余重校一过送回，费时一点有半，计有改动六十馀处。①

10月13日日记记：

傍晚高祖文来，嘱修改宪法起草会办公室同志所拟《宪法之全民讨论》一文。与至善、祖文修改之，草草而过，至九点而毕（中间饮酒约一小时）。计删去三分之一。余又表示如此文章不痛不痒，能不发表为佳。②

1955年，叶圣陶参与修润的文件稿有：《小学生守则》（稿）、兵役法（稿）、解放军军官服役条例（稿）、关于勋章和奖章的文件（稿）、一届二次人代会提案委员会审查报告（稿）、中华人民共和国参加各国议会联盟的人民代表团的章程与决案（稿）、文字改革委员会关于推广普通话的决议（稿）、《〈农业生产合作社章程〉草案》（稿），等。这在

①② 《叶圣陶集》第23卷，第153、159页。

日记中也都有记载：

1月4日　　上午开常备会议。张奚老见《小学生守则》，谓其语文不爽利干净，而此件须令全国小学生诵习，声入心通，形诸实践，主张再加修改。今日会议即修改此件。奚老、汉达与余三人以“上口”为标准，改易原文，确大有进。原文为小学司之手笔，由吴研翁主之，彼辈于此似无多观念。虽曾交余修改，而余不好意思多改，今既奚老主张要大改，自为余所乐从。会议计两点半钟，而仅修改其半，止得十条，且每条皆极简短之两三句耳。

1月21日　　人代大会常务委员会送来三个文件，一为兵役法，一为解放军军官服役条例，一为关于勋章、奖章的文件，嘱为润色提意见。因告晓风今日不到部，在家看之，历两小时而毕。于是到常务委员会，与周鲠老、张苏、王君三人共同研讨此文件。在彼吃午饭，至下午三点始毕。

10月22日　　乔木来电话，要余如去年推敲宪法然，研摩近将发布之《农业生产合作社章程》，谓此系广大农民之行动之依据，重要性不下于宪法，毛主席嘱须特别注意其文字。又要余再约一人，缘叔湘将主持语言所之会议，不克与此役。余应之。

10月23日　　（朱）文叔系余所邀，渠亦乐于为此。至彭之寓所，则他人已集，周鲠生、钱端升、田家英俱在，皆去年研摩宪法之共事者，外有张苏、陶希晋等，尚有数人不相识，又有高名凯。彭言今此合作社章程关系五亿农民，其重要性不亚于宪法，故政协发动分组讨论三日，外则仍如去年一样，但组织法律、语文两个小组，为之研摩。语文一组大约仅为余与文叔、家英、名凯四人，其他之人皆为法律组。此事大约须一星期方了，为紧急任务，其他工作只得放下。此章程急需讨论，先以草案形式发布，盖由时届秋收，农民组社入社皆系于此时也。两小组讨论即以明日开始，语文小组即在我社余之室内集会。

10 月 27 日　　上午仍到市委。家英未到，即与朱、高二位继续讨论，迄中午，将全部章程留下未改之部分修改完毕。饭后在沙发上瞌睡片时。两点，家英来，共同讨论若干留而未决之问题。第一次修改到此完毕，待各方意见整理出来而后，将再作第二次之修改。总之，此章程将由我组负责到底，直至登报发表为止，何日再讨论，须俟实际情况决定矣。

1956 年，叶圣陶参与修润的文件稿有：《汉语拼音方案草案》（稿）、《国务院关于开展扫盲工作的决定和扫盲协会章程初稿》（稿）、《一九五六年至一九六七年哲学社会科学规划草案（初稿）》（稿）、《高级农业生产合作社示范章程》（稿），等。

20 世纪 50 年代出版的《斯大林全集》，译稿也都是经叶圣陶修饰过的。中央部委的一些公文也请叶圣陶批改，批改后发回作为“范文”示范。1956 年 3 月 9 日日记中说：

午后，高祖文来。谓国务院中深感公文之拙劣，拟取不妥之公文数篇，仿“文章病院”之例为之批改，发与各机关学习，以求改进公文。渠来意为将集合若干人，共为商讨，并作批改之事。余深赞此举，谓自当参加此役，决不推托。

3月12日日记：

纯才交余文件三种，嘱余修润，甚急迫，须立即交出。一为中共中央与国务院关于开展扫盲工作之决议，二为扫盲协会之章程，三为《人民日报》社论谈开展扫盲工作者。余回家饭罢，即动手修改，迄于五点半，一二两件改毕，嘱部中派人来取去。晚饭后改第三件，十点半改毕，明早送与晓风带往部中。

3月21日日记：

下午三点，至国务院，应齐燕铭之约，商量如何批改公文数篇，发与各机关动笔之人学习。余与了一及师大萧君而外，尚有数人皆国务院中人，而田家英亦与焉。谈两小时，决定先由燕铭、高祖文选出材料，分发与大家，再商量如何批改。

4月23日日记：

（午）两点到社中，邀文叔、隋树森、张中行三人一谈。国务院方面已预备批改之公文送来数篇，余拟与三位共同为批改工作。三位皆欣然，愿尽力。余实不能定心作笔墨工作，而又好事，揽引额外工作，且累及他人，诚为大矛盾。

“余实不能定心作笔墨工作”，指的是夫人胡墨林患了癌症，病情日趋恶化，使他不能“定心”。但他还是有求必应，超负荷地运作，做了很多“额外”的工作。1956 年 5 月 10 日日记中说：“又与文叔、树森、中行三位谈修改国务院交来之公文稿件事。高祖文希望于本月十五日前交与一篇，而文叔热心，已改成一篇，俟大家看过，如均同意，即可缮清送去。”次日日记中说：“下午两点半，余至社中，与文叔谈话，观文叔、树森、中行所改之国务院公文稿。余亦另改一式，俾大家共商，将于三个改稿中选定其一，送回高祖文。”

类似的记载还有很多，不能一一引录。胡乔木在一次讲话中说：叶圣陶在语文方面“不仅有独到的见解，而且有相当系统的研究”。他说，“叶圣老关于语言问题的见解和理论”，对他产生了一种“法律的效应”。还说 20 世纪 50 年代，“有叶老这样的榜样”，“又得力于毛主席的提倡和支持，语言规范化成为一种风气，有许多用法逐渐典范化了”。①

叶圣陶对于“语言规范化”的贡献还有很多，他是中国文字改革委员会的委员、中央推广普通话工作委员会的委员，并且担任教育部开办的语音研究班主任。1956 年 9 月 1 日日记：

---

①《胡乔木同志的讲话》，《叶圣陶研究会通讯》第 1 期，1990 年 2 月 28 日。

（上午）九点到安定门外和平里，普通话语音研究班移于其处，今日第二届开学，故往。此一届共招二百人，分甲乙两班，甲班学习十二周，乙班学习十八周，甲班毕业之后，主作推广普通话之工作，乙班毕业之后，将兼为调查方言之工作。首由副主任汪达之讲本班之情形，次则吴老、余、罗莘田、郑之东、陈润斋、丁声树、徐世荣致辞，由一学员致答辞。散会已逾十二点。

语音研究班学员毕业了一班又招收一班，叶圣陶的这个“主任”也就一班接着一班当了下去。1956 年 12 月 1 日日记记：

余以九点至普通话语音研究班。第二期学员以九月初始业，其甲班学习三个月，今毕业矣。其乙尚有五星期之课，学习方言调查，为省事计，亦于今日先行毕业仪式。先于场上照相。次开会。副主任汪达之者先致辞，继之为韦老、余、郑之东、吴晓铃、徐世荣讲话。最后由会授毕业证书，余名义上为此研究班之主任也。

什么是普通话？叶圣陶指出，以北京语音为标准音，以北方话为基础方言，以典范的现代白话文著作为语法规范的语言，就是普通话。什么叫汉语规范化？汉语规范化就是普通话的规范化。给普通话定些标准，共同学会它，使用它，收到有利于大事业的效果：这就是汉语规范化的任务和目的。凡是使用语言的人，都应该争取合乎规范，在互相影响之下，约定俗成，才真正能有巩固的规范。

语法和修辞，是汉语规范化中的两个重要内容。叶圣陶深入浅出地阐释过：语法就是教人如何把话说得对；“修”就是调整，“辞”就是语言，修辞就是调整语言，使它恰好传达出我们的意思，把话说得好。语法修辞的基本要求：一是用词要恰当，不要用那些模糊的词，念起来不上口、听起来不入耳的词，要用表达意思最准确的词，方言最好不用，生撰生造更要不得，词语搭配不当应该注意防止。二是造句要自然，选用最妥帖、最恰当的句式和虚词。三是文风要简洁明快，明晰畅达。准确、鲜明、生动，是语法修辞的三大标准。文章的风格跟所用的文字的形式密切相关，切莫视语言为小道，为与内容无关的“形式”；动笔之前，须有一番周密的考虑，认定对象，辨明用意；写完之后多读几遍，作一番精审的修改，使文章切合所要表达的那个主题，语言完美，既上口又入耳。四是反复强调“作文”就是“写话”，话怎么说，文章就该怎么写，要站在读者的立场上着想，要顾到读者。为此，他写了一系列文章，反复阐明改进文风的必要与途径。他说凡是“存心给公众看”的东西，都应该考虑“咱们有没有拿错误的思想，不正确不精密的理解和认识写在文章里呢?”“有没有拿自己也不太相信、自己也不甚了了的东西写在文章里呢?”“有没有连篇累牍写了一大堆，实在意义可只有一点儿，或者连一点儿也说不上，使人家浪费了宝贵的时间和精力呢?”“有没有放任咱们的思路和笔，写到哪儿算哪儿，使人家摸不清头脑，看了半天一无所得呢?”“有没有违反了我国的语言习惯，错用一些词，错用一些句式，或者生造一些词，生造一些句式，使人家感觉非常别扭，揣摩也揣摩不透呢?”① 他说，“改进文风”，“第一要着眼于咱们的思想和

① 《文风问题在哪儿》，《语文学习》1958 年 4 月号；收入《叶圣陶集》第 17 卷。

认识，其次是端正咱们的语言习惯——就是语法、修辞、篇章结构等方面的习惯”。1978年，叶圣陶为新华社国内记者作了《端正文风》[①] 的长篇讲话。他说：“文风是作风，也是思想风”，“唯有大家来吹一种端端正正的好风，才能彼此促进，共同提高，造成中国的好文风”。他强调记者们要明确“为谁服务”，要有“群众观点”，不要“哗众取宠”；“要做杂家”，“尽可能有丰富的知识”；要学好语法、修辞、逻辑；“不说套话，不用老调”；“文章要尽可能短”；“养成写作的好习惯”，“约束自己”，“顾到读者”，“尽可能写得准确、鲜明、生动，念起来上口，听起来顺耳”。他的这些主张不失为作文要道、写作箴言。

作为著名的语言学家，以及新中国文字改革方面的领导人之一，叶圣陶对汉字简化方案，对汉语拼音方案，也都作出了很大的贡献。汉字笔形的整理工作，就是由他一个人完成的，其目的主要在于方便学、教、用，方便识字。1962年夏，叶圣陶等十几位语文教学的专家，应中华职业教育社的邀请，筹办业余语文知识讲座，向学员介绍自学语文的方法，普及语法修辞知识，提高读和写的能力，到1966年被迫停办之前，正式报名的学员多达八千六百余人，分布在除西藏外的各省、自治区、直辖市。为了满足广大学员的愿望，职业教育社改用函授的办法，既编印《语文学习讲座》的小册子（一共出了三十八册），又分发每次讲课的录音带，以供各地转录，深受广大学员的欢迎。

---

① 《中学语文教学》1979年第2期，收入《叶圣陶集》第17卷。

三、撰写《标点符号用法》

正确使用标点符号，也是语言规范化的一个组成部分。1951 年 7 月 17 日，叶圣陶开始撰写《标点符号用法》一文，他在当天的日记中说：

> 上午九时，邀建功、家霖、季纯、仲仁四人会谈标点符号之用法。缘政务院将发布关于公文之规定，其中有一附件言标点符号用法，他们认为举例不尽合式，又无说明，嘱余为之重行草拟，因请四人会谈，收集意见。谈三小时许，余略有把握。因定由余起草，草成后再请诸人共观，提意见修改。午睡起来，即开始起草。余认定句号、逗号、顿号、分号、冒号皆表示说话时各种之停顿，说时之停顿，书写时即为各种符号。他如问号，余认为一句问话完了之表示。此等意见，一般谈标点符号者皆未尝言也。至于放工，仅将句号写完，得稿两纸有馀。
>
> 夜眠仍不佳。……殆是用心作文之故。以余之精力，恐不宜用心作文矣。①

7 月 18 日日记中说："竟日作稿，仅得四纸，谈逗号、顿号毕"，"夜眠仍不酣"。次日日记中说："续作昨稿，又得四纸，谈分号、冒号毕。为此颇觉兴，而疲劳亦难耐。"次日日记中说："仍续作昨文。竟日亦仅得

① 《叶圣陶集》第 22 卷，第 210—211 页。

四纸，谈引号、括号毕。心思集中于此事，头脑昏昏，夜不得安眠。然欲求其安适，须俟全文作毕始可也。”① 7月26日写出初稿后分送政务院秘书厅和人民教育出版社“友好”征求意见。7月29日日记中说：“下午三点半叔湘来。渠观余所谈标点符号，以为简而赅，切于用。”7月30日日记中说：

> （下午）高祖文来电话，谓政务院秘书厅于余此稿有所商量，嘱渠来面谈。余请其今夕即来。到家少顷，祖文便至，与共饮。渠述政务院于此稿大体满意，唯为使全国文书人员均能学习，均能应用，希望更求通俗浅显。又谓说明中摘举毛主席使用符号有误，此不妥，宜更换例句。又谓例句中引鲁翁之语数则，此皆文艺之作，为一般干部所弗习，还宜改用文件、公文之例。余于第一点，答以所叙已甚浅明，习者但能细心观看，必不致弗解。至于摘举毛氏有误，虽毛氏未必不以为然，而影响不好，自当更换例句。鲁翁语不适用，亦当更换。至此，修改工作重在另找例句，虽为数不过七八，而得其当者未可仓卒致。余希望政务院能相助，以期早日定稿。②

8月8日日记中说：“八时以前，将标点符号一文改完，送与高祖文。此事消费余二十天之时间与精力。今日完了，心头一松。”③ 9月6日日记中说：“星期一④在勤政殿与乔木接席。渠谓余之《标点符号用法》

①②③《叶圣陶集》第22卷，第211、213、216页。

④ 星期一：9月3日。

宜发布于报纸，提出小节数端，嘱余考虑修订。今日据其所称究讨，改易增补三四处，即以修订本寄与之。”① 9月11日日记中说：“乔木于《标点符号用法》又提数点意见，今日据以补订，重抄一本付与之。”②至此，《标点符号用法》定稿。9月24日日记中说：

> 下午，校《人民日报》送来之《标点符号用法》校样。乔木主将此文刊登一回，俾全国共守。余以四个小时之时间校毕，可谓甚慢。《人民日报》现方注意于消灭错误，凡党员工作同志，以党之纪律相绳，发见错误有褒奖，贻留错误受惩处。余观此校样，仅发现一字未经校出，可见于校字工作已颇不坏。然于格式尚不能注意，余指出须改正者甚多，皆有关格式之事。因致书其总编辑邓拓，告以此意。目前新闻界出版界追求精审，群相勉励，久之当可蔚成风气，此则余所乐闻也。③

9月26日，《标点符号用法》以政务院出版总署的名义在《人民日报》发表，《光明日报》以及《语文学习》《语文教学》也作了转载。萧家霖在《我们应该学会正确地使用标点符号》④ 一文中说出版总署公布的《标点符号用法》有三个特点：

> 第一，它把标点符号分成两类，一类是根据语言而来的，一类是完全属于书面的东西。它指出句号、逗号、顿号等七种符号并非

①②③《叶圣陶集》第22卷，第223、225、229页。

④《人民日报》1951年11月22日第3版。

只是书面的东西，而是根据语言而来的。把标点符号的用法和语言的规律结合起来，这还是头一回。过去一般讲标点符号的都只从书面出发，让人觉得标点符号不过是文章的附加品，何妨马虎一点。许多人不重视标点符号，就因为存在着这样的心理。标点符号用得相当混乱，原因也就在此。《标点符号用法》指出了句号、逗号、顿号等七种符号是根据语言而来的，原是语言的有机成分，并非文章的附加品。大家认清了这一点，纠正了过去的错误的想法，才会重视标点符号，认真地使用标点符号。

第二，它指出句号、逗号、顿号等七种标点符号表示语言的种种停顿。停顿就是暂时不说下去，却和说的部分密切相关。语言的意义、组织、情态，靠了停顿才见得显明。一连串说下去、绝不停顿的语言是没法叫人领会的。所以，写文章的时候，必须正确地使用句号、逗号、顿号等七种标点符号来表示语言的种种停顿，才可以让读者一点不走样地了解作者的原意。同时，这才实现了写文章和说话一致的原则。

第三，它规定了标点符号在排版、书写方面的格式。……出版物不但整齐美观，而且使读者群众受到实际的好处。

周祖谟在《正确地使用标点符号》① 一文中说：

中央人民政府出版总署在九月间公布了《标点符号用法》，这

① 《人民日报》1951年11月23日第3版。

是中国人民文化教育事业上一件重大的事情。对于标点符号的用法，我们有了这一个正确的标准以后，不但目前在运用上混乱的现象可以早日澄清，而且所有从事写作的人也可以由此在书写上求得更精确的途径。因此，我们必须了解其意义，并且普遍地开展学习，正确地使用标点符号。

文章里应用标点符号，自五四时期就开始了。……可是，从五四到现在已经三十多年了，在用法上始终没有一定的标准。……出版总署所公布的文件恰恰解决了这些困难。这一份文件里根据我们民族语言的形式，经过科学的分析，正确地指出语言和应用符号的关系。那就是：符号是跟着语言的停顿相配合的，有停顿，就要用符号来表示这个停顿。可是语言中有种种不同性质的停顿，因此也就要用不同的符号来代表它。句号、逗号、顿号、分号、冒号、问号、感叹号之类就是配合着这些停顿而设的。如果会正确地应用这些符号，同时也就把语句中的逻辑关系表示清楚了。这是一个重要的发明。过去出版的许多讲标点符号用法的书，还没有联系到语言的声音和意义的内容发挥得这样透辟的。我们应当认清这一点，从这一点入手学习。

除这一点以外，更需要特别指出的是：原件对于标点符号的分类和各种符号用法的指示，是集中过去大家应用的习惯并且结合目前实际的需要而定的。它有广大的群众基础，它符合今日广大人民的要求，跟五四时期单由一部分新人物所创始的情形大不相同了。现在及时地公布出来，确实值得我们称赞。同时我们要知道语言是社会上调协共同活动的工具，在当前史无前例的统一局面下，我们不但要谋求发展民族共同语，而且在书写上我们还要要求标点符号的统一：这正是为进一步发展我们文化教育事业所必备的条件。我们应当为这一份文件的公布而欢欣，努力学习，把“正确地应用标点符号”作为我们在写作上应负的责任，为发展伟大祖国的文化而奋斗！

叶圣陶一贯谦和，作风平实，并不希望朋友们表扬他、宣传他，可读了周祖谟的评介感到特别欣慰。周祖谟文章中的话，事前曾在给叶圣陶的信中谈起过。叶圣陶 1951 年 9 月 17 日日记中说：

北大周祖谟君前日索余之《标点符号用法》，今得其复书，感其知音，录之于下：“其中最扼要最中肯綮者为指明句号以下七种符号系根据语言之停顿而设：语言中有种种不同之停顿，则符号亦因之有异。环顾坊间所出论标点符号各书，未有能洞察及此者。尊著首先提出，使人人了此胜义，可谓沾溉无穷矣。”余之稿本印出后，能明乎此者，不超过五人也。①

叶至善生前在谈及“标点符号”时说：“父亲的《标点符号用法》也有不足之处，例如说‘符号是跟着语言的停顿相配合的，有停顿，就要用符号来表示这个停顿’，这话就有点欠周密，省略号、破折号，并不表示停顿。”“破折号可以用来表示意思的转折、跃进、提示和总结，也可

① 《叶圣陶集》第 22 卷，第 226—227 页。

以用来表示说话的中断和停顿。”① 尽管《标点符号用法》中有些见解还值得商榷，但对于标点符号使用的规范化、纠正当时标点符号使用得相当混乱的现象，提醒人们注意语言和应用标点符号的关系等诸多方面都有开拓性的贡献。

四、拟定课程总纲和标准

1949 年 8 月至 10 月中旬，叶圣陶主持拟定了《小学课程标准总纲草案》和《中学课程标准总纲草案》，以及《小学语文科课程标准》（草稿）和《中学语文科课程标准》（草稿），“总纲”和“标准”总结了五四以来我国教材建设的经验（包括解放区的经验），对新中国成立以后的语文教学和教材编写工作有重大影响。

《小学课程标准总纲草案》和《中学课程标准总纲草案》先由叶圣陶授意蒋仲仁和朱智贤起草，再经过反复讨论，集思广益，认真修订，最后由叶圣陶审定。10 月 7 日日记记：“上午审查《小学课程标准总纲草案》，与文叔、灿然、仲仁、彬然、智贤五人共谈。此草案系仲仁所拟，大家加以修正，将据修正意见重行写定，以初步意见名义发表之。”10 月 8 日日记记：“上午审查《中学课程标准总纲草案》，除昨日数人外，加入乔峰与蠖生。此草案系智贤所拟。究论甚详，十二时半始毕事。”10 月 12 日日记记：“下午，集数人通读仲仁所改《小学课程标准总纲》，历三小时。”10 月 13 日日记记：“上午改定两份课程标准总纲。”

① 叶至善 2005 年 1 月 16 日与作者的谈话。

《小学语文科课程标准》(草稿)也是由蒋仲仁起草的。《中学语文科课程标准》(草稿)则由叶圣陶草拟。1949年6月25日日记记:"上午开本会全体会议,决定今后着手编辑各科教本,而以草拟课程标准为先务。标准草成后,将多方征求外界意见,加以修订。"6月27日日记:"下午看同人所为审阅各种教本之意见书"。7月15日日记记:"下午,国文组同人谈撰拟课程标准之先决问题"。7月19日日记记:"看智贤、仲仁所拟中小学课程标准总纲。诸同人均尽量签注意见。"8月5日日记记:"看仲仁所拟小学国语课程标准"。8月16日日记记:"下午草拟中学国文课程标准,下笔不顺利。"次日日记记:"上下午俱草课程标准,未完毕。"次日日记中记:"写完中学国文课程标准"。10月17日日记记:"修改余所拟之中学国文课程标准,依据前此众人公商之意见。"1951年1月26日日记记:"上午与语文组同人会谈,修改中学语文课程标准之初稿。谈三小时,仅修改全部之四分之一。"① 2月13日日记记:"午后二时,教部汤君,教师三人,来与我语文组同人为会,同修订语文课程标准。一谈三小时,仅商定目标项下之一半而已。"②2月14日日记记:"下午二时,续开会讨论语文课程标准,进展甚缓,仅勉强写定目标一项而已。"③2月16日日记记:"整理昨日谈语文课程标准之稿,清缮一通。"④这之后,2月17日、18日、19日、20日、26日、27日都在"讨论语文课程标准"。2月27日日记记:"下午,仍与汤君及泗原谈语文课程标准。至于五时,居然全部完稿。即请汤君带回教部,便尔交卷。此事亦延至半月有馀矣。"⑤紧接着,3月27日至29

①②③④⑤《叶圣陶集》第22卷,第161、165、166、166、169页。

日，叶圣陶又到教育部主持召开由八十一人参加的“中学语文课程标准之小组会议”[1]，广泛征求意见。3月29日日记记：

语文课程标准之小组会议至此完毕。所有发言皆经记录，俟教部参考归纳，为修正之依据。小组会议固不作决议也。

此次中教会议，所有记录人员均调师范大学学生任之。讨论各科课程标准时，即以学习此科之学生任记录。此事颇有意思，特记之。[2]

《中学语文科课程标准》（草稿）[3] 始用“语文”一名。“语文”作为一门学校功课的名称，是从1949年开始的，这是叶圣陶首先提出来的。以前，这门功课在小学叫“国语”，在中学叫“国文”。这是因为小学课文全是语体文，到了中学，文言文逐步加多，甚至全部采用文言。可见，小学“国语”的“语”字是从“语体文”取来的，中学“国文”的“文”字是从“文言文”取来的。叶圣陶提议改称“语文”，既非过去的“国语”与“国文”的合并，也非“语言”和“文学”的拼盘，而是划时代的变革。他对此曾作过解释：

前此中学称“国文”，小学称“国语”，至是乃统而一之。彼时同人之意，以为口头为“语”，书面为“文”，文本于语，不可偏指，故合言之。亦见此学科“听”“说”“读“写”宜并重，诵习课

---

①②《叶圣陶集》第22卷，第176、177页。

③ 收入《叶圣陶集》第16卷。

本，练习作文，固为读写之事，而苟忽于听说，不注意训练，则读写之成效亦将减损。……其后有人释为“语言”“文字”，有人释为“语言”“文学”，皆非立此名之原意。[①]

叶圣陶指出，“语文”这门功课就是学习运用语言的本领的。口头说的是“语”，笔下写的是“文”。“语文”应该培养学生两种基本的能力：一是接受，即听别人说的话，读别人写的文章；二是表达，即说给别人听，写给别人看。口头语言的“听”和“说”，书面语言的“读”和“写”，同样重要。随着社会的日益发展，“听”和“说”显得越来越重要：听报告、听演讲，即兴发言、即席演讲（包括传达、问询、答问、交谈、辩论、申诉）的场合越来越多，善于“听”、善于“说”，成了人的素质和语言表达能力最直观的表现；听不明道不白，羞涩不肯开口，开了口又含糊不清，讲得不准确、不完美、不艺术、不庄重、不风趣、不漂亮，凡此种种大都与一个人的语文水平有关。在一般情况下，“读”得不好还可以再读或重读，“写”可以从容地构思和反复修改；可“听”和“说”往往是“一次性”的，在特定的场合没有听到的往往就再也听不到了（即便有录音，再“听”时也缺少了“说话时”的语境和氛围），说出去的话如泼出去的水一样再也收不回来了。在现实生活中人们可以不“读”不“写”，但不能不“听”不“说”。鲁迅在 1933 年 9 月发表的杂文《由聋而哑》中说：“医生告诉我们：有许多哑子，是并非喉舌不能说话的，只因为从小就耳朵聋，听不见大人的言语，无可师法，就

① 叶圣陶 1964 年 2 月 1 日《答滕万林》，《叶圣陶集》第 25 卷，第 33 页。

以为谁也不过张着口呜呜哑哑，他自然也只好呜呜哑哑了。”[①] 这也从一个侧面说出了“听”的重要，“听”与“说”相辅相成。鲁迅在这篇杂文中还说到“由聋而哑，枯涸渺小，成为‘末人’”。所谓“末人”就是智商极其低下的愚人。这也从一个侧面说明“听”“说”太重要了！叶圣陶“听”“说”“读”“写”的界定和排序，是为语文课的功能和目的所作的最科学、最简洁、最权威的阐释。吕叔湘在《〈叶圣陶语文教育论集〉序》中说：

> 通观圣陶先生的语文教育思想，最重要的有两点。其一是关于语文学科的性质：语文是工具，是人生日用不可缺少的工具。其二是关于语文教学的任务：教语文是帮助学生养成使用语文的良好习惯。[②]

这里的“工具说”和“习惯观”值得重视。“工具说”强调语文就是“语文”，语文和“数学”“几何”“物理”“地理”“历史”课一样，只是一门课程。语文课不是“文学课”，学语文不是为了培养作家和文学家；语文课也不是“思想教育课”，不是“德育”和“美育”课，学语文也不是纯粹地为了塑造“心灵”、打“精神的底子”、培养“个性”的；既反对将学习语文“政治化”“宣传化”“空洞化”，也批评“语文万能”的空想，强调语文教育必须回归“语文”。但这绝不是说语文课不要讲

① 《鲁迅全集》第 5 卷，人民文学出版社 2005 年版，第 294 页。
② 中央教育科学研究所编：《叶圣陶语文教育论集》，教育科学出版社 1980 年版。

“人文性”，不要有“文学教育”，不要“育人”，而是要有个“度”，不要无限制地夸大，不要不切实际地“越位”。语文学科的性质是“工具”，是“人生日用不可缺少的工具”，要把“育人”的理念贯穿到每一门学科、每一堂课的教育中去，这是叶圣陶全部教育思想的精髓。离开“听”“说”“读”“写”空谈“关怀”“立人”“改造”“解放”之类的所谓“使命”，只是痴人说梦。

“习惯观”强调的是“知”和“行”的统一，“终身以之”，“一辈子受用”。叶圣陶说过“习惯成自然”，“不待强制与警觉，也能行所无事的做去，这些就是终身受用的习惯了”。“语文教育”就是要“养成使用语文的良好习惯”，提高全民族“普通文字的阅读和写作”水平，这是叶圣陶语文教育最基本的理念和追求。

在叶圣陶看来，语文是人生必备的素养，不管从事什么职业都离不开“听”“说”“读”“写”。语文是一个非常基础性的学科，学习语文可以提升文化力、思想力、审美力，提升人的品位和性情。语文需要长期不断的学习，语文素养提高伴随人的一生，伴随一个民族的文化的承前启后、繁荣发展。

五、主持编写《新华字典》

作为出版总署副署长兼人民教育出版社社长，叶圣陶的名字又是和新中国第一本语文工具书《新华字典》紧紧地联系在一起的。关于这部字典的来源，可追溯到1949年5月6日，是日日记记：

傍晚，魏建功来访，谈渠与同气四人计划开明编字典之事。其字典注重于活的语言，以声音为纲，一反从前以字形为纲之办法，的是新创。有计划书甚长，各点余大多同意。唯须用工作人员至少五人，又有五位主编者，历时又恐不会甚暂，如此规模，是否为开明所能胜，余未敢断言。此须俟上海解放之后，南北通信商量，始可有所决定也。偕建功小餐于灶温[①]，杂谈语文方面之近时现象，甚畅快。九时归。

魏建功等本打算为开明书店编《开明字典》，叶圣陶因为工作太忙，再加上顾虑到开明书店难以承受，就把这件事搁了下来，但一直放在心里。新中国成立后，叶圣陶担任了出版总署副署长，就把编字典的事提到议事日程上，不过不叫“开明字典”了，而是赋予了一个全新的名字，叫《新华字典》；为了编纂和出版好这本字典，还专门成立了“辞书社”。叶圣陶 1951 年 1 月 6 日日记记：上午“与建功谈辞书社事”[②]。“辞书社”即新中国第一个国家级辞书编纂机构——新华辞书社，成员有魏建功、萧家霖、孔凡均等一批语言学家。从叶圣陶日记看，新华辞书社应成立于 1950 年 9 月。但酝酿的时间较长。叶圣陶 1950 年 6 月 19 日日记记：

下午，建功来，北大汤校长已允其解除系主任之职，来我署主

① 灶温：北京隆福寺街的一家饭馆。

②《叶圣陶集》第 22 卷，第 156 页。

持辞书社。因商如何谋此社之建立，首要在延致人员，此事由建功任之。①

7月20日日记记：“建功以下午二时半来，谈至五时，无非关于辞书社之事。”②8月2日日记记：“辞书社之工作者今日开始到局工作，仅两人耳。建功尚未工作。”③1951年9月10日日记记：“傍晚，与辞书社全体同人会餐于萃华楼，为此社成立一周年之纪念。”④1952年8月19日日记记：“余与萧家霖、张克强、杜子勤共谈。彼等已编成《常用字用法举例》，即可付排。辞书社成立已将两载，此为第一种出品也。”⑤辞书社社长是北京大学中文系教授魏建功。1950年12月1日人民教育出版社成立后，辞书社转隶人民教育出版社，后改称为人民教育出版社辞书编辑室。其主要任务是编写《新华字典》。

在那个百废待兴的时代，《新华字典》肩负着“学习文化”“扫除文盲”，以及规范现代汉语等重大的使命，是新中国文化事业的重要组成部分。从日记可以看出，叶圣陶对这项工作抓得很紧。且看他的部分日记：

1950年9月2日　　建功邀余与字典社同人共谈，就已写成之数字而为讨论。新参加者有萧君夫妇二人。谈次，觉诸人所见均齐，所撰字典当可胜常一等。六时散。⑥

1950年9月6日　　与建功商字典之注释。教部以简体字表

①②③④⑤⑥《叶圣陶集》第22卷，第117、119、121、224—225、354、126—127页。

嘱提意见，余与建功皆主简体字仅便于书写，本体仍须认识，否则但识简体者即被摈于种种现成书籍之外。故简体字仅能取已有者而挑选之，不必另行创造，每字必简。教部颇有自作仓颉之想，是为我人所否认也。①

1951年1月6日　与建功谈辞书社事。诸君所书之稿，曾以一部分油印本发送各方评论，回来之意见颇多，须汇合而考校之，择其善者，以改良我社之编撰方法。总期将来出书，于一般人之语文学习有所助。②

1951年1月15日　与建功萧家霖谈辞书社事，决加添人员，加劲工作。此于语文运动颇有关涉，辞典确定语汇之意义，并示其用法与限度，当可稍免语文之混乱。③

1951年1月18日　上午，与辞书社同人会谈，商讨小字典之编法。决定此字典以小学教师为对象，使其了解字义，并及用法与限制。逐项讨论，各有解决，谈半日而未完，俟他日续谈。④

1951年1月20日　与辞书社诸君共谈。据所写稿子为讨论，研究其字之义类与用例，颇有兴味，较之一般开会，意义多矣。⑤

---

①②③④⑤《叶圣陶集》第22卷，第127、156、158、159、160页。

1951年3月10日　　上午与建功、家霖、子劲三位共同讨论字典稿，期于讨论中发现必须遵循之体例。①

1951年4月16日　　看字典之缮清稿十馀页，一一提出修改意见。辞书社所编字典尚非敷衍之作，一义一例，均用心思。唯不免偏于专家观点，以供一般人应用，或嫌其繁琐而不明快。深入浅出诚大非易事也。②

1951年4月27日　　午后两点半参加辞书社之工作会议。小字典初稿已写成，凡收六千字。今后工作为修订初稿，期其美善。叔湘曾提意见，于稿样批驳颇多，今日即据叔湘之意为讨论。同人之认识各有增进。五点半散。③

1951年8月29日　　下午三时，辞书社开社务会议。小字典初稿早成，现加以修订，进度甚缓，求其加速，拟调整同人之工作。此外讨论事务方面问题，至五点半而毕。④

1951年11月29日　　（上午）十时，教育社编审部全体为会，听语文组、历史组、辞书社三单位检查工作之典型报告。……萧家霖谈其社检查字典原稿之情形，亦有思想性不够、科学性欠缺等弊。诸稿余亦看过，多数毛病亦皆忽过。于此可见作稿必须共同

①②③④《叶圣陶集》第22卷，第172、183、187、221页。

订正，依靠群众确有好处。今日之会，虽所谈三门各不相同，亦足以互相启发，大有益也。

午后一点半，仍为语文讲习。会散，辞书社开社务会议。谈事甚多，主要者决定字典以明年六月完稿，年底出版。尚须随时督促，鼓起大家之积极性，方克有济也。①

1952 年 3 月 15 日　　晨，建功来谈。渠以参加北大教师结合三反之思想改造运动，久未来社。为余谈北大同人自我检讨之经过。余告以辞书社须研究整顿，方可做出成绩。②

1952 年 7 月 10 日　　上午看公文，看辞书编辑室重新改定之字典稿十二页。此是三反运动开始后经组内同人重定体例而后改定者，看来亦无多长处，不甚解决读者之问题。建功因受同人批评谓其不走群众路线，今乃一变其道，众以为应如何即如何。余则谓博采众意固重要，亦必须有领导乃可。否则大家杂凑，成稿固易，而拿不出去，亦复徒劳。我社经教部与北大商量，请建功专任此间事。两年以来殊无成绩，外间需要字典甚急，迄无以应之。

下午到社，看杂件治杂事，绝无闲刻。建功来谈，约略告以余之意见，建功答语不得要领。明后日再细商。③

1952 年 7 月 11 日　　晨间建功来谈辞书编辑室事，邀灿然共

---

①②③《叶圣陶集》第 22 卷，第 253、297、340 页。

谈。灿然谓观今次印发之一部分字典稿，仍嫌对象不明确，究竟供何等人翻阅，解决何等人之疑难，殊无所主。体例亦未明定，何取何舍，孰详孰略，皆以意为之，殊无准绳。渠意先就印发之稿修订若干条，共同商定，作为标准，供随后修改定稿之参考。灿然之意固不错，但编辑室十数人，能执笔者实极少，建功与家霖皆不动手，唯事审订，欲求成稿之完善，实甚难。

…………

（下午）到社，建功家霖来谈字典事，琐琐不集中，同于闲谈。①

1952年7月16日　上午看小字典两种，跳页抽看，不过各十馀字而已，摘记其未妥处，供出版管理局诸君参考。迩来学文化之风甚盛，农民经土改之后，要求认字，祁建华速成识字法推行，工厂与部队纷纷传习。识字之后，自需看书，看书乃要求字典。部队中尤为急切，东北军中谓但能指出某种小字典较为切用，彼处即需二十万册。出版管理局遂谋挑选较好者二三种，作内部之介绍，俾出版行政管理机关、业馀教育机关、发行业机构知之，以便掌握。已选出三种，介绍简文亦已写就。然余观此两册，毛病颇多，或不能予读者明显之概念，或语焉不详，虽不云错，亦未全对，或用语艰深，不易使读者领会。总之，初学者得之，固以为得所依傍，实则未能解决问题，或仅在解决与不解决之间。市上小字典当

① 《叶圣陶集》第22卷，第341页。

在百种以上，大家抄来抄去，猜想皆此类耳。出版家喜出小字典，视为商品，未能多为读者着想。我社有鉴于此，故成立辞书社，而编辑将两年，迄未完稿，思之实为焦心。①

1952年7月29日　今日以上午到社，与建功家霖诸君商《常用字用法举例》之初稿。教部公布之常用字一千五百，又益以较常用者五百。虽无明文规定，各地推行扫盲往往据之。叔湘因建议不妨以此两千字配合成常用词，供之于初识字者，一为识字之助，二为“写话”之资。叔湘谓一望而知者，但举其词即可；其义较难悟者，其用较难明者，则造成短语或句子以表之。余深然其议，即与诸君共商，大家以为其事应为，即为突击，期以短期完成之。初稿写成已数周，持以与识字班、工会学习组、部队文化班观之，群众颇有修改。如原稿“眉目”一词，以例语“找不到眉目”表之，群众不晓。后经说明，一人曰：“那我懂了。你若说‘事情有眉目了’，我早就懂了。”彼之改语，确比原稿为胜。今日共商，以叔湘批评之意见为据。结论为不求完备，最须精当，一为切合初识字者之需要，二为现成、明确，不牵强附会。已成之稿犹嫌其多，宜加删汰。至于体例，固须讲求，然不宜过于繁密，初识字者亦无所依赖于编辑体例也。谈毕，余即至总署。②

1953年1月18日　星期日。往访叔湘，知动身③当在月外。

---

①②《叶圣陶集》第22卷，第342—343、349—350页。

③ 出访苏联。

与谈字典事，叔湘提出若干意见，谓建功、家霖诸君之字典必当修改，始可问世。次谈及领导方法，断言我人于出版工作方面实不善领导。我人之想法不出二途。一为得好手而信赖之，任其自己挥洒。一为任人家写出毛坯，自己不惮烦劳为之修订。二者皆不合今日之工作作风，或为高拱无为之官僚主义，或为辛辛苦苦之官僚主义而已。余谓余亦深知其弊，但无由转变，将奈何。谈一时许而归。①

1953 年 1 月 19 日　　一点半到社，安亭来谈，告我以各组讨论计划之情况。……余又为安亭言，字典总觉拿不出去，尚须修改。渠言当与字典室同人开会商之。昨日字典室邀可为字典之读者对象者十数人开会，彼辈于字典稿所下评论，亦有可采云云。②

1953 年 1 月 26 日　　饭后偕彬然同至社中，彼访萧家霖，谈其对《新华字典》之评议。③

1953 年 2 月 24 日　　下午到社，依预约与辞书室同人共谈，外加文叔、黎季纯二人。余谓字典编辑二年有馀，迄今体例未定，皆由当初疏忽之故。当初于工作中找体例，想法原不错，但后来未能规定若干条体例，使大家明确共循，则领导人之过，余与建功应负其责。次言我人之字典为应读者之需，总得为读者解决问题，虽

①②③《叶圣陶集》第 22 卷，第 407—408、408、411 页。

不能尽善尽美，终当有多少优点。以故余主延迟定稿时期，至六月底为止。室中同人近以《工人日报》之一篇文章为例，摘出其中主要用词，视字典中是否都予解决，结果漏列者有之，已列而解释未周者有之。此一工作若从早为之，即于取材方面大有裨益，今宜补作，限定一段短时期为补益之事。次略述余对于原稿之不满意处。大家颇能虚心讨论，于原稿之缺失与改订之方，似有所领会。①

1953 年 6 月 29 日　　下午到社，三点与字典室、总编辑室、出版部十馀人为会，商量字典之排印出版问题。此虽一小字典，而为之将三年，今年第四季必可出版。于版式、装帧、校对、宣传各方面皆有所计划。少甫之意，将以此书试验计划出版之成绩，于此获得经验。会毕已六点。②

1953 年 7 月 17 日　　叔湘来谈，……顺便谈及我社之字典，谓其质量不高，以国家出版社出此字典，恐难餍外间之要求。余闻而怅然，但势已至此，非发排不可，而以今日编辑同人之水平，即再加修改亦莫能更臻美善。

下午到社，……至建功室中，商量字典之排版格式，复告以叔湘之言。建功意谓此字典仅属草创，总算脱了窠臼，不如其他字典之抄来抄去。至于求其精纯正确，无懈可击，只得俟诸异日。③

---

①②《叶圣陶集》第 22 卷，第 425、462 页。

③《叶圣陶集》第 23 卷，第 8 页。

1953年7月29日　又看字典稿“ㄨ”“ㄩ”二母。至此，字典稿全部看毕。此稿经同人屡次改易，最后由建功与余校阅，复作修改，用力不为不多。然下断多凭直观，未作深入之研究，错误处不当处必不少。且俟问世而后，经比较多数人之批评，再作改订耳。①

1953年10月13日　上午看两种文稿。一种为孙功炎之讲稿。……又一种稿即《新华字典》之凡例，出于建功之手笔。条数颇多，每条又言之琐琐，道编辑之甘苦，而达意不甚明畅，将使读者望而却步。余为签注意见十馀处，希望扼要从简，针对读者立言，不须语读者之意即不必说。②

1954年1月22日　至辞书编辑室，与魏、萧、恽三君商补救错误之办法。尚有二十万册未印，可以改版。已印之三十万册只得刊误矣。所谓错误，系于“国民”下解作“人民民主专政的对象”。当时油印分发原稿，多数人看过，余亦看过，未经发觉，仅恽一人曾标明应改动，而萧君等未之改。③

由此可见这部《新华字典》，从酝酿到成立出版机构，从调派人员到确定编制，从收集相关资料到拟定编写宗旨和体例，从“注音字母音序表”“凡例”到每个“字”的注解和插图，以及附录的《中国历代纪元

①②③《叶圣陶集》第23卷，第12、41、72页。

公元纪年表》《各国首都、面积、人口一览表》《各国本位币名一览表》《重要纪念日及节日一览表》《中外度量衡表》《化学元素表》《笔形部首检字表用法说明》等，可以说每一个字、每一个音标、每一幅插图，都是叶圣陶和编纂人员一起“打磨”、反复斟酌之后写（画）出来的。短短几年里，叶圣陶日记中竟有一百二十八天写到《新华字典》。读他的日记，《新华字典》的编写过程历历在目。他主持这一工作所面临的困难、遇到的烦恼，以及他为《新华字典》付出的辛劳，都是我们难以想象的。可以这样说：没有叶圣陶，就没有《新华字典》。《新华字典》是第一本完全用白话释义的字典，严谨，规范，图文并茂。虽说在思想性、科学性方面还存在着不少问题，但仍不失为新中国辞书编撰史上的开山之作，如今通用的商务印书馆出版的《新华字典》，就是在新华辞书社的《新华字典》的基础上修订的。叶圣陶主持编写出版《新华字典》的功绩当永载史册。

第三十四章

创建人民教育出版社

"人教社是世界上最大的出版社。"

——叶圣陶

一、人民教育出版社的成立

1949年春，在中央人民政府尚未成立之前，叶圣陶出任华北人民政府教科书编审委员会主任，在华北人民政府教育部的领导下，汇集教育同人，突击审订修改中小学教科书。为了确保1949年秋季教科书的供应，北平成立了华北联合出版社（简称"华联"）。这是一个公私合营的出版社，负责教科书的印刷和发行。与此同时，在上海也成立了同"华联"一样性质的上海联合出版社（简称"上联"），负责编辑出版华东地区的秋季教科书。1949年11月出版总署成立，"华联"编辑部即并入出版总署编审局第一处。

1950 年 7 月 17 日，出版总署署长胡愈之第一次与叶圣陶谈及筹建人民教育出版社（以下简称人教社）的事，这是迄今见到的有关人教社的最早的资料。叶圣陶在当天的日记记：

> 今日到署。看公文数件，与愈之谈一小时。渠告我拟与教育部合组教育出版社，专事编审教科书，以第一处诸人为其一部分人员。①

“第一处”即出版总署编审局教科书编写处。随后，叶圣陶在 8 月 17 日、23 日、31 日，9 月 5 日、7 日、19 日、29 日，10 月 4 日、9 日、17 日、30 日，11 月 1 日、6 日、10 日、13 日、25 日的日记中均记及筹建人教社的事。可见，自 1950 年 7 月始，筹建人教社的工作就紧锣密鼓地进行着。1950 年 9 月 15 日至 25 日，出版总署召开了第一届全国出版会议，决定了出版、印刷、发行的分工专业化，确定中小学教材全国统一供应。会后，教育部与出版总署加快了共同筹建人教社的步伐，决定以总署编审局教科书编写处以及“华联”“上联”三方面合并而成人教社，负责教科书的编辑和出版工作（以中小学教科书为主），发行归新华书店。

1950 年 12 月 1 日，人教社正式成立，成为全国研究编写出版中小学教材的专门机构，这是新中国建立的第一家出版社②，毛泽东主席题

---

①《叶圣陶集》第 22 卷，第 118 页。

② 随后建立的有人民出版社（1950 年 12 月 18 日）、人民文学出版社（1951 年 3 月）、人民美术出版社（1951 年 9 月 14 日）。

写了社名，彰显了党和政府对教材建设的高度重视。中小学教科书是国家、社会、科学乃至莘莘学子的奠基之书，是“体”“心”“智”“德”的启蒙书。新中国儿童是从人教社的教科书上懂得了加减乘除，是在人教社的教科书上认识了日月星辰，以及“毛主席”“共产党”“新中国”“全世界”和“爸爸”“妈妈”“哥哥”“姐姐”“弟弟”“妹妹”这些启蒙文字的，也是通过人教社的教科书懂得了“吃水不忘挖井人”这一“做人”的道理的。从某种意义上说，新中国国力的发展进步、社会主流文化的形成、科学观念的孕育、思想方法的创新，都与教育事业的兴隆息息相关。兴国需要人才，育才需要教育，教育需要教材。在某种意义上说，教材的编写者是未来人才的设计者和铸造者。在人教社成立大会上，叶圣陶有一篇鼓舞人心的讲话。他说：

> 现在全社——编审部、经理部和上海办事处工作人员有一百二十三人。编审部工作人员有从教育部来的，有从编审局来的，经理部工作人员有从“华联”来的，有从“上联”来的，上海办事处的工作人员原是“上联”的同人。这么许多来源不同的人聚在一块儿，共同来做人民教育出版社这一件大工作。我们大家知道，化学书上有“混合”“化合”两个词儿。譬如一碗大米，一碗小米，可以倒在一个大碗里，把它搅和，这是混合。混合的东西不变原样儿，你有耐性细细的分别的捡，还是一碗大米，一碗小米。化合可不同了。譬如脂肪和碱起了化学作用，成为肥皂，无论它结成块儿，溶成液体，总之是肥皂了，不再是脂肪和碱了。肥皂是两种物质化合之后的新东西，希望来源不同的工作同志聚在一块儿，是化

合，不是混合。由于化合，大家成为更进步的新人，为编好、印好、供应好教科书而努力。①

人教社开成立大会的当天，叶圣陶日记中有如下的记叙：

九时，教育出版社开成立大会。编审部、经理部同人齐集，教育部、出版总署首长咸莅。余以社长致开场白，马老、韦老、愈之、荃麟、云彬、吴研翁、张宗麟皆讲话。至一时而毕，摄影而散。此是重负，比以前更重，余可谓勉力而任之。②

在叶圣陶的带领下，人教社同人真诚地“化合”在一起，坚定不移地贯彻党的教育方针，继承我国教科书好的编辑体例和编辑思想，借鉴国外的先进经验，不断地开拓创新，为新中国编撰全国中小学（包括师范及大学语文）统一使用的各种学科、各个年级的教材，哺育了几代青少年的健康成长。

二、树立教育出版大家风范

建社之初的人教社设有社长、副社长和社务委员会，下面有秘书长、编审部和经理部。编审部分语文、历史、地理、自然、教育五组，还有个总编室。经理部分生产处和经理室。另外还有三个附属单位，即

① 叶圣陶：《人民教育出版社成立大会讲话》，《叶圣陶集》第17卷，第325页。
② 《叶圣陶集》第22卷，第151页。

《人民教育》社、新华地图社和新华辞书社。社长由叶圣陶兼任，副社长由柳湜兼任，社务委员由叶圣陶、柳湜、刘皑风、宋云彬、朱文叔、金灿然、吉少甫、曾世英、魏建功九人组成。秘书长由金灿然兼任。编审部的总编辑由叶圣陶兼任，副总编辑是柳湜、宋云彬、刘薰宇、朱智贤、金灿然。下面五个组：语文组组长由宋云彬兼任，历史组组长是丁晓先，地理组组长是田世英，自然组组长是陈同新，教育组组长由朱智贤兼任。总编室主任是蒋仲仁。经理部主任由吉少甫兼任，副主任是卢芷芬。生产处主任由卢芷芬兼任，副主任是张景勋、何光。经理室主任由吉少甫兼任，副主任是杨定远、凌伶。另外有个上海办事处，由副主任赵景源主持。

人教社工作分为编辑、出版两大部门，这两大部门连同上海办事处工作人员加起来共有一百二十三人（编辑人员有三十多位），社址就设在东总布胡同出版总署内。1952 年 6 月，人教社编辑部与教育部教科书编审委员会合并，为便于统一领导，人教社编辑部由东总布胡同迁至西单大木仓胡同教育部院内小红楼办公，这在叶圣陶日记中也有记载：

> 6 月 12 日　　我社编辑部定于后日迁入教育部。各部分皆整理书物，装入木箱。同人皆自己动手，余则由凤祥为之。念日后东西奔跑，虽乘汽车，实感惫累。余之脾气不好动，感情上殊不愉适。①

① 《叶圣陶集》第 22 卷，第 331 页。

6月13日　九时集编辑部全体同人为会，鼓励大家把搬家工作做好，要爱护公共财产，勿使有所损失。易一生活环境，未免有不方便不习惯处，可从长计议，勿随意表示不满。与教部中人要注重团结，融洽如一家人。韦老与张苹中特来参加，各致辞表欢迎之意。[①]

所说“念日后东西奔跑”，指的是出版总署与教育部分在两处，人教社的编辑部与出版部分为两处，叶圣陶每天上午在出版总署办公，下午到人教社（编辑部）办公，每天都得“东西奔跑”。小红楼是一幢小小的两层红砖楼房，楼上楼下仅有十多个办公室，三十多位编辑人员，十多个办公室共用一台电话，却承担着新中国成立初期全国中小学教科书编撰的重任（1951年经人教社新编和修订的中小学教材已经在全国使用）。叶圣陶当年曾诙谐地说：“人教社是世界上最大的出版社。”大，指的是服务对象——中小学校的几千万师生。而担负着如此重任的出版社却在这样一座小小的红砖楼房里，“小楼大社”是名副其实的称谓。[②]“大”，又指责任“大”，事业“大”，抱负“大”。人教社同人秉承“敬业、严谨、团结、创新”的社训，以“书育英才”的理念，靠编好书出好书的业绩，赢得了“教育出版家之大风范”的赞誉。

作为社长和总编辑的叶圣陶主要做了三件事：一是招聘人才，把一批热心教育的知名学者和出版家调到人教社，从而使人教社成了一个藏

---

① 《叶圣陶集》第22卷，第332页。

② 参见刘承汉、孙全洁：《煌煌一甲子，拳拳赤子情——祝贺人民教育出版社建社60周年》，《我们——人民教育出版社建社六十周年纪念文集》，人民教育出版社2010年版，第84页。

龙卧虎的宝地，名流云集，英才辈出。二是重视“教科书”资源，通过收购、捐赠等各种方式征集各种教材，使人教社成了“教材库”和“教材研究基地”。从人教社图书馆为祝贺人教社建社六十周年举办的“百年中小学教科书展”可以看到，该社的教科书特藏品琳琅满目，数不胜数，上至《千字文》《幼学琼林》《龙文鞭影》之类传统启蒙读本，下至清末各种新式教科书如《蒙学读本》《蒙学礼经修身教科书》，修身、国文、算术、格致、历史、地理、物理、化学、珠算、植物、自然、常识、公民、唱歌、英文教科书，劳作教本、卫生课本、社会读本以及各地翻译的英、美各科教材；至于民国时期的各科教材就更丰富了，包括南洋华侨、日鲜侨民的教科书，都应有尽有。珍藏的解放区教材也相当可观，延安解放区、晋察冀边区、晋冀鲁豫边区、晋绥边区、陕甘宁边区、胶东区、东北行政区、关东公署教育厅、东北行政委员会、华北人民政府教育部编写的各种《文化读本》，美不胜收。正是有了这一批“特藏”，“继承我国教科书好的编辑体例和编辑思想”，“把教育传统中合理的东西保留并加以发扬，进行改造，包含到新的教育体系中”的理念才能“落到实处”。三是按党的教育方针和教育规律办事，敢于讲“专业技术”，抓教科书的“含金量”。

20 世纪 50 年代初是个红红火火讲“政治”的年代，上级部门对教科书的要求最主要的有两点，一是不能有“反革命分子之著作与言论”，二是“无政治性之错误”①，讲“专业技术”“咬文嚼字”反倒很容易被误解为“纯技术观点”。叶圣陶为此也有过苦恼与犹豫。1952 年 3 月 1

① 叶圣陶 1955 年 10 月 4 日日记。

日日记中说："看语文组交来初中第一册之注释稿五六篇，一一为之修改。同人笔下多用报纸调，句长，句之组织累赘，去语言甚远，唯能'目治'而不适于耳受。余亦无法依余之意加以修改，只得任之。"① 1952年3月5日日记中说："仲仁来谈，余告以余心头之不快。语文组同人不注意语文，所写所撰教材顾到思想政治一面，忽略艺术一面，致中学教本无异于报道时事时人之杂志，各篇皆不能起感染作用。余自以为颇关心我国语文之前途，而我社之书若是，实使余颇为懊丧。仲仁相慰，谓须求大家想法一致，当可有所改进。余此种意见，唯文叔、仲仁与灿然可以一谈，此外将以'纯技术观点'相讥矣。"② 1952年3月6日日记中说："晨间灿然来谈，谓初中语文本第一册之提示多及政治而疏于语文方面，殊非所宜。余告以所选文篇可诵者甚少，仅注意解放以来之新事物，而文皆平平，告诉人家有这么一回事而已，能感动人者、足以生感染作用者不多见，此为最无可奈何事。余若谓此等文篇不佳，同人将谓请以佳者易之，余无以对也。灿然言终当共同讨论。余谓果有可以改善之方，余无不乐从。既而仲仁来，亦谈此事。最后请仲仁先将第一册所收各篇通观一遍再说。"③ 1952年4月24日日记中说："上午仲仁来谈，隐示余与语文组少数同人相互不了解，彼辈以余为抱着纯技术观点，余以彼辈为徒知强调思想政治，而不悟内容与形式之必趋于一致。仲仁以为此种不了解由于接触时少，若经常接触，所思即可渐就接近。余谓余实所知不多，偶有所见，自知无术充分表达，即表达之亦恐不能服人，故怠于吐露。余希望大家广其识域，识域广即不致拘墟。然不敢

①②③《叶圣陶集》第22卷，第292、293、293—294页。

遽以此为号召也。”[①] 其实“只得任之”“不敢号召”云云，只是一时气愤的话。在人教社工作期间，叶圣陶自始至终坚持“语文挂帅”，要求人教社同人“广其识域”，本着对教育负责的精神，编好语文课本，编好所有的教科书。

叶圣陶强调编教材不能“捡到篮子里就是菜”，要像蜜蜂吸取百花精华酿出蜜来那样，吸取有关的各种教材的长处，融会贯通，不断地推陈出新。他对课本里的语言尤为重视，认为课本是给孩子们读的书，要口语化，要注意语法、修辞和逻辑。他举例说：连词用“和”，副词用“同”，还可以用“跟”。口语用“跟”较好，行文用“同”较好。并建议连词用“和”，副词用“跟”。化学课本里讲的混合物，是不同物质掺和在一起，不是化合。因此，他建议将“混合物”改为“混和物”。他十分重视课本的绘图工作，认为书籍里的“图画跟写在书里的书面语言有同等的重要意义”，要求跟书面语言做到有机配合，“相辅相成”“相得益彰”。[②] 他说，“课本是国家对学生进行教育的主要的工具，是学生受教育时期的主要的精神食粮”，必须认真，“单说校对吧”，“总望做到一个标点也不错”[③]，并率先垂范，使“严谨”二字成为人教社的风气。从叶圣陶日记和相关文字材料中可以看到，他“把”教科书的“关”把得极严，发现问题，非改正不可。且看以下几则日记：

1951 年 10 月 15 日　　夜间，墨偶以高小自然校样嘱至善阅

① 《叶圣陶集》第 22 卷，第 314—315 页。

② 叶圣陶：《重视书籍的绘图工作》，《叶圣陶集》第 17 卷，第 339 页。

③ 叶圣陶：《人民教育出版社成立大会讲话》，《叶圣陶集》第 17 卷，第 325 页。

看，至善发见其书多粗糙含糊之语，谓实非善本。此稿去年编成，已印过数版，余从未看过。经至善提出，取而观之，开首系讲劳动创造人及米丘林学说，确属不好，非特不能使儿童明晓，恐教师亦无从据以讲说。遂发心与至善共同修改。至于十一时，仅改两课有半。此是第四册，若全书皆为修改，亦不知需花多少时间。①

1951 年 10 月 16 日　　夜间仍与至善共改自然课本，至于十点过停手，改得七课。如此灯下打磨，余与至善俱感疲劳殊甚，明日始，拟改在日间为之。②

1951 年 10 月 17 日　　晨携至善到署。署中各党派负责人到我室会谈，再行讨论工会委员候选人名单，略作更动。诸人去，与至善续改自然课本。至于午，至善去，亦仅得四课而已。……夜间，与至善续改自然课本，至十点过，毕其第四册。此册凡一十八课，计费三个夜工，半个日工，合两人之力为之。尚有三册，本月内必不克全了。此第四册俟排字房改过打样送来，尚须请自然组、理化组同人审阅。我父子二人所改恐亦不免有误也。③

这之后，10 月 19 日，夜间“与至善共改自然课本第二册。至于十一点过，仅改二十页”。20 日，“伤风甚剧，精神不振”，“夜间，勉强与至善改自然课本十页”。21 日是星期天，“与至善续改自然课本”，“改毕

---

①②③《叶圣陶集》第 22 卷，第 238、239、239 页。

第二册”。22日，“夜间，与至善同改自然课本第一册，三小时工夫改成十五页”。23日，“夜间续改自然课本，进行不顺利，仅得十页而已”。25日，“夜间续改自然课本。所叙太芜杂，改之使人烦躁”。11月5日，“夜间，与至善续改自然课本，至于十点钟，仅改三课而已”。6日，“夜间，继改自然课本，毕其第一册。至此，全书四册，仅馀第三册矣”。11日是星期天，“与至善续改自然课本”。20日，“夜间与至善续改自然课本，至九点半毕。全书四册，至此完工。尝问方宗熙，方谓此书经余修改，科学性较高，文字似修整，然仍为要不得之教本。以其不适于小学高年级生之程度，取材无抉择，样样都有，而叙说不畅，一语之中含义至多，未能使学者彻底领会也”。①

经过叶氏父子的“修改”，“文字似修整，然仍为要不得之教本”（来年还得再“另起炉灶”），可见叶圣陶对教材要求之严。类似的记载还有很多，请看以下几则日记：

1952年11月20日　　校对科校对高小算术，发觉其稿体例不纯，语句生硬，来就余商量。此稿系俞子夷自改其旧稿，余观之，诚不能满人意。因告陈同新君，请其与薰宇共商，如何补救。俞子夷治小学算术有名，因观苏联课本，不自满其旧作，请求修改重出。其修改殆依助手，然渠亦当过目，乃有毛病，足见其于编辑之术初未措意。稿来我社，我社同人亦经审读，并未发现不妥，可见我社同人亦殊粗疏。余未能就每一书稿而详审之，而不详审竟可

① 以上均引自《叶圣陶集》第22卷。

随时出毛病，诚为无可奈何。积极办法自当以提高全体同人之责任心，磨砺其识力与眼光为尚……①

1952年11月21日　下午到社，芷芬告余今晨共商算术课本事，决由数学编辑室曹飞羽君重看一过，或删或改，再行排版。此自是不得已之办法，然耽误造货时间已多矣。俞子夷及其助手草率交稿。我社送教育部教科书编审委员会阅看，委员会谓为可，我社闻委员会之可，即认为无复问题。余为总编辑，仅于发稿时签字，内容绝未一看。此是一连串之官僚主义作风，堪为典型。他日有机会，将当众言之。此风不去，出版物之质量何从提高哉。②

1952年11月22日　下午到社，与安亭谈高小算术课本事。曹飞羽君来告，谓详看其第四册，确属谬误甚多，以国家出版社而出版此等书，实太对不起学生。曹君青年意诚，言次几欲哭泣。共商之后，决由曹君与三位同人各改一册，以三四日为期，改毕而后，由余通体审读一过，以两日为期，尽下星期内完工，然后重排。至浪费工力财力，耽误造货时间，为当然之事，亦不能说矣。于此颇可怀疑俞子夷之所谓小学算术教学专家，编出课本若此，盖并一般编辑人员而不如。若出于助手，则不加阅看，即来交卷，其工作作风亦大有问题。我社大家不加详阅，徒闻教育部认为可用，即以付排；薰宇主持算学一科，亦未详审；余见大家通过，即签字

①②《叶圣陶集》第22卷，第385页。

发排，皆属无可卸责。会当公布于众，以为警戒。①

11月28日日记记："昨带回高小算术第一册之修改本。预约四日改毕，蔡君如期交来。今晨余即为之审读，再润其文字，且订其格式。"11月30日是星期天，日记记："下午，修润算术第三册之改订本，连续五小时完毕。预计今日须看完四册，实际上差了一册。"再请看12月2日日记：

下午到社，与治算学诸君共谈。因余读高小算术，屡见"扩大几倍""缩小几倍"之语，以为"缩小几倍"之说不妥，因说到"倍"只有扩大意，"缩小几倍"殊难想象。然社会间已经流行，工业部门之报告往往用之，余以为此为破坏我国语言之一例。前月愈之曾谈及此，亦认为不妥。此系从俄语译来，余尝问刘泽荣。刘谓俄语中无论扩大若干，缩小若干，同用一字，此字本身并不专含扩大义，如我国之"倍"字然。而我国别无相当之字，只有一个"倍"字，"倍"字用于扩大固甚妥，而用于缩小实欠妥，唯刘亦无法以易之。余遂与曹飞羽谈及，曹解其意，与同人共商之后，改为"缩小几分之一"。而今日薰宇知之，认为不合，因乘余到社时共谈。薰宇之意，谓苏联教本讲乘除，一贯的用"扩大""缩小"以明之，说法必须一致，乃可使学生概念明确。若于扩大说"几倍"，缩小说"几分之一"，即不足以建立明确而一致的概念。薰宇解说

① 《叶圣陶集》第22卷，第386页。

谓不宜死看“倍”字，宜将“扩大几倍”“缩小几倍”合成一个概念看，“扩大几倍”即乘以几，“缩小几倍”即除以几，只须向学生讲明，亦无多妨碍。诸君听薰宇之言以为然，皆主从其说。此后社会间统计数字多用“缩小几倍”之说恐更益流行，亦属不可抗拒之势。然我国“倍”字之意义自此变更矣……①

叶圣陶择善而从，人教社的“大家风范”也可以说就是叶圣陶面对面“教”出来“带”起来的。1953 年 5 月，教育部在向毛主席汇报工作时，谈到了人教社的情况。当毛主席听说人教社只有三十多名编辑人员时，当即指示中央组织部，马上从全国各地抽调二百多名人员充实人教社编辑队伍。由此，一支高质量的编辑队伍逐渐形成。

1955 年 6 月底，人教社迁到景山东街 45 号大院（今沙滩后街 55 号），这是人教社社史上的一件大事，自此离开了教育部大院那座小楼，有了“单门独户”的独立办公场所，正式挂出了毛主席题写的“人民教育出版社”社牌。新址院落宽广，机构齐全，建筑众多，设备完善；编辑部和出版部分处两地办公的局面从此结束，更利于经营和管理。这 45 号大院，处于北京的中心，东面是五四大街、北大红楼，南面靠近故宫皇城，西临景山、北海，北面地安门、钟鼓楼近在咫尺。附近还有美术馆、首都剧场等文化设施。再远一些就是天安门广场、故宫博物院、历史博物馆。沙滩后街 55 号，墙上嵌有“京师大学堂遗存”勒石。当年在“戊戌变法”新政推动下，这里建立了京师大学堂。更早的时候，这里是

① 《叶圣陶集》第 22 卷，第 389—390 页。

清乾隆帝四女儿和嘉和硕公主府邸。历史古迹，随处可见。迁到沙滩后，人教社真正成了全国最大的出版社。叶圣陶 7 月 1 日日记中说：

> 今晨至景山东街，我社迁此，与文改会为同居，编辑部已大致迁来，出版部稍缓亦将迁来，局面又成一个样子。……编辑部居一楼房，原系北大之理学院（其整个院落为清朝之某公主府），较之教部内之小红楼高爽多多。迁此过暑期，大家均觉愉快。

从这时开始到“文革”的十年间，人教社群英荟萃，硕果累累，事业辉煌。

三、俯仰无愧　天地立碑

叶圣陶 1946 年写的《开明书店二十周年纪念碑辞》的结尾两句是“堂堂开明人，俯仰两无愧”。用“俯仰两无愧”形容作为人教社创始人的叶圣陶，形容人教社建社走过的风雨历程，也都十分贴切。近年来曾有人对收入中小学语文课本中的文章被删一事颇有微词，谁都知道“剪刀加浆糊”，把作品“拿过来”，原封不动地编进语文课本，既省心省事，又不会“得罪”作家。够得上进“教科书”的作家都有一定的知名度，名人往往都会有这样或那样的脾气，并不愿意别人拿他下手，修改他的作品，“改我一字男盗女娼”的话也不是没人说过。可叶圣陶有他的看法。他说课本是让孩子们学习的，编辑思想及选编的课文都得以孩子们为中心，得切合他们的心智、性情和特点，既能消化吸收，又处处都能起到示范作用，不能“捡到篮子里就是菜”，得认真审读，倾听专家、教师和学生们的意见。凡是编入课本的作品，“孩子们不宜”的或语言不规范的必须修改，翻译的作品还得请外文专家对照原作帮助把关。这就是叶圣陶坚定不移的编辑理念。但修改必须慎重，凡是健在的作家（翻译家）要改就得征得他的同意，让他心悦诚服，这也是人教社的“大家风范”和“仰俯无愧”的一个例证。且看人教社教科书中对郭沫若《诗二首》的修改①：

诗的宣言

你看，我是这样的真率，	你看，我是这样的真率，
我是一点也没有甚么修饰。	我是一点也没有什么修饰。
我爱的是那些工人和农人，	我爱的是那些工人和农人，
他们赤着脚，裸着身体。	他们赤着脚，裸着身体。
我也赤着脚，裸着身体，	我也赤着脚，裸着身体，
我仇视那富有的阶级：	我仇视那富有的阶级。
他们美，他们爱美，	他们“美”，他们爱“美”，
他们的一身：绫罗、香水、宝石。	他们的一身：绫罗、香水、宝石。
我是诗，这便是我的宣言，	我是诗，这便是我的宣言，

① 左为原诗，右为修改后的诗。

我的阶级是属于无产；	我是属于无产阶级这一边；
不过我觉得还软弱一点，	虽然我还软弱了一点，
我应该要经过爆裂一番。	还需要经过一番锻炼。
这怕是我才恢复不久，	这是由于我才恢复不久，
我的气魄总没有以前雄厚。	我的气魄没有以前雄厚。
我希望我总有一天，	我希望总有那么一天，
我要如暴风一样怒吼。①	我要如暴风一样怒吼。②

我想起了陈涉吴广

一	一
我想起了几千年前的陈涉，	我想起了几千年前的陈涉，
我想起了几千年前的吴广，	我想起了几千年前的吴广，
他们是农民暴动的前驱，	他们是农民暴动的前驱，
他们由农民出身，称过帝王。	他们由农民出身，称过帝王。
他们受不过秦皇的压迫，	他们受不过秦朝政治的压迫，
在田间相约：“富贵毋得相忘！”	在田间相约：“苟富贵，毋相忘！”
那时候还有凶猛的外患，匈奴，	那时候还有凶猛的外患——匈奴，

①《郭沫若全集》第 1 卷，人民文学出版社 1982 年版，第 374—375 页。

②《初级中学课本·文学》第 3 册，人民教育出版社 1956 年版。

要攘夺秦朝的天下侵陵
　北方。

秦始皇帝便要筑下万里长城，
使天下的农夫都为徭役奔忙。
他们便斩木为兵，揭竿为旗，
丛祠的一夜篝火漭天炎上。

就这样惊动了林中的虎豹，
就这样惊散了秦朝的兵将；
就这样他们的暴动便告了
　成功，
就这样秦朝的江山便告了
　灭亡。

二

中国有四万万的人口，
农民占百分之八十以上。
这三万二千万以上的农民，
他们的生活如今怎样？

朋友，我们现在请先说北方；
北方的农民实在可怜万状！

它要攘夺秦朝的天下，侵陵
　北方。

秦始皇帝便要筑下万里长城，
使天下的农夫都为徭役奔忙。
他们便斩木为兵，揭竿为旗，
野庙里的篝火照得满天明亮。

就这样，惊动了林中的虎豹，
就这样，惊散了秦朝的兵将；
就这样，他们的暴动便告
　成功，
就这样，秦朝的江山便告
　灭亡。

二

我国有四万万的人口，
农民占百分之八十以上。
这三亿二千万以上的农民，
他们的生活如今怎样？

朋友，我们现在请先说北方：
北方的农民实在是可怜万状。

他们饥不得食，寒不得衣， 有时候整村整落的逃荒。	他们饥不得食，寒不得衣， 有时候整个村落的逃荒。
他们的住居是些败瓦颓墙， 他们的儿女和猪狗一样； 他们吃的呢是草根和树皮， 他们穿的呢是褴褛的衣裳。	他们的住居是些败瓦颓墙， 他们的儿女竟同猪狗一样； 他们吃的呢，是草根和树皮， 他们穿的呢，是褴褛的衣裳。
南方呢？南方虽然是人意差强， 但是农村的凋敝触目神伤。 长江以南的省区我几乎走遍， 每个村落里，寻不出十年新造 的民房！	南方呢？南方虽然比北方稍强， 但是农村的凋敝，触目神伤。 长江以南的省区我几乎走遍， 村落里寻不出十年内新造的 民房！
三	三
农民生活为甚么惨到了这般 模样？ 朋友哟，这是我们中国出了无 数的始皇！ 还有那外来的帝国主义者的 压迫， 比秦时的匈奴还要有五百万 倍的嚣张！	农民生活为什么惨到了这般 模样？ 朋友哟，这是我们中国出了无 数的始皇！ 还有那万恶的帝国主义的 侵略， 比秦时的匈奴还要万倍的 嚣张！

他们的炮舰政策在我们头上跳梁，
他们的经济侵略吸尽了我们的血浆。
他们豢养的走狗：军阀、买办、地主、官僚，
这便是我们中国的无数新出的始皇。

可我们的农民在三万二千万人以上，
困兽犹斗，我不相信我们便全无主张。
我不相信我们便永远地不能起来，
我们之中便永远地产生不出陈涉、吴广！

更何况我们还有五百万的产业工人，
他们会给我们以战斗的方法，利炮，飞机。
在工人领导之下的农民暴动

他们的炮舰政策是那么的猖狂，
他们的经济侵略吸尽我们的血浆。
他们豢养的走狗：军阀、买办、地主、官僚，
这便是我们中国的无数新出的始皇。

可是，我们的农民在三亿二千万人以上，
困兽犹斗，我不相信我们便全无主张。
我不相信我们便永远不能起来，
我们之中便永远产生不出陈涉吴广！

更何况我们还有五百万的产业工人，
他们会给我们以战斗的方法，组织的力量。
在工人领导之下的农民暴动

哟，朋友，
这是我们的救星，改造全世界的力量！①

哟，朋友，
这是我们的救星，是改造全世界的希望！②

不难看出，编入《文学》课本的这两首诗，经过语言层面的修改，诗的内容显得更丰富，更符合历史的真实（如将“富贵毋得相忘！”改为“苟富贵，毋相忘！”将“每个村落里，寻不出十年新造的民房！”改为“村落里寻不出十年内新造的民房！”），语言更精练，更形象，更符合规范，更富有美感（如将“三万二千万人以上”，改为“三亿二千万人以上”；将“有时候整村整落的逃荒”，改为“有时候整个村落的逃荒”；将“丛祠的一夜篝火浵天炎上”，改为“野庙里的篝火照得满天明亮”）。这两首诗共六十行，文字改动竟有三十处之多，标点的增改多达十四处。与《郭沫若全集》相比，《文学》课本中的这两首诗形式更整齐，音调更和谐，更便于吟诵，感人的力量更强。像对郭沫若的这两首诗所作的这许多修改，除了要有渊博的学识和敢于求美求是的学术品格之外，还需要有为教育献身的真诚和不怕得罪名家的气魄。叶圣陶和人民教育出版社的同人就是这样认真虔诚，把教育看作最神圣的事业。为了编写最优质的教材，给孩子们提供最精美的精神食粮，他们默默耕耘，日复一日、年复一年，斟字酌句，千锤百炼，精益求精，他们是真正的无名英雄。

编入课本中的作品，除了语言文字方面的修润打磨之外，为了方便

①《郭沫若全集》第1卷，人民文学出版社1982年版，第378—380页。
②《初级中学课本·文学》第3册，人民教育出版社1956年版。

教师的教学和学生的阅读，每篇课文都作了注释（注音）。注释（注音）从学生的需要出发，真正做到需要加注的一定要加注（该注音的一定注音），所有的注都相当精练、准确、明白、易懂。以鲁迅的作品为例，初级中学课本《文学》第三册收鲁迅的《孔乙己》《故乡》《论雷峰塔的倒掉》《我们不再受骗了》，加的注可真不少。

《孔乙己》中的注有：（1）“格局”；（2）“阔绰”；（3）“踱”；（4）“舀”；（5）“羼”；（6）“荐头”；（7）“之乎者也”；（8）“描红纸”；（9）“污人清白”；（10）“绽出”；（11）“君子固穷”；（12）“粉板”；（13）“不屑置辩”；（14）“回字有四样写法”；（15）“多乎哉？不多也”；（16）“服辩”；（17）“耳熟”；（18）“年关”。

《故乡》中的注有：（1）“阴晦”；（2）“萧索”；（3）“形像”；（4）“心绪”；（5）“聚族而居”；（6）“谋食”；（7）“易主”；（8）“猹”；（9）“大祭的值年”；（10）“五行缺土”；（11）“弶”；（12）“秕谷”；（13）“稻鸡、角鸡、鹁鸪、蓝背”；（14）“鬼见怕”；（15）“獾猪”；（16）“刺猬”；（17）“潮汛”；（18）“苏生”；（19）“颧骨”；（20）“髀”；（21）“愕然”；（22）“伊”；（23）“豆腐西施”；（24）“我却并未蒙着一毫感化”；（25）“拿破仑”；（26）“华盛顿”；（27）“放了道台”；（28）“八抬的大轿”；（29）“黛”；（30）“装着这么高低的小脚”；（31）“也不愿意都如别人的辛苦恣睢而生活”。

《论雷峰塔的倒掉》中的注有：（1）“而已”；（2）“掩映于湖光山色之间”；（3）“夕照”；（4）“并不见佳”；（5）“禅师”；（6）“水满金山”；（7）“弹词”；（8）“钵盂”；（9）“白状元祭塔”；（10）“钱王”；（11）“吴越”；（12）“田夫野老”；（13）“村氓”；（14）“脑里有点贵恙

的”；(15)“玉皇大帝”；(16)“荼毒生灵”；(17)“腹诽”；(18)“罗汉”。

《我们不再受骗了》中的注有：(1)“帝国主义”；(2)“侍从们”；(3)“实业党”；(4)“绥拉菲摩维支”；(5)“法捷耶夫”；(6)“革拉特珂夫”；(7)“绥甫林娜”；(8)“唆罗诃夫”；(9)“乌曼斯基”；(10)“内战”；(11)“外侮”；(12)“水灾”；(13)“诓骗”；(14)“欧洲大战”；(15)“骗得我们的许多苦工，到前线去替它们死”；(16)“中央公园”；(17)“愚不可及”；(18)“‘公理战胜’的牌坊”；(19)“痈疽”；(20)“谣诼”；(21)“自己(！)”。

与人民文学出版社2005年版《鲁迅全集》中的注释相对比，《文学》课本中的注有三个特点：一是注释多(《鲁迅全集》中《孔乙己》的注共有八个，《故乡》的注共有七个，《论雷峰塔的倒掉》的注共有四个，《我们不再受骗了》的注共有六个)，《文学》课本从初中生的实际需要出发，适当增加一些注，让孩子们在自学或预习时借助于这些“注”，就可以读懂作品，这大概就是叶圣陶等编者的初衷。且看《孔乙己》中的三则注：

荐头——介绍职业的人。

粉板——商店记账用的牌子。

年关——旧社会里的商人每逢年底结账，赊出的账都要收回，欠人家的账都要偿还。一般欠账的人过年如同过关，所以叫“年关”。

这三则注在《鲁迅全集》中是没有的，多了这三则注，孩子们既增长了很多知识，也排解了阅读中的疑难。

二是课本中的注释写得生动、清晰、透彻，有的还很风趣。阅读“注”就像听老师讲课一样亲切。请看《故乡》中的四则注：

“豆腐西施”——西施是中国古代一个著名的美女。“豆腐西施”意思就是卖豆腐的美人（这是开玩笑的话）。

我却并未蒙着一毫感化——这是句俏皮话。长期受到模范人物的影响，自己无形之中也变成思想正确、品质端正的人，才叫蒙了感化。

八抬的大轿——八个人抬的大轿。这是夸张说法，极力形容做官做得大，架子摆得大。

也不愿意都如别人的辛苦恣睢而生活——别人，指压迫者和统治者。恣睢，念 zìsuī，骄奢和放纵。辛苦，在这里有讽刺意义，是说那些人处心积虑地追求剥削和享乐的生活。

这四则注《鲁迅全集》中也没有。孩子们一看（听）就懂，不仅能丰富他们的知识，还能让他们感到有乐趣。

三是课本中的注极富启发性，能激发孩子们求知的欲望。现将《文学》课本里的注与《鲁迅全集》里的注作一点比较：

（一）回字有四样写法（《孔乙己》）

《文学》课本：“回”字一般只有三种写法：“回”“囘”“囬”。

还有第四种写法，写成“囬”，其实很少有人这样写。但是孔乙己这种受科举教育愚弄的老实的知识分子，常会注意一些没有用的字，而且把这看做学问和本领。

《鲁迅全集》：回字通常只有三种写法：回、囘、囬。第四种写作囬（见《康熙字典·备考》），极少见。[①]

（二）五行缺土（《故乡》）

《文学》课本：据星相家迷信的说法，人的生命里含有“五行”（金、木、水、火、土），可以根据各人出生的年、月、日、时推算出来。“五行”齐全的算是好命，缺一“行”或两“行”就差了。补救的办法是，缺哪一“行”就用那一“行”的字或用那一“行”的字作偏旁的字取名（如一个姓王的人的命里缺“金”，就取名叫“王阿金”或“王钧”）。

《鲁迅全集》：旧时所谓算“八字”的迷信说法。即用天干（甲乙丙丁戊己庚辛壬癸）和地支（子丑寅卯辰巳午未申酉戌亥）相配，来记一个人出生的年、月、日、时，各得两字，合为“八字”；又认为它们在五行（金、木、水、火、土）中各有所属，如甲乙寅卯属木，丙丁巳午属火等等，如八字能包括五者，就是五行俱全。“五行缺土”，就是这八字中没有属土的字，需用土或土作偏旁的字取名等办法来弥补。[②]

---

①②《鲁迅全集》第1卷，人民文学出版社2005年版，第462、511页。

（三）“公理战胜”的牌坊（《我们不再受骗了》）

《文学》课本：1900 年，帝国主义借口义和团杀死德国公使克林德，由德国人统率八国联军侵入北京，逼迫清政府签订不平等的辛丑条约，并且在北京东单牌楼建立了“克林德碑”。1918 年欧洲大战结束，德国战败，中国算是参加英、法集团对德作战的，是战胜国，所以把“克林德碑”移到中央公园，改成“公理战胜”的牌坊。现在这座牌坊已经改为“保卫和平”的牌坊。鲁迅说的“但后来又改掉了”指的什么，我们没有查出来。

《鲁迅全集》：第一次世界大战结束后，英、法为首的协约国宣扬他们打败德、奥等同盟国是“公理战胜强权”，并立碑纪念。北洋政府也在北京中央公园（今中山公园）建立了“公理战胜”的牌坊。①

就这三则注而言，《文学》课本都比《鲁迅全集》写得具体而详尽。所谓“详尽”，是把相关的知识和背景尽可能地表达清楚，让读者容易明白和理解。与《鲁迅全集》相比，《文学》课本中的注也有写得比较简洁的，现列举三则：

（一）描红纸（《孔乙己》）

《文学》课本：从前私塾里初学写字的范本：白纸上印上红字，

① 《鲁迅全集》第 4 卷，人民文学出版社 2005 年版，第 442 页。

初学写字的孩子用毛笔依照红字的笔画描成黑字。

《鲁迅全集》：一种印有红色楷字，供儿童摹写毛笔字用的字帖。旧时最通行的一种，印有“上大人孔（明代以前作丘）乙己化三千七十士尔小生八九子佳作仁可知礼也”这样一些笔画简单、三字一句和似通非通的文字。它的起源颇早，据明代叶盛的《水东日记》卷十所载：“上大人孔乙己……数语，凡乡学小童临仿字书，皆昉于此，谓之描朱。”大概在明代已经通行。又《敦煌掇琐》（刘复据敦煌写本编录）中集已有“上大人孔乙己……”一则，可见唐代以前已有这句话。①

（二）大祭祀的值年（《故乡》）

《文学》课本：大祭祀是指祭祀祖先的隆重典礼。这典礼由族中各家轮流主持，轮到的那一家叫“值年”。

《鲁迅全集》：封建社会中的大家族，每年都有祭祀祖先的活动，费用从族中“祭产”收入支取，由各房按年轮流主持，轮到的称为“值年”。②

（三）鬼见怕（《故乡》）

《文学》课本：一种贝壳的土名（下文“观音手”同）。

①②《鲁迅全集》第1卷，人民文学出版社2005年版，第462、511页。

《鲁迅全集》：鬼见怕和观音手，都是小贝壳的名称。旧时浙江沿海的人把这种小贝壳用线串在一起，戴在孩子的手腕或脚踝上，认为可以“避邪”。这类名称多是根据“避邪”的意思取的。[①]

《文学》课本的这几个“注”写得很简洁，是有道理的。《鲁迅全集》面向全社会大众，语文（文学）课本面向的只是正在成长的初中学生。初中学生的学习是分阶段、循序渐进的，所选用的课文以及给课文加的注释，必须贴近孩子们的阅读和理解水平，从他们的实际需要和所能接受的程度出发，传授相应的知识，类似《鲁迅全集》“描红纸”注中写到的《水东日记》《敦煌掇琐》超出了初中学生的阅读范围，注得多了反倒给他们设置障碍，造成阅读的困难。叶圣陶和人教社同人就是这样遵循教育规律办事，全心全意地为孩子们着想，为教育事业着想。

四、语文教育界的一代宗师

作为主管教科书编辑出版工作的出版总署副署长、教育部副部长，从新中国成立一直到“文革”前夕的十七年间，叶圣陶潜心研究教育。他审改各种扫盲课本和工农读本，推进我国的扫盲工作和文化普及工作；他到各类学校视察，与广大师生员工座谈，逐步完善我国的教育制度、教育结构和教学方法；他拟定各科教学大纲，编写教学参考书籍，指导教育改革和教学实践。尤其是在教材建设和探索语文和汉语教学的

① 《鲁迅全集》第1卷，人民文学出版社2005年版，第511页。

改进方面，叶圣陶花费的精力更多，包括课程体系的设置、课本的编写出版、教学程序的设计与更新、课堂教学与课外读写的配合，他都有完整的、系统的、切合实际的见解。我国中小学语文教学体系，最初是叶圣陶主持规划设计的，每一个环节都凝聚着他的心血和经验。

新中国成立初期，为了迅速替代国民党政府统治时期的旧教材，在叶圣陶主持下，中央人民政府出版总署以解放区教材为基础，改编了新中国成立后全国中学和师范学校使用的第一套语文通用教材，时间是1949年至1950年。其特点是具有革命的思想内容，反映了新民主主义革命在各方面的胜利，一扫旧社会许多国文课本中的封建的、买办的、法西斯主义的反动思想内容，较好地体现了我们党的教育方针和教育思想，现就第一套初、高中语文教材作简单的介绍。

《初级中学语文课本》（共六册），这是新中国成立后的第一部全国通用教材，每册前有《编辑大意》，每篇课文后均附有“注解”和“思考·讨论·练习”。《初级中学语文课本》第一册于1950年5月初编竣，校样出来后，又征求各方面的意见，并采取补救的措施。叶圣陶1950年5月16日日记记：

午后二时，本京国文教师十馀人及教部王泗原君来，座谈我局所编高初中第一册语文课本。诸君皆先认真阅过原稿，见无不言，深可感激。以为课文在语言方面尚欠纯粹。余即请诸君再为读正，即蒙允可。今日作事，人人负责，解放以前所未有也。①

① 《叶圣陶集》第22卷，第111页。

1950年5月20日日记记：“教部王泗原来，告以所提对于初中语文课本之意见，甚周至。此君原欲来我局任事，而教部方面先谈妥，今见其能力颇强，深感失之交臂。然彼此固可经常联络也。”① 5月29日日记记：“竟日与语文组诸同人最后订定初中语文课本之原稿，将以明日付排。”②6月6日日记记：“上午仍看国文教材，或为取舍，或为校订。”③宋云彬日记里也有相应的记载，1950年6月6日日记记：“语文课本第一册第一课受人指摘，谓内容空泛，不真实，特改写一课，题为《学好三门功课》。所谓三门功课，指语文、数学、体育也。”④《初级中学语文课本》第一至三册，均注1950年6月新华书店出版，实际的出版时间不一，第三册大概在7月出版。宋云彬7月4日日记：“第三册语文课本付排。灿然谓所选鲁迅之《聪明人傻子和奴才》乃鲁迅早期作品，思想有问题，其言甚是，为另选一篇。”⑤从语文课本可以知道，后改为《最先与最后》（选自《华盖集·这个与那个》），用叶圣陶的话说是虚心接受，择善而从。请看《〈初级中学语文课本〉编辑大意》：

> 说出来是语言，写出来是文章，文章依据语言，“语”和“文”是分不开的。语文教学应该包括听话、说话、阅读、写作四项。因此，这套课本不再用“国文”或“国语”的旧名称，改称《语文课本》。
>
> 无论哪一门功课，都有完成思想政治教育的任务。这个任务，

---

①②③《叶圣陶集》第22卷，第112、113、115页。

④⑤ 宋云彬著：《红尘冷眼——一个文化名人笔下的中国三十年》，山西人民出版社2002年版，第195、199页。

在语文科更显得重要。要通过语文科来完成思想政治教育的任务，不能单靠几篇说理的论文。一种思想内容或一个政治道理，可以用一篇说理的论文来表达，也可以用一篇小说，一首诗歌，一个历史故事，或者一个自然科学故事来表达。无论用哪一种文章来表达，都要注意到适合学生的程度，让他们领会得到，消化得了。讲到程度，又要照顾到广大地区的学生。要这样，才能够完成通过语文教学来进行思想政治教育的任务，才能够使学生得到深切的感染，对学生发生切实的作用。

语文课本的作用，在使学生阅读各种文章的范例，并且就从阅读中同时养成听、说、写的能力。既然是范例，必须审慎选择，一方面求其内容充实，有血有肉，思想的发展正确而且精密；一方面求其文字跟口语一致，真实而且生动。因为这样，我们选的课文大都加了点修润的功夫：有些材料从长篇里节选，前后接榫的地方不得不稍稍变动一下；有些材料一部分的句法和词汇跟口语距离太远，不得不改换一个说法。有的内容很好，但是写法不适宜作教材，那我们就根据原作来重写。当然也有不必修改或不能修改的，例如文学作品、书信（如鲁迅给颜黎民的信）、文件（如波兰大使呈递国书时候的颂词）等等。我们修改的课文，有商得原作者同意的，也有因为不知道原作者的通讯地址，没有征求同意的。这是要请各位作者原谅的。

语文教学应该包括听、说、读、写四项，不可偏轻偏重。怎么样利用这套课本进行这四项作业和训练，我们预备另编一套“参考书”来详细说明；在这套课本里，只能在课文后面提出一些例子。

希望教师依照听、说、读、写四项并重的原则，自己设计来领导学习。

为了教学进行的便利，这套课本除了选文以外，还加上一些别的材料：

第一，课文后面都有注解，有关于作者的介绍的，有关于材料的来源的，有关于生僻词语或者方言的诠释的，有关于词的读音的。注解务求正确，并且详略得当。凡是普通辞书里容易查到的，就不加注解。注音采用拉丁字母和注音符号两种。读音的标准分别根据“北方话拉丁化方案”和“国音常用字汇”，间或有不一样的地方，依照拉丁字母的音来念，或者依照注音符号注的音来念都可以。

第二，课文后面都提出若干要点，有些是让学生去思考的，有些要共同讨论的，有些是用作练习题的。这对于教材的理解、分析和欣赏都有帮助。但是，要点决不限于这些，还需要教师随时给补充。

第三，语法、作法等等，我们认为孤立起来进行教学，收不到什么大的效果，不如就实际如听、说、读、写当中提出材料，相机进行。因此我们在提要点的时候，酌量举一反三，加以研讨。

一般的初中语文课本往往把所谓“应用文”（也有叫作“实用文”的）特别提出来，列举日常应用的文件，从书信、文告以至电报、便条等等，让学生学习。我们认为课本里的各种文章已经包括所谓“应用文”在内，没有特别提出来的必要。只要学生在语文方面有了基本的知识和技能，能够阅读各种文章，写作各种文章，所谓“应用文”的问题自然就连带解决了。何况就广义说，所有文章都是应用的，都是实用的，更没有单独分出“应用文”或“实用文”一类的理由。因此在这套课本里，所谓应用文（书信、讲演词、宣言、意见书等等）也和其他文章一样，融合在各个单元里来进行教学。

这套课本一共六册，供初级中学三年级教学之用。每册课文最多二十八篇，最少二十五篇，看课文的长短来定。课文编排的前后次序，依照学生的程度，由浅入深，从简到繁。文章的深浅跟篇幅的长短并没有一定的关系。有些文章篇幅长，但是头绪并不纷繁，要求的基础知识并不多，学生容易了解；有些篇幅虽短，可是头绪比较复杂，或是要求的基础知识比较多，学生就比较不容易了解。所以课本的难易不能拿篇幅的长短来做标准。但是为了顾到教学的时间，如果一册里面有几篇篇幅太长的，就把课文减少几篇。

这套课本编辑的时间相当匆促，编辑者的学力经验又都不够，希望教师们在实际教学的时候发现了不合适的地方，就给我们随时提意见，让我们依据这些意见加以修订。

这套课本承罗常培、魏建功、吕叔湘、王泗原先生替我们审读课文；又承北京各中学的教师王立玉、白希三、金魁之、徐一诚、唐初、高向夫、陈哲文、郭预衡、闻国新、赵晶洁、臧恺之、刘国正、韩文佑诸位先生替我们审读第一册原稿，提供了好多宝贵的意见，特地在这里表示敬意和谢意。

中央人民政府出版总署编审局

一九五零年六月

《〈初级中学语文课本〉编辑大意》后署“中央人民政府出版总署编审局”，显然出自叶圣陶之手，这倒不仅仅是叶圣陶兼出版总署编审局长，主要是《编辑大意》与叶圣陶的教育思想十分吻合，行文与叶圣陶的写作风格也完全一致。

《高级中学语文课本》（共六册），这是新中国成立后由叶圣陶主持选编的第一部全国高级中学语文通用教材，前两册分别于1950年9月和12月初版，书前有《编辑大意》；第三至六册，初版时间稍晚一些，书前有《出版者的话》，每篇课文后附有“注解”和“提示”。请看《高级中学语文课本》第一册《编辑大意》：

高级语文科的教学目标和作业项目，除了在程度上提高以外，大致跟初中一样，在这里不必再加说明。可是，为了程度的提高，在教材的编选上跟初中不同的地方，得在这儿提出来说一说：

第一，选的教材，不像初中语文课本那样，只选单篇文章；除了单篇文章之外，从第三册起，还选了整部著作的一章一节以及中篇小说和长篇的报告之类。希望靠这套课本来引导学生阅读其他的东西，养成广泛的读书兴趣和敏捷而有效的读书能力。

第二，从第三册起选了若干篇文言。选文言的主要目的，在使学生明确地了解文言跟现代口语的同异，养成阅读文言参考书的初步能力。文言只是给学生阅读，绝对不是教学生模仿着来写作，那是不必详细说明的。

课文的后面本来应该附上注解，提出讨论提纲和练习问题的；因为这一部分的工作还没有完成，赶着要印出书来供各校用，就只好暂缺，等将来再补了。

为了进行教学的便利，我们还预备编一套“参考书”供教师们参考。现在不但参考书没有编成，连课本后面的注解等等都来不及附上。只有希望教师们多费些指导工夫：在课内怎么样展开讨论、研究，来达到更深刻的了解，做到更精密的分析；在课外怎么样自习，来抓住课文内容和形式的要点。我们还希望教师们选定一些好读物给学生在课外阅读，使他们养成读书的好习惯。至于文言的教学，我们希望教师们能够在比较文言跟口语的异同方面多多指点，多多提示。关于这一层，不在这里详细说，愿意推荐吕叔湘先生的《开明文言读本导言》，供教师们参考。

这套课本是本局特别约请周祖谟、游国恩、杨晦、赵西陆、刘禹昌、魏建功六位先生编的。编辑的过程中我们也提供了一些意见。我们相信要编出一套完美的语文课本来，必须经过多处的修改、订正、补充，不是一下子就能成功的。我们除了对帮助我们的诸位教师表示感谢外，还希望教师们在实际教学的时候，发现了不合适的地方，就给我们随时提意见，让我们依据这些意见加以修订。

这一套课本选用了现代的许多著作和译作，对于著者和译者特地在这里表示敬意和谢意。有些课文还略经修改，尤其要请著者和译者原谅。

中央人民政府出版总署编审局

一九五零年七月

这第一和第二两册是“赶”在秋季开学之前编出来的，并不算很“完美”，再版时还要经过“修改、订正、补充”。第三册赶在 1952 年 2 月春季开学之前出版（这之前临时采用的是华北人民政府教科书编审委员会在新中国成立之前编的教材），时间上相对从容些。《高级中学语文课本》第三册《出版者的话》中说：

一、这套课本是根据本社出版的高级中学语文课本改编的：调换和修改了一部分课文；给全部课文作了注解和提示；并且从第一册起兼选文言文，用以培养学生阅读文言文的初步能力。

二、课文后面的注解和提示，目的在帮助学生预习和教师备课。注解力求简要，凡是比较容易查询的，或与课文没有直接关系的事物，概不加注。提示有关于思想内容的阐发的，有关于写作方法的分析的，意在举要，不求详尽。不足的地方，希望教师们在教学中随时补充。

三、为求适合教学的需要，有些课文，我们曾经加以删节或修改。修改后的课文，绝大多数都送给作者看过；只有少数的几篇，因为不知道作者的通信地址或有其他原因，没有送给他们看。我们一并在这里表示诚恳的谢意和歉意。

四、课本的原稿，曾经送请好些语文学者和语文教师给我们审读，承他们提出了许多宝贵的意见，我们在这里表示诚恳的感谢，恕不一一列名了。

五、要编成一套真正合用的课本，必须依靠多方面的帮助。教师们和同学们如果发现课本里有什么错误或缺点，希望随时提出意见，以便将来据以修订或补充。

人民教育出版社

一九五二年二月

这两套通用教材一直沿用到1956年。《初级小学国语课本》和《高级小学国语课本》也都是叶圣陶主持修订的，有一些课文是他写的，这在第三十二章的"'修订'后的《初级小学国语课本》"和"'修订'及'新编'的《高级小学国语课本》"中已经说过了，这里不再重复。

1955—1958学年，汉语、文学分科教学，叶圣陶主持编写了中学《文学》课本（初中三册，高中三册）、中学《汉语》课本（初中三册，高中三册），教育界称这套通用教材为第二套教材。1958年3月由国务院作决定，仍把"汉语"和"文学"合在一起，称作"语文"。这套课本只在部分学校试用了两年半。

1958—1959年受"大跃进"的影响，叶圣陶主持编写了《中学语文课本》（初中六册，高中六册），教育界称这套通用教材为第三套教材。此外，还有1958年编辑的《师范语文课本》（四册），以及1960年修订的《中学语文课本》。

1961—1963年陆续出版的《十年制学校初高中语文课本》（初中六册，高中四册），教育界称这套通用教材为第四套教材。"这套教材强调'文道统一'，编辑意图明确，教学要求层次分明，对前一套教材有了很多发展。"①

1963—1966年人民教育出版社出版的新编《中学语文课本》（初高中共十二册），是叶圣陶在"文革"前主持编写的最后一套教材，也是新中国成立以来编写得最好的一套教材，教育界称这套通用教材为第五套教材。从1961年起，人民教育出版社开始制订《全日制中学语文

① 王本华：《中学语文教材60年》，《中华读书报》2010年9月1日第5版。

教学大纲》，“语文是基本工具”这一基础理念，对语文教学目的作了明确而科学的表述。以“大纲”为基础编制的这部教材具有以下特点：第一，选材有明确标准，现代文要文质兼美，是学习的典范，适合学生程度，入选的诗文作了必要的文字加工；文言文，选的多是思想内容进步健康、语言文字优美的名篇。第二，课文篇数增加，共三百六十篇，篇幅一般都比较短小。第三，加强了基本训练。各年级有循序渐进的安排。现在全国通用教材，很多地方学习了这套教材的编辑体例。

从新中国成立到“文化大革命”前夕的十七年间，人民教育出版社出版的教科书，除语文教科书以外，师范和中小学的历史、地理、生物、常识、政治、自然课本，大多是经过叶圣陶字斟句酌后才发排付印的。数、理、化等教科书，叶圣陶虽说没有字斟句酌，但也都事前与编辑人员谈指导思想，事后看初稿或样稿。朝朝暮暮，春去秋来，年复一年，叶圣陶为我国的教育事业，做着最具体、最切实、最细致、最辛苦的工作。叶圣陶的教育思想以及教材建设的思想与时俱进，他是当代最具影响的教育家。

五、“甘洒遗风在人间”

尤其难得的是，叶圣陶重视调查研究，坚持“开门编书”。他经常到外地学校视察，到大、中、小学讲课，与师生座谈，还以北京的景山学校、二龙路学校、丰盛学校（“文革”前，北京景山学校系中宣部所主办，二龙路学校系教育部所主办，丰盛学校系国务院文教办公室所主办）作为教学基地，将所编撰的语文教材先在这三所学校试教，在实践中检验教材是否合用，探讨教学方法，取得经验全面推广。从叶圣陶日记可以看到，仅在1962年2月至5月这四个月中，他与景山、二龙路、丰盛学校的教师一起备课、听课、评讲，就有十几次之多，这里摘抄部分日记：

2月23日　与张玺恩、志公、袁微子、魏群共谈，下午约景山、二龙路、丰盛胡同三个试验学校之老师来谈试教工作，预作准备，略有拟定。……闻诸君言，二龙路学校较差，其课堂秩序亦不甚安静，以言试教，殊难矣。试教限于语文数学二科，上学期已为之，今则继作，将为一个学期之打算。

2月27日　（午后两点）三个试验学校之教师二十馀人来，分为数学、中语、小语三起，谈进行试教之计划。余与中语一组共谈。决定先作一次测验，以便学期终了之时，可以衡量学生之进境如何。又言本学期须为何种基本训练，须有所规定，大家自为拟想，下星期再来归纳。至于备课，亦以下星期开始。会毕已五点四十分矣。

3月5日　小语室吕美英、何慧君来告与二龙路丰盛胡同两校教师商谈拟定试教计划之情形。余略与提示，望她们二人以后与教师接触时相机告语，俾开拓其识见，增益其能力。

3月8日　（与张志公）谈及语文老师识见拘束，不能忘情于浅薄庸俗之政治观点，我人欲改进语文教学，当思有以解放其思想。我人所称语文老师，系指几个试验学校之教师。此辈固属较为优秀者，而尚且若是，其他更难言矣。

3月9日　　午后两点再到社中，与丰盛二龙路两校之教师共同备课，课文为鲁迅之《从百草园到三味书屋》，星期二已谈此篇，今日续谈。教师总喜抽象谈主题思想，我社诸人发言皆谋变更此点，期从解析课文切实教学。伯箫、志公与余皆然，而泗原之简要解说尤好。彼谓讲透课文，则学生于思想内容文章形式均有所会，不必更求其他。此固余之所怀，而泗原之解说实现之，大可佩服。诸教师听我人之言，似有所悟，恐未易遽尔改辙也。会至五点四十分散。

景山学校高中已举行测验。志公语余阅其卷子，足见以前于辨认词义，理解课文，功力颇差，而随便贴政治标签之习，则中之已深。语文教学质量不高，于此得证。改进教学方法，诚为当前之急事矣。

3月13日　　上午在社中。因下午须备课，出高中课本，观鲁翁之《为了忘却的记念》。午后两点再到社中，三校之教师俱来。由景山之女教师刘君谈彼拟如何为教，然后与会者皆出其所见。谈至五点半而毕。此篇并不易教，经诸人各出其意，刘女士授课时当可较有把握。余回家时亦复觉得疲惫矣。

3 月 14 日　　晨间偕志公、晓风等人往丰盛学校听课一节，系授鲁翁之《从百草园到三味书屋》。担任女教师态度声音极好，教法不脱离课文，亦复可称。唯听之可知其本钱不够，于语法作法方面有错误牵强处。余谓志公，此人宜多予助力，可奋力而为有能力之老师。回到社中，……观景山所用高中课本，此后将教《兰亭序》《归去来辞》《与陈伯之书》，如何教授，大费斟酌矣。

3 月 17 日　　十点偕志公、杨君、晓风到二龙路学校听课一节，女教师亦讲鲁翁之《从百草园到三味书屋》，自各方面观之，均不及丰盛学校之谢瑞芝老师。

3 月 20 日　　上午到社中。志公来谈，观二龙路丰盛胡同两校之试教，均能不离课文而为讲解，自为改进。唯于词义之细味，尚不甚措意，此仍不能导学生于悉心阅读之境。今后当徐徐予教师以启迪。余谓此甚重要，将来俟有机会，宜宛委言之，期教师能有所理会。十点过，共至景山学校，观女教师刘毅上课。所读为鲁翁《为了忘却的记念》，此课系预习，刘提出应注意之数点，即令学生自诵课文。余觉教师引导学生自己思考，开动脑筋，其办法尚不多。善于引导，固教师未易遽得之技术也。

3 月 23 日　　（午后）往景山学校，听刘毅上课二节，将鲁翁之作讲毕。今日比前日稍好，总觉其不踏实，应注意处往往轻轻带过。

4月19日　　午后再到社中，景山之刘毅与他校之两位教师来，共同备课，课文为王勃之《滕王阁序》。由李光家通体讲解一遍，不甚透彻。余亦无能为力，仅略言骈文之特殊的表达方法与声调方面之事。余言如是文章，教学生既不能使之明晓，究有多大意义，可以考虑。师大编此一套课本，选入此篇，是否适当，亦可商量。最后共言还是删去此篇，骈文只讲《与陈伯之书》与《阿房宫赋》。五点半散。

5月1日　　上午在社中。约定下星期一到景山学校作讲。彼校送来教师批改学生作文若干篇，中有一篇，批改甚多，均认为最好，嘱余评之。余观此篇，觉此教师尚有认识未清处，大可一讲，因决定以此为材料。今日作准备，就学生之所思，教师之所批改，凡有可说者，记之于小纸片。此事甚费心思，然既已答应，不得不勉强为之。

5月19日　　中宣部秘书童大林，景山校长方君与教师某君来访，谈景山学校拟用各种办法试验，提高语文教学之质量，使学生多获实益。谈及此事，余意亦多，彼三人所见皆不错，甚相得。他们之来，意在嘱余推荐堪称佳作之现代文。余应之。谈约一时半而去。

5月26日　　志公来谈与二龙路丰盛胡同两校教师会晤之情形。余曾托彼询两校之人，数次听余谈语文教学，觉得如何。志公以询，答谓颇有启发，而依言实做，殊非容易云。

从以上十多则日记可以看出，叶圣陶强调教师要“开拓识见”，“增其能力”，要善于“导学生于悉心阅读之境”，“引导学生自己思考，开动脑筋”。反对语文课贴“政治标签”，批评语文老师“识见拘束，不能忘情于浅薄庸俗之政治观点”，强调“改进语文教学，当思有以解放其思想”。这些见解即便今天看来也是极其新颖、极为精辟的，因为来自调查研究，来自认清了“国情”之后的深思熟虑，确实让有识之士“颇有启发”。

叶圣陶 1962 年 7 月 23 日在给梁伯行的信中写道：“年来常与景山、二龙路、丰盛胡同三校之语文教师接触，时或往观授课，颇感教师增加本钱，最为切要。所谓本钱，一为善读，一为善写，二者实相关而不可剖分。”① 听了语文教师的讲课，他总会“略陈鄙见，以备参考”。平常，师生来信来访，总是“有信必复”，热情接待。1959 年 8 月，叶圣陶为西南师院语文社写了五古《语文教学二十韵》，生动地阐述了语文教学的方法和路径，现抄录于下：

教亦多术矣，运用在乎人，孰善孰寡效，常能验诸身。
为教纵详密，亦仅一隅陈，贵能令三反，触处自引伸。
陶不求甚解，疏狂不可循。甚解岂难致？潜心会本文。
作者思有路，遵路识斯真。作者胸有境，入境始与亲。

---

①《叶圣陶集》第 25 卷，第 17—18 页。

一字未宜忽，语语悟其神，唯文通彼此，譬如梁与津。

学子由是进，智瞻德日新。文理亦畅晓，习焉术渐纯。

操觚令抒发，二事有可云，多方善诱导，厥绩将无伦。

一使需之切，能文意乃申，况复生今世，交流特纷纭。

一使乐其业，为文非苦辛，立诚最为贵，推敲宁厌频。

常谈贡同辈，见浅意殷勤。前途愿共勉，服务为新民。①

“教亦”二句，大意为：教学的方法也很多，在于人如何运用。“孰善”二句，大意为：哪种教法好，哪种收效少，最要紧的是从自己的实践中去体验。“为教”四句，大意为：教的时候尽管详细精密，也不过举个例子罢了。重要的是要使学生能从这个例子运用到其他方面，碰到问题能自己推理解决。《论语·述而》：“举一隅，不以三隅反，则不复也。”朱熹注：“物之有四隅者，举一可知其三。反者，还以相证之义。”“三”，不专指三个，言其多也。以上八句，述说教学者之基本态度。“陶不求甚解”，源自陶潜《五柳先生传》：“好读书，不求甚解。”“不求甚解”历来有两种不同之解释：一为“不求透彻理解”，一为“不钻牛角尖”。此处取前一义。叶圣陶先生 1971 年所作之《抄书》一诗，亦有“陶不求甚解”句，则取后一义。“疏狂”句，大意为：粗疏放任这种马马虎虎的态度是不可取的。“甚解”二句，大意为：透彻理解怎么会难以达到呢？只要用心去体会本文。以下四句讲“潜心会本文”之要领。潜心，专心从事。《三国志·蜀志·向朗传》：“乃至潜心典籍，孜孜不

① 《叶圣陶集》第 8 卷，第 249—250 页。

倦。”本文，指用作教材之范文。“遵路”句，大意为：遵循了作者的思路，就可以知道文章的本意了。“入境”句，大意为：进入了作者的意境，才能与作者亲近。“一字”四句，大意为：一个字也不该疏忽，一句一句都要领会其精神；作者与读者就靠文字来沟通思想感情，文字就像桥梁和渡口。“由是进”，这里的“是”，就指上面所说的“潜心会本文”。进，入手。“智瞻德”，智，智慧。瞻，见识。德，品德。“日新”，一天比一天进步。《礼记·大学》：“汤之盘铭曰：‘苟日新，日日新，又日新。’”“习焉”句，大意为：这样反复练习，读的本领就会越来越好。自“陶不求甚解”句起，讲阅读教学。以下至“推敲宁厌频”句，讲写作教学。“操觚”，觚，古代写字用的木板。操觚，指作文。陆机《文赋》：“或操觚以率尔。”“抒发”，表达。“二事”，指下面所说的“需之切”与“乐其业”。“厥绩”，其成绩当斐然可观。“无伦”，无与伦比。“一使需之切”二句，大意为：一是要使学生对写作有迫切的要求，能够写出来，才感到自己所想的得到了表述。“况复”二句，大意为：何况又生活在现代，人与人之间的交流特别特别多。“一使乐其业”二句，是使学生喜欢作他们的作业，作文不是一件苦事。“立诚”句，源自《易经·乾·文言》：“修辞立其诚。”本句大意为：作文最可贵的是真诚地写出自己的思想感情。“推敲”，源自贾岛“鸟宿池边树，僧敲月下门”，即斟酌字句之意。“新民”，指新的一代。

《语文教学二十韵》把“教”与“学”、“读”与“学”、“作文”与“做人”的路径和道理，讲得特别透彻。至于叶圣陶写的一系列“语文教育书简”，因为在后面还有论述，这里就不多说了。

叶圣陶是我国现代教育的功臣，做的工作和作出的贡献实在是太多了。仍以1962年为例，1月2日日记记："部中高等学校文科教材编选组办公室郭君来，以王了一主编之《古代汉语上册》之印本（中华出版）交我，嘱为审读，谓将集会讨论。此稿之油印本前曾约略看过，大体颇不错。今又加修改，必更精审，当徐徐观之。"1月30日日记记：与"《辞海》编辑所人员，讨论改良部首检字法"。2月26日日记记："为中华书局改《文字蒙求影印说明》"。4月1日日记记："昨日蒋南翔送来全日制中学条例六十条，嘱余修改"。4月2日日记记："蒋南翔送来小学工作条例四十条之草稿，谓明日上午将在部中审阅修改，因看之。"4月7日日记记："蒋南翔又送来中小学工作条例之校样，嘱再为修润。"5月8日日记记："看语言研究所交来已多时之《现代汉语词典》重要条目送审稿，缘今日来信催促，故看之，有意见即提笔改之批之。"6月5日日记记："金灿然来访，嘱我为修改其局所译《新唐书》《魏征传》之稿子。谓此系陆定一之意，将合原文译文注释印一小册子，发与干部，希望能如魏征之不怕提意见。余念此亦妙想，然灿然之托，即受之。"6月9日日记记："白韬来谈，言大学文科教材中，周扬主张唯了一主编之《古代汉语》公开发行，希余于定稿之际再阅定之。"6月28日日记记："看绍虞所撰《中国历代文论选》，系特为大学中文系所编，收集繁富，导引周详，诚为佳制。"以上所列，也只是一部分，无论是在教育界还是出版界，叶圣陶都是乐于"为他人作嫁"的无名的"劳模"和"伯乐"。

2010年，人教社建社60周年前夕，中学语文编辑室同人写了一首《人教赞歌》，"赞歌"中写道：

从美丽的东海之滨，
到连绵的西部山川；
从冰封的东北雪原，
到春暖花开的海角天涯；
高高的布达拉宫上，
俏丽的藏族小姑娘展开数学课本，
潜心演练着一道道习题；
一望无际的呼伦贝尔草原上，
赶着羊群的小男孩手捧语文教材，
高声朗诵着“天苍苍，野茫茫……”

我是读人教书长大的，
我是读人教书长大的，
…………
四面八方传出同一个声音。[①]

而“文革”前叶圣陶就是“人教书”的总设计师。虽说他老人家早就“作别”人教社了，但理念长存，精神永恒。改革开放以来，“人教书”花繁叶茂，芳香送远，这一批批一年年的精美的硕果都是承续着叶圣陶创建的理念和传统“接着”写出来的！如今，人教社已从沙滩迁到魏公村。24层的大楼巍然矗立在中关村南大街，北依北京理工大学、中国

① 《我们——人民教育出版社建社六十周年纪念文集》，人民教育出版社2010年版，第178页。

人民大学，再往北就是中国科学院、北京大学及清华大学；南靠中央民族大学、国家图书馆；东朝解放军艺术学院、中国农业科学院；西临北京外国语大学和中国青年政治学院。这里是一个大文化和大学术的聚集之地，毛泽东题写的“人民教育出版社”社名，在浓浓的学术文化氛围的烘托下，显得更加璀璨夺目。20 世纪 50 年代初，叶圣陶说“人教社是世界上最大的出版社”时，还只是一句诙谐的戏言，他所津津乐道的“大”，指的是服务对象和责任。而今，人教社真的成了“世界上最大的出版社”之一了，这宏伟的大楼也许是世界出版社“之最”，凭窗远眺，风光无际。叶圣陶并没能为这座大楼奠基，但谁都会说他老人家才是这座大楼真正的奠基人。

第三十五章
瓶无新旧　酒必芳醇

圣老吾所师，言动必以正。谦谦居处恭，恳恳执事敬。俯首为孺子，流乳如泉迸。辛勤七十年，功业无止境。

——赵朴初《叶圣陶先生从事教育事业整七十年赋此为贺》①

一、流溢着“口语风”的游记散文

叶圣陶是现代文学史上成就卓著、独树一帜的散文大家，他的散文创作年头长，品类繁多，体裁丰富，包罗甚广，流响不绝。游记在他的散文中占有重要的地位。游记，是旅行生活的真实记录。由于客观条件的限制，叶圣陶在创作力最旺盛的20世纪二三十年代，其活动范围主要在江浙一带，游记散文仅有《记游洞庭西山》《假山》《三种船》等，

① 《光明日报》1982年2月17日第4版。

这些游记以描写江南风情见长，情思绵密，文笔优美，清新可诵。抗战爆发后，叶圣陶举家入川，虽说没有心思写游记，但记录行踪的书信和日记，如《渝沪通信》《嘉沪通信》《成都近县视学日记》《蓉桂往返日记》《蓉渝往返日记》等，都是可以作为游记来阅读的。抗战胜利后，叶圣陶写的游记散文只有《我坐了木船》一篇，但记载从重庆乘木船到宜昌，再由宜昌乘船到上海的《东归江行日记》，也可以称为游记。

新中国的建立和社会主义事业的蓬勃发展，激起了叶圣陶的创作激情。从1953年至1957年的五年间，他以全国人大代表的身份先后在北京，以及西北的陕西、甘肃，华东的江苏、浙江、安徽等地参观访问，写出了脍炙人口的纪实小品《荣宝斋的彩色木刻画》《景泰蓝的制作》，以及游记散文《登雁塔》《游临潼》《在西安看的戏》《从西安到兰州》《坐羊皮筏到雁滩》《游了三个湖》《黄山三天》《记金华的两个岩洞》，结集为《小记十篇》，1958年8月由百花文艺出版社出版。

就主题而言，这十篇小记赞美新中国日新月异的变化，工业、农业、文教事业蒸蒸日上的喜人景象：新人、新事、新思想层出不穷，锦绣河山美如画；风格清新明快，字里行间洋溢着20世纪50年代特有的红红火火、蓬蓬勃勃的时代气息。就品类而言，这十篇小记可分为两类：一类是地地道道的游记，叙述游览的过程，描摹山川风貌，如《登雁塔》《游临潼》《在西安看的戏》《从西安到兰州》《游了三个湖》《黄山三天》《记金华的两个岩洞》；另一类则是以叙述我国传统手工艺的制作过程为主的纪实小品，如《荣宝斋的彩色木刻画》《景泰蓝的制作》。作者在1945年写的《木刻》，1955年写的《荣宝斋的贡献》，也可以归入纪实小品一类。这类纪实小品具有更多的说明文的特点，文学性也很浓，可以称之为风物纪实小品。

《小记十篇》中的游记从容潇洒，形散而神聚，运笔自如，不拘成法。西安、临潼、兰州、雁滩、黄山、金华，是初到。作者足之所履，手之所抚，目之所见，耳之所闻，一切都感到那么奇异、新鲜，描述起来自然兴会酣畅，笔墨淋漓。作者充分发挥了游记散文轻便灵活、开阖自如的特点，依循旅程的程序，用最鲜活的语言，把他所看到的景物、风情，以及他的观感和情思，从容不迫地记述下来。展诵这一篇篇游记，就好像同他手拉着手游历，饱览祖国的山山水水，得到数不尽的美的享受。

《登雁塔》，作者按照参观的时间顺序，随着时空位置的变化，对慈恩寺古朴有致的构建，龙窟蛇穴般的雁塔，雁塔门楣上强弱谐和的石刻，拱门两旁古碑上凌空飘逸的人物浮雕，曾是游人云集、景物繁华、掺杂着异域情调和色彩的曲江池，原是“无何有之乡”的王宝钏的“寒窑”等陈迹古物，逐一辨认赏玩，笔墨极为精细，行文舒卷自如。作者目有所见，心有所思：“在以往历史上，有没有一个时期像今天这样的在全国范围内搞基本建设的？我不曾下功夫考察，可是我敢于断定不会有”；“单提慈恩寺这个名字就叫人发生历史的感情”；“玄奘法师那样艰苦卓绝地西行求法，那样绝对认真地搞翻译工作，永远是中国人的骄傲，永远是中国人的一种典范，谁信佛法谁不信佛法并没关系”；“既有新时代的盛况，封建时代的盛况也就没有什么可以留恋的了”。作者借景抒情，随物议论，把自己的感触和情绪水乳般浸透在景物的描述之中，情真意切。

《从西安到兰州》，作者以沿途的见闻为线索，写“云横秦岭”的壮观、渭河平原的秀色、傲然挺立的白杨、天兰铁路的往事、陇上梯田的风光，看似东一笔西一笔地随意点染，非常洒脱，没有严密的章法，但一笔一画都写得那么诱人，随手拈来都“入画”，请看作者笔下的秦岭和陇原风光：

> 秦岭的下半截让厚厚的白云封住。那白云的顶部那么齐平，好像用一支划线尺划过似的。韩昌黎的诗有“云横秦岭”的话，我们亲眼看见，而且体会到那个“横”字下得实在贴切。露出在云上的峰峦或作淡青色，或作深青色，或只是那么浑然的一抹，或显出凹凸的纹理，看峰峦的远近高低而定。有些云上的峰峦又让白云截断，还有些简直没了顶。那些看得清凹凸的纹理的峰峦，山凹里有积雪。①

韩愈《左迁至蓝关示侄孙湘》中说：“云横秦岭家何在，雪拥蓝关马不前。”叶圣陶借用“云横秦岭”这个典故，着意描述的却是今日秦岭的新景观，突出他的喜悦和欢欣之情。他笔下的陇原风光同样令人神往：

> 一路上两旁的山大都作黄色，少树林，垦成一鳞一鳞的梯田。……再说那些山。不懂地质学的人只好借用画家的皴法来说。那些山的皴法显然不同，这一座是大斧劈皴，那一座是荷叶筋皴……几乎可以一一指点。皴法不同的好些座山重叠在周围，远处

---

①《叶圣陶集》第7卷，第7页。

又衬托着两三峰，全然不用皴法，只是那么淡淡的一抹。忽然想起这不跟长江三峡相仿吗，我们坐在火车里就像坐在江船里一样，峰回路转，景象刻刻交换，让你目不暇接。①

这里既赞美了新中国改天换地的业绩，又赞美了祖国河山的绚丽多姿。作者紧紧扣住“从西安到兰州”这个中心，对祖国的面貌进行辐射式的描写，处处沁人心脾。

《黄山三天》，作者根据游览过程，依次写了九龙瀑、云谷寺、清凉台、莲花峰、文殊院、狮子林等自然人文景观。虽说只是“分别记一点”，实际上观察得很经心，记述也很生动翔实，处处引人入胜，请看作者笔下的黄山奇观——云海：

我们就在前边说的几处地方看“云海”。望出去全是云。大体上可以说铺平，可是分别开来看，这边荡漾着又细又缓的波纹，那边却涌起汹涌澎湃的浪头，千姿百态，尽够你作种种想象。所有的山全没在云底下，只有几座高峰露顶，作暗绿色，暗到几乎黑，那自然可以想象作海上的小岛。②

这百十个字，将苍山云海极其壮观、不断变幻而又十分和谐的自然美，写得非常真切。作者描写黄山的奇峰，语言简明朴素，我们读了之后，不得不赞叹他对自然景物特有的审美能力和生花的妙笔，请看这一节

①②《叶圣陶集》第7卷，第11—12、98—99页。

文字：

在光明顶看天都峰和莲花峰，因为是平视，看得最清楚。就岩石的纹理看，用中国画的术语就是就岩石的皴法看，这两个峰显然不同。天都峰几乎全都是垂直线条，所有线条排得相当密，引起我们一种高耸挺拔的感觉。莲花峰的岩石大略成莲花瓣的形状，一瓣瓣堆叠得相当整齐，就整个峰看，我们想象到一朵初开的莲花。莲花峰这个名称不知道是谁给取的，居然形容得那么切当。①

作者处处写实，又处处写意，既精描细画，又以写意见长，倘若没有成竹在胸的把握，没有善于“点睛”的艺术手腕，是很难把写实与写意融合起来的。

叶圣陶说写《黄山三天》“目的在劝人家去游”。《记金华的两个岩洞》也有“劝游”的意味。游记开篇首先介绍游览的时间、岩洞的方位、名称等。然后，按游览顺序，有情有趣、有声有色地记叙了所见所感。研读这篇游记，一幅幅活动的画面，就浮现在眼前，我们仿佛和作者一起出金华城，观赏沿途的茉莉、白兰、珠兰、佛手、映山红、油桐，迎着溪流，顺着山势，来到“洞口像桥洞似的作穹形”的双龙洞口。走进外洞，就仿佛到了一个很宽畅的“大会堂”，泉水从靠左边的石壁下方的孔隙流出。接着，作者详详细细地描叙了如何仰卧在小船上，身子紧贴着船底，从石壁下方的孔隙里被“拉进”洞内，看到“蜿

①《叶圣陶集》第7卷，第99页。

蜒在洞顶的双龙”，以及被想象成仙家、动物、宫室、器皿的石钟乳和石笋。出双龙洞，作者拾级而上，来到冰壶洞，入洞后循着石壁凿成的石级往下走，看到的是瀑布的奇观。写瀑布，作者先写其声后摹其形；先写平视的直感，后写仰望的意境。未见瀑布而先闻轰轰之声，突出瀑布“真有逼人的气势”；循声望去，“看见一挂瀑布从石隙吐出来”。一个“吐”字，将瀑布喷薄而出、飞流而下的气势写得活灵活现。平视，瀑布“飞珠溅玉”；仰望，“好像天蒙蒙亮的辰光正下急雨，千万枝银箭直射而下，天边还留着几点残星”，“越看越有意味”。最后点出所谓“残星”，其实是白色石钟乳的反光；而这飞珠溅玉的瀑布，就是双龙洞泉水的源头。这一点睛之笔，使游记的结构显得更加缜密，也彰显了“劝游”的意蕴。

《游了三个湖》，是作者 1954 年游南京的玄武湖、无锡的太湖、杭州的西湖之后写的。这三个湖都是名胜，作者跟这三个湖也“都不是初识”，是故地重游，所以从“老景新貌”这个角度切入，先从玄武湖和西湖的疏浚工程谈起，详尽地交代了工程的规模和将要带来的好处，又讲到了三个湖上建立疗养院，还特意写了这三个湖环境的整洁，并由此想到北京的中山公园、北海公园以及其他许许多多古迹名胜的深刻变化，将古迹名胜置于正在重新安排的祖国大好河山的宏图中加以描摹，赋予它们以时代的精神和社会新的风尚。

因为是故地重游，作者热切多情，欣赏和关注的情谊特别深挚；也正是因为与这三个湖都很熟悉，作者在描摹时又显得特别细腻，从而使这篇游记更富有韵致。写玄武湖用笔极为简略：“一带城墙受着晴光，在湖面和蓝天之间划一道界限”。接着，就由玄武湖边的“城墙”想起了四十年前头一回游西湖的印象：那时西湖边的城墙还没有拆，其效果和玄武湖一样，他从审美的角度进行观照，认为西湖的城墙拆了，西湖也“还成个整体，不致流于琐碎，因而不伤美”；可玄武湖的城墙拆了就不够味儿了，因为“那城墙的线条，那城墙的色泽，跟玄武湖的湖光、紫金山覆舟山的山色配合在一起，非常调和，看来挺舒服，换个样儿就不够味儿了”。叶圣陶独抒己见，坦诚无忌，不主张拆玄武湖边的城墙，可贵的主人翁精神溢于言表。

游记中着墨较多的是太湖和西湖。在作者的笔下，太湖是一个宁静、安逸、广阔的世界，远山淡抹衬托出它的浩渺无际；鼋头渚秀美的园林风光又为太湖增添了种种“静趣”，“听湖波拍岸挺单调，可是有韵律”，因而觉得“在太湖边作较长时期的流连，即使不写什么文章，不画什么画，精神上一定会得到若干无形的补益”。西湖，则又是另外一种境界。西湖“没有太湖那种开阔浩渺的感觉”，没有太湖那样“衬托在背面的远山”，仿佛是个摆设精美、布局得宜、精致玲珑的山水盆景，但只要“身在湖上或是湖边的某一个所在”，“也就没有像个盆景的感觉了”，从苏堤错落有致的枝叶间望去，西湖“似乎时时在变换样儿”，灵隐的山石、泉声、亭阁、幽径，更令人流连忘返。作者将三个湖联系起来比对着描写，互相衬托，互相映照，既生动地勾画了各自的湖光山色，又浑然一体，展示了新中国日新月异的变迁。最引人注目的，是这篇游记讲到了许多富有启发性的精辟、独到的艺术见解。例如，作者从西湖边上那一带城墙说起，讲到了园林建设中回廊的妙用：“城墙好比园林里的回廊，起掩蔽的作用。回廊那一边的种种好景致，亭台楼馆，花坞假山，游人全看过了，从回廊的月洞门走出来，瞧见前面别有一番境界，禁不住喊一声‘妙’，游兴益发旺盛起来。再就回廊这一边说，把这一边、那一边的景致合在一块儿看也太繁复了，有一道回廊隔着，让一部分景致留在想象之中，才见得繁简适当，可以从容应接。这是园林里修回廊的妙用。湖边的城墙几乎跟回廊完全相仿。”作者借“回廊”和“城墙”，讲到了美学上“隔”与“不隔”的辩证关系。作者写太湖时回想到前人描写洞庭湖、鄱阳湖的情景，笔锋一转写道：“画家也一样，风雨晦明，云霞出没，都要研究那光和影的变化，凭画笔描绘下来，从这里头就表达出自己的情感”，用一个浅近的比喻，点出了艺术创作中“外界现象跟主观情绪之关系”。作者在“荫天蔽日”的灵隐林荫道上漫步，观赏树林时想起了树木应该修剪，提出风景区树木的修剪要“合乎审美观点”，要“遵从美术家的指点”。并阐述了“如画”“入画”的美学见解，充分体现了作者高雅的审美情趣和驾驭散文的圆熟功力。

风物纪实小品贵在一个“精”字，力求精确、详细，精裁密制，一丝不苟。通过游记或笔记小品介绍一定的科学知识，以增长读者的见闻，是我国优秀文学的一个传统。南北朝时期郦道元所著的《水经注》、北宋年间沈括所著的《梦溪笔谈》、明代徐宏祖所著的《徐霞客游记》，不仅是优美的散文，同时又有很高的科学价值。叶圣陶的风物纪实小品继承了这个优良传统，他说，“我怀着这样一个愿望，把一些工艺美术的制作过程写下来，要写得清楚明白，让不知道的仿佛亲眼看见了似的”①。他在《作品里涉及工程技术的部分》② 一文中，希望作者要切切

① 叶圣陶：《刺绣和缂丝》，《人民文学》1961 年第 7、8 号合刊；收入《叶圣陶集》第 7 卷。
② 《文艺月报》1959 年 3 月号，收入《叶圣陶集》第 9 卷。

实实地为读者着想，“考虑该怎么样下笔，才能使读者也彻底了解那原先未必懂得的工程技术。……使读者读下去毫无隔阂，可以自由运用他们的想象而得到充分的感觉”。请看《荣宝斋的彩色木刻画》中描写“刻板”这道工序流程的一段文字：

工人刻板子的时候，右手握着刀柄，左手的拇指和食指帮着推动刀尖，那么细磨细琢地刻画着。原画放在旁边随时参考。所谓参考主要在体会原画的笔意，只有传出原画的笔意才能刻得真不走样。柔和的线条要保持它的柔和，刚劲的线条要显出它的刚劲，无论什么形状的笔触要没有斧凿痕，全都像画笔落在纸上的那个样儿，这固然靠勾描的工夫到家，可是勾描得好而刻工差劲，那就前功尽弃。所以刻板子的人也得明白画理，他要辨得出笔触的意趣，能够领会什么是柔和和刚劲，还得得心应手，实践跟认识一致，才能把板子刻得像样儿。鸟身上的羽毛，花心里的花蕊，一丝一缕都得细细地刻。还有那些枯笔，笔意若断若续，就得还它个若断若续。落笔的地方是极细的一丝丝，一丝丝之间是空白的一丝丝，这些丝丝全要照样刻出来，不容一丝有一些斧凿痕。我国善本书的书板向来称为精工的制作，现在谈的这个画板，比书板还要精工得多。①

展诵这些生动、精确、细腻的文字，即使没有见过彩色木刻画制作的

① 《叶圣陶集》第7卷，第51—52页。

人，也会“明白如见”，“可以自由运用他们的想象而得到充分的感觉”，不至于“隔膜”。风物纪实小品是文学，不同于科学教科书，不是正儿八经的科普读物。“从读者方面着想，总不能满足于仅仅知道有这么回事。对于人物的心情性格，读者要求作者以笔墨为刀凿，像雕刻人物一样，惟妙惟肖地刻画出来。对于故事里的环境景物，读者要求作者以文笔为画笔，像从事绘画一样，或简或繁地描绘出来。工程技术方面的事既然需要写，那一定是作品的必要的组成部分，跟人物的心情性格和故事里的环境不相上下。”① 他的风物纪实小品注重刻画和描写，写得很风趣。《在西安看的戏》是游记，但也可以作为风物纪实小品来读，请看其中描写著名秦腔表演艺术家孟遏云精彩唱腔的一段文字：

我只觉得孟遏云的声音有天分又有训练，训练达到了极端纯熟的境界，能够自由操纵，从心所欲，随时随地恰当地表达出剧中人的感情，因而她的唱有风格，有自己的东西，虽然别人唱起来，唱词和曲谱也全都是那么样。听她一句一句唱下去，你心中再不起旁的杂念，光受她的唱的支配。她的风格含着种种味道，领略那味道是一种愉快、一种享受，你唯恐错过了一丝半毫的愉快和享受，哪还有工夫想旁的？她的声音那么一转，一转之后又像游丝一样袅上去，你就默默点头，认为非那么一转袅上去不可。她把一个语音斩钉截铁地喷出来，才喷出来就划然煞住，你就咂咂嘴唇，认为唯有那样喷出来就煞住才恰到好处。这里所谓“认为”并非思维活动，

① 叶圣陶：《作品里涉及工程技术的部分》，《叶圣陶集》第9卷，第284页。

简直是下意识，不过耳朵里感觉顺适，心里感觉舒服罢了。……至于她的演技，我不再多说外行话了，总之，妥帖，老到，全身有戏，随时是戏。①

用文字来描摹声音难度很大，但作者却用朴实而生动的语言把孟遏云的唱腔描绘得酣畅淋漓，确实让人有身临其境，如闻其声，如见其人之感，意趣盎然，回味无穷。

在叶圣陶的笔下，写景则寓情于景，情景兼容；写情则出自肺腑，毫不虚矫。描摹景物时，适宜地嵌入精美的诗句，使“散文”同“诗”融为一体，相互映衬，增强艺术的美感。作者知识渊博，且善于旁征博引，上至天文，下至地理，文学艺术，宗教历史，地方掌故，民间风情，随手拈来，皆成佳趣。《在西安看的戏》中，作者在如实地写出西安人看戏的兴致、西安戏院的格局的同时，生动地描述了秦腔、河南梆子、京剧、西北歌舞、昆曲、皮影戏等剧种各自的特色，以及孟遏云、常香玉等名家自成一体的表演风格。写的是“看戏”，但“戏”外有“戏”，对“戏”的知识和“戏”的演变发展史，如数家珍。《荣宝斋的彩色木刻画》，简直就是我国彩色木刻画形象化的简史。透过有关刻板、印刷、油墨、纸张、托裱等相关工艺和知识的介绍，我们看到了荣宝斋的历史及其为发展我国彩色木刻画作出的卓越贡献。《景泰蓝的制作》以细腻的笔致，极其生动地叙述了景泰蓝的制作流程。揣摩这篇小记，读者既能通晓“点蓝”“烧蓝”等工艺术语，又了解到景泰蓝的历史。

① 《叶圣陶集》第7卷，第25—26页。

至于游记中穿插的民间传说和历史故事，就更令人回味了。《游临潼》，由灞桥折柳赠别的传说，写到《紫钗记》传奇里的那出《折柳》；由华清池写到长生殿和杨玉环；由骊山写到“捉蒋亭”和秦始皇墓。《从西安到兰州》，由宝天铁路写到古老的先民在这里翻垦的“手择”，以及“新石器时代”彩陶文化的遗迹，充分显示作者丰满的学识和非凡的艺术才能。游记中穿插的故事传说并不是游记的点缀和装饰，而是游记的内容的延伸和拓展。作者或借古写今，讴歌新貌；或抚今追昔，兼披心怀；或据今溯往，牵出渊源；“今”与“昔”、“观”与“思”自然而巧妙的交汇，使行文更加活泼，更富有立体感，读来更令人心驰神往。《记金华的两个岩洞》在写双龙洞内洞时，作者详尽地介绍了石灰岩形成的有关知识，还援引了徐霞客、郁达夫游历岩洞的史实，以突出这个旅游景点“外洞内洞闹哄哄”的盛况。作者写道：现在“这种景象，莫说徐霞客，假如郁达夫还在人世，也一定会说二十年前决想不到”。今昔对比、今胜于昔而生的欢欣喜悦之情溢于言表。黄山的温泉、瀑布、奇峰、苍松、云海，都足以开拓人们的心胸和眼界（《黄山三天》）。黄河中的沙洲——雁滩以它特有的凉爽沁人心脾，“在这凉爽的境界里，看那庄严静穆的山峦、浩荡渺茫的黄河，看那山光水色随着朝晚阴晴的变化，简直是精神上洗一回澡，洗得更见清新，更见深湛”（《坐羊皮筏到雁滩》）。作者写人，男女老幼个个可亲可爱；放眼祖国山河，到处是绝妙的佳境。

从 1958 年到 1963 年的五年间，是叶圣陶游记散文创作的第二个高峰期，写有《登赐儿山》《涿鹿的劈山大渠》《坝上一天》《参观苏北水利工程》《荒沙的改造》《林区二日记》《闽游所得》等游记，以及纪实小品《听评弹小记》《刺绣和缂丝》《略谈新中国的交通》，这些作品均收在《叶圣陶集》第七卷的《融合集》中。

《登赐儿山》，写河北人民“绿树新栽遍万山”的业绩；《涿鹿的劈山大渠》，写涿鹿县劈山修渠的壮举；《坝上一天》，写昔日“风吹草低见牛羊”的蒙古高原成了“塞上江南”；《参观苏北水利工程》，写苏北整治大运河、开拓淮沭新河的宏伟工程；《林区二日记》，写大兴安岭莽莽林海的奇观；《荒沙的改造》，写内蒙古的巨变：昔日“天昏地暗，白昼也得点灯”，“人民生活困苦，一年里头吃不上三个月饱饭”的荒沙滩，成了“庄稼牧草绿无涯”，“沼泽水滋蒲苇盛”，“清池风动红莲花”，“银鳞塞北新有家”的鱼米之乡；《闽游所得》，写福建人民战胜严重的自然灾难之后，喜看稻菽千重浪的欣愉。这些游记突出了“人定胜天，党群奏绩”的时代精神，山乡巨变的新气象又激发了作者的诗情。《林区二日记》写从牙克石乘火车去大兴安岭林区沿途的见闻。火车先是在草原地带奔驰，“各种草开各色花，就像是到处飞舞着嬉春的彩蝶”，继而跃上缓缓起伏的冈陵，冈陵上“松树和白桦成林”，“满眼是绿”，作者喜在心头，“连山林绿真成海，满地花鲜胜似春”的诗句脱口而出。站在岭顶上，远望“漫山遍野”的林海，作者又吟诗一首：“母林绿暗幼林鲜，嫩绿草原相映妍，间以桦林挺银干，画家着笔费精研。”小火车在密林中穿行，见甘河水清澈见底，徐徐袅动，又吟诗一首：“波梳水草成文理，澄澈甘河天影蓝，高柳临流蝉绝响：清秋景色宛江南。”作者在原始林中野餐，在原始林中听唱歌看舞蹈，林区特有的风情再次拨动了他的心弦，又作诗一首：“株株竞上望如伸，原始林中卧碧茵。倏见乌鸡应声坠，神枪无愧鄂伦春。”《林区二日记》如诗如画，情意真切，代表了作者这一时期游记的特色。纪实小品也各有韵致。《听评弹小记》写的是作者听了上海评弹团表演后的“零星感想”，就弹词和评话如何继承传统、开拓创新提出了许多中肯的建议。《刺绣和缂丝》，写苏州刺绣努力“使画面富于立体感”的“革新精神”。缂丝这“垂绝之艺”，不仅保存下来，而且将像刺绣一样，“老树枝上开出新鲜的花朵”，进而讴歌“百花齐放”的时代，“各种工艺美术像是结伴合伙似的大发展”，让我们看到了民族文化光辉灿烂的前景。《略谈新中国的交通》，从新中国成立前行路难的亲身经历出发，生动地阐发了成渝、宝成、宝天、兰新、包兰、鹰厦、南福铁路，以及武汉长江大桥在新中国交通发展史上的重大意义。这些游记和纪实小品与《小记十篇》前后辉映，从一个个侧面突出了我国社会主义革命和建设的伟大业绩，读来令人感奋。

叶圣陶爱旅游，用笔又勤。“文革”之前，他旅游访问时写的日记，如 1956 年 12 月 18 日至 1957 年 1 月 10 日赴印度出席亚洲作家代表会议期间写的《赴印度日记》，1961 年 4 月 24 日至 5 月 10 日出访四川的《旅川日记》，1961 年的《内蒙日记》① 等，其实也是精美的游记散文。1961 年夏秋之间，叶圣陶与老舍、梁思成、曹禺、端木蕻良、吴组缃、林风眠、谢稚柳等二十多人，组成“文化参观访问团”访问内蒙古，历时五十多天。叶圣陶把内蒙古的森林、草原、河流、湖泊异常开阔的境界，林、牧、农、工、矿和文教事业欣欣向荣的动人情景，各民族的风情风貌以及他们和睦相处、相亲相爱的情谊，连同沿途的感兴都写入日

① 合为《日记三抄》，花城出版社 1982 年出版。收入《叶圣陶集》第 23 卷时题名为《旅印日记》《颇有回味的旅行》《内蒙日记》。

记中。这部诗文并茂、华彩纷呈的《内蒙日记》，不仅深受读者欢迎，就连叶圣陶自己也爱不释手。他在1981年6月写的《〈内蒙日记〉小记》中说：

> 我重读这五十多天的日记，重温二十年前的这次访问旅行，事事处处都值得怀念。首先值得怀念的当然是人。内蒙接待我们的是文化局局长布赫，一位豪爽开朗又善于体贴人的蒙族同志，他一直陪伴我们，给我们留下了非常深刻的印象。还有许多蒙族的同志和别的兄弟民族的同志，满族的，回族的，达斡尔族的，鄂伦春族的，跟他们接触的时间虽然比较短暂，现在翻看日记都还能想起他们的声音笑貌来。同去的人朝夕共处将近两个月，有的虽然本不相识，也成了极熟的朋友。尤其是老舍，我跟他在一块儿起居，听他那幽默风趣的谈吐，咀嚼他那独到的引人深思的见解，真可以说是一种无比的享受。……①

作者晚年写的《〈苏州园林〉序》② 和《从〈扬州园林〉说起》③，从美学的角度谈苏州园林和扬州园林，是准确地把握了园林特征的优美的说明文，也可以界定为游记散文。这两篇散文以独到的视角，写出了苏州园林和扬州园林新颖的韵味。

苏州园林，始于春秋，发展于唐宋，全盛于明清，鼎盛时期有二百五十多处，至今仍存有五十八处，被称为“人与自然和谐统一”的经典

---

①《叶圣陶集》第23卷，第300—301页。

②③《叶圣陶集》第7卷。

之作，赢得了“江南园林甲天下，苏州园林甲江南”的美誉。苏州园林的园主多为退隐的官宦。与北方皇家园林不同，苏州园林多采用曲折而错落的布局，通过对景、敞景、分景、借景等造园手法将山池、亭阁、花木等巧妙地组合在一起，虚实相济，在有限的空间里，营造出“咫尺山林”的悠远意境。叶圣陶在《〈苏州园林〉序》开篇就说：“我觉得苏州园林是我国各地园林的标本”，“讲究亭台轩榭的布局，讲究假山池沼的配合，讲究花草树木的映衬，讲究近景远景的层次”，“务必使游览者无论站在哪个点上，眼前总是一幅完美的图画”。接着，他从“苏州园林绝不讲究对称”、苏州园林的“花墙和廊子”、苏州园林“极少使用彩绘”等三个方面，描述了苏州园林的特色。我国建筑绝大部分是对称的，“左边怎么样，右边也怎么样”。苏州园林师法自然，着重美学意义，“绝不讲究对称，好像故意避免似的。东边有了一个亭子或者一道回廊，西边决不会来一个同样的亭子或者一道回廊”，因为“对称的建筑是图案画，不是美术画，而园林是美术画，美术画要求自然之趣，是不讲究对称的”。“美术画”这个术语突出了苏州园林的造型艺术。王国维在《人间词话》中说，诗有“‘隔’与‘不隔’之别”，以不隔为优，写情写景，真切地写出所见所感，“语语都在目前，便是不隔”。作者把它移用过来，说明苏州园林花墙和廊子“隔而不隔”“界而未界”的美学效果。苏州园林占地不大，为了在不大的空间范围内给人一种层次分明、曲折幽深的印象，处处引人入胜，耐人玩味，就必须采用虚实映衬、叠嶂起伏的技法，借助“墙”和“廊子”的美感效应。苏州园林讲究筑墙分隔，但用的是“砖砌的各式镂空图案的花墙”，隔墙的景色还可以见到，游人贴墙而行，会觉得那边境界深邃渺远，别有洞天，这就叫“隔而不隔”；廊子无所依傍，它蜿蜒起伏向前伸展，导人曲径通幽，它好像是为两侧景物之界而设，却又因无所依傍而不致阻人视线，这是“界而不界”，“因而更增加了景致的深度”。作者极力推崇苏州园林的设色，说“苏州园林与北京的园林不同，极少使用彩绘”。北京是元明清的帝京，宫殿金碧辉煌，园林多为显宦之家所有，当然要造得雍容华贵，于是傅彩飞金，着色艳丽，给人以壮阔雄伟、气魄宏大的感觉。苏州园林虽说也是私家建造，但是这些人家大多是退归林下的官僚，他们需要悠然世外的意境，彩绘自无必要。因此，梁柱、门窗、阑干大多用广漆，颜色“不刺眼”；墙壁、屋瓦、檐漏，或洁白或淡灰，“与草木的绿色配合，引起人们安静闲适的感觉”。这样不太单调了吗？不，由于周围有苍翠的树木，鲜艳的花卉，“花时不同的多种花树相间”，四季都有缤纷的色彩，使人在幽静闲适的环境中依然有丰富多彩的感觉，“一年四季不感到寂寞”。苏州园林“美术画”的建筑造型，花墙和廊子“隔而不隔，界而未界”的审美效应，设色的“不刺眼”和“明艳照眼”，浑然一体，全方位地衬托出了苏州园林风格古朴、幽韵动人的野趣，不但移步换景，而且四季景随时移，处处皆堪入画，最宜游憩。

在《从〈扬州园林〉说起》中，作者侧重写扬州园林那特有的宜人的“绿”和“碧”，“我第一次游扬州在二十年代，最初的好印象就是诗词中常用的‘绿杨城郭’四个字。那么柔和茂密的葱绿的垂杨柳在春风中轻轻翻动，从来没见过，感到没法说清楚的美”。接着，作者写到扬州园林和苏州园林共同的欠缺：“原先都是私家所有，不是为大众修造的，当然不为大众考虑”；为了“私家”的“娱目赏心”，“往往要求‘万物皆备于我’”。“万物皆备于我”，“就一方面说，是挺高妙的一种思想境界；就另一方面说，却是私有欲的表现，私家园林之所以为私家园林，富绅豪商和皇帝的私家园林都如此”。为了囊括“万物”，就不厌其详，“厅堂前面或后面堆起一座假山，不怎么大的荷花池旁边来一艘旱船”，“拆开来看都不错”，合起来看布局就见得“不配称”“不谐和”。进而竭诚地希望园林设计家们在兴建游览区时，要因地制宜，显出当地建筑的特色，要为大众考虑，“一切利用自然而加以斟酌修正，务求有益于大众的身心”，尽可能做到“更经济更美”。

《〈苏州园林〉序》写于 1979 年，作者时年八十五岁；《从〈扬州园林〉说起》写于 1983 年，作者时年八十九岁。叶圣陶从美学观点和历史观点统一的高度来描摹和鉴赏苏州园林和扬州园林，拓宽了游记散文取材的领域，字里行间“参之以新奇之想”，给人以新的启迪和美的享受。1948 年 9 月，叶圣陶在《朱佩弦先生》一文中谈到朱自清晚年的语言风格时说：“近年来他的文字越见周密妥帖，可又极其平淡质朴，读下去真个像跟他面对面坐着，听他亲切的谈话。”① 这番话也道出了叶圣陶自己的美学追求。《〈苏州园林〉序》《从〈扬州园林〉说起》以及作者晚年写的其他文学散文，如《我钦新凤霞》，以及为田汉《母亲的话》写的《〈母亲的话〉序》等，语言更加纯净简约，更具情韵风致，自然从容，这些“醺醺有味”精品，可与朱自清真醇新鲜的“口语风”媲美。

二、“毕写吾真”与“当境洽情”

与游记散文相呼应的，是叶圣陶以无比喜悦的心情创作了许多新

① 《叶圣陶集》第 12 卷，第 280 页。

诗，讴歌社会主义建设日新月异。从新中国成立到1959年的十年间，叶圣陶创作了一百五十多首诗，其中编入《箧存集》[①] 中的就有一百多首，散见于《叶圣陶诗词稿》中的有近三十首。这一百五十多首诗的内容大致可分为三类。

一是呼吁世界和平、反对帝国主义侵略、歌颂国际友谊的，如《读宋庆龄亚洲及太平洋区域和平会议开幕辞》《赠和平代表》《"干杯!"——赠国际友人》等。

二是赞美时代的新风尚、讴歌各民族的新风貌和各条战线上的新人的，如《把心交给党》《十三陵水库》《赠下乡劳动锻炼诸同志》《茶滨青年农场记闻》《涿鹿劈山大渠》等，从题名就可以揣测这些诗篇的内容。

三是讴歌新中国建设成就和雄伟远景的，如1955年7月25日写的《观开发黄河规划欣然有作》，以及1959年八九月间写的《建国十年咏》。《观开发黄河规划欣然有作》以宏大的气势，极其庄严地宣告一个治理黄河、驯服洪灾、变水患为水利的新时代即将到来："黄河之水天上来，奔流到海不复回"；"黄河奔流不知几何岁，今将柔驯宁贴听安排"。新中国成立不久，毛泽东就发出了"要把黄河的事情办好"的号召。诗人用绚丽多姿的彩笔描述了人民政府拟定的开发黄河的远景规划：

---

① 作家出版社1960年出版。《箧存集》中的诗编入《叶圣陶集》第8卷时，集中大部分诗作按写作时间和体式分别插入《少作稿》《时间集》《箧存集甲编》《箧存集乙编》《箧存集丙编》《箧存集末编》，《观开发黄河规划欣然有作》和《建国十年咏》未编入《叶圣陶集》第8卷。

复观航运亦奇迹，
海口径可通兰州，
循梯上溯随屈曲，
一苇直抵皋兰陬。
博望乘槎古有说，
大海遥通天汉流，
此徒仰观发遐想，
未若今兹实绩堪歌讴。
忽俯秦陇感惊异，
黄土高原岂转徙？
不见莽然弥望黄，
第见浅深错翠绮，
森森橡柏万千章，
丛丛灌木相荫翳，
果树枝头花果繁，
梯田绿被整且丽。①

面对这个气势恢宏、壮丽辉煌的远景规划，诗人浮想联翩，尽情地讴歌新时代的“圣人”：

古来悬想今应验，

①《箧存集》，作家出版社1960年版，第129页。

"圣人出而黄河清"。
圣人者谁宜寻讨，
其出何由不克早？
若使早出百千年，
远祖遥宗先含笑。
应知圣人盖党群，
党之光辉照人民，
人民团结成一体，
人民政权命维新，
益以现代科学与技术，
猗与休哉！如此圣人宁前闻？
如此圣人今始出，
黄河之清始自今！①

诗人把"党群"比作"圣人"，对人民的力量坚信不疑，浸溢在字里行间的是 20 世纪 50 年代特有的改天换地的壮志豪情。在《建国十年咏》中，诗人纵情歌唱新中国成立十年来各条战线取得的辉煌成就。广袤的大地上"麦浪千里当春绿，稻云万顷交夏妍，地下累累孳甘薯，枝上盈盈绽雪棉"；"新建石矿如云起"，"频超纪录欢声同"，"力争上游气若虹"；"宝成铁路越秦岭"，"包兰兰新绝大漠"，"帆船汽船纷上下"，"飞机展翅倏来往"；"百花齐放斗芳春"，"此日光辉无等伦"。这些激昂的诗篇不无虚

① 《篋存集》，作家出版社 1960 年版，第 131 页。

夸之处，但的确是“大跃进”和“三面红旗”时代的“文学”。

从1960年至1965年的六年间，叶圣陶又创作了大量的诗作，仅收入《叶圣陶集》第八卷《箧存集乙编》中的诗就有五十多篇。这些诗篇或讴歌“人定胜天”，或书赠国际友人，或怀念亲朋好友，或赞美山河之灵秀，或记游踪之所历，或写实，或抒怀，内容极为广泛。最醒目的是1961年八九月间，叶圣陶率中央作家艺术家文化访问团访问内蒙古期间写的一系列诗篇。访问历时五十多天，叶圣陶写了《自牙克石至甘河林区》、《访陈巴尔虎旗牧区》、《采桑子·扎兰屯即景》（二首）、《玉楼春·呼伦池》（二首）、《通辽哲盟展览馆索题》、《莫力庙沙坝水库》、《浣溪沙·哲盟安代舞》（二首）、《红山水库》、《红山风景区纪游》、《通辽保安屯宅区》、《菩萨蛮·赤峰毛织厂观织地毯》、《忆秦娥·包头》、《三姝媚·访包钢》等，歌颂内蒙古自治区成立十四年来“农牧盛”“林原茂”“厂联绵”“艺苑百花齐放”“文教竞芳”的新貌，以及内蒙古特有的风情。

1970年之后，叶圣陶写的大都是旧体诗。就内容而言，有记叙重大事件的，如《周恩来总理挽诗》和《满江红·十月二十四日天安门庆祝大会》（欢呼粉碎“四人帮”）等；有追怀已故朋友的，如《兰陵王·追念佩弦》《追念子恺》《赠金端苓》《追怀黎劭西先生》《赋别四绝挽雁冰兄》《题颉刚兄手录辛癸贻我书十五通》《追念柳亚子先生》《贺昌群兄逝世十周年作诗三首纪念之》等；有祝寿诗，如《水龙吟·寿王了一八十》《周颖南嘱题平伯书赠之〈重圆花烛歌〉卷子》等；有答谢诗，如《巴金兄索书作此赠之》《六幺令·丁玲见访》《冰心与其女吴青惠临医院奉酬二绝》等；有题跋和札记，如《洞仙歌·题吕霞〈抗战中度过的童年〉》《题费在山所撰〈鲁迅十记〉》《浣溪沙·题任心叔诗词遗稿》

《题王以铸〈咸宁杂诗〉》《题王剑英〈明中都城考〉》《齐天乐·题〈关良油画集〉》《题〈李健吾小说选集〉》《齐天乐·题〈老舍评传〉》《题〈刘海粟画册〉》《六州歌头·读〈周恩来统一战线文选〉》等；有论教育的诗，如《抄书》《写字》《自力二十二韵　为〈人民教育〉月刊作》《赠师范毕业生》《读书二首》《向教师祝贺新年　〈光明日报〉嘱作》等；有诗论，如《偶成　"眼前颇复饶佳境"》《偶成　"三百篇前早有诗"》《论诗绝句》《满庭芳·题〈倾盖集〉》等；也有遣兴抒怀之作，如《与阿牛庭间合影》《小庭花事》《老境》《已凉》，等等。叶圣陶的旧体诗，千姿百态。就体式而言，有古风、乐府、律诗、绝句诸体；词有小令、中调、长调诸格式；他用过的词牌有贺新郎、忆江南、减字木兰花、高阳台、瑞龙吟、鹧鸪天、浣溪沙、长亭怨慢、卜算子、水龙吟、金缕曲、采桑子、湘春夜月、木兰花、踏莎行、菩萨蛮、扬州慢、水调歌头、蝶恋花、玉楼春、忆秦娥、三姝媚、醉太平、百字令、清平乐、洞仙歌、夜游宫、望江南、西江月、六州歌头等数十种。对于如此繁多的体裁，叶圣陶均能驾驭娴熟，得心应手，这固然说明了他的古典诗词根基深厚，也是他辛勤探索和不断实践的实绩。

1985 年 7 月，叶圣陶在《〈俞平伯旧体诗抄〉序》中说：

> 中年以来，我对新体诗的看法是"尝闻瓶酒喻……念瓶无新旧，酒必芳醇。"这是一九八〇年题《倾盖集》的《满庭芳》中的语句……①

① 《叶圣陶集》第 7 卷，第 337 页。

叶圣陶在这里所说的“中年以来”，大概是1937年以后的事。抗战爆发后，叶圣陶在讴歌民族精神的同时，对民族文化也有了更深切的爱念，更加深刻地认识到旧体诗这种体式，有其他表达方式难以替代的特质，有一种特强的表现力，它精练，适宜于表达幽微的情意，富有音乐美，便于吟唱，于是尝试借用旧体诗的形式来抒写新的内容、新的情感，借用旧体诗的形式的力量来深化和拓展诗的主题。这种“借用”不是刻板地“死学”和“临摹”，而是凝聚着“精究”和“智慧”的活用，从而给旧形式输入了新的生命。叶圣陶在抗战期间写的旧体诗被行家誉为“绝唱”，在解放战争时期，以及新中国成立后的五六十年代写的旧体诗，也备受推崇。如《挽陶行知先生》（1946年7月26日），王了一的评语是“颔联老劲，寓春秋笔法”；《丏翁周年祭》（1947年4月21日），林宰平的评语是“神似放翁”；《自香港北上呈同舟诸公》（1949年3月1日），王了一的评语是“乍读无惊人语，而平淡中见熟练”，林宰平的评语是“前两联欣庆之意跃然纸上，后两联措语妙新，恰如其分”；《鹧鸪天·潜托琴心夜访陈》（1952年12月26日），林宰平的评语是“别出机杼，弥见才调”；《墨亡》（1957年3月4日），俞平伯的评语是：“一屏浮词，独见至情，不仅如古人所谓有情文相生，览之凄然增伉俪之重者。诗中五六句，淡而愈悲，复出之自然，殆必传之名隽也。”总之，叶圣陶师古而不泥古，戒除了旧体诗常见的言之无物、拼凑、啰嗦、酸腐、缺少“深凝的诗感”等等弊病。他是由写新体诗过渡到写旧体诗的，“写作手法有些仍沿着以前写新体诗的路子”，用新事物入诗，用新鲜的口语入诗，用近于白话式的句子入诗，从而创作出了兼有旧词及新诗之长，清丽可爱的旧体诗。这些旧体诗可以说是用旧体式写的富有现代情调和现代精神的“新诗”。越是到晚年，叶圣陶的旧体诗写得越自然、真实、清新、晓畅，篇篇“毕写吾真”，“当境洽情”，没有一点儿雕琢的痕迹。1980 年 6 月，为祝贺我国著名语文学家王力八十大寿，叶圣陶填了一首《水龙吟·寿王了一八十》，上阕写他与王力的交谊，如话家常；下阕写王力的治学精神和学术成就，词云：

今古语文深究，矻孜孜、浑忘昏昼。传薪改火，一隅三反，承先开后。笃学精神，等身著作，乔松苍秀。看群贤毕至，鸿篇云集，为先生寿。①

这些语言感染力强，是被动陈述的语言，是诗，又是很平常的话，经过“形式”的组合和规范之后，就成了极繁富的佳作，空灵而潇洒。1983 年 8 月，叶圣陶应邀为王惠云、苏庆昌合著的《老舍评传》题了一首《齐天乐·题〈老舍评传〉》，词云：

潜思深入肝肺，英华尽归毫底。茶馆三场，车夫一传，观者神萦心系。如君有几！尽题选多方，琢磨唯细。笔砚朝朝，卷烟徐袅镇凝睇。　　庄谐并兼美刺，但逢君启齿，朋辈齐喜。德里遄飞，蒙原纵眺，联袂清游长忆。呵天甚意！竟容忍沉渊，屈原同例。静对秋窗，想知交半纪。②

---

①② 《叶圣陶集》第 8 卷，第 443、475 页。

上阕写老舍善于体察各种人物的内心世界，代表作《茶馆》《骆驼祥子》影响深远，以及他创作时专心致志的神态；下阕写老舍的语言风格，以及他同老舍一同到印度新德里出席亚洲作家会议，又一同参加作家艺术家文化访问团，同游内蒙古自治区各地的经历，最后呵斥苍天，为什么竟让老舍这样的人走了屈原的那条路。词作真实地描写了老舍的本色才华，音节清婉，情意深挚，读来催人泪下。

叶圣陶晚年写的诗词，有的是不断打磨，千锤百炼，百改不厌。1974年12月28日，俞平伯在给他的信中谈到朱自清的新诗《除夕夜》。1921年的除夕夜，叶圣陶是和朱自清一起在杭州一师度过的。他在散文《与佩弦》[①] 中记下了那夜的情景："起初觉得无聊，后来不知谈到了什么，兴趣好起来了，彼此都不肯就此休歇，电灯熄了，点起白蜡烛来，离开了憩坐室去到卧室，上床躺着还是谈，两床中间是一张抽屉的桌子，桌上是两只白蜡烛。后来佩弦看了看时计，说一首小诗作成了，就念给我听：'除夕夜的两只摇摇的白烛光里，/我眼睁睁瞅着/一九二一年轻轻地踅过去了。'"俞平伯提起这首小诗，引发叶圣陶的回忆，怀念故友的感情到了无法遏止的程度，就填《兰陵王》宣泄。他在《兰陵王》的小引中说："1974年岁尽日前四日，平伯兄惠书言：'瞬将改岁发新，黎旦烛下作此书忆及佩弦在杭第一师范所作新诗耳。'佩弦之逝已二十馀年，览此感逾邻笛，顿然念之不可遏，必欲托之于辞以志永怀，连宵损眠，勉成此阕，复与平伯兄反复商讨，屡承启发，始获定稿，伤逝之同悲，论文之深谊，于此交错，良可记也。"现将《兰陵

① 《与佩弦》，《文学周报》第192期，1925年9月27日；收入《叶圣陶集》第5卷时改题名为《记佩弦来沪》。

王·追念佩弦》抄录于下：

猛悲切，怀往纷纭电掣。西湖路、曾见恳招，击桨联床共曦月。相逢屡间阔。常惜、深谈易歇。明灯座、杯劝互殷，君辄沉沉醉凝睫。　　离愁自堪豁。便讲舍多勤，瀛海遥涉，鸿鱼犹与传书札。乍八表尘坌，万流腾涌，蓉城重复謦欬接。是何等欣悦。

凄绝。怕言说。记同访江楼，凭眺天末，今生到此成长别。念挟病修稿，拒粮题帖。斯人先谢，世运转，未暂瞥。①

“猛悲切，怀往纷纭电掣”，说的是俞平伯的信“猛”地触发了他怀念朱自清的思绪，无数回忆“电掣”般袭来，“直笔真情，蓦然而起”（俞平伯语）。1921年10月，朱自清受杭州一师之托，邀叶圣陶去杭州任教，他们两人联床共灯，泛舟西湖，朝夕相处。两个月后，叶圣陶回苏州过寒假，后来进了商务印书馆，把家搬到了上海。朱自清先是在浙江几所中学教书，后来到清华大学执教，假期回扬州老家总要路过上海，相逢的时光每每间断很久，常常惋惜深谈之容易被打断。“明灯座、杯劝互殷，君辄沉沉醉凝睫。”是说朱自清喜饮酒而易醉，醉时双眼迷蒙，俞平伯在评语中说：“初见此句，即激赏之，以为神似。”“离愁”四句大意为：离愁自可免除，即便在大学里教课很勤劳，即便去国外游学走得很远，还有邮递给我们传送书信。俞平伯在评语中说：“离愁自堪豁”句“作旷怀语，妙。放宽即榨紧一步也”。又说“离愁”四句“宛转有

---

①《叶圣陶集》第8卷，第361—362页。

情，感怀无际”。“乍八表”二句指抗日战争突然爆发，茫茫大地烽烟四起，“写烽火漫天，群贤南渡，烘托得力”（俞平伯语）。“蓉城”二句指与朱自清在成都相见。“此章以长句三折而下，直注结末，为下文蓄势，深得清真之妙”（俞平伯语）。“凄绝”二句“矫变紧接上文，遥应篇首”，“兄尝谓清真此词‘恨堆积’句未妥，今作殊胜”（俞平伯语）。“记同访”二句说的是 1941 年 4 月 26 日的事，叶圣陶是日日记记：“乘车至佩弦所……佩弦近耽诗，谈诗甚多，且作一五古赠余。二时，携酒至望江楼，登楼啜茗，继之小饮。此会殊难得，不欲遽去也。五时，乃分手而归。”[①] “今生”句“应前成都重晤，闲日游踪，谁道竟成永诀。斯诚一篇之警策也”（俞平伯语）。“挟病修稿”是说朱自清去世前二十天还来信谈合作编撰教科书的事。“拒粮题帖”称赞朱自清宁愿饿死，也不买国民党配给的美国面粉。“晚节昭然，必有之义也。句法生动”（俞平伯语）。“斯人”三句大意说朱自清先于新中国成立之日离开我们。“世运转”，而他梦寐以求的新中国连一眼也没有见着，“结出本意，以十字概括之，老练恰当”（俞平伯语）。这首词自 1974 年 12 月 28 日开始酝酿，翌年 2 月 5 日才定稿。在这一个多月里，叶圣陶白天“排之不去”，又“不欲速成”，“慢慢研寻”，但一天不完稿一天就“夜眠不安，自制不复想，而旋制旋想，莫可奈何。终当完成全篇，始得释此负荷耳”。写出初稿后，又请赵朴初和俞平伯“细为斟酌”，还与俞平伯一起当面切磋，反复推敲，有几处修改了几次才定下来，如“击桨”，第一稿是“拨桨”，俞平伯建议改为“打桨”，后来又认为“打”字太粗，改

---

① 《叶圣陶集》第 19 卷，第 359 页。

为“击桨”。叶圣陶的诗作常常就是这样苦心经营，认真打磨。前面介绍的《齐天乐•题〈老舍评传〉》，也前前后后写了二十多天。

当然也有一气呵成、一挥而就的时候。1979 年 5 月 26 日，丁玲来访，叶圣陶高兴极了，当天的日记中写道：“下午忽丁玲来访，偕其爱人陈君，二十馀年不见矣。渠先居北大荒十馀年，后迁居山西长治数年，皆不得与外界通消息，不得有所撰作。去年年末始得昭雪，恢复党籍，恢复级别。今暂居友谊宾馆，方撰写文稿，据云拟执笔至八十岁，今则七十五也。渠之最初小说由余发表于《小说月报》，已是五十馀年前之事。丁玲言当时苟无此举，或不治文艺，整个生活将是另外一个样子。余闻此亦深感。”5 月 28 日日记：“昨午夜醒来，感于丁玲之来访，思作一词赠之。于是一连两三小时不复入睡。今日上午居然作成一首，完篇之快，前所未有。”现将这首词抄录于下：

六幺令

丁玲见访，喜极，作此赠之。

启关狂喜，难记何年别。相看旧时容态，执手无言说。塞北山西久旅，所患唯消渴。不须愁绝。兔毫在握，赓续前书尚心热。

回思时越半纪，一语弥深切。那日文字因缘，注定今生辙。更忆钱塘午夜，共赏潮头雪。景云投辖。当时儿女，今亦盈颠见华发。①

① 《叶圣陶集》第 8 卷，第 429 页。

“那日”二句，是丁玲当时说的话，她说：“叶老，要不是您在1927年发表我的短篇小说《梦珂》，我也许就不走这条路。”“更忆”二句说的是1928年秋，叶圣陶与丁玲和胡也频等同往海宁观赏钱塘江潮。“景云”句是说1927年“四一二”事变后，叶圣陶迁居横浜路景云里，丁玲和胡也频曾数次到景云里拜访。“当时儿女”指至善、至美、至诚。这首词为丁玲的“复出”而欢呼，词中凝结我国新文学史上两代作家半个世纪的欣慨，值得追怀。《六幺令》和叶至善写的“甚有感情”（叶圣陶语）的《〈六幺令〉书后》一同在《人民日报》（1979年6月6日）刊出后，顷刻传诵海内外，叶圣陶对丁玲的盛情厚谊成了文坛美谈。

观赏叶圣陶的旧体诗，无论是苦心经营的《兰陵王》，还是一气呵成的《六幺令》，都是用他“独具的想象情思”、独具的“真诚的态度”和“最适切的文字语句表现出来的”最“完整的境界”，语语精练，敲打俱响，“不愧为‘创’”的“佳作”[①]，旧形式的“镣铐”在叶圣陶的笔下成了“绕指柔”的利器，裹在身上的“桎梏”好像“披着绸巾那样舒服”[②]，可见他对我国文化典籍涉猎的广博、涵濡的深厚、体味的真切，兼之善于多方融铸，推陈出新。

值得注意的是叶圣陶晚年用诗歌形式写的一系列诗论，如1971年6月1日写的《偶成　“眼前颇复饶佳境”》，1971年6月5日写的《偶成　“三百篇前早有诗”》，1971年6月11日至7月5日写的《论诗绝句》（十二首）（以上见《箧存集丙编》），1977年3月21日写的《题王以铸〈咸宁杂诗〉》，1980年3月30日写的《满庭芳·题〈倾盖

---

① 叶绍钧：《〈清人绝句选〉序》，陈友琴编：《清人绝句选》，开明书店1935年版。

② 圣陶：《亭居笔记》，《时事新报·文学旬刊》第74期，1923年5月22日。

集〉》(以上见《箧存集末编》),等等。这些诗论既凝结了叶圣陶一生诗歌创作的经验,又提出了诗歌创作迫切需要注意的问题;既与早年《诗的泉源》《诗的对仗》《出自肺腑发自丹田》《形式的桎梏》等诗论中阐述的诗歌理论一脉相承,又是叶圣陶在诗歌探索征程中的一座新的界碑。诗中的许多精辟的警句,如“唐宋堪师不袭,用心在毕写吾真”(《满庭芳·题〈倾盖集〉》),“当境洽情诗便好,斟唐酌宋我胡为?”(《偶成　“三百篇前早有诗”》),“不欲作诗人,作诗乃有真”(《题王以铸〈咸宁杂诗〉》),“歌颂由衷发,欢愉随笔申”(《题赠杨霖生——霖生自皖来访,以作诗词见示》),“陈言莫蹈良难必,创获方安宁易期?”(《偶成　“三百篇前早有诗”》),“一字未宜忽”,“推敲宁厌频”,这些经验之谈,对于诗歌创作不无指导意义。

三、“切切实实地繁荣儿童文学创作”

作为我国现代儿童文学的奠基人,叶圣陶念念不忘儿童,一再号召“大家拿起笔来”,“为少年儿童写东西”①;“大家一起来努力”,写诗歌、童话、寓言、小说、剧本、民间故事、科学相声、科学幻想故事,切切实实地繁荣儿童文学创作。② 他说“比较能真懂儿童”的“学校里的教师和辅导员”,是“最适于写儿童文学的人”,恳切地希望他们“鼓起干劲儿试一试”,写出“有点儿新鲜的真实的东西”。③ 他还反复强调

① 《大家拿起笔来》,《读书月报》1955 年第 4 期;收入《叶圣陶集》第 9 卷。

② 《大家一起来努力》,《叶圣陶集》第 9 卷,江苏教育出版社 1990 年版,第 172 页。

③ 叶圣陶:《最适于写儿童文学的人》,《延河》1958 年 6 月号;收入《叶圣陶集》第 9 卷。

“写儿童文学”要养成不厌其烦地“改”的“习惯”。[①] “给少年儿童写东西，尤其不能忘了读者，不能忘了读者是少年儿童；一定要使少年儿童喜欢看，看了能懂，能得到好处，无论在品德方面，知识方面，还是娱乐方面。”[②] 他说，儿童文学作品尤其要注意的是语言的“正确”“健康”“美”，插图和装帧也至关重要，好的插图能使读者“深入领会书里的意思”，“引起读者宛如身入其境的想象”，装帧“好比一座建筑物的门面，能把门面布置得切合内部结构，具有引人入胜的趣味”；他还恳请作为“伯乐”的编辑，“不要错过一篇有希望的作品，不要错过一个有希望的作者”。[③] 叶圣陶慎重其事地把繁荣儿童文学创作，上升到提高中华民族科学文化水平的高度来认识，这些热衷肠的话读来着实令人感动。

新中国成立后，叶圣陶的儿童文学创作集中于20世纪50年代，主要作品有短篇小说《友谊》。主人公是个要强而又富有理想的女学生冯云，在她跳高受伤卧床休息的三个月里，班里同学轮流来给她补课，集体的力量支持她战胜病痛和寂寞，补考“门门及格”，和“同学们一块儿升级”。小说热情地讴歌了“人与人的真诚的友谊”，生动地叙述了吴运铎的《把一切献给党》、关向应的《关向应在病中》、奥斯特洛夫斯基的《我的一天》等革命教材，以及抗美援朝的中国人民志愿军的国际主义精神和社会主义建设蓬蓬勃勃的大好形势，给青少年学生的影响，塑造了社会主义新人可爱的思想风貌。此外，叶圣陶对民间故事进行再创作的《牛郎织女》《孟姜女》语言优美，情节生动，编入中学语文课本，深受

---

① 叶圣陶：《动笔之前和完篇之后》，上海《少年文艺》1978年5月号；收入《叶圣陶集》第9卷。
② 叶圣陶：《给少年儿童写东西》，《文艺报》1981年第11期；收入《叶圣陶集》第9卷。
③ 《大家一起来努力》，《叶圣陶集》第9卷，江苏教育出版社1990年版，第173—174页。

孩子们的喜爱。

叶圣陶写得较多的还是诗歌和散文。他在新文化运动初期创作的儿童诗歌，或写儿童的天真活泼，如《儿和影子》；或写农家孩子的纯朴可爱，如《两个孩子》；或写乡村生活的情趣，如《扁豆》《小鱼》，等等。其中的一些作品突出了反封建迷信和偶像崇拜，反对束缚和伤害儿童天性和自由的各种行为，洋溢着诗人对新的一代的关切和赞美之情，虽说是儿童诗歌，其实也是写给大人看的。如《拜菩萨》写儿童不信神：

儿学拜菩萨，
拉爹上坐作菩萨。
他自己作种种姿势：
上了烛，
插了香，
合十深深膜拜。

菩萨拜过了，
他站起来，
拔了香，
吹灭了烛，
便举起小手掌说，
“推倒你这个菩萨！”①

①《叶圣陶集》第8卷，第62页。

一个天真活泼的孩子，“拉爹上坐作菩萨”，在“爹”面前模仿“爹”拜菩萨的情态，最后举起小手掌推倒菩萨，令人忍俊不禁。写儿辈的新思想，让儿子来教育父亲，这在新文化运动初期的文学作品中尚不多见。《拜菩萨》写于1920年11月9日。《成功的喜悦》写于1921年1月，这是一首谈教育儿女的诗：

儿欲爬上凳子，
玩弄桌上摆着的
积木，摇鼓，小锡船，耍孩儿。
他右膝支着凳面，耸身屡屡，
可是力量不济，
不能成就他的尝试。

老太太看见了，
把他抱起来，让他坐上凳子。
她的动作十分轻易。
但是，这使他十分失意，
啼声乍发，身子一溜，
两脚又站在地。

为什么啼泣？
要发展你独创的天才？
要锻炼你奋发的潜力？

要期求你意志的自由？
要享受你成功的喜悦？

他不作什么说明，
只是继续他的尝试。
忽然身子一耸，两脚离地，
他又坐上凳子。
玩具在他的手里，
笑容浮上他的两颐。①

孩子要爬上凳子，玩耍在桌上的玩具，几次都没成功。老太太为了满足孩子的心愿，把他抱上了凳子。孩子却放声大哭起来，身子一扭，又溜到了地上。这股犟劲儿，引起了诗人一连串的思索，并得出了明确的答案：应该让孩子发展独创的本能，应该让孩子锻炼奋发的潜力，不要阻挠孩子期求意志的自由，不要剥夺孩子享受成功的喜悦。诚如后来他在《做了父亲》（1930 年 11 月）一文中所说的："真欲帮助儿女仅有一途，就是诱导他们，让他们锻炼这种心思能力。"② 《损害》写于 1921 年 9 月 8 日，诗人抓住教师瞬间的疑惑，极敏锐地提出了师生关系这个至关重大的课题：

几个学生

① 《叶圣陶集》第 8 卷，第 63—64 页。
② 《叶圣陶集》第 5 卷，第 314 页。

笑着说

跳着走

远远地来

看见我们在

一行冬青树下的

凉椅上坐着，

笑声灭了，

步调齐了

一会儿

他们去得远了。

忽然起异样的感觉，

非常难受：

不思不虑，

不言不动，

但是给人们以损害了！①

教师如果不能在感情上与学生打成一片，成为学生的知心朋友，就会在“不思不虑”“不言不动”中给学生以无形的“损害”。透过这些诗作，我们看到了叶圣陶对于教育乃至理想社会、合理人生、健全的人与人的关系的思考。20世纪三四十年代，叶圣陶为开明国语课本撰写的儿歌，内容大多是时事、校园生活以及自然风物。1945年7月，他为《开明

①《叶圣陶集》第8卷，第68页。

少年》创刊号写的歌词《少年》，由许可经谱曲，据说有的学校还演唱过。当时，抗日战争胜利在望。诗人和许许多多善良的人们一样，以为满目疮痍的中华民族即将告别硝烟、流血和恐慌，齐心协力地跨上和平建设的大道，因而对祖国的“少年”也寄以厚望，歌词写道：

当春的枝芽叶芽，
枝头上打着朵儿的花，
早晨冒出地平线的太阳，
在西部高原的黄河长江！
从这些东西，
我们看见我们自己。

要把眼睛睁开，
要让头脑明白，
莫要闲空了一双手，
说什么要对得起一张口；
把这道理，
我们勉励我们自己。

我们多的是同伴，
我们的精神清新，强干，
手牵着手向前进，
脚脚踏实步步稳。

希望的光照在我们身上，
我们满胸满怀的欢畅，
欢畅！我们满胸满怀的欢畅！①

然而，抗战祝捷的锣鼓并没有给中华民族带来欢乐的歌，只有在五星红旗的照耀下，祖国的“少年”才有了“满胸满怀的欢畅”。叶圣陶在新中国成立后写的儿童诗歌，内容更为丰富，如《祖国全绿太可爱》《栽树》《我们也来修水库》等，写“红领巾”绿化祖国和修建水库的热情；寓言式的儿歌《蚂蚁》，通过对蚂蚁齐心协力抬“粉蝶儿”过程的描述，向孩子们昭示这样一个真理：依靠集体的力量就什么困难也能克服，什么事也能成功。儿歌《小小的船》写于1955年5月上旬，曾编入小学语文课本，传遍千家万户，久唱不衰：

弯弯的月儿小小的船，
小小的船儿两头尖，
我在小小的船里坐，
只看见闪闪的星星蓝蓝的天。②

《小小的船》是叶圣陶“独创”的佳作；而孩子们乐于吟唱的《青蛙》，则出自“改写”。清末新式学堂流行一首题为《青蛙》的儿歌：

---

①《开明少年》1945年7月创刊号；《叶圣陶集》第4卷，第425—426页。
②《叶圣陶集》第4卷，第427页。

青蛙变化甚奇，初生淡水河里，
小小黑点如棋，背后拖一尾。
未几四足生齐，尾与体自分离，
换了一套新衣，青青真美丽。
阁阁阁阁阁，宜水又宜陆。
头顶睁开双目，闪闪光四瞩。
舌根连下颚，取食可伸缩，
害虫好充口腹，大功保护谷。

这支儿歌扼要而形象地写出了青蛙的生理特点和生活特点，语言流丽，又有韵味。叶圣陶对这首《青蛙》作了改写，使之更清新规整，更便于流传和吟唱。现抄录于下：

青蛙初生在水里，成群结队挤呀挤，
个个乌黑小身体，拖个尾巴针样细。

后来长出四条腿，缩掉尾巴穿新衣，
还是能在水里游，地上蹦跳也便利。

新衣青青真美丽，叫声阁阁老不息，
尽吃害虫保庄稼，青蛙功劳了不起。①

①《叶圣陶集》第4卷，第435页。

这两首《青蛙》立意相同，构思相近，后面的这首明显是受了前一首的影响，是“改写”，但又是“创作”，自成一家，浑然天成。总之，叶圣陶在新中国成立后写的儿歌想象丰富，声情并茂，童趣横生，深得孩子们的喜爱。

叶圣陶在新中国成立前主编的《中学生》《新少年》《开明少年》都是青少年读物，所以他为青少年写的散文比较多。这些散文题材广泛，清新可诵。《牵牛花》《天井里的种植》《看月》《掮枪的生活》都是青少年学生爱读的佳作。《牵牛花》赞美牵牛花旺盛的“生之力”。“那藤蔓缠着麻线卷上去，嫩绿的头看似静止的，并不动弹；实际却无时不回旋向上，在先朝这边，停一歇再看，它便朝那边了。前一晚只是绿豆般大一粒嫩头，早起看时，便已透出二三寸长的新条，缀一两张长满细白绒毛的小叶子，叶柄处是仅能辨认形状的小花蕾，而末梢又有了绿豆般大一粒嫩头。有时认着墙上的斑剥痕想，明天未必便爬到那里吧；但出乎意外，明晨竟爬到了斑剥痕之上；好努力的一夜功夫！‘生之力’不可得见；在这样小立静观的当儿，却默契了‘生之力’了。”① 作者观察的精细、描绘的生动，以及爱“绿”“爱生命”的那种“痴”情，着实令人敬服。在《天井里的种植》中有一段精彩的议论：

我们乐于亲近植物，趣味并不完全在看花。一条枝条伸出来，一张叶子展开来，你如果耐着性儿看，随时有新的色泽跟姿态勾引你的欢喜。到了秋天冬天，吹来几阵西风北风，树叶毫不留恋地掉

① 《北斗》创刊号，1931 年 9 月；《叶圣陶集》第 5 卷，第 327 页。

将下来；这似乎最乏味了。然而你留心看时，就会发见枝条上旧时生着叶柄的处所，有很细小的一粒透露出来，那就是来春新枝条的萌芽。春天的到来是可以预计的，所以你对着没有叶子的枝条也不至于感到寂寞，你有来春看新绿的希望。这固然不值一班珍赏家的一笑，在他们，树一定要搜求佳种，花一定要能够入谱，寻常的种类跟谱外的货色就不屑一看；但是，果真能从花草方面得到真实的享受，做一个非珍赏的“外行”又有什么关系。然而买一点折枝截茎的花草来插在花瓶里，那是无法得到这种享受的；叫花匠每个月送几回盆景来也不行，因为时间太短促，你不能读遍一种植物的生活史；自己动手弄盆栽当然比较好，可是植物入了盆犹如鸟进了笼，无论如何总显得拘束，滞钝，跟原来不一样。推究到底，只有把植物种在泥地里最好。①

这篇散文真实地记述了上海弄堂、天井、居室的格局，着重写了作者凿去天井里的水门汀，请人从田野里载来泥土，买来“豆饼”和“猪的大肠”作肥料，种下蔷薇、紫藤、红梅、绿梅、芍药、夹竹桃、灌木、小刺柏，还特地请了“三个劳工”，从“十多里路”外的江湾买来“绿叶蓬蓬的柳树”，种在“天井里”，给小天井安排下一个“物竞”的场所，任它们去争取“天择”。文章紧紧扣住“把植物种在泥地里”，“能读遍一种植物的生活史”，“果真能从花草方面得到真实的享受”这一题旨，娓娓而谈，作者钟情“生意”跟“韵致”，以及对于万物都有丰富的爱

① 《中学生》1932年2月号；《叶圣陶集》第5卷，第398—399页。

的情趣，跃然纸上。在《看月》中，作者以他特有的简洁素淡的笔墨，描摹了他在福州的乡下看到的幽香清妙的闽江月色："月亮高高停在天空，非常舒泰的样子。从江岸直到我的楼下是一大片沙坪，月光照着，茫然一白，但带点儿青的意味。不知什么地方送来晚香玉的香气。也许是月亮的香气吧，我这么想。我心中不起一切杂念，大约历一刻钟之久，才回转身来。看见蛎粉墙上印着我的身影，我于是重又意识到了我。"① 这些独特的感悟和想象，把人在大自然的美景中陶然忘机的情境，表现得出神入化。回忆清末中学时代接受军国民教育的《掮枪的生活》，以欢快跳荡、微妙传神的笔触，把大自然的情趣以及青年学子走出校门的欢愉，写得淋漓尽致。且看他如何写野外侦察：

> 有时候我们练习野外侦察，三个四个作一组，各走不同的道路，向田野或树林出发。如果是秋季的晴天，侦察就大有趣味。干草的甘味扑鼻而来；各种昆虫或前或后，飞飞歇歇，好像特地来与我们作伴；清水的池边，断栏的桥上，随处可以坐下来；阳光照在身上，不嫌其热，可是周身感到健康的快感。这当儿，我们差不多忘了教师讲的侦察时候应该注意些什么。我们高兴有这样的机会，从沉闷的教室里逃到空旷的原野里，作一回掮着枪的游散。②

字里行间洋溢着中学时代特有的浪漫情味，和青年学子风华正茂、蓬勃向上的青春朝气。这些佳作，都给儿童散文创作起到示范的作用。

---

①《中学生》1933 年 9 月号；《叶圣陶集》第 5 卷，第 350 页。

②《中学生》1934 年 10 月号；《叶圣陶集》第 5 卷，第 377 页。

1956年，叶圣陶为少年儿童写了一组散文，总题目为《一个少年的笔记》，共五则，即《爬山虎的脚》《诗的材料》《三棵老银杏》《“你们幸福了”》《小弟弟的三句话》①。作者在新中国成立前儿童散文中的“我”，带有明显的“自叙传”色彩，是“我”独特的“自叙”。《一个少年的笔记》中的“我”则是新时代一个天真可爱的少年的形象。作品采用了少年主人公自述的表达方式，一切观察、体验、情思、意境，完全通过孩子自己的感受生动曲折地传达出来，诗意盎然，读来备感亲切。

《诗的材料》是一篇只有八九百字的小品，少年主人公“我”进公园欣赏千姿百态的荷花，看得出了神，“觉得自己仿佛就是一朵荷花”，“一身雪白的衣裳，透着清香”，迎风歌唱，随风舞蹈，“蜻蜓飞过来，告诉我清早飞行的快乐。小鱼在下边游过，告诉我昨夜做的好梦”。“我”看牵牛花看得出了神，“觉得自己仿佛就是一朵牵牛花，朝着可爱的阳光，仰起圆圆的笑脸”。“我”看金鱼看得出了神，“觉得自己仿佛就是一条金鱼”，在“静极了”的水里“慢慢地摆动”。最后写“我”领悟到“这种情形是诗的材料，可以拿来作诗”。作者以少胜多，举重若轻，用短短的八九百字形象而真切地描述审美过程，构思巧妙而新颖。《小弟弟的三句话》写小弟弟的天真和稚拙。《三棵老银杏》和《“你们幸福了”》赞美新中国美好的现实和光明灿烂的前景。《爬山虎的脚》只有八百字光景，却被著名评论家谢冕推崇为“一篇带有叶圣陶自己风格的很朴素，同时又很隽永的儿童散文”。“学校操场北边墙上满是爬山虎。我家也有爬山虎，从小院的西墙爬上去，在房顶上占了一大片地

① 《叶圣陶集》第4卷。

方”，文章这样开了头。接着，他写爬山虎刚长出来的叶子是嫩红色的，而后，变成了嫩绿色，长大了叶子由嫩绿变成了鲜绿，“看着非常舒服”。接着，他从静态来描述那叶子：“那些叶子铺在墙上那么均匀，没有重叠起来的，也不留一点儿空隙。叶尖儿一顺儿朝下，齐齐整整的”；又从动态来描述那叶子：“一阵风拂过，一墙的叶子就漾起波纹”。写了这些，作者把话题引回到爬山虎的“爬”字上来。起先，他不知道爬山虎“怎么能爬”，经过仔细观察，了解到它原来有“脚”。于是集中笔力，用生动的语言，给孩子们讲述起爬山虎的“脚”和“爬”的精神：

爬山虎的脚长在茎上。茎上长叶柄儿的地方，反面伸出枝状的六七根细丝，每根细丝头上长个小圆球儿。细丝和小圆球儿跟新叶子一样，也是嫩红的。这就是爬山虎的脚。

爬山虎的脚触着墙的时候，小圆球就成了一个小吸盘。六七个圆圆的小吸盘就巴住了墙，枝状的细丝原先是直的，现在弯曲了，把爬山虎的嫩茎拉一把，使它紧贴在墙上。爬山虎就这样一脚一脚地往上爬。如果你仔细看那些细小的脚，你会想起图画上蛟龙的爪子。

爬山虎的脚要是没触着墙，不几天就萎了，后来连痕迹也没有了。触着墙的，细丝和小吸盘逐渐变成灰色。不要瞧不起那些灰色的脚，那些脚巴在墙上相当牢固，要是你的手指不费一点儿劲儿，休想拉下爬山虎的一根茎。①

① 《中国少年报》1956年11月1日；《叶圣陶集》第4卷，第390页。

散文就这样煞了尾，没有一句多余的话。从表面上看，似乎只是普及某种植物的知识，其实就在这看似很平淡的描述中，彰显出很深刻的生活哲理：只有深深扎根在土壤中，脚踏实地，才会有旺盛的生命力。《爬山虎的脚》真不啻为一首成功的、优美的、人生的诗。作者一丝不苟地观察生活，老老实实写文章的作风，给我们启示了这样一个道理：散文的题材海阔天空，只要有深入的观察和真切的感受，就连爬山虎这样的小植物也能成为脍炙人口的佳作。上乘的夸饰美固然也可以给人以美感享受，而像《爬山虎的脚》这样朴实无华的平淡美更富有诱人的魅力。

1963年，叶圣陶为北京市少年儿童写的二十篇习作，逐字逐句地作了批改，篇末写有简要的评语，最后写了一篇总评作为序，结集为“北京市少年儿童习作选”第三辑，于当年12月出版，用其中一篇的篇名作为书名，叫《我和姐姐争冠军》。叶圣陶批改这二十篇作文，因为是让中小学生观摩的，自然格外仔细。序和评语着重谈了“写什么”和“怎样写”这两个问题。他在序中说：“小朋友们的习作全写真经历，真体会，真感受，这是解决‘写什么’的好办法。无论说话或者作文，最要紧的是拿出自己的真实的东西来”；至于“怎样写”，“首先是一篇总得有个中心，全篇的话都围绕着中心。其次是话要前后连贯，一句接一句，一段承一段，都有条有理。用个词，造个句子，要准确，要自然，可有可无的话就不说，话不说尽，让读者觉得有馀味可以细细体会，当然更好”；解决了“写什么”和“怎样写”的问题，“只要勤加练习，必然会后胜于前，不断地取得更好的成绩”。① 这些话是中小学作文的要

① 《叶圣陶集》第18卷，第233—234页。

诀，对于文艺工作者来说也不失为经验之谈。1990年，叶至善将孩子们的习作和叶圣陶作的批改，加以整理并作了简要的说明，由开明出版社于当年9月出版，书名改为《叶圣陶中小学生作文评改举例》，供中小学语文教师观摩，很受欢迎。

1979年12月，叶圣陶开始为上海《文汇报》写有关教育的《晴窗随笔》。他在《〈晴窗随笔〉小引》中说："视力衰退，年来更甚。看书报眼镜和放大镜并用，还是不清不楚。写些什么不能两镜并用，只得在写了一句或者一行之后，拿起放大镜来检查有没有脱漏或者笔误。还得靠阳光。现在是冬季，上午九点到午后四点这一段时间里如果晴朗，对我就较为方便。假如'多云间阴'或者'阴转多云'，那就两镜并用也不济事，只好不写。因此，我的随笔叫做《晴窗随笔》。"[①]《晴窗随笔》就是在这种状态下，一个字一个字地写成的。虽说篇幅都很短，大多是千字文，但不是应酬之作，不是"搭题"文章；不是编辑强人所难，催逼出来的，也没有人在撺掇他写，而是他自己要写的。其中所谈的关于重点中学的设置问题、关于考试改革问题、关于加强生活教育问题、关于德智体美的教育问题等等，至今仍未能妥善解决，文中阐发的观点在今后很长一个时间里，仍将会给我们以深刻的启迪。这一篇篇凝聚着作者七十年教育经验的总结性的"随笔"，偏于说理，却很有情致，说理恰如其分，味道极醇厚，可读性强，也可称为儿童散文。如《"非重点"——〈晴窗随笔〉之十一》，作者信手拈来，轻描淡写，但令人深思。姐妹两人拿了成绩单后，各有各的表情，文章就从这里切入：

---

①《叶圣陶集》第11卷，第272页。

姐妹两个，姐姐是初中二年生，妹妹是小学二年生。寒假期终考试完毕，学校里的成绩小册子发下来了。姐姐的成绩列全班第一，只有两科评为“良”，其他全是“优”。妹妹也不错，不过轮不到第一。姐姐并没有说什么得意的话，只在神态之间有点儿飘飘然。妹妹相当敏感，嘴也锋利，她朝姐姐说：“别这么神气，在重点中学里，只怕要考到尾巴上去了。”妹妹的小学也不是重点，她对自己考得还不错没有什么表现，无从知道她心里怎么想。①

“重点”与“非重点”的差别已经深深刻在一个小学二年级学生的心上，而且断定“非重点”不如“重点”，“总归低人一等，不甚光彩”。文章从这里生发开来，提出“许许多多弟弟妹妹不会同样这么想吗?”老师难道不会“怀有类似的想头吗?”学生和老师以外的其他人，“经过耳濡目染，难道不会印象深刻，分别看待，认为确然是此高彼低吗?”作者举一反三，层层推进，深入地揭示了“非重点”不仅戕害了天真活泼的“童心”，而且后患无穷，以至会给全社会带来歧视“非重点”的不良风气。叶圣陶提出的这些问题着实令人忧思。他原计划每月以两篇为度，坚持写上一年，这样可得二十四篇，“足可自慰”，可惜因为健康原因写到翌年四月就打住了，一共只有十三篇。王力在《毓德良师　树人宏业——祝贺叶圣陶先生从事教育工作七十周年》② 中说：“圣陶先生的文字有清新俊逸的特点。他的文章有独特的风格，自成机杼，摒弃陈词滥调，独出心裁，说自己的话。他坚持写白话文，捍卫五四新文学运动

① 《叶圣陶集》第 11 卷，第 295 页。

② 《光明日报》1982 年 2 月 6 日第 2 版。

的成果；他的文章是现代白话文的典范。他提倡‘写话’”，提倡“写文章要明白如话，嘴里怎么说，笔下就怎么写”，“写自己的话”，《晴窗随笔》“完全符合‘写话’的标准。这种文风在社会上产生了良好的影响”，《晴窗随笔》中的文字真的达到了炉火纯青的境界。

四、《读后集》里的文学评论

《读后集》汇集了二十篇文学评论，其中最引人注目的是20世纪五六十年代对浩然、王愿坚、乌兰巴干、李英儒、刘电华、束为、徐怀中、杨苏、郭鹏、湜冰、孙幼军等一批文学新人的新作的评论。叶圣陶以无限喜悦的心情，生动地描述了这批新作的思想和艺术特色。在评论浩然的短篇小说集《喜鹊登枝》时，叶圣陶着重谈了浩然的语言：“作者写对话，写景物，集中在表现人物的需要上，不肯随便浪费笔墨。所用语言朴素、干净，有自然之美。是可以上口念的作品，念起来比仅仅用眼睛看更有意思”；“对话一般很简短。不仅让作品里的人物说了话，还描绘了人物的性情脾气和当时的心理变化，使读者如闻其声，如见其人”；在短篇《一匹瘦红马》里，描写马的语句“都是凭作者心目中的形象勾勒下来的，绝不依傍现在的套语陈调”。① 在论及王愿坚短篇《普通劳动者》的艺术特色时，叶圣陶说：“笔墨都用在描写上。主要描写林将军和小李，描写他们的状貌和动作，描写他们的谈吐和心理，种种描写集中在一个目的，就是描写他们的精神面貌”，“含蓄”在故事里

① 《新农村的新面貌——读〈喜鹊登枝〉》，《读书》1958年第14期；《叶圣陶集》第10卷，第133—135页。

的“是社会主义时代的美”。[①] 叶圣陶非常欣赏李英儒的《野火春风斗古城》，说这部描写我党地下工作的长篇，不仅把革命者写得“可敬可爱”，连反面人物也“写活了”。关敬陶的起义“是自愿和强迫的统一”，真实可信。在谈到这部长篇的“色调”时说：“小说写由敌伪占据着的古城，用一种阴暗的色调，叫人感到窒息，从而产生急盼春回大地的愿望。写根据地眺山，色调就完全不同，那么鲜明那么愉快，叫人很想亲历其境。单看杨晓冬进城工作了一阵之后回到眺山的那一节，几个人一路谈山中四时之景，多富于美学观点啊！”[②]《读〈我们播种爱情〉》开头就说：“我跟作者徐怀中同志没见过面，可是从这篇小说知道他的生活经验和政策水平，对他那创造境界的功夫和挥洒自如的笔墨，非常钦佩。近年来优秀的长篇出版很多，真像‘千岩竞秀’，这在文艺界是大丰收，在读者界是大享受。说《我们播种爱情》是近年来优秀的长篇之一，必然会得到读者界一致的承认。”接着，叶圣陶着重谈了这部长篇构思的严谨和描写的深刻。小说的主题是讴歌党和中央人民政府在西藏地区“播种爱情”，写了许多人物。“包括入藏人员和当地的人”的所作所为，所思所感，“差不多都经过周密考虑，然后下笔，很少无关紧要的闲笔。因此，一句看似寻常的对话，一个看似寻常的小动作，也经得起读者的咀嚼，咀嚼而后，可以窥见人物的政治修养，思想品质，历史影响，工作作风，生活习惯，个人癖好，等等。我确乎有这样的印象，

---

① 《〈普通劳动者〉是一篇很好的小说》，《人民文学》1958年11月号；收入《叶圣陶集》第10卷时改题名为《一篇很好的小说——读〈普通劳动者〉》。

② 《读〈野火春风斗古城〉》，《读书》1959年第2期；《叶圣陶集》第10卷，第159页。

希望我的说法并非阿其所好的过誉”。[1] 他说杨苏的短篇《没有织完的筒裙》主题好，“写来有一股新鲜之趣，生动腴润”，艺术上最出众之处是“诗化”，“作品的组织是诗的构思，全用声音、色彩、动植物的生态、自然现象的变化之类，细针密缕地织成绚烂的文锦”。[2] 他说郭鹏的游记《塔里木行》着力写了塔里木“欢腾的景象和旺盛的生命力”，“叫人如临其境，如遇其人，享受‘卧游之乐’”。[3] 这些评论都是叶圣陶“自己”要写的，不是“别人”要他写的；说的全都是“自己”真实的感受，不是应酬的套话空话；加上他对作品体味得深，抓住了作品的“个性”，从容地道出了作品的精妙所在，给读者以深刻的启示。

通过对某篇、某部作品的评论，提出文学创作中带有普遍性的问题，是《读后集》的另一个特色。在《一篇情文并茂的游记——读〈塔里木行〉》中，叶圣陶提出“文艺作者的重要任务之一”，是“及时地正确地写叙各地的新貌，让人们变更旧印象，获得新印象”，反映工农业建设，反映科学技术革新，涉及工程技术部分的作品，一定要“叙得非常详尽，完全外行人读了也能彻底明晓”。[4] 在《湜冰的三篇小说》中说：“我以为自定选题范围的办法是好的”，“认定了一个方面，特意

---

① 《读〈我们播种爱情〉》，《光明日报》1962年2月6日；《叶圣陶集》第10卷，第173、176页。

② 《绚烂的文锦——读〈没有织完的筒裙〉》，《文艺报》1961年第7期；《叶圣陶集》第10卷，第184、182页。

③ 《一篇情文并茂的游记——读〈塔里木行〉》，《新疆日报》1961年12月6日；《叶圣陶集》第10卷，第185、186页。

④ 叶圣陶还写过《作品里涉及工程技术的部分》（《叶圣陶集》第9卷），以胡万春《步高师傅所想到的……》、陆俊超《“劳动号”油轮》为例，指出“这两篇作品在涉及工程技术的场合没有写得很清楚，致使读者只能依稀仿佛，不能明白如见”，并就如何写好工程技术部分提出了具体的指导意见。

在这个方面多用心思”，“深入洞察，悉心体会”，“酝酿比较容易达到成熟的地步，下笔就有希望像活水那样流畅”。[①]《谈谈〈小布头奇遇记〉》开头就说：“一九六〇年以来，儿童文学方面的争鸣很是热烈，可是作品‘歉收’，童话尤其如此。”[②] 叶圣陶反对无聊的论争，反对“框框”。他说，“框框为先”，“鉴赏的眼光和创作的活力给写法的框框拘住了，我看没有什么好处”。在评论束为的短篇小说集《老长工》的时候，叶圣陶强调要用活生生的“口语”，“作者运用语言的能耐”是用“口语”，“口语”能“上口念”，“念起来干净利落，有节奏感”。“现代作品应该如此，要是能看不能念，念起来疙里疙瘩，无论如何总觉得差点儿。”[③] 在对《普通劳动者》评论中，叶圣陶提出小说创作应该“用笔墨来雕凿”人物。他说：“我常常想，雕刻家制作人像，有的地方粗凿，有的地方细雕，粗凿细雕全得其当，不容有丝毫疏忽处，雕成的人像就不仅是个形体，而且透露出精神面貌。写小说也应该那样，用笔墨来雕凿，任何部分都不含糊，结果写出几个让人看得见精神面貌的人物。那才是真正的小说，而不是仅仅告诉人家一个故事的记事文章。我认为这篇《普通劳动者》能够精心雕凿，写出人物的精神面貌，是真正的小说。”[④] 叶圣陶的这些精辟的论述，对于繁荣社会主义文艺创作是有指导意义的。

推诚相见，有好说好，有缺点谈缺点，既热情鼓励，也严格要求，

---

① 《提冰的三篇小说》，《大公报》1962 年 3 月 17 日；《叶圣陶集》第 10 卷，第 189—190 页。
② 《谈谈〈小布头奇遇记〉》，《文艺报》1962 年第 9 期；《叶圣陶集》第 10 卷，第 197 页。
③ 《短篇小说集〈老长工〉》，《文学书籍评论丛刊》1959 年第 3 期；《叶圣陶集》第 10 卷，第 171 页。
④ 《叶圣陶集》第 10 卷，第 137—138 页。

寄予厚望，是《读后集》的第三个特点。在《读〈草原烽火〉》一文中，叶圣陶肯定这部描写科尔沁草原蒙汉两族人民，在党的领导下跟封建王爷和日本帝国主义者进行斗争的长篇是“史诗式的画幅”，是“一部优秀的作品”，对作者乌兰巴干十分钦敬。同时又指出对我党地下组织的活动，缺少“具体的生动的描述”；《山林风险》这一章，“跟整部小说的主题和节奏不协调”；“情景相生，原是文艺作品有效的手法。不过我觉得小说里运用这种手法似乎多了一些，有些地方不大自然”。① 在评论刘电华的短篇《伍嫂子》时，叶圣陶称赞小说写的确是个“激动人心的故事”，“对话全是简短的”，“叫人读了这些对话，可以想见人物的精神面貌，回味无穷”，又点出“有写得不清楚的地方，就是使读者发生疑问的地方”，有“两个接榫的地方，意思承接不够紧密”，以及“在描述上”下的功夫还不够的“缺点”。② 对《小布头奇遇记》，叶圣陶一方面肯定这是一部写“现实生活题材”的童话，“把布娃娃小布头写成个活生生的孩子”，“孩子们会感觉非常亲切，仿佛就是天天见面的小朋友里的一个”，“有好些段落写得特别切合孩子们的心理”，语言“简洁、活泼，有情趣，念下去宛然孩子的口气，可是没有孩子常有的种种语病”；另一方面又严肃指出“这部童话里也有些写得不怎么好的段落”，“有些段落比较拖沓，情节的进展不多，作些不关紧要的铺叙，可能使孩子们感到不耐烦”，“有些故事似乎没有编好”，“叫人觉得草草了事，不够细致”。这些话说得非常诚恳。1981 年 11 月 15 日，叶圣陶为三联书店香港分店与人民文学出版社新编的《中国现代作家丛书——

① 《读〈草原烽火〉》，《人民文学》1959 年 1 月号；《叶圣陶集》第 10 卷，第 147、153 页。
② 《读〈伍嫂子〉》，《解放军文艺》1959 年 3 月号；《叶圣陶集》第 10 卷，第 164、165 页。

茅盾》写的序中说：

> 三联书店香港分店与人民文学出版社新编先友雁冰兄的选集，嘱我作序，为期促迫。说些空话勉强作序，对不起雁冰兄，也对不起读者。总得说几句较有意义的话才行，又因思绪滞钝，力不从心。
>
> 近来正在整理旧作，找到三十六年前写的这篇文字[①]，反复看了几遍。这篇里说的都还实在，叙交情和倾慕没有过分的话，直到雁冰兄谢世以后的今天，如果要写也不外乎这些意思。因而想到就把它代替序文，勉应出版社的嘱托。[②]

《略谈雁冰兄的文学工作》这篇文字，过了三十六年，叶圣陶“反复看了几遍”，觉得“这篇里说的都还实在，叙交情和倾慕没有过分的话”，“今天”如果要写“也不外乎这些意思”。茅盾是叶圣陶最亲密的挚友，而浩然、徐怀中、束为等大多是叶圣陶“不相识”的“新人”。叶圣陶在20世纪五六十年代评论“新人”的作品，过了半个世纪，仍像《略谈雁冰兄的文学工作》一样，让我们感到亲切和实在，谈“长处”和“缺点”都没有“过分的话”。叶圣陶严谨的态度和求实的精神值得赞美。

《读后集》里的《我听了〈第一个回合〉》写于1978年5月，那年叶圣陶已经八十四高龄了，眼睛越来越不管用，没法看，只好听，听广

---

① 《略谈雁冰兄的文学工作》，成都《华西晚报》1945年6月23日。

② 《叶圣陶集》第7卷，第258页。

播，长篇《第一个回合》就是他从收音机里陆续听完的，一天半小时，听了三个来月。小说写的是新中国成立后的国民经济恢复时期，东北某个钢铁基地的故事，觉醒了的工人阶级在中国共产党的领导下，克服了重重困难，接连修复了三座高炉，使产量突破了历史上最高水平，取得了“第一个回合”的全面胜利。叶圣陶在评论时，再次谈到文学创作带规律性的问题，指出：“小说总是写人物的，写人物的思想怎么发展，怎么转变，怎么从一个高度上升到另一个高度。写人物，写人物的思想，靠抽象的概括是不行的，必须随着情节的发展，写人物的语言、行动、神态和表情——凡是足以表现人物当时的思想的语言、行动、神态和表情。这样，小说才能使读的人，包括我这样听的人，像当时在场一样看到这些人物，并且透过他们的外表体会到他们的内心活动。”文章最后说：“现在，咱们正面临着一个前所未有的更大的回合，这就是实现四个现代化，把咱们中国建设成为伟大的社会主义强国。在这个时候，回顾一下解放后的‘第一个回合’，回顾一个‘第一个回合’的胜利是怎么得来的，将会鼓舞咱们的斗志，坚定咱们的信心。所以我几乎逢人就介绍这部小说，现在写这篇文章的目的也在于此。”① 这番话道出了他费时费力地写这篇评论的用心，他急切地希望文艺工作者提高创作水平，用优秀的文艺作品反映四化建设的成就，讴歌新的时代。

叶圣陶的一些散文其实也可以作为“鉴赏”和“评论”来读的。如他在散文《我钦新凤霞》中称赞新凤霞“能体会人生”，“能揣摩各种人物随时随地的内心世界”，文字“朴素干净”，“洗尽‘文学腔调’”。至

① 《我听了〈第一个回合〉》，《文艺报》1978 年第 5 期；《叶圣陶集》第 10 卷，第 214 页。

于为田汉散文集《母亲的话》写的《〈母亲的话〉序》，只要看看田汉之子海男请叶圣陶写这篇序的“理由”，就能知道叶圣陶多会理解作家、多会欣赏文学了：

（海男说）他来找我是因为我在二十年前写过一篇《话剧〈关汉卿〉插曲〈蝶双飞〉欣赏》，现在电台还经常播出，他听一回流一回眼泪。他认为他父亲写那个剧本，把自己的思想感情全部倾注在关汉卿身上了。他从收音机听我剖析他父亲那支《蝶双飞》，听我一层一层地揭示剧中人关汉卿的创作态度和精神境界，好像每一句话都是说他父亲。他认为我是很理解他父亲的，所以一定要我写这篇序。①

除了鉴赏和评论，叶圣陶还写了有关诗歌、文艺思想、文学运动、创作态度和技巧，以及文章评改方面的论文，仅在1978年之后写的就有《动笔之前和完篇之后》《跟〈人民文学〉编辑谈短篇小说》《我和儿童文学》《重读鲁迅先生的〈作文秘诀〉》《给少年儿童写东西》② 和《修改至诚的一篇散文〈体育老师〉》③ 等等。对文艺界，叶圣陶也提了许多殷切的期望。1984年12月29日，北京京西宾馆的礼堂内灯火通明，中国作家协会第四次代表大会正在这里举行隆重的开幕式。九十

---

①《叶圣陶集》第7卷，第267页。

② 以上作品均收入《叶圣陶集》第9卷。

③《叶圣陶集》第15卷。

高龄的叶圣陶为大会写了贺诗《迎接大变革的时代》[1]：

咱们祖国面临大变革的时代，
前无比配，开创将来。
像初升的朝暾，
已经望见明耀的光彩，
像刚醒的早潮，
已经听见波动的澎湃。

大变革的时代昂首阔步，
文艺界怎肯背负。
还是那句话——“深入生活”，
百业之中采精素。
不匆遽，不粗疏，
水到渠成动手初。
试想想，二十一世纪初的文艺博览会
将是个怎样的规模。

“不识庐山真面目，
只缘身在此山中。”
好诗句，向来传诵，

① 《光明日报》1984年12月30日，收入《叶圣陶集》第8卷。

但是也不妨请教诗翁：
您为什么不“超以象外”，
光看庐山几阵云雾几棵松？

画龙的事也可以借用，
头角鳞甲，张爪曲躬，
纤屑靡遗，无笔不工，
偏偏漏画了全神集注的双瞳。
欣赏这样的画龙的，
大概仅有自名好龙的叶公。

大变革的时代向文艺界招手，
严肃认真的文艺界谁甘落后？
听好些有心人欣然传告，
如今已经涌现不少好苗头。
那么，二十一世纪初的文艺博览会
虽然不到扬，也知道唯今独有。

贺诗以其特有的激情和期待，赢得了与会代表长时期热烈的掌声。1985年6月中旬，叶圣陶在北京医院接受《文艺报》记者采访时，作了题为《创作应该是自由的，作家应该是有责任感的》[①] 的谈话。他说：“作为

① 《文艺报》1985年7月6日第1版。

一个文艺工作者，应该意识到自己同时是一个教育工作者。小说是写给别人读的，戏是演给别人看的，歌是唱给别人听的，别人读了看了听了，不能不受影响，受影响就是受教育。依此类推，所有的文艺工作者，不管搞哪一行，都在教育别人，都在当教员。既然当教员，就要郑重其事地做好自己的工作，努力使别人受到好的影响，受到好的教育。”叶圣陶还说：“创作应该是自由的，作者在生活中有了感觉，才写得出东西来，不能由别人给他定题目，出思想，划范围。是不是有了感受都值得写？恐怕不一定，至少得想一想写了发表出来会给别人一些什么影响。所以，作家是应该有责任感的。不管什么人，既然生活在这个社会里，总要努力做一些有益于这个社会的事，绝对不做有损于这个社会的事。文艺工作者怎么能例外呢？何况还担负着教育者的责任。”认识自己的社会责任，投身到时代的激流中开拓更自由更开阔的创作天地，珍惜文艺工作者的崇高声誉，给人民大众提供美好的精神食粮，叶圣陶的这番话，对于新时期的文学创作产生过积极的影响。

第三十六章

整风反右中险遭不测

在我一生接触的师长中，有几位是圣人型的。就是说，不仅学问好，文笔好，而且做人十足正派，表里一致，不投机，不看风向，对人一腔热忱，对国家事业抱献身精神。在屈指可数的这样师表中，叶老是我极为敬重的一位。

——萧乾《万世师表叶圣陶》①

一、误判“鸣放”是“有领导的一回革命”

叶圣陶长期兼任人教社的社长和总编辑，凡是中小学课本都得经他审阅签发。中小学课本，尤其是语文课本本来就“众口难调”，从新中国成立到“文革”，“运动”走马灯似的一个接着一个，再怎么紧跟也紧跟不上“飞跃发展”的形势。叶至善晚年在与笔者的一次谈话中说：中学语文课本中收了毛主席、朱总司令、周总理、任弼时的作品，“五大

① 《人民日报·大地》1988 年 3 月 1 日。

领袖”唯独缺了刘少奇，因而受到来自各方面的批评。“父亲觉得刘少奇《论修养》的语言不够清新，不适宜作中学语文教材，可最终还是顶不住，节选了几段，以‘补充篇目’的名义，进入中学《文学》课本”。

1957年，中国政治气候发生了急遽的变动。2月27日，毛泽东在最高国务会议上，发表了题为《正确处理人民内部矛盾的问题》的讲话，提出了“百花齐放，百家争鸣”的政策，史称“双百方针”，鼓励民主党派和知识分子针对党和政府的工作中存在的问题进行批评。3月12日，毛泽东又在中共中央全国宣传工作会议上发表长篇讲话，进一步敦促党外知识分子对共产党的执政提出批评。叶圣陶是日日记记：

三点半至怀仁堂，出席宣传工作会议，缘宣传部来电话，毛主席将在会上讲话，故往。今日全场坐满，大约多数人与余同样心理。四点至四点五十分，有三位发言。休息十分钟。毛主席讲话以五点始。其讲话盖答复会上提出之若干问题，谓有些问题未能遽答，第就可答者讲之。约记如下：

(1) 今处于社会大变革时期。各种事业，皆大大发展，前所未有。此大变革基本上是健康的。唯变革而至于巩固，总须历几年之时间，不可能马上就巩固。然终必巩固是肯定的。

(2) 现在知识分子约五百万。其中极少数不甚欢迎社会主义，甚且抱敌对情绪，以为终有一日恢复资本主义。百分之九十以上的知识分子均为爱国主义者，拥护社会主义。但彼辈于如何工作，如何解决新问题，尚不甚熟悉，其中多数人欲搞通马克思主义。大约有百分之十，包括党内党外人士，已能运用马克思主义。

宗教界接受社会主义而不接受马克思主义。此宜容许。凡接受马克思主义之人，其程度亦大有差别。我们应好好地作宣传工作，使接受者越来越多，接受得更好。决不能强迫人家接受，只能说服人家，使自愿接受。

（3）此五百万人均为教育人民之人，为国家之财产。此五百万人为脑力劳动之工人，为工农服务。

教人者应先自己接受教育。谓社会主义改造只须改造别人，不必改造自己，殆无是理。如果不学习，不研究，即不能很好地完成教人之任务。

应一面教人，一面学习。只从书本上学习不够，要从实际中学习。

（4）今将再作一次整风。今年开始试点，明年普遍推行。党外人士自愿参加。目的在克服教条主义、宗派主义、官僚主义。方法与延安时期之整风同，看些文件与书籍，谁有错误缺点，批评一下。宜本治病救人之旨，反对一棍子打死人的办法。希望经此整风，能于马克思主义有所发展。

（5）知识分子能出去走走看看，总有好处。走马看花，下马看花，都好。既作了调查，又交了朋友。一辈子不与工农接触，总不大好。希望知识分子多与生产者直接接触，或在工厂农村安家落户一个时期。

要造成一种风气，使若干年内，多数知识分子均与工农接触。如此，则书本上之马克思主义变为真正受用之马克思主义。因为马克思主义唯有在工作实践中才能真正了解。于是多数人有了共同的语言，一切工作才能作好。

(6) 次谈片面性问题。教条主义、机会主义均属片面性的东西。或百分之百地肯定，或对一切都否定，皆由片面性之病根。

对此二者皆应批评，但宜本治病救人之旨。

欲令所有的人皆不带片面性，殊非可能。但逐步地多一点辩证法，逐步地比较全面些，则是可以要求的，而且应该要求的。

共产党是否能领导自然科学研究？共产党既能作阶级斗争，亦即能与自然作斗争。以前徒以忙于阶级斗争，不能兼顾。今时需要好好作准备，十几年之后，当能搞通自然科学。现有之一批科学家，则宜领导后辈与学生向科学进军。

人谓杂文不免片面性，其实杂文亦可不带片面性。鲁迅以杂文对付敌人，列宁以杂文对付同志，均不带片面性。

现在发抒意见，条件相当好，既无检查言论之机关，而且提倡百家争鸣。然而人犹有不敢写文章者，此所以需整风也。一个人真成唯物论者，即能不顾什么，唯讲道理。要革命，要建设社会主义，更何所顾忌乎。

(7) “百花齐放，百家争鸣”之方针，宜放抑宜收？回答是还是要放，不收。

真、美、善与谬、丑、恶相对，有此乃有彼。属于谬、丑、恶者，唯于在斗争之中乃可发现。

马克思主义亦可以批评。马克思主义如能批评倒，则其实该倒，然我看马克思主义是不大容易批评倒的。我人不应存恐惧之心理。

“百花”“百家”之方针有利于国家，“百花”发展艺术，“百家”发展科学。

禁止人们接触错误与丑恶，也不甚好。不加禁止，可使人们自己发表其见解。

勿怕乱，勿怕批评，勿怕牛鬼蛇神。唯于辩论之中，才能解决问题。

总之，知识分子有很多好处，唯于马克思主义世界观尚不能好好掌握者至多。此唯有党员首先学习得好，才能说服人家。思想问题不能用粗暴的办法解决。各地方党委要抓紧思想问题。

毛泽东发动“整风运动”，号召“鸣放”，在叶圣陶看来这是“有领导的一回革命”。因夫人胡墨林的逝世（3 月 2 日），教育部安排他到粤、浙、苏等地旅行，这倒使他因“悲”得福，假如没有夫人逝世这场“悲”，叶圣陶不去外地旅行，一直留在北京，情况也许就不一样了。和许许多多的知识分子一样，叶圣陶对于“鸣放”理解得很天真。教育部安排他外出旅行，按说是可以当“整风运动”的局外人的，但他非常关心这场运动。5 月 8 日夜到了南京，次日就列席江苏省人民代表大会。这之后，他与亲友谈得最多的就是“鸣放”。5 月 13 日日记记：

三官谈一语，余以为至警辟，渠言日来共产党整风，各机关团体号召“放”“鸣”，声势壮阔，全国皆动，此是有领导的一回革命。共产党居于领导地位，党员作风未能尽纯，自使党外之人怀有意见，而含意未伸。匈牙利之事，即此类意见郁而弗获宣，乃致爆发。今中共则务使其宣泄，使党员与非党员共同纠正其不是，拆去无形中之墙壁，诚明达之见也。

看他想得有多好。5月17日夜，叶圣陶回到北京后，就认认真真地思考如何参与“鸣放”。5月18日日记记：

（下午）四点回家，伯祥在相候，渠先我三日回京。遂共谈。其文学研究所亦方开座谈会，大家对领导提意见。傍晚共饮。至美、蠖生、宁宁亦来。谈者亦是整风之事。余甚矛盾，一向欲求心之宁静，最好少所闻问，殆必有被邀座谈之机会，如何表示，且徐徐思之。至美他们去时已十点过矣。

王伯祥是中国社科院文学研究所研究员，女婿叶蠖生是中联部的高级干部，见面谈的都是“整风之事”，可见这场声势浩大的“鸣放”已触及知识分子的心灵深处。5月19日是礼拜天，是日日记记：

晨间同寓王城、杨赓二位来谈，皆以我出游回来，特来问询。所谈为出版界之事。目前“鸣”“放”既在揭露缺点，出版界之问题自亦不少。二位去，偕至善永和至中山公园，与诸老友茶叙于来今雨轩。到者伯祥、雪村、文叔、薰宇、调孚、芷芬、汉华、劭老、周有光、张允和。纵谈无禁，多及“鸣放”问题。……

至此，“一向欲求心之宁静”的叶圣陶，也就有点身不由己，自然而然地卷入了这场运动。5月20日日记记：

上午到部中。久不到此矣，殆已逾百日。写些信件，外则与晓风闲谈。日来外间揭露教育工作之缺点，颇有涉及教科书者。教科书中，尤集中于小学语文与中学汉语与文学。以余之见，我社小学语文逐渐改进，而一般人狃于旧习，不知改进教法，徒言识字多，课文长，难教难学，实无多意思。中学文学确实毛病甚多，中学汉语则繁而寡要，总之，皆未能于提高学生之语文能力有切实帮助。而如何以此教材施教，亦未多作研究。致使教师困于备课，而课仍教不好。此我人之大错也。至于教育部之工作，余以为缺点甚多，毛病甚大。总括言之，可用“教育部不懂教育”七个大字。一切务欲削减，科目要少，课时要少，教材要精简，以为此是减轻学生负担之至要办法。近闻有人主张，如果学校条件不够，历史、地理、物理、化学亦可不要，只馀语文、算学、政治、体育四门。不知条件不够之学校，此四门亦无从教好。既专从退一步着想，又何必办教育。教育如此办，宁复有教育之意味乎。余甚欲退出教育部，不欲挂个虚名，亦算教育部之工作人员。至于出版社方面，余欲辞去社长之职，缘力不能领导此社，愿让贤者。余仅愿与语文方面之诸同人共同工作，希望在五年十年间，于语文教学有所改进，学生之语文能力确有提高。果能若此，则已算积极努力，尽余之力。如走消极道路，则余并语文教学方面亦放弃，退而为一职业作者。此种人生观殊不高明，余亦知之，然存想如此，莫可奈何也。——以上之意，前在旅中曾向晓风谈起，今日又重及之。

午睡起来，至社中，遇李之乾，谈一时许。暑假将近，教部举棋不定，影响课本之发排与印造，下学期恐又将供应不及时。之乾现主管此事，为余言之，余亦深怅。至志公之室，与谈汉语课本之问题，一谈将两小时。中学文学室冯仲芸（女同志，原在我社半日，半日在北大，今后离去我社，专在北大任教）作饯，聚餐于思润居，邀余同叙。酒后余纵谈，即言前所记之意见。九点散。

今日说话颇多，脑中作响。半夜醒来，耳鸣复作，一声声如小猫叫。间断少顷，继之又作。

二、对教育部和作协党组同时发炮

冯仲芸在“思润居”请客，到场应该都是人教社和教育界的同人和相要好的朋友，叶圣陶酒后“纵谈”，说“教育部不懂教育”居然说到回家后“脑中作响”、夜间“耳鸣复作”的程度，可见不止是说得“多”，而且还有几分激动。“纵谈”之后，叶圣陶非但没有就此打住，反倒依了教育部党组书记董纯才的“希望”和作协党组书记邵荃麟的“安排”，在“整风运动”中进一步“畅所欲言”。5 月 21 日日记记：

午饭后将欲小睡，而叔湘至，固共谈。渠入城盖为科学院开会，会期多至十馀日。谈“鸣”“放”整风，意见乃颇相近。叔湘坐一时许乃去，余小睡约半小时。四点时，李庚、子冈、浦熙修三位以次至，至善邀他们来闲谈小饮。李庚已脱离青年出版社，在美术学院任教，并为研究工作。三位询余对报纸上所揭发种种问题之看法，余谈余之意见，颇使他们感兴趣。李庚先去。八点许，董纯才来，子冈、熙修乃去。纯才谈教部工作不好，希多提意见云云，余告以近日所怀之意思。并以余欲脱离教部，不当人教社社长之意语之。彼已先知其事，盖白韬已转知矣。谈至九点，纯才去。

这一天从早到晚，“谈”的都是“‘鸣’‘放’整风”，他的“意见”不仅与吕叔湘的意见“颇相近”，而且让年轻有为的作家和出版家李庚、子冈、浦熙修“颇”“感兴趣”，再加上教育部党组书记董纯才登门拜访，虚心检讨，希望“多提意见”，叶圣陶也就更上心。请看 5 月 22 日的日记：

上午到社中，起草一谈话稿，预备给《北京日报》。彼报记者屡次来电话，要余谈关于教材的话。余欲暂不谈此方面之话，而略言教育部之工作。十一点许，往教育部听陈曾固发动整风之报告回社。据他们传述，知部中亦如其他机关团体，将开若干座谈会。

午后困甚，睡眠不好。两点，至作家协会，会中开小型座谈会，亦是所谓帮助整风之意。两点半开始，荃麟说明开会用意，继之余与陈梦家、黄药眠、钟敬文发言。余于五点先退。继续写毕谈话稿，计一千三百言。八点，《北京日报》两位年轻女记者来。她们见余未谈教材问题，不甚满意，意欲令余重写。余不免稍动感情，说了表示愤激的话。她们去后，余心仍不平静。十点就寝，竟夜在半睡眠状态。耳鸣如小猫叫，时一发作。

《北京日报》两位年轻女记者对叶圣陶的“谈话稿”“不甚满意”，这很可能是她们“年轻”，政治上还比较稚嫩，对“谈话稿”理解得太浅，于是引起了叶圣陶的“愤激”。叶圣陶在“谈话稿”中谈教育部，“谈教材问题”，谈得够尖锐的。请看《北京日报》5 月 24 日第二版的报道：

叶圣陶副部长谈教育的几个问题

本报讯　最近，报纸上发表了不少教育界人士对教育部门存在的官僚主义、宗派主义和主观主义提出的意见。本报记者访问了教育部副部长叶圣陶，请他谈谈对这些问题的看法。叶圣陶副部长就几个问题发表了意见。

教育部里嗅不到多少教育的味道

他说：“对于‘党群关系’‘以党代政’‘有职无权’之类，也许由于感觉不怎么敏锐，我都没有意见。我只觉得教育部里嗅不到多少教育的味道。教育部做的，大部分是算账的工作。算经费的支配，算招多少学生，算培养多少师资。账固然非算不可，但是算账这回事不就是教育。此外，为了减轻学生的负担，考虑这一学科是否可以去掉，那一学科是否可以不要。又考虑把授课时间限制在多少节数以内，于是像花有限的钱似的，某一笔费用上短了几块钱，就从另外几笔上硬抽出几块钱来补足它。又考虑精简教材，越少越好。以上这些事的确需要郑重考虑，需要从教育的观点郑重考虑，可是事实并不然。我们的比非常节俭的当家人，算这些账务求其省，似乎只要做到个‘省’字，学生的负担就轻了，学生所学少量的东西就可以终身受用了。我想，这未免想得简单些，想得消极些。不能让学生担当过分的负担，这是天经地义。现在大家闹学生负担重，毛病究竟在哪儿？怎样的负担才是学生适当的负担？除了一个‘省’字而外，是不是还有积极的切实可行的办法，一方面让学生担当适当负担，一方面使学生所学的必要的东西可以终身受用？以上这些问题我们应该考虑的。”

普通教育是怎么一回事?

他接着说：“照现在的情况，大家对于普通教育是怎么一回事，看法千差万别。教育为生产服务，这个原则自然不错，但是怎样理解这个‘为生产服务’，各人并不相同。最狭义的，认为目前农业生产合作社需要什么就教什么，这就是‘为生产服务’。最广义的，可认为必须培养全面发展的人，全面发展并不要求发展到顶点，但是不能在所谓‘全面’之中缺了一个角，教育要做到这样，才能名副其实地‘为生产服务’。看法这样不同，大家合在一块儿干同一工作，思想上措施上自然常常彼此闹别扭，这里头消耗了不知多少可贵的精力。我希望在这一回‘百家争鸣’的高潮里，关心教育的人都来讨论普通教育是怎么一回事，换句话说，就是我们为什么要办普通教育。这个根本问题弄清楚了，大家的看法一致了，然后定出种种措施来，各项教育工作该会换一副面目。”

更正一个事实

最后他说：“方才您问起我人民教育出版社发稿签字的事。我们那位丁酉成同志没弄清楚这回事，他在民盟市委会座谈会上的发言跟事实不符。一九五四年一月间，我曾经写一封信给董纯才副部长，那时候我还没有到教育部。昨天我把那封信的底稿捡出来，现在念给您听听。‘人民教育出版社之出版物，绝大部分为教科书，与其他出版社不能相提并论，其他出版社书稿之印行可由社长决之，而教科书则当决于教育部。四年以来之往事则不然，一书发印，由我以社长名义签字，即为定论。其事初尚昧然，迄于前年，思之渐澈，乃悟我之所为实属非分。全国中小学之教材，关系何等重大，而决之于我个人，此非极端狂妄不可容恕之举而何？我既昧然于先，领悟而后，复以势不可骤更，明知其非而赓续为之，精神上之不安非可言宣。亦尝与同社诸君言之，而诸君亦无解决办法，中夜睡醒，思之耿耿。今敢陈于台从，幸赐鉴察。以后各种教科书之最后决定，可否请教育部为之？晤面之顷，本可陈告，唯恐辞不达意，未能尽邀明察，故笔达之。部中商讨有定，敢恳赐一短简相示。’这末了一句‘商讨有定’，就是说教育部里定出审查和批准教科书的制度来。我一面发出上述的一封信，一面给出版社总编辑办公室的同志去信。现在也念几句给您听。‘我已致书董纯才副部长请示，乞明定制度，想日内必有批答。在未获批答时，即某一书稿已届计划发稿之期，亦只得暂搁静候。请足下以此意转告各编辑室主任同志，或即以此书请各位观览亦可。’后来怎么样呢？没有得到批答。我说了话要算数，‘暂搁静候’。社内同志恐怕开学时候教科书供应不上，商商量量，定出了由几位副社长分别签字发稿的办法。我要求定制度的愿望没有达到。再后来，就是一九五四年的冬季，我进了教育部，算是把出版社跟教育部联系了起来。至于审查和批准教科书的制度，只在一次部长办公会议上说过，还像是前几年一样，教科书稿由部里各司看一下，或多或少提些意见，签字发稿还是由几位副社长负责。事实就是这样。”

说“教育部里嗅不到多少教育的味道”，批教育部对“普通教育是怎么一回事”毫无主见，对中小学教材不负责任，都是“方向性”“路线性”的问题。“年轻女记者”走后，叶圣陶心里“仍不平静”，夜不能眠，想的当然还是教育部的问题。

叶圣陶在作协座谈会上的发言，话说得有点委婉，但问题提得极其犀利，现实针对性极强，现抄录于下：

“领导”这个词儿·个人自己的哲学

——在作协党组召开的座谈会上的发言

接到通知，说是开座谈会，帮助整风，讨论怎样改进领导整个文学视野的问题。记不清楚，大致是这么说。作家协会是个人民团体，该做些什么事呢？从前社团定章程，第一条往往表明“宗旨”二字，下边写本会以什么什么为宗旨。作家协会如果用这个方式定章程，我想，写在“以”和“为宗旨”之间的，不外乎“联络感情，共同研究”之类的话，正是一般章程里常用的。联络感情不限于聚餐喝酒，看戏跳舞，或者敷敷衍衍，“今天天气……”。要是协会有一套有效的办法，使大家相见以心，变成真正的朋友，彼此的志概和愿望，欢乐和哀愁，不仅彼此知道，而且引起共鸣，那多么好啊！而那么做也就是联络感情。至于共同研究，可以做的事情并不少。研究创作，研究怎么研究文学，诸如此类，全是大家挺乐意的。作者创作了什么，大都不欢迎命令主义地提意见，可是极欢迎朋友们设身处地地读他的原稿，体会他的甘苦，说出又恳切又坦率的读后感。再说研究文学，题目非常多，文学理论方面，文学史方面，谁都可以举出好些个。从中抽出几个题目，通力合作，真下一番功夫，弄得一清二楚，大家长进，大家欢快。协会能在以上说得两项起些推动和组织作用，那就实做了“共同研究”四个大字。

如果我的说法有点儿对头，那么，说“领导整个文学事业”，“领导”这个词儿是不是不怎么贴切？是不是该换个别的词儿？假如该换，换个什么词儿，此刻我说不出。

文学事业跟行政工作不一样，跟工农业生产不一样。行政工作和工农业生产没领导，就会乱，就干不下去。文学事业到底是个人的劳动。创作当然是个人的劳动。研究文学可以集体地搞，可是这所谓集体地搞，也只是多少个个人通力合作。既然是个人的劳动，不用问有了领导有什么坏处，只要问有了领导有多少好处。依我想，文学事业只能是文学方面个人劳动的总和。领导得好好的，可是个人的劳动跟不上，文学事业还是不会有什么光彩。

再说，用了领导这个词儿，是不是跟近来提倡的“百花齐放”有点儿冲突，也值得考虑。会不会引起人家的误会，叫人家这么想，原来万紫千红应该开成同一的模样？谁如果这么想，的确是误会，可是这个误会很容易引起。

我的说法只是感想式的，恐怕很浅薄，恐怕完全不对头。可是，脑子里既然这么想，我就照样把它说出来。

现在再来说另外一层意思。

作者创作的时候，大概不会想到什么是作品的主题思想，谁是作品里的典型人物，也不会想到他写那篇作品准备歌颂什么批判什么或是讽刺什么。假如我也够得上算一个作者，我就从来不曾这么想。作者自己的哲学跟周围的人和事物碰头，集中在一个交点上，像好些道探照灯的光集中在一架飞机上似的，这就来了非写不可的愿望，这就着手创作。这儿所谓自己的哲学，也许就是书本上的哲学，但是作者已经把它消化，变成自身的血肉，主宰着他的整个生活。也许作者从来没读过什么哲学，但是他从生活实践里体会到这么几条道理，他就凭这么几条道理做人处事，这也是自己的哲学。我所说自己的哲学是这样意思，不知道说清楚了没有。作者写东西，如果草率从事，可能够不到他自己的哲学的深度，也就是说，没有把他自己的哲学跟周围的人和事物集中在一个交点上。如果认真地写，所写的东西就恰好标明他自己的哲学的深度，他自己的哲学多么深，写成的东西也多么深。希望写成的东西超越自己的哲学，那是办不到的。即使读很多的哲学，要是书本上的哲学没有化为自己的哲学，读得多也无济于事。假如我这个说法有些儿道理，那么，观察事物也好，体验生活也好，不能不同时追求一个更重要的东西，就是作者自己的哲学。

以往谈创作，主题思想、典型人物、歌颂什么、批判什么、讽刺什么之类谈得挺多，怎么样充实作者自己的哲学，几乎不谈——这原来不是谈谈就成的，全在乎个人能够“自得”。主题思想、典型人物……之类是文学理论，文学批评工作方面用得着。作者可以兼文学批评者，写成了东西可以站在文学批评者的地位看自己的东西，那时候，文学理论就用得着。唯有创作的时候用不着。让这个那个概念塞住了心窍，笔端就像沾满了浓厚的墨胶，还能流利爽快地写下去吗?

最近遇见一位中学老师，是儿童文学作者。他知道我也搞过儿童文学，恳切地问我，能否给他介绍几种儿童文学理论书籍，使他创作上得到些帮助。我恳切地回答他说，儿童文学理论书籍大概有，很惭愧，我没读过。我又给他贡献我的意见说："不读什么儿童文学理论书籍也可以创作，您不是有了亲身的经验吗? 您有自己的哲学，学校里有您的学生，府上有您的孩子，社会上有许许多多孩子，您创作的本钱不是很充裕吗?"我有时接到不相识的人的来信，真诚请教，意思跟那位中学老师差不多。在读信的时候，我总这么想，文学理论对创作究竟有多少帮助?

还有一个事实，恐怕在座诸位不一定知道。有些小学里，孩子的语文课本上歪歪斜斜写着"主题""勇敢""机警""崇高品质"……这些字眼。影响如此，大概是谈文学理论的先生们没有料到的。

往后协会里谈创作，无论作报告或是几个人共同讨论，是不是可以少谈些文学理论? 我的意思，最好让作者们互相劝勉，充实自己的哲学。再说一遍，自己的哲学是"自得"的哲学，不是书本上的哲学。

叶圣陶的这份发言强调“领导”要有所提高（包括立场、观点、生活实践），如不提高，真有所得，则领导亦枉然，理论亦枉然；同时希望作家和评论家不要盲从，不要迷信“理论”和“概念”。他认为“领导这个词儿”，“跟近来提倡的‘百花齐放’有点儿冲突”；“领导”会使本应“万紫千红”的百花“开成同一的模样”，进而提倡要有“真知”的“个性”，作家“可以少谈些文学理论”，最重要的是在创作和研究的实践中“充实自己的哲学”，“自己的哲学是‘自得’的哲学，不是书本上的哲学”。

三、《“瓶子观点”》引发的风波

叶圣陶这份发言稿在《文艺报》半月刊第十号（6 月 9 日出版）刊登后，引出很多批评。7 月 18 日日记中写道：

> 前在《文艺报》刊登之发言稿一篇，有若干读者写稿《文艺报》，批驳余之意见。今日《文艺报》选其中两篇送来，谓请余一观，但不拟发表。两稿皆驳斥甚严，余谓“领导”一词可商，彼即指为不要共产党领导文艺，虽未斥余为右派分子，然言外颇有此意。余言文学理论于创作无多裨益，彼即谓此近乎虚无主义。余自觉思想诚有未通之处，而前稿言之未畅，亦为一病。余之简单意思，无非谓作者“自己之哲学”（包括立场、观点、生活实践）如不提高，真有所得，则领导亦枉然，理论亦枉然。而真能提高，盖作者自己之事，非他人所能代谋。看两稿毕，即送还《文艺报》。

虽说“有若干读者”写稿“批驳”，但因为没有公开发表，也就遮盖过去了。而《“瓶子观点”》却闹得有点沸沸扬扬。叶圣陶对教育部及主管教材的“上级领导”本来就有许多不满，加上受到各方面的煽动，他也就奋笔直书了。5月24日日记记：

> 上午不出门。写一短文，谈教育行政者见思想政治教育不好，立刻想到恢复政治课，见学生无劳动观点，立刻想到选几篇“劳动教材”令读之，此皆视学生为瓶子，以为装下去即可，实无甚意义。文凡一千馀言，题曰《瓶子观点》。即寄与《文汇报》。午后睡仍不好。两点半到社中，复与芷芬、晓风谈教育部工作。部中工作几乎一无是处，将来是否能有所改进，渐上轨道，余以为大是疑问。又与仲仁、毕来谈，则多及语文教学。

《“瓶子观点”》① 一文，强调各种学科跟“思想政治教育”都有关系；反对为政治而政治，“把学生看成瓶子”，随心所欲地往“瓶子”里装“政治教育”和“劳动教材”的做法；提倡“学以致用”，“联系实际”，“必须使所学东西融化在学生的思想、感情、行动里”，使学生的思想、感情、行动确实受到所学东西的影响，得到名副其实的教育。这之后，叶圣陶一直都在思考“整风”“教育”和“教育部的问题”。这里引录五六月间的几则日记：

---

① 上海《文汇报》1957年6月3日。

5月25日　　上午到社中，中语室同人邀共讨论初中第六册文学之选目，并讨论少数几篇之教学大纲。休息时间与小语室袁微子、陆静山、文以战、钟华四人闲谈，又及日来“放”“鸣”高潮。诸君谓我社编辑人员亦宜一“鸣”，俾部中之人知之，余心然其意。下午电告晓风，请其转告四位副社长，请他们告知教育部党组，希望为此召开一二次座谈会。

5月26日（星期日）　　八点过，文叔、薰宇、晓风来，既而龙在田来。在余室中共谈教育、教材种种问题，大为痛快，几乎认为近年来未有之快乐。其间张贡三来访，坐少顷即去。午间留文叔、薰宇等共饮，饮罢复坐谈，至两点半乃去。今日谈起办一种同人杂志，专发表同人之独见。此事余有甚大兴趣。余怕事又好事，于此可见。

5月27日　　部中开会，讨论修改教学计划与精简教材之问题。数次电话来邀，余不往参加。部中之想法，不从积极方面做，专务消极，一切皆越少越好。其给予整个教育界之不良影响，至深且巨。余深不以此种想法为然，然无本领说服他们，他们亦无丝毫言行足以使余心折。则唯有不参加讨论，不表示意见而已。

5月28日　　今日部中正式开部务会议，讨论昨日上午之问题，余仍不去参加。

5月29日　　夜间芷芬来久谈。谈及创办同人杂志，余有跃跃欲试之意。迨九点一刻，芷芬去。

5月30日　　芷芬来谈，言往日于全国之不平衡性注意不太足，一切唯求一律，故在教育方面颇出偏差。今部中强调学生负担过重，动欲减少学科，减少课时，精简教材，仍非全面观点。宜先提明不平衡之实况，然后言一部地区诚觉过重，始为公允。芷芬此意甚好，故志之。

5月31日　　午后醒来，得晓风电话，言《文汇报》《教师报》各有一记者将访余。余殊怕之。记者来访，任其随便记录余言，或竟大违余意，登出供众览，殊非所愿。最好自写成稿子与之，而余又怕动脑筋，惮于执笔。然记者欲来，势亦难却，遂候之。五点，二人来。余为谈两层意思。一述语文分科教学之经过情形，此或为外间所不及详知。兼及陆定一在人大常委会扩大会议上之发言，陆之发言，未经调查，明其原委，意若曰此事为闭门妄为，贻害非浅云。二则表示余于部中之措施不甚赞同，部中专就消极着想，一切越少越好，良非所宜。二记者至六点过乃去。余与约定，所写稿尚可则付刊，否则作为罢论。

6月1日　　夜间王洁与弘琰来谈。弘琰在人民大学新闻出版系学习，谈日来人民大学“放”“鸣”亦甚热烈。二人均是年轻姑娘，而谈事殊老练，亦社会风气之影响。日来有人指出人民大学是大学的牌子，中学的程度，小学的教法，为教条主义之大本营。余觉此言有几分道理。往者人皆谓人民大学为新型之大学，对之颇有特殊之崇敬，今因整风，乃始拆穿。事事拆穿，见其真相，从而更求改弦精进，当是整风之后果也。

6月2日（星期日）　晨八点许，伯祥、雪村来访。雪村谈古籍出版社同人纷提意见，对王乃夫深表不满之情形。古籍出版社已并入中华书局，对外尚以古籍社之名义出些书籍，实际已取消。王乃夫亦随之为中华之一部分领导人，其作风确有诸多不妥处。伯祥则谈文学研究所开座谈会之情形。文研所颇有以马列主义治文学批评，研究古今文学，只此一家，馀皆外道之想法，致引起外间种种不满。……

傍晚《教师报》之记者来，以访问记之稿子嘱过目。余答以稿子且留此，明日送回。今夜不修改此稿，势将不得安睡，晚饭后遂与至善共同修改。改稿诚苦事，此稿不仅涉及余个人，尤须仔细。直至十一点半，总算将全稿修润一通，明早还须与芷芬、晓风共商。就寝已逾十二点，不问可知，竟夜未能睡熟。安得立即摆脱此等事，心地安闲，过我馀年乎。

6月3日　晨七点半即到社中，以昨夕改稿与芷芬、晓风观之。文叔适来，亦请过目，文叔为看两遍。三位略提意见，重作修改，琢磨一小时而毕事。于是余心头于此事始可丢开不复想。……

饭后得甚酣之睡一小时。均正来访，约余于本星期六至其寓小叙。均正现任民进北京市委副主任，接触各机关单位内之知识分子颇多，固知各单位之内情，为余谈之，多有觉得出乎意料者。凡听此类言谈，即随生一想，整风确乎非整不可。

6月4日　　（午）饭后方睡，而胡乔木来电话，谓欲来访。既而乔木至，告余《教师报》之一则访问报道稿已读过，系报社中之马君送与，缘其中谈改进语文教学之事，涉及乔木。次为陆定一开脱，言陆常因病离京，关于语文教学方面之讨论与措施，渠实不甚详知。至其在人大常委会扩大会议上之发言，确有未当之处。乔木又谓语文分科、文学课本编辑之经过，外间确不甚明晓。今后最近期间，宜有所表明，使众周知。上午已讨论过，拟由一负责同志在适当场合说明此事，唯尚未有具体决定。次言既有此办法，访问报道似可不必刊载。问余可否告《教师报》《文汇报》，撤去此稿。至于何以不便批评陆定一，乔木未言，余亦不好意思问。察其颜色，听其辞气，颇有希余必允之意。余乃告以两报记者访问之经过，系他们欲知其事，非余拉他们来访。余于陆之发言确愤愤，故径语记者。今于语文改革之经过情形既有办法明告国内，余自可依乔木之意，以自己名义请报社撤回此报道稿。唯希陆定一今后于任何公开场合，自言其前此发言之失当。乔木含糊答应。以下杂谈整风，颇融洽。乔木坐一时许而去。

余遂托晓风打电话与两报记者。……

夜间无聊，取诗词稿中之词别誊一本。为数甚少，迄于昨夕之一词，仅十九首耳。最早者为初抵乐山之一首。前此所作词，无从记忆矣。

华北久旱，麦子生长不好。今日始下雨，似有连下数日之势。不知能挽救农田之收成否。唯下雨即致潮湿，与余之身体殊为非宜。本感腰背酸痛，今日更觉百骸困乏。经常无神清气爽之时，奈何奈何。

“余于陆之发言确愤愤，故径语记者”——说的是当时初中和高中试行“‘文学’‘汉语’分开”教学的事。早在1952年9月，教育部拟定语文科的教学大纲。在座谈会中，有人提出苏联的教学大纲中，中学是“语法”和“文学”分开的，课本也是分开的，语法教学的分量因而较重，认为我国也该如此。叶圣陶参加了20日的座谈会回来，在日记中写下了一条备忘：

凡平日留心语法者，如叔湘、莘田、声树诸君，咸谓语法非万应灵药。可以为辅助而不宜独立教学，使学生视为畏途。此大可注意也。①

中学语文科的“语法”跟“文学”分家是件大事，十二册中学《语文》课本得全部另起炉灶；都一分为二，化为两个十二册。教育部把那天的座谈会汇报到中央，中央派胡乔木总管这件大事，还定下限期，自1955年秋季开始，分了家的新课本得陆续出版，并组织若干学校试用。

①《叶圣陶集》第22卷，第365—366页。

叶圣陶并不主张这么做，好容易拟定了小学和中学语文“课程标准草案”，怎么这么快就又得变呢？好在他能以大局为重，说既然中央已经作出决定，就该大家同心协力，把新课本编得像个样子。最后把《语法》改定为《汉语》，是胡乔木的主意。他说这部课本除了讲语法，还得包括语音、正字、词汇、篇章结构，再加点儿语言学的初步常识，为了名副其实，不如称作《汉语》。

编写《汉语》课本，主要由吕叔湘、张志公两位负责，叶圣陶则主抓《文学》课本的工作。到了1955年暑假，试用新课本的中学已选定了七十多所。为了突击编写这两种教材，花费的功夫可真不少，初中和高中，《汉语》和《文学》课本各六册出齐后，还按册编写了教学参考材料。可是使人沮丧的是，试用效果大不理想，反馈回来的意见负面的居多，教师和学生都说负担太重，既难教，又难学。新课本结果只试用了两年半，1958年3月由国务院作决定，仍把“汉语”和“文学”合在一起，称作“语文”。这场尝试性的改革就草草收场，这是后话。

叶圣陶本来是“奉命”行事，可身为中宣部部长的陆定一却在全国人大常委会扩大会议（3月31日）上的发言中，批评“文学”和“汉语”分家是“闭门妄为，贻害非浅”，这让叶圣陶非常愤怒，于是借着接受报社记者采访的机会，就把“文学”和“汉语”分家的“原委”说清楚，这倒并不仅仅是出一口恶气，而是以此表明他也真诚地响应党的号召，对领导干部提批评意见。而胡乔木的出面阻挠，让他感到很惊讶。满子和至善劝慰叶圣陶，叶圣陶虽说明知满子和至善的话“有些道理”，但他还是很率真，把胡乔木的话告知了人教社的同人。6月5日日记记：

晨间到社，以昨日乔木来谈之情形告芷芬、晓风。九点，开社务会议。余以记者来访与乔木希望勿登访问报道之事告知与会诸人。余意在使社中几位党员副社长知有此事，并令知余于所谓整风已略窥其底蕴。余谈二十分钟而毕。继之遂谈预定议程，皆事务性之事，无足记。以十二点散会。

叶圣陶把他所“略窥”到的“所谓整风”的“底蕴”说了出去，很快就传到了教育部。且看叶圣陶6月的几则日记：

6月7日　晨至社中，坐安亭室中。安亭告余，经余再度提出要求，教部党组决于今日下午专为社中同人举行座谈会，俾大家畅所欲言。部中事事只能应付，实由才能魄力所限，良为可怜。次即回余室，仍与诸君讨论文学第四册之教学大纲。至十一点完毕。

芷芬为余言，渠曾为陆定一设想，知余在报上发表谈话，应即有所表示，自认其批评不符事实，唯可言明于语文教学讨论之经过，确未详知，而今日所行之办法，则不以为然云云。如是则昭示于众，高级领导能接受批评，为整风运动树一嘉范，同时仍不失批评语文教学现况之初意。乃陆定一不出此途，而令乔木来就余婉商，希余撤回其谈话，实为失态之举。芷芬此言，甚有见地。余亦思之渐明确，乔木之来，渠实失其立场。今日余尝以此言告白韬与安亭。

下午到社中，社中同人约六十人集于会议室，教部党组由董纯才、李冰洁二位来听大家之发言。发言极踊跃，且尖锐，指摘教部者甚多，亦有指摘社之领导者。大致编辑部同人中，颇有去而之他之想。其原因则为关心不够，信任不深，欲展其长而未能尽其长。余虽名为社长，实皆未与此等事，而尸位于此，总觉不安。今闻有人提出此等意见，亦坚余早日引去之意矣。发言至六点散会，明日下午尚须继续开会。

饮酒时，刘重、郑缤来共座，二人与至善谈青年出版社整风运动中之种种。余于彼社不陌生，参加谈论。直谈至九点半，乃归室就寝。

6月8日　下午两点半，仍在社中听同人向教部提意见。究竟社中同人详知教部之实情，诸人见识亦较高，所提种种意见，皆中窍要。而教部之百孔千创，无一是处，闻之令人又生气，又发愁，不知教育前途将如何糟糕。已届六点，钟华发言，谈其出外视察一农村小学时之所见。小学教师地位之卑微，教育行政人员之不以人看待小学教师，钟华描绘甚真切。余本心绪恶劣，闻之不禁哭泣。同人皆劝余休息，而不知余何以悲也。

董纯才邀余谈。为乔木之来作解释。……

6月9日　晨间到社中，与戴、辛、吴、朱、刘五位谈余于纯才所言之想法，……五君皆谈其所见，向余致慰，余以为安亭之言较中肯。安亭谓余之意在批评陆定一与宣传部，今彼方已知其事，当谋改进，则余之目的已达。至于对人对事提出批评，为顾及其效果与影响，宜考虑表达之方式与场合。在党内作批评，往往如是，某种批评于大会中提出，另一种批评于小组中提出，亦有私人晤谈时提出者，总之务求批评生效。且不生不良影响。乔木之来意，或者即本此旨。余当即答安亭，其言余表同意。

6月10日　　下午两点半，到社中，仍开座谈会，社中同人向教部提意见。诸人所言均有道理，余深感社中同人之见解俱不错，……及散会时，纯才宣告三个半日之座谈，至此结束。明日起，社中开各个小组会，俾同人向社中提意见云。

6月11日　　夜司芷芬来，仍谈各单位开会提意见帮助整风之事。明日部中又将开会，为党员副部长提意见。余不欲往。至善、芷芬之意，不往亦不妨。最后决定送一信去，请他们捡出《北京日报》余之谈话一则观之，并[illegible]向《教师报》索取未刊登之一则访问余之报道观之。谓除此而外，别无意见。此二则承他们观览，在余即为尽言矣。

至此，叶圣陶对这场轰轰烈烈的“整风运动”已意冷心灰，可“运动”却没有忘了他。他在作协座谈会上作的《“领导”这个词儿·个人的自己的哲学》的发言，成了“辫子”，“读者”纷纷来信批驳，指责他“不要政治”，“不要共产党领导文艺”，“近乎虚无主义”。在一般人的心目中，叶圣陶是“谦谦君子”，没想到他在“整风运动”中“跳”了出来，反对“领导”对文艺干预过多，点名批评陆定一，抨击教育部党组，还要办“同人杂志”，按说“罪孽”够重的了，但有关方面还是暂且宽容了他。胡乔木的登门“来访”和“特别叮咛”，显然是代表“上级”对他进行警示。好在叶圣陶虽说心里不服，但也“悬崖勒马”，这才成了“漏网”之鱼。

四、“拔白旗”运动中的“警醒”

“反右”这一“劫”算是暂时“逃”过去了，但往后“课本”更难编，批评的声音更多了。这里举一个例子，就可以体会到当年编课本有多为难。

1958年1月15日，教育部给福建省教育厅发过《关于1958年春文学课本篇目问题的复信》，对“文学课本补充篇目”作了规定（此信抄送各省市自治区教育厅局、人民教育出版社、《教师报》、新华书店总店、高教部中技司、教育行政学院）。“文学课本补充篇目”如下：

（一）初中部分

初一下学期

1. 在巴黎和平大会上的演说（科斯摩捷勉斯卡娅）

（《初级中学语文课本》第三册）

2. 把西南西北和全国连接起来了

（1958年1月2日《人民日报》社论）

3. 农业社里的好姑娘——李银屏（胡彩林）

（1957年3月26日《教师报》）

4. 生动、活泼、有力！（古维进）

（1957 年 10 月 16 日《人民日报》）

5. 猛回头，永远跟党走！（聂铁钢）

（1957 年 10 月 1 日《中国青年报》）

6. 十月北京城（杨朔）

（1957 年 10 月 1 日《中国青年报》）

初二下学期

1. 在青年团第三次全国代表大会上的祝词（邓小平）

（1957 年 5 月 16 日《人民日报》）

2. 跟随毛主席长征（陈昌奉）

（1957 年 7 月 29 日《人民日报》）

3. 朱总司令的话（何其芳）

（何其芳《散文选集》，人民文学出版社）

4. 六亿人民心花开（袁水拍）

（1954 年 9 月 16 日《人民日报》）

5. 愿你当一个有文化的青年社员（赵树理）

（1957 年 11 月 14 日《人民日报》）

6. 老杨云（袁兵）

（1957 年 9 月 7 日《中国青年报》）

初三下学期

1. 为着社会主义而劳动

（1957 年 5 月 4 日《人民日报》社论）

2. 勤劳俭朴是新中国青年的美德

（1957 年 12 月 5 日《中国青年报》社论）

3. 和少奇同志度过了一个美好的下午（徐才　王玉如）

（1957 年 5 月 19 日《中国青年报》）

4. 徐老新年前夕谈幸福（范泛红　石良耘）

（1957 年 12 月 31 日《中国青年报》）

5. 回忆斯维尔德洛夫——斯维尔德洛娃访问记（戴枫）

（1957 年 10 月 16 日《人民日报》）

6. 在农业劳动中锻炼成为一个坚强的人——复焦洪瑞同志（中共山东省委书记谭启龙）

（1958 年第 1 期《中国青年》。注：原载在这封信之前的《焦洪瑞同志给刘永学老师的信的摘录》不作为教材的一部分，只作为教师的教学参考材料，亦不必印发给学生）

（二）高中部分

高一下学期

1. 刘介梅啊！刘介梅！（燕凌）

（1958 年第 1 期《人民文学》）

2. 建设繁荣幸福的新山区（邓子恢）

（1957 年 11 月 29 日《人民日报》）

3. 依靠群众力量，排除万难，大兴水利（中共湖北省委）

（1958 年 1 月 12 日《人民日报》）

4. 为谁而学（冯定）

（1957 年 9 月 26 日《中国青年报》。注：高一下学期除以上四篇外，还可以采用初三下学期的部分补充教材）

高二、三下学期

1. 毛主席在苏联最高苏维埃庆祝十月革命四十周年会议上的讲话

（1957 年 11 月 7 日《人民日报》）

2. 共产主义事业是人类史上空前伟大而艰难的事业

（刘少奇《论共产党员的修养》第二章第一节）

3. 我们的口号是又“红”又“专”

（1957 年 11 月 1 日《人民日报》）

4. “下乡上山”的深刻革命意义（迟蓼洲）

（1957 年 11 月 25 日《人民日报》）

5. 刘少奇同志在北京各界庆祝十月社会主义革命四十周年大会上的讲话

（1957 年 11 月 7 日《人民日报》）

6. 伟大的革命宣言

（1957 年 11 月 25 日《人民日报》社论）

7. 青年运动的方向

（《毛泽东选集》第二卷。注：最后三篇，高三必讲。）

所谓“补充”，是对“课本”的“修正”和“补救”。“课本”印出来了，已经发到学生手中，“泼出去的水收不回了”，只好用发“补充篇目”来“补救”。可这份“补充篇目”发出后没几天，教育部就又对这份“补充篇目”作了“修正”。请看教育部 2 月 4 日给福建省教育厅的复信：

福建省教育厅：

1 月 20 日来信收悉。

文学课本篇目，教育部于 1 月 15 日以“（58）教指文字第 17 号”函与“（58）教指中林字第 8 号”文两次通知给你们了，谅早收见。现在另有两件事，希望你们注意：

1. 教育部“（58）教指中林字第 8 号”通知的附件之一“文学课本补充篇目”中，有两篇作品应删掉：(1)《和少奇同志度过了一个美好的下午》，因作者有问题。(2)《老杨云》，因作者与作品都有些问题。

此外，有的教育厅、局报部的文学课本篇目中仍有秦兆阳的作品，均应删去，因为这位作者有问题。

2. 对教育部采取“保留”与“补充”的办法解决 1958 年春季开学后用的文学教材的问题，大家有什么看法和意见，以及在教学中可能遇见一些什么问题和困难等各方面的重要情况，请早日来信告诉我们。

以往，在文学课补充教材的教学上，你们有过哪些经验、教训和问题，请亦早日报部。

1958 年 2 月 4 日

抄送：各省、市、自治区教育厅、局，人民教育出版社、《教师报》社、新华书店总店、高教部中技司、教育行政学院

“教育部‘（58）教指中林字第 8 号’”文件是哪天发出的呢？笔者未能查询到，反正是“1 月 15 日”之后的事，前后不过半个月，就又“修

正”了。这也难怪，那是一个“阶级斗争天天讲”的年代，也是一个“群众热情高、干劲大”的年代，对“课本”，尤其是“语文”和“文学”课本，谁都可以说三道四。上级有指示，群众有意见，主管部门只能“虚心检讨”，“知错就改”。可这样的“朝令夕改”，也真难为了作为教科书“主管”的叶圣陶，辛苦且不论，事后还会有做不完的“检讨”。而一旦“检讨”，也就会新账老账一起算，“反右”时的那点事又提了出来。且看1958年“插红旗，拔白旗”运动期间，当时的教育部党组是怎样给叶圣陶“提意见”的，又都提了哪些意见，这在叶圣陶日记中都有记载：

10月6日　夜七点半，到部中，开谈心（亦即交心）之会。交心者余与林砺老二人。到会者有纯才，陈曾固，刘子载，刘子馀，徐方庭，白韬，伯箫，文叔，仲仁，王微，师唯三。先由纯才谈其自己检查之数点，即上一次与余谈过者。次则余与林砺老各谈一小时。余随册上所记，分段言之，自己剖析，检查缺失，自不深刻。明晚继续开会，且看到会同志如何提意见，予批评也。会以十点散。

10月7日　夜七点半，仍至部中，继昨夕之会。今夕三君向余提意见。首为文叔，次为仲仁，又次为白韬。文叔谓余耽于旧时之思想与爱好，自信颇坚，不多改革。性习方面，率直、任性，致有谬误。仲仁谓余十年如一日，就坏的方面言，即为变动无多。吾行我素，自乐其乐，良非今日为人之所宜。又谓余有客卿思想，于社中为“熟客”，与部中则为“生客”。白韬极言余之非政治倾向，编辑方面、发言作文方面、观人论事方面，俱可见之。三君皆提及去年在《文艺报》发表之一文，批评余对于哲学与文艺看法之误。白韬更提及余《“瓶子观点”》（投《文汇报》）一文，谓用讽刺之笔调攻击教育措施，尤不应当。三君之言皆坦直，余闻之亦颇多心折处。如此针砭，前所未闻，乍闻之亦颇怅惘之感。归来后念三君之言不去怀，直至十二点乃就睡。

10月8日　　夜七点半，仍至部中，继昨夕之会。发言者王微、伯箫、师唯三、韦老、纯才，对林老意见少，对余之意见多。大意与昨夕三君相近，总意为余有严重之不问政治倾向，与党未能融洽无间，全心信从，此为资产阶级个人主义。纯才之意尤恳切。余最后谓愿自改之，希随时相助。前此从未闻批评，今次得闻之，自有所警醒。愿诸君视余以后之工作与文章，倘见有缺失，希随时提撕云。散会时已逾十点半。

10月9日　　文叔来说，补说其前夕向余提意见未尽之意。旨在劝余奋发积极，无复退缩。余深感之。余之处处怕事，不多与人接触，实为大病。

10月10日　　仲仁来，亦谈前夕提意见时未尽之意。余言如此谈心谈思想，以前未尝有，希以后经常为之。亦唯相知如文叔，如仲仁，乃克畅谈无禁。若仅仅识面之人，即亦无以谈起。仲仁以余言为然。仲仁去，续作未完之文。午后睡起，复伏案命笔。晚饭后再到社中，今日红专大学开始讲课，由物理组许印章君讲炼铁。听者颇不少，良以此为当前全国人心中大事，均乐于知其大概。许君讲述甚详，大高炉与土高炉并皆讲到。余自问比平日所知有进，然尚未能完全了解。九点一刻散。今夕饮酒与平日同，亦仅五六小杯。然走入大礼堂听讲时，觉头脑昏晕，眼前一片朦胧，强视亦不能看清楚。余勉力支持。此情形约历一小时乃已。岂血压方面或神经方面有何问题，而此为其先兆欤。且看今后如何再说。

名义上是“开谈心（亦即交心）之会”，实际上是教育部党组精心组织的揭发和批判会。表面上看“谈心（亦即交心）”也牵及董纯才和林砺儒。可事实上董、林两人只是策略上的陪衬和“点缀”，叶圣陶才是“靶心”。“拔白旗”也只是个说辞，清算1957年的“旧账”才是幕后的底牌，非但《“瓶子观点”》《“领导”这个词儿·个人的自己的哲学》受到挞伐，就连1956年7月20日在《人民日报》第八版发表的杂文《“老爷”说的准没错》（署名秉丞），也被“挖”了出来，一并清算。《“老爷”说的准没错》写于1956年7月15日，是日日记记：

作一短文投《人民日报》。此报自七月一日始，增加篇幅一倍，提倡改进文风，要人家多作短文，乔木亦尝以是为言，故作文投之。所谈为以某人之言必无误，用作大前提，据以立论下判断，此实思想方法之病。欲谋改进文风，宜先去此病乃可云云。文仅五百馀言耳。

日记里说得很清楚，写这篇杂文是有原因的：一是《人民日报》扩版，需要支持；二是响应中央提倡改进文风，写短文。虽说谈的是“思想方法”，但着眼点并不在“反上”，只是希望不要“唯上”，希望作家们切切实实地改进文风，不要动不动就是八股腔。现将这篇短文抄录于下：

“老爷”说的准没错

《十五贯》里的娄阿鼠说：“老爷说是通奸谋杀，自然是通奸谋杀的了。”这当然表现娄阿鼠作恶心虚，谋脱干系，可是这句话的格式可以研究一下，因为这个格式代表一种思想方法。

老爷说的话准没有错儿。为什么准没有错儿？就因为说话的是老爷。不妨听一听，老爷说是怎么样，自然是怎么样了，他的语气多么斩钉截铁。娄阿鼠的思想方法的全部精华就是这样。

岂但娄阿鼠呢？从前有许多人用“先圣有言”发端，或者用“孔子曰”“孟子曰”开场，把大前提摆出来，然后立论下判断。近几十年来，“先圣有言”和“孔子曰”“孟子曰”几乎绝迹了，可是大前提的前边往往是“某某说”或者“某某指示我们”，可见馀风未衰。这些大前提为什么能做大前提，照例用不着证明，这里头隐隐含着这么个意思——是某某说的话就有资格做大前提。这就差不多跟娄阿鼠一鼻孔出气了。娄阿鼠不是相信老爷说的话准没有错儿吗？所以娄阿鼠的思想方法可以做代表。

早些年有个名儿叫“偶像崇拜”，今年有个新鲜名儿叫“个人崇拜”，两个名儿二而一，都指的这一种思想方法。

被用作大前提的先圣，孔子、孟子以及这个某某、那个某某的话也许全没有错儿，从这些大前提推出来的结论也许全有道理，也许对实际工作确有好处，可是这样的思想方法总难叫人信服，因为它只认某某而不辨道理，因为它无条件地肯定某某的话必有道理。无条件地肯定某某的话必有道理，这是无论如何不会约定俗成的。

摆脱这样的思想方法，该是改进文风的办法之一。

短文中的“老爷”和“个人崇拜”让好事者有了口实，要追究“反对盲从和奴隶主义”背后的潜台词；要斥问“某某说”“某某指示我们”有何所指，算的是一笔沉重的“政治账”。难怪叶圣陶会说“如此针砭，前所未闻，乍闻之亦颇怅惘之感”；“前此从未闻批评，今次得闻之，自有所警醒”。从这些零星的感触中可以想见“提意见”时的气氛。小范围内和风细雨式的批评往往比大规模急风暴雨式的斗争更能触及人的灵魂，“提意见”给叶圣陶结结实实地补上了“反右”斗争这一课。侥幸的是他在“插红旗，拔白旗”中又“过了关”。或许是他的“责己重以周”的自我“警醒”感动了教育部党组，或许是教科书这个大摊子真还离不开叶圣陶。

第九编

第三十七章
“文革”初期的“温情”与迷惘

晓风为余言，外间颇传反党反社会主义之集团，“三家村”以上，尚有某某等数人，皆高居领导地位者。余亦曾闻其中之二人，不若如此之众。今闻之，甚觉爽然怅然，彼辈之言谈笑貌宛然在目，何竟至于堕入修正主义。且其何以至此，殊不易解。余言余此种感情殆不健康，晓风言当是所谓温情主义。至于不易解，则由于忘却阶级斗争无时无地无之。且阶级斗争固客观之存在，今既揭明，斗争到底，于社会主义社会自属好事。

——叶圣陶 1966 年 6 月 1 日日记

一、《海瑞罢官》“殊乖真际也”

1965 年 11 月 10 日，姚文元在上海《文汇报》上发表了《评新编历史剧〈海瑞罢官〉》。11 月 29 日和 30 日《北京日报》《人民日报》转载了姚文元的文章。姚文元的文章说，吴晗“用地主资产阶级的国家观代替了马克思列宁主义的国家观，用阶级调和论代替了阶级斗争论。在今天宣传这些地主资产阶级鼓吹了千百年的陈旧观点，究竟是为什么？究竟是对谁有利？”文章进而把吴晗的《海瑞罢官》剧本产生的背景和 1961 年经济困难时期帝、修、反的反华高潮联系起来，和“单干风”“翻案风”联系起来，说“《海》剧是要拆掉人民公社的台，恢复地主富农的罪恶统治。那些在旧社会中为劳动人民制造了无数冤狱的帝国主义者和地富反坏右，他们失掉了制造冤狱的权利，他们觉得被打倒是‘冤枉’的，大肆叫嚣什么‘平冤狱’，他们希望有那么一个代表他们利益的人物出来，为他们翻案，使他们再上台执政”。把新编历史剧《海瑞罢官》说成是“反党反社会主义”的大毒草，耸人听闻地同彭德怀联系起来。

吴晗是北京市副市长、明史专家，他写《海瑞罢官》是有背景的。1959 年 4 月初，中共八届七中全会在上海召开期间，毛泽东观看了湘剧《生死牌》，剧中有个“南包公”海瑞上场，引起了毛泽东的兴趣。他细读《明史·海瑞传》后，明确提出要宣传海瑞敢讲真话、刚直不阿的精神。不久，吴晗奉中共中央书记处候补书记、毛泽东秘书胡乔木和文化部副部长钱俊瑞之约，根据毛泽东的讲话精神，写出《海瑞骂皇帝》一文，发表在 1959 年 6 月 16 日的《人民日报》上，中心思想突出一个“敢”字。可是，到了这一年 8 月，中共中央在庐山召开的八届八中全会上，开展了对彭德怀的错误批判。吴晗根据毛泽东“是提倡真海瑞，不是假海瑞；是提倡左派海瑞，不是提倡右派海瑞”[①] 的新的讲话精神，又补写了《论海瑞》，在 1959 年 9 月 17 日《人民日报》上发表。文章最后说：“有些人自命海瑞，自封‘反对派’，……广大人民一定要把这种人揪出来，放在光天化日之下，大喝一声，不许假冒，让人民群众看清他们右倾机会主义的本来面目，根本不是什么海瑞。反对对于海

---

① 苏双碧、王宏志著：《吴晗传》，上海人民出版社 1998 年版，第 322 页。

瑞的歪曲是必要的，有现实意义的。”郑重说明他写海瑞是反对右倾机会主义分子的，以表示与彭德怀“划清界限”。

吴晗论述海瑞的几篇文章发表后，引起了文艺界的关注。1960年年初，应马连良及北京京剧团一些负责人的恳求，吴晗开始写关于海瑞的剧本。经七易其稿，到1960年年底终于完成，定名为《海瑞》，在彩排时为更切合剧情改为《海瑞罢官》，剧本发表在1961年1月的《北京文艺》上。该剧所写的是海瑞于隆庆年间（1567—1573）应天巡抚任上除霸退田的一段史实。剧情是明代松江府告老还乡的太师徐阶的第三子徐瑛霸占民田，鱼肉乡里，强占民女赵小兰。赵小兰母洪阿兰到县衙告状，县官王明友受贿，杖毙小兰祖父赵玉山。应天巡抚海瑞微服出访，路遇洪阿兰，查明真相，判处徐瑛、王明友死刑，饬令退田。徐阶买通太监、权贵，妄图罢免海瑞，推翻定案。海瑞识破奸计，断然处斩二犯，然后交出大印，慨然罢官归里。全剧主要颂扬了海瑞执法严明，为民申冤除害，不畏强暴的刚正不阿精神。

《海瑞罢官》公演后，文艺界齐声称赞剧本写得好，演员演得好，并肯定其对现实的教育意义。当时由于社会上刮浮夸风，一部分干部说假话，严重影响党风的纯洁，这也是人们盛赞《海瑞罢官》的原因。据说毛泽东看过《海瑞罢官》演出之后很高兴，“在家里接见了主演海瑞的马连良，同他一起吃饭，请他唱海瑞，并说：戏好，海瑞是好人。还称赞剧本的文字写得不错”。①

而江青却认为《海瑞罢官》有严重的反动政治倾向。是江青、康生

① 苏双碧、王宏志著：《吴晗传》，上海人民出版社1998年版，第325页。

煽风点火，促使毛泽东最终决定支持批判《海瑞罢官》。江青专程赴沪，与张春桥秘密勾结，策划炮制批判吴晗的文章，这就是姚文元《评新编历史剧〈海瑞罢官〉》出笼的背景。

姚文元《评新编历史剧〈海瑞罢官〉》的来头，以及《北京日报》和《人民日报》为何迟迟不予转载的内幕，叶圣陶和许许多多善良的人一样，并不知晓。这一年（1965年）的11月2日至12月13日，他参加政协前往四川、河南、江西参观第三队，与胡愈之、朱光潜、游国恩、王了一、冯友兰、茅以升、千家驹，雷圭元、尹赞勋、谢家兰、徐楚波、乐森玥、贾祖璋、葛志成等到四川、河南、江西参观，历时四十二天。姚文元《评新编历史剧〈海瑞罢官〉》发表的当天，叶圣陶一行正在大渡河畔参访修建成昆铁路的701部队，并和工人一起座谈“学习毛主席著作之心得”，是日日记中写道：

今日循原途返。途经一处工地，为先进单位701队所在地，故访之。亦分组与工人座谈。知其队曾参加抗美援朝，后筑路于东北林区，筑路于西北，今则来此。盖此次修筑成昆路，各有关部门皆调其所属之优秀单位来此参加也。

至永乐午饭。饭罢，工人于露天表演数个小节目，亦表欢送之意，甚可感动。于是登车，憩于新场。五点过到峨眉报国寺。四日大渡河之游，诚属难忘。

晚餐罢，同来者多写诗留赠。余怕动脑筋，而愈之强令以全体名义作诗为纪念。余属稿不顺利，乃拉了一、孟实及其他同志共凑成八句，并援笔书之。诗如下，其前四句乃余作，后四句则诸人所凑，亦不记何字出何人矣。

主席思想如太阳，所照之处普放光。工人战士力量强，梯山凿空勇莫当。共言致此唯一方，活学活用主席之文章。我辈求师来现场，革命到底永不忘。

八点半，部队之放映队又为我人放映《秘密图纸》，此是反特影片，余前已自广播节目中听之。

“主席思想如太阳，所照之处普放光。”——这样的诗句虽说是源于胡愈之“强令”，却也是叶圣陶由衷之言，结合同时期乃至1949年以来写的一系列诗文，都能看出叶圣陶对毛主席、对毛泽东思想是极其崇拜的，对毛主席、党中央的话真正做到了真学、真听、真信。11月11日，叶圣陶一行返回成都。14日参观都江堰。15日参观成都无缝钢管厂。16日参观德阳第二重型机器厂。17日参观德阳东方电机厂。18日座谈参观工厂之观感。19日赴重庆。20日参观张家坝制盐化工厂。21日参观邓关盐厂。22日抵泸州。23日参观纳溪天然气化工厂。24日抵重庆。25日参观川黔铁路。26日抵遵义。27日参观遵义纪念馆。28日回到重庆。29日听重庆相关领导介绍重庆工农业之概况。30日参观渣滓洞、白公馆和红岩革命纪念馆。12月1日参观重庆钢铁公司。2日参观浦陵机器厂。3日至7日开座谈会、讨论会，并共读毛选。8日参观技术革命展览会。9日自重庆乘江轮去武汉。本应是11日夜到武汉的，因大雾江轮“连停两宵”。也正是因为江轮“连停两宵”，他们在江轮上读到姚文元的文章。叶圣陶12月12日日记中记有：

昨夜又有大雾，十二点即停于洪湖。直至今日午前雾消，乃复开驶。本知此次唯万县停一宵，过此即夜航。不料遇雾，连停两宵，且皆在十小时以上也。同人或下棋，或打纸牌，好之者围而观之。余则续观《欧阳海之歌》，共看五节。

在重庆，招待所不供应《人民日报》而供应《重庆日报》。有人购得一张《人民日报》，上有姚文元所作批评吴晗所撰剧本《海瑞罢官》之文，争传观之。今日上午，愈之与同行者六七人请高山同志朗诵此文，共坐舱房中听之，余亦加入。高山诵一小时有馀而毕。共谓姚文元之文确不错。吴晗谓海瑞一心为农民，既无阶级观点，复违历史事实，故其剧本殊乖真际也。……

由于交通和通讯不便，非但11月10日发表姚文的上海《文汇报》没有看到，即便是11月30日转载姚文的《人民日报》，叶圣陶一行也是隔了十二天才看到的。有研究者称“姚文元的文章发表后，激起了广大读者和文化学术界极为不满”，北京的胡愈之、周培源等著名专家、学者，“都一致认为这是姚文元有意陷人于罪，吴晗绝不会反党”，其实不是这样的。12月13日，叶圣陶回到北京。次日日记中写有：

（午膳后）酣睡一时有半。起来看案头所积来信。又看一个月来之《光明日报》与《文汇报》。在旅中，此两种报从未见面。知《文汇报》讨论吴晗对海瑞看法之专栏，已刊登至十次以上。姚文元批评《海瑞罢官》之文，首先提出此一问题，亦系登于《文汇报》而后《人民日报》转载之。

尽管认为“姚文元之文确不错”，吴晗的“剧本殊乖真际也”，但叶圣陶当时对批《海瑞罢官》并不怎么关心，更不会想到这是“文革”的信号。他关心的只是他的“本职”工作，审阅“各科教本及大改之小学语文课本”，着手准备编辑明年所需的“耕读学校与农中之课本”和“半工半读学校之课本”。除了上面援引的文字，在12月日记中谈及《海瑞罢官》的只有两处：

> 12月16日　饭后小睡片刻。起来看各报关于海瑞问题之讨论。

> 12月27日　今日《北京日报》刊载吴晗之长文，题为《关于〈海瑞罢官〉的自我批评》，承认此为立场问题之错误。谓此文为初步之检查，以后将再求深入检查。其态度与周谷城异。周谷城之各篇论著，几乎无不受批评，且批评之者皆持之有故，而周谷城至今无所表示，若未知有人批评其论著也。

叶圣陶肯定吴晗“自我批评”的“态度”，说明他还是把《海瑞罢官》看作“学术问题”，是“内部”的论争，以为“态度”好便可以逢凶化吉，并未意识到吴晗的处境。其实，既然姚文元的《评新编历史剧〈海瑞罢官〉》是“文革”的信号，吴晗的检讨和不检讨，再怎么“表示”，都已经不重要了。

二、日复一日地抄读毛著

转眼就到了1966年，政治斗争暗潮汹涌，“山雨欲来风满楼”。作为教育部副部长兼人民教育出版社社长的叶圣陶不可能再像以前那样一门心思坚守他的“本职”工作了，因为全社会已经掀起了“大学习（毛著）”和“大批判”的热潮。且看叶圣陶年初写的三则日记：

1月1日　饭后睡起，葛志成来。……彼又语余传闻之毛主席之两个八句话，甚为修养之要，记之。

革命的事情天天去做。复杂的事情细心去做。重要的事情耐心去做。不懂的事情虚心去做。明天的事情准备去做。大家的事情带头去做。别人的事情帮助去做。个人的事情抽空去做。

工作繁忙细致些。遇到问题冷静些。处理问题慎重些。遇到困难坚决些。了解情况全面些。待人接物热情些。受到刺激忍耐些。工作方法灵活些。(后知此并非毛主席所提出。)①

1月31日　自今日始，社中行七一制，即每日工作七小时，以一小时学习毛著。缘今年发出号召，“把毛主席的书当作我们各项工作的最高指示”也。

---

① 这句话是叶圣陶后来补记在日记上的。

2月1日　今日《人民日报》发表云松所撰之《田汉的〈谢瑶环〉是一棵大毒草》。谓是胸有不满，举“为民请命”之名，泄其反党反社会主义之慨。此又引起一个辩论之端，想继之为文者必众。

葛志成是中国民主促进会的秘书长，中共党员，中共统一战线杰出的社会活动家。叶圣陶当时是中国民主促进会的副主席。葛志成来谈毛主席的“八句话”，其实就是一种“传达”，希望“革命的事情天天去做”。改“三八制”为“七一制”，“每日工作七小时，以一小时学习毛著”，“把毛主席的书当作我们各项工作的最高指示”，这显然是为即将到来的“文革”造势。谢瑶环是大唐武后时期清官女御史。为报父仇，女扮男装，上京赶考；事情败露，沦为宫奴，一篇《论政》，获武后赏识，分掌尚仪司，推行均田制，提拔为御史，巡查全国。她秉公办事，惩治腐败，却得罪权贵，被武三思假传圣旨，打入大牢。为使谢瑶环屈招，武三思等人用尽各种酷刑。谢瑶环大义凛然，不肯就范。京剧《谢瑶环》最早是田汉1961年根据《女巡按》改写的，1962年在北京正式演出，立即轰动全国，不料却被江青一伙污蔑为“毒草”。“举‘为民请命’之名，泄其反党反社会主义之慨”，虽说叶圣陶在日记中抄录的是大批判文章中的话，但也表明了他的看法，对批判《谢瑶环》并无异议。批《谢瑶环》是“文革”第二个信号。如果说批《海瑞罢官》，叶圣陶的反应还有些迟缓，到批《谢瑶环》，他的反应就比较敏锐了。“此又引起一个辩论之端，想继之为文者必众。”这“想继之为文者必众”，表明叶圣陶已经意识到这并不是一个孤立的事件。

1966年5月16日，正式的“文革”政策性文件（即《中国共产党中央委员会通知》，又称《五一六通知》）在政治局扩大会议上通过，正式发出了“文革”的动员令。5月30日，上海《文汇报》发表社论《毛泽东思想是我们心中的红太阳，谁胆敢反对，我们就和它斗到底》。6月1日晚八点，中央人民广播电台全文播放了聂元梓的大字报，毛主席称赞它是“全国第一张马列主义的大字报”。“文革”的这把火一下就点燃起来了。6月2日，《人民日报》第一版以醒目标题《北京大学七同志一张大字报揭穿了一个大阴谋》，全文刊登了聂元梓的大字报，并发表了评论员的文章《欢呼北大的一张大字报》，以及题为《触及人们灵魂的大革命》的社论。评论员的文章说：“北京大学是‘三家村’黑帮的一个重要据点，是‘三家村’黑帮分子宋硕、陆平、彭珮云负隅顽抗妄想‘坚守’的反动堡垒”，并说北大的党组织是“假共产党，是修正主义的‘党’”，说“你们的‘组织’就是反党集团，你们的纪律就是对无产阶级革命派实行残酷无情的打击”。各高等院校纷纷效仿北大，揪斗校系领导，冲垮各级组织，从此全国高校陷于混乱，一发而不可收。6月3日，中共中央决定改组北京市委，李雪峰兼任第一书记，吴德任第二书记，“北京市的社会主义文化大革命的工作由新市委直接领导”。6月4日，《人民日报》发表社论《毛泽东思想的新胜利》；新华社发电讯稿《热烈拥护党中央改组北京市委的英明决定　全国人民欢呼毛泽东思想的新胜利　认为这是对前北京市委这个修正主义老巢的毁灭性打击是无产阶级文化大革命具有历史意义的胜利》。8月5日，毛泽东写了《炮打司令部——我的一张大字报》。8月9日，中央发布《关于无产阶级文化大革命的决定》，即“十六条”。至此，轰轰烈烈的“文革”，犹如燎原之势，蔓延全国。

从1966年1月1日到1966年8月2日不再担任教育部副部长为止，叶圣陶除了日常事务性的工作之外主要做了两件事：首先是认真学习毛主席著作，其次是认真阅读党报党刊。从1966年8月2日不再担任教育部副部长，到1967年9月21日患急性前塞心肌梗死为止，叶圣陶除了一日三餐和必要的休息和睡眠之外，几乎所有的时间都用来学习毛主席著作和阅读党报党刊。叶圣陶学习毛著的“认真”，表现在以下三个方面。

一是恭恭敬敬地“抄读”毛主席著作。叶圣陶的“抄读”是一种更高意义上的虔诚与认真，是逐字逐句的精读，字斟句酌的“思索”。叶圣陶“抄读”毛著是先从抄写《毛主席语录》开始的，用毛笔抄在宣纸上，然后再装订成册。1966年2月8日日记记：

> 午后睡起，抄毛主席语录数条。解放军总政治部编印《毛主席语录》，发与每个战士。各机关则购取此本，发与每个工作人员。余思看之不如抄之，抄录之际，徐徐思索，印入较深。为之亦有日矣。

这之后每天都认真抄录。3月13日：“抄语录若干则。徐徐书之，徐徐思之，觉视徒事观览为胜。”4月14日：“抄语录，全部于今日抄毕。抄本凡四册。”叶圣陶去世之后，他抄写的这四册《毛主席语录》由叶至善代表家属捐献给了全国政协，现在已经成了珍贵的文物了。

毛主席著作是用钢笔抄录的，就写在日记本上，一笔一画也都非常认真，真正做到毛主席著作天天抄读。从1967年1月1日到1967年9月21日患急性前塞心肌梗塞为止，前后九个月，叶圣陶抄读的毛主席著作有：

《唯心历史观的破产》（1966年12月31日至1967年1月2日，《毛泽东选集》第四卷）

《学习与时局》（1月2日至4日，《毛泽东选集》第三卷）

《丢掉幻想，准备斗争》（1月4日，《毛泽东选集》第四卷）

《整顿党的作风》（1月6日至10日，《毛泽东选集》第三卷）

《关于纠正党内错误思想》（1月10日至12日，《毛泽东选集》第一卷）

《党委工作方法》（1月13日至14日，《毛泽东选集》第四卷）

《将革命进行到底》（1月17日至23日，《毛泽东选集》第四卷）

《毛主席于一九六二年一月三十日在扩大的中央工作会议上之讲话》（1月18日至21日，手抄本，至今未见公开出版发行）

《对晋绥日报编辑人员的谈话》（1月24日，《毛泽东选集》第四卷）

《论联合政府》第五部分《全党团结起来，为实现党的任务而斗争》（1月26日，《毛泽东选集》第三卷）

《在中国共产党第七届中央委员会第二次全体会议上的报告》（1月27日 至29日，《毛泽东选集》第四卷）

《把军队变成工作队》（1月30日，《毛泽东选集》第四卷）

《开展根据地的减租、生产和拥政爱民运动》（1月31日，《毛泽东选集》第三卷）

《游击区也能进行生产》（2月1日，《毛泽东选集》第三卷）

《组织起来》（2月2日，《毛泽东选集》第三卷）

《必须学会做经济工作》（2月4日，《毛泽东选集》第三卷）

《论军队生产自给，兼论整风和生产两大运动的重要性》（2月6日，《毛泽东选集》第三卷）

《减租和生产是保卫解放区的两件大事》（2月10日，《毛泽东选集》第四卷）

《建立巩固的东北根据地》（2月11日，《毛泽东选集》第四卷）

《关于目前党的政策中的几个重要问题》（2月12日，《毛泽东选集》第四卷）

《〈共产党人〉发刊词》（2月13日至15日，《毛泽东选集》第二卷）

《在晋绥干部会议上的讲话》（2月16日至18日，《毛泽东选集》第四卷）

《关于领导方法的若干问题》（2月19日至20日，《毛泽东选集》第三卷）

“抄昨日所得毛主席讲话记录，约写四千字左右。”（2月23日）

《全世界革命力量团结起来，反对帝国主义的侵略》（2月27日，《毛泽东选集》第四卷）

《为什么要讨论白皮书》(3月1日，《毛泽东选集》第四卷)

《“友谊”，还是侵略?》(3月2日，《毛泽东选集》第四卷)

《别了，司徒雷登》(3月3日，《毛泽东选集》第四卷)

《抗日战争胜利后的时局和我们的方针》(3月5日至7日，《毛泽东选集》第四卷)

《中国共产党在民族战争中的地位》(3月8日至11日，《毛泽东选集》第二卷)

《战争和战略问题》(3月13日至15日，《毛泽东选集》第二卷)

《必须制裁反动派》(3月18日，《毛泽东选集》第二卷)

《中国革命和中国共产党》(3月20日至23日，《毛泽东选集》第二卷)

《论联合政府》(3月24日至4月11日，《毛泽东选集》第三卷)

《打退第二次反共高潮后的时局》《关于打退第二次反共高潮的总结》(4月13日，《毛泽东选集》第二卷)

《评国民党十一中全会和第三届二次国民参政会》(4月18日)

《为皖南事变发表的命令和谈话》(4月22日，《毛泽东选集》第二卷)

《体育之研究》(4月26日，原载1917年4月1日《新青年》第三卷第二号，1958年人民体育出版社曾发行单行本)

《第二次帝国主义战争讲演提纲》(4月28日抄毕，手抄本，至今未见公开出版发行)

《关于共产国际解散问题在延安干部大会上的报告》（4月29日，手抄本，至今未见公开出版发行）

《长冈乡调查》（5月1日抄毕，《毛泽东选集》第一卷）

《查田运动是广大区域内的中心重大任务》（5月3日，手抄本，至今未见公开出版发行）

《在八县查田运动大会上的报告》（5月4日至7日，手抄本，至今未见公开出版发行）

《查田运动的初步总结》（5月11日，手抄本，至今未见公开出版发行）

《中共中央关于增强党性的决定》（5月13日，手抄本，至今未见公开出版发行）

《延安庆祝十月革命节干部晚会上的讲话》（5月14日，手抄本，至今未见公开出版发行）

《在中国人民政治协商会议第一届全体会议上的开幕词》（5月15日，手抄本，至今未见公开出版发行）

"《政协全国委员会第一届第二次会议开幕词》并《闭幕词》"（5月16日，手抄本，至今未见公开出版发行）

"政协全国委员会第一届第三次会议之《开会词》"（5月17日，手抄本，至今未见公开出版发行）

《在全国政协一届三次会议闭幕式上的讲话》（5月19日，现已入选中央文献出版社出版之《建国以来毛泽东文稿》第二册）

"毛主席在中央人民政府委员会第二十次会议上之指示"（5月26日，手抄本，至今未见公开出版发行）

《工作方法六十条》（5 月 28 日，手抄本，至今未见公开出版发行）

“毛主席在八届十中全会上之讲话（一九六二年九月二十四日上午）”（5 月 30 日，手抄本，至今未见公开出版发行）

《在苏联最高苏维埃庆祝十月革命四十周年会议上的讲话》（6 月 1 日，现已入选中央文献出版社出版之《建国以来毛泽东文稿》第六册）

《论反对折衷主义》（6 月 19 日，手抄本，至今未见公开出版发行）

《毛主席评斯大林〈苏联社会主义经济问题〉》（7 日 29 日，现已入选中央文献出版社出版之《建国以来毛泽东文稿》第七册）

“毛主席观《苏联政治经济学教科书》笔记”（8 月 17 日至 30 日，连续十四日，全份约四万馀字，手抄本，至今未见公开出版发行）

“毛主席有关《唯物辩证法》之论著共三十六段”（8 月 30 日至 9 月 6 日，共抄八日，手抄本，至今未见公开出版发行）

“毛主席与阿尔巴尼亚军事代表团谈文化大革命之记录”（9 月 13 日，手抄本，至今未见公开出版发行）

除了抄读毛主席著作，叶圣陶还大量地抄录当时民间流传的有关毛主席的各种讲话、诗词和批注，这在日记中也有记载，请看 1967 年头两个月的日记：

1月7日　　小沫回来，携归抄印文件，中有汇印毛主席前数年及去年之短段讲话一份。余即抄之，至夜犹未抄毕。

1月15日　　至善带回抄印文件，亦有毛主席之讲话及笔录。并昨日小沫带回者抄之，至夜方毕。有一件为毛主席自书于其诗词稿之批注，或书明写作当时之心情，或点出全篇之主题或某一词语之所指。语虽简短，弥为可贵。当诗词出版之后，注家纷纷，其说不一，或者想入非非。余尝思最好由毛主席亲自说之，今抄得此件，自感欣喜。然不知此件何自而来也。

1月22日　　今日抄毛主席之一段讲话，论青年人必能超越老年人，超越名家权威，所举皆古今中外青年即有成就之例，旨在勉人敢想敢说敢做。味其语气，似非近几年所讲。

1月25日　　今日至善带回抄印之领导人近日讲话甚多，逐篇看之。

2月1日　　至善携归之抄印件甚多，观之半日，至于目力昏花。揭发刘少奇之材料最多，铅印大本至六十三面。他则揭发贺龙与安子文者各为一本。贺龙为军队方面之三反人物，牵涉甚广，党羽至众。安子文原任组织部长，历时甚久，一贯违抗毛主席之指示。又有各位负责人接见各方人员之讲话两本。

2 月 10 日　至善又携归抄印件甚多，看之不释手，仍未午睡。

2 月 20 日　至善得一抄印件，毛主席于一九六四年谈哲学问题之记录，言大学教学哲学之不得其当，从书本到书本，从概念到概念，殊无用处。大学文科师生必下乡下厂，接触工农，参加阶级斗争，乃有实益。此外又谈及“一分为二”与“合二而一”之问题。读之深喜，于继续抄读《关于领导方法的若干问题》完毕之后抄之。此记录约有六千字，抄得一半而止。

2 月 21 日　抄毕毛主席关于哲学问题之讲话之记录稿。篇中言辩证唯物论最根本之范畴为对立统一。质量互变，实即质与量之对立统一。至于否定之否定，未得其真际。实则事物之发展，每一环节皆既为肯定又为否定。篇中驳“合二而一”之论，谓主此论者云综合即“两种东西不可分割的联系”。实则有联系而终必分割，无所谓不可分割的联系。“一个吃一个，大鱼吃小鱼，就是综合。从来书本上就没有这样写过。我的书也没有写。”“总而言之，一个吃掉一个，一个推翻一个，一个阶级消灭，一个阶级兴起，一个社会消灭，一个社会兴起。”“发生，发展，消灭，任何东西都是如此。”篇中言将来社会主义亦当消灭，不消灭即不达共产主义。而谓到达共产主义即无质变，不复有“质的阶段”之分，未之能信。篇中又言及人谓“自由是对必然的理解”，此语仅说及一半。唯求理解，何能自由？必也既能理解之而又致力于改造之，乃可得自由。读此一篇，胜义泉涌，又仿佛想见从容谈笑之神态。

2月22日　至善又携归毛主席前数年之讲话记录，或为零段，或为整篇，多涉及哲学。将通体抄而存之。

1967年，叶圣陶已经七十三岁，视力很差，看书写字多了眼睛就模糊。1967年4月1日日记中说："余之左目觉轻微之模糊，今日则觉左上方有一黑影，若蚊子然，戴上眼镜，似眼镜有沾污处，实则在眼内而不在镜上。今志之于此，看此后将消失抑更为发展。"他患的是"飞蚊症"，由玻璃体变性引起，是一种自然老化现象，随着年纪老化，玻璃体会"液化"，产生一些混浊物。因而，飞蚊症正式的名称是"玻璃体混沌"或称"玻璃体浮物"。在光线明亮或白色背景衬托下，更为明显，书看多了会越来越严重。1967年4月18日日记中说："目力渐不佳，未免愁虑。左目左上方之小黑影殆不会消除，而右目亦感异样，略见模糊。期其不往坏的方面发展，或发展徐缓，俾能长看书报。苟坏到不能多看，则甚为可畏矣。"视力这样差，可他抄毛著仍雷打不动，往往每天要抄三四千字，多的时候抄到五千字。1967年3月28日日记中说："继续抄读《论联合政府》，每日不过抄读三四千字。"同年4月2日日记中说："今日抄读《论联合政府》特多，殆将有五千字。"前面已经说过，叶圣陶的"抄"是一种"动心思"的"精读"，逐字逐句"求甚解"，因而在日记中常常看到他"抄读"时随手写下的心得体会，这里摘抄1967年头几个月的几则日记：

1月18日　　前抄毛主席于一九六二年一月三十日在扩大的中央工作会议上之讲话，皆系片段之记录或摘抄。昨日至善社中抄印其全份，携归授余，余喜甚，今日整日抄之。稿甚长，殆须三四日乃可抄毕。此篇讲话极重要，共讲六点。（一）这次会议的开会方法。（二）民主集中制问题。——此一点为此次讲话之着重点。（三）我们应当联合哪一些阶级，压迫哪一些阶级？（四）关于认识客观世界的问题。（五）关于国际共产主义运动。（六）要团结全党和全体人民。

1月23日　　今日将《将革命进行到底》抄读完毕，此篇若以毛主席之诗句题之，即是“宜将剩勇追穷寇，不可沽名学霸王”之意也。

1月24日　　今日重行抄读《对〈晋绥日报〉编辑人员的谈话》。于鼓励《文汇报》《解放日报》新生之此时，重读此篇，颇有新会。

1月29日　　继续抄读七届二中全会之报告。此报告作于一九四九年三月初，军事局势，谈判前途，建国规模，经济部署，对外政策，此后国内国外之主要矛盾，皆已有深切明确之考虑。徐徐细观，并思是年余到京以后之所亲历，至感深味。

1月30日　　重行抄读《把军队变为工作队》。此篇与前昨所读之七届二中全会之报告有关，故连类及之。军队之工作与任务，最初言之于《关于纠正党内的错误思想》中。以后屡屡言之，直至去年所见致林彪同志书中仍复言之，谓军队须兼治他业，并当批判资产阶级。如此建军思想，当为毛主席之独创。

1月31日　　抄读《开展根据地的减租生产和拥政爱民运动》，亦以与昨日所读者有关连而及之。第二段言生产运动，指明如何如何之观点“是错误的”，有九项之多，设想周至，皆自群众利益出发，皆自发动群众，真正做到自力更生出发。

3月1日　　今日重行抄读《为什么要讨论白皮书》一篇。思毛主席于美帝支持蒋介石宣告完全失败之时，借讨论白皮书之题目，一连撰文数篇，教育全国人民认识美帝之本质，实为非常及时之宣教工作。

叶圣陶对毛主席著作体会得这么真切，固然与他广博的学识、丰富的经历有关，但还有一点必须指出的，是在抄读毛主席著作的同时，还参考相关文献和辅导材料，放宽视野，取精用弘，以加深对毛著和“文革”的理解。因为肩负着主管和主编教科书的重任，毛主席公开发表和出版的著作，叶圣陶都是在“第一时间”学习过的，用当年流行的话说，他是真正做到“学习不过夜”的，所以他的学习毛主席著作其实是“重读”。自1966年的“七一制”实行之日始，叶圣陶是在“重读”毛著的同时还认真阅读相关参考材料，包括报刊的社论，以及历史文献和辅导报告，这在日记中也有记载，仍请看1966年的日记：

4月28日　　重看《关于正确处理人民内部矛盾的问题》及《解放军报》文化大革命之社论。

5月4日　　重看“九评”《赫鲁晓夫的假共产主义及其在世界历史上的教训》之末一段。此一段指出毛主席丰富与发展马克思列宁主义关于无产阶级专政之学说，共十五点，又提出毛主席所提无产阶级革命接班人应有之条件，共五点。应时时习之，领会其精义，庶可于各项方针政策真有所会。

5月8日　　至善借与一册内部学习参考材料，为学习毛主席四篇哲学著作之辅导报告，不署报告者为谁，至善言是艾思奇（艾于近时去世）。余观之，觉甚好，大可助理解，因拟以数日之力摘其要点，以便省览，今日摘得三纸。

5月9日　　观辅导报告中所载毛泽东思想如何发展马克思列宁主义之一篇。

5月10日　　仍看辅导报告，并为摘录，观之颇慢。午后睡起，复赓为之。

至善语我，近闻中央传出防修之经验六条，录之。(1) 以马克思列宁主义、毛泽东思想武装全党及全国人民。(2) 进行阶级斗争，进行社会主义教育运动。(3) 改革教育制度，不唯半工半读、半农半读学校须与劳动相结合，全日制学校亦然。(4) 干部参加劳动。(5) 工厂建于农村，沿铁路线及高压线设置，逐步消灭城乡之差别。(6) 缩小工资高低之差距。——前所闻者为 (2) (3) (4) 三条，(4) 无改变，(2) (3) 皆有所增益。(1) (5) (6) 三条则皆新增者。从消极方面言之，此为防修之道。若自积极方面言之，此则为巩固社会主义革命，发展社会主义建设，走向共产主义之宝贵经验也。

5月11日　(上午) 仍看辅导报告。下午睡起复看之摘之，及于讲《实践论》《人的正确认识哪里来的》之一篇。

5月14日　续看关于《实践论》之辅导报告。

5月18日　看辅导报告。

5月19日　续看辅导报告。

5月21日　仍看辅导报告，看毕关于《实践论》之一篇。看此篇历时多日矣。

5月22日　重看评苏共中央公开信之第六第七两篇。

5月23日　　看辅导报告关于《矛盾论》之一篇。此篇分四部分，尚未毕其第一部分。

5月24日　　（上午）半日工夫，全是看辅导报告。午后睡起，续看辅导报告。又看八评苏共中央公开信之文。

5月26日　　摘录关于《矛盾论》之辅导报告。

5月27日　　仍摘录辅导报告。

5月28日　　仍摘录辅导报告，关于《矛盾论》之一篇看毕。

5月30日　　仍摘录辅导报告，今日始观讲《关于正确处理人民内部矛盾的问题》之一篇。

5月31日　　仍摘录辅导报告。写信复在广西之部队班长杨栋庭，看过其读毛著之札记稿，略为修润，寄还之。因翻查联共党（布）历史简明教程，随即欲重看此书一遍。看其第一二两章。以前看时，不甚了了，今略知革命事业之发展与其问题，似较以前易于理解矣。

6月1日　　看“九评”。

6月2日　　仍摘录辅导报告，此篇讲《关于正确处理人民内部矛盾的问题》，与今之文化大革命颇有关联，观之殊觉亲切。午后起来看报。续看《联共（布）党史》第三章。

6月4日　　摘辅导报告，今日全册看毕。徐徐看此小册子，至今将一个月矣。

6月8日　　续看《联共党史》四五十页。

6月12日　　续看《联共党史》数章。

6月14日　　续看《联共党史》若干页。

6月15日　　续看《联共党史》，毕之。

7月26日　　《光明日报》载《解放军报》所供之《学习〈关于正确处理人民内部矛盾的问题〉》，系辅导学习之材料。通篇看之。

此外，叶圣陶还很注重读鲁迅的作品。7月5日日记记："重观昨日报上所转载揭发周扬之文，因取《鲁迅全集》第六卷《答徐懋庸并关于抗日统一战线问题》一篇观之，周扬与林默涵所作歪曲事实真相之注释，即在此篇。鲁迅此文作于一九三六年。其时鲁迅根据党所提出之抗日统一战线政策，于文艺界，标举‘民族革命战争的大众文学’之口号。而周扬为首之一批人则提出‘国防文学’之口号。当时余不甚留心文艺界此种争论，见报刊上有关此题之文篇，往往舍去不看。至今乃知鲁迅之口号系无产阶级文艺路线，合于毛主席《新民主主义论》中所云‘由于现时中国革命不能离开中国无产阶级的领导，因而现时的中国新文化也不能离开中国无产阶级文化思想的领导，即不能离开共产主义思想的领导’。而周扬‘国防文学’之口号，则系根据王明之右倾机会主义路线而制定，其特点为取消阶级斗争，放弃无产阶级之领导地位，依靠地主资产阶级，不要劳动人民。周扬于《鲁迅全集》一九五八年版加入一条注释，为自己粉饰，与毛主席相对抗，谓彼之路线为正确路线，谓彼之口号为无产阶级口号，冀以此颠倒文学史实。今经揭发，足见周扬之狂妄与野心。极端个人主义至此，其毫无无产阶级世界观不待言矣。”7 月 6 日日记记：“报载穆欣所作《‘国防文学’是王明右倾机会主义路线的口号》长文，通读一过。”“午后睡起，因昨日检出之《鲁迅全集》第六卷尚在案头，即观览此集之若干篇杂文。诸篇前皆看过，有记忆有不记忆”。7 月 29 日：“午后睡起，看鲁迅之作。近日取其全集之第一卷第二卷置案头，今日看《彷徨》与《故事新编》中之若干篇”。叶圣陶读鲁迅的起因和出发点，也都是为了加深对毛主席相关著作的理解。因为鲁迅太伟大太深刻了，叶圣陶觉得非重读不可，于是把鲁迅的作品能找到的都找来阅读。

以上援引的都是“正面”的学习材料，至于“反面”的材料，包括“大批判材料”，叶圣陶看得也很多，这里抄录 1967 年 4 月的三则日记：

4月6日　今日报道，首都大专院校红代会于三日举行群众大会，批判《修养》之反动本质。各校代表之讲话，皆举要广播之。报上复刊载各个革命组织所出之小报之编辑部文章。又有史红兵之专论《清宫秘史》一文，毛泽东思想哲学社会科学部红卫兵联队所撰之《埋葬中国的赫鲁晓夫的奴隶主义》一文。诚可谓洋洋大观。后一文分数段斥《修养》之奴隶主义。其一，"驳'组织上的绝对服从'的反动谬论"。《修养》主张下级对上级，少数对多数，为无原则地绝对服从，"不论对与不对都要服从"，借以"维护党的统一"。如此之说，自宜痛驳。其二，"不许用奴隶主义冒充党的民主集中制"。第思毛主席关于民主集中制之论述，即可知刘所云绝对服从与民主集中制毫无共同之处，而刘竟谓不服从即是破坏党的民主集中制，破坏党的纪律。其三，"打倒反动的工具论"。刘令党员做驯服的工具，只从组织上言绝对服从，无非欲党员为不自觉、无创造能力之盲从之辈而已。其四，"奴隶主义的反革命实质"。彼提倡奴隶主义，盖以为己即党，党即己，借此可以自固而已。——余此所书，乃观此文之时之零想，非文中之论点，全文余剪而贴存之，以便检览。

4月8日　至善携归瞿秋白于一九三五年五月将被杀害之前所写自叙文《多馀的话》，系人家抄印以供批判者。所以须批判此文，缘周总理于去年八月接见某革命组织之代表时曾谈及瞿秋白。周语大意谓瞿写此文表现不好。官僚家庭出身之瞿秋白，与李秀成相同，晚年叛变。我人应向戚本禹学习，学习其对李秀成之分析云云。《多馀的话》据云抗战前或抗战期间曾刊于上海某期刊，余是否看过，今已记不起。其文前有一短序，自谓不幸而卷入“历史的纠葛”，十五年间搞政治工作，皆出于勉强，正唯其勉强，所以永远做不好。“当时是形格势禁，没有馀暇和可能说一说我自己的心思，而且时刻得扮演一定的角色。现在我完全被解除了武装，被拉出了队伍，……布尔什维克所讨厌的小布尔乔亚知识者的自我分析的脾气，不能够不发作了”。文分如下数节：（一）“历史的误会”——叙其自参加学生运动以至入党，作领导，作党内斗争，皆属偶然，勉强而为之。“一个平凡的文人，竟虚负了某某党的领袖的声名十来年，这不是历史的误会是什么?”（二）“脆弱的二元人物”——自叙所受封建家庭之影响，与无产阶级世界观不相容。又言其衰病。“唉！脆弱的人啊！所谓无产阶级的革命队伍需要这种东西干吗？我想，假若我还保存这多馀的生命若干的时候，我另有用脑的一个方法，我只做些不用自出心裁的文字工作，‘以度馀年’。但是，最好是趁早结束了吧。”（三）“我和马克思主义”——自谓于马克思主义仅是一知半解，有所论述，自不免有反马克思主义之成分。又谓一九三一年始，为政治上思想上之消极时期，于党之理论、政策，不加思索。（四）“盲动主义和立三路线”——谓立三路线为瞿自己许多错误观念之逻辑的发展，故己当间接担负立三路线的责任。四中全会后，政治委员之职被开除，心中感谢此开除，因得以卸除千钧重担之故。（五）“文人”——言自己为旧式之“文人”，作起码的革命者亦不配。“仅仅为着‘体面’，所以既然卷进了这个队伍，也就没有勇气自己认识自己，而请他们把我洗涮出去。”又谓己之做工作如演戏，登场表演，亦似像样，而心中甚苦，唯盼会议速散，共同商谈之人速走，俾己得以下场，“还我本来面目”。（六）“告别”。瞿之此文，无有向国民党乞饶之言，亦无反共之辞，而周总理谓是叛变，宜究其故。余思此文谓己卷入“历史的纠葛”，所作所为系“历史的误会”，此系根本否定其于共产主义有真诚之信仰，此其一。谓至此已完全被解除武装，被拉出队伍，更无斗争之想。即被捕以前数年间，亦已委心任运，放弃斗争。更进言之，前此实际斗争之时，亦复自以为登场演戏。此与真革命者斗争到底，临难犹坚强不屈，大义凛然者大相悬殊，此其二。此文将自己说得无甚是处，于不自觉之中，或者对敌人有所希冀，希彼信其人实非有为者而赦之。第二段中透露“做些不用自出心裁的文字工作以度馀年”之想，或亦含有此种希冀。此其三。有此数点，不能不谓之叛变。盖不唯叛变于写此文之时，实已叛变于前此十数年间矣。余所思如是，未知然否。

4 月 11 日　　至善携归八日之《北京日报》一份，载有《进军报》编辑部所作《反革命修正主义的〈修养〉几次修改对照录》，即如余所思就全书而作对勘者，亟看之。观此录知《修养》计有三种版本，一九三九年本，一九四九年本，一九六二年本。重要之改动凡有四十五处，包括删去一小段，增加一小段，以及修改语句与某个字词诸种情形。一九四九年本修改一九三九年本仅有一处，其四十四处皆一九六二年重版时所改。《对照录》将各处修改分列七目，复于每条或数条之下加上按语，指出其所以修改之用心。摘其七目于此。（一）疯狂反对伟大领袖毛主席，恶毒攻击毛泽东思想，恬不知耻地把自己打扮成“党的化身”。（二）宣扬不要阶级斗争、不要无产阶级专政的资产阶级“修养”。（三）打着反对“左”倾机会主义者的幌子，攻击毛主席的革命路线，公开为右倾机会主义分子翻案。（四）取消党内斗争，鼓吹“党内和平”。（五）吹捧苏修，闭口不谈反帝反修和支援被压迫民族的斗争。（六）大反斯大林。（七）贩卖资产阶级个人主义，为叛徒哲学辩护。其文繁多，此仅记其一条。《修养》言“党在可能条件下顾全和保护党员个人的不可缺少的利益”，以下一九四九年版为“如给他以教育学习的机会，解决他的疾病与家庭问题，以至在必要时牺牲党的一些工作保存同志等”。此“牺牲党的一些工作”即指号召被捕之党员变节投降而言。彼犹嫌其不明显，故一九六二年版改为“以至在反动派统治的环境下，在必要时还要放弃党的一些工作来保存同志等”。即此一意，可见在彼之心中，教人为叛徒实属无所谓，且系“顾全和保护”党员之正确措施矣。

叶圣陶用“批判”的眼光阅读这些“反面”的材料，本身就是一种自觉地“站队”，旗帜鲜明地站在毛主席革命路线这一边，用毛泽东思想武装自己。也正是出于这样的追求，叶圣陶很注意阅读报刊上有关学习毛主席著作的社论、决定以及学习毛著的经验，并写进日记中，促使自己更深刻地体会中央的新精神和新要求。这里抄录1966年的几则日记：

2月24日　　今日报载中共中央中南局号召学习毛主席著作

之决定，主要谓最根本者为解决世界观之问题。中有数语极关重要，录之。“毛泽东思想是在新的伟大革命时代全面地系统地发展了的马克思列宁主义。我们的时代是世界资本主义和帝国主义走向灭亡，社会主义和共产主义走向胜利的时代。这个伟大的革命时代，必然会产生伟大的革命理论。这个理论就是毛泽东思想。毛泽东思想是当代马克思列宁主义的顶峰，是最高最活的马克思列宁主义，是进行社会主义革命和社会主义建设的指针，是战胜帝国主义和现代修正主义的强大思想武器，是实现世界革命，最后解放全人类的伟大旗帜。学习和掌握毛泽东思想，是时代对我们的要求。毛主席的话是我们一切工作的最高指示，是做好一切工作的根本。干一辈子革命，读一辈子毛主席的书，终身做毛主席的好学生，是所有共产党员和革命干部的天职。”

7 月 21 日　　《人民日报》载大庆油田女井长胡法莲之文，题曰《毛泽东思想作指南，地下油层服咱管》。其末尾有极精警语，自述其体会。录之于此。“读毛主席的书，一定要在‘用’字上狠下功夫，边学边用，活学活用，反复学，反复用，用毛泽东思想来同一切错误的东西斗。思想上要斗倒‘我’字，树立‘公’字。工作上要斗倒‘怕’字，树立‘闯’字。作风上要斗倒‘拖’字，树立‘硬’字。生活上要斗倒‘享’字，树立‘苦’字。”

11 月 3 日　　晨听广播《解放军报》社论《再论提倡一个“公”字》之全文。大意谓此次意识形态领域之大革命，自根本而言，为破除数千年来之私有观念，建立社会主义之公有观念之大革命。社会经济基础既已发生变化，为上层建筑之意识形态必随之而变化。否则社会主义所有制不能巩固，社会生产力不能发展，且将出现修正主义之统治，出现资本主义之复辟，丧失革命之既得成果。所谓“四旧”，其本质为私有观念，以一字概括之，即是“私”。数千年来之阶级社会，一切文化皆为私有制辩护，皆为私有制服务。无产阶级之“四新”，以一字概括之，即是“公”。“四新”培养新人，塑造新人，使能无私而为公。必有大量之新人，乃能胜利地进行社会主义革命与社会主义建设，乃能逐步到达共产主义。“破私立公，是改造世界观的核心问题。”“我们抓上层建筑，抓意识形态，抓无产阶级文化大革命，就是做人的工作，做政治思想工作，做用毛泽东思想教育人改造人武装人的工作。”故必以“老三篇”为人人之座右铭，为人人之必修课，俾人人树立无产阶级世界观，人人为无私而为公之新人。

叶圣陶就是这么认真，可见他在日记中所说的“要以毛泽东思想炼人”，做“革命化之人”（7 月 26 日日记）的理念是虔诚的，他学毛著已经到了“观之殊觉亲切”（6 月 2 日日记）的圣境。

三、“惊讶于反党黑帮之猖獗”

叶圣陶对毛主席和毛泽东思想崇拜至极，对党报党刊也坚信不疑。《人民日报》、《红旗》杂志、《解放军报》，以及《光明日报》《北京日报》《文汇报》的重要社论和大批判文章，叶圣陶都写进日记中，并加以评点。诚如叶至善在《父亲长长的一生中》所说的："报刊上的大批判文章，自《论〈海瑞罢官〉》起，我父亲一篇也没放过。"[①] 除了报刊文章，与家人和朋友的谈论，以及听"传达"和参加座谈的内容，凡涉及"文革"的，也都择要写入日记中。"看"和"听"，"说"和"思"，都紧紧地扣住"文革"，"扣"得越紧，越觉得"文革"非搞不可。这里就叶圣陶1966年2月至8月9日中共中央《关于无产阶级文化大革命的决定》（即《十六条》）公布之日，前后半年间的日记作部分摘录：

2月15日　　看《红旗》所载论吴晗之历史观一文，觉颇有见地。

4月2日　　报载戚本禹评吴晗史学观点之长文，通体看之……戚之文较为畅达，说明吴于数年内大写史学方面之各种文篇，并撰剧本，实为当时右倾思潮之反映，于党之反右运动怀有反感。

4月5日　　下午看关锋、林杰批评吴晗之长文，占报之两满版，题为《〈海瑞骂皇帝〉和〈海瑞罢官〉是反党反社会主义的两株大毒草》。指出吴晗作文写戏之要旨为"为被罢了官的右倾机会主义分子唱赞歌；赞美和鼓励右倾机会主义分子丢了官'不屈服，不丧气'，'失败了再干'；鼓吹丢了官的右倾机会主义分子'再居

① 叶至善写：《父亲长长的一生》，江苏教育出版社2004年版，第376页。

官重整纪纲’，即篡夺领导权，复辟资本主义”。此篇与上星期六所观戚本禹之作大体一致，而说辞更见明确。

4月7日　　今日《人民日报》载方求之文，论吴晗之文与戏剧系政治性问题而非学术性问题，与戚本禹、关锋、林杰之看法相同。大致此看法将成定论矣。

4月16日　　《北京日报》今日揭露吴晗、邓拓、廖沫沙三人合作之《三家村札记》，及邓之《燕山夜话》，廖之几篇杂文。此三人气味相投，皆弄一点旧学，看一些旧书，又好弄笔墨，其文皆沾旧文人习气，傲慢讥讽巧辩，随处流露，而多违时代精神，或则非社会主义，或则反社会主义。《燕山夜话》余尚观之，觉其随谈种种，间有新意。今经报上揭露，指出其谬误，乃知余之目光实甚不明，思想当与彼有共通之点。此三人皆为党员，实则组织上入党而思想未入党也。

4月19日　　昨日《解放军报》发表长篇社论，题为《高举毛泽东思想伟大红旗，积极参加社会主义文化大革命》，今日他报皆转载之。除引言而外，分为“文化战线上存在着尖锐的阶级斗争”，“文化大革命出现了新的形势”，“标社会主义之新，立无产阶级之异，搞出好的样板来”，“解放思想，破除迷信”，“要实行民主集中制，走群众路线”，“提倡革命的战斗的群众性的文艺批评”，“用毛泽东思想重新教育文艺干部，重新组织文艺队伍”七段。近年来批判文艺方面种种谬误思想谬误理论，批判若干坏作品坏电影坏戏，此篇社论可谓总结性之作，而提出纲领性之意见，归结到“重新教育”“重新组织”。夏衍、田汉等以为三十年代之电影，即是无产阶级之文艺，已是为工农兵服务之作，实为对抗毛主席之延安座谈会讲话，以为彼辈先已有此理论，并且亲自实践。此亦阶级斗争，盖以资产阶级之观点欲与无产阶级争领导权也。

4月28日　（王伯祥）又告余除已在报上批评之不良电影《兵临城下》《抓壮丁》而外，尚有《桃花扇》《舞台姐妹》《阿诗玛》《逆风千里》《两家人》《球迷》等影片，或曾经公开放映，或拍成而未映，皆将提出来批评。余思此等电影之制成，固由编撰者文艺思想之谬误，亦与夏衍之谬误的领导思想分不开，夏衍在文化部时，乃是电影工作之总主持者也。举出错误之标本，俾众明辨，此是一面。他一面则举出优秀之作，以明文艺工作之方向。如《欧阳海之歌》，各种报刊赞誉之文已屡见。今日报上又盛誉新编芭蕾舞《白毛女》，谓其注重内容，变更芭蕾舞之成规而仍不失其为芭蕾舞。凡此皆树立样板之道，足起促进之作用。经此番文化大革命，今后文艺界之创新，为无产阶级政治服务，其发展将不可限量。

5月8日　晨听广播，《解放军报》与《光明日报》皆有人撰文，指出邓拓之《燕山夜话》为反党反社会主义而作，并及《北京日报》与《前线》，谓此二刊上月间揭露邓拓，避重就轻，实为邓打掩护。且二刊之检讨亦不老实。及《光明日报》送来，观所载辑集《燕山夜话》之文及辑集者所加批语，则邓心怀不满，借题发挥，攻击党中央及三面红旗，颇为明显。余前曾观《夜话》，只作闲书看也。邓为北京市委之成员，向管文教方面，想《北京日报》与《前线》皆由彼把持，至今犹然，故二刊不得已而对邓揭露，避重就轻，为之掩护。余又思此次批判邓拓、吴晗、翦伯赞、夏衍、田汉、阳翰笙等人，实为思想意识界之四清运动，彼等皆反社会主义之当权派。放手发动群众，故工农兵学商皆起而指斥彼等。此于重新教育人，俾大家心明眼亮，诚大有好处。

5 月 11 日　　今日各报皆载姚文元之长文《三家村》，批判邓拓之《燕山夜话》，而附带及吴晗、廖沫沙。昨夜十点以后即广播此篇，余听一半而入睡。今日又广播此篇之全文。同时报上刊载工农兵学商斥邓之文极多，兼及《前线》《北京日报》。此一小集团或于撰文刺骂之外，复有其他阴谋，故火力之猛若此，未可知也。

5 月 12 日　　（晚）到文化部，看天马出品而未公开放映之坏影片《舞台姐妹》。此片之主题思想为“清清白白做人，认认真真演戏”。今日《光明日报》有一文批评此片，谓是夏衍、阳翰笙等人之艺术观之典型。总之，毫无无产阶级的东西在内。余先看批评，后看电影，其何以坏，自易明晓。然即不看批评之文，亦将感觉此片非常低级，不宜产生于六十年代。

5月13日　重复细看姚文元之《三家村》一遍。午后报方送来。各地工农兵之先进人物皆作稿斥“三家村”，殆以等候稿到，故日来各报出版颇迟。《光明日报》除斥邓拓外，又转载《文艺报》之文二篇。一篇批评肖洛霍夫接受诺贝尔奖金，缘其修正主义之文艺思想为资产阶级所赏识。一篇批评肖之《一个人的遭遇》，无原则地反对战争，传布活命哲学。对国外作家作品公开批判，亦文化大革命之一部分也。

5月14日　午饭后看报，仍是大量揭发与声讨“三家村”之文章。《光明日报》有人为文，指出以同名小说编制之《红日》为坏影片。大致为丑化解放军，美化国民党军队及此次战役之国民党负责人张灵甫。……云彬来，共谈亦不出“三家村”。此举殆为全国性之运动矣。对全国人民进行教育，俾大家擦亮眼睛，诚为至要。

5月23日　今日报上，有人为文揭发北京市委宣传部长李琪，亦曾为文假作批评吴晗，实则掩护其为政治问题。从知“三家村”不限于三家。此反动集团逐渐揭露，或怀有极大之阴谋，未可知也。或与前数年揭露之若干反党分子皆有牵连，亦未可知也。

5月25日　《光明》载一文，揭露邓拓于一九五八年主持编一部《新编唐诗三百首》，由中华出版，所选多生僻之诗，或含讥讽，或写民生惨苦，而于解释语中作双关语，已达其反党反社会主义之目的。余未知有此书，观报上之文，则揭发者之言良为可信。

又观新到之《人民文学》，有一文揭发陈翔鹤所作之两篇历史故事小说，《陶渊明写挽歌》与《广陵散》，前者暗刺党之庐山会议，后者则愤世嫉俗，实表其仇恨社会主义之心。余观之亦觉言之有据。

5月28日　　午后看报，有二事可记。上海京剧院于一九五九年曾编演一本《海瑞上疏》，与吴晗以海瑞为文编戏相同，亦属反党反社会主义之大毒草。此戏云曾来京演过，余乃未之知。今年二月间，因批判吴晗，已有人为文论此戏，谓亦当批判。今日京中各报转载上海《解放日报》方泽生之文，谓此戏必须继续批判。文中指名斥责上海京剧院正副院长周信芳与陶雄，又提及中宣部某副部长，谓其人称此戏为好戏，并曾为之出主意，供资料。不知此某副部长是何人也。又一事为曾参加拍摄影片《红日》之某部队干部与战士揭露《红日》之编导者。谓据当时之亲身经历，知编导者用种种卑劣手法，务欲诬蔑解放军之形象而美化国民党军队之形象，实际上为反对毛泽东思想，而谓被消灭之张灵甫军精神可钦，虽败犹荣。观此篇诸人之发言，真使人气愤之极。观此二事，益见阶级斗争诚无处不有。

6月1日　　晨听广播，全文朗诵《人民日报》之社论，题为《横扫一切牛鬼蛇神》，记其大意于此。社论谓无产阶级文化大革命之高潮，今方在占世界人口四分之一的社会主义中国兴起。近数月间，亿万工农兵群众响应党与毛主席之号召，以毛泽东思想为武器，横扫思想文化阵地上之大量牛鬼蛇神，其势如暴风骤雨，迅猛异常。我国解放十六年来，无产阶级与资产阶级在意识形态领域内之阶级斗争一向甚为激烈。今时之社会主义文化大革命，即此斗争之继续发展。无产阶级与一切剥削阶级，其意识形态根本对立，不能和平共处。无产阶级革命旨在消灭一切剥削阶级，消灭一切剥削制度，消灭旧社会遗下之三大差别，因而必然遇到剥削阶级之顽强抵抗。革命之根本问题为政权问题。上层建筑之各个领域，其中心为政权。无产阶级取得政权之后，切不可忘政权，缘意识形态领域内之阶级斗争，归根到底为争夺领导权之斗争。剥削阶级之统治虽被推翻，而其头脑中之反动思想犹存。剥削阶级统治劳动人民数千年，垄断劳动人民所创造之文化，以欺骗、愚弄、麻醉劳动人民而巩固其反动统治。数千年来，其思想为统治的思想，在社会上不能不起广泛之影响。反动统治被推翻之后，反动阶级总欲利用向时之影响，为资本主义在政治经济诸方面复辟作舆论准备。解放后十六年来思想文化上之斗争，迄于近时“三家村”反党反社会主义黑线之大揭露，实即复辟与反复辟之斗争。资产阶级革命，夺取政权之先，亦于意识形态方面作准备，为资产阶级的文化革命。资产阶级革命，系由一个剥削阶级取代另一剥削阶级，尚须经过多次复辟与反复辟之斗争。无产阶级革命，系彻底结束一切剥削制度之革命，更不能幻想剥削阶级甘心听受剥夺其特权，而不思复辟。赫鲁晓夫修正主义集团在苏联篡党篡军篡政，于世界无产阶级实为极其严重之教训。今时我国之资产阶级代表人物，彼辈亦正作复辟之梦。彼辈制造复辟舆论，与无产阶级争夺群众，争夺青少年，争夺未来之一代。无产阶级之文化革命，反对一切剥削阶级之意识形态，与资产阶级之文化革命截然不同。无产阶级之文化革命，将彻底破除数千年来一切剥削阶级毒害人民之旧思想旧文化旧风俗旧习惯，将创造形成无产阶级之新思想新文化新风俗新习惯。对于封建阶级资产阶级之一切遗产，皆必以无产阶级世界观作透彻之批判。此是人类历史上空前未有之伟大事业。此当然不能完成于短时期间。然解放以来之经验证明，如走群众路线，使此举真成为广大群众运动，则见效可以加速。

无产阶级之文化革命，为广大劳动人民服务，与广大劳动人民之利益一致，故能吸引之，团结之，使共来参加。目前文化大革命之规模与声势，在人类历史上未之前有。在运动中，劳动人民迸发出无限智慧，远远超出资产阶级所谓权威之想象。此足证毛泽东思想一旦掌握群众，即成为威力无穷之精神原子弹。此一场文化大革命正在推动我国社会主义事业前进，而于世界之现在与未来，亦必发生深远之影响。我国之文化大革命引起帝国主义现代修正主义与各国反动派之惊慌与混乱。彼辈或言中国下一代之“和平演变”业已有望，或言共产党之统治尚甚巩固，或言能作正确判断之“中国通”永不能有。彼辈之胡思乱想总与历史之发展背道而驰。人类历史上空前的无产阶级文化大革命之开展与胜利，已敲响残存于中国的资本主义势力之丧钟，亦已敲响帝国主义现代修正主义与一切反动派之丧钟。

此文化大革命必进行到底。其胜利将进一步巩固无产阶级专政，保证各条战线上之社会主义革命进行到底，保证我国从社会主义过渡到共产主义。

到社中。晓风为余言，外间颇传反党反社会主义之集团，……今闻之，甚觉爽然怅然，彼辈之言谈笑貌宛然在目，何竟至于堕入修正主义。且其何以至此，殊不易解。余言余此种感情殆不健康，晓风言当是所谓温情主义。……与晓风共翻看“九评”末一段“无产阶级专政的历史教训”中之语，谓社会主义国家中，两条道路之斗争，资本主义企图复辟与反对资本主义复辟之斗争，系属不可避免。然绝不能谓资本主义竟能复辟，社会主义国家蜕化为资本主义国家，亦属不可避免。第须有正确之领导，正确认识此问题，并取正确之措施，作长期不懈之斗争，即能防止资本主义之复辟。且此两条道路之斗争，可为推动社会向前发展之动力云。观此，益见党中央号召发动文化大革命，工农兵群众纷起参加斗争，实为伟举矣。……

叶圣陶意识到自己的“温情主义”之后，学习党报党刊更自觉了，对“文革”的认识也越发深刻。他在日记中批“黑帮”“黑线”“保皇派”，写下许多感悟，如“阶级斗争之尖锐如是，实非余之所能料”（6月4日）；“惊讶于反党黑帮之猖獗”，“此辈不彻底打垮，诚为关系我国前途世界前途之绝大危险事”（6月5日）；“此次文化大革命，实将于批判一切旧东西之中创立新东西”（6月8日）；“此次大革命实至切要，实属‘你死我活之斗争’，如不进行，真不得了”（6月11日）；“不复思改造，不复欲革命，自必为资产阶级代表人物矣”（6月12日）；听了“中央与国务院将彻底改革高等学校入学考试制度”的通知后感到“颇兴奋”，“承袭科举制度与西方国家成规之高考，在此文化大革命中，殆可从此根除矣”（6月17日）；对中学生敢于批判“修正主义”感到很欣慰，“青年少年思想敏锐，敢想敢说，此是最可喜之事”（6月21日）；相信“经过此次文化大革命，教育制度将全去旧习，别创新规，为世界各国所未有”（7月12日）；“周（扬）实为三十年代文艺黑线之‘祖师爷’”（7月1日），欣庆其“彻底垮台”（7月29日）。叶圣陶不仅参加统战部和教育部召集的会议，还到中宣部礼堂看批判“阎王殿”的大字报（6月13日），到电影院看供批判的“坏电影”《逆风千里》《红日》（6月26日）和《桃花扇》（7月15日），处处以“做无产阶级革命派”作为自己的自觉的“选择”（6月5日）。下面再援引几则日记：

7月3日　夜观电视，有北大贴出第一张大字报揭发陆平等人罪恶阴谋之聂元梓（女）讲话。彼在前年北大作社教运动之时，即为革命派。后由彭真推翻社教运动之结论，陆平等人对革命派施加报复，开会斗争至七个月之久。而聂无所畏惧，此次运动中仍与其革命派同志挺身而出，揭开北大之盖子。且因北大之惊雷震动，使举国之文化革命蓬勃进展。听其言谈，颇深感佩。

7月25日　晨听广播，报道毛主席于本月十六日在长江中游泳。是日武汉有五千人在江中游泳，两岸万众欢腾。毛主席于快艇上检阅游泳健儿，既而入江游泳，自武昌向下游，共游三十华里，历时一点零五分。毛主席身体健康如此，自为举国人民之大庆，而其以身作则，极重践履之精神，且将予举世之人以甚深之教育。作《水调歌头》“才饮长沙水，又食武昌鱼”之时为前十年

(1956年)之六月，十年之后，神情壮健犹昔，真可欢祝也。

8月8日　报载文化部根据中央之指示，将于今明两年中印行《毛泽东选集》三千五百万部，此外《选读》之甲种本乙种本，则由各省市自治区自行负责印刷，务期满足群众之需。我全国人口以七亿计，新印《选集》三千五百万部，即每二十人有一部矣。另载文化部为此召开全国毛主席著作印刷发行工作会议之消息。与会者控诉混进党内之资产阶级代表人物，把持宣传出版部门之大权，于毛著之印刷出版发行，设置种种障碍。主要之借口为纸张供应紧张，而实则并不然。一九六二年全年，《选集》印五万馀部，而《红楼梦》则印十四万部。是年用于印毛著之纸张共七十二吨，而用于印古书洋书坏书者七千五百馀吨。于此，纸张紧张显然为借口。《人民日报》为此事发表社论，题曰《全国人民的大喜事》。……

夜听广播，获闻重要消息。党中央作出关于文化大革命之决定，共十六点，举凡此次运动中之重要问题，皆有明确之解决。有此纲领性之文件，群众与领导有所遵循，必能使运动深入而少偏差。当运动之初，不能凭空作何决定，此决定盖总结数月来之实践经验而来也。

8月9日　报章于下午四点方送到。昨夜所闻党中央之决定，起标题以特大红字印刷，下注“一九六六年八月八日通过”。今摘录十六点之目于此，并约记其要旨。……

如是巨篇，博大精深，循诵数过，亦仅能为表面之理解。欲食而化之，见于行动，殆非旦夕间事也。

以上摘录的部分日记可以看出：叶圣陶对“党中央”由衷地拥戴。上面怎么传达，他就怎么听；报上怎么说，他就怎么信。除了“惊讶于反党黑帮之猖獗”，有过“阶级斗争之尖锐如是，实非余之所能料”的“怅然”和“愕然”之外，就是对“修正主义”和“反党黑帮”的愤恨。作为著名作家和高级干部，叶圣陶接触、熟识和交往过的领导人、高级干部、高级知识分子当然很多，对于他们中的一部分人横遭厄运，今天还是“座上宾”，过了一个晚上就被打成了“修正主义”或“反党黑帮”的“突变”，虽说叶圣陶也曾有过“殊不易解”的困惑，但很快就被“阶级斗争无时无处无地”不在的“指示”所说服，非但不去怀疑“文革”，反倒回过头来检讨自己，最有代表性的是1966年6月1日日记中的一段话：

晓风为余言，外间颇传反党反社会主义之集团，“三家村”以上，尚有某某等数人，皆高居领导地位者。余亦曾闻其中之二人，不若如此之众。今闻之，甚觉爽然怅然，彼辈之言谈笑貌宛然在目，何竟至于堕入修正主义。且其何以至此，殊不易解。余言余此种感情殆不健康，晓风言当是所谓温情主义。至于不易解，则由于忘却阶级斗争无时无地无之。且阶级斗争固客观之存在，今既揭明，斗争到底，于社会主义社会自属好事。此义余亦知之，然总觉如无此波折岂不更好。

“‘三家村’以上，尚有某某等数人，皆高居领导地位者”，指的当然就是“彭真、罗瑞卿、陆定一、杨尚昆四人”。“彼辈之言谈笑貌宛然在目，何竟至于堕入修正主义。且其何以至此，殊不易解。”而这“殊不易解”，在叶圣陶看来反倒是“感情”“不健康”，是“温情主义”，从中得出的教训反倒是阶级斗争“实属‘你死我活之斗争’”，以至对于“造反派”残酷的“狠斗”持包容的态度。且看8月10日日记：

> 广播与报章皆传全国各地各界热烈拥护党中央之决定①。北京城内，列队往党中央申庆祝表决心者，纷纷不绝。永和于下午归来，彼昨夜亦曾随队而往。迨于夜，永和往工人体育场，观斗争前北京市委高教部宋硕，直至两点后乃归。斗宋硕之会，昨日已在某学院举行，以人众太多，拥挤不堪，乃中途停止，改于今夜在工人体育场举行。会由十三个院校主持，到会者多至十馀万人。令宋硕绕场一周，俾众观之，然后发言者予以批判。如此之举，实为向所未有，唯如此，乃能收“斗倒斗垮斗臭”之效耳。

“唯如此，乃能收‘斗倒斗垮斗臭’之效耳”——这话出自叶圣陶的笔下，可真见得“文革”中流行的“动员之广泛”，绝非是一句空话。叶圣陶1966年7月21日日记同样让人感叹，日记中说：

> 今日得三官回信，仅五十馀字。中有云：“在文化大革命中，

① 《关于无产阶级文化大革命的决定》，即“十六条”。

我们的问题多，性质也相当严重”。意者彼锡剧团前数年专演旧戏，全忘工农兵方向，与周扬、田汉等之戏剧路线若合符节，故曰性质相当严重耶。

“三官”是叶圣陶的小儿子至诚，从小痴迷文学，曾如饥似渴地阅读各种中外名著，少年时代就开始有自己的藏书，令同辈羡慕不已。1941年开始写作，当年才十五岁。1943年和1944年，他与阿哥至善、阿姐至美的散文合集《花萼》和《三叶》相继出版，宋云彬和朱自清分别为《花萼》和《三叶》作序，说他们虽然是在“爱的氛围里”长大的，却“认识了社会的大处和人生的深处”，他们的“忧愤蕴藏在那平淡里”。叶家三兄妹中，至诚年龄最小，也最富有朝气和激情。前面已经写到他在1943年就要去延安，虽说没有成行，但他的“志气和胆识”，令茅盾赞赏不已，说他是很有作为的“小伙子”（当年才十七岁）。叶至诚在上海解放前夕去了解放区，20世纪50年代初为配合土改运动，写过一首唱遍大江南北的通俗歌曲《啥人养活啥人》，歌颂土地改革的正义性，批判封建剥削制度不合理，号召劳动人民起来向地主阶级作斗争，歌词是这么写的：

大家看一看哪，
大家想一想哪，
地主搭仔农民
到底啥人养活仔啥人哪？
呒没我伲来种田，

天上勿会落白米，
半夜睏，五更起，
车水铲地皆要用力气呀。

呒没我伲来劳动，
那里来棉花做新衣，
纺棉纱，织粗布，
纺纱织布皆要靠我伲呀。

呒没我伲来劳动，
房子勿会平地起，
烧砖瓦，打墙基，
造房盖屋皆要靠我伲呀。

地主勿种田哪，仓间堆满上白米呀。
地主勿劳动哪，一套一套穿新衣呀。
地主勿劳动哪，住勒高楼洋房里呀。

看看就晓得哪，想想就明白哪，
地主搭仔农民
到底是啥人养活仔啥人哪？
呒没我伲拿田种，
地主饿得勿能动，

三桩事体吃着用，
吼没我伲勿成功哪。
到底是啥人养啥人？
大家就想想通哪。

就凭这首《啥人养活啥人》，也能看得出叶至诚的阶级立场和思想倾向。当年，他和他周围的专搞文艺的朋友方之、高晓声、陈椿年、梅汝恺、陆文夫等都是“歌德派”，“一直是党叫怎么干就怎么干的”，因为年轻，身上也不乏“十足的劲头、近乎天真的信心和打先锋的青年团气质”。1957年初，他们响应党的号召，想办一个“同人刊物”，刊名就叫“探求者”，刊物还在酝酿中，这个小团体就被省文联定性为“反党反社会主义”，经过近两个月的批判与斗争，这些年轻人“终于十分虔诚地认罪和忏悔了”，各自“领受了自己也认为罪有应得的处分，各自去进行劳动改造”。[①] 在“探求者事件”中，叶至诚的“处分”相对要轻一点：“留党察看两年”，是没有定为“右派”的“右派”（又叫作“不戴右派帽子的右派”），用当年流行的话说这叫“把帽子拎在群众手里”，假如不老老实实接受改造，将功赎罪，这顶“右派帽子”随时都会戴到你的头上来，叶至诚当然只得“夹着尾巴做人”，对谁都得客客气气，谁让他办事他都得说好，于是就有了个绰号叫“叶好好”。后来被安排到江苏锡剧团当“编剧”。信中“我们的问题多，性质也相当严重”，这个“我们”指的是叶至诚和他的夫人姚澄。

① 叶至诚：《忆方之》，《雨花》1979年第11期。

姚澄是南京江苏锡剧团的名角，出身贫寒，很小就进戏班子学戏，在戏班子里受欺侮，受剥削。新中国成立后获得了新生，成了江苏锡剧团的台柱。1959 年，周恩来总理看过她主演的《红楼梦》之后和她合影留念。1961 年，越南胡志明主席看过她主演的《红色的种子》后，亲切地接见了她。她独特的表演风格和极富神韵的唱调被誉为“姚澄表演体系”和“姚派唱腔”。要说“演旧戏”，大概是指叶至诚改编的旧戏《拔兰花》。

《拔兰花》是锡剧的一个传统老戏，只有男女两个角色，是“一生一旦”的“对子戏”。写青年男女蔡旭斋和王大姐立下海誓山盟，一个表示非你不娶，一个发誓非你不嫁。分别后女方非但没有等到男方来求亲，反而听说蔡旭斋已成婚。王大姐万分痛苦，这时舅妈来作媒，父母作主把她嫁给了谢家宅的谢老大。哪知蔡旭斋在新婚之夜就离家出走，在外地积聚了三年的工钱，回乡来迎娶王大姐。听说女方已出嫁，找到谢家宅要问个究竟，并要回定情物——一朵绢做的兰花。男女见面，相互都存怨恨，相互又依然爱恋，各自都有离别三年来的苦情，剧情就在两个人错综复杂的感情中向前推进，内容丰富，能吸引观众，老艺人有“拔不完的兰花”的说法。1958 年初，叶至诚对《拔兰花》进行改编，删除了旧戏中的相互猜疑和指责，增加了同情和理解，丰富了“喜剧”的色彩，对唱词和说白的改动尤其多，尽可能押韵，散发出质朴醇厚的泥土气息。叶圣陶本人也为叶至诚的改编本逐字逐句地作过打磨，丰富了文学韵味。1962 年初《拔兰花》公演时，叶圣陶还特地到南京去看过，这在日记中也有记载：

1月6日　　晚餐后，往观戏剧。非在戏院，而在苏省各民主党派集会之招待晚会，经交际处交涉，同意我们数人额外参加。先为扬剧《断太后》，演李太后之高秀英为此中名角，有追叙往事之一段“堆字大陆板”，声情激越，累累如贯珠，余深受感动。……末为姚澄所演之《拔兰花》。彼之演唱俱细腻，尚小有可商处。与为对手之生角颇不相称，未免逊色。听座中客轻轻谈说，皆颇誉此剧。诚值得再为加工，期其臻于精善也。

1月7日　　余独往三官、姚澄之寓所。他们新迁寓所即在剧团居址之隔壁，为一小洋房，与几位高级演员分居之，舒适大愈于昔。坐定，余谈对于《拔兰花》之意见，大旨谓艺颇不错，唯宜更求精纯。姚澄留余午饭，购得虾少许，并有肉与咸带鱼。遂以电话招至善来，……饭罢复谈，至四点，乃共返南京饭店，携小孙兆言。杨、吴、胡①来谈昨夕所观《拔兰花》，深致赞扬。旋共晚餐。三官等过八点归去。

1月10日　　夜八点后，三官偕前锋剧团之工人来，携来《拔兰花》之录音带与发送机。意在重听一过，于歌唱音乐提些意见。而姚澄与其团中人以开支部大会，俱未能来。仅将录音带放送一通而已。比较前夕在剧场中所闻为好，则以乐队为素相配合之熟手，尤其是鼓板点得好也。三官去时已十一点。

---

① 杨：杨荫浏。吴：吴大琨。胡：胡彦云。

当年叶圣陶和演艺界对叶至诚、姚澄夫妇评价甚高，期望也颇大，过了还不到四年，这“两口子”怎么就成了“问题多，性质也相当严重”的批判对象，成了“与周扬、田汉等之戏剧路线若合符节”的“性质相当严重”的“黑线人物”呢?“知子莫若父”，按说叶圣陶对叶至诚、姚澄夫妇应该有很真切的认识的，但他似乎也盲从“运动”，认为他们“前数年专演旧戏，全忘工农兵方向”，“性质相当严重”。在“文革”初期“怀疑一切”“打倒一切”和“破私立公”的极左思潮中，除了毛主席和林副主席，其他人都可以怀疑，叶圣陶也不能不受这股极左思潮的影响。

以上就是叶圣陶在1966年8月中共中央《关于无产阶级文化大革命的决定》发布前后对“文革”的理解。面对“是做无产阶级革命派，还是当资产阶级保皇派?”的严峻拷问，叶圣陶选择的显然是要做“无产阶级革命派”。这是他真诚的自觉，也是他可爱的天真。随着“文革”的“全面”而“深入”，叶圣陶对党报党刊上的“大批判”文章，对“革命”组织印发和传抄的“材料”，以及某些人的“谈话”，也都视作“思想和理论”的“资源”，盲目地接受。这里引录1967年的部分日记：

1月1日　晨听广播，全文播送《人民日报》与《红旗》之社论《把无产阶级文化大革命进行到底》，篇幅颇长。历叙去年文化大革命之进展，注重于批判资产阶级反动路线，以及此一路线之影响与反抗。谓今年将为深入批判此路线并肃清其影响之一年，为全国全面展开阶级斗争之一年，为向党内一小撮走资本主义道路之当权派与社会上之牛鬼蛇神展开总攻击之一年，为一斗二批三改取得决定性胜利之一年。谓今年全国革命群众之政治任务主要有四项："第一，在工厂和农村中，要根据毛主席和党中央'抓革命，促生产'的指示，大搞无产阶级文化大革命，促进人的思想革命化，促进工农业生产的发展。""第二，对于学校里和文化领域各界里的无产阶级文化大革命，要大力提倡革命师生、革命知识分子有计划有组织地到工厂去，到农村去，实行和广大工农群众相结合。""第三，充分发扬无产阶级专政条件下的大民主。这种大民主，就是在毛泽东思想统帅下，发动亿万群众，向社会主义的敌人举行总攻击，同时也是对各级领导机关和领导干部进行批评和监督。造成这样一种大民主的社会风气，对于巩固无产阶级专政，防止资本主义复辟，具有重大的深远的意义。""第四，继续开展对资产阶级反动路线的群众性的批判。"——此是一篇纲领性之文件，宜常时诵习之。

1月2日　今日报载各地各界对于元旦社论之反应，咸谓指示明确，必奋力以实行之。举国关心国家大事，殆无逾于今时之我国者。

……

夜听广播《红旗》第一期所载姚文元之《评反革命两面派周扬》。其文极长，详叙周扬打着红旗反红旗之种种言行。批判周扬之文已甚多，此殆是最严正最充实之一篇。自十点始，听至十一点半渐就朦胧，而广播犹未毕也。

1月3日　报纸送到后，将姚文元评周扬之文通体看一过。周扬于批判《武训传》，批判《红楼梦研究》，批判胡风反党集团，及一九五七年右派分子猖狂进攻之初，皆立于违反毛泽东思想之立场，存心抗拒毛主席之指示。及见势不佳，则假作几句检讨，继之即俨然站在正确之立场，作总结性之报告或文章，一若彼为“一贯正确”者。从姚文中可以看出，近年来周扬得旧市委主要负责人（即彭真）与资产阶级反动路线之制造者（即刘少奇）之支持，以故对毛主席批评文学艺术方面严重错误之指示竟敢阴谋抗拒，于文化大革命希图设法消弭。姚文元谓周为反革命两面派之典型人物，观此文而深感可信。如余者，全不知其底细，往时只觉周扬翻来复去说此说彼，总是他的对，心中总觉得不能佩服耳。而不知其为大阴谋家也。

1月10日　昨日《光明日报》有署名洪斌者之一文，曰《斥“吃小亏，占大便宜”的市侩哲学》，今日又有一文“再斥”之。“吃小亏，占大便宜”为刘少奇之言，近日各处传抄刘平日言行之材料，小沫曾带回一份，余见有此一段。洪斌之文虽不指明此是何人之言，读报者必皆一望而知。夫着眼于便宜不便宜，其未能去私，昭然若揭。与“毫不为己，专门利人”，显然为两个敌对阶级之世界观矣。今日又得观新出之《井冈山》报，载有刘涛再度揭发其父之一文，更觉此人殊不类共产党员。

…………

夜间收到小沫寄回之上海所出之《红卫战报》，始知上海于去年十二月初有所谓《解放日报》事件。革命左派以该报回护上海市委，回护报社之领导，进驻报社，与之说理斗争。隶于赤卫队之工人及乘机捣乱之人即围攻报社，对革命左派进行武斗，伤者不少。此举延续将近十日，为上海一大事件。《文汇报》回护市委，与《解放日报》同。意者《文汇报》内部之革命左派起而造反，毅然刊登《告上海全市人民书》，后经《人民日报》赞许，两报之革命左派得伸其正气，欢欣无极，故向毛主席发电报致敬。大约今时此两报已不受旧时领导人之管理，而由革命左派掌握矣。——据至善语余，各地之省级被群众指斥而停刊者已不在少数，大概皆与旧时之《文汇报》《解放日报》同其毛病也。

1月11日　　今日报载，若干工业大城市之革命工人皆热烈拥护《告上海全市人民书》与《人民日报》之编者按语，盖此等城市亦有工人受欺蒙而妨碍生产之情形。上海与华东其他地区之人皆称颂《文汇报》《解放日报》之获得新生，掌握于革命造反派之手中。

…………

夜听广播，以一小时许播送四项极为重要之文件。其一，中共中央、国务院、中央军委、中央文革小组致上海三十二个革命群众组织之贺电，缘此三十二个组织于九日发出《紧急通告》。文中赞谓方针与行动完全正确，“提出了反对反革命修正主义的经济主义的战斗任务”。电文号召全国各界“一致行动起来，打退资产阶级反动路线的新反扑，使无产阶级文化大革命沿着以毛主席为代表的无产阶级革命路线胜利前进”。其二，《人民日报》《红旗》杂志之社论《反对经济主义，粉碎资产阶级反动路线的新反扑》。此文开首即指明上海革命群众组织之《告上海全市人民书》与《紧急通告》，系毛主席亲自决定向全国广播者。此一大事，标志文化大革命开始了一个新阶段。反动路线之顽固堡垒一个一个夺过来。群众革命组织正趋于联合，汇为洪流，向反动路线展开全面的总攻击。以革命造反派为核心，正在团结群众中之大多数，于是革命群众在以毛主席为首之党中央之领导下，得以自己掌握文化大革命之命运，斗批改之命运，生产与工作之命运，无产阶级专政与社会主义国家之命运。凡此为新阶段之主要特点。社论举出上海地区反动分子之大阴谋，听之殊令人气愤。谓“这个大阴谋，就是用经济福利的‘糖衣炮弹’来诱惑一部分群众。他们任意挥霍国家财富，随意增加工资、福利，滥发各种经费、物资，煽动群众强占公房，据为私有。他们挑动武斗，制造事件，唆使一批工人离开生产岗位，造成一部分工厂停工，铁路中断，公路阻塞，甚至挑动港务人员停止生产活动。铁道部门的某些负责人也在这样干。”据此数语，可见捣乱之广，反动分子用心之恶，然在我国固不之惧，一经揭出，自必举国起而攻之。社论阐说经济主义之极端荒谬，极度危害。谓系迎合少数落后群众之心理，腐蚀其革命意志，将群众之政治斗争引向歧途，不顾大公，而只顾个人之暂时利益。谓经济主义破坏社会生产，破坏国民经济，破坏社会主义所有制。谓经济主义反马列主义，反毛泽东思想，彻头彻尾为反革命修正主义之货色。以下言上海革命群众组织之《紧急通告》坚决贯彻“抓革命，促生产”之方针，为与经济主义进行斗争树立好榜样。中共中央、国务院、中央军委、中央文革小组之电文号召全国各界学习上海革命造反派之经验，此号召必将对全国各界起伟大之鼓舞作用。末后谓须向受蒙蔽之群众作艰苦之政治思想工作，彼辈明晓事实真相之后，将会辨明大是大非，站到无产阶级革命路线一边来。其三，即上海三十二个组织之《紧急通告》。通告刊载于新生之《文汇报》与《解放日报》，两报各加编者按语，皆指明以经济主义肆其阴谋，为上海市委内一小撮当权派之新反扑。《通告》前言叙明“顽固推行资产阶级反动路线的上海市委被打倒的时候，一小撮党内走资本主义道路的当权派又玩弄新的阴谋”。前言列举阴谋之事实表现，即中共中央、国务院等电文中叙述之所据。以下“为了迅速扭转由上海市委在社会生产上所造成的严重局面”，向群众呼吁，计有十条，皆恢复生产秩序，抵制经济主义之具体办法。署名者三十二个革命组织，而署名于《告上海全市人民书》者仅十一个组织，前后相差五日，而增多至二十一个组织，此为群众组织联合起来之明证。其四，为《文汇报》《解放日报》之记者所撰之述评，叙上海文化大革命之新形势。谓新形势之主要标志有四：（一）广大的工人农民起来革命了。（二）市级党政机关的革命造反派杀出来了，他们打破了“内外有别”等种种框框，同工人革命学生一起批判资产阶级反动路线，斗争党内一小撮走资本主义道路的当权派。（三）革命造反派不仅队伍越来越壮大，而且斗争艺术也越来越趋于成熟。（四）资产阶级反动路线开始全线崩溃，在资产阶级反动路线庇护下的党内一小撮走资本主义道路的当权派的丑恶面目，已开始暴露在光天化日之下。——听罢广播，感想万千。阶级斗争之曲折复杂如此，实非幼稚简单如余者所能想象。而毛主席党中央之英断，相机大力煞住，必当挽住狂澜，俾群众接受教训，增长经验，于革命斗争中成长。

1月12日　昨夜所闻广播之四项文件，今日中央电台两套节目中屡次重播之，次数之多，为前所未有，可见其重要。报纸于下午送来，余乃将四项文件通看一过。晚与至善谈，共谓即此一事，已见毛主席民主集中，从群众中来到群众中去之实践，堪为表率。阴谋者以经济主义为新反扑，于社会生产与文化革命皆有极为严重之破坏影响。苟临之以张皇失措，自必出动军警，加以镇压。如是则弭乱将致更乱。而毛主席绝不出此，且不先从中央发出任何指示，唯于上海革命造反派发出两项文告（《告上海全市人民书》《紧急通告》）之后，则指出其正确，致贺电以大力支持之，发表社论以提高之，指明经济主义为极端反动之思潮，俾革命者信心益坚，俾受骗者迷途知返。观于各地革命群众热烈拥护中央贺电与《人民日报》《红旗》杂志社论，料知上海与他地类似上海之浪潮，必将渐就平息。毛主席领导艺术高明如此，苟其他领导人咸能心知其意，身体力行，则我国各方面之进展与成就必将更益辉煌矣。

1月13日　昨日，上海工业、交通运输、财贸、文教、党政机关以及他地到沪之革命造反组织举行誓师大会，欢庆中央之贺电，彻底粉碎反动路线之新反扑。会上发出向毛主席致敬之电文，表示坚决贯彻“抓革命，促生产”之方针，彻底肃清反革命之经济主义之恶劣影响。京中中央电台与昨日同，仍屡次播送中央电文与社论等四项文件。

我国此次文化大革命，共谓是史无前例之举。余思史无前例，当有许多之点可言，近日悟出其一点。历史上各种革命，无论中外，革命者与中央政府皆处于对立地位。革命者造地方当局之反，造中央某一部门之反，中央必站在地方当局与某一部门一边，予革命者以镇压。此盖出于如是之观点，地方当局与某一部门皆为中央统治之所倚，革命者革彼辈之命，亦即革中央之命。今我国之文化大革命则绝不相同。中央只问革命者之方向正确与否，其方向正确者即为真革命，真革命之革命对象自必为顽固腐朽之物，虽为属于中央之地方当局与某一部门，亦当任其垮台，重获新生。故中央全力支持真革命派，予以鼓励，俾尽其全力，克致全功。此中关键，盖在于阶级斗争之观点。中央与真革命派系在无产阶级一边，成为革命对象之地方当局或某一部门系在资产阶级一边，必为毫不容情之斗争，乃可巩固无产阶级专政，巩固社会主义制度。全国人民受毛主席之英明领导，于实践中加强锻炼，渐趋于真革命，我国决不致改变颜色，断然无疑。有人谓此次文化大革命为反修大演习，诚然。

1月15日　　夜听广播《红旗》第二期评论员文章，题为《无产阶级革命派联合起来》。此文从上海革命派最近之夺权行动说起，谓彼辈之经验集中到一点，即革命派联合起来，夺取走资本主义道路之当权派之权而掌握于己之手中。“革命的根本问题是政权问题。无产阶级文化大革命的中心任务，归根到底，就是无产阶级从党内一小撮走资本主义道路当权派手中夺权的斗争。这是现阶段我国阶级斗争的焦点，是社会主义和资本主义两条道路斗争的集中表现”。去年六月初，毛主席决定广播北京大学之全国第一张马列主义之大字报，即支持革命派在一所大学之范围内，从反党集团之手中夺权。今毛主席又决定广播上海革命组织之《告上海全市人民书》与《紧急通告》，即支持革命派在一个市之范围内，从走资本主义道路当权派与坚持反动路线之顽固分子之手中夺权。彼一小撮人掌握党权、政权、财权。以党权欺骗、蒙蔽、压制一批干部与党团员。以政权于其力所能及之范围内，实行资产阶级专政，镇压革命群众。以财权笼络一批受其蒙蔽之群众，借以自保，并以收买手段腐蚀革命群众。故革命群众从此一小撮人手中夺权，实为“在无产阶级专政条件下，一个阶级推翻一个阶级的革命，即无产阶级消灭资产阶级的革命”。以下言上海革命派之经验值得全国各界学习云云。——此文甚为精辟，听之颇增理解。

1月16日　因昨夕所闻夺权之论，想起一点意思。在封建朝代或资本主义国家，地方当局或一部门之当局犯有错误，违反统治者之利益，则罢撤之而治其罪，或重或轻，重者至于处死。决无有群众起而夺其权者。缘地方当局或一部门之当局，无论犯错误不犯错误，其处于压迫人民之地位则一。统治者以其违反自己之利益而治其罪，只能自己动手，决不肯亦绝不能假手于人民。苟假手于人民，则人民造此辈之反，亦即造统治者之反矣。我国今日之势则与此绝不相同，中央与革命群众共同致力于巩固无产阶级专政，革命群众起而夺走资本主义道路当权派与坚持反动路线之顽固分子之权，正所以巩固无产阶级专政。故毛主席于上海革命造反派之行动，大力支持之。凡当权者而走资本主义道路，革命群众即当起而夺其权：此殆是“大民主”之要旨矣。

今日报载北京第一机床厂革命职工向毛主席致敬信，中有“‘白色恐怖’吓不倒我们，‘糖衣炮弹’也打不倒我们”之语，可以想见其厂一小撮当权派之伎俩。大约各部门各单位如此情形者正复不少。

2月1日　　至善携归之抄印件甚多，观之半日，至于目力昏花。揭发刘少奇之材料最多，铅印大本至六十三面。他则揭发贺龙与安子文者各为一本。贺龙为军队方面之三反人物，牵涉甚广，党羽至众。安子文原任组织部长，历时甚久，一贯违抗毛主席之指示。又有各位负责人接见各方人员之讲话两本。

2月10日　　至善又携归抄印件甚多，看之不释手，仍未午睡。

4月1日　　晨听广播载于《红旗》第五期之戚本禹所撰长文，题为《爱国主义还是卖国主义?》，系评解放前后在各大城市放映之反动影片《清宫秘史》，而以严正批判刘少奇之一贯反动思想者。……末后复有一大段，历举刘在解放以后所称“要发展资本主义剥削”之言论而严斥之。又谓刘自为辩解，云今时是“老革命遇到了新问题”，随即直呼而质问之，“老革命”何以指使他人自首变节，投降国民党？何以在抗日战争胜利之后提出“和平民主新阶段”之投降主义路线？何以在解放之后反对资本主义工商业之社会主义改造，反对农业合作化，大砍农业社？何以在社会主义三大改造完成之后宣扬阶级斗争熄灭论，积极主张阶级合作？何以在三年困难时期攻击三面红旗，鼓吹“三自一包”“三和一少”？何以在一九六二年重新出版《修养》一书？何以在农村社教运动中推行形“左”实右之机会主义路线？何以在文化大革命中提出并推行资产阶级反动路线？继之云：“答案只有一个：你根本不是什么‘老革命’！你是假革命，反革命，你就是睡在我们身边的赫鲁晓夫！”若刘者，诚宜斗倒斗臭，而若戚本禹此文，确能奏斗倒斗臭之效，既听广播，又观报载全文，为之称快。

4月4日　　至善语余，陈伯达近与人谈起，毛主席从不用“修养”一词。余思之，果然。又谓《毛主席语录》第二十四“思想意识修养”之目将修改，其第七条引用及刘之言，将删去。将来《语录》再版，即照此办理。

8月15日　　晨间又听广播昨夜所闻之文章一遍。此文指明刘一贯反对社会主义道路，竭力宣扬走资本主义道路。所引刘之文章与讲话，汇而观之，确然自成系统，彼欲抵赖亦无从抵赖。

9月6日　晨听广播《解放军报》记者与新华社记者合撰之《关于党内最大的走资本主义道路当权派导演的桃园大队“四清”情况的调查》，其正题曰《假四清，真复辟》。桃园大队之四清工作，由刘妻王光美领队前往蹲点，而刘则在背后指挥，最后谓此是四清工作之成功经验，号曰“桃园经验”，由王到处演讲（彼曾在文联演讲，余往听之），刘复以中央名义将此所谓经验批发于全国。毛主席于其大字报中所云“一九六四年形‘左’而实右的错误倾向”盖即指此事。调查报告分七部分。……各大段中所举事实，皆足使读者明知刘之谬误。凡其谬误，皆与其反对社会主义、不相信群众、自以为高高在上，可以独断独行之一贯的观点息息相关。去年文化大革命兴起，彼即以同样观点处之，遂成毒遍全国之反动路线。故揭发所谓“桃园经验”之举，实为革命的大批判阶段中一大要项。《解放军报》为此发表社论，题曰《揭开一个复辟资本主义的大阴谋》。至善曾参加农村四清工作，观此调查报告，谓刘之所为无一不谬。彼着眼于“四清”“四不清”之矛盾，即只注意到贪污、占小便宜之事，亦即只注意到经济方面而全不顾思想政治方面，自与农村“四清”工作之主旨大相违背矣。余思全国各级干部参加农村“四清”工作者至众，必皆有切身之体会，今观此调查报告，将会激起热烈之批判。

9月8日　昨夕今晨皆听广播姚文元之文《评陶铸的两本书》一遍，文甚长，播毕全篇占一点半钟。陶之书一为《理想•情操•精神生活》（青年出版社出版），一为《理想•感情•文采》（广东人民出版社出版），余皆未尝寓目，唯曾见其《松树的风格》一篇，先时人教社同志以为佳作，曾收入中学课本。姚文非常泼辣深至，就此两书批判陶之资产阶级立场，政治上思想上理论上全属反动方面，听之令人心折。……以下联系到当前所谓“五一六”之组织，其组织者与操纵者实为反革命分子，彼辈亦提“怀疑一切”之口号，警告青年切勿上当，受其蒙蔽。文中谓此反革命组织之目的有二，一为欲破坏并分裂以毛主席为首之党中央之领导，又一为欲破坏并分裂无产阶级专政之主要支柱人民解放军。彼辈在北京潜藏于地下，其首脑与成员现尚不甚清楚，广大群众正在调查研究，不久即可弄明白。余闻“五一六”之名，尚是近数日内之事，至于如何进行反革命活动，则全无所知。今姚文言如此，想完全揭露此组织之日当不在远。姚文可谓革命的大批判之模式，故今日电台屡次广播之，北京市革命委员会则发出紧急通知，令革命群众认真学习讨论，提高警惕，严防国内外阶级敌人之破坏，坚决取缔反革命组织“五一六”。

日记中类似的记载极多，如支持贵州“革命造反派”，为《人民日报》社论《西南的春雷》叫好（2 月 1 日）；赞赏东北局第一书记宋任穷、原黑龙江省委书记潘复生坚决站在“红色造反者一边”，为《人民日报》社论《东北的新曙光》（2 月 2 日）和《无产阶级革命派夺权斗争的一个好范例》（2 月 10 日）喝彩；称赞福建省的夺权斗争“足资示范”，为《人民日报》社论《坚决捍卫“三结合”的正确方向》拊掌（2 月17 日）；称赞山东省“革命的领导干部挺身而出，参加夺权斗争”，为《人民日报》社论《革命的“三结合”是夺权斗争胜利的保证》欢呼（3 月 2 日）；看了北京市革命委员会成立“庆祝大会之实况”的电视后，在日记中说：“全市欢腾”，“长安街灯火通明，人众踊跃，如国庆与五一节之盛况也”（4 月 20 日）；批判“旧京戏”，推崇“京剧革命之优秀样板戏”（5 月 10 日）；批判“彭真的反革命修正主义的《二月提纲》”（5 月 18 日）；批判“旧戏”以外的“其他旧艺术”——“历代作者皆自为抒发”的小说、诗文、辞赋、绘画、音乐（5 月 26 日）；批《不夜城》《林家铺子》《逆风千里》《两家人》《武训传》《燎原》等“六部毒草影片”（5 月 31 日）；称赞山东省革命委员会关于认真转变作风的“十条”规定“极好”（6 月 23 日）；认可“文攻武卫”的口号（7 月 24 日）；称赞《文汇报》之执笔者“最有见而又能文”（9 月 16 日）。1967 年 9 月 21 日，叶圣陶出外洗澡时发病，“觉胸口有一种不舒适之感觉，殊难描摹”，“遂匆匆离浴盆”，到家后“背之中心亦复作剧痛，前后不舒，头部汗大出”，家里人以为是“胃病”发作，没当回事。第二天，胃部、背部仍剧痛，仍没当回事，直到第三天才乘三轮车到家附近的门诊部求诊，医生怀疑是心绞痛，第四天住进“反帝医院”，以后两个月光景在医院治疗，“大部分时间只许卧床不动”，抄读毛著、阅读党报党刊这一类的“头等大事”只得停止，“惊讶于反党黑帮之猖獗”的心路历程这才告一段落。

四、“愤歉交并”求“自处”

叶圣陶“惊讶于反党黑帮之猖獗”，要做“无产阶级革命派”，就必须破除“温情主义”，追随“文革”的步伐。而“文革”——那是一个怎样的时代呢，看看1966年6月5日上海《文汇报》在通栏标题“高举毛泽东思想伟大红旗向反党反社会主义黑线开火”下发的一组文章的题目，就能揣摩出个风向来。这组文章的题目是：《像击沉美制蒋舰那样，向反党黑帮猛烈开火！》《埋葬一切牛鬼蛇神》《扫除人间一切害人虫》《彻底清算黑帮黑店黑线》《同北大革命师生并肩战斗》《猛追猛打，歼灭穷寇》《坚决跟毛主席走》《永远听毛主席话》。“击沉”“开火”“埋葬”“扫除”“清算”“战斗”“歼灭”以及“跟”和“听”，都在召唤人们雷厉风行地起来“参与”，“拿起笔作刀枪”，走向“大揭发、大批判”的战场。叶圣陶对“文革”的“参与”，始见于1966年5月16日的日记，现抄录于下：

昨夜十点，广播《红旗》一文，戚本禹所作之《评〈前线〉〈北京日报〉的资产阶级立场》。渐就朦胧，听之不清。今日九点，全社各室开收音机听此文之重播，余乃复听一次。戚文指出，《前线》与《北京日报》《北京晚报》供邓吴廖三人长期发表谬论，及经揭发此三人，知不复能为之掩护，则假作揭露其材料，而特注意于人家所提之反党反社会主义，既不及此七个字，亦未指出有关之材料。戚文连问是谁主之，大概更有待揭露之人在。及听广播毕，续看辅导报告若干页。午后睡起，复看报上所载戚本禹之文一遍。昨日曾写一短文，斥邓拓之《专治“健忘症”》，今日由中语室同志书之，贴于大字报丛中。今日又作一短文，斥邓拓之《伟大的空话》，俟明日贴出之。

斥邓拓的《专治“健忘症”》和《伟大的空话》，是叶圣陶在“文革”初期写的两张大字报。接着，叶圣陶把批判的矛头指向了中宣部部长陆定一和中宣部副部长张磐石，都是主管教科书的“上级领导”，是叶圣陶的“顶头上司”。叶圣陶 1966 年 6 月 3 日日记记：

> 到社中，空气突见紧张。殆系受北大大字报之影响，贴出之大字报颇不少。或谓社中于文化大革命，领导方面不放手发动群众，或谓运动颇有清规戒律（如贴出之大字报须经领导看过）。他则多言“三家村”而（不）言自己方面，课本中之种种重要错误何以不自我批评，语文科教学大纲全不突出政治究系何人主撰。复有提出陆定一、张磐石者，二人为中宣部之正副部长。陆指示我社之中改本暂缓使用，拖延至两年，致今年暑后全日制学校仍用错误至多之旧课本。张则于前年毛主席之春节指示以后所发之批语阳奉而阴违。于此可见同人情绪颇为激昂，大异前些日之冷冷清清情形。

“前年毛主席之春节指示”，指的是毛主席 1964 年 2 月 13 日《关于教育革命的谈话》，内容主要有“学制可以缩短”；“现在课程多，害死人，使中小学生、大学生天天处于紧张状态”；“学生成天看书，并不好，可以参加一些生产劳动和必要的社会活动”；“现在的考试，用对付敌人的办法，搞突然袭击，出一些怪题、偏题，整学生。这是一种考八股文的方法，我不赞成，要完全改变。我主张题目公开，由学生研究、看书去做”；“现在一是课多，一是书多，压得太重。有些课程不一定要考。如中学学一点逻辑、语法，不要考，知道什么是语法，什么是逻辑就可以了，真正理解，要到工作中去慢慢体会。”[①] 人民教育出版社根据毛主席的“指示”修改了教科书，而陆、张则“阳奉而阴违”，指示“改本暂缓使用”，这就成了人民教育出版社“大批判”的导火线。叶圣陶也于1966年6月6日写了批判陆、张的诗，是日日记记：

> 到社中，则大字报益多。提及最多者为张磐石，张曾来社领导工作一年有馀，同人对彼印象最深。揭露陆定一者亦不少。次则周扬，周与我社仅有间接关系。合揭露之材料观之，彼数人言谈颇一致，看法皆相同，总之，强调令学生多学知识，勿拘于政治，不一定多读毛著，甚多荒谬之辞。且陆、张皆态度专横，气势凌人，动以“反党”相威胁。余殊糊涂，他人亦不甚以详情相告，今见如许揭发，亦复愤歉交并。愤者，全社同人辛勤工作，实随黑色之指挥棒而乱转。歉者，编成非为无产阶级政治服务之教材，戕害青少年，此实无从求恕。看已经贴出之大字报而外，复观晓风写大字报。彼与沈同豫所写颇多。首次贴出之指斥陆定一者，即彼二人所书也。午后醒来看报。上午观诸人所贴之大字报，余于陆、张颇有愤慨，亦思写些什么斥之，而余所知具体情形极少，似以写几句诗为便。于是伏案执笔，历一时许而肝阳发作，头昏恶心，遂起而徘徊，既而休卧。大概上午抬头看大字报致累，看后心绪不快，复动脑造句，故致于此。

① 《毛主席论教育革命》，人民出版社1967年12月刊印。

“愤歉交并”写大批判的“诗”，由“心绪不快”发展为“肝阳发作”，可见叶圣陶对陆、张的“愤怒”之多。次日日记中说：“到社中，以晨间足成之诗稿示晓风、同豫。同豫殊直爽，谓余为出版社之社长，如此简略斥责陆、张，而自己无较具体之检讨，殊嫌不够，不如毋贴出去。余感之，从其言。”史晓风和沈同豫认为叶圣陶的诗写得太“简略”，因为叶圣陶“自己无较具体之检讨”，也就很“直爽”地提示他要把批判陆、张同自己的“检讨”挂起勾来，而叶圣陶仅停留在对陆、张的“愤慨”中，虽说也想到自己的歉疚，觉得自己“编成非为无产阶级政治服务之教材，戕害青少年，此实无从求恕”，但在史晓风和沈同豫看来，“殊嫌不够”。

1966年6月17日，对于叶圣陶说来是值得记忆的一天。这天，统战部在人民大会堂河北厅召集民主党派与无党派人士为会，由统战部长徐冰介绍“文革”之情况，通报中共党内批判彭真、罗瑞卿、陆定一、杨尚昆四人之严重错误的决定，并传达1966年5月7日，毛主席看了解放军总后勤部《关于进一步搞好部队农副业生产的报告》，给林彪写的一封信（这封信通称“五七指示”），以及1966年2月《林彪同志委托江青同志召开的部队文艺工作座谈会纪要》。这实际上是中央通过统战部来发动民主党派与无党派人士站出来参加“文革”。6月20日，叶圣陶到政协礼堂参加开座谈会，是日日记中写道：

（上午）九点到政协礼堂，开座谈会。民进同人与农工民主党、致公党、台盟之成员在一组，共十馀人。共谈上星期五[①]阅览文件以后之感想，上午发言者不到出席人之半数。余发言，一点谓彭、陆及学术文艺界反动人物共通之点为反对毛泽东思想，又一点言废除入学考试制度为重大事件。

叶圣陶批彭真和陆定一等人“反对毛泽东思想”，表明他对彭真等“何竟至于堕入修正主义”（6 月 1 日日记）的疑云已经消解，“温情”不再。至于“废除入学考试制度”的想法，早在三天前即 6 月 17 日日记中就有所表述。是日日记记：

（夜）听广播，中央与国务院于十三日发出通知，将彻底改革高等学校入学考试制度，本年高考延迟一个学期举行。高中应届毕业生，其校文化革命未完结者，则积极投入文化革命，已完毕者，则由学校组织下乡入厂，参加劳动。又听广播北京一女中一个班，四中一个班，分别致党中央与毛主席之信，建议废除向来之高考办法，力斥此制度非我国今时社会之所宜。余听之颇兴奋，承袭科举制度与西方国家成规之高考，在此文化大革命中，殆可从此根除矣。

从这则日记可以揣测到他在政协座谈会上发言的内容。6 月 27 日，叶圣陶应统战部之邀，到人民大会堂安徽厅听刘少奇的讲话。是日日

① 上星期五：6 月 17 日。

记记：

下午四点，应统战部之招，到人大会堂安徽厅。今日到者视前次增多，殆二百数十人。刘主席与宋董二位副主席，邓小平，康生，尚有多位副总理皆出席。刘主席讲话凡二小时。前半谈彭罗陆杨四人之事，后半谈文化大革命。刘主席之湘音，又兼发语较快，余不能清晰听之，仅能晓其大意。

因为刘少奇有口音，“又兼发语较快”，叶圣陶“不能清晰听之，仅能晓其大意”，当晚就给全国政协副秘书长徐伯昕打电话，询问有没有补救的办法。次日日记中说：

晨八点半，伯昕来访。昨晚伯昕与余通电话，余言刘主席之讲话听之未清，彼遂来语我，其盛情殊可感。彼之笔记视余为详，逐一举以告余，余乃得将不连续之处贯穿而晓其大旨。伯昕坐两小时许乃去。

从这件事也可看出，叶圣陶对“彭罗陆杨四人之事”，以及“文化大革命”的态度。“余乃得将不连续之处贯穿而晓其大旨”，他这样认真不光是为了要“吃透”刘少奇的讲话，而是要全面理解“中央”的精神。紧接着，叶圣陶又参加政协的一系列座谈会，这在日记中也都有记载：

1966 年 6 月 29 日　　九点到政协，为座谈会，发言者将十人。余谈教育工作受中宣部之控制致方向性错误之大略情况。最后统战部副部长薛子正谈，前日刘主席之讲话分两部分，一为彭罗陆杨四人之反动事迹，一为此次文化大革命之重大意义。今后我人座谈，可以就所知对此四人有所揭发，亦可以就文化大革命各抒其所体会。总希结合主席著作，结合有关文件与社论，将各人之思想意识清理一番云。散会已逾十二点。

1966年6月30日　晨九点仍到政协，为座谈。发言者数人，近乎闲谈。余耳力渐不佳，而他人说话，大多不若余之用力，响亮，余听之往往不甚清晰，此亦憾事。……写发言摘要，就毛主席致林彪之书，谓各行各业除本行而外，可兼做其他，且皆当批判资产阶级之指示，略言余之体会。

1966年7月1日　九点仍到政协。所谈为如何改造世界观之问题，于刘主席所问，苟修正主义阴谋家发动政变，民主党派成员将何以自处，应如何作答之问题。诸君信口而言，不得要领。余未能有所言，竟未发言。

1966年7月2日　九点仍到政协座谈。余就前日所写之稿发言，凡半小时有馀。余言观文件记忆不真，薛子正乃取此文件为大家读一遍，后勤部关于部队搞农副业之报告，毛主席观此报告之后致林彪之信，中共中央在文件之首所书批语，一一诵之。批语中云毛主席此信，为马列主义的划时代的新发展。重听一回，大家均觉此一指示之重要。伯昕谈及往时在政协组织学术讲演会，由今思之，有方向不明之误。曾请冯友兰讲孔子，继之又请关锋讲孔子，意固谓令听者自为比较，辨其真伪。而听者于冯之所谈颇感兴味，于关之所谈几乎听不进去，则缘听者之思想意识大多与冯为同调之故。因此，如此之讲演会实未起兴无灭资之作用也。伯昕此言颇为有见。他人发言不悉记。散会时言座谈至此告一段落，以后如何学习讨论，俟共商后定之。

叶圣陶在座谈会上“谈教育工作受中宣部之控制致方向性错误之大略情况”，显然是在批陆定一和张磐石；谈“五七指示”，完全认同毛泽东的教育思想。而谈及防修反修时批评“诸君信口而言，不得要领”，也表明他的认真和一丝不苟，说明他对“文革”、对“教育”、对“防修反修”的思考，都努力地要契合“要领”。这正如他在7月9日日记中所说的：“我人苟不努力勤学，活学活用，实将无以自处。”

五、“余自己今亦觉其为僵尸”

“文革”开始后，叶圣陶给自己的定位应该说是要做“革命派”，但这只是“主观愿望”。“革命不是请客吃饭，不是作文章，不是绘画绣花，不能那样雅致，那样从容不迫，文质彬彬，那样温良恭俭让。革命是暴动，是一个阶级推翻一个阶级暴力的暴烈的行动。”“文革”，似乎也与叶圣陶开了个“恶劣的玩笑”，你不是要做“革命派”吗？可“革命派”和“教育部党组”很快就将“大揭发”“大批判”的矛头指向了叶圣陶，他在1966年5月5日的日记中说：

上午到社中。白韬来谈一时许。彼告余中宣部主张重编政治、语文、历史之教本，以前修改之中改本不预备拿出去用。大意为封建时代以四书五经为教材，现在教育为无产阶级政治服务，亦宜有社会主义时代新的四书五经。主张不在编辑室编书，而到外地选择一所中学，于其处留居，结合教师学生一起来编。为选定可与协作之中学，日内将有三个组出发，白韬到河北遵化，之乾到河南长葛，松涛到安徽下塘。白韬又告余，人民教育社收到来稿来信，批评教学大纲，课本及我人所作之文者甚多，谓革命已革到我人头上。关于余之所作，彼举出两篇，一为收入语文课本之《记金华的两个岩洞》，一为载于《文汇报》之《阅读是写作的基础》。此两篇确大有毛病，前者只是游山玩水，承袭旧文人习气，后者虽谈作文能力，而未及写东西须以生活为源泉。其于学生教师，诚有不良影响。且余在教育部，而以此饷人，宜受批评也。

“教育部党组”的揭发和批判初见于1966年6月8日教育部党组给中共中央、国务院呈送的《关于1966—1967学年度中学〈政治〉、〈语文〉、〈历史〉教材处理意见的请示报告》，内容如下：

中央：

近几年来，许多工农兵和学生、教师、学生家长，对现在使用的中学《政治》、《语文》和《历史》教材，提出过大量的批评。主要意见是：《政治》没有把毛主席著作放在首要地位，反映社会主义时期的阶级斗争不突出，没有举起反帝反修的旗帜，严重脱离三大革命和学生思想实际；《语文》中有许多课文美化封建统治阶级，宣扬封建道德，散布资产阶级的“人性论”，宣扬地主、资产阶级的世界观和生活情调；《历史》教材以所谓“历史主义”的反动观点为指导，歌颂帝王将相，贬低农民起义的作用，宣扬“让步政策”、“阶级调和论”、“清官论”等一整套的反动观点。社会主义文化大革命运动深入开展以来，广大师生对上述教材又提出更为尖锐的批评。最近我们向上海、湖北等九个省市了解，他们反映，对三科教材，教师教不下去，学生也不愿意学了。

我们认为，群众的上述批评是正确的。《历史》还是 1958 年以前的老教材。《语文》是 1962 年在中宣部张磐石同志直接主持下编写的，《政治》是 1964 年在中宣部许立群同志领导下编写的，并且多半是依靠资产阶级“专家”编审的。这些教材没有用毛泽东思想挂帅，没有突出无产阶级政治，违背了毛主席关于阶级和阶级斗争的学说，违背了党的教育方针。

1964 年初，主席“春节指示”下达以后，我们即指示人民教育出版社重新修改中小学教材。1965 年初，除《政治》以外，初步修改完毕，我们即于 1965 年 3 月向陆定一同志请示，准备在 1965 年秋季起开始使用。陆未同意，要我们再进行修改。我们进一步修改后，又于今年春季多次向陆请示，要求在今年秋季起换用新教材。但是陆仍不同意，要我们重新大改，以致今年付印的秋季用书，仍旧是那些有严重错误的旧教材。这次我们重新考虑了广大群众和各地教育部门的意见，认为今秋已不能容许再使用上述三科教材，但新的大改教材尚未编出，现在重印新教材又为时已晚。……

1966年6月13日，中共中央、国务院批转的教育部党组《关于1966—1967学年度中学〈政治〉、〈语文〉、〈历史〉教材处理意见的请示报告的通知》中说：

> 目前中学所用教材，没有以毛泽东思想挂帅，没有突出无产阶级政治，违背了毛主席关于阶级和阶级斗争的学说，违背了党的教育方针，不能再用。
>
> 教育部应该积极组织力量，根据党中央和毛主席有关教育工作的指示，重新编辑中学各科教材。在新教材未编出以前，望各地按此报告执行。
>
> 小学《语文》、《历史》教材，问题也很多。教育部也应该组织力量着手重新审查和编写。目前可先采取过渡的办法，历史课暂停开设，《语文》教材应审查一次，将其中坏的内容删去后暂时采用。不论高小或初小都要学习毛主席著作，初小可以分别各年级的不同情况，学一些毛主席语录，高小可以学“老三篇”，以及其他适合高小学生思想政治水平和语文程度的一些文章。

“目前中学所用教材，没有以毛泽东思想挂帅，没有突出无产阶级政治，违背了毛主席关于阶级和阶级斗争的学说，违背了党的教育方针，不能再用”，小学《语文》《历史》教材“问题也很多”，这对于教育部主管中小学教材的副部长、负责编审和出版中小学教材的人民教育出版社长叶圣陶说来，罪莫大焉！

1966年7月30日，中央决定高教部与教育部合并为教育部，何伟任部长。8月2日，何伟找叶圣陶和林砺儒传达中央关于改组教育部的决定：叶圣陶、林砺儒不再担任教育部副部长，问他们有无意见；两位不约而同，都说没有意见。叶圣陶在当天的日记中写道：“余在教部已十二年，未作甚事，实为尸位。颇思辞去，而恐未便，遂久因循。今闻此言，殊有竟体一松之感矣。”回家的路上，还真个去浴室洗了个澡，表明他从此就可以轻松了。事后才知道这是周总理作出的安排，是对叶圣陶的保护性措施。可在当时“革命派”并不知道，叶圣陶自以为是式的“轻松”也只是瞬间的自我“感觉良好”，很快就遭到了“革命派”清算和批判。这里抄录解职后的几则日记：

1966年9月13日　傍晚老高[①]老田[②]回来，言部中与社中皆有关于余之大字报，据材料批判，编成巨幅。彼二人记得，大致为五六年访印度之一篇报道，五七年报刊记者记余之谈话，他则在各处所谈关于语文教学之话。总之，不重政治，务事技术，其宜批判，自属当然。近年稍知勉力，而距思想革命化远甚。惶愧惶愧。

1966年9月14日　三午往部中，半日工夫，将赤卫队铁扫

① 老高：高尚贤，叶家门卫，负责收发的勤务人员。
② 老田：田振和，叶圣陶的司机。

帚战斗组所书关于余之大字报抄来。余重抄之，共四千字左右。标题为《坚决打倒文教界祖师爷叶圣陶》，分四大部分：（一）一贯反对党的领导，是漏网大右派。（二）一贯反对文艺为无产阶级服务，顽固地宣扬修正主义的写真实论和创作自由论。（三）反对教育为无产阶级政治服务，排除语文教学中的政治思想教育，宣扬为语文而语文的反动观点。（四）反对毛主席的文艺批评标准，树立艺术至上、技术第一的修正主义标本。余冥行盲索，不力于改造，自问无反对毛泽东思想之意，而所言所写，确乎违背毛泽东思想。初不自知，今经人揭出，而知祸害党与人民事业至重。虽受其罚，何以赎耶！大字报末谓余为横在社会主义大道上之僵尸，应“把它剁成块，烧成灰，扬入河，清除叶的反动影响，涤荡叶遗留的污泥浊水，把语文教学的阵地夺回来，让毛泽东思想的伟大红旗在文教阵地上高高地飘扬!”余自己今亦觉其为僵尸，俟他时死亡之日，必嘱至善“烧成灰，扬入河”也。

1966年9月15日　九点过，蠖生来访，余告以大字报之批判皆严正确切，余唯有信服，无抗拒之意。彼谓如何表示态度，宜与部中之党组同志一谈，请求指点。谈约一小时许而去。

下午即写信致何伟、刘皑风、段洛夫三位，略言余之思绪，系三位之中有一位能接见我，俾得请教。信将以明日送去。

叶圣陶向来“言必由诚”。他在日记中所说的：“不重政治，务事技术，其宜批判，自属当然。近年稍知勉力，而距思想革命化远甚。惶愧惶愧”；“自问无反对毛泽东思想之意，而所言所写，确乎违背毛泽东思想。初不自知，今经人揭出，而知祸害党与人民事业至重”；“大字报之批判皆严正确切，余唯有信服，无抗拒之意”，都是心里话。他主动给教育部党组写信，希望党组成员何伟、刘皑风、段洛夫三位中“有一位能接见我，俾得请教”，也完全是出于真诚，遗憾的是党组成员并没有“接见”他。

“革命革到自己头上”，已经让叶圣陶感到坐立不安。而晚辈们因了他的问题受到牵累，这更是叶圣陶始料未及的。首先是小孙子叶永和去兰州“串联”受阻。叶永和是北京外国语学校初中一年级的学生，听说兰州发生“殴伤铁路中学学生”的事件，为了访明真相，“与铁路局商洽，得中央同意”，学校组织了十五名学生去兰州“作宣传，取经验，相串连”，“车价作半，费由学校出”，8 月 15 日晚出发，“往返为期一周”。“十五人中有高三年级之同学，初一年级学生，止永和一人。”①这也从一个侧面说明叶永和在同学中的影响。不料叶永和第二天就回来了，叶圣陶日记中是这么说的：

> 8 月 17 日　　（上午）十一点半，永和忽回来，异之。永和言前夕到车站，其校之“红卫兵”提出意见，职员家庭出身之同学以不去兰州为宜。大约亦无甚争论，十五人中之八人即退出，另易革命家庭出身之八人登车。是夕永和与留下之同学宿于车站，昨日返校，今日乃回来。余询永和，欲去不成，是否怏怏。彼答无所

① 叶圣陶 1966 年 8 月 15 日日记。

谓，唯言国务院实未有此限制耳。

8月23日　　永和自校归来，言明后日将不复往。余询其故，知其校之“红旗”小组已与红卫兵合并，而彼之一班同学留校者十馀人，除彼而外，皆为红卫兵，彼乃感孤立，于是归来。彼告余红卫兵必将于实践中领悟，须团结其他同学也。

因为出身于“职员家庭”，不是“红五类”，不能加入“红卫兵”，在“轰轰烈烈”的“文化大革命”中成了“孤独者”。与永和相比，孙女叶小沫受到的歧视就更多了。叶小沫是北京农业大学附中高中二年级的学生，且看叶圣陶1966年日记中的记载：

8月20日　　下午小沫归来，与余谈近日来之思想情况。彼平日多所议论，同学评彼大致不错，而不踏实，彼承认之。近日，以彼出身于职员家庭，不属于“红五类”，“红五类”之同学歧视之。彼自认受家庭之影响甚深，虽颇欲站在彻底革命之立场，而不期而然恒有非彻底之表现。于此，彼深信毛主席人人皆有阶级烙印之说之确切不移。彼又谓必当入农村，以期真获思想改造。余听小沫之言，知此次文化革命触及其灵魂矣。

8月27日　　五点许小沫回来，言其校昨日之事。昨日其校红卫兵举行声讨会，声讨一些被斗之人伤害红卫兵之暴行（系在校外，其事不止一起，非其校同学所身受）。诸人发言，阶级感情旺盛，有涕泣而道者。其时有属于红旗组织之某一学生倡言，谓宜鞭打非“红五类”之同学，以雪此恨。众和之。遂指名非“红五类”之同学当众受打，凡一百二十人左右，或重或轻，或多或少，视执鞭之人为断。小沫亦受二鞭。小沫言受鞭者无一哭号者。彼自省殊不恨执鞭之人，谓彼等义愤填膺，为此发泄，其意至可谅解。余颇赞其见解之深，不自个人发为评断。小沫又言今日红卫兵自作检查，知其事绝非妥当，与文化大革命须团结多数人之旨相违。如是，则益可释然矣。须文斗不要武斗，学校中不宜以学生斗学生，皆明载于十六条之决定。而学生时或不能控制，愤激之际，辄以皮裤带打人，自属缺点。然此究为小疵，以大方向而言，红卫兵除四旧立四新之革命行动，固当极端拥护。苟非彼辈敢闯敢想敢革命，若干旧污，真不知须费多少气力乃能廓清，决不能摧毁于数日之间也。

9 月 19 日　　上午小沫回来，告以余之问题，彼受甚大冲击。彼出乎意料，又思彼自己以前迄未能看出余之思想意识不对头，可见其修养之差。彼勉余此事须正确对待，勿想到自己，应看到这些坏东西对社会之影响，用主席思想来批判自己。苟想到自己，就必然想不清楚。余深感之，谓必当依从其言。

下午均正来访。余亦告以余之问题，并言余之态度。彼以为应如是做。谈约一时许而去。……

连日眠食不安，思想斗争之况味，在余犹为初尝。

“连日眠食不安”，“初尝”到“思想斗争之况味”，真正“触及”“灵魂”，但叶圣陶对“文革”丝毫没有抵触和怀疑，只是很真诚地检查自己，这在1966年的日记中也都有记载：

9月21日　今日开始写对自己之检查。拟将连日所思尽量写出。以客观对象看自己，对此对象作分析，作批判。上下午连续为之，约写得一千五百字。午饭后休卧，未成眠。

9月22日　今日仍竟日伏案写稿，仅得七八百字。

9月23日　两日作稿，脑力似不胜，今日遂抄写已成之稿。抄写为死工作，可以使脑筋休息。迄于夜，已成之两千馀字抄毕。

9月25日　下午以抄就之五六张纸交至善看之。彼提出一点意见甚中肯，为余向所不晓。于是思之思之，头脑岑岑，夜间几乎未成眠。

9月26日　今日改写已成之稿，仅得数百字。思之未彻，下笔自缓。

老田告余，谓社中贴出关于余之大字报二十馀张，皆批判课本之选文改文者。

9月27日　至善今日语我（因余向彼讨教），作检查不能如写文章，只能逐事想进去，随记所得，然后贯穿起来。贯穿起来看，乃可究其思想根源何在，找出真正之病根。余闻之，信其言。于是前此所写即当取消。而逐事想进去非余所习，初次为之，甚感艰难。

9月28日　今日为钩稽往事，翻看五六、五七年之日记。余于日记，视为向自己之汇报，写过而后，几乎不复翻看。今日重温当时之思绪，确有毛病极多。

9月29日　今日仍翻看日记，略略摘记之。

9月30日　今日仍翻看日记。

10月2日　昨日潘梅华、夏弘琰来宿我家，今日余以揭发余之大字报示之。他们均谓错误不能说不严重。劝余认真检查固必要，但不须过于紧张着急。潘谓如余之人苟不犯错误，将反而为怪事。此言甚的。

下午伯昕来访。余告以余之事。彼亦言宜认真检查，涤荡旧污。又谈及民主党派之存废问题。谈约两时而去。

10月3日　晚间至善为余言，余轻视理论甚严重，只限于极狭窄微细之经验，似贯串一系列之思想认识方面。余听之觉其言有理，当徐徐深思之。

10月6日　下午张西洛来访。余告以同志们为余贴大字报之事，且以抄本示之。彼言此自宜重视，自检其错误，然亦勿过于紧张。谈一时有半而去。

10月10日　今日下午，至善与其社中同志往清华大学及航空学院看大字报，至八点始归来。为余谈其所了解所谓“资产阶级反动路线”之含义。

10月12日　下午张纪元来访，共谈对于文化大革命之体会，坐一时许而去。

10月13日　今日下午至善往北大看大字报，归来言所见皆为批判资产阶级反动路线之意见。所谓资产阶级反动路线，系指文革之领导者承前一阶段工作组之馀绪，不能充分发动群众，一切施为多从主观愿望出发而言。至善又为余言，党中央之领导文革诚为英明，因其主要精神在使群众于斗争中自己教育自己，自悟如何辨别是非真伪，终于达到坚定之立场，正确之认识。如是，则将来苟有欲走资本主义修正主义道路者，必将群起而揭露之，攻击之，于是复辟为不可能，无产阶级专政永固矣。

“文革”开始后除了“红五类”之外，大多“人人自危”，叶家也是“门可罗雀”。上面谈到几位“来宿”和“来访”者：夏弘琰是夏丏尊的孙女，时在人民大学学习，潘梅华是夏弘琰的丈夫；徐伯昕是全国政协副秘书长；张西洛是《光明日报》的副总编；张纪元是叶圣陶在中国民主促进会的挚友。叶圣陶与家人以及来访的亲友谈的都是“文革”和如何检查自己的“错误”，“痛改前非”，从善如流。他对叶至善所说的“党中央之领导文革诚为英明”，是完全认同的。在写检查的同时，还外出看大字报，感受“文革”的氛围。这在1966年的日记中也有记载：

10月16日　晨偕至善出门步行。路上外来学生至众，车站处皆排成长列，电车公共汽车无不拥挤。照相馆前排队极长，皆待购毛主席相片者。毛主席数次接见革命师生之相片，各照相馆皆大量印售也。行至美术馆，其东侧之廊下陈列无数大字报，供人观览，无须签名或出示证件。遂观之，历两小时有馀。被揭发之美术界中人至多，对每人之大字报汇集在一起，首有对其人之综合叙述，眉目甚清。计有蔡若虹、华君武、力群、米谷、郁风以及不记其名之人，殆将二十人。主要错误为不符合毛主席之文艺思想，不为工农兵服务，甚有抗拒者。于古画及洋画，则竭力崇奉，以为至宝。此辈皆美术界之领导人物，于文化大革命开始之际，则有压制群众，回护自己之举措。他则平时发表之言论与文章，与外国人之交往，以及生活方式，亦多有乖误腐化者。汇集而观之，诚可惊心。

10月23日　晨间偕至善、永和仍出门步行。路上外来学生甚众，步行者，候车者，排队购毛主席相片者，与上星期日同样拥挤。据闻外地学生尚将陆续而来，直至本年年底。大字书写之“彻底批判资产阶级反动路线”之标语，铅印油印之各地揭发批判材料，仍到处可见。行至人民市场，转入朝阳大街，往东，至文化部，观其屋后揭贴之大字报。文化部部长萧望东，亦被指为走资产阶级反动路线之人，揭发萧之大字报不少。文化部所属单位甚多，故各单位揭其本单位之当权派并揭文化部之当权派者亦多。看一小时有馀而出。到家已十点半。

“蔡若虹、华君武、力群、米谷、郁风”等人，“主要错误为不符合毛主席之文艺思想，不为工农兵服务，甚有抗拒者”；“文化部部长萧望东，亦被指为走资产阶级反动路线之人”。因为有“党中央之领导文革诚为英明”这个大理念的支撑，叶圣陶对“大字报”往往信以为真。尽管自己受到批判，家中人受到牵累，但叶圣陶还是满怀信心地面向未来。1966 年 12 月 31 日的日记中写道：

今日各报第一版满版载毛主席手书《满江红》“小小寰球，有几个苍蝇碰壁”一首。此词概括世界局势，以是为送旧岁迎新岁之征，殊令人兴奋。

虽曾有过“余自己今亦觉其为僵尸”的苛责，但叶圣陶还是真诚地鞭策自己“送旧”“迎新”，回归到 1949 年春吟诵《自香港北上呈同舟诸公》时的心态，怀着“篑土为山宁肯后，涓泉归海复何求”的理念，追随“文革”的大潮，“涓泉归海”。

六、斫去墙上布满的爬山虎

“文革”中的“全民运动”当首推“破四旧”和“移风易俗”。“破四旧”，指的是破除旧思想、旧文化、旧风俗、旧习惯。“移风易俗”，是要改变所谓的“旧的风俗习惯”。1966 年 6 月 1 日，人民日报社论《横扫一切牛鬼蛇神》，提出“彻底破除数千年来一切剥削阶级毒害人民的旧思想、旧文化、旧风俗、旧习惯”，“创造无产阶级的新思想、新文化、新风俗、新习惯”的口号；1966 年 8 月 8 日通过的《十六条》又明确规定“破四旧”“立四新”是“文革”的重要目标。首都北京的“破四旧”和“移风易俗”始于 1966 年 8 月中旬，这在叶圣陶的日记中有较详细的记载：

8 月 20 日　小沫、永和皆告余，街上贴出红卫兵之印件或写件，倡议改换路名，如“长安街”“王府井”“王府大街”“王大人胡同”之类。又警告裁缝店不得为人制作奇装异服，警告理发店不得为人修奇异之发式。而若干店铺，如药铺之以“仁”字为名者，以“王府井”命名者，皆以刮去其字，改贴他字云。

8 月 21 日　小沫、永和出去逛街，回来言见有揭帖，主张不卖烟酒，禁绝烟酒者。又有主张澡堂废除擦背修脚，理发店废除烫发与“倒剃”者。人民市场原有一部分，陈列各地新出产之轻工业品，亦受警告，谓其中一部分产品之制成，系资产阶级思想之反映，应不予陈列。路名改者甚多，皆以红纸写新名，贴于原来之搪瓷路牌上，张自忠路改为人民路，余家所居之东四八条改为红八条。有一家棺材铺被捣毁，殆以棺材为维持旧时土葬习俗故。余思凡此种种，其中确有应改革者。今群众锐气方盛，敢想敢做，将来必将肯定其一批而不照办其另一批也。

8月23日　　今日《人民日报》发表两篇社论，皆盛赞革命学生之行动者。其一曰《工农兵要坚决支持革命学生》。大意谓有些顽固派以本单位之领导与党中央整个党视如一事，苟有革命学生批评之，即抵之为“反党”“反党中央”，亦即“反革命”。彼辈除挑动学生斗学生而外，复煽动工人农民斗学生，借此转移斗争之目标。社论致意工农兵群众，勿受坏人之挑拨，须与革命学生团结一致，热情支持学生，相信学生能在斗争中锻炼得更坚强，更善于革命。又一篇社论曰《好得很》，论红卫兵近日来革除旧风俗旧习惯之举动。此中谈及北京地名路名商店名之循旧未改，服务行业之保留陈规陋习，与前北京市委有关。今于数日之间予以大扫除，实为除旧立新之革命行动。

有一篇报道，记红卫兵与革命群众对于各项名称之更改。倡议改“长安街”为“东方红大路”，改“东交民巷”为“反帝路”，改“西交民巷”为“反修路”，改“王府井大街”为“防修路”，改越南大使馆所在地“光华路”为“援越路”。“王府井百货商店”则改为“北京市百货商店”，“东安市场”改为“东风市场”，“协和医院”改为“反帝医院”，“同仁医院”改为“工农兵医院”。“全聚德”换上“北京烤鸭店”之新招牌，“亨得利钟表店”则改称“首都钟表店”。“荣宝斋”受大字报之斥责，谓其店一向为剥削阶级服务，而不为社会主义服务，不为工农兵服务，实为黑画店。报上刊载照片，“荣宝斋”已改贴“人民美术出版社第二门市部”之字条云。

8 月 24 日　　晨间与永和、老高偕出。大街上油印、铅印、手写之“警告”“宣言”“最后通牒”至多，或贴墙上，或贴窗玻璃上，皆红卫兵所揭示之种种移风易俗之主张。店铺贴大字报拥护红卫兵倡议，表示坚决参加革命者，亦复不少。乘公共汽车到北海后门，入园，徐行至前门。园中游人极少，湖上只有三数划船，其寂静与外面之热烈情况为鲜明之对照。出园门西行，过桥，见北京图书馆正以木板围绕两个大石狮子，成方柱形，大概将于外面书标语或毛主席语录。（后知图书馆门前之一对大石狮子终于移去。）经国务院接待站（即国务院参事室），群众乘大卡车多辆而来者，而去者，皆见之。群众进入后作何事，则未得知。行至西四大街，南行至缸瓦市，上公共汽车。经过西长安街时，见新华门前之两个大石狮子已移去，此殆必用巨大之起重机乃可迁移。天安门前之四个大石狮子则尚在。又有两个华表，亦为封建遗存，不知将如何处理。至王府井大街南口下车，巡行王府井大街，见商店换牌号者，暂停营业者，不复营业者（如金鱼商店，见其店方车载至多畜金鱼之方玻璃器而去，大概将改充他用），殊为纷纭。各店之革命职工，皆贴出拥护红卫兵之大字报。经金鱼胡同，至东四南大街，乘无轨电车而归。公用车上皆有红卫兵读毛主席语录，或诵其校之种种革命建议，亦有指斥资产阶级与地富反坏右者。

面对这场汹涌澎湃“破旧立新”的革命，叶圣陶也是闻风而起，把家里挂的字画都收藏起来，旧书旧报也作了“处理”，自觉做到“家”里无“四旧”，经得起红卫兵的检查。住的院子是国家的，自己动手有损坏“国家资产”之嫌，得由“红卫兵”来做主。“红卫兵”也果真来了，这在叶圣陶日记中也有记载：

8月22日　有红卫兵学生来通知，寓所门首之雕砖花饰以及靠门限外之两方石头上雕狮子者，皆为旧时代之建筑方式，须除去。于是老高老田举斧斫去雕砖花饰，并将狮子头尾部分斫坏，使不成形。既而房管局之工人来，他们早已知其事，凡与余寓所相类之门面，皆以洋灰涂抹之。三午自医院治疗回来，言王府井大街上红卫兵最多，诸商店有涂改店名者，有暂停营业整理内部者，有匆忙改易其橱窗内之陈列品者。百货公司内，凡略近于化妆品之货品皆除去，而易以洗衣肥皂。

8月25日　晨间房管局之漆工泥工木工齐来，谓遵照红卫兵之倡议，房屋之带有封建意味之装饰须拆除。余家寓所，院子前有雕镂之垂花门，回廊亦有雕镂饰件，且皆用彩色绘图案形，中绘花卉，凡此皆须去之。工人云，“破坏甚易”，应除去之部分，午前即完工。而涂赭色油漆之工作，则到晚方毕也。

阅报，知移风易俗之革命活动，已普及于全国，各地革命学生亦组成红卫兵，为活动之主力军。

8月26日　余卧室前小庭中西南两面墙上布满爬山虎。老高言闻说此亦是旧式玩意儿，亦斫去。余从之，彼遂全部斫断其主干。此物系老高手植，其时为一九五四年。

8月29日　昨夜即闻敲锣打鼓群众游行之声音，今日竟日不息。旋知此系庆祝“反修街”之命名，其街在东直门内贴近苏联使馆处。闻庆祝游行将举行两日。至善社中以今夜九点半往，口号中有反对修正主义之语。

“破四旧”破得如此彻底，非但“寓所门首之雕砖花饰以及靠门限外之两方石头上雕狮子”、院子前的“雕镂之垂花门”、回廊的“雕镂饰件”统统凿掉，就是“手植”的“爬山虎”也定性为“旧式玩意儿”，“全部斫断其主干”。爬山虎，又称爬墙虎、地锦、假葡萄藤、巴山虎、常青藤，葡萄科植物，常攀缘在墙壁或岩石上，广见于我国各地。爬山虎的茎叶密集，覆盖在房屋墙面上，不仅可以遮挡强烈的阳光，而且由于叶片与墙面之间的空气流动，还可以降低室内温度。它作为屏障，既能吸收环境中的噪声，又能吸附飞扬的尘土。爬山虎的卷须式吸盘还能吸去墙上的水分，有助于使潮湿的房屋变得干燥；而干燥的季节，又可以增加湿度，真的说不上是“旧式玩意儿”。叶圣陶对爬山虎也情有独钟，1956年10月写过一篇《爬山虎的脚》，因为观察得很细致，行文亲切活泼，深受孩子们的喜爱，如今已是人教版小学语文四年级上册的课文。这里摘录开头的几小节：

> 学校操场北边墙上满是爬山虎。我家也有爬山虎，从小院的西墙爬上去，在房顶上占了一大片地方。
>
> 爬山虎刚长出来的叶子是嫩红的，不几天叶子长大，就变成嫩绿色。爬山虎在十月以前老是长茎长叶子。新叶子很小，嫩红色不几天就变绿，不大引人注意。引人注意的是长大了的叶子。那些叶子绿得那么新鲜，看着非常舒服。那些叶子铺在墙上那么均匀，没有重叠起来的，也不留一点儿空隙。叶尖儿一顺儿朝下，齐齐整整的，一阵风拂过，一墙的叶子就漾起波纹，好看得很。
>
> 以前，我只知道这种植物叫爬山虎，可不知道它怎么能爬。今年我注意了，原来爬山虎是有脚的。植物学上大概有另外的名字。动物才有脚，植物怎么会长脚呢？可是用处跟脚一个样，管它叫脚想也无妨。
>
> 爬山虎的脚长在茎上。茎上长叶柄儿的地方，反面伸出枝状的六七根细丝，每根细丝头上长个小圆球儿。细丝和小圆球儿跟新叶子一样，也是嫩红的。这就是爬山虎的脚。

不难看出，叶圣陶写这篇文章，是要引导孩子们学会观察和欣赏，并不纯粹是为了“玩赏”，把爬山虎说成是“四旧”就太离谱了。《人民日报》曾于1966年8月29日发表过题为《向我们的红卫兵致敬》的社论，称赞红卫兵能彻底做到“破四旧”，“一切剥削阶级的旧风俗旧习惯，都像垃圾一样，被他们扫地出门。一切藏在暗角里的老寄生虫，都逃不出红卫兵锐利的眼睛。这些吸血鬼，这些人民的仇敌，正在一个一个地被红卫兵揪了出来。他们隐藏的金银财宝，被红卫兵拿出来展览了。他们隐藏的各种变天账，各种杀人武器，也被红卫兵拿出来示众了。这是我们红卫兵的功勋”。叶圣陶“斫”爬山虎也是“红卫兵的功勋”之一。对于红卫兵的“破四旧”和“移风易俗”，叶圣陶也有相当高的评价，这里仍抄录1966年8月份的日记：

8月25日　　里巷中之地主分子、资产阶级分子及坏分子，日来颇遭红卫兵之斗争。北京前市委不重视清查工作，匿居城中之此辈人不在少数。今经红卫兵之革命行动，当可彻底查明，然后由政府予以适当处理也。

下午与老高就浴。松竹园已改称“人民浴池”。盆汤废除，乃洗大汤，余亦颇觉其畅快。擦背自亦废除。以前每次理发，辄请理发师傅张姓或万姓为余按摩。自今日始，此调不复弹矣。

8月26日　　广播与报纸报道皆言红卫兵去四旧立四新之活动广泛展开，遍于全国。广播开始时恒诵一条毛主席语录，为印本所未收者，今录之于此。此为一九三九年毛主席在延安各界庆祝斯大林六十寿辰讲话中之语。

“马克思主义的道理千头万绪，归根结底，就是一句话：‘造反有理’。几千年来总是说：压迫有理，剥削有理，造反无理。自从马克思主义出来，就把这个旧案翻过来了。这是一个大功劳。这个道理是无产阶级从斗争中得来的，而马克思作了结论。根据这个道理，于是就反抗，就斗争，就干社会主义”。

8月27日　　下午志成来访。据谈民进依照红卫兵取消民主党派之警告，撤去会所门首之牌子。大门由红卫兵贴封条，会之印章被取去。民进则贴出候党中央如何决定之字条。又言民革、民盟、民建、工商联皆有少数人被斗。民进方面，则尚未发生同样之事。志成坐至五点半乃去。

余所居胡同中，有数家被斗或被抄去器物。其人大概有问题，或原为地主、反革命分子，或系资本家，其详不得而知。闻有数家即令离去北京，返回原籍云。

8月28日　　此一星期来，革命青少年提出各种除旧立新之意见，做出各种摧枯拉朽之行动，殆可与一九二七年之湖南农民运动相比并。毛主席一向主张充分发动群众，曾见报载十八日庆祝大会之时，毛主席欣然谓林彪同志，今见群众真个发动起来矣，可见其快慰为何如。此一星期中，青少年更换路名店名，革除各方面之陈规陋习，号召居民改变封建时代与资产阶级之生活方式（古旧之房屋装饰，崇古崇洋之室内陈设，张挂书画与种花养鱼之玩好），劝令各家悬挂毛主席像，张贴毛主席语录。于特殊阶层，则批判无所不至，有主张私有房屋交公者，有主张存款不付息，资本家之定息止付者，有主张不得雇用保姆者，有主张解散民主党派者，有主张清除政协委员中之资本家旧军阀旧官僚者，有主张高薪须核减者，有主张特殊阶层之所有优待一律取消者，凡此之类，不可胜记。此等意见，大多涉及政策，将来未必全部照办，然其敢想敢说，代表大部分群众之不满，可以想见。至于大学如北大清华者，对于中央领导人，除少数人如毛主席林彪同志外，几乎无不有批评质询之大字报。又有一事，即清理居住城内之地富反坏分子，解放以来屡为之而无效，今经青少年之斗争，则往派出所请求迁回原籍者纷纷。此诚为绝大好事。

余属于高薪阶层，养尊处优，向感不安，今尚无由摆脱。与至善言之，而至善云同有此感，唯亦不得摆脱之方。

“革命青少年提出各种除旧立新之意见，做出各种摧枯拉朽之行动，殆可与一九二七年之湖南农民运动相比并”，叶圣陶当时对“破四旧”的评价是如此正面。“余属于高薪阶层，养尊处优，向感不安”，这也是叶圣陶当时真实的想法，而“无由摆脱”的苦恼也一直困惑着他。“文革”中他支持叶至善去干校，鼓励孙辈们上山下乡，到最艰苦的地方去做工种地，自己也一心想到干校落户，所有这些也都出自要“摆脱”养尊处优的思考。

第三十八章

“文革”中后期的反思与“背离”

上午取所藏金心兰之四幅山水屏条挂于正屋西边一间之壁上，在余就餐位置之背后。此四幅颇可观，挂上望之，殊为心喜。自文化大革命之初，所挂字画皆撤去，谓是属于“四旧”，为红卫兵所反对。今时越七年，壁上又挂山水画，思之至有味。

——叶圣陶1973年8月15日日记

一、突发急性前壁心肌梗死

“文革”初期，叶圣陶对“文革”衷心拥护，对中央的决定以及党报党刊的“社论”，“览之极为钦佩”[①]，为“文革”的主流叫好。不过，他很快就很敏锐地发现了问题，这里引录几则日记：

1966年8月20日　小沫、永和皆告余，街上贴出红卫兵之

① 叶圣陶1966年8月29日日记。

印件或写件，倡议改换路名，如“长安街”“王府井”“王府大街”“王大人胡同”之类。又警告裁缝店不得为人制作奇装异服，警告理发店不得为人修奇异之发式。而若干店铺，如药铺之以“仁”字为名者，以“王府井”命名者，皆以刮去其字，改贴他字云。此事盖属于改革旧风俗旧习惯之范围，固亦有其意义，唯如周总理与其他领导人所指出，“主要的任务是把本单位的文化大革命搞好，一要斗好，二要批好，三要改好”，则未免忽于本单位而致力于其外矣。

“唯如周总理与其他领导人所指出，‘主要的任务是把本单位的文化大革命搞好，一要斗好，二要批好，三要改好’，则未免忽于本单位而致力于其外矣。”红卫兵的“破四旧”的做法与“周总理与其他领导人”的指示不一致，叶圣陶隐隐约约地感到这种“忽于本单位而致力于其外”的“革命”潜伏着某种忧虑。其次是觉得“大揭发”“大批判”的打击面过大，1966年8月12日日记中说：

下午四点后伯祥来。谓昨日参加四所（中国文学、外国文学、历史、哲学）之斗争会，牛鬼蛇神皆戴纸冠挂名牌立于台上，有四五十人之多。何其芳而外，有陈翔鹤、冯至、卞之琳、李健吾、陈冰夷、杨绛、蔡仪、戈宝权、杨述、刘导生、关山复、侯外庐等人。其中国文学研究所占十馀人。今日上午，伯祥到所学习决定十六条，而平伯、余冠英、钱锺书、吴晓铃数人皆被遣出，谓不必学习，且先归去书写检查材料。伯祥不免怀恐，不知此后开会，是否将遭同样待遇。又告余乃乾曾被招往中华书局，与陈翰伯、金灿然同被斗争。余思《红旗》之社论中有云，“群众完全懂得，要争取那些动摇不定的认识不清楚大是大非的中间派。当然，群众发动起来以后，在本单位贴大字报，可能点了他们一些名，这是难免的。只要不在报纸上公开发表，同时，也允许他们贴大字报为自己辩护，那就不会伤害他们，并且会促使他们进步”。准此以言，在本单位被指为牛鬼蛇神，亦如名见大字报然，其中固确有右派分子、反革命分子、反动学术“权威”，亦可能有似是而实非者。

王伯祥是中国社会科学院文学研究所的研究员，看到所里十多名专家学者被戴上“牛鬼蛇神”的高帽子，俞平伯、钱锺书等人被剥夺了“学习”的资格，在中华书局当编辑的老友陈乃乾也“被斗争”，心怀恐慌，担心“是否将遭同样待遇”，挨批斗或勒令“检查”。叶圣陶的所“思”明显是站在《红旗》杂志的社论这一边，站在“无产阶级革命派”这一边，但能意识到“在本单位被指为牛鬼蛇神”的，“亦可能有似是而实非者”，在阶级斗争的“暴风骤雨”中能有这一点“清醒”就很可贵了。到了 1967 年 8 月，叶圣陶对“文革”就有了忧虑，对党报的宣传也有了不满和怀疑。请看 1967 年 8 月份的日记：

8 月 11 日　　迩来各地皆传武斗之消息，有激烈者，有延续已久者。“不要武斗”之号召已提出近一年，而武斗乃于今为烈，诚不识其何因。殆必有坏人在背后发纵指使，而另一方不得不出于“武卫”，遂成此局。报上绝不见此类事实之报道，所由知之者，皆缘来往旅客之口传与通信之叙述，群相转述，乃使多人共知。余今日接外甥韩惠沅来信，知苏州亦发生颇激烈之武斗矣。

8月12日　　傍晚诸人回来，皆言本市武斗之事，财贸界工界大学中学方面皆有之。西单商场今日有大斗，受伤者在百人以上，据云亦有致死者。打死人之事，日来屡有所闻。如何引导劝阻，俾戢此恶风，想党中央必正在筹虑之中。

8月13日　　宁宁[①]往云南两月有馀，昨日回京。彼以三日离昆明，中途在桂林贵阳停顿约三日，在火车上共历六七日。火车到站动辄久停，停三四小时已为幸事。京广线武汉以南各城市，几乎皆有武斗。在车中闻四川出来之人言，重庆市有武装车辆冲驰，俨如战阵。

8月15日　　上午甥女江怡来。彼自兰州回京已数日。据云其兰州大学内分为三派，彼之一派人数最多，而不为支左之部队所支持，谓是保守组织。近日传闻有将起武斗且将拘捕镇压之消息，彼之组织为避免无谓牺牲，皆退出兰州。一部分人表示消极，一部分人（近千人）则来北京，将与北京各大学联系，希望能接触中央文革小组云。怡甥为余谈兰州各派之情况，语颇繁杂，余听之不甚明了。彼乘火车来京，途中知银川武斗最严重，其他城市尚好。我

---

① 宁宁：叶至美的女儿，时就读哈尔滨工业大学。

妹本欲往兰州，幸而未去，否则将随怡甥仓皇回京矣。

8月16日　　今日见一种小报，上有血洗苏州之记载。谓近日苏州发生极大之武斗，死者以百计，伤者以千计。农民进城，多受蒙骗唆使，又拆毁铁路，革命派则合力赶修。在沪宁线上，以苏州之武斗最严重。睹此消息，深为怅恨。

8月17日　　姚澄来信，言近日南京两派斗争愈益紧张，似有一场大武斗将爆发。群皆搞“武卫”，昼夜执长矛值班，有些单位则拿枪。小单位之武斗，基本上从未停止。时传有人被打死。若干单位多加高围墙，加上电网，一有情况，即发警报，一夕纷扰数回。农村中之地富反坏右分子有一组织，名曰“五湖四海”，到处抢劫，人心慌慌。

8月18日　　关于武斗，日来有几种报章发表社论或评论员文章。大致谓武斗之兴起，由于党内一小撮走资派感觉已入穷途末路，遂与地富反坏右勾结，向革命路线与革命派进行疯狂之反扑。彼辈杀害残伤革命派，破坏生产，阻碍交通运输，甚至煽动农民进城，助彼为虐，无非欲达到其破坏文化大革命之罪恶目的。又谓只有发动群众，乃能制止武斗。余思概括言之，固属如是，而实际情况之复杂曲折，非报刊所能详悉报道，我人遂无从知之矣。

8月26日　　近日各报往往转载他报之社论，或摘要而汇刊之。于此中见出两要旨。一为革命的大批判为当前之大方向，而革命组织之领导人必当居于大批判之最前列。于此可知必有若干领导人不重视大批判而他鹜者。又一为应当解放革命干部，任用革命干部，俾参加革命的“三结合”。于此可知若干革命组织认为干部皆可怀疑，不加鉴别而一味排斥者。

9月11日　　报上批判陶铸之文甚多，殆是姚文元之文所引发。由陶铸之“怀疑一切”“打倒一切”而联系到反革命组织“五一六”。“五一六”之矛头指向周总理，此于近日看小报时知之。而幕后操纵指挥者究为何人，尚无所知。

叶圣陶越是关心“文革”就越迷惘，越迷惘心情就越怫郁。1967年9月24日，因患急性前壁心肌梗死住进“反帝医院”（原协和医院）地下室，病情十分严重，这在叶圣陶后来的日记中也有“补记”：

九月二十四日晨往反帝医院，至善、满子陪往。医生听所陈述，并为量血压，血压低甚，彼面现忧虑之色，嘱勿复走动，须用有轮椅子推往作心电图。心电图作毕，医生断言必须住院，即推入病房。嘱一切勿自己动弹，只容休卧，饮食由他人喂，便溺亦不得下地，以是必有家属一人经常陪伴在旁，夜间亦然（此是医生所嘱咐）。

病房中连余共九人，几无隙地。至善、满子各陪伴一宵，皆移一长条凳贴余床右边而卧。至善曾与医生相商，能否换入较为安静之病房，以此病有此需要。医生谓难办。二十五日晓风闻讯来看余，见状亦未有所云，回去则以电话告知刘皑风。是日下午刘皑风、段洛夫、行政处长张同志三位同志来看余，出乎余之意料。三位略问病况，即出与医生商谈换病房事，谈颇久，似未得最后结果。二十六日上午张同志复来，接洽之后，即将余迁入五号楼120房间。此是双人病房，而另一床无病人，无异独占。桌椅柜橱，皆极坚实，床铺尤舒适，与前之病房大不相同。余心想，本只求比较安静，而结果成为“特殊化”，殊为惭愧。至何以得此，大家亦未详告余，第闻三午言，希部中四个革命组织共同作书，致反帝医院之革命组织，证明此人非有问题之人，可令住较好之病房。至于书中云何，四个革命组织何以能共同出信，皆不得而知也。

在九人合居之病房宿两宵，在五号楼120号宿四十七宵，共为七个星期。以十一月十二日上午出院。

其实，这次的“特殊化”来之不易。刘皑风、段洛夫等人与医院交涉，“未得最后结果”。家人急得慌，只得向周总理办公室求救。在“周办”的干预下，教育部四个“革命组织”共同出了一份“此人目前尚未定为走资派”的证明，这才迁入双人病房，得到救治。七周后，叶圣陶出院了，但心情依然很沉重。1967年12月10日日记中说：

出医院已四周，而胸次不甚舒畅依然，有时感觉轻微之胁肋痛依然。不知将长此不变欤，抑终有完全恢复之时欤。前此病腿，切盼“疾若失”而至今未如愿，此次病心脏，殆亦不能期其“疾若失”乎。

教育部四个“革命组织”共同出的那份“此人目前尚未定为走资派”的证明，虽然救了叶圣陶的“病”，但让他背上一个沉重的包袱：“目前尚未定为走资派”，不等于“以后”永远不会被“定为走资派”，这就要看“运动”如何发展了。只要“运动”还没有结束，叶圣陶的“定性”就得全由“革命组织”来掌控。“走资派”这顶帽子“拎”在“无产阶级革命派”手里，他老人家岂能舒心呢？

二、“向海阔天空任远飞”

不过，对于“文革”中“上山下乡”和“五七干校”，叶圣陶是由衷地拥护的。他对子女的要求原本就是要做一个“自食其力的劳动者”。长子至善（1918—2006）毕业于国立中央技艺专科学校农产制造科，先后在成都中央工业社、中央大学医学院、大有农产制造厂从事“农产品加工”的工作。那正是抗战时期，在国民党统治的“大后方”，农产品成了囤积居奇的筹码，谈不上正经的加工，只得改行当中学教员，1945年进开明书店，帮助父亲编辑《开明少年》月刊和“开明少年丛书”。女儿至美（1922—2011）高中毕业后考上流亡在乐山的武汉大学，后来转入成都金陵女子大学外文系。小儿子至诚（1926—1992）初中没毕业就进开明书店当学徒。他们后来成了作家或翻译家，也都是自己的努力，并不是父亲的期望，叶圣陶并不希望子女们像他那样“专干笔墨的事”，而要凭各自的劳动，产生出“供别人使用”的“切实应用的东西”。对于第三代，叶圣陶要求他们做“普遍劳动者”的思想就更明确了。

长孙三午（1942—1988）早在“文革”之前就走上“与工农相结合”的道路。三午欢爱音乐和摄影，诗和小说写得也都很好，1961 年师范毕业后当上了小学教师，1964 年下放到北京郊区的密云林场当工人。叶圣陶和叶至善都认为到林场植树也很有意义，要他安心在林场植树。1970 年三午不幸从山坡上摔下来，诱发了强直性脊柱炎，丧失了劳动能力。1988 年病逝，年仅四十六岁。三午生前在“三午的客厅”里搞过“三午沙龙”，与他相好的一批朋友吟诗、赏画、听音乐、切磋摄影的技艺。他有一首诗被谱了曲，在他那个小圈子里很流行。诗是这样写的：

不要碰落麦芒上
凝结的露
不要抹去睫毛上
颤抖的泪
露珠里映着
整个的太阳
泪滴上闪着
我们走过的路
…………
手捧起滴滴露珠
便成一道瀑布

心积起颗颗

泪滴

那是无边的海

…………

叶圣陶对长孙要求很严，有种种不满意的地方，但也有很欣赏的一面，1987年9月3日日记记：

> 午饭前与三午闲聊，他对西洋古典音乐颇感兴趣，在我看来有点痴迷。他收藏了十八、十九世纪大多名家的作品，有歌剧、交响乐、钢琴、小提琴等等录音带，从与他的谈话中，听得出他不仅喜欢欣赏，而且还“懂”。

按说当个“小学老师”也是够格的吧，但老人当年认定“下放”当工人更好，一定要他当个体力劳动者。

第二个孙子大奎（1946—2001），也很有艺术天分，从小就跟李苦禅、王雪涛、秦仲文、马晋等大师学画国画，也喜爱京剧。1962年报考工艺美术学校未被录取，叶至善不愿他闲散在家，就送他到中国青年出版社印刷厂学习制版。1964年共青团中央在黑龙江杜尔伯特县创办农场，叶圣陶和叶至善就动员他到农场参加农业劳动。1965年，团中央响应刘少奇“半农半读”的号召，在杜尔伯特县的农场创办半农半读的学校，叶圣陶和叶至善又鼓励他去农校学习。“文革”中团中央被“砸烂”，农校解散了。农校的学生都是本地人，只有大奎一个人很特别，来自北京，被安排到泰康的印刷厂当工人，在严寒的气候中也患上了强直性脊柱炎。1980年作为团中央的“遗留”问题，被调回北京，进一家残疾人工厂当工人。2001年病逝，年仅五十五岁。

孙女小沫生于1947年，1967年12月8日去黑龙江生产建设兵团垦荒，是北京最早自愿去北大荒知青队伍中的一员。在黑龙江依兰农场的冰天雪地里一干就是四年半，后来患了严重的关节炎，“病退”回到北京，进北京工具厂当上钻头车间的一名车工，1977年参加高考，却因患关节炎没能通过体检。1978年参加《中国少年报》招考，改行当上了该报的编辑。

叶小沫去黑龙江生产建设兵团的事，叶圣陶在日记中时有记载，这里抄录部分日记：

1967年12月8日　小沫以七点半离家，向余辞别，时余尚未起床。永和伴之往车站，为携手提行李。至善、三午继之往车站送行。归来言所乘系专开之车，凡七节，于十点过后开行。送行之人极拥挤，以同学为多，他则行者之家属。

1967年12月17日　小沫来信，其信作于依兰农场总部，须学习半个月，乃分配往各个生产队。谓其处可望见冰冻之松花江，以及小兴安岭之支脉。又谓依兰地好人好，乍到时绝无离家远出之感，并言决意好好地干，不辜负党和国家之期望。所居有火墙，室中极暖，外出到露天，亦与在北京无大异。

1968年1月13日　　小沫来第三封信，述其到第四生产队之所见所思。事颇繁，不能悉记。谓其队文盲多，意欲从事扫盲，其队热心于文艺宣传工作，意欲参加而助之。有人谓小沫身体好，宜开拖拉机，彼亦甚希能被派学习开拖拉机。

1968年7月23日　　小沫来信中言及其农场已决定改属建设兵团。此建设兵团大致亦如新疆建设兵团模样。以意度之，改为兵团则思想政治工作加强，开垦与耕作，更可以大规模进行。

总之是希望叶小沫在兵团扎根，奉献青春。1968年12月21日，毛主席发布“最新指示”：“知识青年到农村去，接受贫下中农的再教育，很有必要。要说服城里干部和其他人，把自己初中、高中、大学毕业的子女，送到农村去，来一个动员。各地农村的同志应当欢迎他们去。”次日，《人民日报》发表“甘肃回宁县城镇居民（包括知识青年）将近二百人迁往农村，在农村安家落户，参加劳动”的报导，题为《我们也有两只手，不在城里吃闲饭!》。知识青年“上山下乡”形成高潮，1952年出生的小孙子永和热血沸腾，“上山下乡”的申请很快就获得批准，当时他只有十六岁。这在叶圣陶日记中也留下许多记载：

1969年1月18日　　永和已知其校一百馀同学被分配往陕西延长，动身之期为下月一日。彼之须带去之衣物大致准备已齐，只待届时动身。检地图，延长在延安之东，自西安往北，铁路通至铜川，自铜川至延长有公路，车行不知须若干时间。

1969年1月30日　今日永和送行李往学校，以便汇齐之后交车站运输。其行期延迟一日，于下月二日启程。据先往延长者云，自铜川乘汽车至延长历八小时，亦不算远。

1969年2月1日　永和明早动身，今夕全家欢谈至十点以后。

1969年2月11日　永和来信，简告已到延长。到达之日为五日，则途中历三日有馀也。其生产队为郑庄公社屈家圪台大队第一生产队。

1969年3月10日　永和昨来信，言其乐于在艰苦地区务农，接受再教育，并劝其母，如闻他校学生被派到所谓“好”的“近”的地方去，万勿为此而感觉不痛快。余以其思想正确道理对，作一书勉之。

以上所说的都是孙子辈，是叶家的“第三代”。至于“第二代”——除了叶至美因健康原因不能去干校外，叶至善和叶至诚也都是坚定不移的“走”派。

1969年4月15日，叶至善下放到河南潢川县黄湖农场团中央“五七干校”战天斗地，叶圣陶在当天的日记中写道：“至善以晨七点三刻离家往社中。全家诸人送之于门首。彼将与同社之人结队往车站，会合团中央各单位，登南行特开之车，开车时间在十二点以后。明晨到信阳，云即将乘卡车往潢川。在潢川劳动，其机构名曰‘五七学校’。”这之后，小沫、永和、至善在“广阔天地”接受“再教育”的步伐非常清晰地写在叶圣陶的日记中：

1969年4月22日　接至善第一封来信，十九日发信，今日到，须四日。谓遇甚雨，到处泥泞。谓其所居系旧时河南省办之黄湖农场，距潢川城约四十公里，与淮滨、固始二县相近，往东即安徽境矣。

1969年4月23日　今日令宁宁往购劳动雨衣，质系塑料，下午，满子即邮寄与至善。据云淮河上游雨水多，既须劳动，当置劳动雨衣。劳动雨衣较宽大，且有裤，裤分两腿，实系一双套裤也。尚须高筒胶靴，至善信中言已向其地商店登记。

1969年4月26日　永和来信，附照片一张。渠独自侧立，背景为层叠之土坡，层层有不甚厚之积雪，近处为一条河道，亦复冰冻。此盖摄于到达未久之时。永和信中云，家中接到此照片之时，彼殆已在其处挥镐垦土矣。

1969年5月1日　接至善第二封信，述农场环境与需做之工作甚详。其地为淮河上游，尚须防水患。自力更生，与自然斗，再加以三五年，当可成为佳地。

1969年5月4日　小沫寄来两篇文稿。一为其农场近举行活学活用毛著积极分子代表大会，彼与同学一人代表其分队在大会上之发言稿，所讲为其分队开展“红哨兵”运动之概述。又一为小沫个人对农场提出之四项建议，兴水利，植树，整修道路，举办科学实验站。两篇之中，余于建议尤为赞赏。所说皆循毛主席之教导，并切合当前形势与其农场之实际情况，办法则处处注重群众路线，足见其有真进步。满子与大奎亦看过一遍，即寄与至善观之。

1969 年 5 月 20 日　　到家接至善第三封信，详叙其劳动之情形与所获之感受。盼之已久，灯下细观，甚以为慰。

1969 年 6 月 1 日　　接至善第四封信。云近日忙于“双抢”，一为抢下稻种，一为抢收麦子。双抢之外，尚须修未完成之堤坝，以备雨季之冲决为患。虽颇劳累，而精神愉快。其书中已屡言越二三年，我家可移居其处。余殊无居京之必要，亦甚盼能如其言乡居矣。

1969 年 7 月 3 日　　看至善来信，谈种植水稻之经验。稻之根不怕折断，折断则新根支生益繁，故插秧时中耕时损根而皆无害，且复有益。又谈除稗草之经验。余观之甚感兴味。至善转来永和寄小沫之信，信中详言渠与同学调查其所居屈家圪坮大队之历史与居民阶级成分及其思想性习之所得，居然能活学活用毛泽东思想，分析亦有条有理。余甚感欣慰，满子亦然。

1969年7月19日　满子接到永和所在之生产队中农民李长龙之来信，专为表扬永和而作者。谓如永和一批青年，为毛主席之好学生，农民们所欢迎，写信相告，谅必欣慰云云。满子接读此信，果甚欣悦。

1969年7月21日　又接至善来信，详叙十二、十三、十四三日之防洪抢险情形。雨水大至，决破堤岸，于是各处增筑堤堰，堵塞麻袋，与水决战。所种作物大部须重来，而大家精神抖擞，殊无愁虑之心。此则学习之效，大寨精神之表现也。

1969年8月15日　永和之外语学校派出二位老师一位工宣队成员到陕西，访问其校学生之分配往陕西插队者，去一月有半而返，今日邀请学生家长到校，报告彼等所见之情况。满子前往。归来言外语学校之学生，颇受陕西农民之赞许。有二小组被评为先进集体，永和之小组即其一。老师言彼等确属朝气蓬勃，思想革命化，殊难以言语形容。又据称永和体益强健，肩宽臂劲，力能挑二百斤云。

1969年11月1日　晨间忽永和回来。彼回来系“探亲假”，经大队革委会批准。为期一个半月。此行先自延长到延安，往北到绥德，向东于军渡渡黄河，入山西，循公路乘车到太原，然后乘火车到京。如此走为期四日，较费时间，而路费较省。余以为此皆不重要，唯走此路线能见识见识，实为最有益之事。此种精神盖一九六六年之大串连所培育出来。永和身体健壮，望之有朝气，令人心喜。

1969年11月3日　　永和言彼与同在之青年亦在试学扎金针，如解放军然，自己试扎，彼此互相试扎，以体会实际感觉，并练习手法。云已懂得若干穴位，且已治愈一些小病痛。此等精神，余所深喜也。

这一年（1969年），叶至诚和姚澄也双双下乡“插队”，叶圣陶1969年6月21日日记记：“接三官信，言他们剧团近在南京附近方山公社横岭大队劳动，接受贫下中农再教育。”有关叶至诚和姚澄也下乡“插队”的事，叶圣陶日记中记及的还有：

1969年11月3日　　又接三官信，言已回城中，为挖防空壕。信中言及所受资产阶级教育之深。余因作复书，言此“教育”当属于广义，不限于学校教育。首为余与家庭予彼之影响，次则彼先后之同学与朋友予彼之影响，复次则彼好读外国文学而不能批判地读。又一端则彼初写些东西而受捧，姚澄又一跃而为名演员，未免有飘飘然之感。凡此皆广义之教育而至不利者也。

1969年11月8日　　上午接三官信，叙其对于过去循道路之谬误之领悟。谓如非脱胎换骨，作根本的、彻底的转变，非特不配为共产党员，亦且不适于为无产阶级专政下之人民。此言颇有意义。

1969年11月14日　　接三官信，言其团中之防空壕已挖成，彼或将再往乡间劳动。又言彼将来决意在农村安家落户。

叶圣陶看了很是高兴，热诚地鼓励叶至诚和姚澄，以及叶至善、叶小沫、叶永和不怕苦、不怕累，坚定不移地走“五七”道路，还特地把老友章雪村作的《沁园春》抄寄给他们，与他们共勉。1969年7月12日在给叶至善的信中说：

章先生已经去世，你是知道了。在将近去世之前，他有两首《沁园春》，很不错。他也不想发表，其中一首且是理遗物理出来的，从未给人看过，而胸襟如此，可见确是真感情。现在抄在这里。一首是送他的外孙女宋小逸往延安插队：

毁裂钗裙，抛胭脂，不作女儿。愿离城辞校，心香一片，投身下拜，农圃为师。肩负轻装，手擎宝册，勇赴田间志不移。从今后，誓安心陇亩，长伴耕机。　　前途无限光辉，向海阔天空任远飞。望谦虚谨慎，戒骄戒躁，勤劳克苦，去怠去私。锦绣河山，红旗招展，知识青年大可为。吾何恨，有尔曹奋起，为国献躯。

又一首咏珍宝岛事件：

蠢尔苏修，撼树蚍蜉，胡不自量。敢窥伺珍宝，妄图攫取，围攻使馆，轻肆强梁。旧恨未消，新仇又起，血债定教将血偿。誓歼此，方噬人虎豹，当道豺狼。　　当年龙血玄黄，两度化寰球为战场。试寻尼古拉，葬身何地，觅希特勒，埋骨何方。历史无情，庄严宣判，一切害人虫必亡。任凭尔，作何挣扎，规律难抗。①

“珍宝岛事件”发生在 1969 年 3 月，苏联出动武装部队侵入我国黑龙江省乌苏里江上的珍宝岛，开枪打死打伤我边防军人员多名。因为“珍宝岛事件”，1969 年 10 月，中央下达一号令，对紧急战备作出指示：要求在京的国家干部要疏散，其中的老弱病者“疏散”到“五七干校”，或较安全地区的亲戚友朋家，或回原籍。叶圣陶毫不含糊地选择了去潢川，落户到叶至善所在的“五七干校”。他在 1969 年 10 月 28 日日记中说：

接至善信，因余前信谈及拟投潢川，彼亦以为然，唯不知今已到须作决定之时。三午主张与通长途电话，下午接通。至善言决令余与满子到潢川，彼即将来京相迎。既而彼又来长途电话，言与领导商量，略缓来京，俟新盖房屋就绪，彼即来迎。又嘱我们勿慌张。至此，今后殆将在潢川生活矣。居东四八条胡同二十年，自此将与为别矣。然我生迁徙频频，居住之久，无如八条胡同者。

叶小沫知道爷爷决定去潢川，也来信鼓励，叶圣陶在 11 月 14 日的日记

① 叶圣陶、叶至善写，叶小沫、叶永和编：《叶圣陶叶至善干校家书（1969—1972）》，人民出版社 2007 年版，第 11 页。

中写道：

> 接小沫信，大谈备战之必要。又言我家如离京他迁，改变惯习之旧生活，亦为一大革命。

这话算是说到叶圣陶心里去了。就是这个叶小沫，在那个“轰轰烈烈”的年代，值得一说的事还有很多，这里引录叶圣陶1969年的两则日记：

> 11月29日　　永和在延长农地上与同学摄影数幅，皆富于朝气，使人见而自萌乐观精神。久思题诗励之，今日作成《水龙吟》一首。久不作诗词矣。
>
> 下乡知识青年，延长来到新天地。黄原刨土，层坡担麦，身亲农事。窑洞兴居，樵薪汲水，诸般堪喜。喜躬行实践，庶几符合，马恩列毛宗旨。　　自力更生交勉，建新村从今伊始。看他大寨，如何奋发，我侪犹是。务为人民，非徒国内，兼包全世。念前途似锦，容光自焕，一团朝气。
>
> 余以此词抄寄小沫，小沫抄寄其某同学，亦下乡插队者。今日接小沫信，附来某同学和作一首，尚不错，录之于此。
>
> 不曾见此宏图，犹如盘古开天地。中华儿女，荷锄担粪，新人新事。志在耕耘，穿河踏岭，先辈应喜。喜青年茁壮，沐雨栉风，牢记阶级宗旨。　　早有豪言壮语，树雄心非从今始。接受教育，虚心学习，实事求是。不畏艰难，红军为楷，威传今世。看七十年代，沧桑巨变，更有朝气。

12月9日　接小沫来信，并寄来手绣之毛主席像一幅，云为余生日之祝贺礼物。明日当作书答之。

把爷爷的诗抄给同学共吟唱和，亲手绣一幅毛主席像，送给爷爷作为生日的“祝贺礼物”，可见“叶家三代人”的“亲情”中交织的是“革命的情怀”。

1970年3月11日，叶至诚也离开南京，奔赴句容县下蜀附近桥头镇省“五七干校”。5月中旬，为纪念毛泽东《在延安文艺座谈会上的讲话》发表二十八周年，他写了一首《满江红》寄给叶圣陶，希望得到父亲的批改，词云：

迷途知返，全靠着动地霹雳。悔以往依附刘贼，心肺痛彻。充耳不闻天下事，满脑尽是名利欲。查笔下文字万千言，利复辟。

雄鸡唱，鬼蜮灭。再教育，重学习。读主席《讲话》，倍觉亲切。披荆斩棘排山势，劈路引航万钧力。愿余生甘为孺子牛，献碧血。

至诚“迷途知返”，老人家当然高兴，对《满江红》作了细致的打磨。他在5月29日给叶至善的信中说：“三官为纪念《讲话》发表二十八周年，作了一首《满江红》。我照他的原意修改，抄给你看看。只是普通之作，思想并不深，凭此知道他的现在的心情而已。”

迷路知还，全凭仗轰天霹雳。悔往日，盲从刘贼，肝肠痛绝。

充耳不闻天下事，一心唯为利名热。检笔端倾吐万千言，全都黑。

雄鸡唱，妖魔灭。再承教，重修习。诵座谈讲话，感深亲切。改造须于根本处，立场务在更移彻。誓从今甘作孺子牛，长无易。①

叶圣陶说叶至诚的《满江红》“只是普通之作，思想并不深”，显然是有些不满意。把“愿余生甘为孺子牛，献碧血”改为“誓从今甘作孺子牛，长无易”。“愿”是被动的，“誓”是主动的，叶圣陶要叶至诚“发誓”：甘做人民大众的牛，永远不会改变，走与工农相结合的道路。这也是叶圣陶的心愿。他在 1970 年 6 月 4 日给叶至善的信中说：

我与章顾两位拍了一张照片，我作了一首七绝，写给你看看。“弱岁同窗丙午春，喜今垂老尚相亲。跃然插队联肩去，倘令生年迟六旬。”②

“丙午春”是 1906 年春天，叶圣陶和章元善、顾颉刚一同进了苏州长元吴公立高等小学校，假如晚出生六十年，他们三老也要肩并肩地去“插队”。1970 年 6 月 10 日在给叶至善的信中说：

你说养牛养它四年五年，逐渐摸出些经验来。我想，真能连续干这么些时间，而且时时刻刻把心思用上去，经验将会是整套的而

①② 叶圣陶、叶至善写，叶小沫、叶永和编：《叶圣陶叶至善干校家书（1969—1972）》，人民出版社 2007 年版，第 116、120 页。

不是零星的了。那篇《改造世界观》的倒数第二段里号召大家问自己三个问题，长期呢短期，无条件呢有条件，全心全意呢半心半意呢三心二意。你作如是想，答案是属于问句的在前面的三项了。我真的赞同。再说我的私意，你前几回提起搬到潢川居住的远景，我时时想最好能从早实现。住在北京太闷气，搬到潢川，看看大家的干劲也高兴。①

《改造世界观》是5月23日《人民日报》、《红旗》杂志、《解放军报》为纪念《在延安文艺座谈会上的讲话》发表二十八周年发表的社论，社论要求插队落户、参加干校、定期到工厂农村劳动并蹲点的革命干部与革命知识分子要长期地、无条件地、全心全意地与工农兵相结合。叶圣陶主动提出到潢川落户，说明他不仅要求叶至善要“长期地、无条件地、全心全意地与工农兵相结合”，他自己也决心这么做。可计划赶不上变化。1970年7月中旬，教育部撤消，归入由刘西尧、迟群、李四光三人负责的“科教组”，叶圣陶搬迁潢川的计划也就没了下文。毕竟是年过七旬的老人了，他也只好做鼓励儿孙们走“五七”大道的促进派，这里再抄录几则日记：

1970年8月5日　　得永和信，言将自农村选拔工人，其大队之中，知识青年有五名额。彼自言选拔之标准或严格（贫下中农推荐，大家共同评选），不会入选。复言农村为广阔天地，堪绘最

① 叶圣陶、叶至善写，叶小沫、叶永和编：《叶圣陶叶至善干校家书（1969—1972）》，人民出版社2007年版，第122—123页。

美之图画，亦不愿未久即离去。其意甚真挚。下午余作书复之，嘉美其意，并告以近日杂事。

1970年8月19日　　永和信，言彼与同伴不为“外慕徙业”，闻在农村选拔入厂当工人者之消息不动摇，愿意长在延安地区建设新农村，又言其医疗小组以看顾病人为日常事务，又以草药制成黄连素，开自制药品之途径。语皆积极乐观，阅之大为兴奋。即作书复之，奖之且勉之，望随时更进一步，永无止息。不觉言之长，竟得三纸。并以永和之信寄与至善，又附书一笺。三日来接连致书至善，亦兴会也。

1970年10月2日　　接永和信，言彼等近又增加一项工作，为社员办夜校，每夜教学四十五分钟。余乃写复信，略谈有关夜校之事，并附寄照片九张，于下午付邮。

1970年11月11日　　至善近托人带来照相胶卷二卷，前日之夕，三午与其友张君印之洗之，每张皆印数张，或为放大。二十四张底片之中，有八张为至善骑牛管牛之照，观之至有味。而观至善之形貌，亦见较为丰腴，大家为之欣然。今日上午，余为之整理一份，作书寄与至善，俾快先睹。

1970年11月17日　　昨日得至善信，言其干校鼓足干劲，详定计划，先以克服水患为主，开始冬季之农田基建工作。彼近又参加医疗小组，不怕劳累，忙上加忙。今日上午作书复之，下午付邮。

叶永和在陕北延长，与贫下中农一起劈山造渠，当“赤脚医生”，为“社员办夜校”，叶圣陶非常满意，为永和在延长拍的照片题了好几首诗。1972年2月4日日记中记：

作成题永和相片两绝句，记之于此。

永和兼当赤脚医生

小毛小病良方便，赤脚医生在本村。
可贵研修基实践，高风追蹑白求恩。

运成熟之谷子至场上

谷子登场屈圪垴，抱持荷负去还来。
食其自力今三载，能勿笑颜花似开？

给永和当“赤脚医生”的照片题“高风追蹑白求恩”，给背谷子的照片题“能勿笑颜花似开？”这是赞扬，也是鼓舞。经过“三载”的锻炼，永和不仅学了“医术”，而且成了地道的庄稼人，干活的好把式。叶圣陶1972年2月12日日记中又记：

作成《醉太平》一首，题永和照片簿中贴在一起之四张相片，三张周身野花环绕，其一张则仅头部露出于雪树丛中。词书于左方。

连坡菀花，缀枝雪花，何输烂漫春花？赛桃花李花。　古人插花，今人佩花，永和别样怜花，竟藏身入花。

这是叶圣陶为永和大雪天在野生紫菀和缀满雪花的树丛中拍的一组照片题的，并注明这词为“独木体”。连坡菀花和“缀枝雪花”犹如“烂漫”的“春花”，“怜”是爱惜、喜欢的意思。这首词的含义就像毛泽东《卜算子·咏梅》所说的：待到山花烂漫时，他在丛中笑。看到永和在广阔天地里茁壮成长，叶至善也很开心，觉得永和在延长学到的东西比进大学学得还多，他在1972年6月3日给叶圣陶的信中说：“永和来信说他担任了村里的团支部书记，又是他们插队青年小组的组长，学习、生活都作了安排，忙得很。有事可忙，总是件好事。进大学也许学不到他现在学到的这些东西。”[①] 他又填了一首《沁园春》送给永和，勉励永和在陕北农村扎根，词云：

圣地东隅，插队农村，倏忽三秋。
看延河清浅，拱桥联虹；
杨岭迤逦，窑洞重楼。
谷穗沉沉，荍花簇簇，
枣树枝垂新果稠。
舒襟袍，爱天宽地广，何惜淹留？

---

① 叶圣陶、叶至善写，叶小沫、叶永和编：《叶圣陶叶至善干校家书（1969—1972）》，人民出版社2007年版，第528页。

且将羊肚缠头，唱一曲悠扬信天游。
历扶犁挥镐，胼胝生掌；
垦荒整地，稷粟盈沟。
草药亲煎，金针自试，
应诊更深霜袭裘。
勤锤炼，为人民服务，己复奚求？

要求儿子做到的，当父亲的必须首先要做到。与永和相比，父亲叶至善做得确实更优秀。他一到潢川干校就被分配在养牛组，人少牛多，忙得团团转，在写给叶圣陶的第一封信中说：

放牛这活就是两条腿累些，要站，要跑路。牛对人很和善，从没有发生过用角顶人的事，最多脚被牛蹄踩了，肿痛几天。这种事总发生在几条牛挤在一起的时候，只要小心些就可以避免。……放牛就是耗时间，有些天从早上五六点钟一直放到晚上九十点钟。哪条牛歇下来就放哪条牛，想方设法凑牛的歇工时间，使它们能够吃饱，不至于在使用频繁的时候掉膘，还希望它们过冬之前长膘。水稻收割完了，紧接着是种冬小麦，兴修水利工程，牛的使用更加频繁，牛倌的劳动时间可能更长。到了冬天，牛不能再放，一是没有草可吃了，二是牛在户外要受冻，就得把它们整天拴在牛棚里，喂草、喂料、喂水，把屎、把尿，据说工作更为紧张。我已经放了两个多月牛了，很可能一直让我管下去。我也对牛有了感情，很愿意再管下去。到时候，我准备搬到牛棚里去住。[1]

一踏入“干校”，就以“完全”“彻底”的精神为准绳，当好“牛倌”。叶圣陶在复信中，对他信中详述养牛的情况，很为满意，鼓励他继续摸索，养出经验，养出成果。从此，父子俩来往信件中就开始频繁地探讨“养牛经”，从1969年到1972年，父子俩在将近五百封家书中，养牛的话题占了很大的比重。

叶至善养牛，就像对待托儿所的小孩那样，无微不至。为了使牛的身体不被粪便污染，牛棚保持干燥清洁，就给牛把尿把屎。他在给叶圣陶的信中说：

每天五时一刻起床，顾不得洗脸，第一件事就是把牛牵出牛棚，免得它们在棚里多拉粪。晚上九点半给牛把了尿屎，一条条牵进棚去，然后洗脸洗手洗脚上床，大概已经十点半了。真是睁开眼睛就是牛，待牛睡了我再睡。我们现在又增添了牛，水牛有了十四条，黄牛有了六条，加上一条毛驴，一共二十一条。赶出去放的时候，一大队，真有点壮观。附近的农民看了很羡慕，一是羡慕我们牛多，二是羡慕我们的牛壮。全农场牛，据兽医说，也是我们连的牛膘情最好。他还说，像我们这样起早摸黑，打着电筒放牛，是从来没有过的事。还有用短草碎料（把稻草铡短，黄豆磨碎）喂牛，这里过去也是没有的。这两天我们还在用发了酵的米糠掺在草里喂

① 叶至善1969年10月11日致叶圣陶，叶圣陶、叶至善写，叶小沫、叶永和编：《叶圣陶叶至善干校家书（1969—1972）》，人民出版社2007年版，第23—24页。

牛。米糠发酵后，香味如酒酿，看起来好像能刺激牛的食欲。结论如何，还等进一步试验。牛的食量真大得惊人，吃青草的时候，看它们慢慢的啃，草长吃两个小时就饱了（饱了就躺下反刍，所以知道它饱了，还可以看它的胃部，在左肋骨后方有一凹的地方，如果鼓起来了，与肋骨相平就是饱了）；草短吃三个来小时，也不知道它们到底吃多少草。现在开始喂，才知道一条牛一顿要吃一汽油桶干草。因而铡草的任务很重，预计草枯以后，全部喂的话，两个人一天到晚铡草也供应不上二十一条牛吃。养牛组目前有十个人，五十以上的倒有六个，四十以上的三人，一个十五六岁的孩子。还病弱的居多。我算是数二数三的劳动力，因而担负的劳动强度较大。如铡草，目前主要我掌铡刀。每天下午铡三个小时左右，只能供八九条牛吃一顿晚餐。（其余不用的牛，放到五点半回来，不再喂草。）喂这八九条牛，拌草料，侍候它们吃饱，得两个来小时。拌草料也是较重的工作，经常也由我负担。……我对养牛津津乐道，实在很感兴趣。回来的时候，我还得细细讲。因为每天都有可讲的事。如昨天，就给五条小牛穿了鼻孔，给两条拉豁了鼻子的大牛补穿了鼻孔。如何穿法，就大有可讲的。要牛听使唤，全靠鼻孔，因为一拉绳子，它就痛，不得不听话。鼻绳有时候脱了，要重新拴，那时要胆大手快，用两个指头把它的鼻孔揪住。这一手，我也学会了。①

---

① 叶至善1969年11月13日致叶圣陶，叶圣陶、叶至善写，叶小沫、叶永和编：《叶圣陶叶至善干校家书（1969—1972）》，人民出版社2007年版，第42—43页。

叶圣陶在复信中说："你谈养牛的经历，我看了极感有味，将来晤面时还可以听得详细些。"又说："管牛是集体生产劳动中一个重要的项目，自当竭心尽力把牛管好"，希望把好的经验推广开来，还要"想到配种，管小牛"。[1] 不过，在"如何养好牛"这个问题上，父子俩有时也会有争执。叶至善1969年11月21日在给叶圣陶的信中谈到养牛的困难时说：

十五日，这里下了一场大雪后，草屋上积了三四寸厚……这一来，养牛可困难了。牛棚不够大，六条黄牛加上一条毛驴，拴在两开间的草屋里；十条（又添了一条）水牛拴在三开间的草屋里，挤得人也插不进去，喂也没法喂。牛棚得添建，牛槽得做起来，许许多多工作，都得自己解决。牛倌宿舍总算造了一间，可住五人，土坯墙，草顶。土坯垒的墙都是缝，得用泥糊起来，门窗全没有，可能只好用草帘子挡风。要这些都弄好了，牛倌才能搬进去住。晚上现在是看到一点钟，给十五条水牛把屎把尿完了才完事；早上是五点钟，再把它们牵出来把尿把屎。早、夜是轮流的，我轮过了五天夜班，今天开始值早班。以后搬到牛倌宿舍去住了，就得轮流值全夜班。水牛一泡尿少说有一脸盆，要是不及时拉它们出来，牛棚里就成了尿池子了。这些辛苦，不放牛是体会不到的。黄牛没有这样的习惯，得有人在旁边守着，看到它拉屎就用铁锹去接，撒尿就用粪勺去接。天冷了，牛不出棚，牛棚里就断不得人。我倒不是怕苦，目前牛棚、牛槽不齐备，工作实在困难。爹爹信上说到老牛倌

① 叶圣陶1969年11月17日致叶至善，叶圣陶、叶至善写，叶小沫、叶永和编：《叶圣陶叶至善干校家书（1969—1972）》，人民出版社2007年版，第43—44页。

诉在旧社会的苦。我想，放牛这活要看为谁服务：为地富服务，受地富剥削，当然是苦；为人民服务，那就虽苦也乐。为了抓紧时间（如中午休息时间）把牛喂饱，我们也经常饭吃得很迟，只好吃冷饭。这两天晚上给牛把尿把屎，也冷得够呛。（两个人值班，给十五条牛把尿把屎，得花一个小时。）但是我是很乐意的，从没有抱怨过。……。能走上毛主席指示的五七大道，心里应该高兴愉快，不应该老想什么苦不苦。①

叶圣陶对给牛把尿把屎的做法，有点不以为然，复信说："牛的大小便要如此照料，总不是事，要想些简便的办法才好。大概是牛棚太狭窄的关系，如果宽大些，规定一个角落为牛的便所，那就牵牛到那里去好了。或者像猪一样，加以训练，使牛在要便的时候自动到那里去，那就更好了。大小便和灰和土铲起来，可做肥料。三午和小弟②都说牛棚里起出的肥料和猪圈的圈肥同样好。不知道你们用盆盛着的小便是不是留起来。我记得从前住张家院子，几条牛就在我们屋背后，张青云和雇工当然不会在夜间起来管牛的大小便，而他养的也是水牛，可见水牛也是能够习于在棚里自由大小便的。你们现在这样不怕麻烦，主要是为牛棚的清洁，又可省经常要铲除带粪便的土，换上干净的土的麻烦。但是为此就得有人整夜守着，同样是劳累，宜取其轻的。前次信里你谈到饲料发酵。我近来看见报上登的书广告（书广告好久不见了），说有一种关

① 叶至善1969年11月21日致叶圣陶，叶圣陶、叶至善写，叶小沫、叶永和编：《叶圣陶叶至善干校家书（1969—1972）》，人民出版社2007年版，第46—47页。

② 小弟：叶永和。

于猪饲料种种发酵经验的书将在十二月间出版。猪饲料发酵，研究的人大概颇不少，报上也见过报道。牛饲料发酵，一定也大可研究，你有些霉菌的知识，尽可以在这方面用些工夫。”①

“张家院子”是叶圣陶抗战期间在成都近郊租住的农家小院，房东名叫张青云。叶圣陶介绍张青云的“养牛经”，还买了一套“养牛学”等书寄去。叶至善养了八个整月的牛，刚积累了一些经验，“干校”就把他调离“养牛组”，“去干大田的活”。他在1970年4月4日给叶圣陶的信中说：

> 我调离养牛组了，因为大田忙，急需劳动力。原则上是能用半劳力的地方就不用全劳力。把我调去干大田活，是把我当全劳力看的。但是我觉得，把养牛组的劳动看得比较轻松，其实是不符合实际的。我养了八个整月的牛，亲身经历了，有许多辛苦是局外人不知道的。尤其入冬以后，早班、夜班，铡草磨料，工作时间长，体力消耗也很大，真是又困又累。其实各种劳动，都有辛苦的一面，不干这一行就不知道，也可以说是“隔行如隔山”。照我想，喂鸭喂鹅是最轻松了，最近才知道也并非如此。最近孵小鹅，他们也连夜值班。小鹅有的孵成了，不能破壳而出，就会闷死，得及时把壳剥开。有的出了壳，还会被母鹅压死，也得小心照看。因此要记录哪一窝蛋孵了多少天，等到小鹅快出壳了，就得不断地有人守着。而母鹅脾气也不同，有的孵蛋很把细，也有的比较急躁，不肯好好孵，那也得训练。孵蛋的母鹅每天还得按时间抱它们出窝洗澡、吃

① 叶圣陶1969年11月28日致叶至善，叶圣陶、叶至善写，叶小沫、叶永和编：《叶圣陶叶至善干校家书（1969—1972）》，人民出版社2007年版，第47页。

食、喝水，这就跟我们给牛喝水、把屎、把尿相仿了。现在已经孵出二百多只小鹅。接着鸭子又将生蛋、孵蛋，干了一桩又一桩，也忙个没有完。

我调去干大田活，主要是种水稻、小麦。现在小麦已经长到七八寸高，大概不再中耕，就等收割了。水稻才开始温汤浸种，这活有专人负责。另一方面是犁田耙田，这活也有专人负责。我大概参加拔秧、插秧、中耕、收割这些活。这两天我参加了修排水渠、附带修路，把挖渠挖出来的土填路。再过两天就要修田埂。田埂修完，接着就拔秧、插秧，种完水稻就割小麦，再下去就是耘田、拔稗草，最后收割完事。今年的活大体就是这样了。

这两天最辛苦的活是犁田耙田了。水田里流了水，犁田耙田的下身赤脚穿短裤，上身穿着棉衣。下雨也不能停，否则就赶不上时间，要耽误插秧。……①

叶圣陶在复信中说："你换工作了，不能在养牛方面多所历练，我也感觉有些可惜。你说不干哪一行不能知道哪一行的底细，所举事例极有味，我喜欢看这样的叙述。"② 鼓励他干一行爱一行。可没过几天，因为"养牛组"有位女同志的丈夫患了癌症，女同志回京照顾，叶至善又调回"养牛组"，于是父子俩又满心欢喜地研究起了"养牛经"。5月9

① 叶圣陶、叶至善写，叶小沫、叶永和编：《叶圣陶叶至善干校家书（1969—1972）》，人民出版社2007年版，第82页。

② 叶圣陶1970年4月8日致叶至善，叶圣陶、叶至善写，叶小沫、叶永和编：《叶圣陶叶至善干校家书（1969—1972）》，人民出版社2007年版，第84页。

日，叶至善在信中谈起“穿牛鼻子”的学问时说：

这半个多月来，我一直在想改革牛鼻叉这个问题。去年一下来，就有许多人提出的，校部的军代表也提出过这样的要求，也有不少人动过脑筋，可是没有一抓到底，搞搞停停。因而也没有效果。这一带的牛鼻子是一个树叉穿住的，如图一。树叉小了，很容易滑出来，并且很容易使牛的鼻孔愈撑愈大。牛带了这样一个大叉子，吃草也不方便。另有一种是钩形的，也用树叉来做，如图二，这种鼻钩，看来比鼻叉好些。我做了一些，给牛换上了，但是还不理想。还有一种，如图三，像个木槌，槌头塞在牛鼻孔里，不伤鼻孔，可是牛一定不好受。也有人试过用铁环的。铁环比较利落，但农民不同意用，说是会把牛鼻子磨破，并且太重。有人改用塑料电线绕成的环。我也试过电线，太软，接头的地方绕不紧，很容易拉脱。前天我用粗铁丝做了一个环，套上两层塑料管，对一条牛装上了，问用牛的人有什么意见。用牛的说可以，一拉牛绳，牛的反应很灵敏。但是我观察的结果，环拖在鼻子下面，吃草不方便，于是又用塑料线把环挂两个牛角上。这样一改，似乎比较理想了，外观也很漂亮。我决定今天再给两条牛换上这种鼻环。可是要全面推广，手头没有材料了。①

信中，还将上述说的各种格式，画了几张示意图。叶圣陶看了，对改进

① 叶圣陶、叶至善写，叶小沫、叶永和编：《叶圣陶叶至善干校家书（1969—1972）》，人民出版社 2007 年版，第 105 页。

“牛鼻叉”也大感兴趣，在5月12日的复信中说：

我似乎觉得各地的牛都是铁环穿鼻子，绳系在铁环上。经你一说，倒有些疑惑了。我与牛有缘共三度：一是幼时看香作里的几条牛，二是在角直时候常从田里小道走，看见牛，三是张大爷家的牛。现在回想，似乎都是铁环穿鼻子的。照你说明的和用简图表示的，我觉得不牢靠。如图一，树杈两端插在鼻孔里，何以能牢靠呢？（我于此又想到什么装置、什么机件用文字来描写之效果太少。你已经是尽量求其明白了，而我看了还是想不清楚。也许跑到你那里，在牛面前一看，就一点儿疑惑也没有了。）第四图你的设计，我也看不懂。你所需塑料等东西，满子准备后天去买，买到就寄。满子叫我把你的信仔细看过，品种与数量都重新抄出，必不致买错。①

叶至善接信后，于5月18日又写了一封关于“牛鼻叉”的复信：“牛的鼻子上，各处都用铁环，但是这里的农民都说铁环伤鼻子，都用木叉或木钩，木叉木钩都用天然的树杈来做，农民说最好用榆树，榆树树杈较韧，不易折断；其次用一种阔叶小树，农民就叫它‘鼻叉树’，不知正式名字是什么；农民说千万不能用桑树，说桑树枝伤鼻子。这也许有道理，也许因为‘桑’与‘伤’同意。鼻叉鼻钩的装法，我没有画牛鼻子，所以看不明白。现在再画一遍。”②

他又重画了“鼻叉”“鼻钩”“鼻锤”“鼻环”的示意图。叶圣陶看

①② 叶圣陶、叶至善写，叶小沫、叶永和编：《叶圣陶叶至善干校家书（1969—1972）》，人民出版社2007年版，第106、109页。

了来信和示意图，觉得还不够妥帖满意，在6月4日的复信中继续与叶至善探讨：

> 前几天我从你为牛鼻子动脑筋想起，马用辔头套上，就可以把它管住，就可以牵来牵去，从来没有在马的鼻子里穿个孔再打主意的。牛为什么不也用辔头呢？我想，当初想起在牛鼻子里穿孔的人，无非见牛的鼻子突出在最前头，就看中了鼻子。牛的头形虽然跟马不同，当然也可以套上个辔头，靠辔头把它牵来牵去。你说我这个想法是不切实际的吗？此外驴和骡也不穿鼻子，独有牛穿鼻子。要是真能改用辔头，小牛就可以免除穿鼻子的痛苦了。据兆言说，小牛半岁穿鼻子。牛还有两个角，系起辔头来比马、驴、骡更牢靠。①

叶至善在6月6日的信中说："我养牛已经十来个月了，老实说还在必然王国阶段。牛的生理情况可以说知道得极少，就是哪个时候牛忙，哪个时候牛闲，我们应如何配合，也才知道个大概。所以我很希望能养他个四年五年，逐渐摸出经验来，逐渐过渡到自由王国去。"②叶圣陶在6月10日的复信中要求他"时时刻刻把心思用上去"，摸索"整套"的而"不是零星"的"经验来"。③父子俩讨论"牛鼻叉"的信还有好几封。6月14日深夜，叶至善在给叶圣陶的信中说：

> 现在已经是夜里十一点四十分，外面正在闪电打雷，雨还没有

①②③ 叶圣陶、叶至善写，叶小沫、叶永和编：《叶圣陶叶至善干校家书（1969—1972）》，人民出版社2007年版，第120、122、122—123页。

下，据预报要下雹子。我们把一部分牛拴进了牛棚，另一部分拴在牛棚前面，等一下雹子，就拉进牛棚去。全部拴在棚里，怕它们热得受不了，所以只好等着瞧。如果真下暴雨，那就等雨过了再把它们拉出来。反正不能睡，就趁这时间写信。

两封来信，都说到牛穿鼻子的问题。对马，没有实践经验。毛驴用笼套就可以控制住，牛可不行。小牛生下来，先是什么都不用，它也只跟着妈转。到半岁的时候，就离开妈自己行动了，我们就给它加上笼套。可是要是它闹起别扭来，就拉不住它。如果到了一岁左右，它的劲就大得没法左右它。它要是站定了不肯走，你使尽全身的劲也拉它不动，只好边拉边轻轻地赶。它要是撒腿跑起来，拉是无论如何拉不住的，跑起来跟马那样快，追不上它，只好撒了绳子让它跑。我们这里就有一条牛犊，去年秋天才一岁出头。有一次，它撒腿跑了，我找了半天才把它找着，好容易拉住了牛绳慢慢往家赶。路上有位同志看它走得太慢，操起手里的铁锨柄在它屁股上敲了一下，这一下可了不得，它撒开腿就跑，我拉着绳子在后头追，哪里拉得住，跑得我喘得不成，也还是拉它不住，只好撒手由它去。不久之后穿了鼻子，它就老实得很，只要一拉住绳子，即使不使劲拖，它也老老实实跟着走。绳子是拴在左边的。赶牛的时候，人走在后边靠左，轻轻一拉绳子，它就向左转；把绳子向右轻轻一捽，它就向右转，灵敏得很。所以牛穿鼻子决不是什么偶然的事，也是从实践中总结出来的经验。①

① 叶圣陶、叶至善写，叶小沫、叶永和编：《叶圣陶叶至善干校家书（1969—1972）》，人民出版社2007年版，第125—126页。

叶至善养牛这么用心，老人应该感到很欣慰了；叶至善对“牛穿鼻”的解释源于“实践”，说得很透彻，但老人家还是心存疑义，在6月17日的复信中说：

牛穿鼻子最易于控制它，是实践中总结出来的经验，这一点我相信。不过我还在想，别国劳动用的牛是否也穿鼻子？我又想，马的力量不算不大，跑起来也快，何以从来不给马穿鼻子而只用辔头来控制？①

叶至善不得不进行耐心地解释，在6月20日的回信中说：

关于牛穿鼻子，还可以补充说一点。牛的鼻孔如果拉豁了，牛的价钱就要减一半以上，因为它就不好控制了。鼻孔拉豁了怎么办呢？就套上辔头，在鼻子的肉上穿一个孔，用个线轴似的小木棍插在孔里，系上根细麻绳，联结在辔头上。拉它的时候，劲主要使在辔头上，如果它犟，小木棍就发生作用，使它感到痛，不得不听话。鼻子的肉更容易拉豁。我们有一条老母牛，鼻孔豁了，穿鼻子的肉，看样子至少穿过两次，都拉豁了，鼻子前面的肉全没有了，只好在上嘴唇上穿孔，也穿了不止一次，上嘴唇上有好几个豁口。这头老母牛力气很大，可就是不好使唤。还有一头小公牛，去年秋天鼻子拉豁了，现在就在鼻子的肉上穿了个孔。与它同年龄的牛，

---

① 叶圣陶、叶至善写，叶小沫、叶永和编：《叶圣陶叶至善干校家书（1969—1972）》，人民出版社2007年版，第127页。

今年春耕都成了主力，而它仍旧作为后备，要主力牛都上了阵，实在没有办法了，才用到它。因为用它就是比用别的牛费劲。[①]

至此，这场关于“牛鼻子”的讨论，才暂告一个段落。父子俩谈“放牛”的信也有很多。叶至善1970年5月25日给叶圣陶的信中说：“放牛也有同样的问题，哪些牛能一起放，哪些牛必须分开，哪些牛可以撒手由它自由自在吃草，哪些牛必须牵住了放，都要心中有数。局外人看了很简单，以为喂牛只要把草和料放在槽里就完事了。放牛只要把牛赶到草地上就完事了，其实是很费心的。有时候，有的牛不肯吃，还得想方设法引诱它吃，一方面找它不吃的原因。生产队来的牛就是硬不吃短草拌料，我们知道它们是吃惯豆包的（稻草包黄豆），于是向伙房借了黄豆来，包给它们吃。要做到‘完全’‘彻底’真不容易。”又说：放牛时，“听它们刷刷地一大口一大口地啃草，真比自己吃到什么好东西还快活。哪儿有好草，我们都作了调查的，还有计划让草地也轮流休息，让啃掉的草能有时间重新长起来。这样花心思，才觉得养牛越养越有意思”。[②]叶圣陶在复信中说：“见到种种用心处，我看了真高兴”，激励他当上“先进”。

叶至善养牛养了一年半，拍了几张放牛、骑牛、给牛额角搔痒、训练小牛干活的照片，寄回北京家中，还写了一段说明词说：“我骑的牛有两头：一头的角是环形的，一头的角是平展的，水牛背宽，用腿劲是不容易夹住的。骑起来也与骑马不同，不是骑在腰里，而是骑在两块后

①② 叶圣陶、叶至善写，叶小沫、叶永和编：《叶圣陶叶至善干校家书（1969—1972）》，人民出版社2007年版，第128—129、115页。

胯骨上，这部位较平，好像自行车的坐垫，当然要大得多。好在水牛一般不跑，走起来慢吞吞的，在平地上没有什么危险（水牛受了惊，或者发起性子来，也会跑，甚至会像马一样跑），就是下坡的时候，不小心会向前方冲下来；上坡的时候，会从屁股后面滑下来。放牛的时候，也不常骑。雨后，草地积水，不好走，骑牛就最方便。有时要过沟，骑牛免得趟水，可水深及牛腹，就不好骑了，农村的孩子会站在牛背上过去。牛也有听话不听话之分。照片上的两条牛都是很听话的，我要骑，大多骑这两条。”① 叶圣陶给这组照片写了“至善与牛”四个篆体字，又题写了一段跋：“至善在潢川，至今已历十九个月，绝大部分时间在养牛组工作。照护、牧放、饲养，以及牛的性习诸端，几乎在每一封来信中谈及，辑集起来，该有好几万字了！这八张是近时所摄，让我见到具体形象。”②

叶至善爱学习，爱琢磨，动手能力强。他在 1971 年 7 月 22 日给叶圣陶的信中说：“养牛组的一些手工活，都是我在做。”“牛鼻绳一年大约要用一百五十条。还有一种牛拉犁、拉耙、拉车时套住脖子上的辫绳本来是请农工家属打的。最近我照样子打，也打成了。这种绳一年也要用七八十条。牛鼻叉就是我做，从到野外去找材料一直到成品，都是我一手包办。说是说牛鼻叉，其实不尽是丫杈形，还有钩形、丁字形等等，才穿鼻子的小牛和豁了鼻子的大牛，还需要各种异形‘鼻叉’，材

① 叶至善 1970 年 11 月 15 日致叶圣陶，叶圣陶、叶至善写，叶小沫、叶永和编：《叶圣陶叶至善干校家书（1969—1972）》，人民出版社 2007 年版，第 201 页。

② 叶圣陶、叶至善写，叶小沫、叶永和编：《叶圣陶叶至善干校家书（1969—1972）》，人民出版社 2007 年版，第 131 页。

料也各不相同。我怕一声令下就要我走，只想抽时间多打些绳子，多削些‘鼻叉’(特别是异形‘鼻叉’)。要说思想波动，就是这一点。”①

叶至善所说的“思想波动”就是不情愿离开牛。叶圣陶对此大加赞赏，他在7月27日的复信中说：

> 廿二夜所写信昨下午到。非所预料，读之甚欣喜。
>
> 上一信中我说你不波动，而来信却说有波动。但是你这波动并非一般所谓波动。一般所谓波动大概指私人考虑的方面而言，譬如说，干校生活总算就要“吃穿”了，回去之后不知担任什么工作，负什么名义，诸如此类。你可不起这一类的“活思想”而加紧打绳子，做牛鼻叉，还是从看牛工作着想，为这些熟习的牛和将来接替看牛的人着想。很可以说，这里头全无自私自利之心。这很值得写一张表扬的大字报。我当然不写什么大字报，只在信里特别写一段，借以表达我的感受。②

叶圣陶怎能不“欣喜”呢?! 前面已经说过，“养牛”是很辛苦的，夏天闷热，白天放牛被牛虻叮，晚上放牛被蚊子叮；晴天一身汗，雨天一身泥；冬天寒风刺骨，落雨下雪，牛棚里潮湿得厉害，可叶至善就是不愿意离开“牛”，因为有了感情。他在1970年10月18日给叶圣陶的信中说：冬天牛没好草吃，“要保证膘就比较困难。听说牛吃苦参可以补身体，今天我去挖了一天苦参。……苦参是豆科植物，茎是一年生的，根

---

①② 叶圣陶、叶至善写，叶小沫、叶永和编：《叶圣陶叶至善干校家书（1969—1972）》，人民出版社2007年版，第308—309、312页。

却是宿根，又粗又长，要用镢头挖得很深才能挖出来”。“每条牛一个月吃两次，每次二两，加盐和水煎服。”“喂药也是比较难的任务。”[1] 雄性水牛过了四岁就要动手术“阉”（做绝育），“牛阉好的第一天，要牵着它绕大圈遛步，不能停”。“第二天起，就可以放牧了，但是不能让它下水，怕伤口感染，还怕蚂蟥叮它的伤口（蚂蟥对血是很敏感的，有伤口一定会游过来叮）。第三天以后，可以下湖，不准下塘，因塘里蚂蟥很多。这就要有人专门照料。十天以后，就可以照常放牧了。”[2] 这些都是叶至善在“实践”中摸索出来的“经验”。至于看护新生小牛的事，叶至善做得就更周到了。1970 年 7 月 29 日，有一头老母牛要生产了，叶至善在给叶圣陶的信中是这么说的：

生小牛的又是那条豁鼻子老母牛，据说是第七胎了。……对母牛来说，生产这样勤，怕有损健康，小牛的体质可能也受些影响。二十九日早晨，发现老母牛阴里拖出一条白膜（是胞衣的一部分），还淌黏液（胞浆水），才知道它要生了。其实前两天已有征象，阴户肿胀，乳房膨胀。再仔细看，骨盘也向两侧张开，屁股两侧下陷。小牛出来先出前蹄，再出脑袋，姿势就像运动员跳水那样。脑袋出来以后，兽医就拉住了，把它拖了出来。因为怕这时候阴户收缩，把小牛憋死。脐条是自己断的，胞衣出来后，母牛把它吃了。小牛的蹄子才生下来是蛋黄色，不久就变黑了。母牛把小牛全身舔干。小牛两个多小时后就能站起来，扎到奶头吃奶。第二天傍晚就

---

①② 叶圣陶、叶至善写，叶小沫、叶永和编：《叶圣陶叶至善干校家书（1969—1972）》，人民出版社 2007 年版，第 189、148—149 页。

跟着妈下水了。我因为脚走动不便，这几天就在照料这个“产妇”。早上五点起来，牵它到附近放牧，七点半钟回来，拴在牛棚里，再割草喂它。为了增加营养，还喂豆饼、稀粥。下午再割草喂它，五点半又牵它出去放牧，到七点多回来。小牛现在是跟着妈，寸步不离。老母牛出来拉屎，它也跟着拉屎，这种学习好像也是本能。（以前说过了，水牛不在万不得已的情况下，不肯在牛棚里拉屎拉尿。）准备特殊照料十天，以后再跟牛群一起放牧。这十天内，可能又有一条母牛要分娩。我已经提出，愿意把照料“产妇”的任务坚持到底。[①]

说是“这十天内，可能又有一条母牛要分娩”，其实只过了三天，那头母牛就分娩了，叶至善在1970年8月5日给叶圣陶的信中说：

（小牛）生得很快，不到半个小时。生的时候是站着的，小牛啪嗒一声掉在地上，先是像死的一样，大约过了两分钟，就动起来了，半个小时就能站起来，有中等狼犬那样大。母牛年轻体壮，小牛生下来比那条老母牛生的壮健。我们只担心母牛又没有乳汁。乳汁倒有了，我挤了一下，四个奶头都能滋出乳汁来，可是像针一样细。小牛站起来就要吃奶，这母牛却不让小牛吃，两条后腿老左右迈步，或者用膝关节弹小牛，甚至回过头来用角顶小牛，跟那头老母牛完全不同。我们想可能是它第一次喂小牛，奶头刺痛。于是就

① 叶圣陶、叶至善写，叶小沫、叶永和编：《叶圣陶叶至善干校家书（1969—1972）》，人民出版社2007年版，第149页。

想法子让它安定下来。为不让它顶小牛，把它的鼻绳拴在树上，挂得比较高，不许它乱动，还用两个人分别搔它的头顶和屁股（牛这两个地方最痒，搔了它就感到舒服），小牛这才吃到了乳汁，真比服侍一个产妇还困难。到今天（五日）已经四天了，母牛已经稍为习惯，有时候也自动给小牛喂奶了，可不知怎么的，总不大照料小牛。那头老母牛，一听见自己的小牛叫，立刻赶过去。而这头小母牛，就像没有听见一样。我这两天就专门在照料这两对“妇婴”。[①]

叶至善爱牛是爱到家了。1969 年 12 月 26 日，他又添了个孙女，就给取个小名叫“阿牛”。叶圣陶在是日日记中说：

兀真新生之女婴取名“丹”字，系小沫所提出。至善前曾于信中提起，无论为男为女，取名“子牛”，盖从鲁翁诗句取义，一以示彻底为人民服务之精神，二以纪念生时其祖父方从事管牛之工作，余则谓从鲁翁诗句取义，用“子牛”不如用“甘牛”。及生出为女婴，三午、兀真总嫌女孩子呼“牛”不大好，采用小沫所拟之“丹”字（小名叫“阿牛”）。

1972 年 3 月初，兰考县有个生产队来干校买了两条黄牛，叶至善舍不得，他在 3 月 13 日给叶圣陶的信中说：

---

① 叶圣陶、叶至善写，叶小沫、叶永和编：《叶圣陶叶至善干校家书（1969—1972）》，人民出版社 2007 年版，第 150 页。

我们又卖掉了一头黄牛，是兰考的生产队派人通过这里的同志来买的。来了五个人，是两个生产队的，他们原有的牛因为牛棚失火，全烧死了。牛棚失火，冬天是经常发生的，这里附近有个生产队，十头牛就烧死了九头，生产队的家当等于损失了一半。从兰考来的那五位，想买十几头牛，他们只能要黄牛（信阳以北就没有水牛了），而我们黄牛剩下不多，只买了两条。一条是九连的，喂牛的一位女同志，看牛牵走还流了眼泪。我也是很舍不得的，这条牛长得很漂亮，角和蹄都晶莹如贝壳，身子长、腿长，很挺拔。我喂了它两年半了。它临走，我饱饱的喂了它一顿草，特地加喂了半铁筒豆饼。（忽然想到："树犹如此，人何以堪"的成语，套了一句："牛犹如此，人何以堪"。这样套，不知道合不合习惯，原来的"树"和"人"是主格，现在"牛"实质上是"对牛"，"人"实质上是"对人"。"牛"和"人"都成了宾格了。）兰考离这里五百里左右，得赶着走，大约得十天。赶的人固然辛苦，这条牛也从没有走过这样的长路。①

就好像子女离家出远门似的，叶至善为这条牛担忧。这条黄牛牵走后，叶至善对它念念不忘，在 1972 年 3 月 16 日给叶圣陶的信中说：

又要说到那条卖掉的黄牛了。我们原有三条黄牛，恰好是"老、中、少"，卖掉的是"中"，大约五岁到六岁。三条黄牛放出

① 叶圣陶、叶至善写，叶小沫、叶永和编：《叶圣陶叶至善干校家书（1969—1972）》，人民出版社 2007 年版，第 445 页。

去的时候遇到陌生的黄牛，常常气势汹汹地一齐冲过去打架，拦都拦不住，打起来不要命，还能互相配合，常使我想起《三剑客》来。现在真成了"三缺一"了。这几天晚上，我们还常常谈起，不知它今晚宿在哪里，有没有牛棚可避雨。兰考只有麦秸，没有稻草。去年我们稻草不足，喂它麦秸，它就是不吃。担心它这回去了要受苦。真有些像担心自己的孩子吃不惯粗粮一样。①

"养牛组"的同志都说叶至善为牛付出了很多，而叶至善则说他也得到了很多。他写过一首五古《放牛》，诗云：

春耕不失时，犁耙不休歇。登垄望牛归，牛归日之夕。
曳犁踯躅行，汝其饥且渴。饮汝柳树塘，食汝黄堰侧。
黄堰草初长，萋萋不盈尺。草细如春韭，未堪供大嚼。
俄顷新月落，四野向昏黑。但闻龁草声，扎扎何自得。

虽说晚上放牧，蚊虫多，但听到牛吃草的声音就很陶醉。他还写过一幅养牛的对联："得失塞翁马，襟怀孺子牛"，是送给永和的，顺便抄寄给叶圣陶看看。他在1972年5月1日给叶圣陶的信中说：

在考虑给永和写些什么时，忽然想到两句句子："得失塞翁马，胸襟孺子牛。"我的意思是，如果计较个人得失，就有许多偶然性，

---

① 叶圣陶、叶至善写，叶小沫、叶永和编：《叶圣陶叶至善干校家书（1969—1972）》，人民出版社2007年版，第447页。

到底是得是失，结局很难预料，就像塞翁失马一样，应该有甘为孺子牛的宏旨，学塞翁那样，把个人得失看得淡一些，最好抛在一边。“孺子牛”对“塞翁马”大概是很“工”的了。“胸襟”对“得失”就不大“工”。如果改成“行藏”，那就全“工”了。可是“行藏”太陈旧迂腐，意思很不好，没法用。这两句不是律句，只能放在古体诗里。①

叶圣陶很欣赏这两句诗，戏称为“牛马联”。在他八十三岁生日那一天，用篆体写成对联，并题款“至善撰此联寄怀语我已久请为书之今日为一九七七年十月二十八日余之生日也圣陶”。叶圣陶逝世后，叶至善自己又重写了这副对联，并具款“文革期间在干校放牛，作于牛棚中，先父戏称之谓‘牛马联’”。

“四好初评”，“干校”同人对叶至善的评价是勇于挑重担，善于动脑筋，有一辈子走“五七”道路的决心。兽医对“养牛班”的测评是：叶至善养牛班的牛“膘情很好”。附近农民看到，“也没有不夸奖的”。②叶至善回北京探亲，一回干校，第一件事就是进牛棚看牛，他在给叶圣陶的信中说：“牛真是认识我的，瞪着眼睛朝我看，深吸气闻我，有两头还舔我的裤子，……都长的屁股滚圆的，看了叫人高兴。”③ 叶至善养牛有功，得到的大奖是：1971 年 6 月 1 日，组织上安排他的夫人夏

①② 叶圣陶、叶至善写，叶小沫、叶永和编：《叶圣陶叶至善干校家书（1969—1972）》，人民出版社 2007 年版，第 498、246 页。

③ 叶至善 1972 年 11 月 15 日致叶圣陶，叶圣陶、叶至善写，叶小沫、叶永和编：《叶圣陶叶至善干校家书（1969—1972）》，人民出版社 2007 年版，第 603—604 页。

满子参加家属代表小组，到潢川“五七干校”参观慰问，家属代表们受到校部敲锣打鼓的欢迎，这在当年是最大的荣光。

1972 年 12 月 21 日，叶至善在农场发出最后一封信，结束了长达三年八个月的养牛生涯，调回北京，重新分配工作。叶至善在“干校”所展现的“完全”“彻底”“认真”“负责”的高尚情操，固然源于他的“人格”，但与叶圣陶的热情的鼓励和全身心的支持不无关系。在这“三年八个月”里，家里发生了很多事情，如至诚姚澄夫妇受到很多折磨和批判，三午和大奎患强直性脊柱炎，至诚之子兆言在一次事故中眼睛受伤（来京治疗），等等，所有这些都使老人心思很重。以 1970 年前四个月的日记为例，写到这些“家务事”的就有：

1 月 1 日　上午候三官未至。午后，永和、宁宁与张迎之于车站，将近三点乃至家中。三官面貌颇瘦小，额上皱纹益多，似有老人模样。与彼为别两载有馀，而以感觉言之，似不止两年之别。……

1 月 4 日　下午四时，忽大奎回来，谓得请准探亲假。全家大喜。大奎之腿病较减轻，不甚作痛，腋下之拐棍，不用亦可行走。形容较去年动身时为瘦，然不见憔悴。据称其所居泰康镇上已挖成地道（费时两个月），机关商店，可以于地道中前往。而入地道之口，皆在屋内，闻警立可潜入，准备抵拒或迁移。余前闻哈尔滨亦复如是，大致东北各地之战备工作，较之他地为好。

2月8日　夜间余通火炉，铁通条仆于地，余捡起之，不意手触烧热之一头，右手第二第三指之里面灼伤半寸有馀。

2月16日　接三官来信，言姚澄手指上之外症尚未愈，再度开刀，颇受痛苦。因作书复之。

2月27日　满子为余言，近日胸次有一种不舒服之感觉，难以描述。并不经常觉到，觉到时颇难受，甚至有欲吐之感。余觉察彼近日殊憔悴，眼腔有灰色阴影，目睛无神。而彼自称则肌肉至消瘦。此殊非佳朕，可为愁虑。迩日弘琰住此，明晨令弘琰往反帝医院挂号，且看医生如何说。

3月12日　今晨三午乘火车回密云林场。彼回来休假已久，病并无好转。且背脊益往前弯，故在家时偃卧为多，今返林场，亦未能作何工作。

彼近往定制钢丝背心，据云经常穿钢丝背心，可以阻止背脊之不复更弯。如梁思成，穿此种背心四十馀年，居然可以支持。余唯希三午能有耐性，背心制就后能常穿，而其病亦自然不复发展耳。

因三午而念及大奎。大奎之病，自亦无法根本治好，终身瘸腿，已属必然。近彼来信，谓以食物之营养不足，有贫血之患。希得补身之药物寄与之。今日满子寄与蜂皇精四瓶及另一种营养剂。

3月17日　晨间方听广播，忽闻满子惊叫。即起身，询知系见一人潜至廊下，方取晾于铅丝上之旧毛线，闻呼声，则弃毛线于庭中，慌忙走出。老田家之儿女须于早晨赴学校操练，故大门于六点半即开，而垂花门昨未关上，致使早晨顺手牵羊之辈得以直抵前廊。虽未遗失何物，而满子之神经又受一回刺激矣。

4月2日　上午接三官信，又是意外事故。兆言在学校中，因同学有掷砖为戏者，一砖中兆言之左眼。医院检查则角膜已破，为缝缀若干针。结果如何须待十日后方知，最坏可能失明，最好则恢复原状。三官、姚澄皆为此自干校回南京，姚澄为照料兆言，可在南京多留若干日。彼等对失手之同学不加责怪，自是正当态度。而兆言经手术，受痛苦，亦复表现颇好。午后作一书致慰问，并道深念。

家里这些烦恼和琐碎的事情，有的叶至善是知道的，有的未必知道或知道得不很全，因为有父亲的支撑和关爱，叶至善真的做到了一门心思地扎根干校，非但在“养牛”“双抢”“抗洪”“基建”等各种繁重的体力活中总是一马当先，在“活学活用”“一打三反”“批修整风”“深挖五一六”运动中不落人后，而且在平时显得乐观从容，心有“闲情”。仅以1971年为例，叶至善心有“闲情”的信至少有十多封，摘抄于下：

3月28日致叶圣陶　油菜花已经黄成一片了。我住的草屋后窗正对着一片油菜地，太阳好的时候黄得耀眼。紫云英也开始开花，但还没有到盛期。

这两天是孵小鹅的日子。有人到广东去探亲，带了二十个狮头鹅的蛋回来，孵出了十四只，比当地的鹅大得多，听说可长到三十来斤。信阳地区各干校养鸭和鹅的，只有我们一家，将来还得分一些给兄弟干校。鹅孵蛋非常有趣，母鹅能自己照料，把十几个蛋排得非常紧凑，占的面积最小。孵在上面还用嘴叨了毛把四周围捂严实。小鹅快出来之前，在壳里就唧唧的叫。出来的时候，先把蛋壳中部啄破一个窟窿，然后慢慢向一边延长，如画地球的赤道线似的。等延长到半周，蛋壳就裂成两半了。小鹅才出来的时候，毛是湿的，一会儿就自己干了，像个黄绒球。狮头鹅的小鹅，毛是灰黑色的。①

4月9日致叶圣陶　　昨天放牛，第一次看到燕子，今天又不见了，可能是路过这里的。而留在这里的燕子，还没有到来。这些现象也是十分有趣的。记得北京要“五一”前三四天才看到燕子。草长得很快，草地上有不少野花。野花黄色的占多数，其次是紫色的（不是带红的紫色，而是“青莲色”），再其次是白色的，粉红色的；与人工栽培的也很不相同。杜梨也开花了。这里杜梨很多，花小而繁，白里泛青，可惜这种树的姿势很难看，好像蓬头鬼。②

4月19日致叶圣陶　　近两天放牛，发现一些植物的变异现

---

①② 叶圣陶、叶至善写，叶小沫、叶永和编：《叶圣陶叶至善干校家书（1969—1972）》，人民出版社2007年版，第251、258页。

象。看到有白色的蒲公英花，还有极少数白色的蒲公英花，花瓣尖上略带粉红色。如果是栽培的观赏植物，就可以用人工培育出新的品种来。还有白色的紫云英花（紫云英中国的旧名叫“翘摇”），那是很罕见的了。[①]

5月7日致叶圣陶　　上次信中提到韭菜。我问了种菜的同志，他说种一次可以连续收割四年到五年。四五年之后，根系太发达，就会走向反面，开始腐烂。这时候要把根翻出来，分棵，重新种一次。每一回割的时候，都是贴地皮割的，简直像剃光头一样。这两天除了韭菜、蒜薹，蔬菜有小白菜和莴苣叶。莴苣叶是掰下来的，莴苣还能继续生长。再往后就有水萝卜和莴苣笋吃了。管菜园的同志为了保证供应，真费了不少心思。……

前次信上说到狮头鹅。这种广东种鹅长得真快，五十天就长到四斤半，据说到年底就可以到三十斤左右。而本地的鹅只有十五六斤。又据说：狮头鹅长江以北还没有饲养的，如果我们能够使它们生蛋、孵出下一代来，这又是一个创举。鸭又到了生蛋的旺季，我们连的不到六百只鸭，一天就要收将近五百个蛋。鸭这两天主要就吃小青蛙。[②]

7月6日致叶圣陶　　阿满[③]带回的鸟蛋，我就因为爹爹喜欢

---

①② 叶圣陶、叶至善写，叶小沫、叶永和编：《叶圣陶叶至善干校家书（1969—1972）》，人民出版社2007年版，第264、270页。

③ 阿满：夏满子。

看看，所以一定要她带的。这是两种鸟的蛋，可我也不知道是什么鸟的。阳历六月中放牛，牛到人迹罕到的草丛中去吃草，我们跟去，往往会拣到鸟蛋。各种鸟窝的形式，几乎是一样的，用干草铺成浅浅的碗的形式，只是有大有小。拣到的最大的蛋是野鸭的，大小如小号的鸡蛋，壳青色，阿满见过，一窝有十个左右。其次是野鸡的，比鸡蛋小，壳有淡红的、淡青的，很好看，一窝有时超过十个。其余的几乎都是白色带麻点的。最小的是鹌鹑蛋，与过去北京市上买的完全一样。鹌鹑在麦田里做巢，割麦的时候拣到的最多，几乎每一窝都是五个蛋。当然应该还有更小的蛋（如云雀）和更大的蛋（如一种很像鹭鸶的白鸟），但都没有拣到过。有许多鸟，人一走近，它并不飞起来，而是钻进草丛跑掉了，因而不能知道拣到的蛋到底是什么鸟的。

说起鸟，我知道的名字实在太少，多数叫不出来。云雀身子只有麻雀大，总是单个生活。它从草丛或麦田里飞出来，一边叫，一边越飞越高，叫声清脆。并且飞的方向总是对着风，翅膀不停的扑，可是总与风力差不多正好抵消，高度是越来越高，可还在老地方。一直边叫边飞，大约一分半钟，可能气力用尽了，就飘落下来，落在原来飞起的地方附近。二十来分钟后，又照旧飞起来，使劲地叫，使劲往高里飞，在野地里，这种鸟此起彼起，使天空里十分热闹。我想：苏州儿歌中说“叫天子飞来节节高”，“叫天子”可能就是云雀。

上面说的类似鹭鸶的白鸟，这里是成群的，冬天不见了，春天才来。可能这里的人叫它白鹭，也可能白鹭河就是这样得名的。真的鹭鸶，这里也有。鹭鸶是比较孤独的，老是一条腿站在水边上，一动不动的等着，有的地方叫它“老等”。这里的白鸟是成群的，大群多至五六十只。比鹭鸶略肥，啄较短，腿短半截，站的时候用两条腿。虽然也不大动，比起鹭鸶那种“等”劲来，差远了。没有听到这种鸟叫过，正如词中说的“白鸟无言”。偶然也飞到牛群边上来，吃草里飞起来的虫子，甚至站在牛背上。去年秋天有一次，我骑在牛背上一声不响。这种鸟一小群一小群飞来，竟聚集了六十多只，最近的离我只十来尺远，真有趣极了。飞起来是成群的，队伍不十分整齐。今年黄湖区内，这种鸟没有来，我正在奇怪，那天上生产队去，在河对岸见到了。可能今年黄湖拖拉机声音日夜不断，它不在这里落脚了。我怀疑杜甫的“一行白鹭上青天”，指的就是这种鸟。鹭鸶是不成群的。

就说这两种鸟吧，不知道鸟的名字，就很难多讲了。我很想有一本鸟类图谱，把这里的鸟的名字弄清楚。①

8 月 28 日致叶圣陶　　上星期全校又抓了一下卫生医疗工作。我们连采集中草药的成绩落在最后。于是连里成立了一个中草药小组，同志们推选我参加，这就成了我到干校以后的第一个社会工作。前天上午由亚疗的医生教中草药小组的成员识别了几种目前急需采集的草药，采了标本陈列出来，下午发动全连去采集，半天就采了六百多斤，主要是“鹅不食草”“旱莲”“鸡眼草”“虾虬菜”。

① 叶圣陶、叶至善写，叶小沫、叶永和编：《叶圣陶叶至善干校家书（1969—1972）》，人民出版社 2007 年版，第 299—300 页。

我们放牛组的同志把牛赶到草地上，就找草药，采到了三斤多“马鞭草”，这是很需要而别的班都没有找到的。今天早上我放牛，看到有一片地上“旋复花”特别多，下午发动同志去采，采到了二十五斤。这也是很需要而别的班没有采集到的。草药的生长很奇怪，有的地方很难找到，有的地方却是成片的。在我看来，自然条件似乎没有什么区别。这些草药，几本草药手册上都有。我不说它们的形态和功能了。放牛就在草地里转，是找草药的好条件，只是认识的不多，是药也把它放过了。单照图谱去找，很不容易，看了干的标本，也还不容易找，因为草药一干，颜色和生长的状态都改变了。最好是看新鲜的标本。中草药小组除了宣传和采集，还要试用、证实药效。这只好照手册上所说的去试了。①

10月15日致叶圣陶　这几天，我们在跟鸟作斗争。这里的习惯是只种早稻和中稻，没有种晚稻的。而我们今年种了八百多亩晚稻。周围生产队的水稻都收割了，于是雀子都集中到我们的晚稻田里来啄稻粒，有人说笑话，潢川、淮滨、固始三个县的雀子都集中了。真是成千上万，铺天盖地。成群地飞起来就像飘雪花一样，只是颜色是黑的罢了。起先以为这些雀子都是麻雀，其实不然，有一种背上和翅膀较黑，胸部较白的，还有一种颈子上有一圈白毛的。一天啄掉的稻粒估计要上百斤。有的穗头简直剩了空梗。校革委会于是开紧急会议，动员大家赶雀子，还组织了专业队。锣鼓响

① 叶圣陶、叶至善写，叶小沫、叶永和编：《叶圣陶叶至善干校家书（1969—1972）》，人民出版社2007年版，第334页。

器一齐上场，还借来了鸟枪，放小爆竹，还挥着旗子在田埂上来回走。这样一闹，损失是要小一些，稻田里可热闹得很。晚稻要月底才能割完，这场斗争还得坚持半个月。

毛主席原来是把麻雀列入四害之内的。后来有人说，五八年灭了一次麻雀，树木上的害虫就多了。我也有点同意这种说法。现在看来这是没有到过农村的城里人的看法。麻雀对粮食的危害很大，确有消灭的必要。春天稻种一下地，它们就吃，水稻一结穗，它们又吃。其他粮食亦然。毛主席后来说：麻雀到底如何，再研究。其实也是等待群众的认识程度。麻雀到底吃多少害虫，我没看到；吃粮食则的确是大量的。即使它能吃害虫，也可以招引其他不吃粮食的益鸟来代替。花这许多粮食来养麻雀，再让麻雀来消灭害虫，总之得不偿失。①

10月20日致叶圣陶　　上封信说到轰雀子的事。现在发现有一种晚稻，叫“桂花黄”，几乎不受雀害。这种稻只两尺来高，是抗倒伏的品种，阴历八月成熟，叶尖火黄色，颇似“金桂”。奇怪的是穗头较叶尖矮，好像藏在叶子里。穗上的谷粒互相挨得很紧，好像较紧的绳子。这些当然都不是雀子不吃的原因。有人说因为它的壳较厚，所以雀子不爱吃。到底对不对，我有点怀疑。受雀害最严重的是“农垦五八”。如果没有“农垦五八”，雀子会不会去吃“桂花黄”呢？这也是个问题。这许多问题，如果用心研究，都是

---

① 叶圣陶、叶至善写，叶小沫、叶永和编：《叶圣陶叶至善干校家书（1969—1972）》，人民出版社2007年版，第362—363页。

很有意思的。①

10月26日致叶圣陶　　晚稻“桂花黄”，是今年试种的新品种，特点是抗倒伏，产量高。没有听说能抗雀害，所以我用“发现”。听说今年收下来的“桂花黄”，都要留下来，给附近生产队来换种子用。雀子所以不啄“桂花黄”，很可能是因为它的谷粒长得很牢，不容易啄下来。机器收打别的品种的水稻，都打得很干净；而打“桂花黄”，几乎有三分之一打不下来，留在穗上，我作这样的判断。因而我们准备把稻草全部运到场上复打一遍。②

10月30日致叶圣陶　　关于“桂花黄”抗雀害的原因，我上一封信上说的是不正确的，原来雀子吃谷，啄到嘴里去之后，都要把壳脱掉，吐出来。把打死的雀子剖开来，可以看到它胃里全是米，没有壳。而雀害严重的稻田里，地上可以看到有许多谷壳。“桂花黄”的谷壳较厚，并裹得很紧。雀子在嘴里没法把壳脱掉，所以不吃它。这样一件小事情，认识它的过程也是很有意思的。③

11月3日致叶圣陶　　又要说稻田的雀害，这是第四次说起了。近来两天，雀子忽然减少了。以前说：一轰起来，成千的雀子在稻田上空打回旋，好像飘雪一样，这种现象不见了。雀子的品种

①②③ 叶圣陶、叶至善写，叶小沫、叶永和编：《叶圣陶叶至善干校家书（1969—1972）》，人民出版社2007年版，第366、372、375页。

也减少了，只剩下了麻雀。（麻雀一受惊，成群地向一个方向飞，不打回旋。）这决不是雀子给轰怕了，因而飞走了。我想除了麻雀，其他的几种雀子都是过路的候鸟，在这儿停留几天，吃饱了，长肥了，天气也冷了，又成群向南方飞去。麻雀是定居在当地的，有固定的巢，并且不会离巢飞得太远，估计至多只两三里之遥吧。所以，以前信上说，三个县的麻雀都集中在这里会聚，这话也是不正确的。认识一件事物需多次反复，逐步修正，雀害的例子也可以说明这条真理。①

12 月 2 日致叶圣陶　　今年我们的菜园搞得特别好，蔬菜品种增加了不少，有南方品种的油菜、黄芽菜、莴苣、萝卜。油菜经了霜，好吃极了，就像在苏州到南园去买来的一样。自从离开了成都，从没有吃到过这样好的油菜。萝卜也不像北京的那样，实得像土豆一样。阿满来的时候，正好青黄不接，没有什么蔬菜吃。我们这几天是每顿一大碗。新米已经吃到了，有的品种黏得像糯米一样。没有荤的，也吃得非常满意。猪还是十天宰一头，可以吃四五天。这两天为了平整土地，又在清塘，又快要有鱼吃了。②

在叶至善的“家书”中，“干校”是亲和的大家庭，潢川简直是“世外桃源”，他自己简直就是叶圣陶童话《快乐的人》中那个“周身包围着一层极薄的幕”的“快乐的人”，“他在这层幕里过他的生活，觉得事事

①② 叶圣陶、叶至善写，叶小沫、叶永和编：《叶圣陶叶至善干校家书（1969—1972）》，人民出版社 2007 年版，第 377、399 页。

快乐，时时快乐”，“处处快乐，样样快乐”①。身有余力，心有“闲情”。劳动之余，叶至善观赏玉米高粱水稻棉花，以及瓜豆菜蔬、鸟鸭鱼虫、花花草草，还读史书，看小说，谈论新发掘的“长沙的汉墓”，吟诗填词抒发自己的情怀心志，鼓励子女在农村和边疆扎根，参与“批林批孔”，似乎一切都是那么地潇洒从容。这里抄录叶至善 1972 年 5 月 10 日改定的《采桑子》，也能看出他当年的思想境界。词云：

悬冰飞雪花枝俏，
不占春光。
只报春光，
侵晓破寒送暗香。

山花烂熳东风劲，
照眼春光。
笑对春光，
哪得闲情矜旧香。

雪后横枝冷更妍，
报春不为占春先。
山花烂熳东风劲，

① 《叶圣陶集》第 4 卷，第 136 页。

爱诵新词咏梅篇。①

三、"献忠心"、大批判和"自费旅游"

叶圣陶 1967 年 9 月 24 日因患急性前塞心肌梗死，住入"反帝医院"（协和医院）治疗，七周后出院，又经过一段时间的休息调理，到了 1968 年春天，居然能在家人或邻居的陪伴下洗澡、理发，逛公园和动物园，看望老友王伯祥，与外界有了接触，心绪也就见好。因为叶至善去了"干校"，小沫去了"兵团"，永和去了陕北，叶圣陶就给他们提供各种信息，叶至善戏称为"父亲创建家庭信息服务中心"，他在《父亲长长的一生》中说：

父亲的服务，主动、细致又体贴。如买了大幅的全国地图和世界地图，及时给两个孩子各寄去一份，类似这样的事，我自问就不可能想到。阿波罗登月成功，只《参考消息》上有；而那个时候，《参考消息》还不是随便可以订阅的，绝对禁止邮寄；父亲硬是一条也不落，全都抄下来寄了给我；他知道我从小就对天文学知识感兴趣。还有关于延安地区插队青年的几个文件，也复写了寄给我一份，给在福建的祖璋先生也寄了一份，因为祖璋先生的小儿子也在延安。给几个在各地插队的青年寄书寄期刊，更是他经常的事。看

① 叶圣陶、叶至善写，叶小沫、叶永和编：《叶圣陶叶至善干校家书（1969—1972）》，人民出版社 2007 年版，第 513 页。

过的《文汇报》，他每三天卷成一卷寄给我，叫我看了再给永和寄去。他的服务中心不光发消息，还办理转递信息。给至诚和姚澄，父亲信也没有少写，只因为在那段时间内，他们夫妇的生活太不安定，信一封也没留下来。到了一九七六年，情况才有所好转。①

1969年5月5日，叶圣陶按教育部工宣队与军管组联合指挥部的通知，到教育部参加“全体大会”，这是自“文革”开始以来第一次接到开会的通知。是日日记记：

午前接到教育部工宣队与军管组联合指挥部之通知，嘱于下午往部中逸仙堂参加全体大会。午后十二点四十分，满子陪余出乘车。先乘廿四路汽车到朝阳大街，换乘九路电车，至西单商场下车。车不挤，在站上等候不久，为时共约三十分钟。于是满子自归，余缓步到部中，入逸仙堂，先余到者仅二人而已。记前一次到部中，在1966年八月初，距今将三年矣。待之约半小时以后，全堂满座，听工宣队二位同志之报告。今日之会为“向毛主席献忠心动员大会”。报告之要旨为丢掉包袱，轻装上阵，团结对敌。凡有问题须交代者，希彻底及时交代，争取不致被动。报告毕，散会。余依嘱咐到三楼之一间，则有工宣队之同志一人在相候，继之则有军管组之二人至。如余之应约而至者有六七人，除林老外，皆不相识，大概为原教部或高教部人员，多数年老且病。工、军同志略谈

① 叶至善写：《父亲长长的一生》，江苏教育出版社2004年版，第388页。

教育部运动落后之情况，今则形势转好。继之言尔等亦宜参加学习。商讨有顷，决定即此数人在一起学习，每周二次，星期二星期四之下午。本周于星期四开始。谈毕而散，时为五点。乘九路电车、廿四路汽车而归，到家已将六点。出门一趟，颇感吃力，头中岑岑作胀。殆以走路较多，坐逸仙堂中座位不适于身体，又复上下三楼之故。好在往后学习，即在大楼之末层，而乘车走路，久习亦将惯焉。

从此，叶圣陶每周“星期二星期四之下午”到教育部参加“学习”，名义上是“向毛主席献忠心”，实际上是“彻底交代”问题，“丢掉包袱，轻装上阵，团结对敌”。关于“学习”和“献忠心”，叶圣陶日记中也有记载：

5月13日　　午后到部中。候至两点半，到者连余共五人。先各自阅读林副主席之政治报告。既而工宣队之二位同志来，言部中一周来展开放包袱运动，上星期一在逸仙堂之动员报告，希重听一遍，并讨论之。于是五人中之郝人初君据讲稿朗诵，俾共听之。听毕，各人发言，皆谓发动此运动极有意义。六点一刻散。到家已将七点。

5月15日　　午后到部中。知今日又有大会，乃至逸仙堂。观台之上方有横幅，书“清理阶级队伍动员大会”。三点开始，工宣队同志作报告，就部中之情形说明诸点，末言清理阶级队伍之工作从此开始。会散，余之学习组之五人[1]会于指定之一室，就两次之动员报告各抒其所见。余言及在中国青年出版社有股份，并领过两期定息之事。以六点十分散。乘车得坐，而半日出门，仍感吃力。

5月20日　　午后到部中，先观大字报一小时有馀。自上星期四动员大会以来，部中大字报一时涌出，几乎遍于所有墙上。亦殊难尽看，所提之人与事大部分皆初未之闻。四点后回至室中，共谈部中往日事。郝人初原在办公厅，又来自延安，谈甚长。余言于教部之早期，有两点印象颇深。一为学苏联，不管如何，搬过来再说。又一为正规化，谓老解放区之教育为非正规化。由今思之，此二者即属于修正主义教育路线。六点散。

5月22日　　午后到部中。两点半，五人俱到，另有一与我人共同学习之同志。孙文淑与卿汝楫各谈其往事，皆颇繁。余用心听而听之仍不清晰，耳朵衰退，无可奈何。又出室看大字报，日内新张贴者益多。六点未到散。

5月27日　　下午到部中。卿汝楫起好草稿，详言其个人之历史。谈两小时有馀，仅及其半。于是往看大字报。散会之前，郝人初谓林老与余，是否亦简要谈谈个人历史。我二人皆允之。

---

① 其余四人是教育部原副部长林砺儒，教育部部长助理孙文淑、卿汝楫，教育部办公厅原副主任郝人初。

6月12日　　午后到部中。三小时半时间，仅林老、余、卿汝楫与陪我人学习之马同志四人发言。郝人初乃言下一次继续讨论，缘“九大”提出之团结问题至关重要，宜深入学习云。余发言约五十分钟，当时不觉如何，后乃觉其吃力。久不当众说话矣。

6月24日，叶圣陶开始在“学习”时谈“个人历史”。是日日记记：

午后冒暑到部中。卿汝楫谈半小时，总算毕其个人之往事。于是郝人初嘱余一谈。余连日凭记忆写有记叙往事之简稿，即据以语组中之人。谈约二小时，中间休息数十分钟，谈至余离开商务印书馆而止。如此漫谈，殆亦须三四回乃可毕也。谈说既吃力，回来之九路电车又不得坐，乃觉累甚。

6月25日日记记：“记叙往事之简稿尚未完毕，今日续写之。有若干事想不清楚，因而下笔慢，头脑感觉疲乏。”6月26日日记记：

下午到部中。我谈两段（中间休息），共两小时有馀。已谈到1954年。复觉其累，归来有颓然之感。

6月27日日记记：“继续写记叙往事之简稿”。次日日记记：“继续写记叙往事之简稿。费时多而成稿少，仅得千馀字而已。”7月1日日记记：

下午到部中。郝人初嘱我续讲过去历史，讲约一时十分钟。已讲三次，而尚未完毕。休息而后，由孙文淑、郝人初、卿汝楫各读《中国共产党万岁》[①]，俾共听之。余昨夕听一遍，今晨听一遍，又加三遍，共五遍矣。五点四十分即散。

7月2日日记记："续写简稿。头脑昏沉，眼睛模糊，得稿不多。"7月3日日记记：

下午到部中为学习会。余谈约八十分钟，中间休息。已谈至1965年，再谈一次，可以完毕矣。初不意竟延至如是多次。其馀时间，则漫谈社论《中国共产党万岁》。

7月4日日记记："今日仍写谈往事之简稿"。7月5日日记记："今日仍写谈往事之简稿"。7月6日日记记："续写简稿，不能畅达。"7月7日日记记："今日仍写谈往事之简稿。草草书于一本练习簿上，已将写满。殆有二万字以上矣。"7月8日日记记：

下午到部中。余谈一小时又二十分，将个人历史谈毕。计谈五次，每次时间不等，加起来殆有八小时。下一次则由林老谈矣。其外之时间讨论《中国共产党万岁》，卿汝楫与林老二人发言。

这次"学习"除了谈"个人历史"外，内容还有听"郝人初列举刘少奇

① 两报一刊纪念中国共产党成立四十八周年社论。

一向与毛主席对抗之言论，以明党内两条路线之斗争之长久”（7月15日）；“商谈如何对修正主义教育路线进行大批判”，“则缘毛主席有‘还有些事没有做完，譬如讲，斗、批、改’之指示也”（7月17日）；参与讨论教育部的“宽严大会”（7月24日）；参与“关于派性，关于无政府主义、无组织、无纪律，种种不良倾向”的“党中央七二三布告”的学习和讲用大会（7月31日、8月5日、8月7日）；参加教育部各组织之大小头头的“斗私批修”讲用会（8月14日、8月19日）；参加教育部“落实无产阶级政策大会”（8月26日）；“讨论两报一刊之社论《抓紧革命大批判》”（8月28日）；学习有毛主席指示“要准备打仗”的中央“8·28命令”（9月4日、9月9日）；学习和讨论毛主席关于教育革命之论述（9月11日）；听郝人初谈“陆定一、彭真、蒋南翔、钱俊瑞为一伙，皆隶属于刘少奇之系统，不执行毛主席之革命路线”（9月16日）；听“林老批判所谓‘教授治校’”（9月18日）；“听刘仰峤与黄辛白之检查”（9月23日）；“批判以往高等学校之校长责任制”（9月25日）；“讨论林副主席国庆日讲话，周总理国庆前夕招待会上讲话与两报一刊之国庆社论《为进一步巩固无产阶级专政而斗争》”（10月7日）；参加教育部“号召大家前往‘五七’干校”动员会（10月9日）；“看郝所携之陆定一谬论汇刊”（10月17日）；参加教育部关于要“准备打仗”和“疏散”的动员会（10月23日、10月28日），决定“疏散”到河南潢川，与叶至善生活在一起。这之后，叶圣陶的心绪又忙乱起来，既要做去潢川的准备，又要请人来院子里挖“防空壕”。“防空壕”须挖三米深，可不到三米就渗水了，只好舍弃。院子弄得坑坑洼洼，如何将废壕填平又成了难题。可教育部的“学习”又是雷打不动，必须把“学习”摆在第一位。就在这心绪烦乱的时候，叶圣陶听到了一个确凿的消息，犹如一阵温馨的暖风，吹散了他心头挥之不去的雾霾。他在1969年11月20日日记中写道：

> 下午到部中，学习并讨论《别了，司徒雷登》。林老相告，彼听人确实告知，周总理曾特地关照，林与余与吴研因如何安排，由国务院“直属口”管理。林老因谓我辈自宜静候安排。周总理担负国家之重，而犹留意某数人之安排，实属深可感激。归来唯以语满子，又作书告至善。

周总理的“特地关照”，至少能说明在周总理的心目中，他不是“修正主义教育路线的祖师爷”，不是“封建主义臭遗老”。在那“以阶级斗争为纲”的年代里，还有什么能比“不是敌我矛盾”这个“定性”更可欣慰的呢！叶圣陶的心情渐渐平和下来了。尽管“造反派”气势汹汹地来抄过家，军代表和革命干部搬进他的院子里，占了他住的两排房子，他非但不反感，反倒觉得增添了生活情趣。这里摘录他写给叶至善的两封信：

> 1970年4月8日　　我家南屋搬来一家姓韩的，是部里行政科的人员。原来住在部里，因为他老婆在十二条一个袜厂里工作，又怀了孕，凑她方便，所以搬到八条来。多一家人家，总觉热闹些，虽然他们两个常在外头（男的是夜间才回来，女的是早、中、夜三班逐周轮换）。他们把竹园院子和大门进来的地上扫得颇为干

净，着实可佳。①

1970年7月11日　　东屋的一家搬来了。男是军管组的成员，叫尹书岭。小孩是一小学生。还不知女的做什么厂的工作，只听说就在三条。②

叶圣陶与这两家相处得都很好。1974年3月17日日记记：

前年搬来住居南屋之韩崇柱，调往外交部，由外交部派往巴基斯坦，在我领事馆任总务工作，已满两年，照例得回国探亲两个月，于本月八日到家。今日来访，漫谈巴基斯坦情况及外交工作情况。

“文革”中“抢占”房屋成风，“新”“老”住户之间闹矛盾是常有的事，甚至会大打出手，形同水火，而叶圣陶则宽以待人，与韩、尹两家和睦相处。

随着“备战”和“疏散”的降温，叶圣陶不用去潢川了，他开始认真安排自己的生活。1971年2月24日至3月23日，由永和陪同到南京、苏州、上海、杭州等地旅游。在南京看至诚、姚澄和兆言，参观南京长江大桥，游览中山陵和未开放的“人民公园”（玄武湖）；在苏州游拙政园、“向阳公园”（狮子林）、玄妙观和虎丘，参观“农业生产之先

①② 叶圣陶、叶至善写，叶小沫、叶永和编：《叶圣陶叶至善干校家书（1969—1972）》，人民出版社2007年版，第85、141页。

进单位”龙桥大队、刺绣工场和东方红丝织厂；在上海访郭绍虞，游虹口公园；在杭州访周建人，游西湖和灵隐寺等名胜。这是自费旅游，叶圣陶在3月22日的日记中写道：

（在杭州）付招待所饭费37.66元。房费不收。余与争论，答称“我们对自己人一向不收房费”。不知何也。

宁、苏、沪、杭四处，共付房饭费220.96元。

往还火车飞机费，共付333元。

3月23日从杭州乘飞机回到北京。他在3月25日给叶至善的信中说：

此次出游，在外共廿六天。总的想法，这样办法以后不宜再来。经各省市革委会互相介绍通知，人家放下工作来接送，真是受之有愧。还有，住招待所，吃那里的饭，房间小菜太讲究，而取费特廉，与华侨外国人算法不同。这虽然是他们的规定，但是实际上是我私人旅行揩公家的油。杭州招待所更出奇，说“我们招待自己人向来不收房钱”。而照我估计，这样连会客室的房间，连同另外永和住的房间，每天总得收十块钱。各地坐汽车都不付钱。不取这样的办法只顾自己去闯，也有困难。买车票就没有这么方便，更不用说飞机票了。住旅馆得去排队，听候派你到哪家旅馆去。吃饭上馆子，也是异常麻烦。往车站，出车站，提着行李想坐三轮，也不一定马上雇得到。因此，我想，自己去闯是决不能旅行的。前一办法，于心理上很不安，后一办法，实际上办不到，我看以后只能不作旅行之想了。

虽说“揩”了“公家的油”，于心不安，但能出去走走，又见了老朋友，且“心脏并无不舒适之感”（3月24日日记），心里还是挺高兴的。旅游途中及回来后一共写了三首诗：

上海访绍虞夫妇（3月15日）

交欣乍叩关，相认未衰颜。殷款治盘馔，情亲忆鼓山。闻君犹健笔，愧我只耽闲。暂叙殊非厌，邮书期往还。①

葛岭访乔峰夫妇（3月21日）

登门正值玉兰开，砌畔园蔬俱自栽。凭槛晴湖欣一揽，更叨越酿酌深杯。②

杭州（4月17日）

六十年间几度游，岁重辛亥复杭州（为中学生旅行杭州在辛亥年，今又值辛亥矣）。西湖终惜如盆景，北岸又看增画楼。无意探梅逢绿萼，有时摄影立沧州。渐知不必趋名地，随处徜徉得自由。③

郭绍虞是复旦大学中文系的教授，周建人是浙江省革委会副主任。“交

①②③《叶圣陶集》第8卷，第312、313、314页。

欣乍叩关，相认未衰颜。”老朋友之间还有什么比这更欣喜的呢！这三首诗写出了叶圣陶在“文革”期间的一次“特殊”的经历，也是身心“解放”的象征，诚如他在 1971 年 6 月 1 日写的绝句《偶成》中说：“眼前颇复饶佳境，胸次似将来好诗。”①

1972 年 4 月 30 日，原教育部留守处送来参加“庆祝‘五一’国际劳动节”之游园票，叶圣陶在当天的日记中郑重写道：

> 上午，原教部留守处二位同志来，交余明日参加“庆祝‘五一’国际劳动节”之游园券一纸。自文化大革命以来，此为第一次收到此类之券，因记之。留守处又来电话，谓明日林老与余同往游园，将于八点半以车来接。应之。

林老（林砺儒）在教育部与叶圣陶最投缘，他们两人同乘一辆车去游园，再好不过了。叶圣陶 5 月 1 日日记记：

> 晨八点半，车来，林老与其两个外孙女在内，遂偕满子同乘。林老主张游颐和园，彼言多年未往矣。过北京大学而后，车辆拥挤，行进极缓，九点一刻始抵园之门首。入园门则到处是人，处处有各种表演，皆不得站定而观之。于是趋谐趣园，则游人较少。坐于廊下，眺瞻畅适。出谐趣园，见牡丹已放。挤往长廊，则见紫藤串串下垂，将放未放。又坐于阑干上，观兴致甚好之游人。外人结

① 《叶圣陶集》第 8 卷，第 315 页。

队而来者甚多。思再向前至排云殿，挤甚，乃反身出园，时已过十一点矣。园中遇见季方、茅以升、徐光霄、李国伟夫妇及侨委之二位闽人，不能忆其姓名。

“游园”是“文革”期间特有的欢庆仪式。一纸“游园券”预示叶圣陶已经通过“审查”，获得解放。

1975年5月4日，叶圣陶在至善和至美的陪同下再次“自费旅游”，第一站是青岛，停留四天，其间参观水族馆、贝雕厂、青岛啤酒厂、刺绣厂，游中山公园。5月8日乘海轮去上海，停留六天，其间观豫园、游城隍庙、外滩公园、虹口公园，访陈望道、郭绍虞等老友。5月14日去杭州，停留六天，其间游西湖、虎跑，观洪春桥花圃，登吴山。5月19日去苏州，至诚也从江阴赶来相会，停留六天，其间游网师园、沧浪亭、留园、拙政园、虎丘、天平山，参观工艺美术厂，访乐益女中旧址，到书场听说书。5月26日去南京，停留四天，其间游玄武湖，观长江大桥，谒中山陵，访南京博物院和太平天国展览馆，5月31日回北京。关于这次旅游支付的费用，叶圣陶日记中也有记载：

5月8日　　（从青岛到上海的船票）二等票12.9元。轮上有两间“备用室”，实为特等，一般不售票，而可以照顾特殊旅客，其价19.1元。今供余居其一室。于是我三人之票价共为44.9元。犹不及自京到青一人之软卧票价也。

5月13日　　（上海）至善去算旅宿之账，我三人各以五元一日计算，五日共付七十五元。此房间颇宽敞，其价不能算贵，然为余生平付出最大旅宿费矣。

5月19日　　（杭州）付住宿费，两间房每日以八元计算，可云甚廉。此盖是所谓“内部”之标准。若外国人或华侨居之，其价即不止此。

5月25日　　（苏州）至善往付旅宿费，每人以三元一日计，共付八十一元（至诚少住一宿）。此亦是“内部价格”也。

5月30日　　（南京）至善与旅馆算账，我三人每人每日以四元计宿费。而所乘多次汽车则不计，各地招待所之办法不一律，杭州、苏州于汽车皆收费。但汽车之费亦悬殊，杭州每公里四角，苏州每公里仅二角八分也。

虽然叶圣陶在日记中多次说到“太特殊”，收费“甚廉”，但部分收费即便用今天的眼光看来也并不为“廉”，如汽车每公里收费“四角”。前面已经说到叶圣陶在1972年已经获得“解放”，他外出旅游各地都热情接待，也都照规定的价值“收费”，可见当年的社会确有纯正清廉之风。叶圣陶在是年6月9日致贾祖璋的信中说：

我与至善、至美兄妹往南方旅行，上月四日动身，卅一日回来，整整四个星期。先到青岛，还来得及看到迟开的樱花和海棠。

樱花浓艳诚为大观。乘海轮到上海，则碰上一艘七千五百吨的新船，航行廿六小时就到了。较小的海轮就要三十六小时。其次到杭州。从杭州乘日班内河轮船到苏州，为时十一小时又半。重温江南水乡风物，殊觉别有风味。至诚到苏州来会合，于是四人同游，实为平生难得，因而颇觉欣慰。而身体亦复堪以对付，舟车上下，游涉来往，乃不大感疲劳，并可欣幸。①

四、“消磨岁月，唯借阅览”

“文革”开始后，叶圣陶在“抄读”毛著和报刊“社论”的同时，也“抄书”，抄诗词和“学术笔记”。大约到了 1971 年，看书和“抄书”的兴致越来越好，就写了一首题为《抄书》的诗。10 月 3 日日记中说：“今日作一诗，题为《抄书》。伯祥同有此兴，寄与观之。”诗云：

一目十行下，或吞囫囵枣，一字莫遁逃，还是抄书好。
陶不求甚解，岂谓竟草草？何由毋草草？抄书径可蹈。
提笔意始凝，并驱手共脑，徐徐抄写之，徐徐事究讨。
细嚼得真味，精鉴乃了了，瑾瑜固惬心，瑕亦辨微小。
此际神完固，外物归冥邈，罔觉渐移晷，不闻当窗鸟；
佳境良难状，其甘只自晓。同好且过我，诗成寄伯老。②

---

① 叶至善、贾柏松编：《涸辙旧简——叶圣陶贾祖璋京闽通信集》，福建人民出版社 2003 年版，第 195 页。

② 《叶圣陶集》第 8 卷，第 322 页。

诗的大意是说“一目十行”式的看书不可取，要得“一个字也不让滑过去”，只有“抄书”。陶渊明说自己“读书不求甚解”，并不是主张草草读过就算数。怎样才能不“草草”呢？有“抄书”这条路可走。拿起笔来精神就开始集中，“细嚼”能得“真味”，“精鉴”便能通晓。屈原《九章·怀沙》中说：“怀瑾握瑜兮，穷不知所示。”体会到书中的精华固然满足快意，微小的缺点也能辨别出来。精神集中，外界的事物就会离我很远。时光渐渐过去也不觉得，鸟儿在窗前鸣叫也听不到，这种美好的意境只可意会不可描述，好友王伯祥“抄书”的爱好比我更甚。

从日记中看，叶圣陶“文革”期间阅读或重读的书有狄更斯《艰难时世》《匹克威克外传》《滑稽外史》，赫胥黎《天演论》[①]《人类在自然界的位置》，达尔文《人类原始及类择》，华盛顿·欧文《阿尔罕伯拉》《旅行述异》，伊凡·沙米亚金《多雪的春天》，哈葛德《橡湖仙影》《英孝子火山报仇录》《洪罕女郎传》《雾中人》《鬼山狼侠传》《迦茵小传》和《红星佚史》（周逴译），梅勒支可夫斯基《诸神复活》，伊本涅兹《血与沙》，育柯摩耳《匈奴奇士录》，法斯特《奴隶起义》，司各德《十字军英雄记》，沛那《爱国二童子传》，亚马多《无边的土地》《黄金果的土地》《饥饿的道路》，戴维·哈尔伯斯坦《出类拔萃之辈》，海卡尔《开罗文件》，托尔斯泰《战争与和平》，谢苗·巴巴耶夫斯基《人世间》，基辛格《选择之必要》，肖洛霍夫《他们为祖国而战》，巴兹尔戴维逊《古老非洲的再发现》，艾特玛托夫《白轮船》，弗雷德里克·福赛斯《敖德萨档案》等外国名著；佛经、哲学和古籍看得也很多，如《大正新修

① 1974年4月4日日记记：“近忽忆及严又陵所译《天演论》，思重观一次，索性抄之。每日抄千馀字，一个月可以抄毕。”

大藏经》[1]、《庄子》、《庄子故》（严复评点）、《战国策》、《孟子文法读本》与《文选李注义疏》（高步瀛）、《艺文类聚》、《湖海楼诗集》、《清嘉录》、《汤显祖集》、《马一浮诗集》、《中国古代思想史》（杨荣国）、《圣庙祀典图考》、《史记》、《民国通俗演义》、《增订晚明史籍考》（谢国桢）、《耶稣会士徐日升关于中俄尼布楚谈判日记》（约塞夫·塞比斯译）、《花随人圣庵摭记》（黄濬）等。他还喜欢逛书店，仅 1972 年买的书就有《文化大革命期间出土文物第一辑》、《丝绸之路——汉唐织物》、陈垣《中国佛教史籍概论》、周祖谟《学问集》、工具书《现代高级英汉双解辞典》、浩然《金光大道》、周一良《魏晋南北朝史论集》、《余嘉锡论学杂著》、《欧洲哲学简编》、《钏影楼回忆录》（包天笑）等，至于相识的或不相识的作者和朋友送的书和请审阅的书稿就更多了。叶圣陶还喜欢到电影院看电影，先后看过《对虾》《奇袭》《智取威虎山》《红灯记》《红色娘子军》《山本五十六》《啊，海军！》《日本海大海战》《卖花女》《军阀》《不屈的战士》《生命的起源》《火红的年代》《原形毕露》《第八个是铜像》《向阳院的故事》《成昆铁路》《闪闪的红星》《渡江侦察记》《杂技英豪》《国庆颂》《爆炸》《创业》等。

此外还喜欢逛公园，中山公园、景山公园、北海公园靠得近，就走着去。香山公园离得远，就乘车去。1971 年 6 月 4 日在给叶至善的信中说："前天我有兴，与三午兀真阿牛张兆其马肃领余建民同游香山，早八点出门，下午六点到家。有六十路汽车，从动物园直达香山，很方便。不是星期日，一点不挤。香山公园里清静极了，顺便还到了碧云寺。照

① 叶圣陶 1972 年 6 月 26 日日记。

了些相片，下次写信可以附几张去。作了一首诗，抄在另一张纸上。”①

游香山

枣花香满路，园绿接山浓。
相伴老青幼，可观槐柏松。
不言参静趣，久坐赏晴峰。
还访碧云寺，水泉忆昔踪。

“水泉忆昔踪”后注：“尝于夏日与墨坐水泉院树石下大啖西瓜，其事距今将二十年矣”。说胡墨林在世的时候，夏天曾游碧云寺，还坐在树石下大吃西瓜。

纵观整个“文革”期间，叶圣陶也受到冲击，但相对说来还是比较平静的，他在1972年1月28日给孙功炎的信中说：

我自一九六六年八月初即停止循例上班，自此家居为闲散之人。消磨岁月，唯借阅览。观翻译小说约百种，观我国历代笔记约数十种，又尝温习英语，阅读并抄写英译之毛主席著作。他则看报数种，日以为常。以此之故，闲居殊不感寂寞。偶亦出访少数老友，或观市场公园。腰腿尚可，乘电车汽车，上下尚方便，人见我白发白眉，往往让座。②

---

① 叶圣陶、叶至善写，叶小沫、叶永和编：《叶圣陶叶至善干校家书（1969—1972）》，人民出版社2007年版，第285页。

② 《叶圣陶集》第24卷，第314—315页。

大概自 1973 年开始，生活就恢复了正常，与“文革”前已无大的差别。1973 年 8 月 15 日日记中写道：

上午取所藏金心兰之四幅山水屏条挂于正屋西边一间之壁上，在余就餐位置之背后。此四幅颇可观，挂上望之，殊为心喜。自文化大革命之初，所挂字画皆撤去，谓是属于“四旧”，为红卫兵所反对。今时越七年，壁上又挂山水画，思之至有味。

“居然臻老境，差幸未颓唐。把酒非谋醉，看书不厌忘。睡酣云夜短，步缓任街长。偶发园游兴，小休坐画廊。”叶圣陶 1973 年 9 月写的这首五律《老境》[①]，非常达观也很诙谐地写出了他镇定从容、泰然自若的人生态度，以及老骥伏枥、闲雅自娱的思想情怀。这一年阳历 10 月 28 日，是叶圣陶七十九岁生日。我国有“贺九”的习俗，10 月 27 日，老友们设宴为他祝寿，叶圣陶是日日记记：

今日愈之、东莼二位作东，以为余作寿为名，会少数老友于前门外丰泽园。将十一点，愈之、兹九二位以车来迎，同驶往迎叔湘与唐弢，即往丰泽园。先到者七人，东莼，雁冰，楚图南，赵朴初，臧克家，冯雪峰，陈此生。平时难得闲叙，今相见，皆甚欢。朴初集陈后山句见赠，录之左方。丰泽园肴馔颇精。食罢复闲谈。至两点半乃散。

---

① 《叶圣陶集》第 8 卷。

赵朴初赠句为："江山满目开新卷，大放酒肠须盏干。莫欺九尺须眉白，百围已试雪霜寒。""江山满目开新卷"，这一句说得尤其好。叶圣陶除了帮朋友和出版社看看书稿外，就是读书和"抄书"。这时，他的视力越来越衰退了。1974 年 4 月 20 日日记中说："眼睛渐益衰退，抄书稍久，即觉模糊，且有干涩之感。"4 月 27 日日记中说："眼力甚疲，不敢再多看。抄写《天演论》亦不过千字而已。"5 月 4 日日记中说："上下午皆续抄《天演论》，亦不过写二千字而已。写字辄觉眼涩，有时辨认不清，六号字小注，须凑日光观之。"但他坚持不懈，6 月 7 日日记记：

> 抄严译《天演论》历二月有馀，以今日抄毕。此作二十岁前后观之，逾六十年而复抄之，亦以爱严氏之译笔耳。

真的是"好书不厌百遍读"啊！叶至善生前谈起父亲的"读书"时说：一是多，二是杂，三是快，四是记得住。每读完一本书，叶圣陶总记下阅读的感受和心得。这里摘录 1974 年 3 月至 6 月日记中记叙的阅读感受：

> 3 月 10 日　　至善往观内部书店，购得中华书局重印之《民国通俗演义》而归。此书原由上海会文堂书局出版，编者为蔡东藩、徐廑父二人，叙自辛亥革命至 1924 年之史事。共一百六十回，蔡作一百二十回，徐作四十回。平铺直叙，殊无文采。唯其中所载函牍文件皆据实，可资参考。

3月11日　重取章行严之《柳文指要》观之。惜手头无柳集，无法对勘。

4月1日　有铜山县侯集中学之教师吴海发者，曾通过几次信，近日寄来其所撰稿子《鲁迅在南京》，系结集鲁迅自叙与他人回忆鲁翁之作而成，约四万言。观之数日，即将完毕。此作虽粗糙，不值得出版，而截取鲁迅青年时期之生活，观之亦至有味。

4月5日　上午往内部书店，无甚可购，购二书以归。一为谢国桢之《增订晚明史籍考》。又一为约塞夫·塞比斯（Josepp Sebes）所译为英文（原为葡萄牙文）之《耶稣会士徐日升关于中俄尼布楚谈判的日记》并译者关于此日记之“导论”。徐日升由清康熙帝派往参加尼布楚谈判，任翻译工作。

4月16日　今日往访伯祥，彼方观近日借到之黄浚所撰《花随人圣庵随笔》，盛赞其记述近代轶史之详赡。

4月24日　夜间湜华来，特为送《花随人圣庵摭忆》而来。此书系平伯向他处借来，今伯祥征得平伯同意，可缓些时送还，故令湜华交与余。

4月25日　竟日看《花随人圣庵摭忆》，看过一百二十馀面，全册五百十二面。此书谈清末掌故，各地名胜古迹，以及考古论诗之小记，颇有可观。

4月30日　看《摭忆》于今日完毕。余看之极匆匆，可喻为“跑马”。所记近百年间故事，余大半知之而不详，观之略增识解而已。

5月10日　夜间湜华来，平伯托彼交来其夫妇二人重摹其曾祖曲园所钩摹之秦会稽石刻残字，并附校记，俾余观之。曲园得此于上虞楂浦，时在咸丰一十年（1861），不知原为何人所书，取作书之亲叶，曲园好事，“影写其字而藏之”。今平伯夫妇好事不输于其曾祖，又影摹而考校之，亦遣兴之一法也。

5月12日　今日取平伯夫妇钩摹之秦篆印摹之，写成其三之一。余亦好事者矣。

5月19日　影写平伯钩摹之秦篆，以今日完毕。数日间琢磨诗句，几经更改，今日定稿，书以贻平伯。记之于左方。

自是精摹凭旧拓，宜非好事漫临池。

诵君跋语吾遐想，影写其文永宝之。

于今胜昔绩诸般，发掘丰穰亦大观。

莫谓料无好消息，会稽秦刻出人间。

平伯兄重摹家藏曲园公所摹秦会稽颂残篆大小字两本，并撰秦篆跋语二篇，承以贶示，览之欢喜赞叹。既影写一通，作二绝而归之，希教正焉。

5月21日　　上午往访伯祥，闲谈至十一点过乃归。携归其所阅各书之题记名曰《庋椽偶识》者五册，将遍观之。

6月14日　　今日看完《金光大道》第二部，甚为满意，极佩服浩然之造诣。推其故，大概由于农村生活经验丰富，而路线觉悟与政策之体会又足以副之，乃能组织成如是之佳著。第二部写至1952年成立农业合作社而止。余以为此作实为开国以来我国农村斗争与发展之历史，可作为举国人之教科书也。

6月18日　　看完海卡尔所撰之《开罗文件》。海卡尔为埃及之著名记者，与纳赛尔甚亲近。此作叙“纳赛尔与各国领袖、叛逆者、政治家关系之内幕”以传纳赛尔，其构思颇见新颖。余于埃及与中东情况所知殊少，观此书乃略有所增进。

在读书和“抄书”之馀，写了诗论《偶成　“眼前颇复饶佳境”》《偶成　“三百篇前早有诗”》《论诗绝句》等，总结写诗的规律；还写了一些抒情诗，抒写情志。1971年8月2日填了《蝶恋花》，词云：“无限时空中着我。星汉微尘，皆我巡天伙。卅亿之间为一个，咱们洵有因缘颇。　七十馀年如电火，往事思量，倘许重来过。想入非非宁复可，明年花岂今年朵?”[1]“宇宙是无限的”，“我”只是地球上三十亿人口（作此诗时世界人口约三十亿）中的一个。岁月匆匆犹如“电火”，应该面向未来，“明年花岂今年朵?”叶圣陶坚信前途是光明的，“明年”一定会有新的繁花硕果！1974年初写的《减字木兰花·祖璋自闽南平和寄赠水仙十茎》中写道：“伫候花开，素靥明妆结队来。”[2]写的是水仙花，凸显的则是他美好的心意，祷祝明媚的春天早日莅临中华大地。

1974年9月30日晚上，叶圣陶应邀参加国庆招待会，这是“文革”以来的第一次，表明他在政治上已经“复出”，其心情的欣悦也可想而知。是日日记中写道：

> 入夜，赴人大会堂之国庆招待会，请柬署名者为周总理，盖代表党与政府。入宴会厅，到者已甚多。余在255席，后知席数在四百以上。同席有沙千里、张志让、庄明理、胡子昂，皆相识。菜皆冷品，而颇精，设月饼，以今日为中秋，水果则哈密瓜。七点四十分开宴。既而周总理致祝酒辞，语简要而庄严，群皆关切其患病，闻其爽朗之语音如昔，辞之含意又如此，感动深矣。宴叙历一小时有馀而散，到家已九点半。

第二天是国庆节，叶圣陶和家人一起到中山公园参加国庆联欢会，晚上在工人体育馆看放礼花归来，还和家人打了两圈麻将。

---

①②《叶圣陶集》第8卷，第320、349页。

五、“林彪事件”后的“怅惘”

“文革”中叶圣陶挨批，罪名之一是“不懂政治”。叶圣陶也常说他自己“不懂政治”，其实在政治上相当敏锐，这在日记中也看得出来，1971年9月30日日记中说：

> 夜八点，听广播，以为明日必有两报一刊共同撰作之庆祝国庆社论，而无之。仅有综述我国各方面成就之报道，农业方面为第十个丰收年。他年国庆前夕，必举行盛大之国宴，今亦无之。

无“庆祝国庆社论”，无“盛大之国宴”，叶圣陶就感到不寻常。他当然不会想到9月13日发生的“林彪事件”，因为9月9日毛主席、林副主席、周总理还致电朝鲜民主主义人民共和国领导人金日成，最热烈地祝贺其建国二十三周年呢；再加上林彪是“法定接班人”，“林彪事件”的“保密”工作做得严之又严，林彪出“事”是谁也不会料想到的。叶圣陶听到风声已是10月9日，是日日记记：

> 傍晚闻极可震动之消息，几乎不自信其耳，一时深为怅惘。

10月10日日记记：“下午写信与至善，告以近事。”“近事”当然是林彪出“事”这件事。接着就写了一首《感事》。10月11日日记记：

今日完成五律二首，写近事。既而简约为一首。

好话说唯尽，画皮描最工。隐怀枭獍欲，思逞羽毛丰。可杀宜人曰，不周陨厥躬。大呼诛讨者，身即是元凶。——感事（其不周山为温都尔汗。）

……至伯祥处，彼言此诗去中间二联，只用首尾四句，亦殊足矣。余亦谓然，因记之。

日记中还写到“傍晚接至善信，即复之，仅一纸，明晨付邮。”在给叶至善的信中说：

对此事想了三天，想得很多，以后写吧。“人心叵测”是老话，哪知那个人就是如此。好几方面的威信有损，殊难补救。重新来过，事项很多，又是前进中的耽搁。①

叶至善在“干校”，“林彪事件”拖到11月初才传达。他在11月3日给叶圣陶的信中说：

我们传达过了，讨论了一天。因为强调保密，我信上也不多写。现在看来，我未免过于拘泥。听人说：在北京，连小学生都知道了。我们传达，分四批进行。念文件，加以讲解。文件大概是相同的，至多讲解的部分有所增删。同志们谈论，则限于传达内容，

① 叶圣陶、叶至善写，叶小沫、叶永和编：《叶圣陶叶至善干校家书（1969—1972）》，人民出版社2007年版，第361页。

> 没有传播什么小道消息，至多加上一些自己的猜测。现在布置学习三篇文章：1.《中国共产党在民族战争中的地位》，2.《矛盾论》第六节，3.《关于正确处理人民内部矛盾的问题》第二节；加深理解主席“进行一次思想和政治路线方面的教育”和“认真看书学习，弄通马克思主义”的指示。爹爹可以翻出这三篇文章来看几遍，的确可以解决一些问题。总之我有这样的感觉：震动不如想象之大。我们这里，学习、劳动，均照常进行；推而广之，全国也是如此。人民在党的领导下，在主席思想的教育下，觉悟的确是很高的。如果发生在别的国家，不免要出现混乱的局面。相信党，相信群众，是两条根本的原理。事实又给我们一次深刻的教育。[①]

“好几方面的威信有损，殊难补救”，这让叶圣陶“深为怅惘”。而叶至善似乎并不这么想。“林彪事件”“如果发生在别的国家，不免要出现混乱的局面”，而在我国一切“均照常进行”，从中更深刻地体会到“相信党，相信群众，是两条根本的原理”。叶至善想得是如此乐观，他还填了一首《贺新凉》，词云：

贺新凉　　叙事

雨洗长空碧。

沐朝阳千红万紫，满园春色。

魔舞蹁跹今安在？又值太平年月。

---

① 叶圣陶、叶至善写，叶小沫、叶永和编：《叶圣陶叶至善干校家书（1969—1972）》，人民出版社 2007 年版，第 377 页。

且漫道波沉浪寂。
树欲静而风不止，只时徐时疾无休歇。
卧榻畔，虺蛇蛰。

画皮沥尽胭脂汁。
羡煞他陈桥一拥，谋成篡窃。
妄论天才宁得计？徒自苍蝇碰壁。
看地转星移犹昔。
假作真时真亦假，辨混珠鱼目需眼力。
勤研读，马恩列。①

虽说叶圣陶帮这首《贺新凉》作了很长时间的打磨，父子俩商榷的信件有十几封之多②，但这《贺新凉》的作者是叶至善，"勤研读，马恩列"，就是他从"林彪事件"中汲取的教训，并不像叶圣陶那样有挥之不去的"怅惘"。而这种挥之不去的"怅惘"，用今天的话来说就是开始重新审视一切。

就《叶圣陶叶至善干校家书（1969—1972）》而言，叶至善表现得比叶圣陶"峻急"，他填过一首词《小梅花》，词云：

① 叶圣陶、叶至善写，叶小沫、叶永和编：《叶圣陶叶至善干校家书（1969—1972）》，人民出版社 2007 年版，第 498—499 页。

② 详见叶圣陶、叶至善写，叶小沫、叶永和编：《叶圣陶叶至善干校家书（1969—1972）》，人民出版社 2007 年版，第 491、496、498—499、501、504、506、507、510、511、517 页。

千钟粟，黄金屋，古人制字鬼夜哭。百尺楼，五湖舟，难忘逐名蜗角利蝇头。敝裘羸马床头尽，十年寒窗无人问。叹道孤，哭穷途，翻怨全无是处古人书。[1]

话说得这么绝，或许也是为了要适应“大批判”的要求，但叶圣陶是绝对不会这么偏。就思想发展的脉络而言，叶至善大概是到了 1972 年 5 月，才对“文革”和“五七道路”有所怀疑。这里列举一个小事例，1972 年 5 月初，为纪念潢川干校创办三周年，干校内部的油印小报《五七战报》要出一期诗刊，编辑要叶至善投稿，他就送了一首他写的五古《放牛》(见前文所引)。编辑看了不满意，要他重写一首，他只好临时抱佛脚，凑了一首《满江红》，现抄录于下：

满江红

——为我校三周年作

十里围堤，锁不住一湖春色。
五七路，晴光照眼，天广地阔。
初展宏图田垅改，
几度磨炼思想易。
数三年，物我两丰收，非虚掷。

学大寨，勤稼穑。

① 叶圣陶、叶至善写，叶小沫、叶永和编：《叶圣陶叶至善干校家书（1969—1972）》，人民出版社 2007 年版，第 534 页。

读马列，诛顽敌。

望长安虽远，日亲寸尺。

戒躁戒骄须切记，盛名之下难副实。

共跻攀，更上一层楼，争朝夕。

这首诗是“做”出来的，虽说有好的句子，但总体而言比较“空泛”。叶至善在5月4日给叶圣陶的信中说：

这次寄一首《满江红》。我本不想给爹爹看的，后来想想，当作笑料，也不妨让爹爹看看。笑料不在于这首词的本身。纪念“五七”，《五七战报》（油印校内刊物）要出诗刊。这是年年这样的，“七一”“十一”都要出诗刊，而好用旧体诗词。这些诗词，从形式中讲，实在还不如我凑的《沁园春》第一稿。编辑听说我在写诗词，就向我要稿子。我就把《放牛》的那首给了他。他们几个编辑一研究，派个人（这个人还是算懂点旧东西的）来对我提意见说，最好改一改，一是没有时代气息，好像放在晋朝、唐朝都可以；二是把牛说的又饥又渴，疲累不堪，不大好（他们不知道我们放牛的就是耽心牛饥渴、劳累、寒热）；三是有些词，什么草“萋萋”呀，夜“昏黑”呀，好像凄惨得很，能不能改一改，要同“五七道路”联系起来，要有积极的意味。我听了只好说：没法改，不用算了（没法改当然不是说我写的东西改不得，照他们的意见实在没法改）。他却一定要我另写一首。我就凑了这首《满江红》。我给他的时候说：这首可合适了吧？“十里黄湖”，有了；“五七道路”有了；

“改造自然”有了；“改造思想”有了；“学大寨”“认真看书学习”“对敌斗争”都有了。大家都说“身离北京远了，心离毛主席近了”也有了；还有“反骄破满”，“三周年”也点清楚了；末了还鼓励大家“更上一层楼”，这不就是我们常说的“一次总结一层楼”吗？这位同志于是满意而去。我想想这几位同志过去当编辑，大概工作就是这么做的；将来很可能还是当编辑，工作还得这样做，又想想自己将来如果“复业”，也得这样做工作，心里不免有点怅然。这首词是作为这段记事的注解，爹爹不用费脑筋提意见，我也不想改好它。不过有三个地方，我自己认为还满意：一、“物我两丰收”，这一句还可以；二、现成句“更上一层楼”用得还得当；三、开头一句，与“盛名之下”相呼应（开头一句的意思，那几位同志不全理解的），也是与结尾相呼应。讲平仄，只有一个字不合调子，就是“副”字。爹爹看我说的对不对？①

诗是好是坏，叶圣陶当然能一目了然。他在5月7日的复信中说：

关于《满江红》的事确乎好笑。但是如你所说，这就是编辑工作的典型表现，那就不可笑而可“深长思之”了。僵化，形式，唯恐不合框框，成为风气，不学而能。老实说，我近来连《红旗》的文章，也不大想看了。今晨广播的今天《人民日报》第一版登的也是此篇。是第五期第一篇“短评”《抓紧思想和政治路线方面的教

① 叶圣陶、叶至善写，叶小沫、叶永和编：《叶圣陶叶至善干校家书（1969—1972）》，人民出版社2007年版，第502页。

育》，既已看过，今晨又听了一遍。若问这有什么不好，一点也没有，道理全对。若问听了有没有感动，会不会立即“起而行”，我自认没有感动，听了只是听了而已。我不感动，我不会见之于行动，当然对社会毫无关系。可是我要想，不知道各方各面各级的领导同志会不会跟我一样？如果跟我一样，那就大糟特糟了，社论、评论、短评之类全变成纸面空谈了。这又是我的“杞忧”之一桩。

对于《满江红》的说明，我看了都同意。“天广地阔”，“广”是仄声，此处应平，何以稿上写“宽”又改为“广”？“数三年……”一行不错。末了一行也不错。“难副实”的“副”字勉强可以改为“符”，但是不及“副”字好。反正《诗刊》的读者不在乎这些细节。……①

“我近来连《红旗》的文章，也不大想看了”——这话出自叶圣陶的口中，是值得回味的。“文革”开始后，叶圣陶一再表示要做“坚定的革命派”，几乎可以说整天都在“抄读”毛著和党报党刊的社论以及“大批判”的文章，《人民日报》和《红旗》杂志是“必看”的。可“林彪事件”后，经过“一时”的“深为怅惘”，居然“也不大想看了”。这个“也”最值得注意，连《红旗》“也”不大想看了，其余的报刊就更不想看了。“僵化，形式，唯恐不合框框，成为风气”，矛头所指绝对不只是《人民日报》和《红旗》杂志，而是“从上而下”“由下而上”的整个“报界”和“舆论导向”，这至少也能表明叶圣陶对“文革”的“说教”

① 叶圣陶、叶至善写，叶小沫、叶永和编：《叶圣陶叶至善干校家书（1969—1972）》，人民出版社2007年版，第509页。

已经感到厌烦。1973 年 12 月 31 日日记中说：

> 夜听广播预播之元旦社论，题为《元旦献词》，仍强调贯彻十大精神，贯彻基本路线，深入批林整风，以取得更大胜利云。
>
> 社论中关于批林整风须加强学习之一节有云："马克思的《哥达纲领批判》，列宁的《帝国主义是资本主义的最高阶段》，毛主席的《关于正确处理人民内部矛盾的问题》，都是我们应当反复学习的。还要努力读一点历史和小说"。社论号召读小说，殊为特别。此殆从须以阶级矛盾阶级斗争之观点读小说而来。苟能如是读若干好小说，则与读历史同样有益而又非历史书所能代替。然社论只说读一点小说，令人摸不着头脑。他国人观之，必更难理解。

由对《人民日报》和《红旗》杂志的不满，逐渐发展对"文化专制"的抨击。1974 年 12 月 28 日日记中说：

> 据三午言，近有手抄之小说剧本在社会传递，谓至少有五种。有曰《一双绣花鞋》，系反特剧本。有曰《第二次握手》，系恋爱故事。此二种彼尝寓目。询其是否尚在手头，俾余一观其外形，则言业已还人。据言一纸两面抄写，字迹潦草，错误时有，以其辗转传递，殊为破烂。社会上有此类书，闻之已三数年，不自近时始。闻领导方面正在查究此类抄本书，务欲明其来源而后已。余于此事宜如何看法，自问尚不清楚。查究之最终目的何在，亦难料知。唯想到《红楼梦》当时先以抄本行世，至今推为世界名作。今日此类抄

本书中，殆无相当于《红楼梦》者。然亦未能断言也。

“闻领导方面正在查究此类抄本书”，这里的“领导”显然是指“四人帮”。对闹得沸沸扬扬的电影《创业》也有批评，1975 年 2 月 18 日日记中说：

接至诚、姚澄信，言正在做准备，希望下一次调演之时江苏省能得参与。至诚又言及已观电影《创业》，厥绩甚好，使人感动。余因于复信中与谈此影片，谓此片固高于一般影片，而不足之处有二。一为技术性之情节未能使观众明其所以然。我人曾参观大庆，听讲看资料已多，故于大庆之事甚悉，此片多依据大庆之事，故我人观而不感生疏。而广大观众并非全如我人，则其于油田开发之技术方面必感隔阂矣。又一不足处为，此片据大庆之实情，亦写入“两论起家”，然徒见中央发来《矛盾论》《实践论》之书册，徒见剧中人看书笔录，而学习两论与开发油田如何密切相关，未能使观众得到实感焉。余所提之两点，确为编剧与导演方面甚难解决之问题，若写小说，则此二事皆不难使读者明晓而深感之。

1975 年下半年，由毛主席关于《水浒》的“指示”引发的对《水浒》的评论和讨论，叶圣陶也有看法，他在 11 月 24 日日记中说：

上午蔡超尘来访。彼多及于报志所载儒法斗争以及谈《水浒》《红楼》之文章，认为大部皆牵强之论，知一而不知二。余大致以为其言亦有道着处，然余听其言未甚清晰，恐有误解。耳朵渐聋，殊无办法。蔡坐一小时有馀而去。

“余大致以为其言亦有道着处”，显然也表明他对“批儒”和“批《水浒》”的不满，叶圣陶渐渐地站到了极左思潮的对立面。

六、堪称“史实”的三本通信集

“文革”中后期，叶圣陶除了“读书”，空闲时间还用来写信、写字。叶圣陶喜欢写信，相识或不相识的只要有信来，一定及时回复。写信和读书一样，成了“文革”期间最大的娱悦。

2002 年 1 月，花山文艺出版社出版了《暮年上娱——叶圣陶俞平伯通信集》（叶至善、俞润民、陈煦编）；2003 年 9 月，福建人民出版社出版了《涸辙旧简——叶圣陶贾祖璋京闽通信集》（叶至善、贾柏松编）；2007 年 12 月，人民出版社出版了《叶圣陶叶至善干校家书（1969—1972）》（叶小沫、叶永和编）。这三本书信集当然只是叶圣陶这一时期写的“部分”书信，但“量”之大，已令人惊异。

为了叙述的方便，先讲《叶圣陶叶至善干校家书（1969—1972）》。叶至善是中国少年儿童出版社第一任社长，1969 年 4 月去了河南潢川团中央“五七干校”，1972 年 12 月结束“干校”生活，回到北京。他在“干校”三年又八个月，其间与父亲一来一往，写了很多信，仅收入《叶圣陶叶至善干校家书（1969—1972）》中的就多达五百封，近七十万字。虽说是“家书”，说的大多是“家庭”和“身边”的琐事，但那是一个真的是以“国家”为重的年代，即便在“家书”中，“个人”和“家庭”的成分占得也很少。父子俩在信中谈“政治”，谈“学习”，谈“干校生活”，谈“国内外大事”：国际上美国的阿波罗在月球登陆、柬埔寨政变、尼克松访华、中日邦交关系变化，……国内，“深挖洞，广积粮”“林彪事件”“一打三反”“清除五一六”“样板戏”“教育革命”“大寨红花遍地开”、知识青年“回城”和“五七干部”回京，等等。内容极其丰富，叙事状物细致入微、生动有趣。父子俩都是“高级干部”、知名作家和教育家，又都是很有生活情趣的人，他们以独特的眼光和善良的心态，冷静地看周围的一切，相互交流，为那个“特殊年代”留下了许多真实史料。著名学者朱正说得好：“家书”可证“国史”。《叶圣陶叶至善干校家书（1969—1972）》可以作为这一段国史的旁证。

《涸辙旧简——叶圣陶贾祖璋京闽通信集》收叶圣陶、贾祖璋1970年至1982年十三年间的往来书信共二百二十通。一位是教育部副部长，一位是科普出版社副总编；一位留在北京，一位从北京“疏散”到了福建平和县坂仔公社。“在这本通信集中，几乎没有一通不说到花花草草，有的还兼及鸟兽虫鱼”。叶圣陶“自幼喜爱动手种植花草”，贾祖璋是“科普作家”，谈起来当然很有兴致，虽说是为了排解寂寞，相濡以沫，由于写得很真切，是可以当作“科学小品”来阅读的。有几封探讨“花花草草”“鸟兽虫鱼”的长信，引证之广博，笔调之清新，不亚于“科学论文”。① 更值得注意的是，叶圣陶在讲“花花草草”和“鸟兽虫鱼”的同时，也讲到了“文革”，让我们看到与“正统”史家叙说的“不一

① 叶至善：《〈涸辙旧简——叶圣陶贾祖璋京闽通信集〉前言》，叶至善、贾柏松编：《涸辙旧简——叶圣陶贾祖璋京闽通信集》，福建人民出版社2003年版。

样”的“文革”。这里摘录叶圣陶致贾祖璋的几封信：

叶圣陶1974年5月16日致贾祖璋　昔文化大革命初期，京中养热带鱼者甚众，互相观玩交换，彼此协作捞鱼虫。今则此风已衰，而易之以种植小花小草，亦复互询品种，索取种子枝条以事栽培。机关干部与工厂工人大都如此。此虽细事，亦可以观群众心理。盖兴致必有所寄托，软性娱乐性之事较少，自然而然共趋同途也。①

叶圣陶1974年9月13日致贾祖璋　至善与至美皆渐成花癖，专弄些小花小草，观玩搬移，分别浇灌，颇以为乐。……我家又养鸟四头，一“芙蓉”，一“珍珠”，二黄雀。换水加食，移出移进，多半系满子之事。总之，一切皆闲散意味，殊无革命气氛。杂陈种种，借博一粲。②

叶圣陶1974年9月28日致贾祖璋　近日认识同住在八条之一位电工姓萧者，五十八岁，其人癖好种仙人球，家有两箱（因需保温保湿，故置于箱中，箱之各面或装玻璃，或张塑料布），共有百盆左右，观之诧为大观。承彼送我家数盆，至善原亦有若干盆，因亦制一小形之箱储之。我作一诗赠萧，另纸录呈，以博一粲。……

①② 叶至善、贾柏松编：《涸辙旧简——叶圣陶贾祖璋京闽通信集》，福建人民出版社2003年版，第148—149、159—160页。

赠萧师傅

西邻萧师傅，小院卉木妍，
枝枝无病叶，枣榴实红鲜。
启箱明客眼，奇观倏呈前，
仙人球种种，承以三棱鞭，
色态各殊异，往昔未睹焉。
或红如珊瑚，或绿如翠钿，
或黄如稚鸭，或白如新棉，
或丛小乳突，或作螺纹旋，
或类嫩毛栗，或若佛顶鬈，
其刺或如猬，或乃软若绵，
修短与疏密，彼此并相悬，
或则方吐花，灿若锦绣然，
清秋气明爽，花影静娟娟。
颇闻劳动暇，师傅爱此专，
嫁接复培护，已历四五年，
球性习之熟，艺球乃胜天，
自然所固无，出与人为缘，
实践致创新，佩慕我拳拳，
更叨割爱贶，感深莫言宣，
唯念宜记之，命笔制斯篇。

诗中所称“三棱鞭”也称“三棱剑”，两广皆有之，系仙人掌一类植物，条条作三棱形，可以扎篱笆。萧师傅谓彼从广西弄来。接仙人球，一般爱好者均以此为砧木，大概是最易接活之故。至善推想，谓漳州一带或亦易得此物，待贾先生康复回平和，请贾先生留心一下，如可得到，则希采若干条惠下，以分赠若干“球迷”，必将喜不可支。盖在北京，“三棱鞭”殊不易得也。又，萧云如此玩仙人球，系从日本传来。在北京，品种最多之人蓄有二百种以上。①

叶圣陶 1974 年 10 月 23 日致贾祖璋　　今年以至善喜种植，小花小草积至五六十盆，闻天气预报云零度，则悉移之入室避寒。于是处处皆盆，枝叶纷披，殊形可笑。②

叶圣陶 1974 年 11 月 28 日致贾祖璋　　至善社中仍无事可为，据云大家皆觉气闷，上班虽必到，一闻下班铃声，即群驰而去，如私塾之散学。共青团中央何日建立，尚未有何消息。以是为推，明年仍将无事可为也。③

叶圣陶 1975 年 4 月 29 日致贾祖璋　　至善社中仍无事可为，因之多数人咸弄小花小草。此种风气，似颇蔓延于各单位各工厂。

---

①②③ 叶至善、贾柏松编：《涸辙旧简——叶圣陶贾祖璋京闽通信集》，福建人民出版社 2003 年版，第 162—163、165—166、175 页。

以革命精神言，殊非佳事也。①

叶圣陶1976年6月2日致贾祖璋　兄近亦渐成“球迷”，观来书可揣度而知之。至善迷之已深，所栽品种渐多，相识者或来索小球，或托为嫁接，亦复有事可做。而前曾相告之同里萧师傅，则其所蓄殆在两百种以上。偶往观之，无不精神抖擞，底下之“三棱剑”浓绿肥壮，上承之球殊形异态，绒毛尖刺，小花朵朵，洵为佳观。据人云，此已为京中人普遍嗜好，若观各处之居住大楼，阳台之上，或多或少皆有此物也。唯“三棱剑”必求其粗壮者，此物于两广甚繁多，而取之不便。在盆中孳生之“三棱剑”用作砧木，即难得佳绩。不知福州易得此品欤?②

叶圣陶1976年10月14日致贾祖璋　我寓颇种些菊花，因庭中搭防震篷帐，妨碍管理。近时篷帐拆去，则觉菊之根部叶子颇多损坏，掐枝掐花芽已嫌其迟，故形态皆颇难看。今菊之花蕾仅有一分镍币大，开放尚须待一二十天。各种花籽则因搭篷帐而未能及时收捡，兄嘱捡些寄奉，当令至善注意之。

至善所蓄仙人球则颇有进展。兄寄赠“三棱剑”，彼因而嫁接颇多。胡同中之萧姓工人又时有馈赠，品种益见其多。至善今已成为嫁接能手。出版社中染此嗜好者不少，大多不会嫁接，故时来相

---

①② 叶至善、贾柏松编:《涸辙旧简——叶圣陶贾祖璋京闽通信集》，福建人民出版社2003年版，第193、234页。

托，携盆而来，越数日则携盆而去。可见此在各单位中已为普遍嗜好，与以前养热带鱼相仿。

此外尚有一种嗜好，则为刻图章及请人写字。我知外文出版局中如此之人殊不少。彼辈职在宣传，所用工具为外文，而爱好此全不相干之图章与书法，值得注意。缘托人写字之风盛行，我乃时有此项嘱咐交来。我反正无事，要我写就写，写时决不马虎，写成即交出，“出门弗认货”。兄来书谈琐事，我亦谈琐事以报，暂止于此，缓日续谈。①

“文革”初期，北京“养热带鱼”成风。“上山下乡”和“五七干校”的大潮掀起后，“养鱼热”自然也就终结。“文革”中后期，“知青”陆续回城，“五七战士”也陆续“回京”，而国家还处在乱糟糟的阶段，一切都还没有走上正轨，“知青”和“五七战士”回城后无事可做，为了使精神有所寄托，于是栽花、种草、养鸟、刻图章、讨墨宝成了风气。

《暮年上娱——叶圣陶俞平伯通信集》（以下简称《暮年上娱》），收 1974 年至 1985 年前后十一年间两位老人写的八百多封书信。写于 1974 年的有三十八封，写于 1975 年的有七十四封，写于 1976 年的有一百五十二封。这三年间的通信也可看作“‘文革’通信”。与《涸辙旧简——叶圣陶贾祖璋京闽通信集》和《叶圣陶叶至善干校家书（1969—1972）》不同的是，《暮年上娱》谈得更多的是“思想”和“学术”，“文革”期间与“文革”之后所探讨的问题基本上是一致的。且看许宝

① 叶至善、贾柏松编：《涸辙旧简——叶圣陶贾祖璋京闽通信集》，福建人民出版社 2003 年版，第 249 页。

骙写的《〈暮年上娱〉序》：

三十年代余与圣陶兄相识于上海，后吾二人先后均迁居北京，相见更频。平伯兄乃余表兄姊丈，自幼即共嬉戏，稍长又共切磋诗文，交往至深，吾知平伯兄与圣陶兄青年时代即在上海共办刊物。后均移居北京，相交甚密，友情至厚，晚年因居住相隔较远，虽仍可常见面，但终不如通信更及时、畅快，写信如面谈，数日即有一信往复，甚或一日二书，彼此以书翰进行思想交流，文辞切磋，兴之所至，辄奋笔疾书，或赏析，或质疑，一无矫饰，内容丰富；国运家事，典籍字画，新撰旧作，砌草庭花，以至宇宙观，人生观，无所不臻，尔来吾往，有书必复，尝戏云：酬答如是，无异于打乒乓球。如一九七四年十一月十一日：平伯兄致圣陶兄函研究词曲，有句云“三复尊示，深得论文之乐，谨简略奉答，未知有当否。词谱是吟诵之律，而歌唱之律寓焉，盖即从歌唱转化者也。吾国诗歌之传统为四五七言，由古诗而律诗，词曲并以长短句（齐言较少）拗句之交错，遂呈繁复之观……”圣陶兄立即复书云：“顷接赐复长书，自喜抛砖之丰获。弟于词谱未尝措意，论词之书亦少观，所见悉凭空想，今兄导之以实际知识，深为感慰。……”

又如平伯兄为写作《重圆花烛歌》与圣陶兄切磋诗句，于十二月十八日、十九日连发两函，中有句云：“前函有四纸，未再写下去而意未尽，如兄亦以一‘想’字，初读句似软，恬吟却妙不可言，使下文‘化作……真’诸字俱活，仿佛画龙点睛矣。……”（《重圆花烛歌》中句为“何期革芷缭衡想，化作茅檐土壁真。”）

圣陶兄收信后亦立即回函云："顷同时接兄二书，有六笺之多，可谓丰收。仍依次奉答……"可见函递往复真如银球矣。

二公已先后谢世，今其后人叶至善、俞润民收集整理二公由一九七四年至一九八五年之遗札八百馀通，依岁月之嬗递，辑成此集。余年耄矣，犹得借以重温二公思绪之敏捷，学识之渊博，兴趣之宽广，友情之弥笃，乐在其中，诚为暮年之上娱。

庚辰春节许宝骙书于首都北京

时年九十有一

1974年，也就是《暮年上娱》中第一封往来书信那年，俞平伯七十五岁，叶圣陶八十岁。到1985年《暮年上娱》收尾的时候，俞平伯八十六岁，叶圣陶九十一岁。过了三年，叶圣陶先走了。又过了两年，俞平伯也走了。但是他们留下的这一部厚厚的大书，值得我们认真拜读和赏玩。《暮年上娱》其实也是一部学者个人化了的私下心坎独白；犹同经书那样，学路完整，大气千秋；《暮年上娱》是可以留世传世的家书。

这里就两位老人有关《红楼梦》的研讨作一点介绍。"文革"中，叶圣陶也看《红楼梦》消遣，认认真真地研究《红楼梦》则始于1976年4月底。4月29日日记："下午陈从周来，言明日将返沪，特来叙别。漫谈园林及假山石。留晚餐，承同意，乃邀冯其庸来共叙。冯居附近原人民大学宿舍，至善往邀之，六点半至。饮谈一小时有馀，多及于《红楼梦》。八点，二位去。"时冯其庸任职的中国艺术研究院红楼梦研究所成立了一个《红楼梦》校注出版小组，正在校注《红楼梦》。叶氏父子对《红楼梦》本来就很感兴趣，“文革”后期又没有什么特别的事情要做，就答应冯其庸帮看《红楼梦》校订样本及注释稿。叶圣陶1976年5月5日日记记：

> 前冯其庸交来《红楼梦》前十回之校订样本及注释稿，至善看之数日，记录其意见凡十笺。今日下午余看至善之所提，及夜乃毕。其说大多有见。余更将补提少数意见，然后交卷。

这之后，叶圣陶一连看了六天。5月6日日记记：“上午看《红楼梦》之注释稿。就余之所见，或为改动，书于印本，或提意见其上。仅看十面而已。”5月7日日记记：“下午续看《红楼梦》之注释”。5月8日日记记：“下午续看《红楼梦》之注释”。5月9日日记记：“今日为《红楼梦》编校组提关于注释与排版格式之意见，写了两张半信笺，尚未完。提意见未必被接受，而既已见到，自当说出，供人家考虑。”5月10日日记记：“续为《红楼梦》编校组提意见，今日写得三笺。”5月11日日记记：

> 又为《红楼梦》编校组提意见，写得二纸有馀，遂告结束。又通体看第五回之原文一遍，就其点句及排式为作符号或短句批语。其他九回则不复看。即作书致冯其庸，告以看毕，希托人来取。

《红楼梦》前十回的校订样本及注释稿，叶至善看了六天，叶圣陶整整看了一个礼拜，因为看得太仔细了，意见又提得精准，红楼梦研究所就请叶氏父子接着往下看。因为看《红楼梦》的校订样本及注释稿，叶圣陶更加关注俞平伯对《红楼梦》的研究，5 月 22 日在给俞平伯的信中说：

> 上周陈次园来，谈及兄为英文本“红楼”之译者杨君解块“享强寿”三字之义。看“红楼”已不知其几遍，近时亦偶翻一回半回为遣，而于可卿出殡之铭旌迄未留意，方次园举出此三字时，闻而茫然。及闻述兄之解释，乃信兄读此之精审不可及。特未知一般铭旌是否书明年寿，抑此为曹雪芹之偶尔弄笔。又，秦可卿终年三十有馀，似嫌其大，凤姐长一辈，犹仅二十馀岁。偶想及，书之为谈资。①

俞平伯 1976 年 5 月 26 日的复信中说：

> 《石头记》之记秦氏颇多特笔，如“享强寿”三字即非一般铭旌之体，殆有意点醒。其年决不逾卅。此书写诸人年龄每多惝恍，特出例如宝玉忽大忽小，而黛玉入府时有一段描写，亦决非幼女情态也。前闻曾偕友叙谈此书，弟惜未克侍坐，如有赐问请就所知以对，惟恐所知亦少耳。②

叶圣陶 1976 年 5 月 27 日致俞平伯信中说：

①② 叶至善、俞润民、陈煦编：《暮年上娱——叶圣陶俞平伯通信集》，花山文艺出版社 2002 年版，第 132、133 页。

至善看“红楼”较熟，每当晚饮，往往谈及“红楼”。以后谈及疑点，必当诸益。近有“红楼校注出版小组”以前十回之标点注释样本征求意见，来者为冯其庸君，乃陈从周之友，陈来时介与相识。弟与至善观其样本，共写意见十馀纸，总觉此事欲求其较为满意，良非易事。彼固注重在思想性，欲令一般读者借此悟封建礼会衰颓之不可挽回，而仅凭少量不甚畅达之提示与注释，何可得此佳果乎。①

俞平伯1976年5月30日的复信中说：

示及乔梓酒边谈艺偶及红楼，亦一乐也。此书即有注亦不易解，洵如尊论，然终聊胜于无，无讹谬斯可矣。②

叶圣陶觉得“仅凭少量不甚畅达之提示与注释”对《红楼梦》的阅读并没有太大的助益，而俞平伯则说“聊胜于无，无讹谬斯可矣”，肯定叶氏父子的工作。叶圣陶又看了十回，1976年7月10日日记记：

下午冯其庸、李希凡偕来，云来看余，并携《红楼梦》第十一回至二十回之新校本及注释，嘱我父子二人过目。二位谈约四十分钟而去。

---

①② 叶至善、俞润民、陈煦编：《暮年上娱——叶圣陶俞平伯通信集》，花山文艺出版社2002年版，第134、138页。

像看第一个十回一样，叶圣陶让至善先看，他后看。7 月 16 日日记记：“至善已将《红楼梦》第二个十回之新校本及注释看毕，交与余，余以今日始看之。及于傍晚，看至第十三回将尽处。”次日日记记：“今日续看《红楼梦》校点及注释，至第十五回止。”次日日记记：“续看《红楼梦》注释稿，至第十七回止。竟如从前一样，上午下午皆治此事，乃觉时光逝去之快。”次日日记记：“续看《红楼梦》二回，于是交来之稿仅馀一回矣。”次日日记记：“《红楼梦》注稿以今日看毕。再写些有关标点之意见，即可交卷矣。”7 月 21 日日记记：

> 今日写关于使用标点的意见得三张半纸。即与《红楼梦》新校本及注释一同封固，寄还校订小组。了却一事，总觉一度舒松。

“关于使用标点的意见”指的是《红楼梦》“点句及排式”方面存在的问题。这之后，因为唐山大地震，审阅《红楼梦》的校注工作只好搁置下来，但叶圣陶始终关注《红楼梦》校注和出版，同年 8 月 9 日日记记：

> 上午来访者两位，葛志成与张毕来。毕来言彼亦在看冯其庸、李希凡等所为之《红楼梦》新校本，因与谈此稿之校注工作尚须改进。

俞平伯是“红学”大家，造诣非凡，可自从“《红楼梦》批判”起，他就不肯再谈“红学”了。“文革”中被定性为“牛鬼蛇神”，“门前冷落鞍马稀”，红楼梦研究所点校《红楼梦》时不会想到俞平伯是很自然的事。可叶圣陶深知研究了半个多世纪《红楼梦》的好友俞平伯对《红楼梦》的感情有多深；作为一位有着严密风度的学者，俞平伯又有多么执着，每遇与“红”有关的事，他总是认真思索，非探究出个究竟来不可。于是叶圣陶一有想法便与俞平伯交流分享，奇文共赏，疑义同析。

粉碎“四人帮”之后，春风吹来，大地复苏，两位老人延续着“文革”中畅谈《红楼梦》的话题，进入新一轮的探讨。

1979 年 1 月 12 日，俞平伯在给叶圣陶的信中谈及海外友人将“编有关《红楼梦》书目”事，随后两人围绕《红楼梦》交流切磋，历时长达三个月，往来书信有十几封之多。叶圣陶 1 月 30 日在给俞平伯的信中说：

> 近冯其庸送来周汝昌长文打印稿及陈从周之信稿，皆言恭王府之园林为曹雪芹描写大观园之所依据。弟思作小说固是空中楼阁，然总须虚构此楼阁而后可写。苟有实际楼阁，自不妨借来运用，以充当其虚构。曹雪芹倘曾身临恭王府，则其借此写大观园自极可能。周汝昌从周二君皆主张恭王府为明清间之旧园，为曹雪芹所及见，则大观园或真是此园也。此二稿想兄处已有之，苟其无之而欲一观，即当寄上。①

见老友对《红楼梦》颇有兴致，俞平伯就将他 1963 年写的咏《红楼梦》的两首《临江仙》抄寄给叶圣陶求教。叶圣陶在 2 月 14 日的回信中说：

---

① 叶至善、俞润民、陈煦编：《暮年上娱——叶圣陶俞平伯通信集》，花山文艺出版社 2002 年版，第 297 页。

“示我《临江仙》二首，连日展诵，不下十遍，唯觉其好，而不悟其旨。就‘看法虚实不同’揣摩之，乃无所得，苟无不便，可开示一二乎？由此自惟，乃知于诗词实未窥户牖。”① 俞平伯在 2 月 17 日复信中说：“前呈俚词，不意竟至十读，重劳进尊虑，悚歉何如”，“以拙句谈繁复之红学，累兄思索，心实不安，今请循文作释，简单言之”，随后引经注典，作了种种提示，最后说：“拉杂涂抹，语多惝恍，或更滋疑惑，为愧为歉。”②叶圣陶在 2 月 24 日的回信中说：

> 尊作《临江仙》二首乃言红学，出乎弟之意料。弟以为殆言时事，以故横猜竖猜，全然不晓。今承分析指示，仿佛有会，然距澈悟尚远。容再徐徐味之。
>
> 近有人来言，某君（姓名已忘之，当时闻此名，似夙曾见过）撰长文，言“红楼”乃是多人之作，曹雪芹为最后之修订者。兄来示有“曹是最后整编而非唯一之作者”之语。何日得晤面，甚欲一闻其详。③

俞平伯在 2 月 28 日的复信中告诉叶圣陶他所说的“长文”很可能就是戴不凡发表在《北方论丛》的论文《揭开〈红楼梦〉作者之谜——论曹雪芹是在石兄〈风月宝鉴〉旧稿基础上巧手新裁改作成书的》，并说此文“似与鄙见有合”，在列出《红楼梦》并非曹氏一人独创的例证后说：“曹氏于《红楼梦》原有绝大关系，却限于‘披阅十载，增删五次，纂

①②③ 叶至善、俞润民、陈煦编：《暮年上娱——叶圣陶俞平伯通信集》，花山文艺出版社 2002 年版，第 299—300、300—301、301—302 页。

成目录，分出章回’这十六个字，不多不少也。昔人谈禅有‘依文解义，三世佛冤；离经一字，便同魔说’，尝窃于斯记有同感焉，我兄亦印可否乎。”① 又说，他的旧作《寒涧诗存》中谈《红楼梦》的七言歌行《红楼缥缈歌》将付“集刊”发表。叶圣陶仔细阅读了戴文，3 月 9 日在给俞平伯的信中说：

> 《北方论丛》已看到。谈红楼非出一手者为戴不凡。观其所举诸内证，皆明全书行文自相矛盾，似可相信。戴文颇长，态度欠佳，甚不明快，跑马看过而已。尊示举“披阅十载……”十六字，诚为非出一手之确证矣。付“集刊”之七言歌行，他日印成，至盼获读。②

俞平伯在 3 月 11 日的回信中说：“戴君之文有新见解。弟方在研读，亦觉其稍冗，未脱自传说与脂批之笼罩。其说若行：一、摇动曹雪芹之著作权，二、降低《红楼梦》之声价，影响非浅，想红学家当众起而咻之，争鸣结局如何，良不可知也。其说之后半（即曹雪芹整理）易成立，而其前半（石头玉兄创作）则否。岂贾宝玉自作《红楼梦》欤？殆非常情所许也。”③次日，俞平伯又将他作的随笔《乐知儿语说〈红楼〉·宗师的掌心》，托来访的陈次园交给叶圣陶阅正。文章说胡适是《红楼梦》考证派的“开山祖师”。“红学家虽然变化多端，孙行者翻了十万八千个筋斗，终逃不出如来佛的掌心。虽批判胡适相习成风，其实都是他

①②③ 叶至善、俞润民、陈煦编：《暮年上娱——叶圣陶俞平伯通信集》，花山文艺出版社 2002 年版，第 302、303、304 页。

的徒子徒孙。”又说：“顷阅戴不凡《揭开〈红楼梦〉作者之谜》一文似为新解，然亦不过变雪芹自叙为石兄自叙耳。石兄何人？岂即贾宝玉？谜仍未解，且更混乱，他虽斥胡适之说为‘胡说’，其根据则为脂批。此即当年《红楼梦》的宝贝书。既始终不离乎曹氏一家与脂砚斋，又安能跳出他的掌心乎。”① 叶圣陶完全认同俞平伯的见解，在3月13日的复信中说：

> 昨接十一日覆示。下午又接次园携来新稿。欣快之极。“点水不沾”，似能领悟。
>
> 《寒涧集》中《红楼歌》，已取出重读一过。新稿看过三遍，亦答云“似能领悟”。弟嫌说得简约，若说得更明白些，则弟可更理会些。《好了歌注》寄意极深，而不尽为小说之提要，小饮时与至善共谈，为昨晚之一乐。②

俞平伯在3月15日的回信中郑重说到要将随笔《乐知儿语说〈红楼〉•宗师的掌心》呈请叶圣陶审察有两个原因：“（一）此文广泛，触及记中微旨，而颇简明。鄙意兄看有关‘红楼’材料，只宜‘略读’遣闷。过于烦琐冗长者，宜‘屏而勿读，读亦勿卒’（鲁迅语也）。若前云之载文，其后半即甚烦琐，不但‘不明快’而已。拙稿庶免此弊，然亦有‘过简’之病，如来教（于十四夕收到）之言。（二）奉呈之另一因，即近

① 《俞平伯全集》第6卷，花山文艺出版社1997年版，第417—418页。

② 叶至善、俞润民、陈煦编：《暮年上娱——叶圣陶俞平伯通信集》，花山文艺出版社2002年版，第304页。

来写文每不属草，随笔漫写，改变过去急草连自己也不认识的习惯（或不必恶），此法如何，望兄评之。观来书知已佐乔梓酒边片刻之娱，是亦足矣。就自己说，恐是思路迟钝之故，亦老境之一也。”随后说：“今之谈红学者，其病正在过繁，遂堕入魔境，恐矫枉亦不免过正耳。”①3月16日，俞平伯将吴世昌关于所传曹雪芹遗作诗是“伪作”的红学论文寄给叶圣陶，在3月23日的信中谈到对吴文的看法时说：“吴文言亦有理，而意气盛，虽引重言，终难证实，证据如有，亦在周汝昌处也。此件何来，周言亦殊恍惚。”②叶圣陶在3月28日回信中说：

> “吴文”由至善看过，告以其大概。前一周《文汇报》之文艺编辑徐开垒发表一文，言“戴文”之抹煞他人以伸一己，即使所见完全正确，亦非正当态度。附带提及“吴文”，谓与戴近似。弟觉吴文之态度既欠佳，其逻辑亦多勉强，不意此君亦如此肝火旺也。③

叶圣陶和俞平伯谈《红楼梦》的书信还有好几通，未能全都援引。这一年，俞平伯已八十高龄，叶圣陶已是八十六岁。俞平伯是“红学大家”，他关注《红楼梦》尚可解读为对于“红学”的执着和痴迷，而叶圣陶并不研究《红楼梦》，他在耄耋之年对《红楼梦》研究如此关注，似乎只能从博学或好学不倦的层面来理解。

就《暮年上娱——叶圣陶俞平伯通信集》《涸辙旧简——叶圣陶贾

---

①②③ 叶至善、俞润民、陈煦编：《暮年上娱——叶圣陶俞平伯通信集》，花山文艺出版社2002年版，第305、308、309页。

祖璋京闽通信集》《叶圣陶叶至善干校家书（1969—1972）》这三本书信集而言，我们不仅看到叶圣陶是怎样的学识渊博、和蔼可亲，还能看到他是怎样的真挚、重情，兴趣广泛，善于学习，心胸开阔。“旷日持久的所谓‘大革命’，使人尝够了‘闲愁最苦’的滋味”，叶圣陶用“写信”来消解“闲愁”[①]，不仅是让自己，也让朋友和亲人得到“投木报琼”的欣悦。

① 叶至善：《〈涸辙旧简——叶圣陶贾祖璋京闽通信集〉前言》，叶至善、贾柏松编：《涸辙旧简——叶圣陶贾祖璋京闽通信集》，福建人民出版社 2003 年版。

第十编

第三十九章
虽邻夕死　犹欲朝闻

《左传》说不朽有三种，居第一位的是立德。在这方面，就我熟悉的一些前辈说，叶老总当排在最前列。何以这样说？有大道理为证。中国读书人的（指导行为的）思想，汉魏以后不出三个大圈圈，儒道释。掺和的情况很复杂，有的人儒而兼道，或阳儒阴道；有的人儒而兼释，或半儒半释；有的人达则儒，穷则修道（或道或释的道）；等等。叶老则不掺和，是单一的讲修齐治平的儒；或者更具体一些说，是名副其实的“躬行君子，则吾未之有得”的躬行君子。

——张中行《叶圣陶》①

一、“悲逾失父嗟无怙”

1976年是我国历史上灾难深重的年头。这一年，叶圣陶和全国人民一起经历了大地震、陨石雨，经历了周恩来、朱德、毛泽东三位伟人的逝世，也经历了结束十年动乱的最后的生死较量。

1月8日，周恩来总理逝世。叶圣陶次日日记记：“晨听广播，恐惧其发生之事竟尔发生，周总理于昨日九时五十七分逝世，终年七十八

① 张中行著：《负暄续话》，黑龙江人民出版社1990年版，第29—30页。

岁。”次日日记记：“下午四点，乘车往北京医院，部中派一同志来陪往。到者列单行入遗体室，于周总理灵床旁绕行，其夫人邓颖超居侧，与吊者握手。余瞻遗容，尚能忍住，及与邓握手，不禁泣下。”又记：“今日上午作五律一首悼周总理”。1月11日日记记：

> 宁宁午间来共餐。彼谈及周总理遗嘱中之两点，一为因癌病而逝须明白宣布，又一为骨灰勿置于八宝山，须归还祖国大地。余闻而深感之。宣布其致死之病，意盖在策励国人努力于癌病之研究，终于操克制之权，解决此举世恐怖之恶病之防治问题。已与世违，而仍心系人世，伟哉。骨灰留置，本来无甚意义，取之大地，归之大地，实为至当。余久蓄此意，今闻同调，因告至善，我亦“照办”。至善允之。特记于此。

1月12日日记记：“上午将所作挽诗书于宣纸，寄与治丧委员会。”诗云：

> 无役不身先，向辰磐石坚。般般当代史，烨烨六旬年。
> 悲溢神州限，功垂天地间。鞠躬诸葛语，千古几人然？

周总理没有在哪一次斗争中不走在前头，“为政以德，譬如北辰，居其所而众星共之”。所做的事，一件一件都关涉到当代的历史进程。为周总理逝世感到悲痛的人，不限于中国大地。从古到今，做到像周总理这样“鞠躬尽瘁，死而后已”的能有几个人呢？1月22日日记记：“下午张纪元来，谈及朴初悼周总理之诗于闻耗之日下午三点即完稿，可谓迅速之极。纪元又谓见其诗者咸谓‘无私功自高，不矜威益重’两句最好，唯周总理足以当之。谈约一小时有半而去。”其实，赵朴初挽周恩来的诗叶圣陶早在1月14日就抄在日记里了，是日日记记：

> 至善晚归，从他人处抄得朴初所作挽诗，五言十韵，颇有深致。其中有错字，待他日得校正时再录之。
>
> 朴初所作周总理挽诗录于此
>
> 大星落中天，四海波澒洞。终断一线望，永成千载痛。
>
> 艰难尽瘁身，忧勤减龄梦。相业史谁俦，丹心日许共。
>
> 无私功自高，不矜威益重。云鹏自风抟，蓬雀徒目送。
>
> 我惭驽骀姿，期效铅刀用。长思教诲恩，恒居唯自讼。
>
> 非敢哭其私，直为天下恸。

周总理的逝世，使得人民与“四人帮”的矛盾已经到了水火不容、一触即发的地步。人民的愤怒，刚开始是以悼念周总理、创作诗文以及到天安门广场致哀的方式来表达的。叶圣陶1月12日日记记：

> 周总理遗体于昨日傍晚护送往八宝山火化。下午志成来，言胡愈老于送往之途中，见两旁皆站满数排之人，静肃无声。此皆自动送葬，非由招致，人心之向往感动，于此可知。又闻三午言，天安门人民英雄纪念碑前摆满花圈，无数人自佩黑纱，自悬白纸花，在碑前致哀。此皆不获往北京医院向遗体告别者。

1月13日日记记：“今日闻知，十一日周总理遗体火化之后，骨灰自八宝山送来天安门劳动人民文化宫已将十二点光景。沿途两旁久候之人肃然观灵车经过，然后散归。”“又闻前日有数百人守候于八宝山火葬场所，要求一瞻遗体。主其事者允之，然后火化。”“夜间劳动人民文化宫门已关闭，而门前桥之南堍立满致哀之人，哭泣之声相应。”人们对周总理的感情如此之深，已经到了“惊天地”的程度。叶圣陶1月14日日记记：

> 三午、小沫、永和皆至天安门广场，归来言英雄纪念碑前之花圈益多，于广场上静默致哀者益众，劳动人民文化宫哀乐闻于外，入而致吊者络绎。

1月15日下午，人民大会堂举行周恩来追悼会，叶圣陶和叶至善都参加了追悼会。叶圣陶是日日记记：

> 今日报载，十二日至十四日，三日间入劳动人民文化宫吊唁之人凡四万有馀，其中包括外国各方面之人。而在文化宫以外，在整个天安门广场致哀泣下者，其数盖不可量矣。

追悼会后，仍有民众到天安门广场寄托哀思，叶圣陶1月17日日记记：“据闻今日仍有列队持花圈到天安门广场致哀者。”与此同时，“四人帮”仍丧心病狂，“恶事丑事”做绝，叶圣陶对“四人帮”的反感越来越大，3月22日日记记：

上午晓风来，……询以教部中近何所事，答言每日上午下午晚上三段，皆为学习批判，反击右倾翻案风。余思此似太甚，不免使人疲而思休矣。

转眼就到了清明节，民众又自发地来到天安门广场悼念周总理，借了“悼念”，用大量的标语口号、诗词挽联表达对“四人帮”的强烈不满。叶圣陶 4 月 4 日日记记：

今日为清明节，前此数日即有广大群众往天安门广场献花圈，而中心主题不在纪念革命英雄而集中于怀念周总理，又有大书之标语口号，以及新体旧体之诗。花圈大者至七米八，取义于周总理之生年七十八岁。三午、小沫、周涌、小夏皆曾往观。至今日则广场满是花圈与大小字幅，人众拥挤，水泄不通。松柏树上无不挂满，各个电灯杆亦然，总之超过周总理初逝之时。有一青年自称工农兵学员，破指书大幅血书，口呼怀念周总理之语，群众则举而升起之，为之拍照。至诚与李业文来信，言南京与常州近日之情形亦类此。

群众所以如此，盖有激而然，……而群众所激者为何，则余所不欲书，亦余所不甚明晓者也。

叶圣陶“所不欲书”的正是全国人民郁积在心头的公愤。“四人帮”血腥镇压，将这场“清明节的悼念”定性为“发生在天安门广场的反革命政治事件”。叶圣陶 4 月 5 日日记记：

传言昨日天安门前有打伤或打死人之事，今日则有焚烧汽车拘捕人众之事。此种情形，开国以来为初见。

4 月 7 日，中共中央发布两项决议：一，以华国锋任中共中央第一副主席及国务院总理。二，撤销邓小平党内外之一切职务，但仍保留其党籍，以观后效。4 月 8 日，叶圣陶得知有单位游行庆祝“镇压反革命政治事件之胜利”后，在日记中写道：“开国以来，如此之举，未之有也。”4 月 13 日午后，叶圣陶到政协礼堂听中央“两项决议”的传达，是日日记记：

三点开始，刘有发宣读两项决议，继之讲话。然后到会者相继发言，计十五人。为时三小时。诸人之言大致相同，意同语句同，唯次序不尽同，所谓“表态”之发言，殆亦只能如此耳。近日各方面皆开如此之会，而我人所参加者，乃“爱国人士”之集会也。

7 月 6 日，朱德在北京逝世，乌云笼罩着神州大地。叶圣陶次日日记记：

晨听广播，突闻朱德委员长逝世之讣告。年九十岁。最近尚于报上见朱会见外宾之照片，神态极好，而不数日遂传噩耗，殆以年岁较大，经不得轻微疾病之侵袭欤。1946 年朱六十岁，中共驻上海办事处为此在马斯南路举行祝寿集会，到者极多。开宴时饮烟台运沪之酒（其时烟台在中共手中），此酒极好，而又为解放区运来者，余饮之过多，沉醉自午后至夜间始醒。此事永不能忘，而已越三十年，而朱老逝世矣。

7月28日，河北唐山、丰南一带发生了震级为7.8级的强烈地震，并波及天津市、北京市，使人民的生命财产遭受很大损失，尤其是唐山遭到的破坏和损失极其严重。此后，有关地震的种种传闻不绝于耳。就在人们尚未完全从地震的“慌张”中走出来的时候，9月9日，毛主席去世了。叶圣陶是日日记记：

毛主席于今晨零点十分逝世，巨星陨落，非止我国，举世将永远追念。

9月14日，叶圣陶到人民大会堂瞻仰毛主席遗容。是日日记记：

下午四点过，部中车来，即偕永和往人大会堂。长安街靠近天安门之处，只有公用车辆行驶，徒步者与骑自行车者不得通过，以是觉其安静而空阔，唯有站岗之民兵按等距离站立。永和不能陪入大会堂，由服务员扶余上台阶，签名，到休息处等候。觉甚凉，盖开冷气机降温也。饮料为姜糖汤，并备大衣与到场者披上。陆续来者颇多相识之人，皆默坐等候。第闻中间之大厅传来哭声，女同志多有号啕大哭者。退出之人中有外国人不少。及有人来招呼，余遂与等候之人徐步入大厅，成双行，走近毛主席遗体。怅惘之甚，未能伫立瞻仰。记于一九四九年三月间初次见到，今日为最后一见矣。回到家时为五点半。

9月18日下午，天安门前举行毛主席追悼大会，组织上没有安排叶圣陶出席，他就在家看电视播送的追悼大会实况。9月20日日记记：

下午张纪元来，携来朴初录示之毛主席挽诗。七律二首，颇为精要。中有“悲逾失父嗟无怙，杞不忧天赖有纲”，“人心早有丰碑在，真理争从宝藏探。满月中天瞻圣处，遗言永忆勖登攀”诸句尤好。纪元谈一小时有半而去。

“悲逾失父嗟无怙”，这句诗也充分表达了叶圣陶对毛主席的深情。9月22日，他在孙子永和的陪同下来到天安门广场，观看毛主席追悼大会的场景，以表达对毛主席的敬仰和哀念的心情。是日日记记：

上午与永和偕出，乘车至天安门前，观追悼大会之陈设。门楼前特搭之台，以及两旁陈列之花圈皆如十八日之状，全未变动。特来观者甚多，有人则摄影以为永念。仍乘车而归。

二、提交关于“公审‘四人帮’”的提案

赵朴初诗中的“杞不忧天赖有纲”说得真好，可这“纲”应该理解为人民的意愿。10月8日晚，叶圣陶听到“粉碎‘四人帮’”的消息，可谓喜从天降。他在日记中写道：“临睡听到可惊消息，今暂不之记。”10月10日日记：

> 今日两报一刊发表联合社论，题曰《亿万人民的共同心愿》，论昨日发表之中央两项决定。末后号召全国须学习毛主席“三要三不要”之教导，与一切违反此教导之言论和行动作坚决之斗争。又言“历史经验证明，要搞垮我们的党是不容易的。任何……搞修正主义、搞分裂、搞阴谋诡计的人是注定要失败的”。又言“领导我们事业的核心力量是中国共产党。我们要最紧密地团结在以华国锋同志为首的党中央周围，维护党的团结和统一，加强组织性和纪律性，……争取社会主义革命和社会主义建设的更大胜利，进一步巩固我国的无产阶级专政”。此末后之言词可觇最近局势矣。

“此末后之言词可觇最近局势矣”，表明他对“局势”的关注。10月18日日记：

> 下午至善往听团中央负责人传达华国锋讲话之要点，党员已先听之，今日则告知党外人员。要点即宣布王洪文、张春桥、江青、

姚文元“四人帮”之种种反动行为，又有彼辈之爪牙迟群、谢静宜，现皆扣留，隔离审查。余八日所记之可惊消息，即指此事。连日报上所载各方面之群众表示要与违反毛主席“三要三不要”原则之言论与行动作坚决斗争，要与篡改毛主席指示之人作坚决斗争，即指此事。实际上已通国皆知，唯未见于报上耳。据各方面消息，凡闻此者无不称此举之英断，诚为大快人心之举。至其具体恶行，闻之亦多，余惮于记之。总之，此“四人帮”之野心与恶行，盖不下于林彪也。

“‘四人帮’之野心与恶行，盖不下于林彪也”，叶圣陶极为赞赏党中央的“英断”。10月24日下午，他不顾年事已高，参加天安门百万人庆祝粉碎“四人帮”大会。由于参加的人太多了，须先乘车到教育部集合，再由教育部乘车去天安门。叶圣陶是日日记记：

部中之车于十二点来接。以为时尚早，往观林老。遇其外孙女，知林老又住医院已二旬。住院之故，一以身体又稍差，二以输血方便。近日则情况转好，食量颇增。坐约二十分钟而出。车以一点开行，余与段洛夫、姚力同乘。先至中山公园，坐围廊之栏杆上休息。天宇晴明，人含笑容。继至观礼台之休息室，遇朴初，共闲谈。彼言向不喝酒，近乃喝酒，效余喝白兰地。余云知其喝酒之因。候至两点五十分，始登观礼台。余不登此台盖十年矣。弥望广场，红旗如林，人众整队，殊为伟观。

三点开会。先奏国歌与《东方红》。继之，吴德讲话。又继之，工人、农民、军人、红卫兵之代表各一人发言。至四点二十分毕。华国锋主席亦如当年毛主席，先东行至城楼之东角，次则至西角，向群众招手致意，全场欢腾。散出颇迟缓。余到家已过五点。

今日之会大可纪念，余故保留其请柬于此。

10月29日将《满江红·十月二十四日天安门庆祝大会》写定，送交《人民文学》发表，这首词写出了他在粉碎“四人帮”后的欢欣：

电掣雷轰，阴霾扫，碧空澄澈。未匝月，遽承民命，断然解决。篡夺阴谋宁许逞？豺狼狠恶须深揭。此心期、久已遍神州，今欣彻。　　秋气爽，红旗拂；百万众，天安阙。算年来欢畅，无如斯刻。岁月峥嵘开新史，北辰环拱弥团结。想前途、凌厉胜先时，心头热。①

1976年12月21日及1977年3月19日，叶圣陶分两次看了中央所发《王洪文、张春桥、江青、姚文元反党罪证》的材料和有关的中央文件，文件中说“中央将在十届三中全会上作出关于王张江姚‘四人帮’反党集团的政治结论和组织处理的决议”。到了1978年年初，叶圣陶想到“四人帮”还犯着国法，还得组织人民法庭予以公审，就把这个想法告诉他原来的秘书史晓风，希望史晓风把他的想法贯串起来，写成个发言稿。1月11日上午，史晓风把稿子送了来，叶圣陶看了很满意，在

①《叶圣陶集》第8卷，第393页。

日记中写道：

余恒思“四人帮”宜交与法庭审判治罪，向人言之已屡。谓人代会开会时必提出此议。近与晓风商量，余作文辄觉不舒服，可否由余书零碎意思而托彼为余组织编排之，使有条理，堪以说与大众听闻。晓风一口承应。此是本月二日事也。六日七日将零星意思写出，共约五百字，即寄与晓风。而今日上午晓风来，已将发言稿写就，条理清楚，语言顺适，读罢欣然。询其费时若干，云止二小时，且尚应付其他杂事。此子心敏手快，视前益进，真可慰也。

1978 年 2 月底，叶圣陶出席五届人大会议。3 月 2 日，在人大的江苏代表分组会上，八十四岁高龄的叶圣陶根据史晓风整理的稿子作了发言，并向主席团提交了关于审判“四人帮”的提案。他在日记中写道：“下午到西苑旅社参加分组讨论会。余将所拟之发言稿主张对‘四人帮’审判处刑者朗诵之。诵罢，全室二十馀人皆鼓掌。”

提案交到人大之后，一直没有回音。叶圣陶有点不耐烦。1979 年 2 月 10 日，听说陈云的秘书王云清之子王丹亚第二天要来看望他，就把发言稿找出来又给陈云写了一封信，托王丹亚带给王云清转交陈云。叶圣陶在 2 月 11 日日记中记了这件事：

上午王丹亚来，余以去年在人大分组会上之发言稿，主张将“四人帮”依法治罪者，托彼请其父云清同志转致陈云同志。云清同志今为陈云同志之秘书，在中央纪律检查委员会工作。陈云同志近选为党之副主席，任中央纪律检查委员会之第一书记。余闻去年党之工作会议及三中全会上，陈云同志颇主辨明是非，一切不可敷衍过去，故以此发言示之，请考虑其纪律检查委员会是否可循何途径，促我此议之实现。

身为中央纪律检查委员会之第一书记的陈云一点也不含糊，第二天就回信了，信中说纪律检查委员会将接收“四人帮”的案件。叶圣陶特地把陈云的信粘贴在日记中，在旁边写了一段话：“上午接到陈云之复信，粘之于此。王云清于十二日将余书交与，陈于十三日即作复，可谓快速。此亦不染流弊之征，可记也。”又隔了一年多，在 1980 年 9 月 27 日的人大常委会全体会议上，叶圣陶的提案终于有了结果，他在当天日记中写道：

下午三点半，人大常委会全体会议，政协常委委员旁听。最高检察长黄火青提出，为审判林彪江青反革命集团之需要，建议组织最高人民检察特别检察厅；最高法院院长江华提出建议，组织最高人民法院特别法庭，请常委会审批。黄火青报告，自今年四月始，对反革命集团诸人，侦查预审，知此辈罪行确凿，准备向最高法院提起公诉。提起公诉者为主犯十人，江青、张春桥、姚文元、王洪文、陈伯达、黄永胜、吴法宪、李作鹏、邱会作、江腾蛟。对此辈起诉之罪状凡四：一为煽动策划推翻无产阶级政权；二为诬陷迫害党和国家之领导人，篡党夺权；三为迫害镇压广大干部和群众，实行法西斯专政；四为谋害毛主席，策动反革命叛乱。至于其外之有关罪犯，将视其犯罪情况，分别向各级法院与军事法院提起公诉。黄火青之报告大要如是。

继之，党监察委员会某君谈其会详细研究康生、谢富治二人之所作所为，虽以身死不复提起公诉，实则罪行累累，康生尤为多种罪行之主谋。继之，公安部某君叙述所研究之文件、书信、日记、笔记中，俱有确证，足以证明有关四项罪行者。

休息一刻钟之后，将材料摄成之幻灯片放映于壁上，由工作人员说明之并朗诵之。余看不清幻灯片，工作人员口齿清朗，余皆听得明白。散会已过六点，余极疲劳矣。

要对“四人帮”治罪判刑，余于前年大会上提出建议。在江苏代表团分组讨论会上朗读发言稿，即以发言稿交召集人送交主席团，此后杳无消息，余之发言稿不知如何下落。去年人大政协开会时，有不少人提出类似之提案，后经领导方面劝说，提议者遵命收回提案。今年则属闻传说，谓将审判“四人帮”。迄于今日，则此事已成定局，余之所提意见已得实现，足以安慰矣。

三、“晴窗”撰文争朝夕

粉碎“四人帮”之后，叶圣陶先后担任中小学语文教材顾问、全国中学语文教学研究会名誉会长、中国写作研究会名誉会长。1978 年担任教育部顾问。1980 年 4 月 22 日，受国务院任命，担任中央文史研究馆馆长。1981 年 12 月，被聘为中国作家协会顾问。1983 年 6 月，在中国人民政治协商会议第六届全国委员会第一次大会上当选为全国政协副主席；11月在中国民主促进会第五次全国代表大会上当选为民进中央副主席。1984年7月，担任民进中央代主席。12月在中国民主促进会七届二中全会上被推选为民进中央主席。1987年6月在中国民主促进会全国代表大会上被推选为民进中央名誉主席。虽说年事已高，“目力耳力衰退极速”，但壮心不已，仍然以“俯首甘为孺子牛”的精神，与教育界、出版界和文艺界的朋友们研讨教育、出版和文艺等诸多领域的问题，以“只争朝夕”的精神，著书立说。

从粉碎“四人帮”之日始到1985年的九年，叶圣陶写的诗，仅收入《叶圣陶集》第八卷《箧存集末编》的就有八十六首。散文和随笔多达百馀篇，仅序跋和题记就有《〈角直闲吟图〉题记》《〈吴宾若民国五年日记〉题记》《〈文言读本〉前言》《〈苏州园林〉序》《重印〈经典常谈〉序》《重印〈化学奇谈〉序》《〈闻一多全集〉重印后记》《〈西谛书话〉序》《题〈李健吾选集〉》《〈段力佩教育文集〉序》《中国现代作家丛书——〈朱自清〉序》《〈母亲的话〉序》《“洁本”和“节本”——重印〈红楼梦〉〈水浒〉〈三国演义〉后记》《〈青年思想与青年教育〉序》《〈论教育规律及其他〉序》《〈王统照文集〉跋》《〈丰子恺文集〉序》《重印〈小说月报〉(18卷第7号—20卷第6号)序》《〈郑振铎文集〉序》《〈拉丁美洲儿童小说选〉序》《霍懋征〈小学语文教学经验谈〉序》《〈民国时期总书目〉序》《〈俞平伯旧体诗抄〉序》等三十余篇。他写的《晴窗随笔》《跟〈人民文学〉编辑谈短篇小说》《端正文风——在新华社国内记者业务训练班的讲话》，在教育界、文艺界、新闻出版界产生了广泛的影响。叶圣陶满腔热忱地关心教育界、文艺界、新闻出版界的拨乱反正，由衷地希望我国的教育、文艺和新闻出版事业蓬勃发展。他在 1979 年 12 月写的《晴窗随笔》的“小引”中说：

近年来不能集中心思想些什么，写些什么，稍稍用心就不得安眠，好几天不舒服。去年初夏割除胆结石之后尤其如此。但是做不到什么都不想，有时想的还不少，此灭彼起，连续不断。有些想头当时自以为还有点意思，可是过后回想，再也想不起来。于是想到写随笔，在想的当时马上把它抓住，记在纸上，不限长短，不计工拙，以备他日查考。他日如果发见错误，再来改正。

视力衰退，年来更甚。看书报眼镜和放大镜并用，还是不清不楚。写些什么不能两镜并用，只得在写了一句或者一行之后，拿起放大镜来检查有没有脱漏或者笔误。还得靠阳光。现在是冬季，上午九点到午后四点这一段时间里如果晴朗，对我就较为方便。假如“多云间阴”或者“阴转多云”，那就两镜并用也不济事，只好不写。因此，我的随笔叫做《晴窗随笔》。

1979 年 12 月 24 日日记中说：“余所撰随笔二则交至善看过，渠略提意见。下午余自己抄之，复写，自留一份。仅抄一则而止，觉眼睛疲劳。”这两则随笔应该就是收入《叶圣陶集》第十一卷里的《德智体三育》和《学生守则》。他不仅是自己写，自己抄，还用复写纸“复写”一份留下来，真是太认真了。次日日记又记：

下午复写随笔之第二则。写毕，即将抄成之稿寄与《文汇报》。

今日抄写时出现一种新的情形，写简化之“国”字，自以为“玉”在当中，细看之，则偏于左边，或竟出于框外。又如“真”字“具”字之短画，亦多出于左边直笔之外。可见目力更差矣。

老人“目力”这么差，写字这么费力，可“外界”干扰还是很多，熟识的或不熟识的常常不请自来，讨要“墨宝”，碍于情面，也得应酬。1979年12月28日日记记：

夜间有后勤部之军官陈英来访，系关良告知余之居址。其人好书画，携二件来嘱题。一为《五醉图》，关良所画，长幅分段，画贵妃醉酒，李白醉写，鲁智深醉打山门等故事。又一幅已装裱，为关山月所画红梅长幅，长一丈有馀，其后题咏甚多，书法皆佳。余言此幅不敢题，只恐涂坏，无法补救。陈英坚言留下。只得受而藏之于橱中。

1980年1月3日日记记：“上午写陈从周嘱写之件两份，字皆不自满意，笔画并在一起者亦有之。又写篆书‘伯祥先生像’五字，殊不像样，远不如前。湜华屡言之，姑应其嘱。”老人对熟识的复旦大学建筑系教授陈从周，以及好友王伯祥之子王湜华有求必应，对撞上门来的军官也不马虎。1980年1月10日日记中记有：

前有军官陈英送来画两件嘱题，常思题就送还，以求心头无事，觉得安静。今日作书覆刘延陵毕，即起草稿。题关山月之红梅长幅，只简短数语。题关良之《五醉图》则仿杜老之《饮中八仙歌》，句句押韵，共十四句。所谓《五醉》，实只四人，太白醉写，杨妃醉舞，武松二醉，醉打蒋门神与醉打老虎，末则鲁智深醉打山门也。稿记于左方。

题关山月红梅长幅

画家胸中古梅一树，干枝盘错，红苑怒放。截取其中段而写之，遂成此钜制，与所谓暗香疏影者颇异其趣。

题关良《五醉图》

谪仙酒醉始朝天，宠宦权臣奴婢颜，视若无物思涌泉，立就清平调三篇。

玉环宫怨难言宣，赖有力士与周旋，醉中百态舞翩翻。

武二义勇身兼全，恶霸恶虎等量观，乘醉都教饱老拳，赢得乡里人人欢。

智深乌奈坐枯禅，醉打山门众僧喧，洒家来去无挂牵。①

1980年1月11日日记记：“晨间先自磨墨半小时。将昨日所起稿写上

①《题关良〈五醉图〉》收入《叶圣陶集》第8卷时，结尾又加了两句：“尚有一醉未着笺，酣笔淋漓画师关。”

画件，共费二小时。以其幅尺寸高，不能稳坐而书之，颇感吃力。字殊平平，有不贯气之处。”老人是这么认真，光是“磨墨”就磨了“半小时”，写字费了差不多一个半小时，“以其幅尺寸高，不能稳坐而书之，颇感吃力”。虽说这类的应酬影响到老人的写作，加剧了他的劳累，但也丰富了他晚年的生活。

四、“教是为了达到不需要教”

1977年12月，叶圣陶把他的教育思想归纳为一句话：“教是为了达到不需要教”。他在12月26日为武汉师院所办的《中学语文》写的题词中说：

> 我想，教任何功课，最终目的都在于达到不需要教。假如学生进入这样一种境界：能够自己去探索，自己去辨析，自己去历练，从而获得正确的知识和熟练的能力，岂不是就不需要教了吗？而学生所以要学要练，就为要进入这样的境界。
>
> 给指点，给讲说，却随时准备少指点，少讲说。最后做到不指点，不讲说。这好比牵着手走，却随时准备放手。我想，在这上头，教者可以下好多功夫。①

叶圣陶多次说“凡为教，目的在于达到不需要教”，强调现代教育就是

---

①《为了达到不需要教》，《叶圣陶集》第11卷，第263页。

要从教转到学。教育不是教师施教于受教育者，而是学习者自己学习，亲身体悟。教育的根本目的在于“教人自立”，教会学生“自己学习”，“自己去生活，自己去工作，自己去做人”。在叶圣陶看来，不知自修自学而只知有学校教育的人，是教育上的依赖主义。

1979 年，《教育研究》杂志连续三期发表了叶圣陶的《语文教育书简》[①]，引起了全国广大语文教师的注意和兴趣。这些为来信来访的语文教师“传道”“授业”“解惑”的书信，总的精神是培养学生自我提高的能力。叶圣陶认为：教育的重点在“育”；所谓“育”，就是培养良好的习惯。德育，就是要培养优良的品德和行为的习惯；智育，就是要养成不断探求知识的好习惯；体育，就是要养成注意卫生和锻炼身体的习惯。“教育的目的是为了指导学生学。”“各种学科的教学都一样，无非教师帮着学生学习的一串过程。”换句话说，教学，教学，就是“教”学生“学”，主要的不是把知识交给学生，而是把学习方法教给学生，学生就可以受用一辈子。在这个问题上，叶圣陶有一句精辟的话，现在已经众口传诵，那就是：“教是为了达到不需要教”，“讲”是为了达到用不着“讲”。所谓“不需要教”“用不着讲”，指的是学生经过训练，达到这样一种境界：能够自己去探索、去辨析、去历练，从而获得正确的知识和熟练的能力。

叶圣陶说：“以其欲达到不需要教，故随时注意减轻学生的依赖性”，“给指点、给讲说，却随时准备少指点、少讲说，最后做到不指点、不讲说。这好比牵着手走，却随时准备放手。我想在这上头，教者

---

① 《语文教育书简》共 36 封，前 30 封写于 1961 至 1965 年，后 6 封分别写于 1973、1974、1979 年；收入《叶圣陶集》第 25 卷。

可以下好多功夫”。叶圣陶不主张搞“全盘授予”。他认为：“一篇文章，学生也能粗略地看懂，可是深奥些的地方，隐藏在字面背后的意义，他们就未必能够领会，老师必须在这些场面给学生指点一下，只要三言二语，不要啰里啰嗦，能使他们开窍就行。”[①] 叶圣陶指出：总的教育原则必须贯穿着一个“导”字。教师“相机诱导，必令学生运其才智，勤其练习，领悟之源广开，纯熟之功弥深，乃为善教者也”。[②] 这就需要教师自然而然地站在学生一边，让学生处于主动的地位，教会学生以教材和范例去举一反三，触类旁通；去求规律，从而能真正做到“疑难能自决，是非能自辨，斗争能自奋，高精能自探”，“自能读书，自能作文，自为研索，自求解决”。这种“自决”“自辨”“自奋”“自探”，以及“自能”“自为”“自求”的能力，才是“读书”和“授业”的根本目的。学会学习、学会思想，这是作为一代新人必备的素养，也是我国教育的宗旨。叶圣陶的这些熠熠生辉的教育理念，堪称当代教育宝库中的精髓。

《语文教育书简》凝集了叶圣陶几十年的教育工作实践经验，在语文教育的目的、性质、教学原则和方法，以及教材编选和师资的提高等方面，都提出了自己的精辟的见解。其实，《教育研究》杂志上连载的叶圣陶的《语文教育书简》只是叶圣陶“语文教育书简”中很少的一部分。“先生为人，诚朴敦厚，蔼蔼然长者之风。平生交游，不计年齿，襟怀豁达”（臧克家语），对广大师生关怀甚切，对语文教学改进期望甚殷。他谈语文教育的书简，流散在外的真是难以计数（据我所知，叶圣

① 叶圣陶：《跟初教语文的老师说的话》，《河南教育》（中学版）1981 年第 10 期。

② 叶圣陶 1962 年 11 月 7 日《答林适存》，《叶圣陶集》第 25 卷，第 19 页。

陶仅写给某位教师的书信就多达二百多封），这种“甘洒遗风在人间”的美德，也映照出叶圣陶“为人”“为人师”的高尚情操。

强调“教学”就是“教”学生“学”，并不是说“教科书”或“教材”本身就不重要了。在叶圣陶看来，“教科书”或“教材”应该是最精准、最科学的示范和导向的“指南”，必须精益求精。1978 年，叶圣陶对新编的中小学语文课本（征求意见本）逐一审阅，提了许多中肯的意见。1 月 26 日日记中写道：

> 中学语文编辑组来信问最近送来之初中第一册有无亟须改动之处，如有之，希从速告知。余即作书致刘国正，告以郭沫若之《水调歌头·粉碎“四人帮”》不宜用。一则此题目不宜为如此随意杂凑之语，二则不合词之格律，何能谓之词。

郭沫若的《水调歌头·粉碎“四人帮”》写于 1976 年 10 月 21 日，最早刊登在 11 月 1 日的《解放军报》上，11 月 7 日《人民日报》作了转载，流传一时，现抄录于下：

水调歌头　粉碎“四人帮”

> 大快人心事，揪出“四人帮”。政治流氓，文痞，狗头军师张，还有精生白骨，自比则天武后，铁帚扫而光。篡党夺权者，一枕梦黄粱。　　野心大，阴谋毒，诡计狂。真是罪该万死，迫害红太阳！接班人是俊杰，遗志继承果断，功绩何辉煌！拥护华主席，拥护党中央。

我们今天再来审读这首词，就会觉得叶圣陶的意见相当精准。对于教材，叶圣陶一贯强调要从学生的“真切需要”出发，而不是灌输那些“摆在口头徒供说说之知识”。1978 年 2 月 4 日日记：

上午刘国正、袁微子、张志公并二位参加编辑语文课本之女同志偕来，适徐仲华来访，亦共坐漫谈。所谈为如何改进语文教学，而皆仅知今之不善，不宜再继续下去，而如何改善，均无具体想法。余只能说教材教法均须改革，而改革之要，首先为编辑者与教师之思想认识之革新。余又言教阅读往往落入从前抄袭苏联所谓“分析”之窠臼，教作文往往落入所谓文章作法之窠臼。总之，学生之真切需要为读与写之熟练技能，而非摆在口头徒供说说之知识。谈二小时有馀，诸君去。

刘国正言印成征求意见本发出去，送回来者唯王泗原、隋树森二位之本最道地，或为润色修改，或说明修改意见。余言二君之意见须尽量采纳，虽未能变铁为金，总可以少些毛病。

对选定的课文进行“审阅”，作必要的“润色修改”，这也容易引起作者的不满。叶圣陶 1978 年 2 月 8 日日记：

上午先是人教社之四老同事来，隋树森，王微，陈侠，熊承涤。继之则胡绳、吴全衡夫妇来。询胡绳近忙何事，彼言参加修订宪法之工作。言修订稿已经发出交各个地方讨论，俟汇集各地意见，再作调整，即可成为修订草案，提出于全国人代大会。并言人代大会殆可于月尽月初召开。谈及编辑工作，胡绳谓编辑人员为作稿者修订加工，未免多事，书稿当由作者负责。余听之甚不以为然，但未与多辩，一时亦辩不清楚。所谓作者负责，实为模糊之辞。作者书稿中有事实上之谬误与逻辑上之缺陷，读者观之即受其不良影响，而作者将如何负责乎。而书稿中之此类缺陷，则随时可以摘出者也。

就连胡绳也认为“编辑人员为作稿者修订加工，未免多事”，但叶圣陶不这么看，尤其是入选中小学语文课本中的作品，绝不可以有“事实上之谬误与逻辑上之缺陷”，让孩子们“观之即受其不良影响”，这是叶圣陶一贯的思想。他不仅自己认真审读，还关注反馈回来的意见，为了使课本真正成为孩子们精神和知识智慧的启蒙读物，叶圣陶从不矜持，没有顾虑，畅所欲言。

1980 年 11 月 8 日，叶圣陶冒着严寒来到在北京香山召开的中学语文教材改革第二次座谈会上，同代表们见面，并兴致勃勃地讲了一个小时的话。他说：“我已经八十六岁了，‘虽邻夕死，犹欲朝闻。’”希望能在有生之年看到中学语文教材有一个大的改革。当日日记记：“晨八点偕至善出门，车行一时到香山。坐在会场中者约百人以上，人教社同志之外，有了一、周有光、陈哲文、吴伯箫诸位。张志公为主持人，先余说话，次则了一。余说一小时有馀，自觉并未说充畅。”于是就在其他合适的场合“接着说”“接着讲”。

1983 年 11 月 28 日，叶圣陶不顾八十九岁高龄，来到北京西郊出席中学语文教学研究会第三届年会，心切情真地说：“要建设有中国特色的社会主义，要建设高度的社会主义物质文明和精神文明，语文课再这样教下去行不行？不行！要改，非改革不可！”他把教育同国家的腾飞、民族的振兴联系起来，给与会者以新的鼓舞。

最令人感念的是叶圣陶1981年11月1日写的辞意恳切的《我呼吁》。这篇“呼吁”是有背景的。10月31日，叶圣陶收到中国青年出版社寄来的《中国青年》杂志第二十期，请求他对这一期上的调查摘要《来自中学生的呼声》发表意见。叶圣陶在当天的日记中写道：“我要家里人念给我听。念的人声音越来越哽咽，我越听越气闷难受”；“片面追求高考升学率造成的不良影响我不是不知道，但是没想到影响竟这样严重”，于是连夜就写了《我呼吁》。日记中写道：

《中国青年》杂志社发表中学生座谈摘要，座谈之事为中学生对于片面追求升学率的感想。彼社要余作文谈此事，至善已允之。至善为余诵其文，中学生各自叙其痛苦，闻之殊难受。至善以数小时撰成一稿，向各方面呼吁，自教育部，各省市教育行政当局，以至小学、大学、中学之领导与教师，并及报社出版社，皆请他们读此篇座谈记要，为中学生着想，各自有所作为与改变。其中向中学说得最多。此篇发表出去，或可引起人家注意。

修改至善之文至夜九点，尚馀三之一。

次日日记记：“上午改毕至善之稿，至善即缮清发出”。11月26日在《人民日报》发表。《我呼吁》针对社会上片面追求升学率，“题海战术”，“统考统测”，使得学生晚上“加班加点”，“秉烛夜读”，严重损害学生身心健康的做法，要求教育界和社会各界一同来纠正这种背离党的教育方针的不良风气。叶圣陶认为：片面追求升学率不仅忽视了德育、体育，也忽视了智育；德、智、体三个方面是相互作用、相辅相成的，忽视其中任何一种教育都会导致学生的畸形发展。片面追求升学率，其实是以“智”害德，以“智”害体，以“题”害智。叶圣陶大声疾呼：“爱护后代就是爱护祖国的未来。中学生在高考的重压下已经喘不过气来了，解救他们已经是当前急不容缓的事，恳请大家切勿等闲视之。”这之后，叶圣陶继续“呼吁”。1981 年 11 月 30 日，五届人大四次会议政府工作报告《当前的经济形势和今后经济建设的方针》中，高度评价了叶圣陶的这一提议：

> 在中学教育方面，要逐步改变普通高中过多、职业中学太少的状况，积极发展中等专业学校，大量培养技术工人和中级专门人才，以利于劳动就业和提高职工队伍的文化技术与政治思想水平。同时要注意保护学生的身心健康和关心他们学业上的成长，不能片面追求升学率。最近，叶圣陶代表发表了题为《我呼吁》的文章，批评了当前中学和一部分小学片面追求升学率的错误做法，词意恳切，表达了学生、教师、家长和广大人民群众的心声。希望有关各方面认真注意这个问题，切实加以改正。

1981 年 12 月 4 日，叶圣陶在政协中国民主促进会小组讨论会上接着谈反对片面追求升学率问题，是日日记记：“晨偕至善到第一招待所。今日上午民进组专谈片面追求升学率问题。有他组之人来参加，斯霞非政协代表亦来参加，盖是破例之举。余先发言，继之有吴贻芳、张志公、方明、霍懋征、斯霞、陶淑范及举不出姓名之女老师数位发言，气氛颇佳。”12月7日，参加教育部座谈会，仍谈反对片面追求升学率问题，是日日记记：“晨仍与至善到招待所，教部邀集有关教育之政协委员开座谈会，到者约百人以上。”“八点半开始，过十二点乃散，中间且未休息。发言者多作长谈，余皆未能听清。余发言仅二十馀分，仍是呼吁，言片面追求升学率实出各方面人之私心，极为要不得。又言减轻学生与教师之负担，端在各方各面之人端正教育思想，学校方面则改进教学方法。”12月9日日记记：“晨偕至善往招待所。余在民进组将前日教部座谈会上所说者重说一遍，俾民进组诸人悉闻之。”《我呼吁》对于中、小学教育方法的改革，对于职业中学的发展，都产生了深远的影响。赵朴初在《叶圣陶先生从事教育事业整七十年赋此为贺》① 中说：

> 圣老吾所师，言动必以正。谦谦居处恭，恳恳执事敬。俯首为孺子，流乳如泉迸。辛勤七十年，功业无止境。少时读公书，深义植根性，老取“片石”② 名，实受公之赠。公今八十八，霜雪须眉劲，一言作雷鸣，针石中时病。祝公寿且康，论道以辅政。物换事多欣，水流心不竞，园增桃李芳，国睹文明盛。

“一言作雷鸣，针石中时病”，指的就是《我呼吁》。郭绍虞在《纪念圣翁从事教育工作七十周年》③ 中盛赞叶圣陶教育的“衷心”和“功勋”，

---

①③《光明日报》1982年2月17日第4版。

② 赵朴初说：少时读《古代英雄的石像》甚受感动，“所以‘片石’名吾诗集，并因以自号”。

诗云：

剧怜朋辈凋零尽，更惜吾侪硕果存。踪迹虽离南与北，衷心不背党与群。君傅教育功勋大，我只古书探索勤。那得再温年少梦，相随相勉作新人。

五、“希望文艺界共趋于正派”

对于文艺界的门户之见，以及因人划线等不正之风，叶圣陶极为痛恨。这位德高望重、为人为文均影响整整一个世纪文坛的长者，以他崇高的道德风范，为我们树立了光辉的榜样。俞平伯在 20 世纪 50 年代被点名批判后，叶圣陶仍年年约他共赏海棠，一起赋诗论文，欣赏昆曲。1957 年批判“丁（玲）陈（企霞）反党集团”时，有关方面约叶圣陶写批判丁玲的文章，他拒绝了。冯雪峰 1976 年 1 月 31 日病逝，“当权者”不许给冯雪峰开追悼会，最初的治丧方案中还规定不许称冯雪峰为同志，叶圣陶却为冯雪峰的骨灰盒题写了“中共党员冯雪峰”七个字，表达了他对冯雪峰的敬仰和追念之情。萧乾在《万世师表叶圣陶》① 一文中说：“1957 年以后，许多张笑脸变成横眉竖眼，许多好友变为路人。可是无论我被糟践成垃圾也罢，渣滓也罢，他（叶圣陶）见面或写信，始终称我作‘乾兄’——三十年代我还是个小伙子时，他就一直这

① 《人民日报·大地》1988 年 3 月 1 日。

么称呼我。……敬重之外，我对叶老还有满腔感激之情。”巴金在《我的责任编辑》[1] 一文中说：1929 年 1 月，叶圣陶在《小说月报》上发表了他的处女作中篇小说《灭亡》，从那时起，他一直把叶圣陶敬奉为恩人和“向导”，说叶圣陶不仅是他的第一本小说的责任编辑，也是他人生道路上的“责任编辑”，他不无深情地说：

> 路上有风有雨，有泥有石，黑夜来临，又得点灯照路。有时脚步乏力还需求人拉我一把。出书，我需要责任编辑；生活，我也同样需要责任编辑。有了他们，我可以放心前进，不怕失脚摔倒。

巴金还列举了叶圣陶“关心”他的三件事：一是 1949 年初，叶圣陶在北平听到巴金去了香港的传闻后，非常着急，写信向黄裳打听。二是“文革”期间叶圣陶得到“解放”之后，到上海要求见一下巴金、丰子恺、周予同，当时上海当局的答复是：“周予同可以去看，至于巴金和丰子恺，文艺界情况太复杂，还是不去看为好。”叶圣陶知道巴金还在“难”中，好生牵挂。三是“四人帮”倒台后，叶圣陶从《文汇报》上读到巴金的文章，“可心喜了”。那是 1977 年 5 月 25 日，《文汇报》发表了巴金的《一封信》和《第二次解放》，“叙其受‘四人帮’迫害而沉默，以及今日之兴奋心情”，叶圣陶当即给巴金写信祝贺他的“解放”，还特地写了一首诗赠送给他。诗云：

---

① 巴金著：《随想录》，生活·读书·新知三联书店 1987 年版，第 801—807 页。

诵君文，莫计篇；

交不浅，五十年。

平时未必常晤叙，十载契阔心怅然。

今春文汇刊书翰，识与不识众口传：

挥洒雄健犹往昔，蜂虿于君何有焉？

杜云古稀今日壮，伫看新制涌如泉。[①]

“伫看新制涌如泉”，叶圣陶对文坛泰斗巴金的期待和祝愿中，也寄寓了他对新时期文学的期待和祝愿。1984 年 10 月 12 日，叶圣陶听说巴金受人排斥，极为愤慨，他在给柯灵的信中说：

上海文艺界情形略有所闻，某些人之行为与旧戏剧界之帮派行为无异。排斥巴公，绝对不得人心，而若辈竟为之。您之愤慨不平，不徒因与巴公友好，亦由于为文艺界之趋于下流习气，主要之点则希望文艺界共趋于正派，认真写出好作品，为提高精神文明作出贡献，为中国新文学增加分量。您看我说得对头吗，不过为巴公着想，不当作协主席也好，免得开会时要准备讲稿，平时也不免要过问些杂务。他身体不甚佳健，以保养为要，少过问外事是有益的。……您若见到巴公，请代为致意，说我时常想念他，只因思力视力都差，懒写信耳，原听说他从日本回来先到北京，甚盼一晤，后知径回上海，未免失望。[②]

---

① 《巴金兄索书作此赠之》，《叶圣陶集》第 8 卷，第 415 页。

② 《柯灵致〈新文学史料〉编辑部》，《新文学史料》1988 年第 3 期。

叶圣陶晚年说他“年纪越大性子越急”。无论是伤心地流泪，还是大声呼吁，无论是对生活中丑恶现象的无情挞伐，还是对同行的殷切寄语，都源自他“虽邻夕死，犹欲朝闻”的情怀，“想前途凌厉胜先时，心头热”。

六、为出版事业鞠躬尽瘁

1982年2月，为纪念叶圣陶从事教育工作七十周年，著名语言学家王力填了一首《水龙吟》①，词云：

懿欤海内词宗，竹林稷下驰名久。情殷私淑，一朝相见，新交如旧。当代方皋，马空冀北，承恩独厚。幸长随杖履，亲承謦欬，勤培植，粗成就。

四库艺文穷究。苦钩玄，焚膏赓昼。焕之高制，西川佳作，藏山传后。毓德良师，树人宏业，芝兰清秀。祝康健逢吉，心闲身健，无疆眉寿！

“当代方皋，马空冀北”，说的是作为出版界的“伯乐”，叶圣陶不仅仅是发表和出版了茅盾、巴金、沈从文、丁玲、戴望舒、施蛰存、端木蕻良、秦牧、胡绳、子岗、徐盈等一大批作家的处女作成名作，把他们推

① 《毓德良师，树人宏业——祝贺叶圣陶先生从事教育工作七十周年》，《光明日报》1982年2月6日第2版。

上文坛，还发现和出版了一批翻译作品和学术著作。王力早年翻译的外国小说就是经叶圣陶之手在商务印书馆出版的。王力在20世纪60年代初主编的《古代汉语》，也是经叶圣陶审阅过的。“幸长随杖履，亲承謦欬，勤培植，粗成就。”王力把他在学术生涯中取得的成就归结为叶圣陶的“培植”。“四库艺文穷究。苦钩玄，焚膏赓昼。”是称颂叶圣陶学识浩博，不仅是新文学作家，也是国学大家和学问家。

事实也正是这样。叶圣陶学识浩博，看书稿又特别认真，因而才有许多独到的发现。钱锺书的《谈艺录》1942年定稿后，拖了六年才辗转将稿子送到叶圣陶手里。叶圣陶看后觉得好，托王伯祥再看一遍。王伯祥也赞成出版，1947年9月26日日记记：“下午四时出席八十五次经理室会议，决定收受钱锺书《谈艺录》稿”。次日日记记：“钱默存契约亦送出”。《谈艺录》本是一则则并不连续亦无标题的随笔，叶圣陶安排学养至深、为人真挚谦诚的周振甫担任责任编辑，他给《谈艺录》加的“标题”，文字简洁，提纲絜领，深契钱锺书之心。《谈艺录》1948年6月由开明书店出版，钱锺书在《序》后的《附记》中说：

右序之作，去今六载，不多追致，以志一时世事身事耳。书既脱稿，偶供友好借观，沈兼士先生过听徐森玉丈之言谬加叹赏，欲为刊板；柯灵、唐弢二君亦谋收入丛书印行。事皆不果，卒由王伯祥、叶圣陶两先生二审定，付开明出版；周振甫、华元龙二君于稿中失字破体，悉心雠正；周君并为标立目次，以便翻检。底下短书，重累良友浪抛心力，尤所感愧。余校阅时，见援据未备者数处，未宜逐处补阙，因附益于卷尾。民国三十七年四月十五日又记。

至于在出版总署的五年里，叶圣陶主持的“出版规划项目”和看的书稿就更多了。1954 年 11 月，出版总署撤销，叶圣陶到教育部任职，但他的心从未离开过出版界。他一如既往，全身心地关心出版事业，先后审阅过《新华字典》《汉语词典》《现代汉语词典》《辞海》《辞源》等一大批工具书书稿；为中华书局等单位修改过《〈永乐大典〉说明》《〈胡笳十八拍〉出版说明》《〈史记〉出版说明》《〈史记〉校点后记》《〈中国哲学史资料选辑丛刊〉序言》《〈笔记史料丛刊〉例言》《〈三国志〉出版说明》《〈文字蒙求〉影印说明》《〈后汉书〉出版说明》，以及复制本《〈永乐大典〉出版说明》，等等。1958 年 2 月，国务院科学规划委员会古籍整理出版规划小组成立，叶圣陶为小组成员。1982 年，新的全国古籍整理出版规划小组成立，叶圣陶为规划小组成员，从 20 世纪 60 年代至 80 年代，叶圣陶为我国古籍整理出版工作呕心沥血，贡献甚多。1960 年拟定的《三至八年（1960—1967 年）整理和出版古籍的重点规划（草案）》，叶圣陶曾参与打磨。平时，他为出版社审阅的书稿多得难以计算。他处处为读者和作者着想，注重教育效益和社会效益，态度诚挚，精益求精，为努力培养编辑人才，率先垂范，是出版界的楷模。

1976 年至 1977 年的两年间，年逾八旬的叶圣陶为人民文学出版社陆续审阅了鲁迅著作单行本《呐喊》《且介亭杂文末编》《彷徨》《而已集》《集外集》《故事新编》《坟》《华盖集》《野草》等的注释稿。他花了很多精力和时间，一本接一本，逐条逐句加以审阅，从内容到文字，甚至一个标点、一处注音也不放过，写出了大量的书面意见。这在日记中也有记载。

1976年3月31日，开始看《呐喊》注释稿。是日日记记："接人民文学出版社寄来鲁翁《呐喊》之新注本之样本，嘱提意见。余本无所事，闲得无聊，得此亦可以消磨十日光景。看之至夜十点，仅看其廿四面耳。"这之后，4月1日至4月5日都在看《呐喊》注释稿。4月5日日记记："《呐喊》以今日看完，共写意见十二张信笺，即寄与人民文学出版社。信中言望择其可取者而用之。"

7月4日，收到人民文学出版社寄来的《彷徨》注释本。次日日记记："昨日收到嘱提意见之鲁翁《彷徨》注释本，今日下午开始看之，照以前模样书修改意见于另纸。此册有一百六十六面，今日伏案三小时有馀，仅看十面耳。"这《彷徨》注释本前后看了十天。7月14日日记记："续看《彷徨》注释稿。下午三点后全稿看毕，提意见共十六纸，即寄与鲁迅著作编辑室。"

9月9日，收到人民文学出版社送来的《且介亭杂文》注释本。叶圣陶是日日记记："人民文学出版社送来新作注之《且介亭杂文》，今日始看之，竟日看二十馀面。"前后看了十多天，9月21日日记记："《且介亭杂文》注释以今夜看完，写提出之意见二十七纸。即写一书致编辑室，明日寄与。"

11月7日，开始看《而已集》注释本。次日日记记："昨收到鲁迅著作编辑室寄来《而已集》之注释样本，当夜即开始看之。此次拟每日看少许，不若以前之整日不释手，以免劳累。"11月22日日记记："今日看《而已集》之注释本十馀页，不敢多看，免致心烦。"12月3日日记记："看《而已集》注释。此次看得甚慢，然亦将完毕，未看者只馀四十面矣。”12月5日日记记：“《而已集》注释以今日上午看完，即寄与鲁迅著作编辑室。”写了多少“意见”，日记中没有说，但从语气上可以看出似乎还不少。

12月15日，开始看《集外集》注释本。次日日记记：“北京师大有一个组，担任注释鲁迅之《集外集》，尚未由人民文学出版社印成征求意见本，先以油印本交来嘱余看之。今日竟日看此册，大约看了五六分之一。”也看了一个星期。12月22日日记记：“看注释有些厌烦，看得极少，然亦将完毕矣。”12月23日日记记：“今日将《集外集》之注释看完，即写信与注释组，请派人来取去。”

12月26日，开始看《故事新编》注释本。次日日记记：“山东大学中文系担任注释鲁翁之《故事新编》，其小组人员前曾来过。昨日寄来其油印之讨论稿，今日看之。《故事新编》共有八篇，今日看其两篇。”1977年1月4日日记记：“今日看完山东大学中文系寄来之《故事新编》注释之油印稿，即寄还之。他们尚须多次修改，然后交与人民文学出版社鲁迅著作编辑室印成征求意见本。而征求意见本又将寄来嘱过目也。”

1977年1月21日，开始看《坟》注释本。是日日记记：“北大中文系担任注释鲁翁之《坟》。昨寄来其油印稿。今日看其二篇。”2月1日日记记：“看北大中文系之《坟》注释稿已毕，即于下午挂号寄还之。”

《坟》注释稿还没有看完，又送来《且介亭杂文末编》的注释本。1977年1月31日日记记：“下午有北京仪表工业局之女同志二人来，谓其局与民族学院汉语文系共同担任《且介亭杂文末编》之注释工作，今以打印稿一本希过目。余谓此注释已来过，彼等谓不然。前之注释稿系属于单行普及本者，而彼等之注释则属于全集本。全集本不注难晓之词句，只注人地、典章制度、书文篇提要等项目，希其尽可能正确。余于此始明两种注释本之不同。允为过目，约她们过春节来取。”2月8日看完。

叶圣陶刚开始只看注释，后来也关注体例。2月16日日记记：“上午有鲁迅著作编辑室之二位同志来访。一为王仰晨，系此室之负责人。一为李文兵，前曾在人教社中语室工作，而余乃未与识面。二人坐约一小时，余为言两种鲁迅著作之注释本（普及本与全集本）皆于体例颇疏，希予注意。两种注释本分配于十三个省、市、区承担，各地分配又分配。故虽有体例之规定，未免多有出入。最后统一之自当由鲁编室负责，据闻此室共有十二人，似亦莫能最后厘订，使归一致也。”叶圣陶也不负出版社的期望，把关更严了。

2月27日开始看《华盖集》的注释本。3月4日日记记：“仍续看《华盖集》之注释。全册已看七十页，尚馀百三十页。此次所记零星意见更多，希望引起鲁迅著作编辑室之同志之注意，因而改进其工作。”3月11日日记记：“下午看完《华盖集》之注释，即寄与王仰晨，附一信。手头尚有一册《野草》之注释，开始看之，数页而止。”3月12日日记记：“又开始看鲁翁《野草》之注释。此本质量较高，于看过之各本注释中为第一。观其注释者之署名，则扬州钢铁厂工人理论组与扬州师范学院中文系也。”3月14日日记记：“《野草》注释今日看毕，以其注之质量较高，观之有味，不复中断，故四日即看完。寄还时致书王仰晨，告以此稿值得欣赏。”

叶圣陶提的书面意见内容大致有四个方面：一是对注释文字进行修改，从语法、修辞的角度，指出某条语气不顺，措辞不当或与事物情状不符等疵病，用商量的态度诚恳地提出修改意见；二是提出鲁迅正文的某些地方，应当加注；三是撰写一些提示，或解释方言，或疏解礼俗，以加深对鲁迅原作的理解；四是指出鲁迅著作上的个别错字，建议作必要的说明。叶圣陶严谨的、实事求是的工作作风着实令人钦敬。对鲁迅这样伟大的作家著作中的微乎其微的小疵，也要一丝不苟，不为贤者讳。这种谨严和“尤爱真理”的态度，乃是他崇高的人格中最可宝贵的品格。林辰在《精当的意见　谨严的学风——叶圣陶审阅鲁迅著作注释稿述例》[①] 一文中是这样描述的：

> 叶老对照着注释细读正文，不仅提出补注意见，连正文偶然出现的错字也一一辨认了出来。如《彷徨·在酒楼上》，写一个酒客的“拥肿的圆脸”，叶老提出：“‘拥’字并非排错，但确是错字。请斟酌该如何处理。”又《而已集》中《魏晋风度及文章与药及酒之关系》篇说竹林名士“大抵是饮酒时衣服不穿，帽也不带”；叶老说：“‘带’是‘戴’之误，要不要说一下？”像这些，说老实话，我以往看鲁迅著作时，是一直没有注意到的。

叶圣陶就是这样认真。他在 1983 年写的《略述我的健康情况》一文中说：

---

① 《读书》1982 年第 11 期。

我的眼睛坏到如此地步，跟人民文学出版社一九七六年交来的鲁迅著作征求意见本多少有些关系，这种本子我看了十本光景。当时的风气，编辑什么书籍都要“由各地工农兵理论队伍和各大学革命师生”担任，那一部鲁迅著作也是这么编的。征求意见本注释特别多，字小，行间密，油墨淡，对于我的视力不甚相宜。但是我除了每篇的“题解”声明不看（因为我不赞同每篇有那样的题解），所有的注释全都仔细看过，而且提了不少意见。直到视力实在吃不消了，才停止不看。①

叶圣陶审阅的最后一部书稿是中央统战部研究室汇编的《周恩来统一战线文选》的注释稿。1984 年 9 月下旬，中共中央统战部请他审阅《周恩来统一战线文选》的注释稿。虽说“视力”已经不允许他再看这样的书稿了，因为是周总理的文集的注释，他感到义不容辞，于是戴上了眼镜加放大镜，对注释一字一句反复斟酌。10 月 4 日日记记：

上月下旬，统战部送来《周恩来统一战线文选》之送审本，共收六十四篇，嘱过目，并撰题辞，文共六十四篇。用三号字排版，余尚能看，然亦感吃力，看至今日，已有十篇，全看恐难能也。至于题辞，用说理文为之，非余所能，殆只能作诗词言其感受而已。

---

①《叶圣陶集》第 7 卷，第 327 页。

10月5日日记记：“上下午皆看周总理之统战文选。眼甚疲劳，勉力忍之，下午五点始停止。”10月6日日记记：“晨间兀真陪余往医院请李大夫诊脉”，“下午续看周总理统战文选，至五点半止”。10月7日日记记：“续看周之文选卅馀面。”10月8日日记记：“续看周之选集，上下午共看三十馀面。”10月9日日记记：“今日看周之选集比昨日更多，超过四十面。”10月10日日记记：“今日续看周之文选，亦至下午五点半而止。”10月11日日记记：“今日看周选亦不少，全集六十四篇，已看五十篇矣。”10月13日日记记：今日“未看周之选集，仅于此编之注释写了几点意见”。10月15日日记记：“今日缮抄关于周集作注意见之稿，并誊正所记文字有可斟酌处之记录。以后如再有发见，当另抄之。”

在阅读过程中，叶圣陶对如何作注释写下了几条原则性的意见。1985年1月4日日记中说：“统战部研究室之李、邵二君来，言《周恩来统一战线文选》不久将印成，拟另编一书，收集各方面人士对此书之评价。余前曾允作诗或词题之，而其事非易，只得说如能勉成，自当送去。下午思此事，如作词题之，宜选一长调，假定为《六州歌头》，一百四十馀字，可以包纳许多内容，似与此题相称。只得徐徐考虑，果成与否未可必也。”次日日记中说：“竟夜未得安睡，悔未服安眠药。努力不去想《六州歌头》，而其想自来，却之未能。”次日日记中说：“时时思《六州歌头》，居然成三分之一，尚不为迟。然不能随时自止，令勿思即勿思，亦为一累。”1月7日日记记：“一连三夕不得好睡，患在作词。并不想何意何语，而此事牵挂心头，只能仅得朦胧。”1月8日日记记：“下午又思《六州歌头》，第二段尚未完成。睡前服‘氟安定’，居然一夜得佳睡。”1月9日日记记：“下午居然将《六州歌头》作毕。虽不佳，尚可对付。明日寄出。”

词还没有填完，叶圣陶就感到身体不舒适，到北京医院作检查。医生确诊为肝炎，要他留下来住院治疗。叶圣陶说手上一件事没做完，请医生宽限两天，做完了一定来住院。1985年1月10日，叶圣陶把填好的《六州歌头·读〈周恩来统一战线文选〉》送出后，住进北京医院，第二天就昏迷了，肝炎的各项指数均已恶化到无法测量的程度。事无巨细，只要答应了下来，就一定认真办到，这是叶圣陶一贯的工作作风。他真不愧为我国进步文化出版事业的先驱者，新中国出版事业的奠基人，出版工作者的楷模。《六州歌头·读〈周恩来统一战线文选〉》，对《周恩来统一战线文选》作了切实的评价，词云：

英才时会，早岁见峥嵘。天下乱，生民困，一心萦。探前程。交结同时俊侣，东瀛棹，西欧旅，马恩学，研磋候，悟亲生。一自参持党政，彻始终、统战躬行。值其人其事，语出掬真诚。孰不心倾？再三评，示知识界，民族际，党派内，准绳明。学无尽，改无止，切身经。意丁宁。坚持学与改，臻耄耋，宛年青。　五原则，共和平。感寰瀛。立足奉陪凶械，不先发，特地声称。见丰功统战，举世沐高情。千古垂名。①

① 《叶圣陶集》第8卷，第487页。

七、“把全部身心交还给人民”

叶圣陶是唯物主义者，相信人总是要死的。他老人家想到“死”，是在1979年。年老体弱，引起关于“死”的预想来，这也是很自然的事。是年12月11日，他郑重其事地写了《遗言》，嘱咐家人，丧事从俭，“在《人民日报》自费登个广告，告知相识的人，说我跟他们永别了”。1980年12月21日，他在《遗言》上补写上：“非但不要开追悼会，别的什么会也不要开。像我这样一个平凡的人，为我开无论什么会都是不适宜的。务望依我，更无他嘱。”1984年2月12日，又在《遗言》上补写上：“如有医学院校需要，把尸体赠与。如果火化，骨灰不要捡回。”短短一份遗言，一次又一次地补充，真可谓对“生”认真，对“死”认真。正是这种直面“死亡”的态度，激励他执着于“现实”。有一分力，发一分光；生命不息，战斗不止；鞠躬尽瘁，死而后已。“死后”非但不要给任何人添麻烦，“如有医学院校需要，把尸体赠与”，有一分用，尽一分用。

叶圣陶把“身后事”交待清楚后，心情更为乐观，胸襟更加坦荡，表现出了更让人敬畏的“晚年风格”。

1982年6月16日，叶圣陶在中国民主促进会第六届中央委员会第二次全体会议的闭幕式上，作了一次简短的演讲。听说参加会议的人平均年龄刚好七十。他就很风趣地说，过去讲“人生七十古来稀”，现在说“七十不稀奇”。七十岁不能算老，但总是到了退休的年龄。话题就从这里拉开了，他说：“前年有个杂志叫《长寿》，让我写几个字。人老了做什么，做‘老寿星’。‘老寿星’又矮又胖，形体没有什么健康美，陪着‘福’‘禄’两星站在下首。当这样的‘老寿星’没有意思。我给那家杂志写了八个字：‘多活几年，多做些事。’人生不过如此，多活几年就要多做些事。”民进的会员大多数是文化教育工作者，所以叶圣陶接下去说：“多活几年，多做一些比较有意义的事情。如果摆起架子，说我要培养人才，得天下英才而教之，好像太严重了；能否降低一点儿，就是给人一点儿好的影响，给一两个或者更多的人一点儿好的影响。影响并不是一定要他像我，而是说经过我的影响，希望他超过我，胜过我，青出于蓝而胜于蓝。假如大家都这样做，算起总账来就很有意义。假如一个人到了古稀之年，能给一个人一点儿好的影响，算起总账来不亏本；假如使两个人超过我，胜过我，就有盈利；假如更多的人受我的影响，盈利就大得很了。到了古稀之年的人，大家都作这样打算，我看是要得的。”最后，他强调说：“我愿意用这样浅薄的话自勉，也与诸位同志共勉。”这番浅显朴实的话，意味深长，读后如沐春风，如饮醇醪。假如我们都有叶圣陶的情怀，努力给一个两个或更多的人“一点儿好的影响”，使一个两个或更多的人“超过我，胜过我”，全身心地“抚旧桃新李，陶钧后学”，中国的事情一定会办得更好！

1987 年 6 月 5 日，叶圣陶在民进全国代表会议上恳切要求辞去中国民主促进会中央委员会主席职务。他郑重地说：这几年眼看不清，耳听不明，通向外界的这两个窗口几乎关闭。作为主席不能参加民进的活动，是“不能容许的失职”，“恳求这次代表会议免去我的主席职务，希望能得到各位代表的谅解”。6 月 9 日，为免得出席民进会议的代表们惦记，分批来家探望，叶圣陶抱病来到京西宾馆，同与会代表会面，向大家致敬意。他跟大家说："承蒙诸位知道我的实际情况，接受我的恳求，解除了我的主席职务"，"现在我的愿望实现了，我找不到什么语言来形容对诸位的感谢"。他用《礼记·大学》中的两句话"有诸己而后求诸人，无诸己而后非诸人"，寄语教育界、文化界、出版界同人更加严格要求自己，勤勉从公，多做实事。

"有诸己而后求诸人，无诸己而后非诸人"这两句古语，也是叶圣陶一生行谊的准则。早在 1925 年，他和匡互生、夏丏尊等性情相类、兴趣趋同的朋友们一起创办立达学园，奉行"己欲立而立人，己欲达而达人"的教育理念。随后又成立了立达学会，"修养人格，研究学术，发展教育，改造社会"。1943 年 6 月 9 日，叶圣陶在成都《新民报》发表《说话与听话》一文，在论及"说话的人的态度"时说：

> 说话的人的态度应该是"有诸己而后求诸人"。自己也信不过的话，挂在口头说一阵，多么无聊。没有话勉强要说话，想着浪费了的精力就觉得可惜，还不如默尔而息合乎保养之道。尤其是"求诸人"的话，如果"无诸己"，内里空虚别扭，说出来怎么会充实圆融？而且说到要人家怎样怎样的时候，想着自己并没有怎样怎样，脸上就禁不住一阵的红，这一阵脸红比较挨人家的骂还要厉害，又怎么受得了！①

过了五十多年，叶圣陶告别政治舞台，在公开场合作"最后一次的演

---

①《叶圣陶集》第 6 卷，第 28 页。

讲”，表达自己有生之年的愿望时，本该有许多话要说，但偏偏只讲了这两句古语，究其原因，还是出自“中国改革之不可缓”的企盼，热忱地希望公职人员和文化教育工作者从“正己”“正身”入手，去描绘“正民”“正国”“正天下”的宏伟愿景。

自1987年6月始，二十五卷本《叶圣陶集》由江苏教育出版社陆续出版，叶圣陶将稿酬全部捐献给“出版者之家”作基金费。“出版者之家”成立于1987年3月，叶圣陶在3月18日日记记：

> 由民进中央与出版局共同主办“出版者之家”，设在魏家胡同。同人们可以在此吃茶，看书报。

叶圣陶以自己无声的实践，为他的生命历程又镌刻了鲜艳的一笔。1988年2月16日农历丁卯年除夕上午8时20分，叶圣陶那颗搏击了九十四个春秋的心脏停止了跳动。遵照他的遗愿，他的遗体交给了北京医院解剖研究，真正做到“把全部身心都交还给了人民”。

第四十章

一代师表　风范长存

既然作了中国人，而且是中国的知识分子，不能不在儒家的空气里呼吸。本相的儒家本是不错的。除了栖栖遑遑希望得君行道，就现代的眼光来看很不足取以外，那说仁说忠恕的部分总是好的。宋朝的理学虽然带着玄学的气息，可是就好的一面说，主敬主诚实在具有真正信教者的态度。清朝颜李注重实践，专求生活的充实，可说是脚踏实地。可是我们大都把这些东西认作是挂在嘴上谈谈的事，放在心里想想的事，却不大措意这些东西谈既没有用，想也不相干，必须把它们像食物一样消化一番，遍布在血肉骨髓里，才是真实的受用。

——叶圣陶《深入》①

一、大地泓吟感德愔

叶圣陶于丁卯除夕与我们作别，未晋辰年。令人有泰山其颓，典型永在之感。

1988 年 2 月 29 日下午，北京八宝山革命公墓礼堂低回的哀乐淹没不了人们的哭泣之声。两千多名各界人士踏着皑皑白雪，冒着砭人肌骨的寒风来到这里，向叶圣陶挥泪诀别。

---

①《叶圣陶集》第 6 卷，第 289 页。

老人静卧在鲜花和翠柏丛中，覆盖在他身上的白缎映衬着他那双被九十四年风霜染白的浓眉，仍似生前一样恬静安详。

叶老此去成长别。人们无法遏止心头的波澜。新华社年轻的记者为“告别”的情景所感动，在题为《叶圣陶遗体告别仪式在京举行》的电讯稿中破例写了群众悼念的场景，现抄录于下：

李鹏、邓颖超、乔石、胡启立、姚依林、阎明复、刘澜涛、胡乔木、周谷城、杨静仁、康克清、钱昌照、陈再道、吕正操、周培源、包尔汉、王光英、费孝通、赵朴初、屈武、马文瑞、钱学森以及孙起孟、黄鼎臣等同志佩戴白花，和排着长队的各界人士一起向这位著名的作家、教育家、出版家和社会活动家的遗体鞠躬致哀。

叶老的为文、为人之道深深地叩动着人们的心。人民教育出版社的老编辑王泗原泣不成声，他断断续续地告诉记者，他的两部书都是经叶老认真修改、审阅出版的。他说：“叶老一生不知奖掖了多少后人，他是我们最好的导师和长者。”

身穿军装的部队作家王愿坚难忘叶老为他改稿的事。1958年，他和叶老参加十三陵水库劳动时写出了小说《普通劳动者》，叶老对稿子作了认真修改并撰文予以肯定。王愿坚说：“是叶老引导我走上文学道路的。”站在一边的浩然情绪激动，他说：“叶老不仅教我们如何做文，还教我们怎么做人。我们这些年轻一代不但要学习他在文学艺术上的追求，更重要的是要学习他做个正正派派的作家、正正派派的人。”

人们深情地凝望着叶老，把叶老的容貌铭记在心。展望出版社的总编辑阮波在叶老的遗体前，拍了好几张照片，她说："我听过叶老讲课，叶老还批改过我的作品。他对待我们晚辈如同是一位慈祥的父亲。我要记住他！"84岁高龄的吕叔湘先生不顾病痛，拄着拐杖，一步一步地走到叶老的身旁，满含泪水，向叶老告别。

当年经叶老审阅的《小布头奇遇记》的作者孙幼军骑着自行车，顶着寒风从外交学院赶来了，这时告别仪式已快要结束。他深情地说："我要再看他老人家一眼。"他说，"他虽然离我们而去了，但是他留下了作品、精神和道德，谁又能忘记他呢?!"

一副副挽联，以及密密匝匝的花圈和花篮，将灵堂排成了一个肃穆素雅的世界。笔者于灵堂中匆匆抄下挽联十副：

爱知四十年霁月光风凤仪榘范
擘绩卅万字耳提面命长感盛心
晚　王泗原　敬挽

文学写人间薪尽火传敢辞后死
旧瓶奠新酒停车倾盖共哭先生
晚　王以铸　宋谋玚　孙玄常　舒　芜　吕　剑
荒　芜　陈迩冬　陈次园　敬挽

四十年承教学习读书作文做人处事一辈子受用不尽如今痛失良师

八千里随行考察做工务农育才编书多方面得益很深往后永念遗范

学生　史晓风　泣挽

杏坛红纛启先河革命文场烽火同胞思沈郑

槐苑素车歌薤露前驱学界波澜椽笔踵苏韩

中央文史馆　萧　乾　敬挽

为文苑传书列宿儒

游蓬莱岛上拜列伶

胡絜青率　子乙　女雨　泣立　敬挽

著作等身名高绛帐千秋史

人才接踵功在青毡百卷书

孙凡章　萧　劳　拜挽

一代名师气质如真金宝石

九州国士心神若皓月春风

苏州　陈雪楼　敬挽

读书贯通百家注疏探索穀梁传

著作遍及全世童话欢呼稻草人

王益知　敬挽

至善至真至美宛然圣者

极清极洁极纯仿佛陶潜

学生　汪静之　敬挽

伟绩仰先驱记命文坛五四风云开世运

大名垂后代兴嗟绛帐三千桃李悼人师

中央文史馆

二、发人深思的“僭越”和“愧对”

叶圣陶的一生是严于律己的一生，对大众对社会始终充满了感恩之心。1912年3月，叶圣陶当了小学教员，当时还不满十八岁。第一次领薪水时，心里很不安。他在散文《薪工》中写到当时的心情说：

校长先生把解开的纸包授给我，说：“这里是先生的薪水，二十块，请点一点。”

我接在手里，重重的。白亮的银片连成一段，似乎很长，仿佛一时间难以数清片数。这该是我收受的吗？我收受这许多不太僭越吗？这样的疑问并不清楚地意识着，只是一种模糊的感觉通过我的全身，使我无所措地瞪视手里的银元，又抬起眼来瞪视校长先生毫无感情的瘦脸。……

一切的享受都货真价实，是大众给我的，而我给大众的也能货真价实，不同于肥皂泡儿吗？①

这之后，他每月领薪时总有一种“僭越之感”。1912 年 6 月 3 日的日记中说：“余家贫，所入苟倍此数，亦未嫌其多。然利之生由于有裨益之劳动行为，而余之为教师，学生果受其益乎？一虑及此，更将惶愧无地。”7 月 8 日的日记中又说：“今日又为领薪金之期，一度得钱又惹余一度浩叹”。

“我收受这许多不太僭越吗？”“我给大众的也能货真价实，不同于肥皂泡儿吗？”这是叶圣陶十八岁那年刚走上社会时的“反思”，也可以说是他一生情感的起点。这种朴素的情感，伴随着他走过长长的一生。在商务印书馆当编辑时月薪两百元，到开明书店后发现老板章锡琛和总编辑夏丏尊的薪酬都不高，就主动要求降薪，章、夏二人当然不能同意，叶圣陶就让夫人胡墨林也来开明当编辑，分文不取，用“二个人合拿一份薪酬”的方式，把自己的薪酬降下来。抗战初期在乐山武汉大学当教授，月薪三百元。他在 1938 年 11 月 29 日给上海朋友的信中说：“弟所任为一年级国文两班，班各三时，二年级作文一班，二时，凡八时耳。大学教师任课如是其少，而取酬高出一般水准，实同劫掠。于往出纳课取钱时，弟颇有愧意，自思我何劳而受此也！”② 1945 年庆祝抗战胜利日那天，叶圣陶写了篇《“胜利日”随笔》，文章中说：

我愧对牺牲在战场上的士兵同胞，愧对牺牲在战场上的盟军。

① 《叶圣陶集》第 5 卷，第 371 页。

② 《叶圣陶集》第 24 卷，第 175 页。

我愧对挟了两个拐棍，拖了一条腿，在东街西巷要人帮忙的“荣誉军人”。

我愧对筑公路修飞机场的“白骨”与“残生”。

我愧对拿出了一切来的农民同胞。

我愧对在敌后与沦陷区，坚守着自己生长的那块土地，给敌人种种阻挠，不让他们占丝毫便宜，同时自己也壮健地成长起来的各界同胞。①

1949年春，叶圣陶来到北平担任华北人民政府教科书编委会主任，8月被安排到东四八条居住，是一座四合院，四家合住，他住的是“正房”，心里感到很不安，8月28日日记中写道：“余家居北屋，三间，为全屋之精华。与其他房屋均不能比。因而显见其特殊，余往日之不欲居此，即以是故。地板，前后玻窗，有洗浴室，盖上等之家屋也。”②1961年年初，叶圣陶患浮肿，教育部党组对他的病情十分关心，这让他又是感到不安，1月25日日记中说：

昨日部中嘱往购蔬菜，老高往，得西红柿、黄瓜、蓬蒿菜而归，皆暖房中之产品。今日社中送来白菜五十斤，带鱼四斤。此皆因余患浮肿，特殊为之照顾，感之。其实余之浮肿并不严重，不久当可就痊。

---

①《叶圣陶集》第6卷，第162—163页。

②《叶圣陶集》第22卷，第62页。

患了浮肿，非但没有怨言，反倒跟家里人说：“我没有搞特殊化，我与人民共浮肿。”担任全国政协副主席后，对自己的要求更严，公私分明，分文不染。1987 年 1 月 10 日日记记：

> 午后，国管局周处长来送春节补助 1 500 元。我受之有愧，享受特权，是不应该的。这次学生游行有某种因素与特权不是无关的，所以还是不收为好，心情舒服些。

退还“春节补助”，这让周处长感到很为难，因为“退回去了”无法“入账”。但叶圣陶非退还不可，认为这是“特权”，说什么也不能收。总希望能为大众为社会做得多一点，所取不“僭越”，这是叶圣陶做人的铁则。

三、待人以诚　如水至清

“德”是做人之本。凡是接近过叶圣陶的人，都会被他的“诚”和“善”所感动。张志公在《圣陶先生永远督促我上进》① 一文中谈及他难以表达对叶圣陶的崇敬的心情时说：

> 这里引用另一位已故的长者杨东莼先生在周恩来总理逝世后不久对我说的一句话吧。他说：“古今无完人，总理嘛，其庶几乎。”

---

①《光明日报》1988 年 3 月 16 日第 3 版。

把当中三个字换成“圣陶先生嘛”，我觉得也是十分恰切的。

叶圣陶真的可以说是很接近“完人”的人。他一生孜孜以求的境界可以概括为：待人以诚，“善人以善”，“不做作，不失真”。虽说在“大跃进”年代也曾为浮夸的“放卫星”欣喜叫好，“文革”初期也“惊讶”过“反党黑帮之猖獗”，怀着“愤歉交并”的心写大字报“痛斥”过“黑线人物”，但他总能很快地沉静下来，通过观察和辨识，求真求是，不“自欺”，不“欺心”，不“附和”，在“暴风骤雨”式的“阶级斗争”中是这样，在“柔声细语”的“迎来送往”中也是这样。请看 1977 年 3 月 1 日日记：

周培源每次遇见余，总是怪声怪气学说苏州话，“叶老，倷好。”“叶老，倷阿好?”“我向叶老学习，学习倷格苏州话。”无非此数句，与余寒暄。余久已厌之。昨日在人大会堂相遇，彼又复如是，今日作一书致之。余言彼如是相对，余猜不出是何意思。唯每次闻此数语，辄生二直觉。一为挖苦嘲弄余说怪声怪气之苏州话。二则当此之际，道貌岸然白发盈颠之周君忽尔丑角化，见得滑稽可笑。继之言余热望推广普通话，在大庭广众中宁说不三不四之普通话，不愿说如彼之怪声怪气之苏州话，不知彼何所依据而欲加以挖苦嘲弄。至于彼之忽尔丑角化，彼必不自知，然在旁之人或亦有觉察如余者。末言余说出即了，并无芥蒂云云。——全书作白话，写毕一快。

"道貌岸然白发盈颠"的周培源是老朋友，江苏宜兴人，同属吴语区，见面时"怪声怪气"地"学习倷格苏州话"，这"在旁之人"不会听不到，听了或许也会觉得有点"丑角化"，"滑稽可笑"，但从未有人"说出"来。叶圣陶"觉察"了，就郑重其事地写信，非常严肃地说他"久已厌之"。周培源看了信之后作何反应，叶圣陶日记中没有记。但叶圣陶这样认真实在，周培源肯定也会"闻过即喜"，从善如流。

四、"惜时如金"与"心有常闲"

叶圣陶只念过中学，是自学成才的典范。老友顾颉刚和郭绍虞都说他是"天才"，可叶圣陶总说自己没有学问。1987 年 12 月 2 日日记中说：

> 听读钱宾四先生著《怀念我的母亲》，忆起在成都时，我去看望他和颉刚。与兀真讲起我的老朋友们，平伯、王了一、钱锺书、吕叔湘等等，他们在学识上都比我高一等，各个都比我好，"叶圣陶"实在无道理，为什么大家提我，就是因为一个"早"。

所谓"一个'早'"，是指他比他们年长。老朋友"在学识上都比我高一等，各个都比我好"，于是见贤思齐，好学不倦，日新不已，活到老，学到老，叶圣陶的学识和成就大都是从勤奋自学中取得的。1988 年 1 月 16 日，叶圣陶进入生命最后一个月的倒计时，已经不能看书读报了，就让孙媳读给他听；不能提笔写字了，就"口述"，让孙媳代他记日记。

这里抄录他最后“口述”的九则日记：

一月十六日，星期六。

中葡关于澳门问题的联合声明，于一月十五日生效。

上午为《老年杂志》写“老有所为”。

听读报，南朝鲜一客机失事。据调查结果，嫌疑犯真由美供认，乃属北朝鲜特工人员所为。果真如此，北朝鲜制造恐怖活动，应受世界人民谴责。

听读《天皇与第二次世界大战》。

一月十七日，星期日。

设家宴庆贺满子六十八周岁（提前一天）。

第一次品尝美国“肯德基”炸鸡，两元九角一块鸡。

听读报，方知陆宗达先生于本月十三日故去。

接从周先生信，告知其子在美旧金山惨遭杀害。

一月十八日，星期一。

廖梦醒遗体告别在京举行，至善去参加。

午后听读《天皇与第二次世界大战》，全文完。每天一段，听得有趣。

电视新闻报道，十七日在黑龙江境内（吉林至三棵树之间），一客车与一辆货车相撞，损失惨重。

昨夜小便不出。

一月十九日，星期二。

午前，兀真为我理发修面。

接石如先生由美寄来饼干两盒，实在感激。

电视新闻报道，民航北京至重庆客机失事。一百零八人全部遇难。（乘客九十八人，其中外国人四人，机组人员十人。）

晚八点半，佳佳由荷来电话，问候全家。

一月廿日，星期三。

昨起夜大便，暖气片冰凉，室内温度10°C，受寒。今咳嗽加重，微喘。警卫小王到北京医院取药，医生嘱吃消炎、化痰药。

至美、宁宁来，午后即归。我因不适，睡觉，没说什么。

听读《历史上没有“洋务”的洋务派》。

一月廿一日，星期四。

与兀真观看《西安事变与第二次国共合作》纪念册。看到几位熟人，忆起往事。

晚与兀真、小弟讲在重庆时的往事。

一月廿二日，星期五。

今日大风降温。

咳嗽加重，服竹沥水、祛痰药等。

听兀真读朱寨著《俞平伯红楼梦研究“自传说”辩证》。

听萧乾著《易卜生的老乡如是说》。方知潘家洵先生已故去，使我大吃一惊，为什么没有收到他家人的通知。

一月廿三日，星期六。

今日气温零下十二度。

今日大咳，痰多、白色，但不畅。疲倦，想睡。幸好体温不高。

午后勉力听读报。据调查，撞车事故属人为破坏，没查清楚。飞机失事属机械故障。

一月廿四日，星期日。

晨起床，觉得痰多，黏。全身无力，整日多睡。

傍晚稍平静，没有听读报的精力了。

听说上海至昆明的列车，又发生了事故，死伤严重。国务院高度重视，李鹏召开强调安全的会议。

1 月 25 日健康情况恶化。凌晨“二时许，痰堵，咳不出，气喘。四时许北京医院救护车接住院”，气喘加重。次日，“心力有衰竭危险，肺炎，有胸水，肾功能差”。医院发出“病危”通知。叶圣陶进入“昏迷”状态，这才终止了学习，真正做到了“惜时如金”，“博学而不穷，笃行而不倦”。

但叶圣陶又善于调节，总能从繁忙的工作中腾出时间来旅游、篆刻、写字、鉴赏、品茶喝酒、栽花种草，显得“心有常闲”，从而使自已总有愉悦的心情。前面已经写到 1971 年 6 月初，叶至善在干校表现突出，受到嘉奖——有关部门安排他的夫人夏满子到干校探亲。7 月初，满子探亲期满，要回北京了，叶至善托她给父亲带回礼物，是他在草丛中拣到的几枚鸟蛋，他在 7 月 6 日给叶圣陶的信中说：

> 阿满带回的鸟蛋，我就因为爹爹喜欢看看，所以一定要她带的。这是两种鸟的蛋，可我也不知道是什么鸟的。阳历六月中放牛，牛到人迹罕到的草丛中去吃草，我们跟去，往往会拣到鸟蛋。①

这封信很长，前面已经引用过②，这里从略。“我就因为爹爹喜欢看看，所以一定要她带的。”当儿子的当然知道父亲的喜好，叶圣陶对“鸟蛋”都这么感兴趣，可见他的爱好有多广泛。叶至善在《〈涸辙旧简——叶圣陶贾祖璋京闽通信集〉序》中说：

> 我父亲自幼喜爱动手种植花草。在苏州人家的庭院里，少不了很容易栽活的凤仙、玉簪、鸡冠、蜀葵之类，到了开花时节，自然使栽种的孩子们感到成功的喜悦。1906 年春天，苏州开始办小学，教员大多是去日本受过短期师资培训的年轻人。我父亲是第一班学生，还不满十一岁半，小学里的一切，连黑板粉笔，他看着都新

① 叶圣陶、叶至善写，叶小沫、叶永和编：《叶圣陶叶至善干校家书（1969—1972）》，人民出版社 2007 年版，第 299 页。

② 参见本卷第 409—411 页。

鲜，尤其是在私塾里从没学过的各门功课。他忘不了龚赓禹老师上第一课常识，挟着一棵蚕豆一棵油菜走上讲台，给大家讲这是蝶形花冠，这是十字形花冠，又掰开花瓣，让大家识别雌蕊雄蕊。一朵小小的花里藏着数不清的奥秘，自己栽种的那些花草又怎样呢？父亲从此养成了观察的习惯，哪个时节萌芽，哪个时节开花，都能了然于胸；观察越仔细，发现的问题就越多，解决不了的只好记在心里，等机会再请教稍有空闲的方家。

叶圣陶“自幼喜爱动手种植花草”。20 世纪 30 年代初在上海居住的时候，他硬是请人把自家天井里的水门汀刨掉，从市郊的田野里运来泥土，栽下了蔷薇、紫藤、红梅、芍药、夹竹桃、绿梅、“一棵绿叶蓬蓬的柳树”，“以及叫不出名字来的两棵灌木”和“一棵小刺柏”。[①] 1935 年在苏州青石弄五号置了四间瓦舍，是一座中西合一式的平房。平房前面有个庭院。院中栽了广玉兰、红梅、石榴、槐树、日本枫、葡萄……十几棵树木，“四时不断地有花叶可玩”[②]。墙头的爬山虎，墙脚的书带草，把整个小屋和园子镶嵌在一副常青的框架里。新居颇有值得留恋处，“像梦镜一般如诗似画”[③]；在北京住的宅院里也种满了“花花草草”。“文革”初起时“破四旧”，把“花花草草”作为“四旧”一股脑儿地铲了，可到了 1970 年前后又慢慢地种了起来。旷日持久的“文革”闲得没事做，人们消解“闲愁”的办法之一就是种植花草，这也正合了

① 叶圣陶：《天井里的种植》，《叶圣陶集》第 5 卷，第 397—401 页。
② 叶圣陶：《抗战周年随笔》，《叶圣陶集》第 6 卷，第 7 页。
③ 叶至诚：《青石弄故居》，《苏州杂志》1990 年第 1 期。

叶圣陶的心思。与常人不同的是，叶圣陶种花种草，不仅仅是为了“赏玩”，也是为了拓展动植物领域的学识。

自1970年至1982年，叶圣陶和科普作家贾祖璋积存下来的两百多通书信中，几乎没有一通不说到花花草草的，有的还兼及鸟兽虫鱼。一般是叶圣陶设问，贾祖璋回答。叶圣陶的问题往往是根据自己的观察和揣摩提出来的，这里摘录他向贾祖璋“请教”花草鱼虫的几封信：

1971年1月2日致贾祖璋　　承告闽省亦有红叶。我因此联想到一事。六一年八月游内蒙东部，陟山沿谷，从未闻蝉声，以为异。而同游之人亦颇有注意及此者。不知蝉之生地是否有限制，是否将近寒带即无蝉。兄博物多识，倘可为我作答……①

1973年1月2日致贾祖璋　　梅兰芳之《舞台生活四十年》曾叙及种牵牛花，梅与京中一班同好皆自日本引入新种，令彼杂交，产生新种。我居上海时，曾于城隍庙购盆栽牵牛花，花匠亦明言系日本种。而我人于郊野所见之牵牛，则皆叶小花细，殊无可观者。或者观赏之牵牛花，其始皆为日本种乎。

有人赠我一“佛手瓜”，云自福州捎来，其形约略如佛手，瓜之一端已有较粗壮之芽，据云藏至暖令栽于土中，可爬藤生长，结果繁多。今埋于沙土中，他日将取出试种之。兄知此种植物否？倘有所示，实为大娱。②

---

①② 叶至善、贾柏松编：《涸辙旧简——叶圣陶贾祖璋京闽通信集》，福建人民出版社2003年版，第30、95页。

1974年2月21日致贾祖璋　　我向未察水仙之生态，今就今年所见叙述于下，请兄审阅是否有误。每一本之正中数个叶苗皆直向上长，而两旁之叶苗则有横穿于鳞茎之间者，徐徐长发，待脱出鳞茎之拘束，则亦转而为直。我曾轻轻抽出如此横生之苗，凡两个，抽出时其端已有花头。及其开花，朵数仅三四朵，不若其他花头之为八九朵。尚有一本，正中之叶苗甚壮旺，但至今不见有花头升起，其旁之各叶苗中亦无花头。如此全本不发花头者，似亦为罕见。以上叙述似不清晰，未识兄能知其意否。所谓蟹爪水仙，前在上海曾见过，将鳞茎削去一半，叶与花茎皆弯曲。此殆非另有蟹爪一品种，但何以削去一半则花叶皆弯曲，殊难明也。①

1974年3月24日致贾祖璋　　近年京中流行一种小植物曰“玻璃翠”，几乎家家种之，我处也有一盆。此品据云来自非洲，秆嫩绿，近似透明。小花红色，如玫瑰花之红，五瓣，而并非平均之五瓣，全展时则五瓣均匀，且每朵带一绿色之丝，殊难描状。此品极需水，每日必注水。不知尊处亦流行否？倘台端知之颇稔，于来书中有所示及，实所盼也。②

1974年4月22日致贾祖璋　　近日购得天津所出之《白描花卉》一本，工笔细描，各种花卉姿致俱佳，甚可赏玩。后附《品种·画法说明》。其“螃蟹水仙”之说明云：“此种即重台水仙，经

①② 叶至善、贾柏松编：《涸辙旧简——叶圣陶贾祖璋京闽通信集》，福建人民出版社2003年版，第140、142页。

过园艺工人的技术加工，将鳞茎用竹刀割去一部，使茎叶变形，弯曲如蟹爪。”前此，兄书中有探询此品之言，何以割鳞茎可使茎叶蜷曲，我甚盼知之也。①

除了“蝉”“牵牛花”“佛手瓜”“水仙”“玻璃翠”，谈到的花卉树木还有“杏花”“丁香”“海棠”“玉兰”“樱花”“凌霄花”“马缨花”“杜鹃花”“凤仙花”“牡丹”“芍药”“月季”“天竹”“腊梅”“山茶”“茉莉”“荷花”“蜀葵”“菊花”“茑萝”“垂柳”“梧桐”，谈到的菜蔬瓜果有“龙眼”“芒果”“福橘”“荔枝”“石榴”“西瓜”“冬瓜”“黄瓜”“油菜”“芥菜”“萝卜”“菱角”“香菇”“木耳”，此外还谈到“金鱼”“河蟹”“蝴蝶”，以及稻、麦、棉花等各种农作物。有的还很冷僻，在一般的工具书上很难找着，如“清晨放花，午后即敛”的“紫茉莉”，其果可提炼治癌药的“喜树”，研末调醋贴于脚心可降血压的“茱萸”，等等。叶圣陶在“设问”的同时，也与贾祖璋一起探讨，1974 年 4 月 7 日致贾祖璋的信中说：

本月一日手书诵悉。因我偶然问询，承特地翻书，录以见示，深感雅意。唯所录二则，皆与“玻璃翠”不合。至善为此亦翻书，其一即尊辑《植物图鉴》。借知此“玻璃翠”似与三色堇为同类，其花之结构以及花底有“距”，他则叶之形与排列，皆与三色堇相似。今附寄花一朵叶二片请赐观。花之五瓣，形状及大小皆不一

① 叶至善、贾柏松编：《涸辙旧简——叶圣陶贾祖璋京闽通信集》，福建人民出版社 2003 年版，第 146 页。

致，其初盖以一瓣包其他四瓣。花底之“距”甚长，前我谓绿色，非确，实为白色。承命折取一枝寄上，此恐不易，封于信封中历四五日，殆将干枯。此间各家分植，多以一枝浸于水中，俟其生根，则入盆培土。请考虑有无妥善方法，俾邮寄而必活，一旦示及，即当遵行。此物真极为普遍于北京，以意度之，大约是非洲客人到者甚众，遂使此种小草普及北京也。①

为了考证某些疑点，他们查遍了架上的全部藏书，有几通信长达一千五百来字，俨然是篇科学论文。那些年，叶圣陶的宅院里简直就是一个小小的百花园。这里再抄录几封信：

1974年6月4日致贾祖璋　　多年生植物，我处小庭中有三种：白鹤花、萱花、虎斑百合花。萱花种之最早，今为百合侵占地盘，颇不旺盛。严译《天演论》首篇有云：“数亩之内，战事炽然。”我处则一墙之下，亦见物竞之无时或息矣。②

1974年9月13日致贾祖璋　　承询平伯所贻一颗牵牛种子，此种子于七月四日下种，直至昨晨始开第一花，今晨又续开四朵。花为紫色白边，与我家历年种植之品种相同。初以为此种子之先代由梅氏传出，当有异于常品，原来是想当然之念，不足凭也。③

①②③ 叶至善、贾柏松编：《涸辙旧简——叶圣陶贾祖璋京闽通信集》，福建人民出版社2003年版，第144、151、159页。

1975年8月14日致贾祖璋　　寄赠之凤仙籽已种于庭中，前发三四株，有五六叶片，想可见其开花。非洒金而深淡两色花开于一株，自是少见。然我寓所种之夜饭花（此是苏州俗名，绍兴谓之“夜娇娇”，花喇叭形，开时极繁茂，种之已多年），则一株上有黄花，深红、浅红花而又有红黄、洒金者。

可见遗传变异之交错，此类草花固恒有之也。[①]

都说栽花种草，能养成一个好的心气，甚至“抗压”“耐挫”，并能“结缘”。而叶圣陶更注重“结缘”。“文革”后期，他家院子里的两棵大海棠每逢仲春盛开时节，都要邀老友王伯祥、顾颉刚、章元善、俞平伯前来聚会，饮酒赏花，戏称“五老赏花”。章元善1976年曾为这五位老友的一张合影题过一首《五老图》，诗云：

五老首推伯祥翁，于思于思意从容。
颉刚危坐风采佳，浓眉挺立乃陶兄。
平伯今朝权作幼，四代翰墨光吴中。
愧然居次年八四，犹是颟顸问字童。[②]

“五老”中王伯祥年最长，其次是章元善和顾颉刚。“四代翰墨”是从俞樾到俞平伯四代；“颟顸”是糊涂、不明事理的意思，章元善这么说当

① 叶至善、贾柏松编：《涸辙旧简——叶圣陶贾祖璋京闽通信集》，福建人民出版社2003年版，第201页。

② 薛毅、章鼎著：《章元善与华洋义赈会》，中国文史出版社2002年版，第81页。

然是自谦。1980 年 6 月，叶圣陶在七绝《周颖南嘱题平伯书赠之〈重圆花烛歌〉》中写道：

西湖年少初相见，歇浦鸿光作比邻。
周甲交情回味永，海棠花下又今春。①

叶圣陶与俞平伯 1920 年 9 月在杭州相识，1921 年 12 月会同朱自清、刘延陵一起创办《诗》月刊，到 1980 年恰好一个“周甲”。1981 年 9 月，叶圣陶在《元善兄九十初度》中写道：

丙午同窗旋结姻，瞻前将及八旬春。
尽多诗兴羡君甚，犹有童真语我频。
祝嘏登堂携二子，看花来岁会三人。
定知此意邀深喜，兼为平公一预陈。②

章元善是叶圣陶的小学同学，又是胡墨林的姨表哥。因为王伯祥和顾颉刚已经谢世了，“五老赏花”成了“岁会三人”。1987 年仲春海棠花开的时候，章元善重病卧床（6 月 7 日去世），俞平伯身体也欠安，“岁会三人”落了空，叶圣陶就邀请冰心来赏花。这里抄录三则日记：

4 月 21 日　　庭院中海棠、丁香、郁金香盛开。一直总想邀

①②《叶圣陶集》第 8 卷，第 442、454 页。

冰心来赏花，以了却几年来的一桩心事。

4 月 22 日　　午后三点半，冰心在女儿吴青夫妇及外孙陈钢，还有民进张之正等陪同下来八条。随同前来的还有新影的编导，拍了纪录片。冰心的女婿拍了电视片，陈钢也拍了不少照片。

冰心依仗一个行步器帮助行走，精神很好。我也很高兴，三年前的邀请总算如愿。冰心赠送花篮一个，回赠郁金香三支。

4 月 23 日　　昨天在庭院与冰心坐了约十几分钟，今天居然体温正常。遵医生的嘱咐，适当的活动，对身心是有益处的。

叶圣陶宅院里“花草繁茂，弥足欣羡”[①]。这“繁茂”的“花草”是叶圣陶和家里人共同培育出来的。1987 年 10 月 11 日日记记：

种佳佳带来的郁金香、风信子，这两种花要在十月中下旬埋在土里越冬，来年四月份盛开。

佳佳是他的重孙女，在荷兰“半工半读”，托人给太爷爷带回两种花，老人亲自栽种，遗憾的是他没能看到。但叶圣陶自己是不会有这种遗憾的，他在 1937 年写的《浣溪沙》中就曾说过：“观钓颇逾垂钓趣，种花

① 叶至善、贾柏松编：《涸辙旧简——叶圣陶贾祖璋京闽通信集》，福建人民出版社 2003 年版，第 168 页。

何问看花谁。”[①] 周作人在《北京的茶食》中说：

> 我们于日用必需的东西以外，必须还有一点无用的游戏与享乐，生活才觉得有意思。我们看夕阳，看秋河，看花，听雨，闻香，喝不求解渴的酒，吃不求饱的点心，都是生活上必要的——虽然是无用的装点，而且是愈精炼愈好。可怜现在的中国生活，却是极端地干燥粗鄙，别的不说，我在北京彷徨了十年，终未曾吃到好点心。[②]

叶圣陶正是能在繁忙的生活中“看花，听雨，闻香，喝不求解渴的酒”的人，因而总能让美的事物带给自己欢悦和宁静，即使是在俗世纷繁中，也能保有一颗清雅如莲花的心，精神生活显得极其丰沛，极为充实。1973 年 9 月写的《老境》中说：“居然臻老境，差幸未颓唐。把酒非谋醉，看书不厌忘。睡酣云夜短，步缓任街长。偶发园游兴，小休坐画廊”。[③]尽管年纪大了，可精神没有颓唐。“把酒”不是为了“谋醉”，而是为了闲谈，古今中外，海阔天空，无所不至。日常以看书为消遣，猎涉范围甚广；读过辄忘，亦不以为意。因睡得酣，常常觉得“夜”很短；上街散步，常步行二三公里始返。于风和日丽之日，辄由儿孙辈陪伴游北海公园、中山公园。叶圣陶年轻的时候爱刻图章。他在《〈角直闲吟图〉题记》中说：

---

①③《叶圣陶集》第 8 卷，第 169、338 页。

② 周作人著：《雨天的书》，河北教育出版社 2002 年版，第 52 页。

余在中学时尝随同学刻印。以刀雕石，须留者留之，不须留者去之，是固人人所能为，无待求师。及抵角直，睹某氏所藏之《文三桥印谱》，思欲仿效之，乃于业馀时间复事奏刀，凡以印章石来嘱托者无不应。其时伯祥辄在旁谛视，商量于布局之先，评议于终刀之后，且出所有印章石俾余刻之，刻何字何语，作何形何式，多所授意，故为伯祥刻者特多。①

后来转向写字。1976 年 3 月 26 日给贾祖璋的信中说："人家以为我之字好，来嘱书者颇多，每天可以平均到一张有馀。我之字实在并无把握，有时尚可，有时极难看，即一幅之中，几个字尚可，而其他字则平平或难看。既然人家托写，我自当来者不拒，依弘一法师与夏丏翁之说法，借此'结缘'，亦是待人接物之道也。"② 1976 年 5 月 10 日在给贾祖璋的信中说："我则除偶尔出门外无非做三件事：一件是写信，一件是应人之嘱写字，一件是看少数嘱看之'征求意见稿本'。因此也不嫌寂寞无聊。"③叶圣陶的"待人接物之道"有一个重要的方面，就是用自己的"特长"和"专长"服务于人，奉献于人。至于得到了好的物件也喜欢与人分享，甚至捐献给国家。1959 年 8 月 30 日日记：

午睡起来，作书致吴作人，以弘一法师之裸体油画一帧送与中央美术学院，请其保藏。此画系弘一出家时送与丏翁者，丏翁逝世

---

①《叶圣陶集》第 7 卷，第 213 页。

②③ 叶至善、贾柏松编：《涸辙旧简——叶圣陶贾祖璋京闽通信集》，福建人民出版社 2003 年版，第 226、232 页。

后，满子取之来。近时与至善满子共商，弘一为我国作西洋画之前辈，其作品有保存之价值，藏之私家，不如藏之美术学院为得其所。余与吴作人谈起此事，吴欣然，因即送去。

五、己与世违　心系人间

叶圣陶晚年，眼睛渐渐地看不清了，耳朵渐渐地听不清了，通向社会的两扇大门渐渐地关闭了，可是他的心更牵挂我们这个社会。这里摘录他 1986 年 12 月的几则日记：

12 月 21 日　　雨亭出差到上海，晚间来长途电话告之。上海部分大学生到街上游行，要求加快社会主义民主进程，关心改革。

闻在北京、西安，大学里也有类似行动。

12 月 25 日　　各单位传达，就上海大学生到街上游行一事，影响了生产交通与正常工作。今天各报刊登了《政治体制改革只能在党的领导下进行》。

12 月 26 日　　晚七时，北京电视台播放市人大常委会作出的决定，游行示威要有法规，要先申请，批准方可。

忧国忧民，睡眠不好，吃氟安定。

12 月 27 日　　葛志成来告之，统战部开会，主要内容：部分大学生游行要求民主，全盘西化，等等。不要采取镇压手段，要疏导。有少数坏人趁机捣乱，也有“四人帮”的馀党。

12 月 28 日　　听读报，南京部分大学生游行，听读“大参考”，外电述评关于游行的报道，都比较客观。

政治体制改革是困难的，曲折的。我在想，在我国官僚主义、特权、以权谋私是结症。

叶圣陶逝世前一年的这些“忧虑”，也可以说是他“临终”前的“忧虑”。1988 年 2 月 14 日上午，李鹏及其他国务院领导前来北京医院探望，叶圣陶当时神志清楚，但无力说话。只在李鹏告辞时说：“谢谢你们来看我。”第三天清晨就与世长辞了。他是怀着对人民对社会的“感恩”的心情离开我们的，也是怀着对于“改革”的“忧虑”依依惜别这个他从小就热爱的祖国的，已与世违，心系人间。

叶圣陶具有中华民族传统美德，他光明磊落，襟怀坦白，提倡科学，反对迷信，爱国敬业，仗义守信，平易谦和，诚朴敦厚，敢于创新，坚持真理，为而不有，甘为人梯。他是中华民族的骄傲。叶圣陶朴素无华的一生，却有着令人高山仰止的人格风范。先生之风，山高水长！

附　录

亦文亦史　多姿多彩
——叶圣陶的散文

周作人在《〈中国新文学大系·散文一集〉导言》中说："新文学的散文可以说是始于文学革命。"他在这里讲的"文学革命"指的是"民国六年以至八年文学革命的风潮勃兴"。叶圣陶在写"新文学的散文"以前就写散文了，他在1910年11月2日写的《〈圣陶日记〉缘起》，翌年8月写的《〈艺兰要诀〉跋》等，堪称散文中的珍品。从1910年至1949年四十年间，叶圣陶先后出版过《剑鞘》（与俞平伯合著，霜枫社，1924年11月）、《脚步集》（上海新中国图书局，1931年9月）、《未厌居习作》（上海开明书店，1935年12月）、《西川集》（重庆文光书店，1945年1月）等四本散文集。郁达夫在《〈中国新文学大系·散文二集〉导言》中说叶圣陶的散文“不多”。其实，叶圣陶的散文很多，分散在各种报刊上的散文比已经收进集子的多一二十倍。1981 年，叶至善和叶至诚选编的《叶圣陶散文甲集》（四川人民出版社，1983 年 3 月），以及《叶圣陶散文乙集》（北京三联书店，1984 年 12 月）中的《〈叶圣陶散文甲集〉补遗》，共收集了叶圣陶新中国成立前的散文二百三十六篇。由于选编的标准较严格，尚有不少散文未能入集。

叶圣陶的散文写得多，与他的职业不无关联。在旧中国漫长的岁月里，叶圣陶当教员，当编辑。要使学生了解社会，要使自己主编的报刊能吸引读者，就必须敏锐地关注着五光十色的现实世界，对社会的风风雨雨都要“触景生情”。所以，叶圣陶在散文中写到的都是那个时代的人物、事件和思想情感。他写到的人物中，既有我们熟悉的伟大的文学家鲁迅，有见解“精辟”、“谈锋很健”的瞿秋白，有“精密”“广博”的沈雁冰，也有我们比较陌生、很有才华但逝世较早的诗人白采和画家陶元庆；既有“理想不嫌其高，而步骤务求切实”的胡愈之，也有不通世故，好为幻想，其意思不可捉摸的徐玉诺；既有坚信将来，认为现在的至少和将来的同样地重要，因而“一步步踏在泥土上，打上深深的脚印”的朱自清，也有“深深尝了世间味，探了艺术之宫的，却回过来过那样通常以为枯寂的持律念佛的生活”，后来圆寂于泉州的弘一法师；既有“从阶级意识”方面对于自己影响较深的革命家杨贤江，也有和自己一起致力于教育，“是具真诚能实行的教育家”吴宾若……从叶圣陶的这些“写人”的散文中，我们可以看到我国一部分知识分子的历程和他们的音容笑貌。

叶圣陶在散文里写到的这些人物，和他生活在同一个时代，因而不可避免地要就某些问题展开探讨和论争：《国故研究者》是叶圣陶和顾颉刚、朱自清、周予同等人与曹聚仁围绕“国故”展开的一场论争的记录；《〈未厌集〉序言》是叶圣陶在革命文学论争中的自白；《关于文字改革》和《关于“手头字”》记述了我国现代文字改革先驱们的探索和实践；《无谓的界线》使我们联想到《妇女杂志》发起的题为“结婚是否必须有相当的仪式?”的讨论；《藕与莼菜》《没有秋虫的地方》则能引导我们去追寻“乡土文学”在我国的勃兴和发展；《电话代公文》《援助贫病作家》《怎样铲除贪污》《谈“求饶”的效果》等，又给我们描写了抗战时期“后方”生活的种种图景……叶圣陶在散文中写到的辛亥革命、五四运动、“五卅”运动、“三一八”惨案、“四一二”政变、“九一八”事变、“一·二八”事变、“七七”事变、“八一三”抗战、“抗战胜利日”、“中国人民站起来了”等重大事件，其他许许多多作家也都抒写过，倘若把同时代写同一事件的散文排列在一起观摩，就不难看出叶圣陶的散文是我国社会“一鳞半爪”的写照，有重要的史料价值。叶圣陶的思想情感总与同时代的一部分文化人相共鸣，以至形成了一种思想和思潮。叶圣陶的这些散文，对于同时代的人会使他们感到亲切；对于青年人，则会使他们感到新鲜。老年人的这个亲切感来自他们在半个世纪中的共同的阅历，年轻人的这个新鲜感则来自他们对于过去的发现……

叶圣陶在新中国成立前写的散文，史笔与文笔并重，寓实感于美感之中。既体现了作家正视现实、直面生活、敢于针砭时弊的生活态度，也反映出作家因材而异，精心设计，在艺术上的惨淡经营。叶圣陶的散文写了不同的内容，运用了不同的表现手法，抒写了不同的情感，从而形成了多姿多彩的艺术风格。就文体而论，有抒情的，有政论性的，有短评性的，有叙事的，有记人的，有的是一段对话，有的是自叙，有的则是广告辞；就风姿而论，有的粗犷狂放（《五月三十一日急雨中》），有的宁静淡泊（《藕与莼菜》），有的锋芒毕露、咄咄逼人（《我就是推选他们的一个》），有的意蕴深刻、耐人寻味（《一件烂棉袄》），有的嬉笑怒骂、亦庄亦谐（《“今天天气好啊!”》……真是“短笛无腔信口吹”啊！说是“无腔”，其本身就意味着“有腔”。内容决定形式，个人的思想毕竟逃不脱社会意识的支配。叶圣陶在1921年前后的散文洋溢着生机勃勃的风采，五四运动趋于低潮以后的散文流露出愤懑和沉郁的情怀，“五卅”运动期间的散文充满着反侵略、反压迫的激情，抗战初期的散文弥漫着一种野火烧不尽、春风吹又生的欣悦，1940年前后的散文夹杂着忧郁和痛苦，抗战后期的散文基调高昂、激越、凝重。从叶圣陶写于旧中国散文中，也能看出一个时代的精神状态和我国现代文学发展的趋向。

新中国成立以后，叶圣陶在繁忙的工作之余，写了大量的散文。天津百花文艺出版社1958年8月出版的《小记十篇》，概括了叶圣陶新中国成立后游记散文的基本风貌。1953年至1957年间，叶圣陶先后到西安、兰州、雁滩、杭州、南京、无锡、黄山、金华等地游览访问，祖国的山山水水，以及社会主义革命和建设的欣欣向荣的景象，激发了他的创作激情。叶圣陶浮想联翩，他用精细的笔墨、广博的知识、丰富的经历、欣悦欢快的情思，记叙了各地的地理环境、历史背景、经济文化、人情风俗，以及他在游览访问中的感兴。朱自清说过：“在游记里可看到烂漫的春光，舞秋风的落叶。”“游记里满是梦”，它是“树梢的新月，像山后的明霞，像田间的萤火，像水上的箫声，像隔座的茶香，像记忆中的少女，这种种都是梦。”而在《小记十篇》中，我们看到的是山光水色的秀美，是人民群众日新月异的变化。

从1964年到1976年，这十三年是叶圣陶散文创作的空白段。1978年后叶圣陶散文创作进入了一个新的丰收时期。1978年至1988年这十年间的散文，比前三十年（1949年至1978年）散文的总和还要多，内容大致分为四类：谈教育、谈语文教育、为朋友集子写的序跋、表彰新人以及追怀亲朋好友。北京三联书店1984年12月出版的《叶圣陶散文乙集》，收录了叶圣陶在新中国成立后的散文一百八十九篇，这是继《小记十篇》之后的第二本散文选集。

叶圣陶的一生是好学不倦的一生，也是奋力笔耕的一生。他是把撰写散文当作“木炭习作”来看待的。他在《〈未厌居习作〉自序》中说：“我常常想，有志绘画的人无论爱好什么派头，或者预备开创什么派头，他总得从木炭习作入手。有志文艺的人也一样，自由自在写他的经验和意想，就是他的木炭习作。”叶圣陶从练习写散文入手，走上了宽阔的文学创作的大道。他的散文，无论是写影、写形、写光、写景，都是自己足之所至、目之所及后的真情实感；无论是说理、抒情、歌咏、讽喻，都是自己胸臆中流出来的甘泉，“出自肺腑发自丹田”。叶圣陶早年曾对散文作家提出过严格的要求，他在《读者的话》中说：

> 我要求你们的工作完全表现你们自己，不仅是一种主张，一个意思要是你们的，便是细到像游丝的一缕情怀，低到像落叶的一声叹息，也要让我认得出是你们的，而不是旁的人的。

这是对艺术风格和创作个性的高度要求。叶圣陶在某种程度上，也是做到了这一点的。他在新中国成立后写的散文，艺术上更加圆熟，呈现出一种“纯洁”的美：刻画深细，但没有题外的枝节；用字务求明白，删芟一切装点；行文舒卷自如，温柔而富有丰富的感情，凝重而又清晰。叶圣陶晚年常说自己思想“迟滞”，文思不畅达。然而我们读他的散文，无论是几百字的《〈嘉沪通信〉题记》，还是将近两万言的《略述我的健康情况》，总有“天成”之趣，这是叶圣陶深思苦想后的结晶，也是他融会了七十多年散文创作经验写下的杰作。郁达夫在《〈中国新文学大系·散文二集〉导言》中说：

> 叶绍钧风格谨严，思想每把握住现实，所以他所写的，不问是小说，是散文，都令人有脚踏实地，造次不苟的感触。所作的散文虽则不多，而他特有的风致，却早在短短的几篇文字里具备了：我以为一般的高中学生，要取作散文的模范，当以叶绍钧氏的作品最为适当。

苏雪林在《俞平伯和他几个朋友的散文》一文中说：

> 叶（圣陶）氏自己的文字，结构谨严，针缕绵密，无一懈笔，无一冗词，沉着痛快，惬心贵当，既不是旧有白话文的调子，也不是欧化文学的调子，却是一种特创的风格，一见便知道是由一个斫轮老手笔下写出来的。这实在是散文中最高的典型，创作中最正当

的轨范……

事实也是如此。叶圣陶的散文有范文的作用。过去相当长的时期，他和朱自清的散文，常为中学国文课本所选用。姚雪垠《奉寄叶老圣陶》："朴素文章秋水静，清新词句露珠圆。"文字极为干净，比作"秋水静""露珠圆"十分贴切。叶圣陶的散文已汇编成《叶圣陶集》第五、六、七卷，由江苏教育出版社出版，读者从中可以观赏到叶圣陶散文的全貌。

1988 年 3 月

沉重的寂寞

——怀念叶圣陶先生

圣陶老人离开我们已经一年了。老人慈眉善目的神态，还常常浮现在我的眼前，最使我感念的是老人在最后几年中的寂寞心境。

1976 年冬，我开始编撰《叶圣陶年谱》，在浩如烟海的旧报刊上，查到老人的一个笔名或一篇佚文，总是怀着喜悦去请老人和至善先生审定。老人只要身体尚好，总出来接见我；后来他眼睛看不清文稿了，笑着说“只好列旁听”。他静静地听我们说，有时插几句话，提一两个问题。最后连耳朵也听不清了，仍然走出来，坐到我们身边，笑着说“旁而不听了”。我渐渐地悟出了老人的心境，他感到很寂寞，希望能得到排解。

圣陶老人生活一向很有规律，清晨听过一遍新闻和报纸摘要就起床。白天看书看报刊，看信，看稿子，信是必定要复的，想起什么就写些文章，此外就是接待来访或出门参加会议。最后眼睛看不清了，耳朵听不清了，他常常说：“两扇通向外界的窗子渐渐关上了。”他不能再看，不能再听，也不能再写了，忍受着几乎与世隔绝的寂寞。老朋友是越来越少了，健在的行动也不方便了，来访的客人大多是不太熟悉的。他让家里人在耳边大声传达客人的话，努力回答客人提出的问题，感到非常劳累。我不算什么“正客人”，老人可以“旁听”，甚至“旁而不听”，听得清听不清都没关系，也好消磨一些时光。

圣陶老人喜欢出门旅行。1978 年，老人去四川参观学习，回来后害了一场大病，身体就一蹶不振了，以后只出过一次门。1982 年 5 月，老人在至善先生的怂恿下，到烟台去出席了科学童话学术讨论会，还在会上讲了话，他说用童话的形式对孩子进行科学教育是可以的，有效的，又说既然写童话，就要有童话的意境，要研究如何把童话的幻想和科学的知识结合起来，写出出色的作品。1949 年春天，圣陶老人和夫人绕道香港进入解放区，第一站就是烟台。过了三十多年，他重温了当时留下的许多美好的回忆，又呼吸到海边的新鲜空气，看到了这个港口的巨大变化，感到很欣快。

圣陶老人自己说过，他做编辑工作的年头最长，看稿子是他经常的工作，也是他视力衰退的主要原因。1984 年冬，中共中央统战部请他审阅《周恩来统一战线文选》的注释稿。圣陶老人已好久没有给人家看稿子了，因为是周总理的文集的注释，他感到义不容辞，于是戴上了眼镜加放大镜，对注释一字一句反复斟酌，最后还对如何作注释写下了几条原则性的意见。后来“文选”就要出版了，统战部的同志见老人看得这么仔细，就请老人写一篇读后感。老人说他的思想迟钝了，正经文章怕写不好，答应填一首词。词还没有填完，老人因身体不舒适，到北京医院作检查。医生确诊为肝炎，要老人留下来住院治疗。老人说手上一件事没做完，请医生宽限两天，做完了一定来住院。1985 年 1 月 10 日，老人填完了《六州歌头·读〈周恩来统一战线文选〉》，把稿子送出了才住入北京医院。第二天，老人就昏迷了，肝炎的各项指数均已恶化到无法测定的程度。

圣陶老人事无巨细，只要答应了下来，就一定认真办到，这是他一贯的工作作风。1985 年，我的朋友陈子善汇集了文学界前辈撰写的回忆郁达夫的文章，编成了《郁达夫回忆录》，嘱我敬请圣陶老人题签。老人久已不写毛笔字了，因为眼睛看不清，横、竖、撇、捺都不能从心所欲。在我的恳请下，老人同意破例。他还说“郁达夫回忆录”容易使读者误以为是郁达夫自己写的回忆录，建议把书名改为《回忆郁达夫》。为了写好这个书名，他前后写了七八幅，从中挑选比较满意的，剪贴拼凑，整整忙了一个下午。看到老人这样认真，真叫我心里过意不去。

1980 年秋，《长寿》杂志创刊，请圣陶老人题词，老人就写了“多活几年，多做些事”八个大字。无奈他的身体越来越衰弱，他只好辞去了中国民主促进会中央委员会主席的职务。1987 年 6 月 9 日，老人抱病参加民进全国代表会议，与大家告别，最后说了《礼记·大学》中的两句话：“有诸己而后求诸人，无诸己而后非诸人”，勉励大家要严格要求自己。

我编过圣陶老人的年谱，深深知道他是个闲不住的人；他随着时代的步伐，写下了上千万字的作品，编了几百本书，他一直关心着教育事业和出版事业。可是在最后几年里，他的头脑虽然仍旧很清楚，身体的条件却不允许他再做工作了，这才是圣陶老人最沉重的寂寞。

1989年2月12日

开展全面而深入的研究

——在叶圣陶研究会成立大会上的发言

各位老师，各位前辈：

我怀着极其兴奋的心情，来参加今天的叶圣陶研究会成立大会。

叶圣陶先生是我国新文学运动的主要奠基人之一，在五四运动前夕，他就发表了许多散文和新诗，同时开始用白话写小说。1921 年 1 月，他和沈雁冰、郑振铎诸位先生一同发起，成立了我国第一个文学团体文学研究会。同年 3 月到 6 月，他在北京《晨报副刊》上连续发表了四十则《文艺谈》，阐述了他的“为人生”的文学主张。他坚持“文学是人生的表现和批评”的观点，认为“真的文艺必兼包人生的和艺术的”，既“切合人生”，又“含有艺术的性质”，“如或偏废”，就会成为

“玩物的作品”或“干枯无味的记录”。他说作者必须“持真诚的态度”，“以浓厚的感情倾注于文艺所欲表现的人生”，“从中国全群人的前途着想”，“点起引路的灯来”，“引导人们走向发展的前途，超过眼前的一切，永远前进”。他明确指出“生活是创作的源泉”，作家应该“从中国全群人的心中去换取材料”。他认为作家“不一定要住在都会里”，“还当居于乡僻之区，贫民之窟”，和劳苦大众“一起居住”，“共同呼吸”，“顺应他们的要求，指导他们的路径”。他还指出中国作家应该向俄国作家学习，因为在中国，劳苦大众的境遇正和俄国革命前极其相近。对于儿童文学，他呼吁作家“眼光放远一些”，“为最可宝爱的后来者着想”，“用高超的思想、情感、意志”，赶紧为儿童创作“切合儿童丰富有趣的生活”的“新鲜的滋养的食料”，以抵制那些恐怖和迷信的，戕害儿童心灵的恫吓式的说教。对于礼拜六派，他作了极其猛烈的抨击，指摘他们不但侮辱了自己，还侮辱了文学，侮辱了他人；要求作家“因势利导”，帮助读者增强辨别能力，努力扩大新文学的阵地。

在这四十则《文艺谈》中，叶圣陶先生还着重谈论了作家的自我修养和创作方法。反复说到文艺创作是教育人、感化人的神圣工作；一个人类灵魂的工程师首先得把自己的灵魂净化。要写出好的作品，作家本人就得随时随地注意自己的灵魂，不断地修炼自己的精神，把正确的人生观、世界观融入自己的一切行动当中。叶圣陶先生反复说到作家艺术修养的重要性，对模仿，对公式化，对生编故事，对取媚群众，都表示深恶痛绝。这四十则《文艺谈》是六十八年以前的事。当时，新文化运动才开始，文学研究会才成立，叶圣陶先生还是个三十岁不到的青年，他对文学的任务、创作的源泉，以及新文学在当时面临的各种问题，作了如此全面的探讨，实在难能可贵，令人叹服。他提出的许多主要论点，用现在的眼光来看仍旧是正确的。后来，叶圣陶先生还写过许多谈论文学创作的文章，都结合各个时期的实际，进一步阐明了在《文艺谈》中提出的许多主张。1923 年，他说文学的本身应该是革命的，应该肩负起改革社会的责任；1927 年，轰轰烈烈的大革命失败后，他要求作家“提起笔来”，“写这个不寻常的时代里的生活”；30 年代，他在批评以“旁观者”“超脱派”自居的论语派时，强调写小说“要讲功利”；40 年代，在国统区，叶圣陶先生针对文艺界存在的“帮闲凑趣”“粉饰太平”的倾向，严肃指出一个正直的文艺家要写出“真实的生活”“真实的本相”；“反映现实，喊出人民大众的要求，是文学的时代的使命”；作家要有一颗“忠于人民，忠于国家的心”。新中国成立后，他多次谈到社会主义文艺应该以歌颂光明为主，黑暗也可以写，不过同时应该指出一条理想的通往光明的途径，应该含有究原指归的意义。1979 年 10 月，他在全国第四次文代会的祝辞中还说：“讴歌感德此心同，讥弹亦为期其好。”认为新时期文学应该以“讴歌感德”为主，也可以“讥弹”，批评生活中落后和丑恶现象；但“讥弹”不是攻击，应该是善意的批评，其目的是化消极因素为积极因素。1984 年 12 月，作家协会召开第四次会员代表大会，他已经九十高龄，还特地写新诗表示祝贺，希望作家“深入生活”，迎接祖国面临的“大变革的时代”。

我从 1976 年开始，在工作之余收集和阅读叶圣陶先生的作品，注意力偏重于文学方面。叶圣陶先生从青年时代起，为新文学运动的发展做了许多工作，历年来研究的人虽然不算少，但是我感到和他的功绩相比还很不相称；而且从研究的范围看，研究他的作品的比较多，研究他的文学主张和文学活动的比较少，甚至有许多材料还有待于发掘。我衷心希望叶圣陶研究会成立以后，不但在他的作品方面，同时在他的文学主张和文学活动方面，也相应地制定一些课题，开展比较全面的研究。

我讲完了，谢谢大家。

1989 年 10 月 28 日

“不厌世” 和“不厌足”

——写在叶圣陶先生逝世两周年之际

圣陶先生离开我们已经两年了。两年来，人们用各种方式表达对圣陶先生的怀念。江苏教育出版社继续出版了《叶圣陶集》第五至八卷；冰心、雷洁琼、赵朴初、孙起孟、巴金、吕叔湘等二十八位文艺界、教育界前辈发起的叶圣陶研究会，于去年 10 月 28 日在北京成立。最值得记述的，是苏州吴县甪直镇在圣陶先生早年执教过的地方建立了纪念馆、纪念亭，还为他修了墓。

甪直位于苏州和昆山之间，是一个四面环水的古镇。1917 年初，圣陶先生应邀到镇上的吴县第五高等小学执教。在这之前，圣陶先生已经教过几年小学。从他当年的日记和给朋友的信上可以看出来，他把当小学教员看作一件苦差。到了角直之后，他与同事们进行教育改革，自己编写教材，改进教学方法，开展各种课外活动，与学生们一同开荒种地，布置博览室，创办书店，还编剧谱歌，与学生们一同演出。在探索和革新的实践中，他感到有一种甜津津的味道，逐渐认识到教育是一种高尚的事业，不应该把教员仅仅看作谋生的职业。

1919年夏，圣陶先生的夫人胡墨林先生也应邀到角直任教，于是全家搬到了这个水乡，“从此做了角直人”。他逐渐体会到农村并不是田园诗人所描写的人间天堂。他在角直写的第一篇小说《这也是一个人!》，还有《苦菜》《晓行》《悲哀的重载》等，都如实地描写了农民的辛劳和困苦，并预示了农村破产的朕兆，同时为后来的小说散文创作积累了丰富的素材。

圣陶先生满腔热情地投入五四新文化运动，也是在角直开始的。他加入了北大学生组织的新潮社，参与发起了我国新文学史上第一个文学社团文学研究会，并在北京《晨报副刊》上连续发表了四十则《文艺谈》，比较全面地阐述了“文学为人生”的主张，指出了只有生活才是创作的源泉，并对作者的自我修养提出了看法。圣陶先生总把角直称作他的第二个故乡；在角直这几年的生活，确实在圣陶先生的漫长的一生中，产生了极为重大的影响。

前年12月8日，我有幸到角直参加了圣陶先生的骨灰安放仪式。骨灰慢慢放进墓穴的时候，灰蒙蒙的天空洒下了几滴雨。角直人都说老天有情，也为这位辛勤工作了一生的长者掉泪。在这块养育了圣陶先生的土地上，我倾听人们讲述他年轻时代的一桩桩往事，更加深了对这位长者的理解。他亲切，和蔼，真诚，谦逊，不论谁和他接触，都会有一种“微温”“微甜”的感觉。墓前的纪念亭是新造的，题名“未厌”，匾上用的是圣陶先生的字。圣陶先生曾把自己的书斋名为“未厌居”，还解释说，他在任何情况下，对人世总抱着希望，决不“厌世”，而对自己的工作总感到不满意——永不“厌足”，所以取了这个意义双关的斋名。纪念亭以“未厌”为名，概括了圣陶先生的世界观和人生观，意义深长。

圣陶先生的纪念馆就在墓地南边，本是六间破旧的平房，可能是废弃的教室，现在经过修整，粉墙灰瓦，朴实无华。陈列的物品不多，重点在圣陶先生青年时代在甪直的生活，却也能使人看到他一生的思想风貌。前几天接到纪念馆负责人的来信，说开放一年多来，已接待参观者十多万人次，其中还有三批国际友人。

去年 10 月 28 日，我又有幸参加了叶圣陶研究会成立大会。与会的都是圣陶先生的好友和晚辈。胡乔木同志作了热情洋溢的讲话，并自愿担任研究会的顾问，还保证说未能到会的胡绳同志一定也愿意当顾问。冯牧同志在发言中说：“冰心九十高龄，巴金八十五高龄，他们都是我的长辈。他们都虔诚地称叶老为师长，可见圣陶先生不仅是一代师表，而且是中国新文化、新教育的几代师表，是三代、四代、五代人的师表。”圣陶先生这样受人爱戴绝非偶然，可能正因为他一生怀着一种可贵的情操，这就是一不厌世、二不厌足的“未厌”精神。

1990 年 2 月 10 日

无论怎样说都无法表达我的敬仰
——在纪念叶圣陶先生诞生 110 周年座谈会上的发言

各位老师，各位前辈：

今天我们在这里隆重纪念叶圣陶先生诞生 110 周年。追思圣陶先生的业绩和人格，摄取圣陶先生的人文精神，是一件非常有意义的事情。

圣陶先生感人的事迹很多。1912 年 3 月，他刚 18 岁，当了小学教员。第一次领薪水时，他心里很不安。在散文《薪工》中，他写到当时的心情说：

校长先生把解开的纸包授给我，说：“这里是先生的薪水，二十块，请点一点。”

我接在手里，重重的。白亮的银片连成一段，似乎很长，仿佛一时间难以数清片数。这该是我收受的吗？我收受这许多不太僭越吗？……一种模糊的感觉通过我的全身，使我无所措地瞪视手里的银元……

一切的享受都货真价实，是大众给我的，而我给大众的也能货真价实，不同于肥皂泡儿吗？

打这之后，圣陶先生每月收到薪水时总有一种“僭越之感”。那一年 6 月 3 日，他在日记中说：“余家贫，所入苟倍此数，亦未嫌其多。然利之生由于有裨益之劳动行为，而余之为教师，学生果受其益乎？一虑及此，更将惶愧无地。”7 月 8 日在日记中又说：“今日又为领薪金之期，一度得钱又惹余一度浩叹。”

“我给大众的也能货真价实”，这是圣陶先生在 18 岁自己立下的行为准则！这种朴素的情感，伴随着圣陶先生度过漫长的一生。

1945 年庆祝抗战胜利日那天，圣陶先生写了篇《“胜利日”随笔》，文章中说：

我愧对牺牲在战场上的士兵同胞，愧对牺牲在战场上的盟军。

我愧对挟了两个拐棍，拖了一条腿，在东街西巷要人帮忙的“荣誉军人”。

我愧对筑公路修飞机场的“白骨”与“残生”。

我愧对拿出了一切来的农民同胞。

我愧对在敌后与沦陷区，坚守着自己生长的那块土地，给敌人种种阻挠，不让他们占丝毫便宜，同时自己也壮健地成长起来的各界同胞。

1949年，圣陶先生来到解放后的北平，年底前搬了一回家，从华北人民政府教科书编委会在东四二条的办公室，被安排到东四八条居住。圣陶先生心里很不安，在日记中写道："余家居北屋，三间，为全屋之精华。与其他房屋均不能比。因而显见其特殊，余往日之不欲居此，即以是故。地板，前后玻窗，有洗浴室，盖上等之家屋也。"

圣陶先生在"抗战胜利日"的种种"惭愧"，以及住了三间北屋就心中"不安"，都源自"大众"给了我"太多"的朴素情感，都出于"我给大众的也能货真价实"的切实反思。话很平易，出自肺腑。正是这种朴素的情感和切实的反思，使圣陶先生养成了终生为人民大众服务的实实在在的人生观。"我给大众的也能货真价实"的自我要求，决定了圣陶先生必须跟着时代走，决不能落在别人后面；也规定了圣陶先生必须不断地充实自己，开拓进取，洁身自爱，有所为，有所不为，同时也规定了圣陶先生必须融合在人民大众之中，做一个注重创新的"实干家"。

1949年春，圣陶先生在从香港北上的轮船上写的那两句诗"篑土为山宁肯后，涓泉归海复何求"，抒写了他当时奔向新生活的热情，诚恳地和盘托出把自己融入人民大众的决心。圣陶先生没有违背自己的誓言，一直努力到生命的最后一刻。

对圣陶先生，无论怎样说都无法表达我的敬仰，今天在老师和前辈面前，我不敢妄作评论，就说这一点，敬请诸位老师和前辈指教。谢谢大家。

2004 年 10 月 27 日

一个教育理想主义者的理念和尊严
——在叶圣陶先生从教 100 周年纪念会上的发言

各位老师、各位朋友：

叶圣陶先生从教始于 1912 年 3 月，在苏州言子庙初等小学当二年级级任老师。那时的中国，黑暗污浊，如一盘散沙，像一潭死水。但那又是一个中华民族开始觉醒的年代，是一个有理想和憧憬的年代。中华民族的“先知”和“先驱”们毅然奋起，放眼域外，吸纳新知，为我所用，描绘“新中国”的蓝图，“新国民”“少年中国”“新中国”等“新思潮”在涌动。《新青年》《少年》《新潮》《向导》《改造》《觉悟》《学灯》《努力周报》《创造季刊》《光明》等报刊应运而生，而圣陶先生就是那个时代的“先驱者”，1912 年就写过一篇小说叫《世界》，幻想所谓理想的“社会主义”。他在甪直创办一个刊物叫《自觉》，倡导对所从事的事业要“有所认知”和“主动去做”，身在学校，心怀世界。

从圣陶先生早年的日记中可以看出，他当小学教师既是他的中学校长——革命家、教育家袁希洛的安排，也是圣陶先生的自主的选择，他们都是真正的教育理想主义者，把教育事业看得很神圣，对当教师有一个明确的定位：就是“育人”。圣陶先生从他当教师的第一天，就注意把“育人”贯穿在讲授的各门功课、传授的各种知识中。他在诗文中反反复复说到教师肩负的是社会重造、民族重塑的重任，一再说：“教师最重要的是帮助学生得到做人做事的经验”，“一切知识最根本的是道德”，“各门功课的总目标就是教育要造成健全的公民”。今天，社会似乎都面临着“信仰危机”和“道德滑坡”，都在呼喊“诚信”，可见“育人”有多重要，圣陶先生有关教师肩负的是社会重造、民族重塑的重任的论述，值得我们深思。

再就是对教育工作的热忱。圣陶先生认为“教法”比“教材”更重要。“教”决不是“教教材”，传授书本知识，而是要让学生“受教育”，开发智力，学会思考，提升自己吸取知识的能力，造就开拓创造的实力，这种“以人为本”“以学生为中心”的教育理念值得提倡。圣陶先生在1912年的日记中就曾说过，要“导儿童于乐为研习之境”，一定“使醇醇诸稚展发神辉”。所谓“研习之境”和“展发神辉”，就是教会学生“自己去学习”，“自己去生活，自己去工作，自己去做人”。诚如他在《自力二十二韵》中说：教育就像“导幼儿”学步，从“扶”“携”开始，逐步发展到“令自举足”而不会跌倒。圣陶先生所说的“扶”“携”，包含了尊重孩子们的天性，培养孩子们的兴趣，因材施教，循循善诱等等丰富的教育思想，其特点就是要充分调动和培养孩子们的“智性”，使他们从不会走路发展到学会走路，从跌跌撞撞发展到走得越来越稳健，从要“我”走发展到“我”要走，在学习和实践中进入到“疑难能自决，是非能自辨，斗争能自奋，高精能自探”的境界，“自能读书，自能作文，自为研索，自求解决”，从而真正回归到圣陶先生名言“教是为了达到不需要教”，“凡为教，目的在于达到不需要教”。学会学习、学会思想，这是作为一代新人必备的素养。

圣陶先生对教师这个职业充满景仰和敬畏之心。他说教育者首先要受教育，教师要有真才实学，这是教师应有的尊严。圣陶先生总觉得自己“智拙”，“无能为师”，于是极其谦卑地向同事们学习。早年日记中多次写到他向当了教师的中学同学章君畴取经，登门造访，观摩教学。仅在 1914 年 5 月至 7 月的三个月中，就前后四次称赞章君畴对于教育工作的热忱与专致，自愧不如。中学同学吴宾若，后来当了甪直小学校长，圣陶先生在散文《好友宾若君》中谈到自己对学生的“爱心”不如吴宾若真挚。也正是这种对于教师这个职业景仰和敬畏之心，使得圣陶先生的一生好学不倦，不断地探索教育改革和发展的路径，最终成了教育大家。圣陶先生的教育理念，与我们今天个别学校的“贵族式教育”、争“高考状元”、不择手段搞“创收”，甚至希望学生将来能赚大钱的理念有天壤之别。教育应该是神圣的，学校应该是知识和思想的殿堂。“向钱看”只会使人愚蠢昏聩，让一个民族走向末路。

今天，我们纪念圣陶先生从教 100 周年，最重要的是要像圣陶先生那样，对“教师”和“教育工作”有个明确的“定位”，把“教书育人”作为箴言铭刻在心里。讲授的虽只是日月星辰、ABCD，肩负的却是造就人才、振兴中华的光荣使命。从这个意义上说，“教师”应该成为民族的“先知”，是时代的“先驱”，是真正的“圣贤”。我们应该以圣陶先生为楷模，像圣陶先生那样纯粹、敬业，心甘情愿地为“理想”受苦，从一点一滴做起，不断地充实自己，不断地向上攀登，使教育越来越圣洁，使自己以及自己培养的学生真正能在民族振兴、国家崛起的征程中绽放神辉！

我就讲这些，谢谢大家。

2012年5月28日

主要参考书目

基本文献

《叶圣陶集》，江苏教育出版社 2004 年版。

刘国正主编：《叶圣陶教育文集》，人民教育出版社 1994 年版。

商金林编：《叶圣陶童话全集》，人民教育出版社 2006 年版。

《鲁迅全集》，人民文学出版社 2005 年版。

《茅盾全集》，人民文学出版社 1984—2001 年版。

《郭沫若全集·文学编》，人民文学出版社 1982—1992 年版。

《胡适全集》，安徽教育出版社 2003 年版。

《沈从文全集》，北岳文艺出版社 2002 年版。

《朱自清全集》，江苏教育出版社 1997 年版。

《俞平伯全集》，花山文艺出版社 1997 年版。

《郑振铎全集》，花山文艺出版社 1998 年版。

《朱光潜全集》，安徽教育出版社 1987—1992 年版。

《闻一多全集》，湖北人民出版社 1993 年版。

《吕叔湘全集》，辽宁教育出版社 2002 年版。

《戴望舒全集》，中国青年出版社 1999 年版。

《老舍全集》，人民文学出版社 1999 年版。

《夏丏尊文集》，浙江文艺出版社 1983 年版。

周作人著、止庵校订：《周作人自编文集》，河北教育出版社 2002 年版。

《胡愈之文集》，生活·读书·新知三联书店 1996 年版。

《周扬文集》，人民文学出版社 1984—1990 年版。

《冯雪峰文集》，人民文学出版社 1981—1985 年版。

《瞿秋白文集》，人民文学出版社 1953 年版。

《丁玲文集》，湖南文艺出版社 1982—1984 年版。

《王瑶文集》，北岳文艺出版社 1995 年版。

王伯祥著：《王伯祥日记》，国家图书馆出版社 2011 年版。

顾颉刚著：《顾颉刚日记》，联经出版事业股份有限公司 2007 年版。

宋云彬著：《红尘冷眼——一个文化人笔下的中国三十年》，山西人民出版社 2002 年版。

顾颉刚著：《古史辨自序》，河北教育出版社 2000 年版。

叶圣陶、周颖南著，刘麟编：《叶圣陶周颖南通信集》，河北教育出版社 1991 年版。

叶至善、贾柏松编：《涸辙旧简——叶圣陶贾祖璋京闽通信集》，福建人民出版社 2003 年版。

叶至善、俞润民、陈煦编：《暮年上娱——叶圣陶俞平伯通信集》，花山文艺出版社 2002 年版。

叶圣陶、叶至善写，叶小沫、叶永和编：《叶圣陶叶至善干校家书（1969—1972）》，人民出版社 2007 年版。

研究资料与著作

叶至善著：《我是编辑》，中国少年儿童出版社 1998 年版。

叶至善著：《舒适的旧梦》，山东画报出版社 2000 年版。

叶至善著：《父亲的希望》，中国青年出版社 2000 年版。

叶至善写：《父亲长长的一生》，江苏教育出版社 2004 年版。
叶至诚著：《至诚六种》，人民文学出版社 2010 年版。
商金林撰著：《叶圣陶年谱长编》（四卷本），人民教育出版社 2004—2005 年版。
商金林、李斌、张红丽编：《叶圣陶研究资料索引（1911—2008）》，开明出版社 2009 年版。
顾潮编著：《顾颉刚年谱》，中国社会科学出版社 1993 年版。
孙玉蓉编著：《俞平伯年谱》，天津人民出版社 2001 年版。
高平叔撰著：《蔡元培年谱长编》，人民教育出版社 1998 年版。
顾潮著：《历劫终教志不灰——我的父亲顾颉刚》，华东师范大学出版社 1997 年版。
王湜华著：《王伯祥传》，中华书局 2008 年版。
薛毅、章鼎著：《章元善与华洋义赈会》，中国文史出版社 2002 年版。
陈福康著：《郑振铎传》，北京十月文艺出版社 1994 年版。

王知伊著：《开明书店纪事》，山西人民出版社 1991 年版。
中国出版工作者协会编：《我与开明》，中国青年出版社 1985 年版。
宋原放主编：《中国出版史料》，山东教育出版社、河北教育出版社 2001 年版。
《第一届全国出版会议纪念刊》，人民出版社 1951 年版。
《中华全国文学艺术工作者代表大会纪念文集》，新华书店 1950 年版。
《中国作家协会第二次理事会会议（扩大）报告、发言集》，人民文学出版社 1956 年版。

何东昌主编：《中华人民共和国重要教育文献（1949—1975）》，海南出版社 1997 年版。

《我们——人民教育出版社建社六十周年纪念文集》，人民教育出版社 2010 年版。

夏志清原著，刘绍铭等译：《中国现代小说史》，友联出版有限公司 1979 年版。

严家炎主编：《二十世纪中国文学史》，高等教育出版社 2010 年版。

吴福辉著：《中国现代文学发展史（插图本）》，北京大学出版社 2010 年版。

李斌著：《中学国文教科书研究（1912—1949）》，花木兰文化出版社 2012 年版。

蒋维乔、庄俞编纂，高凤谦、张元济校订：《最新国文教科书》，商务印书馆 1906 年版。

周静、王朴编：《高中国文》，新华书店 1950 年版。

张鸿来编：《应用文》（初级中学教材），北京文化学社 1927 年版。

叶圣陶编纂，丰子恺绘画：《开明国语课本》（初小八册），开明书店 1932 年版。

叶圣陶编纂，丰子恺绘画：《开明国语课本》（高小四册），开明书店 1934 年版。

夏丏尊、叶圣陶、宋云彬、陈望道合编：《开明国文讲义》，开明书店 1934 年版。

夏丏尊、叶圣陶合编：《国文百八课》，开明书店 1936 年版。

夏丏尊、叶圣陶合编：《初中国文教本》，开明书店 1937 年版。

叶圣陶撰，丰子恺绘：《幼童国语读本》（小学低年级适用），开明书店 1949 年版。

叶圣陶撰：《儿童国语读本》（小学三、四年级适用），开明书店 1948 年版。

叶圣陶撰：《少年国语读本》（小学五、六年级适用），开明书店 1947 年版。

朱自清、吕叔湘、叶圣陶合编：《开明新编高级国文读本》（共六册，第二册始署朱自清、吕叔湘、李广田、叶圣陶合编），开明书店 1948 年版。

叶圣陶、郭绍虞、周予同、覃必陶合编：《开明新编高级国文读本（甲种）》，开明书店 1946 年版。

叶圣陶、徐调孚、郭绍虞、覃必陶合编：《开明新编高级国文读本（乙种）》，开明书店 1947 年版。

朱自清、吕叔湘、叶圣陶合编：《开明文言读本》，开明书店 1948 年版。

叶圣陶校订：《新编初中精读文选》，文化供应社 1949 年版。

《大学国文（现代文之部）》，新华书店 1949 年版。

《大学国文（文言之部）》，新华书店 1950 年版。

吴文祺、郭绍虞、章靳以合编：《新编大一文选》，商务印书馆 1950 年版。

张毕来、王微、蔡超尘主编，叶圣陶、吴伯箫、朱文叔校订：《初级中学课本·文学》，人民教育出版社 1955—1957 年版。

张毕来、王微、蔡超尘主编，叶圣陶、吴伯箫、朱文叔校订：《高级中学课本·文学》，人民教育出版社，1955—1957 年版。
中华人民共和国教育部编订：《高级中学文学教学大纲（草案）》，人民教育出版社，1956 年版。

重要报刊

《东方杂志》（1904—1948）
《教育杂志》（1909—1935）
《小说月报》（1910—1931）
《妇女时报》（1911）
《新世界》（1911—1912）
《礼拜六》（1914—1916）
《小说丛报》（1914—1918）
《甲寅》（1914—1915）
《小说海》（1915—1917）
《妇女杂志》（1915—1918，1930—1932）
《新青年（青年杂志）》（1915—1920）
《每周评论》（1918—1919）
《新潮》（1919—1920）
《学生杂志》（1920—1937）
《诗》月刊（1922—1923）
《中等教育》（1922—1924）
《我们的七月》（1924）

《我们的六月》（1925）

《莽原》（1925—1927）

《一般》（1926—1929）

《开明》（1928—1948）

《文化批判》（1928）

《中学生》（1930—1952）

《拓荒者》（1930）

《新地月刊》（1930）

《前哨·文学导报》（1931）

《中学生文艺季刊》（1931—1935）

《青年界》（1931—1937）

《北斗》（1931—1932）

《现代》（1932—1935）

《文学》（1933—1937）

《人间世》小品文半月刊（1934—1935）

《宇宙风》（1935—1941）

《夜莺》（1936）

《新少年》（1936—1937）

《光明》（1936—1937）

《呐喊·烽火》（1937—1938）

《抗战文艺》（1938—1946）

《文艺阵地》（1938—1944）

《少年先锋》（1938）

《笔阵》（1939—1944）

《国文月刊》（1940—1949）

成都《国文杂志》（1942）

桂林《国文杂志》（1942—1946）

《开明少年》（1945—1950）

《周报》（1945—1946）

《文萃》（1945—1947）

《民主》（1945—1946）

《中原·文艺杂志·希望·文哨联合特刊》（1946）

《文艺春秋》（1945—1949）

《文艺复兴》（1946—1949）

《明社消息》（1946—1949）

《中国作家》（1947—1948）

《文汇丛刊》（1947）

《大众文艺丛刊》（1948—1949）

《进步青年》（1949—1953）

《民立报》（1910—1913）

江苏《大汉报》（1911）

《时事新报·学灯》（1918—1923）

《民国日报·觉悟》（1919—1927）

《晨报副刊》（《晨报副镌》《晨报诗刊》《晨报剧刊》）（1919—1928）

《文学旬刊》（《文学》《文学周报》）（1921—1929）

《京报副刊》(1924—1926)

《公理日报》(1925)

《热血日报》(1925)

《苏州评论》(1926)

《大公报·文艺》(1934—1937)

《申报·自由谈》(1934—1935，1938)

重庆《新民报·血潮》(1938)

重庆《新华日报》(1938—1947)

延安《解放日报》(1941—1947)

成都《华西晚报》(1942—1945)

成都《新民报》(1942—1945)

成都《成都晚报》(1942—1945)

昆明《中央日报》(1943—1944)

重庆《大公晚报》(1944—1945)

重庆《商务日报》(1945)

重庆《和平日报》(1945)

上海《文汇报》(1946—1948)

上海《大公报》(1948)

《人民日报》(1949—1988)

《光明日报》(1949—1988)

《文汇报》(1949—1988)

《文艺报》(1949—1958)

《进步青年》（1950—1953）

《语文学习》（1950—1958）

《文艺学习》（1954—1958）

《新文学史料》（1979—2013）

《中国现代文学研究丛刊》（1979—2013）

后　记

至善先生晚年跟我谈起圣陶先生时说："父亲一辈子很辛苦，尤其是在人民教育出版社（以下简称人教社）工作的那十六七年，有时忙得连说话的工夫都没有。"又说："和父亲同时进人教社的朋友，有的是父亲最得力的助手，可后来都离开人教社了，有的还是瞒着父亲走的。父亲事前并不知道，都没顾得上为他送行。"又说："编教科书的责任实在太重大了，父亲到处物色人才，想把中意的调到人教社。有的朋友同意了，可真到办调动手续的时候又不愿意，以为编教科书是当'编辑匠'，还是当大学教授或当官名气大。"还说："教科书众口难调。父亲辛辛苦苦编教科书，听到的都是批评，从来没有人表扬过他。"语气有点伤感。

至善先生说的都是大实话，这在圣陶先生日记中亦时有记载，1951 年 9 月 22 日日记中写道：

> 云彬夫妇以今日离京，待余回家，他们已赴车站。回思一九四九年四月教科书编审会初成立时，人员亦近二十人。至于今日，仍在教育出版社服务者，唯余夫妇及灿然耳。

宋云彬先生是圣陶先生的老朋友，1949 年初和圣陶先生同船来北京（那时还叫“北平”），一同在华北人民政府教科书编审委员会编书，新中国成立后一同进出版总署，一同进人教社，且同住在一个院子里。宋云彬先生是人教社的副总编辑、语文编辑室主任，离开人教社后到杭州任浙江省政府委员、省文联主席、中国民主同盟浙江省副主席等职。不久，金灿然先生也调走了。圣陶先生 1952 年 3 月 19 日日记中说：

> 午后一点过，至克寒室，愈之洛峰均在。商及今后人事，愈之言不妨让灿然脱离教育出版社，专治总署方面事。余不以为然，谓四九年成立教科书编审委员会，共事十馀人，今唯馀余与灿然二人。彼深知余之习性，余亦觉彼最相得，故势不可相离。谈有顷，无明确决定。

胡愈之是出版总署署长，他决定要做的事，也挡不住。不久，金灿然也就离开了人教社。放人容易请人难，圣陶先生 1952 年 7 月 12 日日记中写道：

八时，偕墨驱车至清华访叔湘。缘教部与清华商调叔湘来我社，尚未得确切回音，以为叔湘有所顾虑，故托余说之。坐定即谈此事。叔湘谓个人毫无成见，但视工作需要，悉听调遣。唯大学方调整院系，清华之文科并入北大，尚未及商定人员之安排与去留。又谓就语法工作而言，语言研究所拉渠，盖草定语法之体系，作为供众讨论之草稿。我社则期渠领导语法教材之编制。就先后次第言，必研究有所成绩，乃可用之于教科书。若据一家之言，未能遵共循之轨，殊非所宜。其言皆有理，余不便硬劝，只得据以告教部再说。

虽说是教育部出面“商调”，可吕先生最终还是没来人教社。老朋友走的走了，想调的又调不来，这就加重了圣陶先生的负担。所以我在这本《叶圣陶全传》的《自序》中说圣陶先生更大的成就在“文章”之外。

圣陶先生担任过华北人民政府教科书编审委员会主任，担任过教育部与出版总署联合成立的教科书编审委员会主任。1950 年 12 月 1 日，人教社成立，他兼任社长和总编辑。从此，圣陶先生的工作重心转到了人教社。20 世纪 50 年代初期，圣陶先生也曾有过脱离人教社的机会，可他谢绝了。1953 年 9 月 26 日日记中说：

克寒来谈。谓董纯才托其转询，教育部有意调余为教部副部长，主持教材之编辑工作。如余同意，再为设法谋其实现。余即表示不欲。余主教育出版社，实感为力不及，深冀其移归教育部主管。今彼无其人选，乃思移余入教部。余不能因名义变更，实力即见充盈。余固不希望完全脱离教育出版社，第求缩小工作范围，限于看稿改稿，社长与总编辑之名义雅不欲居，至于改入教育部，更非所愿。余自知与出版工作尚相近，颇思于各个出版社在编辑工作上略有所助，他亦无甚可为。余请克寒以此意答谢董纯才，克寒谓且转告再说云。

“余自知与出版工作尚相近，颇思于各个出版社在编辑工作上略有所助”，这就是圣陶先生的“自我定位”。虽说在工作中也有过苦恼，甚至也曾有过想辞去人教社社长和总编辑的念头，可最终还是坚守下来。1954 年 1 月 26 日日记中说：

作一书致胡绳、乔木，希望他们同情与支持，俾余得解除人民教育出版社社长与总编辑之名义。理由之主要者为余不善组织与领导，不胜此任。外则此事宜由教部中人主之，乃可顺理成章，一气呵成。……余怀此意甚久，尝与愈之、灿然诸君言之，皆以为余随便说说。今商之于乔木，或可得适当之解决。

中宣部主管中小学教科书的胡绳和胡乔木当然不能同意。圣陶先生 1954 年 3 月 18 日日记中写道：

晨间克寒来谈，谓教育部方面已知余有离去出版社之意，托渠劝余勿存此想。克寒谓大家可以分工，余可只管一部分之书稿，他皆不管。余答以如此亦所愿，唯名为社长并兼总编辑，总觉于心未安云云。

可能是胡绳和胡乔木与出版总署和教育部打了招呼，出版总署和教育部这才决定减免了圣陶先生部分行政工作，让他能有更多的精力主管教科书。1954 年 10 月，出版总署并入文化部，圣陶先生可以在文化部和教育部之间作选择，这次他选定了教育部，因为他离不开人教社。11 月 2 日，报上公布圣陶先生出任教育部副部长的那天，他正在外地访问。11 月 6 日上午回到北京，在当天的日记中写道：

午后两点，董纯才来访，为余谈教育部之编制。并言知余于行政兴趣不多，不强余管部中之司，唯嘱主持教育出版社，此于余心稍慰。

这“此于余心稍慰”六个字，再次说明圣陶先生把自己“定位”在人教社，并为能全身心地主持人教社的工作感到“心慰”。

作为我国现代著名的文学家、教育家、编辑出版家和社会活动家，圣陶先生“不惜牺牲了自己的学术研究和专著创作”，不图名利，不怕“批评”，日复一日、年复一年地组织编写中小学和师范教材，审读和修订中小学和师范教材，为我国的教育事业做着最基础、最切实、最繁重的工作。年复一年地给正在成长中的青少年以新的教材，使他们“向着变化不停的新世界，不断的发荣滋长”（鲁迅语），这实在是一种伟大的事业！

我在研究和写作过程中得到中央文史研究馆馆长、北京大学资深教授袁行霈的关心和指导。全国人大常委会副委员长、民进中央主席、叶圣陶研究会会长严隽琪，全国政协副主席、民进中央常务副主席、叶圣陶研究会常务副会长罗富和，民进中央副主席、叶圣陶研究会副会长王佐书，民进中央副主席、叶圣陶研究会副会长兼秘书长朱永新给与了多方面的鼓励和鞭策。圣陶先生的“娘家人”人民教育出版社原社长、叶圣陶研究会副会长韩绍祥，人民教育出版社党委书记、副社长、叶圣陶研究会教育思想专业委员会主任郭戈，人民教育出版社文化教育室主任、叶圣陶研究会副秘书长刘立德以及本书责编胡兰江，为《叶圣陶全传》付出的辛劳尤其多。圣陶先生的后人小沫、永和、兀真、燕燕也给了很多帮助。以上诸位老师、前辈和朋友的厚爱，我当永远铭感。多亏大家的关心和支持，《叶圣陶全传》赶在圣陶先生诞辰一百二十周年前夕出版，让读者得以追怀和瞻望“远去”的一代师表的风采。

这本《叶圣陶全传》是我出过的二十来本书中的“精品”，设计、印制和装帧都堪称一流。记得鲁迅先生 1935 年 6 月 10 日在给增田涉的信中谈及出版的日译本《中国小说史略》时风趣地说过，该书“豪华的装帧，是我有生以来，著作第一次穿上漂亮服装。我喜欢豪华版，也许毕竟是小资的缘故罢”。我是“乡下人”，够不上“小资”，但能“豪华”一回也满心欢喜，这就叫“爱美之心人皆有之”。再次感谢人民教育出版社。

商金林

2014 年 5 月 20 日

于北大畅春园寓所